GABRIEL MANTZ

EUROPEAN FOOTBALL

INTERNATIONAL LINE-UPS & STATISTICS 1902-2015

VOLUME 1

British Library Cataloguing in Publication Data
A catalogue record for this book is available from the British Library

ISBN 978-1-86223-329-4

Copyright © 2016, SOCCER BOOKS LIMITED (01472 696226)
72 St. Peter's Avenue, Cleethorpes, N.E. Lincolnshire, DN35 8HU, England

Web site   www.soccer-books.co.uk
e-mail   info@soccer-books.co.uk

All rights are reserved. No part of this publication may be reproduced, stored in a retrieval system or transmitted, in any form or by any means, electronic, mechanical, photocopying, recording, or otherwise, without the prior written permission of Soccer Books Limited.

Printed in the UK by 4edge Ltd.

Dear Readers

This book is the first volume of a new series which will contain statistics for all matches played by European national teams from their very first game through to the present day. The governing body of association football in Europe, UEFA (Union of European Football Associations), was founded on 15th June 1954 in Basel (Switzerland) and currently has 54 national association members. The main competition for men's national teams is the UEFA European Football Championship, which started in 1958, with the first finals held in 1960, and this was known as the European Nations Cup until 1964. The finals tournament of the 15th edition of this competition will be held in 2016 in France.

On the world stage, European teams have been more successful than those from any other continent as they have won 11 of the 20 FIFA World Cup tournaments held between 1930 and 2014 (Germany and Italy victorious on 4 occasions and England, France and Spain each winning the trophy once).

The British national teams commenced playing international matches in 1872, but the first international match between two continental European national teams was played on 12th October 1902 in Vienna between Austria and Hungary. This was the start of many hundreds of internationals played by various European national teams in the following decades until the present day.

This first volume contains the complete statistical records of the national teams of Albania, Andorra, Armenia, Azerbaijan, Austria, Belarus and Belgium. Of these, Albania were always considered as one of the weakest European teams as they long failed to qualify for the Finals of an international tournament. However, this changed when they unexpectedly managed to qualify for the Euro 2016 Finals, progressing out of a group including Portugal, Denmark and Serbia. The tiny country of Andorra plays no special role in European football, but is still considered as an "uncomfortable" team to play against and one which cannot easily be defeated with the high scoreline as the fans of the larger countries playing them expect! Armenia – as well as other countries formerly part of the Soviet Union – started to play international matches in 1992, and achieved their best results in the Euro 2012 Qualifiers, yet still failed to qualify for the Final Tournament. Azerbaijan and Belarus – also states from the former Soviet Union – are still considered as countries where football is very much in the process of development.

Austria has a rich football history, having many famous teams and players in the years following their first international match against Hungary. It is noted for the famous generation of 1930s (known as the 'Wunderteam'), their skilful team in the 1950s and not least the team of the years 1978-1982. The same can be said of Belgium, whose history is marked by two outstanding generations from the years 1980 to 1988 as well as that of the present. While Belgium achieved some excellent results during the 1980s (runners-up in the 1980 European Championship and Semi-Finalist in the 1986 World Cup), today's generation have "only" managed to reach the top of FIFA World Rankings with no other tangible achievements as yet. However, their current squad certainly has enough ability to strongly compete for silverware in the near future.

Each book of this series contains statistics for all the matches played by the "A" national team of each country from their first match until the end of 2015. For each match played, besides the names of the players who appeared, you will find the number of caps won and goals scored for each player up to and including that game. There is also information about the stadium, referee and attendance for each game and, of course, the name of the coach of the national team. In addition to the individual match information, a second section lists all the players to make an international appearance for each country showing total numbers of caps won and goals scored, the period when the player made his international appearances and the club (or clubs) he was playing for at the time. A third section presents information for all the national coaches/managers and a fourth section presents head-to-head statistics for each country versus all opponents faced in international matches. I hope you will find all the information you require about national teams in Europe!

The Author

SUMMARY

Summary	*4*
Abbreviations, Country Codes	*5*
Albania	*6*
Full Internationals 1946-2015	*7*
International Players	*31*
National Coaches	*37*
Head-to-head statistics	*38*
Andorra	*39*
Full Internationals 1996-2015	*40*
International Players	*53*
National Coaches	*55*
Head-to-head statistics	*56*
Armenia	*57*
Full Internationals 1992-2015	*58*
International Players	*73*
National Coaches	*76*
Head-to-head statistics	*77*
Austria	*78*
Full Internationals 1902-2015	*79*
International Players	*140*
National Coaches	*152*
Head-to-head statistics	*153*
Azerbaijan	*154*
Full Internationals 1992-2015	*155*
International Players	*174*
National Coaches	*178*
Head-to-head statistics	*179*
Belarus	*180*
Full Internationals 1992-2015	*181*
International Players	*199*
National Coaches	*203*
Head-to-head statistics	*204*
Belgium	*205*
Full Internationals 1904-2015	*206*
International Players	*269*
National Coaches	*279*
Head-to-head statistics	*280*

ABBREVIATIONS

FG/Nr Number of first match played for the national team / Player counter
DOB Date of birth
FT Final Tournament

FIFA COUNTRY CODES – EUROPE

ALB	Albania
AND	Andorra
ARM	Armenia
AUT	Austria
AZE	Azerbaijan
BLR	Belarus
BEL	Belgium
BIH	Bosnia-Herzegovina
BUL	Bulgaria
CRO	Croatia
CYP	Cyprus
CZE	Czech Republic
DEN	Denmark
ENG	England
EST	Estonia
FRO	Faroe Islands
FIN	Finland
FRA	France
GEO	Georgia
GER	Germany
GRE	Greece
HUN	Hungary
ISL	Iceland
ISR	Israel
ITA	Italy
KAZ	Kazakhstan
LVA	Latvia
LIE	Liechtenstein
LTU	Lithuania
LUX	Luxembourg
MKD	Macedonia
MLT	Malta
MDA	Moldova
MNE	Montenegro
NED	Netherlands
NIR	Northern Ireland
NOR	Norway
POL	Poland
POR	Portugal
IRL	Republic of Ireland
ROU	Romania
RUS	Russia
SMR	San Marino
SCO	Scotland
SRB	Serbia
SVK	Slovakia
SVN	Slovenia
ESP	Spain
SWE	Sweden
SUI	Switzerland
TUR	Turkey
UKR	Ukraine
WAL	Wales

FIFA COUNTRY CODES – DEFUNCT EUROPEAN COUNTRIES

TCH	Czechoslovakia
GDR	East Germany
SAA	Saar
URS	Soviet Union
GER	West Germany
YUG	Yugoslavia

ALBANIA

The Country:
Republic of Albania (Republika e Shqipërisë)
Capital: Tiranë
Surface: 28,748 km²
Inhabitants: 2,893,005
Time: UTC+1

The FA:
Federata Shqiptare e Futbollit
Rruga e Elbasanit 1000 Tiranë
Foundation date: 06.06.1930
Member of FIFA since: 12.06.1932
Member of UEFA since: 1954

NATIONAL TEAM RECORDS

EUROPEAN CHAMPIONSHIP	
1960	Qualifiers
1964	Qualifiers
1968	Qualifiers
1972	Qualifiers
1976	*Did Not Enter*
1980	*Did Not Enter*
1984	Qualifiers
1988	Qualifiers
1992	Qualifiers
1996	Qualifiers
2000	Qualifiers
2004	Qualifiers
2008	Qualifiers
2012	Qualifiers
2016	Final Tournament (*to be played*)

FIFA WORLD CUP	
1930	*Did Not Enter*
1934	*Did Not Enter*
1938	*Did Not Enter*
1950	*Did Not Enter*
1954	*Did Not Enter*
1958	*Did Not Enter*
1962	*Did Not Enter*
1966	Qualifiers
1970	*Entry not accepted by FIFA*
1974	Qualifiers
1978	*Did Not Enter*
1982	Qualifiers
1986	Qualifiers
1990	Qualifiers
1994	Qualifiers
1998	Qualifiers
2002	Qualifiers
2006	Qualifiers
2010	Qualifiers
2014	Qualifiers

OLYMPIC FOOTBALL TOURNAMENTS 1900-2012							
1900	-	1936	-	1968	*Withdrew*	1992	Qualifiers
1904	-	1948	-	1972	Qualifiers	1996	*Did Not Enter*
1908	-	1952	-	1976	*Did Not Enter*	2000	Qualifiers
1912	-	1956	-	1980	*Did Not Enter*	2004	Qualifiers
1920	-	1960	-	1984	*Did Not Enter*	2008	Qualifiers
1924	-	1964	Qualifiers	1988	*Did Not Enter*	2012	Qualifiers
1928	-						

FIFA CONFEDERATIONS CUP 1992-2013
Did Not Enter

PLAYER WITH MOST INTERNATIONAL CAPS – Top 5			
1.	**Lorik Agim ÇANA**	-	88 caps (2003-2015)
2.	Altin LALA	-	79 caps (1998-2011)
3.	Klodian DURO	-	77 caps (2001-2011)
4.	Ervin SKELA	-	75 caps (2000-2011)
5.	Erjon BOGDANI	-	74 caps (1996-2013)

PLAYER WITH MOST INTERNATIONAL GOALS – Top 5			
1.	**Erjon BOGDANI**	-	18 goals / 74 caps (1996-2013)
2.	Alban BUSHI	-	14 goals / 67 caps (1995-2007)
3.	Ervin SKELA	-	13 goals / 75 caps (2000-2011)
4.	Altin RRAKLLI	-	11 goals / 63 caps (1992-2005)
	Hamdi SALIHI	-	11 goals / 50 caps (2006-2015)

FULL INTERNATIONALS (1946-2015)

1. 07.10.1946   **ALBANIA - YUGOSLAVIA**   **2-3(2-0)**   7th Balkan Cup
Stadiumi „Kombëtar Qemal Stafa", Tiranë; Referee: Radu Istrati (Romania); Attendance: 20,000
ALB: Dodë Tahiri (1/0), Muhamet Dibra (1/0), Rexhep Spahiu (1/0), Xhevdet Demneri (1/0), Sllave Llambi (1/0), Bimo Fakja (1/0), Aristidh Parapani (1/0), Qamil Teliti (1/1), Loro Boriçi (1/0) [46.Bahri Kavaja (1/0)], Vasif Biçaku (1/0), Pal Mirashi (1/1). Trainer: Ljubiša Broćić (Yugoslavia, 1).
Goals: Pal Mirashi (6), Qamil Teliti (8).

2. 09.10.1946   **ALBANIA - BULGARIA**   **3-1(1-1)**   7th Balkan Cup
Stadiumi „Kombëtar Qemal Stafa", Tiranë; Referee: Radu Istrati (Romania); Attendance: 20,000
ALB: Dodë Tahiri (2/0), Muhamet Dibra (2/0), Rexhep Spahiu (2/0) [Besim Fagu (1/0)], Bimo Fakja (2/0), Sllave Llambi (2/0), Bahri Kavaja (2/0), Aristidh Parapani (2/0), Qamil Teliti (2/1), Loro Boriçi (2/2), Vasif Biçaku (2/0), Pal Mirashi (2/2). Trainer: Ljubiša Broćić (Yugoslavia, 2).
Goals: Loro Boriçi (30, 65 penalty), Pal Mirashi (68).

3. 13.10.1946   **ALBANIA – ROMANIA**   **1-0(0-0)**   7th Balkan Cup
Stadiumi „Kombëtar Qemal Stafa", Tiranë; Referee: Marjan Matošić (Yugoslavia); Attendance: 20,000
ALB: Xhakomino Pozelli (1/0), Muhamet Dibra (3/0), Sllave Llambi (3/0), Rexhep Spahiu (3/0), Bimo Fakja (3/0), Bahri Kavaja (3/0), Aristidh Parapani (3/0), Qamil Teliti (3/2), Loro Boriçi (3/2), Vasif Biçaku (3/0), Pal Mirashi (3/2). Trainer: Ljubiša Broćić (Yugoslavia, 3).
Goal: Qamil Teliti (55).

4. 25.05.1947   **ALBANIA - ROMANIA**   **0-4(0-1)**   7th Balkan Cup
Stadiumi „Kombëtar Qemal Stafa", Tiranë; Referee: Árpád Kamarássy (Hungary); Attendance: 20,000
ALB: Alfred Bonati (1/0) [46.Qemal Vogli (1/0)], Muhamet Dibra (4/0), Besim Fagu (2/0), Bimo Fakja (4/0), Sllave Llambi (4/0), Bahri Kavaja (4/0), Aristidh Parapani (4/0), Vasif Biçaku (4/0), Loro Boriçi (4/2), Skënder Begeja (1/0), Zyhdi Barbullushi (1/0). Trainer: Adem Karapici (1).

5. 15.06.1947   **BULGARIA – ALBANIA**   **2-0(2-0)**   8th Balkan Cup
Yunak Stadion, Sofia; Referee: Milenko Podulski (Yugoslavia); Attendance: 40,000
ALB: Xhakomino Pozelli (2/0), Muhamet Dibra (5/0), Rexhep Spahiu (4/0), Hivzi Sakiqi (1/0), Sllave Llambi (5/0), Bahri Kavaja (5/0), Aristidh Parapani (5/0), Vasif Biçaku (5/0), Loro Boriçi (5/2), Skënder Begeja (2/0), Qamil Teliti (4/2). Trainer: Ljubiša Broćić (Yugoslavia, 4).

6. 20.08.1947   **HUNGARY - ALBANIA**   **3-0(2-0)**   8th Balkan Cup
Üllői út, Budapest; Referee: Dimitri Stoianov (Bulgaria); Attendance: 15,000
ALB: Xhakomino Pozelli (3/0), Muhamet Dibra (6/0), Sllave Llambi (6/0), Rexhep Spahiu (5/0), Hivzi Sakiqi (2/0), Besim Fagu (3/0), Aristidh Parapani (6/0), Qamil Teliti (5/2), Loro Boriçi (6/2), Vasif Biçaku (6/0), Skënder Begeja (3/0). Trainer: Ljubiša Broćić (Yugoslavia, 5).

7. 14.09.1947   **ALBANIA – YUGOSLAVIA**   **2-4(1-4)**   8th Balkan Cup
Stadiumi „Kombëtar Qemal Stafa", Tiranë; Referee: V. Verhovac (Czechoslovakia); Attendance: 20,000
ALB: Xhakomino Pozelli (4/0), Muhamet Dibra (7/0) [46.Xhevdet Shaqiri (1/0)], Rexhep Spahiu (6/0), Sllave Llambi (7/0), Besim Fagu (4/0), Sulejman Vathi (1/0), Aristidh Parapani (7/1), Qamil Teliti (6/2), Loro Boriçi (7/3), Vasif Biçaku (7/0), Skënder Begeja (4/0). Trainer: Adem Karapici (2).
Goals: Loro Boriçi (13), Aristidh Parapani (65).

8. 02.05.1948   **ROMANIA - ALBANIA**   **0-1(0-0)**   9th Balkan Cup
Stadionul Republicii, București; Referee: Dimitri Stoianov (Bulgaria); Attendance: 20,000
ALB: Xhakomino Pozelli (5/0), Muhamet Dibra (8/0) [Xhevdet Shaqiri (2/0)], Besim Fagu (5/0), Rexhep Spahiu (7/0), Sllave Llambi (8/0), Bimo Fakja (5/0), Aristidh Parapani (8/1), Bahri Kavaja (6/0), Loro Boriçi (8/3), Vasif Biçaku (8/0), Pal Mirashi (4/3). Trainer: Adem Karapici (3).
Goal: Pal Mirashi (65).

9. 23.05.1948   **ALBANIA - HUNGARY**   **0-0**   9th Balkan Cup
Stadiumi „Kombëtar Qemal Stafa", Tiranë; Referee: Leo Lemešić (Yugoslavia); Attendance: 20,000
ALB: Xhakomino Pozelli (6/0), Muhamet Dibra (9/0), Rexhep Spahiu (8/0), Sllave Llambi (9/0), Besim Fagu (6/0), Sulejman Vathi (2/0), Aristidh Parapani (9/1), Bahri Kavaja (7/0), Loro Boriçi (9/3), Vasif Biçaku (9/0), Pal Mirashi (5/3). Trainer: Adem Karapici (4).

10. 27.06.1948   **YUGOSLAVIA - ALBANIA**   **0-0**   9th Balkan Cup
Crvena zvezda Stadion, Beograd; Referee: Nikola Gelev (Bulgaria); Attendance: 25,000
ALB: Xhakomino Pozelli (7/0), Muhamet Dibra (10/0), Besim Fagu (7/0), Rexhep Spahiu (9/0), Sllave Llambi (10/0), Sulejman Vathi (3/0), Aristidh Parapani (10/1), Zihni Gjinali (1/0), Loro Boriçi (10/3), Vasif Biçaku (10/0), Pal Mirashi (6/3). Trainer: Adem Karapici (5).

11. 23.10.1949   **ROMANIA - ALBANIA**   **1-1(1-0)**   10th Balkan Cup
Stadionul Republicii, București; Referee: György Dankó (Hungary); Attendance: 40,000
ALB: Qemal Vogli (2/0), Muhamet Dibra (11/0), Sllave Llambi (11/0), Rexhep Spahiu (10/0), Xhevdet Shaqiri (3/0), Bahri Kavaja (8/0), Aristidh Parapani (11/1), Zihni Gjinali (2/0), Loro Boriçi (11/3), Vasif Biçaku (11/0), Qamil Teliti (7/3). Trainer: Sllave Llambi (1).
Goal: Qamil Teliti (50).

12. 16.11.1949   **POLAND - ALBANIA**   **2-1(1-0)**
Stadion „Marszał Józef Piłsudski", Warszawa; Referee: Jozef Nemčovský (Czechoslovakia); Attendance: 35,000
ALB: Qemal Vogli (3/0), Besim Boriçi (1/0), Sllave Llambi (12/0), Rexhep Spahiu (11/0), Xhevdet Shaqiri (4/0) [46.Skënder Jareçi (1/0)], Bahri Kavaja (9/0), Aristidh Parapani (12/1), Zihni Gjinali (3/1), Loro Boriçi (12/3), Qamil Teliti (8/3), Vasif Biçaku (12/0). Trainer: Sllave Llambi (2).
Goal: Zihni Gjinali (50 penalty).

13. 17.11.1949   **BULGARIA - ALBANIA**   **0-0**
Narodna Armiya Stadion, Sofia; Referee: Jaroslav Vlček (Czechoslovakia); Attendance: 40,000
ALB: Qemal Vogli (4/0), Besim Boriçi (2/0), Sllave Llambi (13/0), Rexhep Spahiu (12/0), Xhevdet Shaqiri (5/0), Bahri Kavaja (10/0), Qamil Teliti (9/3), Zihni Gjinali (4/1), Loro Boriçi (13/3), Vasif Biçaku (13/0), Lutfi Laçja (1/0). Trainer: Sllave Llambi (3).

14. 29.11.1949   **ALBANIA - ROMANIA**   **1-4(0-2)**
Stadiumi „Kombëtar Qemal Stafa", Tiranë; Referee: Ferenc Palásti (Hungary); Attendance: 40,000
ALB: Qemal Vogli (5/0), Besim Boriçi (3/0), Sllave Llambi (14/0), Rexhep Spahiu (13/0), Xhevdet Shaqiri (6/0), Bahri Kavaja (11/0), Aristidh Parapani (13/1), Zihni Gjinali (5/1), Loro Boriçi (14/3), Vasif Biçaku (14/0), Pal Mirashi (7/4). Trainer: Ludovik Jakova (1).
Goal: Pal Mirashi (50).

15. 01.05.1950 **ALBANIA - POLAND** 0-0
Stadiumi „Kombëtar Qemal Stafa", Tiranë; Referee: György Dankó (Hungary); Attendance: 20,000
ALB: Alfred Bonati (2/0), Muhamet Dibra (12/0), Xhevdet Shaqiri (7/0), Rexhep Spahiu (14/0) [Sulejman Vathi (4/0)], Besim Boriçi (4/0), Bahri Kavaja (12/0), Aristidh Parapani (14/1), Zihni Gjinali (6/1), Loro Boriçi (15/3), Vasif Biçaku (15/0), Pal Mirashi (8/4). Trainer: Ludovik Jakova (2).

16. 04.06.1950 **ALBANIA – BULGARIA** 2-1(1-0)
Stadiumi „Kombëtar Qemal Stafa", Tiranë; Referee: Jaroslav Vlček (Czechoslovakia); Attendance: 30,000
ALB: Alfred Bonati (3/0), Muhamet Dibra (13/0), Sllave Llambi (15/0), Rexhep Spahiu (15/0), Sabri Peqini (1/0), Qamil Teliti (10/3), Bahri Kavaja (13/0), Sulejman Vathi (5/0), Loro Boriçi (16/4), Vasif Biçaku (16/1), Muharrem Karankxha (1/0) [Lutfi Laçja (2/0)]. Trainer: Ludovik Jakova (3).
Goals: Loro Boriçi (21), Vasif Biçaku (56).

17. 17.09.1950 **CZECHOSLOVAKIA - ALBANIA** 3-0(1-0)
Strahov stadion, Praha; Referee: János Pósa-Polaretzki (Hungary); Attendance: 35,000
ALB: Qemal Vogli (6/0), Muhamet Dibra (14/0), Besim Boriçi (5/0), Rexhep Spahiu (16/0), Xhevdet Shaqiri (8/0), Sllave Llambi (16/0), Aristidh Parapani (15/1), Zihni Gjinali (7/1), Loro Boriçi (17/4), Skënder Jareçi (2/0), Hamdi Bakalli (1/0). Trainer: Ludovik Jakova (4).

18. 24.09.1950 **HUNGARY - ALBANIA** 12-0(5-0)
Megyeri út, Budapest; Referee: Jozef Nemčovský (Czechoslovakia); Attendance: 38,000
ALB: Qemal Vogli (7/0) [53.Sulejman Maliqati (1/0)], Muhamet Dibra (15/0) [23.Rexhep Laçej (1/0)], Besim Boriçi (6/0), Rexhep Spahiu (17/0), Xhevdet Shaqiri (9/0), Sllave Llambi (17/0), Aristidh Parapani (16/1), Zihni Gjinali (8/1), Loro Boriçi (18/4), Skënder Jareçi (3/0), Hamdi Bakalli (2/0). Trainer: Ludovik Jakova (5).

19. 08.10.1950 **ROMANIA - ALBANIA** 6-0(5-0)
Stadionul Republicii, București; Referee: Jaroslav Vlček (Czechoslovakia); Attendance: 40,000
ALB: Qemal Vogli (8/0), Muhamet Dibra (16/0), Sllave Llambi (18/0), Rexhep Spahiu (18/0), Xhevdet Shaqiri (10/0), Sabri Peqini (2/0) [46.M.Karankxha (2/0)], Aristidh Parapani (17/1), Zihni Gjinali (9/1), Skënder Jareçi (4/0), Loro Boriçi (19/4), Hamdi Bakalli (3/0). Trainer: Ludovik Jakova (6).

20. 29.11.1952 **ALBANIA - CZECHOSLOVAKIA** 3-2(2-0)
Stadiumi „Kombëtar Qemal Stafa", Tiranë; Referee: Constantin Mitran (Romania); Attendance: 35,000
ALB: Qemal Vogli (9/0), Muhamet Dibra (17/0), Besim Fagu (8/0), Rexhep Spahiu (19/0) [Fadil Vogli (1/0)], Xhevdet Shaqiri (11/0), Muhamet Vila (1/0), Qamil Teliti (11/4), Zihni Gjinali (10/2), Loro Boriçi (20/4), Skënder Jareçi (5/1), Refik Resmja (1/0). Trainer: Myslym Alla (1).
Goals: Zihni Gjinali (2), Qamil Teliti (43), Skënder Jareçi (89).

21. 07.12.1952 **ALBANIA - CZECHOSLOVAKIA** 2-1(2-1)
Stadiumi „Kombëtar Qemal Stafa", Tiranë; Referee: Constantin Mitran (Romania); Attendance: 18,000
ALB: Qemal Vogli (10/0), Muhamet Dibra (18/0), Isuf Pelingu (1/0), Rexhep Spahiu (20/0), Muhamet Vila (2/0), Xhevdet Shaqiri (12/0) [Sabri Peqini (3/0)], Qamil Teliti (12/4) [Aristidh Parapani (18/1)], Zihni Gjinali (11/3), Loro Boriçi (21/5), Skënder Jareçi (6/1), Refik Resmja (2/0). Trainer: Myslym Alla (2).
Goals: Zihni Gjinali (5), Loro Boriçi (17).

22. 29.11.1953 **ALBANIA - POLAND** 2-0(2-0)
Stadiumi „Kombëtar Qemal Stafa", Tiranë; Referee: Andor Dorogi (Hungary); Attendance: 20,000
ALB: Sulejman Maliqati (2/0), Leonida Dashi (1/0), Besim Fagu (9/0), Muhamet Dibra (19/0), Xhevdet Shaqiri (13/0), Muhamet Vila (3/0), Hamdi Bakalli (4/0), Skënder Jareçi (7/1), Loro Boriçi (22/6), Refik Resmja (3/1), Simon Deda (1/0). Trainer: Miklós Vadas (Hungary, 1).
Goals: Loro Boriçi (12), Refik Resmja (35)

23. 15.09.1957 **CHINA P.R. – ALBANIA** 3-2(1-1)
Pen Nun Ton Stadium, Peking; Referee: Li Xhu Yan (China P.R.); Attendance: 40,000
ALB: Dimither Qoshja (1/0) [Shefqet Topi (1/0)], Fathbardh Deliallisi (1/0), Besim Fagu (10/0) [Shyqry Rreli (1/0)], Qamil Alluni (1/0), Xhevdet Shaqiri (14/0) [Kolec Kraja (1/1)], Gani Merja (1/0), Eqerem Tallushi (1/0), Miço Ndini (1/1), Enver Shehu (1/0) [Loro Boriçi (23/6)], Refik Resmja (4/1), Simon Deda (2/0). Trainer: Loro Boriçi (1).
Goals: Miço Ndini (17), Kolec Kraja (64).

24. 04.05.1958 **ALBANIA – EAST GERMANY** 1-1(0-0)
Stadiumi „Kombëtar Qemal Stafa", Tiranë; Referee: Szilárd Sipos (Hungary); Attendance: 20,000
ALB: Sulejman Maliqati (3/0), Fathbardh Deliallisi (2/0), Besim Fagu (11/0), Qamil Alluni (2/0), Miço Ndini (2/1), Gani Merja (2/0), Kolec Kraja (2/2), Avdulla Duma (1/0) [46.Dimitraq Gjyli (1/0)], Skënder Jareçi (8/1), Refik Resmja (5/1), Simon Deda (3/0). Trainer: Loro Boriçi (2).
Goal: Kolec Kraja (6).

25. 09.06.1963 **ALBANIA – BULGARIA** 0-1(0-1) 18th OG. Qualifiers
Stadiumi „Kombëtar Qemal Stafa", Tiranë; Referee: Lajos Horváth (Hungary); Attendance: 15,000
ALB: Sulejman Maliqati (4/0), Fathbardh Deliallisi (3/0), Miço Papadophulli (1/0), Ali Mema (1/0), Gani Merja (3/0), Lin Shllaku (1/0), Lorenc Vorfi (1/0), Mehdi Bushati (1/0), Robert Jashari (1/0), Panajot Pano (1/0), Refik Resmja (6/1). Trainer: Loro Boriçi (3).

26. 16.06.1963 **BULGARIA – ALBANIA** 1-0(1-0) 18th OG. Qualifiers
„Vasil Levski" Stadion, Sofia; Referee: Demostene Stathatos (Greece); Attendance: 25,200
ALB: Sulejman Maliqati (5/0), Fathbardh Deliallisi (4/0), Gëzim Kasmi (1/0), Ali Mema (2/0), Skënder Halili (1/0), Lin Shllaku (2/0), Kolec Kraja (3/2), Panajot Pano (2/0), Pavllo Bukoviku (1/0), Robert Jashari (2/0), Fiqiri Thoma Duro (1/0). Trainer: Loro Boriçi (4).

27. 29.06.1963 **DENMARK - ALBANIA** 4-0(3-0) 2nd EC. 2nd Round
Idrætsparken Stadion, København; Referee: Einar Boström (Sweden); Attendance: 25,200
ALB: Sulejman Maliqati (6/0), Fathbardh Deliallisi (5/0), Skënder Halili (2/0), Fatmir Frashëri (1/0), Gëzim Kasmi (2/0), Lin Shllaku (3/0), Lorenc Vorfi (2/0), Mehdi Bushati (2/0), Pavllo Bukoviku (2/0), Panajot Pano (3/0), Fiqiri Thoma Duro (2/0). Trainer: Loro Boriçi (5).

28. 30.10.1963 **ALBANIA - DENMARK** 1-0(1-0) 2nd EC. 2nd Round
Stadiumi „Kombëtar Qemal Stafa", Tiranë; Referee: Joseph Cassar Naudi (Malta); Attendance: 27,765
ALB: Shefqet Topi (2/0), Fathbardh Deliallisi (6/0), Skënder Halili (3/0), Fatmir Frashëri (2/0), Ali Mema (3/0), Lin Shllaku (4/0), Andon Zaho (1/0), Mehdi Bushati (3/0), Panajot Pano (4/1), Pavllo Bukoviku (3/0), Enver Ibërshimi (1/0). Trainer: Zyber Konçi (1).
Goal: Panajot Pano (3).

29. 24.05.1964   **NETHERLANDS – ALBANIA**   **2-0(0-0)**   8th FIFA WC. Qualifiers
Stadion Feyenoord, Rotterdam; Referee: John Meighan (Republic of Ireland); Attendance: 28,745
ALB: Mikel Janku (1/0), Fathbardh Deliallisi (7/0), Skënder Halili (4/0), Fatmir Frashëri (3/0), Ali Mema (4/0), Lin Shllaku (5/0), Bahri Ishka (1/0), Mehdi Bushati (4/0), Pavllo Bukoviku (4/0), Panajot Pano (5/1), Robert Jashari (3/0). Trainer: Zyber Konçi (2).

30. 11.10.1964   **ALBANIA – ALGERIA**   **1-1(0-0)**
Stadiumi „Kombëtar Qemal Stafa", Tiranë; Referee: Hysenaj (Albania); Attendance: 15,000
ALB: Mikel Janku (2/0), Fathbardh Deliallisi (8/0), Skënder Halili (5/0), Fatmir Frashëri (4/0), Ali Mema (5/0), Lin Shllaku (6/0), Bahri Ishka (2/0) [Robert Jashari (4/0)], Mehdi Bushati (5/0) [Iljaz Çeço (1/0)], Mexhit Haxhiu (1/1), Panajot Pano (6/1), Sotir Seferaj (1/0). Trainer: Zyber Konçi (3).
Goal: Mexhit Haxhiu (9).

31. 25.10.1964   **ALBANIA – NETHERLANDS**   **0-2(0-1)**   8th FIFA WC. Qualifiers
Stadiumi „Kombëtar Qemal Stafa", Tiranë; Referee: Petar Djonev (Bulgaria); Attendance: 25,579
ALB: Mikel Janku (3/0), Fathbardh Deliallisi (9/0), Skënder Halili (6/0), Fatmir Frashëri (5/0), Ali Mema (6/0), Lin Shllaku (7/0), Lorenc Vorfi (3/0), Mehdi Bushati (6/0), Panajot Pano (7/1), Iljaz Çeço (2/0), Robert Jashari (5/0). Trainer: Zyber Konçi (4).

32. 11.04.1965   **ALBANIA – SWITZERLAND**   **0-2(0-1)**   8th FIFA WC. Qualifiers
Stadiumi „Kombëtar Qemal Stafa", Tiranë; Referee: Antonio Sbardella (Italy); Attendance: 27,291
ALB: Mikel Janku (4/0), Fathbardh Deliallisi (10/0), Skënder Halili (7/0), Fatmir Frashëri (6/0), Ali Mema (7/0), Lin Shllaku (8/0), Lorenc Vorfi (4/0), Mehdi Bushati (7/0), Panajot Pano (8/1), Mexhit Haxhiu (2/1), Niko Xhaçka (1/0). Trainer: Zyber Konçi (5).

33. 02.05.1965   **SWITZERLAND – ALBANIA**   **1-0(1-0)**   8th FIFA WC. Qualifiers
Stade Charmilles, Genève; Referee: Adolfo Bueno Perales (Spain); Attendance: 24,108
ALB: Mikel Janku (5/0), Fathbardh Deliallisi (11/0), Skënder Halili (8/0), Fatmir Frashëri (7/0), Ali Mema (8/0), Lin Shllaku (9/0), Panajot Pano (9/1), Ramazan Rragami (1/0), Fiqiri Thoma Duro (3/0), Medin Zhega (1/0), Robert Jashari (6/0). Trainer: Zyber Konçi (6).

34. 07.05.1965   **NORTHERN IRELAND – ALBANIA**   **4-1(2-0)**   8th FIFA WC. Qualifiers
Windsor Park, Belfast; Referee: Norman Mootz (Luxembourg); Attendance: 16,017
ALB: Mikel Janku (6/0), Fathbardh Deliallisi (12/0), Skënder Halili (9/0), Fatmir Frashëri (8/0), Ali Mema (9/0), Lin Shllaku (10/0), Panajot Pano (10/1), Ramazan Rragami (2/0), Fiqiri Thoma Duro (4/0), Pavllo Bukoviku (5/0), Robert Jashari (7/1). Trainer: Zyber Konçi (7).
Goal: Robert Jashari (49).

35. 24.11.1965   **ALBANIA – NORTHERN IRELAND**   **1-1(0-0)**   8th FIFA WC. Qualifiers
Stadiumi „Kombëtar Qemal Stafa", Tiranë; Referee: Petre Sotir (Romania); Attendance: 16,381
ALB: Mikel Janku (7/0), Fatmir Frashëri (9/0), Skënder Halili (10/0), Gëzim Kasmi (3/0), Ali Mema (10/0), Lin Shllaku (11/0), Foto Andoni (1/0), Ramazan Rragami (3/0), Medin Zhega (2/1), Mexhit Haxhiu (3/1), Bashkim Rudi (1/0). Trainer: Loro Boriçi (6).
Goal: Medin Zhega (77).

36. 08.04.1967   **WEST GERMANY - ALBANIA**   **6-0(2-0)**   3rd EC. Qualifiers
Westfalen-Stadion, Dortmund; Referee: Martti Hirviniemi (Finland); Attendance: 30,000
ALB: Mikel Janku (8/0), Fatmir Frashëri (10/0), Ali Mema (11/0), Teodor Vaso (1/0), Ramazan Rragami (4/0), Josif Kazanxhi (1/0), Niko Xhaçka (2/0), Skënder Hyka (1/0), Panajot Pano (11/1), Sabah Bizi (1/0), Bahri Ishka (3/0). Trainer: Loro Boriçi (7).

37. 14.05.1967   **ALBANIA - YUGOSLAVIA**   **0-2(0-1)**   3rd EC. Qualifiers
Stadiumi „Kombëtar Qemal Stafa", Tiranë; Referee: Kostas Xanthoulis (Cyprus); Attendance: 18,573
ALB: Mikel Janku (9/0), Fatmir Frashëri (11/0), Josif Kazanxhi (2/0), Teodor Vaso (2/0), Ali Mema (12/0), Lin Shllaku (12/0), Lorenc Vorfi (5/0), Medin Zhega (3/1), Panajot Pano (12/1), Ramazan Rragami (5/0), Niko Xhaçka (3/0). Trainer: Loro Boriçi (8).

38. 12.11.1967   **YUGOSLAVIA - ALBANIA**   **4-0(1-0)**   3rd EC. Qualifiers
Stadion JNA, Beograd; Referee: Andrei Rădulescu (Romania); Attendance: 35,000
ALB: Jani Rama (1/0), Frederik Jorgaqi (1/0), Gani Xhafa (1/0), Teodor Vaso (3/0), Ramazan Rragami (6/0), Lin Shllaku (13/0), Panajot Pano (13/1), Ali Mema (13/0), Medin Zhega (4/1), Sabah Bizi (2/0), Foto Andoni (2/0). Trainer: Loro Boriçi (9).

39. 17.12.1967   **ALBANIA - WEST GERMANY**   **0-0**   3rd EC. Qualifiers
Stadiumi „Kombëtar Qemal Stafa", Tiranë; Referee: Ferdinand Marschall (Austria); Attendance: 21,889
ALB: Koço Dinella (1/0), Frederik Gjinali (1/0), Frederik Jorgaqi (2/0), Lin Shllaku (14/0), Teodor Vaso (4/0), Ramazan Rragami (7/0), Ali Mema (14/0), Josif Kazanxhi (3/0), Sabah Bizi (3/0), Panajot Pano (14/1), Medin Zhega (5/1). Trainer: Loro Boriçi (10).

40. 14.10.1970   **POLAND - ALBANIA**   **3-0(1-0)**   4th EC. Qualifiers
Śląski Stadion, Chorzów; Referee: Andreas Kouniaides (Cyprus); Attendance: 8,507
ALB: Koço Dinella (2/0), Fatmir Frashëri (12/0), Perikli Dhales (1/0), Gëzim Kasmi (4/0), Bujar Cani (1/0), Lin Shllaku (15/0), Iljaz Çeço (3/0), Ramazan Rragami (8/0), Sabah Bizi (4/0), Panajot Pano (15/1), Medin Zhega (6/1). Trainer: Loro Boriçi (11).

41. 13.12.1970   **TURKEY - ALBANIA**   **2-1(2-1)**   4th EC. Qualifiers
„Mithat Paşa" Stadium, Istanbul; Referee: János Biróczky (Hungary); Attendance: 39,000
ALB: Koço Dinella (3/0) [46.Jani Rama (2/0)], Perikli Dhales (2/0), Safet Berisha (1/0), Bujar Cani (2/0), Astrit Ziu (1/1), Ramazan Rragami (9/0), Teodor Vaso (5/0), Sabah Bizi (5/0), Iljaz Çeço (4/0), Panajot Pano (16/1), Medin Zhega (7/1). Trainer: Loro Boriçi (12).
Goal: Astrit Ziu (22).

42. 17.02.1971   **ALBANIA - WEST GERMANY**   **0-1(0-1)**   4th EC. Qualifiers
Stadiumi „Kombëtar Qemal Stafa", Tiranë; Referee: Todor Bechkirov (Bulgaria); Attendance: 18,082
ALB: Koço Dinella (4/0), Mihal Gjika (1/0), Perikli Dhales (3/0), Bujar Cani (3/0), Gëzim Kasmi (5/0), Ramazan Rragami (10/0), Teodor Vaso (6/0), Sabah Bizi (6/0), Astrit Ziu (2/1), Iljaz Çeço (5/0), Panajot Pano (17/1). Trainer: Loro Boriçi (13).

43. 18.04.1971   **ROMANIA - ALBANIA**   **2-1(1-0)**   20th OG. Qualifiers
Stadionul Republicii, Bucureşti; Referee: Franz Wöhrer (Austria); Attendance: 9,000
ALB: Koço Dinella (5/0), Mihal Gjika (2/0), Perikli Dhales (4/0), Astrit Ziu (3/1), Bujar Cani (4/0), Ramazan Rragami (11/0), Teodor Vaso (7/0) [50.Gëzim Kasmi (6/0)], Iljaz Çeço (6/0), Sabah Bizi (7/0), Panajot Pano (18/1), Medin Zhega (8/2). Trainer: Loro Boriçi (14).
Goal: Medin Zhega (55).

44. 12.05.1971   **ALBANIA - POLAND**   **1-1(1-1)**   4th EC. Qualifiers
Stadiumi „Kombëtar Qemal Stafa", Tiranë; Referee: Robert Heliès (France); Attendance: 18,812
ALB: Koço Dinella (6/0), Mihal Gjika (3/0), Perikli Dhales (5/0), Bujar Cani (5/0), Gëzim Kasmi (7/0), Ramazan Rragami (12/0), Teodor Vaso (8/0) [46.Safet Berisha (2/0)], Sabah Bizi (8/0), Iljaz Çeço (7/0), Panajot Pano (19/1), Medin Zhega (9/3). Trainer: Loro Boriçi (15).
Goal: Medin Zhega (31).

45. 26.05.1971   **ALBANIA - ROMANIA**   **1-2(1-0)**   20th OG. Qualifiers
Stadiumi „Kombëtar Qemal Stafa", Tiranë; Referee: Mohammed El Azari (Morocco); Attendance: 25,000
ALB: Koço Dinella (7/0), Mihal Gjika (4/0), Safet Berisha (3/0), Gëzim Kasmi (8/0), Bujar Cani (6/0), Ramazan Rragami (13/0), Ilir Përnaska (1/0), Medin Zhega (10/3) [82.Maksut Leshteni (1/0)], Sabah Bizi (9/0), Panajot Pano (20/2), Agim Janku (1/0) [69.Faruk Sejdini (1/0)]. Trainer: Loro Boriçi (16).
Goal: Panajot Pano (29).

46. 12.06.1971   **WEST GERMANY - ALBANIA**   **2-0(2-0)**   4th EC. Qualifiers
Wildpark Stadion, Karlsruhe; Referee: Timoleon Latsios (Greece); Attendance: 44,833
ALB: Bashkim Muhedini (1/0), Mihal Gjika (5/0), Safet Berisha (4/0), Bujar Cani (7/0), Astrit Ziu (4/1), Faruk Sejdini (2/0), Ramazan Rragami (14/0), Sabah Bizi (10/0), Vlado Balluku (1/0) [53.Teodor Vaso (9/0)], Panajot Pano (21/2), Medin Zhega (11/3). Trainer: Loro Boriçi (17).

47. 14.11.1971   **ALBANIA - TURKEY**   **3-0(1-0)**   4th EC. Qualifiers
Stadiumi „Kombëtar Qemal Stafa", Tiranë; Referee: Iván Pláček (Czechoslovakia); Attendance: 18,519
ALB: Bashkim Muhedini (2/0), Mihal Gjika (6/0), Safet Berisha (5/0), Bujar Cani (8/0), Astrit Ziu (5/1), Faruk Sejdini (3/0), Iljaz Çeço (8/0), Sabah Bizi (11/0), Ilir Përnaska (2/2), Panajot Pano (22/3), Maksut Leshteni (2/0) [70.Nevruz Deçka (1/0)]. Trainer: Loro Boriçi (18).
Goals: Ilir Përnaska (22, 55), Panajot Pano (60).

48. 21.06.1972   **FINLAND - ALBANIA**   **1-0(0-0)**   10th FIFA WC. Qualifiers
Olympiastadion, Helsinki; Referee: Bertil Wilhelm Lööw (Sweden); Attendance: 1,431
ALB: Bashkim Muhedini (3/0), Mihal Gjika (7/0), Bujar Cani (9/0), Safet Berisha (6/0), Astrit Ziu (6/1), Ramazan Rragami (15/0), Sabah Bizi (12/0), Faruk Sejdini (4/0), Gani Xhafa (2/0) [62.Vlado Balluku (2/0)], Ilir Përnaska (3/2), Panajot Pano (23/3). Trainer: Loro Boriçi (19).

49. 29.10.1972   **ROMANIA - ALBANIA**   **2-0(1-0)**   10th FIFA WC. Qualifiers
Stadionul „23 August", Bucureşti; Referee: Leonidas Vamvakoulas (Greece); Attendance: 40,000
ALB: Bashkim Muhedini (4/0), Mihal Gjika (8/0), Safet Berisha (7/0), Faruk Sejdini (5/0), Rifat Ibërshimi (1/0), Gani Xhafa (3/0), Ramazan Rragami (16/0), Sabah Bizi (13/0), Milto Gurma (1/0), Ilir Përnaska (4/2), Panajot Pano (24/3). Trainer: Myslym Alla (3).

50. 08.04.1973   **EAST GERMANY - ALBANIA**   **2-0(0-0)**   10th FIFA WC. Qualifiers
„Ernst Grube" Stadion, Magdeburg; Referee: Robert Heliès (France); Attendance: 25,000
ALB: Jani Rama (3/0), Mihal Gjika (9/0), Safet Berisha (8/0), Faruk Sejdini (6/0), Rifat Ibërshimi (2/0), Gani Xhafa (4/0), Ramazan Rragami (17/0), Milto Gurma (2/0), Ilir Përnaska (5/2), Panajot Pano (25/3), Uran Xhafa (1/0). Trainer: Myslym Alla (4).

51. 06.05.1973   **ALBANIA - ROMANIA**   **1-4(0-2)**   10th FIFA WC. Qualifiers
Stadiumi „Kombëtar Qemal Stafa", Tiranë; Referee: Marijan Raus (Yugoslavia); Attendance: 25,000
ALB: Jani Rama (4/0) [30.Bashkim Muhedini (5/0)], Mihal Gjika (10/0), Safet Berisha (9/0), Rifat Ibërshimi (3/0), Gani Xhafa (5/0), Faruk Sejdini (7/0), Sefedin Braho (1/0), Ramazan Rragami (18/0), Sabah Bizi (14/1), Ilir Përnaska (6/2) [10.Uran Xhafa (2/0)], Panajot Pano (26/3). Trainer: Myslym Alla (5).
Goal: Sabah Bizi (87).

52. 10.10.1973   **ALBANIA - FINLAND**   **1-0(1-0)**   10th FIFA WC. Qualifiers
Stadiumi „Kombëtar Qemal Stafa", Tiranë; Referee: Aurelio Angonese (Italy); Attendance: 25,000
ALB: Koço Dinella (8/0), Millan Vaso (1/0), Safet Berisha (10/0), Faruk Sejdini (8/0), Rifat Ibërshimi (4/0), Naiz Allaj (1/0) [46.Milto Gurma (3/0)], Ramazan Rragami (19/1), Thodor Kalluçi (1/0), Sefedin Braho (2/0), Ismet Hoxha (1/0), Ilir Përnaska (7/2) [46.Agim Murati (1/0)]. Trainer: Ilia Shuke (1).
Goal: Ramazan Rragami (25 penalty).

53. 03.11.1973   **ALBANIA - EAST GERMANY**   **1-4(1-2)**   10th FIFA WC. Qualifiers
Stadiumi „Kombëtar Qemal Stafa", Tiranë; Referee: Paul Bonett (Malta); Attendance: 25,000
ALB: Bashkim Muhedini (6/0) [67.Fatmir Ismaili (1/0)], Mihal Gjika (11/1), Safet Berisha (11/0), Millan Vaso (2/0), Rifat Ibërshimi (5/0), Faruk Sejdini (9/0), Ramazan Rragami (20/1), Sefedin Braho (3/0), Ilir Përnaska (8/2), Panajot Pano (27/3), Spiko Çuri (1/0) [46.Ismet Hoxha (2/0)]. Trainer: Ilia Shuke (2).
Goal: Mihal Gjika (16).

54. 07.11.1973   **ALBANIA - P.R.CHINA**   **1-1(0-0)**
Stadiumi „Kombëtar Qemal Stafa", Tiranë; Referee: T. Neviri (Albania); Attendance: 15,000
ALB: Bashkim Muhedini (7/0), Mihal Gjika (12/1), Safet Berisha (12/0), Millan Vaso (3/0), Rifat Ibërshimi (6/0), Faruk Sejdini (10/0), Naiz Allaj (2/0), Ilir Përnaska (9/2), Agim Murati (2/0), Panajot Pano (28/4), Ismet Hoxha (3/0). Trainer: Ilia Shuke (3).
Goal: Panajot Pano (67).

55. 03.11.1976   **ALBANIA - ALGERIA**   **3-0(2-0)**
Stadiumi „Kombëtar Qemal Stafa", Tiranë; Referee: R. Pregja (Albania); Attendance: 15,000
ALB: Jani Kaçi (1/0) [Ahmet Ahmedani (1/0)], Millan Baçi (1/0), Safet Berisha (13/0) [Milto Gurma (4/0)], Rifat Ibërshimi (7/0), Antonin Naçi (1/0), Ferdinand Lleshi (1/0), Agim Murati (3/0), Sabah Bizi (15/1), Ilir Përnaska (10/4), Vasillaq Zëri (1/0) [Faruk Sejdini (11/0)], Shyqyri Ballgjini (1/1). Trainer: Loro Boriçi (20).
Goals: Shyqyri Ballgjini (30), Ilir Përnaska (31, 80).

56. 03.09.1980   **ALBANIA - FINLAND**   **2-0(2-0)**   12th FIFA WC. Qualifiers
Stadiumi „Kombëtar Qemal Stafa", Tiranë; Referee: Emmanuel Platopoulos (Greece); Attendance: 25,000
ALB: Jani Kaçi (2/0), Millan Baçi (2/1), Safet Berisha (14/0), Kastriot Hysi (1/0), Muhedin Targaj (1/0), Ferit Rragami (1/0), Ferdinand Lleshi (2/0), Andrea Marko (1/0), Sefedin Braho (4/1), Vasillaq Zëri (2/0), Arben Minga (1/0) [70.Dashnor Bajaziti (1/0)]. Trainer: Zyber Konçi (1).
Goals: Sefedin Braho (2), Millan Baçi (18).

57. 19.10.1980   **BULGARIA - ALBANIA**   **2-1(1-0)**   12th FIFA WC. Qualifiers
„Vasil Levski" Stadion, Sofia; Referee: Talat Tokat (Turkey); Attendance: 16,000
ALB: Jani Kaçi (3/0), Millan Baçi (3/1), Safet Berisha (15/0), Kastriot Hysi (2/0), Muhedin Targaj (2/0), Kreshnik Çipi (1/0), Vasillaq Zëri (3/0) [58.Dashnor Bajaziti (2/0)], Haxhi Ballgjini (1/0), Ferdinand Lleshi (3/0), Sefedin Braho (5/1), Ilir Përnaska (11/5). Trainer: Zyber Konçi (2).
Goal: Ilir Përnaska (69).

58. 15.11.1980   **AUSTRIA - ALBANIA**   **5-0(3-0)**   12th FIFA WC. Qualifiers
Praterstadion, Wien; Referee: Rudolf Renggli (Switzerland); Attendance: 31,000
ALB: Jani Kaçi (4/0), Millan Baçi (4/1), Safet Berisha (16/0), Kastriot Hysi (3/0), Muhedin Targaj (3/0), Haxhi Ballgjini (2/0), Ferdinand Lleshi (4/0), Dashnor Bajaziti (3/0), Kreshnik Çipi (2/0), Sefedin Braho (6/1) [61.Aleko Bregu (1/0)], Ilir Përnaska (12/5). Trainer: Zyber Konçi (3).

59. 06.12.1980   **ALBANIA - AUSTRIA**   **0-1(0-1)**   12th FIFA WC. Qualifiers
Stadiumi „Kombëtar Qemal Stafa", Tiranë; Referee: László Pádár (Hungary); Attendance: 25,000
ALB: Jani Kaçi (5/0), Millan Baçi (5/1), Safet Berisha (17/0), Kastriot Hysi (4/0), Muhedin Targaj (4/0), Ferit Rragami (2/0), Ferdinand Lleshi (5/0), Andrea Marko (2/0) [66.Ilir Lame (1/0)], Sefedin Braho (7/1) [58.Agustin Kola (1/0)], Vasillaq Zëri (4/0), Ilir Përnaska (13/5). Trainer: Zyber Konçi (4).

60. 01.04.1981   **ALBANIA - WEST GERMANY**   **0-2(0-1)**   12th FIFA WC. Qualifiers
Stadiumi „Kombëtar Qemal Stafa", Tiranë; Referee: Antonín Vencel (Czechoslovakia); Attendance: 30,000
ALB: Jani Kaçi (6/0), Muhedin Targaj (5/0), Safet Berisha (18/0), Kujtim Çoçoli (1/0), Kastriot Hysi (5/0), Ilir Lame (2/0), Uran Xhafa (3/0) [74.Millan Baçi (6/1)], Shyqyri Ballgjini (2/1), Ilir Përnaska (14/5), Arben Minga (2/0), Ferdinand Lleshi (6/0). Trainer: Loro Boriçi (21).

61. 02.09.1981   **FINLAND - ALBANIA**   **2-1(0-0)**   12th FIFA WC. Qualifiers
Urheilukeskus Stadion, Kotka; Referee: Ib Nielsen (Denmark); Attendance: 6,830
ALB: Perlat Musta (1/0), Muhedin Targaj (6/1), Safet Berisha (19/0), Kujtim Çoçoli (2/0), Kastriot Hysi (6/0), Haxhi Ballgjini (3/0), Ilir Lame (3/0), Ferdinand Lleshi (7/0), Ilir Përnaska (15/5) [13.Arben Minga (3/0)], Roland Luçi (1/0) [74.Ferit Rragami (3/0)], Shyqyri Ballgjini (3/1). Trainer: Loro Boriçi (22).
Goal: Muhedin Targaj (47 penalty).

62. 14.10.1981   **ALBANIA - BULGARIA**   **0-2(0-0)**   12th FIFA WC. Qualifiers
Stadiumi „Kombëtar Qemal Stafa", Tiranë; Referee: Adolf Prokop (East Germany); Attendance: 25,000
ALB: Perlat Musta (2/0), Millan Baçi (7/1), Safet Berisha (20/0), Kujtim Çoçoli (3/0), Muhedin Targaj (7/1), Ferit Rragami (4/0), Ilir Lame (4/0), Haxhi Ballgjini (4/0), Arben Minga (4/0), Vasillaq Zëri (5/0) [75.Luan Seiti (1/0)], Agustin Kola (2/0). Trainer: Loro Boriçi (23).

63. 18.11.1981   **WEST GERMANY - ALBANIA**   **8-0(5-0)**   12th FIFA WC. Qualifiers
Westfalen Stadion, Dortmund; Referee: Reidar Björnstad (Norway); Attendance: 40,000
ALB: Perlat Musta (3/0) [58.Ilir Luarasi (1/0)], Muhedin Targaj (8/1), Safet Berisha (21/0), Kastriot Hysi (7/0), Agustin Kola (3/0), Ferdinand Lleshi (8/0), Ferit Rragami (5/0), Haxhi Ballgjini (5/0), Ardan Popa (1/0), Sefedin Braho (8/1), Roland Luçi (2/0). Trainer: Loro Boriçi (24).

64. 22.09.1982   **AUSTRIA - ALBANIA**   **5-0(2-0)**   7th EC. Qualifiers
„Gerhard Hannapi" Stadion, Wien; Referee: Iordan Zhezhov (Bulgaria); Attendance: 9,111
ALB: Ilir Luarasi (2/0), Pedro Ruçi (1/0), Muhedin Targaj (9/1), Aleko Bregu (2/0), Arian Hametaj (1/0), Luan Vukatana (1/0), Bedri Omuri (1/0), Haxhi Ballgjini (6/0), Dashnor Bajaziti (4/0) [55.Shkëlqim Muça (1/0)], Roland Luçi (3/0), Agustin Kola (4/0) [70.Vasillaq Zëri (6/0)]. Trainer: Shyqyri Rreli (1).

65. 27.10.1982   **TURKEY – ALBANIA**   **1-0(0-0)**   7th EC. Qualifiers
„Kemal Atatürk" Stadyumu, Izmir; Referee: Ion Igna (Romania); Attendance: 35,000
ALB: Perlat Musta (4/0), Pedro Ruçi (2/0), Arian Hametaj (2/0), Muhedin Targaj (10/1), Arian Bimo (1/0), Bedri Omuri (2/0), Haxhi Ballgjini (7/0), Luan Vukatana (2/0), Shkëlqim Muça (2/0) [46.Arben Minga (5/0)], Roland Luçi (4/0), Agustin Kola (5/0). Trainer: Shyqyri Rreli (2).

66. 15.12.1982   **ALBANIA - NORTHERN IRELAND**   **0-0**   7th EC. Qualifiers
Stadiumi „Kombëtar Qemal Stafa", Tiranë; Referee: Jozef Nemčovský (Czechoslovakia); Attendance: 25,000
ALB: Perlat Musta (5/0), Pedro Ruçi (3/0), Arian Hametaj (3/0), Muhedin Targaj (11/1), Arian Bimo (2/0) [46.Bedri Omuri (3/0)], Haxhi Ballgjini (8/0), Luan Vukatana (3/0), Ferit Rragami (6/0), Roland Luçi (5/0) [46.Shkëlqim Muça (3/0)], Arben Minga (6/0), Agustin Kola (6/0). Trainer: Shyqyri Rreli (3).

67. 30.03.1983   **ALBANIA - WEST GERMANY**   **1-2(0-0)**   7th EC. Qualifiers
Stadiumi „Kombëtar Qemal Stafa", Tiranë; Referee: Gianfranco Menegalli (Italy); Attendance: 25,000
ALB: Perlat Musta (6/0), Pedro Ruçi (4/0), Muhedin Targaj (12/2), Arian Hametaj (4/0), Arian Bimo (3/0), Ferit Rragami (7/0), Luan Vukatana (4/0), Haxhi Ballgjini (9/0), Dashnor Bajaziti (5/0) [29.Ilir Lame (5/0)], Arben Minga (7/0), Agustin Kola (7/0). Trainer: Shyqyri Rreli (4).
Goal: Muhedin Targaj (81 penalty).

68. 27.04.1983   **NORTHERN IRELAND - ALBANIA**   **1-0(0-0)**   7th EC. Qualifiers
Windsor Park, Belfast; Referee: Ib Nielsen (Denmark); Attendance: 12,000
ALB: Perlat Musta (7/0), Pedro Ruçi (5/0), Arian Hametaj (5/0), Muhedin Targaj (13/2), Kristaq Eksarko (1/0) [46.Sulejman Mema (1/0)], Bedri Omuri (4/0), Sulejman Demollari (1/0), Luan Vukatana (5/0), Ilir Lame (6/0), Shkëlqim Muça (4/0), Arben Minga (8/0). Trainer: Shyqyri Rreli (5).

69. 11.05.1983   **ALBANIA - TURKEY**   **1-1(0-1)**   7th EC. Qualifiers
Stadiumi „Kombëtar Qemal Stafa", Tiranë; Referee: Mircea Salomir (Romania); Attendance: 25,000
ALB: Perlat Musta (8/0), Pedro Ruçi (6/0), Arian Hametaj (6/0), Muhedin Targaj (14/2), Bedri Omuri (5/0), Ilir Lame (7/0), Luan Vukatana (6/0), Haxhi Ballgjini (10/0) [46.Arian Bimo (4/0)], Ferit Rragami (8/0), Shkëlqim Muça (5/0) [46.Pandeli Xhaho (1/0)], Andrea Marko (3/0). Trainer: Shyqyri Rreli (6).
Goal: Raşit Çetiner (83 own goal).

70. 08.06.1983   **ALBANIA - AUSTRIA**   **1-2(0-1)**   7th EC. Qualifiers
Stadiumi „Kombëtar Qemal Stafa", Tiranë; Referee: László Pádár (Hungary); Attendance: 15,139
ALB: Perlat Musta (9/0), Pedro Ruçi (7/0), Muhedin Targaj (15/3), Arian Hametaj (7/0), Arian Bimo (5/0), Ferit Rragami (9/0), Luan Vukatana (7/0), Ilir Lame (8/0), Pandeli Xhaho (2/0) [67.Andrea Marko (4/0)], Arben Minga (9/0) [54.Milutin Kërçiç (1/0)], Sefedin Braho (9/1). Trainer: Shyqyri Rreli (7).
Goal: Muhedin Targaj (84 penalty).

71. 20.09.1983 **WEST GERMANY - ALBANIA** **2-1(1-1)** 7th EC. Qualifiers
Ludwigspark Stadion, Saarbrücken; Referee: Anders Mattsson (Finland); Attendance: 40,000
ALB: Perlat Musta (10/0), Pedro Ruçi (8/0), Arian Hametaj (8/0), Kristaq Eksarko (2/0), Bedri Omuri (6/0), Ferit Rragami (10/0), Luan Vukatana (8/0) [83.Hasan Lika (1/0)], Haxhi Ballgjini (11/0), Ilir Lame (9/0), Arben Minga (10/0), Genç Tomori (1/1). Trainer: Shyqyri Rreli (8).
Goal: Genç Tomori (22).

72. 17.10.1984 **BELGIUM - ALBANIA** **3-1(0-0)** 13th FIFA WC. Qualifiers
Stade Heysel, Bruxelles; Referee: Arto Ravander (Finland); Attendance: 8,978
ALB: Perlat Musta (11/0), Hysen Zmijani (1/0), Skënder Hodja (1/0), Muhedin Targaj (16/3) [62.Kristaq Eksarko (3/0)], Bedri Omuri (7/1), Haxhi Ballgjini (12/0), Sulejman Demollari (2/0), Shkëlqim Muça (6/0), Mirel Josa (1/0), Arben Minga (11/0), Agustin Kola (8/0) [62.Ilir Lame (10/0)]. Trainer: Shyqyri Rreli (9).
Goal: Bedri Omuri (72).

73. 31.10.1984 **POLAND - ALBANIA** **2-2(1-0)** 13th FIFA WC. Qualifiers
Stadion Stal, Mielec; Referee: Bruno Galler (Switzerland); Attendance: 25,000
ALB: Perlat Musta (12/0), Ferit Rragami (11/0), Muhedin Targaj (17/3), Skënder Hodja (2/0), Bedri Omuri (8/2), Haxhi Ballgjini (13/0) [60.Ilir Lame (11/0); 89.Kristaq Eksarko (4/0)], Sulejman Demollari (3/0), Shkëlqim Muça (7/0), Mirel Josa (2/0), Arben Minga (12/0), Agustin Kola (9/1). Trainer: Shyqyri Rreli (10).
Goals: Bedri Omuri (54), Agustin Kola (76).

74. 22.12.1984 **ALBANIA - BELGIUM** **2-0(0-0)** 13th FIFA WC. Qualifiers
Stadiumi „Kombëtar Qemal Stafa", Tiranë; Referee: Victoriano Arminio Sánchez (Spain); Attendance: 20,000
ALB: Perlat Musta (13/0), Hysen Zmijani (2/0), Skënder Hodja (3/0), Muhedin Targaj (18/3), Adnan Ocelli (1/0), Ferit Rragami (12/0), Sulejman Demollari (4/0), Shkëlqim Muça (8/0) [88.Arben Vila (1/0)], Mirel Josa (3/1), Arben Minga (13/1), Agustin Kola (10/1). Trainer: Shyqyri Rreli (11).
Goals: Mirel Josa (69), Arben Minga (86).

75. 27.02.1985 **GREECE - ALBANIA** **2-0(2-0)** 13th FIFA WC. Qualifiers
Stádio Olympiako „Louis Spiros", Athína; Referee: Ion Igna (Romania); Attendance: 20,000
ALB: Perlat Musta (14/0), Hysen Zmijani (3/0), Skënder Hodja (4/0) [46.Arian Hametaj (9/0)], Adnan Ocelli (2/0), Sulejman Demollari (5/0), Muhedin Targaj (19/3), Mirel Josa (4/1), Shkëlqim Muça (9/0), Haxhi Ballgjini (14/0) [60.Ferit Rragami (13/0)], Arben Minga (14/1), Agustin Kola (11/1). Trainer: Shyqyri Rreli (12).

76. 27.03.1985 **ALBANIA - TURKEY** **0-0**
Stadiumi „Kombëtar Qemal Stafa", Tiranë; Referee: Dhori Prifti (Albania); Attendance: 15,000
ALB: Perlat Musta (15/0), Hysen Zmijani (4/0), Arian Hametaj (10/0) [61.Skënder Hodja (5/0)], Muhedin Targaj (20/3), Adnan Ocelli (3/0), Fatbardh Jera (1/0), Ferit Rragami (14/0) [46.Sulejman Demollari (6/0)], Shkëlqim Muça (10/0), Mirel Josa (5/1), Arben Minga (15/1), Agustin Kola (12/1) [46.Arben Vila (2/0)]. Trainer: Shyqyri Rreli (13).

77. 30.05.1985 **ALBANIA – POLAND** **0-1(0-1)** 13th FIFA WC. Qualifiers
Stadiumi „Kombëtar Qemal Stafa", Tiranë; Referee: Iordan Zhezhov (Bulgaria); Attendance: 20,000
ALB: Perlat Musta (16/0), Hysen Zmijani (5/0), Skënder Hodja (6/0), Muhedin Targaj (21/3), Bedri Omuri (9/2), Fatbardh Jera (2/0) [61.Kristaq Mile (1/0)], Shkëlqim Muça (11/0), Sulejman Demollari (7/0) [83.Andrea Marko (5/0)], Mirel Josa (6/1), Arben Minga (16/1), Agustin Kola (13/1). Trainer: Shyqyri Rreli (14).

78. 30.10.1985 **ALBANIA – GREECE** **1-1(1-0)** 13th FIFA WC. Qualifiers
Stadiumi „Kombëtar Qemal Stafa", Tiranë; Referee: Fernando Nazare (Portugal); Attendance: 17,000
ALB: Perlat Musta (17/0), Hysen Zmijani (6/0), Muhedin Targaj (22/3), Skënder Hodja (7/0), Arian Bimo (6/0), Mirel Josa (7/1), Sulejman Demollari (8/0), Shkëlqim Muça (12/0), Bedri Omuri (10/3), Arben Minga (17/1), Edmond Abazi (1/0) [46.Agustin Kola (14/1)]. Trainer: Agron Sulaj (1).
Goal: Bedri Omuri (26).

79. 15.10.1986 **AUSTRIA – ALBANIA** **3-0(1-0)** 8th EC. Qualifiers
Libenauer Stadion, Graz; Referee: Klaus Peschel (East Germany); Attendance: 5,100
ALB: Perlat Musta (18/0), Hysen Zmijani (7/0), Kreshnik Çipi (3/0), Rrapo Taho (1/0), Adnan Ocelli (4/0), Alfred Ferko (1/0) [71.Bedri Omuri (11/3)], Mirel Josa (8/1), Sulejman Demollari (9/0), Alfred Zijai (1/0), Arben Minga (18/1), Agustin Kola (15/1). Trainer: Agron Sulaj (2).

80. 03.12.1986 **ALBANIA - SPAIN** **1-2(1-0)** 8th EC. Qualifiers
Stadiumi „Kombëtar Qemal Stafa", Tiranë; Referee: Antal Huták (Hungary); Attendance: 20,000
ALB: Perlat Musta (19/0), Hysen Zmijani (8/0), Rrapo Taho (2/0), Skënder Hodja (8/0), Fatbardh Jera (3/0), Bedri Omuri (12/3), Alfred Ferko (2/0) [70.Agustin Kola (16/1)], Sulejman Demollari (10/0), Mirel Josa (9/1), Arben Minga (19/1), Shkëlqim Muça (13/1). Trainer: Agron Sulaj (3).
Goal: Shkëlqim Muça (28).

81. 25.03.1987 **ROMANIA - ALBANIA** **5-1(2-1)** 8th EC. Qualifiers
Stadionul Steaua, Bucureşti; Referee: José Rosa dos Santos (Portugal); Attendance: 6,500
ALB: Perlat Musta (20/0), Hysen Zmijani (9/0), Skënder Hodja (9/0), Rrapo Taho (3/0), Besnik Bilali (1/0) [46.Bedri Omuri (13/3)], Mirel Josa (10/1), Shkëlqim Muça (14/2), Sulejman Demollari (11/0), Fatbardh Jera (4/0), Sokol Kushta (1/0) [74.Alfred Ferko (3/0)], Arben Minga (20/1). Trainer: Agron Sulaj (4).
Goal: Shkëlqim Muça (35).

82. 29.04.1987 **ALBANIA - AUSTRIA** **0-1(0-1)** 8th EC. Qualifiers
Stadiumi „Kombëtar Qemal Stafa", Tiranë; Referee: Gerassimos Germanakos (Greece); Attendance: 17,250
ALB: Perlat Musta (21/0), Hysen Zmijani (10/0), Skënder Hodja (10/0), Bedri Omuri (14/3), Skënder Gega (1/0), Fatbardh Jera (5/0), Mirel Josa (11/1), Sulejman Demollari (12/0), Shkëlqim Muça (15/2) [71.Sokol Kushta (2/0)], Arben Minga (21/1), Agim Bubeqi (1/0) [65.Ledio Pano (1/0)]. Trainer: Agron Sulaj (5).

83. 28.10.1987 **ALBANIA - ROMANIA** **0-1(0-0)** 8th EC. Qualifiers
Stadiumi Flamurtari, Vlorë; Referee: Ignatius van Swieten (Netherlands); Attendance: 15,000
ALB: Artur Shkëlqim Lekbello (1/0) [65.Sotir Shkurti (1/0)], Hysen Zmijani (11/0), Rrapo Taho (4/0), Artur Lekbello (1/0), Roland Iljadhi (1/0), Alfred Ferko (4/0), Mirel Josa (12/1), Sulejman Demollari (13/0) [46.Alfred Zijai (2/0)], Latif Gjondeda (1/0), Agim Bubeqi (2/0), Shkëlqim Muça (16/2). Trainer: Agron Sulaj (6).

84. 18.11.1987 **SPAIN - ALBANIA** 5-0(3-0) 8th EC. Qualifiers
Estadio „Benito Villamarín", Sevilla; Referee: Kurt Roethlisberger (Switzerland); Attendance: 45,299
ALB: Artur Shkëlqim Lekbello (2/0), Adnan Ocelli (5/0), Rrapo Taho (5/0), Skënder Gega (2/0), Roland Iljadhi (2/0), Artur Lekbello (2/0) [80.Alfred Zijai (3/0)], Mirel Josa (13/1), Sulejman Demollari (14/0), Latif Gjondeda (2/0) [70.Alfred Ferko (5/0)], Arben Minga (22/1), Agim Bubeqi (3/0). Trainer: Agron Sulaj (7).

85. 06.08.1988 **ALBANIA - CUBA** 0-0
Stadiumi Tomori, Berat; Referee: Dhori Prifti (Albania); Attendance: 4,000
ALB: Halim Mersini (1/0) [46.Sotir Shkurti (2/0)], Hysen Zmijani (12/0), Skënder Hodja (11/0), Skënder Gega (3/0), Fatbardh Jera (6/0), Mirel Josa (14/1), Sulejman Demollari (15/0), Lefter Millo (1/0) [46.Rrapo Taho (6/0)], Sokol Kushta (3/0), Arben Minga (23/1), Agustin Kola (17/1). Trainer: Shyqyri Rreli (15).

86. 20.09.1988 **ROMANIA - ALBANIA** 3-0(2-0)
Stadionul „1 Mai", Constanța; Referee: Janusz Eksztajn (Poland); Attendance: 20,000
ALB: Halim Mersini (2/0), Artur Lekbello (3/0), Skënder Hodja (12/0), Rrapo Taho (7/0), Fatbardh Jera (7/0), Skënder Gega (4/0), Mirel Josa (15/1), Ilir Kepa (1/0) [80.Agim Bubeqi (4/0)], Agustin Kola (18/1) [46.Lefter Millo (2/0)], Ylli Shehu (1/0) [38.Sokol Kushta (4/0)], Arben Minga (24/1). Trainer: Shyqyri Rreli (16).

87. 19.10.1988 **POLAND - ALBANIA** 1-0(0-0) 14th FIFA WC. Qualifiers
Śląski Stadion, Chorzów; Referee: Mircea Salomir (Romania); Attendance: 30,000
ALB: Halim Mersini (3/0), Krenar Alimehmeti (1/0), Mirel Josa (16/1), Skënder Hodja (13/0), Skënder Gega (5/0), Fatbardh Jera (8/0), Ylli Shehu (2/0) [70.Anesti Stoja (1/0)], Artur Lekbello (4/0), Lefter Millo (3/0), Arben Minga (25/1), Sulejman Demollari (16/0). Trainer: Shyqyri Rreli (17).

88. 05.11.1988 **ALBANIA - SWEDEN** 1-2(0-1) 14th FIFA WC. Qualifiers
Stadiumi „Kombëtar Qemal Stafa", Tiranë; Referee: Yusuf Namoğlu (Turkey); Attendance: 20,000
ALB: Halim Mersini (4/0), Hysen Zmijani (13/0), Skënder Hodja (14/0), Artur Lekbello (5/0), Fatbardh Jera (9/0), Mirel Josa (17/1), Skënder Gega (6/0), Sulejman Demollari (17/0), Lefter Millo (4/0), Ylli Shehu (3/1), Arben Minga (26/1). Trainer: Shyqyri Rreli (18).
Goal: Ylli Shehu (33).

89. 18.01.1989 **ALBANIA - GREECE** 1-1(1-0)
Stadiumi „Kombëtar Qemal Stafa", Tiranë; Referee: Plarent Kotherja (Albania); Attendance: 8,200
ALB: Sotir Shkurti (3/0) [78.Muharrem Dosti (1/0)], Hysen Zmijani (14/0), Skënder Hodja (15/0), Artur Lekbello (6/0) [46.Arjan Stafa (1/0)], Fatbardh Jera (10/0), Skënder Gega (7/0), Mirel Josa (18/1) [69.Ilir Kepa (2/0)], Sulejman Demollari (18/0), Lefter Millo (5/0), Arben Minga (27/2), Ylli Shehu (4/1) [65.Kujtim Majaçi (1/0)]. Trainer: Shyqyri Rreli (19).
Goal: Arben Minga (19).

90. 08.03.1989 **ALBANIA - ENGLAND** 0-2(0-1) 14th FIFA WC. Qualifiers
Stadiumi „Kombëtar Qemal Stafa", Tiranë; Referee: John Blankenstein (Netherlands); Attendance: 25,000
ALB: Halim Mersini (5/0), Hysen Zmijani (15/0), Mirel Josa (19/1), Skënder Hodja (16/0), Skënder Gega (8/0), Fatbardh Jera (11/0), Ylli Shehu (5/1), Artur Lekbello (7/0), Lefter Millo (6/0) [75.Kujtim Majaçi (2/0)], Arben Minga (28/2), Sulejman Demollari (19/0). Trainer: Shyqyri Rreli (20).

91. 26.04.1989 **ENGLAND - ALBANIA** 5-0(2-0) 14th FIFA WC. Qualifiers
Wembley Stadium, London; Referee: Einar Halle (Norway); Attendance: 60,602
ALB: Blendi Nallbani (1/0), Hysen Zmijani (16/0), Agim Bubeqi (5/0), Skënder Hodja (17/0), Skënder Gega (9/0), Fatbardh Jera (12/0), Ylli Shehu (6/1), Artur Lekbello (8/0), Lefter Millo (7/0), Fatmir Hasanpapa (1/0) [31.Pjerin Noga (1/0)], Sulejman Demollari (20/0). Trainer: Shyqyri Rreli (21).

92. 08.10.1989 **SWEDEN - ALBANIA** 3-1(1-1) 14th FIFA WC. Qualifiers
Råsundastadion, Stockholm; Referee: Alder Dante Silva Santos (Portugal); Attendance: 32,423
ALB: Halim Mersini (6/0), Skënder Hodja (18/0), Hysen Zmijani (17/0), Artur Lekbello (9/0) [75.Pjerin Noga (2/0)], Rrapo Taho (8/0), Fatbardh Jera (13/0), Mirel Josa (20/1), Skënder Gega (10/0) [87.Arben Arbëri (1/0)], Sulejman Demollari (21/0), Lefter Millo (8/0), Sokol Kushta (5/1). Trainer: Shyqyri Rreli (22).
Goal: Sokol Kushta (9 penalty).

93. 15.11.1989 **ALBANIA - POLAND** 1-2(0-1) 14th FIFA WC. Qualifiers
Stadiumi „Kombëtar Qemal Stafa", Tiranë; Referee: George Smith (Scotland); Attendance: 10,000
ALB: Blendi Nallbani (2/0), Hysen Zmijani (18/0), Skënder Hodja (19/0), Arian Xhumba (1/0), Roland Iljadhi (3/0), Mirel Josa (21/1) [60.Arben Arbëri (2/0)], Sulejman Demollari (22/0), Ledio Pano (2/0) [74.Ilir Kepa (3/0)], Fatbardh Jera (14/0), Sokol Kushta (6/2), Agim Bubeqi (6/0). Trainer: Shyqyri Rreli (23).
Goal: Sokol Kushta (63).

94. 30.05.1990 **ICELAND - ALBANIA** 2-0(1-0) 9th EC. Qualifiers
Laugardalsvøllur Stadium, Reykjavík; Referee: Frederick McKnight (Northern Ireland); Attendance: 6,500
ALB: Fotaq Strakosha (1/0), Pjerin Noga (3/0) [80.Roland Iljadhi (4/0)], Artur Lekbello (10/0), Naum Kove (1/0), Rudi Vata (1/0), Fatbardh Jera (15/0), Ylli Shehu (7/1) [46.Arben Arbëri (3/0)], Mirel Josa (22/1), Lefter Millo (9/0), Edmond Abazi (2/0), Sulejman Demollari (23/0). Trainer: Bejkush Birçe (1).

95. 05.09.1990 **GREECE - ALBANIA** 1-0(1-0)
Stádio Patron, Patras; Referee: Meletios Voutsaras (Greece); Attendance: 3,000
ALB: Sotir Shkurti (4/0), Skënder Hodja (20/0), Rrapo Taho (9/0), Genç Ibro (1/0), Lorenc Leskaj (1/0), Eqerem Memushi (1/0), Ledio Pano (3/0) [53.Ardian Sukaj (1/0)], Hysen Zmijani (19/0), Alfred Ferko (6/0) [22.Edmond Tahiri (1/0)], Sokol Kushta (7/2), Eduard Kaçaçi (1/0) [60.Adrian Barbullushi (1/0)]. Trainer: Agron Sulaj (8).

96. 07.11.1990 **ALBANIA - FRANCE** 0-1(0-1) 9th EC. Qualifiers
Stadiumi „Kombëtar Qemal Stafa", Tiranë; Referee: Bruno Galler (Switzerland); Attendance: 18,000
ALB: Anesti Arapi (1/0), Lorenc Leskaj (2/0) [46.Alfred Ferko (7/0)], Genç Ibro (2/0), Skënder Hodja (21/0), Artur Lekbello (11/0), Arjan Stafa (2/0), Hysen Zmijani (20/0), Sulejman Demollari (24/0), Mirel Josa (23/1), Sokol Kushta (8/2), Kujtim Majaçi (3/0) [62.Eduard Kaçaçi (2/0)]. Trainer: Agron Sulaj (9).

97. 19.12.1990 **SPAIN - ALBANIA** 9-0(4-0) 9th EC. Qualifiers
Estadio „Ramón Sánchez Pizjuán", Sevilla; Referee: Alphonse Constantin (Belgium); Attendance: 27,600
ALB: Anesti Arapi (2/0), Genç Ibro (3/0), Artur Lekbello (12/0), Arjan Stafa (3/0), Bledar Kola (1/0) [32.Sulejman Demollari (25/0)], Sokol Kushta (9/2), Lefter Millo (10/0), Gjergj Dëma (1/0), Alfred Ferko (8/0) [65.Mirel Josa (24/1)], Hysen Zmijani (21/0), Edmond Tahiri (2/0). Trainer: Agron Sulaj (10).

98. 30.03.1991 **FRANCE - ALBANIA** 5-0(4-0) 9th EC. Qualifiers
Stade „Parc des Princes", Paris; Referee: Einar Halle (Norway); Attendance: 24,181
ALB: Blendi Nallbani (3/0), Hysen Zmijani (22/0), Artur Lekbello (13/0), Rudi Vata (2/0), Josif Gjergji (1/0), Adnan Ocelli (6/0), Dashnor Dume (1/0), Agim Canaj (1/0), Sulejman Demollari (26/0), Edmond Tahiri (3/0), Ilir Kepa (4/0). **Trainer:** Bejkush Birçe (2).

99. 01.05.1991 **ALBANIA - CZECHOSLOVAKIA** 0-2(0-0) 9th EC. Qualifiers
Stadiumi „Kombëtar Qemal Stafa", Tiranë; Referee: Carlo Longhi (Italy); Attendance: 10,000
ALB: Blendi Nallbani (4/0), Hysen Zmijani (23/0), Zamir Shpuza (1/0), Adnan Ocelli (7/0), Gjergj Dëma (2/0), Fatos Daja (1/0), Sokol Kushta (10/2), Eqerem Memushi (2/0), Adrian Barbullushi (2/0) [65.Edmond Dosti (1/0)], Dashnor Dume (2/0) [74.Bledar Kola (2/0)], Arben Milori (1/0). **Trainer:** Bejkush Birçe (3).

100. 26.05.1991 **ALBANIA - ICELAND** 1-0(0-0) 9th EC. Qualifiers
Stadiumi „Kombëtar Qemal Stafa", Tiranë; Referee: Sándor Varga (Hungary); Attendance: 5,000
ALB: Blendi Nallbani (5/0), Eqerem Memushi (3/0) [16.Mirel Josa (25/1)], Adnan Ocelli (8/0), Artur Lekbello (14/0), Zamir Shpuza (2/0), Fatos Daja (2/0), Lefter Millo (11/0), Sulejman Demollari (27/0) [*sent off 88*], Arben Milori (2/0), Sokol Kushta (11/2), Edmond Abazi (3/1). **Trainer:** Bejkush Birçe (4).
Goal: Edmond Abazi (56).

101. 04.09.1991 **GREECE - ALBANIA** 0-2(0-1) 9th EC. Qualifiers
Stádio Olympiako „Louis Spiros", Athína; Referee: Periklis Vasilakis (Greece); Attendance: 4,000
ALB: Fotaq Strakosha (2/0), Eqerem Memushi (4/0) [46.Salvator Kaçaj (1/0)], Agustin Kola (19/1), Latif Gjondeda (3/0), Artur Lekbello (15/0), Rrapo Taho (10/0), Kreshnik Çipi (4/0), Sokol Kushta (12/4) [87.Fatos Daja (3/0)], Arben Milori (3/0) [76.Edmond Tahiri (4/0)], Lefter Millo (12/0), Adrian Barbullushi (3/0). **Trainer:** Bejkush Birçe (5).
Goals: Sokol Kushta (36,86).

102. 16.10.1991 **CZECHOSLOVAKIA - ALBANIA** 2-1(2-0) 9th EC. Qualifiers
Miru stadion, Olomouc; Referee: Michał Listkiewicz(Poland); Attendance: 2,366
ALB: Fotaq Strakosha (3/0), Hysen Zmijani (24/1), Artur Lekbello (16/0), Salvator Kaçaj (2/0), Kreshnik Çipi (5/0), Mirel Josa (26/1), Arben Milori (4/0) [*sent off 64*], Agustin Kola (20/1) [52.Fatos Daja (4/0)], Latif Gjondeda (4/0), Edmond Abazi (4/1), Adrian Barbullushi (4/0). **Trainer:** Bejkush Birçe (6).
Goal: Hysen Zmijani (61).

103. 29.01.1992 **ALBANIA – GREECE** 1-0(1-0)
Stadiumi „Kombëtar Qemal Stafa", Tiranë; Referee: Bujar Pregja (Albania); Attendance: 8,000
ALB: Fotaq Strakosha (4/0), Kastriot Peqini (1/0), Kreshnik Çipi (6/0), Arian Xhumba (2/0), Fatos Daja (5/0), Arben Milori (5/0), Aleksander Vasi (1/0), Bledar Kola (3/0) [46.Latif Gjondeda (5/0)], Alfred Ferko (9/0), Edmond Abazi (5/1), Altin Rraklli (1/1). **Trainer:** Bejkush Birçe (7).
Goal: Altin Rraklli (40).

104. 22.04.1992 **SPAIN - ALBANIA** 3-0(1-0) 15th FIFA WC. Qualifiers
Estadio „Benito Villamarín", Sevilla; Referee: Serge Muhmenthaler (Switzerland); Attendance: 10,000
ALB: Fotaq Strakosha (5/0) [69.Avenir Dani (1/0)], Mirel Josa (27/1) [60.Kastriot Peqini (2/0)], Agustin Kola (21/1), Artur Lekbello (17/0), Kreshnik Çipi (7/0), Rudi Vata (3/0), Edmond Abazi (6/1), Sokol Kushta (13/4), Adrian Barbullushi (5/0), Lefter Millo (13/0), Sulejman Demollari (28/0). **Trainer:** Bejkush Birçe (8).

105. 26.05.1992 **REPUBLIC OF IRELAND - ALBANIA** 2-0(0-0) 15th FIFA WC. Qualifiers
Lansdowne Road, Dublin; Referee: Jacob Uilenberg (Netherlands); Attendance: 29,727
ALB: Avenir Dani (2/0), Hysen Zmijani (25/1), Anesti Qendro (1/0) [74.Artan Pali (1/0)], Kastriot Peqini (3/0), Rudi Vata (4/0), Edmond Abazi (7/1), Sokol Kushta (14/4), Aleksander Vasi (2/0), Altin Rraklli (2/1), Amarildo Zela (1/0) [78.Blendi Sokoli (1/0)], Sulejman Demollari (29/0). **Trainer:** Bejkush Birçe (9).

106. 03.06.1992 **ALBANIA - LITHUANIA** 1-0(0-0) 15th FIFA WC. Qualifiers
Stadiumi „Kombëtar Qemal Stafa", Tiranë; Referee: Octavian Ştreng (Romania); Attendance: 15,000
ALB: Avenir Dani (3/0), Hysen Zmijani (26/1), Kastriot Peqini (4/0), Artur Lekbello (18/0), Rudi Vata (5/0), Edmond Abazi (8/2), Sokol Kushta (15/4), Arben Milori (6/0) [46.Altin Rraklli (3/1)], Lefter Millo (14/0) [89.Indrit Fortuzi (1/0)], Aleksander Vasi (3/0), Sulejman Demollari (30/0). **Trainer:** Bejkush Birçe (10).
Goal: Edmond Abazi (78).

107. 09.09.1992 **NORTHERN IRELAND - ALBANIA** 3-0(3-0) 15th FIFA WC. Qualifiers
Windsor Park, Belfast; Referee: Marnix Sandra (Belgium); Attendance: 8,000
ALB: Fotaq Strakosha (6/0), Hysen Zmijani (27/1), Kastriot Peqini (5/0), Artur Lekbello (19/0), Rudi Vata (6/0), Edmond Abazi (9/2), Sokol Kushta (16/4), Arben Milori (7/0) [65.Edmir Bilali (1/0)], Lefter Millo (15/0), Ilir Kepa (5/0), Altin Rraklli (4/1). **Trainer:** Bejkush Birçe (11).

108. 11.11.1992 **ALBANIA – LATVIA** 1-1(0-1) 15th FIFA WC. Qualifiers
Stadiumi „Kombëtar Qemal Stafa", Tiranë; Referee: Gerhard Kapl (Austria); Attendance: 3,500
ALB: Fotaq Strakosha (7/0), Hysen Zmijani (28/1), Artur Lekbello (20/0), Rudi Vata (7/0), Kastriot Peqini (6/0), Sulejman Demollari (31/0), Indrit Fortuzi (2/0), Salvator Kaçaj (3/0), Altin Rraklli (5/1), Sokol Kushta (17/4) [64.Besnik Prenga (1/0); 67.Ramiz Bisha (1/0)], Ilir Kepa (6/1). **Trainer:** Bejkush Birçe (12).
Goal: Ilir Kepa (67).

109. 17.02.1993 **ALBANIA – NORTHERN IRELAND** 1-2(0-2) 15th FIFA WC. Qualifiers
Stadiumi „Kombëtar Qemal Stafa", Tiranë; Referee: Veselin Bogdanov (Bulgaria); Attendance: 12,000
ALB: Xhevahir Kapllani (1/0), Hysen Zmijani (29/1) [46.Ilir Shulku (1/0)], Rudi Vata (8/0), Artur Lekbello (21/0) [46.Kastriot Peqini (7/0)], Artan Bano (1/0), Salvator Kaçaj (4/0), Edmond Abazi (10/2), Indrit Fortuzi (3/0), Kliton Bozgo (1/0), Sulejman Demollari (32/0), Altin Rraklli (6/2). **Trainer:** Bejkush Birçe (13).
Goal: Altin Rraklli (89).

110. 14.04.1993 **LITHUANIA – ALBANIA** 3-1(2-0) 15th FIFA WC. Qualifiers
Žalgiris stadionas, Vilnius; Referee: Eyjólfur Ólafsson (Iceland); Attendance: 7,000
ALB: Xhevahir Kapllani (2/0), Artan Bano (2/0), Gjergj Dëma (3/0) [*sent off 35*], Rrapo Taho (11/0), Adnan Ocelli (9/0), Ilir Shulku (2/0), Kastriot Peqini (8/0), Edmond Dalipi (1/0) [46.Edmond Dosti (2/0)], Indrit Fortuzi (4/0), Sokol Kushta (18/4), Sulejman Demollari (33/1). **Trainer:** Bejkush Birçe (14).
Goal: Sulejman Demollari (86).

111. 15.05.1993 **LATVIA – ALBANIA** 0-0 15th FIFA WC. Qualifiers
Daugava stadions, Riga; Referee: Alan Howells (Wales); Attendance: 1,800
ALB: Blendi Nallbani (6/0), Adnan Ocelli (10/0), Artan Bano (3/0), Rudi Vata (9/0), Shyqry Shala (1/0), Kastriot Peqini (9/0), Ilir Shulku (3/0), Arben Milori (8/0), Sokol Kushta (19/4), Alvaro Zalla (1/0) [61.Shpëtim Kapidani (1/0)], Indrit Fortuzi (5/0) [71.Edmond Dalipi (2/0)]. Trainer: Bejkush Birçe (15).

112. 26.05.1993 **ALBANIA - REPUBLIC OF IRELAND** 1-2(1-1) 15th FIFA WC. Qualifiers
Stadiumi „Kombëtar Qemal Stafa", Tiranë; Referee: Walter Cinciripini (Italy); Attendance: 10,000
ALB: Perlat Musta (22/0), Hysen Zmijani (30/1) [60.Indrit Fortuzi (6/0)], Ilir Shulku (4/0), Shyqry Shala (2/0), Rudi Vata (10/0), Artur Lekbello (22/0), Kastriot Peqini (10/0), Arben Milori (9/0), Sulejman Demollari (34/1), Sokol Kushta (20/5), Altin Rraklli (7/2) [84.Kliton Bozgo (2/0)]. Trainer: Bejkush Birçe (16).
Goal: Sokol Kushta (8).

113. 02.06.1993 **DENMARK - ALBANIA** 4-0(4-0) 15th FIFA WC. Qualifiers
Parken Stadion, København; Referee: Gerd Grabher (Austria); Attendance: 39,503
ALB: Perlat Musta (23/0), Hysen Zmijani (31/1), Rudi Vata (11/0), Kastriot Peqini (11/0), Adnan Ocelli (11/0), Indrit Fortuzi (7/0) [80.Alvaro Zalla (2/0)], Artan Bano (4/0), Ilir Shulku (5/0), Sulejman Demollari (35/1) [17.Kliton Bozgo (3/0)], Sokol Kushta (21/5), Altin Rraklli (8/2). Trainer: Bejkush Birçe (17).

114. 08.09.1993 **ALBANIA - DENMARK** 0-1(0-0) 15th FIFA WC. Qualifiers
Stadiumi „Kombëtar Qemal Stafa", Tiranë; Referee: Loizos Loizou (Cyprus); Attendance: 8,000
ALB: Fotaq Strakosha (8/0), Artan Bano (5/0), Ilir Shulku (6/0), Rudi Vata (12/0), Salvator Kaçaj (5/0), Artur Lekbello (23/0), Hysen Zmijani (32/1), Lefter Millo (16/0), Sulejman Demollari (36/1), Indrit Fortuzi (8/0) [46.Alvaro Zalla (3/0)], Sokol Kushta (22/5). Trainer: Bejkush Birçe (18).

115. 22.09.1993 **ALBANIA - SPAIN** 1-5(1-3) 15th FIFA WC. Qualifiers
Stadiumi „Kombëtar Qemal Stafa", Tiranë; Referee: Rémy Harrel (France); Attendance: 8,000
ALB: Fotaq Strakosha (9/0), Ilir Shulku (7/0), Rudi Vata (13/0), Salvator Kaçaj (6/0), Artur Lekbello (24/0), Lefter Millo (17/0), Indrit Fortuzi (9/0), Ilir Kepa (7/1) [30.Edmond Dalipi (3/0)], Edmond Abazi (11/2), Sokol Kushta (23/6), Ylli Shehu (8/1). Trainer: Bejkush Birçe (19).
Goal: Sokol Kushta (41).

116. 14.05.1994 **MACEDONIA - ALBANIA** 5-1(2-0)
Gradski stadion, Tetovo; Referee: Mitko Mitrev (Bulgaria); Attendance: 6,000
ALB: Xhevahir Kapllani (3/0), Gjergj Dëma (4/0), Alpin Gallo (1/0), Saimir Malko (1/0), Anesti Qendro (2/0), Ardian Dashi (1/0), Ilir Shulku (8/0), Besnik Prenga (2/0) [46.Edmond Dalipi (4/0)], Gentian Strojku (1/0) [42.Edi Martini (1/0)], Romeo Haxhiaj (1/0) [77.Indrit Fortuzi (10/0)], Altin Rraklli (9/3). Trainer: Bejkush Birçe (20).
Goal: Altin Rraklli (49).

117. 07.09.1994 **WALES - ALBANIA** 2-0(1-0) 10th EC. Qualifiers
Arms Park, Cardiff; Referee: Gianni Beschin (Italy); Attendance: 6,500
ALB: Fotaq Strakosha (10/0), Rudi Vata (14/0), Arian Xhumba (3/0), Ilir Shulku (9/0), Salvator Kaçaj (7/0), Agustin Kola (22/1) [52.Indrit Fortuzi (11/0)], Arjan Bellai (1/0), Bledar Kola (4/0), Ledio Pano (4/0), Ylli Shehu (9/1) [81.Edmond Dosti (3/0)], Sulejman Demollari (37/1). Trainer: Neptun Bajko (1).

118. 16.11.1994 **ALBANIA - GERMANY** 1-2(1-1) 10th EC. Qualifiers
Stadiumi „Kombëtar Qemal Stafa", Tiranë; Referee: Vasiliy Melnichuk (Ukraine); Attendance: 23,000
ALB: Fotaq Strakosha (11/0), Hysen Zmijani (33/2) [65.Ledio Pano (5/0)], Rudi Vata (15/0), Artur Lekbello (25/0), Arian Xhumba (4/0), Salvator Kaçaj (8/0), Arjan Bellai (2/0), Sulejman Demollari (38/1) [56.Bledar Kola (5/0)], Lefter Millo (18/0), Sokol Kushta (24/6), Altin Rraklli (10/3). Trainer: Neptun Bajko (2).
Goal: Hysen Zmijani (34).

119. 14.12.1994 **ALBANIA - GEORGIA** 0-1(0-1) 10th EC. Qualifiers
Stadiumi „Kombëtar Qemal Stafa", Tiranë; Referee: László Molnár (Hungary); Attendance: 15,000
ALB: Fotaq Strakosha (12/0), Artur Lekbello (26/0) [46.Saimir Malko (2/0)], Rudi Vata (16/0) [30.Ilir Shulku (10/0)], Arian Xhumba (5/0), Salvator Kaçaj (9/0), Gjergj Dëma (5/0), Arjan Bellai (3/0), Bledar Kola (6/0), Sulejman Demollari (39/1), Indrit Fortuzi (12/0), Altin Rraklli (11/3). Trainer: Neptun Bajko (3).

120. 18.12.1994 **GERMANY – ALBANIA** 2-1(2-0) 10th EC. Qualifiers
„Fritz Walter" Stadion, Kaiserslautern; Referee: Svend Erik Christensen (Denmark); Attendance: 20,310
ALB: Fotaq Strakosha (13/0), Hysen Zmijani (34/2), Arian Xhumba (6/0), Ilir Shulku (11/0), Salvator Kaçaj (10/0), Gjergj Dëma (6/0), Saimir Malko (3/0), Arjan Bellai (4/0), Bledar Kola (7/0) [59.Alvaro Zalla (4/0)], Sulejman Demollari (40/1), Altin Rraklli (12/4). Trainer: Neptun Bajko (4).
Goal: Altin Rraklli (58).

121. 29.03.1995 **ALBANIA - MOLDOVA** 3-0(2-0) 10th EC. Qualifiers
Stadiumi „Kombëtar Qemal Stafa", Tiranë; Referee: Urs Meier (Switzerland); Attendance: 15,000
ALB: Fotaq Strakosha (14/0) [80.Blendi Nallbani (7/0)], Rudi Vata (17/0), Ilir Shulku (12/0), Arian Xhumba (7/0) [69.Indrit Fortuzi (13/0)], Salvator Kaçaj (11/1), Saimir Malko (4/0), Arjan Bellai (5/0), Edmond Abazi (12/2), Sulejman Demollari (41/1), Sokol Kushta (25/8) [75.Edmond Dalipi (5/0)], Altin Rraklli (13/4). Trainer: Neptun Bajko (5).
Goals: Sokol Kushta (31), Salvator Kaçaj (41), Sokol Kushta (79).

122. 26.04.1995 **GEORGIA - ALBANIA** 2-0(2-0) 10th EC. Qualifiers
„Boris Paichadze" Stadium, Tbilisi; Referee: Roelof Luinge (Netherlands); Attendance: 25,000
ALB: Fotaq Strakosha (15/0), Rudi Vata (18/0), Arian Xhumba (8/0), Salvator Kaçaj (12/1), Saimir Malko (5/0), Adrian Mema (1/0), Edmond Dalipi (6/0), Sulejman Demollari (42/1), Indrit Fortuzi (14/0) [57.Sokol Prenga (1/0)], Altin Rraklli (14/4), Sokol Kushta (26/8) [83.Edmond Dosti (4/0)]. Trainer: Neptun Bajko (6).

123. 07.06.1995 **MOLDOVA - ALBANIA** 2-3(2-2) 10th EC. Qualifiers
Stadionul Republican, Chişinău; Referee: Leon Schellings (Belgium); Attendance: 7,000
ALB: Fotaq Strakosha (16/0), Rudi Vata (19/1), Ilir Shulku (13/0), Salvator Kaçaj (13/1), Saimir Malko (6/0), Arjan Bellai (6/1), Bledar Kola (8/0), Sulejman Demollari (43/1) [81.Ledio Pano (6/0)], Artan Bano (6/0), Altin Rraklli (15/4) [87.Sokol Prenga (2/0)], Sokol Kushta (27/9). Trainer: Neptun Bajko (7).
Goals: Sokol Kushta (7), Arjan Bellai (25), Rudi Vata (71).

124. 16.08.1995 **MALTA - ALBANIA** 2-1(1-0)
National Stadium, Ta'Qali; Referee: Walter Cinciripini (Italy); Attendance: 1,500
ALB: Blendi Nallbani (8/0), Ilir Alliu (1/0), Saimir Malko (7/0), Përparim Daiu (1/0) [35.Ervin Pëllumb Fakaj (1/0)], Ilir Shulku (14/0), Alban Bushi (1/1), Edi Martini (2/0), Adrian Mema (2/0), Artan Pali (2/0), Sokol Prenga (3/0) [67.Auron Miloti (1/0)], Ervin Lamçe (1/0) [67.Redi Jupi (1/0)]. Trainer: Neptun Bajko (8).
Goal: Alban Bushi (72).

125. 06.09.1995 **ALBANIA - BULGARIA** 1-1(1-1) 10th EC. Qualifiers
Stadiumi „Kombëtar Qemal Stafa", Tiranë; Referee: Charles Agius (Malta); Attendance: 10,000
ALB: Fotaq Strakosha (17/0), Edmond Abazi (13/2), Ilir Shulku (15/0), Rudi Vata (20/1), Artur Lekbello (27/0), Arian Xhumba (9/0), Arjan Bellai (7/1), Bledar Kola (9/0) [65.Ylli Shehu (10/1); 88.Ledio Pano (7/0)], Kliton Bozgo (4/0) [86.Sulejman Demollari (44/1)], Altin Rraklli (16/5), Sokol Kushta (28/9). Trainer: Neptun Bajko (9).
Goal: Altin Rraklli (15).

126. 07.10.1995 **BULGARIA - ALBANIA** 3-0(1-0) 10th EC. Qualifiers
„Vasil Levski" Stadion, Sofia; Referee: Juha Hirviniemi (Finland); Attendance: 35,000
ALB: Fotaq Strakosha (18/0), Saimir Malko (8/0), Hysen Zmijani (35/2), Ilir Shulku (16/0), Arian Xhumba (10/0), Gjergj Dëma (7/0), Edmond Abazi (14/2) [85.Sulejman Demollari (45/1)], Arjan Bellai (8/1), Bledar Kola (10/0), Sokol Kushta (29/9), Altin Rraklli (17/5). Trainer: Neptun Bajko (10).

127. 15.11.1995 **ALBANIA - WALES** 1-1(1-1) 10th EC. Qualifiers
Stadiumi „Kombëtar Qemal Stafa", Tiranë; Referee: David Suheil (Israel); Attendance: 5,000
ALB: Fotaq Strakosha (19/0), Hysen Zmijani (36/2), Artur Lekbello (28/0), Rudi Vata (21/1), Saimir Malko (9/0), Ilir Shulku (17/0), Gjergj Dëma (8/0) [83.Arben Milori (10/0)], Ledio Pano (8/0), Kliton Bozgo (5/0) [78.Alvaro Zalla (5/0)], Sokol Kushta (30/10) [57.Alban Bushi (2/1)], Altin Rraklli (18/5). Trainer: Neptun Bajko (11).
Goal: Sokol Kushta (3 penalty).

128. 30.11.1995 **ALBANIA – BOSNI AND HERZEGOVINA** 2-0(1-0)
Stadiumi „Kombëtar Qemal Stafa", Tiranë; Referee: Krsto Danilovski (Macedonia); Attendance: 30,000
ALB: Blendi Nallbani (9/0) [46.Xhevahir Kapllani (4/0)], Ilir Alliu (2/0) [66.Geri Çipi (1/0)], Saimir Malko (10/0), Ilir Shulku (18/0) [57.Nevil Thamas Dede (1/0)], Afrim Tole (1/0), Redi Jupi (2/0) [68.Nordik Ruhi (1/0)], Altin Haxhi (1/0) [55.Enkelejd Dobi (1/1)], Anesti Qendro (3/1), Sokol Prenga (4/0) [70.Alpin Gallo (2/0)], Elton Koça (1/0) [65.Auron Miloti (2/0)], Roland Zajmi (1/0) [77.Gentjan Çoçja (1/0)]. Trainer: Neptun Bajko (12).
Goals: Anesti Qendro (30), Enkelejd Dobi (50).

129. 24.04.1996 **BOSNIA AND HERZEGOVINA - ALBANIA** 0-0
Stadion Bilino Polje, Zenica; Referee: Dragutin Karlo Poljak (Croatia); Attendance: 15,000
ALB: Blendi Nallbani (10/0) [67.Xhevahir Kapllani (5/0)], Ardian Behari (1/0) [86.Erjon Bogdani (1/0)], Saimir Malko (11/0), Nevil Thamas Dede (2/0), Artan Mergjyshi (1/0), Fatmir Vata (1/0) [43.Adrian Mema (3/0)], Alban Bushi (3/1) [80.Mahir Halili (1/0)], Arian Xhumba (11/0), Kliton Bozgo (6/0) [78.Dritan Baholli (1/0)], Sokol Prenga (5/0) [63.Arjan Peço (1/0)], Dashnor Kastrioti (1/0) [46.Elton Koça (2/0)]. Trainer: Neptun Bajko (13).

130. 14.08.1996 **GREECE - ALBANIA** 2-1(1-0)
Stádio Olympiako „Louis Spiros", Athína; Referee: Sotiris Vorgias (Greece); Attendance: 1,300
ALB: Fotaq Strakosha (20/0) [46.Blendi Nallbani (11/0)], Saimir Malko (12/0) [40.Indrit Fortuzi (15/0)], Edmond Abazi (15/2), Arian Xhumba (12/0) [65.Artan Bano (7/0)], Rudi Vata (22/1), Artur Lekbello (29/0), Salvator Kaçaj (14/1) [82.Nevil Thamas Dede (3/0)], Kliton Bozgo (7/0) [53.Lefter Millo (19/0)], Ledio Pano (9/1) [67.Fatmir Vata (2/0)], Bledar Kola (11/0) [85.Ervin Lamçe (2/0)], Altin Rraklli (19/5) [79.Alvaro Zalla (6/0)]. Trainer: Neptun Bajko (14).
Goal: Ledio Pano (60).

131. 09.10.1996 **ALBANIA - PORTUGAL** 0-3(0-1) 16th FIFA WC. Qualifiers
Stadiumi „Kombëtar Qemal Stafa", Tiranë; Referee: Oğuz Sarvan (Turkey); Attendance: 10,000
ALB: Fotaq Strakosha (21/0), Edmond Abazi (16/2) [82.Saimir Malko (13/0)], Arian Xhumba (13/0), Rudi Vata (23/1), Gjergj Dëma (9/0) [46.Sokol Kushta (31/10)], Artur Lekbello (30/0), Salvator Kaçaj (15/1), Kliton Bozgo (8/0), Bledar Kola (12/0), Lefter Millo (20/0) [72.Viktor Paço (1/0)], Altin Rraklli (20/5). Trainer: Neptun Bajko (15).

132. 09.11.1996 **ALBANIA - ARMENIA** 1-1(0-0) 16th FIFA WC. Qualifiers
Stadiumi „Kombëtar Qemal Stafa", Tiranë; Referee: Fritz Stuchlik (Austria); Attendance: 7,000
ALB: Blendi Nallbani (12/0), Saimir Malko (14/0), Arian Xhumba (14/0), Rudi Vata (24/1), Artan Vila (1/0), Viktor Paço (2/0) [46.Ilir Alliu (3/0)], Bledar Kola (13/0) [84.Ilir Shulku (19/0)], Altin Haxhi (2/0), Bajram Fraholli (1/1), Altin Rraklli (21/5) [68.Indrit Fortuzi (16/0)], Fatmir Vata (3/0). Trainer: Neptun Bajko (16).
Goal: Bajram Fraholli (58).

133. 14.12.1996 **NORTHERN IRELAND - ALBANIA** 2-0(2-0) 16th FIFA WC. Qualifiers
Windsor Park, Belfast; Referee: Andreas Georgiou (Cyprus); Attendance: 7,935
ALB: Blendi Nallbani (13/0), Saimir Malko (15/0), Rudi Vata (25/1), Ilir Shulku (20/0), Ervin Pëllumb Fakaj (2/0), Bledar Kola (14/0), Nevil Thamas Dede (4/0) [34.Afrim Tole (2/0)], Viktor Paço (3/0), Altin Haxhi (3/0) [36.Bajram Fraholli (2/1)], Altin Rraklli (22/5), Fatmir Vata (4/0). Trainer: Neptun Bajko (17).

134. 29.03.1997 **ALBANIA - UKRAINE** 0-1(0-1) 16th FIFA WC. Qualifiers
Estadio Carmenes, Granada (Spain); Referee: John McDermott (Republic of Ireland); Attendance: 9,395
ALB: Fotaq Strakosha (22/0), Edmond Abazi (17/2), Rudi Vata (26/1), Gjergj Dëma (10/0) [46.Altin Haxhi (4/0)], Fatos Daja (6/0), Salvator Kaçaj (16/1), Kliton Bozgo (9/0) [78.Alban Bushi (4/1)], Bledar Kola (15/0), Arjan Bellai (9/1) [83.Zamir Shpuza (3/0)], Altin Rraklli (23/5), Fatmir Vata (5/0). Trainer: Astrit Hafizi (1).

135. 02.04.1997 **ALBANIA - GERMANY** 2-3(0-0) 16th FIFA WC. Qualifiers
Estadio Carmenes, Granada (Spain); Referee: Michel Piraux (Belgium); Attendance: 8,000
ALB: Fotaq Strakosha (23/0), Edmond Abazi (18/2), Rudi Vata (27/1), Ilir Shulku (21/0), Zamir Shpuza (4/0) [68.Arjan Bellai (10/1)], Salvator Kaçaj (17/1), Bledar Kola (16/2), Altin Haxhi (5/0), Alban Bushi (5/1) [89.Ervin Lamçe (3/0)], Altin Rraklli (24/5), Igli Tare (1/0) [73.Fatmir Vata (6/0)]. Trainer: Astrit Hafizi (2).
Goals: Bledar Kola (62 penalty, 90 penalty).

136. 07.06.1997 PORTUGAL – ALBANIA 2-0(1-0) 16th FIFA WC. Qualifiers
Estadio das Antas, Porto; Referee: Terje Hauge (Norway); Attendance: 25,000
ALB: Blendi Nallbani (14/0), Arian Xhumba (15/0), Rudi Vata (28/1), Ilir Shulku (22/0), Zamir Shpuza (5/0) [78.Afrim Tole (3/0)], Salvator Kaçaj (18/1), Altin Haxhi (6/0), Alban Bushi (6/1), Sokol Prenga (6/0) [46.Edmond Abazi (19/2)], Igli Tare (2/0), Amarildo Zela (2/0) [46.Artan Vila (2/0)]. Trainer: Astrit Hafizi (3).

137. 20.08.1997 UKRAINE - ALBANIA 1-0(0-0) 16th FIFA WC. Qualifiers
Olimpiyskyi Stadium, Kyiv; Referee: Ľuboš Michel (Slovakia); Attendance: 38,000
ALB: Fotaq Strakosha (24/0), Afrim Tole (4/0), Ilir Shulku (23/0) [22.Alpin Gallo (3/0)], Rudi Vata (29/1), Arian Xhumba (16/0), Përparim Daiu (2/0), Alban Bushi (7/1), Viktor Paço (4/0) [28.Arjan Peço (2/0)], Altin Haxhi (7/0), Igli Tare (3/0), Altin Rraklli (25/5). Trainer: Astrit Hafizi (4).

138. 06.09.1997 ARMENIA - ALBANIA 3-0(0-0) 16th FIFA WC. Qualifiers
Hrazdan Stadium, Erevan; Referee: Miroslav Radoman (Yugoslavia); Attendance: 5,000
ALB: Fotaq Strakosha (25/0), Afrim Tole (5/0), Ilir Shulku (24/0), Rudi Vata (30/1), Arian Xhumba (17/0), Përparim Daiu (3/0), Altin Haxhi (8/0) [82.Adrian Mema (4/0)], Arjan Peço (3/0) [78.Ervin Pëllumb Fakaj (3/0)], Bledar Kola (17/2), Igli Tare (4/0) [84.Indrit Fortuzi (17/0)], Altin Rraklli (26/5). Trainer: Astrit Hafizi (5).

139. 10.09.1997 ALBANIA – NORTHERN IRELAND 1-0(0-0) 16th FIFA WC. Qualifiers
Hardturm Stadion, Zürich (Switzerland); Referee: Roger Philippi (Luxembourg); Attendance: 2,600
ALB: Fotaq Strakosha (26/0), Afrim Tole (6/0), Ilir Shulku (25/0), Rudi Vata (31/1), Arian Xhumba (18/0), Altin Haxhi (9/1) [83.Alpin Gallo (4/0)], Arjan Peço (4/0) [66.Mahir Halili (2/0)], Bledar Kola (18/2), Ervin Pëllumb Fakaj (4/0), Igli Tare (5/0), Alban Bushi (8/1) [90.Adrian Mema (5/0)]. Trainer: Astrit Hafizi (6).
Goal: Altin Haxhi (65).

140. 11.10.1997 GERMANY - ALBANIA 4-3(0-0) 16th FIFA WC. Qualifiers
Niedersachsenstadion, Hannover; Referee: Rune Pedersen (Norway); Attendance: 44,522
ALB: Fotaq Strakosha (27/0), Afrim Tole (7/0) [85.Alpin Gallo (5/0)], Ilir Shulku (26/0), Rudi Vata (32/2), Arian Xhumba (19/0), Altin Haxhi (10/1), Bledar Kola (19/2), Ervin Pëllumb Fakaj (5/0), Mahir Halili (3/0) [55.Arjan Peço (5/0)], Igli Tare (6/1), Alban Bushi (9/1) [90.Sokol Prenga (7/0)]. Trainer: Astrit Hafizi (7).
Goals: Jürgen Kohler (57 own goal), Igli Tare (80), Rudi Vata (88).

141. 21.01.1998 TURKEY - ALBANIA 1-4(0-1)
„Atatürk" Stadyumu, Antalya; Referee: Konstadin Gerginov (Bulgaria); Attendance: 20,000
ALB: Fotaq Strakosha (28/0) [76.Arian Beqaj (1/0)], Afrim Tole (8/0), Ilir Shulku (27/0), Rudi Vata (33/2), Arian Xhumba (20/0) [35.Uliks Kotri (1/0)], Përparim Daiu (4/0) [46.Altin Lala (1/0)], Arjan Peço (6/0) [62.Mahir Halili (4/1)], Bledar Kola (20/2), Igli Tare (7/1), Alban Bushi (10/2) [73.Adrian Mema (6/0)], Altin Rraklli (27/7). Trainer: Astrit Hafizi (8).
Goals: Altin Rraklli (14, 65), Alban Bushi (67), Mahir Halili (87).

142. 06.02.1998 MALTA - ALBANIA 1-1(1-0) International Tournament
National Stadium, Ta'Qali; Referee: Romans Lajuks (Latvia); Attendance: 3,000
ALB: Fotaq Strakosha (29/0), Afrim Tole (9/0), Ilir Shulku (28/1), Rudi Vata (34/2), Arjan Peço (7/0) [74.Adrian Mema (7/0)], Ervin Pëllumb Fakaj (6/0) [46.Mahir Halili (5/1)], Altin Lala (2/0), Alban Bushi (11/2), Igli Tare (8/1), Altin Rraklli (28/7), Uliks Kotri (2/0). Trainer: Astrit Hafizi (9).
Goal: Ilir Shulku (84 penalty).

143. 08.02.1998 GEORGIA - ALBANIA 3-0(2-0) International Tournament
National Stadium, Ta'Qali (Malta); Referee: Charles Agius (Malta); Attendance: 750
ALB: Arian Beqaj (2/0) [79.Armir Grima (1/0)], Altin Lala (3/0), Ilir Shulku (29/1), Rudi Vata (35/2), Arjan Peço (8/0), Bledar Kola (21/2), Ervin Pëllumb Fakaj (7/0), Mahir Halili (6/1), Alban Bushi (12/2), Igli Tare (9/1), Altin Rraklli (29/7) [74.Alpin Gallo (6/0)]. Trainer: Astrit Hafizi (10).

144. 10.02.1998 ALBANIA - LATVIA 2-2(1-1) International Tournament
National Stadium, Ta'Qali (Malta); Referee: Lawrence Sammut (Malta); Attendance: 2,500
ALB: Armir Grima (2/0), Alpin Gallo (7/0), Ilir Shulku (30/1), Rudi Vata (36/2), Ervin Pëllumb Fakaj (8/0), Arjan Peço (9/0) [61.Uliks Kotri (3/0)], Bledar Kola (22/4), Mahir Halili (7/1), Altin Lala (4/0), Alban Bushi (13/2) [84.Adrian Mema (8/0)], Altin Rraklli (30/7) [46.Igli Tare (10/1)]. Trainer: Astrit Hafizi (11).
Goals: Bledar Kola (45 penalty, 47).

145. 19.08.1998 CYPRUS - ALBANIA 3-2(0-0)
Stádio „Makareio", Nicosia; Referee: Andreas Georgiou (Cyprus); Attendance: 6,500
ALB: Fotaq Strakosha (30/0) [80.Armir Grima (3/0)], Ilir Shulku (31/1), Altin Lala (5/0), Oltion Osmani (1/0) [64.Alpin Gallo (8/0)], Luan Pinari (1/0) [65.Johan Driza (1/0)], Rudi Vata (37/2), Altin Haxhi (11/2), Alban Bushi (14/3) [76.Devi Mukaj (1/0)], Bledar Kola (23/4), Igli Tare (11/1) [72.Erjon Bogdani (2/0)], Altin Rraklli (31/7) [46.Edvin Murati (1/0)]. Trainer: Astrit Hafizi (12).
Goals: Altin Haxhi (56), Alban Bushi (57).

146. 05.09.1998 GEORGIA - ALBANIA 1-0(0-0) 11th EC. Qualifiers
„Boris Paichadze" Stadium, Tbilisi; Referee: Claude Détruche (Switzerland); Attendance: 35,000
ALB: Fotaq Strakosha (31/0), Ilir Shulku (32/1), Altin Lala (6/0), Luan Pinari (2/0) [sent off 72], Arian Xhumba (21/0), Rudi Vata (38/2), Altin Haxhi (12/2), Alban Bushi (15/3) [74.Alpin Gallo (9/0)], Bledar Kola (24/4), Altin Rraklli (32/7), Igli Tare (12/1) [68.Arjan Peço (10/0); 86.Artur Maxhuni (1/0)]. Trainer: Astrit Hafizi (13).

147. 14.10.1998 NORWAY - ALBANIA 2-2(0-1) 11th EC. Qualifiers
Ullevaal Stadion, Oslo; Referee: Gerd Grabher (Austria); Attendance: 17,750
ALB: Fotaq Strakosha (32/0), Altin Lala (7/0), Ilir Shulku (33/1), Arian Xhumba (22/0), Ervin Pëllumb Fakaj (9/0), Rudi Vata (39/2), Altin Haxhi (13/2), Alban Bushi (16/4) [84.Mahir Halili (8/1)], Bledar Kola (25/4) [89.Edmond Dalipi (7/0)], Igli Tare (13/2), Altin Rraklli (33/7). Trainer: Astrit Hafizi (14).
Goals: Alban Bushi (37), Igli Tare (52).

148. 18.11.1998 ALBANIA - GREECE 0-0 11th EC. Qualifiers
Stadiumi „Kombëtar Qemal Stafa", Tiranë; Referee: Victor-José Esquinas Torres (Spain); Attendance: 15,000
ALB: Fotaq Strakosha (33/0), Ilir Shulku (34/1), Arian Xhumba (23/0), Ervin Pëllumb Fakaj (10/0), Rudi Vata (40/2), Altin Haxhi (14/2), Alban Bushi (17/4), Bledar Kola (26/4), Edmond Dalipi (8/0) [50.Mahir Halili (9/1)], Igli Tare (14/2), Altin Rraklli (34/7). Trainer: Astrit Hafizi (15).

149. 10.02.1999 ALBANIA - MACEDONIA 2-0(0-0)
Stadiumi „Kombëtar Qemal Stafa", Tiranë; Referee: Georgios Borovilos (Greece); Attendance: 6,000
ALB: Fotaq Strakosha (34/0) [81.Arian Beqaj (3/0)], Luan Pinari (3/0), Arian Xhumba (24/0), Rudi Vata (41/3), Altin Haxhi (15/2), Bledar Kola (27/4) [78.Erjon Bogdani (3/1)], Mahir Halili (10/1) [46.Devi Mukaj (2/0)], Edmond Dalipi (9/0) [74.Eldorado Merkoçi (1/0)], Redi Jupi (3/0) [61.Rezart Dabulla (1/0)], Alban Bushi (18/4), Igli Tare (15/2). Trainer: Astrit Hafizi (16).
Goals: Rudi Vata (48), Erjon Bogdani (90).

150. 28.04.1999 LATVIA - ALBANIA 0-0 11th EC. Qualifiers
Daugava stadions, Riga; Referee: Eric Romain (Belgium); Attendance: 750
ALB: Fotaq Strakosha (35/0), Altin Lala (8/0), Ilir Shulku (35/1), Arian Xhumba (25/0), Ervin Pëllumb Fakaj (11/0), Rudi Vata (42/3) [78.Redi Jupi (4/0)], Altin Haxhi (16/2), Alban Bushi (19/4) [86.Mahir Halili (11/1)], Bledar Kola (28/4), Igli Tare (16/2), Altin Rraklli (35/7) [82.Edmond Dalipi (10/0)]. Trainer: Astrit Hafizi (17).

151. 05.06.1999 ALBANIA - NORWAY 1-2(1-1) 11th EC. Qualifiers
Stadiumi „Kombëtar Qemal Stafa", Tiranë; Referee: Livio Bazzolini (Italy); Attendance: 5,000
ALB: Fotaq Strakosha (36/0), Ilir Shulku (36/1), Altin Lala (9/0), Arian Xhumba (26/0), Ervin Pëllumb Fakaj (12/0) [63.Arjan Bellai (11/1)], Rudi Vata (43/3), Altin Haxhi (17/2), Alban Bushi (20/4), Bledar Kola (29/4) [70.Albert Duro (1/0)], Igli Tare (17/3), Altin Rraklli (36/7) [80.Erjon Bogdani (4/1)]. Trainer: Astrit Hafizi (18).
Goal: Igli Tare (16).

152. 09.06.1999 ALBANIA - SLOVENIA 0-1(0-1) 11th EC. Qualifiers
Stadiumi „Kombëtar Qemal Stafa", Tiranë; Referee: Adrian Stoica (Romania); Attendance: 8,000
ALB: Fotaq Strakosha (37/0), Ilir Shulku (37/1), Altin Lala (10/0), Arian Xhumba (27/0), Rudi Vata (44/3), Alban Bushi (21/4), Erjon Bogdani (5/1) [74.Edmond Dalipi (11/0)], Arjan Bellai (12/1), Albert Duro (2/0), Igli Tare (18/3), Altin Rraklli (37/7) [46.Mahir Halili (12/1)]. Trainer: Astrit Hafizi (19).

153. 18.08.1999 SLOVENIA - ALBANIA 2-0(0-0) 11th EC. Qualifiers
Stadion Bež igrad, Ljubljana; Referee: Paulo Paratyda Silva (Portugal); Attendance: 8,000
ALB: Fotaq Strakosha (38/0), Luan Pinari (4/0), Ilir Shulku (38/1), Arian Xhumba (28/0), Rudi Vata (45/3), Arjan Bellai (13/1), Altin Haxhi (18/2), Edvin Murati (2/0) [58.Mahir Halili (13/1)], Bledar Kola (30/4), Altin Rraklli (38/7) [60.Erjon Bogdani (6/1)], Igli Tare (19/3). Trainer: Astrit Hafizi (20).

154. 04.09.1999 ALBANIA - LATVIA 3-3(1-1) 11th EC. Qualifiers
Stadiumi „Kombëtar Qemal Stafa", Tiranë; Referee: Alain Hamer (Luxembourg); Attendance: 4,000
ALB: Fotaq Strakosha (39/0), Altin Lala (11/0), Ilir Shulku (39/1), Arian Xhumba (29/0), Rudi Vata (46/3), Ervin Pëllumb Fakaj (13/0) [67.Erjon Bogdani (7/1)], Arjan Bellai (14/1), Altin Haxhi (19/2), Edvin Murati (3/0) [46.Edmond Dalipi (12/0)], Alban Bushi (22/6), Igli Tare (20/3) [78.Devi Mukaj (3/1)]. Trainer: Astrit Hafizi (21).
Goals: Alban Bushi (29,78), Devi Mukaj (90).

155. 06.10.1999 GREECE - ALBANIA 2-0(1-0) 11th EC. Qualifiers
Stádio Olympiako „Louis Spiros", Athína; Referee: Valentin Ivanov (Russia); Attendance: 8,000
ALB: Fotaq Strakosha (40/0), Arian Xhumba (30/0), Rudi Vata (47/3), Arjan Bellai (15/1) [84.Erjon Bogdani (8/1)], Altin Haxhi (20/2), Edvin Murati (4/0) [54.Albert Duro (3/0)], Altin Lala (12/0), Alban Bushi (23/6), Bledar Kola (31/4), Altin Rraklli (39/7), Igli Tare (21/3) [68.Devi Mukaj (4/1)]. Trainer: Astrit Hafizi (22).

156. 09.10.1999 ALBANIA - GEORGIA 2-1(2-0) 11th EC. Qualifiers
Stadiumi „Kombëtar Qemal Stafa", Tiranë; Referee: Alfred Micallef (Malta); Attendance: 3,000
ALB: Arian Beqaj (4/0), Ilir Shulku (40/1), Albert Duro (4/0), Arian Xhumba (31/0), Rudi Vata (48/3), Ervin Pëllumb Fakaj (14/0), Bledar Kola (32/5), Altin Lala (13/0), Alban Bushi (24/6) [54.Edvin Murati (5/0)], Altin Rraklli (40/8) [73.Devi Mukaj (5/1)], Igli Tare (22/3) [90.Erjon Bogdani (9/1)]. Trainer: Astrit Hafizi (23).
Goals: Altin Rraklli (30), Bledar Kola (36).

157. 06.02.2000 ANDORRA - ALBANIA 0-3(0-0) International Tournament
National Stadium, Ta'Qali; Referee: Joseph Attard (Malta); Attendance: 2,500
ALB: Armir Grima (4/0), Rezart Dabulla (2/0), Geri Çipi (2/0), Rudi Vata (49/4), Suad Lici (1/0), Edmond Dalipi (13/1), Bledar Devolli (1/0) [46.Johan Driza (2/0)], Altin Rrica (1/0), Devi Mukaj (6/1), Kliton Bozgo (10/0), Vioresin Sinani (1/0) [46.Roland Zajmi (2/1)]. Trainer: Medin Zhega (1).
Goals: Edmond Dalipi (63 penalty), Rudi Vata (86), Roland Zajmi (90).

158. 08.02.2000 ALBANIA - AZERBAIJAN 1-0(1-0) International Tournament
National Stadium, Ta'Qali (Malta); Referee: Emanuel Raphael Zammit (Malta); Attendance: 4,500
ALB: Arian Beqaj (5/0), Geri Çipi (3/0), Rudi Vata (50/4), Johan Driza (3/0) [87.Bledar Devolli (2/0)], Ilir Dibra (1/0), Suad Lici (2/0), Edmond Dalipi (14/1), Edvin Murati (6/0), Devi Mukaj (7/1), Kliton Bozgo (11/0) [90.Enkelejd Dobi (2/1)], Roland Zajmi (3/1). Trainer: Medin Zhega (2).
Goal: Edvin Murati (37).

159. 10.02.2000 MALTA - ALBANIA 0-1(0-0) International Tournament
National Stadium, Ta'Qali (Malta); Referee: Khagani Mamedov (Azerbaijan); Attendance: 3,654
ALB: Arian Beqaj (6/0), Geri Çipi (4/0), Suad Lici (3/0), Johan Driza (4/0), Ilir Dibra (2/0), Edvin Murati (7/1), Edmond Dalipi (15/1) [55.Altin Rrica (2/0)], Devi Mukaj (8/1), Redi Jupi (5/0), Kliton Bozgo (12/0), Roland Zajmi (4/1) [46.Vioresin Sinani (2/1)]. Trainer: Medin Zhega (3).
Goal: Vioresin Sinani (23).

160. 26.04.2000 MACEDONIA - ALBANIA 1-0(1-0)
„Goče Delčev" stadion, Prilep; Referee: Ivan Dobrinov (Bulgaria); Attendance: 3,000
ALB: Fotaq Strakosha (41/0), Geri Çipi (5/0), Arian Xhumba (32/0) [46.Ervin Pëllumb Fakaj (15/0)], Rudi Vata (51/4) [46.Edvin Murati (8/1)], Albert Duro (5/0), Çlirim Basha (1/0), Altin Haxhi (21/2), Bledar Kola (33/5) [70.Edmond Dalipi (16/1)], Altin Lala (14/0) [46.Alban Bushi (25/6)], Altin Rraklli (41/8) [46.Devi Mukaj (9/1)], Igli Tare (23/3) [83.Vioresin Sinani (3/1)]. Trainer: Medin Zhega (4).

161. 15.08.2000 ALBANIA - CYPRUS 0-0
Stadiumi „Kombëtar Qemal Stafa", Tiranë; Referee: Lazarevski (Macedonia); Attendance: 4,000
ALB: Fotaq Strakosha (42/0) [71.Arian Beqaj (7/0)], Rudi Vata (52/4), Arian Xhumba (33/0), Geri Çipi (6/0) [46.Ervin Pëllumb Fakaj (16/0)], Devi Mukaj (10/1), Alban Bushi (26/6), Bledar Kola (34/5), Altin Haxhi (22/2) [79.Ervin Skela (1/0)], Edvin Murati (9/1), Igli Tare (24/3), Altin Rraklli (42/8) [46.Erjon Bogdani (10/1)]. Trainer: Medin Zhega (5).

162. 02.09.2000   **FINLAND - ALBANIA**   2-1(1-0)   17th FIFA WC. Qualifiers
Olympiastadion, Helsinki; Referee: René Temmink (Netherlands); Attendance: 10,770
ALB: Fotaq Strakosha (43/0), Altin Lala (15/0), Geri Çipi (7/0), Arian Xhumba (34/0), Rudi Vata (53/4), Edvin Murati (10/2) [76.Alban Bushi (27/6)], Altin Haxhi (23/2), Devi Mukaj (11/1) [46.Ervin Skela (2/0)], Bledar Kola (35/5), Altin Rraklli (43/8), Igli Tare (25/3). Trainer: Medin Zhega (6).
Goal: Edvin Murati (65).

163. 11.10.2000   **ALBANIA - GREECE**   2-0(0-0)   17th FIFA WC. Qualifiers
Stadiumi „Kombëtar Qemal Stafa", Tiranë; Referee: Rune Pedersen (Norway); Attendance: 11,000
ALB: Fotaq Strakosha (44/0), Geri Çipi (8/0), Arian Xhumba (35/0) [75.Ervin Pëllumb Fakaj (17/1)], Rudi Vata (54/4), Fatmir Vata (7/0) [78.Çlirim Basha (2/0)], Ervin Skela (3/0), Bledar Kola (36/5), Altin Haxhi (24/2), Alban Bushi (28/7), Devi Mukaj (12/1), Igli Tare (26/3) [86.Erjon Bogdani (11/1)]. Trainer: Medin Zhega (7).
Goals: Alban Bushi (50), Ervin Pëllumb Fakaj (90).

164. 15.11.2000   **ALBANIA - MALTA**   3-0(1-0)   17th FIFA WC. Qualifiers
Stadiumi „Kombëtar Qemal Stafa", Tiranë; Referee: Delče Jakimovski (Macedonia); Attendance: 2,000
ALB: Fotaq Strakosha (45/0) [63.Arian Beqaj (8/0)], Devi Mukaj (13/1) [46.Besnik Hasi (1/0)], Geri Çipi (9/0), Arian Xhumba (36/0) [74.Nevil Thamas Dede (5/0)], Rudi Vata (55/5) [75.Ervin Pëllumb Fakaj (18/1)], Ervin Skela (4/0), Altin Haxhi (25/2), Alban Bushi (29/7) [55.Erjon Bogdani (12/3)], Bledar Kola (37/5) [79.Indrit Fortuzi (18/0)], Fatmir Vata (8/0) [Altin Lala (16/0)], Igli Tare (27/3) [*sent off 57*]. Trainer: Medin Zhega (8).
Goals: Rudi Vata (44), Erjon Bogdani (67,90).

165. 24.03.2001   **GERMANY - ALBANIA**   2-1(0-0)   17th FIFA WC. Qualifiers
BayArena, Leverkusen; Referee: Graziano Cesari (Italy); Attendance: 22,500
ALB: Fotaq Strakosha (46/0), Geri Çipi (10/0), Arian Xhumba (37/0), Rudi Vata (56/5), Edvin Murati (11/2), Bledar Kola (38/6), Altin Lala (17/0), Fatmir Vata (9/0) [79.Ervin Skela (5/0)], Besnik Hasi (2/0) [85.Ervin Pëllumb Fakaj (19/1)], Alban Bushi (30/7) [63.Altin Rraklli (44/8)], Igli Tare (28/3). Trainer: Medin Zhega (9).
Goal: Bledar Kola (66).

166. 28.03.2001   **ALBANIA - ENGLAND**   1-3(0-0)   17th FIFA WC. Qualifiers
Stadiumi „Kombëtar Qemal Stafa", Tiranë; Referee: Alain Hamer (Luxembourg); Attendance: 18,000
ALB: Fotaq Strakosha (47/0), Ervin Pëllumb Fakaj (20/1), Geri Çipi (11/0), Arian Xhumba (38/0), Bledar Kola (39/6) [82.Devi Mukaj (14/1)], Altin Lala (18/0), Fatmir Vata (10/0) [89.Altin Rraklli (45/9)], Besnik Hasi (3/0), Arjan Bellai (16/1), Alban Bushi (31/7), Igli Tare (29/3) [90.Ervin Skela (6/0)]. Trainer: Medin Zhega (10).
Goal: Altin Rraklli (90).

167. 25.04.2001   **TURKEY - ALBANIA**   0-2(0-0)   17th FIFA WC. Qualifiers
„„Kamil Oçak" Stadyumu, Gaziantep; Referee: Meir Levi (Israel); Attendance: 18,000
ALB: Fotaq Strakosha (48/0) [47.Arian Beqaj (9/0)], Geri Çipi (12/0), Nevil Thamas Dede (6/0), Arjan Bellai (17/1), Altin Haxhi (26/2) [89.Klodian Duro (1/0)], Ervin Skela (7/1), Altin Lala (19/0), Fatmir Vata (11/0) [72.Artion Poçi (1/0)], Besnik Hasi (4/0) [46.Enkelejd Dobi (3/1)], Alban Bushi (32/8) [83.Eldorado Merkoçi (1/0)], Indrit Fortuzi (19/0). Trainer: Medin Zhega (11).
Goals: Alban Bushi (59), Ervin Skela (71).

168. 02.06.2001   **GREECE - ALBANIA**   1-0(0-0)   17th FIFA WC. Qualifiers
Stádio „Théodors Vardinogiánnis", Iraklión; Referee: Nikolai Levnikov (Russia); Attendance: 5,500
ALB: Fotaq Strakosha (49/0), Altin Lala (20/0), Rudi Vata (57/5), Geri Çipi (13/0), Arian Xhumba (39/0), Altin Haxhi (27/2) [76.Ervin Skela (8/1)], Besnik Hasi (5/0), Fatmir Vata (12/0), Edvin Murati (12/2), Alban Bushi (33/8), Igli Tare (30/3) [71.Erjon Bogdani (13/3)]. Trainer: Medin Zhega (12).

169. 06.06.2001   **ALBANIA - GERMANY**   0-2(0-1)   17th FIFA WC. Qualifiers
Stadiumi „Kombëtar Qemal Stafa", Tiranë; Referee: Gilles Veissière (France); Attendance: 12,800
ALB: Fotaq Strakosha (50/0), Rudi Vata (58/5), Geri Çipi (14/0), Arian Xhumba (40/0) [46.Arjan Bellai (18/1)], Altin Haxhi (28/2), [80.Devi Mukaj (15/1)], Edvin Murati (13/2), Altin Lala (21/0), Fatmir Vata (13/0), Besnik Hasi (6/0) [61.Ervin Skela (9/1)], Alban Bushi (34/8), Igli Tare (31/3). Trainer: Medin Zhega (13).

170. 01.09.2001   **ALBANIA - FINLAND**   0-2(0-0)   17th FIFA WC. Qualifiers
Stadiumi „Kombëtar Qemal Stafa", Tiranë; Referee: Erol Ersoy (Turkey); Attendance: 6,400
ALB: Arian Beqaj (10/0), Altin Lala (22/0), Geri Çipi (15/0), Arian Xhumba (41/0), Arjan Bellai (19/1), Devi Mukaj (16/1) [62.Rudi Vata (59/5)], Altin Haxhi (29/2), Fatmir Vata (14/0), Alban Bushi (35/8), Altin Rraklli (46/9) [64.Indrit Fortuzi (20/0)], Igli Tare (32/3) [64.Erjon Bogdani (14/3)]. Trainer: Sulejman Demollari (1).

171. 05.09.2001   **ENGLAND - ALBANIA**   2-0(1-0)   17th FIFA WC. Qualifiers
St.James' Park, Newcastle; Referee: Juan Antonio Fernández Marín (Spain); Attendance: 51,046
ALB: Fotaq Strakosha (51/0), Ervin Pëllumb Fakaj (21/1), Nevil Thamas Dede (7/0), Geri Çipi (16/0), Arian Xhumba (42/0), Arjan Bellai (20/1), Edvin Murati (14/2), Fatmir Vata (15/0), Besnik Hasi (7/0) [46.Alban Bushi (36/8)], Erjon Bogdani (15/3) [56.Igli Tare (33/3)], Altin Rraklli (47/9) [62.Devi Mukaj (17/1)]. Trainer: Sulejman Demollari (2).

172. 05.01.2002   **MACEDONIA - ALBANIA**   0-0   International Tournament
National Stadium, Manama (Bahrain); Referee: Jasim Abdul Karim (Bahrain); Attendance: n/a
ALB: Blendi Nallbani (15/0), Lulezim Hushi (1/0), Ardit Beqiri (1/0) [46.Pavlin Dhembi (1/0)], Nevil Thamas Dede (8/0), Elvin Beqiri (1/0), Edvin Murati (15/2), Arjan Peço (11/0) [46.Redi Jupi (6/0)], Altin Rraklli (48/9), Klodian Duro (2/0), Florian Myrtaj (1/0), Indrit Fortuzi (21/0) [46.Bledi Shkëmbi (1/0)]. Trainer: Sulejman Demollari (3).

173. 07.01.2002   **FINLAND - ALBANIA**   1-1(1-0)   International Tournament
National Stadium, Manama (Bahrain); Referee: Yousuf Hussain (Bahrain); Attendance: n/a
ALB: Blendi Nallbani (16/0), Luan Zmijani (1/0), Nevil Thamas Dede (9/0), Lulezim Hushi (2/0), Edvin Murati (16/2), Klodian Duro (3/0), Ardit Beqiri (2/0).Arjan Peço (12/0), Redi Jupi (7/0) [89.Bledi Shkëmbi (2/0)], Florian Myrtaj (2/0) [57.Ogert Muka (1/0)], Altin Rraklli (49/9) [46.Klevis Dalipi (1/0)], Indrit Fortuzi (22/1). Trainer: Sulejman Demollari (4).
Goal: Indrit Fortuzi (71 penalty).

174. 10.01.2002 **BAHRAIN - ALBANIA** 3-0(1-0) International Tournament
National Stadium, Manama; Referee: Qasem Shaban (Kuwait); Attendance: n/a
ALB: Ilion Lika (1/0) [46.Julian Gjeloshi (1/0)], Luan Zmijani (2/0), Ogert Muka (2/0), Lulezim Hushi (3/0), Ardit Beqiri (3/0) [52.Elvin Beqiri (2/0)], Redi Jupi (8/0), Florian Myrtaj (3/0) [25.Bledi Shkëmbi (3/0)], Arjan Peço (13/0), Klevit Dalipi (2/0), Indrit Fortuzi (23/1) [69.Pavlin Dhembi (2/0)], Klodian Duro (4/0). Trainer: Sulejman Demollari (5).

175. 13.02.2002 **LUXEMBOURG - ALBANIA** 0-0
Stade „Alphonse Theis", Hesperange; Referee: René Rogalla (Switzerland); Attendance: 1,300
ALB: Arjan Beqaj (11/0), Geri Çipi (17/0), Arian Xhumba (43/0) [46.Ervin Pëllumb Fakaj (22/1)], Nevil Thamas Dede (10/0), Besnik Hasi (8/0), Altin Haxhi (30/2), Arjan Bellai (21/1), Altin Lala (23/0) [77.Redi Jupi (9/0)], Klodian Duro (5/0), Erjon Bogdani (16/3) [66.Ardian Aliaj (1/0)], Igli Tare (34/3). Trainer: Sulejman Demollari (6).

176. 13.03.2002 **MEXICO - ALBANIA** 4-0(2-0)
Qualcomm Stadium, San Diego (United States); Referee: Kevin Scott (United States); Attendance: 32,109
ALB: Blendi Nallbani (17/0), Ardit Beqiri (4/0), Elvin Beqiri (3/0), Arjan Sheta (1/0), Rezart Dabulla (3/0), Julian Ahmataj (1/0), Dritan Babamusta (1/0) [65.Fjodor Xhafa (1/0)], Redi Jupi (10/0), Ervin Bulku (1/0), Vioresin Sinani (4/1) [46.Pavlin Dhembi (3/0)], Indrit Fortuzi (24/1) [63.Bledar Mançaku (1/0)]. Trainer: Sulejman Demollari (7).

177. 27.03.2002 **ALBANIA - AZERBAIJAN** 1-0(1-0)
Stadiumi „Kombëtar Qemal Stafa", Tiranë; Referee: Emil Bož inovski (Macedonia); Attendance: 10,000
ALB: Arjan Beqaj (12/0), Altin Lala (24/0) [88.Ervin Bulku (2/0)], Nevil Thamas Dede (11/0), Arian Xhumba (44/0), Edvin Murati (17/2), Besnik Hasi (9/0), Altin Haxhi (31/2) [63.Enkelejd Dobi (4/1)], Arjan Bellai (22/1) [46.Devi Mukaj (18/1)], Klodian Duro (6/0) [70.Redi Jupi (11/0)], Altin Rraklli (50/9), Igli Tare (35/4) [70.Erjon Bogdani (17/3)]. Trainer: Sulejman Demollari (8).
Goal: Igli Tare (39).

178. 17.04.2002 **ANDORRA - ALBANIA** 2-0(1-0)
Estadio Comunal, Andorra La Vella; Referee: Arturo Daudén Ibañez (Spain); Attendance: 500
ALB: Arjan Beqaj (13/0) [46.Blendi Nallbani (18/0)], Altin Lala (25/0), Nevil Thamas Dede (12/0), Arian Xhumba (45/0) [*sent off 33*], Ervin Pëllumb Fakaj (23/1), Besnik Hasi (10/0) [80.Elvin Beqiri (4/0)], Edvin Murati (18/2), Redi Jupi (12/0) [60.Enkelejd Dobi (5/1)], Klodian Duro (7/0) [70.Florian Myrtaj (4/0)], Altin Rraklli (51/9) [54.Ervin Bulku (3/0)], Igli Tare (36/4) [59.Indrit Fortuzi (25/1)]. Trainer: Sulejman Demollari (9).

179. 12.10.2002 **ALBANIA - SWITZERLAND** 1-1(0-1) 12th EC. Qualifiers
Stadiumi „Kombëtar Qemal Stafa", Tiranë; Referee: Orhan Erdemir (Turkey); Attendance: 15,000
ALB: Fotaq Strakosha (52/0), Altin Lala (26/0), Geri Çipi (18/0), Arian Xhumba (46/0), Ervin Pëllumb Fakaj (24/1) [89.Elvis Sina (1/0)], Besnik Hasi (11/0), Edvin Murati (19/3), Altin Haxhi (32/2) [60.Alban Bushi (37/8)], Klodian Duro (8/0), Fatmir Vata (16/0), Igli Tare (37/4) [71.Florian Myrtaj (5/0)]. Trainer: Giuseppe Dossena (Italy, 1).
Goal: Edvin Murati (78).

180. 16.10.2002 **RUSSIA - ALBANIA** 4-1(2-1) 12th EC. Qualifiers
Centralny Stadium, Volgograd; Referee: Leif Sundell (Sweden); Attendance: 18,000
ALB: Fotaq Strakosha (53/0), Geri Çipi (19/0), Arian Xhumba (47/0), Ervin Pëllumb Fakaj (25/1), Edvin Murati (20/3), Besnik Hasi (12/0), Altin Lala (27/0), Klodian Duro (9/1), Fatmir Vata (17/0) [60.Elvis Sina (2/0)], Igli Tare (38/4) [69.Florian Myrtaj (6/0)], Altin Haxhi (33/2) [56.Alban Bushi (38/8)]. Trainer: Giuseppe Dossena (Italy, 2).
Goal: Klodian Duro (13).

181. 14.02.2003 **ALBANIA - VIETNAM** 5-0(3-0)
Bastia Umbra (Italy); Referee: Nicolucci (Italy)
ALB: Fotaq Strakosha (54/0) [46.Arjan Beqaj (14/0)], Klodian Duro (10/1), Elvin Beqiri (5/0), Arjan Xhumba (48/0) [46.Nevil Thamas Dede (13/0)], Besnik Hasi (13/0) [80.Luan Pinari (5/1)], Altin Haxhi (34/2) [46.Edvin Murati (21/3)], Alban Bushi (39/9), Arjan Bellai (23/1), Mehmet Dragusha (1/1) [70.Julian Ahmataj (2/0)], Florian Myrtaj (7/2) [72.Enkelejd Dobi (6/1)], Bledi Shkëmbi (4/0). Trainer: Hans-Peter Briegel (Germany, 1).
Goals: Alban Bushi (16), Florian Myrtaj (21, 38), Mehmet Dragusha (53), Luan Pinari (86).

182. 29.03.2003 **ALBANIA - RUSSIA** 3-1(1-0) 12th EC. Qualifiers
Stadiumi „Loro Boriçi", Shkodër; Referee: Paul Allaerts (Belgium); Attendance: 16,000
ALB: Fotaq Strakosha (55/0), Elvin Beqiri (6/0), Geri Çipi (20/0), Ardian Aliaj (2/0), Altin Lala (28/1), Besnik Hasi (14/0), Klodian Duro (11/1), Ervin Skela (10/1) [83.Nevil Thamas Dede (14/0)], Edvin Murati (22/3) [67.Arjan Bellai (24/1)], Igli Tare (39/5), Altin Rraklli (52/10) [70.Florian Myrtaj (8/2)]. Trainer: Hans-Peter Briegel (Germany, 2).
Goals: Altin Rraklli (21), Altin Lala (79), Igli Tare (82).

183. 02.04.2003 **ALBANIA – REPUBLIC OF IRELAND** 0-0 12th EC. Qualifiers
Stadiumi „Kombëtar Qemal Stafa", Tiranë; Referee: Stefano Farina (Italy); Attendance: 20,000
ALB: Fotaq Strakosha (56/0), Elvin Beqiri (7/0), Geri Çipi (21/0), Ardian Aliaj (3/0), Altin Lala (29/1), Besnik Hasi (15/0), Klodian Duro (12/1), Ervin Skela (11/1) [85.Alban Bushi (40/9)], Edvin Murati (23/3) [66.Arjan Bellai (25/1)], Igli Tare (40/5), Altin Rraklli (53/10) [69.Florian Myrtaj (9/2)]. Trainer: Hans-Peter Briegel (Germany, 3).

184. 30.04.2003 **BULGARIA - ALBANIA** 2-0(2-0)
„Vasil Levski" stadion, Sofia; Referee: Karel Vidlak (Czech Republic); Attendance: 9,325
ALB: Arjan Beqaj (15/0) [46.Fotaq Strakosha (57/0)], Geri Çipi (22/0) [89.Ardian Aliaj (4/0)], Klodian Duro (13/1) [72.Florian Myrtaj (10/2)], Elvin Beqiri (8/0), Besnik Hasi (16/0), Arjan Bellai (26/1) [46.Altin Lala (30/1)], Mehmet Dragusha (2/1) [46.Edvin Murati (24/3)], Nevil Thamas Dede (15/0) [89.Rezart Dabulla (4/0)], Ervin Skela (12/1) [85.Bledi Shkëmbi (5/0)], Erjon Bogdani (18/3) [46.Igli Tare (41/5)], Altin Rraklli (54/10) [46.Alban Bushi (41/9)]. Trainer: Hans-Peter Briegel (Germany, 4).

185. 07.06.2003 **REPUBLIC OF IRELAND - ALBANIA** 2-1(1-1) 12th EC. Qualifiers
Lansdowne Road, Dublin; Referee: Tomasz Mikulski (Poland); Attendance: 33,000
ALB: Fotaq Strakosha (58/0) [79.Arian Beqaj (16/0)], Elvin Beqiri (9/0), Geri Çipi (23/0), Klodian Duro (14/1), Besnik Hasi (17/0), Edvin Murati (25/3) [58.Arjan Bellai (27/1)], Altin Lala (31/1), Ervin Skela (13/2), Ardian Aliaj (5/0), Altin Rraklli (55/10) [85.Florian Myrtaj (11/2)], Igli Tare (42/5). Trainer: Hans-Peter Briegel (Germany, 5).
Goal: Ervin Skela (8).

186. 11.06.2003   **SWITZERLAND - ALBANIA**   **3-2(2-1)**   12th EC. Qualifiers
Stade Charmilles, Genève; Referee: Stephen Graham Bennett (England); Attendance: 26,000
ALB: Fotaq Strakosha (59/0), Elvin Beqiri (10/0), Geri Çipi (24/0) [46.Lorik Agim Çana (1/0)], Besnik Hasi (18/0), Arjan Bellai (28/1), Alban Bushi (42/9) [62.Altin Rraklli (56/10)], Ardian Aliaj (6/0), Altin Lala (32/2), Klodian Duro (15/1) [73.Mehmet Dragusha (3/1)], Ervin Skela (14/3), Igli Tare (43/5). Trainer: Hans-Peter Briegel (Germany, 6).
Goals: Altin Lala (23), Ervin Skela (85 penalty).

187. 20.08.2003   **MACEDONIA - ALBANIA**   **3-1(2-0)**
„Goče Delčev" stadion, Prilep; Referee: Goran Mihajlević (Serbia & Montenegro); Attendance: 3,000
ALB: Fotaq Strakosha (60/0) [46.Arian Beqaj (17/0)], Nevil Thamas Dede (16/0) [46.Elvin Beqiri (11/0)], Geri Çipi (25/0) [*sent off 20*], Ardian Aliaj (7/0) [85.Rezart Dabulla (5/0)], Besnik Hasi (19/0), Lorik Agim Çana (2/0) [85.Bledi Shkëmbi (6/0)], Arjan Bellai (29/1), Altin Haxhi (35/2) [70.Devi Mukaj (19/1)], Ervin Skela (15/4), Igli Tare (44/5) [80.Florian Myrtaj (12/2)], Alban Bushi (43/9) [46.Klodian Duro (16/1)]. Trainer: Hans-Peter Briegel (Germany, 7).
Goal: Ervin Skela (74).

188. 06.09.2003   **GEORGIA - ALBANIA**   **3-0(3-0)**   12th EC. Qualifiers
„Boris Paichadze" Stadium, Tbilisi; Referee: Nicolai Vollquartz (Denmark); Attendance: 18,000
ALB: Fotaq Strakosha (61/0), Nevil Thamas Dede (17/0) [10.Redi Jupi (13/0)], Geri Çipi (26/0), Besnik Hasi (20/0), Lorik Agim Çana (3/0), Ardian Aliaj (8/0), Arjan Bellai (30/1) [46.Klodian Duro (17/1)], Edvin Murati (26/3), Ervin Skela (16/4), Mehmet Dragusha (4/1), Alban Bushi (44/9) [61.Igli Tare (45/5)]. Trainer: Hans-Peter Briegel (Germany, 8).

189. 10.09.2003   **ALBANIA - GEORGIA**   **3-1(1-0)**   12th EC. Qualifiers
Stadiumi „Kombëtar Qemal Stafa", Tiranë; Referee: Marian Salomir (Romania); Attendance: 10,500
ALB: Fotaq Strakosha (62/0), Elvin Beqiri (12/0), Geri Çipi (27/0), Besnik Hasi (21/1), Lorik Agim Çana (4/0) [85.Devi Mukaj (20/1)], Edvin Murati (27/3) [18.Altin Haxhi (36/2)], Bledi Shkëmbi (7/0), Altin Rraklli (57/10) [58.Alban Bushi (45/10)], Ardian Aliaj (9/0), Igli Tare (46/6), Klodian Duro (18/1). Trainer: Hans-Peter Briegel (Germany, 9).
Goals: Besnik Hasi (51), Igli Tare (53), Alban Bushi (80).

190. 11.10.2003   **PORTUGAL - ALBANIA**   **5-3(1-2)**
Estádio Restelo, Lisboa; Referee: Pascal Garibian (France); Attendance: 5,000
ALB: Fotaq Strakosha (63/0) [64.Estref Billa (1/0)], Elvin Beqiri (13/0), Geri Çipi (28/0), Besnik Hasi (22/1), Ardian Aliaj (10/2), Klodian Duro (19/1) [83.Devi Mukaj (21/1)], Ervin Skela (17/4), Lorik Agim Çana (5/0), Edvin Murati (28/3) [67.Altin Haxhi (37/2)], Igli Tare (47/7) [86.Mehmet Dragusha (5/1)], Altin Rraklli (58/10) [73.Alban Bushi (46/10)]. Trainer: Hans-Peter Briegel (Germany, 10).
Goals: Ardian Aliaj (13), Igli Tare (43), Ardian Aliaj (59).

191. 15.11.2003   **ALBANIA - ESTONIA**   **2-0(1-0)**
Stadiumi „Kombëtar Qemal Stafa", Tiranë; Referee: Giorgios Douros (Greece); Attendance: 5,000
ALB: Fotaq Strakosha (64/0) [46.Estref Billa (2/0)], Elvin Beqiri (14/0), Geri Çipi (29/0), Lorik Agim Çana (6/0), Besnik Hasi (23/1), Bledi Shkëmbi (8/0) [46.Altin Rraklli (59/10)], Ardian Aliaj (11/3) [84.Arian Pisha (1/0)], Altin Haxhi (38/2), Bledar Mançaku (2/0) [46.Alban Bushi (47/11)], Igli Tare (48/7) [46.Ervin Skela (18/4)], Klodian Duro (20/1) [70.Devi Mukaj (22/1)]. Trainer: Hans-Peter Briegel (Germany, 11).
Goals: Ardian Aliaj (26), Alban Bushi (81).

192. 18.02.2004   **ALBANIA - SWEDEN**   **2-1(0-0)**
Stadiumi „Kombëtar Qemal Stafa", Tiranë; Referee: Gianluca Paparesta (Italy); Attendance: 15,000
ALB: Fotaq Strakosha (65/0), Elvin Beqiri (15/0), Geri Çipi (30/0), Lorik Agim Çana (7/0), Ardian Aliaj (12/4), Besnik Hasi (24/1), Klodian Duro (21/1) [81.Ardit Beqiri (5/0)], Ervin Skela (19/5), Edvin Murati (29/3), Altin Rraklli (60/10) [46.Igli Tare (49/7)], Alban Bushi (48/11) [46.Florian Myrtaj (13/2)]. Trainer: Hans-Peter Briegel (Germany, 12).
Goals: Ervin Skela (67), Ardian Aliaj (75).

193. 31.03.2004   **ALBANIA - ICELAND**   **2-1(1-0)**
Stadiumi „Kombëtar Qemal Stafa", Tiranë; Referee: Paolo Bertini (Italy); Attendance: 12,000
ALB: Fotaq Strakosha (66/0) [46.Ilion Lika (2/0)], Elvin Beqiri (16/0), Geri Çipi (31/0), Besnik Hasi (25/1), Ardian Aliaj (13/5) [46.Nevil Thamas Dede (18/0)], Klodian Duro (22/1) [81.Ardit Beqiri (6/0)], Ervin Skela (20/5) [63.Devi Mukaj (23/1)], Edvin Murati (30/3) [89.Henri Ndreka (1/0)], Altin Lala (33/2) [68.Altin Haxhi (39/2)], Florian Myrtaj (14/2) [46.Edmond Kapllani (1/0)], Igli Tare (50/7) [46.Alban Bushi (49/12)]. Trainer: Hans-Peter Briegel (Germany, 13).
Goals: Ardian Aliaj (42), Alban Bushi (79).

194. 28.04.2004   **ESTONIA - ALBANIA**   **1-1(0-0)**
A. Le Coq Arena, Tallinn; Referee: Andrejs Sipailo (Latvia); Attendance: 1,700
ALB: Ilion Lika (3/0) [46.Fotaq Strakosha (67/0)], Ardit Beqiri (7/0), Nevil Thamas Dede (19/0), Elvin Beqiri (17/0), Ardian Aliaj (14/6), Besnik Hasi (26/1), Altin Lala (34/2) [46.Altin Haxhi (40/2)], Edvin Murati (31/3) [46.Ervin Skela (21/5)], Klodian Duro (23/1) [90.Florian Myrtaj (15/2)], Alban Bushi (50/12) [67.Edmond Kapllani (2/0)], Igli Tare (51/7). Trainer: Hans-Peter Briegel (Germany, 14).
Goal: Ardian Aliaj (51).

195. 18.08.2004   **CYPRUS - ALBANIA**   **2-1(1-0)**
Stádio Neo GSP, Nicosia; Referee: Costas Kapitanis (Cyprus); Attendance: 200
ALB: Fotaq Strakosha (68/0) [46.Ilion Lika (4/0)], Elvin Beqiri (18/0), Henri Ndreka (2/0), Edvin Murati (32/3) [46.Mehmet Dragusha (6/1)], Ardian Aliaj (15/6), Altin Lala (35/2), Ardit Beqiri (8/0), Klodian Duro (24/1) [57.Devi Mukaj (24/1)], Ervin Skela (22/5), Alban Bushi (51/12)[46.Altin Rraklli (61/11)], Florian Myrtaj (16/2) [46.Edmond Kapllani (3/0)]. Trainer: Hans-Peter Briegel (Germany, 15).
Goal: Altin Rraklli (64).

196. 04.09.2004   **ALBANIA - GREECE**   **2-1(2-1)**   18th FIFA WC. Qualifiers
Stadiumi „Kombëtar Qemal Stafa", Tiranë; Referee: Eduardo Iturralde González (Spain); Attendance: 15,800
ALB: Fotaq Strakosha (Cap) (69/0), Elvin Beqiri (19/0), Lorik Agim Çana (8/0), Ardian Aliaj (16/7), Besnik Hasi (27/1), Klodian Duro (25/1) [86.Ardit Beqiri (9/0)], Altin Lala (36/2), Ervin Skela (23/5), Edvin Murati (33/4), Igli Tare (52/7), Florian Myrtaj (17/2) [73.Mehmet Dragusha (7/1)]. Trainer: Hans-Peter Briegel (Germany, 16).
Goals: Edvin Murati (2), Ardian Aliaj (11).

197. 08.09.2004   GEORGIA - ALBANIA   2-0(1-0)
„Mikhail Meshki" Stadium, Tbilisi; Referee: Mark Courtney (Northern Ireland); Attendance: 20,000
ALB: Fotaq Strakosha (Cap) (70/0), Elvin Beqiri (20/0) [*sent off 81*], Lorik Agim Çana (9/0), Besnik Hasi (28/1), Edvin Murati (34/4) [81.Bledi Shkëmbi (9/0)], Florian Myrtaj (18/2) [68.Alban Bushi (52/12)], Ardian Aliaj (17/7), Ervin Skela (24/5), Altin Lala (37/2), Igli Tare (53/7), Klodian Duro (26/1) [59.Mehmet Dragusha (8/1)]. Trainer: Hans-Peter Briegel (Germany, 17).

198. 09.10.2004   ALBANIA - DENMARK   0-2(0-0)   18th FIFA WC. Qualifiers
Stadiumi „Kombëtar Qemal Stafa", Tiranë; Referee: Yuriy Baskakov (Russia); Attendance: 14,500
ALB: Fotaq Strakosha (Cap) (71/0), Lorik Agim Çana (10/0), Besnik Hasi (29/1), Klodian Duro (27/1), Ardit Beqiri (10/0), Altin Lala (38/2), Altin Haxhi (41/2) [67.Mehmet Dragusha (9/1)], Ervin Skela (25/5), Devi Mukajj (25/1) [79.Alban Bushi (53/12)], Edvin Murati (35/4), Igli Tare (54/7). Trainer: Hans-Peter Briegel (Germany, 18).

199. 13.10.2004   KAZAKHSTAN - ALBANIA   0-1(0-0)   18th FIFA WC. Qualifiers
Tsentralny Stadium, Almaty; Referee: Fritz Stuchlik (Austria); Attendance: 12,300
ALB: Fotaq Strakosha (Cap) (72/0), Ardit Beqiri (11/0), Besnik Hasi (30/1), Altin Haxhi (42/2), Altin Lala (39/2), Mehmet Dragusha (10/1) [90.Bledi Shkëmbi (10/0)], Lorik Agim Çana (11/0), Devi Mukajj (26/1) [53.Suad Lici (4/0)], Ervin Skela (26/5), Alban Bushi (54/13) [87.Altin Rraklli (62/11)], Igli Tare (55/7). Trainer: Hans-Peter Briegel (Germany, 19).
Goal: Alban Bushi (61).

200. 09.02.2005   ALBANIA - UKRAINE   0-2(0-1)   18th FIFA WC. Qualifiers
Stadiumi „Kombëtar Qemal Stafa", Tiranë; Referee: Stephen Graham Bennett (England); Attendance: 22,000
ALB: Fotaq Strakosha (73/0), Armend Ropqir Rrackar Dallku (1/0), Klodian Duro (28/1), Lorik Agim Çana (12/0), Altin Haxhi (43/2), Altin Lala (40/2), Ardian Aliaj (18/7), Ervin Skela (27/5), Geri Çipi (32/0) [51.Tefik Osmani (1/0)], Igli Tare (56/7) [65.Erjon Bogdani (19/3)], Alban Bushi (55/13) [75.Florian Myrtaj (19/2)]. Trainer: Hans-Peter Briegel (Germany, 20).

201. 26.03.2005   TURKEY - ALBANIA   2-0(2-0)   18th FIFA WC. Qualifiers
„Ismet Inönü" Stadı , Istanbul; Referee: Konrad Platz (Austria); Attendance: 32,000
ALB: Ilion Lika (5/0), Elvin Beqiri (21/0), Armend Ropqir Rrackar Dallku (2/0), Lorik Agim Çana (13/0), Ardian Aliaj (19/7), Klodian Duro (29/1) [79.Alban Bushi (56/13)], Altin Haxhi (44/2), Altin Lala (41/2), Ervin Skela (28/5), Erjon Bogdani (20/3), Igli Tare (57/7). Trainer: Hans-Peter Briegel (Germany, 21).

202. 30.03.2005   GREECE - ALBANIA   2-0(1-0)   18th FIFA WC. Qualifiers
Stádio Karaïskáki, Peiraiás; Referee: Bertrand Layec (France); Attendance: 31,700
ALB: Ilion Lika (6/0), Elvin Beqiri (22/0), Tefik Osmani (2/0), Lorik Agim Çana (14/0), Klodian Duro (30/1) [83.Armend Ropqir Rrackar Dallku (3/0)], Altin Haxhi (45/2), Altin Lala (42/2) [46.Altin Rraklli (63/11)], Devi Mukajj (27/1), Ervin Skela (29/5), Erjon Bogdani (21/3) [65.Igli Tare (58/7)], Suad Lici (5/0). Trainer: Hans-Peter Briegel (Germany, 22).

203. 29.05.2005   POLAND - ALBANIA   1-0(1-0)
Pogoń Stadion, Szczecin; Referee: Michael Weiner (Germany); Attendance: 15,000
ALB: Isli Hidi (1/0), Armend Ropqir Rrackar Dallku (4/0), Tefik Osmani (3/0), Geri Çipi (33/0), Ardian Aliaj (20/7) [73.Altin Haxhi (46/2)], Besnik Hasi (31/1) [85.Suad Lici (6/0)], Altin Lala (43/2), Ervin Skela (30/5) [65.Bledi Shkëmbi (11/0)], Klodian Duro (31/1) [78.Elvis Sina (3/0)], Mehmet Dragusha (11/1) [46.Edvin Murati (36/4)], Florian Myrtaj (20/2) [46.Edmond Kapllani (4/0)]. Trainer: Hans-Peter Briegel (Germany, 23).

204. 04.06.2005   ALBANIA - GEORGIA   3-2(2-0)   18th FIFA WC. Qualifiers
Stadiumi „Kombëtar Qemal Stafa", Tiranë; Referee: Alexandru Dan Tudor (Romania); Attendance: *Match played behind closed doors*.
ALB: Ilion Lika (7/0), Tefik Osmani (4/0), Besnik Hasi (32/1), Elvin Beqiri (23/0), Ardian Aliaj (21/7), Klodian Duro (32/1), Ervin Skela (31/6) [85.Bledi Shkëmbi (12/0)], Altin Haxhi (47/2) [27.Geri Çipi (34/0)], Redi Jupi (14/0), Erjon Bogdani (22/3) [64.Florian Myrtaj (21/2)], Igli Tare (59/9). Trainer: Hans-Peter Briegel (Germany, 24).
Goals: Igli Tare (5), Ervin Skela (33), Igli Tare (55).

205. 08.06.2005   DENMARK - ALBANIA   3-1(1-0)   18th FIFA WC. Qualifiers
Parken Stadion, København; Referee: Peter Fröjdfeldt (Sweden); Attendance: 26,366
ALB: Ilion Lika (8/0), Elvin Beqiri (24/0), Besnik Hasi (33/1), Tefik Osmani (5/0), Ardian Aliaj (22/7), Lorik Agim Çana (15/0), Altin Lala (44/2), Redi Jupi (15/0) [90.Elvis Sina (4/0)], Ervin Skela (32/6) [66.Klodian Duro (33/1)], Erjon Bogdani (23/4), Igli Tare (60/9) [80.Florian Myrtaj (22/2)]. Trainer: Hans-Peter Briegel (Germany, 25).
Goal: Erjon Bogdani (72).

206. 17.08.2005   ALBANIA - AZERBAIJAN   2-1(1-1)
Stadiumi „Kombëtar Qemal Stafa", Tiranë; Referee: Mustafa Çulcu (Turkey); Attendance: 7,300
ALB: Isli Hidi (2/0), Tefik Osmani (6/0), Besnik Hasi (34/1), Elvis Sina (5/0) [90.Armend Ropqir Rrackar Dallku (5/0)], Elvin Beqiri (25/0), Lorik Agim Çana (16/1), Edvin Murati (37/4) [46.Ervin Skela (33/6)], Bledi Shkëmbi (13/0) [46.Altin Haxhi (48/2)], Altin Lala (45/2) [46.Redi Jupi (16/0)], Alban Bushi (57/14) [46.Florian Myrtaj (23/2)], Edmond Kapllani (5/0) [46.Erjon Bogdani (24/4)]. Trainer: Hans-Peter Briegel (Germany, 26).
Goals: Alban Bushi (37), Lorik Agim Çana (72).

207. 03.09.2005   ALBANIA - KAZAKHSTAN   2-1(0-0)   18th FIFA WC. Qualifiers
Stadiumi „Kombëtar Qemal Stafa", Tiranë; Referee: Krzysztof Slupik (Poland); Attendance: 3,500
ALB: Ilion Lika (9/0), Elvin Beqiri (26/0), Besnik Hasi (35/1), Lorik Agim Çana (17/1), Redi Jupi (17/0), Altin Lala (46/2), Edvin Murati (38/4), Ervin Skela (34/6), Florian Myrtaj (24/3) [90.Edmond Kapllani (6/0)], Altin Haxhi (49/2) [46.Ansi Agolli (1/0)], Erjon Bogdani (25/5) [85.Alban Bushi (58/14)]. Trainer: Hans-Peter Briegel (Germany, 27).
Goals: Florian Myrtaj (53), Erjon Bogdani (58).

208. 08.10.2005   UKRAINE - ALBANIA   2-2(1-0)   18th FIFA WC. Qualifiers
Meteor Stadium, Dnipropetrovsk; Referee: Johan Verbist (Belgium); Attendance: 24,000
ALB: Ilion Lika (10/0), Elvin Beqiri (27/0), Besnik Hasi (36/1), Lorik Agim Çana (18/1), Armend Ropqir Rrackar Dallku (6/0), Ardian Aliaj (23/7), Ervin Skela (35/6), Altin Lala (47/2), Altin Haxhi (50/2) [83.Edvin Murati (39/4)], Igli Tare (Cap) (61/9) [70.Edmond Kapllani (7/0)], Erjon Bogdani (26/7). Trainer: Hans-Peter Briegel (Germany, 28).
Goals: Erjon Bogdani (75,82).

209. 12.10.2005 **ALBANIA - TURKEY** **0-1(0-0)** 18th FIFA WC. Qualifiers
Stadiumi „Kombëtar Qemal Stafa", Tiranë; Referee: Arturo Daudén Ibáñez (Spain); Attendance: 8,000
ALB: Ilion Lika (11/0), Elvin Beqiri (28/0), Besnik Hasi (37/1), Ardian Aliaj (24/7), Lorik Agim Çana (19/1), Armend Ropqir Rrackar Dallku (7/0) [63.Redi Jupi (18/0)], Altin Lala (48/2), Ervin Skela (36/6), Altin Haxhi (51/2) [50.Edvin Murati (40/4)], Igli Tare (Cap) (62/9) [73.Edmond Kapllani (8/0)], Erjon Bogdani (27/7). Trainer: Hans-Peter Briegel (Germany, 29).

210. 01.03.2006 **ALBANIA - LITHUANIA** **1-2(1-2)**
Stadiumi „Kombëtar Qemal Stafa", Tiranë; Referee: Tiziano Pieri (Italy); Attendance: n/a
ALB: Arian Beqaj (18/0), Elvin Beqiri (29/0), Lorik Agim Çana (20/1) [63.Armend Ropqir Rrackar Dallku (8/0)], Besnik Hasi (38/1), Ardian Aliaj (25/8), Klodian Duro (34/1), Edvin Murati (41/4) [69.Endrit Vrapi (1/0)], Altin Lala (49/2), Dorian Bylykbashi (1/0) [46.Ervin Skela (37/6)], Alban Bushi (59/14) [46.Florian Myrtaj (25/3)], Igli Tare (Cap) (63/9) [46.Erjon Bogdani (28/7)]. Trainer: Hans-Peter Briegel (Germany, 30).
Goal: Ardian Aliaj (33 penalty).

211. 22.03.2006 **ALBANIA - GEORGIA** **0-0**
Stadiumi „Kombëtar Qemal Stafa", Tiranë; Referee: Paolo Dondarini (Italy); Attendance: 2,000
ALB: Ilion Lika (12/0), Armend Ropqir Rrackar Dallku (9/0), Admir Teli (1/0) [46.Ardit Beqiri (12/0)], Endrit Vrapi (2/0), Redi Jupi (19/0), Altin Lala (50/2) (Cap), Altin Haxhi (52/2) [75.Ansi Agolli (2/0)], Ervin Skela (38/6) [46.Klodian Duro (35/1)], Debatik Curri (1/0) [46.Erion Xhafa (1/0)], Bekim Kastrati (1/0) [46.Edmond Kapllani (9/0)], Erjon Bogdani (29/7) [82.Hamdi Salihi (1/0)]. Trainer: Hans-Peter Briegel (Germany, 31).

212. 16.08.2006 **SAN MARINO - ALBANIA** **0-3(0-3)**
Stadio Olimpico, Serravalle; Referee: Enzoli (Malta); Attendance: 700
ALB: Ilion Lika (13/0) [46.Isli Hidi (3/0)], Armend Ropqir Rrackar Dallku (10/0), Elvin Beqiri (30/0), Besnik Hasi (39/1) [66.Erion Xhafa (2/0)], Ardian Aliaj (26/8), Klodian Duro (36/1) [46.Devi Mukaj (28/1)], Lorik Agim Çana (21/1) [54.Bledi Shkëmbi (14/0)], Ervin Skela (39/7), Altin Lala (51/3) [46.Altin Haxhi (53/2)], Igli Tare (64/10) [46.Edmond Kapllani (10/0)], Erjon Bogdani (30/7). Trainer: Otto Barić (Croatia, 1).
Goals: Igli Tare (7), Ervin Skela (23), Altin Lala (38).

213. 02.09.2006 **BELARUS - ALBANIA** **2-2(2-1)** 13th EC. Qualifiers
Dinamo Stadium, Minsk; Referee: Tony Asumaa (Finland); Attendance: 23,000
ALB: Ilion Lika (14/0), Armend Ropqir Rrackar Dallku (11/0), Besnik Hasi (40/2), Ardian Aliaj (27/8) [45.Debatik Curri (2/0)], Elvin Beqiri (31/0), Altin Haxhi (54/2), Altin Lala (52/3) [84.Devi Mukaj (29/1)], Lorik Agim Çana (22/1), Ervin Skela (40/8) [73.Edmond Kapllani (11/0)], Igli Tare (65/10), Erjon Bogdani (31/7). Trainer: Otto Barić (Croatia, 2).
Goals: Ervin Skela (7 penalty), Besnik Hasi (86).

214. 06.09.2006 **ALBANIA - ROMANIA** **0-2(0-0)** 13th EC. Qualifiers
Stadiumi „Kombëtar Qemal Stafa", Tiranë; Referee: Olegário Manuel Bártolo Faustino Benquerença (Portugal); Attendance: 12,000
ALB: Arian Beqaj (19/0), Armend Ropqir Rrackar Dallku (12/0), Debatik Curri (3/0), Besnik Hasi (41/2), Elvin Beqiri (32/0), Altin Lala (53/3) [77.Devi Mukaj (30/1)], Lorik Agim Çana (23/1), Altin Haxhi (55/2), Ervin Skela (41/8) [64.Ardian Aliaj (28/8)], Erjon Bogdani (32/7) [62.Bekim Kastrati (2/0)], Igli Tare (66/10). Trainer: Otto Barić (Croatia, 3).

215. 11.10.2006 **NETHERLANDS - ALBANIA** **2-1(2-0)** 13th EC. Qualifiers
Amsterdam ArenA, Amsterdam; Referee: Alon Yefet (Israel); Attendance: 37,000
ALB: Arjan Beqaj (20/0), Armend Ropqir Rrackar Dallku (13/0), Nevil Thamas Dede (20/0), Besnik Hasi (42/2), Ardian Aliaj (29/8) [65.Edvin Murati (42/4)], Debatik Curri (4/1), Altin Lala (54/3) [45.Devi Mukaj (31/1)], Altin Haxhi (56/2), Ervin Skela (42/8), Igli Tare (Cap) (67/10), Erjon Bogdani (33/7) [79.Besart Berisha (1/0)]. Trainer: Otto Barić (Croatia, 4).
Goal: Debatik Curri (67).

216. 07.02.2007 **ALBANIA – MACEDONIA** **0-1(0-1)**
Stadiumi „Loro Boriçi", Shkodër; Referee: Paolo Bertini (Italy); Attendance: 8,000
ALB: Arjan Beqaj (21/0), Elvin Beqiri (33/0), Armend Ropqir Rrackar Dallku (14/0), Altin Haxhi (57/2) [78.Jahmir Hyka (1/0)], Nevil Thamas Dede (21/0), Altin Lala (55/3) [46.Ervin Bulku (4/0)], Besnik Hasi (43/2), Devi Mukaj (32/1) [46.Klodian Duro (37/1)], Edmond Kapllani (12/0) [46.Erjon Bogdani (34/7)], Debatik Curri (5/1), Igli Tare (Cap) (68/10) [33.Besart Berisha (2/0)]. Trainer: Otto Barić (Croatia, 5).

217. 24.03.2007 **ALBANIA - SLOVENIA** **0-0** 13th EC. Qualifiers
Stadiumi „Loro Boriçi", Shkodër; Referee: Joseph Attard (Malta); Attendance: 12,000
ALB: Arjan Beqaj (22/0), Elvin Beqiri (34/0), Armend Ropqir Rrackar Dallku (15/0), Lorik Agim Çana (24/1), Nevil Thamas Dede (22/0), Altin Lala (56/3) (Cap), Devi Mukaj (33/1) [86.Besart Berisha (3/0)], Klodian Duro (38/1), Altin Haxhi (58/2), Edmond Kapllani (13/0) [58.Alban Bushi (60/14)], Erjon Bogdani (35/7) [89.Hamdi Salihi (2/0)]. Trainer: Slavko Kovaćić (1, replacing Otto Barić).

218. 28.03.2007 **BULGARIA - ALBANIA** **0-0** 13th EC. Qualifiers
„Vasil Levski" stadion, Sofia; Referee: Jonas Eriksson (Sweden); Attendance: 25,000
ALB: Arjan Beqaj (23/0), Elvin Beqiri (35/0), Armend Ropqir Rrackar Dallku (16/0), Lorik Agim Çana (25/1), Nevil Thamas Dede (23/0), Altin Lala (57/3), Altin Haxhi (59/2) [54.Edmond Kapllani (14/0)], Klodian Duro (39/1) [66.Ervin Bulku (5/0)], Debatik Curri (6/1), Erjon Bogdani (36/7), Besart Berisha (4/0) [77.Alban Bushi (61/14)]. Trainer: Otto Barić (Croatia, 6).

219. 02.06.2007 **ALBANIA - LUXEMBOURG** **2-0(1-0)** 13th EC. Qualifiers
Stadiumi „Kombëtar Qemal Stafa", Tiranë; Referee: Lasha Silagava (Georgia); Attendance: 3,500
ALB: Arjan Beqaj (24/0), Armend Ropqir Rrackar Dallku (17/0), Lorik Agim Çana (26/1), Nevil Thamas Dede (24/0), Debatik Curri (7/1), Alban Bushi (62/14) [76.Hamdi Salihi (3/0)], Klodian Duro (40/1), Besart Berisha (5/0) [46.Devi Mukaj (34/1)], Ervin Skela (43/8), Edmond Kapllani (15/1), Altin Haxhi (60/3) [74.Kristi Vangjeli (1/0)]. Trainer: Otto Barić (Croatia, 7).
Goals: Edmond Kapllani (38), Altin Haxhi (57).

220. 06.06.2007 **LUXEMBOURG - ALBANIA** **0-3(0-2)** 13th EC. Qualifiers
Stade „Josy Barthel", Luxembourg; Referee: Paulius Malžinskas (Lithuania); Attendance: 4,325
ALB: Arjan Beqaj (25/0), Armend Ropqir Rrackar Dallku (18/0), Lorik Agim Çana (27/1), Nevil Thamas Dede (25/0), Debatik Curri (8/1), Ervin Skela (44/9) [60.Klodian Duro (41/1)], Alban Bushi (63/14) [67.Besart Berisha (6/0)], Devi Mukaj (35/1) [77.Daniel Xhafa (1/0)], Edmond Kapllani (16/3), Altin Haxhi (61/3), Erjon Bogdani (37/7). Trainer: Otto Barić (Croatia, 8).
Goals: Ervin Skela (24), Edmond Kapllani (36, 72).

221. 22.08.2007 **ALBANIA - MALTA** 3-0(1-0)
Stadiumi „Kombëtar Qemal Stafa", Tiranë; Referee: Ismet Arzuman (Turkey); Attendance: 3,000
ALB: Arjan Beqaj (26/0) [46.Isli Hidi (4/0)], Kristi Vangjeli (2/0), Armend Ropqir Rrackar Dallku (19/0), Nevil Thamas Dede (26/0), Ervin Skela (45/9) [46.Jahmir Hyka (2/0)], Devi Mukaj (36/1) [46.Ervin Bulku (6/0)], Altin Haxhi (62/3) [46.Blerim Rrustemi (1/0)], Altin Lala (58/3) [46.Klodian Duro (42/2)], Besart Berisha (7/1) [67.Erion Xhafa (3/0)], Erjon Bogdani (38/7) [21.Hamdi Salihi (4/1)], Edmond Kapllani (17/3) [46.Alban Bushi (64/14)]. Trainer: Otto Barić (Croatia, 9).
Goals: Hamdi Salihi (33), Besart Berisha (46), Klodian Duro (62).

222. 12.09.2007 **ALBANIA - NETHERLANDS** 0-1(0-0) 13th EC. Qualifiers
Stadiumi „Kombëtar Qemal Stafa", Tiranë; Referee: Michael Riley (England); Attendance: 19,600
ALB: Arjan Beqaj (27/0), Armend Ropqir Rrackar Dallku (20/0), Nevil Thamas Dede (27/0), Debatik Curri (9/1), Kristi Vangjeli (3/0), Klodian Duro (43/2) [69.Altin Haxhi (63/3)], Altin Lala (Cap) (59/3), Lorik Agim Çana (28/1) [*sent off 87*], Devi Mukaj (37/1), Erjon Bogdani (39/7) [83.Ervin Bulku (7/0)], Edmond Kapllani (18/3) [46.Alban Bushi (65/14)]. Trainer: Otto Barić (Croatia, 10).

223. 13.10.2007 **SLOVENIA - ALBANIA** 0-0 13th EC. Qualifiers
Športni Park "Arena Petrol", Celje; Referee: Duarte Nuno Pereira Gomes (Portugal); Attendance: 4,625
ALB: Arjan Beqaj (28/0), Kristi Vangjeli (4/0), Debatik Curri (10/1), Nevil Thamas Dede (28/0), Blerim Rrustemi (2/0), Altin Haxhi (64/3) [60.Devi Mukaj (38/1)], Altin Lala (60/3), Ervin Bulku (8/0), Klodian Duro (44/2) [77.Alban Bushi (66/14)], Ervin Skela (46/9) [90.Jahmir Hyka (3/0)], Erjon Bogdani (40/7). Trainer: Otto Barić (Croatia, 11).

224. 17.10.2007 **ALBANIA - BULGARIA** 1-1(1-0) 13th EC. Qualifiers
Stadiumi „Kombëtar Qemal Stafa", Tiranë; Referee: Fritz Stuchlik (Austria); Attendance: 9,200
ALB: Arjan Beqaj (29/0), Armend Ropqir Rrackar Dallku (21/0), Debatik Curri (11/1), Nevil Thamas Dede (29/0), Kristi Vangjeli (5/0), Klodian Duro (45/2), Altin Haxhi (65/3) [46.Devi Mukaj (39/1)], Altin Lala (Cap) (61/3), Ervin Skela (47/9), Hamdi Salihi (5/1) [73.Ervin Bulku (9/0)], Erjon Bogdani (41/7). Trainer: Otto Barić (Croatia, 12) [*sent off 24*].
Goal: Radostin Kishishev (32 own goal).

225. 17.11.2007 **ALBANIA - BELARUS** 2-4(2-2) 13th EC. Qualifiers
Stadiumi „Kombëtar Qemal Stafa", Tiranë; Referee: Bülent Demirlek (Turkey); Attendance: 5,000
ALB: Arjan Beqaj (30/0), Armend Ropqir Rrackar Dallku (22/0), Debatik Curri (12/1), Nevil Thamas Dede (30/0), Blerim Rrustemi (3/0) [38.Kristi Vangjeli (6/0)], Klodian Duro (46/2), Ervin Skela (48/9) [75.Alban Bushi (67/14)], Altin Lala (Cap) (62/3), Lorik Agim Çana (29/1), Erjon Bogdani (42/8), Edmond Kapllani (19/4) [74.Hamdi Salihi (6/1)]. Trainer: Slavko Kovaćić (2) [Otto Barić suspende by the UEFA].
Goals: Erjon Bogdani (39), Edmond Kapllani (43).

226. 21.11.2007 **ROMANIA - ALBANIA** 6-1(1-0) 13th EC. Qualifiers
Stadionul Naţional „Lia Manoliu", Bucureşti; Referee: Edo Trivković (Croatia); Attendance: 25,000
ALB: Arjan Beqaj (31/0), Nevil Thamas Dede (31/0) [*sent off 73*], Andi Lila (1/0), Debatik Curri (13/1) [*sent off 60*], Kristi Vangjeli (7/0) [40.Edmond Kapllani (20/5)], Altin Haxhi (66/3), Klodian Duro (47/2) [78.Jahmir Hyka (4/0)], Ervin Skela (49/9), Altin Lala (Cap) (63/3), Ervin Bulku (10/0), Erjon Bogdani (43/8) [83.Elis Flamur Bakaj (1/0)]. Trainer: Slavko Kovaćić (3) [Otto Barić suspended by the UEFA].
Goal: Edmond Kapllani (65).

227. 27.05.2008 **POLAND - ALBANIA** 1-0(1-0)
Stadion an der Kreuzeiche, Reutlingen (Germany); Referee: Knut Kircher (Germany); Attendance: 2,500
ALB: Isli Hidi (5/0), Armend Ropqir Rrackar Dallku (23/0), Andi Lila (2/0) [46.Endrit Vrapi (3/0)], Debatik Curri (14/1), Kristi Vangjeli (8/0), Klodian Duro (48/2) [46.Jahmir Hyka (5/0)], Ervin Skela (50/9), Altin Lala (Cap) (64/3) [71.Ervin Bulku (11/0)], Lorik Agim Çana (30/1), Hamdi Salihi (7/1) [80.Dorian Bylykbashi (2/0)], Erjon Bogdani (44/8) [46.Edmond Kapllani (21/5)]. Trainer: Arend Haan (Netherlands, 1).

228. 20.08.2008 **ALBANIA - LIECHTENSTEIN** 2-0(2-0)
Stadiumi „Kombëtar Qemal Stafa", Tiranë; Referee: Mario Vlk (Slovakia); Attendance: 1,500
ALB: Arjan Beqaj (32/0), Armend Ropqir Rrackar Dallku (24/0), Debatik Curri (15/1) [66.Ervin Bulku (12/0)], Admir Teli (2/0), Lorik Agim Çana (31/1), Ansi Agolli (3/0) [55.Andi Lila (3/0)], Jahmir Hyka (6/1), Altin Lala (Cap) (65/3) [46.Kristi Vangjeli (9/0)], Klodian Duro (49/2), Ervin Skela (51/9) [46.Elis Flamur Bakaj (2/0)], Edmond Kapllani (22/6) [55.Hamdi Salihi (8/1)]. Trainer: Arend Haan (Netherlands, 2).
Goals: Jahmir Hyka (1), Edmond Kapllani (18).

229. 06.09.2008 **ALBANIA – SWEDEN** 0-0 19th FIFA WC. Qualifiers
Stadiumi „Kombëtar Qemal Stafa", Tiranë; Referee: Alberto Undiano Mallenco (Spain); Attendance: 13,522
ALB: Arjan Beqaj (33/0), Armend Ropqir Rrackar Dallku (25/0), Elvin Beqiri (36/0), Lorik Agim Çana (32/1), Kristi Vangjeli (10/0), Debatik Curri (16/1), Altin Lala (Cap) (66/3), Jahmir Hyka (7/1), Klodian Duro (50/2), Ervin Skela (52/9) [82.Admir Teli (3/0)], Hamdi Salihi (9/1) [75.Besart Berisha (8/1)]. Trainer: Arend Haan (Netherlands, 3).

230. 10.09.2008 **ALBANIA - MALTA** 3-0(1-0) 19th FIFA WC. Qualifiers
Stadiumi „Kombëtar Qemal Stafa", Tiranë; Referee: Robert Schoergenhofer (Austria); Attendance: 7,400
ALB: Arjan Beqaj (34/0), Armend Ropqir Rrackar Dallku (26/1), Ansi Agolli (4/0), Lorik Agim Çana (33/1), Debatik Curri (17/1), Ervin Bulku (13/0) [54.Elvin Beqiri (37/0)], Altin Lala (Cap) (67/3), Klodian Duro (51/3) [86.Besart Berisha (9/1)], Jahmir Hyka (8/1), Ervin Skela (53/9), Erjon Bogdani (45/9) [73.Hamdi Salihi (10/1)]. Trainer: Arend Haan (Netherlands, 4).
Goals: Erjon Bogdani (45+1), Klodian Duro (84), Armend Ropqir Rrackar Dallku (90).

231. 11.10.2008 **HUNGARY - ALBANIA** 2-0(0-0) 19th FIFA WC. Qualifiers
„Puskás Ferenc" Stadion, Budapest; Referee: Claudio Circhetta (Switzerland); Attendance: 18,000
ALB: Arjan Beqaj (35/0), Armend Ropqir Rrackar Dallku (27/1), Elvin Beqiri (38/0) [74.Edmond Kapllani (23/6)], Ansi Agolli (5/0), Debatik Curri (18/1), Kristi Vangjeli (11/0) [54.Jahmir Hyka (9/1); 83.Ervin Bulku (14/0)], Lorik Agim Çana (34/1), Altin Lala (Cap) (68/3), Klodian Duro (52/3), Ervin Skela (54/9), Erjon Bogdani (46/9). Trainer: Arend Haan (Netherlands, 5).

232. 15.10.2008 **PORTUGAL - ALBANIA** 0-0 19th FIFA WC. Qualifiers
Estadio AXA (Municipal), Braga; Referee: Knut Kircher (Germany); Attendance: 29,500
ALB: Arjan Beqaj (36/0), Elvin Beqiri (39/0) [24.Admir Teli (4/0) [*sent off 42*]], Debatik Curri (19/1), Kristi Vangjeli (12/0), Lorik Agim Çana (35/1), Ervin Bulku (15/0), Ansi Agolli (6/0), Altin Lala (Cap) (69/3), Klodian Duro (53/3) [77.Besart Berisha (10/1)], Ervin Skela (55/9), Erjon Bogdani (47/9) [46.Endrit Vrapi (4/0)]. Trainer: Arend Haan (Netherlands, 6).

233. 19.11.2008   AZERBAIJAN - ALBANIA   1-1(1-1)
„Tofik Bahramov" Stadium, Baki; Referee: Lasha Silagava (Georgia); Attendance: 10,000
ALB: Isli Hidi (6/0), Armend Ropqir Rrackar Dallku (28/1), Elvin Beqiri (40/0) [*sent off 45*], Ansi Agolli (7/0), Debatik Curri (20/1), Kristi Vangjeli (13/0) [46.Andi Lila (4/0)], Endrit Vrapi (5/0), Ervin Bulku (16/0) [90.Gjergji Muzaka (1/0)], Klodian Duro (54/3) [72.Gilman Lika (1/0)], Ervin Skela (56/10), Besart Berisha (11/1) [85.Xhevahir Sukaj (1/0)]. Trainer: Arend Haan (Netherlands, 7).
Goal: Ervin Skela (12).

234. 11.02.2009   MALTA - ALBANIA   0-0   19th FIFA WC. Qualifiers
National Stadium, Ta'Qali; Referee: Alexandru Deaconu (Romania); Attendance: 2,041
ALB: Isli Hidi (7/0), Armend Ropqir Rrackar Dallku (29/1), Elvin Beqiri (41/0), Ansi Agolli (8/0) [46.Kristi Vangjeli (14/0); 80.Andi Lila (5/0)], Debatik Curri (21/1), Endrit Vrapi (6/0), Ervin Bulku (17/0), Gilman Lika (2/0), Klodian Duro (55/3), Ervin Skela (Cap) (57/10), Erjon Bogdani (48/9) [79.Besart Berisha (12/1)]. Trainer: Arend Haan (Netherlands, 8).

235. 28.03.2009   ALBANIA - HUNGARY   0-1(0-1)   19th FIFA WC. Qualifiers
Stadiumi „Kombëtar Qemal Stafa", Tiranë; Referee: Björn Kuipers (Netherlands); Attendance: 19,000
ALB: Isli Hidi (8/0), Armend Ropqir Rrackar Dallku (30/1), Kristi Vangjeli (15/0), Lorik Agim Çana (36/1), Debatik Curri (22/1), Altin Lala (Cap) (70/3), Gilman Lika (3/0) [70.Elis Flamur Bakaj (3/0)], Klodian Duro (56/3), Ervin Skela (58/10), Besart Berisha (13/1), Hamdi Salihi (11/1). Trainer: Arend Haan (Netherlands, 9).

236. 01.04.2009   DENMARK - ALBANIA   3-0(2-0)   19th FIFA WC. Qualifiers
Parken Stadion, København; Referee: Damir Skomina (Slovenia); Attendance: 24,320
ALB: Isli Hidi (9/0), Armend Ropqir Rrackar Dallku (31/1), Kristi Vangjeli (16/0), Ansi Agolli (9/0), Debatik Curri (23/1), Ervin Bulku (18/0) [46.Hamdi Salihi (12/1)], Gilman Lika (4/0), Dorian Bylykbashi (3/0) [62.Elvin Beqiri (42/0)], Klodian Duro (57/3), Ervin Skela (59/10), Besart Berisha (14/1) [85.Migen Memelli (1/0)]. Trainer: Arend Haan (Netherlands, 10).

237. 06.06.2009   ALBANIA - PORTUGAL   1-2(1-1)   19th FIFA WC. Qualifiers
Stadiumi „Kombëtar Qemal Stafa", Tiranë; Referee: Florian Meyer (Germany); Attendance: 13,320
ALB: Isli Hidi (10/0), Elvin Beqiri (43/0), Kristi Vangjeli (17/0), Ansi Agolli (10/0), Lorik Agim Çana (37/1), Debatik Curri (24/1), Endrit Vrapi (7/0), Ervin Bulku (19/0), Klodian Duro (58/3) [86.Besart Berisha (15/1)], Ervin Skela (Cap) (60/10) [90+3.Dorian Bylykbashi (4/0)], Erjon Bogdani (49/10) [64.Hamdi Salihi (13/1)]. Trainer: Josip Kuže (Croatia, 1).
Goal: Erjon Bogdani (29).

238. 10.06.2009   ALBANIA - GEORGIA   1-1(0-1)
Stadiumi „Kombëtar Qemal Stafa", Tiranë; Referee: Aleksandar Stavrev (Macedonia); Attendance: 2,000
ALB: Samir Ujkani (1/0), Elvin Beqiri (44/0), Armend Ropqir Rrackar Dallku (32/1) [46.Dorian Bylykbashi (5/0)], Kristi Vangjeli (18/0) [54.Andi Lila (6/0)], Ansi Agolli (11/1), Debatik Curri (25/1), Ervin Bulku (20/0), Gjergji Muzaka (2/0) [46.Besart Berisha (16/1)], Emiljano Vila (1/0) [80.Admir Teli (5/0)], Edmond Kapllani (24/6) [54.Jahmir Hyka (10/1)], Hamdi Salihi (14/1) [70.Gilman Lika (5/0)]. Trainer: Josip Kuže (Croatia, 2).
Goal: Ansi Agolli (58).

239. 12.08.2009   ALBANIA - CYPRUS   6-1(2-1)
Stadiumi „Kombëtar Qemal Stafa", Tiranë; Referee: Yildrim Bülent (Turkey); Attendance: n/a
ALB: Samir Ujkani (2/0), Kristi Vangjeli (19/0) [61.Jahmir Hyka (11/1)], Armend Ropqir Rrackar Dallku (33/1), Lorik Agim Çana (38/1) [73.Elvin Beqiri (45/0)], Debatik Curri (26/1), Ansi Agolli (12/2), Ervin Bulku (21/0), Klodian Duro (59/4) [80.Jetmir Sefa (1/0)], Ervin Skela (Cap) (61/12) [67.Emiljano Vila (2/1)], Erjon Bogdani (51/11) [67.Gilman Lika (6/0)], Hamdi Salihi (15/1) [77.Elis Flamur Bakaj (4/0)]. Trainer: Josip Kuže (Croatia, 3).
Goals: Ervin Skela (25 penalty, 44 penalty), Erjon Bogdani (65), Klodian Duro (67), Ansi Agolli (71), Emiljano Vila (75).

240. 09.09.2009   ALBANIA - DENMARK   1-1(0-1)   19th FIFA WC. Qualifiers
Stadiumi „Kombëtar Qemal Stafa", Tiranë; Referee: Cüneyt Çakir (Turkey); Attendance: 8,000
ALB: Samir Ujkani (3/0), Elvin Beqiri (46/0) [46.Jahmir Hyka (12/1)], Armend Ropqir Rrackar Dallku (34/1), Ansi Agolli (13/2), Lorik Agim Çana (39/1), Debatik Curri (27/1), Ervin Bulku (22/0), Klodian Duro (60/4), Ervin Skela (Cap) (62/12) [82.Emiljano Vila (3/1)], Erjon Bogdani (52/12) [75.Gilman Lika (7/0)], Hamdi Salihi (16/1). Trainer: Josip Kuže (Croatia, 4).
Goal: Erjon Bogdani (51).

241. 14.10.2009   SWEDEN - ALBANIA   4-1(3-0)   19th FIFA WC. Qualifiers
Råsunda, Stockholm; Referee: Nikolai Ivanov (Russia); Attendance: 25,342
ALB: Samir Ujkani (4/0), Armend Ropqir Rrackar Dallku (35/1), Lorik Agim Çana (40/1), Debatik Curri (28/1), Altin Haxhi (67/3) [22.Jahmir Hyka (13/1)], Ervin Skela (Cap) (63/12), Ervin Bulku (23/0), Elvin Beqiri (47/0), Klodian Duro (61/4), Hamdi Salihi (17/2) [79.Edmond Kapllani (25/6)]. Trainer: Josip Kuže (Croatia, 5).
Goal: Hamdi Salihi (57).

242. 14.11.2009   ESTONIA - ALBANIA   0-0
A. Le Coq Arena, Tallinn; Referee: Andrius Kancleris (Lithuania); Attendance: 2,110
ALB: Isli Hidi (11/0), Armend Ropqir Rrackar Dallku (36/1) [90+1.Andi Lila (7/0)], Ansi Agolli (14/2), Lorik Agim Çana (41/1), Debatik Curri (29/1), Gilman Lika (8/0) [75.Gjergji Muzaka (3/0)], Elis Flamur Bakaj (5/0) [71.Emiljano Vila (4/1)], Klodian Duro (62/4), Jahmir Hyka (14/1) [88.Jetmir Sefa (2/0)], Ervin Skela (Cap) (64/12), Hamdi Salihi (18/2) [75.Edmond Kapllani (26/6)]. Trainer: Josip Kuže (Croatia, 6).

243. 03.03.2010   ALBANIA – NORTHERN IRELAND   1-0(1-0)
Stadiumi „Kombëtar Qemal Stafa", Tiranë; Referee: Elmir Pilav (Bosnia-Herzegovina); Attendance: 7,500
ALB: Isli Hidi (12/0), Armend Ropqir Rrackar Dallku (37/1), Andi Lila (8/0), Kristi Vangjeli (20/0), Ansi Agolli (15/2), Debatik Curri (30/1) [64.Lorik Agim Çana (42/1)], Ervin Bulku (24/0) [85.Edmond Kapllani (27/6)], Altin Lala (Cap) (71/3) [64.Jahmir Hyka (15/1)], Klodian Duro (63/4) [74.Elis Flamur Bakaj (6/0)], Ervin Skela (Cap) (65/13) [81.Emiljano Vila (5/1)], Erjon Bogdani (53/12) [46.Hamdi Salihi (19/2)]. Trainer: Josip Kuže (Croatia, 7).
Goal: Ervin Skela (26).

244. 25.05.2010   MONTENEGRO - ALBANIA   0-1(0-0)
Stadion Gradski, Podgorica; Referee: Marijo Strahonja (Croatia); Attendance: 6,000
ALB: Isli Hidi (13/0), Armend Ropqir Rrackar Dallku (38/1), Lorik Agim Çana (43/1), Debatik Curri (31/1), Ansi Agolli (16/2), Klodian Duro (64/4) [63.Gjergji Muzaka (4/0)], Ervin Bulku (25/0) [85.Gilman Lika (9/0)], Andi Lila (9/0) [90.Emiljano Vila (6/1)], Ervin Skela (Cap) (66/13) [18.Jahmir Hyka (16/1)], Hamdi Salihi (20/3) [82.Elis Flamur Bakaj (7/0)], Erjon Bogdani (54/12) [63.Edmond Kapllani (28/6)]. Trainer: Josip Kuže (Croatia, 8).
Goal: Hamdi Salihi (80).

245. 02.06.2010   ALBANIA - ANDORRA   **1-0(1-0)**
Stadiumi „Kombëtar Qemal Stafa", Tiranë; Referee: Dimitar Meckarovski (Macedonia); Attendance: n/a
ALB: Isli Hidi (14/0) [90.Ervin Llani (1/0)], Andi Lila (10/0), Kristi Vangjeli (21/0) [79.Gjergji Muzaka (5/0)], Ansi Agolli (17/2), Endrit Vrapi (8/0) [88.Ditmar Bici (1/0)], Ervin Bulku (26/0) [57.Gilman Lika (10/0)], Klodian Duro (65/4) [88.Emiliano Veliaj (1/0)], Jahmir Hyka (17/1) [57.Parid Xhihani (1/0)], Ervin Skela (Cap) (67/13), Edmond Kapllani (29/6) [57.Elis Flamur Bakaj (8/0)], Hamdi Salihi (21/4). Trainer: Josip Kuže (Croatia, 9).
Goal: Hamdi Salihi (44).

246. 11.08.2010   ALBANIA - UZBEKISTAN   **1-0(1-0)**
Stadiumi "Niko Dovana", Durrës; Referee: Pavle Radovanović (Montenegro); Attendance: 8,000
ALB: Arjan Nexat Beqaj (37/0), Kristi Vangjeli (22/0) [75.Andi Lila (11/0)], Armend Ropqir Rrackar Dallku (39/1), Debatik Curri (32/1), Lorik Agim Çana (44/1), Ansi Agolli (18/2), Ervin Bulku (27/0) [75.Jahmir Hyka (18/1)], Klodian Duro (66/4) [75.Dorian Bylykbashi (6/0)], Gjergji Muzaka (6/0) [81.Emiljano Vila (7/1)], Erjon Bogdani (55/12) [55.Elis Flamur Bakaj (9/0)], Hamdi Salihi (22/5) [75.Edmond Kapllani (30/6)].Trainer: Josip Kuže (Croatia, 10).
Goal: Hamdi Salihi (14).

247. 03.09.2010   ROMANIA - ALBANIA   **1-1(0-0)**   14th EC. Qualifiers
Stadionul Ceahlăul, Piatra Neamţ; Referee: Robert Schörgenhofer (Austria); Attendance: 13,400
ALB: Arjan Nexat Beqaj (38/0), Kristi Vangjeli (23/0), Andi Lila (12/0), Armend Ropqir Rrackar Dallku (40/1), Debatik Curri (33/1), Lorik Agim Çana (45/1), Ervin Skela (Cap) (68/13) [79.Gilman Lika (11/0)], Ansi Agolli (19/2), Ervin Bulku (28/0), Klodian Duro (67/4) [82.Gjergji Muzaka (7/1)], Erjon Bogdani (56/12) [57.Hamdi Salihi (23/5)].Trainer: Josip Kuže (Croatia, 11).
Goal: Gjergji Muzaka (87).

248. 07.09.2010   ALBANIA - LUXEMBOURG   **1-0(1-0)**   14th EC. Qualifiers
Stadiumi "Qemal Stafa", Tirana; Referee: Richard Trutz (Slovakia); Attendance: 10,000
ALB: Arjan Nexat Beqaj (39/0), Armend Ropqir Rrackar Dallku (41/1), Debatik Curri (34/1), Lorik Agim Çana (46/1), Ervin Skela (Cap) (69/13), Ansi Agolli (20/2), Ervin Bulku (29/0), Klodian Duro (68/4) [90.Andi Lila (13/0)], Gjergji Muzaka (8/1) [80.Jahmir Hyka (19/1)], Erjon Bogdani (57/12), Hamdi Salihi (24/6). Trainer: Josip Kuže (Croatia, 12).
Goal: Hamdi Salihi (37).

249. 08.10.2010   ALBANIA – BOSNIA-HERZEGOVINA   **1-1(1-1)**   14th EC. Qualifiers
Stadiumi "Qemal Stafa", Tirana; Referee: Kristinn Jakobsson (Iceland); Attendance: 14,220
ALB: Arjan Nexat Beqaj (40/0), Kristi Vangjeli (24/0), Andi Lila (14/0), Armend Ropqir Rrackar Dallku (42/1), Lorik Agim Çana (Cap) (47/1), Ansi Agolli (21/2), Ervin Bulku (30/0), Klodian Duro (69/5), Gjergji Muzaka (9/1) [65.Gilman Lika (12/0)], Erjon Bogdani (58/12) [86.Ervin Skela (70/13)], Hamdi Salihi (25/6) [85.Jahmir Hyka (20/1)]. Trainer: Dž emal Mustedanagić (Bosnia-Herzegovina, 1 – replaced Josip Kuže (Croatia, 13).
Goals: Klodian Duro (45+2).

250. 12.10.2010   BELARUS - ALBANIA   **2-0(1-0)**   14th EC. Qualifiers
Dynama Stadium, Minsk; Referee: Peter Rasmussen (Denmark); Attendance: 7,000
ALB: Arjan Nexat Beqaj (41/0), Kristi Vangjeli (25/0), Andi Lila (15/0), Armend Ropqir Rrackar Dallku (43/1) [*sent off 90+1*], Admir Teli (6/0), Ervin Skela (Cap) (71/13) [81.Edmond Kapllani (31/6)], Ansi Agolli (22/2), Ervin Bulku (31/0) [59.Gjergji Muzaka (10/1)], Klodian Duro (70/5), Gilman Lika (13/0) [76.Elis Flamur Bakaj (10/0)], Hamdi Salihi (26/6). Trainer: Dž emal Mustedanagić (Bosnia-Herzegovina, 2 – replaced Josip Kuže (Croatia, 14).

251. 17.11.2010   ALBANIA - MACEDONIA   **0-0**
Stadiumi Skënderbeu, Korçë; Referee: Huseyin Gocek (Turkey); Attendance: 12,000
ALB: Samir Ujkani (5/0) [46.Orges Shehi (1/0)], Kristi Vangjeli (26/0) [55.Elis Flamur Bakaj (11/0)], Andi Lila (16/0), Armend Ropqir Rrackar Dallku (44/1), Admir Teli (7/0), Altin Lala (Cap) (72/3), Ansi Agolli (23/2) [65.Endri Vrapi (9/0)], Ervin Bulku (32/0) [74.Emiljano Vila (8/1)], Klodian Duro (71/5) [63.Ledian Memushaj (1/0)], Gjergji Muzaka (11/1) [57.Jahmir Hyka (21/1)], Hamdi Salihi (27/6) [73.Ahmed Januzi (1/0)]. Trainer: Josip Kuže (Croatia, 15).

252. 09.02.2011   ALBANIA - SLOVENIA   **1-2(0-1)**
Stadiumi „Kombëtar Qemal Stafa", Tiranë; Referee: Michael Koukoulakis (Greece); Attendance: 5,000
ALB: Samir Ujkani (6/0) [46.Arjan Nexat Beqaj (42/0)], Kristi Vangjeli (27/0) [74.Gilman Lika (14/0)], Andi Lila (17/0), Armend Ropqir Rrackar Dallku (45/1) [56.Gjergji Muzaka (12/1)], Admir Teli (8/0), Ansi Agolli (24/2), Lorik Agim Çana (48/1), Altin Lala (Cap) (73/3), Klodian Duro (72/5) [56.Ervin Bulku (33/1)], Erjon Bogdani (59/12) [63.Elis Flamur Bakaj (12/0)], Hamdi Salihi (28/6) [81.Ledian Memushaj (2/0)]. Trainer: Josip Kuže (Croatia, 16).
Goal: Ervin Bulku (62).

253. 26.03.2011   ALBANIA - BELARUS   **1-0(0-0)**   14th EC. Qualifiers
Stadiumi „Kombëtar Qemal Stafa", Tiranë; Referee: Markus Strömbergsson (Sweden); Attendance: 13,826
ALB: Samir Ujkani (7/0), Kristi Vangjeli (28/0), Andi Lila (18/0), Admir Teli (9/0), Lorik Agim Çana (49/1), Altin Lala (Cap) (74/3), Ervin Skela (72/13) [80.Klodian Duro (73/5)], Ansi Agolli (25/2), Ervin Bulku (34/1), Erjon Bogdani (60/12) [75.Elis Flamur Bakaj (13/0)], Hamdi Salihi (29/7) [90+3.Gjergji Muzaka (13/1)]. Trainer: Josip Kuže (Croatia, 17).
Goal: Hamdi Salihi (62).

254. 07.06.2011   BOSNIA-HERZEGOVINA - ALBANIA   **2-0(2-0)**   14th EC. Qualifiers
Stadion Bilino Polje, Zenica; Referee: Bernie Raymond "Kevin" Blom (Netherlands); Attendance: 9,000
ALB: Samir Ujkani (8/0), Kristi Vangjeli (29/0), Armend Ropqir Rrackar Dallku (46/1), Debatik Curri (35/1), Lorik Agim Çana (50/1), Altin Lala (Cap) (75/3) [72.Gjergji Muzaka (14/1)], Ervin Skela (73/13), Ansi Agolli (26/2) [60.Andi Lila (19/0) [*sent off 87*]], Ervin Bulku (35/1), Erjon Bogdani (61/12) [46.Klodian Duro (74/5)], Hamdi Salihi (30/7). Trainer: Josip Kuže (Croatia, 18).

255. 20.06.2011   ARGENTINA - ALBANIA   **4-0(2-0)**
Estadio Monumental „Antonio Vespucio Liberti", Buenos Aires; Referee: Jorge Luis Larrionda Pietrafesa (Uruguay); Attendance: 21,000
ALB: Arjan Nexat Beqaj (Cap) (43/0) [73.Isli Hidi (15/0)], Kristi Vangjeli (30/0), Andi Lila (20/0), Endri Vrapi (10/0) [80.Renato Arapi (1/0)], Franc Veliu (1/0), Ervin Bulku (36/1), Igli Allmuça (1/0) [57.Gilman Lika (15/0)], Gjergji Muzaka (15/1), Elis Flamur Bakaj (14/0) [66.Armando Vajushi (1/0)], Emiljano Vila (9/1) [46.Jahmir Hyka (22/1)], Edmond Kapllani (32/6) [67.Agonit Sallaj (1/0)]. Trainer: Josip Kuže (Croatia, 19).

256. 10.08.2011   **ALBANIA - MONTENEGRO**   **3-2(1-1)**
Stadiumi "Loro Boriçi", Shkodër; Referee: Anton Genov (Bulgaria); Attendance: 5,000
ALB: Samir Ujkani (9/0), Kristi Vangjeli (31/0), Armend Ropqir Rrackar Dallku (47/1), Debatik Curri (36/1), Lorik Agim Çana (51/1), Altin Lala (Cap) (76/3) [60.Admir Teli (10/0)], Ansi Agolli (27/2) [54.Elis Flamur Bakaj (15/0)], Ervin Bulku (37/1) [65.Klodian Duro (75/5)], Gjergji Muzaka (16/1) [46.Jahmir Hyka (23/2)], Erjon Bogdani (62/13) [60.Edmond Kapllani (33/6)], Hamdi Salihi (31/8) [76.Andi Lila (21/0)]. Trainer: Josip Kuž e (Croatia, 20).
Goals: Erjon Bogdani (33), Jahmir Hyka (64), Hamdi Salihi (69).

257. 02.09.2011   **ALBANIA - FRANCE**   **1-2(0-2)**   14th EC. Qualifiers
Stadiumi „Kombëtar Qemal Stafa", Tiranë; Referee: Aleksei Nikolaev (Russia); Attendance: 15,600
ALB: Samir Ujkani (10/0), Kristi Vangjeli (32/0), Armend Ropqir Rrackar Dallku (48/1), Debatik Curri (37/1) [24.Altin Lala (77/3)], Admir Teli (11/0), Lorik Agim Çana (Cap) (52/1), Ervin Skela (74/13) [46.Jahmir Hyka (24/2)], Ansi Agolli (28/2), Ervin Bulku (38/1) [69.Elis Flamur Bakaj (16/0)], Erjon Bogdani (63/14), Hamdi Salihi (32/8). Trainer: Josip Kuž e (Croatia, 21).
Goal: Erjon Bogdani (46).

258. 06.09.2011   **LUXEMBOURG - ALBANIA**   **2-1(1-0)**   14th EC. Qualifiers
Stade "Josy Barthel", Luxembourg; Referee: Petteri Kari (Finland); Attendance: 2,132
ALB: Samir Ujkani (11/0), Kristi Vangjeli (33/0), Admir Teli (12/0), Franc Veliu (2/0) [62.Ervin Bulku (39/1)], Altin Lala (Cap) (78/3), Ervin Skela (75/13), Ansi Agolli (29/2) [*sent off 54*], Klodian Duro (76/5) [46.Elis Flamur Bakaj (17/0)], Erjon Bogdani (64/15) [*sent off 85*], Hamdi Salihi (33/8), Edmond Kapllani (34/6) [46.Gjergji Muzaka (17/1)]. Trainer: Josip Kuž e (Croatia, 22).
Goal: Erjon Bogdani (64).

259. 07.10.2011   **FRANCE - ALBANIA**   **3-0(2-0)**   14th EC. Qualifiers
Stade de France, Saint-Denis, Paris; Referee: Michael Koukoulakis (Greece); Attendance: 65,239
ALB: Samir Ujkani (12/0), Kristi Vangjeli (34/0), Andi Lila (22/0), Armend Ropqir Rrackar Dallku (49/1), Lorik Agim Çana (Cap) (53/1), Klodian Duro (77/5), Gjergji Muzaka (18/1) [74.Ahmed Januzi (2/0)], Gilman Lika (16/0) [81.Sabien Lilaj (1/0)], Jahmir Hyka (25/2) [63.Elis Flamur Bakaj (18/0)], Odise Roshi (1/0), Hamdi Salihi (34/8). Trainer: Josip Kuž e (Croatia, 23).

260. 11.10.2011   **ALBANIA - ROMANIA**   **1-1(1-0)**   14th EC. Qualifiers
Stadiumi „Kombëtar Qemal Stafa", Tiranë; Referee: Gediminas Mažeika (Lithuania); Attendance: 3,000
ALB: Samir Ujkani (13/0), Andi Lila (23/0), Armend Ropqir Rrackar Dallku (50/1), Admir Teli (13/0), Lorik Agim Çana (54/1), Altin Lala (Cap) (79/3), Elis Flamur Bakaj (19/0) [67.Jahmir Hyka (26/2)], Odise Roshi (2/0) [77.Gjergji Muzaka (19/1)], Sabien Lilaj (2/0), Erjon Bogdani (65/15) [46.Ahmed Januzi (3/0)], Hamdi Salihi (35/9). Trainer: Josip Kuž e (Croatia, 24).
Goal: Hamdi Salihi (24).

261. 11.11.2011   **ALBANIA - AZERBAIJAN**   **0-1(0-1)**
Stadiumi „Kombëtar Qemal Stafa", Tiranë; Referee: Paolo Silvio Mazzoleni (Italy); Attendance: 1,200
ALB: Isli Hidi (16/0), Andi Lila (24/0), Armend Ropqir Rrackar Dallku (51/1), Admir Teli (14/0), Lorik Agim Çana (Cap) (55/1), Ansi Agolli (30/2), Elis Flamur Bakaj (20/0) [72.Ahmed Januzi (4/0)], Jahmir Hyka (27/2), Odise Roshi (3/0) [88.Edmond Kapllani (35/6)], Erjon Bogdani (66/15) [46.Emiljano Vila (10/1)], Hamdi Salihi (36/9) [78.Gjergji Muzaka (20/1)]. Trainer: Dž emal Mustedanagć (Bosnia-Herzegovina, 3).

262. 15.11.2011   **MACEDONIA - ALBANIA**   **0-0**
Stadion "Goce Delčev", Prilep; Referee: Slavko Vinčić (Slovenia); Attendance: 3,500
ALB: Isli Hidi (17/0), Andi Lila (25/0), Armend Ropqir Rrackar Dallku (52/1), Admir Teli (15/0), Lorik Agim Çana (Cap) (56/1), Ansi Agolli (31/2), Elis Flamur Bakaj (21/0) [36.Ahmed Januzi (5/0); 84.Gilman Lika (17/0)], Jahmir Hyka (28/2) [84.Sabien Lilaj (3/0)], Odise Roshi (4/0) [46.Gjergji Muzaka (21/1)], Emiljano Vila (11/1) [90.Franc Veliu (3/0)], Hamdi Salihi (37/9) [56.Edmond Kapllani (36/6)]. Trainer: Dž emal Mustedanagć (Bosnia-Herzegovina, 4).

263. 29.02.2012   **GEORGIA - ALBANIA**   **2-1(0-1)**
„Mikheil Meskhi" Stadium, Tbilisi; Referee: Ghenadie Sidenco (Moldova); Attendance: 18,000
ALB: Samir Ujkani (14/0) [89.Orges Shehi (2/0)], Andi Lila (26/0), Armend Ropqir Rrackar Dallku (53/1), Franc Veliu (4/0) [89.Tefik Osmani (7/0)], Ansi Agolli (32/2), Ervin Bulku (Cap) (40/1) [76.Elis Flamur Bakaj (22/0)], Gjergji Muzaka (22/1) [89.Ahmed Januzi (6/0)], Jahmir Hyka (29/2) [55.Hair Zeqiri (1/0)], Odise Roshi (5/0), Emiljano Vila (12/1), Edgar Çani (1/1) [82.Armando Sadiku (1/0)]. Trainer: Giovanni De Biasi (Italy, 1).
Goal: Edgar Çani (3).

264. 22.05.2012   **QATAR - ALBANIA**   **1-2(0-0)**
Estadio de Vallecas "Teresa Rivero", Madrid (Spain); Referee: Carlos Velasco Carballo (Spain); Attendance: 100
ALB: Orges Shehi (3/0), Mërgim Mavraj (1/0), Armend Ropqir Rrackar Dallku (54/1) [84.Andi Lila (27/0)], Franc Veliu (5/0), Lorik Agim Çana (Cap) (57/1), Ervin Bulku (41/1), Elis Flamur Bakaj (23/1) [61.Armando Sadiku (2/0)], Emiljano Vila (13/1) [87.Tefik Osmani (8/0)], Sabien Lilaj (4/0) [69.Hair Zeqiri (2/0)], Erjon Bogdani (67/16) [61.Jahmir Hyka (30/2)], Edgar Çani (2/1) [73.Ansi Agolli (33/2)]. Trainer: Giovanni De Biasi (Italy, 2).
Goals: Elis Flamur Bakaj (46), Erjon Bogdani (50 penalty).

265. 27.05.2012   **ALBANIA - IRAN**   **1-0(0-0)**
FİYAPI İnönü Stadyumu, İstanbul; Referee: Huseyin Gocek (Turkey); Attendance: 3,000
ALB: Etrit Berisha (1/0), Mërgim Mavraj (2/0), Andi Lila (28/0), Franc Veliu (6/0), Lorik Agim Çana (Cap) (58/1), Ervin Bulku (42/1) [90+2.Emiljano Veliaj (2/0)], Elis Flamur Bakaj (24/1) [79.Mërgim Brahimi (1/0)], Jahmir Hyka (31/2) [46.Armando Sadiku (3/0)], Emiljano Vila (14/2) [87.Tefik Osmani (9/0)], Sabien Lilaj (5/0) [61.Hair Zeqiri (3/0)], Edgar Çani (3/1) [68.Ansi Agolli (34/2)]. Trainer: Giovanni De Biasi (Italy, 3).
Goal: Emiljano Vila (60).

266. 15.08.2012   **ALBANIA - MOLDOVA**   **0-0**
Stadiumi "Qemal Stafa", Tiranë; Referee: Yunus Yildirim (Turkey); Attendance: 6,000
ALB: Samir Ujkani (15/0) [46.Etrit Berisha (2/0)], Mërgim Mavraj (3/0), Andi Lila (29/0), Armend Ropqir Rrackar Dallku (55/1), Lorik Agim Çana (Cap) (59/1), Ervin Bulku (43/1), Elis Flamur Bakaj (25/1) [52.Jahmir Hyka (32/2)], Emiljano Vila (15/2) [73.Ansi Agolli (35/2)], Ledian Memushaj (3/0) [46.Odise Roshi (6/0)], Hamdi Salihi (38/9) [61.Hair Zeqiri (4/0)], Edgar Çani (4/1) [46.Erjon Bogdani (68/15)]. Trainer: Giovanni De Biasi (Italy, 4).

267. 07.09.2012   **ALBANIA - CYPRUS**   **3-1(1-0)**   20th FIFA WC. Qualifiers
Stadiumi "Qemal Stafa", Tirana; Referee: Artyom Kuchin (Kazakhstan); Attendance: 9,400
ALB: Samir Ujkani (16/0), Mërgim Mavraj (4/0), Andi Lila (30/0), Armend Ropqir Rrackar Dallku (56/1), Lorik Agim Çana (Cap) (60/1), Burim Nue Kukeli (1/0), Ervin Bulku (44/1), Alban Syla Meha (1/0), Emiljano Vila (16/2) [72.Erjon Bogdani (69/17)], Hamdi Salihi (39/9) [81.Edgar Çani (5/2)], Armando Sadiku (4/1) [58.Jahmir Hyka (33/2)]. Trainer: Giovanni De Biasi (Italy, 5).
Goals: Armando Sadiku (36), Edgar Çani (84), Erjon Bogdani (87).

268. 11.09.2012 SWITZERLAND - ALBANIA 2-0(1-0) 20th FIFA WC. Qualifiers
Swissporarena, Luzern; Referee: Ovidiu Alin Haţegan (Romania); Attendance: 16,500
ALB: Samir Ujkani (17/0), Mërgim Mavraj (5/0), Andi Lila (31/0), Armend Ropqir Rrackar Dallku (57/1), Lorik Agim Çana (Cap) (61/1), Ansi Agolli (36/2), Burim Nue Kukeli (2/0) [72.Jahmir Hyka (34/2)], Ervin Bulku (45/1), Alban Syla Meha (2/0), Emiljano Vila (17/2) [55.Odise Roshi (7/0)], Erjon Bogdani (70/17) [55.Edgar Çani (6/2)]. Trainer: Giovanni De Biasi (Italy, 6).

269. 12.10.2012 ALBANIA - ICELAND 1-2(1-1) 20th FIFA WC. Qualifiers
Stadiumi "Qemal Stafa", Tirana; Referee: Tony Asumaa (Finland); Attendance: 8,200
ALB: Samir Ujkani (18/0), Mërgim Mavraj (6/0), Andi Lila (32/0), Armend Ropqir Rrackar Dallku (58/1), Lorik Agim Çana (Cap) (62/1), Burim Nue Kukeli (3/0), Ervin Bulku (46/1), Gilman Lika (18/0) [75.Hamdi Salihi (40/9)], Alban Syla Meha (3/0) [46.Odise Roshi (8/0)], Edgar Çani (7/3) [85.Erjon Bogdani (71/17)], Armando Sadiku (5/1). Trainer: Giovanni De Biasi (Italy, 7).
Goal: Edgar Çani (28).

270. 16.10.2012 ALBANIA - SLOVENIA 1-0(1-0) 20th FIFA WC. Qualifiers
Stadiumi Stadiumi „Kombëtar Qemal Stafa", Tiranë; Referee: Martin Hansson (Sweden); Attendance: 9,000
ALB: Etrit Berisha (3/0), Mërgim Mavraj (7/0), Andi Lila (33/0), Lorik Agim Çana (Cap) (63/1), Ansi Agolli (37/2), Burim Nue Kukeli (4/0), Ervin Bulku (47/1), Odise Roshi (9/1), Emiljano Vila (18/2) [84.Armend Ropqir Rrackar Dallku (59/1)], Edgar Çani (8/3) [75.Debatik Curri (38/1)], Armando Sadiku (6/1) [46.Hamdi Salihi (41/9)]. Trainer: Giovanni De Biasi (Italy, 8).
Goal: Odise Roshi (37).

271. 14.11.2012 ALBANIA - CAMEROON 0-0
Stade de Genève, Carouge (Switzerland); Referee Stéphan Studer (Switzerland); Attendance: n/a
ALB: Etrit Berisha (4/0), Mërgim Mavraj (8/0), Andi Lila (34/0), Renato Arapi (2/0), Lorik Agim Çana (Cap) (64/1), Ervin Bulku (48/1) [59.Armend Ropqir Rrackar Dallku (60/1)], Odise Roshi (10/1) [77.Kristi Vangjeli (35/0)], Emiljano Vila (19/2) [59.Elis Flamur Bakaj (26/1)], Sabien Lilaj (6/0) [46.Debatik Curri (39/1)], Edgar Çani (9/3) [77.Bekim Balaj (1/0)], Armando Sadiku (7/1) [70.Armando Vajushi (2/0)]. Trainer: Giovanni De Biasi (Italy, 9).

272. 06.02.2013 ALBANIA - GEORGIA 1-2(1-1)
Stadiumi „Kombëtar Qemal Stafa", Tiranë; Referee: Dimitar Meckarovski (Macedonia); Attendance: 3,000
ALB: Etrit Berisha (5/0) [46.Samir Ujkani (19/0)], Tefik Osmani (10/0) [46.Armando Vajushi (3/0)], Debatik Curri (40/1), Andi Lila (35/0), Ansi Agolli (38/2) [73.Renato Arapi (3/0)], Odise Roshi (11/1) [76.Gilman Lika (19/0)], Ervin Bulku (49/1) [89.Gjergj Muzaka (23/1)], Lorik Agim Çana (Cap) (65/1), Emiljano Vila (20/2) [62.Elseid Hysaj (1/0)], Elis Flamur Bakaj (27/1) [55.Armando Sadiku (8/1)], Erjon Bogdani (72/18) [66.Bekim Balaj (2/0)]. Trainer: Giovanni De Biasi (Italy, 10).
Goal: Erjon Bogdani (25).

273. 22.03.2013 NORWAY - ALBANIA 0-1(0-0) 20th FIFA WC. Qualifiers
Ullevaal Stadion, Oslo; Referee: Bernie Raymond "Kevin" Blom (Netherlands); Attendance: 11,207
ALB: Etrit Berisha (6/0), Mërgim Mavraj (9/0), Andi Lila (36/0) [*sent off 89*], Armend Ropqir Rrackar Dallku (61/1) [80.Elseid Hysaj (2/0)], Lorik Agim Çana (Cap) (66/1), Ansi Agolli (39/2), Ervin Bulku (50/1), Odise Roshi (12/1), Migjen Xhevat Basha (1/0), Hamdi Salihi (42/10) [90.Debatik Curri (41/1)], Edgar Çani (10/3) [75.Erjon Bogdani (73/18)]. Trainer: Giovanni De Biasi (Italy, 11).
Goal: Hamdi Salihi (66).

274. 26.03.2013 ALBANIA - LITHUANIA 4-1(3-0)
Stadiumi „Kombëtar Qemal Stafa", Tiranë; Referee: Ivaylo Stoyanov (Bulgaria); Attendance: 500
ALB: Etrit Berisha (7/0) [23.Samir Ujkani (20/0)], Andi Lila (37/0) [78.Elseid Hysaj (3/0)], Valdet Rama (1/0) [63.Armando Vajushi (4/0)], Mërgim Mavraj (10/0), Edgar Çani (11/4) [64.Armando Sadiku (9/1)], Migjen Xhevat Basha (2/1), Erjon Bogdani (Cap) (74/18) [70.Lorik Agim Çana (67/1)], Alban Syla Meha (4/1) [76.Jahmir Hyka (35/2)],
Ansi Agolli (40/2) [83.Franc Veliu (7/0)],
Tefik Osmani (11/0), Sabien Lilaj (7/0) [81.Emiljano Vila (21/2)]. Trainer: Giovanni De Biasi (Italy, 12).
Goal: Alban Syla Meha (32), Edgar Çani (37), Migjen Xhevat Basha (44), Markus Palionis (59 own goal).

275. 07.06.2013 ALBANIA - NORWAY 1-1(1-0) 20th FIFA WC. Qualifiers
Stadiumi „Kombëtar Qemal Stafa", Tiranë; Referee: William Collum (Scotland); Attendance: 15,600
ALB: Etrit Berisha (8/0), Mërgim Mavraj (11/0), Armend Ropqir Rrackar Dallku (62/1), Admir Teli (16/0), Valdet Rama (2/1), Ansi Agolli (41/2), Ervin Bulku (Cap) (51/1) [90+1.Elseid Hysaj (4/0)], Emiljano Vila (22/2) [85.Ergys Kaçe (1/0)], Migjen Xhevat Basha (3/1), Hamdi Salihi (43/10) [78.Tefik Osmani (12/0)], Edgar Çani (12/4). Trainer: Giovanni De Biasi (Italy, 13).
Goal: Valdet Rama (40).

276. 14.08.2013 ALBANIA - ARMENIA 2-0(1-0)
Stadiumi "Qemal Stafa", Tiranë; Referee: Stanislav Todorov (Bulgaria); Attendance: 3,000
ALB: Etrit Berisha (9/0), Armend Ropqir Rrackar Dallku (63/1), Admir Teli (17/0) [46.Mërgim Mavraj (12/0)], Lorik Agim Çana (Cap) (68/1), Valdet Rama (3/2) [46.Andi Lila (38/0)], Ansi Agolli (42/2), Amir Abrashi (1/0) [76.Vullnet Xhevat Basha (1/0)], Odise Roshi (13/1) [56.Jürgen Gjasula (1/0)], Migjen Xhevat Basha (4/1) [56.Ergys Kaçe (2/1)], Edmond Kapllani (37/6) [56.Shkëlzen Gashi (1/0)], Ahmed Januzi (7/0). Trainer: Giovanni De Biasi (Italy, 14).
Goals: Valdet Rama (21), Ergys Kaçe (67).

277. 06.09.2013 SLOVENIA - ALBANIA 1-0(1-0) 20th FIFA WC. Qualifiers
Stadion Stož ice, Ljubljana; Referee: István Vad (Hungary); Attendance: 13,843
ALB: Etrit Berisha (10/0), Andi Lila (39/0), Admir Teli (18/0), Lorik Agim Çana (Cap) (69/1), Valdet Rama (4/2), Ansi Agolli (43/2), Ervin Bulku (52/1) [53.Hamdi Salihi (44/10)], Odise Roshi (14/1), Migjen Xhevat Basha (5/1) [80.Amir Abrashi (2/0)], Ergys Kaçe (3/1), Edgar Çani (13/4) [71.Agon Mehmeti (1/0)]. Trainer: Giovanni De Biasi (Italy, 15).

278. 10.09.2013 ICELAND - ALBANIA 2-1(1-1) 20th FIFA WC. Qualifiers
Laugardalsvöllur, Reykjavík; Referee: Andre Marriner (England); Attendance: 9,768
ALB: Etrit Berisha (11/0), Andi Lila (40/0), Armend Ropqir Rrackar Dallku (64/1) [82.Jürgen Gjasula (2/0)], Admir Teli (19/0), Lorik Agim Çana (Cap) (70/1), Valdet Rama (5/3), Odise Roshi (15/1), Migjen Xhevat Basha (6/1) [64.Ervin Bulku (53/1)], Ergys Kaçe (4/1), Hamdi Salihi (45/10), Edgar Çani (14/4) [64.Ahmed Januzi (8/0)]. Trainer: Giovanni De Biasi (Italy, 16).
Goal: Valdet Rama (9).

279. 11.10.2013 **ALBANIA - SWITZERLAND** **1-2(0-0)** 20th FIFA WC. Qualifiers
Stadiumi „Kombëtar Qemal Stafa", Tiranë; Referee: Pedro Proença Oliveira Alves Garcia (Portugal); Attendance: 14,000
ALB: Etrit Berisha (12/0), Mërgim Mavraj (13/0), Andi Lila (41/0), Lorik Agim Çana (Cap) (71/1), Valdet Rama (6/3) [85.Agon Mehmeti (2/0)], Ansi Agolli (44/2), Shkëlzen Gashi (2/0) [55.Odise Roshi (16/1)], Ervin Bulku (54/1), Amir Abrashi (3/0) [64.Jahmir Hyka (36/2)], Ergys Kaçe (5/1), Hamdi Salihi (46/11). Trainer: Giovanni De Biasi (Italy, 17).
Goal: Hamdi Salihi (89 penalty).

280. 15.10.2013 **CYPRUS - ALBANIA** **0-0** 20th FIFA WC. Qualifiers
Stádio GSP, Nicosia; Referee: Ivan Bebek (Croatia); Attendance: 341
ALB: Etrit Berisha (13/0), Mërgim Mavraj (14/0), Andi Lila (42/0), Lorik Agim Çana (Cap) (72/1), Valdet Rama (7/3), Ansi Agolli (45/2), Ervin Bulku (55/1) [72.Amir Abrashi (4/0)], Jahmir Hyka (37/2) [72.Agon Mehmeti (3/0)], Odise Roshi (17/1), Ergys Kaçe (6/1), Hamdi Salihi (47/11) [87.Bekim Balaj (3/0)]. Trainer: Giovanni De Biasi (Italy, 18).

281. 15.11.2013 **BELARUS - ALBANIA** **0-0**
Akdeniz Üniversitesi Stadyumu, Antalya (Turkey); Referee: Firat Aydinus (Turkey); Attendance: 50
ALB: Etrit Berisha (14/0) [60.Orges Shehi (4/0)], Andi Lila (43/0), Renato Arapi (4/0), Lorik Agim Çana (Cap) (73/1), Valdet Rama (8/3) [71.Ledian Memushaj (4/0)], Shkëlzen Gashi (3/0) [53.Edgar Çani (15/4)], Alban Syla Meha (5/1) [65.Odise Roshi (18/1)], Migjen Xhevat Basha (7/1), Ermir Lenjani (1/0) [82.Elseid Hysaj (5/0)], Sabien Lilaj (8/0), Armando Sadiku (10/1) [71.Bekim Balaj (4/0)]. Trainer: Giovanni De Biasi (Italy, 19).

282. 05.03.2014 **ALBANIA - MALTA** **2-0(1-0)**
Stadiumi „Niko Dovana", Durrës; Referee: Dejan Jakimovski (Macedonia); Attendance: 8,000
ALB: Etrit Berisha (15/0) [82.Orges Shehi (5/0)], Mërgim Mavraj (15/0), Andi Lila (44/0), Lorik Agim Çana (Cap) (74/1), Valdet Rama (9/3) [72.Odise Roshi (19/1)], Ansi Agolli (46/2), Alban Syla Meha (6/2) [65.Amir Abrashi (5/0)], Jahmir Hyka (38/2), Migjen Xhevat Basha (8/2) [83.Emiljano Vila (23/2)], Ergys Kaçe (7/1) [78.Ledian Memushaj (5/0)], Edmond Kapllani (38/6) [78.Armando Sadiku (11/1)]. Trainer: Giovanni De Biasi (Italy, 20).
Goals: Migjen Xhevat Basha (26), Alban Syla Meha (53).

283. 31.05.2014 **ALBANIA - ROMANIA** **0-1(0-0)**
Stade Municipal, Yverdon (Switzerland); Referee: Nikolaj Hänni (Switzerland); Attendance: 5,000
ALB: Etrit Berisha (16/0), Andi Lila (45/0), Debatik Curri (42/1), Lorik Agim Çana (Cap) (75/1), Ansi Agolli (47/2) [79.Fidan Aliti (1/0)], Amir Abrashi (6/0), Emiljano Vila (24/2) [65.Sabien Lilaj (9/0)], Ermir Lenjani (2/0) [46.Valdet Rama (10/3)], Sokol Çikalleshi (1/0) [46.Shkëlzen Gashi (4/0)], Ergys Kaçe (8/1), Edmond Kapllani (39/6) [46.Hamdi Salihi (48/11)]. Trainer: Giovanni De Biasi (Italy, 21).

284. 04.06.2014 **HUNGARY - ALBANIA** **1-0(0-0)**
„Puskás Ferenc" Stadion, Budapest; Referee: Paul McLaughlin (Republic of Ireland); Attendance: 4,492
ALB: Etrit Berisha (17/0), Mërgim Mavraj (16/0), Andi Lila (46/0) [80.Emiljano Vila (25/2)], Debatik Curri (43/1) [65.Ergys Kaçe (9/1)], Elseid Hysaj (6/0), Lorik Agim Çana (Cap) (76/1), Valdet Rama (11/3) [70.Armando Vajushi (5/0)], Ansi Agolli (48/2), Shkëlzen Gashi (5/0) [66.Edmond Kapllani (40/6)], Ermir Lenjani (3/0), Sokol Çikalleshi (2/0). Trainer: Giovanni De Biasi (Italy, 22).

285. 08.06.2014 **SAN MARINO - ALBANIA** **0-3(0-2)**
Stadio Olimpico, Serravalle; Referee: Marco Borg (Malta); Attendance: 1,920
ALB: Etrit Berisha (Cap) (18/0) [46.Orges Shehi (6/0)], Mërgim Mavraj (17/1), Andi Lila (47/0) [73.Kristi Qose (1/0)], Elseid Hysaj (7/0) [82.Amir Rrahmani (1/0)], Fidan Aliti (2/0), Valdet Rama (12/3) [63.Sokol Çikalleshi (3/0)], Amir Abrashi (7/0), Emiljano Vila (26/3), Sabien Lilaj (10/0) [46.Ergys Kaçe (10/1)], Armando Vajushi (6/1) [70.Albi Dosti (1/0)], Edmond Kapllani (41/6). Trainer: Giovanni De Biasi (Italy, 23).
Goals: Mërgim Mavraj (28), Armando Vajushi (32), Emiljano Vila (73).

286. 07.09.2014 **PORTUGAL - ALBANIA** **0-1(0-0)** 15th EC. Qualifiers
Estádio Municipal, Aveiro; Referee: Ruddy Buquet (France); Attendance: 23,205
ALB: Etrit Berisha (19/0), Mërgim Mavraj (18/1), Taulant Xhaka (1/0), Elseid Hysaj (8/0), Lorik Agim Çana (Cap) (77/1), Ansi Agolli (49/2), Burim Nue Kukeli (5/0) [66.Ergys Kaçe (11/1)], Amir Abrashi (8/0), Odise Roshi (20/1), Ermir Lenjani (4/0) [75.Andi Lila (48/0)], Bekim Balaj (5/1) [82.Sokol Çikalleshi (4/0)]. Trainer: Giovanni De Biasi (Italy, 24).
Goal: Bekim Balaj (52).

287. 11.10.2014 **ALBANIA - DENMARK** **1-1(1-0)** 15th EC. Qualifiers
Elbassan Arena, Elbassan; Referee: Viktor Kassai (Hungary); Attendance: 12,800
ALB: Etrit Berisha (20/0), Mërgim Mavraj (19/1), Andi Lila (49/0) [87.Debatik Curri (44/1)], Taulant Xhaka (2/0) [82.Valdet Rama (13/3)], Elseid Hysaj (9/0), Lorik Agim Çana (Cap) (78/1), Ansi Agolli (50/2), Burim Nue Kukeli (6/0), Amir Abrashi (9/0), Ermir Lenjani (5/1), Bekim Balaj (6/1) [69.Sokol Çikalleshi (5/0)]. Trainer: Giovanni De Biasi (Italy, 25).
Goal: Ermir Lenjani (38).

288. 14.10.2014 **SERBIA - ALBANIA** **0-0; 0-3 (awarded)** 15th EC. Qualifiers
Stadiumi „Kombëtar Qemal Stafa", Tiranë; Referee: Martin Atkinson (England); Attendance: 25,200
ALB: Etrit Berisha (21/0), Mërgim Mavraj (20/1), Andi Lila (50/0), Taulant Xhaka (3/0), Elseid Hysaj (10/0), Lorik Agim Çana (Cap) (79/1), Ansi Agolli (51/2), Burim Nue Kukeli (7/0), Amir Abrashi (10/0), Ermir Lenjani (6/1), Bekim Balaj (7/1). Trainer: Giovanni De Biasi (Italy, 26).
Please note: The match was suspended in the 41st minute at 0-0 due to troubles on the pitch; Match awarded 3-0 by UEFA decision.

289. 14.11.2014 **FRANCE - ALBANIA** **1-1(0-1)**
Stade de la Route de Lorient, Rennes; Referee: Miroslav Zelinka (Czech Republic); Attendance: 26,527
ALB: Etrit Berisha (22/0), Mërgim Mavraj (21/2), Andi Lila (51/0) [85.Emiljano Vila (27/3)], Elseid Hysaj (11/0), Lorik Agim Çana (Cap) (80/1), Ansi Agolli (52/2), Burim Nue Kukeli (8/0) [90+2.Ervin Bulku (56/1)], Amir Abrashi (11/0) [69.Arlind Ajeti (1/0)], Ermir Lenjani (7/1) [76.Herolind Shala (1/0)], Sokol Çikalleshi (6/0) [90+3.Bekim Balaj (8/1)], Ledian Memushaj (6/0). Trainer: Giovanni De Biasi (Italy, 27).
Goal: Mërgim Mavraj (40).

290. 18.11.2014 **ITALY - ALBANIA** **1-0(0-0)**
Stadio Comunale „Luigi Ferraris", Genova; Referee: Alexander Harkam (Austria); Attendance: 26,000
ALB: Etrit Berisha (23/0), Mërgim Mavraj (22/2), Andi Lila (52/0) [90.Valdet Rama (14/3)], Elseid Hysaj (12/0) [74.Arlind Ajeti (2/0)], Lorik Agim Çana (Cap) (81/1), Ansi Agolli (53/2), Burim Nue Kukeli (9/0) [67.Odise Roshi (21/1)], Amir Abrashi (12/0) [71.Herolind Shala (2/0)], Ermir Lenjani (8/1) [86.Bekim Balaj (9/1)], Sokol Çikalleshi (7/0) [78.Hamdi Salihi (49/11)], Ledian Memushaj (7/0). Trainer: Giovanni De Biasi (Italy, 28).

291. 29.03.2015   **ALBANIA - ARMENIA**   **2-1(0-1)**   15th EC. Qualifiers
Elbasan Arena, Elbasan; Referee: David Fernández Borbalán (Spain); Attendance: 12,300
ALB: Etrit Berisha (24/0), Lorik Agim Çana (Cap) (82/1), Mërgim Mavraj (23/3), Elseid Hysaj (13/0), Ansi Agolli (54/2), Burim Nue Kukeli (10/0), Amir Abrashi (13/0) [46.Ermir Lenjani (9/1)], Odise Roshi (22/1) [69.Hamdi Salihi (50/11)], Ledian Memushaj (8/0) [46.Shkëlzen Gashi (6/1)], Taulant Xhaka (4/0), Sokol Çikalleshi (8/0). Trainer: Giovanni De Biasi (Italy, 29).
Goals: Mërgim Mavraj (77), Shkëlzen Gashi (81).

292. 13.06.2015   **ALBANIA - FRANCE**   **1-0(1-0)**
Elbasan Arena, Elbasan; Referee: Halis Özkahya (Turkey); Attendance: 12,000
ALB: Etrit Berisha (25/0), Lorik Agim Çana (Cap) (83/1), Andi Lila (53/0) [18.Ledian Memushaj (9/0)], Elseid Hysaj (14/0), Arlind Ajeti (3/0), Naser Ismail Aliji (1/0), Odise Roshi (23/1) [64.Armando Sadiku (12/1)], Migjen Xhevat Basha (9/2) [72.Sabien Lilaj (11/0)], Ermir Lenjani (10/1) [56.Valdet Rama (15/3)], Ergys Kaçe (12/2) [80.Bekim Balaj (10/1)], Sokol Çikalleshi (9/0) [88.Arbnor Fejzullahu (1/0)]. Trainer: Giovanni De Biasi (Italy, 30).
Goals: Ergys Kaçe (43).

293. 04.09.2015   **DENMARK - ALBANIA**   **0-0**   15th EC. Qualifiers
Telia Parken, København; Referee: William Collum (Scotland); Attendance: 35,648
ALB: Etrit Berisha (26/0), Lorik Agim Çana (Cap) (84/1), Berat Ridvan Djimsiti (1/0), Arlind Ajeti (4/0), Ansi Agolli (55/2), Burim Nue Kukeli (11/0), Amir Abrashi (14/0) [64.Migjen Xhevat Basha (10/2)], Ermir Lenjani (11/1) [64.Armando Sadiku (13/1)], Taulant Xhaka (5/0), Shkëlzen Gashi (7/1) [83.Odise Roshi (24/1)], Sokol Çikalleshi (10/0). Trainer: Giovanni De Biasi (Italy, 31).

294. 07.09.2015   **ALBANIA - PORTUGAL**   **0-1(0-0)**   15th EC. Qualifiers
Elbasan Arena, Elbasan; Referee: Jonas Eriksson (Sweden); Attendance: 12,000
ALB: Etrit Berisha (27/0), Lorik Agim Çana (Cap) (85/1), Berat Ridvan Djimsiti (2/0), Arlind Ajeti (5/0), Ansi Agolli (56/2), Burim Nue Kukeli (12/0), Amir Abrashi (15/0) [54.Migjen Xhevat Basha (11/2)], Ermir Lenjani (12/1), Taulant Xhaka (6/0), Shkëlzen Gashi (8/1) [71.Odise Roshi (25/1)], Sokol Çikalleshi (11/0) [86.Bekim Balaj (11/1)]. Trainer: Giovanni De Biasi (Italy, 32).

295. 08.10.2015   **ALBANIA - SERBIA**   **0-2(0-0)**
Elbasan Arena, Elbasan; Referee: Nicola Rizzolli (Italy); Attendance: 12,500
ALB: Etrit Berisha (28/0), Lorik Agim Çana (Cap) (86/1), Andi Lila (54/0) [46.Ergys Kaçe (13/2)], Elseid Hysaj (15/0), Berat Ridvan Djimsiti (3/0), Ansi Agolli (57/2), Migjen Xhevat Basha (12/2), Ermir Lenjani (13/1) [83.Alban Syla Meha (7/2)], Ledian Memushaj (10/0), Taulant Xhaka (7/0), Bekim Balaj (12/1) [68.Sokol Çikalleshi (12/0)]. Trainer: Giovanni De Biasi (Italy, 33).

296. 11.10.2015   **ARMENIA - ALBANIA**   **0-3(0-2)**   15th EC. Qualifiers
„Vazgen Sargsyan" Hanrapetakan Stadium, Yerevan; Referee: Szymon Marciniak (Poland); Attendance: 4,700
ALB: Etrit Berisha (29/0), Lorik Agim Çana (Cap) (87/1), Elseid Hysaj (16/0), Berat Ridvan Djimsiti (4/1), Naser Ismail Aliji (2/0), Odise Roshi (26/1), Migjen Xhevat Basha (13/2) [87.Amir Abrashi (16/0)], Ledian Memushaj (11/0) [73.Burim Nue Kukeli (13/0)], Taulant Xhaka (8/0), Shkëlzen Gashi (9/1), Sokol Çikalleshi (13/0) [59.Armando Sadiku (14/2)]. Trainer: Giovanni De Biasi (Italy, 34).
Goals: Kamo Hovhannisyan (9 own goal), Berat Ridvan Djimsiti (23), Armando Sadiku (76).

297. 13.11.2015   **KOSOVO - ALBANIA**   **2-2(0-0)**
Stadiumi y Qitetit, Pristina; Referee: Lorenc Jemini (Albania); Attendance: 16,000
ALB: Etrit Berisha (30/0) [77.Orges Shehi (7/0)], Naser Ismail Aliji (3/0), Elseid Hysaj (17/0) [81.Odise Roshi (27/1)], Amir Rrahmani (2/1) [84.Andi Lila (55/0)], Lorik Agim Çana (Cap) (88/1) [63.Arlind Ajeti (6/0)], Berat Ridvan Djimsiti (5/1) [63.Frédéric Veseli (1/0)], Ledian Memushaj (12/0) [81.Herolind Shala (3/0)], Migjen Xhevat Basha (14/2) [77.Ermir Lenjani (14/1)], Armando Sadiku (15/2) [77.Shkëlzen Gashi (10/1)], Taulant Xhaka (9/0) [77.Sabien Lilaj (12/0)], Sokol Çikalleshi (14/0) [54.Rey Manaj (1/1)]. Trainer: Giovanni De Biasi (Italy, 35).
Goals: Rey Manaj (55), Amir Rrahmani (73).

298. 16.11.2015   **ALBANIA - GEORGIA**   **2-2(0-1)**
Stadiumi „Kombëtar Qemal Stafa", Tiranë; Referee: Davide Massa (Italy); Attendance: 2,000
ALB: Etrit Berisha (31/0) [75.Alban Bekim Hoxha (1/0)], Ansi Agolli (Cap) (58/2), Frédéric Veseli (2/0), Arlind Ajeti (7/0), Andi Lila (56/0) [27.Berat Ridvan Djimsiti (6/1)], Odise Roshi (28/1) [64.Rey Manaj (2/1)], Ermir Lenjani (15/1) [57.Migjen Xhevat Basha (15/3)], Sabien Lilaj (13/0), Taulant Xhaka (10/0) [57.Herolind Shala (4/0)], Shkëlzen Gashi (11/1) [64.Sokol Çikalleshi (15/1)], Armando Sadiku (16/2). Trainer: Giovanni De Biasi (Italy, 36).
Goals: Migjen Xhevat Basha (89), Sokol Çikalleshi (90+4).

INTERNATIONAL PLAYERS

FG/Nr	Name	DOB	Caps	Goals	Period, Club
(78/149)	ABAZI Edmond	10.06.1963	19	2	1985-1997, KS Dinamo Tiranë (2/0), NK Hajduk Split (6/2), Grazer AK (2/0), NK Sibenik (1/0), Boavista FC do Porto (2/0), Associação Académica de Coimbra (5/0).
(276/355)	ABRASHI Amir	27.03.1990	16	0	2013-2015, Grasshopper-Club Zürich (13/0), SC Freiburg (3/0).
(207/306)	AGOLLI Ansi	11.10.1982	58	2	2005-2015, Neuchâtel Xamax FC (2/0), KF Tiranë (9/1), FK Kryvbas Kryvyi Rih (6/1), Qarabağ FK Ağdam (41/0).
(176/291)	AHMATAJ Julian	24.05.1979	2	0	2002-2003, KS Dinamo Tiranë (1/0), KS Teuta Durrës (1/0).
(55/111)	AHMEDANI Ahmet	15.01.1949	1	0	1976, KS Dinamo Tiranë (1/0).
(289/367)	AJETI Arlind	25.09.1993	7	0	2014-2015, FC Basel (3/0), *unattached* (4/0).
(175/289)	ALIAJ Ardian	24.09.1976	29	8	2002-2006, RAA La Louvière (1/0), RSC Charleroi (5/0), SC Rot-Weiß Oberhausen (16/7), Stade Brestois 29 (3/1), *unattached* (1/0), Solin Grada (2/0).
(292/369)	ALIJI Naser Ismail	27.12.1993	3	0	2015, FC Vaduz (1/0), FC Basel (2/0).
(87/167)	ALIMEHMETI Krenar	17.08.1966	1	0	1988, KS 17 Nëntori Tiranë (1/0).
(283/362)	ALITI Fidan	03.10.1993	2	0	2013-2014, FC Luzern (2/0).
(52/099)	ALLAJ Naiz	1951	2	0	1973, KS Besa Kavajë (2/0).
(124/227)	ALLIU Ilir	14.03.1973	3	0	1995-1996, KS Teuta Durrës (2/0), KS Flamurtari Vlorë (1/0).
(255/336)	ALLMUÇA Igli	25.10.1980	1	0	2011, KS Dinamo Tiranë (1/0).
(35/071)	ANDONI Foto	1947	2	0	1965-1967, KS Partizani Tiranë (1/0).
(96/187)	ARAPI Anesti	06.07.1963	2	0	1990, KS Flamurtari Vlorë (2/0).
(255/339)	ARAPI Renato	28.08.1986	4	0	2011-2013, KF Skënderbeu Korçë (4/0).
(92/176)	ARBËRI Arben	1964	3	0	1989-1990, KS Tomori Berat (3/0).
(176/292)	BABAMUSTA Dritan	06.09.1971	1	0	2002, KS Teuta Durrës (1/0).
(55/106)	BAÇI Millan	1955	7	1	1976-1981, KS 17 Nëntori Tiranë (7/1).
(129/248)	BAHOLLI Dritan	23.08.1974	1	0	1996, KS Partizani Tiranë (1/0).
(56/117)	BAJAZITI Dashnor	1955	5	0	1980-1983, KS Besa Kavajë (5/0).
(226/320)	BAKAJ Elis Flamur	25.06.1987	27	1	2007-2013, KS Partizani Tiranë (2/0), KS Dinamo Tiranë (9/0), FC Dinamo Bucureşti (10/0), FK Chernomorets Odessa (6/1).
(17/028)	BAKALLI Hamdi	1923	4	0	1950-1953, KS Dinamo Tiranë (4/0).
(271/350)	BALAJ Bekim	11.01.1991	12	1	2012-2015, AC Sparta Praha (2/0), Jagiellonia Białystok SSA (2/0), SK Slavia Praha (5/1), HNK Rijeka (3/0).
(57/119)	BALLGJINI Haxhi	15.06.1958	14	0	1980-1985, KS Partizani Tiranë (10/0), KS Lokomotiva Durrës (4/0).
(55/110)	BALLGJINI Shyqyri	1954	3	1	1976-1981, KS Dinamo Tiranë (3/1).
(46/092)	BALLUKU Vlado	1951	2	0	1971-1972, KS 17 Nëntori Tiranë (2/0).
(109/211)	BANO Artan	17.02.1966	7	0	1993-1996, KS Partizani Tiranë (4/0), Pazinka Pazin (1/0), SK Lushnjë (2/0).
(89/172)	BARBULLUSHI Adrian	12.12.1968	5	0	1990-1992, KS Vllaznia Shkodër (2/0), AS Aigáleo Athína (3/0).
(4/017)	BARBULLUSHI Zyhdi	1926	1	0	1947, KS Vllaznia Shkodër (1/0).
(160/273)	BASHA Çlirim	16.06.1971	2	0	2000, TSV Alemannia Aachen (2/0).
(273/352)	BASHA Migjen Xhevat	05.01.1987	15	3	2013-2015, Torino FC (9/2), FC Luzern (6/1).
(276/358)	BASHA Vullnet Xhevat	11.07.1990	1	0	2013, FC Sion (1/0).
(4/016)	BEGEJA Skënder	1923	4	0	1947, KS Dinamo Tiranë (4/0).
(129/243)	BEHARI Ardian	15.04.1973	1	0	1996, KS Flamurtari Vlorë (1/0).
(117/224)	BELLAI Arjan	05.02.1971	30	1	1994-2003, PAS Joánnina (4/0), Kalamata (4/1), PAE Apóllon Athína (2/0), PAS Joánnina (10/0), Paniónios PAE Athína (8/0), Apóllon Korfu (2/0).
(141/257)	BEQAJ Arian	25.08.1975	43	0	1998-2011, OF Iráklion (16/0), Ionikos Nikea (2/0), Anorthósis Famagusta FC (18/0), Olympiakos Nicosia (5/0), Ermis Aradippou (2/0).
(172/279)	BEQIRI Ardit	13.02.1979	12	0	2002-2006, KS Partizani Tiranë (7/0), SK Tiranë (4/0), KS Partizani Tiranë (1/0).
(172/280)	BEQIRI Elvin	27.09.1980	47	0	2002-2009, KS Vllaznia Shkodër (10/0), FK Metalurg Donetsk (18/0), Maccabi Tel Aviv (1/0), FK Metalurg Zaporozhzhye (3/0), FK Metalurg Donetsk (3/0), KS Vllaznia Shkodër (12/0).
(215/314)	BERISHA Besart	29.07.1985	16	1	2006-2009, Hamburger SV (6/0), Burnley FC (1/1), Rosenborg BK Trondheim (4/1), AC Horsens (5/0).
(265/346)	BERISHA Etrit	10.03.1989	31	0	2012-2015, Kalmar FF (9/0), SS Lazio Roma (22/0).
(41/084)	BERISHA Safet	1949	21	0	1970-1981, KS Partizani Tiranë (21/0).
(1/010)	BIÇAKU Vasif	02.03.1922	16	1	1946-1950, KS 17 Nëntori Tiranë (5/0), KS Partizani Tiranë (11/1).
(245/329)	BICI Ditmar	26.02.1989	1	0	2010, KS Skënderbeu Korçë (1/0).
(81/153)	BILALI Besnik	1963	1	0	1987, KS Partizani Tiranë (1/0).
(107/207)	BILALI Edmir	23.08.1970	1	0	1992, KS Vllaznia Shkodër (1/0).
(190/299)	BILLA Estref	13.06.1980	2	0	2003, APS Atrómitos Peristéron Athína (2/0).
(65/134)	BIMO Arian	1959	6	0	1982-1985, KS 17 Nëntori Tiranë (6/0).
(108/209)	BISHA Ramiz	21.11.1967	1	0	1992, KS Vllaznia Shkodër (1/0).
(36/076)	BIZI Sabah	1948	15	1	1967-1976, KS Partizani Tiranë (11/0), KS Vllaznia Shkodër (4/1).
(129/250)	BOGDANI Erjon	14.04.1977	74	18	1996-2013, KS Partizani Tiranë (1/0), KS Dinamo Tiranë (1/0), NK Zagreb (7/1), Reggina Calcio (9/2), Hellas Verona (5/1), AC Siena (10/3), AC Chievo Verona (5/0), AS Livorno Calcio (6/1), AC Chievo Verona (11/4), AC Cesena (12/3), AC Siena (8/3).
(4/015)	BONATI Alfred	1926	3	0	1947-1950, KS Partizani Tiranë (3/0).
(12/023)	BORIÇI Besim	1925	6	0	1949-1950, KS Dinamo Tiranë (6/0).
(1/009)	BORIÇI Loro	1922	23	6	1946-1957, KS Vllaznia Shkodër (7/3), KS Partizani Tiranë (16/3).
(109/213)	BOZGO Kliton	05.12.1971	12	0	1993-2000, Dubrava Zagreb (3/0), SCT Olimpija Ljubljana (6/0), NK Maribor (3/0).
(265/347)	BRAHIMI Mërgim	08.08.1992	1	0	2012, Grasshopper-Club Zürich (1/0).
(51/097)	BRAHO Sefedin	1953	9	1	1973-1983, KS Partizani Tiranë (9/1).
(58/120)	BREGU Aleko	1957	2	0	1980-1982, KS Dinamo Tiranë (2/0).

(82/156)	BUBEQI Agim	07.04.1963	6	0	1987-1989, KS Flamurtari Vlorë (6/0).
(26/058)	BUKOVIKU Pavllo	1940	5	0	1963-1965, KS Partizani Tiranë (5/0).
(176/293)	BULKU Ervin	03.03.1981	56	1	2002-2014, SK Tiranë (3/0), KF Tiranë (2/0), FK Krivbas Krivyi Rih (21/0), *unattached* (1/0), NK Hajduk Split (9/1), Olimpik-Shuvalan PFC Baki (6/0), Foolad Mobarakeh Sepahan FC Isfahan (13/0), KF Tiranë (1/0).
(25/053)	BUSHATI Mehdi	1938	7	0	1963-1965, KS Dinamo Tiranë (7/0).
(124/229)	BUSHI Alban	24.08.1973	67	14	1995-2007, SK Tiranë (2/1), KS Flamurtari Vlorë (1/0), SK Tiranë (3/0), PAE Apóllon Athína (3/0), Litex Lovech (12/3), Adanaspor Kulübü (4/2), Istanbulspor Kulübü (31/7), PAO Levadeiakos Levadeia (3/1), PAE Apollón Kalamarias (8/0).
(210/307)	BYLYKBASHI Dorian	08.08.1980	6	0	2006-2010, KS Partizani Tiranë (1/0), FK Kryvbas Kryvyi Rih (5/0).
(98/192)	CANAJ Agim	14.07.1962	1	0	1991, KS Dinamo Tiranë (1/0).
(40/083)	CANI Bujar	1946	9	0	1970-1972, KS Partizani Tiranë (9/0).
(211/310)	CURRI Debatik	28.12.1983	44	1	2006-2014, FK Vorskla Poltava (31/1), Gençlerbirliği SK Ankara (10/0), FK Sevastopol (2/0), KF Tiranë (1/0).
(186/298)	ÇANA Lorik Agim	27.07.1983	88	1	2003-2015, Paris St.Germain FC (15/0), Olympique de Marseille (22/1), Sunderland AFC (6/0), Galatasaray SK Istanbul (7/0), SS Lazio Roma (33/0), FC Nantes (5/0).
(263/342)	ÇANI Edgar	22.07.1989	15	4	2012-2013, MKS Polonia Warszawa (9/3), Calcio Catania (3/1), Carpi FC 1909 (3/0).
(30/067)	ÇEÇO Iljaz	1947	8	0	1964-1971, KS Dinamo Tiranë (8/0).
(283/361)	ÇIKALLESHI Sokol	27.07.1990	15	1	2013-2015, FK Kukësi (3/0), RNK Split (6/0), İstanbul Başakşehir FK (6/1).
(128/240)	ÇIPI Geri	22.02.1976	34	0	1995-2005, KS Flamurtari Vlorë (1/0), NK Maribor (4/0), KAA Gent (19/0), SG Eintracht Frankfurt (5/0), Rot-Weiss Oberhausen (2/0), SK Tiranë (3/0).
(57/118)	ÇIPI Kreshnik	15.12.1968	7	0	1980-1992, KS Flamurtari Vlorë (7/0).
(128/242)	ÇOÇJA Gentjan	18.03.1974	1	0	1995, KS Vllaznia Shkodër (1/0).
(60/123)	ÇOÇOLI Kujtim	1952	3	0	1981, KS Dinamo Tiranë (3/0).
(53/103)	ÇURI Spiko	1954	1	0	1973, KS Flamurtari Vlorë (1/0).
(149/265)	DABULLA Rezart	24.10.1979	5	0	1999-2003, SK Tiranë (4/0), SK Tiranë (1/0).
(124/228)	DAIU Përparim	21.04.1970	4	0	1995-1998, KS Besa Kavajë (1/0), KS Partizani Tiranë (3/0).
(99/194)	DAJA Fatos	11.01.1968	6	0	1991-1997, KS 17 Nëntori Tiranë (2/0), SK Tiranë (3/0), *unattached* (1/0).
(110/214)	DALIPI Edmond	03.03.1972	16	1	1993-2000, KS Dinamo Tiranë (6/0), PAE Apóllon Athína (10/1).
(173/285)	DALIPI Klevis	13.03.1975	2	0	2002, CD Santa Clara (2/0).
(200/303)	DALLKU Armend Ropqir Rrackar	16.06.1983	64	1	2005-2013, KS Elbasani (4/0), FK Vorskla Poltava (60/1).
(104/201)	DANI Avenir	24.04.1965	3	0	1992, KS Vllaznia Shkodër (3/0).
(116/220)	DASHI Ardian	23.12.1975	1	0	1994, KS Teuta Durrës (1/0).
(22/035)	DASHI Leonidha	1926	1	0	1953, KS Dinamo Tiranë (1/0).
(22/036)	DEDA Simon	1932	3	0	1953-1958, KS Partizani Tiranë (3/0).
(128/239)	DEDE Nevil Thamas	10.01.1975	31	0	1995-2007, SK Tiranë (19/0), KF Tiranë (12/0).
(23/038)	DELIALLISI Fathbardh	1932	12	0	1957-1965, KS Partizani Tiranë (12/0).
(97/189)	DËMA Gjergj	07.08.1969	10	0	1990-1994, KS Flamurtari Vlorë (4/0), Vevče Donit Filtri (4/0), NK Rudar Velenje (2/0).
(1/004)	DEMNERI Xhevdet	1919	1	0	1946, KS 17 Nëntori Tiranë (1/0).
(68/136)	DEMOLLARI Sulejman	05.05.1964	45	1	1983-1995, KS Dinamo Tiranë (27/0), FC Dinamo București (13/1), Paniónios PAE Athína (5/0).
(157/269)	DEVOLLI Bledar	10.01.1978	2	0	2000, KS Shqiponja Gjirokastër (2/0).
(40/082)	DHALES Perikli	1947	5	0	1970-1971, KS 17 Nëntori Tiranë (5/0).
(172/282)	DHEMBI Pavlin	09.08.1979	3	0	2002, KS Dinamo Tiranë (3/0).
(158/272)	DIBRA Ilir	10.08.1977	2	0	2000, KS Vllaznia Shkodër (2/0).
(1/002)	DIBRA Muhamet	1923	19	0	1946-1953, KS Vllaznia Shkodër (7/0), KS Partizani Tiranë (12/0).
(39/080)	DINELLA Koço	1947	8	0	1967-1973, KS Dinamo Tiranë (8/0).
(293/371)	DJIMSITI Berat Ridvan	19.02.1993	6	1	2015, FC Zürich (6/1).
(128/238)	DOBI Enkelejd	05.05.1975	6	1	1995-2003, KS Teuta Durrës (1/1), NK Varteks Varaž dn (1/0), Zagłębie Lubin (1/0), Lech Poznań (2/0), Zagłębie Lubin (1/0).
(285/363)	DOSTI Albi	13.09.1991	1	0	2014, KS Teuta Durrës (1/0).
(99/196)	DOSTI Edmond	05.02.1966	4	0	1991-1995, KS Partizani Tiranë (2/0), SCT Olimpija Ljubljana (2/0).
(89/171)	DOSTI Muharrem	1964	1	0	1989, KS Labinoti Elbasan (2/0).
(181/297)	DRAGUSHA Mehmet	09.10.1977	11	1	2003-2005, SV Eintracht Trier 05 (3/1), SG Eintracht Frankfurt (8/0).
(145/262)	DRIZA Johan	11.10.1975	4	0	1998-2000, KS Flamurtari Vlorë (1/0), SK Tiranë (3/0).
(47/093)	DUÇKA Nevruz	1946	1	0	1971, KS Labinoti Elbasani (1/0).
(24/047)	DUMA Avdulla	1933	1	0	1958, KS Dinamo Tiranë (1/0).
(98/191)	DUME Dashnor	17.09.1963	2	0	1991, KS Tomori Berat (2/0).
(151/267)	DURO Albert	16.02.1978	5	0	1999-2000, Elbasani (2/0), FC Steaua București (3/0).
(26/059)	DURO Fiqiri Thoma	1939	4	0	1963-1965, KS Dinamo Tiranë (4/0).
(167/277)	DURO Klodian	21.12.1977	77	5	2001-2011, KS Vllaznia Shkodër (1/0), Samsunspor Kulübü (6/0), Malatyaspor Kulübü (8/1), KS Partizani Tiranë (5/0), Rizespor Kulübü (3/0), DSC Arminia Bielefeld (10/0), SK Tiranë (2/0), KF Tiranë (13/1), AC Omonia Nicosia (10/1), Apollon Limassol FC (7/1), *unattached* (1/0), Linzer ASK (8/1), *unattached* (1/0), KF Tiranë (2/0).
(68/135)	EKSARKO Kristaq	1959	4	0	1983-1984, KS Partizani Tiranë (4/0).
(2/013)	FAGU Besim	1925	11	0	1946-1958, KS Partizani Tiranë (11/0).
(124/231)	FAKAJ Ervin Pëllumb	15.06.1976	25	1	1995-2002, KS Flamurtari Vlorë (2/0), CD Toledo (6/0), SV Eintracht Nordhorn (2/0), Hannover`96 (2/0), SV Meppen (2/0), Enonis Paralimni (3/1), Paralimni (3/0), KRC Genk (3/0), MSV Duisburg (2/0).
(1/006)	FAKJA Bimo	1919	5	0	1946-1948, KS Vllaznia Shkodër (5/0).

ID	Name	Date of Birth	Caps	Goals	Career
(292/370)	FEJZULLAHU Arbnor	08.04.1993	1	0	2015, FK Partizani Tiranë (1/0).
(79/151)	FERKO Alfred	27.09.1961	9	0	1986-1992, KS Flamurtari Vlorë (5/0), KS Dinamo Tiranë (3/0), PAE Panahaïki Pátras (1/0).
(106/206)	FORTUZI Indrit	23.11.1973	25	1	1992-2002, KS Dinamo Tiranë (7/0), SK Tiranë (18/1).
(132/252)	FRAHOLLI Bajram	14.09.1968	2	1	1996, SK Lushnjë (2/1).
(27/060)	FRASHËRI Fatmir	1940	12	0	1963-1970, KS Partizani Tiranë (3/0), KS 17 Nëntori Tiranë (9/0).
(116/218)	GALLO Alpin	12.01.1974	9	0	1994-1998, SK Tiranë (2/0), FC Thun (5/0), SK Tiranë (2/0).
(276/357)	GASHI Shkëlzen	15.07.1988	11	1	2013-2015, Grasshopper-Club Zürich (5/0), FC Basel (6/1).
(82/155)	GEGA Skënder	14.11.1963	10	0	1987-1989, KS Partizani Tiranë (10/0).
(276/356)	GJASULA Jürgen	05.12.1985	2	0	2013, PFC Litex Lovech (2/0).
(174/288)	GJELOSHI Julian	01.04.1975	1	0	2002, Besëlidhja Lezhë (1/0).
(98/190)	GJERGJI Josif	13.04.1965	1	0	1991, KS Dinamo Tiranë (1/0).
(42/086)	GJIKA Mihal	1947	12	1	1971-1973, KS Partizani Tiranë (12/1).
(39/081)	GJINALI Frederik	1942	1	0	1967, KS Dinamo Tiranë (1/0).
(10/022)	GJINALI Zihni	1926	11	3	1948-1952, KS Partizani Tiranë (1/0), KS Dinamo Tiranë (10/3).
(83/161)	GJONDEDA Latif	28.12.1960	5	0	1987-1992, KS Flamurtari Vlorë (5/0).
(24/048)	GJYLI Dimitraq	1935	1	0	1958, KS Dinamo Tiranë (1/0).
(143/258)	GRIMA Armir	16.06.1974	4	0	1998-2000, KS Vllaznia Shkodër (2/0), Ethnikos Pireus (1/0), KS Dinamo Tiranë (1/0).
(49/095)	GURMA Milto	1951	4	0	1973-1976, Shkëndia (3/0), KS Luftëtari Gjirokastër (1/0).
(129/249)	HALILI Mahir	30.06.1975	13	1	1996-1999, KS Kastrioti Krujë (1/0), SR Delémont (11/1), HIT Gorica (1/0).
(26/057)	HALILI Skënder	1940	10	0	1963-1965, KS 17 Nëntori Tiranë (10/0).
(23/039)	HALLUNI Qamil	1933	2	0	1957-1958, KS Dinamo Tiranë (2/0).
(64/130)	HAMETAJ Arian	1957	10	0	1982-1985, KS Partizani Tiranë (10/0).
(91/174)	HASANPAPA Fathmir	22.09.1963	1	0	1989, KS Partizani Tiranë (1/0).
(164/275)	HASI Besnik	29.11.1971	43	2	2000-2007, RSC Anderlecht Bruxelles (37/1), KSC Lokeren (6/1).
(128/235)	HAXHI Altin	07.06.1975	67	3	1995-2009, KS Shqiponja Gjirokastër (1/0), PAE Panahaïki Pátras (9/1), Litex Lovech (11/1), GS Iraklís Thessaloníki (13/0), PFC CSKA Sofia (6/0), AS Apóllon Kalamaria (7/0), Anorthósis Famagusta (5/0), Ergotelis Iráklion (9/1), APOEL Nicosia (6/0).
(116/222)	HAXHIAJ Romeo	23.11.1965	1	0	1994, KS Apolonia Fier (1/0).
(30/065)	HAXHIU Mexhit	1943	3	1	1964-1965, KS Partizani Tiranë (3/1).
(203/305)	HIDI Isli	15.10.1980	17	0	2005-2011, SK Tirana (1/0), KF Tiranë (2/0), FK Krivbas Krivyi Rih (2/0), Alki FC Lárnaka (5/0), FK Krivbas Krivyi Rih (4/0), Olympiakos Nicosia (1/0), AEL Limassól (2/0).
(72/143)	HODJA Skënder	30.05.1960	21	0	1984-1990, KS 17 Nëntori Tiranë (21/0).
(298/374)	HOXHA Alban Bekim	23.11.1987	1	0	2015, FK Partizani Tiranë (1/0).
(52/101)	HOXHA Ismet	1948	3	0	1973, KS Vllaznia Shkodër (3/0).
(172/278)	HUSHI Lulezim	06.08.1974	3	0	2002, SR Delémont (3/0).
(216/315)	HYKA Jahmir	08.03.1988	38	2	2007-2014, Olympiakos SFP Peiraiás (1/0), KF Tiranë (4/0), 1. FSV Mainz 05 (13/1), PAE Panionios Athína (3/0), KF Tiranë (1/0), FC Luzern (16/1).
(36/075)	HYKA Skënder	1944	1	0	1967, KS 17 Nëntori Tiranë (1/0).
(272/351)	HYSAJ Elseid	02.02.1994	17	0	2013-2015, Empoli FC (14/0), SSC Napoli (3/0).
(56/112)	HYSI Kastriot	1956	7	0	1980-1981, KS Partizani Tiranë (7/0).
(28/062)	IBËRSHIMI Enver	1939	1	0	1963, KS Labinoti Elbasan (1/0).
(49/094)	IBËRSHIMI Rifat	1950	7	0	1972-1976, KS Dinamo Tiranë (7/0).
(95/181)	IBRO Genç	07.07.1967	3	0	1990, KS Dinamo Tiranë (3/0).
(83/160)	ILJADHI Roland	18.08.1963	4	0	1987-1990, KS Flamurtari Vlorë (4/0).
(29/064)	ISHKA Bahri	1944	3	0	1964-1967, KS 17 Nëntori Tiranë (3/0).
(53/104)	ISMAILI Fatmir	1949	1	0	1973, KS Partizani Tiranë (1/0).
(45/088)	JANKU Agim		1	0	1971, KS Partizani Tiranë (1/0).
(29/063)	JANKU Mikel	1942	9	0	1964-1971, KS Partizani Tiranë (9/0).
(251/334)	JANUZI Ahmed	08.07.1988	8	0	2010-2013, FK Vorskla Poltava (8/0).
(12/024)	JAREÇI Skënder	1931	8	1	1949-1958, KS Dinamo Tiranë (8/1).
(25/054)	JASHARI Robert	1938	7	1	1963-1965, KS Partizani Tiranë (6/1).
(76/147)	JERA Fatbardh	08.02.1960	15	0	1985-1990, KS Vllaznia Shkodër (15/0).
(38/078)	JORGAQI Frederik	1942	2	0	1967, KS Labinoti Elbasan (2/0).
(72/144)	JOSA Mirel	01.06.1963	27	1	1984-1992, KS 17 Nëntori Tiranë (25/1), Aris Thessaloníki (2/0).
(124/233)	JUPI Redi	30.04.1974	19	0	1995-2006, KS Partizani Tiranë (4/0), KS Dinamo Tiranë (8/0), Diyarbakirspor Kulübü (7/0).
(95/184)	KAÇAÇI Eduard	09.01.1967	2	0	1990, KS Partizani Tiranë (2/0).
(101/197)	KAÇAJ Salvator	23.10.1969	18	1	1991-1995, Kalithea (2/0), Athinaïkós PAE Athína (4/0), Olympiakos Nicosia (12/1).
(275/354)	KAÇE Ergys	08.07.1993	13	2	2013-2015, PAOK Thessaloníki (13/2).
(55/105)	KAÇI Jani	1952	6	0	1976-1981, KS Vllaznia Shkodër (6/0).
(52/100)	KALLUÇI Thodor	1951	1	0	1973, KS Partizani Tiranë (1/0).
(111/217)	KAPIDANI Shpëtim	09.09.1971	1	0	1993, KS Teuta Durrës (1/0).
(193/301)	KAPLLANI Edmond	31.07.1982	41	6	2004-2014, KS Besa Kavajë (2/0), Karlsruher SC (22/6), FC Augsburg (6/0), TuS Koblenz (5/0), SC Paderborn 07 (1/0), FSV Frankfurt (5/0).
(109/210)	KAPLLANI Xhevahir	21.06.1974	5	0	1992-1996, KS Teuta Durrës (5/0).
(16/027)	KARANKXHA Muharrem	1930	1	0	1950, KS Partizani Tiranë (1/0).
(26/056)	KASMI Gëzim	1941	8	0	1963-1971, KS 17 Nëntori Tiranë (8/0).
(211/311)	KASTRATI Bekim	25.03.1979	2	0	2006, VfL Borussia Mönchengladbach (1/0), Braunschweiger TSV Eintracht (1/0).
(129/246)	KASTRIOTI Dashnor	1975	1	0	1996, FSG Schiffweiler (1/0).
(1/012)	KAVAJA Bahri	1922	13	0	1946-1950, KS Dinamo Tiranë (13/0).

ID	Name	DOB	Caps	Goals	Career
(36/074)	KAZANXHI Josif	1943	3	0	1967, KS 17 Nëntori Tiranë (3/0).
(86/165)	KEPA Ilir	21.04.1966	7	1	1988-1993, KS Vllaznia Shkodër (4/0), RWD Molembeek (3/1).
(70/139)	KERÇIÇ Milutin	1958	1	0	1983, KS Skënderbeu Korçë (1/0).
(128/236)	KOÇA Elton	05.08.1973	2	0	1995-1996, KS Teuta Durrës (2/0).
(59/121)	KOLA Agustin	10.05.1959	22	1	1980-1994, KS 17 Nëntori Tiranë (18/1), AS Aigáleo Athína (3/0), SK Tiranë (1/0).
(97/188)	KOLA Bledar	01.08.1972	39	6	1990-2001, KS Partizani Tiranë (2/0), PAE Panahaïki Pátras (1/0), PAE Apóllon Athína (7/0), Panathinaïkós AO Athína (27/5), AEK Athína (2/1).
(141/255)	KOTRI Uliks	21.06.1975	3	0	1998, KS Vllaznia Shkodër (3/0).
(94/179)	KOVE Naum	03.10.1963	1	0	1990, KS Dinamo Tiranë (1/0).
(23/046)	KRAJA Kolec	1934	3	2	1957-1963, KS Partizani Tiranë (3/2).
(267/348)	KUKELI Burim Nue	16.01.1984	13	0	2012-2015, FC Zürich (13/0).
(81/154)	KUSHTA Sokol	17.08.1964	31	10	1987-1996, KS Flamurtari Vlorë (11/2), GS Iraklís Thessaloníki (10/3), Apóllon Kalamaria (2/1), Olympiakos Nicosia (4/3), Ethnikos Akhnas (3/1), no club (1/0).
(18/030)	LAÇEJ Rexhep	1928	1	0	1950, KS Partizani Tiranë (1/0).
(13/025)	LAÇJA Lutfi	1927	2	0	1949-1950, KS Vllaznia Shkodër (1/0), KS Partizani Tiranë (1/0).
(141/256)	LALA Altin	18.02.1974	79	3	1998-2011, SC Borussia Fulda (4/0), Hannover`96 (75/3).
(124/230)	LAMÇE Ervin	11.09.1972	3	0	1995-1997, VfL 93 Hamburg (3/0).
(59/122)	LAME Ilir	1956	11	0	1980-1984, KS Partizani Tiranë (11/0).
(83/158)	LEKBELLO (I) Artur Shkëlqim	25.01.1958	2	0	1987, KS Lokomotiva Durrës (2/0).
(83/159)	LEKBELLO (II) Artur	23.02.1966	30	0	1987-1996, KS 17 Nëntori Tiranë (14/0), Aris Thessaloníki (16/0).
(281/360)	LENJANI Ermir	05.08.1989	15	1	2013-2015, FC St. Gallen (10/1), FC Nantes (5/0).
(45/089)	LESHTENI Maksut	1946	2	0	1971, KS Besa Kavajë (2/0).
(95/182)	LESKAJ Lorenc	02.10.1968	2	0	1990, KS Partizani Tiranë (2/0).
(157/268)	LICI Suad	24.03.1974	6	0	2000-2005, KS Teuta Durrës (3/0), KS Vllaznia Shkodër (3/0).
(233/321)	LIKA Gilman	31.01.1987	19	0	2008-2013, Hacettepe SK Ankara (5/0), Boluspor (5/0), Diyarbakırspor Kulübü (3/0), KF Tiranë (6/0).
(71/141)	LIKA Hasan	1960	1	0	1983, KS Partizani Tiranë (1/0).
(174/287)	LIKA Ilion	17.05.1980	14	0	2002-2006, KS Dinamo Tiranë (14/0).
(226/319)	LILA Andi	12.02.1986	56	0	2007-2015, KS Besa Kavajë (2/0), KF Tiranë (18/0), PAA Ioannina (36/0).
(259/341)	LILAJ Sabien	18.02.1989	13	0	2011-2015, NK Lokomotiva Zagreb (5/0), KF Skënderbeu Korçë (8/0).
(1/005)	LLAMBI Sllave	26.06.1919	18	0	1946-1950, KS Partizani Tiranë (3/0), KS Partizani Tiranë (15/0).
(245/331)	LLANI Ervin	24.04.1983	1	0	2010, KF Laçi (1/0).
(55/108)	LLESHI Ferdinand	1956	8	0	1976-1981, KS Labinoti Elbasan (8/0).
(63/128)	LUARASI Ilir	1954	2	0	1981-1982, KS Dinamo Tiranë (2/0).
(61/125)	LUÇI Roland	1960	5	0	1981-1982, KS Vllaznia Shkodër (5/0).
(89/170)	MAJAÇI Kujtim	20.03.1962	3	0	1989-1990, KS Apolonia Fier (3/0).
(18/029)	MALIQATI Sulejman	1928	6	0	1950-1963, KS Partizani Tiranë (6/0).
(116/219)	MALKO Saimir	17.03.1970	15	0	1994-1996, SK Tiranë (11/0), Lushnjë (4/0).
(297/372)	MANAJ Rey	24.02.1997	2	1	2015, FC Internazionale Milano (2/1).
(176/294)	MANÇAKU Bledar	19.02.1982	2	0	2002-2003, KS Teuta Durrës (2/0).
(56/115)	MARKO Andrea	1956	5	0	1980-1985, KS Dinamo Tiranë (5/0).
(116/223)	MARTINI Edi	02.01.1975	2	0	1994-1995, KS Vllaznia Shkodër (1/0), Austria Klagenfurt (1/0).
(264/345)	MAVRAJ Mërgim	09.06.1986	23	3	2012-2015, SpVgg Fürth (17/1), 1.FC Köln (6/2).
(146/264)	MAXHUNI Artur	27.10.1972	1	0	1998, FC St.Pauli Hamburg (1/0).
(267/349)	MEHA Alban Syla	26.04.1986	7	2	2012-2015, SC Paderborn 07 (6/2), Konyaspor Kulübü (1/0).
(277/359)	MEHMETI Agon	20.11.1989	3	0	2013, SC Olhanense (3/0).
(122/225)	MEMA Adrian	16.11.1971	8	0	1995-1998, SK Tiranë (3/0), KS Partizani Tiranë (5/0).
(25/050)	MEMA Ali	1943	14	0	1963-1967, KS 17 Nëntori Tiranë (14/0).
(68/137)	MEMA Sulejman	1955	1	0	1983, KS 17 Nëntori Tiranë (1/0).
(236/324)	MEMELLI Migen	25.04.1980	1	0	2009, KF Tiranë (1/0).
(251/333)	MEMUSHAJ Ledian	07.12.1986	12	0	2010-2015, AC Chievo Verona (1/0), Calcio Portogruaro Summaga (1/0), US Lecce (1/0), Carpi FC 1909 (2/0), Delfino Pescara 1936 (7/0).
(95/183)	MEMUSHI Eqerem	30.04.1965	4	0	1990-1991, KS Flamurtari Vlorë (4/0).
(129/244)	MERGJYSHI Artan	06.05.1968	1	0	1996, KS Olimpik Tiranë (1/0).
(23/040)	MERJA Gani	1933	3	0	1957-1958, KS Partizani Tiranë (3/0).
(149/266)	MERKOÇI Eldorado	06.01.1978	2	0	1999-2001, SK Tiranë (1/0), SV Wörgl (1/0).
(85/163)	MERSINI Halim	22.09.1961	6	0	1988-1989, KS 17 Nëntori Tiranë (6/0).
(77/148)	MILE Kristaq	1958	1	0	1985, KS Tomori Berat (1/0).
(85/164)	MILLO Lefter	02.04.1966	20	0	1988-1996, KS Partizani Tiranë (11/0), AE Lárissa (7/0), GS Iraklís Thessaloníki (2/0).
(99/193)	MILORI Arben	22.11.1969	10	0	1991-1995, KS Dinamo Tiranë (6/0), Kolindros (3/0), KS Partizani Tiranë (1/0).
(124/232)	MILOTI Auron Selaudin	04.08.1974	2	0	1995, SK Tiranë (2/0).
(56/116)	MINGA Arben	16.03.1959	28	2	1980-1989, KS 17 Nëntori Tiranë (28/2).
(1/011)	MIRASHI Pal	1925	8	4	1946-1950, KS Vllaznia Shkodër (3/2), KS Dinamo Tiranë (5/2).
(64/133)	MUÇA Shkëlqim	19.03.1960	16	2	1982-1987, KS 17 Nëntori Tiranë (16/2).
(46/091)	MUHEDINI Bashkim	1949	7	0	1971-1973, KS Partizani Tiranë (7/0).
(173/286)	MUKA Ogert	10.09.1979	2	0	2002, KS Teuta Durrës (2/0).
(145/263)	MUKAJ Devi	21.12.1976	39	1	1998-2007, SK Tiranë (2/0), NK Varteks Varaž din (16/1), SK Tiranë (9/0), KF Tiranë (12/0).
(52/102)	MURATI Agim	1953	3	0	1973-1976, KS Partizani Tiranë (3/0).
(145/261)	MURATI Edvin	12.11.1975	42	4	1998-2006, TSV Fortuna Düsseldorf (1/0), Paris St.Germain (7/1), OSC Lille (10/1), GS Iraklís Thessaloníki (23/2), PAE Panserraïkós Sérai (1/0).
(61/124)	MUSTA Perlat	15.10.1958	23	0	1981-1993, KS Partizani Tiranë (21/0), FC Dinamo București (2/0).
(233/323)	MUZAKA Gjergji	26.09.1984	23	1	2008-2013, KF Tiranë (5/0), KS Dinamo Tiranë (6/1), KF Skënderbeu Korçë (11/0), KS Flamurtari Vlorë (1/0).

ID	Name	DOB	Caps	Goals	Career
(172/281)	MYRTAJ Florian	15.09.1976	25	3	2002-2006, Teramo (4/0), Cesena AC (7/2), Hellas Verona FC (8/0), US Catanzaro (5/1), AC Perugia (1/0).
(55/107)	NAÇI Antonin	1953	1	0	1976, KS 17 Nëntori Tiranë (1/0).
(91/173)	NALLBANI Blendi	30.05.1971	18	0	1989-2002, KS 17 Nëntori Tiranë (5/0), SK Tiranë (9/0), KS Partizani Tiranë (4/0).
(23/042)	NDINI Miço	1935	2	1	1957-1958, KS Partizani Tiranë (2/1).
(193/302)	NDREKA Henri	27.03.1983	2	0	2004, KS Partizani Tiranë (2/0).
(91/175)	NOGA Pjerin	13.01.1963	3	0	1989-1990, KS Dinamo Tiranë (3/0).
(74/145)	OCELLI Adnan	06.03.1963	11	0	1984-1993, KS Partizani Tiranë (13/0).
(64/132)	OMURI Bedri	16.01.1957	14	3	1982-1987, KS 17 Nëntori Tiranë(14/3).
(145/259)	OSMANI Oltion	20.07.1972	1	0	1998, FC Bylis Ballsh (1/0).
(200/304)	OSMANI Tefik	17.04.1984	12	0	2005-2013, KS Elbasani (5/0), FK Metalurg Zaporozhzhye (1/0), KS Teuta Durrës (6/0).
(131/251)	PAÇO Viktor	12.08.1971	4	0	1996-1997, KS Flamurtari Vlorë (3/0), NK Maribor Teatanic (1/0).
(105/204)	PALI Artan	18.03.1973	2	0	1992-1995, SK Tiranë (1/0), VfL 93 Hamburg (1/0).
(82/157)	PANO Ledio	16.08.1968	9	1	1987-1994, KS Partizani Tiranë (3/0), AO Xanthi (6/1).
(25/055)	PANO Panajot	07.03.1939	28	4	1963-1973, KS Partizani Tiranë (28/4).
(25/049)	PAPADOPHULLI Miço		1	0	1963-1964, KS Partizani Tiranë (1/0).
(1/007)	PARAPANI Aristidh	1926	18	1	1946-1952, KS 17 Nëntori Tiranë (7/1), KS Partizani Tiranë (11/0).
(129/247)	PEÇO Arjan	29.04.1975	13	0	1996-2002, KS Olimpik Tiranë (1/0), SR Delémont (9/0), FC Concordia Basel (3/0).
(21/034)	PELINGU Isuf	1926	1	0	1952, KS Partizani Tiranë (1/0).
(103/198)	PEQINI Kastriot	19.02.1974	11	0	1992-1993, KS Elbasani (11/0).
(16/026)	PEQINI Sabri	1926	3	0	1950-1952, KS Dinamo Tiranë (3/0).
(45/087)	PËRNASKA Ilir	1951	15	5	1971-1981, KS Dinamo Tiranë (15/5).
(145/260)	PINARI Luan	27.10.1977	5	1	1998-2003, KS Dinamo Tiranë (5/1).
(191/300)	PISHA Arian	18.01.1977	1	0	2003, KS Dinamo Tiranë (1/0).
(167/276)	POÇI Artion	23.07.1977	1	0	2001, KS Apolonia Fier (1/0).
(63/127)	POPA Ardan	15.04.1962	1	0	1981, KS Labinoti Elbasan (1/0).
(2/014)	POZELLI Xhakomino (Giacomino)	1922	7	0	1946-1948, KS Flamurtari Vlorë (7/0).
(108/208)	PRENGA Besnik	05.06.1969	2	0	1992-1994, Dubrava Zagreb (2/0).
(122/226)	PRENGA Sokol	24.05.1971	7	0	1995-1997, SK Tiranë (5/0), KS Flamurtari Vlorë (1/0), SK Tiranë (1/0).
(105/202)	QENDRO Anesti	23.12.1973	3	1	1992-1995, KS Teuta Durrës (3/1).
(285/364)	QOSE Kristi	10.06.1995	1	0	2014, PAOK Thessaloníki (1/0).
(23/037)	QOSHJA Dimither	1928	1	0	1957, KS Dinamo Tiranë (1/0).
(38/077)	RAMA Jani	1944	4	0	1967-1973, KS Dinamo Tiranë (4/0).
(274/353)	RAMA Valdet	20.11.1987	15	3	2013-2015, Real Valladolid CF (12/3), TSV 1860 München (3/0).
(20/033)	RESMJA Refik	1931	6	1	1952-1963, KS Partizani Tiranë (6/1).
(259/340)	ROSHI Odise	22.05.1991	28	1	2011-2015, 1.FC Köln (5/0), FSV Frankfurt (18/1), HNK Rijeka (5/0).
(56/114)	RRAGAMI Ferit	01.06.1957	14	0	1980-1985, KS Partizani Tiranë (5/0), KS Vllaznia Shkodër (9/0).
(33/069)	RRAGAMI Ramazan	1944	20	1	1965-1973, KS Partizani Tiranë (18/0), KS Vllaznia Shkodër (2/1).
(285/365)	RRAHMANI Amir	24.02.1994	2	1	2014-2015, FK Partizani Tiranë (1/0), HNK Split (1/1).
(103/200)	RRAKLLI Altin	17.07.1970	63	11	1992-2005, KS Besa Kavajë (3/1), SC Freiburg (15/4), Hertha BSC Berlin (6/0), SpVgg Unterhaching (27/4), Diyarbakirspor Kulübü (5/1), SV Jahn Regensburg (4/0), SK Tiranë (3/1).
(23/045)	RRELI Shyqry	1932	1	0	1957, KS Dinamo Tiranë (1/0).
(157/270)	RRICA Altin	13.12.1973	2	0	2000, KS Partizani Tiranë (2/0).
(221/318)	RRUSTEMI Blerim	04.02.1983	3	0	2007, AC Horsens (3/0).
(64/129)	RUÇI Petro	03.03.1957	8	0	1982-1983, KS Dinamo Tiranë (8/0).
(35/072)	RUDI Bashkim	1943	1	0	1965, KS Labinoti Elbasan (1/0).
(128/241)	RUHI Nordik	24.08.1970	1	0	1995, SK Tiranë (1/0).
(263/344)	SADIKU Armando	27.05.1991	16	2	2012-2015, FC Locarno (3/0), FC Lugano (7/1), FC Zürich (6/1).
(5/019)	SAKIQI Hivzi	1925	2	0	1947, KS Partizani Tiranë (2/0).
(211/313)	SALIHI Hamdi	19.01.1984	50	11	2006-2015, KF Tiranë (1/0), SV Ried (13/1), SK Rapid Wien (23/8), Washington DC United (4/0), Jiangsu Sainty FC (6/2), Hapoel Ironi Akko FC (3/0).
(255/338)	SALLAJ Agonit	14.02.1992	1	0	2011, Neuchâtel Xamax FC (1/0).
(239/327)	SEFA Jetmir	30.01.1987	2	0	2009, KF Tiranë (2/0).
(30/066)	SEFERAJ Sotir	1939	1	0	1964, KS Partizani Tiranë (1/0).
(62/126)	SEITI Luan	1957	1	0	1981, KS Luftëtari Gjirokastër (1/0).
(45/090)	SEJDINI Faruk	07.02.1950	11	0	1971-1976, KS Dinamo Tiranë (11/0).
(289/368)	SHALA Herolind	01.02.1992	4	0	2014-2015, Odds BK Skien (2/0), FC Slovan Liberec (2/0).
(111/215)	SHALA Shyqry	05.07.1965	2	0	1993, KS Besa Kavajë (2/0).
(7/021)	SHAQIRI Xhevdet	1925	14	0	1947-1957, KS Vllaznia Shkodër (1/0), KS Partizani Tiranë (5/0), KS Dinamo Tiranë (8/0).
(251/332)	SHEHI Orges	20.09.1977	7	0	2010-2015, KF Skënderbeu Korçë (7/0).
(23/043)	SHEHU Enver	1938	1	0	1957, KS 17 Nëntori Tiranë (1/0).
(86/166)	SHEHU Ylli	13.08.1966	10	1	1988-1995, KS Partizani Tiranë (7/1), PAE Apóllon Athína (1/0), NK Sibenik (1/0), KSV Cercle Brügge (1/0).
(176/290)	SHETA Arjan	13.02.1981	1	0	2002, SK Tiranë (1/0).
(172/283)	SHKËMBI Bledi	13.08.1979	14	0	2002-2006, NK Rijeka (5/0), FK Metalurg Donetsk (3/0), FK Kamen Ingrad (2/0), FK Metalurg Zaporozhzhye (4/0).
(83/162)	SHKURTI Sotir	1962	4	0	1987-1990, KS Besa Kavajë (4/0).
(25/051)	SHLLAKU Lin	1938	15	0	1963-1970, KS Partizani Tiranë (15/0).

ID	Name	DOB	Caps	Goals	Career
(99/195)	SHPUZA Zamir	26.06.1968	5	0	1991-199, KS Vllaznia Shkodër (2/0), *no club* (3/0).
(109/212)	SHULKU Ilir	21.01.1969	40	1	1993-1999, KS Partizani Tiranë (22/0), GS Apollon Smyrnis (4/0), FK Partizani Tiranë (4/1), SV Eintracht Nordhorn (10/0).
(179/296)	SINA Elvis	14.11.1978	5	0	2002-2005, SK Tiranë (5/0).
(157/271)	SINANI Vioresin	04.12.1977	4	1	2000-2002, NK Varteks Varaž din (3/1), KS Vllaznia Shkodër (1/0).
(161/274)	SKELA Ervin	17.11.1976	75	13	2000-2011, Chemnitzer FC (4/0), SV Waldhof Mannheim (5/1), SG Eintracht Frankfurt (12/4), DSC Arminia Bielefeld (11/1), 1.FC Kaiserslautern (6/0), *unattached* (1/1), Ascoli Calcio (3/1), FC Energie Cottbus (18/2), *unattached* (2/2), TuS Koblenz (5/1), *unattached* (4/0), MZKS Arka Gdynia (2/0), *unattached* (2/0).
(105/205)	SOKOLI Blendi	09.09.1971	1	0	1992, SK Tiranë (1/0).
(1/003)	SPAHIU Rexhep	1923	20	0	1946-1952, KS 17 Nëntori Tiranë (3/0), KS Partizani Tiranë (17/0).
(89/169)	STAFA Arjan	13.06.1964	3	0	1989-1990, KS Dinamo Tiranë (3/0).
(87/168)	STOJA Anesti	24.06.1963	1	0	1988, KS 17 Nëntori Tiranë (1/0).
(94/178)	STRAKOSHA Fotaq	29.03.1965	73	0	1990-2005, KS Dinamo Tiranë (1/0), Ethnikos Peiraiás (6/0), Olympiakos SFP Peiraiás (16/0), Paniónios PAE Athína (14/0), Ionikos Nikea (14/0), Kallithea (8/0), Ethnikos Asteras (8/0), Paniónios PAE Athína (6/0).
(116/221)	STROJKU Gentian	24.07.1974	1	0	1994, Elbasani (1/0).
(95/186)	SUKAJ Ardian	1967	1	0	1990, KS Lokomotiva Durrës (1/0).
(233/322)	SUKAJ Xhevahir	05.10.1987	1	0	2008, Hacettepe SK Ankara (1/0).
(1/001)	TAHIRI Dodë	27.11.1918	2	0	1946, KS Vllaznia Shkodër (2/0).
(95/185)	TAHIRI Edmond	27.04.1969	4	0	1990-1991, KS Partizani Tiranë (3/1), Havaryiakos (1/0).
(79/150)	TAHO Rrapo	17.08.1959	11	0	1986-1993, KS Flamurtari Vlorë (11/0)
(23/041)	TALLUSHI Eqerem	1936	1	0	1957, KS Dinamo Tiranë (1/0).
(135/254)	TARE Igli	25.07.1973	68	10	1997-2007, Karlsruher SC (2/0), TSV Fortuna Düsseldorf (16/3), 1.FC Kaiserslautern (9/0), Brescia Calcio (16/2), Bologna FC (17/4), SS Lazio Roma (8/1).
(56/113)	TARGAJ Muhedin	1955	22	3	1980-1985, KS Dinamo Tiranë (22/3).
(211/309)	TELI Admir	02.06.1981	19	0	2006-2013, KS Vllaznia Shkodër (1/0), Hacettepe SK Ankara (3/0), FK Karabag Ağdam (15/0).
(1/008)	TELITI Qamil	1922	12	4	1946-1952, KS Dinamo Tiranë (12/4).
(128/234)	TOLE Afrim	10.04.1970	9	0	1995-1998, KS Partizani Tiranë (9/0).
(71/140)	TOMORI Genç	1960	1	1	1983, KS Partizani Tiranë (1/1).
(23/044)	TOPI Shefqet	1934	2	0	1957-1963, KS Partizani Tiranë (1/0), (1/0).
(238/325)	UJKANI Samir	05.07.1988	20	0	2009-2013, US Città di Palermo (1/0), Novara Calcio (13/0), US Città di Palermo (4/0), AC Chievo Verona (2/0).
(255/337)	VAJUSHI Armando	03.12.1991	6	1	2011-2014, KS Vllaznia Shkodër (1/0), PFC Litex Lovech (5/1).
(219/316)	VANGJELI Kristi	05.09.1985	35	0	2007-2012, Aris Thessaloníki FC (31/0), FK Chernomorets Odessa (4/0).
(103/199)	VASI Aleksander	13.04.1968	3	0	1992, KS Dinamo Tiranë (3/0).
(52/098)	VASO Millan	1951	3	0	1973, KS Vllaznia Shkodër (3/0).
(36/073)	VASO Teodor	1941	9	0	1967-1971, KS Partizani Tiranë (9/0).
(129/245)	VATA Fatmir	06.11.1973	17	0	1996-2003, Somobor (6/0), SV Waldhof Mannheim (9/0), DSC Arminia Bielefeld (2/0).
(94/180)	VATA Rudi	13.02.1969	59	5	1990-2001, KS Vllaznia Shlodër (1/0), FC Tours (3/0), KS Dinamo Tiranë (3/0), Celtic Glasgow FC (14/1), Apóllon Limassol (15/1), FC Energie Cottbus (23/3).
(7/020)	VATHI Sulejman	1922	5	0	1947-1950, KS Dinamo Tiranë (5/0).
(245/330)	VELIAJ Emiliano	09.02.1985	2	0	2010-2012, KF Laçi (1/0), KS Teuta Durrës (1/0).
(255/335)	VELIU Franc	11.11.1988	7	0	2011-2013, KS Flamurtari Vlorë (7/0).
(297/373)	VESELI Frédéric "Freddie"	20.11.1992	2	0	2015, FC Lugano (2/0).
(74/146)	VILA Arben	1961	2	0	1984-1985, KS 17 Nëntori Tiranë (2/0).
(132/253)	VILA Artan	04.05.1970	2	0	1996-1997, KS Besa Kavajë (2/0).
(238/326)	VILA Emiljano	12.03.1988	26	3	2009-2014, KS Teuta Durrës (1/0), NK Lokomotiva Zagreb (5/1), KS Dinamo Tiranë (3/0), PAA Ioannina (17/2), FK Partizani Tiranë (1/0).
(20/032)	VILA Muhamet	1928	3	0	1950-1953, KS Dinamo Tiranë (3/0).
(20/031)	VOGLI Fadil	1927	1	0	1950, KS Partizani Tiranë (1/0).
(4/018)	VOGLI Qemal	1930	10	0	1947-1952, KS Dinamo Tiranë (10/0).
(25/052)	VORFI Lorenc	1940	5	0	1963-1967, KS Dinamo Tiranë (5/0).
(210/308)	VRAPI Endrit	23.05.1983	10	0	2006-2011, KS Elbasani (2/0), KF Tiranë (1/0), KS Elbasani (4/0), KS Besa Kavajë (1/0), SF Skënderbeu Korçë (2/0).
(64/131)	VUKATANA Luan	1959	8	0	1982-1983, KS Vllaznia Shkodër (8/0).
(32/068)	XHAÇKA Niko	1944	3	0	1965-1967, KS 17 Nëntori Tiranë (3/0).
(220/317)	XHAFA Daniel	01.05.1977	1	0	2007, KS Teuta Durrës (1/0).
(211/312)	XHAFA Erion	31.05.1982	3	0	2006-2007, KS Dinamo Tiranë (1/0), KF Tiranë (2/0).
(176/295)	XHAFA Fjodor	08.03.1976	1	0	2002, KS Dinamo Tiranë (1/0).
(38/079)	XHAFA Gani	1946	5	0	1967-1973, KS Dinamo Tiranë (5/0).
(50/096)	XHAFA Uran	1951	3	0	1973-1981, KS Partizani Tiranë (3/0).
(69/138)	XHAHO Pandeli	1955	2	0	1983, KS Flamurtari Vlorë (2/0).
(286/366)	XHAKA Taulant	28.03.1991	10	0	2014-2015, FC Basel (10/0).
(245/328)	XHIHANI Parid	18.07.1983	1	0	2010, FK Zorya Luhansk (1/0).
(93/177)	XHUMBA Arian	07.09.1968	48	0	1989-2003, KS Luftëtari Gjirokastër (1/0), PAS Yannina (10/0), Kalamata (4/0), GS Iraklís Thessaloníki (5/0), Paralimni (16/0), PAS Yannina (12/0)
(28/061)	ZAHO Andon	1943	1	0	1963, KS Partizani Tiranë (1/0).
(128/237)	ZAJMI Roland	06.11.1973	4	1	1995-2000, KS Olimpik Tiranë (1/0), Proodeftiki Peiraiás (3/1).
(111/216)	ZALLA Alvaro	23.11.1972	6	0	1993-1996, KS Teuta Durrës (5/0), SK Tiranë (1/0).
(105/203)	ZELA Amarildo	25.08.1972	2	0	1992-1997, KS Partizani Tiranë (1/0), Marsonia Slavonski Brod (1/0).

(263/343)	ZEQIRI Hair	11.10.1988	4	0	2012, Çaykur Rizespor (4/0).						
(55/109)	ZËRI Vasillaq	04.08.1952	6	0	1976-1982, KS Dinamo Tiranë (6/0).						
(33/070)	ZHEGA Medin	1946	11	3	1965-1971, KS Dinamo Tiranë (11/3).						
(79/152)	ZIJAI Alfred	07.02.1961	3	0	1986-1987, KS Flamurtari Vlorë (3/0).						
(41/085)	ZIU Astrit	1946	6	1	1970-1972, KS Partizani Tiranë (6/1).						
(72/142)	ZMIJANI Hysen	29.04.1963	36	2	1984-1995, KS Vllaznia Shkodër (23/0), GFC Ajaccio (9/1), Al-Nasr (4/1).						
(173/284)	ZMIJANI Luan	19.06.1976	2	0	2002, KS Partizani Tiranë (2/0).						

NATIONAL COACHES

Name	DOB	Period	Matches	P	W	D	L	GF	-	GA	
Ljubiša BROĆIĆ (*Yugoslavia*)	03.10.1911 †16.08.1995	07.10.1946 – 13.10.1946	[1-3]	3	2	0	1	6	-	4	66.66 %
Adem KARAPICI	1938	30.05.1947	[4]	1	0	0	1	0	-	4	0.00 %
Ljubiša BROĆIĆ (*Yugoslavia*)	03.10.1911 †16.08.1995	15.06.1947 – 20.08.1947	[5-6]	2	0	0	2	0	-	5	0.00 %
Adem KARAPICI	1938	14.09.1947 – 27.06.1948	[7-10]	4	1	2	1	3	-	4	50.00 %
Sllave LLAMBI	26.06.1919 †1985	23.10.1949 – 17.11.1949	[11-13]	3	0	2	1	2	-	3	33.33 %
Ludovik JAKOVA	14.02.1912 †15.11.1988	29.11.1949 – 08.10.1950	[14-19]	6	1	1	4	3	-	26	25.00 %
Myslym ALLA	15.04.1919 †1999	29.11.1952 – 07.12.1952	[20-21]	2	2	0	0	5	-	3	100.00 %
Miklós VADAS [WEISZ] (*Hungary*)	1906 †07.04.1981	29.11.1953	[22]	1	1	0	0	2	-	0	100.00 %
Loro BORIÇI	04.08.1922 †25.04.1984	15.09.1957 – 29.06.1963	[23-27]	5	0	1	4	3	-	10	10.00 %
Zyber KONÇI	n/a †19.01.2015	30.10.1963 – 07.05.1965	[28-34]	7	2	0	5	4	-	11	28.57 %
Loro BORIÇI	04.08.1922 †25.04.1984	24.11.1965 – 21.06.1972	[35-48]	14	1	3	10	8	-	27	17.85 %
Myslym ALLA	15.04.1919 †1999	29.10.1972 – 05.05.1973	[49-51]	3	0	0	3	1	-	8	0.00 %
Ilia SHUKE	n/a	10.10.1973 – 08.11.1973	[52-54]	3	1	1	1	3	-	5	50.00 %
Loro BORIÇI	04.08.1922 †25.04.1984	03.11.1976	[55]	1	1	0	0	3	-	0	100.00 %
Zyber KONÇI	n/a †19.01.2015	03.09.1980 – 06.12.1980	[56-59]	4	1	0	3	3	-	8	25.00 %
Loro BORIÇI	04.08.1922 †25.04.1984	01.04.1981 – 18.11.1981	[60-63]	4	0	0	4	1	-	14	0.00 %
Shyqyri RRELI	18.05.1930	22.09.1982 – 30.05.1985	[64-77]	14	1	4	9	9	-	22	21.42 %
Agron SULAJ	25.01.1952 †08.04.1996	30.10.1985 – 18.11.1987	[78-84]	7	0	1	6	3	-	18	7.14 %
Shyqyri RRELI	18.05.1930	06.08.1988 – 15.11.1989	[85-93]	9	0	2	7	4	-	19	11.11 %
Bejkush BIRÇE	13.02.1943	30.05.1990	[94]	1	0	0	1	0	-	2	0.00 %
Agron SULAJ	25.01.1952 †08.04.1996	05.09.1990 – 19.12.1990	[95-97]	3	0	0	3	0	-	11	0.00 %
Bejkush BIRÇE	13.02.1943	30.03.1991 – 14.05.1994	[98-116]	19	4	2	13	10	-	40	26.31 %
Neptun BAJKO	08.09.1948	07.09.1994 – 14.12.1996	[117-133]	17	3	4	10	15	-	26	29.41 %
Astrit HAFIZI	15.09.1953	29.03.1997 – 09.10.1999	[134-156]	23	4	6	13	25	-	38	30.43 %
Medin ZHEGA	31.01.1946 12.06.2012	06.02.2000 – 06.06.2001	[157-169]	13	6	1	6	15	-	11	50.00 %
Sulejman DEMOLLARI	15.05.1964	01.09.2001 – 17.04.2002	[170-178]	9	1	3	5	2	-	14	27.77 %
Giuseppe DOSSENA (*Italy*)	02.05.1958	12.10.2002 – 29.03.2003	[179-180]	2	0	1	1	2	-	5	25.00 %
Hans-Peter BRIEGEL (*Germany*)	11.10.1955	14.02.2003 – 22.03.2006	[181-211]	31	11	4	16	40	-	49	41.93 %
Otto BARIČ (*Croatia*)	19.06.1933	17.08.2006 – 17.10.2007	[212-226]	12	4	4	4	15	-	9	50.00 %
Slavko KOVAĆIĆ (*Croatia*)*	14.05.1950	24.03.2007 – 21.11.2007	[217], [225-226]	3	0	1	2	3	-	10	16.66 %
Arend HAAN (*Netherlands*)	16.11.1948	27.05.2008 – 01.04.2009	[227-236]	10	2	4	4	6	-	8	40.00 %
Josip KUŽE (*Croatia*)	13.11.1952 †16.06.2013	06.06.2009 – 11.10.2011	[237-260]	22	8	6	8	24	-	28	50.00 %
Dž emal MUSTEDANAGĆ (*Bosnia and Herzegovina*)	08.06.1955	08.10.2010 – 12.10.2010 11.11.2011 – 15.11.2011	[249-250] [261-262]	4	0	2	2	1	-	4	25.00 %
Giovanni DE BIASI (*Italy*)	16.06.1956	29.02.2012 – 13.06.2015	[263-298]	36	13	11	12	41	-	30	51.38 %

*replaced head-coach Otto Barić due to illnes.

National coaches several times in charge:

Name	How often	Matches	M	W	D	L	GF	-	GA	
Ljubiša BROĆIĆ (*Yugoslavia*)	2 x	[1-3],[6-7]	6	2	0	3	6	-	9	33.33 %
Adem KARAPICI	2 x	[5],[8-11]	5	1	2	2	3	-	8	40.00 %
Myslym ALLA	2 x	[21-22],[50-52]	5	2	0	3	6	-	11	40.00 %
Loro BORIÇI	4 x	[24-28],[36-49],[56],[61-64]	24	2	4	18	15	-	51	16.66 %
Shyqyri RRELI	2 x	[65-78],[86-94]	23	1	6	16	13	-	41	17.39 %
Agron SULAJ	2 x	[79-85],[96-98]	10	0	1	9	3	-	29	10.00 %
Bejkush BIRÇE	2 x	[95],[99-117]	20	4	2	14	10	-	42	25.00 %
Dž emal MUSTEDANAGĆ (*Bosnia and Herzegovina*)	2 x	[249-250], [261-262]	4	0	2	2	1	-	4	25.00 %

HEAD-TO-HEAD STATISTICS

Country	HOME P	W	D	L	GF	GA	AWAY P	W	D	L	GF	GA	NEUTRAL P	W	D	L	GF	GA	TOTAL P	W	D	L	GF	GA
Algeria	2	1	1	0	4	1													2	1	1	0	4	1
Andorra	1	1	0	0	1	0	1	0	0	1	0	2	1	1	0	0	3	0	3	2	0	1	4	2
Argentina							1	0	0	1	0	4							1	0	0	1	0	4
Armenia	3	2	1	0	5	2	2	1	0	1	3	3							5	3	1	1	8	5
Austria	3	0	0	3	1	4	3	0	0	3	0	13							6	0	0	6	1	17
Azerbaijan	3	2	0	1	3	2	1	0	1	0	1	1	1	1	0	0	1	0	5	3	1	1	5	3
Bahrain							1	0	0	1	0	3							1	0	0	1	0	3
Belarus	2	1	0	1	3	4	2	0	1	1	2	4	1	0	1	0	0	0	5	1	2	2	5	8
Belgium	1	1	0	0	2	0	1	0	0	1	1	3							2	1	0	1	3	3
Bosnia and Herz.	2	1	1	0	3	1	2	0	1	1	0	2							4	1	2	1	3	3
Bulgaria	6	2	2	2	7	7	7	0	2	5	1	10							13	2	4	7	8	17
Cameroon													1	0	1	0	0	0	1	0	1	0	0	0
China P.R.	1	0	1	0	1	1	1	0	0	1	2	3							2	0	1	1	3	4
Cuba	1	0	1	0	0	0													1	0	1	0	0	0
Cyprus	3	2	1	0	9	2	3	0	1	2	3	5							6	2	2	2	12	7
Czechoslovakia	3	2	0	1	5	5	2	0	0	2	1	5							5	2	0	3	6	10
Denmark	5	1	2	2	3	5	5	0	1	4	1	14							10	1	3	6	4	19
East Germany	2	0	1	1	2	5	1	0	0	1	0	2							3	0	1	2	2	7
England	2	0	0	2	1	5	2	0	0	2	0	7							4	0	0	4	1	12
Estonia	1	1	0	0	2	0	2	0	2	0	1	1							3	1	2	0	3	1
Finland	3	2	0	1	3	2	3	0	0	3	2	5	1	0	1	0	1	1	7	2	1	4	6	8
France	3	1	0	2	2	3	3	0	1	2	1	9							6	1	1	4	3	12
Georgia	8	3	3	2	12	10	5	0	0	5	1	10	1	0	0	1	0	3	14	3	3	8	13	23
Germany	6	0	1	5	2	9	7	0	0	7	6	26	1	0	0	1	2	3	14	0	1	13	10	38
Greece	6	3	3	0	7	3	7	1	0	6	3	10							13	4	3	6	10	13
Hungary	2	0	1	1	0	1	4	0	0	4	0	18							6	0	1	5	0	19
Iceland	3	2	0	1	4	3	2	0	0	2	1	4							5	2	0	3	5	7
Iran													1	1	0	0	1	0	1	1	0	0	1	0
Italy							1	0	0	1	0	1							1	0	0	1	0	1
Kazakhstan	1	1	0	0	2	1	1	1	0	0	1	0							2	2	0	0	3	1
Kosovo							1	0	1	0	2	2							1	0	1	0	2	2
Latvia	2	0	2	0	4	4	2	0	2	0	0	0	1	0	1	0	2	2	5	0	5	0	6	6
Liechtenstein	1	1	0	0	2	0													1	1	0	0	2	0
Lithuania	3	2	0	1	6	3	1	0	0	1	1	3							4	2	0	2	7	6
Luxembourg	2	2	0	0	3	0	3	1	1	1	4	2							5	3	1	1	7	2
Macedonia	3	1	1	1	2	1	4	0	1	3	2	9	1	0	1	0	0	0	8	1	3	4	4	10
Malta	4	4	0	0	11	0	3	1	1	1	2	2							7	5	1	1	13	2
Mexico													1	0	0	1	0	4	1	0	0	1	0	4
Moldova	2	1	1	0	3	0	1	1	0	0	3	2							3	2	1	0	6	2
Montenegro	1	1	0	0	3	2	1	1	0	0	1	0							2	2	0	0	4	2
Netherlands	2	0	0	2	0	3	2	0	0	2	1	4							4	0	0	4	1	7
Northern Ireland	4	1	2	1	3	3	4	0	0	4	1	10	1	1	0	0	1	0	9	2	2	5	5	13
Norway	2	0	1	1	2	3	2	1	1	0	3	2							4	1	2	1	5	5
Poland	5	1	2	2	4	4	5	0	1	4	3	9	1	0	0	1	0	1	11	1	3	7	7	14
Portugal	3	0	0	3	1	6	4	1	1	2	4	7							7	1	1	5	5	13
Qatar													1	1	0	0	2	1	1	1	0	0	2	1
Rep. of Ireland	2	0	1	1	1	2	2	0	0	2	1	4							4	0	1	3	2	6
Romania	8	1	1	6	5	18	10	1	2	7	6	28	1	0	0	1	0	1	19	2	3	14	11	47
Russia	1	1	0	0	3	1	1	0	0	1	1	4							2	1	0	1	4	5
San Marino							2	2	0	0	6	0							2	2	0	0	6	0
Serbia	5	0	1	4	4	10	2	0	1	1	0	4							7	0	2	5	4	14
Slovenia	4	1	1	2	2	3	3	0	1	2	0	3							7	1	2	4	2	6
Spain	2	0	0	2	2	7	3	0	0	3	0	17							5	0	0	5	2	24
Sweden	3	1	1	1	3	3	2	0	0	2	2	7							5	1	1	3	5	10
Switzerland	3	1	1	1	2	5	3	0	0	3	2	6							6	1	1	4	4	11
Turkey	4	1	2	1	4	2	5	2	0	3	7	6							9	3	2	4	11	8
Ukraine	1	0	0	1	0	2	2	0	1	1	2	3	1	0	0	1	0	1	4	0	1	3	2	6
Uzbekistan	1	1	0	0	1	0													1	1	0	0	1	0
Vietnam													1	1	0	0	5	0	1	1	0	0	5	0
Wales	1	0	1	0	1	1	1	0	0	1	0	2							2	0	1	1	1	3
TOTAL	142	50	37	55	156	159	139	14	24	101	85	301	17	6	5	6	18	17	298	70	66	162	259	477

ANDORRA

The Country:
Principality of Andorra (Principat d'Andorra)
Capital: Andorra la Vella
Surface: 467,63 km²
Inhabitants: 85,458
Time: UTC+1

The FA:
Federació Andorrana de Futbol
C/ Batlle Tomàs, 4 Baixos, AD700 Escaldes-Engordany
Foundation date: 1994
Member of FIFA since: 1996
Member of UEFA since: 1996

NATIONAL TEAM RECORDS

EUROPEAN CHAMPIONSHIP	
1960	Did not enter
1964	Did not enter
1968	Did not enter
1972	Did not enter
1976	Did not enter
1980	Did not enter
1984	Did not enter
1988	Did not enter
1992	Did not enter
1996	Did not enter
2000	Qualifiers
2004	Qualifiers
2008	Qualifiers
2012	Qualifiers
2016	Qualifiers

FIFA WORLD CUP	
1930	Did not enter
1934	Did not enter
1938	Did not enter
1950	Did not enter
1954	Did not enter
1958	Did not enter
1962	Did not enter
1966	Did not enter
1970	Did not enter
1974	Did not enter
1978	Did not enter
1982	Did not enter
1986	Did not enter
1990	Did not enter
1994	Did not enter
1998	Did not enter
2002	Qualifiers
2006	Qualifiers
2010	Qualifiers
2014	Qualifiers

OLYMPIC FOOTBALL TOURNAMENTS 1900-2012							
1900	-	1936	-	1968	-	1992	-
1904	-	1948	-	1972	-	1996	-
1908	-	1952	-	1976	-	2000	Did not enter
1912	-	1956	-	1980	-	2004	Did not enter
1920	-	1960	-	1984	-	2008	Qualifiers
1924	-	1964	-	1988	-	2012	Qualifiers
1928	-						

FIFA CONFEDERATIONS CUP 1992-2013
None

PLAYER WITH MOST INTERNATIONAL CAPS – Top 5			
1.	**Óscar SONEJEE MASAND**	-	106 caps (1997-2015)
2.	Ildefons LIMA SOLÁ	-	97 caps (1997-2015)
3.	Josep Manuel AYALA DÍAZ	-	81 caps (2002-2015)
4.	Manuel „Manolo" JIMÉNEZ SORIA	-	79 caps (1998-2012)
5.	Jesús Luis Alvarez de Eulate Guergue „KOLDO"	-	78 caps (1998-2009)

PLAYER WITH MOST INTERNATIONAL GOALS – Top 4			
1.	**Ildefons LIMA SOLÁ**	-	10 goals / 97 caps (1997-2015)
2.	Óscar SONEJEE MASAND	-	4 goals / 106 caps (1997-2015)
3.	Emiliano GONZÁLEZ ARQUEZ	-	3 goals / 37 caps (1998-2003)
4.	Jesús Julián LUCENDO HEREDIA	-	3 goals / 29 caps (1996-2003)

FULL INTERNATIONALS (1996-2015)

1. 13.11.1996   **ANDORRA - ESTONIA**   1-6(0-1)
Estadi Comunal de Aixovall, Andorra la Vella; Referee: García Redondo (Spain); Attendance: 1,500
AND: Alfonso Sánchez Miguez (1/0), Gérard Juanes Calvet Díaz (1/0), Francesc Pedro López (1/0), Josep Maragues „Cholo" (1/0), Francesc Obiols (1/0), Johnny Rodríguez (1/0) [88.Albert Carnice (1/0)], Josep Félix Álvarez Blásquez (1/0), Jordi Lamelas Puertas (1/0) [67.Angel Martín García (1/0)], Jesús Julián Lucendo Heredia (Cap) (1/0), Agusti Pol Pérez (1/1), Julián Sánchez Soto (1/0) [10.Carlos Medina (1/0); 46.Cristóbal Aranda (1/0); 71.Jorge Bazan Moros (1/0)]. Trainer: Isidre Codina (Spain, 1).
Goal: Agusti Pol Pérez (61).

2. 22.06.1997   **ESTONIA - ANDORRA**   4-1(2-0)
Linnastaadion, Kuressaare; Referee: Jarmo Karhunen (Finland); Attendance: 932
AND: José Serrano (1/0), Francisco Javier Ramírez Palomo (1/0), José Manuel García Luena „Txema" (1/0), Antonio Lima Solá (1/0), Angel Martín García (2/0) [74.Josep Félix Álvarez Blásquez (2/0)], Ildefons Lima Solà (1/1), Óscar Sonejee Masand (1/0), Agusti Pol Pérez (2/1), Jorge Bazan Moros (2/0) [83.Francesc Reguera (1/0)], Jesús Julián Lucendo Heredia (2/0) [76.Rafael Calero (1/0)], Julián Sánchez Soto (2/0). Trainer: Manoel Miluir Macedo Cunha (Brazil, 1).
Goal: Ildefons Lima Solà (67).

3. 25.06.1997   **LATVIA - ANDORRA**   4-1(1-0)
Daugava stadions, Riga; Referee: Oleg Timofeyev (Estonia); Attendance: 1,400
AND: José Serrano (2/0), José Manuel García Luena „Txema" (2/0), Angel Martín García (3/0) [90.Johnny Rodríguez (2/0)], Antonio Lima Solá (2/0), Ildefons Lima Solà (2/1), Agusti Pol Pérez (3/1) [88.Genís García Iscla (1/0)], Óscar Sonejee Masand (2/1), Julián Sánchez Soto (3/0), Jesús Julián Lucendo Heredia (3/0), Jorge Bazan Moros (3/0) [33.Francisco Javier Ramírez Palomo (2/0)], Armand Godoy (1/0) [53.Rafael Calero (2/0)]. Trainer: Manoel Miluir Macedo Cunha (Brazil, 2).
Goal: Óscar Sonejee Masand (63).

4. 03.06.1998   **BRAZIL - ANDORRA**   3-0(2-0)
Stade Red Star, Saint-Ouen, Paris (France); Referee: Pascal Garibian (France); Attendance: 5,500
AND: Jesús Luis Alvarez de Eulate „Koldo" (1/0), Francisco Javier Ramírez Palomo (3/0), Angel Martín García (4/0), Antonio Lima Solá (3/0), José Manuel García Luena „Txema" (3/0), Ildefons Lima Solà (3/1), Agusti Pol Pérez (4/1) [83.Jordi Escura Aixas (1/0)], Óscar Sonejee Masand (3/1), Jesús Julián Lucendo Heredia (4/0), Jorge Bazan Moros (4/0) [68.Julián Sánchez Soto (4/0)], Justo Ruíz González (1/0). Trainer: Manoel Miluir Macedo Cunha (Brazil, 3).

5. 22.06.1998   **ESTONIA - ANDORRA**   2-1(1-0)
Linnastaadion, Kuressaare; Referee: Oleg Timofeyev (Estonia); Attendance: 1,000
AND: Jesús Luis Alvarez de Eulate „Koldo" (2/0), Angel Martín García (5/0), Antonio Lima Solá (4/0), José Manuel García Luena „Txema" (4/0), Ildefons Lima Solà (4/1), Agusti Pol Pérez (5/1), Óscar Sonejee Masand (4/1), Jesús Julián Lucendo Heredia (5/1), Justo Ruíz González (2/0), Julián Sánchez Soto (5/0), Rafael Calero (3/0). Trainer: Manoel Miluir Macedo Cunha (Brazil, 4).
Goal: Jesús Julián Lucendo Heredia (56).

6. 24.06.1998   **ANDORRA – AZERBAIJAN**   0-0
Maarjamäe Staadion, Tallinn (Estonia); Referee: Margus Kotter (Estonia); Attendance: 20
AND: Jesús Luis Alvarez de Eulate „Koldo" (3/0), Angel Martín García (6/0), Antonio Lima Solá (5/0), José Manuel García Luena „Txema" (5/0), Ildefons Lima Solà (5/1), Agusti Pol Pérez (6/1), Óscar Sonejee Masand (5/1), Julián Sánchez Soto (6/0) (*sent off 65*), Rafael Calero (4/0) [46.Genís García Iscla (2/0)], Jesús Julián Lucendo Heredia (6/1) [90.Jorge Bazan Moros (5/0)], Justo Ruíz González (3/0) [90.Manuel Jiménez Soria „Manolo" (1/0)]. Trainer: Manoel Miluir Macedo Cunha (Brazil, 5).

7. 26.06.1998   **LATVIA - ANDORRA**   2-0(0-0)
Kalevi Staadion, Pärnu (Estonia); Referee: Oleg Timofeyev (Estonia); Attendance: 70
AND: Jesús Luis Alvarez de Eulate „Koldo" (4/0), Angel Martín García (7/0) [86.Cristian Roig Mauri (1/0)], Antonio Lima Solá (6/0), José Manuel García Luena „Txema" (6/0), Ildefons Lima Solà (6/1), Agusti Pol Pérez (7/1), Óscar Sonejee Masand (6/1), Jesús Julián Lucendo Heredia (7/1) [89.Jordi Barra Cabelo (1/0)], Genís García Iscla (3/0) [*sent off 48*], Justo Ruíz González (4/0), Manuel Jiménez Soria „Manolo" (2/0) [46.Julián Sánchez Soto (7/0); 83.Jorge Bazan Moros (6/0)]. Trainer: Manoel Miluir Macedo Cunha (Brazil, 6).

8. 29.06.1998   **LITHUANIA – ANDORRA**   4-0(3-0)
Linnastaadion, Karksi-Nuia (Estonia); Referee: Jüri Saar (Estonia); Attendance: 60
AND: Jesús Luis Alvarez de Eulate „Koldo" (5/0), Angel Martín García (8/0) [46.Juli Fernández Ariza (1/0)], Antonio Lima Solá (7/0), José Manuel García Luena „Txema" (7/0), Ildefons Lima Solà (7/1) [54.Ricard Imbernon Ríos (1/0)], Agusti Pol Pérez (8/1), Genís García Iscla (4/0), Jesús Julián Lucendo Heredia (8/1), Justo Ruíz González (5/0) [*sent off 51*], Julián Sánchez Soto (8/0), Manuel Jiménez Soria „Manolo" (3/0) [59.Jordi Barra Cabelo (2/0)]. Trainer: Manoel Miluir Macedo Cunha (Brazil, 7).

9. 05.09.1998   **ARMENIA – ANDORRA**   3-1(1-0)   11th EC. Qualifiers
Hrazdan Stadium, Yerevan; Referee: Richard O'Hanlon (Republic of Ireland); Attendance: 8,000
AND: Jesús Luis Alvarez de Eulate „Koldo" (6/0), Francisco Javier Ramírez Palomo (4/0), José Manuel García Luena „Txema" (8/0), Angel Martín García (9/0), Antonio Lima Solá (8/0), Jordi Escura Aixas (2/0), Genís García Iscla (5/0), Óscar Sonejee Masand (7/1), Jesús Julián Lucendo Heredia (Cap) (9/2), Justo Ruíz González (6/0), Julián Sánchez Soto (9/0). Trainer: Manoel Miluir Macedo Cunha (Brazil, 8).
Goal: Jesús Julián Lucendo Heredia (86 penalty).

10. 10.10.1998   **ANDORRA - UKRAINE**   0-2(0-2)   11th EC. Qualifiers
Estadi Comunal de Aixovall, Andorra la Vella; Referee: Antin Guetzov (Bulgaria); Attendance: 1,000
AND: Jesús Luis Alvarez de Eulate „Koldo" (7/0), Francisco Javier Ramírez Palomo (5/0), José Manuel García Luena „Txema" (9/0), Antonio Lima Solá (Cap) (9/0), Agusti Pol Pérez (9/1), Angel Martín García (10/0), Óscar Sonejee Masand (8/1), Justo Ruíz González (7/0), Ildefons Lima Solà (8/1), Julián Sánchez Soto (10/0) [89.Manuel Jiménez Soria „Manolo" (4/0)], Emiliano González Arquez (1/0). Trainer: Manoel Miluir Macedo Cunha (Brazil, 9).

11. 14.10.1998   **FRANCE - ANDORRA**   2-0(0-0)   11th EC. Qualifiers
Stade de France, Saint-Denis, Paris; Referee: Dani Koren (Israel); Attendance: 75,416
AND: Jesús Luis Alvarez de Eulate „Koldo" (8/0), Francisco Javier Ramírez Palomo (6/0) [80.Julián Sánchez Soto (11/0)], José Manuel García Luena „Txema" (10/0), Angel Martín García (11/0), Antonio Lima Solá (10/0), Agusti Pol Pérez (10/1), Óscar Sonejee Masand (9/1), Jesús Julián Lucendo Heredia (Cap) (10/2) [88.Manuel Jiménez Soria „Manolo" (5/0)], Justo Ruíz González (8/0), Ildefons Lima Solà (9/1), Emiliano González Arquez (2/0). Trainer: Manoel Miluir Macedo Cunha (Brazil, 10).

12. 03.03.1999 **ANDORRA – FAROE ISLANDS** 0-0
Estadio Municipal Bahía Sur, San Fernando (Spain); Referee: Antonio Jesús Lopez Nieto (Spain); Attendance: 20
AND: Jesús Luis Alvarez de Eulate „Koldo" (9/0), Roberto Jonás Alonso Martínez (1/0), José Manuel García Luena „Txema" (11/0) [62.Gérard Juanes Calvet Díaz (2/0)], Angel Martín García (12/0) [89.Genís García Iscla (6/0)], Carlos Alberto Gómez Benítez (1/0) [68.Jordi Barra Cabelo (3/0)], Agusti Pol Pérez (11/1), Óscar Sonejee Masand (10/1), Jesús Julián Lucendo Heredia (11/2), Ildefons Lima Solà (10/1), Emiliano González Arquez (3/0), Manuel Jiménez Soria „Manolo" (6/0) [80.Josep Oriol Abella Solano (1/0)]. Trainer: David Rodrigo Lo (Spain, 1).

13. 27.03.1999 **ANDORRA - ICELAND** 0-2(0-0) 11th EC. Qualifiers
Estadi Comunal de Aixovall, Andorra la Vella; Referee: Charles Agius (Malta); Attendance: 1,000
AND: Jesús Luis Alvarez de Eulate „Koldo" (10/0), Francisco Javier Ramírez Palomo (7/0) [76.Emiliano González Arquez (4/0)], José Manuel García Luena „Txema" (12/0), Angel Martín García (13/0), Antonio Lima Solá (11/0), Agusti Pol Pérez (12/1), Óscar Sonejee Masand (11/1), Jesús Julián Lucendo Heredia (Cap) (12/2), Justo Ruíz González (9/0) [82.Ricard Imbernon Ríos (2/0)], Ildefons Lima Solà (11/1), Manuel Jiménez Soria „Manolo" (7/0) [63.Julián Sánchez Soto (12/0)]. Trainer: David Rodrigo Lo (Spain, 2).

14. 31.03.1999 **RUSSIA - ANDORRA** 6-1(3-0) 11th EC. Qualifiers
Lokomotiv Stadium, Moskva; Referee: Mikko Vuorela (Finland); Attendance: 10,333
AND: Jesús Luis Alvarez de Eulate „Koldo" (11/0), Angel Martín García (14/0), José Manuel García Luena „Txema" (13/0), Antonio Lima Solá (12/0), Agusti Pol Pérez (13/1), Roberto Jonás Alonso Martínez (2/0) [57.Emiliano González Arquez (5/1)], Óscar Sonejee Masand (12/1), Jesús Julián Lucendo Heredia (Cap) (13/2) [65.Julián Sánchez Soto (13/0)], Justo Ruíz González (10/0), Ildefons Lima Solà (12/1), Manuel Jiménez Soria „Manolo" (8/0). Trainer: David Rodrigo Lo (Spain, 3).
Goal: Emiliano González Arquez (72).

15. 05.06.1999 **UKRAINE - ANDORRA** 4-0(2-0) 11th EC. Qualifiers
Olympiyksyi Stadium, Kyiv; Referee: Andreas Georgiou (Cyprus); Attendance: 51,000
AND: Jesús Luis Alvarez de Eulate „Koldo" (12/0), Francisco Javier Ramírez Palomo (8/0), José Manuel García Luena „Txema" (14/0), Angel Martín García (15/0) [53.Jesús Julián Lucendo Heredia (14/2)], Antonio Lima Solá (13/0), Agusti Pol Pérez (14/1), Óscar Sonejee Masand (13/1), Justo Ruíz González (11/0), Ildefons Lima Solà (13/1), Julián Sánchez Soto (14/0), Emiliano González Arquez (6/1). Trainer: David Rodrigo Lo (Spain, 4).

16. 09.06.1999 **ANDORRA - FRANCE** 0-1(0-0) 11th EC. Qualifiers
Estadi Olímpic de Montjuïc, Barcelona (Spain); Referee: Michael Ross (Northern Ireland); Attendance: 7,600
AND: Jesús Luis Alvarez de Eulate „Koldo" (13/0), Francisco Javier Ramírez Palomo (9/0), José Manuel García Luena „Txema" (15/0) [70.Roberto Jonás Alonso Martínez (3/0)], Antonio Lima Solá (14/0) (*sent off 87*), Agusti Pol Pérez (15/1), Óscar Sonejee Masand (14/1), Jesús Julián Lucendo Heredia (Cap) (15/2) [78.Angel Martín García (16/0)], Justo Ruíz González (12/0), Ildefons Lima Solà (14/1), Emiliano González Arquez (7/1), Manuel Jiménez Soria „Manolo" (9/0) [89.Genís García Iscla (7/0)]. Trainer: David Rodrigo Lo (Spain, 5).

17. 18.08.1999 **PORTUGAL - ANDORRA** 4-0(3-0)
Estádio Nacional, Lisboa; Referee: Bruno Coué (France); Attendance: 7,000
AND: Alfonso Sánchez Miguez (2/0), Agusti Pol Pérez (16/1) [88.Jordi Benet Rubio (1/0)], Francisco Javier Ramírez Palomo (10/0), Antonio Lima Solá (15/0), José Manuel García Luena „Txema" (16/0) [68.Angel Martín García (17/0)], Ildefons Lima Solà (15/1), Emiliano González Arquez (8/1) [73.Alex Godoy (1/0)], Óscar Sonejee Masand (15/1) [80.Jordi Escura Aixas (3/0)], Justo Ruíz González (13/0), Manuel Jiménez Soria „Manolo" (10/0) [65.Genís García Iscla (8/0)], Julián Sánchez Soto (15/0). Trainer: David Rodrigo Lo (Spain, 6).

18. 04.09.1999 **ICELAND - ANDORRA** 3-0(2-0) 11th EC. Qualifiers
Laugardalsvöllur, Reykjavík; Referee: Miroslav Liba (Czech Republic); Attendance: 5,210
AND: Jesús Luis Alvarez de Eulate „Koldo" (14/0), Francisco Javier Ramírez Palomo (11/0), José Manuel García Luena „Txema" (17/0), Angel Martín García (18 /0) [59.Armand Godoy (2/0)], Jordi Escura Aixas (4/0), Agusti Pol Pérez (17/1) [90.David Buxo Escabros (1/0)], Emiliano González Arquez (9/1), Óscar Sonejee Masand (16/1), Alex Godoy (2/0) [67.Genís García Iscla (9/0)], Manuel Jiménez Soria „Manolo" (11/0), Julián Sánchez Soto (16/0). Trainer: David Rodrigo Lo (Spain, 7).

19. 08.09.1999 **ANDORRA - RUSSIA** 1-2(1-1) 11th EC. Qualifiers
Estadi Comunal de Aixovall, Andorra la Vella; Referee: Jørn West Larsson (Denmark); Attendance: 1,000
AND: Jesús Luis Alvarez de Eulate „Koldo" (15/0), Francisco Javier Ramírez Palomo (12/0), José Manuel García Luena „Txema" (18/0), Jordi Escura Aixas (5/0), Ildefons Lima Solà (16/1), Emiliano González Arquez (10/0), Óscar Sonejee Masand (17/1), Justo Ruíz González (14/1), Alex Godoy (3/0) [59.Agusti Pol Pérez (18/1)], Manuel Jiménez Soria „Manolo" (12/0), Julián Sánchez Soto (17/0) [89.Armand Godoy (3/0)]. Trainer: David Rodrigo Lo (Spain, 8).
Goal: Justo Ruíz González (39 penalty).

20. 09.10.1999 **ANDORRA - ARMENIA** 0-3(0-1) 11th EC. Qualifiers
Estadi Comunal de Aixovall, Andorra la Vella; Referee: Peter Jones (England); Attendance: 900
AND: Jesús Luis Alvarez de Eulate „Koldo" (16/0), Francisco Javier Ramírez Palomo (13/0), José Manuel García Luena „Txema" (19/0) [58.Roberto Jonás Alonso Martínez (4/0)], Jordi Escura Aixas (6/0), Ildefons Lima Solà (17/1), Emiliano González Arquez (11/1) [62.Francisco Xavier Soria Gómez (1/0)], Óscar Sonejee Masand (18/1), Justo Ruíz González (15/1), Alex Godoy (4/0) [56.Agusti Pol Pérez (19/1)], Manuel Jiménez Soria „Manolo" (13/0), Julián Sánchez Soto (18/0). Trainer: David Rodrigo Lo (Spain, 9).

21. 06.02.2000 **ALBANIA - ANDORRA** 3-0(0-0) International Tournament
National Stadium, Ta'Qali (Malta); Referee: Joseph Attard (Malta); Attendance: 2,500
AND: Jesús Luis Alvarez de Eulate „Koldo" (17/0), Francisco Javier Ramírez Palomo (14/0), Jordi Escura Aixas (7/0), Ildefons Lima Solà (18/1), José Manuel García Luena „Txema" (20/0), Emiliano González Arquez (12/1) [71.David Buxo Escabros (2/0)], Óscar Sonejee Masand (19/1), Justo Ruíz González (16/1), Josep Félix Álvarez Blásquez (3/0) [85.Marc Pujol Pons (1/0)], Manuel Jiménez Soria „Manolo" (14/0) [77.Francisco Xavier Soria Gómez (2/0)], Julián Sánchez Soto (19/0). Trainer: David Rodrigo Lo (Spain, 10).

22. 08.02.2000 **MALTA - ANDORRA** 1-1(1-1) International Tournament
National Stadium, Ta'Qali; Referee: Bujar Pregja (Albania); Attendance: 4,000
AND: Jesús Luis Alvarez de Eulate „Koldo" (18/0), Francisco Javier Ramírez Palomo (15/0), Antonio Lima Solá (16/0), José Manuel García Luena „Txema" (21/0), Jordi Escura Aixas (8/0), Ildefons Lima Solà (19/1), Emiliano González Arquez (13/1) [89.Marc Pujol Pons (2/0)], Óscar Sonejee Masand (20/2), Justo Ruíz González (17/1), Manuel Jiménez Soria „Manolo" (15/0) [80.Gérard Juanes Calvet Díaz (3/0)], Julián Sánchez Soto (20/0). Trainer: David Rodrigo Lo (Spain, 11).
Goal: Óscar Sonejee Masand (2).

23. 16.02.2000 **ANDORRA - AZERBAIJAN** 0-0 International Tournament
National Stadium, Ta'Qali (Malta); Referee: Lawrence Zammut (Malta); Attendance: 2,000
AND: Jesús Luis Alvarez de Eulate „Koldo" (19/0), Francisco Javier Ramírez Palomo (16/0), Antonio Lima Solá (17/0), José Manuel García Luena „Txema" (22/0), Jordi Escura Aixas (9/0), Ildefons Lima Solà (20/1), Emiliano González Arquez (14/1) [64.Marc Pujol Pons (3/0)], Óscar Sonejee Masand (21/2), Justo Ruíz González (18/1), Manuel Jiménez Soria „Manolo" (16/0) [56.Francisco Xavier Soria Gómez (3/0)], Julián Sánchez Soto (21/0). Trainer: David Rodrigo Lo (Spain, 12).

24. 26.04.2000 **ANDORRA – BELARUS** 2-0(0-0)
Estadi Comunal de Aixovall, Andorra la Vella; Referee: Arturo Daudén Ibañez (Spain); Attendance: 500
AND: Jesús Luis Alvarez de Eulate „Koldo" (20/0), Francisco Javier Ramírez Palomo (17/0), Roberto Jonás Alonso Martínez (5/0), Antonio Lima Solá (18/0), José Manuel García Luena „Txema" (23/0), Jordi Escura Aixas (10/0) [85.Óscar Sonejee Masand (22/2)], Ildefons Lima Solà (21/1), Emiliano González Arquez (15/1) [88.Josep Félix Álvarez Blásquez (4/0)], Justo Ruíz González (19/1), Jesús Julián Lucendo Heredia (16/3) [75.Manuel Jiménez Soria „Manolo" (17/0)], Julián Sánchez Soto (22/1). Trainer: David Rodrigo Lo (Spain, 13).
Goals: Jesús Julián Lucendo Heredia (57 penalty), Julián Sánchez Soto (62).

25. 16.08.2000 **ESTONIA – ANDORRA** 1-0(0-0) 17th FIFA WC. Qualifiers
Kadrioru staadion, Tallinn; Referee: Zoran Arsić (Yugoslavia); Attendance: 1,695
AND: Jesús Luis Alvarez de Eulate „Koldo" (21/0), Josep Félix Álvarez Blásquez (5/0) [71.Francisco Xavier Soria Gómez (4/0)], Roberto Jonás Alonso Martínez (6/0), José Manuel García Luena „Txema" (24/0), Ildefons Lima Solà (22/1), Jordi Escura Aixas (11/0), Óscar Sonejee Masand (23/2), Emiliano González Arquez (16/1) [73.Marc Pujol Pons (4/0)], Manuel Jiménez Soria „Manolo" (18/0), Justo Ruíz González (20/1), Julián Sánchez Soto (23/1). Trainer: David Rodrigo Lo (Spain, 14).

26. 02.09.2000 **ANDORRA - CYPRUS** 2-3(1-1) 17th FIFA WC. Qualifiers
Estadi Comunal de Aixovall, Andorra la Vella; Referee: Ihor Yarmenchuk (Ukraine); Attendance: 600
AND: Jesús Luis Alvarez de Eulate „Koldo" (22/0), Francisco Javier Ramírez Palomo (18/0), José Manuel García Luena „Txema" (25/0), Roberto Jonás Alonso Martínez (7/0), Ildefons Lima Solà (23/2), Óscar Sonejee Masand (24/2), Emiliano González Arquez (17/2) [89.Jesús Julián Lucendo Heredia (17/3)], Jordi Escura Aixas (12/0), Manuel Jiménez Soria „Manolo" (19/0), Justo Ruíz González (21/1), Julián Sánchez Soto (24/1). Trainer: David Rodrigo Lo (Spain, 15).
Goals: Emiliano González Arquez (45), Ildefons Lima Solà (51).

27. 07.10.2000 **ANDORRA - ESTONIA** 1-2(0-0) 17th FIFA WC. Qualifiers
Estadi Comunal de Aixovall, Andorra la Vella; Referee: Dani Koren (Israel); Attendance: 650
AND: Jesús Luis Alvarez de Eulate „Koldo" (23/0), Francisco Javier Ramírez Palomo (19/0), José Manuel García Luena „Txema" (26/0), Roberto Jonás Alonso Martínez (8/0), Antonio Lima Solá (19/0) [*sent off 90*], Ildefons Lima Solà (24/2), Emiliano González Arquez (18/2), Óscar Sonejee Masand (25/2) [70.Jesús Julián Lucendo Heredia (18/3)], Julián Sánchez Soto (25/1), Manuel Jiménez Soria „Manolo" (20/0) [83.Francisco Xavier Soria Gómez (5/0)], Justo Ruíz González (22/2). Trainer: David Rodrigo Lo (Spain, 16).
Goal: Justo Ruíz González (90 penalty).

28. 15.11.2000 **CYPRUS - ANDORRA** 5-0(3-0) 17th FIFA WC. Qualifiers
Stádio Tsirion, Limassol; Referee: Sten Johansson (Sweden); Attendance: 1,193
AND: Jesús Luis Alvarez de Eulate „Koldo" (24/0), José Manuel García Luena „Txema" (27/0), Marc Bernaus Cano (1/0), Roberto Jonás Alonso Martínez (9/0), Ildefons Lima Solà (25/2) [88.Francisco Xavier Soria Gómez (6/0)], Óscar Sonejee Masand (26/2), Emiliano González Arquez (19/2) [60.Francisco Javier Ramírez Palomo (20/0)], Manuel Jiménez Soria „Manolo" (21/0), Julián Sánchez Soto (26/1), Jesús Julián Lucendo Heredia (19/3), Justo Ruíz González (23/2) [78.Jordi Escura Aixas (13/0)]. Trainer: David Rodrigo Lo (Spain, 17).

29. 28.02.2001 **PORTUGAL - ANDORRA** 3-0(2-0) 17th FIFA WC. Qualifiers
Estádio Barreiros, Funchal; Referee: Paul Allaerts (Belgium); Attendance: 9,000
AND: Jesús Luis Alvarez de Eulate „Koldo" (25/0), Roberto Jonás Alonso Martínez (10/0), José Manuel García Luena „Txema" (28/0), Francisco Javier Ramírez Palomo (21/0), Agusti Pol Pérez (20/1), Óscar Sonejee Masand (27/2), Emiliano González Arquez (20/2) [61.Jordi Escura Aixas (14/0)], Justo Ruíz González (24/2), Jesús Julián Lucendo Heredia (20/3) [89.Genís García Iscla (10/0)], Marc Bernaus Cano (2/0), Julián Sánchez Soto (27/1) [89.Francisco Xavier Soria Gómez (7/0)]. Trainer: David Rodrigo Lo (Spain, 18).

30. 24.03.2001 **ANDORRA - NETHERLANDS** 0-5(0-2) 17th FIFA WC. Qualifiers
Mini-Estadi, Barcelona (Spain); Referee: Edo Trivković (Yugoslavia); Attendance: 3,823
AND: Alfonso Sánchez Miguez (3/0), Roberto Jonás Alonso Martínez (11/0), José Manuel García Luena „Txema" (29/0), Ildefons Lima Solà (26/2), Francisco Javier Ramírez Palomo (22/0), Agusti Pol Pérez (21/1), Óscar Sonejee Masand (28/2), Emiliano González Arquez (21/2) [85.Jordi Escura Aixas (15/0)], Justo Ruíz González (25/2) [90.Juli Fernández Ariza (2/0)], Jesús Julián Lucendo Heredia (21/3) [63.Manuel Jiménez Soria „Manolo" (22/0)], Julián Sánchez Soto (28/1). Trainer: David Rodrigo Lo (Spain, 19).

31. 28.03.2001 **ANDORRA – REPUBLIC OF IRELAND** 0-3(0-1) 17th FIFA WC. Qualifiers
Mini-Estadi, Barcelona (Spain); Referee: Ihor Ishchenko (Ukraine); Attendance: 5,000
AND: Alfonso Sánchez Miguez (4/0), Roberto Jonás Alonso Martínez (12/0) [90.Francisco Xavier Soria Gómez (8/0)], José Manuel García Luena „Txema" (30/0), Ildefons Lima Solà (27/2), Agusti Pol Pérez (22/1), Óscar Sonejee Masand (29/2), Emiliano González Arquez (22/2) [81.Jordi Escura Aixas (16/0)], Justo Ruíz González (26/2), Jesús Julián Lucendo Heredia (22/3), Antonio Lima Solá (20/0), Julián Sánchez Soto (29/1) [87.Manuel Jiménez Soria „Manolo" (23/0)]. Trainer: David Rodrigo Lo (Spain, 20).

32. 25.04.2001 **REPUBLIC OF IRELAND - ANDORRA** 3-1(2-1) 17th FIFA WC. Qualifiers
Lansdowne Road, Dublin; Referee: Kristinn Jakobsson (Iceland); Attendance: 35,000
AND: Alfonso Sánchez Miguez (5/0), Roberto Jonás Alonso Martínez (13/0), José Manuel García Luena „Txema" (31/0), Ildefons Lima Solà (28/3), Jordi Escura Aixas (17/0), Óscar Sonejee Masand (30/2), Emiliano González Arquez (23/2) [87.Francisco Xavier Soria Gómez (9/0)], Justo Ruíz González (27/2), Antonio Lima Solá (21/0), Manuel Jiménez Soria „Manolo" (24/0) [81.Marc Pujol Pons (5/0)], Julián Sánchez Soto (30/1) [90.Juli Fernández Ariza (3/0)]. Trainer: David Rodrigo Lo (Spain, 21).
Goal: Ildefons Lima Solà (31).

33. 01.09.2001   **ANDORRA - PORTUGAL**   **1-7(1-5)**   17th FIFA WC. Qualifiers
Camp d'Esports, Lleida (Spain); Referee: Terje Hauge (Norway); Attendance: 4,876
AND: Jesús Luis Alvarez de Eulate „Koldo" (26/0), Antonio Lima Solá (22/0), Francisco Javier Ramírez Palomo (23/0), Roberto Jonás Alonso Martínez (14/1), Jordi Escura Aixas (18/0), Justo Ruíz González (28/2) [90.Genís García Iscla (11/0)], Jesús Julián Lucendo Heredia (23/3) [60.José Manuel García Luena „Txema" (32/0)], Óscar Sonejee Masand (31/2), Emiliano González Arquez (24/2) [76.Manuel Jiménez Soria „Manolo" (25/0)], Agusti Pol Pérez (23/1), Julián Sánchez Soto (31/1). Trainer: David Rodrigo Lo (Spain, 22).
Goal: Roberto Jonás Alonso Martínez (42).

34. 06.10.2001   **NETHERLANDS - ANDORRA**   **4-0(2-0)**   17th FIFA WC. Qualifiers
GelreDome, Arnheim; Referee: Orhan Erdemir (Turkey); Attendance: 20,000
AND: Jesús Luis Alvarez de Eulate „Koldo" (27/0), Antonio Lima Solá (23/0), Roberto Jonás Alonso Martínez (15/1), Jordi Escura Aixas (19/0), José Manuel García Luena „Txema" (33/0), Justo Ruíz González (29/2), Óscar Sonejee Masand (32/2), Juli Fernández Ariza (4/0), Daniel Ferrón Pérez (1/0) [90.Jordi Benet Rubio (2/0)], Emiliano González Arquez (25/2) [90.Francisco Xavier Gil Sánchez (1/0)], Manuel Jiménez Soria „Manolo" (26/0). Trainer: David Rodrigo Lo (Spain, 23).

35. 27.03.2002   **MALTA - ANDORRA**   **1-1(0-0)**
National Stadium, Ta'Qali; Referee: Stefano Podeschi (San Marino); Attendance: 200
AND: Jesús Luis Alvarez de Eulate „Koldo" (28/0), Francisco Javier Ramírez Palomo (24/0), José Manuel García Luena „Txema" (34/0), Juli Fernández Ariza (5/0), Antonio Lima Solá (24/0), Ildefons Lima Solà (29/4), Emiliano González Arquez (26/2) [77.Josep Manuel Ayala Díaz (1/0)], Julián Sánchez Soto (32/1), Óscar Sonejee Masand (33/2) [88.Daniel Ferrón Pérez (2/0)], Agusti Pol Pérez (24/1) [55.Roberto Jonás Alonso Martínez (16/1)], Justo Ruíz González (30/2). Trainer: David Rodrigo Lo (Spain, 24).
Goal: Ildefons Lima Solà (77).

36. 17.04.2002   **ANDORRA - ALBANIA**   **2-0(1-0)**
Estadi Comunal de Aixovall, Andorra la Vella; Referee: Arturo Dauden Ibañez (Spain); Attendance: 500
AND: Jesús Luis Alvarez de Eulate „Koldo" (29/0), Francisco Javier Ramírez Palomo (25/0), José Manuel García Luena „Txema" (35/0) [90.Jordi Escura Aixas (20/0)], Juli Fernández Ariza (6/0), Antonio Lima Solá (25/0), Ildefons Lima Solà (30/4), Emiliano González Arquez (27/3) [69.Fernando José Silva García (1/0)], Julián Sánchez Soto (33/1) [90.Marc Pujol Pons (6/0)], Manuel Jiménez Soria „Manolo" (27/1) [61.Roberto Jonás Alonso Martínez (17/1)], Óscar Sonejee Masand (34/2), Justo Ruíz González (31/2) [89.Agusti Pol Pérez (25/1)]. Trainer: David Rodrigo Lo (Spain, 25).
Goal: Emiliano González Arquez (34), Manuel Jiménez Soria „Manolo" (58).

37. 07.06.2002   **ANDORRA - ARMENIA**   **0-2(0-1)**
Estadi Comunal de Aixovall, Andorra la Vella; Referee: Paolo Paraty da Silva (Portugal); Attendance: 300
AND: Jesús Luis Alvarez de Eulate „Koldo" (30/0), Francisco Javier Ramírez Palomo (26/0), José Manuel García Luena „Txema" (36/0), Roberto Jonás Alonso Martínez (18/1), Juli Fernández Ariza (7/0), Emiliano González Arquez (28/3) [70.Fernando José Silva García (2/0)], Agusti Pol Pérez (26/1) [90.Francisco Xavier Soria Gómez (10/0)], Óscar Sonejee Masand (35/2), Julián Sánchez Soto (34/1) [84.Jordi Escura Aixas (21/0)], Manuel Jiménez Soria „Manolo" (28/1) [79.Marc Pujol Pons (7/0)], Justo Ruíz González (32/2). Trainer: David Rodrigo Lo (Spain, 26).

38. 21.08.2002   **ICELAND - ANDORRA**   **3-0(3-0)**
Laugardalsvöllur, Reykjavík; Referee: Lassin Isaksen (Faroe Islands); Attendance: 2,900
AND: Jesús Luis Alvarez de Eulate „Koldo" (31/0), Ildefons Lima Solà (31/4), Roberto Jonás Alonso Martínez (19/1), Antonio Lima Solá (26/0), José Manuel García Luena „Txema" (37/0) [78.Jordi Escura Aixas (22/0)], Francisco Javier Ramírez Palomo (27/0), Fernando José Silva García (3/0) [70.Marc Pujol Pons (8/0)], Juli Fernández Ariza (8/0), Emiliano González Arquez (29/3) [60.Josep Manuel Ayala Díaz (2/0)], Justo Ruíz González (33/2) [Francisco Xavier Gil Sánchez (2/0)], Julián Sánchez Soto (35/1) [70.Agusti Pol Pérez (27/1)]. Trainer: David Rodrigo Lo (Spain, 27).

39. 12.10.2002   **ANDORRA - BELGIUM**   **0-1(0-0)**   12th EC. Qualifiers
Estadi Comunal de Aixovall, Andorra la Vella; Referee: Karen Nalbandyan (Armenia); Attendance: 700
AND: Jesús Luis Alvarez de Eulate „Koldo" (32/0), Josep Manuel Ayala Díaz (3/0), José Manuel García Luena „Txema" (38/0) [66.Jordi Escura Aixas (23/0)], Roberto Jonás Alonso Martínez (20/1), Antonio Lima Solá (27/0), Juli Fernández Ariza (9/0), Emiliano González Arquez (30/3), Manuel Jiménez Soria „Manolo" (29/1) [76.Jesús Julián Lucendo Heredia (24/3)], Óscar Sonejee Masand (36/2), Julián Sánchez Soto (36/1) [9.Fernando José Silva García (4/0)], Justo Ruíz González (34/2). Trainer: David Rodrigo Lo (Spain, 28).

40. 16.10.2002   **BULGARIA - ANDORRA**   **2-1(2-0)**   12th EC. Qualifiers
Nationalen stadion „Vasil Levski", Sofia; Referee: Ceri Richards (Wales); Attendance: 38,000
AND: Jesús Luis Alvarez de Eulate „Koldo" (33/0), Josep Manuel Ayala Díaz (4/0), Jordi Escura Aixas (24/0), Roberto Jonás Alonso Martínez (21/1), Antonio Lima Solá (28/1) [sent off 83], Ildefons Lima Solà (32/4), Emiliano González Arquez (31/3) [63.Fernando José Silva García (5/0)], Óscar Sonejee Masand (37/2), Juli Fernández Ariza (10/0), Manuel Jiménez Soria „Manolo" (30/1) [80.Marc Pujol Pons (9/0)], Justo Ruíz González (35/2). Trainer: David Rodrigo Lo (Spain, 29).
Goal: Antonio Lima Solá (80).

41. 02.04.2003   **CROATIA - ANDORRA**   **2-0(2-0)**   12th EC. Qualifiers
Stadion Varteks, Varaž din; Referee: Marian Mircea Salomir (Romania); Attendance: 8,500
AND: Jesús Luis Alvarez de Eulate „Koldo" (34/0), Josep Manuel Ayala Díaz (5/0), José Manuel García Luena „Txema" (39/0), Roberto Jonás Alonso Martínez (22/1), Juli Fernández Ariza (11/0), Óscar Sonejee Masand (38/2), Emiliano González Arquez (Cap) (32/3) [90.Alain Motwani (1/0)], Marc Pujol Pons (10/0), Agusti Pol Pérez (28/1) [84.Jesús Julián Lucendo Heredia (25/3)], Manuel Jiménez Soria „Manolo" (31/1) [54.Jordi Escura Aixas (25/0)], Julián Sánchez Soto (37/1). Trainer: David Rodrigo Lo (Spain, 30).

42. 30.04.2003   **ANDORRA - ESTONIA**   **0-2(0-1)**   12th EC. Qualifiers
Estadi Comunal de Aixovall, Andorra la Vella; Referee: Ali Aydin (Turkey); Attendance: 500
AND: Jesús Luis Alvarez de Eulate „Koldo" (35/0), Josep Manuel Ayala Díaz (6/0) [89.Fernando José Silva García (6/0)], José Manuel García Luena „Txema" (40/0), Jordi Escura Aixas (26/0), Juli Fernández Ariza (12/0), Óscar Sonejee Masand (39/2), Emiliano González Arquez (33/3), Marc Pujol Pons (11/0) [80.Josep Félix Álvarez Blásquez (6/0)], Manuel Jiménez Soria „Manolo" (32/1) [70.Jesús Julián Lucendo Heredia (26/3)], Julián Sánchez Soto (38/1), Justo Ruíz González (36/2). Trainer: David Rodrigo Lo (Spain, 31).

43. 07.06.2003   **ESTONIA - ANDORRA**   **2-0(2-0)**   12th EC. Qualifiers
A. Le Coq Arena, Tallinn; Referee: Attila Juhos (Hungary); Attendance: 3,500
AND: Jesús Luis Alvarez de Eulate „Koldo" (36/0), Jordi Escura Aixas (27/0), José Manuel García Luena „Txema" (41/0), Juli Fernández Ariza (13/0), Antonio Lima Solá (29/1), Ildefons Lima Solà (33/4), Emiliano González Arquez (34/3) [83.Fernando José Silva García (7/0)], Julián Sánchez Soto (39/1), Manuel Jiménez Soria „Manolo" (33/1) [87.Marc Pujol Pons (12/0)], Óscar Sonejee Masand (40/2), Justo Ruíz González (37/2). Trainer: David Rodrigo Lo (Spain, 32).

44. 11.06.2003 **BELGIUM - ANDORRA** **2-0(2-0)** 12th EC. Qualifiers
Ottenstadion, Gent; Referee: Siarhei Shmolik (Belarus); Attendance: 12,500
AND: Jesús Luis Alvarez de Eulate „Koldo" (37/0), Josep Manuel Ayala Díaz (7/0), José Manuel García Luena „Txema" (42/0), Roberto Jonás Alonso Martínez (23/1), Antonio Lima Solá (30/1), Ildefons Lima Solà (34/4), Emiliano González Arquez (35/3) [71.Josep Félix Álvarez Blásquez (7/0)], Julián Sánchez Soto (40/1) [59.Jordi Escura Aixas (28/0)], Juli Fernández Ariza (14/0), Óscar Sonejee Masand (41/2) [83.Jesús Julián Lucendo Heredia (27/3)], Marc Pujol Pons (13/0). Trainer: David Rodrigo Lo (Spain, 33).

45. 13.06.2003 **ANDORRA - GABON** **0-2(0-2)**
Estadi Comunal de Aixovall, Andorra la Vella; Referee: Damien Ledentu (France); Attendance: n/a
AND: Jesús Luis Alvarez de Eulate „Koldo" (38/0), Roberto Jonás Alonso Martínez (24/1) [46.David Ribolleda Bernat (1/0)], Josep Manuel Ayala Díaz (8/0), José Manuel García Luena „Txema" (43/0) [56.Genís García Iscla (12/0), Antonio Lima Solá (31/1), Emiliano González Arquez (36/3) [50.Fernando José Silva García (8/0)], Josep Félix Álvarez Blásquez (8/0) [46.Iván Lorenzo Roncero (1/0)], Óscar Sonejee Masand (42/2) [60.Manuel Jiménez Soria „Manolo" (34/1)], Juli Fernández Ariza (15/0) [83.Jesús Julián Lucendo Heredia (28/3)], Justo Ruíz González (38/2) [90.David Buxo Escabros (3/0)], Daniel Ferrón Pérez (3/0). Trainer: David Rodrigo Lo (Spain, 34).

46. 06.09.2003 **ANDORRA - CROATIA** **0-3(0-2)** 12th EC. Qualifiers
Estadi Comunal de Aixovall, Andorra la Vella; Referee: Miroslav Liba (Czech Republic); Attendance: 800
AND: Jesús Luis Alvarez de Eulate „Koldo" (39/0), Francesc Javier Ramírez Palomo (28/0), José Manuel García Luena „Txema" (44/0), Antonio Lima Solá (32/1), Josep Manuel Ayala Díaz (9/0), Roberto Jonás Alonso Martínez (25/1) [70.Genís García Iscla (13/0)], Juli Fernández Ariza (16/0), Julián Sánchez Soto (41/1) [73.Manuel Jiménez Soria „Manolo" (35/1)], Óscar Sonejee Masand (43/2), Emiliano González Arquez (37/3) [50.Fernando José Silva García (9/0)], Justo Ruíz González (Cap) (39/2). Trainer: David Rodrigo Lo (Spain, 35).

47. 10.09.2003 **ANDORRA - BULGARIA** **0-3(0-2)** 12th EC. Qualifiers
Estadi Comunal de Aixovall, Andorra la Vella; Referee: Tomasz Mikulski (Poland); Attendance: 450
AND: Jesús Luis Alvarez de Eulate „Koldo" (40/0), Francesc Javier Ramírez Palomo (29/0) [*sent off 86*], José Manuel García Luena „Txema" (45/0), Roberto Jonás Alonso Martínez (26/1) [61.Julián Sánchez Soto (42/1)], Antonio Lima Solá (33/1), Óscar Sonejee Masand (44/2), Josep Manuel Ayala Díaz (10/0) [80.Jordi Escura Aixas (29/0)], Manuel Jiménez Soria „Manolo" (36/1), Juli Fernández Ariza (17/0), Marc Pujol Pons (14/0), Justo Ruíz González (Cap) (40/2) [90+3.Jesús Julián Lucendo Heredia (29/3)]. Trainer: David Rodrigo Lo (Spain, 36).

48. 14.04.2004 **ANDORRA – CHINA P.R.** **0-0**
Estadio Municipal, Peralada (Spain)
AND: Jesús Luis Alvarez de Eulate „Koldo" (41/0), Francesc Javier Ramírez Palomo (30/0) [Jordi Escura Aixas (30/0)], José Manuel García Luena "Txema" (46/0), Antonio Lima Solá (34/1), Juli Fernández Ariza (18/0), Julián Sánchez Soto (43/1) [Iván Lorenzo Roncero (2/0)], Óscar Sonejee Masand (45/2), Ildefons Lima Solà (35/4) [Genís García Iscla (14/0)], Antoni Sivera Peris (1/0) [Manuel Jiménez Soria „Manolo" (37/1)], Marc Pujol Pons (15/0) [Sergio Moreno Marín (1/0)], Justo Ruíz González (41/2). Trainer: David Rodrigo Lo (Spain, 37).

49. 28.05.2004 **FRANCE - ANDORRA** **4-0(1-0)**
Stade de La Mosson, Montpellier; Referee: Mourad Daani (Tunisia); Attendance: 27,753
AND: Jesús Luis Alvarez de Eulate „Koldo" (42/0), Francesc Javier Ramírez Palomo (31/0) [86.Jordi Escura Aixas (31/0)], Juli Fernández Ariza (19/0) [75.Manuel Jiménez Soria „Manolo" (38/1)], Antonio Lima Solá (35/1) [90.Alex Rodríguez (1/0)], José Manuel García Luena „Txema" (47/0), Ildefons Lima Solà (36/4), Antoni Sivera Peris (2/0), Marc Pujol Pons (16/0) [90.Genís García Iscla (15/0)], Josep Manuel Ayala Díaz (11/0) [57.Roberto Jonás Alonso Martínez (27/1)], Julián Sánchez Soto (44/1) [81.Gabriel Riera Lancha (1/0)], Justo Ruíz González (42/2) [65.Óscar Sonejee Masand (46/2)]. Trainer: David Rodrigo Lo (Spain, 38).

50. 05.06.2004 **SPAIN - ANDORRA** **4-0(2-0)**
Estadio Coliseum "Alfonso Pérez", Getafe; Referee: Matteo Trefoloni (Italy); Attendance: 14,000
AND: Jesús Luis Alvarez de Eulate „Koldo" (43/0) [82.Alfonso Sánchez Miguez (6/0)], Francesc Javier Ramírez Palomo (32/0) [90.David Ribolleda Bernat (2/0)], Juli Fernández Ariza (20/0) [90.Daniel Ferrón Pérez (4/0)], Antonio Lima Solá (36/1) [87.Manuel Jiménez Soria „Manolo" (39/1)], Ildefons Lima Solà (37/4), José Manuel García Luena „Txema" (48/0) [50.Jordi Escura Aixas (32/0)], Josep Manuel Ayala Díaz (12/0), Antoni Sivera Peris (3/0) [85.Genís García Iscla (16/0)], Justo Ruíz González (43/2) [74.Sergio Moreno Marín (2/0)], Óscar Sonejee Masand (47/2) [65.Roberto Jonás Alonso Martínez (28/1)], Julián Sánchez Soto (45/1) [79.Gabriel Riera Lancha (2/0)]. Trainer: David Rodrigo Lo (Spain, 39).

51. 04.09.2004 **FINLAND - ANDORRA** **3-0(1-0)** 18th FIFA WC. Qualifiers
Ratina stadion, Tampere; Referee: Željko Širič (Croatia); Attendance: 7,437
AND: Jesús Luis Alvarez de Eulate „Koldo" (44/0), Josep Manuel Ayala Díaz (13/0), José Manuel García Luena „Txema" (49/0), Juli Fernández Ariza (21/0), Antonio Lima Solá (37/1), Marc Pujol Pons (17/0) [90.Gabriel Riera Lancha (3/0)], Julián Sánchez Soto (46/1) [75.Fernando José Silva García (10/0)], Justo Ruíz González (44/2) [70.Manuel Jiménez Soria „Manolo" (40/1)], Óscar Sonejee Masand (48/2), Antoni Sivera Peris (4/0), Sergio Moreno Marín (3/0). Trainer: David Rodrigo Lo (Spain, 40).

52. 08.09.2004 **ANDORRA - ROMANIA** **1-5(1-3)** 18th FIFA WC. Qualifiers
Estadi Comunal de Aixovall, Andorra la Vella; Referee: Knut Kircher (Germany); Attendance: 600
AND: Jesús Luis Alvarez de Eulate „Koldo" (45/0), José Manuel García Luena „Txema" (50/0), Marc Bernaus Cano (3/0), Juli Fernández Ariza (22/0) [74.Óscar Sonejee Masand (49/2)], Antonio Lima Solá (38/1), Ildefons Lima Solà (38/4) [*sent off 80*], Julián Sánchez Soto (47/1), Josep Manuel Ayala Díaz (14/0) [14.Manuel Jiménez Soria „Manolo" (41/1)], Antoni Sivera Peris (5/0), Marc Pujol Pons (18/1), Justo Ruíz González (Cap) (45/2) [81.Sergio Moreno Marín (4/0)]. Trainer: David Rodrigo Lo (Spain, 41).
Goal: Marc Pujol Pons (28 penalty).

53. 13.10.2004 **ANDORRA - MACEDONIA** **1-0(0-0)** 18th FIFA WC. Qualifiers
Estadi Comunal de Aixovall, Andorra la Vella; Referee: Stefano Podeschi (San Marino); Attendance: 350
AND: Jesús Luis Alvarez de Eulate „Koldo" (46/0), José Manuel García Luena „Txema" (51/0), Marc Bernaus Cano (4/1), Juli Fernández Ariza (23/0), Antonio Lima Solá (39/1), Jordi Escura Aixas (33/0), Fernando José Silva García (11/0) [85.Julián Sánchez Soto (48/1)], Óscar Sonejee Masand (50/2), Marc Pujol Pons (19/1) [78.Genís García Iscla (17/0)], Antoni Sivera Peris (6/0), Justo Ruíz González (46/2) [90.Roberto Jonás Alonso Martínez (29/1)]. Trainer: David Rodrigo Lo (Spain, 42).
Goal: Marc Bernaus Cano (60).

54. 17.11.2004 **ANDORRA - NETHERLANDS** 0-3(0-2) 18th FIFA WC. Qualifiers
Mini-Estadi, Barcelona (Spain); Referee: Alon Yefet (Israel); Attendance: 1,500
AND: Jesús Luis Alvarez de Eulate „Koldo" (47/0), José Manuel García Luena „Txema" (52/0), Ildefons Lima Solà (39/4), Juli Fernández Ariza (24/0), Antonio Lima Solá (40/1), Jordi Escura Aixas (34/0), Fernando José Silva García (12/0) [72.Julián Sánchez Soto (49/1)], Óscar Sonejee Masand (51/2), Manuel Jiménez Soria „Manolo" (42/1) [79.Josep Manuel Ayala Díaz (15/0)], Antoni Sivera Peris (7/0) [85.Genís García Iscla (18/0)], Justo Ruíz González (47/2). Trainer: David Rodrigo Lo (Spain, 43).

55. 09.02.2005 **MACEDONIA - ANDORRA** 0-0 18th FIFA WC. Qualifiers
Gradski stadion, Skopje; Referee: Johan Verbist (Belgium); Attendance: 4,000
AND: Jesús Luis Alvarez de Eulate „Koldo" (48/0), José Manuel García Luena „Txema" (53/0), Jordi Escura Aixas (35/0), Óscar Sonejee Masand (52/2), Antonio Lima Solá (41/1), Ildefons Lima Solà (40/4), Marc Pujol Pons (20/1) [90.Roberto Jonás Alonso Martínez (30/1)], Antoni Sivera Peris (8/0), Fernando José Silva García (13/0) [61.Julián Sánchez Soto (50/1)], Marc Bernaus Cano (5/1), Justo Ruíz González (Cap) (48/2) [85.Genís García Iscla (19/0)]. Trainer: David Rodrigo Lo (Spain, 44).

56. 26.03.2005 **ARMENIA - ANDORRA** 2-1(1-0) 18th FIFA WC. Qualifiers
Republican Stadium, Yerevan; Referee: Joseph Attard (Malta); Attendance: 2,100
AND: Jesús Luis Alvarez de Eulate „Koldo" (49/0), Josep Manuel Ayala Díaz (16/0), Jordi Escura Aixas (36/0), José Manuel García Luena „Txema" (54/0), Juli Fernández Ariza (25/0), Óscar Sonejee Masand (53/2), Marc Pujol Pons (21/1), Antoni Sivera Peris (9/0) [88.Julián Sánchez Soto (51/1)], Fernando José Silva García (14/1) [90+3.Francisco Javier Martínez Sánchez (1/0)], Manuel Jiménez Soria „Manolo" (43/1) [79.Genís García Iscla (20/0)], Justo Ruíz González (Cap) (49/2). Trainer: David Rodrigo Lo (Spain, 45).
Goal: Fernando José Silva García (57).

57. 30.03.2005 **ANDORRA – CZECH REPUBLIC** 0-4(0-2) 18th FIFA WC. Qualifiers
Estadi Comunal de Aixovall, Andorra la Vella; Referee: Stefan Messner (Austria); Attendance: 900
AND: Jesús Luis Alvarez de Eulate „Koldo" (50/0), Jordi Escura Aixas (37/0), José Manuel García Luena „Txema" (55/0) [59.Josep Manuel Ayala Díaz (17/0)], Antonio Lima Solá (42/1), Ildefons Lima Solà (41/4), Óscar Sonejee Masand (54/2), Marc Pujol Pons (22/1), Antoni Sivera Peris (10/0), Marc Bernaus Cano (6/1), Fernando José Silva García (15/1) [65.Julián Sánchez Soto (52/1)], Justo Ruíz González (Cap) (50/2) [67.Juli Fernández Ariza (26/0)]. Trainer: David Rodrigo Lo (Spain, 46).

58. 04.06.2005 **CZECH REPUBLIC - ANDORRA** 8-1(3-1) 18th FIFA WC. Qualifiers
U Nisy stadion, Liberec; Referee: Selçuk Dereli (Turkey); Attendance: 9,520
AND: Jesús Luis Alvarez de Eulate „Koldo" (51/0), Josep Manuel Ayala Díaz (18/0), Jordi Escura Aixas (38/0), José Manuel García Luena „Txema" (56/0), Juli Fernández Ariza (27/0), Óscar Sonejee Masand (55/2), Antonio Lima Solá (43/1), Antoni Sivera Peris (11/0) [80.Genís García Iscla (21/0)], Gabriel Riera Lancha (4/1) [68.Xavier Andorrà Julià (1/0)], Manuel Jiménez Soria „Manolo" (44/1) [88.Sergio Moreno Marín (5/0)], Justo Ruíz González (Cap) (51/2) [*sent off 63*]. Trainer: David Rodrigo Lo (Spain, 47).
Goal: Gabriel Riera Lancha (35).

59. 17.08.2005 **ROMANIA - ANDORRA** 2-0(2-0) 18th FIFA WC. Qualifiers
Stadionul „Gheorghe Hagi", Constanţa; Referee: Haim Jakov (Israel); Attendance: 8,200
AND: Jesús Luis Alvarez de Eulate „Koldo" (Cap) (52/0), Josep Manuel Ayala Díaz (19/0), Jordi Escura Aixas (39/0) [46.Francisco Javier Martínez Sánchez (2/0)], Óscar Sonejee Masand (56/2), Antoni Sivera Peris (12/0), Ildefons Lima Solà (42/4), Marc Bernaus Cano (7/1), Fernando José Silva García (16/1), Gabriel Riera Lancha (5/1) [80.Sergio Moreno Marín (6/0)], Albert Rodríguez (1/0) [90.Genís García Iscla (22/0)], Marc Pujol Pons (23/1). Trainer: David Rodrigo Lo (Spain, 48).

60. 03.09.2005 **ANDORRA - FINLAND** 0-0 18th FIFA WC. Qualifiers
Estadi Comunal de Aixovall, Andorra la Vella; Referee: Johny Ver Eecke (Belgium); Attendance: 860
AND: Jesús Luis Alvarez de Eulate „Koldo" (53/0), Jordi Escura Aixas (40/0), Francisco Javier Martínez Sánchez (3/0), Óscar Sonejee Masand (57/2), Ildefons Lima Solà (43/4), Antonio Lima Solá (44/1), Manuel Jiménez Soria „Manolo" (45/1), Justo Ruíz González (Cap) (52/2) [87.Juli Fernández Ariza (28/0)], Sergio Moreno Marín (7/0) [71.Gabriel Riera Lancha (6/1)], Antoni Sivera Peris (13/0), Marc Pujol Pons (24/1) [84.Genís García Iscla (23/0)]. Trainer: David Rodrigo Lo (Spain, 49).

61. 07.09.2005 **NETHERLANDS - ANDORRA** 4-0(3-0) 18th FIFA WC. Qualifiers
Philips Stadion, Eindhoven; Referee: Attila Hanacsek (Hungary); Attendance: 34,000
AND: Jesús Luis Alvarez de Eulate „Koldo" (54/0), Josep Manuel Ayala Díaz (20/0), Francisco Javier Martínez Sánchez (4/0), Juli Fernández Ariza (29/0), Óscar Sonejee Masand (58/2), Antonio Lima Solá (45/1), Marc Bernaus Cano (8/1), Manuel Jiménez Soria „Manolo" (46/1) [76.Julián Sánchez Soto (53/1)], Justo Ruíz González (Cap) (53/2) [30.Jordi Escura Aixas (41/0)], Antoni Sivera Peris (14/0), Fernando José Silva García (17/1) [54.Gabriel Riera Lancha (7/1)]. Trainer: David Rodrigo Lo (Spain, 50).

62. 12.10.2005 **ANDORRA - ARMENIA** 0-3(0-1) 18th FIFA WC. Qualifiers
Estadi Comunal de Aixovall, Andorra la Vella; Referee: Ian Stokes (Republic of Ireland); Attendance: 430
AND: Jesús Luis Alvarez de Eulate „Koldo" (55/0), Josep Manuel Ayala Díaz (21/0), Antonio Lima Solá (46/1), Ildefons Lima Solà (44/4), Gabriel Riera Lancha (8/1) [82.Manuel Jiménez Soria „Manolo" (47/1)], Justo Ruíz González (54/2), Óscar Sonejee Masand (59/2), Márcio Vieira de Vasconcelos (1/0), Francisco Javier Martínez Sánchez (5/0), Antoni Sivera Peris (15/0) [18.Julián Sánchez Soto (54/1)], Marc Bernaus Cano (9/1) [56.Ludovic Clemente Garcés (1/0)]. Trainer: David Rodrigo Lo (Spain, 51).

63. 16.08.2006 **BELARUS - ANDORRA** 3-0(1-0)
Dinamo Stadium, Minsk; Referee: Audrius Žuta (Lithuania); Attendance: 7,500
AND: Jesús Luis Alvarez de Eulate „Koldo" (56/0) [90.Josep Antonio Gómes Moreira (1/0)], José Manuel García Luena „Txema" (57/0), Óscar Sonejee Masand (Cap) (60/2) [90.Álex Somoza Losada (1/0)], Antonio Lima Solá (47/1), Francisco Javier Martínez Sánchez (6/0), Márcio Vieira de Vasconcelos (2/0), Josep Manuel Ayala Díaz (22/0) [78.Òscar Alfonso Da Cunha (1/0)], Marc Pujol Pons (25/1), Antoni Sivera Peris (16/0) [60.Genís García Iscla (24/0)], Sergio Moreno Marín (8/0) [83.Juan Carlos Toscano Beltrán (1/0)], Gabriel Riera Lancha (9/1) [53.Jordi Rubio Gómez (1/0)]. Trainer: David Rodrigo Lo (Spain, 52).

64. 02.09.2006 **ENGLAND - ANDORRA** 5-0(3-0) 13th EC. Qualifiers
Old Trafford Stadium, Manchester; Referee: Bernhard Brugger (Austria); Attendance: 56,290
AND: Jesús Luis Alvarez de Eulate „Koldo" (57/0), José Manuel García Luena „Txema" (58/0), Óscar Sonejee Masand (61/2), Antonio Lima Solá (48/1), Francisco Javier Martínez Sánchez (7/0) [46.Julián Sánchez Soto (55/1)], Márcio Vieira de Vasconcelos (3/0), Josep Manuel Ayala Díaz (23/0), Marc Pujol Pons (26/1) [48.Manuel Jiménez Soria „Manolo" (48/1)], Antoni Sivera Peris (17/0) [78.Genís García Iscla (25/0)], Justo Ruíz González (Cap) (55/2), Fernando José Silva García (18/1). Trainer: David Rodrigo Lo (Spain, 53).

65. 06.09.2006 **ISRAEL - ANDORRA** 4-1(3-0) 13th EC. Qualifiers
McDOS Goffertstadion, Nijmegen (Netherlands); Referee: Siniša Zrnić (Bosnia and Herzegovina); Attendance: 200
AND: Jesús Luis Alvarez de Eulate „Koldo" (58/0), José Manuel García Luena „Txema" (59/0), Óscar Sonejee Masand (62/2), Antonio Lima Solá (49/1), Marc Bernaus Cano (10/1), Márcio Vieira de Vasconcelos (4/0) [67.Sergio Moreno Marín (9/0)], Josep Manuel Ayala Díaz (24/0), Marc Pujol Pons (27/1) [46.Genís García Iscla (26/0)], Manuel Jiménez Soria „Manolo" (49/1), Justo Ruíz González (Cap 56/2) [54.Juli Fernández Ariza (30/1)], Fernando José Silva García (19/1) [*sent off* 77]. Trainer: David Rodrigo Lo (Spain, 54).
Goal: Juli Fernández Ariza (84).

66. 07.10.2006 **CROATIA - ANDORRA** 7-0(2-0) 13th EC. Qualifiers
Stadion Maksimir, Zagreb; Referee: Anthony Zammit (Malta); Attendance: 20,000
AND: Jesús Luis Alvarez de Eulate „Koldo" (59/0), Josep Manuel Ayala Díaz (25/0), Juli Fernández Ariza (31/1), Óscar Sonejee Masand (Cap) (63/2), Jordi Escura Aixas (42/0), Jordi Rubio Gómez (2/0), Antoni Sivera Peris (18/0) [60.Justo Ruíz González (57/2)], Genís García Iscla (27/0) [68.Manuel Jiménez Soria „Manolo" (50/1)], Márcio Vieira de Vasconcelos (5/0), Marc Pujol Pons (28/1), Julián Sánchez Soto (56/1) [53.Juan Carlos Toscano Beltrán (2/0)]. Trainer: David Rodrigo Lo (Spain, 55).

67. 11.10.2006 **ANDORRA - MACEDONIA** 0-3(0-3) 13th EC. Qualifiers
Estadi Comunal de Aixovall, Andorra la Vella; Referee: Lasha Silagava (Georgia); Attendance: 300
AND: Jesús Luis Alvarez de Eulate „Koldo" (60/0), Josep Manuel Ayala Díaz (26/0), Óscar Sonejee Masand (Cap) (64/2), José Manuel García Luena „Txema" (60/0), Jordi Rubio Gómez (3/0), Márcio Vieira de Vasconcelos (6/0), Genís García Iscla (28/0), Marc Pujol Pons (29/1) [87.Manuel Jiménez Soria „Manolo" (51/1)], Antoni Sivera Peris (19/0) [*sent off* 26], Marc Bernaus Cano (11/1), Juan Carlos Toscano Beltrán (3/0) [34.Justo Ruíz González (58/2)]. Trainer: David Rodrigo Lo (Spain, 56).

68. 07.02.2007 **ANDORRA - ARMENIA** 0-0
Estadi Comunal de Aixovall, Andorra la Vella; Referee: Carlos Megia Dávila (Spain); Attendance: 1,200
AND: Jesús Luis Alvarez de Eulate „Koldo" (61/0), José Manuel García Luena „Txema" (61/0), Josep Manuel Ayala Díaz (27/0), Jordi Escura Aixas (43/0) [88.Gabriel Riera Lancha (10/1], Ildefons Lima Solà (45/4), Óscar Sonejee Masand (Cap) (65/2), Márcio Vieira de Vasconcelos (7/0), Marc Pujol Pons (30/1) [76.Jordi Rubio Gómez (4/0)], Sergio Moreno Marín (10/0) [65.Genís García Iscla (29/0)], Justo Ruíz González (59/2) [90.Xavier Andorrà Julià (2/0)], Juan Carlos Toscano Beltrán (4/0). Trainer: David Rodrigo Lo (Spain, 57).

69. 28.03.2007 **ANDORRA - ENGLAND** 0-3(0-0) 13th EC. Qualifiers
Estadio Olímpic „Lluís Companys" Montjuic, Barcelona (Spain); Referee: Bruno Miguel Duarte Paixão (Portugal); Attendance: 12,800
AND: Jesús Luis Alvarez de Eulate „Koldo" (62/0), Antonio Lima Solá (50/1), Josep Manuel Ayala Díaz (28/0), Óscar Sonejee Masand (Cap) (66/2), Marc Bernaus Cano (12/1), Jordi Escura Aixas (44/0), Genís García Iscla (30/0), Márcio Vieira de Vasconcelos (8/0), Justo Ruíz González (60/2) [88.Juli Fernández Ariza (32/1)], Manuel Jiménez Soria „Manolo" (52/1) [69.Francisco Javier Martínez Sánchez (8/0)], Juan Carlos Toscano Beltrán (5/0) [90+3.Sergio Moreno Marín (11/0)]. Trainer: David Rodrigo Lo (Spain, 58).

70. 02.06.2007 **RUSSIA - ANDORRA** 4-0(2-0) 13th EC. Qualifiers
Petrovskiy Stadium, Sankt Petersburg; Referee: Tommy Skjerven (Norway); Attendance: 21,500
AND: Jesús Luis Alvarez de Eulate „Koldo" (63/0), José Manuel García Luena „Txema" (62/0), Òscar Alfonso Da Cunha (2/0) [57.Julián Sánchez Soto (57/1)], Marc Bernaus Cano (13/1), Josep Manuel Ayala Díaz (29/0), Jordi Escura Aixas (45/0), Márcio Vieira de Vasconcelos (9/0), Marc Pujol Pons (31/1), Manuel Jiménez Soria „Manolo" (53/1) [73.Xavier Andorrà Julià (3/0)], Justo Ruíz González (61/2), Sergio Moreno Marín (12/0) [90.Álex Somoza Losada (2/0)]. Trainer: David Rodrigo Lo (Spain, 59).

71. 06.06.2007 **ANDORRA - ISRAEL** 0-2(0-1) 13th EC. Qualifiers
Estadi Comunal de Aixovall, Andorra la Vella; Referee: Ian Stokes (Republic of Ireland); Attendance: 660
AND: Jesús Luis Alvarez de Eulate „Koldo" (64/0), Antonio Lima Solá (51/1), José Manuel García Luena „Txema" (63/0) [61.Óscar Sonejee Masand (67/2)], Jordi Escura Aixas (46/0), Ildefons Lima Solà (46/4), Josep Manuel Ayala Díaz (30/0), Genís García Iscla (31/0), Márcio Vieira de Vasconcelos (10/0) [77.Sergio Moreno Marín (13/0)], Marc Bernaus Cano (14/1), Justo Ruíz González (62/2), Juan Carlos Toscano Beltrán (6/0) [77.Julián Sánchez Soto (58/1)]. Trainer: David Rodrigo Lo (Spain, 60).

72. 22.08.2007 **ESTONIA - ANDORRA** 2-1(1-0) 13th EC. Qualifiers
A. Le Coq Arena, Tallinn; Referee: Adrian McCourt (Northern Ireland); Attendance: 7,500
AND: Jesús Luis Alvarez de Eulate „Koldo" (65/0), Josep Manuel Ayala Díaz (31/0) [90.Genís García Iscla (32/0)], Jordi Escura Aixas (47/0), José Manuel García Luena „Txema" (64/0), Antonio Lima Solá (52/1), Ildefons Lima Solà (47/4), Óscar Sonejee Masand (68/2), Marc Pujol Pons (32/1) [80.Julián Sánchez Soto (59/1)], Antoni Sivera Peris (20/0) [53.Juan Carlos Toscano Beltrán (7/0)], Márcio Vieira de Vasconcelos (11/0), Fernando José Silva García (20/2). Trainer: David Rodrigo Lo (Spain, 61).
Goal: Fernando José Silva García (87).

73. 12.09.2007 **ANDORRA - CROATIA** 0-6(0-3) 13th EC. Qualifiers
Estadi Comunal de Aixovall, Andorra la Vella; Referee: Olivier Thual (France); Attendance: 200
AND: Jesús Luis Alvarez de Eulate „Koldo" (66/0), Josep Manuel Ayala Díaz (32/0), José Manuel García Luena „Txema" (65/0), Antonio Lima Solá (53/1), Genís García Iscla (33/0) [*sent off* 77], Manuel Jiménez Soria „Manolo" (54/1), Óscar Sonejee Masand (69/2), Antoni Sivera Peris (21/0) [59.Xavier Andorrà Julià (4/0)], Justo Ruíz González (63/2) [82.Álex Somoza Losada (3/0)], Fernando José Silva García (21/2) [57.Sergio Moreno Marín (14/0)], Márcio Vieira de Vasconcelos (12/0). Trainer: David Rodrigo Lo (Spain, 62).

74. 17.10.2007 **MACEDONIA - ANDORRA** 3-0(2-0) 13th EC. Qualifiers
Gradski stadion, Skopje; Referee: Paulius Malžinskas (Lithuania); Attendance: 18,000
AND: Jesús Luis Alvarez de Eulate „Koldo" (67/0), Josep Manuel Ayala Díaz (33/0), Jordi Escura Aixas (48/0), Juli Fernández Ariza (33/1), Óscar Sonejee Masand (70/2), Ildefons Lima Solà (48/4), Marc Pujol Pons (33/1), Justo Ruíz González (64/2) [63.Xavier Andorrà Julià (5/0)], Manuel Jiménez Soria „Manolo" (55/1) [78.Álex Somoza Losada (4/0)], Márcio Vieira de Vasconcelos (13/0), Juan Carlos Toscano Beltrán (8/0) [82.Gabriel Riera Lancha (11/1)]. Trainer: David Rodrigo Lo (Spain, 63).

75. 17.11.2007 **ANDORRA - ESTONIA** 0-2(0-1) 13th EC. Qualifiers
Estadi Comunal de Aixovall, Andorra la Vella; Referee: William Collum (Scotland); Attendance: 200
AND: Jesús Luis Alvarez de Eulate „Koldo" (68/0), Josep Manuel Ayala Díaz (34/0), Ildefons Lima Solà (49/4) [81.Justo Ruíz González (65/2)], Antonio Lima Solá (54/1), Antoni Sivera Peris (22/0), Óscar Sonejee Masand (Cap) (71/2), José Manuel García Luena „Txema" (66/0) [46.Manuel Jiménez Soria „Manolo" (56/1)], Jordi Rubio Gómez (5/0), Márcio Vieira de Vasconcelos (14/0), Marc Pujol Pons (34/1), Sergio Moreno Marín (15/0) [70.Juan Carlos Toscano Beltrán (9/0)]. Trainer: David Rodrigo Lo (Spain, 64).

76. 21.11.2007 **ANDORRA - RUSSIA** 0-1(0-1) 13th EC. Qualifiers
Estadi Comunal de Aixovall, Andorra la Vella; Referee: Terje Hauge (Norway); Attendance: 1,000
AND: Jesús Luis Alvarez de Eulate „Koldo" (69/0) [46.Josep Antonio Gómes Moreira (2/0)], Jordi Escura Aixas (49/0), Antonio Lima Solá (55/1), Ildefons Lima Solà (50/4), Marc Bernaus Cano (15/1), Antoni Sivera Peris (23/0), Óscar Sonejee Masand (72/2) [83.Gabriel Riera Lancha (12/1)], Manuel Jiménez Soria „Manolo" (57/1), Márcio Vieira de Vasconcelos (15/0) [50.Xavier Andorrà Julià (6/0)], Justo Ruíz González (66/2), Sergio Moreno Marín (16/0). Trainer: David Rodrigo Lo (Spain, 65).

77. 26.03.2008 **ANDORRA - LATVIA** 0-3(0-3)
Estadi Comunal de Aixovall, Andorra la Vella; Referee: Antonio Rubinos Pérez (Spain); Attendance: 500
AND: Jesús Luis Alvarez de Eulate „Koldo" (70/0) [46.Josep Antonio Gómes Moreira (3/0)], Genís García Iscla (34/0) [46.Xavier Andorrà Julià (7/0)], Jordi Escura Aixas (50/0) [46.José Manuel García Luena „Txema" (67/0)], Óscar Sonejee Masand (73/2) [85.Álex Somoza Losada (5/0)], Antonio Lima Solá (56/1), Ildefons Lima Solà (51/4), Josep Manuel Ayala Díaz (35/0) [89.Marc Vales González (1/0)], Márcio Vieira de Vasconcelos (16/0), Juan Carlos Toscano Beltrán (10/0) [52.Gabriel Riera Lancha (13/1)], Manuel Jiménez Soria „Manolo" (58/1) [70.Víctor Hugo Moreira Teixeira (1/0)], Justo Ruíz González (Cap) (67/2) [52.Sergio Moreno Marín (17/0)]. Trainer: David Rodrigo Lo (Spain, 66).

78. 04.06.2008 **ANDORRA - AZERBAIJAN** 1-2(0-2)
Estadi Comunal de Aixovall, Andorra la Vella; Referee: Duarte Nuno Pereira Gomes (Portugal); Attendance: 1,000
AND: Josep Antonio Gómes Moreira (4/0) [46.Jesús Luis Alvarez de Eulate „Koldo" (71/0)], Josep Manuel Ayala Díaz (36/0), Jordi Escura Aixas (51/0) [62.Marc Pujol Pons (35/1)], Óscar Sonejee Masand (Cap) (74/2), Antonio Lima Solá (57/1), Ildefons Lima Solà (52/5) [83.Emil Josep García Miramontes (1/0)], Márcio Vieira de Vasconcelos (17/0) [68.Álex Somoza Losada (6/0)], Xavier Andorrà Julià (8/0) [68.Gabriel Riera Lancha (14/1)], Juan Carlos Toscano Beltrán (11/0), Manuel Jiménez Soria „Manolo" (59/1), Sergio Moreno Marín (18/0) [46.Sebastià Gómez Pérez (1/0)]. Trainer: David Rodrigo Lo (Spain, 67).
Goal: Ildefons Lima Solà (50).

79. 20.08.2008 **KAZAKHSTAN - ANDORRA** 3-0(3-0) 19th FIFA WC. Qualifiers
Tsentralny Stadium, Almaty; Referee: Veaceslav Banari (Moldova); Attendance: 7,700
AND: Josep Antonio Gómes Moreira (5/0), Josep Manuel Ayala Díaz (37/0) [15.Jordi Escura Aixas (52/0)], Marc Bernaus Cano (16/1), Antonio Lima Solá (58/1), Ildefons Lima Solà (53/5), Xavier Andorrà Julià (9/0), Marc Vales González (2/0), Marc Pujol Pons (36/1) [82.Álex Somoza Losada (7/0)], Fernando José Silva García (22/2), Márcio Vieira de Vasconcelos (18/0), Juan Carlos Toscano Beltrán (12/0) [72.José Manuel García Luena „Txema" (68/0)]. Trainer: David Rodrigo Lo (Spain, 68).

80. 06.09.2008 **ANDORRA - ENGLAND** 0-2(0-0) 19th FIFA WC. Qualifiers
Estadio Olímpic „Lluís Companys", Montjuíc, Barcelona (Spain); Referee: Cuneyt Çakir (Turkey); Attendance: 10,300
AND: Jesús Luis Alvarez de Eulate „Koldo" (72/0), Josep Manuel Ayala Díaz (38/0), José Manuel García Luena „Txema" (69/0), Antonio Lima Solá (59/1) [90+1.Juli Fernández Ariza (34/1)], Ildefons Lima Solà (54/5), Xavier Andorrà Julià (10/0), Manuel Jiménez Soria „Manolo" (60/1), Óscar Sonejee Masand (75/2), Marc Pujol Pons (37/1) [90.Marc Vales González (3/0)], Fernando José Silva García (23/2) [65.Juan Carlos Toscano Beltrán (13/0)], Márcio Vieira de Vasconcelos (19/0). Trainer: David Rodrigo Lo (Spain, 69).

81. 10.09.2008 **ANDORRA - BELARUS** 1-3(0-1) 19th FIFA WC. Qualifiers
Estadi Comunal de Aixovall, Andorra la Vella; Referee: Simon Lee Evans (Wales); Attendance: 1,100
AND: Jesús Luis Alvarez de Eulate „Koldo" (73/0), Josep Manuel Ayala Díaz (39/0), Jordi Escura Aixas (53/0), Antonio Lima Solá (60/1), Ildefons Lima Solà (55/5), Xavier Andorrà Julià (11/0), Manuel Jiménez Soria „Manolo" (61/1), Óscar Sonejee Masand (76/2), Marc Pujol Pons (38/2) [82.Juan Carlos Toscano Beltrán (14/0)], Fernando José Silva García (24/2) [86.Sergio Moreno Marín (19/0)], Márcio Vieira de Vasconcelos (20/0) [62.Marc Vales González (4/0)]. Trainer: David Rodrigo Lo (Spain, 70).
Goal: Marc Pujol Pons (67 penalty).

82. 15.10.2008 **CROATIA - ANDORRA** 4-0(2-0) 19th FIFA WC. Qualifiers
Stadion Maksimir, Zagreb; Referee: István Vad (Hungary); Attendance: 14,441
AND: Jesús Luis Alvarez de Eulate „Koldo" (74/0), Josep Manuel Ayala Díaz (40/0), Jordi Escura Aixas (54/0) [81.José Manuel García Luena „Txema" (70/0)], Ildefons Lima Solà (56/5), Víctor Rodríguez Soria (1/0), Xavier Andorrà Julià (12/0), Manuel Jiménez Soria „Manolo" (Cap) (62/1) [87.Álex Somoza Losada (8/0)], Marc Vales González (5/0), Marc Pujol Pons (39/2), Fernando José Silva García (25/2) [90.Juan Carlos Toscano Beltrán (15/0)], Márcio Vieira de Vasconcelos (21/0). Trainer: David Rodrigo Lo (Spain, 71).

83. 11.02.2009 **LITHUANIA - ANDORRA** 3-1(1-0)
Estádio Algarve, Albufeira (Portugal); Referee: Carlos Miguel Taborda Xistra (Portugal); Attendance: 100
AND: Jesús Luis Alvarez de Eulate „Koldo" (75/0), Josep Manuel Ayala Díaz (41/0) [60.Víctor Hugo Moreira Teixeira (2/0)], Jordi Rubio Gómez (6/0), Antonio Lima Solá (61/1), Xavier Andorrà Julià (13/0) [61.Marc Vales González (6/0)], Óscar Sonejee Masand (77/2), Ildefons Lima Solà (57/6), Marc Pujol Pons (40/2) [80.Sergio Moreno Marín (20/0)], Márcio Vieira de Vasconcelos (22/0) [74.Víctor Rodríguez Soria (2/0)], Fernando José Silva García (26/2) [67.Juan Carlos Toscano Beltrán (16/0)], Manuel Jiménez Soria „Manolo" (63/1). Trainer: David Rodrigo Lo (Spain, 72).
Goal: Ildefons Lima Solà (78 penalty).

84. 01.04.2009 **ANDORRA - CROATIA** 0-2(0-2) 19th FIFA WC. Qualifiers
Estadi Comunal de Aixovall, Andorra la Vella; Referee: Leontios Trattou (Cyprus); Attendance: 1,100
AND: Jesús Luis Alvarez de Eulate „Koldo" (76/0), Jordi Escura Aixas (55/0) [90+2.Víctor Rodríguez Soria (3/0)], Antonio Lima Solá (62/1), Marc Bernaus Cano (17/1), Xavier Andorrà Julià (14/0), Óscar Sonejee Masand (78/2), Marc Vales González (7/0), Marc Pujol Pons (41/2), Márcio Vieira de Vasconcelos (23/0), Fernando José Silva García (27/2) [79.Víctor Hugo Moreira Teixeira (3/0)], Manuel Jiménez Soria „Manolo" (64/1) [88.Sergio Moreno Marín (21/0)]. Trainer: David Rodrigo Lo (Spain, 73).

85. 06.06.2009 **BELARUS - ANDORRA** 5-1(2-0) 19th FIFA WC. Qualifiers
Neman Stadium, Grodno; Referee: Robert Kranjc (Slovenia); Attendance: 8,500
AND: Jesús Luis Alvarez de Eulate „Koldo" (77/0), Josep Manuel Ayala Díaz (42/0), Jordi Escura Aixas (56/0), Antonio Lima Solá (63/1) [89.Juli Fernández Ariza (35/1)], Ildefons Lima Solà (58/7), Xavier Andorrà Julià (15/0) [80.Víctor Rodríguez Soria (4/0)], Óscar Sonejee Masand (79/2), Marc Vales González (8/0), Víctor Hugo Moreira Teixeira (4/0) [76.Manuel Jiménez Soria „Manolo" (65/1)], Sergio Moreno Marín (22/0), Fernando José Silva García (28/2). Trainer: David Rodrigo Lo (Spain, 74).
Goal: Ildefons Lima Solà (90+3).

86. 10.06.2009 **ENGLAND - ANDORRA** 6-0(3-0) 19th FIFA WC. Qualifiers
The National Stadium, Wembley, London; Referee: Bas Nijhuis (Netherlands); Attendance: 57,897
AND: Jesús Luis Alvarez de Eulate „Koldo" (78/0) [89.Josep Antonio Gómes Moreira (6/0)], Josep Manuel Ayala Díaz (43/0), José Manuel García Luena „Txema" (71/0), Antonio Lima Solá (64/1) [47.Marc Vales González (9/0)], Ildefons Lima Solà (59/7), Xavier Andorrà Julià (16/0), Manuel Jiménez Soria „Manolo" (66/1), Óscar Sonejee Masand (80/2), Márcio Vieira de Vasconcelos (24/0), Sergio Moreno Marín (23/0), Fernando José Silva García (29/2) [79.Juli Fernández Ariza (36/1)]. Trainer: David Rodrigo Lo (Spain, 75).

87. 05.09.2009 **UKRAINE - ANDORRA** 5-0(2-0) 19th FIFA WC. Qualifiers
„Valeriy Lobanovskiy" Stadium, Kyiv; Referee: Andrejs Sipailo (Latvia); Attendance: 14,870
AND: Josep Antonio Gómes Moreira (7/0), Josep Manuel Ayala Díaz (44/0), Cristian Martínez Alejo (1/0), Marc Pujol Pons (42/2), Óscar Sonejee Masand (Cap) (81/2), Marc Vales González (10/0), Sergio Moreno Marín (24/0) [82.Genís García Iscla (35/0)], Márcio Vieira de Vasconcelos (25/0) [76.Jordi Escura Aixas (57/0)], Juan Carlos Toscano Beltrán (17/0) [84.Víctor Hugo Moreira Teixeira (5/0)], Manuel Jiménez Soria „Manolo" (67/1), Fernando José Silva García (30/2). Trainer: David Rodrigo Lo (Spain, 76).

88. 09.09.2009 **ANDORRA - KAZAKHSTAN** 1-3(0-3) 19th FIFA WC. Qualifiers
Estadi Comunal de Aixovall, Andorra la Vella; Referee: Albert Toussaint (Luxembourg); Attendance: 510
AND: Josep Antonio Gómes Moreira (8/0), Josep Manuel Ayala Díaz (45/0), Cristian Martínez Alejo (2/0), Marc Bernaus Cano (18/1), Ildefons Lima Solà (60/7), Óscar Sonejee Masand (Cap) (82/3), Marc Vales González (11/0) [46.Jordi Escura Aixas (58/0)], Manuel Jiménez Soria „Manolo" (68/1) [55.Juan Carlos Toscano Beltrán (18/0)], Sergio Moreno Marín (25/0), Fernando José Silva García (31/2), Márcio Vieira de Vasconcelos (26/0) [87.Gabriel Riera Lancha (15/1)]. Trainer: David Rodrigo Lo (Spain, 77).
Goal: Óscar Sonejee Masand (70).

89. 14.10.2009 **ANDORRA - UKRAINE** 0-6(0-1) 19th FIFA WC. Qualifiers
Estadi Comunal de Aixovall, Andorra la Vella; Referee: Craig Alexander Thomson (Scotland); Attendance: 820
AND: Josep Antonio Gómes Moreira (9/0), Josep Manuel Ayala Díaz (46/0), Cristian Martínez Alejo (3/0), David Maneiro Ton (1/0), Ildefons Lima Solà (61/7), Marc Pujol Pons (43/2), Xavier Andorrà Julià (17/0) [89.Genís García Iscla (36/0)], Manuel Jiménez Soria „Manolo" (Cap) (69/1) [74.Sergio Moreno Marín (26/0)], Marc Vales González (12/0), Julián Sánchez Soto (60/1) [79.Gabriel Riera Lancha (16/1)], Fernando José Silva García (32/2). Trainer: David Rodrigo Lo (Spain, 78).

90. 29.05.2010 **ICELAND - ANDORRA** 4-0(1-0)
Laugardalsvöllur, Reykjavík; Referee: Petur Reinert (Faroe Islands); Attendance: 2,567
AND: Josep Antonio Gómes Moreira (10/0), Josep Manuel Ayala Díaz (47/0), Jordi Escura Aixas (59/0) [78.Álex Somoza Losada (9/0)], Emili Josep García Miramontes (2/0), Jordi Rubio Gómez (7/0) [52.Daniel Mejías Hurtado (1/0)], Manuel Jiménez Soria „Manolo" (Cap) (70/1), Sebastià Gómez Pérez (2/0) [72.Xavier Andorrà Julià (18/0)], Sergio Moreno Marín (27/0) [52.Marc García Renom (1/0); 81.Alexandre Martínez Gutiérrez (1/0)], Marc Pujol Pons (44/2) [83.Samir Bousenine El Mourabit (1/0)], Fernando José Silva García (33/2) [sent off 70], Márcio Vieira de Vasconcelos (27/0). Trainer: Jesús Luis Alvarez de Eulate „Koldo" (1).

91. 02.06.2010 **ALBANIA - ANDORRA** 1-0(1-0)
Stadiumi „Kombëtar Qemal Stafa", Tiranë; Referee: Dimitar Meckarovski (Macedonia); Attendance: 3,000
AND: Josep Antonio Gómes Moreira (11/0) [89.Ferran Pol Pérez (1/0)], Jordi Escura Aixas (60/0) [89.David Ribolleda Bernat (3/0)], Jordi Rubio Gómez (8/0) [58.Francesc Xavier Gil Sánchez (3/0)], Josep Manuel Ayala Díaz (48/0), Fernando José Silva García (34/2) [70.Óscar Sonejee Masand (83/3)], Márcio Vieira de Vasconcelos (28/0), Sebastià Gómez Pérez (3/0) [76.Samir Bousenine El Mourabit (2/0)], Sergio Moreno Marín (28/0), Marc Pujol Pons (45/2) [80.Xavier Andorrà Julià (19/0)], Emili Josep García Miramontes (3/0), Manuel Jiménez Soria „Manolo" (Cap) (71/1) [74.Sergio Moreno Marín (27/0)]. Trainer: Jesús Luis Alvarez de Eulate „Koldo" (2).

92. 11.08.2010 **CYPRUS - ANDORRA** 1-0(1-0)
Stadio "Antonis Papadopoulos", Lárnaka; Referee: Ilias Spathas (Greece); Attendance: 1,700
AND: Josep Antonio Gómes Moreira (12/0), Ildefons Lima Solà (Cap) (62/7) [51.Óscar Sonejee Masand (84/3)], Jordi Escura Aixas (61/0), Jordi Rubio Gómez (9/0), Cristian Martínez Alejo (4/0), Márcio Vieira de Vasconcelos (29/0) [70.Daniel Mejías Hurtado (2/0)], Xavier Andorrà Julià (20/0) [64.Josep Manuel Ayala Díaz (49/0)], Sergio Moreno Marín (29/0), Marc Pujol Pons (46/2) [87.Alexandre Martínez Gutiérrez (2/0)], Fernando José Silva García (35/2), Sebastià Gómez Pérez (4/0). Trainer: Jesús Luis Alvarez de Eulate „Koldo" (3).

93. 03.09.2010 **ANDORRA - RUSSIA** 0-2(0-1) 14th EC. Qualifiers
Estadi Comunal de Aixovall, Andorra la Vella; Referee: Marco Borg (Malta); Attendance: 1,100
AND: Josep Antonio Gómes Moreira (13/0), Ildefons Lima Solà (Cap) (63/7), Jordi Rubio Gómez (10/0) [58.Iván Lorenzo Roncero (3/0)], Marc Bernaus Cano (19/1), Cristian Martínez Alejo (5/0), Josep Manuel Ayala Díaz (50/0), Márcio Vieira de Vasconcelos (30/0), Sergio Moreno Marín (30/0) [76.Manuel Jiménez Soria „Manolo" (72/1)], Marc Pujol Pons (47/2) [89.Daniel Mejías Hurtado (3/0)], Fernando José Silva García (36/2), Sebastià Gómez Pérez (5/0). Trainer: Jesús Luis Alvarez de Eulate „Koldo" (4).

94. 07.09.2010 **REPUBLIC OF IRELAND - ANDORRA** 3-1(2-1) 14th EC. Qualifiers
Landsdowne Road, Dublin; Referee: Leontios Trattou (Cyprus); Attendance: 40,283
AND: Josep Antonio Gómes Moreira (14/0), Ildefons Lima Solà (Cap) (64/7), Jordi Escura Aixas (62/0), Marc Bernaus Cano (20/1), Cristian Martínez Alejo (6/1), Josep Manuel Ayala Díaz (51/0) [71.Xavier Andorrà Julià (21/0)], Márcio Vieira de Vasconcelos (31/0), Sergio Moreno Marín (31/0) [59.Manuel Jiménez Soria „Manolo" (73/1)], Marc Pujol Pons (48/2) [86.Óscar Sonejee Masand (85/3)], Fernando José Silva García (37/2), Sebastià Gómez Pérez (6/0). Trainer: Jesús Luis Alvarez de Eulate „Koldo" (5).
Goal: Cristian Martínez Alejo (45).

95. 08.10.2010 **ANDORRA - MACEDONIA** 0-2(0-1) 14th EC. Qualifiers
Estadi Comunal de Aixovall, Andorra la Vella; Referee: Gediminas Mazeika (Lithuania); Attendance: 550
AND: Josep Antonio Gómes Moreira (15/0), Jordi Escura Aixas (Cap) (63/0), Marc Bernaus Cano (21/1), Marc Vales González (13/0), Cristian Martínez Alejo (7/1) [74.Manuel Jiménez Soria „Manolo" (74/1)], Josep Manuel Ayala Díaz (52/0) [86.Samir Bousenine El Mourabit (3/0)], Márcio Vieira de Vasconcelos (32/0), Daniel Mejías Hurtado (4/0) [62.Iván Lorenzo Roncero (4/0)], Sergio Moreno Marín (32/0), Fernando José Silva García (38/2), Sebastià Gómez Pérez (7/0).Trainer: Jesús Luis Alvarez de Eulate „Koldo" (6).

96. 12.10.2010 **ARMENIA - ANDORRA** 4-0(3-0) 14th EC. Qualifiers
Hanrapetakan Stadium, Yerevan; Referee: Tomasz Mikulski (Poland); Attendance: 12,000
AND: Josep Antonio Gómes Moreira (16/0), Ildefons Lima Solà (Cap) (65/7), Jordi Escura Aixas (64/0), Marc Bernaus Cano (22/1), Marc Vales González (14/0) [64.Xavier Andorrà Julià (22/0)], Cristian Martínez Alejo (8/1) [87.Jordi Rubio Gómez (11/0)], Josep Manuel Ayala Díaz (53/0), Márcio Vieira de Vasconcelos (33/0), Sergio Moreno Marín (33/0) [53.Manuel Jiménez Soria „Manolo" (75/1)], Fernando José Silva García (39/2), Sebastià Gómez Pérez (8/0). Trainer: Jesús Luis Alvarez de Eulate „Koldo" (7).

97. 09.02.2011 **MOLDOVA - ANDORRA** 2-1(0-0)
Estádio Municipal "Fernando Cabrita", Lagos (Portugal); Referee: Sergio Lopes (Portugal); Attendance: n/a
AND: Josep Antonio Gómes Moreira (17/0), Ildefons Lima Solà (66/7) [*sent off 37*], Óscar Sonejee Masand (86/3), Jordi Rubio Gómez (12/0) [60.Jordi Escura Aixas (65/0)], Marc Bernaus Cano (23/1), Marc Vales González (15/0), Cristian Martínez Alejo (9/1) [88.David Maneiro Ton (2/0)], Josep Manuel Ayala Díaz (54/0), Manuel Jiménez Soria „Manolo" (Cap) (76/1) [50.Sergio Moreno Marín (34/0)], Julián Sánchez Soto (61/1) [50.Emili Josep García Miramontes (4/1)], Sebastià Gómez Pérez (9/0). Trainer: Jesús Luis Alvarez de Eulate „Koldo" (8).
Goal: Emili Josep García Miramontes (52).

98. 26.03.2011 **ANDORRA - SLOVAKIA** 0-1(0-1) 14th EC. Qualifiers
Estadi Comunal de Aixovall, Andorra la Vella; Referee: Menashe Masiah (Israel); Attendance: 850
AND: Josep Antonio Gómes Moreira (18/0), Ildefons Lima Solà (67/7), Jordi Rubio Gómez (13/0), Marc Bernaus Cano (24/1), Emili Josep García Miramontes (5/1), Marc Vales González (16/0), Cristian Martínez Alejo (10/1), Josep Manuel Ayala Díaz (55/0) [81.Julián Sánchez Soto (62/1)], Manuel Jiménez Soria „Manolo" (Cap) (77/1) [87.Óscar Sonejee Masand (87/3)], Sergio Moreno Marín (35/0), Sebastià Gómez Pérez (10/0) [72.Márcio Vieira de Vasconcelos (34/0)]. Trainer: Jesús Luis Alvarez de Eulate „Koldo" (9).

99. 04.06.2011 **SLOVAKIA - ANDORRA** 1-0(0-0) 14th EC. Qualifiers
Štadión Pasienky, Bratislava; Referee: Lorenc Jemini (Albania); Attendance: 4,300
AND: Josep Antonio Gómes Moreira (19/0), Ildefons Lima Solà (68/7), Jordi Rubio Gómez (14/0), Marc Bernaus Cano (25/1), Emili Josep García Miramontes (6/1), Marc Vales González (17/0), Cristian Martínez Alejo (11/1), Josep Manuel Ayala Díaz (56/0) [16.Xavier Andorrà Julià (23/0)], Manuel Jiménez Soria „Manolo" (Cap) (78/1) [86.Joaquim Salvat Besora (1/0)], Márcio Vieira de Vasconcelos (35/0), Fernando José Silva García (40/2) [64.Sebastià Gómez Pérez (11/0)]. Trainer: Jesús Luis Alvarez de Eulate „Koldo" (10).

100. 02.09.2011 **ANDORRA - ARMENIA** 0-3(0-1) 14th EC. Qualifiers
Estadi Comunal de Aixovall, Andorra la Vella; Referee: Alexander Kostadinov (Bulgaria); Attendance: 750
AND: Josep Antonio Gómes Moreira (20/0), Ildefons Lima Solà (69/7) [*sent off 90+1*], Jordi Rubio Gómez (15/0), Marc Bernaus Cano (26/1), Emili Josep García Miramontes (7/1), Marc Vales González (18/0), Cristian Martínez Alejo (12/1), Josep Manuel Ayala Díaz (57/0) [87.Julián Sánchez Soto (63/1)], Sergio Moreno Marín (36/0) [80.Márcio Vieira de Vasconcelos (36/0)], Marc Pujol Pons (49/2), Fernando José Silva García (41/2) [72.Sebastià Gómez Pérez (12/0)]. Trainer: Jesús Luis Alvarez de Eulate „Koldo" (11).

101. 06.09.2011 **MACEDONIA - ANDORRA** 1-0(0-0) 14th EC. Qualifiers
"Philip II" Arena, Skopje; Referee: Mark Steven Whitby (Wales); Attendance: 5,000
AND: Josep Antonio Gómes Moreira (21/0), Óscar Sonejee Masand (Cap) (88/3), Jordi Rubio Gómez (16/0) [26.Alexandre Martínez Gutiérrez (3/0)], Marc Bernaus Cano (27/1), Emili Josep García Miramontes (8/1), Marc Vales González (19/0), Cristian Martínez Alejo (13/1), Josep Manuel Ayala Díaz (58/0), Márcio Vieira de Vasconcelos (37/0) [83.Marc García Renom (2/0)], Sergio Moreno Marín (37/0), Fernando José Silva García (42/2) [74.Sebastià Gómez Pérez (13/0)]. Trainer: Jesús Luis Alvarez de Eulate „Koldo" (12).

102. 07.10.2011 **ANDORRA – REPUBLIC OF IRELAND** 0-2(0-2) 14th EC. Qualifiers
Estadi Comunal de Aixovall, Andorra la Vella; Referee: Libor Kovařík (Czech Republic); Attendance: 860
AND: Josep Antonio Gómes Moreira (22/0), Ildefons Lima Solà (Cap) (70/7) [80.Óscar Sonejee Masand (89/3)], Marc Bernaus Cano (28/1), Emili Josep García Miramontes (9/1), Cristian Martínez Alejo (14/1), Alexandre Martínez Gutiérrez (4/0) [78.Iván Lorenzo Roncero (5/0)], Josep Manuel Ayala Díaz (59/0), Márcio Vieira de Vasconcelos (38/0), Sergio Moreno Marín (38/0), Marc Pujol Pons (50/2) [59.Carlos Eduardo Peppe Britos (1/0)], Fernando José Silva García (43/2). Trainer: Jesús Luis Alvarez de Eulate „Koldo" (13).

103. 11.10.2011 **RUSSIA - ANDORRA** 6-0(4-0) 14th EC. Qualifiers
Luzhniki Stadium, Moskva; Referee: Eli Hacmon (Israel); Attendance: 38,790
AND: Josep Antonio Gómes Moreira (23/0), Ildefons Lima Solà (Cap) (71/7), Marc Bernaus Cano (29/1), Emili Josep García Miramontes (10/1), Marc Vales González (20/0), Alexandre Martínez Gutiérrez (5/0), Carlos Eduardo Peppe Britos (2/0) [80.Iván Lorenzo Roncero (6/0)], Márcio Vieira de Vasconcelos (39/0), Sergio Moreno Marín (39/0), Marc Pujol Pons (51/2) [84.Julián Sánchez Soto (64/1)], Sebastià Gómez Pérez (14/0) [70.Fernando José Silva García (44/2)]. Trainer: Jesús Luis Alvarez de Eulate „Koldo" (14).

104. 30.05.2012 **AZERBAIJAN - ANDORRA** 0-0
Sportpark Kelsterbach, Kelsterbach (Germany); Referee: Michael Weiner (Germany); Attendance: n/a
AND: Ferran Pol Pérez (2/0), Ildefons Lima Solà (72/7) [58.David Ribolleda Bernat (4/0)], Óscar Sonejee Masand (Cap) (90/3), Cristian Martínez Alejo (15/1) [80.Daniel Mejías Hurtado (5/0)], Adrián Rodrígues Gonçalves (1/0) [71.Cristopher Pousa Braganza (1/0)], Marc García Renom (3/0) [46.David Maneiro Ton (3/0)], Josep Manuel Ayala Díaz (60/0), Carlos Eduardo Peppe Britos (3/0), Márcio Vieira de Vasconcelos (40/0), Sergio Moreno Marín (40/0) [46.Joan Carles Toscano Beltrán (19/0)], Fernando José Silva García (45/2) [46.Iván Lorenzo Roncero (7/0)]. Trainer: Jesús Luis Alvarez de Eulate „Koldo" (15).

105. 02.06.2012 **POLAND - ANDORRA** 4-0(3-0)
Pepsi Arena, Warszawa; Referee: Sébastien Delferière (Belgium); Attendance: 26,000
AND: Josep Antonio Gómes Moreira (24/0), Ildefons Lima Solà (Cap) (73/7), Marc Bernaus Cano (30/1) [62.Marc García Renom (4/0)], Emili Josep García Miramontes (11/1), Cristian Martínez Alejo (16/1) [74.Víctor Hugo Moreira Teixeira (6/0)], Alexandre Martínez Gutiérrez (6/0) [55.Adrián Rodrígues Gonçalves (2/0)], Josep Manuel Ayala Díaz (61/0), Carlos Eduardo Peppe Britos (4/0) [81.Xavier Andorrà Julià (24/0)], Márcio Vieira de Vasconcelos (41/0), Sergio Moreno Marín (41/0) [84.Manuel Jiménez Soria „Manolo" (79/1)], Sebastià Gómez Pérez (15/0) [55.Fernando José Silva García (46/2)]. Trainer: Jesús Luis Alvarez de Eulate „Koldo" (16).

106. 14.08.2012 **LIECHTENSTEIN - ANDORRA** 1-0(1-0)
Rheinpark Stadion, Vaduz; Referee: Stephan Klossner (Switzerland); Attendance: n/a
AND: Josep Antonio Gómes Moreira (25/0) [66.Ferran Pol Pérez (3/0)], Ildefons Lima Solà (Cap) (74/7), Emili Josep García Miramontes (12/1) [46.Óscar Sonejee Masand (91/3)], Marc Vales González (21/0), David Maneiro Ton (4/0), Adrián Rodrígues Gonçalves (3/0) [57.Alexandre Martínez Gutiérrez (7/0)], Márcio Vieira de Vasconcelos (42/0) [46.Josep Manuel Ayala Díaz (62/0)], Sergio Moreno Marín (42/0), Marc Pujol Pons (52/2) [46.Carlos Eduardo Peppe Britos (5/0)], Fernando José Silva García (47/2) [66.Joan Carles Toscano Beltrán (20/0)], Ludovic Clemente Garcés (2/0) [71.Marc García Renom (5/0)]. Trainer: Jesús Luis Alvarez de Eulate „Koldo" (17).

107. 07.09.2012 **ANDORRA - HUNGARY** 0-5(0-2) 20th FIFA WC. Qualifiers
Estadi Comunal de Aixovall, Andorra la Vella; Referee: Emir Aleckovič (Bosnia and Herzegovina); Attendance: 815
AND: Josep Antonio Gómes Moreira (26/0), Ildefons Lima Solà (Cap) (75/7), Emili Josep García Miramontes (13/1), Marc Vales González (22/0) [*sent off 67*], Adrián Rodrígues Gonçalves (4/0), Marc García Renom (6/0) [80.David Maneiro Ton (5/0)], Márcio Vieira de Vasconcelos (43/0), Sergio Moreno Marín (43/0) [69.Sebastià Gómez Pérez (16/0)], Marc Pujol Pons (53/2), Fernando José Silva García (48/2), Ludovic Clemente Garcés (3/0) [72.Iván Lorenzo Roncero (8/0)]. Trainer: Jesús Luis Alvarez de Eulate „Koldo" (18).

108. 11.09.2012 **ROMANIA - ANDORRA** 4-0(2-0) 20th FIFA WC. Qualifiers
Arena Națională, București; Referee: Pavle Radovanović (Montenegro); Attendance: 24,630
AND: Josep Antonio Gómes Moreira (27/0), Ildefons Lima Solà (Cap) (76/7), Emili Josep García Miramontes (14/1), Adrián Rodrígues Gonçalves (5/0), Marc García Renom (7/0), Josep Manuel Ayala Díaz (63/0), Márcio Vieira de Vasconcelos (44/0), Iván Lorenzo Roncero (9/0), Marc Pujol Pons (54/2) [79.Carlos Eduardo Peppe Britos (6/0)], Ludovic Clemente Garcés (4/0) [86.Sergio Moreno Marín (44/0)], Sebastià Gómez Pérez (17/0) [69.Fernando José Silva García (49/2)]. Trainer: Jesús Luis Alvarez de Eulate „Koldo" (19).

109. 12.10.2012 **NETHERLANDS - ANDORRA** 3-0(2-0) 20th FIFA WC. Qualifiers
Stadion Feijenoord, Rotterdam; Referee: Aleksei Kulbakov (Belarus); Attendance: 43,000
AND: Josep Antonio Gómes Moreira (28/0), Ildefons Lima Solà (Cap) (77/7), Marc Vales González (23/0), Adrián Rodrígues Gonçalves (6/0) [52.Moisés San Nicolás Schellens (1/0)], Marc García Renom (8/0), Josep Manuel Ayala Díaz (64/0), Márcio Vieira de Vasconcelos (45/0), Víctor Hugo Moreira Teixeira (7/0) [82.Marc Bernaus Cano (31/1)], Iván Lorenzo Roncero (10/0), Marc Pujol Pons (55/2), Sebastià Gómez Pérez (18/0) [75.Sergio Moreno Marín (45/0)]. Trainer: Jesús Luis Alvarez de Eulate „Koldo" (20).

110. 16.10.2012 **ANDORRA - ESTONIA** 0-1(0-0) 20th FIFA WC. Qualifiers
Estadi Comunal de Aixovall, Andorra la Vella; Referee: Dimitar Meckarovski (Macedonia); Attendance: 723
AND: Josep Antonio Gómes Moreira (29/0), Ildefons Lima Solà (Cap) (78/7), Marc Vales González (24/0), Marc García Renom (9/0), Moisés San Nicolás Schellens (2/0), Josep Manuel Ayala Díaz (65/0) [77.Gabriel Riera Lancha (17/1)], Márcio Vieira de Vasconcelos (46/0), Víctor Hugo Moreira Teixeira (8/0) [69.Ludovic Clemente Garcés (5/0)], Iván Lorenzo Roncero (11/0), Marc Pujol Pons (56/2), Fernando José Silva García (50/2) [80.Emili Josep García Miramontes (15/1)]. Trainer: Jesús Luis Alvarez de Eulate „Koldo" (21).

111. 14.11.2012 **ANDORRA - ICELAND** 0-2(0-1)
DEVK-Arena, Sant Julià de Lòria; Referee: Ruddy Buquet (France); Attendance: n/a
AND: Ferran Pol Pérez (4/0), Óscar Sonejee Masand (Cap) (92/3), Adrián Rodrígues Gonçalves (7/0), Marc García Renom (10/0) [55.Jordi Rubio Gómez (17/0)], Moisés San Nicolás Schellens (3/0), Josep Manuel Ayala Díaz (66/0), Márcio Vieira de Vasconcelos (47/0) [55.Carlos Eduardo Peppe Britos (7/0)], Gabriel Riera Lancha (18/1) [66.Sebastià Gómez Pérez (19/0)], Iván Lorenzo Roncero (12/0) [70.Ludovic Clemente Garcés (6/0)], Sergio Moreno Marín (46/0) [55.Samir Bousenine El Mourabit (4/0)], Marc Pujol Pons (57/2) [74.Cristopher Pousa Braganza (2/0)]. Trainer: Jesús Luis Alvarez de Eulate „Koldo" (22).

112. 22.03.2013 **ANDORRA - TURKEY** 0-2(0-2) 20th FIFA WC. Qualifiers
Estadi Comunal de Aixovall, Andorra la Vella; Referee: Nerijus Dunauskas (Lithuania); Attendance: 910
AND: Josep Antonio Gómes Moreira (30/0), Ildefons Lima Solà (Cap) (79/7), Marc Vales González (25/0), Cristian Martínez Alejo (17/1) [69.Ludovic Clemente Garcés (7/0)], Marc García Renom (11/0), Moisés San Nicolás Schellens (4/0), Josep Manuel Ayala Díaz (67/0) [78.Xavier Andorrà Julià (25/0)], Carlos Eduardo Peppe Britos (8/0) [83.Emili Josep García Miramontes (16/1)], Márcio Vieira de Vasconcelos (48/0), Víctor Hugo Moreira Teixeira (9/0), Sebastià Gómez Pérez (20/0). Trainer: Jesús Luis Alvarez de Eulate „Koldo" (23).

113. 26.03.2013 **ESTONIA - ANDORRA** 2-0(1-0) 20th FIFA WC. Qualifiers
A. Le Coq Arena, Tallinn; Referee: Ján Valášek (Slovakia); Attendance: 5,237
AND: Josep Antonio Gómes Moreira (31/0), Ildefons Lima Solà (Cap) (80/7), Marc Vales González (26/0), Cristian Martínez Alejo (18/1), Marc García Renom (12/0), Moisés San Nicolás Schellens (5/0), Josep Manuel Ayala Díaz (68/0), Carlos Eduardo Peppe Britos (9/0) [66.Emili Josep García Miramontes (17/1)], Márcio Vieira de Vasconcelos (49/0), Víctor Hugo Moreira Teixeira (10/0) [79.Marc Bernaus Cano (32/1)], Sebastià Gómez Pérez (21/0) [85.Fernando José Silva García (51/2)]. Trainer: Jesús Luis Alvarez de Eulate „Koldo" (24).

114. 14.08.2013 **MOLDOVA - ANDORRA** 1-1(1-1)
Stadionul Zimbru, Chişinău; Referee: Yaroslav Kozyk (Ukraine); Attendance: n/a
AND: Ferran Pol Pérez (5/0), Ildefons Lima Solà (81/7), Óscar Sonejee Masand (Cap) (93/4) [46.Emili Josep García Miramontes (18/1)], Marc Vales González (27/0), Cristian Martínez Alejo (19/1) [79.Ludovic Clemente Garcés (8/0)], Marc García Renom (13/0), Moisés San Nicolás Schellens (6/0), Josep Manuel Ayala Díaz (69/0) [89.David Maneiro Ton (6/0)], Iván Lorenzo Roncero (13/0) [63.Sergio Moreno Marín (47/0)], Marc Pujol Pons (58/2) [69.Carlos Eduardo Peppe Britos (10/0)], Sebastià Gómez Pérez (22/0) [46.Gabriel Riera Lancha (19/1)]. Trainer: Jesús Luis Alvarez de Eulate „Koldo" (25).
Goal: Óscar Sonejee Masand (16).

115. 06.09.2013 **TURKEY - ANDORRA** 5-0(2-0) 20th FIFA WC. Qualifiers
"Kadir Has" Stadium, Kayseri; Referee: Sven Bindels (Luxembourg); Attendance: 21,923
AND: Ferran Pol Pérez (6/0), Ildefons Lima Solà (Cap) (82/7), Emili Josep García Miramontes (19/1), Marc Vales González (28/0), Cristian Martínez Alejo (20/1), Marc García Renom (14/0), Moisés San Nicolás Schellens (7/0), Josep Manuel Ayala Díaz (70/0) [80.Carlos Eduardo Peppe Britos (11/0)], Iván Lorenzo Roncero (14/0) [61.Márcio Vieira de Vasconcelos (50/0)], Marc Pujol Pons (59/2), Sebastià Gómez Pérez (23/0) [69.Gabriel Riera Lancha (20/1)]. Trainer: Jesús Luis Alvarez de Eulate „Koldo" (26).

116. 10.09.2013 **ANDORRA - NETHERLANDS** 0-2(0-0) 20th FIFA WC. Qualifiers
Estadi Comunal de Aixovall, Andorra la Vella; Referee: Ante Vučemilović-Šimunović Jr. (Croatia); Attendance: 1,100
AND: Ferran Pol Pérez (7/0), Ildefons Lima Solà (Cap) (83/7), Emili Josep García Miramontes (20/1), Marc Vales González (29/0), Cristian Martínez Alejo (21/1), Marc García Renom (15/0), Moisés San Nicolás Schellens (8/0), Márcio Vieira de Vasconcelos (51/0), Gabriel Riera Lancha (21/1) [72.Víctor Hugo Moreira Teixeira (11/0)], Iván Lorenzo Roncero (15/0) [59.Sergio Moreno Marín (48/0)], Marc Pujol Pons (60/2) [85.Josep Manuel Ayala Díaz (71/0)]. Trainer: Jesús Luis Alvarez de Eulate „Koldo" (27).

117. 11.10.2013 **ANDORRA - ROMANIA** 0-4(0-1) 20th FIFA WC. Qualifiers
Estadi Comunal de Aixovall, Andorra la Vella; Referee: Stephan Klossner (Switzerland); Attendance: 1,100
AND: Ferran Pol Pérez (8/0), Emili Josep García Miramontes (21/1), Marc Vales González (30/0) [63.Óscar Sonejee Masand (94/4)], Cristian Martínez Alejo (22/1), Adrián Rodrígues Gonçalves (8/0) [79.Iván Lorenzo Roncero (16/0)], Marc García Renom (16/0), Josep Manuel Ayala Díaz (Cap) (72/0), Márcio Vieira de Vasconcelos (52/0), Gabriel Riera Lancha (22/1), Sergio Moreno Marín (49/0), Marc Pujol Pons (61/2) [47.Carlos Eduardo Peppe Britos (12/0)]. Trainer: Jesús Luis Alvarez de Eulate „Koldo" (28).

118. 15.10.2013 **HUNGARY - ANDORRA** 2-0(0-0) 20th FIFA WC. Qualifiers
"Puskás Ferenc" Stadion, Budapest; Referee: Daniel Stefanski (Poland); Attendance: 5,200
AND: Ferran Pol Pérez (9/0), Ildefons Lima Solà (84/7), Óscar Sonejee Masand (Cap) (95/4), Emili Josep García Miramontes (22/1), Cristian Martínez Alejo (23/1), Marc García Renom (17/0), Moisés San Nicolás Schellens (9/0) [sent off 88], Carlos Eduardo Peppe Britos (13/0) [80.Xavier Vieira de Vasconcelos (1/0)], Márcio Vieira de Vasconcelos (53/0), Gabriel Riera Lancha (23/1) [63.Víctor Hugo Moreira Teixeira (12/0)], Iván Lorenzo Roncero (17/0) [87.Ludovic Clemente Garcés (9/0)]. Trainer: Jesús Luis Alvarez de Eulate „Koldo" (29).

119. 05.03.2014 **ANDORRA - MOLDOVA** **0-3(0-2)**
Estadi Comunal de Aixovall, Andorra la Vella; Referee: Alan Mario Sant (Malta); Attendance: 200
AND: Ferran Pol Pérez (10/0), Ildefons Lima Solà (85/7), Óscar Sonejee Masand (Cap) (96/4) [46.Josep Manuel Ayala Díaz (73/0)], Jordi Rubio Gómez (18/0) [59.Adrián Rodrígues Gonçalves (9/0)], Emili Josep García Miramontes (23/1), Marc García Renom (18/0) [79.David Maneiro Ton (7/0)], Carlos Eduardo Peppe Britos (14/0) [46.Marc Pujol Pons (62/2)], Márcio Vieira de Vasconcelos (54/0), Cristian Martínez Alejo (24/1), Iván Lorenzo Roncero (18/0) [69.Sergio Moreno Marín (50/0)], Sebastià Gómez Pérez (24/0) [46.Gabriel Riera Lancha (24/1)]. Trainer: Jesús Luis Alvarez de Eulate „Koldo" (30).

120. 26.03.2014 **ANDORRA - INDONESIA** **0-1(0-0)**
Estadio "Luis Suñer Picó", Alzira (Spain); Referee: Fernando Teixeira Vitienes (Spain); Attendance: 20
AND: Josep Antonio Gómes Moreira (32/0), Ildefons Lima Solà (86/7), Óscar Sonejee Masand (Cap) (97/4) [46.Emili Josep García Miramontes (24/1)], Jordi Rubio Gómez (19/0) [74.Xavier Vieira de Vasconcelos (2/0)], Marc Vales González (31/0), David Maneiro Ton (8/0) [46.Marc García Renom (19/0)], Carlos Eduardo Peppe Britos (15/0) [73.Ludovic Clemente Garcés (10/0)], Gabriel Riera Lancha (25/1) [76.Joan Carles Toscano Beltrán (21/0)], Cristian Martínez Alejo (25/1), Iván Lorenzo Roncero (19/0) [59.Leonel Felipe Alves Alves (1/0)], Marc Pujol Pons (63/2). Trainer: Jesús Luis Alvarez de Eulate „Koldo" (31).

121. 09.09.2014 **ANDORRA - WALES** **1-2(1-1)** 15th EC. Qualifiers
Estadi Comunal de Aixovall, Andorra la Vella; Referee: Slavko Vinčić (Slovenia); Attendance: 3,150
AND: Ferran Pol Pérez (11/0), Ildefons Lima Solà (Cap) (87/8), Jordi Rubio Gómez (20/0), Emili Josep García Miramontes (25/1), Marc Vales González (32/0), David Maneiro Ton (9/0), Josep Manuel Ayala Díaz (74/0) [86.Julián Sánchez Soto (65/1)], Carlos Eduardo Peppe Britos (16/0) [53.Márcio Vieira de Vasconcelos (55/0)], Gabriel Riera Lancha (26/1), Cristian Martínez Alejo (26/1) [83.Óscar Sonejee Masand (98/4)], Iván Lorenzo Roncero (20/0). Trainer: Jesús Luis Alvarez de Eulate „Koldo" (32).
Goal: Ildefons Lima Solà (6 penalty).

122. 10.10.2014 **BELGIUM - ANDORRA** **6-0(3-0)** 15th EC. Qualifiers
Stade "Roi Baudouin", Bruxelles; Referee: Serhiy Boyko (Ukraine); Attendance: 40,000
AND: Ferran Pol Pérez (12/0), Ildefons Lima Solà (Cap) (88/8), Jordi Rubio Gómez (21/0) [61.Iván Lorenzo Roncero (21/0)], Emili Josep García Miramontes (26/1), Marc Vales González (33/0), David Maneiro Ton (10/0), Moisés San Nicolás Schellens (10/0), Josep Manuel Ayala Díaz (75/0), Márcio Vieira de Vasconcelos (56/0), Gabriel Riera Lancha (27/1) [72.Marc García Renom (20/0)], Cristian Martínez Alejo (27/1) [78.Sergio Moreno Marín (51/0)]. Trainer: Jesús Luis Alvarez de Eulate „Koldo" (33).

123. 13.10.2014 **ANDORRA - ISRAEL** **1-4(1-2)** 15th EC. Qualifiers
Estadi Comunal de Aixovall, Andorra la Vella; Referee: Cristian Balaj (Romania); Attendance: 800
AND: Ferran Pol Pérez (13/0), Ildefons Lima Solà (Cap) (89/9) [40.Josep Manuel Ayala Díaz (76/0)], Jordi Rubio Gómez (22/0) [70.Marc Pujol Pons (64/2)], Emili Josep García Miramontes (27/1), Marc Vales González (34/0), David Maneiro Ton (11/0), Carlos Eduardo Peppe Britos (17/0) [83.Joan Carles Toscano Beltrán (22/0)], Márcio Vieira de Vasconcelos (57/0), Gabriel Riera Lancha (28/1), Cristian Martínez Alejo (28/1), Iván Lorenzo Roncero (22/0). Trainer: Jesús Luis Alvarez de Eulate „Koldo" (34).
Goal: Ildefons Lima Solà (15 penalty).

124. 16.11.2014 **CYPRUS - ANDORRA** **5-0(3-0)** 15th EC. Qualifiers
Stádio GSP, Nicosia; Referee: Mark Clattenburg (England); Attendance: 6,078
AND: Ferran Pol Pérez (14/0), Ildefons Lima Solà (Cap) (90/9) [49. Adrián Rodrígues Gonçalves (10/0)], Jordi Rubio Gómez (23/0) [74.Víctor Rodríguez Soria (5/0)], Emili Josep García Miramontes (28/1), Marc Vales González (35/0), Marc García Renom (21/0), Márcio Vieira de Vasconcelos (58/0) [46.Josep Manuel Ayala Díaz (77/0)], Gabriel Riera Lancha (29/1), Cristian Martínez Alejo (29/1), Iván Lorenzo Roncero (23/0), Marc Pujol Pons (65/2). Trainer: Jesús Luis Alvarez de Eulate „Koldo" (35).

125. 28.03.2015 **ANDORRA – BOSNIA AND HERZEGOVINA** **0-3(0-1)** 15th EC. Qualifiers
Estadi Nacional, Andorra la Vella; Referee: István Vad (Hungary); Attendance: 2,498
AND: Ferran Pol Pérez (15/0), Ildefons Lima Solà (91/9), Óscar Sonejee Masand (Cap) (99/4), Marc Vales González (36/0), Marc García Renom (22/0), Moisés San Nicolás Schellens (11/0), Víctor Rodríguez Soria (6/0), Márcio Vieira de Vasconcelos (59/0), Iván Lorenzo Roncero (24/0) [85.Jordi Rubio Gómez (24/0)], Ludovic Clemente Garcés (11/0) [54.Cristian Martínez Alejo (30/1)], Sebastià Gómez Pérez (25/0) [59.Gabriel Riera Lancha (30/1)]. Trainer: Jesús Luis Alvarez de Eulate „Koldo" (36).

126. 06.06.2015 **ANDORRA – EQUATORIAL GUINEA** **0-1(0-1)**
Estadi Nacional, Andorra la Vella; Referee: Javier Estrada Fernández (Spain); Attendance: n/a
AND: Ferran Pol Pérez (16/0) [46.Josep Antonio Gómes Moreira (33/0)], Óscar Sonejee Masand (Cap) (**100**/4) [58.Marc Rebés Ruiz (1/0)], Jordi Rubio Gómez (25/0) [67.Moisés San Nicolás Schellens (12/0)], Marc Vales González (37/0), Adrián Rodrígues Gonçalves (11/0), Marc García Renom (23/0), Víctor Rodríguez Soria (7/0) [74.Leonel Felipe Alves Alves (2/0)], Carlos Eduardo Peppe Britos (18/0) [46.Iván Lorenzo Roncero (25/0)], Sergio Moreno Marín (52/0), Cristian Martínez Alejo (31/1), Sebastià Gómez Pérez (26/0) [46.Aarón Sánchez Alburquerque (1/0)]. Trainer: Jesús Luis Alvarez de Eulate „Koldo" (37).

127. 12.06.2015 **ANDORRA - CYPRUS** **1-3(1-2)** 15th EC. Qualifiers
Estadi Comunal de Aixovall, Andorra la Vella; Referee: Tobias Welz (Germany); Attendance: 1,054
AND: Ferran Pol Pérez (17/0), Jordi Rubio Gómez (26/0), Marc Vales González (38/0), Adrián Rodrígues Gonçalves (12/0), Marc García Renom (24/0), Víctor Rodríguez Soria (8/0), Josep Manuel Ayala Díaz (Cap) (78/0) [60.Óscar Sonejee Masand (101/4)], Marc Rebés Ruiz (2/0) [80.Carlos Eduardo Peppe Britos (19/0)], Aarón Sánchez Alburquerque (2/0), Sergio Moreno Marín (53/0) [67.Ildefons Lima Solà (92/9)], Cristian Martínez Alejo (32/1). Trainer: Jesús Luis Alvarez de Eulate „Koldo" (38).
Goal: Dossa Momad Omar Hassamo Júnior (2 own goal).

128. 03.09.2015 **ISRAEL - ANDORRA** **4-0(4-0)** 15th EC. Qualifiers
"Sammy Ofer" Stadium, Haifa; Referee: Tamás Bognár (Hungary); Attendance: 22,000
AND: Ferran Pol Pérez (18/0), Ildefons Lima Solà (Cap) (93/9), Emili Josep García Miramontes (29/1), Marc García Renom (25/0), Moisés San Nicolás Schellens (13/0), Víctor Rodríguez Soria (9/0) [55.Óscar Sonejee Masand (102/4)], Márcio Vieira de Vasconcelos (60/0), Marc Rebés Ruiz (3/0) [81.Max Llovera González-Adrio (1/0)], Aarón Sánchez Alburquerque (3/0), Sergio Moreno Marín (54/0) [73.Jordi Rubio Gómez (27/0)], Cristian Martínez Alejo (33/1). Trainer: Jesús Luis Alvarez de Eulate „Koldo" (39).

129. 06.09.2015 **BOSNIA AND HERZEGOVINA - ANDORRA** 3-0(3-0) 15th EC. Qualifiers
Stadion Bilino Polje, Zenica; Referee: Arnold Hunter (Northern Ireland); Attendance: 7,000
AND: Ferran Pol Pérez (19/0), Ildefons Lima Solà (94/9), Óscar Sonejee Masand (Cap) (103/4), Marc García Renom (26/0), Moisés San Nicolás Schellens (14/0), Víctor Rodríguez Soria (10/0) [*sent off 64*], Josep Manuel Ayala Díaz (79/0) [81.Carlos Eduardo Peppe Britos (20/0)], Márcio Vieira de Vasconcelos (61/0), Gabriel Riera Lancha (31/1) [87.Leonel Felipe Alves Alves (3/0)], Marc Rebés Ruiz (4/0), Cristian Martínez Alejo (34/1) [76.Aarón Sánchez Alburquerque (4/0)]. Trainer: Jesús Luis Alvarez de Eulate „Koldo" (40).

130. 10.10.2015 **ANDORRA - BELGIUM** 1-4(0-2) 15th EC. Qualifiers
Estadi Nacional, Andorra la Vella; Referee: Pawel Gil (England); Attendance: 3,450
AND: Ferran Pol Pérez (20/0), Ildefons Lima Solà (95/10), Óscar Sonejee Masand (Cap) (104/4) [62.Adrián Rodrígues Gonçalves (13/0)], Jordi Rubio Gómez (28/0), Marc García Renom (27/0), Moisés San Nicolás Schellens (15/0), Max Llovera González-Adrio (2/0), Márcio Vieira de Vasconcelos (62/0) [86.Carlos Eduardo Peppe Britos (21/0)], Víctor Hugo Moreira Teixeira (13/0) [72.Gabriel Riera Lancha (32/1)], Marc Rebés Ruiz (5/0), Aarón Sánchez Alburquerque (5/0). Trainer: Jesús Luis Alvarez de Eulate „Koldo" (41).
Goal: Ildefons Lima Solà (51 penalty).

131. 13.10.2015 **WALES - ANDORRA** 2-0(0-0)
Estadi Nacional, Andorra la Vella; Referee: Bernie Raymond "Kevin" Blom (Netherlands); Attendance: 33,500
AND: Ferran Pol Pérez (21/0), Ildefons Lima Solà (96/10), Óscar Sonejee Masand (Cap) (105/4) [70.Josep Manuel Ayala Díaz (80/0)], Adrián Rodrígues Gonçalves (14/0), Moisés San Nicolás Schellens (16/0), Jordi Rubio Gómez (29/0), Max Llovera González-Adrio (3/0), Márcio Vieira de Vasconcelos (63/0), Víctor Hugo Moreira Teixeira (14/0) [12.Gabriel Riera Lancha (33/1)], Iván Lorenzo Roncero (26/0) [81.Marc García Renom (28/0)], Aarón Sánchez Alburquerque (6/0). Trainer: Jesús Luis Alvarez de Eulate „Koldo" (42).

132. 12.11.2015 **ANDORRA – SAINT KITTS AND NEVIS** 0-1(0-1)
Estadi Comunal de Aixovall, Andorra la Vella; Referee: Adrian Azzopardi(England); Attendance: n/a
AND: Josep Antonio Gómes Moreira (34/0), Ildefons Lima Solà (97/10), Óscar Sonejee Masand (Cap) (106/4) [27.Josep Manuel Ayala Díaz (81/0)], Jordi Rubio Gómez (30/0), Moisés San Nicolás Schellens (17/0) [51.Carlos Eduardo Peppe Britos (22/0)], Márcio Vieira de Vasconcelos (64/0) [72.Ludovic Clemente Garcés (12/0)], Marc Pujol Pons (66/2) [51.Jesús Everardo Rubio Quintero (1/0)], Víctor Hugo Moreira Teixeira (15/0) [72.Julián Sánchez Soto (66/1)], Gabriel Riera Lancha (34/1) [60.Sebastià Gómez Pérez (27/0)], Marc Rebés Ruiz (6/0), Cristian Martínez Alejo (51). Trainer: Jesús Luis Alvarez de Eulate „Koldo" (43).

INTERNATIONAL PLAYERS

FG/Nr	Name	DOB	Caps	Goals	Period, Club
(12/038)	ABELLA SOLANO Josep Oriol	25.01.1978	1	0	1999, Constellacio Esportiva (1/0).
(12/036)	ALONSO MARTÍNEZ Roberto Jonás	07.06.1967	29	1	1999-2005, FC Andorra (13/0), *unattached* (5/1), FC Santa Coloma (6/0), FC Andorra (4/0), UE Sant Julià (2/0).
(1/007)	ÁLVAREZ BLÁSQUEZ Josep Félix	10.07.1966	8	0	1996-2003, CE Principat (2/0), Constellació Esportiva Andorra la Vella (3/0), FC Andorra (3/0).
(120/084)	ALVES ALVES Leonel Felipe	28.09.1993	3	0	2014-2015, FC Andorra (3/0).
(58/057)	ANDORRÀ JULIÀ Xavier	07.06.1985	25	0	2005-2013, FC Andorra (1/0), CD Benicarló (2/0), CF Gimnastico Alcázar (5/0), CD Binéfar (8/0), FC Andorra (7/0), UE Sant Julià (1/0), UE Santa Coloma (1/0).
(1/013)	ARANDA Cristóbal	04.08.1966	1	0	1996, FC Encamp (1/0).
(35/047)	AYALA DÍAZ Josep Manuel	08.04.1980	81	0	2002-2015, FC Andorra (1/0), FC Santa Coloma (7/0), FC Andorra (4/0), FC Santa Coloma (6/0), UE Luzenac (3/0), FC Santa Coloma (15/0), CD Binéfar (4/0), FC Andorra (3/0), FC Santa Coloma (5/0), FC Andora (29/0), UE Santa Coloma (4/0).
(7/032)	BARRA CABELO Jordi	10.07.1978	3	0	1998-1999, FC Andorra (3/0).
(1/015)	BAZAN MOROS Jorge	07.10.1971	6	0	1996-1998, CE Principat (3/0), Charlot Principat (3/0).
(28/044)	BERNAUS CANO Marc	02.02.1977	32	1	2000-2013, Gimnastic de Tarragona (2/0), Elche CF (12/1), Club Polideportivo Ejido (1/0), Girona FC (10/0), *unattached* (7/0).
(90/076)	BOUSENINE EL MOURABIT Samir	07.02.1991	4	0	2010-2012, FC Andorra (2/0), FC Santa Coloma (2/0).
(18/041)	BUXO ESCABROS David	16.06.1981	3	0	1999-2003, FC Andorra (3/0).
(2/024)	CALERO Rafael	20.12.1976	4	0	1997-1998, FC Santa Coloma (2/0), FC Encamp Dicoansa (2/0).
(1/002)	CALVET DÍAZ Gérard Juanes	12.09.1976	3	0	1996-2000, FC Seu d´Argell (2/0), (1/0).
(1/016)	CARNICE Albert	24.03.1958	1	0	1996, CE Principat (1/0).
(1/004)	„CHOLO" Josep Maragues	14.04.1963	1	0	1996, CE Principat (1/0).
(62/060)	CLEMENTE GARCÉS Ludovic	09.05.1986	12	0	2005-2015, FC Andorra (12/0).
(63/063)	DA CUNHA Òscar Alfonso	18.12.1986	2	0	2006-2007, FC Santa Coloma (2/0).
(4/027)	ESCURA AIXAS Jordi	19.04.1980	65	0	1998-2011, CE Europa Barcelona (21/0), JD Ascó (7/0), CE Europa Barcelona (4/0), CFJ Mollerussa (6/0), CD Benavente (18/0), CF Balaguer (2/0), FC Alcarras (7/0).
(8/033)	FERNÁNDEZ ARIZA Julià „Juli"	19.11.1974	36	1	1998-2009, FC Andorra (3/0), FC Santa Coloma (12/0), FC Andorra (5/0), FC Santa Coloma (16/1).
(34/045)	FERRÓN PÉREZ Daniel	13.03.1980	4	0	2001-2004, FC Santa Coloma (4/0).
(3/028)	GARCÍA ISCLA Genís	18.05.1978	37	0	1998-2010, FC Andorra (7/0), FC La Seu d'Argell (2/0), FC Andorra (2/0), FC La Seu d'Urgell (5/0), FC Rànger's Santa Coloma (7/0), FC Construccions Buiques Rànger's (8/0), FC Santa Coloma (6/0).
(78/069)	GARCÍA MIRAMONTES Emil Josep	11.01.1989	29	1	2008-2015, FC Andorra (17/1), Racing Lermeño CF (7/0), ES Pennoise La Penne-sur-Huveaune (4/0), US Le Pontet (1/0).
(90/074)	GARCÍA RENOM Marc	21.03.1988	28	0	2010-2015, UD Fraga (1/0), CF Atlético de Monzón (3/0), UE Vic (8/0), UE Llagostera (1/0), Palamós CF (4/0), Cerdanyola CF (2/0), UE Rubí (9/0).
(34/046)	GIL SÁNCHEZ Francisco Xavier	24.05.1982	2	0	2001-2010, FC Andorra (3/0).
(17/039)	GODOY Alex	30.10.1971	4	0	1999, FC Andorra (4/0).
(3/029)	GODOY Armand	05.03.1976	3	0	1997-1999, FC Andorra (3/0).
(63/064)	GÓMES MOREIRA Josep Antonio	03.12.1986	34	0	2006-2015, FC Andorra (1/0), UD Ibiza-Eivissa (5/0), *unattached* (3/0), CD Ciudad de Vícar (5/0), CF San Rafael (5/0), RCD Carabanchel Madrid (10/0), CD Fortuna Leganés (3/0), UE Santa Coloma (1/0), CD Illescas (1/0).
(12/037)	GÓMEZ BENÍTEZ Carlos Alberto	09.06.1977	1	0	1999, UE Sant Julià (1/0).
(78/068)	GÓMEZ PÉREZ Sebastià	01.11.1983	27	0	2008-2015, FC Construccions Buiques Rànger`s (1/0), UE Sant Julià (14/0), FC Andorra (12/0).
(10/035)	GONZÁLEZ ARQUEZ Emiliano	20.09.1969	37	3	1998-2003, FC Andorra (37/3).
(8/034)	IMBERNON RÍOS Ricard	21.12.1975	2	0	1998-1999, CE Charlot Principat (1/0), CE Principat (1/0).
(6/030)	JIMÉNEZ SORIA Manuel „MANOLO"	12.08.1976	79	1	1998-2012, FC Andorra (9/0), Constellacio Esportiva Andorra la Vella (8/0), UE Matecosa Sant Julià (11/1), FC La Seu d'Argell (6/0), FC Andorra (5/0), FC Rànger's Santa Coloma (8/0), FC Andorra (12/0), FC Santa Coloma (20/0).
(4/025)	„KOLDO" Jesús Luis Alvarez de Eulate Guergue	04.09.1970	78	0	1998-2009, FC Andorra (60/0), CF Balaguer (4/0), FC Andorra (14/0).
(1/008)	LAMELAS PUERTAS Jordi	23.03.1970	1	0	1996, UE Sant Julià (1/0).
(2/021)	LIMA SOLÁ Antonio	22.09.1970	64	1	1997-2009, CR Murcia (7/0), União Madeira (7/0), CF Hospitalet (4/0), FC Gavà (3/0), Ionikos Nikea (4/0), FC Gavà (11/1), FC Palamós (10/0), UD Ibiza-Eivissa (14/0), *unattached* (4/0).

(2/022)	LIMA SOLÁ Ildefons	10.12.1979	97	10	1997-2015, FC Andorra (17/1), RCD Espanyol Barcelona (4/0), UE Sant Andreu (7/2), Pachuca CF (2/1), UD Las Palmas (4/0), Club Polideportivo Ejido (3/0), AD Rayo Vallecano (4/0), Triestina US Calcio (18/3), AC Bellinzona (9/0), US Triestina Calcio (6/0), FC Andorra (12/0), FC Santa Coloma (11/3).
(128/087)	LLOVERA GONZÁLEZ-ADRIO Max	08.01.1997	3	0	2015, Club Lleida Esportiu (3/0).
(1/003)	LÓPEZ Francesc Pedro	30.10.1972	1	0	1996, UE Sant Julià (1/0).
(45/051)	LORENZO RONCERO Iván	15.04.1986	26	0	2003-2015, FC Andorra (2/0), UD Alcampell (5/0), UD Barbastro (5/0), AC Alpicat (7/0), CFJ Mollerussa (7/0).
(1/009)	LUCENDO HEREDIA Jesús Julián	19.04.1970	29	3	1996-2003, FC Andorra (23/3), FC Santa Coloma (6/0).
(89/072)	MANEIRO TON David	17.02.1989	11	0	2009-2014, FC Andorra (5/0), FC Santa Coloma (6/0).
(1/014)	MARTIN GARCÍA Angel	25.11.1978	18	0	1996-1999, FC Andorra (18/0).
(87/071)	MARTÍNEZ ALEJO Cristian	16.10.1989	35	1	2009-2015, FC Andorra (18/1), FC Lusitanos Andorra la Vella (7/0), FC Santa Coloma (10/0).
(90/075)	MARTÍNEZ GUTIÉRREZ Alexandre	04.03.1987	7	0	2010-2012, FC Santa Coloma (7/0).
(56/056)	MARTÍNEZ SÁNCHEZ Francisco Javier	21.12.1975	8	0	2005-2006, FC Andorra (8/0).
(1/012)	MEDINA Carlos	17.06.1965	1	0	1996, UE Sant Julià (1/0).
(90/073)	MEJÍAS HURTADO Daniel	26.07.1982	5	0	2010-2012, FC Andorra (5/0).
(77/066)	MOREIRA TEIXEIRA Víctor Hugo	01.01.1991	15	0	2008-2015, FC Construccions Buiques Rànger's (1/0), UE Sant Julià (4/0), FC Lusitanos Andorra la Vella (7/0), FC Andorra (3/0).
(48/053)	MORENO MARÍN Sergio „Sergi"	25.11.1987	54	0	2004-2015, FC Andorra (2/0), UE Lleida (3/0), Getafe CF (2/0), SE Eivissa Ibiza (6/0), CF Gimnastico Alcázar (15/0), Hellín Deportivo (7/0), USD Forte die Marmi (4/0), KS Vllaznia Shkodër (2/0), Hellín Deportivo (5/0), UD Almansa (4/0), Gzira United FC (1/0), FC Jumilla (2/0), Yeclano Deportivo (1/0).
(41/049)	MOTWANI Alain	12.01.1984	1	0	2003, FC Andorra (1/0).
(1/005)	OBIOLS Francesc	10.03.1975	1	0	1996, FC Organya (1/0).
(102/079)	PEPPE BRITOS Carlos Eduardo	28.01.1983	22	0	2011-2015, UE Sant Julià (15/0), FC Andorra (4/0), UE Sant Julià (3/0).
(1/010)	POL PÉREZ Agusti	13.01.1977	28	1	1996-2003, UE Gramanet (8/1), CE Sant Andreu (7/0), CF Santaboja (7/0), Vilassar de Mar (6/0).
(91/077)	POL PÉREZ Ferran	28.02.1983	21	0	2010-2015, UE Sants Barcelona (1/0), FC Andorra (3/0), FC Lusitanos Andorra la Vella (6/0), FC Andorra (11/0).
(104/081)	POUSA BRAGANZA Cristopher	29.06.1992	2	0	2012, FC Santa Coloma (2/0).
(21/043)	PUJOL Pons Marc	21.08.1982	66	2	2000-2015, FC Andorra (7/0), FC Sant Andreu (9/0), UE Figuerés (6/1), FC Santboià (9/0), CE Manresa (4/0), CF Balaguer (10/1), FC Andorra (16/0), FC Santa Coloma (5/0).
(2/019)	RAMÍREZ PALOMO Francesc Javier	07.09.1976	32	0	1997-2004, CE Principat (2/0), Charlot Principat (1/0), FC Andorra (17/0), UE Sant Julià (5/0), FC La Seu d'Argell (2/0), UE Sant Julià (5/0).
(126/086)	REBÉS RUIZ Marc	03.07.1994	6	0	2015, FC Santa Coloma (6/0).
(2/017)	REGUERA Francesc	24.07.1970	1	0	1997, UE Sant Julià (1/0).
(45/050)	RIBOLLEDA BERNAT David	13.02.1985	2	0	2003-2012, FC Andorra (2/0), FC Santa Coloma (2/0).
(49/054)	RIERA LANCHA Gabriel	05.06.1985	34	1	2004-2015, FC Andorra (4/1), FC Rànger's Andorra la Vella (4/0), Cádiz CF (2/0), CF Gimnastico Alcázar (4/0), UE Sant Julià (2/0), UE Santa Coloma (9/0), FC Santa Coloma (9/0).
(104/080)	RODRÍGUES GONÇALVES Adrián	14.08.1988	14	0	2012-2015, CD Huracán Z Trobajo del Camino (3/0), Racing Lermeño CF (4/0), Burgos CF (1/0), CF Salmantino (2/0), Club Marino de Luanco (2/0), CP Villarrobledo (2/0).
(59/058)	RODRÍGUEZ Albert	12.02.1986	1	0	2005, FC Santa Coloma (1/0).
(49/055)	RODRÍGUEZ Alex	15.10.1980	1	0	2004, UE Sant Julià (1/0).
(1/006)	RODRÍGUEZ Johnny	25.09.1973	2	0	1996-1997, FC Andorra B (2/0).
(81/070)	RODRÍGUEZ SORIA Víctor	07.09.1987	10	0	2008-2015, FC Santa Coloma (4/0). UE Santa Coloma (4/0), FC Santa Coloma (2/0).
(7/031)	ROIG MAURI Cristian	23.08.1977	1	0	1998, (1/0).
(63/062)	RUBIO GÓMEZ Jordi	01.11.1987	30	0	2006-2015, FC Andorra (5/0), UE Santa Coloma (25/0).
(17/040)	RUBIO Jordi Benet	15.07.1980	2	0	1999-2001, FC Andorra (1/0), FC Tremp (1/0).
(132/088)	RUBIO QUINTERO Jesús Everardo	09.09.1994	1	0	2015, UE Santa Coloma (1/0).
(4/026)	RUÍZ GONZÁLEZ Justo	31.08.1969	67	2	1998-2008, União Madeira (12/0), FC Andorra (31/2), FC Rànger's Santa Coloma (24/0).
(99/078)	SALVAT BESORA Joaquim	18.12.1980	1	0	2011, UE Sant Julià (1/0).
(109/082)	SAN NICOLÁS SCHELLENS Moisés	17.09.1993	17	0	2012-2015, FC Andorra (9/0), FC Ordino (3/0), FC Lusitanos Andorra la Vella (5/0).
(126/085)	SÁNCHEZ ALBURQUERQUE Aarón	05.06.1996	6	0	2015, Club Lleida Esportiu (6/0).
(1/001)	SÁNCHEZ MIGUEZ Alfonso	27.09.1974	6	0	1996-2004, CF Cobas (1/0), SD Negreira (1/0), Real Tapia CF (3/0), Bertamiráns FC (1/0).
(1/011)	SÁNCHEZ SOTO Julián „Juli"	20.06.1978	66	1	1996-2015, FC Andorra (34/1), CF Balaguer (18/0), CD Binéfar (4/0), FC Andorra (3/0), FC Santa Coloma (5/0), FC Lusitanos Andorra la Vella (1/0), FC Andorra (1/0).
(2/018)	SERRANO José	11.11.1975	2	0	1997, FC Andorra (2/0).

(36/048)	SILVA GARCÍA Fernando José	16.05.1977	51	2	2002-2013, FC Andorra (9/0), AD Cerro de Reyes Badajoz Atlético (6/1), PD Santa Eulalia (4/0), Imperio de Mérida CP (2/1), CF Villanovense (4/0), UD Montijo (4/0), CD Badajoz (5/0), Imperio de Mérida CP (6/0), CD Guadiana (11/0).
(48/052)	SIVERA Peris Antoni	21.08.1982	23	0	2004-2007, FC Santa Coloma (11/0), UE Luzenac (4/0), *unattached* (4/0), FC Campello (4/0).
(63/065)	SOMOZA LOSADA Álex	07.07.1986	9	0	2006-2010, CE Fustes del Pas Principat (2/0), FC Construccions Buiques Rànger`s (4/0), CD Binéfar (2/0), FC Andorra (1/0).
(2/023)	SONEJEE MASAND Óscar	26.03.1976	106	4	1997-2015, FC Andorra (30/2), UE Matecosa Sant Julià (2/0), FC Andorra (3/0), FC La Seu d'Argell (2/0), FC Andorra (37/0), FC Santa Coloma (17/1), FC Lusitanos Andorra la Vella (4/1), FC Andorra (2/0), FC Lusitanos Andorra la Vella (9/0).
(20/042)	SORIA GÓMEZ Francisco Xavier	02.06.1972	10	0	1999-2002, FC Andorra (3/0), FC Santa Coloma (7/0).
(63/061)	TOSCANO Beltrán Juan Carlos	14.08.1984	22	0	2006-2014, FC Santa Coloma (6/0), CF Gimnástico Alcázar (5/0), CD Binéfar (5/0), FC Andorra (4/0), FC Santa Coloma (2/0).
(2/020)	„TXEMA" José Manuel García Luena	04.12.1974	71	0	1997-2009, FC Andorra (43/0), FC Encamp Dicoansa (5/0), FC Andorra (23/0).
(77/067)	VALES GONZÁLEZ Marc	04.04.1990	38	0	2008-2015, CE Sabadell FC (1/0), UD Ibiza-Eivissa (4/0), CD Binéfar (4/0), CF Atlético de Monzón (8/0), CD Atlético Baleares Palma de Mallorca (3/0), Real Madrid CF (7/0), *unattached* (4/0), Real Zaragoza SAD (7/0).
(62/059)	VIEIRA DE VASCONCELOS Márcio	10.10.1984	64	0	2005-2015, FC Marco (1/0), SE Eivissa Ibiza (9/0), CD Teruel (7/0), CF Atlético de Monzón (47/0).
(118/083)	VIEIRA DE VASCONCELOS Xavier	14.01.1992	2	0	2013-2014, CF Atlético de Monzón (2/0).

NATIONAL COACHES

Name	DOB	Period	Matches	P	W	D	L	GF	-	GA	
Isidre CODINA (*Spain*)		13.11.1996	[1]	1	0	0	1	1	-	6	0.00 %
Manoel MILUIR Macedo Cunha (*Brazil*)	15.04.1948	22.06.1997 – 14.10.1998	[2-11]	10	0	1	9	5	-	30	5.00 %
David RODRIGO LO (*Spain*)	08.05.1968	03.03.1999 – 14.10.2009	[12-89]	78	3	8	67	25	-	226	8.97 %
Jesús Luis Alvarez de Eulate „KOLDO"	04.09.1970	29.05.2010 – 12.11.2015	[90-132]	43	0	2	41	7	-	113	2.32 %

HEAD-TO-HEAD STATISTICS

	HOME							AWAY							NEUTRAL							TOTAL						
Albania	1	1	0	0	2	:	0	1	0	0	1	0	:	1	1	0	0	1	0	:	3	3	1	0	2	2	:	4
Armenia	5	0	1	4	0	:	11	3	0	0	3	2	:	9								8	0	1	7	2	:	20
Azerbaijan	1	0	0	1	1	:	2								3	0	3	0	0	:	0	4	0	3	1	1	:	2
Belarus	2	1	0	1	3	:	3	2	0	0	2	1	:	8								4	1	0	3	4	:	11
Belgium	2	0	0	2	1	:	5	2	0	0	2	0	:	8								4	0	0	4	1	:	13
Bosnia and Herz.	1	0	0	1	0	:	3	1	0	0	1	0	:	3								2	0	0	2	0	:	6
Brazil															1	0	0	1	0	:	3	1	0	0	1	0	:	3
Bulgaria	1	0	0	1	0	:	3	1	0	0	1	1	:	2								2	0	0	2	1	:	5
China P.R.															1	0	1	0	0	:	0	1	0	1	0	0	:	0
Croatia	3	0	0	3	0	:	11	3	0	0	3	0	:	13								6	0	0	6	0	:	24
Cyprus	2	0	0	2	3	:	6	3	0	0	3	0	:	11								5	0	0	5	3	:	17
Czech Republic	1	0	0	1	0	:	4	1	0	0	1	1	:	8								2	0	0	2	1	:	12
England	2	0	0	2	0	:	5	2	0	0	2	0	:	11								4	0	0	4	0	:	16
Equat. Guinea	1	0	0	1	0	:	1															1	0	0	1	0	:	1
Estonia	5	0	0	5	2	:	13	6	0	0	6	3	:	13								11	0	0	11	5	:	26
Faroe Islands	1	0	1	0	0	:	0															1	0	1	0	0	:	0
Finland	1	0	1	0	0	:	0	1	0	0	1	0	:	3								2	0	1	1	0	:	3
France								2	0	0	2	0	:	6	1	0	0	1	0	:	1	3	0	0	3	0	:	7
Gabun	1	0	0	1	0	:	2															1	0	0	1	0	:	2
Hungary	1	0	0	1	0	:	5	1	0	0	1	0	:	2								2	0	0	2	0	:	7
Iceland	2	0	0	2	0	:	4	3	0	0	3	0	:	10								5	0	0	5	0	:	14
Indonesia															1	0	0	1	0	:	1	1	0	0	1	0	:	1
Israel	2	0	0	2	1	:	6	1	0	0	1	0	:	4	1	0	0	1	1	:	4	4	0	0	4	2	:	14
Kazakhstan	1	0	0	1	1	:	3	1	0	0	1	0	:	3								2	0	0	2	1	:	6
Latvia	1	0	0	1	0	:	3	1	0	0	1	1	:	4	1	0	0	1	0	:	2	3	0	0	3	1	:	9
Liechtenstein								1	0	0	1	0	:	1								1	0	0	1	0	:	1
Lithuania															2	0	0	2	1	:	7	2	0	0	2	1	:	7
Macedonia	3	1	0	2	1	:	5	3	0	1	2	0	:	4								6	1	1	4	1	:	9
Malta								2	0	2	0	2	:	2								2	0	2	0	2	:	2
Moldova	1	0	0	1	0	:	3	1	0	1	0	1	:	1	1	0	0	1	1	:	2	3	0	1	2	2	:	6
Netherlands	1	0	0	1	0	:	2	3	0	0	3	0	:	11	2	0	0	2	0	:	8	6	0	0	6	0	:	21
Poland								1	0	0	1	0	:	4								1	0	0	1	0	:	4
Portugal								2	0	0	2	0	:	7	1	0	0	1	1	:	7	3	0	0	3	1	:	14
Rep. of Ireland	1	0	0	1	0	:	2	2	0	0	2	2	:	6	1	0	0	1	0	:	3	4	0	0	4	2	:	11
Romania	2	0	0	2	1	:	9	2	0	0	2	0	:	6								4	0	0	4	1	:	15
Russia	3	0	0	3	1	:	5	3	0	0	3	1	:	16								6	0	0	6	2	:	21
Saint Kitts and Nevis	1	0	0	1	0	:	1															1	0	0	1	0	:	1
Slovakia	1	0	0	1	0	:	1	1	0	0	1	0	:	1								2	0	0	2	0	:	2
Spain								1	0	0	1	0	:	4								1	0	0	1	0	:	4
Turkey	1	0	0	1	0	:	2	1	0	0	1	0	:	5								2	0	0	2	0	:	7
Ukraine	2	0	0	2	0	:	8	2	0	0	2	0	:	5								4	0	0	4	0	:	13
Wales	1	0	0	1	1	:	2	1	0	0	1	0	:	2								2	0	0	2	1	:	4
TOTAL	54	3	3	48	18	:	130	61	0	4	57	15	:	194	17	0	4	13	4	:	41	132	3	11	118	37	:	365

ARMENIA

The Country:
Republic of Armenia (Hayastani Hanrapetut'yun)
Capital: Yerevan
Surface: 29,743 km²
Inhabitants: 2,974,693
Time: UTC+4

The FA:
Football Federation of Armenia
Khanjyan Street 27 0010, Yerevan
Foundation date: 18.01.1992
Member of FIFA since: 1992
Member of UEFA since: 1993

NATIONAL TEAM RECORDS

EUROPEAN CHAMPIONSHIP	
1960	*Did not enter*
1964	*Did not enter*
1968	*Did not enter*
1972	*Did not enter*
1976	*Did not enter*
1980	*Did not enter*
1984	*Did not enter*
1988	*Did not enter*
1992	*Did not enter*
1996	Qualifiers
2000	Qualifiers
2004	Qualifiers
2008	Qualifiers
2012	Qualifiers
2016	Qualifiers

FIFA WORLD CUP	
1930	*Did not enter*
1934	*Did not enter*
1938	*Did not enter*
1950	*Did not enter*
1954	*Did not enter*
1958	*Did not enter*
1962	*Did not enter*
1966	*Did not enter*
1970	*Did not enter*
1974	*Did not enter*
1978	*Did not enter*
1982	*Did not enter*
1986	*Did not enter*
1990	*Did not enter*
1994	*Did not enter*
1998	Qualifiers
2002	Qualifiers
2006	Qualifiers
2010	Qualifiers
2014	Qualifiers

OLYMPIC FOOTBALL TOURNAMENTS 1900-2012							
1900	-	1936	-	1968	-	1992	-
1904	-	1948	-	1972	-	1996	Qualifiers
1908	-	1952	-	1976	-	2000	Qualifiers
1912	-	1956	-	1980	-	2004	Qualifiers
1920	-	1960	-	1984	-	2008	Qualifiers
1924	-	1964	-	1988	-	2012	Qualifiers
1928	-						

FIFA CONFEDERATIONS CUP 1992-2013
None

PLAYER WITH MOST INTERNATIONAL CAPS – Top 5			
1.	**Sargis Rubeni HOVSEPYAN**	-	132 caps (1992-2012)
2.	Roman BEREZOVSKY	-	93 caps (1996-2015)
3.	Robert Norayri ARZUMANYAN	-	74 caps (2005-2015)
4.	Artur PETROSYAN	-	69 caps (1992-2004)
5.	Harutyun VARDANYAN	-	63 caps (1994-2004)

PLAYER WITH MOST INTERNATIONAL GOALS – Top 5			
1.	**Henrikh MKHITARYAN**	-	16 goals / 56 caps (2007-2015)
2.	Artur PETROSYAN	-	11 goals / 69 caps (1992-2004)
3.	Gevorg GHAZARYAN	-	9 goals / 49 caps (2007-2015)
	Yura MOVSISYAN	-	9 goals / 34 caps (2010-2015)

FULL INTERNATIONALS (1992-2015)

1. 14.10.1992 **ARMENIA - MOLDOVA** 0-0
Hrazdan Stadium, Yerevan; Referee: Pogon Balayan (Armenia); Attendance: 4,500
ARM: Harutyun Abrahamyan (1/0), Armen Shahgeldyan (1/0), Vardan Khachatryan (Cap) (1/0), Yervand Krbashyan (1/0), Sargis Karapetyan (1/0), Sargis Rubeni Hovsepyan (1/0), Artashes Adamyan (1/0) [62.Ara Nigoyan (1/0)], Aramayis Tonoyan (1/0) [67.Artur Petrosyan (1/0)], Arsen Avetisyan (1/0) [69.Artur Avazyan (1/0)], Samvel Kostandyan (1/0) [81.Hovhannes Tahmazyan (1/0)], Mkrtich Hovhannisyan (1/0). Trainer: Eduard Markarov (1).

2. 15.05.1994 **UNITED STATES - ARMENIA** 1-0(0-0)
Titan Stadium, Fullerton; Referee: Brian Hall (United States); Attendance: 9,753
ARM: Armenak Petrosyan (1/0), Tigran Gsepyan (1/0), Aramayis Tonoyan (Cap) (2/0), Sargis Rubeni Hovsepyan (2/0), Harutyun Vardanyan (1/0), Yervand Sukiasyan (1/0), Arsen Avetisyan (2/0), Razmik Grigoryan (1/0), Andranik Hovsepyan (1/0) [75.Hakob Ter-Petrosyan (1/0)], Hamlet V. Mkhitaryan (1/0), Armen Shahgeldyan (2/0) [71.Artur Petrosyan (2/0)]. Trainer: Eduard Markarov (2).

3. 16.07.1994 **ARMENIA - MALTA** 1-0(0-0
Hrazdan Stadium, Yerevan; Referee: Werner Müller (Switzerland); Attendance: 5,000
ARM: Armenak Petrosyan (2/0), Harutyun Vardanyan (2/0), Tigran Gsepyan (2/0) [56.Artur Petrosyan (3/0)], Ashot Khachatryan (Cap) (1/0), Sargis Rubeni Hovsepyan (3/0), Aramayis Tonoyan (3/0), Poghos Galstyan (1/0) [56.Armen Gyulbudaghants (1/0)], Razmik Grigoryan (2/0), Hamlet V. Mkhitaryan (2/0), Armen Shahgeldyan (3/0), Arsen Avetisyan (3/1) [87.Hakob Ter-Petrosyan (2/0)]. Trainer: Eduard Markarov (3).
Goal: Arsen Avetisyan (60).

4. 07.09.1994 **BELGIUM - ARMENIA** 2-0(1-0) 10th EC. Qualifiers
Stade "Constant Vanden Stock", Bruxelles; Referee: John Ferry (Northern Ireland); Attendance: 7,000
ARM: Armenak Petrosyan (3/0), Yervand Sukiasyan (2/0), Yervand Krbashyan (2/0), Aramayis Tonoyan (4/0), Ashot Khachatryan (2/0), Sargis Hovhannisyan (1/0), Sargis Rubeni Hovsepyan (4/0), Artur Petrosyan (4/0), Razmik Grigoryan (3/0) [46.Arsen Avetisyan (4/1); 76.Hamlet V. Mkhitaryan (3/0)], Armen Shahgeldyan (4/0), Hamlet A. Mkhitaryan (1/0). Trainer: Eduard Markarov (4).

5. 08.10.1994 **ARMENIA - CYPRUS** 0-0 10th EC. Qualifiers
Hrazdan Stadium, Yerevan; Referee: Zbigniew Przesmycki (Poland); Attendance: 5,000
ARM: Harutyun Abrahamyan (2/0), Yervand Sukiasyan (3/0), Vardan Khachatryan (2/0) [46.Yervand Krbashyan (3/0)], Aramayis Tonoyan (Cap) (5/0), Sargis Hovhannisyan (2/0), Harutyun Vardanyan (3/0), Artur Petrosyan (5/0), Razmik Grigoryan (4/0), Artashes Adamyan (2/0), Arsen Avetisyan (5/1), Hamlet A. Mkhitaryan (2/0) [80.Varazdat Avetisyan (1/0)]. Trainer: Eduard Markarov (5).

6. 16.11.1994 **CYPRUS - ARMENIA** 2-0(1-0) 10th EC. Qualifiers
Stádio Tsirión, Limassól; Referee: Gerald Ashby (England); Attendance: 3,254
ARM: Harutyun Abrahamyan (3/0), Yervand Sukiasyan (4/0), Yervand Krbashyan (4/0), Sargis Rubeni Hovsepyan (5/0), Aramayis Tonoyan (6/0), Sargis Hovhannisyan (3/0), Harutyun Vardanyan (4/0), Artur Petrosyan (6/0), Razmik Grigoryan (5/0), Hamlet V. Mkhitaryan (4/0) [83.Varazdat Avetisyan (2/0)], Tigran Gsepyan (3/0) [68.Arsen Avetisyan (6/1)]. Trainer: Eduard Markarov (6).

7. 26.04.1995 **ARMENIA - SPAIN** 0-2(0-0) 10th EC. Qualifiers
Hrazdan Stadium, Yerevan; Referee: Adrian Porumboiu (Romania); Attendance: 35,000
ARM: Harutyun Abrahamyan (4/0), Yervand Sukiasyan (5/0), Sargis Rubeni Hovsepyan (6/0), Aramayis Tonoyan (7/0), Sargis Hovhannisyan (4/0), Artur Petrosyan (7/0), Harutyun Vardanyan (5/0), Razmik Grigoryan (6/0) [64.Hovhannes Tahmazyan (2/0)], Hamlet V. Mkhitaryan (5/0), Armen Shahgeldyan (5/0), Artashes Adamyan (3/0) [46.Arsen Avetisyan (7/1)]. Trainer: Samvel Darbinyan (1).

8. 10.05.1995 **ARMENIA - MACEDONIA** 2-2(1-0) 10th EC. Qualifiers
Hrazdan Stadium, Yerevan; Referee: Christer Faellström (Sweden); Attendance: 5,000
ARM: Harutyun Abrahamyan (5/0), Yervand Sukiasyan (6/0), Sargis Rubeni Hovsepyan (7/0), Aramayis Tonoyan (8/0), Sargis Hovhannisyan (5/0), Harutyun Vardanyan (6/0) [79.Tigran Gsepyan (4/0)], Artur Petrosyan (8/0), Razmik Grigoryan (7/1), Hamlet V. Mkhitaryan (6/0) [69.Hovhannes Tahmazyan (3/0)], Armen Shahgeldyan (6/1), Arsen Avetisyan (8/1). Trainer: Samvel Darbinyan (2).
Goals: Razmik Grigoryan (22), Armen Shahgeldyan (51).

9. 07.06.1995 **SPAIN - ARMENIA** 1-0(0-0) 10th EC. Qualifiers
Estadio "Ramón Sánchez Pizjuán", Sevilla; Referee: Roger Philippi (Luxembourg); Attendance: 12,000
ARM: Harutyun Abrahamyan (6/0), Yervand Sukiasyan (7/0), Sargis Rubeni Hovsepyan (8/0), Aramayis Tonoyan (9/0), Ara Nigoyan (2/0) [70.Hakob Ter-Petrosyan (3/0)], Harutyun Vardanyan (7/0) [sent off 63], Artur Petrosyan (9/0) [76.Varazdat Avetisyan (3/0)], Hovhannes Tahmazyan (4/0), Hamlet V. Mkhitaryan (7/0), Armen Shahgeldyan (7/1), Arsen Avetisyan (9/1). Trainer: Samvel Darbinyan (3).

10. 16.08.1995 **ARMENIA - DENMARK** 0-2(0-1) 10th EC. Qualifiers
Hrazdan Stadium, Yerevan; Referee: Georg Dardenne (Germany); Attendance: 22,000
ARM: Armenak Petrosyan (4/0), Sargis Rubeni Hovsepyan (9/0), Vardan Khachatryan (3/0), Ashot Khachatryan (3/0), Sargis Hovhannisyan (6/0), Aramayis Tonoyan (10/0), Artur Petrosyan (10/0), Razmik Grigoryan (8/1), Hovhannes Tahmazyan (5/0) [41.Hakob Ter-Petrosyan (4/0)], Armen Shahgeldyan (8/1), Arsen Avetisyan (10/1) [80.Varazdat Avetisyan (4/0)]. Trainer: Samvel Darbinyan (4).

11. 06.09.1995 **MACEDONIA - ARMENIA** 1-2(1-0) 10th EC. Qualifiers
Stadion Gradski, Skopje; Referee: Vítor Manuel Melo Pereira (Portugal); Attendance: 10,000
ARM: Armenak Petrosyan (5/0), Tigran Gsepyan (5/0), Vardan Khachatryan (4/0), Harutyun Vardanyan (8/0), Sargis Hovhannisyan (7/0), Levon Stepanyan (1/0) [65.Hakob Ter-Petrosyan (5/0)], Sargis Rubeni Hovsepyan (10/0), Artur Petrosyan (Cap) (11/0) [84.Ashot Khachatryan (4/0)], Razmik Grigoryan (9/2) [68.Varazdat Avetisyan (5/0)], Hamlet V. Mkhitaryan (8/0), Armen Shahgeldyan (9/2). Trainer: Samvel Darbinyan (5).
Goals: Razmik Grigoryan (61), Armen Shahgeldyan (78).

12. 07.10.1995 **ARMENIA - BELGIUM** 0-2(0-2) 10th EC. Qualifiers
Hrazdan Stadium, Yerevan; Referee: Mitko Mitrev (Bulgaria); Attendance: 5,000
ARM: Harutyun Abrahamyan (7/0), Yervand Sukiasyan (8/0), Vardan Khachatryan (5/0), Ashot Khachatryan (5/0), Sargis Rubeni Hovsepyan (11/0), Tigran Gsepyan (6/0), Artur Petrosyan (12/0), Razmik Grigoryan (10/2) [46.Varazdat Avetisyan (6/0)], Hamlet V. Mkhitaryan (9/0) [71.Hayk Margaryan (1/0)], Armen Shahgeldyan (10/2), Arsen Avetisyan (11/1). Trainer: Samvel Darbinyan (6).

13. 15.11.1995 **DENMARK - ARMENIA** 3-1(2-0) 10th EC. Qualifiers
Parken Stadion, København; Referee: Gilles Veissière (France); Attendance: 40,208
ARM: Harutyun Abrahamyan (8/0), Hakob Artoyan (1/0), Vardan Khachatryan (6/0), Sargis Rubeni Hovsepyan (12/0), Harutyun Vardanyan (9/0), Tigran Gsepyan (7/0) [74.Yervand Krbashyan (5/0)], Artur Petrosyan (13/1), Varazdat Avetisyan (7/0) [70.Hayk Margaryan (2/0)], Hamlet V. Mkhitaryan (10/0), Samvel Nikolyan (1/0), Arsen Avetisyan (12/1). Trainer: Samvel Darbinyan (7).
Goal: Artur Petrosyan (47).

14. 17.01.1996 **MOROCCO - ARMENIA** 6-0(4-0)
Stade "Jules Ladoumègue", Vitrolles (France); Referee: Marc Batta (France); Attendance: 400
ARM: Harutyun Abrahamyan (9/0), Sargis Rubeni Hovsepyan (13/0), Tigran Gsepyan (8/0) [46.Yervand Krbashyan (6/0)], Artur Kocharyan (1/0), Harutyun Vardanyan (10/0) [46.Vardan Khachatryan (7/0)], Hakob Artoyan (2/0), Artur Petrosyan (14/1), Razmik Grigoryan (11/2), Hakob Ter-Petrosyan (6/0) [57.Varazdat Avetisyan (8/0)], Hamlet V. Mkhitaryan (11/0), Armen Shahgeldyan (11/2). Trainer: Samvel Darbinyan (8).

15. 05.06.1996 **FRANCE - ARMENIA** 2-0(1-0)
Stade "Grimonprez-Joaris", Lille; Referee: Alain Hamer (Luxembourg); Attendance: 22,000
ARM: Harutyun Abrahamyan (10/0), Yervand Sukiasyan (9/0), Vardan Khachatryan (8/0), Sargis Rubeni Hovsepyan (14/0), Sargis Hovhannisyan (8/0), Hakob Ter-Petrosyan (7/0) [74.Yervand Krbashyan (7/0)], Aramayis Tonoyan (11/0) [58.Harutyun Vardanyan (11/0)], Artur Petrosyan (15/1), Razmik Grigoryan (12/2) [65.Arsen Avetisyan (13/1)], Hamlet V. Mkhitaryan (12/0), Varazdat Avetisyan (9/0). Trainer: Samvel Darbinyan (9).

16. 20.06.1996 **PERU - ARMENIA** 4-0(1-0)
Estadio Nacional, Lima; Referee: Jorge Luis Torres Prada (Peru); Attendance: 5,600
ARM: Harutyun Abrahamyan (11/0), Sargis Rubeni Hovsepyan (15/0), Vardan Khachatryan (9/0), Aramayis Tonoyan (12/0) [Yervand Krbashyan (8/0)], Harutyun Vardanyan (12/0) [Vardan Minasyan (1/0)], Artur Mkrtchyan (1/0), Artur Petrosyan (16/1), Hamlet V. Mkhitaryan (13/0), Arsen Avetisyan (14/1) [Tigran Yesayan (1/0)], Varazdat Avetisyan (10/0) [Arayik Adamyan (1/0)], Armen Shahgeldyan (12/2) [Andranik Hovsepyan (2/0)]. Trainer: Khoren Oganesyan (1).

17. 26.06.1996 **PARAGUAY - ARMENIA** 1-2(1-1)
Estadio "Manuel Ferreira", Asunción; Referee: Ubaldo Aquino Valenzano (Paraguay); Attendance: 2,000
ARM: Harutyun Abrahamyan (12/0), Sargis Rubeni Hovsepyan (16/0), Vardan Khachatryan (10/0), Aramayis Tonoyan (13/0), Harutyun Vardanyan (13/0) [78.Yervand Krbashyan (9/0)], Artur Petrosyan (17/1) [89.Artur Mkrtchyan (2/0)], Hakob Ter-Petrosyan (8/0) [73.Arsen Avetisyan (15/1)], Hamlet V. Mkhitaryan (14/0), Vardan Minasyan (2/0), Tigran Yesayan (2/1), Varazdat Avetisyan (11/1) [84.Arayik Adamyan (2/0)]. Trainer: Khoren Oganesyan (2).
Goals: Varazdat Avetisyan (33), Tigran Yesayan (56).

18. 30.06.1996 **ECUADOR - ARMENIA** 3-0(1-0)
Estadio Reales Tamarindos, Porto Viejo; Referee: Roger Zambrano (Ecuador); Attendance: 12,000
ARM: Harutyun Abrahamyan (13/0), Sargis Rubeni Hovsepyan (17/0), Vardan Khachatryan (11/0) [69.Yervand Krbashyan (10/0)], Aramayis Tonoyan (14/0), Harutyun Vardanyan (14/0) [53.Arsen Avetisyan (16/1)], Artur Petrosyan (18/1), Hakob Ter-Petrosyan (9/0) [54.Arayik Adamyan (3/0)], Hamlet V. Mkhitaryan (15/0), Vardan Minasyan (3/0) [80.Andranik Hovsepyan (3/0)], Varazdat Avetisyan (12/1), Tigran Yesayan (3/1). Trainer: Khoren Oganesyan (3).

19. 31.08.1996 **ARMENIA - PORTUGAL** 0-0 16th FIFA WC. Qualifiers
Hrazdan Stadium, Yerevan; Referee: Karol Ihring (Slovakia); Attendance: 5,000
ARM: Roman Berezovsky (1/0), Yervand Sukiasyan (10/0), Vardan Khachatryan (12/0), Michel Der Zakarian (1/0) [10.Vardan Minasyan (4/0)], Sargis Rubeni Hovsepyan (18/0), Harutyun Vardanyan (15/0), Artur Petrosyan (19/1), Razmik Grigoryan (13/2) [69.Artashes Adamyan (4/0)], Hamlet V. Mkhitaryan (16/0), Varazdat Avetisyan (13/1), Arsen Avetisyan (17/1) [62.Tigran Yesayan (4/1)]. Trainer: Khoren Oganesyan (4).

20. 05.10.1996 **NORTHERN IRELAND - ARMENIA** 1-1(1-1) 16th FIFA WC. Qualifiers
Windsor Park, Belfast; Referee: Krsto Danilovski (Macedonia); Attendance: 12,000
ARM: Roman Berezovsky (2/0), Yervand Sukiasyan (11/0), Vardan Khachatryan (13/0), Sargis Rubeni Hovsepyan (19/0), Harutyun Vardanyan (16/0), Sargis Hovhannisyan (9/0), Artur Petrosyan (20/1) [82.Varazdat Avetisyan (14/1)], Hamlet V. Mkhitaryan (17/0), Aramayis Tonoyan (15/0) [56.Vardan Minasyan (5/0)], Eric Assadourian (1/1), Karapet Mikaelyan (1/0) [70.Hakob Ter-Petrosyan (10/0)]. Trainer: Khoren Oganesyan (5).
Goal: Eric Assadourian (8).

21. 09.10.1996 **ARMENIA - GERMANY** 1-5(0-3) 16th FIFA WC. Qualifiers
Hrazdan Stadium, Yerevan; Referee: Pierluigi Collina (Italy); Attendance: 50,000
ARM: Roman Berezovsky (3/0), Yervand Sukiasyan (12/0), Vardan Khachatryan (14/0), Michel Der Zakarian (2/0), Sargis Rubeni Hovsepyan (20/0), Harutyun Vardanyan (17/0) [74.Vardan Minasyan (6/0)], Sargis Hovhannisyan (10/0) [46.Varazdat Avetisyan (15/1)], Hamlet V. Mkhitaryan (18/0), Aramayis Tonoyan (16/0) [46.Hakob Ter-Petrosyan (11/0)], Eric Assadourian (2/1), Karapet Mikaelyan (2/1). Trainer: Khoren Oganesyan (6).
Goal: Karapet Mikaelyan (85).

22. 09.11.1996 **ALBANIA - ARMENIA** 1-1(0-0) 16th FIFA WC. Qualifiers
Stadiumi „Kombëtar Qemal Stafa", Tiranë; Referee: Fritz Stuchlik (Austria); Attendance: 7,000
ARM: Armenak Petrosyan (6/0), Yervand Sukiasyan (13/0), Vardan Khachatryan (15/0), Sargis Rubeni Hovsepyan (21/0), Harutyun Vardanyan (18/0) [73.Varazdat Avetisyan (16/1)], Artur Petrosyan (21/1), Hamlet V. Mkhitaryan (19/0), Arsen Avetisyan (18/1) [46.Vardan Minasyan (7/0)], Aramayis Tonoyan (17/0) [46.Hakob Ter-Petrosyan (12/1)], Eric Assadourian (3/1), Karapet Mikaelyan (3/1). Trainer: Khoren Oganesyan (7).
Goal: Hakob Ter-Petrosyan (89).

23. 04.01.1997 **CHILE - ARMENIA** 7-0(3-0)
Estadio Sausalito, Viña del Mar; Referee: Mario Fernando Sánchez Yanten (Chile); Attendance: 17,726
ARM: Armen Avagyan (1/0), Tigran Gsepyan (9/0), Vardan Khachatryan (16/0) [46.Vardan Minasyan (8/0)], Sargis Rubeni Hovsepyan (Cap) (22/0), Harutyun Vardanyan (19/0), Artur Petrosyan (22/1) [81.Gagik Manukyan (1/0)], Hamlet V. Mkhitaryan (20/0), Hakob Ter-Petrosyan (13/1), Arsen Avetisyan (19/1) [63.Tigran Yesayan (5/1)], Karapet Mikaelyan (4/1), Armen Sanamyan (1/0) [54.Harutyun Karapetyan (1/0)]. Trainer: Khoren Oganesyan (8).

24. 06.01.1997 **PARAGUAY - ARMENIA** 2-0(1-0)
Estadio Defensores del Chaco, Asunción; Referee: Félix Benegas Caballero (Paraguay); Attendance: 18,000
ARM: Armen Avagyan (2/0), Tigran Gsepyan (10/0), Harutyun Vardanyan (20/0) [46.Gagik Manukyan (2/0)], Sargis Rubeni Hovsepyan (Cap) (23/0), Hakob Ter-Petrosyan (14/1) [60.Varazdat Avetisyan (17/1)], Harutyun Karapetyan (2/0), Arsen Avetisyan (20/1), Hamlet V. Mkhitaryan (21/0), Tigran Yesayan (6/1) [70.Armen Sanamyan (2/0)], Artur Petrosyan (23/1), Karapet Mikaelyan (5/1). Trainer: Khoren Oganesyan (9).

25. 30.03.1997 **GEORGIA - ARMENIA** 7-0(2-0)
"Boris Paichadze" Stadium, Tbilisi; Referee: Valentin Ivanov (Russia); Attendance: 10,000
ARM: Armen Avagyan (3/0), Yervand Sukiasyan (14/0), Vardan Khachatryan (17/0) [46.Tigran Gsepyan (11/0)], Michel Der Zakarian (3/0) [46.Aramayis Tonoyan (18/0)], Sargis Rubeni Hovsepyan (24/0), Harutyun Vardanyan (21/0) [46.Tigran Yesayan (7/1)], Artur Petrosyan (24/1) [60.Romik Khachatryan (1/0)], Hamlet V. Mkhitaryan (22/0), Hakob Ter-Petrosyan (15/1) [56.Gagik Manukyan (3/0)], Arsen Avetisyan (21/1), Eric Assadourian (4/1). Trainer: Khoren Oganesyan (10).

26. 30.04.1997 **ARMENIA – NORTHERN IRELAND** 0-0 16th FIFA WC. Qualifiers
Hrazdan Stadium, Yerevan; Referee: Karl-Erik Nilsson (Sweden); Attendance: 10,000
ARM: Roman Berezovsky (4/0), Yervand Sukiasyan (15/0), Vardan Khachatryan (18/0), Michel Der Zakarian (4/0), Sargis Rubeni Hovsepyan (25/0), Artur Petrosyan (25/1) [84.Felix Khodzhoyan (1/0)], Hamlet V. Mkhitaryan (23/0), Arsen Avetisyan (22/1) [87.Varazdat Avetisyan (18/1)], Aramais Yepiskoposyan (1/0) [76.Tigran Yesayan (8/1)], Eric Assadourian (5/1), Karapet Mikaelyan (6/1). Trainer: Khoren Oganesyan (11).

27. 07.05.1997 **UKRAINE - ARMENIA** 1-1(1-0) 16th FIFA WC. Qualifiers
Olympiyskiy Stadium, Kyiv; Referee: Atanas Uzunov (Bulgaria); Attendance: 50,000
ARM: Roman Berezovsky (5/0), Yervand Sukiasyan (16/0), Michel Der Zakarian (5/0), Sargis Rubeni Hovsepyan (27/0), Harutyun Vardanyan (22/0), Felix Khodzhoyan (2/0), Artur Petrosyan (26/2), Hamlet V. Mkhitaryan (24/0), Albert Sargisyan (1/0), Eric Assadourian (6/1) [84.Tigran Yesayan (9/1)], Karapet Mikaelyan (7/1) [76.Varazdat Avetisyan (19/1)]. Trainer: Khoren Oganesyan (12).
Goal: Artur Petrosyan (75).

28. 20.08.1997 **PORTUGAL - ARMENIA** 3-1(2-0) 16th FIFA WC. Qualifiers
Estádio Bonfim, Setúbal; Referee: Marcel Lică (Romania); Attendance: 20,000
ARM: Harutyun Abrahamyan (14/0), Hakob Ter-Petrosyan (16/1) [46.Artur Petrosyan (27/2)], Harutyun Vardanyan (23/0), Sargis Rubeni Hovsepyan (Cap) (27/0), Albert Sargisyan (2/0) [83.Tigran Gsepyan (12/0)], Tigran Yesayan (10/1), Rafael Nazaryan (1/0), Garnik Avalyan (1/0) [79.Hayk Gevorgyan (1/0)], Felix Khodzhoyan (3/0), Eric Assadourian (7/2), Karapet Mikaelyan (8/1). Trainer: Khoren Oganesyan (13).
Goal: Eric Assadourian (46).

29. 06.09.1997 **ARMENIA - ALBANIA** 3-0(0-0) 16th FIFA WC. Qualifiers
Hrazdan Stadium, Yerevan; Referee: Miroslav Radoman (Yugoslavia); Attendance: 5,000
ARM: Roman Berezovsky (6/0), Rafael Nazaryan (2/0), Harutyun Vardanyan (24/1), Sargis Rubeni Hovsepyan (28/0), Albert Sargisyan (3/0) [46.Hakob Ter-Petrosyan (17/1)], Garnik Avalyan (2/1), Yervand Krbashyan (11/0), Artur Petrosyan (28/2) [39.Tigran Yesayan (11/1)], Hamlet V. Mkhitaryan (25/0), Eric Assadourian (8/3), Karapet Mikaelyan (9/1) [84.Varazdat Avetisyan (20/1)]. Trainer: Khoren Oganesyan (14).
Goals: Harutyun Vardanyan (60), Eric Assadourian (82), Garnik Avalyan (88 penalty).

30. 10.09.1997 **GERMANY - ARMENIA** 4-0(0-0) 16th FIFA WC. Qualifiers
Westfalenstadion, Dortmund; Referee: Peter Mikkelsen (Denmark); Attendance: 43,000
ARM: Roman Berezovsky (7/0), Rafael Nazaryan (3/0), Harutyun Vardanyan (25/1), Sargis Rubeni Hovsepyan (29/0), Yervand Krbashyan (12/0) [62.Hakob Ter-Petrosyan (18/1)], Garnik Avalyan (3/1) [46.Albert Sargisyan (4/0)], Artur Petrosyan (29/2) [79.Arsen Avetisyan (23/1)], Hamlet V. Mkhitaryan (26/0), Armen Shahgeldyan (13/2), Eric Assadourian (9/3), Karapet Mikaelyan (10/1). Trainer: Khoren Oganesyan (15).

31. 11.10.1997 **ARMENIA - UKRAINE** 0-2(0-1) 16th FIFA WC. Qualifiers
Hrazdan Stadium, Yerevan; Referee: Manuel Diaz Vega (Spain); Attendance: 10,000
ARM: Roman Berezovsky (8/0), Rafael Nazaryan (4/0), Harutyun Vardanyan (26/1), Sargis Rubeni Hovsepyan (Cap) (30/0), Albert Sargisyan (5/0), Yervand Krbashyan (13/0) [56.Felix Khodzhoyan (4/0)], Garnik Avalyan (4/1), Artur Petrosyan (30/2) [82.Varazdat Avetisyan (21/1)], Hamlet V. Mkhitaryan (27/0), Vardan Minasyan (9/0) [46.Eric Assadourian (10/3)], Karapet Mikaelyan (11/1). Trainer: Khoren Oganesyan (16).

32. 18.08.1998 **ARMENIA - LEBANON** 1-0(0-0)
Kotaik Stadium, Abovyan; Referee: Merab Malaguradze (Georgia); Attendance: 5,000
ARM: Roman Berezovsky (9/0), Yervand Sukiasyan (17/0), Vardan Khachatryan (19/0) [67.Artur Mkrtchyan (3/0)], Sargis Rubeni Hovsepyan (31/0), Albert Sargisyan (6/0) [62.Hovhannes Harutyunyan (1/0)], Harutyun Vardanyan (27/1), Artur Petrosyan (31/2) [46.Tigran Yesayan (12/1)], Ara Nigoyan (3/0) [*sent off 34*], Artashes Adamyan (5/0), Armen Adamyan (1/1), Varazdat Avetisyan (22/1) [74.Tigran Hovhannisyan (1/0)]. Trainer: Suren Barsegyan (1).
Goal: Armen Adamyan (78).

33. 05.09.1998 **ARMENIA - ANDORRA** 3-1(1-0) 11th EC. Qualifiers
Hrazdan Stadium, Yerevan; Referee: Richard O'Hanlon (Republic of Ireland); Attendance: 8,000
ARM: Roman Berezovsky (10/0), Yervand Sukiasyan (18/0), Yervand Krbashyan (14/0), Sargis Rubeni Hovsepyan (32/0), Tigran Hovhannisyan (2/0) [83.Felix Khodzhoyan (5/0)], Harutyun Vardanyan (28/1), Albert Sargisyan (7/0), Artashes Adamyan (6/0) [86.Tigran Gsepyan (13/0)], Armen Adamyan (2/1), Armen Shahgeldyan (14/2), Garnik Avalyan (5/2) [69.Tigran Yesayan (13/3)]. Trainer: Suren Barsegyan (2).
Goals: Garnik Avalyan (40), Tigran Yesayan (71, 90).

34. 10.10.1998 **ARMENIA - ICELAND** 0-0 11th EC. Qualifiers
Hrazdan Stadium, Yerevan; Referee: Morgan Norman (Sweden); Attendance: 2,000
ARM: Roman Berezovsky (11/0), Yervand Sukiasyan (19/0), Vardan Khachatryan (Cap) (20/0), Harutyun Vardanyan (29/1), Sargis Rubeni Hovsepyan (33/0), Albert Sargisyan (8/0), Artur Petrosyan (32/2) [81.Tigran Hovhannisyan (3/0)], Artashes Adamyan (7/0), Armen Shahgeldyan (15/2), Karapet Mikaelyan (12/1), Eric Assadourian (11/3) [61.Tigran Yesayan (14/3)]. Trainer: Suren Barsegyan (3).

35. 14.10.1998 **UKRAINE - ARMENIA** 2-0(1-0) 11th EC. Qualifiers
Olympiyskiy Stadium, Kyiv; Referee: Marcel Lică (Romania); Attendance: 14,850
ARM: Roman Berezovsky (12/0), Yervand Sukiasyan (20/0), Harutyun Vardanyan (30/1), Vardan Khachatryan (21/0), Sargis Rubeni Hovsepyan (34/0), Yervand Krbashyan (15/0) [85.Tigran Hovhannisyan (4/0)], Artur Petrosyan (33/2), Artashes Adamyan (8/0), Armen Shahgeldyan (16/2), Karapet Mikaelyan (13/1) [68.Garnik Avalyan (6/2)], Eric Assadourian (12/3) [74.Tigran Yesayan (15/3)]. Trainer: Suren Barsegyan (4).

36. 21.11.1998 **ARMENIA - ESTONIA** 2-1(2-0)
Kotaik Stadium, Abovyan; Referee: Karen Nalbandyan (Armenia); Attendance: 1,500
ARM: Harutyun Abrahamyan (15/0), Yervand Sukiasyan (Cap) (21/0), Felix Khodzhoyan (6/0), Artur Mkrtchyan (4/0), Karen Simonyan (1/1), Karen Barsegyan (1/1) [61.Kolya Yepranosyan (1/0)], Vardan Minasyan (10/0) [46.Suren Chahalyan (1/0)], Karen Markosyan (1/0) [66.Ara Hakobyan (1/0)], Tigran Petrosyan (1/0) [72.Henrikh Badikyan (1/0)], Tigran Yesayan (16/3) [85.Hayk Hakobyan (1/0)], Karapet Mikaelyan (14/1) [66.Arshak Amiryan (1/0)]. Trainer: Suren Barsegyan (5).
Goals: Karen Barsegyan (8), Karen Simonyan (17).

37. 03.03.1999 **POLAND - ARMENIA** **1-0(1-0)**
Stadion Wojska Polskiego, Warszawa; Referee: Anton Stredak (Slovakia), Attendance: 6,000
ARM: Roman Berezovsky (13/0), Yervand Sukiasyan (Cap) (22/0), Sargis Rubeni Hovsepyan (35/0), Harutyun Vardanyan (31/1), Artur Mkrtchyan (5/0), Artashes Adamyan (9/0) [66.Manuk Kakosyan (1/0)], Artur Petrosyan (34/2), Armen Shakhalyan (1/0) [63.Sargis Hovhannisyan (11/0)], Karen Markosyan (2/0) [46.Tigran Petrosyan (2/0)], Armen Shahgeldyan (17/2) [79.Aram Hayrapetyan (1/0)], Tigran Yesayan (17/3). Trainer: Suren Barsegyan (6).

38. 27.03.1999 **ARMENIA - RUSSIA** **0-3(0-1)** 11th EC. Qualifiers
Hrazdan Stadium, Yerevan; Referee: Terje Hauge (Norway); Attendance: 10,000
ARM: Roman Berezovsky (14/0), Artur Mkrtchyan (6/0), Sargis Rubeni Hovsepyan (36/0), Sargis Hovhannisyan (12/0), Yervand Krbashyan (16/0) [64.Hovhannes Harutyunyan (2/0)], Harutyun Vardanyan (32/1), Artur Petrosyan (35/2), Artur Voskanyan (1/0) [78.Manuk Kakosyan (2/0)], Albert Sargisyan (9/0), Armen Shahgeldyan (18/2), Karapet Mikaelyan (15/1) [81.Tigran Yesayan (18/3)]. Trainer: Suren Barsegyan (7).

39. 31.03.1999 **FRANCE - ARMENIA** **2-0(2-0)** 11th EC. Qualifiers
Stade de France, Saint-Denis, Paris; Referee: Georgios Bikas (Greece); Attendance: 78,854
ARM: Roman Berezovsky (15/0), Yervand Sukiasyan (Cap) (23/0) [40.Vardan Khachatryan (22/0)], Artur Mkrtchyan (7/0), Harutyun Vardanyan (33/1), Sargis Rubeni Hovsepyan (37/0), Sargis Hovhannisyan (13/0), Artur Petrosyan (36/2), Artur Voskanyan (2/0) [77.Aram Hayrapetyan (2/0)], Albert Sargisyan (10/0), Armen Shahgeldyan (19/2) [53.Tigran Yesayan (19/3)], Karapet Mikaelyan (16/1). Trainer: Suren Barsegyan (8).

40. 05.06.1999 **ICELAND - ARMENIA** **2-0(1-0)** 11th EC. Qualifiers
Laugardalsvöllur, Reykjavík; Referee: Mikka Peltola (Finland); Attendance: 5,656
ARM: Roman Berezovsky (16/0), Yervand Sukiasyan (24/0) [65.Artur Mkrtchyan (8/0)], Vardan Khachatryan (23/0), Sargis Rubeni Hovsepyan (38/0), Artur Voskanyan (3/0) [84.Karen Grigoryan (1/0)], Harutyun Vardanyan (34/1), Artur Petrosyan (37/2) [75.Aram Hayrapetyan (3/0)], Hovhannes Harutyunyan (3/0), Albert Sargisyan (11/0), Armen Shahgeldyan (20/2), Karapet Mikaelyan (17/1). Trainer: Suren Barsegyan (9).

41. 09.06.1999 **ARMENIA - UKRAINE** **0-0** 11th EC. Qualifiers
Hrazdan Stadium, Yerevan; Referee: Roberto Boggi (Italy); Attendance: 10,000
ARM: Roman Berezovsky (17/0), Tigran Petrosyan (3/0) [66.Karen Grigoryan (2/0)], Vardan Khachatryan (24/0), Sargis Rubeni Hovsepyan (39/0), Sargis Hovhannisyan (14/0) [46.Hovhannes Harutyunyan (4/0)], Harutyun Vardanyan (35/1), Artur Petrosyan (38/2), Artur Voskanyan (4/0), Albert Sargisyan (12/0), Armen Shahgeldyan (21/2), Karapet Mikaelyan (18/1) [46.Artur Mkrtchyan (9/0)]. Trainer: Suren Barsegyan (10).

42. 18.08.1999 **ESTONIA - ARMENIA** **2-0(0-0)**
Kalev staadion, Pärnu; Referee: Kotter (Estonia); Attendance: 500
ARM: Roman Berezovsky (18/0), Karen Barsegyan (2/1), Vardan Khachatryan (25/0), Artur Mkrtchyan (10/0), Romik Khachatryan (2/0), Artur Petrosyan (39/2) [83.Karen Dokhoyan (1/0)], Tigran Petrosyan (4/0) [87.Ara Hakobyan (2/0)], Hovhannes Tahmazyan (6/0), Karen Asatryan (1/0), Tigran Yesayan (20/3) [77.Hayk Hakobyan (2/0)], Karapet Mikaelyan (19/1) [77.Artur Kocharyan (2/0)]. Trainer: Suren Barsegyan (11).

43. 04.09.1999 **RUSSIA - ARMENIA** **2-0(1-0)** 11th EC. Qualifiers
Luzhniki Stadium, Moskva; Referee: Charles Agius (Malta); Attendance: 36,000
ARM: Roman Berezovsky (19/0), Artur Mkrtchyan (11/0), Vardan Khachatryan (26/0), Sargis Rubeni Hovsepyan (40/0), Sargis Hovhannisyan (15/0), Harutyun Vardanyan (36/1), Romik Khachatryan (3/0) [84.Tigran Petrosyan (5/0)], Hovhannes Harutyunyan (5/0) [54.Manuk Kakosyan (3/0)], Artur Voskanyan (5/0), Armen Shahgeldyan (22/2) [77.Marcelo Alessandro Devani (1/0)], Karapet Mikaelyan (20/1). Trainer: Suren Barsegyan (12).

44. 08.09.1999 **ARMENIA - FRANCE** **2-3(1-1)** 11th EC. Qualifiers
Hrazdan Stadium, Yerevan; Referee: Atanas Uzunov (Bulgaria); Attendance: 14,500
ARM: Roman Berezovsky (20/0), Artur Mkrtchyan (12/0), Vardan Khachatryan (27/0), Sargis Rubeni Hovsepyan (41/0), Romik Khachatryan (4/0) [74.Artur Kocharyan (3/0)], Tigran Yesayan (21/3), Tigran Petrosyan (6/0), Hovhannes Harutyunyan (6/0) [63.Razmik Grigoryan (14/2)], Albert Sargisyan (13/0), Armen Shahgeldyan (23/3), Karapet Mikaelyan (21/2) [67.Marcelo Alessandro Devani (2/0)]. Trainer: Suren Barsegyan (13).
Goals: Karapet Mikaelyan (6), Armen Shahgeldyan (90 penalty).

45. 09.10.1999 **ANDORRA - ARMENIA** **0-3(0-1)** 11th EC. Qualifiers
Estadi Comunal de Aixovall, Andorra la Vella; Referee: Peter Jones (England); Attendance: 900
ARM: Harutyun Abrahamyan (16/0), Yervand Sukiasyan (25/0), Artur Voskanyan (6/0), Artur Mkrtchyan (13/0), Romik Khachatryan (5/0), Harutyun Vardanyan (37/0), Artur Petrosyan (40/3) [79.Ara Hakobyan (3/0)], Tigran Petrosyan (7/0) [82.Artur Kocharyan (4/0)], Albert Sargisyan (14/0) [*sent off 31*], Armen Shahgeldyan (24/4) [78.Artur Minasyan (1/0)], Tigran Yesayan (22/4). Trainer: Suren Barsegyan (14).
Goals: Artur Petrosyan (26), Tigran Yesayan (59), Armen Shahgeldyan (63).

46. 09.01.2000 **GUATEMALA - ARMENIA** **1-1(0-1)**
Memorial Coliseum Stadium, Los Angeles (United States); Referee: Brian Hall (United States); Attendance: 16,000
ARM: Harutyun Abrahamyan (17/0), Yervand Sukiasyan (26/0), Harutyun Vardanyan (38/1), Armen Petikyan (1/0), Romik Khachatryan (6/0), Artur Petrosyan (41/3), Tigran Petrosyan (8/0), Felix Khodzhoyan (7/0) [60.Artavazd Karamyan (1/0)], Rafael Nazaryan (5/0), Gagik Manukyan (4/1) [60.Arman Karamyan (1/0)], Ara Hakobyan (4/0). Trainer: Varuzhan Sukiasyan (1).
Goal: Gagik Manukyan (9).

47. 02.02.2000 **ARMENIA - MOLDOVA** **2-1(1-0,1-1)** International Tournament
Stádio "Andonis Papapavnas" (Cyprus); Attendance: 1,000
ARM: Roman Berezovsky (21/0), Sargis Rubeni Hovsepyan (42/0), Vardan Khachatryan (28/0), Artur Mkrtchyan (14/0) [63.Tigran Khazanchyan (1/0)], Romik Khachatryan (7/0), Artur Petrosyan (42/3), Artur Minasyan (2/0), Rafael Nazaryan (6/1), Ararat Harutyunyan (1/0) [57.Karen Dokhoyan (2/1)], Armen Sarkisyan (1/0) [46.Ara Hakobyan (5/0)], Aram Hakobyan (1/0) [70.Arman Karamyan (2/0)]. Trainer: Varuzhan Sukiasyan (2).
Goals: Rafael Nazaryan (45), Karen Dokhoyan (95).

48. 04.02.2000 **CYPRUS - ARMENIA** **3-2(2-0,2-2)** International Tournament
Stádio "Makarios", Nicosia; Referee: Andreas Georgiou (Cyprus); Attendance: 5,000
ARM: Roman Berezovsky (22/0), Sargis Rubeni Hovsepyan (43/0), Vardan Khachatryan (29/0), Artur Mkrtchyan (15/0), Romik Khachatryan (8/0), Artur Petrosyan (43/4) [89.Tigran Khazanchyan (2/0)], Karen Dokhoyan (3/1), Artur Minasyan (3/0) [87.Rafael Nazaryan (7/1)], Artavazd Karamyan (2/0) [102.Gagik Manukyan (5/1)], Ararat Harutyunyan (2/0) [44.Aram Hakobyan (2/0)], Arman Karamyan (3/1) [96.Armen Sarkisyan (2/0)]. Trainer: Varuzhan Sukiasyan (3).
Goals: Artur Petrosyan (50), Arman Karamyan (74).

49. 06.02.2000 **GEORGIA - ARMENIA** 2-1(1-1) International Tournament
Stádio Tsirión, Limassól; Referee: Sotiris Konstantinou (Cyprus); Attendance: 6,000
ARM: Harutyun Abrahamyan (18/0) [46.Roman Berezovsky (23/0)], Sargis Rubeni Hovsepyan (44/0), Vardan Khachatryan (30/1), Tigran Khazanchyan (3/0) [78.Ara Hakobyan (6/0)], Romik Khachatryan (9/0), Artur Petrosyan (44/4), Karen Dokhoyan (4/1), Rafael Nazaryan (8/1), Artavazd Karamyan (3/0), Armen Sarkisyan (3/0) [43.Arman Karamyan (4/1)], Aram Hakobyan (3/0) [84.Ararat Harutyunyan (3/0)]. Trainer: Varuzhan Sukiasyan (4).
Goal: Vardan Khachatryan (44).

50. 26.04.2000 **ARMENIA - GEORGIA** 0-0
Hrazdan Stadium, Yerevan; Referee: Gennadiy Yakubovski (Belarus); Attendance: 22,000
ARM: Harutyun Abrahamyan (19/0), Sargis Rubeni Hovsepyan (45/0), Harutyun Vardanyan (39/1), Yervand Sukiasyan (27/0), Romik Khachatryan (10/0), Artur Petrosyan (45/4) [79.Karen Asatryan (2/0)], Tigran Petrosyan (9/0) [56.Artavazd Karamyan (4/0)], Artur Voskanyan (7/0), Felix Khodzhoyan (8/0), Ara Hakobyan (7/0) [68.Arman Karamyan (5/1)], Armen Shahgeldyan (25/4). Trainer: Varuzhan Sukiasyan (5).

51. 03.06.2000 **LITHUANIA - ARMENIA** 1-2(1-2)
„S. Dariaus ir S. Girėno" stadionas, Kaunas; Referee: Taras Bezzubyak (Russia); Attendance: 2,200
ARM: Harutyun Abrahamyan (20/0), Harutyun Vardanyan (40/1), Yervand Sukiasyan (28/0), Romik Khachatryan (11/0), Artur Petrosyan (46/5), Karen Dokhoyan (5/1), Artur Voskanyan (8/0), Felix Khodzhoyan (9/0), Karen Simonyan (2/1) [67.Artur Mkrtchyan (16/0)], Armen Shahgeldyan (26/4), Andrei Movsesyan (1/1) [78.Armen Petikyan (2/0)]. Trainer: Varuzhan Sukiasyan (6).
Goals: Andrei Movsesyan (5), Artur Petrosyan (29).

52. 02.09.2000 **NORWAY - ARMENIA** 0-0 17th FIFA WC. Qualifiers
Ullevaal Stadion, Oslo; Referee: William Young (Scotland); Attendance: 19,201
ARM: Roman Berezovsky (24/0), Yervand Sukiasyan (Cap) (29/0), Sargis Rubeni Hovsepyan (46/0), Harutyun Vardanyan (41/1), Romik Khachatryan (12/0), Karen Dokhoyan (6/1), Felix Khodzhoyan (10/0), Artur Voskanyan (9/0), Artur Petrosyan (47/5) [90.Artak Minasyan (1/0)], Armen Shahgeldyan (27/4) [65.Hovhannes Demirchyan (1/0)], Andrei Movsesyan (2/1) [85.Arman Karamyan (6/1)]. Trainer: Varuzhan Sukiasyan (7).

53. 07.10.2000 **ARMENIA - UKRAINE** 2-3(2-1) 17th FIFA WC. Qualifiers
Hrazdan Stadium, Yerevan; Referee: Jørn Larsen (Denmark); Attendance: 14,000
ARM: Roman Berezovsky (25/0), Yervand Sukiasyan (Cap) (30/0), Sargis Rubeni Hovsepyan (47/0), Harutyun Vardanyan (42/1), Romik Khachatryan (13/0), Karen Dokhoyan (7/1), Felix Khodzhoyan (11/0) [63.Arman Karamyan (7/1)], Artur Voskanyan (10/0), Artur Petrosyan (48/7), Armen Shahgeldyan (28/4) [77.Aram Hakobyan (4/0)], Andrei Movsesyan (3/1) [63.Artavazd Karamyan (5/0)]. Trainer: Varuzhan Sukiasyan (8).
Goals: Artur Petrosyan (17, 44).

54. 11.10.2000 **BELARUS - ARMENIA** 2-1(2-0) 17th FIFA WC. Qualifiers
Stadion Dynama, Minsk; Referee: Sorin Corpodean (Romania); Attendance: 21,700
ARM: Harutyun Abrahamyan (21/0), Yervand Sukiasyan (Cap) (31/0), Sargis Rubeni Hovsepyan (48/0), Harutyun Vardanyan (43/1), Romik Khachatryan (14/0), Karen Dokhoyan (8/1), Felix Khodzhoyan (12/1) [61.Artavazd Karamyan (6/0)], Artur Voskanyan (11/0), Artur Petrosyan (49/7) [85.Arman Karamyan (8/1)], Armen Shahgeldyan (29/4), Andrei Movsesyan (4/1). Trainer: Varuzhan Sukiasyan (9).
Goal: Felix Khodzhoyan (50).

55. 12.02.2001 **ARMENIA - UZBEKISTAN** 2-0(1-0) Albena-Mobitel Tournament
Stadion Albena, Obrochishte (Bulgaria); Referee: Dimitar Dimitrov (Bulgaria); Attendance: 10
ARM: Harutyun Abrahamyan (22/0), Yervand Sukiasyan (Cap (32/0) [34.Artur Mkrtchyan (17/0)], Felix Khodzhoyan (13/1), Armen Petikyan (3/0), Hovhannes Demirchyan (2/0), Artur Voskanyan (12/0) [58.Artur Minasyan (4/1)], Artak Minasyan (2/1) [52.Artavazd Karamyan (7/0)], Arkadi Dokhoyan (1/0), Kolya Yepranosyan (2/0), Armen Shahgeldyan (30/4) [77.Arman Karamyan (9/1)], Hayk Hakobyan (3/0) [30.Aram Hayrapetyan (4/0)]. Trainer: Varuzhan Sukiasyan (10).
Goals: Artak Minasyan (26), Artur Minasyan (77).

56. 24.03.2001 **ARMENIA - WALES** 2-2(1-1) 17th FIFA WC. Qualifiers
„Vazgen Sargsyan" Hanrapetakan Stadium, Yerevan; Referee: Georgios Kasnaferis (Greece); Attendance: 7,000
ARM: Harutyun Abrahamyan (23/0), Albert Sargisyan (15/0) [sent off 81], Sargis Rubeni Hovsepyan (49/0), Harutyun Vardanyan (Cap) (44/1), Artak Minasyan (3/2) [39.Hovhannes Demirchyan (3/0)], Artur Petrosyan (50/7) [71.Ara Hakobyan (8/0)], Karen Dokhoyan (9/1), Felix Khodzhoyan (14/1) [57.Artavazd Karamyan (8/0)], Artur Voskanyan (13/0), Armen Shahgeldyan (31/4), Andrei Movsesyan (5/2). Trainer: Varuzhan Sukiasyan (11).
Goals: Artak Minasyan (39), Andrei Movsesyan (67).

57. 28.03.2001 **POLAND - ARMENIA** 4-0(2-0) 17th FIFA WC. Qualifiers
Stadion Wojska Polskiego, Warszawa; Referee: Eric Poulat (France); Attendance: 11,000
ARM: Harutyun Abrahamyan (24/0), Artur Mkrtchyan (18/0), Sargis Rubeni Hovsepyan (50/0), Harutyun Vardanyan (45/1), Romik Khachatryan (15/0), Karen Dokhoyan (10/1), Hovhannes Demirchyan (4/0), Artur Voskanyan (14/0) [66.Artavazd Karamyan (9/0)], Artur Petrosyan (51/7), Armen Shahgeldyan (32/4) [73.Arman Karamyan (10/1)], Andrei Movsesyan (6/2). Trainer: Varuzhan Sukiasyan (12).

58. 02.06.2001 **ARMENIA - BELARUS** 0-0 17th FIFA WC. Qualifiers
„Vazgen Sargsyan" Hanrapetakan Stadium, Yerevan; Referee: Anton Guenov (Bulgaria); Attendance: 6,400
ARM: Harutyun Abrahamyan (25/0), Yervand Sukiasyan (Cap) (33/0), Albert Sargisyan (16/0), Harutyun Vardanyan (46/1), Artak Minasyan (4/2) [38.Artavazd Karamyan (10/0)], Romik Khachatryan (16/0), Karen Dokhoyan (11/1), Felix Khodzhoyan (15/1), Hovhannes Demirchyan (5/0) [65.Arkadi Dokhoyan (2/0)], Artur Petrosyan (52/7), Arman Karamyan (11/1) [71.Hayk Gevorgyan (2/0)]. Trainer: Varuzhan Sukiasyan (13).

59. 06.06.2001 **ARMENIA - POLAND** 1-1(1-1) 17th FIFA WC. Qualifiers
„Vazgen Sargsyan" Hanrapetakan Stadium, Yerevan; Referee: Eric Romain (Belgium); Attendance: 5,500
ARM: Harutyun Abrahamyan (26/0), Yervand Sukiasyan (Cap) (34/0), Albert Sargisyan (17/0) [sent off 53], Sargis Rubeni Hovsepyan (51/0), Harutyun Vardanyan (47/1) [46.Hovhannes Demirchyan (6/0)], Romik Khachatryan (17/0), Karen Dokhoyan (12/1), Felix Khodzhoyan (16/1) [sent off 85], Artur Petrosyan (53/8), Arkadi Dokhoyan (3/0) [35.Ara Hakobyan (9/0); 63.Hayk Gevorgyan (3/0) [sent off 87]], Arman Karamyan (12/1). Trainer: Varuzhan Sukiasyan (14).
Goal: Artur Petrosyan (13).

60. 01.09.2001 **WALES - ARMENIA** 0-0 17th FIFA WC. Qualifiers
Millenium Stadium, Cardiff; Referee: Joseph Attard (Malta); Attendance: 20,000
ARM: Roman Berezovsky (26/0), Yervand Sukiasyan (Cap) (35/0), Sargis Rubeni Hovsepyan (52/0), Harutyun Vardanyan (48/1), Romik Khachatryan (18/0), Artur Voskanyan (15/0) [66.Ararat Harutyunyan (4/0)], Artur Petrosyan (54/8) [89.Hovhannes Demirchyan (7/0)], Karen Dokhoyan (13/1), Arkadi Dokhoyan (4/0), Armen Shahgeldyan (33/4) [75.Gagik Simonyan (1/0)], Andrei Movsesyan (7/2). Trainer: Varuzhan Sukiasyan (15).

61. 05.09.2001 **UKRAINE - ARMENIA** **3-0(1-0)** 17th FIFA WC. Qualifiers
Ukrayina Stadium, Lviv; Referee: Loizos Loizou (Cyprus); Attendance: 28,000
ARM: Roman Berezovsky (27/0), Yervand Sukiasyan (Cap) (36/0), Sargis Rubeni Hovsepyan (53/0), Harutyun Vardanyan (49/1), Romik Khachatryan (19/0), Albert Sargisyan (18/0), Artur Petrosyan (55/8), Karen Dokhoyan (14/1), Arkadi Dokhoyan (5/0) [83.Ararat Harutyunyan (5/0)], Armen Shahgeldyan (34/4) [72.Hayk Hakobyan (4/0)], Andrei Movsesyan (8/2). Trainer: Varuzhan Sukiasyan (16).

62. 06.10.2001 **ARMENIA - NORWAY** **1-4(0-0)** 17th FIFA WC. Qualifiers
„Vazgen Sargsyan" Hanrapetakan Stadium, Yerevan; Referee: Andreas Schluchter (Switzerland); Attendance: 9,000
ARM: Roman Berezovsky (28/0), Albert Sargisyan (19/0), Sargis Rubeni Hovsepyan (54/0), Harutyun Vardanyan (50/1), Romik Khachatryan (20/0), Artur Voskanyan (16/0) [59.Hayk Hakobyan (5/1)], Artur Petrosyan (56/8), Karen Dokhoyan (15/1), Arkadi Dokhoyan (6/0) [74.Artak Minasyan (5/2)], Felix Khodzhoyan (17/1) [63.Artavazd Karamyan (11/0)], Arman Karamyan (13/1). Trainer: Varuzhan Sukiasyan (17).
Goal: Hayk Hakobyan (72).

63. 07.06.2002 **ANDORRA - ARMENIA** **0-2(0-1)**
Estadi Comunal de Aixovall, Andorra la Vella; Referee: Paolo Paraty da Silva (Portugal); Attendance: 300
ARM: Armando Hambartsumyan (1/0), Albert Sargisyan (20/0) [46.Ararat Harutyunyan (6/0)], José André Bilibio (1/0), Armen Petikyan (4/0), Artur Voskanyan (17/0) [90.Tigran Davtyan (1/0)], Aghvan Mkrtchyan (1/0) [86.Aleksander Tadevosyan (1/0)], Artavazd Karamyan (12/0), Karen Aleksanyan (1/0) [62.Arman Karamyan (14/2)], Artur Mkrtchyan (19/0), Armen Shahgeldyan (35/5), Andrei Movsesyan (9/2) [81.Ara Hakobyan (10/0)]. Trainer: Andranik Adamyan (1).
Goals: Armen Shahgeldyan (8), Arman Karamyan (81).

64. 07.09.2002 **ARMENIA - UKRAINE** **2-2(0-2)** 12th EC. Qualifiers
„Vazgen Sargsyan" Hanrapetakan Stadium, Yerevan; Referee: Mikko Vuorela (Finland); Attendance: 9,000
ARM: Roman Berezovsky (29/0), Artur Mkrtchyan (20/0) [60.Albert Sargisyan (21/1)], Vardan Minasyan (11/0) [46.Artur Voskanyan (18/0)], Sargis Rubeni Hovsepyan (55/0), Harutyun Vardanyan (51/1), Romik Khachatryan (21/0), Artur Petrosyan (57/9), José André Bilibio (2/0), Karen Dokhoyan (16/1), Artavazd Karamyan (13/0), Arman Karamyan (15/2) [71.Andrei Movsesyan (10/2)]. Trainer: Oscar López (Argentina, 1).
Goals: Artur Petrosyan (73), Albert Sargisyan (90 penalty).

65. 16.10.2002 **GREECE - ARMENIA** **2-0(1-0)** 12th EC. Qualifiers
Stádio „Apostolos Nikolaidis", Athína; Referee: Darko Ceferin (Slovenia); Attendance: 6,000
ARM: Roman Berezovsky (30/0), Albert Sargisyan (22/1) [82.Yeghishe Melikyan (1/0)], José André Bilibio (3/0), Sargis Rubeni Hovsepyan (56/0), Harutyun Vardanyan (52/1), Romik Khachatryan (22/0) [46.Vardan Minasyan (12/0)], Artur Petrosyan (58/9), Artur Voskanyan (19/0), Karen Dokhoyan (17/1), Artavazd Karamyan (14/0), Arman Karamyan (16/2) [66.Hamlet V. Mkhitaryan (28/0)]. Trainer: Oscar López (Argentina, 2).

66. 12.02.2003 **ISRAEL - ARMENIA** **2-0(1-0)**
National Stadium, Ramat Gan, Tel Aviv; Referee: Alfredo Trentalange (Italy); Attendance: 8,000
ARM: Armando Hambartsumyan (2/0), Artur Mkrtchyan (21/0) [77.Eduard Partsikyan (1/0)], Harutyun Vardanyan (53/1), Romik Khachatryan (23/0), José André Bilibio (4/0), Artur Petrosyan (59/9), Karen Dokhoyan (18/1), Artur Voskanyan (20/0), Artavazd Karamyan (15/0), Arman Karamyan (17/2), Armen Shahgeldyan (36/5) [68.Vahtang Hakobyan (1/0)]. Trainer: Andranik Adamyan (2).

67. 29.03.2003 **ARMENIA – NORTHERN IRELAND** **1-0(0-0)** 12th EC. Qualifiers
„Vazgen Sargsyan" Hanrapetakan Stadium, Yerevan; Referee: Roland Beck (Liechtenstein); Attendance: 10,321
ARM: Roman Berezovsky (31/0), Yeghishe Melikyan (2/0), Karen Dokhoyan (19/1), Sargis Rubeni Hovsepyan (57/0), Harutyun Vardanyan (54/1), José André Bilibio (5/0), Artur Petrosyan (60/10) [90.Hamlet V. Mkhitaryan (29/0)], Artur Voskanyan (21/0), Albert Sargisyan (23/1) [90.Artur Mkrtchyan (22/0)], Artavazd Karamyan (16/0) [89.Aghvan Mkrtchyan (2/0)], Arman Karamyan (18/2). Trainer: Mihai Stoichiţă (Romania, 1).
Goal: Artur Petrosyan (86).

68. 02.04.2003 **SPAIN - ARMENIA** **3-0(0-0)** 12th EC. Qualifiers
Estadio "Antonio Amilivia", León; Referee: Alon Yefet (Israel); Attendance: 13,500
ARM: Roman Berezovsky (32/0), Yeghishe Melikyan (3/0), Karen Dokhoyan (20/1), Sargis Rubeni Hovsepyan (58/0), Harutyun Vardanyan (55/1), Romik Khachatryan (24/0) [83.Vardan Minasyan (13/0)], Artur Petrosyan (61/10) [80.Hamlet V. Mkhitaryan (30/0)], Artur Voskanyan (22/0), Albert Sargisyan (24/1), Artavazd Karamyan (17/0) [90.José André Bilibio (6/0)], Arman Karamyan (19/2). Trainer: Mihai Stoichiţă (Romania, 2).

69. 07.06.2003 **UKRAINE - ARMENIA** **4-3(1-1)** 12th EC. Qualifiers
Ukrayina Stadium, Lviv; Referee: Hermann Albrecht (Germany); Attendance: 28,000
ARM: Roman Berezovsky (33/0), Eduard Partsikyan (2/0), Karen Dokhoyan (21/0), Sargis Rubeni Hovsepyan (59/0), Harutyun Vardanyan (56/1), Romik Khachatryan (25/0), Artur Petrosyan (62/11) [80.José André Bilibio (7/0)], Artur Voskanyan (23/0), Albert Sargisyan (25/3), Artavazd Karamyan (18/0), Arman Karamyan (20/2) [84.Ararat Harutyunyan (7/0)]. Trainer: Mihai Stoichiţă (Romania, 3).
Goals: Albert Sargisyan (13 penalty, 50), Artur Petrosyan (72 penalty).

70. 06.09.2003 **ARMENIA - GREECE** **0-1(0-1)** 12th EC. Qualifiers
„Vazgen Sargsyan" Hanrapetakan Stadium, Yerevan; Referee: René Temmink (Netherlands); Attendance: 6,500
ARM: Roman Berezovsky (34/0), Yeghishe Melikyan (4/0), José André Bilibio (8/0), Marian Tudor Zeciu (1/0), Harutyun Vardanyan (57/1), Romik Khachatryan (26/0), Artur Petrosyan (63/11), Artur Voskanyan (24/0) [88.Ara Hakobyan (11/0)], Albert Sargisyan (26/3), Artavazd Karamyan (19/0), Arman Karamyan (21/2) [64.Andrei Movsesyan (11/2)]. Trainer: Mihai Stoichiţă (Romania, 4).

71. 10.09.2003 **NORTHERN IRELAND - ARMENIA** **0-1(0-1)** 12th EC. Qualifiers
Windsor Park, Belfast; Referee: Anton Stredak (Slovakia); Attendance: 8,616
ARM: Roman Berezovsky (35/0), Yeghishe Melikyan (5/0), José André Bilibio (9/0), Sargis Rubeni Hovsepyan (Cap) (60/0), Marian Tudor Zeciu (2/0), Romik Khachatryan (27/0), Artur Petrosyan (64/11) [13.Arman Karamyan (22/3)], Artur Voskanyan (25/0), Albert Sargisyan (27/3), Artavazd Karamyan (20/0) [87.Eduard Partsikyan (3/0)], Andrei Movsesyan (12/2) [75.Ara Hakobyan (12/0)]. Trainer: Mihai Stoichiţă (Romania, 5).
Goal: Arman Karamyan (27).

72. 11.10.2003 **ARMENIA - SPAIN** **0-4(0-1)** 12th EC. Qualifiers
„Vazgen Sargsyan" Hanrapetakan Stadium, Yerevan; Referee: Urs Meier (Switzerland); Attendance: 16,000
ARM: Roman Berezovsky (36/0), Yeghishe Melikyan (6/0), Karen Dokhoyan (22/1), Sargis Rubeni Hovsepyan (61/0), Haruthyun Vardanyan (58/1), Romik Khachatryan (28/0), Marian Tudor Zeciu (3/0) [88.José André Bilibio (10/0)], Artur Voskanyan (26/0) [78.Andrei Movsesyan (13/2)], Albert Sargisyan (28/3), Artavazd Karamyan (21/0) [87.Artur Petrosyan (65/11)], Arman Karamyan (23/3). Trainer: Mihai Stoichiţă (Romania, 6).

73. 18.02.2004   HUNGARY - ARMENIA   **2-0(0-0)**   Cyprus Tournament
Paphiako, Paphos (Cyprus); Referee: Panayiotis Gerasimou (Cyprus); Attendance: 300
ARM: Armando Hambartsumyan (3/0), Valeri Vazgen Aleksanyan (1/0), Marian Tudor Zeciu (4/0), Barsegh Kirakosyan (1/0) [78.Aghvan Mkrtchyan (3/0)], Sargis Rubeni Hovsepyan (Cap) (62/0), Romik Khachatryan (29/0) [80.Aleksander Tadevosyan (2/0)], Artur Voskanyan (27/0) [74.Balep Bah N'Dumbouk (1/0)], Yeghishe Melikyan (7/0), Artavazd Karamyan (22/0) [61.David Grigoryan (1/0)], Arman Karamyan (24/3) [63.Levon Pachajyan (1/0)], Ara Hakobyan (13/0) [71.Galust Petrosyan (1/0)]. Trainer: Mihai Stoichiță (Romania, 7).

74. 19.02.2004   ARMENIA - KAZAKHSTAN   **3-3(0-0,3-3); 2-3 on penalties**   Cyprus Tournament
Stádio Paphiako, Paphos (Cyprus); Referee: Panayiotis Gerasimou (Cyprus); Attendance: 100
ARM: Armando Hambartsumyan (4/0) [87.Edel Apoula Edima Bete (1/0)], Sargis Rubeni Hovsepyan (Cap) (63/0), Valeri Vazgen Aleksanyan (2/0) [68.Marian Tudor Zeciu (5/0)], Romik Khachatryan (30/0), David Grigoryan (2/0), Balep Bah N'Dumbouk (2/0), Levon Pachajyan (2/0) [59.Artavazd Karamyan (23/1)], Galust Petrosyan (2/1) [59.Ara Hakobyan (14/0)], Aghvan Mkrtchyan (4/0) [64.Yeghishe Melikyan (8/0)], Aleksander Tadevosyan (3/0) [60.Barsegh Kirakosyan (2/0)], Edgar Manucharyan (1/0) [59.Arman Karamyan (25/4)]. Trainer: Mihai Stoichiță (Romania, 8).
Goals: Galust Petrosyan (52), Artavazd Karamyan (72), Arman Karamyan (82).

75. 21.02.2004   ARMENIA - GEORGIA   **2-0(1-0)**   Cyprus Tournament
Stádio Makario, Nicosia (Cyprus); Referee: Romans Lajuks (Latvia); Attendance: 1,000
ARM: Edel Apoula Edima Bete (2/0), Sargis Rubeni Hovsepyan (Cap) (64/0), Romik Khachatryan (31/0) [79.Balep Bah N'Dumbouk (3/0)], Levon Pachajyan (3/0) [87.Valeri Vazgen Aleksanyan (3/0)], Yeghishe Melikyan (9/0) [88.Edgar Manucharyan (2/0)], Marian Tudor Zeciu (6/0), Rafael Nazaryan (9/1) [89.Karen Aleksanyan (2/0)], Artur Mkrtchyan (23/0), Artur Voskanyan (28/0), Artavazd Karamyan (24/2) [87.Barsegh Kirakosyan (3/0)], Arman Karamyan (26/5) [73.Ara Hakobyan (15/0)]. Trainer: Mihai Stoichiță (Romania, 9).
Goals: Arman Karamyan (42), Artavazd Karamyan (52).

76. 28.04.2004   ARMENIA - TURKMENISTAN   **1-0(0-0)**
„Vazgen Sargsyan" Hanrapetakan Stadium, Yerevan; Referee: Merab Malaguradze (Georgia); Attendance: 7,500
ARM: Roman Berezovsky (37/0) [46.Armando Hambartsumyan (5/0)], Sargis Rubeni Hovsepyan (65/0), Harutyun Vardanyan (59/1), Aleksander Tadevosyan (4/0), Yeghishe Melikyan (10/0), Rafael Nazaryan (10/1) [70.Karen Aleksanyan (3/0)], Albert Sargisyan (29/3) [78.Barsegh Kirakosyan (4/0)], Romik Khachatryan (32/0), Artur Petrosyan (66/11) [10.Artavazd Karamyan (25/2)], Ara Hakobyan (16/1) [72.Levon Pachajyan (4/0)], Galust Petrosyan (3/1) [46.Arman Karamyan (27/5)]. Trainer: Mihai Stoichiță (Romania, 10).
Goal: Ara Hakobyan (68).

77. 18.08.2004   MACEDONIA - ARMENIA   **3-0(2-0)**   18th FIFA WC. Qualifiers
Stadion Gradski, Skopje; Referee: Anton Genov (Bulgaria); Attendance: 4,375
ARM: Armando Hambartsumyan (6/0), Yeghishe Melikyan (11/0), Karen Dokhoyan (23/1) [83.Aleksander Tadevosyan (5/0)], Sargis Rubeni Hovsepyan (66/0), Harutyun Vardanyan (60/1) [sent off 70], Romik Khachatryan (33/0) [46.Karen Aleksanyan (4/0)], Rafael Nazaryan (11/1), Artavazd Karamyan (26/2), Artur Petrosyan (67/11) [66.Ara Hakobyan (17/1)], Albert Sargisyan (30/3), Andrei Movsesyan (14/2). Trainer: Bernard Casoni (France, 1).

78. 08.09.2004   ARMENIA - FINLAND   **0-2(0-1)**   18th FIFA WC. Qualifiers
„Vazgen Sargsyan" Hanrapetakan Stadium, Yerevan; Referee: Paulius Malž inskas (Lithuania); Attendance:2,864
ARM: Armando Hambartsumyan (7/0), Yeghishe Melikyan (12/0), Karen Dokhoyan (24/1), Sargis Rubeni Hovsepyan (Cap) (67/0), Artur Mkrtchyan (24/0), Romik Khachatryan (34/0), Rafael Nazaryan (12/1) [73.Karen Aleksanyan (5/0)], Artavazd Karamyan (27/2) [79.David Grigoryan (3/0)], Artur Petrosyan (68/11), Albert Sargisyan (31/3) [54.Edgar Manucharyan (3/0)], Andrei Movsesyan (15/2). Trainer: Bernard Casoni (France, 2).

79. 09.10.2004   FINLAND - ARMENIA   **3-1(2-1)**   18th FIFA WC. Qualifiers
Ratina Stadion, Tampere; Referee: Herbert Fandel (Germany); Attendance: 7,894
ARM: Armando Hambartsumyan (8/0), Karen Dokhoyan (25/1), Sargis Rubeni Hovsepyan (68/0), Harutyun Vardanyan (61/1), Romik Khachatryan (35/0) [36.Karen Aleksanyan (6/0)], David Grigoryan (4/0) [59.Edgar Manucharyan (4/0)], Rafael Nazaryan (13/1), Armen Shahgeldyan (37/6), Aleksander Tadevosyan (6/0), Hamlet V. Mkhitaryan (31/0), Andrei Movsesyan (16/2) [84.Ara Hakobyan (18/1)]. Trainer: Bernard Casoni (France, 3).
Goal: Armen Shahgeldyan (32).

80. 13.10.2004   ARMENIA – CZECH REPUBLIC   **0-3(0-2)**   18th FIFA WC. Qualifiers
„Vazgen Sargsyan" Hanrapetakan Stadium, Yerevan; Referee: Jacek Granat (Poland); Attendance: 3,205
ARM: Edel Apoula Edima Bete (3/0), Yeghishe Melikyan (13/0), Karen Dokhoyan (26/1) [46.Artur Mkrtchyan (25/0)], Sargis Rubeni Hovsepyan (69/0), Harutyun Vardanyan (Cap) (62/1), Edgar Manucharyan (5/0), Rafael Nazaryan (14/1), Armen Shahgeldyan (38/6) [81.Andrei Movsesyan (17/2)], Karen Aleksanyan (7/0) [64.Albert Sargisyan (32/3)], Artur Petrosyan (69/11), Hamlet V. Mkhitaryan (32/0). Trainer: Bernard Casoni (France, 4).

81. 17.11.2004   ARMENIA - ROMANIA   **1-1(0-1)**   18th FIFA WC. Qualifiers
„Vazgen Sargsyan" Hanrapetakan Stadium, Yerevan; Referee: Frank De Bleeckere (Belgium); Attendance: 6,000
ARM: Edel Apoula Edima Bete (4/0), Sargis Rubeni Hovsepyan (70/0), Harutyun Vardanyan (Cap) (63/1), Karen Dokhoyan (27/2), Aleksander Tadevosyan (7/0), Edgar Manucharyan (6/0), Rafael Nazaryan (15/1), David Grigoryan (5/0) [74.Aghvan Mkrtchyan (5/0)], Aram Voskanyan (1/0) [77.Arman Karamyan (28/5)], Armen Shahgeldyan (39/6) [88.Karen Aleksanyan (8/0)], Hamlet V. Mkhitaryan (33/0). Trainer: Bernard Casoni (France, 5).
Goal: Karen Dokhoyan (63).

82. 18.03.2005   KUWAIT - ARMENIA   **3-1(0-0)**
„Sheik Khalifa" International Stadium, Al Ain (United Arab Emirates); Referee: Andreas Schluchter (Switzerland); Atttendance: n/a
ARM: Edel Apoula Edima Bete (5/0), Valeri Vazgen Aleksanyan (4/0), Sargis Rubeni Hovsepyan (71/0), Robert Norayri Arzumanyan (1/0), Aleksander Tadevosyan (8/0) [56.Ararat Arakelyan (1/0)], David Grigoryan (6/0) [46.Artavazd Karamyan (28/2)], Rafael Nazaryan (16/1) [65.Levon Pachajyan (5/0)], Romeo Jenebyan (1/0) [46.Aghvan Mkrtchyan (6/0)], Hamlet V. Mkhitaryan (34/1), Arman Karamyan (29/5) [46.Andrei Movsesyan (18/2)], Aram Voskanyan (2/0). Trainer: Bernard Casoni (France, 6).
Goal: Hamlet V. Mkhitaryan (88 penalty).

83. 26.03.2005   ARMENIA - ANDORRA   **2-1(1-0)**   18th FIFA WC. Qualifiers
„Vazgen Sargsyan" Hanrapetakan Stadium, Yerevan; Referee: Joseph Attard (Malta); Attendance: 2,100
ARM: Roman Berezovsky (Cap) (38/0), Karen Aleksanyan (9/0), Robert Norayri Arzumanyan (2/0), Karen Dokhoyan (28/2), Yeghishe Melikyan (14/0), Romik Khachatryan (36/1), Artavazd Karamyan (29/2) [72.Aghvan Mkrtchyan (7/0)], Rafael Nazaryan (17/1) [73.Romeo Jenebyan (2/0)], Armen Shahgeldyan (40/6), Ara Hakobyan (19/2) [90.Aram Voskanyan (3/0)], Hamlet V. Mkhitaryan (35/1). Trainer: Bernard Casoni (France, 7).
Goals: Ara Hakobyan (32), Romik Khachatryan (83).

84. 30.03.2005 **NETHERLANDS - ARMENIA** 2-0(2-0) 18th FIFA WC. Qualifiers
Stadion Philips, Eindhoven; Referee: Matteo Simone Trefoloni (Italy); Attendance: 35,000
ARM: Roman Berezovsky (39/0), Yeghishe Melikyan (15/0), Karen Dokhoyan (29/2), Robert Norayri Arzumanyan (3/0) [85.Aleksander Tadevosyan (9/0)], Sargis Rubeni Hovsepyan (Cap) (72/0), David Grigoryan (7/0) [60.Artavazd Karamyan (30/2)], Romik Khachatryan (37/1), Armen Shahgeldyan (41/6), Aram Voskanyan (4/0), Ara Hakobyan (20/2) [46.Rafael Nazaryan (18/1)], Hamlet V. Mkhitaryan (36/1). Trainer: Bernard Casoni (France, 8).

85. 04.06.2005 **ARMENIA - MACEDONIA** 1-2(0-1) 18th FIFA WC. Qualifiers
„Vazgen Sargsyan" Hanrapetakan Stadium, Yerevan; Referee: Tomasz Mikulski (Poland); Attendance: 2,870
ARM: Roman Berezovsky (40/0), Karen Dokhoyan (30/2), Sargis Rubeni Hovsepyan (Cap) (73/0), Romik Khachatryan (38/1), Aleksander Tadevosyan (10/0), Aghvan Mkrtchyan (8/0), Karen Aleksanyan (10/0) [76.Romeo Jenebyan (3/0)], Albert Sargisyan (33/3) [51.Edgar Manucharyan (7/1)], Hamlet V. Mkhitaryan (37/1), Armen Shahgeldyan (42/6), Aram Voskanyan (5/0) [67.Ara Hakobyan (21/2)]. Trainer: Henk Wisman (Netherlands, 1).
Goal: Edgar Manucharyan (54).

86. 08.06.2005 **ROMANIA - ARMENIA** 3-0(2-0) 18th FIFA WC. Qualifiers
Stadionul „Gheorghe Hagi", Constanța; Referee: Athanasios Briakos (Greece); Attendance: 7,000
ARM: Roman Berezovsky (41/0), Karen Dokhoyan (31/2), Sargis Rubeni Hovsepyan (Cap) (74/0), Romik Khachatryan (39/1), Aleksander Tadevosyan (11/0), Yeghishe Melikyan (16/0), Aram Voskanyan (6/0) [46.Robert Norayri Arzumanyan (4/0)], Edgar Manucharyan (8/1) [53.Artavazd Karamyan (31/2)], Hamlet V. Mkhitaryan (38/1) [80.David Grigoryan (8/0)], Armen Shahgeldyan (43/6), Ara Hakobyan (22/2). Trainer: Henk Wisman (Netherlands, 2).

87. 17.08.2005 **JORDAN - ARMENIA** 0-0
Amman International Stadium, Amman; Referee: Yousef Al Marzouq (Kuwait); Atttendance: n/a
ARM: Edel Apoula Edima Bete (6/0), Valeri Vazgen Aleksanyan (5/0), Sargis Rubeni Hovsepyan (Cap) (75/0), Robert Norayri Arzumanyan (5/0), Aleksander Tadevosyan (12/0), Hamlet V. Mkhitaryan (39/1) [66.Aram Voskanyan (7/0)], Romik Khachatryan (40/1) [46.Rafael Nazaryan (19/1)], Karen Aleksanyan (11/0), Aghvan Mkrtchyan (9/0) [80.Yeghishe Melikyan (17/0)], Ara Hakobyan (23/2) [60.Armen Shahgeldyan (44/6)], Aram Hakobyan (5/0) [75.Nshan Erzrumyan (1/0)]. Trainer: Henk Wisman (Netherlands, 3).

88. 03.09.2005 **ARMENIA - NETHERLANDS** 0-1(0-0) 18th FIFA WC. Qualifiers
„Vazgen Sargsyan" Hanrapetakan Stadium, Yerevan; Referee: Stuart Dougal (Scotland); Attendance: 1,747
ARM: Roman Berezovsky (42/0), Karen Dokhoyan (32/2), Sargis Rubeni Hovsepyan (Cap) (76/0), Robert Norayri Arzumanyan (6/0), Romik Khachatryan (41/1), Edgar Manucharyan (9/1) [17.Ara Hakobyan (24/2)], Aghvan Mkrtchyan (10/0), Karen Aleksanyan (12/0), Aleksander Tadevosyan (13/0), Samvel Melkonyan (1/0) [84.Valeri Vazgen Aleksanyan (6/0)], Aram Hakobyan (6/0) [80.Aram Voskanyan (8/0)]. Trainer: Henk Wisman (Netherlands, 4).

89. 07.09.2005 **CZECH REPUBLIC - ARMENIA** 4-1(0-0) 18th FIFA WC. Qualifiers
Andrův Stadion, Olomouc; Referee: Martin Hansson (Sweden); Attendance: 12,015
ARM: Roman Berezovsky (43/0), Karen Dokhoyan (33/2), Sargis Rubeni Hovsepyan (Cap) (77/0), Robert Norayri Arzumanyan (7/0), Romik Khachatryan (42/1) [71.Armen Tigranyan (1/0)], Karen Aleksanyan (13/0), Valeri Vazgen Aleksanyan (7/0), Aleksander Tadevosyan (14/0) [64.Yeghishe Melikyan (18/0)], Aram Hakobyan (7/0) [57.Galust Petrosyan (4/1)], Ara Hakobyan (25/3), Aghvan Mkrtchyan (11/0). Trainer: Henk Wisman (Netherlands, 5).
Goal: Ara Hakobyan (85).

90. 12.10.2005 **ANDORRA - ARMENIA** 0-3(0-1) 18th FIFA WC. Qualifiers
Estadi Comunal de Aixovall, Andorra la Vella; Referee: Ian Stokes (Republic of Ireland); Attendance: 430
ARM: Gevorg Kasparov (1/0), Valeri Vazgen Aleksanyan (8/0) [77.Samvel Melkonyan (2/0)], Karen Aleksanyan (14/0), Robert Norayri Arzumanyan (8/0), Karen Dokhoyan (34/2), Romik Khachatryan (43/1), Yeghishe Melikyan (19/0), Aram Hakobyan (8/1) [80.Aram Voskanyan (9/0)], Aleksander Tadevosyan (15/0), Ara Hakobyan (26/4), Hamlet V. Mkhitaryan (40/1) [82.Artur Voskanyan (29/0)]. Trainer: Henk Wisman (Netherlands, 6).
Goals: Oscar Sonejee Masand (39 own goal), Aram Hakobyan (52), Ara Hakobyan (62).

91. 28.02.2006 **ROMANIA - ARMENIA** 2-0(0-0) Cyprus Tournament
Stádio GSP, Nicosia (Cyprus); Referee: Ioánnis Tsahilídhis (Greece); Attendance: 200
ARM: Roman Berezovsky (44/0), Valeri Vazgen Aleksanyan (9/0) [63.Levon Pachajyan (6/0)], Sargis Rubeni Hovsepyan (Cap) (78/0), Robert Norayri Arzumanyan (9/0), Aleksander Tadevosyan (16/0), Samvel Melkonyan (3/0), Hamlet V. Mkhitaryan (41/1), Aghvan Mkrtchyan (12/0), Karen Aleksanyan (15/0) [85.Aram Voskanyan (10/0)], Aram Hakobyan (9/1) [76.Galust Petrosyan (5/1)], Ara Hakobyan (27/4) [85.Artur Voskanyan (30/0)]. Trainer: Henk Wisman (Netherlands, 7).

92. 01.03.2006 **CYPRUS - ARMENIA** 2-0(1-0) Cyprus Tournament
Stádio Tsirión, Limassól; Referee: Marian Salomir (Romania); Attendance: 2,000
ARM: Roman Berezovsky (45/0), Artashes Baghdasaryan (1/0) [46.Artur Voskanyan (31/0)], Sargis Rubeni Hovsepyan (Cap) (79/0), Robert Norayri Arzumanyan (10/0), Levon Pachajyan (7/0) [75.Aleksander Tadevosyan (17/0)], Samvel Melkonyan (4/0) [75.Valeri Vazgen Aleksanyan (10/0)], Hamlet V. Mkhitaryan (42/1), Karen Aleksanyan (16/0) [63.Ara Hakobyan (28/4)], Aghvan Mkrtchyan (13/0), Aram Voskanyan (11/0) [58.Aram Hakobyan (10/1)], Galust Petrosyan (6/1). Trainer: Henk Wisman (Netherlands, 8).

93. 06.09.2006 **ARMENIA - BELGIUM** 0-1(0-1) 13th EC. Qualifiers
„Vazgen Sargsyan" Hanrapetakan Stadium, Yerevan; Referee: Gerald Lehner (Austria); Attendance: 12,000
ARM: Gevorg Kasparov (2/0), Sargis Rubeni Hovsepyan (Cap) (80/0), Robert Norayri Arzumanyan (11/0), Karen Dokhoyan (35/2), Yeghishe Melikyan (20/0), Samvel Melkonyan (5/0), Romik Khachatryan (44/1), Karen Aleksanyan (17/0), Aghvan Mkrtchyan (14/0) [76.Arman Karamyan (30/5)], Hamlet V. Mkhitaryan (43/1) [81.Galust Petrosyan (7/1)], Armen Shahgeldyan (45/6) [72.Aram Hakobyan (11/1)]. Trainer: Ian Porterfield (Scotland, 1).

94. 07.10.2006 **ARMENIA - FINLAND** 0-0 13th EC. Qualifiers
„Vazgen Sargsyan" Hanrapetakan Stadium, Yerevan; Referee: Damir Skomina (Slovenia); Attendance: 6,000
ARM: Gevorg Kasparov (3/0), Sargis Rubeni Hovsepyan (Cap) (81/0), Robert Norayri Arzumanyan (12/0), Karen Dokhoyan (36/2), Yeghishe Melikyan (21/0), Samvel Melkonyan (6/0), Karen Aleksanyan (18/0) [54.Aram Hakobyan (12/1)], Armen Tigranyan (2/0), Arman Karamyan (31/5) [46.Aghvan Mkrtchyan (15/0)], Edgar Manucharyan (10/1) [78.Ara Hakobyan (29/4)], Armen Shahgeldyan (46/6). Trainer: Ian Porterfield (Scotland, 2).

95. 11.10.2006 **SERBIA - ARMENIA** 3-0(0-0) 13th EC. Qualifiers
Stadion Crvena zvezda, Beograd; Referee: Yeorgios Kasnaféris (Greece); Attendance: 20,000
ARM: Gevorg Kasparov (4/0), Sargis Rubeni Hovsepyan (Cap) (82/0), Robert Norayri Arzumanyan (13/0), Karen Dokhoyan (37/2), Yeghishe Melikyan (22/0), Samvel Melkonyan (7/0), Rafayel Nazaryan (20/1) [sent off 76], Aram Hakobyan (13/1) [69.Artur G. Minasyan (1/0)], Aghvan Mkrtchyan (16/0), Edgar Manucharyan (11/1) [79.Armen Tigranyan (3/0)], Armen Shahgeldyan (47/6) [65.Nshan Erzrumyan (2/0)]. Trainer: Ian Porterfield (Scotland, 3).

96. 15.11.2006 **FINLAND - ARMENIA** 1-0(1-0) 13th EC. Qualifiers
Finnair Stadion, Helsinki; Referee: Craig Thomson (Scotland); Attendance: 10,000
ARM: Gevorg Kasparov (5/0), Sargis Rubeni Hovsepyan (Cap) (83/0), Aleksander Tadevosyan (18/0), Karen Dokhoyan (38/2) [46.Valeri Vazgen Aleksanyan (11/0)], Levon Pachajyan (8/0), Aghvan Mkrtchyan (17/0), Hamlet V. Mkhitaryan (44/1) [75.Ara Hakobyan (30/4)], Romik Khachatryan (45/1), Artavazd Karamyan (32/2), Armen Shahgeldyan (48/6), Robert Zebelyan (1/0) [78.Arman Karamyan (32/5)]. Trainer: Ian Porterfield (Scotland, 4).

97. 15.01.2007 **PANAMA - ARMENIA** 1-1(1-0)
Weingart Stadium, Los Angeles (United States); Attendance: 4,000
ARM: Gevorg Kasparov (6/0), Sargis Rubeni Hovsepyan (Cap) (84/0), Yeghishe Melikyan (23/0), Valeri Vazgen Aleksanyan (12/0), Aleksander Tadevosyan (19/0), Aghvan Mkrtchyan (18/0), Karen Aleksanyan (19/0), Arman Karamyan (33/5) [60.Ara Hakobyan (31/5)], Rafael Nazaryan (20/1) [46.Henrikh Mkhitaryan (1/0)], Levon Pachajyan (9/0) [46.Artur G. Minasyan (2/0)], Armen Shahgeldyan (49/6) [70.Tigran Gharabaghtsyan (1/0)]. Trainer: Ian Porterfield (Scotland, 5).
Goal: Ara Hakobyan (77 penalty).

98. 07.02.2007 **ANDORRA - ARMENIA** 0-0
Estadi Comunal de Aixovall, Andorra la Vella; Referee: Carlos Megia Dávila (Spain); Attendance: 1,200
ARM: Roman Berezovsky (46/0), Sargis Rubeni Hovsepyan (Cap) (85/0), Robert Norayri Arzumanyan (14/0), Karen Dokhoyan (39/2), Yeghishe Melikyan (24/0) [*sent off*], Hamlet V. Mkhitaryan (45/1) [70.Henrikh Mkhitaryan (2/0)], Arman Karamyan (34/5) [64.Tigran Gharabaghtsyan (2/0)], Rafael Nazaryan (21/1) [58.Levon Pachajyan (10/0)], Artavazd Karamyan (33/2), Armen Shahgeldyan (50/6), Ara Hakobyan (32/5) [90.Samvel Melkonyan (8/0)]. Trainer: Ian Porterfield (Scotland, 6).

99. 28.03.2007 **POLAND - ARMENIA** 1-0(1-0) 13th EC. Qualifiers
Stadion Miejki, Kielce; Referee: Alberto Undiano Mallenco (Spain); Attendance: 15,500
ARM: Roman Berezovsky (47/0), Sargis Rubeni Hovsepyan (Cap) (86/0), Yeghishe Melikyan (25/0), Romik Khachatryan (46/1), Karen Dokhoyan (40/2), Artavazd Karamyan (34/2) [14.Samvel Melkonyan (9/0)], Levon Pachajyan (11/0), Robert Zebelyan (2/0), Robert Norayri Arzumanyan (15/0), Armen Shahgeldyan (51/6) [75.Hamlet V. Mkhitaryan (46/1)], Rafael Nazaryan (21/1) [46.Edgar Manucharyan (12/1)]. Trainer: Vardan Minasyan (1).

100. 02.06.2007 **KAZAKHSTAN - ARMENIA** 1-2(0-2) 13th EC. Qualifiers
Tsentralny Stadium, Almaty; Referee: Pavel Královec (Czech Republic); Attendance: 17,100
ARM: Gevorg Kasparov (7/0), Sargis Rubeni Hovsepyan (Cap) (87/1), Robert Norayri Arzumanyan (16/1), Aleksander Tadevosyan (20/0), Aghvan Mkrtchyan (19/0), Vahagn Minasyan (1/0), Ararat Arakelyan (2/0) [80.Aram Hakobyan (14/1)], Artur Voskanyan (32/0), Yeghishe Melikyan (26/0), Hamlet V. Mkhitaryan (47/1) [75.Armen Shahgeldyan (52/6)], Samvel Melkonyan (10/0) [90.Arman Karamyan (35/5)]. Trainer: Ian Porterfield (Scotland, 7).
Goals: Robert Norayri Arzumanyan (31), Sargis Rubeni Hovsepyan (39 penalty).

101. 06.06.2007 **ARMENIA - POLAND** 1-0(0-0) 13th EC. Qualifiers
„Vazgen Sargsyan" Hanrapetakan Stadium, Yerevan; Referee: Pavel Cristian Balaj (Romania); Attendance: 13,500
ARM: Gevorg Kasparov (8/0), Robert Norayri Arzumanyan (17/1), Sargis Rubeni Hovsepyan (Cap) (88/1), Aleksander Tadevosyan (21/0), Aghvan Mkrtchyan (20/0), Vahagn Minasyan (2/0) [78.Levon Pachajyan (12/0)], Artur Voskanyan (33/0), Ararat Arakelyan (3/0), Yeghishe Melikyan (27/0), Hamlet V. Mkhitaryan (48/2) [70.Arman Karamyan (36/5)], Armen Shahgeldyan (53/6) [46.Aram Hakobyan (15/1)]. Trainer: Ian Porterfield (Scotland, 8).
Goal: Hamlet V. Mkhitaryan (66).

102. 22.08.2007 **ARMENIA - PORTUGAL** 1-1(1-1) 13th EC. Qualifiers
„Vazgen Sargsyan" Hanrapetakan Stadium, Yerevan; Referee: Claus Bo Larsen (Denmark); Attendance: 8,000
ARM: Roman Berezovsky (48/0), Sargis Rubeni Hovsepyan (Cap) (89/1), Robert Norayri Arzumanyan (18/2), Aleksander Tadevosyan (22/0), Aghvan Mkrtchyan (21/0), Levon Pachajyan (13/0), Artur Voskanyan (34/0), Ararat Arakelyan (4/0), Artavazd Karamyan (35/2) [70.Yeghishe Melikyan (28/0)], Hamlet V. Mkhitaryan (49/2) [59.Gevorg Ghazaryan (1/0)], Samvel Melkonyan (11/0) [90.Romik Khachatryan (47/1)]. Trainer: Ian Porterfield (Scotland, 9).
Goal: Robert Norayri Arzumanyan (11).

103. 08.09.2007 **CYPRUS - ARMENIA** 3-1(2-1)
Stádio Dasaki, Akhnás; Referee: Leontios Trattos (Cyprus); Attendance: 500
ARM: Mayis Azizyan (1/0), Sargis Rubeni Hovsepyan (Cap) (90/1), Robert Norayri Arzumanyan (19/3), Aleksander Tadevosyan (23/0), Aghvan Mkrtchyan (22/0) [65.Yeghishe Melikyan (29/0)], Ararat Arakelyan (5/0) [63.Romik Khachatryan (48/1)], Artur Voskanyan (35/0), Arman Karamyan (37/5) [58.Ara Hakobyan (33/5)], Artavazd Karamyan (36/2), Levon Pachajyan (14/0), Samvel Melkonyan (12/0) [72.Arsen Avetisyan (24/1)]. Trainer: Thomas Jones (England, 1).
Goal: Robert Norayri Arzumanyan (35).

104. 12.09.2007 **MALTA - ARMENIA** 0-1(0-1)
Ta' Qali National Stadium, Attard; Referee: Charles Joseph Richmond (Scotland); Attendance: n/a
ARM: Felix Hakobyan (1/0), Sargis Rubeni Hovsepyan (Cap) (91/1), Robert Norayri Arzumanyan (20/3), Karen Dokhoyan (41/2), Aleksander Tadevosyan (24/0), Levon Pachajyan (15/0) [75.Vahagn Minasyan (3/0)], Artur Voskanyan (36/1), Ararat Arakelyan (6/0), Yeghishe Melikyan (30/0) [68.Aghvan Mkrtchyan (23/0)], Ara Hakobyan (34/5) [82.Artur G. Minasyan (3/0)], Samvel Melkonyan (13/0) [70.Arsen Avetisyan (25/1)]. Trainer: Thomas Jones (England, 2).
Goal: Artur Voskanyan (26).

105. 13.10.2007 **ARMENIA - SERBIA** 0-0 13th EC. Qualifiers
„Vazgen Sargsyan" Hanrapetakan Stadium, Yerevan; Referee: Stefan Johannesson (Sweden); Attendance: 10,000
ARM: Roman Berezovsky (49/0), Sargis Rubeni Hovsepyan (Cap) (92/1), Robert Norayri Arzumanyan (21/3), Karen Dokhoyan (42/2), Aleksander Tadevosyan (25/0), Levon Pachajyan (16/0), Artur Voskanyan (37/1) [71.Romik Khachatryan (49/1)], Ararat Arakelyan (7/0), Artavazd Karamyan (37/2), Hamlet V. Mkhitaryan (50/2) [81.Ara Hakobyan (35/5)], Samvel Melkonyan (14/0) [62.Robert Zebelyan (3/0)]. Trainer: Thomas Jones (England, 3).

106. 17.10.2007 **BELGIUM - ARMENIA** 3-0(0-0) 13th EC. Qualifiers
Stade "Roi Baudouin", Bruxelles; Referee: Johannes Valgeirsson (Iceland); Attendance: 14,812
ARM: Gevorg Kasparov (9/0), Aleksander Tadevosyan (26/0) [82.Aghvan Mkrtchyan (24/0)], Sargis Rubeni Hovsepyan (Cap) (93/1), Robert Norayri Arzumanyan (22/3), Karen Dokhoyan (43/2), Ararat Arakelyan (8/0), Romik Khachatryan (50/1) [57.Aram Hakobyan (16/1)], Levon Pachajyan (17/0), Artur Voskanyan (38/1), Samvel Melkonyan (15/0) [70.Robert Zebelyan (4/0)], Artavazd Karamyan (38/2). Trainer: Thomas Jones (England, 4).

107. 17.11.2007 **PORTUGAL - ARMENIA** 1-0(1-0) 13th EC. Qualifiers
Dr. Magalhães Pessoa, Leiria; Referee: Michael Riley (England); Attendance: 23,000
ARM: Roman Berezovsky (50/0), Sargis Rubeni Hovsepyan (Cap) (94/1), Robert Norayri Arzumanyan (23/3), Karen Dokhoyan (44/2), Aleksander Tadevosyan (27/0), Ararat Arakelyan (9/0), Artur Voskanyan (39/1), Romik Khachatryan (51/1) [59.Hamlet V. Mkhitaryan (51/2)], Samvel Melkonyan (16/0) [63.Edgar Manucharyan (13/1)], Levon Pachajyan (18/0), Artavazd Karamyan (39/2) [76.Aghvan Mkrtchyan (25/0)]. Trainer: Vardan Minasyan (2).

108. 21.11.2007 **ARMENIA - KAZAKHSTAN** **0-1(0-0)** 13th EC. Qualifiers
"Vazgen Sargsyan" Hanrapetakan Stadium, Yerevan; Referee: Fredy Fautrel (France); Attendance: 8,000
ARM: Roman Berezovsky (51/0), Sargis Rubeni Hovsepyan (Cap) (95/1), Robert Norayri Arzumanyan (24/3), Karen Dokhoyan (45/2), Aleksander Tadevosyan (28/0), Levon Pachajyan (19/0), Ararat Arakelyan (10/0) [56.Romik Khachatryan (52/1)], Artur Voskanyan (40/1) [81.Gevorg Ghazaryan (2/0)], Artavazd Karamyan (40/2), Hamlet V. Mkhitaryan (52/2), Samvel Melkonyan (17/0) [60.Edgar Manucharyan (14/1)]. Trainer: Vardan Minasyan (3).

109. 02.02.2008 **MALTA - ARMENIA** **0-1(0-0)** International Tournament
Ta' Qali National Stadium, Attard; Referee: Magnus Porisson (Iceland); Attendance: 1,000
ARM: Mayis Azizyan (2/0), Karen Dokhoyan (46/2), Robert Norayri Arzumanyan (25/3), Aleksander Tadevosyan (29/0) [74.Henrikh Mkhitaryan (3/0)], Aghvan Mkrtchyan (26/0), Ararat Arakelyan (11/0) [66.Karen Aleksanyan (20/0)], Vahagn Minasyan (4/0), Artur Voskanyan (41/1), Levon Pachajyan (20/0) [84.Karlen Mkrtchyan (1/0)], Gevorg Ghazaryan (3/0) [58.Ara Hakobyan (36/6)], Samvel Melkonyan (18/0) [84.Norayr Sahakyan (1/0)]. Trainer: Jan Børge Poulsen (Denmark, 1).
Goal: Ara Hakobyan (69).

110. 04.02.2008 **ARMENIA - BELARUS** **2-1(1-1)** International Tournament
Ta' Qali National Stadium, Attard (Malta); Referee: Anthonny Zammit (Malta); Attendance: 100
ARM: Mayis Azizyan (3/0), Karen Dokhoyan (47/2), Karlen Mkrtchyan (2/0), Robert Norayri Arzumanyan (26/3), Aleksander Tadevosyan (30/0) [*sent off 86*], Aghvan Mkrtchyan (27/0) [82.Gevorg Ghazaryan (4/0)], Ararat Arakelyan (12/1), Artur Voskanyan (42/1) [74.Karen Aleksanyan (21/0)], Levon Pachajyan (21/0) [74.Norayr Sahakyan (2/0)], Henrikh Mkhitaryan (4/0) [56.Ara Hakobyan (37/7)], Samvel Melkonyan (19/0) [88.Artur Yedigaryan (1/0)]. Trainer: Jan Børge Poulsen (Denmark, 2).
Goals: Ararat Arakelyan (18), Ara Hakobyan (76).

111. 06.02.2008 **ICELAND - ARMENIA** **2-0(1-0)** International Tournament
Ta' Qali National Stadium, Attard (Malta); Referee: Joseph Attard (Malta); Attendance: 2,000
ARM: Mayis Azizyan (4/0), Karen Dokhoyan (48/2), Karlen Mkrtchyan (3/0) [76.Vahagn Minasyan (5/0)], Robert Norayri Arzumanyan (27/3), Aghvan Mkrtchyan (28/0), Karen Aleksanyan (22/0), Artur Voskanyan (43/1) [46.Gevorg Ghazaryan (5/0)], Levon Pachajyan (22/0), Henrikh Mkhitaryan (5/0), Ara Hakobyan (38/7), Artavazd Karamyan (41/2) [85.Norayr Sahakyan (3/0)]. Trainer: Jan Børge Poulsen (Denmark, 3).

112. 26.03.2008 **ARMENIA - KAZAKHSTAN** **1-0(0-0)**
Sportpark De Loswal, Rotterdam (Netherlands); Referee: Pieter Vink (Netherlands); Attendance: 100
ARM: Gevorg Kasparov (10/0), Karlen Mkrtchyan (4/0) [46.Gevorg Ghazaryan (6/0)], Sargis Rubeni Hovsepyan (Cap) (96/1), Robert Norayri Arzumanyan (28/3), Aleksander Tadevosyan (31/0), Aghvan Mkrtchyan (29/0), Romik Khachatryan (53/1) [78.Karen Aleksanyan (23/0)], Artur Voskanyan (44/1) [46.Ararat Arakelyan (13/1)], Hamlet V. Mkhitaryan (53/2) [72.Henrikh Mkhitaryan (6/0)], Levon Pachajyan (23/0), Edgar Manucharyan (15/2) [67.Ara Hakobyan (39/7)]. Trainer: Jan Børge Poulsen (Denmark, 4).
Goal: Edgar Manucharyan (62).

113. 28.05.2008 **MOLDOVA - ARMENIA** **2-2(1-1)**
Stadionul Sheriff, Tiraspol; Referee: Ihor Ishchenko (Ukraine); Attendance: n/a
ARM: Gevorg Kasparov (11/0), Ararat Arakelyan (14/1), Sargis Rubeni Hovsepyan (Cap) (97/1), Robert Norayri Arzumanyan (29/3), Aleksander Tadevosyan (32/0), Levon Pachajyan (24/1), Aghvan Mkrtchyan (30/0), Marcos Piñeiro Pizelli (1/1) [63.Ara Hakobyan (40/7)], Hamlet V. Mkhitaryan (54/2) [74.Artur G. Minasyan (4/0)], Artur Voskanyan (45/1), Samvel Melkonyan (20/0) [46.Gevorg Ghazaryan (7/0)]. Trainer: Jan Børge Poulsen (Denmark, 5).
Goals: Marcos Piñeiro Pizelli (25), Levon Pachajyan (54).

114. 01.06.2008 **GREECE - ARMENIA** **0-0**
Bieberer Berg, Offenbach (Germany); Referee: Babak Rafati (Germany); Attendance: 10,000
ARM: Gevorg Kasparov (12/0), Ararat Arakelyan (15/1), Sargis Rubeni Hovsepyan (Cap) (98/1), Robert Norayri Arzumanyan (30/3), Aleksander Tadevosyan (33/0), Aghvan Mkrtchyan (31/0), Artur Voskanyan (46/1), Hamlet V. Mkhitaryan (55/2) [65.Artur G. Minasyan (5/0)], Gevorg Ghazaryan (8/0) [60.Samvel Melkonyan (21/0)], Marcos Piñeiro Pizelli (2/1) [54.Ara Hakobyan (41/7)], Levon Pachajyan (25/1). Trainer: Jan Børge Poulsen (Denmark, 6).

115. 06.09.2008 **ARMENIA - TURKEY** **0-2(0-0)** 19th FIFA WC. Qualifiers
Hrazdan Stadium, Yerevan; Referee: Tom Henning Øvrebø (Norway); Attendance: 30,000
ARM: Roman Berezovsky (52/0), Ararat Arakelyan (16/1), Sargis Rubeni Hovsepyan (Cap) (99/1), Robert Norayri Arzumanyan (31/3) [35.Romik Khachatryan (54/1)], Aleksander Tadevosyan (34/0), Artur Voskanyan (47/1), Artavazd Karamyan (42/2), Aghvan Mkrtchyan (32/0), Hamlet V. Mkhitaryan (56/2) [66.Robert Zebelyan (5/0)], Levon Pachajyan (26/1), Edgar Manucharyan (16/2) [76.Arman Karamyan (38/5)]. Trainer: Jan Børge Poulsen (Denmark, 7).

116. 10.09.2008 **SPAIN - ARMENIA** **4-0(2-0)** 19th FIFA WC. Qualifiers
Estadio "Carlos Belmonte", Albacete; Referee: Tony Asumaa (Finland); Attendance: 16,996
ARM: Roman Berezovsky (53/0), Aghvan Mkrtchyan (33/0), Sargis Rubeni Hovsepyan (Cap) (**100**/1), Robert Norayri Arzumanyan (32/3), Aleksander Tadevosyan (35/0), Ararat Arakelyan (17/1), Artur Voskanyan (48/1), Karen Aleksanyan (24/0) [79.Romik Khachatryan (55/1)], Artavazd Karamyan (43/2) [52.Arman Karamyan (39/5)], Levon Pachajyan (27/1), Samvel Melkonyan (22/0) [46.Edgar Manucharyan (17/2)]. Trainer: Jan Børge Poulsen (Denmark, 8).

117. 11.10.2008 **BELGIUM - ARMENIA** **2-0(2-0)** 19th FIFA WC. Qualifiers
Stade "Roi Baudouin", Bruxelles; Referee: Peter Rasmussen (Denmark); Attendance: 20,949
ARM: Roman Berezovsky (54/0), Sargis Rubeni Hovsepyan (Cap) (101/1), Robert Norayri Arzumanyan (33/3), Aleksander Tadevosyan (36/0), Aghvan Mkrtchyan (34/0), Karen Aleksanyan (25/0) [64.Ara Hakobyan (42/7)], Ararat Arakelyan (18/1), Levon Pachajyan (28/1), Artur Voskanyan (49/1), Arman Karamyan (40/5) [85.Henrikh Mkhitaryan (7/0)], Robert Zebelyan (6/0) [80.Samvel Melkonyan (23/0)]. Trainer: Jan Børge Poulsen (Denmark, 9).

118. 15.10.2008 **BOSNIA AND HERZEGOVINA - ARMENIA** **4-1(2-0)** 19th FIFA WC. Qualifiers
Stadion Bilino Polje, Zenica; Referee: Asaf Kenan (Israel); Attendance: 18,000
ARM: Roman Berezovsky (55/0), Sargis Rubeni Hovsepyan (Cap) (102/1), Robert Norayri Arzumanyan (34/3), Aleksander Tadevosyan (37/0), Aghvan Mkrtchyan (35/0), Artur Yedigaryan (2/0) [59.Vahagn Minasyan (6/1)], Samvel Melkonyan (24/0) [41.Ararat Arakelyan (19/1)], Artur Voskanyan (50/1), Arman Karamyan (41/5), Levon Pachajyan (29/1), Robert Zebelyan (7/0) [73.Ara Hakobyan (43/7)]. Trainer: Jan Børge Poulsen (Denmark, 10).
Goal: Vahagn Minasyan (85).

119. 11.02.2009   **ARMENIA - LATVIA**   0-0
Stádio Tsirion, Limassól (Cyprus); Referee: n/a; Attendance: 150
ARM: Gevorg Kasparov (13/0), Sargis Rubeni Hovsepyan (Cap) (103/1), Robert Norayri Arzumanyan (35/3), Aleksander Tadevosyan (38/0) [46.Vahagn Minasyan (7/1)], Aghvan Mkrtchyan (36/0), Artur Voskanyan (51/1) [65.Artur Yedigaryan (3/0)], Ararat Arakelyan (20/1), Arsen Balabekyan (1/0) [60.Sargis Karapetyan (1/0)], Edgar Manucharyan (18/2) [80.David Manoyan (1/0)], Henrikh Mkhitaryan (8/0) [88.Artak Dashyan (1/0)], Ara Hakobyan (44/7) [69.Gevorg Ghazaryan (9/0)]. Trainer: Jan Børge Poulsen (Denmark, 11).

120. 28.03.2009   **ARMENIA - ESTONIA**   2-2(1-1)   19th FIFA WC. Qualifiers
"Vazgen Sargsyan" Hanrapetakan Stadium, Yerevan; Referee: Luc Wilmes (Luxembourg); Attendance: 3,000
ARM: Roman Berezovsky (56/0), Sargis Rubeni Hovsepyan (Cap) (104/1), Robert Norayri Arzumanyan (36/3), Vahagn Minasyan (8/1), Aghvan Mkrtchyan (37/0), Levon Pachajyan (30/1) [82.Artur Yedigaryan (4/0)], Artur Voskanyan (52/1) [46.Gevorg Ghazaryan (10/1)], Ararat Arakelyan (21/1), Artavazd Karamyan (44/2), Henrikh Mkhitaryan (9/1), Arman Karamyan (42/5) [61.Edgar Manucharyan (19/2)]. Trainer: Jan Børge Poulsen (Denmark, 12).
Goals: Henrikh Mkhitaryan (33), Gevorg Ghazaryan (87).

121. 01.04.2009   **ESTONIA - ARMENIA**   1-0(0-0)   19th FIFA WC. Qualifiers
A. Le Coq Arena, Tallinn; Referee: Cyril Zimmermann (Switzerland); Attendance: 5,200
ARM: Gevorg Kasparov (14/0), Sargis Rubeni Hovsepyan (Cap) (105/1), Robert Norayri Arzumanyan (37/3), Ararat Arakelyan (22/1), Vahagn Minasyan (9/1), Artur Yedigaryan (5/0) [84.Arman Karamyan (43/5)], Aghvan Mkrtchyan (38/0), Henrikh Mkhitaryan (10/1), Artavazd Karamyan (45/2) [89.Gevorg Ghazaryan (11/1)], Levon Pachajyan (31/1), Edgar Manucharyan (20/2). Trainer: Vardan Minasyan (4).

122. 12.08.2009   **ARMENIA - MOLDOVA**   1-4(0-1)
"Vazgen Sargsyan" Hanrapetakan Stadium, Yerevan; Referee: Lasha Silagava (Georgia); Attendance: 1,000
ARM: Gevorg Kasparov (15/0), Sargis Rubeni Hovsepyan (Cap) (106/1), Vahagn Minasyan (10/1), Aleksander Tadevosyan (39/0), Aghvan Mkrtchyan (39/0), Edgar Malakyan (1/0) [46.David Manoyan (2/0)], Ararat Arakelyan (23/2) [90.Eduard Kakosyan (1/0)], Henrikh Mkhitaryan (11/1), Davit Zh. Grigoryan (1/0) [84.Artur Yedigaryan (6/0)], Marcos Piñeiro Pizelli (3/1) [54.Hovhannes Goharyan (1/0)], Yeghya Yavruyan (1/0) [58.Hiraç Yagan (1/0)]. Trainer: Vardan Minasyan (5).
Goal: Ararat Arakelyan (74).

123. 05.09.2009   **ARMENIA – BOSNIA AND HERZEGOVINA**   0-2(0-1)   19th FIFA WC. Qualifiers
"Vazgen Sargsyan" Hanrapetakan Stadium, Yerevan; Referee: Frederikus Johannes "Eric" Braamhaar (Netherlands); Attendance: 1,800
ARM: Gevorg Kasparov (16/0), Sargis Rubeni Hovsepyan (Cap) (107/1), Robert Norayri Arzumanyan (38/3), Aleksander Tadevosyan (40/0), Aghvan Mkrtchyan (40/0), Artur Yedigaryan (7/0) [75.Hiraç Yagan (2/0)], Ararat Arakelyan (24/2) [66.Vahagn Minasyan (11/1)], Arman Karamyan (44/5), Artavazd Karamyan (46/2), Henrikh Mkhitaryan (12/1), Yeghya Yavruyan (2/0) [46.Hovhannes Goharyan (2/0)]. Trainer: Vardan Minasyan (6).

124. 09.09.2009   **ARMENIA - BELGIUM**   2-1(1-0)   19th FIFA WC. Qualifiers
"Vazgen Sargsyan" Hanrapetakan Stadium, Yerevan; Referee: Ljubomir Krstevski (Macedonia); Attendance: 2,300
ARM: Gevorg Kasparov (17/0), Sargis Rubeni Hovsepyan (Cap) (108/2), Hrayr Mkoyan (1/0), Robert Norayri Arzumanyan (39/3), Aghvan Mkrtchyan (41/0), Artur Yedigaryan (8/0) [89.Eduard Kakosyan (2/0)], Ararat Arakelyan (25/2) [14.Karlen Mkrtchyan (5/0)], Artavazd Karamyan (47/2), Arman Karamyan (45/5), Henrikh Mkhitaryan (13/1), Hovhannes Goharyan (3/1) [31.Yeghya Yavruyan (3/0)]. Trainer: Vardan Minasyan (7).
Goals: Hovhannes Goharyan (23), Sargis Rubeni Hovsepyan (50).

125. 10.10.2009   **ARMENIA - SPAIN**   1-2(0-1)   19th FIFA WC. Qualifiers
"Vazgen Sargsyan" Hanrapetakan Stadium, Yerevan; Referee: Jiří Jech (Czech Republic); Attendance: 10,500
ARM: Roman Berezovsky (57/0), Robert Norayri Arzumanyan (40/4), Sargis Rubeni Hovsepyan (Cap) (109/2), Hrayr Mkoyan (2/0), Artur Yedigaryan (9/0) [74.Ararat Arakelyan (26/2)], Aghvan Mkrtchyan (42/0), Karlen Mkrtchyan (6/0), Marcos Piñeiro Pizelli (4/1) [66.Artak Dashyan (2/0)], Artavazd Karamyan (48/2), Hovhannes Goharyan (4/1) [60.Samvel Melkonyan (25/0)], Arman Karamyan (46/5). Trainer: Vardan Minasyan (8).
Goal: Robert Norayri Arzumanyan (58).

126. 14.10.2009   **TURKEY - ARMENIA**   2-0(2-0)   19th FIFA WC. Qualifiers
Atatürk Stadium, Bursa; Referee: Martin Hansson (Sweden); Attendance: 18,000
ARM: Roman Berezovsky (58/0), Karlen Mkrtchyan (7/0), Sargis Rubeni Hovsepyan (Cap) (110/2), Robert Norayri Arzumanyan (41/4), Hrayr Mkoyan (3/0), Ararat Arakelyan (27/2) [58.Marcos Piñeiro Pizelli (5/1)], Aghvan Mkrtchyan (43/0), Henrikh Mkhitaryan (14/1), Artavazd Karamyan (49/2), Arman Karamyan (47/5) [77.Eduard Kakosyan (3/0)], Hovhannes Goharyan (5/1) [46.Samvel Melkonyan (26/0)]. Trainer: Vardan Minasyan (9).

127. 03.03.2010   **ARMENIA - BELARUS**   1-3(0-0)
"Atatürk" Stadyumu, Antalya (Türkei); Referee: Audrius Zuta (Lithuania); Attendance: 100
ARM: Roman Berezovsky (59/0), Karlen Mkrtchyan (8/0) [46.Artak Aleksanyan (1/0)], Sargis Rubeni Hovsepyan (Cap) (111/2), Hrayr Mkoyan (4/0), Aleksander Tadevosyan (41/0), Aghvan Mkrtchyan (44/0), Ararat Arakelyan (28/2) [46.Artur Yedigaryan (10/0)], Artavazd Karamyan (50/2) [46.Samvel Melkonyan (27/0)], Levon Pachajyan (32/2) [88.Arman Karamyan (48/5)], Marcos Piñeiro Pizelli (6/1) [71.Artur Voskanyan (53/1)], Edgar Manucharyan (21/2) [78.Yeghya Yavruyan (4/0)]. Trainer: Vardan Minasyan (10).
Goal: Levon Pachajyan (59).

128. 25.05.2010   **ARMENIA - UZBEKISTAN**   3-1(3-0)
"Vazgen Sargsyan" Hanrapetakan Stadium, Yerevan; Referee: Levan Kvaratskhelia (Georgia); Attendance: 6,000
ARM: Stepan Ghazaryan (1/0), Robert Norayri Arzumanyan (42/4), Vahagn Minasyan (12/1) [sent off 76], Sargis Rubeni Hovsepyan (Cap) (112/2), Artak Yedigaryan (1/0), Artur Yedigaryan (11/0) [56.David Manoyan (3/0)], Karlen Mkrtchyan (9/0), Levon Pachajyan (33/2) [60.Samvel Melkonyan (28/0)], Gevorg Ghazaryan (12/1) [88.Edgar Malakyan (2/0)], Henrikh Mkhitaryan (15/2) [79.Artur Yuspashyan (1/0)], Edgar Manucharyan (22/4) [51.Marcos Piñeiro Pizelli (7/1)]. Trainer: Vardan Minasyan (11).
Goals: Henrikh Mkhitaryan (7), Edgar Manucharyan (18, 27).

129. 11.08.2010   **ARMENIA - IRAN**   1-3(1-0)
Hrazdan Stadium, Yerevan; Referee: Levan Kvaratskhelia (Georgia); Attendance: 3,000
ARM: Stepan Ghazaryan (2/0), Robert Norayri Arzumanyan (43/4), Ararat Arakelyan (29/2), Sargis Rubeni Hovsepyan (Cap) (113/2), Levon Pachajyan (34/2), Samvel Melkonyan (29/0), Artur Yedigaryan (12/0) [89.Artak Grigoryan (1/0)], Marcos Piñeiro Pizelli (8/1) [76.Artak Dashyan (3/0)], Aghvan Mkrtchyan (45/1) [76.Hovhannes Hambardzumyan (1/0)], David Manoyan (4/0) [90.Artur Voskanyan (54/1)], Yura Movsisyan (1/0) [14.Edgar Manucharyan (23/4)]. Trainer: Vardan Minasyan (12).
Goal: Aghvan Mkrtchyan (37).

130. 03.09.2010 **ARMENIA – REPUBLIC OF IRELAND** **0-1(0-0)** 14th EC. Qualifiers
„Vazgen Sargsyan" Hanrapetakan Stadium, Yerevan; Referee: Zsolt Szabó (Hungary); Attendance: 8,600
ARM: Roman Berezovsky (60/0), Robert Norayri Arzumanyan (44/4), Ararat Arakelyan (30/2), Sargis Rubeni Hovsepyan (Cap) (114/2), Levon Pachajyan (35/2), Artur Yedigaryan (13/0) [68.David Manoyan (5/0)], Henrikh Mkhitaryan (16/2), Edgar Malakyan (3/0) [78.Edgar Manucharyan (24/4)], Karlen Mkrtchyan (10/0), Artak Yedigaryan (2/0) [71.Hovhannes Hambardzumyan (2/0)], Yura Movsisyan (2/0). Trainer: Vardan Minasyan (13).

131. 07.09.2010 **MACEDONIA - ARMENIA** **2-2(1-1)** 14th EC. Qualifiers
Arena „Filip II Makedonski", Skopje; Referee: Espen Berntsen (Norway); Attendance: 9,000
ARM: Roman Berezovsky (61/0), Robert Norayri Arzumanyan (45/4), Ararat Arakelyan (31/2), Sargis Rubeni Hovsepyan (Cap) (115/2), Levon Pachajyan (36/2) [70.Artur Yedigaryan (14/0)], Henrikh Mkhitaryan (17/2), Edgar Malakyan (4/0) [58.Edgar Manucharyan (25/5)], Karlen Mkrtchyan (11/0) [90.Hrayr Mkoyan (5/0)], Artak Yedigaryan (3/0), David Manoyan (6/0), Yura Movsisyan (3/1). Trainer: Vardan Minasyan (14).
Goals: Yura Movsisyan (40), Edgar Manucharyan (90+1).

132. 08.10.2010 **ARMENIA - SLOVAKIA** **3-1(1-1)** 14th EC. Qualifiers
„Vazgen Sargsyan" Hanrapetakan Stadium, Yerevan; Referee: Daniele Orsato (Italy); Attendance: 8,500
ARM: Roman Berezovsky (62/0), Robert Norayri Arzumanyan (46/4) [79.Ararat Arakelyan (32/2)], Sargis Rubeni Hovsepyan (Cap) (116/2), Hrayr Mkoyan (6/0), Levon Pachajyan (37/2) [46.Edgar Manucharyan (26/5)], Gevorg Ghazaryan (13/2), Henrikh Mkhitaryan (18/3), Karlen Mkrtchyan (12/0), Marcos Piñeiro Pizelli (9/1) [72.Artur Yedigaryan (15/0)], Artak Yedigaryan (4/0), Yura Movsisyan (4/2). Trainer: Vardan Minasyan (15).
Goals: Yura Movsisyan (23), Gevorg Ghazaryan (50), Henrikh Mkhitaryan (89).

133. 12.10.2010 **ARMENIA - ANDORRA** **4-0(3-0)** 14th EC. Qualifiers
„Vazgen Sargsyan" Hanrapetakan Stadium, Yerevan; Referee: Tomasz Mikulski (Poland); Attendance: 12,000
ARM: Roman Berezovsky (63/0), Robert Norayri Arzumanyan (47/4), Sargis Rubeni Hovsepyan (Cap) (117/2), Hrayr Mkoyan (7/0), Artur Yedigaryan (16/0), Gevorg Ghazaryan (14/3) [67.Edgar Malakyan (5/0)], Henrikh Mkhitaryan (19/4), Marcos Piñeiro Pizelli (10/2) [82.Artur Yuspashyan (2/0)], Artak Yedigaryan (5/0), Edgar Manucharyan (27/5), Yura Movsisyan (5/3) [54.Hovhannes Goharyan (6/1)]. Trainer: Vardan Minasyan (16).
Goals: Gevorg Ghazaryan (4), Henrikh Mkhitaryan (16), Yura Movsisyan (33), Marcos Piñeiro Pizelli (52).

134. 09.02.2011 **ARMENIA - GEORGIA** **1-2(0-2)**
Tsirion Athlítiko Kentro, Limassol (Cyprus); Referee: Yiannis Anastasiou (Cyprus); Attendance: 300
ARM: Gevorg Kasparov (18/0), Ararat Arakelyan (33/2) [46.Artur Yuspashyan (3/0)], Sargis Rubeni Hovsepyan (Cap) (118/2), Hrayr Mkoyan (8/0), Gevorg Ghazaryan (15/3), Henrikh Mkhitaryan (20/4), Edgar Malakyan (6/0), Marcos Piñeiro Pizelli (11/2), Levon Hayrapetyan (1/0), Artak Yedigaryan (6/0), Edgar Manucharyan (28/6) [85.Artak Aleksanyan (2/0)]. Trainer: Vardan Minasyan (17).
Goal: Edgar Manucharyan (63 penalty).

135. 26.03.2011 **ARMENIA - RUSSIA** **0-0** 14th EC. Qualifiers
„Vazgen Sargsyan" Hanrapetakan Stadium, Yerevan; Referee: Craig Alexander Thomson (Scotland); Attendance: 14,400
ARM: Roman Berezovsky (64/0), Robert Norayri Arzumanyan (48/4), Sargis Rubeni Hovsepyan (Cap) (119/2), Hrayr Mkoyan (9/0), Gevorg Ghazaryan (16/3), Henrikh Mkhitaryan (21/4), Edgar Malakyan (7/0) [49.Edgar Manucharyan (29/6)], Karlen Mkrtchyan (13/0), Marcos Piñeiro Pizelli (12/2) [57.Artur Yedigaryan (17/0)], Levon Hayrapetyan (2/0) [67.Artak Yedigaryan (7/0)], Yura Movsisyan (6/3). Trainer: Vardan Minasyan (18).

136. 04.06.2011 **RUSSIA - ARMENIA** **3-1(1-1)** 14th EC. Qualifiers
Petrovsky Stadium, Saint Petersburg; Referee: Stéphane Lannoy (France); Attendance: 18,000
ARM: Roman Berezovsky (65/0), Robert Norayri Arzumanyan (49/4), Sargis Rubeni Hovsepyan (Cap) (120/2), Hrayr Mkoyan (10/0), Levon Pachajyan (38/2) [57.Edgar Manucharyan (30/6)], Gevorg Ghazaryan (17/3), Henrikh Mkhitaryan (22/4), Karlen Mkrtchyan (14/0) [89.Artak Yedigaryan (8/0)], Marcos Piñeiro Pizelli (13/3) [67.Artur Yedigaryan (18/0)], Levon Hayrapetyan (3/0), Yura Movsisyan (7/3). Trainer: Vardan Minasyan (19).
Goal: Marcos Piñeiro Pizelli (25).

137. 10.08.2011 **LITHUANIA - ARMENIA** **3-0(1-0)**
„S. Dariaus ir S. Girėno" stadionas, Kaunas; Referee: Andrejs Sipailo (Latvia); Attendance: 500
ARM: Karen Israyelyan (1/0), Sargis Rubeni Hovsepyan (Cap) (121/2), Hrayr Mkoyan (11/0), Varazdat Haroyan (1/0) [*sent off 58*], Gevorg Ghazaryan (18/3), Henrikh Mkhitaryan (23/4) [70.Artur Yuspashyan (4/0)], Edgar Malakyan (8/0) [54.Edgar Manucharyan (31/6)], Karlen Mkrtchyan (15/0), Marcos Piñeiro Pizelli (14/3) [54.Artur Yedigaryan (19/0)], Levon Hayrapetyan (4/0), Artur Sarkisov (1/0) [58.Yura Movsisyan (8/3)]. Trainer: Vardan Minasyan (20).

138. 02.09.2011 **ANDORRA - ARMENIA** **0-3(0-1)** 14th EC. Qualifiers
Estadi Comunal de Aixovall, Andorra la Vella; Referee: Alexander Kostadinov (Bulgaria); Attendance: 750
ARM: Roman Berezovsky (66/0), Sargis Rubeni Hovsepyan (Cap) (122/2), Valeri Vazgen Aleksanyan (13/0), Hrayr Mkoyan (12/0), Gevorg Ghazaryan (19/4) [89.Zaven Levoni Badoyan (1/0)], Henrikh Mkhitaryan (24/5), Karlen Mkrtchyan (16/0), Marcos Piñeiro Pizelli (15/4) [83.Artur Yedigaryan (20/0)], Levon Hayrapetyan (5/0), Edgar Manucharyan (32/6) [78.Edgar Malakyan (9/0)], Artur Sarkisov (2/0). Trainer: Vardan Minasyan (21).
Goals: Marcos Piñeiro Pizelli (35), Gevorg Ghazaryan (75), Henrikh Mkhitaryan (90+2 penalty).

139. 06.09.2011 **SLOVAKIA - ARMENIA** **0-4(0-0)** 14th EC. Qualifiers
Stadium Pod Dubňom, Žilina; Referee: Marcin Borski (Poland); Attendance: 7,238
ARM: Roman Berezovsky (67/0), Sargis Rubeni Hovsepyan (Cap) (123/2), Valeri Vazgen Aleksanyan (14/0), Hrayr Mkoyan (13/0), Artur Yedigaryan (21/0) [90+2.Artur Yuspashyan (5/0)], Gevorg Ghazaryan (20/5), Henrikh Mkhitaryan (25/6), Karlen Mkrtchyan (17/0), Marcos Piñeiro Pizelli (16/4) [73.Edgar Manucharyan (33/6)], Levon Hayrapetyan (6/0), Yura Movsisyan (9/4) [85.Artur Sarkisov (3/1)]. Trainer: Vardan Minasyan (22).
Goals: Yura Movsisyan (57), Henrikh Mkhitaryan (70), Gevorg Ghazaryan (80), Artur Sarkisov (90+1).

140. 07.10.2011 **ARMENIA - MACEDONIA** **4-1(2-0)** 14th EC. Qualifiers
„Vazgen Sargsyan" Hanrapetakan Stadium, Yerevan; Referee: Robert Schörgenhofer (Austria); Attendance: 14,403
ARM: Roman Berezovsky (68/0), Sargis Rubeni Hovsepyan (Cap) (124/2), Valeri Vazgen Aleksanyan (15/0), Artur Yedigaryan (22/0), Gevorg Ghazaryan (21/6) [83.Edgar Malakyan (10/0)], Henrikh Mkhitaryan (26/7), Karlen Mkrtchyan (18/0) [75.Artur Sarkisov (4/2)], Marcos Piñeiro Pizelli (17/5) [63.Edgar Manucharyan (34/6)], Levon Hayrapetyan (7/0), Yura Movsisyan (10/4), Artur Yuspashyan (6/0). Trainer: Vardan Minasyan (23).
Goals: Marcos Piñeiro Pizelli (28), Henrikh Mkhitaryan (34), Gevorg Ghazaryan (69), Artur Sarkisov (90+1).

141. 11.10.2011   **REPUBLIC OF IRELAND - ARMENIA**   **2-1(1-0)**   14th EC. Qualifiers
Landsdowne Road, Dublin; Referee: Eduardo Iturralde González (Spain); Attendance: 45,200
ARM: Roman Berezovsky (69/0) [*sent off 26*], Sargis Rubeni Hovsepyan (Cap) (125/2), Valeri Vazgen Aleksanyan (16/0), Hrayr Mkoyan (14/0), Gevorg Ghazaryan (22/6) [63.Artur Sarkisov (5/2)], Henrikh Mkhitaryan (27/8), Edgar Malakyan (11/0) [28.Arsen Petrosyan (1/0)], Karlen Mkrtchyan (19/0), Marcos Piñeiro Pizelli (18/5) [53.Edgar Manucharyan (35/6)], Levon Hayrapetyan (8/0), Yura Movsisyan (11/4). Trainer: Vardan Minasyan (24).
Goal: Henrikh Mkhitaryan (62).

142. 28.02.2012   **ARMENIA - SERBIA**   **0-2(0-2)**
Tsirion Athlítiko Kentro, Limassol (Cyprus); Referee: Leontios Trattos (Cyprus); Attendance: 150
ARM: Grigor Meliksetyan (1/0), Robert Norayri Arzumanyan (Cap) (50/4), Gagik Daghbashyan (1/0), Hovhannes Hambardzumyan (3/0) [60.Ghukas Poghosyan (1/0)], Varazdat Haroyan (2/0) [76.Andranik Voskanyan (1/0)], Gevorg Ghazaryan (23/6), Edgar Malakyan (12/0) [68.Valter Poghosyan (1/0)], Karlen Mkrtchyan (20/0), Masis Voskanyan (1/0) [46.Kamo Hovhannisyan (1/0)], Artur Yuspashyan (7/0), Artur Sarkisov (6/2) [46.David Manoyan (7/0)]. Trainer: Vardan Minasyan (25).

143. 29.02.2012   **ARMENIA - CANADA**   **3-1(1-1)**
Tsirion Athlítiko Kentro, Limassol (Cyprus); Referee: Marios Panayi (Cyprus); Attendance: 100
ARM: Roman Berezovsky (70/0), Sargis Rubeni Hovsepyan (Cap) (126/2), Valeri Vazgen Aleksanyan (17/0), Hrayr Mkoyan (15/0), Artur Yedigaryan (23/0), Henrikh Mkhitaryan (28/8), Marcos Piñeiro Pizelli (19/7), Levon Hayrapetyan (9/0) [90+2.Kamo Hovhannisyan (2/0)], Artak Yedigaryan (9/0) [80.Artur Yuspashyan (8/0)], Aras Özbiliz (1/1), Yura Movsisyan (12/4) [75.Artur Sarkisov (7/2)]. Trainer: Vardan Minasyan (26).
Goal: Marcos Piñeiro Pizelli (22, 67), Aras Özbiliz (90 penalty).

144. 31.05.2012   **GREECE - ARMENIA**   **1-0(1-0)**
Kufstein-Arena, Kufstein (Austria); Referee: Alexander Harkam (Austria); Attendance: 600
ARM: Roman Berezovsky (71/0), Robert Norayri Arzumanyan (51/4) [78.Hrayr Mkoyan (16/0)], Sargis Rubeni Hovsepyan (Cap) (127/2), Valeri Vazgen Aleksanyan (18/0), Gevorg Ghazaryan (24/6) [84.Artur Sarkisov (8/2)], Henrikh Mkhitaryan (29/8), Karlen Mkrtchyan (21/0), Marcos Piñeiro Pizelli (20/7) [73.Artur Yedigaryan (24/0)], Levon Hayrapetyan (10/0), David Manoyan (8/0) [59.Zaven Levoni Badoyan (2/0)], Yura Movsisyan (13/4). Trainer: Vardan Minasyan (27).

145. 05.06.2012   **ARMENIA - KAZAKHSTAN**   **3-0(3-0)**
"Vazgen Sargsyan" Hanrapetakan Stadium, Yerevan; Referee: Levan Kvaratskhelia (Georgia); Attendance: 7,500
ARM: Gevorg Kasparov (19/0), Robert Norayri Arzumanyan (52/4) [46.Hrayr Mkoyan (17/0)], Sargis Rubeni Hovsepyan (Cap) (128/2) [80.Kamo Hovhannisyan (3/0)], Valeri Vazgen Aleksanyan (19/0), Artur Yedigaryan (25/0), Gevorg Ghazaryan (25/8), Henrikh Mkhitaryan (30/8), Karlen Mkrtchyan (22/0) [46.David Manoyan (9/0)], Marcos Piñeiro Pizelli (21/7) [62.Artak Yedigaryan (10/0)], Levon Hayrapetyan (11/0) [46.Artur Sarkisov (9/2)], Yura Movsisyan (14/5) [87.Zaven Levoni Badoyan (3/0)]. Trainer: Vardan Minasyan (28).
Goal: Gevorg Ghazaryan (9, 39), Yura Movsisyan (43).

146. 15.08.2012   **ARMENIA - BELARUS**   **1-2(0-1)**
"Vazgen Sargsyan" Stadium, Yerevan; Referee: Davit Kharitonashvili (Georgia)
ARM: Roman Berezovsky (72/0), Sargis Rubeni Hovsepyan (Cap) (129/2), Valeri Vazgen Aleksanyan (20/0), Hrayr Mkoyan (18/0), Artur Yedigaryan (26/0) [46.David Manoyan (10/0)], Gevorg Ghazaryan (26/8) [81.Artur Sarkisov (10/2)], Henrikh Mkhitaryan (31/8), Marcos Piñeiro Pizelli (22/7) [90.Kamo Hovhannisyan (4/0)], Artak Yedigaryan (11/0) [61.Levon Hayrapetyan (12/0)], Aras Özbiliz (2/1), Yura Movsisyan (15/5). Trainer: Vardan Minasyan (29).
Goal: Dmitriy Verkhovtsov (72 own goal).

147. 07.09.2012   **MALTA - ARMENIA**   **0-1(0-0)**   20th FIFA WC. Qualifiers
Ta' Qali National Stadium, Attard; Referee: Rene Eisner (Austria); Attendance: 3,517
ARM: Gevorg Kasparov (20/0), Robert Norayri Arzumanyan (53/4) [79.Valeri Vazgen Aleksanyan (21/0)], Sargis Rubeni Hovsepyan (Cap) (130/2), Hrayr Mkoyan (19/0), Henrikh Mkhitaryan (32/8), Karlen Mkrtchyan (23/0), Marcos Piñeiro Pizelli (23/7) [64.Artur Sarkisov (11/3)], Levon Hayrapetyan (13/0), Artak Yedigaryan (12/0) [52.David Manoyan (11/0)], Aras Özbiliz (3/1), Yura Movsisyan (16/5). Trainer: Vardan Minasyan (30).
Goal: Artur Sarkisov (70).

148. 11.09.2012   **BULGARIA - ARMENIA**   **1-0(1-0)**   20th FIFA WC. Qualifiers
Nationalen stadion "Vasil Levski", Sofia; Referee: Stephan Studer (Switzerland); Attendance: 17,883
ARM: Roman Berezovsky (73/0), Robert Norayri Arzumanyan (54/4), Sargis Rubeni Hovsepyan (Cap) (131/2), Hrayr Mkoyan (20/0), Artur Yedigaryan (27/0) [76.Artur Sarkisov (12/3)], Gevorg Ghazaryan (27/8) [*sent off 77*], Henrikh Mkhitaryan (33/8), Karlen Mkrtchyan (24/0), Levon Hayrapetyan (14/0) [43.Artak Yedigaryan (13/0)], Aras Özbiliz (4/1) [54.Marcos Piñeiro Pizelli (24/7) [*sent off 73*]], Yura Movsisyan (17/5). Trainer: Vardan Minasyan (31).

149. 12.10.2012   **ARMENIA - ITALY**   **1-3(1-1)**   20th FIFA WC. Qualifiers
Hrazdan Stadium, Yerevan; Referee: Marijo Strahonja (Croatia); Attendance: 32,000
ARM: Roman Berezovsky (Cap) (74/0), Robert Norayri Arzumanyan (55/4), Valeri Vazgen Aleksanyan (22/0), Hrayr Mkoyan (21/0), Artur Yedigaryan (28/0) [65.Edgar Manucharyan (36/6)], Henrikh Mkhitaryan (34/9), Karlen Mkrtchyan (25/0), Artak Yedigaryan (14/0), David Manoyan (12/0) [77.Artur Sarkisov (13/3)], Aras Özbiliz (5/1), Yura Movsisyan (18/5). Trainer: Vardan Minasyan (32).
Goal: Henrikh Mkhitaryan (27).

150. 14.11.2012   **ARMENIA - LITHUANIA**   **4-2(1-0)**
"Vazgen Sargsyan" Hanrapetakan Stadium, Yerevan; Referee: Lasha Silagava (Georgia); Attendance: 10,500
ARM: Roman Berezovsky (75/0), Robert Norayri Arzumanyan (56/4) [29.Taron Voskanyan (1/0)], Sargis Rubeni Hovsepyan (Cap) (132/2) [5.Artak Yedigaryan (15/0); 64.Hovhannes Hambardzumyan (4/0)], Valeri Vazgen Aleksanyan (23/0), Gevorg Ghazaryan (28/8), Henrikh Mkhitaryan (35/10) [73.Masis Voskanyan (2/0)], Karlen Mkrtchyan (26/1) [83.Artur Yedigaryan (29/0)], Marcos Piñeiro Pizelli (25/7), Kamo Hovhannisyan (5/0), Aras Özbiliz (6/2) [75.Edgar Malakyan (13/0)], Edgar Manucharyan (37/7) [16.David Manoyan (13/0)]. Trainer: Vardan Minasyan (33).
Goals: Edgar Manucharyan (7), Karlen Mkrtchyan (50), Henrikh Mkhitaryan (55), Aras Özbiliz (72).

151. 05.02.2013   **LUXEMBOURG - ARMENIA**   **1-1(1-1)**
Stade "Georges Pompidou", Valence (France); Referee: Nicolas Rainville (France); Attendance: 1,500
ARM: Roman Berezovsky (Cap) (76/0), Robert Norayri Arzumanyan (57/4) [88.Taron Voskanyan (2/0)], Artyom Khachaturov (1/0) [80.Hrayr Mkoyan (22/0)], Hovhannes Hambardzumyan (5/0) [46.Artak Yedigaryan (16/0)], Gevorg Ghazaryan (29/8) [61.Norair Aslanyan-Mamedov (1/0)], Henrikh Mkhitaryan (36/10), Marcos Piñeiro Pizelli (26/7), Kamo Hovhannisyan (6/0), Aras Özbiliz (7/2), Karen Muradyan (1/0) [78.Karlen Mkrtchyan (27/1)], Edgar Manucharyan (38/8) [72.Artur Sarkisov (14/3)]. Trainer: Vardan Minasyan (34).
Goal: Edgar Manucharyan (43).

152. 26.03.2013 **ARMENIA – CZECH REPUBLIC** 0-3(0-0) 20th FIFA WC. Qualifiers
Republican Stadium, Yerevan; Referee: Cristian Balaj (Romania); Attendance: 14,403
ARM: Roman Berezovsky (Cap) (77/0), Robert Norayri Arzumanyan (58/4), Valeri Vazgen Aleksanyan (24/0), Gevorg Ghazaryan (30/8) [60.Artur Sarkisov (15/3)], Henrikh Mkhitaryan (37/10), Marcos Piñeiro Pizelli (27/7), Kamo Hovhannisyan (7/0), Taron Voskanyan (3/0), Karen Muradyan (2/0) [78.David Manoyan (14/0)], Edgar Manucharyan (39/8) [50.Aras Özbiliz (8/2)], Yura Movsisyan (19/5). Trainer: Vardan Minasyan (35).

153. 07.06.2013 **ARMENIA - MALTA** 0-1(0-1) 20th FIFA WC. Qualifiers
Republican Stadium, Yerevan; Referee: Arnold Hunter (Northern Ireland); Attendance: 8,500
ARM: Roman Berezovsky (Cap) (78/0), Robert Norayri Arzumanyan (59/4), Valeri Vazgen Aleksanyan (25/0), Henrikh Mkhitaryan (38/10), Karlen Mkrtchyan (28/1), Marcos Piñeiro Pizelli (28/7), David Manoyan (15/0) [66.Artur Sarkisov (16/3)], Kamo Hovhannisyan (8/0), Taron Voskanyan (4/0), Aras Özbiliz (9/2), Edgar Manucharyan (40/8) [46.Yura Movsisyan (20/5)]. Trainer: Vardan Minasyan (36).

154. 11.06.2013 **DENMARK - ARMENIA** 0-4(0-2) 20th FIFA WC. Qualifiers
Parken Stadion, København; Referee: Aleksei Nikolaev (Russia); Attendance: 14,284
ARM: Roman Berezovsky (Cap) (79/0), Robert Norayri Arzumanyan (60/4), Valeri Vazgen Aleksanyan (26/0), Varazdat Haroyan (3/0), Artur Yedigaryan (30/0) [86.Marcos Piñeiro Pizelli (29/7)], Gevorg Ghazaryan (31/8), Henrikh Mkhitaryan (39/11), Karlen Mkrtchyan (29/1), Kamo Hovhannisyan (9/0), Aras Özbiliz (10/3) [90+1.Norair Aslanyan-Mamedov (2/0)], Yura Movsisyan (21/7) [84.Artur Sarkisov (17/3)]. Trainer: Vardan Minasyan (37).
Goal: Yura Movsisyan (1), Aras Özbiliz (19), Yura Movsisyan (59), Henrikh Mkhitaryan (82).

155. 14.08.2013 **ALBANIA - ARMENIA** 2-0(1-0)
Stadiumi "Kombëtar Qemal Stafa", Tiranë; Referee: Stanislav Todorov (Bulgaria); Attendance: 3,000
ARM: Roman Berezovsky (Cap) (80/0) [46.Gevorg Kasparov (21/0)], Artyom Khachaturov (2/0) [74.Taron Voskanyan (5/0)], Varazdat Haroyan (4/0), Artur Yedigaryan (31/0) [66.Aghvan Papikyan (1/0)], Gevorg Ghazaryan (32/8) [76.Norair Aslanyan-Mamedov (3/0)], Karlen Mkrtchyan (30/1), Marcos Piñeiro Pizelli (30/7) [59.Artur Sarkisov (18/3)], Levon Hayrapetyan (15/0) [71.Artur Avagyan (1/0)], Kamo Hovhannisyan (10/0), Aras Özbiliz (11/3), Yura Movsisyan (22/7). Trainer: Vardan Minasyan (38).

156. 06.09.2013 **CZECH REPUBLIC - ARMENIA** 1-2(0-1) 20th FIFA WC. Qualifiers
Eden Arena, Praha; Referee: Antony Gautier (France); Attendance: 17,628
ARM: Roman Berezovsky (Cap) (81/0) [69.Gevorg Kasparov (22/0)], Robert Norayri Arzumanyan (61/4), Hrayr Mkoyan (23/0), Varazdat Haroyan (5/0), Artur Yedigaryan (32/0), Gevorg Ghazaryan (33/9), Henrikh Mkhitaryan (40/11), Karlen Mkrtchyan (31/2), Kamo Hovhannisyan (11/0) [76.Marcos Piñeiro Pizelli (31/7)], Aras Özbiliz (12/3) [28.Levon Hayrapetyan (16/0)], Yura Movsisyan (23/7). Trainer: Vardan Minasyan (39).
Goal: Karlen Mkrtchyan (31), Gevorg Ghazaryan (90+2).

157. 10.09.2013 **ARMENIA - DENMARK** 0-1(0-0) 20th FIFA WC. Qualifiers
Hrazdan Stadium, Yerevan; Referee: Hendrikus Sebastiaan Hermanus "Bas" Nijhuis (Netherlands); Attendance: 23,000
ARM: Gevorg Kasparov (23/0), Hrayr Mkoyan (24/0), Varazdat Haroyan (6/0) [*sent off 73*], Artur Yedigaryan (33/0), Gevorg Ghazaryan (34/9), Henrikh Mkhitaryan (Cap) (41/11), Karlen Mkrtchyan (32/2) [27.Artur Sarkisov (19/3); 46.Sargis Adamyan (1/0)], Marcos Piñeiro Pizelli (32/7) [70.David Manoyan (16/0)], Levon Hayrapetyan (17/0), Kamo Hovhannisyan (12/0), Aras Özbiliz (13/3). Trainer: Vardan Minasyan (40).

158. 11.10.2013 **ARMENIA - BULGARIA** 2-1(1-0) 20th FIFA WC. Qualifiers
Republican Stadium, Yerevan; Referee: Dr. Felix Brych (Germany); Attendance: 11,000
ARM: Roman Berezovsky (Cap) (82/0), Robert Norayri Arzumanyan (62/4) [12.Valeri Vazgen Aleksanyan (27/0)], Hrayr Mkoyan (25/0), Gevorg Ghazaryan (35/9), Henrikh Mkhitaryan (42/11), Karlen Mkrtchyan (33/2), Levon Hayrapetyan (18/0), Kamo Hovhannisyan (13/0), Aras Özbiliz (14/4) [54.Marcos Piñeiro Pizelli (33/7)], Yura Movsisyan (24/8), Artur Sarkisov (20/3) [90+4.David Manoyan (17/0)]. Trainer: Vardan Minasyan (41).
Goal: Aras Özbiliz (45+1), Yura Movsisyan (87).

159. 15.10.2013 **ITALY - ARMENIA** 2-2(1-1) 20th FIFA WC. Qualifiers
Stadio San Paolo, Naples; Referee: Michael Oliver (England); Attendance: 22,000
ARM: Roman Berezovsky (Cap) (83/0), Robert Norayri Arzumanyan (63/4), Hrayr Mkoyan (26/0), Varazdat Haroyan (7/0), Artur Yedigaryan (34/0) [90.Marcos Piñeiro Pizelli (34/7)], Gevorg Ghazaryan (36/9), Henrikh Mkhitaryan (43/12), Karlen Mkrtchyan (34/2), Levon Hayrapetyan (19/0) [63.Kamo Hovhannisyan (14/0)], Aras Özbiliz (15/4) [78.Artur Sarkisov (21/3)], Yura Movsisyan (25/9). Trainer: Vardan Minasyan (42).
Goal: Yura Movsisyan (5), Henrikh Mkhitaryan (70).

160. 05.03.2014 **RUSSIA - ARMENIA** 2-0(2-0)
Kuban Stadium, Krasnodar; Referee: Alberto Undiano Mallenco (Spain); Attendance: 22,000
ARM: Roman Berezovsky (Cap) (84/0), Robert Norayri Arzumanyan (64/4), Hrayr Mkoyan (27/0) [79.Hovhannes Hambardzumyan (6/0)], Varazdat Haroyan (8/0), Gevorg Ghazaryan (37/9) [82.Aghvan Papikyan (2/0)], Henrikh Mkhitaryan (44/12) [63.Artak Dashyan (4/0)], Karlen Mkrtchyan (35/2), Marcos Piñeiro Pizelli (35/7), Artak Yedigaryan (17/0) [67.Kamo Hovhannisyan (15/0)], Yura Movsisyan (26/9) [87.Sargis Adamyan (2/0)], Artur Sarkisov (22/3) [46.Artur Yedigaryan (35/0)]. Trainer: Bernard Challandes (Switzerland, 1).

161. 27.05.2014 **UNITED ARAB EMIRATES - ARMENIA** 3-4(1-2)
Stade de la Fontenette, Carouge (Switzerland); Referee: Adrien Jaccottet (Switzerland); Attendance: 1,500
ARM: Gevorg Kasparov (24/0), Hrayr Mkoyan (28/0), Hovhannes Hambardzumyan (7/0) [66.Taron Voskanyan (6/0)], Varazdat Haroyan (9/0), Gevorg Ghazaryan (38/9) [90+1.Artur Sarkisov (23/3)], Henrikh Mkhitaryan (Cap) (45/14), Karlen Mkrtchyan (36/2), Levon Hayrapetyan (20/1), Rumyan Hovsepyan (1/1) [88.Alex Henrique da Silva (1/0)], Aras Özbiliz (16/4) [85.Norair Aslanyan-Mamedov (4/0)], Yura Movsisyan (27/9) [70.Mauro Crespo Guevgeozián (1/0)]. Trainer: Bernard Challandes (Switzerland, 2).
Goals: Levon Hayrapetyan (37), Henrikh Mkhitaryan (42, 57), Rumyan Hovsepyan (71).

162. 31.05.2014 **ALGERIA - ARMENIA** 3-1(3-0)
Stade de Tourbillon, Sion (Switzerland); Referee: Sascha Amhof (Switzerland); Attendance: 12,100
ARM: Roman Berezovsky (Cap) (85/0), Alex Henrique da Silva (2/0), Hrayr Mkoyan (29/0), Gevorg Ghazaryan (39/9) [46.Artur Sarkisov (24/4)], Henrikh Mkhitaryan (46/14), Levon Hayrapetyan (21/1) [77.Varazdat Haroyan (10/0)], Rumyan Hovsepyan (2/1), Taron Voskanyan (7/0), Aras Özbiliz (17/4) [26.Artur Yuspashyan (9/0); 73.Aleksandr Tumasyan (1/0)], Edgar Manucharyan (41/8) [62.Yura Movsisyan (28/9)], Mauro Crespo Guevgeozián (2/0) [46.Norair Aslanyan-Mamedov (5/0)]. Trainer: Bernard Challandes (Switzerland, 3).
Goal: Artur Sarkisov (46).

163. 06.06.2014 GERMANY - ARMENIA 6-1(0-0)
Coface Arena, Mainz; Referee: Harald Lechner (Austria); Attendance: 27,000
ARM: Roman Berezovsky (Cap) (86/0), Robert Norayri Arzumanyan (65/4), Hrayr Mkoyan (30/0), Varazdat Haroyan (11/0), Artur Yedigaryan (36/0), Gevorg Ghazaryan (40/9), Henrikh Mkhitaryan (47/15), Levon Hayrapetyan (22/1), Rumyan Hovsepyan (3/1) [74.Artur Sarkisov (25/4)], Edgar Manucharyan (42/8) [77.Aleksandr Tumasyan (2/0)], Yura Movsisyan (29/9). Trainer: Bernard Challandes (Switzerland, 4).
Goal: Henrikh Mkhitaryan (69 penalty).

164. 03.09.2014 LATVIA - ARMENIA 2-0(1-0)
Skonto stadions, Riga; Referee: Gediminas Mažeika (Lithuania); Attendance: 4,215
ARM: Roman Berezovsky (Cap) (87/0), Hrayr Mkoyan (31/0), Varazdat Haroyan (12/0), Artur Yedigaryan (37/0) [75.Karlen Mkrtchyan (37/2)], Gevorg Ghazaryan (41/9) [84.Norair Aslanyan-Mamedov (6/0)], Henrikh Mkhitaryan (48/15), Levon Hayrapetyan (23/1) [71.Hovhannes Hambardzumyan (8/0)], Kamo Hovhannisyan (16/0), Rumyan Hovsepyan (4/1) [81.Marcos Piñeiro Pizelli (36/7)], Taron Voskanyan (8/0) [68.Artur Sarkisov (26/4)], Edgar Manucharyan (43/8) [63.Zaven Levoni Badoyan (4/0)]. Trainer: Bernard Challandes (Switzerland, 5).

165. 07.09.2014 DENMARK - ARMENIA 2-1(0-0) 15th EC. Qualifiers
Parken stadion, København; Referee: Alexandru Dan Tudor (Romania); Attendance: 20,147
ARM: Roman Berezovsky (Cap) (88/0), Robert Norayri Arzumanyan (66/4) [66.Taron Voskanyan (9/0)], Hrayr Mkoyan (32/0), Varazdat Haroyan (13/0), Artur Yedigaryan (38/0), Gevorg Ghazaryan (42/9), Henrikh Mkhitaryan (49/16) [71.Marcos Piñeiro Pizelli (37/7)], Levon Hayrapetyan (24/1), Kamo Hovhannisyan (17/0), Rumyan Hovsepyan (5/1), Edgar Manucharyan (44/8) [84.Artak Dashyan (5/0)]. Trainer: Bernard Challandes (Switzerland, 6).
Goal: Henrikh Mkhitaryan (49).

166. 11.10.2014 ARMENIA - SERBIA 1-1(0-0) 15th EC. Qualifiers
„Vazgen Sargsyan" Hanrapetakan Stadium, Yerevan; Referee: Tom Harald Hagen (Norway); Attendance: 8,500
ARM: Roman Berezovsky (Cap) (89/0), Robert Norayri Arzumanyan (67/5), Varazdat Haroyan (14/0), Artur Yedigaryan (39/0), Karlen Mkrtchyan (38/2) [53.Rumyan Hovsepyan (6/1)], Marcos Piñeiro Pizelli (38/7) [85.Aleksandr Karapetyan (1/0)], Levon Hayrapetyan (25/1), Kamo Hovhannisyan (18/0), Taron Voskanyan (10/0), Edgar Manucharyan (45/8) [67.Artak Dashyan (6/0)], Artur Sarkisov (27/4). Trainer: Bernard Challandes (Switzerland, 7).
Goal: Robert Norayri Arzumanyan (73).

167. 14.10.2014 ARMENIA - FRANCE 0-3(0-1)
„Vazgen Sargsyan" Republican Stadium, Paris; Referee: István Kovács (Romania); Attendance: 10,000
ARM: Roman Berezovsky (Cap) (90/0) [61.Gevorg Kasparov (25/0)], Robert Norayri Arzumanyan (68/5), Varazdat Haroyan (15/0), Artem Simonyan (1/0) [69.Rumyan Hovsepyan (7/1)], Artur Yedigaryan (40/0) [58.Artak Dashyan (7/0)], Karlen Mkrtchyan (39/2) [90+1.Norair Aslanyan-Mamedov (7/0)], Marcos Piñeiro Pizelli (39/7) [82.Aleksandr Karapetyan (2/0)], Levon Hayrapetyan (26/1), Kamo Hovhannisyan (19/0), Taron Voskanyan (11/0), Artur Sarkisov (28/4) [65.Hovhannes Hambardzumyan (9/0)]. Trainer: Bernard Challandes (Switzerland, 8).

168. 14.11.2014 PORTUGAL - ARMENIA 1-0(0-0) 15th EC. Qualifiers
Estádio Algarve, Faro/Loulé; Referee: Anastasios Sidiropoulos (Greece); Attendance: 21,042
ARM: Roman Berezovsky (Cap) (91/0), Robert Norayri Arzumanyan (69/5), Varazdat Haroyan (16/0), Artur Yedigaryan (41/0) [77.Artur Sarkisov (29/4)], Gevorg Ghazaryan (43/9) [62.Edgar Manucharyan (46/8)], Henrikh Mkhitaryan (50/16), Karlen Mkrtchyan (40/2) [84.Marcos Piñeiro Pizelli (40/7)], Levon Hayrapetyan (27/1), Kamo Hovhannisyan (20/0), Taron Voskanyan (12/0), Yura Movsisyan (30/9). Trainer: Bernard Challandes (Switzerland, 9).

169. 29.03.2015 ALBANIA - ARMENIA 2-1(0-1) 15th EC. Qualifiers
Elbasan Arena, Elbasan; Referee: David Fernández Borbalán (Spain); Attendance: 12,300
ARM: Roman Berezovsky (Cap) (92/0), Robert Norayri Arzumanyan (70/5), Levon Hayrapetyan (28/1), Hovhannes Hambardzumyan (10/0) [sent off 40], Gaël Andonian (1/0), Artur Yedigaryan (42/0) [84.Ruslan Koryan (1/0)], Gevorg Ghazaryan (44/9), Henrikh Mkhitaryan (51/16), Marcos Piñeiro Pizelli (41/7), Edgar Manucharyan (47/8) [67.Kamo Hovhannisyan (21/0)], Yura Movsisyan (31/9). Trainer: Bernard Challandes (Switzerland, 10).
Goal: Mërgim Mavraj (4 own goal).

170. 13.06.2015 ARMENIA - PORTUGAL 2-3(1-1) 15th EC. Qualifiers
„Vazgen Sargsyan" Hanrapetakan Stadium, Yerevan; Referee: Serge Gumienny (Belgium); Attendance: 14,527
ARM: Roman Berezovsky (Cap) (93/0), Robert Norayri Arzumanyan (71/5), Hrayr Mkoyan (33/1), Levon Hayrapetyan (29/1), Gaël Andonian (2/0), Gevorg Ghazaryan (45/9), Henrikh Mkhitaryan (52/16), Karlen Mkrtchyan (41/2) [28.Rumyan Hovsepyan (8/1)], Marcos Piñeiro Pizelli (42/8), Kamo Hovhannisyan (22/0) [61.Aras Özbiliz (18/4)], Artur Sarkisov (30/4) [72.Ruslan Koryan (2/0)]. Trainer: Sargis Rubeni Hovsepyan (1).
Goal: Marcos Piñeiro Pizelli (14), Hrayr Mkoyan (72).

171. 04.09.2015 SERBIA - ARMENIA 2-0(1-0) 15th EC. Qualifiers
Stadio Karađorđe, Novi Sad; Referee: Miroslav Zelinka (Czech Republic); Attendance: *played behind closed doors*
ARM: Gevorg Kasparov (26/0), Robert Norayri Arzumanyan (72/5), Hrayr Mkoyan (34/1), Levon Hayrapetyan (30/1), Gaël Andonian (3/0), Gevorg Ghazaryan (46/9) [82.Artem Simonyan (2/0)], Henrikh Mkhitaryan (Cap) (53/16), Karlen Mkrtchyan (42/2), Marcos Piñeiro Pizelli (43/8) [65.Ruslan Koryan (3/0)], Aras Özbiliz (19/4) [59.Kamo Hovhannisyan (23/0)], Yura Movsisyan (32/9). Trainer: Sargis Rubeni Hovsepyan (2).

172. 07.09.2015 ARMENIA - DENMARK 0-0 15th EC. Qualifiers
„Vazgen Sargsyan" Hanrapetakan Stadium, Yerevan; Referee: Svein Oddvar Moen (Norway); Attendance: 7,500
ARM: Gevorg Kasparov (27/0), Robert Norayri Arzumanyan (73/5), Hrayr Mkoyan (35/1), Varazdat Haroyan (17/0), Gaël Andonian (4/0), Gevorg Ghazaryan (47/9), Henrikh Mkhitaryan (Cap) (54/16), Karlen Mkrtchyan (43/2), Marcos Piñeiro Pizelli (44/8) [62.Ruslan Koryan (4/0)], Kamo Hovhannisyan (24/0) [87.Artem Simonyan (3/0)], Yura Movsisyan (33/9) [83.Aras Özbiliz (20/4)]. Trainer: Sargis Rubeni Hovsepyan (3).

173. 08.10.2015 FRANCE - ARMENIA 4-0(1-0)
Stade Allianz Riviera, Nice; Referee: Slavko Vinčić (Slovenia); Attendance: 32,136
ARM: Gevorg Kasparov (28/0), Levon Hayrapetyan (31/1), Hovhannes Hambardzumyan (11/0) [70.David Manoyan (18/0)], Taron Voskanyan (13/0), Gaël Andonian (5/0), Gevorg Ghazaryan (48/9) [66.Norair Aslanyan-Mamedov (8/0)], Henrikh Mkhitaryan (Cap) (55/16) [60.Marcos Piñeiro Pizelli (45/8)], Artur Yuspashyan (10/0), Karlen Mkrtchyan (44/2) [80.Artak Grigoryan (2/0)], Kamo Hovhannisyan (25/0) [61.Vardan Poghosyan (1/0)], Artur Sarkisov (31/4) [54.Aras Özbiliz (21/4)]. Trainer: Sargis Rubeni Hovsepyan (4).

174. 11.10.2015 ARMENIA - ALBANIA 0-3(0-2) 15th EC. Qualifiers
„Vazgen Sargsyan" Hanrapetakan Stadium, Yerevan; Referee: Szymon Marciniak (Poland); Attendance: 4,700
ARM: Gevorg Kasparov (29/0), Robert Norayri Arzumanyan (74/5), Varazdat Haroyan (18/0), Gaël Andonian (6/0), Gevorg Ghazaryan (49/9) [83.Vardan Poghosyan (2/0)], Henrikh Mkhitaryan (Cap) (56/16), Artur Yuspashyan (11/0) [46.Aras Özbiliz (22/4)], Karlen Mkrtchyan (45/2), Marcos Piñeiro Pizelli (46/8), Kamo Hovhannisyan (26/0), Yura Movsisyan (34/9) [59.Artur Sarkisov (32/4)]. Trainer: Sargis Rubeni Hovsepyan (5).

INTERNATIONAL PLAYERS

FG/Nr	Name	DOB	Caps	Goals	Period, Club
(1/014)	ABAZYAN Artur	03.07.1960	1	0	1992, FC Ararat Yerevan (1/0).
(1/001)	ABRAHAMYAN Harutyun	04.12.1969	26	0	1992-2001, FC Ararat Yerevan (13/0), Keshavarz FC Tehran (1/0), FC Yerevan (2/0), FC MIKA Ashtarak (5/0), FK Araks Ararat (5/0).
(16/038)	ADAMYAN Arayik „Ara"	06.06.1973	3	0	1996, FC Shirak Gyumri (3/0).
(32/054)	ADAMYAN Armen	11.07.1974	2	1	1998, FK Kristall Smolensk (2/1).
(1/007)	ADAMYAN Artashes	12.11.1970	9	0	1992-1999, FC Ararat Yerevan (1/0), FC Shirak Gyumri (8/0).
(157/165)	ADAMYAN Sargis	23.05.1993	2	0	2013-2014, FC Hansa Rostock (1/0), TSG Neustrlitz (1/0).
(127/138)	ALEKSANYAN Artak	10.03.1991	2	0	2010-2011, FK Ural Yekaterinburg (1/0), FC Pyunik Yerevan (1/0).
(63/091)	ALEKSANYAN Karen	17.06.1980	25	0	2002-2008, FC Shirak Gyumri (8/0), FC Zimbru Chişinău (11/0), FC Banants Yerevan (4/0), FC Torpedo Zhodino (2/0).
(73/098)	ALEKSANYAN Valeri Vazgen	04.09.1984	27	0	2004-2013, FC Pyunik Yerevan (12/0), Sanat Naft FC Abadan (14/0), Rah Ahan FC Tehran (1/0).
(36/064)	AMIRYAN Arshak	11.09.1977	1	0	1998, FC Ararat Yerevan (1/0).
(169/172)	ANDONIAN Gaël	07.02.1995	6	0	2015, Olympique de Marseille (6/0).
(82/109)	ARAKELYAN Ararat	01.02.1984	33	2	2005-2011, FC Banants Yerevan (12/1), FK Metalurg Donetsk (15/1), FC Banants Yerevan (5/0), Sanat Mes Kerman FC (1/0).
(13/032)	ARTOYAN Hakob	08.05.1970	2	0	1995-1996, FC Shirak Gyumri (2/0).
(82/107)	ARZUMANYAN Robert Norayri	24.07.1985	74	5	2005-2015, FC Pyunik Yerevan (24/3), Randers FC (23/1), Jagiellonia Białystok SSA (5/0), FK SCA-Energiya Khabarovsk (5/0), FK Aktobe (12/1), FK Amkar Perm (5/0).
(42/072)	ASATRYAN Karen	21.12.1974	2	0	1999-2000, Tsement Ararat (2/0).
(151/162)	ASLANYAN-MAMEDOV Norair	25.03.1991	8	0	2013-2015, FC Emmen (2/0), Willem II Tillburg (3/0), Almere City FC (3/0).
(20/041)	ASSADOURIAN Eric	24.06.1966	12	3	1996-1998, En Avant Guingamp (10/3), AS Beauvais-Oise (2/0).
(23/043)	AVAGYAN Armen	07.06.1962	3	0	1997, FC Pyunik Yerevan (3/0).
(155/164)	AVAGYAN Artur	04.07.1987	1	0	2013, FC Gandzasar Kapan (1/0).
(28/052)	AVALYAN Garnik	06.09.1962	6	2	1997-1999, FK Krylya Sovetov Samara (6/2).
(1/009)	AVETISYAN Arsen	08.10.1973	25	1	1992-2007, FK Homenetmen Yerevan (1/0), AOSS Yerevan (8/1), FC Pyunik Yerevan (16/0).
(5/029)	AVETISYAN Varazdat	05.01.1972	22	1	1994-1998, AOSS Yerevan (3/0), FC Pyunik Yerevan (19/1).
(103/121)	AZIZYAN Mayis	01.05.1978	4	0	2007-2008, FC MIKA Ashtarak (1/0), FK Ulysses Yerevan (3/0).
(36/065)	BADIKYAN Henrikh	12.02.1977	1	0	1998, FC Shirak Gyumri (1/0).
(138/149)	BADOYAN Zaven Levoni	22.12.1989	4	0	2011-2014, Impulse FC Dilijan (1/0), FC BATE Barysau (2/0), FC Gomel (1/0).
(92/114)	BAGHDASARYAN Artashes	11.02.1984	1	0	2006, FC Kilikia Yerevan (1/0).
(119/127)	BALABEKYAN Arsen	24.11.1986	1	0	2009, FC Banants Yerevan (1/0).
(36/058)	BARSEGYAN Karen	15.03.1975	2	1	1998-1999, FC Ararat Yerevan (2/1).
(19/039)	BEREZOVSKY Roman	05.08.1974	93	0	1996-2015, FK Zenit St. Peterburg (25/0), FK Torpedo Moskva (3/0), FK Dinamo Moskva (15/0), FK Khimki (26/0), FK Dinamo Moskva (24/0).
(74/105)	BETE Edel Apoula Edima	17.06.1986	6	0	2004-2005, FC Pyunik Yerevan (6/0).
(63/089)	BILIBIO José André	07.08.1975	10	0	2002-2003, FC Pyunik Yerevan (10/0).
(36/061)	CHAHALYAN Suren	24.08.1972	1	0	1998, FC Yerevan (1/0).
(161/168)	DA SILVA Alex Henrique	06.01.1982	2	0	2014, FC Mika Yerevan (2/0).
(142/152)	DAGHBASHYAN Gagik	19.10.1990	1	0	2012, FC Banants Yerevan (1/0).
(119/130)	DASHYAN Artak	20.11.1989	7	0	2009-2014, FC Banants Yerevan (2/0), FK Metalurh Donetsk (1/0), Al Muharraq SC (1/0), FK Vardar Skopje (3/0).
(63/093)	DAVTYAN Tigran	10.06.1978	1	0	2002, FC Shirak Gyumri (1/0).
(52/084)	DEMIRCHYAN Hovhannes	18.05.1975	7	0	2000-2001, FK Stal Alchevsk (7/0).
(19/040)	DER ZAKARIAN Michel	18.02.1963	5	0	1996-1997, Montpellier-Herault SC (5/0).
(43/074)	DEVANI Marcelo Alessandro	22.06.1976	2	0	1999, FC Yerevan (2/0).
(55/086)	DOKHOYAN Arkadi	12.08.1977	6	0	2001, Araks Ararat (3/0), FK Spartak Yerevan (3/0).
(42/073)	DOKHOYAN Karen	06.10.1976	48	2	1999-2008, FC Yerevan (5/1), FK Krylya Sovetov Samara (33/1), no club (2/0), FC Pyunik Yerevan (8/0).
(87/110)	ERZRUMYAN Nshan	17.12.1979	2	0	2005-2006, FC Kilikia Yerevan (1/0), FC Ararat Yerevan (1/0).
(3/024)	GALSTYAN Poghos	10.01.1961	1	0	1994, FK Kotaik Abovyan (1/0).
(28/053)	GEVORGYAN Hayk	04.10.1976	3	0	1997-2001, FC Pyunik Yerevan (1/0), Araks Ararat (2/0).
(97/118)	GHARABAGHTSYAN Tigran	06.06.1984	2	0	2007, FC Pyunik Yerevan (2/0).
(102/120)	GHAZARYAN Gevorg	05.04.1988	49	9	2007-2015, FC Banants Yerevan (2/0), FC Pyunik Yerevan (15/3), FC Metalurh Donetsk (14/5), FK Shakhter Karagandy (5/1), FC Metalurh Donetsk (4/0), PAE Olympiacos Peiraiás (3/0), AC Kerkyra Korfu (2/0), CS Marítimo Funchal (4/0).
(128/139)	GHAZARYAN Stepan	11.01.1985	2	0	2010, FC Banants Yerevan (2/0).
(122/134)	GOHARYAN Hovhannes	18.03.1988	6	1	2009-2010, FC BATE Barysau (5/1), FC Pyunik Yerevan (1/0).
(129/144)	GRIGORYAN Artak	19.10.1987	2	0	2010-2015, Ulisses FC Yerevan (1/0), Alashkert FC Yerevan (1/0).
(73/100)	GRIGORYAN David	28.12.1982	8	0	2004-2005, FC MIKA Ashtarak (5/0), FK Yesil-Bogatyr Petropavlovsk (3/0).
(122/132)	GRIGORYAN Davit Zh.	17.07.1989	1	0	2009, FC Ararat Yerevan (1/0).
(40/071)	GRIGORYAN Karen	23.08.1974	2	0	1999, FC Yerevan (2/0).
(2/020)	GRIGORYAN Razmik	11.10.1971	14	2	1994-1999, FC Ararat Yerevan (5/0), FC CSKA Sofia (5/2), FC Ararat Yerevan (3/0), Tsement Ararat (1/0).
(2/017)	GSEPYAN Tigran	12.10.1969	13	0	1994-1998, FC Ararat Yerevan (12/0), Tsement Ararat (1/0).
(161/167)	GUEVGEOZIÁN Mauro Crespo	10.05.1986	2	0	2014, Club Alianza Lima (2/0).

(3/025)	GYULBUDAGHANTS Armen	19.12.1966	1	0	1994, FC Banants Kotaik (1/0).
(36/063)	HAKOBYAN Ara	04.11.1980	44	7	1998-2009, FK Dvin Artashat (1/0), FK Alania Vladikavkaz (5/0), FK Araks Ararat (1/0), FK Stal Alchevsk (3/0), FC Banants Yerevan (2/0), FK Metalurg Donetsk (4/1), FK Stal Dniprodzerzhynsk (2/0), FK Stal Alchevsk (8/3), FK Metalurg Donetsk (2/0), FK Stal Alchevsk (2/0), FK Illichivets Mariupil (2/1), FC Zimbru Chişinău (9/2), FK Gomel (2/0), FC MIKA Ashtarak (1/0).
(47/081)	HAKOBYAN Aram	15.08.1979	16	1	2000-2007, Tsement Ararat (3/0), Araks Ararat (1/0), FC Banants Yerevan (9/1), FK Illichivets Mariupil (2/0), FC Banants Yerevan (1/0).
(104/122)	HAKOBYAN Felix	11.03.1981	1	0	2007, FC MIKA Ashtarak (1/0).
(36/066)	HAKOBYAN Hayk	26.02.1980	5	1	1998-2001, FK Kotaik Abovyan (2/0), FK Araks Yerevan (1/0), FK Spartak Yerevan (2/1).
(66/095)	HAKOBYAN Vahtang	05.08.1975	1	0	2003, FC Ararat Yerevan (1/0).
(129/143)	HAMBARDZUMYAN Hovhannes	04.10.1990	11	0	2010-2015, FC Banants Yerevan (8/0), FK Vardar Skopje (4/0).
(63/088)	HAMBARTSUMYAN Armando	18.02.1978	8	0	2002-2004, FC Marek Dubnitsa (2/0), FC Slavia Sofia (6/0).
(137/147)	HAROYAN Varazdat	24.08.1992	18	0	2011-2015, FC Pyunik Yerevan (18/0).
(47/079)	HARUTYUNYAN Ararat	24.08.1975	7	0	2000-2003, FC Shirak Gyumri (7/0).
(32/055)	HARUTYUNYAN Hovhannes	10.12.1974	6	0	1998-1999, Tsement Ararat (6/0).
(37/069)	HAYRAPETYAN Aram	17.06.1975	4	0	1999-2001, Tsement Ararat (3/0), Araks Yerevan (1/0).
(134/145)	HAYRAPETYAN Levon	17.04.1989	31	1	2011-2015, KS Lechia Gdańsk (14/0), RTS Widzew Łódź (5/0), 1. FK Příbram (8/1), FC Pyunik Yerevan (4/0).
(142/154)	HOVHANNISYAN Kamo	05.10.1990	26	0	2012-2015, FC Pyunik Yerevan (26/0).
(1/011)	HOVHANNISYAN Mkrtich	04.01.1970	1	0	1992, FK Kotaik Abovyan (1/0).
(4/027)	HOVHANNISYAN Sargis	17.08.1968	15	0	1994-1999, FK Lokomotiv Moskva (15/0).
(32/056)	HOVHANNISYAN Tigran	05.12.1974	4	0	1998, Tsement Ararat (4/0).
(2/021)	HOVSEPYAN Andranik	19.09.1966	3	0	1994-1996, FC Banants Kotaik (1/0), FC Van Yerevan (2/0).
(161/166)	HOVSEPYAN Rumyan	13.11.1991	8	1	2014-2015, FC Banants Yerevan (3/1), FC Metalurh Donetsk (5/0).
(1/006)	HOVSEPYAN Sargis Rubeni	02.11.1972	132	2	1992-2012, FK Homenetmen Yerevan (8/0), FC Pyunik Yerevan (22/0), FK Zenit St. Peterburg (29/0), FK Torpedo-Metalurg Moskva (6/0), FC Pyunik Yerevan (67/2).
(137/146)	ISRAYELYAN Karen	26.03.1992	1	0	2011, FC Pyunik Yerevan (1/0).
(82/108)	JENEBYAN Romeo	10.09.1979	3	0	2005, FC Banants Yerevan (3/0).
(122/136)	KAKOSYAN Eduard	04.06.1986	3	0	2009, FC Banants Yerevan (3/0).
(37/068)	KAKOSYAN Manuk	01.08.1974	3	0	1999, FK Zhemchuzhina Sochi (3/0).
(46/078)	KARAMYAN Arman	14.11.1979	48	5	2000-2010, FC Kilikia Yerevan (8/1), FC Pyunik Yerevan (8/1), Panahaiki Patras (4/0), Arsenal Kyiv (7/3), FC Rapid Bucureşti (2/0), FC Ceahlăul Piatra Neamţ (7/0), Politehnica 1921 Ştiinţa Timişoara (1/0), FC Timişoara (11/0).
(46/077)	KARAMYAN Artavazd	14.11.1979	50	2	2000-2010, FC Kilikia Yerevan (6/0), FC Pyunik Yerevan (8/0), Panahaiki Patras (4/0), Arsenal Kyiv (7/2), FC Rapid Bucureşti (2/0), FC Braşov (4/0), FC Rapid Bucureşti (1/0), FC Politehnica Timişoara (2/0), FC Politehnica 1921 Ştiinţa Timişoara (7/0), FC Timişoara (9/0).
(166/170)	KARAPETYAN Aleksandr	23.12.1987	2	0	2014, F91 Dudelange (2/0).
(23/046)	KARAPETYAN Harutyun		2	0	1997, (2/0).
(1/005)	KARAPETYAN Sargis	03.09.1963	1	0	1992, FC Shirak Gyumri (1/0).
(119/128)	KARAPETYAN Sargis	24.04.1990	1	0	2009, FC Banants Yerevan (1/0).
(90/113)	KASPAROV Gevorg	25.07.1980	29	0	2005-2015, FC Pyunik Yerevan (5/0), PAS Teheran FC (3/0), Rah Ahan FC Teheran (4/0), Sanati Kaveh Tehran FC (5/0), FC Mika Yerevan (3/0), Zob Ahan FC Isfahan (3/0), FC Mika Yerevan (2/0), Alashkert FC Yerevan (4/0).
(3/003)	KHACHATRYAN Ashot	03.08.1959	5	0	1992-1995, FC Ararat Yerevan (1/0), Ysse-les-Moulineaux (4/0).
(25/047)	KHACHATRYAN Romik	23.08.1978	55	1	1997-2008, FC Pyunik Yerevan (1/0), Tsement Ararat (10/0), Olympiakos FC Nicosia (9/0), APOEL Nicosia (5/0), Olympiakos FC Nicosia (10/0), OF Iraklión (8/1), Anorthósis Famagusta FC (2/0), AFC Unirea Valahorum Urziceni (2/0), FC Universitatea Cluj-Napoca (5/0), APOP Kynıras Peyias FC (1/0), FC Banants Yerevan (2/0).
(1/003)	KHACHATRYAN Vardan	29.10.1968	30	1	1992-2000, FC Ararat Yerevan (1/0), FK Metallurg-Viktor Zaporozhzhya (1/0), FC Pyunik Yerevan (16/0), FC Yerevan (3/0), FK Shinnik Yaroslavl (3/0), FK Rubin Kazan (6/1).
(151/160)	KHACHATUROV Artyom	18.06.1992	2	0	2013, FC Sheriff Tiraspol (1/0), FC Tiraspol (1/0).
(47/082)	KHAZANCHYAN Tigran	22.08.1974	3	0	2000, Olympiakos Nicosia (3/0).
(26/049)	KHODZHOYAN Felix	22.12.1974	17	1	1997-2001, FC Shirak Gyumri (9/0), Araks Yerevan (7/1), Spartak Yerevan (1/0).
(73/099)	KIRAKOSYAN Barsegh	05.08.1984	4	0	2004, FK Avtodor Vladikavkaz (4/0).
(14/034)	KOCHARYAN Artur	14.09.1974	4	0	1996-1999, FC Ararat Yerevan (1/0), Zvartnots Yerevan (3/0).
(169/173)	KORYAN Ruslan	15.06.1988	4	0	2015, FC Lokomotiv Tashkent (2/0), FK Luch Energiya Vladivostok (2/0).
(1/010)	KOSTANDYAN Samvel	15.09.1966	1	0	1992, FC Banants Kotaik (1/0).
(1/004)	KRBASHYAN Yervand	01.10.1971	16	0	1992-1999, FC Ararat Yerevan (1/0), FK Zenit St. Peterburg (3/0), FC Ararat Yerevan (6/0), FC Yerevan (3/0), FK Torpedo Moskva (3/0).
(122/131)	MALAKYAN Edgar	22.09.1990	13	0	2009-2012, FC Pyunik Yerevan (12/0), FC Viktoria Plzeň (1/0).
(119/129)	MANOYAN David	05.07.1990	18	0	2009-2015, FC Pyunik Yerevan (9/0). FK Kuban Krasnodar (1/0), FC Pyunik Yerevan (8/0).
(74/104)	MANUCHARYAN Edgar	19.01.1987	47	8	2004-2015, FC Pyunik Yerevan (6/0), AFC Ajax Amsterdam (14/2), AGOVV Apeldoorn (2/2), FC Pyunik Yerevan (9/2), FK Ural Yekaterinburg (16/2).

ID	Name	DOB	Caps	Goals	Career
(23/045)	MANUKYAN Gagik	16.08.1975	5	1	1997-2000, FK Kotaik Abovyan (3/0), Tsement Ararat (2/0).
(12/031)	MARGARYAN Hayk	16.09.1969	2	0	1995, FC Pyunik Yerevan (2/0).
(36/059)	MARKOSYAN Karen	23.10.1968	2	0	1998-1999, Zvarnots FC Yerevan (2/0).
(142/151)	MELIKSETYAN Grigor	18.08.1986	1	0	2012, Paykan FC Qazvin (1/0).
(65/094)	MELIKYAN Yeghishe	13.08.1979	30	0	2002-2007, FC Banants Yerevan (1/0), FK Metalurg Donetsk (18/0), FK Stal Alchevsk (5/0), FC Banants Yerevan (6/0).
(88/111)	MELKONYAN Samvel	15.03.1984	29	0	2005-2010, FC Banants Yerevan (19/0), FK Metalurg Donetsk (5/0), FC Banants Yerevan (5/0).
(20/042)	MIKAELYAN Karapet	02.08.1966	21	2	1996-1999, FC Ararat Yerevan (7/1), Erebuni-Homenmen Yerevan (4/0), Krylya Sovetov Samara (10/1).
(52/084)	MINASYAN Artak	02.12.1980	5	2	2000-2001, Araks Ararat (4/2), FK Spartak Yerevan (1/0).
(45/075)	MINASYAN Artur	09.08.1978	4	1	1999-2001, FC Ararat Yerevan (4/1).
(95/115)	MINASYAN Artur G.	04.06.1977	5	0	2006-2008, FC Ararat Yerevan (5/0).
(100/119)	MINASYAN Vahagn	25.04.1985	12	1	2007-2010, FC Ararat Yerevan (9/1), FC Pyunik Yerevan (3/0).
(16/036)	MINASYAN Vardan	05.01.1974	13	0	1996-2003, FC Pyunik Yerevan (8/0), Erebuni Homenmen SC Yerevan (1/0), FC Lausanne Sports (1/0), BSC Young Boys Bern (3/0).
(4/028)	MKHITARYAN Hamlet Apetnakovich	14.09.1962	2	0	1994, ASA Issy-les-Moulineaux (2/0).
(2/022)	MKHITARYAN Hamlet Vladimirovich	24.11.1973	56	2	1994-2008, FC Ararat Yerevan (10/0), FC Pyunik Yerevan (17/0), Tadamon Sur Club (3/0), FK MTZ-RIPO Minsk (12/1), *unattached* (1/0), PAS Teheran FC (5/1), Rah Ahan FC Teheran (8/1).
(97/117)	MKHITARYAN Henrikh	21.01.1989	56	16	2007-2015, FC Pyunik Yerevan (10/1), FK Metalurh Donetsk (5/1), FK Shakhtar Donetsk (24/9), BV Borussia Dortmund (17/5).
(124/137)	MKOYAN Hrayr	02.09.1986	35	1	2009-2015, Ulisses FC Yerevan (3/0), FC Mika Yerevan (11/0), PFC Spartak Nalchik (3/0), FC Shirak Gyumri (4/0), FK Karpati Lviv (1/0), FC Gandzasar Kapan (4/0), FC Shirak Gyumri (4/0), Esteghlal Ahvaz FC (5/1).
(63/090)	MKRTCHYAN Aghvan	27.02.1981	45	1	2002-2010, FC Pyunik Yerevan (17/0), FC Bargh Shiraz (3/0), FC Pyunik Yerevan (5/0), FC Gomel (10/0), FC Mika Yerevan (10/1).
(16/035)	MKRTCHYAN Artur	09.08.1973	25	0	1996-2004, FC Pyunik Yerevan (2/0), FC Yerevan (2/0), FK Torpedo Moskva (4/0), FK Krylya Sovetov Samara (10/0), Zvartnots Yerevan (1/0), FC Pyunik Yerevan (6/0).
(109/123)	MKRTCHYAN Karlen	25.11.1988	45	2	2008-2015, FC Pyunik Yerevan (13/0), FK Metalurh Donetsk (17/1), FK Anzhi Makhachkala (6/1), *unattached* (1/0), FK Metalurh Donetsk (3/0), FC Tobol Kostanay (1/0), FK Anzhi Makhachkala (4/0).
(51/083)	MOVSESYAN Andrei	27.11.1975	18	2	2000-2005, FK Saturn Ramenskoe (13/2), FK Moskva (5/0).
(129/142)	MOVSISYAN Yura	02.08.1987	34	9	2010-2015, Randers FC (5/3), FK Krasnodar (13/2), FK Spartak Moskva (16/4).
(151/161)	MURADYAN Karen	01.11.1992	2	0	2013, FC Shirak Gyumri (2/0).
(28/051)	NAZARYAN Rafael	26.03.1975	22	1	1997-2007, FC Ararat Yerevan (4/0), Tsement Ararat (4/1), FC Pyunik Yerevan (14/0).
(73/103)	N'DUMBOUK Balep Bah	24.10.1987	3	0	2004, FC Pyunik Yerevan (3/0).
(1/012)	NIGOYAN Ara	27.10.1968	3	0	1992-1998, FC Ararat Yerevan (2/0), FC Yerevan (1/0).
(13/033)	NIKOLYAN Samvel	11.09.1964	1	0	1995, FC Shirak Gyumri (1/0).
(143/158)	ÖZBILIZ Aras	09.03.1990	22	4	2012-2015, AFC Ajax Amsterdam (1/1), FK Kuban Krasnodar (9/2), FK Spartak Miskva (12/1).
(73/101)	PACHAJYAN Levon	20.09.1983	38	2	2004-2011, FC Pyunik Yerevan (19/0), GAIS Göteborg (10/1), FK Fredrikstad (2/0), Sanat Naft FC Abadan (7/1).
(155/163)	PAPIKYAN Aghvan	08.02.1994	2	0	2013-2014, FC Pyunik Yerevan (2/0).
(66/096)	PARTSIKYAN Eduard	05.07.1976	3	0	2003, FC Pyunik Yerevan (3/0).
(46/076)	PETIKYAN Armen	19.02.1972	4	0	2000-2002, FC MIKA Ashtarak (4/0).
(2/016)	PETROSYAN Armenak	13.11.1973	6	0	1994-1996, FC Ararat Yerevan (5/0), Sepahan FC Isfahan (1/0).
(141/150)	PETROSYAN Arsen	27.09.1991	1	0	2011, FC Pyunik Yerevan (1/0).
(1/013)	PETROSYAN Artur	17.12.1971	69	11	1992-2004, FC Shirak Gyumri (30/2), FC Maccabi Petach-Tikva (6/0), FK Lokomotiv Nizhniy Novgorod (2/0), FC Shirak Gyumri (11/5), BSC Young Boys Bern (13/4), FC Zürich (7/0).
(73/102)	PETROSYAN Galust	05.09.1981	7	1	2004-2006, FC Pyunik Yerevan (3/1), FC Zimbru Chişinău (4/0).
(36/060)	PETROSYAN Tigran	23.12.1973	9	0	1998-2000, FK Torpedo Moskva (1/0), FK Krylya Sovetov Samara (8/0).
(113/126)	PIZELLI Marcos Piñeiro	03.10.1984	46	8	2008-2015, FC Ararat Yerevan (2/1), FC Pyunik Yerevan (11/2), FC Metalurh Donetsk (5/2), FK Kuban Krasnodar (11/2), FK Krasnodar (5/0), FK Aktobe (12/1).
(142/155)	POGHOSYAN Ghukas	16.02.1994	1	0	2012, FC Pyunik Yerevan (1/0).
(142/156)	POGHOSYAN Valter	16.05.1992	1	0	2012, FC Banants Yerevan (1/0).
(173/174)	POGHOSYAN Vardan	08.03.1992	2	0	2015, FC Pyunik Yerevan (2/0).
(109/124)	SAHAKYAN Norayr	09.07.1987	3	0	2008, FC Pyunik Yerevan (3/0).
(23/044)	SANAMYAN Armen	01.02.1966	2	0	1997, FC Pyunik Yerevan (2/0).
(27/050)	SARGISYAN Albert	15.05.1975	33	3	1997-2005, FK Lokomotiv Moskva (19/0), FK Torpedo Moskva (3/1), Arsenal Kyiv (3/2), FK Spartak-Alania Vladikavkaz (7/0), FK Amkar Perm (1/0).
(137/148)	SARKISOV Artur	19.01.1987	32	4	2011-2015, FK Shinnik Yaroslavl (9/2), FK Volga Nizhny Novgorod (8/1), FK Ural Yekaterinburg (4/0), FK Volga Nizhny Novgorod (11/1).
(47/080)	SARKISYAN Armen	03.10.1975	3	0	2000, Tsement Ararat (3/0).
(1/002)	SHAHGELDYAN Armen	28.08.1973	53	6	1992-2007, FC Ararat Yerevan (11/2), FC Pyunik Yerevan (1/0), Hapoel Petah Tikva FC (1/0), FC Lausanne-Sports (13/2), FK Dinamo Moskva (6/0), FC MIKA Ashtarak (3/1), AC Nea Salamina Famagusta (1/0), FC MIKA Ashtarak (3/1), Al Ahed Beirut (4/0), FC MIKA Ashtarak (5/1), FC Mika Yerevan (5/0).
(37/067)	SHAKHALYAN Armen	26.12.1969	1	0	1999, FC Yerevan (1/0).

(167/171)	SIMONYAN Artem	20.02.1995	3	0	2014-2015, FK Zenit St. Petersburg (1/0), FC Zürich (2/0).
(60/087)	SIMONYAN Gagik	21.08.1971	1	0	2001, FC Banants Yerevan (1/0).
(36/057)	SIMONYAN Karen	06.07.1970	2	1	1998-2000, Erebuni-Homenmen Yerevan (1/1), Tsement Ararat (1/0).
(11/030)	STEPANYAN Levon	22.04.1971	1	0	1995, FC Ararat Yerevan (1/0).
(2/019)	SUKIASYAN Yervand	20.01.1967	36	0	1994-2001, CSKA Borysfen Boryspil (7/0), FC Tirol Innsbruck (2/0), AO Kavála (7/0), BV Cloppenburg (18/0), AC kerkyra Korfu (2/0).
(63/092)	TADEVOSYAN Aleksander	09.08.1980	41	0	2002-2010, FC Ararat Yerevan (1/0), FC Pyunik Yerevan (16/0), Bargh Shiraz FC Teheran (4/0), FC Pyunik Yerevan (7/0), FK Vitebsk (9/0), FC MIKA Ashtarak (4/0).
(1/015)	TAHMAZYAN Hovhannes	11.01.1970	6	0	1992-1999, FC Shirak Gyumri (6/0).
(2/023)	TER-PETROSYAN Hakob	31.08.1971	18	1	1994-1997, FC Ararat Yerevan (18/1).
(89/112)	TIGRANYAN Armen	16.08.1985	3	0	2005-2006, FC Pyunik Yerevan (3/0).
(1/008)	TONOYAN Aramayis	26.10.1969	18	0	1992-1997, FC Ararat Yerevan (10/0), FC Pyunik Yerevan (8/0).
(162/169)	TUMASYAN Aleksandr	15.10.1992	2	0	2014, FF Jaro Pietarsaari (2/0).
(2/018)	VARDANYAN Harutyun	05.12.1970	63	1	1994-2004, FC Shirak Gyumri (26/1), Lausanne-Sports (4/0), Fortuna Köln (10/0), BSC Young Boys Bern (16/0), Servette FC Genève (3/0), FC Aarau (4/0).
(142/157)	VOSKANYAN Andranik	11.04.1990	1	0	2012, FC Mika Yerevan (1/0).
(81/106)	VOSKANYAN Aram	13.08.1976	11	0	2004-2006, FK Yesil-Bogatyr Petropavlovsk (11/0).
(38/070)	VOSKANYAN Artur	13.08.1976	54	1	1999-2010, FK Uralan Elista (11/0), *unattached* (3/0), FC Banants Yerevan (3/0), AA Dighenis Akritas Morphou (11/0), FC Pyunik Yerevan (3/0), FC Ararat Yerevan (9/1), FK Vitebsk (10/0), FC Banants Yerevan (4/0).
(142/153)	VOSKANYAN Masis	11.07.1990	2	0	2012, KSV Roeselare (2/0).
(150/159)	VOSKANYAN Taron	22.02.1993	13	0	2012-2015, FC Pyunik Yerevan (13/0).
(122/135)	YAGAN Hiraç	03.01.1989	2	0	2009, R Standard Liège (2/0).
(122/133)	YAVRUYAN Yeghya	18.10.1981	4	0	2009-2010, Maccabi Tel Aviv FC (4/0).
(128/140)	YEDIGARYAN Artak	18.03.1990	17	0	2010-2014, FC Pyunik Yerevan (10/0), FC Metalurh Donetsk (6/0), FC Banants Yerevan (1/0).
(110/125)	YEDIGARYAN Artur	26.06.1987	42	0	2008-2015, FC Pyunik Yerevan (5/0), Pas FC Hamedan (13/0), FC Banants Yerevan (4/0), FK Khimki (3/0), FC Pyunik Yerevan (1/0), FK Hoverla Uzhgorod (4/0), Kairat FC Almaty (11/0), FC Dynama Minsk (1/0).
(26/048)	YEPISKOPOSYAN Aramais	27.09.1968	1	0	1997, FK Chernomorets Novorossiisk (1/0).
(36/062)	YEPRANOSYAN Kolya	29.10.1975	2	0	1998-2001, FC Shirak Gyumri (2/0).
(16/037)	YESAYAN Tigran	02.06.1972	22	4	1996-1999, FC Yerevan (16/3), Torpedo Zaporizhzhya (6/1).
(128/141)	YUSPASHYAN Artur	07.09.1989	11	0	2010-2015, FC Pyunik Yerevan (11/0).
(96/116)	ZEBELYAN Robert	31.03.1984	7	0	2006-2008, FK Kuban Krasnodar (2/0), FK Khimki (2/0), FK Baltika Kaliningrad (3/0).
(70/097)	ZECIU Marian Tudor	25.02.1977	6	0	2003-2004, FC Pyunik Yerevan (6/0).

NATIONAL COACHES

Name	DOB	Period	Matches	P	W	D	L	GF	-	GA	
Eduard Artyomovich MARKAROV	20.06.1942	15.05.1994 – 16.11.1994	[1-6]	6	1	2	3	1	-	5	33.33 %
Samvel DARBINYAN	1952	26.04.1995 – 05.06.1995	[7-15]	9	1	1	7	5	-	21	16.66 %
Khoren Georgevich OGANESYAN	10.01.1955	20.06.1996 – 11.10.1997	[14-31]	16	2	5	9	10	-	41	28.12 %
Suren BARSEGYAN	12.10.1959	18.08.1998 – 09.10.1999	[32-45]	14	4	2	8	11	-	19	35.71 %
Varuzhan SUKIASYAN	05.08.1956	09.01.2000 – 06.10.2001	[46-62]	17	3	7	7	17	-	27	38.23 %
Andranik ADAMYAN	22.01.1952	07.06.2002	[63]	1	1	0	0	2	-	0	100.00 %
Oscar LÓPEZ (*Argentina*)	11.12.1937	07.09.2002 – 16.10.2002	[64-65]	2	0	1	1	2	-	4	25.00 %
Andranik ADAMYAN	22.01.1952	12.02.2003	[66]	1	0	0	1	0	-	2	0.00 %
Mihai STOICHIȚĂ (*Romania*)	10.05.1954	29.03.2003 – 28.04.2004	[67-76]	10	4	1	5	11	-	17	45.00 %
Bernard CASONI (*France*)	04.09.1961	18.08.2004 – 30.03.2005	[77-84]	8	1	1	6	5	-	18	18.75 %
Henk WISMAN (*Holland*)	19.05.1957	04.05.2005 – 01.03.2006	[85-92]	8	1	1	6	5	-	14	18.75 %
Ian PORTERFIELD (*Scotland*)	11.02.1946	06.09.2006 – 07.02.2007	[93-98]	6	0	3	3	1	-	6	25.00 %
Vardan MINASYAN	05.01.1974	28.03.2007	[99]	1	1	0	0	1	-	0	100.00 %
Ian PORTERFIELD (*Scotland*)	11.02.1946 †11.09.2007	02.06.2007 – 22.08.2007	[100-102]	3	2	1	0	4	-	2	83.33 %
Thomas JONES (*England*)	07.10.1964	08.09.2007 – 17.10.2007	[103-106]	4	1	1	2	2	-	6	37.50 %
Vardan MINASYAN	05.01.1974	17.11.2007 – 21.11.2007	[107-108]	2	0	0	2	0	-	2	0.00 %
Jan Børge POULSEN (*Denmark*)	23.03.1946	02.02.2008 – 28.03.2009	[109-120]	12	3	4	5	9	-	19	41.66 %
Vardan MINASYAN	05.01.1974	01.04.2009 – 15.10.2013	[121-159]	39	14	4	21	56	-	58	41.02 %
Bernard CHALLANDES (*Switzerland*)	26.07.1951	05.03.2014 – 29.03.2015	[160-169]	10	1	1	8	9	-	25	15.00 %
Sargis Rubeni HOVSEPYAN	02.11.1972	13.06.2015 – 11.10.2015	[170-174]	5	2	1	2	8	-	6	

National coaches several times in charge:

Name	How often	Matches	M	W	D	L	GF	-	GA	
Andranik ADAMYAN	2 x	[63],[66]	2	1	0	1	2	-	2	50.00 %
Ian PORTERFIELD (*Scotland*)	2 x	[93-98],[100-102]	9	2	4	3	5	-	8	44.44 %
Vardan MINASYAN	3 x	[99],[107-108],[121-159]	42	15	4	23	57	-	60	40.47 %

HEAD-TO-HEAD STATISTICS

	HOME							AWAY							NEUTRAL							TOTAL						
Albania	2	1	0	1	3	:	3	3	0	1	2	2	:	5								5	1	1	3	5	:	8
Algeria															1	0	0	1	1	:	3	1	0	0	1	1	:	3
Andorra	3	3	0	0	9	:	2	5	4	1	0	11	:	0								8	7	1	0	20	:	2
Belarus	2	0	1	1	1	:	2	1	0	0	1	1	:	2	2	1	0	1	3	:	4	5	1	1	3	5	:	8
Belgium	3	1	0	2	2	:	4	3	0	0	3	0	:	7								6	1	0	5	2	:	11
Bosnia and Herz.	1	0	0	1	0	:	2	1	0	0	1	1	:	4								2	0	0	2	1	:	6
Bulgaria	1	1	0	0	2	:	1	1	0	0	1	0	:	1								2	1	0	1	2	:	2
Canada															1	1	0	0	3	:	1	1	1	0	0	3	:	1
Chile								1	0	0	1	0	:	7								1	0	0	1	0	:	7
Cyprus	1	0	1	0	0	:	0	4	0	0	4	3	:	10								5	0	1	4	3	:	10
Czech Republic	2	0	0	2	0	:	6	2	1	0	1	3	:	5								4	1	0	3	3	:	11
Denmark	3	0	1	2	0	:	3	3	1	0	2	6	:	5								6	1	1	4	6	:	8
Ecuador								1	0	0	1	0	:	3								1	0	0	1	0	:	3
Estonia	2	1	1	0	4	:	3	2	0	0	2	0	:	3								4	1	1	2	4	:	6
Finland	2	0	1	1	0	:	2	2	0	0	2	1	:	4								4	0	1	3	1	:	6
France	2	0	0	2	2	:	6	3	0	0	3	0	:	8								5	0	0	5	2	:	14
Georgia	1	0	1	0	0	:	0	1	0	0	1	0	:	7	3	1	0	2	4	:	4	5	1	1	3	4	:	11
Germany	1	0	0	1	1	:	5	2	0	0	2	1	:	10								3	0	0	3	2	:	15
Greece	1	0	0	1	0	:	1	1	0	0	1	0	:	2	2	0	1	1	0	:	1	4	0	1	3	0	:	4
Guatemala															1	0	1	0	1	:	1	1	0	1	0	1	:	1
Holland	1	0	0	1	0	:	1	1	0	0	1	0	:	2								2	0	0	2	0	:	3
Hungary															1	0	0	1	0	:	2	1	0	0	1	0	:	2
Iceland	1	0	1	0	0	:	0	1	0	0	1	0	:	2	1	0	0	1	0	:	2	3	0	1	2	0	:	4
Iran	1	0	0	1	1	:	3															1	0	0	1	1	:	3
Israel								1	0	0	1	0	:	2								1	0	0	1	0	:	2
Italy	1	0	0	1	1	:	3	1	0	1	0	2	:	2								2	0	1	1	3	:	5
Jordan								1	0	1	0	0	:	0								1	0	1	0	0	:	0
Kazakhstan	2	1	0	1	3	:	1	1	1	0	0	2	:	1	2	1	1	0	4	:	3	5	3	1	1	9	:	5
Kuwait															1	0	0	1	1	:	3	1	0	0	1	1	:	3
Latvia								1	0	0	1	0	:	2	1	0	1	0	0	:	0	2	0	1	1	0	:	2
Lebanon	1	1	0	0	1	:	0															1	1	0	0	1	:	0
Lithuania	1	1	0	0	4	:	2	2	1	0	1	2	:	4								3	2	0	1	6	:	6
Luxembourg															1	0	1	0	1	:	1	1	0	1	0	1	:	1
Macedonia	3	1	1	1	7	:	5	3	1	1	1	4	:	6								6	2	2	2	11	:	11
Malta	2	1	0	1	1	:	1	3	3	0	0	3	:	0								5	4	0	1	4	:	1
Moldova	2	0	1	1	1	:	4	1	0	1	0	2	:	2	1	1	0	0	2	:	1	4	1	2	1	5	:	7
Morocco															1	0	0	1	0	:	6	1	0	0	1	0	:	6
Northern Ireland	2	1	1	0	1	:	0	2	1	1	0	2	:	1								4	2	2	0	3	:	1
Norway	1	0	0	1	1	:	4	1	0	1	0	0	:	0								2	0	1	1	1	:	4
Panama															1	0	1	0	1	:	1	1	0	1	0	1	:	1
Paraguay								2	1	0	1	2	:	3								2	1	0	1	2	:	3
Peru								1	0	0	1	0	:	4								1	0	0	1	0	:	4
Poland	2	1	1	0	2	:	1	3	0	0	3	0	:	6								5	1	1	3	2	:	7
Portugal	3	0	2	1	3	:	4	3	0	0	3	1	:	5								6	0	2	4	4	:	9
Rep. of Ireland	1	0	0	1	0	:	1	1	0	0	1	1	:	2								2	0	0	2	1	:	3
Romania	1	0	1	0	1	:	1	1	0	0	1	0	:	3	1	0	0	1	0	:	2	3	0	1	2	1	:	6
Russia	2	0	1	1	0	:	3	3	0	0	3	1	:	7								5	0	1	4	1	:	10
Serbia	2	0	2	0	1	:	1	2	0	0	2	0	:	5	1	0	0	1	0	:	2	5	0	2	3	1	:	8
Slovakia	1	1	0	0	3	:	1	1	1	0	0	4	:	0								2	2	0	0	7	:	1
Spain	3	0	0	3	1	:	8	3	0	0	3	0	:	8								6	0	0	6	1	:	16
Turkey	1	0	0	1	0	:	2	1	0	0	1	0	:	2								2	0	0	2	0	:	4
Turkmenistan	1	1	0	0	1	:	0															1	1	0	0	1	:	0
Ukraine	4	0	2	2	4	:	7	4	0	1	3	4	:	10								8	0	3	5	8	:	17
Un. Arab Emir.															1	1	0	0	4	:	3	1	1	0	0	4	:	3
United States								1	0	0	1	0	:	1								1	0	0	1	0	:	1
Uzbekistan	1	1	0	0	3	:	1								1	1	0	0	2	:	0	2	2	0	0	5	:	1
Wales	1	0	1	0	2	:	2	1	0	1	0	0	:	0								2	0	2	0	2	:	2
TOTAL	**68**	**17**	**20**	**31**	**66**	**:**	**96**	**82**	**15**	**10**	**57**	**59**	**:**	**163**	**24**	**7**	**6**	**11**	**27**	**:**	**40**	**174**	**39**	**36**	**99**	**152**	**:**	**299**

AUSTRIA

The Country:
Republic of Austria (Republik Österreich)
Capital: Vienna
Surface: 83,879 km²
Inhabitants: 8,623,073
Time: UTC+1

The FA:
Österreichischer Fußball-Bund
Ernst-Happel-Stadion - Sektor A/F 1021, Wien
Foundation date: 1904
Member of FIFA since: 1905
Member of UEFA since: 1954

NATIONAL TEAM RECORDS

EUROPEAN CHAMPIONSHIP	
1960	Qualifiers
1964	Qualifiers
1968	Qualifiers
1972	Qualifiers
1976	Qualifiers
1980	Qualifiers
1984	Qualifiers
1988	Qualifiers
1992	Qualifiers
1996	Qualifiers
2000	Qualifiers
2004	Qualifiers
2008	Final Tournament (Group Stage)
2012	Qualifiers
2016	Final Tournament (*to be played*)

FIFA WORLD CUP	
1930	*Did not enter*
1934	Final Tournament (4th Place)
1938	*Withdrew*
1950	*Withdrew*
1954	Final Tournament (3rd Place)
1958	Final Tournament (Group Stage)
1962	*Withdrew*
1966	Qualifiers
1970	Qualifiers
1974	Qualifiers
1978	Final Tournament (2nd Round)
1982	Final Tournament (2nd Round)
1986	Qualifiers
1990	Final Tournament (Group Stage)
1994	Qualifiers
1998	Final Tournament (Group Stage)
2002	Qualifiers
2006	Qualifiers
2010	Qualifiers
2014	Qualifiers

OLYMPIC FOOTBALL TOURNAMENTS 1900-2012							
1900	-	1936	FT/ Runners-up	1968	Qualifiers	1992	Qualifiers
1904	-	1948	FT/ 1/8-Finals	1972	Qualifiers	1996	Qualifiers
1908	-	1952	FT/ Quarter-Finals	1976	Qualifiers	2000	Qualifiers
1912	FT/ Quarter-Finals	1956	*Did not enter*	1980	Qualifiers	2004	Qualifiers
1920	*Did not enter*	1960	Qualifiers	1984	*Did not enter*	2008	Qualifiers
1924	*Did not enter*	1964	Qualifiers	1988	Qualifiers	2012	Qualifiers
1928	*Did not enter*						

FIFA CONFEDERATIONS CUP 1992-2013
None

PLAYER WITH MOST INTERNATIONAL CAPS – Top 6			
1.	**Andreas HERZOG**	-	103 caps (1988-2003)
2.	Anton POLSTER	-	95 caps (1982-2000)
3.	Gerhard HANAPPI	-	93 caps (1948-1962)
4.	Karl KOLLER	-	86 caps (1952-1965)
5.	Friedrich KONCILIA	-	84 caps (1970-1985)
	Bruno PEZZEY	-	84 caps (1975-1990)

PLAYER WITH MOST INTERNATIONAL GOALS – Top 5			
1.	**Anton POLSTER**	-	44 goals / 95 caps (1982-2000)
2.	Johann KRANKL	-	34 goals / 69 caps (1973-1985)
3.	Johann HORVATH	-	29 goals / 46 caps (1924-1934)
4.	Erich HOF	-	28 goals / 37 caps (1957-1968)
5.	Anton SCHALL	-	27 goals / 28 caps (1927-1934)

FULL INTERNATIONALS (1902-2015)

1. 12.10.1902 **AUSTRIA - HUNGARY** 5-0(3-0)
WAC-Platz, Wien; Referee: Roland Shires (England); Attendance: 500
AUT: Philipp Nauss (1/0), Wilhelm Eipeldauer (1/0), Emil Wachuda (1/0), Felix Hüttl (1/0), Rudolf Blässy (1/0), Raimund Mössmer (1/0), Julius Wiesner (1/0), Gustav Huber (1/1), Engelbert Schrammel (1/0), Johann Studnicka (1/3), Josef Taurer (1/1).
Goals: Josef Taurer (5), Johann Studnicka (10, ??, ??), Gustav Huber (??).

2. 11.06.1903 **HUNGARY - AUSTRIA** 3-2(1-0)
Margitszigeti pálya, Budapest; Referee: Arthur Yolland (England); Attendance: 7,000
AUT: Rudolf Wagner (1/0), Max Leuthe (1/0), Friedrich Dettelmaier (1/0), Engelbert Schrammel (2/0), Karl Stürmer I (1/0), Johann Dick (1/0), Josef Fischer I (1/0), Edwin Schulz I (1/0), A.N.Other Pulchert (1/1), Johann Studnicka (2/4), Josef Taurer (2/1).
Goals: A.N.Other Pulchert (60), Johann Studnicka (70).

3. 11.10.1903 **AUSTRIA – HUNGARY** 4-2(1-1)
WAC-Platz, Wien; Referee: Geo Fuchs (Austria); Attendance: 600
AUT: K.Steinmann (1/0), Edwin Schulz I (2/0), Friedrich Dettelmaier (2/0), Engelbert Schrammel (3/0), A.N.Other Pulchert (2/1), Franz Wilczek (1/0), S. Schneck (1/0), Josef Schediwy (1/0), Gustav Huber (2/2), Johann Studnicka (3/7), Josef Taurer (3/1).
Goals: Johann Studnicka (24,57), Gustav Huber (64), Johann Studnicka (72).

4. 02.06.1904 **HUNGARY - AUSTRIA** 3-0(1-0)
Millenáris Sporttelep, Budapest; Referee: Ferenc Horváth (Hungary); Attendance: 800
AUT: Josef Prager (1/0), Josef Fischer I (2/0), Friedrich Dettelmaier (3/0), Leopold Sax (1/0), Franz Wilczek (2/0), Engelbert Schrammel (4/0), Eduard Schönecker (1/0), Gustav Huber (3/2), Adolf Stürmer II (1/0), Cornelius Hoffmann (1/0), Josef Taurer (4/1).

5. 09.10.1904 **AUSTRIA – HUNGARY** 5-4(2-3)
Cricketer Platz, Wien; Referee: Theodor Holley (England); Attendance: 2,000
AUT: Karl Pekarna (1/0), Josef Fischer I (3/0), Wilhelm Eipeldauer (2/0), Engelbert Schrammel (5/0), Karl Feldmüller (1/0), Johann Dick (2/0), Karl Dettelmaier (1/0), R. Bugno (1/1), Charles Stansfield (1/4), Johann Studnicka (4/7), Josef Taurer (5/1).
Goals: Charles Stansfield (23), R. Bugno (27), Charles Stansfield (53, 67, 73).

6. 09.04.1905 **HUNGARY - AUSTRIA** 0-0
Millenáris Sporttelep, Budapest; Referee: Ede Herczog (Hungary); Attendance: 6,500
AUT: Josef Prager (2/0), Josef Fischer I (4/0), Max Leuthe (2/0), Robert Lowe (1/0), Karl Stürmer I (2/0), Siegfried Grossmann (1/0), Ludwig Hussak (1/0), Karl Krug (1/0), Charles Stansfield (2/4), Engelbert König (1/0), Josef Taurer (6/1).

7. 04.11.1906 **HUNGARY - AUSTRIA** 3-1(1-0)
Millenáris Sporttelep, Budapest; Referee: Ákos Fehéry (Hungary); Attendance: 3,000
AUT: Josef Prager (3/0), Felix Hüttl (2/0), Karl Vladar (1/0), Heinrich Lenczewsky (1/0), Adolf Müller (1/0), Josef Mastalka (1/0), Ludwig Hussak (2/1), Friedrich Dünnmann (1/0), Johann Pollatschek (1/0), Eduard Engel II (1/0), Karl Engel I (1/0).
Goal: Ludwig Hussak (75).

8. 05.05.1907 **AUSTRIA - HUNGARY** 3-1(0-0)
Rudolf Gheimer Platz, Wien; Referee: Hugo Meisl (Austria); Attendance: 2,000
AUT: Josef Kaltenbrunner (1/0), Karl Vladar (2/0), Franz Wegscheider (1/0), Leopold Hojtasch (1/0), Heinrich Kohn (1/0), Heinrich Lenczewsky (2/0), Maximilian Wancura (1/0), Josef Schediwy (2/1), Johann Pollatschek (2/0), Friedrich Dünnmann (2/1), Ferdinand Wolf (1/1).
Goals: Friedrich Dünnmann (54), Josef Schediwy (62), Ferdinand Wolf (86).

9. 03.11.1907 **HUNGARY - AUSTRIA** 4-1(3-1)
Millenáris Sporttelep, Budapest; Referee: Ákos Fehéry (Hungary); Attendance: 7,000
AUT: Josef Kaltenbrunner (2/0), Karl Vladar (3/0), Karl Gross (1/0), Karl Harmer (1/0), Heinrich Lenczewsky (3/0), Wilhelm Weihrauch (1/0), Karl Beck (1/0), Wilhelm Schmieger (1/0), Josef Schediwy (3/1), Friedrich Dünnmann (3/2), Ferdinand Wolf (2/1).
Goal: Friedrich Dünnmann (80).

10. 03.05.1908 **AUSTRIA - HUNGARY** 4-0(2-0)
Hohe Warte, Wien; Referee: Theodor Holley (England); Attendance: 3,500
AUT: Karl Pekarna (2/0), Wilhelm Eipeldauer (3/0), Heinrich Retschury (1/0), H.Knöll (1/0), Alois Kwietek (1/0), Ladislaus Dlabac (1/0), Ludwig Hussak (3/2), Karl Kubik (1/1), Richard Kohn (1/1), Adolf Fischera (1/0), Johann Andres (1/1).
Goals: Johann Andres (9), Karl Kubik (22), Ludwig Hussak (71), Richard Kohn (84).

11. 06.06.1908 **AUSTRIA - ENGLAND** 1-6(0-3)
Cricketer Platz, Wien; Referee: Christiaan Jacobus Groothoff (Netherlands); Attendance: 3,500
AUT: Josef Prager (4/0), Wilhelm Weihrauch (2/0), Rudolf Smolek (1/0), Robert Cimera (1/0), Dr.Paul Fischl (1/0), Arthur Wackenreuther (1/0), Wilhelm Schmieger (2/1), Robert Merz (1/0), Engelbert König (2/0), Friedrich Hirschl (1/0), Ernst Thurm (1/0).
Goal: Wilhelm Schmieger (55).

12. 07.06.1908. **AUSTRIA - GERMANY** 3-2(1-1)
Cricketer Platz, Wien; Referee: George Wagstaffe Simmons (England); Attendance: 5,000
AUT: Josef Kaltenbrunner (3/0), Wilhelm Eipeldauer (4/0), Heinrich Retschury (2/0), H.Knöll (2/0), Ladislaus Kurpiel (1/0), Ladislaus Dlabac (2/1), Ludwig Hussak (4/2), Karl Kubik (2/1), Johann Studnicka (5/8), Adolf Fischera (2/0), Johann Andres (2/2).
Goals: Ladislaus Dlabac (7), Johann Studnicka (41), Johann Andres (44).

13. 08.06.1908. **AUSTRIA - ENGLAND** 1-11
Hohe Warte, Wien; Referee: Ede Herczog (Hungary); Attendance: 5,000
AUT: Rudolf Donhardt (1/0), Johann Schwarz I (1/0), Rudolf Smolek (2/0), Karl Jech (1/0), Dr.Paul Fischl (2/0), Arthur Wackenreuther (2/0), Ludwig Hussak (5/2), Robert Merz (2/0), Engelbert König (3/0), Friedrich Hirschl (2/1), Ernst Thurm (2/0).
Goal: Friedrich Hirschl.

14. 01.11.1908. **HUNGARY - AUSTRIA** 5-3(3-2)
Millenáris Sporttelep, Budapest; Referee: Constantin Riso (Germany); Attendance: 8,000
AUT: Josef Kaltenbrunner (4/0), Heinrich Retschury (3/0), Rudolf Smolek (3/0), Karl Jech (2/0), Ladislaus Kurpiel (2/0), Dr.Karl Tekusch II (1/0), Ludwig Hussak (6/2), Leopold Neubauer (1/0), Johann Studnicka (6/9), Adolf Fischera (3/2), Johann Andres (3/2).
Goal: Adolf Fischera (12), Johann Studnicka (23), Adolf Fischera (79).

15. 02.05.1909 **AUSTRIA - HUNGARY** 3-4(2-2)
Cricketer Platz, Wien; Referee: Paul Neumann (Germany); Attendance: 1,000
AUT: Josef Kaltenbrunner (5/0), Heinrich Retschury (4/0), Rudolf Smolek (4/0), Arthur Wackenreuther (3/0), H.Knöll (3/0), Ernst Singer (1/0), Karl Beck (2/0), Wilhelm Schmieger (3/2), Leopold Neubauer (2/2), Engelbert König (4/0), Robert Kraus (1/0).
Goals: Leopold Neubauer (9), Wilhelm Schmieger (20), Leopold Neubauer (57).

16. 30.05.1909 **HUNGARY - AUSTRIA** 1-1(1-1)
Millenáris Sporttelep, Budapest; Referee: George Wagstaffe Simmons (England); Attendance: 11,000
AUT: Josef Kaltenbrunner (6/0), Heinrich Retschury (5/0), Karl Vladar (4/0), Heinrich Lenczewsky (4/0), Harry Oppenheim (1/0), Arthur Preiss (1/0), Karl Beck (3/0), Karl Schrenk (1/1), Dr.Rudolf Höllerl (1/0), Clemens Cargnelli (1/0), Josef Pfeiffer (1/0).
Goal: Karl Schrenk (17).

17. 01.06.1909 **AUSTRIA - ENGLAND** 1-8(0-2)
Hohe Warte, Wien; Referee: Ferenc Schubert (Hungary); Attendance: 3,000
AUT: Josef Prager (5/0), Karl Gross (2/0), Heinrich Retschury (6/0), Viktor Löwenfeld (1/0), Arthur Preiss (2/0), Heinrich Lenczewsky (5/0), Ludwig Hussak (7/2), Josef Schediwy (4/1), Karl Schrenk (2/1), Leopold Neubauer (3/3), F.Scheu (1/0).
Goal: Leopold Neubauer (penalty).

18. 07.11.1909 **HUNGARY - AUSTRIA** 2-2(1-1)
Millenáris Sporttelep, Budapest; Referee: Paul Neumann (Germany); Attendance: 10,000
AUT: Karl Krof (1/0), Wilhelm Weihrauch (3/0), Karl Gross (3/0), Viktor Löwenfeld (2/0), Heinrich Lenczewsky (6/0), Karl Linzmayer (1/0), Karl Beck (4/0), Robert Merz (3/0), Wilhelm Schmieger (4/4), Leopold Neubauer (4/3), Johann Andres (4/2).
Goals: Wilhelm Schmieger (5, 62).

19. 01.05.1910 **AUSTRIA - HUNGARY** 2-1(2-1)
Hohe Warte, Wien; Referee: Max Brandt (Germany); Attendance: 7,000
AUT: Josef Prager (6/0), Otto Flor (1/0), Felix Tekusch I (1/0), Heinrich Bielohlavek (1/0), Dr.Paul Fischl (3/0), Dr.Karl Tekusch II (2/0), Ludwig Hussak (8/3), Richard Kohn (2/1), Leopold Neubauer (5/3), Adolf Fischera (4/3), Johann Andres (5/2).
Goals: Adolf Fischera (2), Ludwig Hussak (33).

20. 06.11.1910 **HUNGARY - AUSTRIA** 3-0(1-0)
Millenáris Sporttelep, Budapest; Referee: Edgar Blüher (Germany); Attendance: 11,000
AUT: Johann Weinberg (1/0), Franz Drexler (1/0), Felix Tekusch I (2/0), Franz Weber (1/0), Emil Reichl (1/0), Dr.Karl Tekusch II (3/0), Karl Beck (5/0), Leopold Neubauer (6/3), Johann Studnicka (7/9), Adolf Fischera (5/3), Johann Meiringer (1/0).

21. 07.05.1911 **AUSTRIA - HUNGARY** 3-1(2-1)
Hohe Warte, Wien; Referee: Hubert Istace (Belgium); Attendance: 7,000
AUT: Viktor Müller I (1/0), Gustav Krojer (1/0), Felix Tekusch I (3/0), Arthur Wackenreuther (4/0), Ladislaus Kurpiel (3/0), Franz Weber (2/0), Ludwig Hussak (9/4), Robert Merz (4/2), Johann Schwarz II (1/0), Wilhelm Schmieger (5/4), Johann Meiringer (2/0).
Goals: Ludwig Hussak (35), Robert Merz (38, 79).

22. 09.10.1911 **GERMANY - AUSTRIA** 1-2(1-1)
Platz an der Hygiene-Ausstellung, Dresden; Referee: Herbert James Willing (Netherlands); Attendance: 7,500
AUT: Viktor Müller I (2/0), Alexander Popovich (1/0), Felix Tekusch I (4/0), Robert Cimera (2/0), Jakob Swatosch (1/0), Dr.Karl Tekusch II (4/0), Richard Kohn (3/1), Wilhelm Schmieger (6/5), Johann Schwarz II (2/0), Johann Neumann (1/1), Jaroslav Spindler (1/0).
Goals: Wilhelm Schmieger (25), Johann Neumann (49).

23. 05.11.1911 **HUNGARY - AUSTRIA** 2-0(1-0)
Üllői út, Budapest; Referee: Henry P. Devitte (Switzerland); Attendance: 25,000
AUT: Viktor Müller I (3/0), Gustav Krojer (2/0), Felix Tekusch I (5/0), Arthur Wackenreuther (5/0), Ladislaus Kurpiel (4/0), Dr.Karl Tekusch II (5/0), Ludwig Hussak (10/4), Richard Kohn (4/1), Johann Studnicka (8/9), Johann Neumann (2/1), Johann Meiringer (3/0).

24. 05.05.1912 **AUSTRIA - HUNGARY** 1-1(0-1)
Hohe Warte, Wien; Referee: John Howcroft (England); Attendance: 15,000
AUT: Otto Noll (1/0), Bernhard Graubart (1/0), Felix Tekusch I (6/0), Franz Weber (3/0), Karl Braunsteiner I (1/0), Dr.Karl Tekusch II (6/0), Richard Kohn (5/1), Robert Merz (5/2), Johann Studnicka (9/9), Adolf Fischera (6/4), Johann Andres (6/2).
Goal: Adolf Fischera (87).

25. 29.06.1912 **AUSTRIA - GERMANY** 5-1(0-1) 5th OG. 1st Round.
Olympiastadion, Stockholm; Referee: Herbert James Willing (Netherlands); Attendance: 2,000
AUT: Otto Noll (2/0), Bernhard Graubart (2/0), Ladislaus Kurpiel (5/0), Josef Brandstätter (1/0), Karl Braunsteiner I (2/0), Robert Cimera (3/1), Ludwig Hussak (11/4), Robert Merz (6/4), Johann Studnicka (10/10), Alois Müller II (1/0), Leopold Neubauer (7/4). Trainer: James Hogan (England) (1).
Goals: Johann Studnicka (58), Leopold Neubauer (62), Robert Merz (75,81), Robert Cimera (89).

26. 30.06.1912 **NETHERLANDS - AUSTRIA** 3-1(3-1) 5th OG. 2nd Round.
Råsunda Idrottsplats, Stockholm; Referee: David Phillips (Scotland); Attendance: 7,000
AUT: Otto Noll (3/0), Bernhard Graubart (3/0), Ladislaus Kurpiel (6/0), Josef Brandstätter (2/0), Karl Braunsteiner I (3/0), Robert Cimera (4/1), Ludwig Hussak (12/4), Robert Merz (7/4), Johann Studnicka (11/10), Alois Müller II (2/1), Leopold Neubauer (8/4). Trainer: James Hogan (England) (2).
Goal: Alois Müller (41).

27. 01.07.1912 **AUSTRIA - NORWAY** 1-0(1-0) 5th OG. Consolation Round.
Traneberg Idrottsplats, Stockholm; Referee: Per Sjöblom (Sweden); Attendance: 200
AUT: Josef Kaltenbrunner (7/0), Ladislaus Kurpiel (7/0), Karl Braunsteiner I (4/0), Franz Weber (4/0), Josef Brandstätter (3/0), Robert Cimera (5/1), Alois Müller II (3/1), Gustav Blaha (1/0), Robert Merz (8/4), Leopold Grundwald (1/0), Leopold Neubauer (9/5). Trainer: James Hogan (England) (3).
Goal: Leopold Neubauer (2)

28. 03.07.1912 **AUSTRIA - ITALY** 5-1(2-0) 5th OG. Consolation Round.
Olympiastadion, Stockholm; Referee: Herbert James Willing (Netherlands); Attendance: 3,500
AUT: Josef Kaltenbrunner (8/0), Karl Braunsteiner I (5/0), Bernhard Graubart (4/0), Franz Weber (5/0), Josef Brandstätter (4/0), Robert Cimera (6/1), Ludwig Hussak (13/5), Alois Müller II (4/2), Johann Studnicka (12/11), Leopold Neubauer (10/5), Leopold Grundwald (2/2). Trainer: James Hogan (England) (4).
Goals: Alois Müller (30), Leopold Grundwald (40), Ludwig Hussak (49), Johann Studnicka (65), Leopold Grundwald (89).

29. 05.07.1912 **HUNGARY - AUSTRIA** 3-0(1-0) 5th OG. Consolation Round.
Råsunda Idrottsplats, Stockholm; Referee: Herbert James Willing (Netherlands); Attendance: 5,000
AUT: Josef Kaltenbrunner (9/0), Bernhard Graubart (5/0), Ladislaus Kurpiel (8/0), Josef Brandstätter (5/0), Karl Braunsteiner I (6/0), Robert Cimera (7/1), Ludwig Hussak (14/5), Alois Müller II (5/2), Robert Merz (9/4), Leopold Neubauer (11/5), Leopold Grundwald (3/0). Trainer: James Hogan (England) (5).

30. 03.11.1912 **HUNGARY - AUSTRIA** 4-0(2-0)
Üllői út, Budapest; Referee: John Howcroft (England); Attendance: 30,000
AUT: Viktor Müller I (4/0), Alexander Popovich (2/0), Friedrich Brandstätter (1/0), Josef Hagler (1/0), Josef Brandstätter (6/0), Dr.Karl Tekusch II (7/0), Alois Müller II (6/2), Robert Merz (10/4), Engelbert König (5/0), Adolf Fischera (7/4), Johann Schmid (1/0). Trainer: Hugo Meisl (1)

31. 22.12.1912 **ITALY - AUSTRIA** 1-3(1-1)
Stadio „Andrea Doria", Genova; Referee: Charles Barette (Belgium); Attendance: 6,000
AUT: Viktor Müller I (5/0), Leopold Kiesling (1/0), Felix Tekusch I (7/0), Josef Brandstätter (7/0), Karl Braunsteiner I (7/0), Dr.Karl Tekusch II (8/0), Eduard Bauer (1/0), Richard Kohn (6/2), Richard Kuthan (1/1), Wilhelm Schmieger (7/6), Johann Schmid (2/0). Trainer: Hugo Meisl (2).
Goals: Wilhelm Schmieger (19), Richard Kuthan (54), Richard Kohn (79).

32. 27.04.1913 **AUSTRIA - HUNGARY** 1-4(0-1)
WAC-Platz, Wien; Referee: John Howcroft (England); Attendance: 20,000
AUT: Josef Kaltenbrunner (10/0), Jakob Swatosch (2/0), Karl Rumbold (1/0), Franz Weber (6/0), Josef Brandstätter (8/0), Dr.Karl Tekusch II (9/0), Eduard Bauer (2/0), Franz Twaroch (1/0), Johann Studnicka (13/12), Adolf Fischera (8/4), Leopold Grundwald (4/2). Trainer: Hugo Meisl (3).
Goal: Johann Studnicka (62)

33. 15.06.1913 **AUSTRIA - ITALY** 2-0(1-0)
WAC-Platz, Wien; Referee: Ákos Fehéry (Hungary); Attendance: 10,000
AUT: Josef Kaltenbrunner (11/0), Alexander Popovich (3/0), Stefan Sudrich (1/0), Franz Sedlacek (1/0), Josef Brandstätter (9/2), Dr.Karl Tekusch II (10/0), Eduard Bauer (3/0), Franz Twaroch (2/0), Richard Kuthan (2/1), Leopold Grundwald (5/2), Heinrich Körner (1/0). Trainer: Hugo Meisl (4).
Goals: Josef Brandstätter (36, 87).

34. 26.10.1913 **HUNGARY - AUSTRIA** 4-3(3-1)
Hungária út, Budapest; Referee: James Schumacher (England); Attendance: 30,000
AUT: Heinrich Plhak (1/0), Vinzenz Dittrich (1/1), Felix Tekusch I (8/0), Robert Cimera (8/1), Josef Brandstätter (10/2), Dr.Karl Tekusch II (11/0), Eduard Bauer (4/0), Robert Merz (11/5), Johann Schwarz II (3/1), Leopold Grundwald (6/2), Heinrich Körner (2/0). Trainer: Hugo Meisl (5).
Goals: Johann Schwarz (28), Robert Merz (80), Vinzenz Dittrich (84 penalty).

35. 11.01.1914. **ITALY - AUSTRIA** 0-0
Arena Civica, Milano; Referee: John Howcroft (England); Attendance: 15,000
AUT: Heinrich Plhak (2/0), Franz Urban (1/0), Jakob Swatosch (3/0), Gustav Chrenka (1/0), Josef Brandstätter (11/2), Robert Cimera (9/1), Josef Haist (1/0), Robert Merz (12/5), Richard Kuthan (3/1), Leopold Grundwald (7/2), Heinrich Körner (3/0). Trainer: Hugo Meisl (6).

36. 03.05.1914. **AUSTRIA - HUNGARY** 2-0(2-0)
WAC-Platz, Wien; Referee: Albert Meerum-Terwogt (Netherlands); Attendance: 22,000
AUT: Heinrich Plhak (3/0), Franz Urban (2/0), Felix Tekusch I (9/0), Gustav Chrenka (2/0), Josef Brandstätter (12/2), Dr.Karl Tekusch II (12/0), Franz Heinzl (1/0), Robert Merz (13/5), Karl Braunsteiner I (8/0), Adolf Fischera (9/6), Johann Neumann (3/1). Trainer: Hugo Meisl (7).
Goals: Adolf Fischera (19, 34).

37. 04.10.1914. **HUNGARY - AUSTRIA** 2-2(0-2)
Üllői út, Budapest; Referee: Ákos Fehéry (Hungary); Attendance: 12,000
AUT: Leopold Bode (1/0), Alexander Popovich (4/0), Viktor Löwenfeld (3/0), Karl Achatzy (1/0), Georg Heiss (1/0), Dr.Karl Tekusch II (13/0), Karl Wondrak (1/0), Leopold König (1/0), Johann Studnicka (14/13), Ferdinand Swatosch (1/1), Heinrich Körner (4/0). Trainer: Hugo Meisl (8) & Heinrich Retschury.
Goals: Johann Studnicka (36), Ferdinand Swatosch (45).

38. 08.11.1914. **AUSTRIA - HUNGARY** 1-2(0-0)
WAC-Platz, Wien; Referee: Wilhelm Schmieger (Austria); Attendance: 5,000
AUT: Leopold Bode (2/0), Vinzenz Dittrich (2/1), Franz Schlosser (1/0), Karl Achatzy (2/0), Josef Brandstätter (13/2), Dr.Karl Tekusch II (14/0), Josef Haist (2/0), Eduard Bauer (5/0), Richard Kuthan (4/2), Johann Neumann (4/1), Heinrich Körner (5/0). Trainer: Hugo Meisl (9) & Heinrich Retschury.
Goal: Richard Kuthan (68).

39. 02.05.1915. **HUNGARY - AUSTRIA** 2-5(1-2)
Hungária út, Budapest; Referee: Ferenc Schubert (Hungary); Attendance: 16,000
AUT: Anton Desnohlidek (1/0), Alexander Popovich (5/0), Ludwig Jetzinger (1/0), Franz Sedlacek (2/0), Franz Prohaska (1/0), Ferdinand Kürner (1/0), Johann Ehrlich (1/1), Richard Kuthan (5/2), Johann Studnicka (15/15), Ferdinand Swatosch (2/2), Ferdinand Hoel (1/1). Trainer: Hugo Meisl (10) & Heinrich Retschury.
Goals: Johann Studnicka (26), Ferdinand Swatosch (36), Johann Studnicka (46), Ferdinand Hoel (56), Johann Ehrlich (87).

40. 30.05.1915. **AUSTRIA - HUNGARY** 1-2(0-2)
WAC-Platz, Wien; Referee: Wilhelm Schmieger (Austria); Attendance: 8,000
AUT: Anton Desnohlidek (2/0), Alexander Popovich (6/0), Franz Schlosser (2/0), Robert Cimera (10/1), Josef Brandstätter (14/2), Ferdinand Kürner (2/0), Franz Heinzl (2/0), Richard Kuthan (6/2), Johann Studnicka (16/15), Ferdinand Swatosch (3/3), Ferdinand Hoel (2/1). Trainer: Hugo Meisl (11) & Heinrich Retschury.
Goal: Ferdinand Swatosch (80).

41. 03.10.1915. **AUSTRIA - HUNGARY** 4-2(2-1)
WAC-Platz, Wien; Referee: Heinrich Retschury (Austria); Attendance: 1,200
AUT: Gustav Kraupar (1/0), Ludwig Jetzinger (2/0), Franz Schlosser (3/0), Franz Prohaska (2/0), Josef Brandstätter (15/2), Leopold Nitsch (1/0), Johann Ehrlich (2/1), Franz Heinzl (3/2), Johann Studnicka (17/15), Eduard Bauer (6/2), Ferdinand Hoel (3/1). Trainer: Hugo Meisl (12) & Heinrich Retschury.
Goals: Franz Heinzl (20,26), Eduard Bauer (65, 85).

42. 07.11.1915. **HUNGARY - AUSTRIA** 6-2(2-1)
Üllői út, Budapest; Referee: Aladár Oláh (Hungary); Attendance: 12,000
AUT: Gustav Kraupar (2/0), Alexander Popovich (7/0), Franz Schlosser (4/0), Franz Prohaska (3/0), Josef Brandstätter (16/2), Leopold Nitsch (2/0), Franz Heinzl (4/2), Richard Kuthan (7/3), Johann Studnicka (18/16), Leopold Neubauer (12/5), Ferdinand Hoel (4/1). Trainer: Hugo Meisl (13) & Heinrich Retschury.
Goals: Richard Kuthan (25), Johann Studnicka (80).

43. 07.05.1916. **AUSTRIA - HUNGARY** 3-1(0-0)
WAC-Platz, Wien; Referee: Wilhelm Schmieger (Austria); Attendance: 8,000
AUT: Gustav Kraupar (3/0), Alexander Popovich (8/0), Josef Deutsch (1/0), Franz Sedlacek (3/0), Josef Brandstätter (17/2), Gustav Deutsch (1/0), Karl Beck (6/0), Franz Heinzl (5/2), Johann Studnicka (19/17), Eduard Bauer (7/4), Gustav Wieser (1/0). Trainer: Hugo Meisl (14) & Heinrich Retschury.
Goals: Eduard Bauer (62, 70), Johann Studnicka (76).

44. 04.06.1916. **HUNGARY - AUSTRIA** 2-1(2-1)
Hungária út, Budapest; Referee: Aladár Oláh (Hungary); Attendance: 16,000
AUT: Ferdinand Feigl (1/0), Alexander Popovich (9/0), Josef Deutsch (2/0), Franz Sedlacek (4/0), Josef Brandstätter (18/2), Franz Prohaska (4/0), Josef Stürmer III (1/0), Leopold Neubauer (13/5), Johann Studnicka (20/17), Eduard Bauer (8/5), Gustav Wieser (2/0). Trainer: Hugo Meisl (15) & Heinrich Retschury.
Goal: Eduard Bauer (27).

45. 01.10.1916. **HUNGARY - AUSTRIA** 2-3(1-3)
Üllői út, Budapest; Referee: Imre Veres (Hungary); Attendance: 16,000
AUT: Gustav Kraupar (4/0), Alexander Popovich (10/0), Vinzenz Dittrich (3/1), Franz Sedlacek (5/0), Karl Jordan (1/0), Friedrich Kerr (1/0), Friedrich Köck (1/0), Leopold Grundwald (8/3), Johann Studnicka (21/17), Eduard Bauer (9/7), Gustav Wieser (3/0). Trainer: Hugo Meisl (16) & Heinrich Retschury.
Goals: Eduard Bauer (2), Leopold Grundwald (15), Eduard Bauer (30).

46. 05.11.1916. **AUSTRIA - HUNGARY** 3-3(2-2)
WAC-Platz, Wien; Referee: Max Seeman (Austria); Attendance: 9,000
AUT: Heinrich Plhak (4/0), Alexander Popovich (11/0), Vinzenz Dittrich (4/1), Franz Sedlacek (6/0), Leopold Nitsch (3/0), Friedrich Kerr (2/0), Leopold Neubauer (14/5), Johann Kraus (1/1), Johann Studnicka (22/17), Eduard Bauer (10/9), Gustav Wieser (4/0). Trainer: Hugo Meisl (17) & Heinrich Retschury.
Goals: Eduard Bauer (17), Johann Kraus (25), Eduard Bauer (52).

47. 06.05.1917 **AUSTRIA - HUNGARY** 1-1(1-1)
WAC-Platz, Wien; Referee: Wilhelm Schmieger (Austria); Attendance: 4,000
AUT: Gustav Kraupar (5/0), Alexander Popovich (12/0), Vinzenz Dittrich (5/1), Franz Sedlacek (7/0), Karl Jordan (2/0), Rudolf Rupec (1/0), Leopold Neubauer (15/5), Franz Heinzl (6/3), Johann Studnicka (23/17), Eduard Bauer (11/9), Gustav Wieser (5/0). Trainer: Hugo Meisl (18) & Heinrich Retschury.
Goal: Franz Heinzl (45).

48. 03.06.1917 **HUNGARY - AUSTRIA** 6-2(5-1)
Hungária út, Budapest; Referee: Karl Winkler (Germany); Attendance: 22,000
AUT: Gustav Kraupar (6/0), Alexander Popovich (13/1), Vinzenz Dittrich (6/1), Franz Prohaska (5/0), Josef Brandstätter (19/2), Friedrich Kerr (3/0), Karl Beck (7/0), Franz Heinzl (7/4), Johann Studnicka (24/17), Eduard Bauer (12/9), Johann Schmid (3/0). Trainer: Hugo Meisl (19) & Heinrich Retschury.
Goals: Franz Heinzl (9), Alexander Popovich (80).

49. 15.07.1917 **AUSTRIA - HUNGARY** 1-4(0-1)
WAC-Platz, Wien; Referee: Rudolf Pohl (Germany); Attendance: 12,000
AUT: Wilhelm Halpern (1/0), Alexander Popovich (14/1), Vinzenz Dittrich (7/1), Franz Sedlacek (8/0), Josef Brandstätter (20/2), Rudolf Rupec (2/0), Karl Beck (8/0), Eduard Bauer (13/9), Jan Vaník (1/0), Václav Prousek (1/1), Johann Schmid (4/0). Trainer: Hugo Meisl (20) & Heinrich Retschury.
Goal: Václav Prousek (50).

50. 07.10.1917 **HUNGARY - AUSTRIA** 2-1(1-1)
Üllői út, Budapest; Referee: Erich Chemnitz (Germany); Attendance: 20,000
AUT: Gustav Kraupar (7/0), Alexander Popovich (15/1), Vinzenz Dittrich (8/1), Franz Sedlacek (9/0), Franz Fichta (1/0), Rudolf Rupec (3/0), Johann Ehrlich (3/1), Josef Sedláček (1/1), Leopold Neubauer (16/5), Jan Vaník (2/0), Václav Prousek (2/1). Trainer: Hugo Meisl (21) & Heinrich Retschury.
Goal: Josef Sedláček (67).

51. 14.11.1917 **AUSTRIA - HUNGARY** 1-2(0-1)
WAC-Platz, Wien; Referee: Kurt von Paquet (Germany); Attendance: 15,000
AUT: Walter Joachim (1/0), Alexander Popovich (16/1), Vinzenz Dittrich (9/1), Franz Sedlacek (10/0), Friedrich Kerr (4/0), Rudolf Rupec (4/0), Josef Haist (3/0), Karel Wilda (1/1), Karel Kož eluh (1/0), Johann Studnicka (25/17), Eduard Bauer (14/9). Trainer: Hugo Meisl (22) & Heinrich Retschury.
Goal: Karel Wilda (61).

52. 23.12.1917 **SWITZERLAND - AUSTRIA** 0-1(0-0)
Landhof Stadion, Basel; Referee: John Forster (England); Attendance: 3,500
AUT: Walter Joachim (2/0), Alexander Popovich (17/1), Karl Jordan (3/0), Friedrich Kerr (5/0), Josef Brandstätter (21/2), Rudolf Rupec (5/0), Josef Haist (4/0), Leopold Neubauer (17/6), Johann Studnicka (26/17), Eduard Bauer (15/10), Johann Schmid (5/0). Trainer: Hugo Meisl (23) & Heinrich Retschury.
Goal: Eduard Bauer (75).

53. 26.12.1917 **SWITZERLAND - AUSTRIA** 3-2(1-1)
Utogrund, Zürich; Referee: John Forster (England); Attendance: 3,000
AUT: Walter Joachim (3/0), Alexander Popovich (18/1), Johann Studnicka (27/17), Friedrich Kerr (6/0), Josef Brandstätter (22/2), Rudolf Rupec (6/0), Josef Haist (5/0), Karl Heinlein (1/0), Leopold Neubauer (18/6), Eduard Bauer (16/11), Johann Schmid (6/0). Trainer: Hugo Meisl (24) & Heinrich Retschury.
Goals: Leopold Neubauer, Eduard Bauer.

54. 14.04.1918 **HUNGARY - AUSTRIA** 2-0(1-0)
Hungária út, Budapest; Referee: Angelo Rossi (Germany); Attendance: 23,000
AUT: Wilhelm Halpern (2/0), Alexander Popovich (19/1), Vinzenz Dittrich (10/1), Karl Beck (9/0), Josef Brandstätter (23/2), Rudolf Rupec (7/0), Johann Strnad (1/0), Eduard Bauer (17/11), Franz Biegler (1/0), Ferdinand Swatosch (4/3), Heinrich Körner (6/0). Trainer: Hugo Meisl (25) & Heinrich Retschury.

55. 09.05.1918 **AUSTRIA - SWITZERLAND** 5-1(1-0)
WAC-Platz, Wien; Referee: Ákos Fehéry (Hungary); Attendance: 15,000
AUT: Wilhelm Halpern (3/0), Alexander Popovich (20/1), Vinzenz Dittrich (11/1), Friedrich Kerr (7/0), Josef Brandstätter (24/2), Rudolf Rupec (8/0), Johann Studnicka (28/18), Karel Wilda (2/2), Karel Kož eluh (2/1), Eduard Bauer (18/12), Heinrich Körne (7/0). Trainer: Hugo Meisl (26) & Heinrich Retschury.
Goals: Karel Wilda (26), Eduard Bauer (46), Karel Kož eluh (80), Ernst Peterli (82 own goal), Johann Studnicka (84).

56. 02.06.1918 **AUSTRIA – HUNGARY** 0-2(0-0)
WAC-Platz, Wien; Referee: Angelo Rossi (Germany); Attendance: 20,000
AUT: Gustav Kraupar (8/0), Alexander Popovich (21/1), Wilhelm Stejskal (1/0), Franz Sedlacek (11/0), Rudolf Rupec (9/0), Viktor Löwenfeld (4/0), Ferdinand Humenberger (1/0), Wilhelm Steuer (1/0), Karel Kož eluh (3/1), Karel Wilda (3/2), Friedrich Feller (1/0). Trainer: Hugo Meisl (27) & Heinrich Retschury.

57. 06.10.1918 **AUSTRIA - HUNGARY** 0-3(0-1)
WAC-Platz, Wien; Referee: Otto Kehm (Germany); Attendance: 15,000
AUT: Gustav Kraupar (9/0), Alexander Popovich (22/1), Vinzenz Dittrich (12/1), Rudolf Rupec (10/0), Josef Brandstätter (25/2), Dr.Karl Tekusch II (15/0), Josef Stürmer III (2/0), Ferdinand Humenberger (2/0), Karel Kož eluh (4/1), Eduard Bauer (19/12), Friedich Feller (2/0). Trainer: Hugo Meisl (28) & Heinrich Retschury.

58. 06.04.1919 **HUNGARY - AUSTRIA** 2-1(1-1)
Üllői út, Budapest; Referee: Hugó Szüsz (Hungary); Attendance: 40,000
AUT: Walter Joachim (4/0), Alexander Popovich (23/1), Vinzenz Dittrich (13/1), Gustav Putzendopler (1/0), Karl Neubauer (1/0), Leopold Nitsch (4/0), Karl Wondrak (2/1), Josef Uridil I (1/0), Karl Heinlein (2/0), Franz Hansl (1/0), Gustav Wieser (6/0). Trainer: Hugo Meisl (29) & Heinrich Retschury.
Goal: Karl Wondrak (21).

59. 05.10.1919 **AUSTRIA - HUNGARY** 2-0(2-0)
WAC-Platz, Wien; Referee: Heinrich Retschury (Austria); Attendance: 22,000
AUT: Johann Brandweiner (1/0), Alexander Popovich (24/1), Vinzenz Dittrich (14/1), Gustav Putzendopler (2/0), Josef Brandstätter (26/2), Leopold Nitsch (5/0), Karl Wondrak (3/1), Josef Uridil I (2/1), Richard Kuthan (8/3), Eduard Bauer (20/13), Gustav Wieser (7/0). Trainer: Hugo Meisl (30).
Goals: Eduard Bauer (41), Josef Uridil (44).

60. 09.11.1919 **HUNGARY - AUSTRIA** 3-2(3-0)
Hungária út, Budapest; Referee: Hugó Szüsz (Hungary); Attendance: 27,000
AUT: Johann Brandweiner (2/0), Friedrich Wagner (1/0), Josef Deutsch (3/0), Karl Kurz (1/0), Karl Neubauer (2/0), Friedrich Weiss (1/0), Friedrich Köck (2/0), Alois Treml (1/1), Ferdinand Frithum (1/0), Franz Hansl (2/1), Franz Eckl (1/0). Trainer: Hugo Meisl (31).
Goals: Franz Hansl (58), Alois Treml (79).

61. 02.05.1920. **AUSTRIA - HUNGARY** 2-2(1-2)
WAC-Platz, Wien; Referee: Wilhelm Schmieger (Austria); Attendance: 20,000
AUT: Dr.Wilhelm Meisl (1/0), Richard Beer (1/0), Alexander Popovich (25/1), Gustav Chrenka (3/0), Josef Brandstätter (27/2), Leopold Nitsch (6/0), Karl Wondrak (4/1), Eduard Bauer (21/13), Richard Kuthan (9/3), Ferdinand Swatosch (5/4), Gustav Wieser (8/1). Trainer: Hugo Meisl (32).
Goals: Ferdinand Swatosch (43), Gustav Wieser (66).

62. 26.09.1920. **AUSTRIA - GERMANY** 3-2(0-0)
Simmeringer Sportplatz, Wien; Referee: Akos Fehéry (Hungary); Attendance: 30,000
AUT: Johann Pacista (1/0), Richard Beer (2/0), Alexander Popovich (26/1), Otto Fuchs (1/0), Johann Baar (1/0), Leopold Nitsch (7/0), Rudolf Seidl (1/0), Ferdinand Swatosch (6/7), Richard Kuthan (10/3), Franz Hansl (3/1), Gustav Wieser (9/1). Trainer: Hugo Meisl (33).
Goals: Ferdinand Swatosch (64, 83, 86).

63. 07.11.1920. **HUNGARY - AUSTRIA** 1-2(0-2)
Hungária út, Budapest; Referee: Christiaan Jacobus Groothoff (Netherlands); Attendance: 30,000
AUT: Johann Pacista (2/0), Josef Blum (1/0), Alexander Popovich (27/1), Otto Fuchs (2/0), Karl Neubauer (3/0), Leopold Nitsch (8/0), Friedrich Köck (3/0), Eduard Bauer (22/13), Richard Kuthan (11/4), Ferdinand Swatosch (7/8), Franz Eckl (2/0). Trainer: Hugo Meisl (34).
Goals: Richard Kuthan (24), Ferdinand Swatosch (43).

64. 26.03.1921 **AUSTRIA - SWEDEN** 2-2(1-1)
Simmeringer Sportplatz, Wien; Referee: Wolf Simon Boas (Netherlands); Attendance: 35,000
AUT: Karl Ostricek (1/0), Josef Blum (2/0), Alexander Popovich (28/1), Otto Fuchs (3/0), Karl Neubauer (4/0), Karl Geyer (1/0), Friedrich Köck (4/0), Karl Kanhäuser (1/0), Richard Kuthan (12/6), Ferdinand Swatosch (8/8), Norbert Katz (1/0). Trainer: Hugo Meisl (35).
Goals: Richard Kuthan (43, 86).

65. 24.04.1921 **AUSTRIA - HUNGARY** 4-1(0-0)
Simmeringer Sportplatz, Wien; Referee: Johannes Mutters (Netherlands); Attendance: 50,000
AUT: Karl Ostricek (2/0), Richard Beer (3/0), Alexander Popovich (29/1), Karl Kurz (2/0), Karl Neubauer (5/1), Leopold Nitsch (9/0), Karl Wondrak (5/2), Josef Uridil I (3/1), Richard Kuthan (13/8), Ferdinand Swatosch (9/8), Norbert Katz (2/0). Trainer: Hugo Meisl (36).
Goals: Richard Kuthan (51, 53), Karl Wondrak (63), Karl Neubauer (70).

66. 01.05.1921 **SWITZERLAND - AUSTRIA** 2-2(0-0)
Espenmoos Stadion, St. Gallen; Referee: Karl Koppehel (Germany); Attendance: 8,000
AUT: Karl Ostricek (3/0), Josef Blum (3/0), Alexander Popovich (30/1), Karl Kurz (3/0), Karl Neubauer (6/2), Leopold Nitsch (10/0), Karl Wondrak (6/2), Eduard Bauer (23/13), Richard Kuthan (14/9), Ferdinand Swatosch (10/8), Norbert Katz (3/0). Trainer: Hugo Meisl (37).
Goals: Richard Kuthan (52), Karl Neubauer (63).

67. 05.05.1921 **GERMANY - AUSTRIA** 3-3(2-1)
Dresdner Fußballring Stadion, Dresden; Referee: Willem Eymers (Netherlands); Attendance: 20,000
AUT: Karl Ostricek (4/0), Josef Blum (4/0), Alexander Popovich (31/1), Karl Kurz (4/0), Karl Neubauer (7/2), Leopold Nitsch (11/0), Karl Wondrak (7/3), Josef Uridil I (4/2), Richard Kuthan (15/10), Karl Kanhäuser (2/0), Franz Eckl (3/0). Trainer: Hugo Meisl (38).
Goals: Richard Kuthan (33), Karl Wondrak (58), Josef Uridil (70).

68. 24.07.1921 **SWEDEN - AUSTRIA** 1-3(1-2)
Råsundastadion, Stockholm; Referee: Wolf Simon Boas (Netherlands); Attendance: 18,000
AUT: Karl Ostricek (5/0), Josef Blum (5/0), Alexander Popovich (32/1), Karl Kurz (5/0), Josef Brandstätter (28/2), Leopold Nitsch (12/0), Karl Wondrak (8/3), Josef Uridil I (5/3), Richard Kuthan (16/11), Ferdinand Swatosch (11/9), Johann Neumann (5/1). Trainer: Hugo Meisl (39).
Goals: Josef Uridil (9), Richard Kuthan (17), Ferdinand Swatosch (59).

69. 31.07.1921 **FINLAND - AUSTRIA** 2-3(1-0)
Töölön Pallokenttä, Helsinki; Referee: Wolf Simon Boas (Netherlands); Attendance: 6,000
AUT: Karl Ostricek (6/0), Josef Blum (6/0), Vinzenz Dittrich (15/1), Karl Kurz (6/0), Josef Brandstätter (29/2), Leopold Nitsch (13/0), Karl Wondrak (9/3), Josef Uridil I (6/5), Richard Kuthan (17/11), Karl Jiszda (1/0), Johann Neumann (6/2). Trainer: Hugo Meisl (40).
Goals: Josef Uridil (47), Johann Neumann (68), Josef Uridil (80).

70. 15.01.1922 **ITALY - AUSTRIA** 3-3(2-1)
Stadio Velodromo, Milano; Referee: John Forster (Switzerland); Attendance: 16,000
AUT: Karl Ostricek (7/0), Richard Beer (4/0), Josef Blum (7/0), Karl Kurz (7/0), Leopold Resch (1/0), Karl Geyer (2/0), Friedrich Köck (5/1), Karl Jiszda (2/0), Adolf Fischera (10/6), Franz Hansl (4/3), Wilhelm Morocutti (1/0). Trainer: Hugo Meisl (41).
Goals: Franz Hansl (20, 65), Friedrich Köck (75).

71. 23.04.1922 **AUSTRIA - GERMANY** 0-2(0-0)
Hohe Warte, Wien; Referee: György Gerő (Hungary); Attendance: 50,100
AUT: Erwin Brazda (1/0), Richard Beer (5/0), Josef Blum (8/0), Franz Plank (1/0), Josef Brandstätter (30/2), Karl Kurz (8/0), Karl Wondrak (10/3), Karl Kanhäuser (3/0), Richard Kuthan (18/11), Johann Neumann (7/2), Ferdinand Wessely (1/0). Trainer: Hugo Meisl (42)

72. 30.04.1922 **HUNGARY - AUSTRIA** 1-1(0-1)
Hungária út, Budapest; Referee: Dr. Peco J. Bauwens (Germany); Attendance: 40,000
AUT: Eduard Kanhäuser (1/0), Josef Blum (9/0), Maximilian Gold (1/0), Karl Kurz (9/0), Josef Brandstätter (31/2), Leopold Nitsch (14/0), Rudolf Seidl (2/0), Karl Jiszda (3/1), Josef Wana (1/0), Adolf Fischera (11/6), Ferdinand Wessely (2/0). Trainer: Hugo Meisl (43).
Goal: Karl Jiszda (41).

73. 11.06.1922 **AUSTRIA - SWITZERLAND** 7-1(4-1)
Hohe Warte, Wien; Referee: Johannes Mutters (Netherlands); Attendance: 50,000
AUT: Eduard Kanhäuser (2/0), Josef Blum (10/0), Maximilian Gold (2/0), Karl Kurz (10/0) [65.Anton Koch (1/0)], Leopold Resch (2/0), Leopold Nitsch (15/0), Friedrich Köck (6/1), Josef Uridil I (7/8), Richard Kuthan (19/13), Adolf Fischera (12/8), Wilhelm Morocutti (2/0). Trainer: Hugo Meisl (44).
Goals: Josef Uridil (17, 27, 29), Richard Kuthan (30, 57), Adolf Fischera (58, 89).

74. 24.09.1922 **AUSTRIA - HUNGARY** 2-2(1-1)
Hohe Warte, Wien; Referee: Dr. Peco J. Bauwens (Germany); Attendance: 65,000
AUT: Karl Ostricek (8/0), Richard Beer (6/0), Josef Blum (11/0), Karl Kurz (11/0), Josef Brandstätter (32/2), Leopold Nitsch (16/0), Friedrich Köck (7/1), Ferdinand Swatosch (12/9), Richard Kuthan (20/14), Adolf Fischera (13/8), Ferdinand Wessely (3/1). Trainer: Hugo Meisl (45).
Goals: Richard Kuthan (17), Ferdinand Wessely (80).

75. 26.11.1922 **HUNGARY - AUSTRIA** 1-2(0-1)
Üllői út, Budapest; Referee: Karl Koppehel (Germany); Attendance: 30,000
AUT: Karl Ostricek (9/0), Richard Beer (7/0), Josef Blum (12/0), Karl Kurz (12/0), Josef Brandstätter (33/2), Karl Geyer (3/0), Karl Wondrak (11/3), Johann Kowanda (1/1), Ferdinand Swatosch (13/10), Adolf Fischera (14/8), Josef Horejs (1/0). Trainer: Hugo Meisl (46).
Goals: Ferdinand Swatosch (61), Johann Kowanda (67).

76. 21.01.1923 **SWITZERLAND - AUSTRIA** 2-0(1-0)
Stade des Charmilles, Genève; Referee: Giovanni Mauro (Italy); Attendance: 12,000
AUT: Karl Ostricek (10/0), Albert Heikenwälder (1/0), Josef Blum (13/0), Karl Kurz (13/0), Josef Brandstätter (34/2), Karl Geyer (4/0), Karl Wondrak (12/3), Ferdinand Swatosch (14/10), Richard Kuthan (21/14), Adolf Fischera (15/8), Ferdinand Wessely (4/1). Trainer: Hugo Meisl (47).

77. 15.04.1923 **AUSTRIA - ITALY** 0-0
Hohe Warte, Wien; Referee: Wolf Simon Boas (Netherlands); Attendance: 85,000
AUT: Karl Ostricek (11/0), Emil Regnard (1/0), Josef Blum (14/0), Karl Kurz (14/0), Josef Brandstätter (35/2), Leopold Nitsch (17/0), Karl Wondrak (13/3), Johann Richter (1/0), Richard Kuthan (22/14), Ferdinand Swatosch (15/10), Ferdinand Wessely (5/1). Trainer: Hugo Meisl (48).

78. 06.05.1923 **AUSTRIA - HUNGARY** 1-0(0-0)
Hohe Warte, Wien; Referee: Ernst Grätz (Czechoslovakia); Attendance: 50,000
AUT: Eduard Kanhäuser (3/0), Emil Regnard (2/0), Josef Blum (15/0), Karl Kurz (15/0), Josef Brandstätter (36/2), Leopold Nitsch (18/0), Wilhelm Morocutti (3/0), Ferdinand Swatosch (16/11), Karl Kanhäuser (4/0), Gustav Wieser (10/1), Ferdinand Wessely (6/1). Trainer: Hugo Meisl (49).
Goal: Ferdinand Swatosch (79).

79. 10.06.1923 **SWEDEN - AUSTRIA** 4-2(2-1)
Slottskogsvallen, Göteborg; Referee: Karel Herites (Czechoslovakia); Attendance: 9,500
AUT: Karl Ostricek (12/0), Alexander Popovich (33/1), Josef Blum (16/0), Karl Kurz (16/0), Erwin Puschner (1/0), Gustav Chrenka (4/0), Wilhelm Morocutti (4/0), Josef Horejs (2/0), Ferdinand Swatosch (17/12), Johann Neumann (8/2), Gustav Wieser (11/2). Trainer: Hugo Meisl (50).
Goals: Ferdinand Swatosch (40), Gustav Wieser (52).

80. 15.08.1923 **AUSTRIA - FINLAND** 2-1(1-1)
Hohe Warte, Wien; Referee: František Cejnar (Czechoslovakia); Attendance: 45,000
AUT: Karl Ostricek (13/0), Vinzenz Dittrich (16/1), Josef Blum (17/0), Karl Kurz (17/0), Josef Brandstätter (37/2), Leopold Nitsch (19/0), Franz Eckl (4/0), Moses Häusler (1/0), Richard Kuthan (23/14), Gustav Wieser (12/4), Ferdinand Wessely (7/1). Trainer: Hugo Meisl (51).
Goals: Gustav Wieser (5, 75).

81. 23.09.1923 **HUNGARY - AUSTRIA** 2-0(0-0)
Hungária út, Budapest; Referee: Ernst Grätz (Czechoslovakia); Attendance: 30,000
AUT: Karl Ostricek (14/0), Max Scheuer (1/0), Josef Horejs (3/0), Karl Kurz (18/0) [Otto Höss (1/0)], Leopold Resch (3/0), Karl Geyer (5/0), Rudolf Seidl (3/0), Hans Schierl (1/0), Johann Klima (1/0), Gustav Wieser (13/4), Otto Fischer (1/0). Trainer: Hugo Meisl (52).

82. 13.01.1924. **GERMANY - AUSTRIA** 4-3(3-0)
Stadion im Zerzabelshof, Nürnberg; Referee: Ernst Hebak (Czechoslovakia); Attendance: 20,000
AUT: Rudolf Aigner (1/0), Johann Tandler (1/0), Josef Blum (18/0), Karl Kurz (19/0), Gustav Chrenka (5/0), Karl Geyer (6/0), Rudolf Seidl (4/0), Karl Jiszda (4/2), Johann Horvath (1/1), Ferdinand Swatosch (18/13), Gustav Wieser (14/4). Trainer: Hugo Meisl (53).
Goals: Ferdinand Swatosch (68), Karl Jiszda (78), Johann Horvath (83).

83. 20.01.1924. **ITALY - AUSTRIA** 0-4(0-2)
Stadio „Andrea Doria", Genova; Referee: Charles Barette (Belgium); Attendance: 17,000
AUT: Rudolf Aigner (2/0), Johann Tandler (2/0), Josef Blum (19/0), Karl Geyer (7/0), Gustav Chrenka (6/0), Leopold Nitsch (20/0), Josef Horejs (4/0) [51.Leopold Danis (1/0)], Johann Horvath (2/1), Karl Jiszda (5/3), Ferdinand Swatosch (19/14), Gustav Wieser (15/6). Trainer: Hugo Meisl (54).
Goals: Gustav Wieser (36)), Ferdinand Swatosch (42), Gustav Wieser (46), Karl Jiszda (76).

84. 10.02.1924. **YUGOSLAVIA - AUSTRIA** 1-4(0-1)
Stadion Concordija, Zagreb; Referee: Karel Herites (Czechoslovakia); Attendance: 10,000
AUT: Eduard Kanhäuser (4/0), Richard Beer (8/0), Josef Teufel (1/0), Karl Geyer (8/0), Josef Brandstätter (38/2), Leopold Nitsch (21/0), Karl Wondrak (14/3), Johann Horvath (3/1), Karl Jiszda (6/3) [2.Josef Hofbauer (1/1)], Gustav Wieser (16/9), Ferdinand Wessely (8/1). Trainer: Hugo Meisl (55).
Goals: Gustav Wieser (4), Josef Hofbauer (55), Gustav Wieser (59,87).

85. 04.05.1924. **HUNGARY - AUSTRIA** 2-2(1-0)
Hungária út, Budapest; Referee: Arthur Björklund (Sweden); Attendance: 40,000
AUT: Karl Ostricek (15/0), Karl Rainer (1/0), Emil Regnard (3/0), Karl Kurz (20/0), Josef Brandstätter (39/2), Ignaz Ludwig (1/0), Rudolf Seidl (5/0), Friedrich Gschweidl (1/0), Otto Höss (2/0) [16.Johann Horvath (4/2)], Josef Hofbauer (2/1), Gustav Wieser (17/10). Trainer: Hugo Meisl (56).
Goals: Johann Horvath (48), Gustav Wieser (88).

86. 20.05.1924. **AUSTRIA - ROMANIA** 4-1(1-0)
Simmeringer Sportplatz, Wien; Referee: Dr. Peco J. Bauwens (Germany); Attendance: 7,000
AUT: Rudolf Aigner (3/0), Karl Rainer (2/0), Emil Regnard (4/0), Gustav Pollak (1/0), Josef Brandstätter (40/2), Ignaz Ludwig (2/0), Rudolf Seidl (6/0), Moses Häusler (2/1), Karl Kanhäuser (5/3), Gustav Wieser (18/10), Josef Milnarik (1/0). Trainer: Hugo Meisl (57).
Goals: Karl Kanhäuser (2, 52), Moses Häusler (77), Karl Kanhäuser (85).

87. 21.05.1924. **AUSTRIA - BULGARIA** 6-0(2-0)
Hohe Warte, Wien; Referee: Theodor Kiss (Hungary); Attendance: 10,000
AUT: Eduard Kanhäuser (5/0), Richard Beer (9/0), Josef Teufel (2/0), Karl Geyer (9/0), Anton Koch (2/0), Franz Baumgartner (1/0), Wilhelm Morocutti (5/0), Leopold Danis (2/1), Johann Horvath (5/5), Maximilian Grünwald (1/2), Johann Sock (1/0). Trainer: Hugo Meisl (58).
Goals: Johann Horvath (31), Maximilian Grünwald (45), Johann Horvath (48, 49), Maximilian Grünwald (49), Leopold Danis (73).

88. 22.06.1924. **AUSTRIA - EGYPT** 3-1(0-0)
Hohe Warte, Wien; Referee: Karel Herites (Czechoslovakia); Attendance: 50,000
AUT: Eduard Kanhäuser (6/0), Richard Beer (10/0), Josef Teufel (3/0), Karl Kurz (21/0), Josef Brandstätter (41/2), Leopold Nitsch (22/0), Rudolf Seidl (7/0), Otto Höss (3/1), Johann Horvath (6/6), Josef Hofbauer (3/1), Ferdinand Wessely (9/2). Trainer: Hugo Meisl (59).
Goals: Otto Höss (47), Ferdinand Wessely (52), Johann Horvath (54).

89. 14.09.1924. **AUSTRIA - HUNGARY** 2-1(1-1)
Hohe Warte, Wien; Referee: Charles Barette (Belgium); Attendance: 45,000
AUT: Karl Ostricek (16/0), Karl Rainer (3/0), Josef Blum (20/0), Karl Kurz (22/0), Josef Brandstätter (42/2), Leopold Nitsch (23/0), Wilhelm Morocutti (6/0), Friedrich Gschweidl (2/0), Otto Höss (4/1), Johann Horvath (7/7), Ferdinand Wessely (10/3). Trainer: Hugo Meisl (60).
Goals: Johann Horvath (40), Ferdinand Wessely (87).

90. 09.11.1924. **AUSTRIA - SWEDEN** 1-1(1-1)
Simmeringer Sportplatz, Wien; Referee: Marcel Slawick (France); Attendance: 40,000
AUT: Heinrich Saft (1/0), Karl Rainer (4/0), Johann Tandler (3/0), Richard Fried (1/0), Maximilian Reiterer (1/0), Leopold Nitsch (24/0), Wilhelm Morocutti (7/0), Leopold Danis (3/1), Johann Horvath (8/7), Gustav Wieser (19/10), Ferdinand Wessely (11/4). Trainer: Hugo Meisl (61).
Goal: Ferdinand Wessely (23).

91. 21.12.1924. **SPAIN - AUSTRIA** 2-1(1-1)
Las Corts, Barcelona; Referee: Charles Barette (Belgium); Attendance: 25,000
AUT: Karl Ostricek (17/0), Karl Rainer (5/0), Johann Tandler (4/0), Johann Richter (2/0), Erwin Puschner (2/0) [40.Robert Seuffert (1/0)], Leopold Nitsch (25/0), Karl Wondrak (15/3), Hans Schierl (2/0), Johann Horvath (9/8), Gustav Wieser (20/10), Ferdinand Wessely (12/4). Trainer: Hugo Meisl (62).
Goal: Johann Horvath (31).

92. 22.03.1925 **AUSTRIA - SWITZERLAND** 2-0(2-0)
Hohe Warte, Wien; Referee: Mihály Iváncsics (Hungary); Attendance: 45,000
AUT: Otto Janczik (1/0), Karl Rainer (6/0), Josef Blum (21/0), Karl Kurz (23/0), Leopold Resch (4/0), Leopold Nitsch (26/0), Wilhelm MoroMorocutti (8/0), Friedrich Gschweidl (3/1), Johann Horvath (10/9), Gustav Wieser (21/10), Ferdinand Wessely (13/4). Trainer: Hugo Meisl (63).
Goals: Friedrich Gschweidl (4), Johann Horvath (41).

93. 19.04.1925 **FRANCE - AUSTRIA** 0-4(0-3)
Stade „Général John Joseph Pershing", Paris; Referee: Antonio Scamoni (Italy); Attendance: 25,000
AUT: Rudolf Aigner (4/0), Karl Rainer (7/0), Josef Blum (22/0), Karl Kurz (24/0), Leopold Resch (5/0), Leopold Nitsch (27/0), Wilhelm Morocutti (9/1), Friedrich Gschweidl (4/1), Ferdinand Swatosch (20/16), Gustav Wieser (22/11), Otto Fischer (2/0). Trainer: Hugo Meisl (64).
Goals: Ferdinand Swatosch (11), Gustav Wieser (22), Ferdinand Swatosch (27), Wilhelm Morocutti (84).

94. 05.05.1925 **AUSTRIA - HUNGARY** 3-1(2-1)
Hohe Warte, Wien; Referee: František Cejnar (Czechoslovakia); Attendance: 43,000
AUT: Rudolf Aigner (5/0), Karl Rainer (8/0), Josef Blum (23/0), Karl Kurz (25/0), Leopold Resch (6/0), Leopold Nitsch (28/0), Wilhelm Morocutti (10/1), Moses Häusler (3/2), Otto Haftl (1/2), Friedrich Gschweidl (5/1), Otto Fischer (3/0). Trainer: Hugo Meisl (65).
Goals: Moses Häusler (31), Otto Haftl (38, 88).

95. 24.05.1925 **CZECHOSLOVAKIA - AUSTRIA** 3-1(1-0)
Letenský Stadion, Praha; Referee: Charles Barette (Belgium); Attendance: 15,000
AUT: Rudolf Aigner (6/0), Karl Rainer (9/0), Josef Blum (24/0), Karl Kurz (26/0), Leopold Hofmann (1/0), Karl Geyer (10/0), Wilhelm Morocutti (11/1), Moses Häusler (4/2), Friedrich Gschweidl (6/1), Ferdinand Swatosch (21/17), Otto Fischer (4/0). Trainer: Hugo Meisl (66).
Goal: Ferdinand Swatosch (52).

96. 05.07.1925 **SWEDEN - AUSTRIA** 2-4(0-2)
Råsundastadion, Stockholm ; Referee: Dr. Peco J. Bauwens (Germany); Attendance: 15,000
AUT: Rudolf Aigner (7/0), Karl Rainer (10/0), Johann Tandler (5/0) [30.Anton Koch (3/0)], Johann Richter (3/0), Leopold Nitsch (29/0), Josef Schneider I (1/0), Alexander Neufeld (1/0), Moses Häusler (5/2), Johann Horvath (11/12), Ferdinand Swatosch (22/18), Ferdinand Wessely (14/4). Trainer: Hugo Meisl (67).
Goals: Johann Horvath (11, 22), Ferdinand Swatosch (60), Johann Horvath (61).

97. 10.07.1925 **FINLAND - AUSTRIA** 1-2(1-1)
Töölön Pallokenttä, Helsinki; Referee: Axel Bergqvist (Sweden); Attendance: 4,000
AUT: Rudolf Aigner (8/0), Karl Rainer (11/0), Johann Tandler (6/0), Josef Schneider I (2/0), Franz Dumser (1/1), Leopold Nitsch (30/0), Ignaz Siegl (1/0), Johann Richter (4/0), Johann Horvath (12/12), Ferdinand Swatosch (23/18), Ferdinand Wessely (15/5). Trainer: Hugo Meisl (68).
Goals: Franz Dumser (40), Ferdinand Wessely (50).

98. 20.09.1925 **HUNGARY - AUSTRIA** 1-1(1-0)
Üllői út, Budapest; Referee: Karel Herites (Czechoslovakia); Attendance: 33,000
AUT: Eduard Kanhäuser (7/0), Karl Rainer (12/0), Franz Musil (1/0), Karl Kurz (27/0), Leopold Resch (7/0), Leopold Nitsch (31/0), Rudolf Viertl (1/0), Johann Horvath (13/12), Otto Haftl (2/2), Gustav Wieser (23/11), Ferdinand Wessely (16/5). Trainer: Hugo Meisl (69).
Goal: Lajos Búza (49 own goal).

99. 27.09.1925 **AUSTRIA - SPAIN** 0-1(0-1)
Hohe Warte, Wien; Referee: František Cejnar (Czechoslovakia); Attendance: 62,000
AUT: Eduard Kanhäuser (8/0), Karl Rainer (13/0), Johann Tandler (7/0), Karl Kurz (28/0), Leopold Resch (8/0), Leopold Nitsch (32/0), Wilhelm Morocutti (12/1), Moses Häusler (6/2), Johann Horvath (14/12), Gustav Wieser (24/11), Ferdinand Wessely (17/5). Trainer: Hugo Meisl (70).

100. 08.11.1925 **SWITZERLAND - AUSTRIA** 2-0(0-0)
Wankdorf Stadion, Bern; Referee: Mihály Iváncsics (Hungary); Attendance: 12,000
AUT: Eduard Kanhäuser (9/0), Richard Beer (11/0), Josef Teufel (4/0), Josef Schneider I (3/0), Karl Kurz (29/0), Leopold Nitsch (33/0), Alexander Neufeld (2/0), Moses Häusler (7/2), Johann Horvath (15/12), Ferdinand Wessely (18/5), Franz Eckl (5/0). Trainer: Hugo Meisl (71).

101. 13.12.1925 **BELGIUM - AUSTRIA** 3-4(1-3)
Stade du Pont d'Ougrée, Seraing; Referee: Johannes Mutters (Netherlands); Attendance: 20,000
AUT: Rudolf Aigner (9/0) [46.Ferdinand Feigl (2/0)], Johann Tandler (8/0), Josef Blum (25/0), Josef Schneider I (4/0), Leopold Resch (9/0), Leopold Nitsch (34/0), Wilhelm Morocutti (13/3), Johann Horvath (16/12), Viktor Hierländer (1/1), Gustav Wieser (25/12), Otto Fischer (5/0). Trainer: Hugo Meisl (72).
Goals: Gustav Wieser (2), Wilhelm Morocutti (6, 11), Viktor Hierländer (55).

102. 14.03.1926 **AUSTRIA - CZECHOSLOVAKIA** 2-0(1-0)
Hohe Warte, Wien; Referee: Mihály Iváncsics (Hungary); Attendance: 40,000
AUT: Otto Janczik (2/0), Johann Tandler (9/0), Josef Blum (26/0), Josef Schneider I (5/0), Leopold Resch (10/0), Leopold Nitsch (35/0), Wilhelm Morocutti (14/4), Friedrich Gschweidl (7/1), Viktor Hierländer (2/2), Gustav Wieser (26/12), Otto Fischer (6/0). Trainer: Hugo Meisl (73).
Goals: Wilhelm Morocutti (20), Viktor Hierländer (60).

103. 02.05.1926 **HUNGARY - AUSTRIA** 0-3(0-2)
Hungária út, Budapest; Referee: Karel Herites (Czechoslovakia); Attendance: 35,000
AUT: Rudolf Aigner (10/0), Karl Rainer (14/0), Josef Blum (27/0), Otto Kaller (1/0), Leopold Resch (11/0), Ignaz Ludwig (3/0) [39.Josef Schneider I (6/0)], Wilhelm Morocutti (15/5), Rudolf Hanel (1/1), Viktor Hierländer (3/2), Otto Höss (5/1), Franz Eckl (6/1). Trainer: Hugo Meisl (74).
Goals: Franz Eckl (7), Rudolf Hanel (43), Wilhelm Morocutti (54).

104. 30.05.1926 **AUSTRIA - FRANCE** 4-1(1-1)
Simmeringer Sportplatz, Wien, Trainer: František Cejnar (Czechoslovakia); Attendance: 25,000
AUT: Rudolf Aigner (11/0), Johann Tandler (10/0), Josef Blum (28/0), Johann Richter (5/0), Leopold Resch (12/0), Josef Schneider I (7/0), Wilhelm Morocutti (16/5), Rudolf Hanel (2/1) [46.Robert Juranic (1/1)], Friedrich Gschweidl (8/1), Gustav Wieser (27/12), Ferdinand Wessely (19/7). Trainer: Hugo Meisl (75).
Goals: Alexandre Villaplane (42 own goal), Ferdinand Wessely (61), Robert Juranic (66), Ferdinand Wessely (90).

105. 19.09.1926 **AUSTRIA - HUNGARY** 2-3(0-1)
Hohe Warte, Wien; Referee: Ladislav Štěpánovský (Czechoslovakia); Attendance: 40,000
AUT: Karl Cart (1/0), Johann Tandler (11/0), Franz Musil (2/0), Karl Schneider (1/0), Karl Kurz (30/0), Franz Dumser (2/1), Viktor Hierländer (4/2), Josef Uridil I (8/8), Friedrich Gschweidl (9/1) [44.Robert Juranic (2/1)], Otto Höss (6/2), Ferdinand Wessely (20/8). Trainer: Hugo Meisl (76).
Goals: Ferdinand Wessely (55), Otto Höss (56).

106. 28.09.1926 **CZECHOSLOVAKIA - AUSTRIA** 1-2(0-1)
Letenský Stadion, Praha; Referee: John Langenus (Belgium); Attendance: 20,000
AUT: Heinrich Saft (2/0), Johann Tandler (12/0) [39.Emil Regnard (5/0)], Josef Blum (29/0), Johann Richter (6/0), Leopold Resch (13/0), Josef Schneider I (8/0), Ignaz Siegl (2/0), Johann Klima (2/0), Matthias Sindelar (1/1), Siegfried Wortmann (1/1), Ferdinand Wessely (21/8). Trainer: Hugo Meisl (77).
Goals: Matthias Sindelar (26), Siegfried Wortmann (83).

107. 10.10.1926 **AUSTRIA - SWITZERLAND** 7-1(4-0)
Hohe Warte, Wien; Referee: György Gerő (Hungary); Attendance: 19,000
AUT: Rudolf Aigner (12/0) [66.-70.Friedrich Franzl (1/0)], Karl Rainer (15/0), Josef Blum (30/0), Johann Richter (7/0), Leopold Resch (14/0), Josef Schneider I (9/0), Ignaz Siegl (3/0) [74.Karl Dürschmied (1/0)], Johann Klima (3/1), Matthias Sindelar (2/3), Johann Horvath (17/15), Ferdinand Wessely (22/9). Trainer: Hugo Meisl (78).
Goals: Johann Klima (3), Matthias Sindelar (13), Johann Horvath (14, 42, 55), Matthias Sindelar (56), Ferdinand Wessely (90).

108. 07.11.1926 **AUSTRIA - SWEDEN** 3-1(2-1)
Hohe Warte, Wien; Referee: Dr. Peco J. Bauwens (Germany); Attendance: 30,000
AUT: Rudolf Aigner (13/0) [44.Franz Köhler (1/0)], Karl Rainer (16/0), Josef Blum (31/0), Johann Richter (8/0), Leopold Resch (15/0), Josef Schneider I (10/0), Ignaz Siegl (4/0), Johann Klima (4/2), Matthias Sindelar (3/4), Johann Horvath (18/16), Ferdinand Wessely (23/9). Trainer: Hugo Meisl (79).
Goals: Johann Horvath (1), Johann Klima (44), Matthias Sindelar (83).

109. 20.03.1927 **AUSTRIA - CZECHOSLOVAKIA** 1-2(0-2)
Hohe Warte, Wien; Referee: Mihály Iváncsics (Hungary); Attendance: 45,000
AUT: Heinrich Saft (3/0), Emil Regnard (6/0), Josef Blum (32/1), Theodor Brinek I (1/0), Leopold Resch (16/0), Josef Schneider I (11/0), Ignaz Siegl (5/0), Johann Klima (5/2), Matthias Sindelar (4/4), Anton Schall (1/0), Karl Huber (1/0). Trainer: Hugo Meisl (80).
Goal: Josef Blum (87).

110. 10.04.1927 **AUSTRIA - HUNGARY** 6-0(4-0)
Hohe Warte, Wien; Referee: František Cejnar (Czechoslovakia); Attendance: 42,000
AUT: Heinrich Saft (4/0), Karl Rainer (17/0), Josef Blum (33/2), Johann Richter (9/0), Leopold Hofmann (2/0), Karl Geyer (11/0), Josef Weiss (1/0), Karl Rappan (1/1), Karl Jiszda (7/5) [44.Matthias Sindelar (5/4)], Johann Horvath (19/17), Ferdinand Wessely (24/10). Trainer: Hugo Meisl (81).
Goals: Karl Jiszda (26), Karl Rappan (29), Karl Jiszda (32), Josef Blum (42 penalty), Ferdinand Wessely (54 penalty), Johann Horvath (84).

111. 22.05.1927 **AUSTRIA - BELGIUM** 4-1(1-1)
Hohe Warte, Wien; Referee: Mihály Iváncsics (Hungary); Attendance: 30,000
AUT: Franz Köhler (2/0), Karl Rainer (18/0), Josef Blum (34/2), Johann Richter (10/0), Leopold Hofmann (3/0), Karl Geyer (12/0), Ignaz Siegl (6/0), Johann Horvath (20/17), Karl Jiszda (8/6), Anton Schall (2/2), Ferdinand Wessely (25/11). Trainer: Hugo Meisl (82).
Goals: Karl Jiszda (11), Anton Schall (52), Ferdinand Wessely (73), Anton Schall (78).

112. 29.05.1927 **SWITZERLAND - AUSTRIA** 1-4(0-2)
Stadion Letzigrund, Zürich; Referee: Johannes Mutters (Netherlands); Attendance: 28,000
AUT: Franz Köhler (3/0), Karl Rainer (19/0) [Franz Runge (1/0)], Josef Blum (35/3), Otto Kaller (2/0), Leopold Hofmann (4/0), Franz Czernicky (1/0), Ignaz Siegl (7/0), Robert Juranic (3/1), Karl Jiszda (9/7), Johann Horvath (21/17), Leopold Giebisch (1/1). Trainer: Hugo Meisl (83).
Goals: Edmond De Weck (20 own goal), Leopold Giebisch (40), Josef Blum (48 penalty), Karl Jiszda (84).

113. 18.09.1927 **CZECHOSLOVAKIA - AUSTRIA** 2-0(1-0) 1st Dr. Gerő Cup
Sletový Stadion, Strahov, Praha; Referee: Ernst Fabris (Yugoslavia); Attendance: 25,000
AUT: Heinrich Saft (5/0), Karl Rainer (20/0), Josef Blum (36/3), Karl Schneider (2/0), Leopold Hofmann (5/0), Karl Geyer (13/0), Josef Weiss (2/0), Karl Rappan (2/1), Karl Jiszda (10/7), Johann Horvath (22/17), Ferdinand Wessely (26/11). Trainer: Hugo Meisl (84).

114. 25.09.1927 **HUNGARY - AUSTRIA** 5-3(2-2) 1st Dr. Gerő Cup
Üllői út, Budapest; Referee: Albert Prince-Cox (England); Attendance: 38,000
AUT: Heinrich Saft (6/0), Karl Szoldatics (1/0), Josef Blum (37/3), Karl Schneider (3/0), Leopold Hofmann (6/0), Karl Geyer (14/0), Ignaz Siegl (8/1), Friedrich Gschweidl (10/1), Karl Jiszda (11/7), Johann Horvath (23/17), Ferdinand Wessely (27/13). Trainer: Hugo Meisl (85).
Goals: Ferdinand Wessely (11), Ignaz Siegl (13), Ferdinand Wessely (84).

115. 06.11.1927 **ITALY - AUSTRIA** 0-1(0-1) 1st Dr. Gerő Cup
Stadio Littoriale, Bologna; Referee: Albert Prince-Cox (England); Attendance: 30,000
AUT: Friedrich Franzl (2/0), Karl Rainer (21/0), Josef Blum (38/3), Johann Klima (6/2), Anton Bilek (1/0), Karl Schott (1/0), Ignaz Siegl (9/1), Franz Runge (2/1), Friedrich Gschweidl (11/1), Johann Walzhofer (1/0), Ferdinand Wessely (28/13). Trainer: Hugo Meisl (86).
Goal: Franz Runge (44).

116. 08.01.1928 **BELGIUM - AUSTRIA** 1-2(0-1)
Stade „Sint-Jans", Molenbeek, Bruxelles; Referee: Egelbert George van Bisselink (Netherlands); Attendance: 25,000
AUT: Friedrich Franzl (3/0), Karl Rainer (22/0), Josef Blum (39/3), Karl Schneider (4/0), Leopold Hofmann (7/0), Karl Geyer (15/0), Franz Eckl (7/1), Friedrich Gschweidl (12/1), Viktor Hierländer (5/3), Johann Walzhofer (2/0), Ferdinand Wessely (29/14). Trainer: Hugo Meisl (87).
Goals: Viktor Hierländer (8), Ferdinand Wessely (59).

117. 01.04.1928 **AUSZTRIA - CZECHOSLOVAKIA** 0-1(0-1) 1st Dr. Gerő Cup
Hohe Warte, Wien; Referee: John Langenus (Belgium); Attendance: 50,000
AUT: Friedrich Franzl (4/0), Anton Janda (1/0), Josef Blum (40/3), Josef Chloupek (1/0), Karl Stoiber (1/0), Karl Geyer (16/0), Ignaz Siegl (10/1), Karl Hummenberger (1/0), Johann Klima (7/2), Anton Schall (3/2), Ferdinand Wessely (30/14). Trainer: Hugo Meisl (88).

118. 06.05.1928 **HUNGARY - AUSTRIA** 5-5(4-2)
Hungária út, Budapest; Referee: Gustav Krist (Czechoslovakia); Attendance: 33,000
AUT: Karl Cart (2/0), Roman Schramseis (1/0), Franz Jellinek (1/0), Karl Geyer (17/0), Leopold Hofmann (8/0) [18.Georg Braun (1/0)], Josef Madlmayer (1/0), Wilhelm Kirbes (1/1), Franz Weselik (1/3), Friedrich Gschweidl (13/1), Johann Horvath (24/17), Ferdinand Wessely (31/15). Trainer: Hugo Meisl (89).
Goals: Franz Weselik (23, 37, 52), Wilhelm Kirbes (82), Ferdinand Wessely (90).

119. 06.05.1928 **AUSTRIA - YUGOSLAVIA „B"** 3-0(1-0)
Hohe Warte, Wien; Referee: Bohumil Zenišek (Czechoslovakia); Attendance: 15,000
AUT: Rudolf Hiden (1/0), Karl Graf (1/0), Karl Szoldatics (2/0), Karl Schneider (5/1), Josef Smistik (1/0), Karl Schott (2/0), Wilhelm Morocutti (17/5), Matthias Sindelar (6/4), Richard Kuthan (24/14), Robert Juranic (4/3), Leopold Giebisch (2/1). Trainer: Hugo Meisl (90).
Goals: Karl Schneider (26), Robert Juranic (52, 68).

120. 29.07.1928 **SWEDEN - AUSTRIA** 2-3(2-2)
Råsundastadion, Stockholm; Referee: Lauritz Andersen (Denmark); Attendance: 17,000
AUT: Friedrich Franzl (5/0), Roman Schramseis (2/0), Josef Blum (41/3), Otto Kaller (3/0), Josef Smistik (2/1), Karl Schott (3/0), Rudolf Seidl (8/1), Robert Juranic (5/3), Friedrich Gschweidl (14/2), Johann Horvath (25/17), Ferdinand Wessely (32/15). Trainer: Hugo Meisl (91).
Goals: Friedrich Gschweidl (25), Josef Smistik (35), Rudolf Seidl (71).

121. 07.10.1928 **AUSTRIA - HUNGARY** 5-1(2-1) 1st Dr. Gerő Cup
Hohe Warte, Wien; Referee: Alfred Birlem (Germany); Attendance: 40,000
AUT: Friedrich Franzl (6/0), Roman Schramseis (3/0), Johann Tandler (13/0), Josef Frühwirth (1/0), Anton Bilek (2/0), Karl Schott (4/0), Ignaz Siegl (11/3), Franz Weselik (2/4), Friedrich Gschweidl (15/3), Johann Horvath (26/17), Ferdinand Wessely (33/16). Trainer: Hugo Meisl (92).
Goals: Ignaz Siegl (11, 27), Franz Weselik (55), Ferdinand Wessely (62), Friedrich Gschweidl (75).

122. 28.10.1928 **AUSTRIA - SWITZERLAND** 2-0(2-0) 1st Dr. Gerő Cup
Hohe Warte, Wien; Referee: Dr. Peco J. Bauwens (Germany); Attendance: 38,000
AUT: Friedrich Franzl (7/0), Johann Tandler (14/2), Anton Janda (2/0), Karl Schneider (6/1), Karl Kurz (31/0), Karl Schott (5/0), Ignaz Siegl (12/3), Matthias Sindelar (7/4), Friedrich Gschweidl (16/3), Robert Juranic (6/3), Otto Fischer (7/0). Trainer: Hugo Meisl (93).
Goals: Johann Tandler (25, 29 penalty).

123. 11.11.1928 **ITALY - AUSTRIA** 2-2(2-2)
Stadio Nationale del P.N.F., Roma; Referee: John Langenus (Belgium); Attendance: 28,000
AUT: Friedrich Franzl (8/0), Karl Rainer (23/0), Johann Tandler (15/3), Karl Schneider (7/1), Karl Kurz (32/0), Karl Schott (6/0), Ignaz Siegl (13/3), Franz Runge (3/2), Friedrich Gschweidl (17/3), Johann Walzhofer (3/0), Leopold Giebisch (3/1). Trainer: Hugo Meisl (94).
Goals: Franz Runge (12), Johann Tandler (39 penalty).

124. 17.03.1929 **CZECHOSLOVAKIA - AUSTRIA** 3-3(1-1)
Letenský Stadion, Praha; Referee: Ferenc Klug (Hungary); Attendance: 23,000
AUT: Friedrich Franzl (9/0), Roman Schramseis (4/0), Anton Janda (3/0), Johann Hoffmann (1/0), Josef Smistik (3/1), Johann Luef (1/0), Ignaz Siegl (14/4), Franz Weselik (3/6), Friedrich Gschweidl (18/3), Johann Horvath (27/17), Ferdinand Wessely (34/16). Trainer: Hugo Meisl (95).
Goals: Ignaz Siegl (18), Franz Weselik (20, 87).

125. 07.04.1929 **AUSTRIA - ITALY** 3-0(3-0) 1st Dr. Gerő Cup
Hohe Warte, Wien; Referee: Albert Prince-Cox (England); Attendance: 50,000
AUT: Friedrich Franzl (10/0), Roman Schramseis (5/0), Anton Janda (4/0), Karl Schott (7/0), Josef Smistik (4/1), Johann Luef (2/0), Ignaz Siegl (15/4), Franz Weselik (4/7), Otto Haftl (3/2), Johann Horvath (28/19), Ferdinand Wessely (35/16). Trainer: Hugo Meisl (96).
Goals: Johann Horvath (19), Franz Weselik (24), Johann Horvath (38).

126. 05.05.1929 **AUSTRIA - HUNGARY** 2-2(1-1)
Hohe Warte, Wien; Referee: Albino Carraro (Italy); Attendance: 49,000
AUT: Friedrich Franzl (11/0), Roman Schramseis (6/0), Anton Janda (5/0), Karl Schott (8/0), Josef Smistik (5/1), Johann Luef (3/0), Ignaz Siegl (16/5), Franz Weselik (5/8), Friedrich Gschweidl (19/3), Johann Horvath (29/19), Ferdinand Wessely (36/16). Trainer: Hugo Meisl (97).
Goals: Ignaz Siegl (25), Franz Weselik (82).

127. 15.09.1929 **AUSTRIA - CZECHOSLOVAKIA** 2-1(2-1)
Hohe Warte, Wien; Referee: Albino Carraro (Italy); Attendance: 40,000
AUT: Friedrich Franzl (12/0), Roman Schramseis (7/0), Josef Blum (42/3), Johann Mock (1/0), Josef Smistik (6/1), Johann Luef (4/0), Ignaz Siegl (17/5), Franz Weselik (6/9), Friedrich Gschweidl (20/4), Johann Horvath (30/19), Rudolf Viertl (2/0). Trainer: Hugo Meisl (98).
Goals: Friedrich Gschweidl (37), Franz Weselik (40 penalty).

128. 06.10.1929 **HUNGARY - AUSTRIA** 2-1(1-0)
Hungária út, Budapest; Referee: Sophus Hansen (Denmark); Attendance: 32,000
AUT: Friedrich Franzl (13/0), Roman Schramseis (8/0), Anton Janda (6/0), Johann Mock (2/0), Franz Kellinger (1/0), Karl Schott (9/0), Ignaz Siegl (18/5), Johann Klima (8/3), Friedrich Gschweidl (21/4), Johann Horvath (31/19), Leopold Giebisch (4/1). Trainer: Hugo Meisl (99).
Goal: Johann Klima (82).

129. 27.10.1929 **SWITZERLAND - AUSTRIA** 1-3(1-1) 1st Dr. Gerő Cup
Neufeld Stadion, Bern; Referee: Lauritz Andersen (Denmark); Attendance: 16,000
AUT: Friedrich Franzl (14/0), Roman Schramseis (9/0), Anton Janda (7/0), Walter Nausch (1/0), Josef Smistik (7/1), Johann Luef (5/0), Ignaz Siegl (19/5), Johann Klima (9/3), Karl Stoiber (2/1), Anton Schall (4/3), Johann Horvath (32/20). Trainer: Hugo Meisl (100).
Goals: Karl Stoiber (25), Johann Horvath (62), Anton Schall (84).

130. 23.03.1930 **CZECHOSLOVAKIA - AUSTRIA** 2-2(0-1)
Letenský Stadion, Praha; Referee: Paul Ruoff (Switzerland); Attendance: 28,000
AUT: Rudolf Hiden (2/0), Karl Rainer (24/0), Johann Tandler (16/3), Otto Kaller (4/0), Leopold Hofmann (9/0), Leopold Machu (1/0), Anton Brosenbauer (1/0), Walter Nausch (2/0), Matthias Sindelar (8/4), Johann Horvath (33/22), Rudolf Viertl (3/0). Trainer: Hugo Meisl (101).
Goals: Johann Horvath (12, 73).

131. 14.05.1930 **AUSTRIA - ENGLAND** 0-0
Hohe Warte, Wien; Referee: Johannes Mutters (Netherlands); Attendance: 61,000
AUT: Rudolf Hiden (3/0), Karl Rainer (25/0), Johann Tandler (17/3), Johann Klima (10/3), Leopold Hofmann (10/0), Johann Luef (6/0), Ignaz Siegl (20/5), Walter Nausch (3/0), Friedrich Gschweidl (22/4), Johann Horvath (34/22), Ferdinand Wessely (37/16). Trainer: Hugo Meisl (102).

132. 01.06.1930 **HUNGARY - AUSTRIA** 2-1(1-0)
Hungária út, Budapest; Referee: Willem Eymers (Netherlands); Attendance: 20,000
AUT: Rudolf Hiden (4/0), Karl Rainer (26/0), Karl Szoldatics (3/0), Otto Kaller (5/0), Leopold Hofmann (11/0), Johann Luef (7/0), Anton Brosenbauer (2/0), Josef Adelbrecht (1/1), Friedrich Gschweidl (23/4), Johann Horvath (35/22), Ferdinand Wessely (38/16). Trainer: Hugo Meisl (103).
Goal: Josef Adelbrecht (90).

133. 21.09.1930 **AUSTRIA - HUNGARY** 2-3(1-2)
Hohe Warte, Wien; Referee: Albino Carraro (Italy); Attendance: 40,000
AUT: Rudolf Hiden (5/0), Karl Rainer (27/0), Johann Tandler (18/3), Otto Kaller (6/0), Leopold Hofmann (12/0), Johann Luef (8/0), Anton Brosenbauer (3/0), Franz Weselik (7/10), Friedrich Gschweidl (24/5), Johann Horvath (36/22), Ferdinand Wessely (39/16). Trainer: Hugo Meisl (104).
Goals: Franz Weselik (26), Friedrich Gschweidl (60).

134. 16.11.1930 **AUSTRIA - SWEDEN** 4-1(1-1)
Hohe Warte, Wien; Referee: Majorszky (Hungary); Attendance: 12,000
AUT: Josef Bugala (1/0), Roman Schramseis (10/0), Leopold Czejka (1/0), Leopold Facco (1/0), Josef Smistik (8/1), Johann Luef (9/0), Ignaz Siegl (21/5), Franz Weselik (8/11), Friedrich Gschweidl (25/6), Anton Schall (5/4), F Wessely (40/17). Trainer: Hugo Meisl (105).
Goals: Friedrich Gschweidl (40), Franz Weselik (46), Anton Schall (65), Ferdinand Wessely (80).

135. 22.02.1931 **ITALY - AUSTRIA** 2-1(1-1) 2nd Dr. Gerő Cup
Stadio San Siro, Milano; Referee: Paul Ruoff (Switzerland); Attendance: 45,000
AUT: Rudolf Hiden (6/0), Roman Schramseis (11/0), Karl Szoldatics (4/0), Johann Klima (11/3), Josef Smistik (9/1), Karl Schott (10/0), Ignaz Siegl (22/5), Leopold Facco (2/0), Friedrich Gschweidl (26/6), Anton Schall (6/4), Johann Horvath (37/23). Trainer: Hugo Meisl (106).
Goal: Johann Horvath (5).

136. 12.04.1931 **AUSTRIA - CZECHOSLOVAKIA** 2-1(2-1) 2nd Dr. Gerő Cup
Hohe Warte, Wien; Referee: Paul Ruoff (Switzerland); Attendance: 42,000
AUT: Rudolf Hiden (7/0), Roman Schramseis (12/0), Josef Blum (43/3), Johann Mock (3/0), Leopold Hofmann (13/0), Karl Gall (1/0), Ignaz Siegl (23/5), Walter Nausch (4/1), Heinrich Hiltl (1/0), Johann Walzhofer (4/0), Johann Horvath (38/24). Trainer: Hugo Meisl (107).
Goals: Walter Nausch (37), Johann Horvath (42).

137. 03.05.1931 **AUSTRIA - HUNGARY** 0-0 2nd Dr. Gerő Cup
Hohe Warte, Wien; Referee: René Mercet (Switzerland); Attendance: 46,000
AUT: Friedrich Franzl (15/0), Roman Schramseis (13/0), Josef Blum (44/3), Johann Mock (4/0), Josef Smistik (10/1), Karl Gall (2/0), Ignaz Siegl (24/5), Josef Adelbrecht (2/1), Friedrich Gschweidl (27/6), Gustav Tögel (1/0), Johann Horvath (39/24). Trainer: Hugo Meisl (108).

138. 16.05.1931 **AUSTRIA - SCOTLAND** 5-0(2-0)
Hohe Warte, Wien; Referee: Paul Ruoff (Switzerland); Attendance: 45,000
AUT: Rudolf Hiden (8/0), Roman Schramseis (14/0), Josef Blum (45/3), Georg Braun (2/0), Josef Smistik (11/1), Karl Gall (3/0), Karl Zischek (1/2), Friedrich Gschweidl (28/6), Matthias Sindelar (9/5), Anton Schall (7/5), Adolf Vogel (1/1). Trainer: Hugo Meisl (109).
Goals: Anton Schall (27), Karl Zischek (29), Adolf Vogel (49), Karl Zischek (69), Matthias Sindelar (79).

139. 24.05.1931 **GERMANY - AUSTRIA** 0-6(0-3)
Deutsches Stadion, Berlin; Referee: Otto Ohlsson (Sweden); Attendance: 40,000
AUT: Rudolf Hiden (9/0), Roman Schramseis (15/0), Josef Blum (46/3), Georg Braun (3/0), Josef Smistik (12/1), Karl Gall (4/0), Karl Zischek (2/3), Friedrich Gschweidl (29/7), Matthias Sindelar (10/5), Anton Schall (8/8), Adolf Vogel (2/2). Trainer: Hugo Meisl (110).
Goals: Anton Schall (6), Adolf Vogel (27), Anton Schall (32), Karl Zischek (65), Anton Schall (70), Friedrich Gschweidl (88).

140. 16.06.1931 **AUSTRIA - SWITZERLAND** 2-0(0-0)
Pfarrwiese Hütteldorf, Wien; Referee: Julius Brüll (Czechoslovakia); Attendance: 10,000
AUT: Josef Bugala (2/0), Roman Schramseis (16/0) [Gustav Thaler (1/0)], Leopold Czejka (2/0), Josef Chloupek (2/0), Josef Smistik (13/1), Johann Urbanek (1/0), Hencl (1/0), Friedrich Gschweidl (30/8), Karl Stoiber (3/1), Anton Schall (9/9), Adolf Vogel (3/2). Trainer: Hugo Meisl (111).
Goals: Friedrich Gschweidl (59), Anton Schall (87).

141. 13.09.1931 **AUSTRIA - GERMANY** 5-0(2-0)
Praterstadion, Wien; Referee: Otto Olsson (Sweden); Attendance: 50,000
AUT: Rudolf Hiden (10/0), Karl Rainer (28/0), Josef Blum (47/3), Johann Mock (5/0), Josef Smistik (14/1), Karl Gall (5/0), Karl Zischek (3/3), Friedrich Gschweidl (31/9), Matthias Sindelar (11/8), Anton Schall (10/10), Adolf Vogel (4/2). Trainer: Hugo Meisl (112).
Goals: Matthias Sindelar (2), Anton Schall (41), Friedrich Gschweidl (64), Matthias Sindelar (69, 76).

142. 04.10.1931 **HUNGARY - AUSTRIA** 2-2(1-0) 2nd Dr. Gerő Cup
Hungária út, Budapest; Referee: Dr. Peco J. Bauwens (Germany); Attendance: 32,000
AUT: Rudolf Hiden (11/0) [90.Peter Platzer (1/0)], Karl Rainer (29/0), Josef Blum (48/3), Johann Mock (6/0), Josef Smistik (15/1), Karl Gall (6/0), Karl Zischek (4/5), Friedrich Gschweidl (32/9), Matthias Sindelar (12/8), Anton Schall (11/10), Adolf Vogel (5/2). Trainer: Hugo Meisl (113).
Goals: Karl Zischek (56, 86).

143. 29.11.1931 **SWITZERLAND - AUSTRIA** 1-8(1-2) 2nd Dr. Gerő Cup
Rankhof Stadion, Basel; Referee: František Cejnar (Czechoslovakia); Attendance: 22,000
AUT: Rudolf Hiden (12/0), Karl Rainer (30/0), Josef Blum (49/3), Georg Braun (4/0), Leopold Hofmann (14/0), Johann Luef (10/0), Karl Zischek (5/6), Friedrich Gschweidl (33/11), Matthias Sindelar (13/9), Anton Schall (12/13), Adolf Vogel (6/3). Trainer: Hugo Meisl (114).
Goals: Friedrich Gschweidl (10), Karl Zischek (33), Anton Schall (49), Adolf Vogel (58), Matthias Sindelar (61), Friedrich Gschweidl (63), Anton Schall (71, 86).

144. 20.03.1932 **AUSTRIA - ITALY** 2-1(0-0) 2nd Dr. Gerő Cup
Praterstadion, Wien; Referee: Paul Ruoff (Switzerland); Attendance: 63,000
AUT: Rudolf Hiden (13/0), Roman Schramseis (17/0), Josef Blum (50/3), Johann Mock (7/0), Leopold Hofmann (15/0), Walter Nausch (5/1), Karl Zischek (6/6), Friedrich Gschweidl (34/11), Matthias Sindelar (14/11), Heinrich Müller (1/0), Adolf Vogel (7/3). Trainer: Hugo Meisl (115).
Goals: Matthias Sindelar (56, 58).

145. 24.04.1932 **AUSTRIA - HUNGARY** 8-2(4-2)
Hohe Warte, Wien; Referee: Alfred Birlem (Germany); Attendance: 62,000
AUT: Rudolf Hiden (14/0), Roman Schramseis (18/0), Josef Blum (51/3), Georg Braun (5/0), Leopold Hofmann (16/0), Walter Nausch (6/1), Karl Zischek (7/6), Friedrich Gschweidl (35/12), Matthias Sindelar (15/14), Anton Schall (13/17), Adolf Vogel (8/3). Trainer: Hugo Meisl (116).
Goals: Matthias Sindelar (3, 13, 31), Anton Schall (33, 50), Friedrich Gschweidl (52), Anton Schall (70, 73).

146. 22.05.1932 **CZECHOSLOVAKIA - AUSTRIA** 1-1(0-1) 2nd Dr. Gerő Cup
Letenský Stadion, Praha; Referee: Manfred Fuchs (Germany); Attendance: 30,000
AUT: Rudolf Hiden (15/0), Anton Janda (8/0), Karl Sesta (1/0), Georg Braun (6/0), Leopold Hofmann (17/0), Walter Nausch (7/1), Karl Zischek (8/6), Friedrich Gschweidl (36/12), Matthias Sindelar (16/15), Johann Luef (11/0), Adolf Vogel (9/3). Trainer: Hugo Meisl (117).
Goal: Matthias Sindelar (2).

147. 17.07.1932 **SWEDEN - AUSTRIA** 3-4(1-2)
Råsundastadion, Stockholm; Referee: Hansen (Denmark); Attendance: 15,000
AUT: Rudolf Zöhrer (1/0), Karl Graf (2/0), Walter Nausch (8/1), Karl Adamek (1/0), Leo Drucker (1/0), Karl Gall (7/0), Josef Molzer (1/1), Georg Waitz (1/1), Matthias Sindelar (17/16), Anton Schall (14/17), Adolf Vogel (10/4). Trainer: Hugo Meisl (118).
Goals: Adolf Vogel (10), Matthias Sindelar (37), Georg Waitz (75), Josef Molzer (83).

148. 02.10.1932 **HUNGARY - AUSTRIA** 2-3(1-1)
Üllői út, Budapest; Referee: Rinaldo Barlassina (Italy); Attendance: 28,000
AUT: Rudolf Hiden (16/0), Karl Rainer (31/0), Karl Sesta (2/0), Georg Braun (7/1), Josef Smistik (16/1), Walter Nausch (9/1), Josef Molzer (2/1), Heinrich Müller (2/1), Matthias Sindelar (18/16), Anton Schall (15/17), Johann Horvath (40/24). Trainer: Hugo Meisl (119).
Goals: Ferenc Borsányi (39 own goal), Heinrich Müller (54), Georg Braun (61).

149. 23.10.1932 **AUSTRIA - SWITZERLAND** 3-1(1-0) 2nd Dr. Gerő Cup
Praterstadion, Wien; Referee: František Cejnar (Czechoslovakia); Attendance: 55,000
AUT: Rudolf Hiden (17/0), Walter Nausch (10/1), Karl Sesta (3/0), Georg Braun (8/1), Leopold Hofmann (18/0), Johann Luef (12/0), Karl Zischek (9/6), Heinrich Müller (3/2), Matthias Sindelar (19/16), Anton Schall (16/19), Johann Horvath (41/24). Trainer: Hugo Meisl (120).
Goals: Heinrich Müller (14), Anton Schall (54, 67).

150. 07.12.1932 **ENGLAND - AUSTRIA** 4-3(2-0)
Stamford Bridge, London; Referee: John Langenus (Belgium); Attendance: 42,000
AUT: Rudolf Hiden (18/0), Karl Rainer (32/0), Karl Sesta (4/0), Karl Gall (8/0), Josef Smistik (17/1), Walter Nausch (11/1), Karl Zischek (10/8), Friedrich Gschweidl (37/12), Matthias Sindelar (20/17), Anton Schall (17/19), Adolf Vogel (11/4). Trainer: Hugo Meisl (121).
Goals: Karl Zischek (58), Matthias Sindelar (80), Karl Zischek (87).

151. 11.12.1932 **BELGIUM - AUSTRIA** 1-6(0-3)
Stade du Centenaire, Bruxelles; Referee: Reginald George Rudd (England); Attendance: 20,000
AUT: Rudolf Hiden (19/0), Karl Rainer (33/0), Karl Sesta (5/0), Karl Gall (9/0), Josef Smistik (18/1), Walter Nausch (12/1), Karl Zischek (11/9), Franz Weselik (9/12), Friedrich Gschweidl (38/12), Anton Schall (18/23), Adolf Vogel (12/4). Trainer: Hugo Meisl (122).
Goals: Anton Schall (19, 28, 42, 67), Karl Zischek (68), Franz Weselik (86).

152. 12.02.1933 **FRANCE - AUSTRIA** 0-4(0-0)
Parc des Princes, Paris; Referee: John Langenus (Belgium); Attendance: 40,000
AUT: Rudolf Hiden (20/0), Karl Rainer (34/0), Karl Sesta (6/0), Karl Gall (10/0), Josef Smistik (19/1), Walter Nausch (13/1), Karl Zischek (12/10), Franz Weselik (10/13), Matthias Sindelar (21/18), Anton Schall (19/23), Adolf Vogel (13/5). Trainer: Hugo Meisl (123).
Goals: Matthias Sindelar (65), Karl Zischek (69), Franz Weselik (72), Adolf Vogel (83).

153. 09.04.1933 **AUSTRIA - CZECHOSLOVAKIA** 1-2(0-0)
Hohe Warte, Wien; Referee: John Langenus (Belgium); Attendance: 61,000
AUT: Peter Platzer (2/0), Karl Rainer (35/0), Karl Sesta (7/0), Otto Kaller (7/0), Josef Smistik (20/2), Walter Nausch (14/1), Karl Zischek (13/10), Josef Adelbrecht (3/1), Matthias Sindelar (22/18), Anton Schall (20/23), Adolf Vogel (14/5). Trainer: Hugo Meisl (124).
Goal: Josef Smistik (86).

154. 30.04.1933 **HUNGARY - AUSTRIA** 1-1(0-1)
Üllői út, Budapest; Referee: Rinaldo Barlassina (Italy); Attendance: 40,000
AUT: Peter Platzer (3/0), Karl Rainer (36/0), Karl Sesta (8/0), Georg Braun (9/1), Johann Mock (8/0), Walter Nausch (15/1), Johann Ostermann (1/1), Franz Weselik (11/13), Matthias Sindelar (23/18), Anton Schall (21/23), Johann Horvath (42/24). Trainer: Hugo Meisl (125).
Goal: Johann Ostermann (35).

155. 11.06.1933 **AUSTRIA - BELGIUM** 4-1(3-1)
Praterstadion, Wien; Referee: Thomas Crew (England); Attendance: 42,000
AUT: Peter Platzer (4/0), Karl Rainer (37/0), Johann Luef (13/0), Franz Wagner (1/0), Josef Smistik (21/2), Walter Nausch (16/1), Anton Brosenbauer (4/0), Friedrich Gschweidl (39/12), Matthias Sindelar (24/19), Franz Binder (1/2), Franz Erdl (1/1). Trainer: Hugo Meisl (126).
Goals: Franz Erdl (28), Franz Binder (39), Matthias Sindelar (41), Franz Binder (52).

156. 17.09.1933 **CZECHOSLOVAKIA - AUSTRIA** 3-3(1-2)
Letenský Stadion, Praha; Referee: John Langenus (Belgium); Attendance: 25,000
AUT: Rudolf Raftl (1/0), Robert Pavlicek (1/0), Karl Sesta (9/0), Georg Braun (10/1), Josef Smistik (22/2), Walter Nausch (17/1), Karl Zischek (14/10), Heinrich Müller (4/3), Matthias Sindelar (25/21), Franz Binder (2/2), Anton Schall (22/23). Trainer: Hugo Meisl (127).
Goals: Heinrich Müller (3), Matthias Sindelar (17, 58).

157. 01.10.1933 **AUSTRIA - HUNGARY** 2-2(2-0)
Praterstadion, Wien; Referee: Francesco Mattea (Italy); Attendance: 60,000
AUT: Peter Platzer (5/0), Walter Nausch (18/1), Karl Sesta (10/0), Georg Braun (11/1), Josef Smistik (23/2), Franz Radakovic (1/0), Franz Cisar (1/0), Heinrich Müller (5/4), Matthias Sindelar (26/21), Anton Schall (23/24), Rudolf Viertl (4/0). Trainer: Hugo Meisl (128).
Goals: Heinrich Müller (15), Anton Schall (34).

158. 29.11.1933. **SCOTLAND - AUSTRIA** **2-2(1-1)**
Hampden Park, Glasgow; Referee: John Langenus (Belgium); Attendance: 62,000
AUT: Peter Platzer (6/0), Anton Janda (9/0), Karl Sesta (11/0), Franz Wagner (2/0), Josef Smistik (24/2), Walter Nausch (19/1), Karl Zischek (15/11), Josef Bican (1/0), Matthias Sindelar (27/21), Anton Schall (24/25), Rudolf Viertl (5/0). Trainer: Hugo Meisl (129).
Goals: Karl Zischek (39), Anton Schall (52).

159. 10.12.1933. **NETHERLANDS - AUSTRIA** **0-1(0-0)**
Olympisch Stadion, Amsterdam; Referee: Reginald George Rudd (England); Attendance: 30,000
AUT: Peter Platzer (7/0), Franz Cisar (2/0), Karl Sesta (12/0), Franz Wagner (3/0), Josef Smistik (25/2), Walter Nausch (20/1), Karl Zischek (16/11), Josef Bican (2/1), Matthias Sindelar (28/21), Franz Binder (3/2), Anton Schall (25/25). Trainer: Hugo Meisl (130).
Goal: Josef Bican (48).

160. 11.02.1934 **ITALY - AUSTRIA** **2-4(0-3)** 3rd Dr. Gerő Cup
Stadio „Benito Mussolini", Torino; Referee: René Mercet (Switzerland); Attendance: 54,000
AUT: Peter Platzer (8/0), Franz Cisar (3/0), Karl Sesta (13/0), Franz Wagner (4/0), Josef Smistik (26/2), Walter Nausch (21/1), Karl Zischek (17/14), Matthias Kaburek (1/0), Josef Bican (3/1), Franz Binder (4/3), Rudolf Viertl (6/0). Trainer: Hugo Meisl (131).
Goals: Karl Zischek (19, 23), Franz Binder (28), Karl Zischek (55).

161. 25.03.1934 **SWITZERLAND - AUSTRIA** **2-3(0-1)** 3rd Dr. Gerő Cup
Stade des Charmilles, Genève; Referee: Stanley F. Rous (England); Attendance: 25,000
AUT: Peter Platzer (9/0), Karl Rainer (38/0), Karl Sesta (14/0), Franz Wagner (5/0), Josef Smistik (27/2), Walter Nausch (22/1), Karl Zischek (18/14), Matthias Kaburek (2/1), Josef Bican (4/3), Franz Binder (5/3), Rudolf Viertl (7/0). Trainer: Hugo Meisl (132).
Goals: Josef Bican (16), Matthias Kaburek (46), Josef Bican (76).

162. 15.04.1934 **AUSTRIA - HUNGARY** **5-2(3-1)**
Hohe Warte, Wien; Referee: Augustin Krist (Czechoslovakia); Attendance: 55,000
AUT: Peter Platzer (10/0), Franz Cisar (4/0), Karl Sesta (15/0), Franz Wagner (6/0), Josef Smistik (28/2), Walter Nausch (23/1), Karl Zischek (19/15), Josef Bican (5/5), Matthias Sindelar (29/21), Anton Schall (26/26), Rudolf Viertl (8/1). Trainer: Hugo Meisl (133).
Goals: Karl Zischek (6), Rudolf Viertl (21), Anton Schall (30), Josef Bican (59, 73).

163. 25.04.1934 **AUSTRIA - BULGARIA** **6-1(3-0)** 2nd FIFA WC. Qualifiers
Praterstadion, Wien; Referee: František Cejnar (Czechoslovakia); Attendance: 25,000
AUT: Peter Platzer (11/0), Franz Cisar (5/0), Karl Sesta (16/0), Franz Wagner (7/0), Leopold Hofmann (19/0), Walter Nausch (24/1), Karl Zischek (20/16), Josef Bican (6/5), Matthias Sindelar (30/22), Johann Horvath (43/27), Rudolf Viertl (9/2). Trainer: Hugo Meisl (134).
Goals: Johann Horvath (19, 22, 33), Karl Zischek (59), Rudolf Viertl (62), Matthias Sindelar (67).

164. 27.05.1934 **AUSTRIA - FRANCE** **3-2(1-1,1-1)** 2nd FIFA WC. 1st Round.
Stadio „Benito Mussolini", Torino; Referee: Johannes Franciscus van Moorsel (Netherlands); Attendance: 15,000
AUT: Peter Platzer (12/0), Franz Cisar (6/0), Karl Sesta (17/0), Franz Wagner (8/0), Josef Smistik (29/2), Johann Urbanek (2/0), Karl Zischek (21/16), Josef Bican (7/6), Matthias Sindelar (31/23), Anton Schall (27/27), Rudolf Viertl (10/2). Trainer: Hugo Meisl (135).
Goals: Matthias Sindelar (45), Anton Schall (95), Josef Bican (109).

165. 31.05.1934 **AUSTRIA - HUNGARY** **2-1(1-0)** 2nd FIFA WC. Quarter-Finals.
Stadio Littoriale, Bologna; Referee: Francesco Mattea (Italy); Attendance: 15,000
AUT: Peter Platzer (13/0), Franz Cisar (7/0), Karl Sesta (18/0), Franz Wagner (9/0), Josef Smistik (30/2), Johann Urbanek (3/0), Karl Zischek (22/17), Josef Bican (8/6), Matthias Sindelar (32/23), Johann Horvath (44/28), Rudolf Viertl (11/2). Trainer: Hugo Meisl (136).
Goals: Johann Horvath (8), Karl Zischek (51).

166. 03.06.1934 **ITALY - AUSTRIA** **1-0(1-0)** 2nd WC Semi-Finals.
Stadio San Siro, Milano; Referee: Ivan Eklind (Sweden); Attendance: 60,000
AUT: Peter Platzer (14/0), Franz Cisar (8/0), Karl Sesta (19/0), Franz Wagner (10/0), Josef Smistik (31/2), Johann Urbanek (4/0), Karl Zischek (23/17), Josef Bican (9/6), Matthias Sindelar (33/23), Anton Schall (28/27), Rudolf Viertl (12/2). Trainer: Hugo Meisl (137).

167. 07.06.1934 **AUSTRIA - GERMANY** **2-3(1-2)** 2nd FIFA WC. 3rd Place Play-off.
Stadio Ascarelli, Napoli; Referee: Albino Carraro (Italy); Attendance: 7,000
AUT: Peter Platzer (15/0), Franz Cisar (9/0), Karl Sesta (20/1), Franz Wagner (11/0), Josef Smistik (32/2), Johann Urbanek (5/0), Karl Zischek (24/17), Georg Braun (12/1), Josef Bican (10/6), Johann Horvath (45/29), Rudolf Viertl (13/2). Trainer: Hugo Meisl (138).
Goals: Johann Horvath (30), Karl Sesta (55).

168. 23.09.1934 **AUSTRIA - CZECHOSLOVAKIA** **2-2(2-0)** 3rd Dr. Gerő Cup
Praterstadion, Wien; Referee: Rinaldo Barlassina (Italy); Attendance: 50,000
AUT: Peter Platzer (16/0), Anton Janda (10/0), Karl Sesta (21/1), Johann Urbanek (6/0), Leopold Hofmann (20/0), Walter Nausch (25/1), Karl Zischek (25/17), Friedrich Gschweidl (40/12), Matthias Sindelar (34/23), Franz Binder (6/4), Adolf Vogel (15/6). Trainer: Hugo Meisl (139).
Goals: Franz Binder (3), Adolf Vogel (30).

169. 07.10.1934 **HUNGARY - AUSTRIA** **3-1(1-1)** 3rd Dr. Gerő Cup
Hungária út, Budapest; Referee: Rinaldo Barlassina (Italy); Attendance: 33,000
AUT: Peter Platzer (17/0), Robert Pavlicek (2/0), Karl Sesta (22/1), Franz Wagner (12/0), Leopold Hofmann (21/0), Walter Nausch (26/1), Karl Zischek (26/18), Friedrich Gschweidl (41/12), Matthias Sindelar (35/23), Friedrich Donnenfeld (1/0), Johann Horvath (46/29). Trainer: Hugo Meisl (140).
Goal: Karl Zischek (17).

170. 11.11.1934 **AUSTRIA - SWITZERLAND** **3-0(2-0)** 3rd Dr. Gerő Cup
Praterstadion, Wien; Referee: Gustav Krist (Czechoslovakia); Attendance: 35,000
AUT: Peter Platzer (18/0), Robert Pavlicek (3/0), Karl Sesta (23/1), Franz Wagner (13/0), Josef Smistik (33/2), Stefan Skoumal (1/1), Karl Zischek (27/19), Friedrich Gschweidl (42/12), Matthias Kaburek (3/2), Johann Walzhofer (5/0), Josef Hassmann (1/0). Trainer: Hugo Meisl (141).
Goals: Matthias Kaburek (3), Stefan Skoumal (6), Karl Zischek (46).

171. 24.03.1935. **AUSTRIA - ITALY** 0-2(0-0) 3rd Dr. Gerő Cup
Praterstadion, Wien; Referee: Walter Lewington (England); Attendance: 60,000
AUT: Peter Platzer (19/0), Robert Pavlicek (4/0), Karl Sesta (24/1), Franz Wagner (14/0), Josef Smistik (34/2), Stefan Skoumal (2/1), Karl Zischek (28/19), Friedrich Gschweidl (43/12), Matthias Sindelar (36/23), Matthias Kaburek (4/2), Johann Pesser (1/0). Trainer: Hugo Meisl (142).

172. 14.04.1935. **CZECHOSLOVAKIA - AUSTRIA** 0-0 3rd Dr. Gerő Cup
Letenský Stadion, Praha; Referee: Rinaldo Barlassina (Italy); Attendance: 35,000
AUT: Rudolf Raftl (2/0), Karl Sesta (25/1), Willibald Schmaus (1/0), Franz Wagner (15/0), Leopold Hofmann (22/0), Walter Nausch (27/1), Karl Zischek (29/19), Franz Hanreiter (1/0), Josef Bican (11/6), Karl Durspekt (1/0), Josef Hassmann (2/0). Trainer: Hugo Meisl (143).

173. 12.05.1935. **AUSTRIA - POLAND** 5-2(3-1)
Praterstadion, Wien; Referee: Pál von Hertzka (Hungary); Attendance: 18,000
AUT: Peter Platzer (20/0), Karl Jestrab (1/0), Ludwig Tauschek (1/0), Josef Lebeda (1/0), Leopold Hofmann (23/0), Stefan Skoumal (3/1), Leopold Vogel (1/2), Wilhelm Hahnemann (1/1), Karl Stoiber (4/2), Franz Binder (7/4), Johann Pesser (2/1). Trainer: Hugo Meisl (144).
Goals: Karl Stoiber (12), Leopold Vogel (27), Wilhelm Hahnemann (32), Johann Pesser (46), Leopold Vogel (71).

174. 12.05.1935. **HUNGARY - AUSTRIA** 6-3(3-2)
Üllői út, Budapest; Referee: Rinaldo Barlassina (Italy); Attendance: 32,000
AUT: Rudolf Raftl (3/0), Robert Pavlicek (5/0), Karl Sesta (26/1), Georg Braun (13/1), Johann Urbanek (7/0), Walter Nausch (28/1), Karl Zischek (30/21), Franz Hanreiter (2/0), Josef Bican (12/6), Karl Durspekt (2/1), Adolf Vogel (16/6). Trainer: Hugo Meisl (145).
Goals: Karl Zischek (17,28), Karl Durspekt (58).

175. 06.10.1935. **AUSTRIA - HUNGARY** 4-4(2-4) 3rd Dr. Gerő Cup
Praterstadion, Wien; Referee: Karl Wunderlin (Switzerland); Attendance: 40,000
AUT: Peter Platzer (21/0) [62.Rudolf Raftl (4/0)], Robert Pavlicek (6/0), Willibald Schmaus (2/0), Franz Wagner (16/0), Leopold Hofmann (24/1), Franz Erdl (2/1), Leopold Vogel (2/2), Josef Stroh (1/0), Josef Bican (13/9), Wilhelm Hahnemann (2/1), Adolf Vogel (17/6). Trainer: Hugo Meisl (146).
Goals: Josef Bican (7, 11, 58), Leopold Hofmann (66).

176. 06.10.1935. **POLAND - AUSTRIA** 1-0(1-0)
Stadion Wojska Polskiego, Warszawa; Referee: Juris Redlichs (Latvia); Attendance: 25,000
AUT: Viktor Havlicek (1/0), Karl Rainer (39/0), Rudolf Schlauf (1/0), Josef Lebeda (2/0), Johann Urbanek (8/0), Stefan Skoumal (4/1), Ludwig Brousek (1/0), Friedrich Gschweidl (44/12), Karl Stoiber (5/2), Franz Binder (8/4), Wilhelm Holec (1/0). Trainer: Hugo Meisl (147).

177. 19.01.1936. **SPAIN - AUSTRIA** 4-5(2-2)
Estadio Metropolitano, Madrid; Referee: John Langenus (Belgium); Attendance: 40,000
AUT: Peter Platzer (22/0), Karl Sesta (27/1), Willibald Schmaus (3/0), Johann Urbanek (9/0), Josef Smistik (35/2), Franz Wagner (17/0), Karl Zischek (31/22), Wilhelm Hahnemann (3/1), Josef Bican (14/10), Franz Binder (9/5), Adolf Vogel (18/6) [30.Franz Hanreiter (3/2)]. Trainer: Hugo Meisl (148).
Goals: Karl Zischek (4), Franz Binder (31), Josef Bican (58), Franz Hanreiter (69, 73).

178. 26.01.1936. **PORTUGAL - AUSTRIA** 2-3(1-2)
Estádio da Lima, Porto; Referee: Ramón Melcon (Spain); Attendance: 23,000
AUT: Viktor Havlicek (2/0), Karl Sesta (28/1), Willibald Schmaus (4/0), Franz Wagner (18/0) [43.Adolf Vogel (19/6)], Josef Smistik (36/2), Johann Urbanek (10/0), Karl Zischek (32/23), Wilhelm Hahnemann (4/1), Josef Bican (15/11), Franz Binder (10/6), Franz Hanreiter (4/2). Trainer: Hugo Meisl (149).
Goals: Karl Zischek (25), Franz Binder (41), Josef Bican (50).

179. 22.03.1936. **AUSTRIA - CZECHOSLOVAKIA** 1-1(0-0) 4th Dr. Gerő Cup
Praterstadion, Wien; Referee: Francesco Mattea (Italy); Attendance: 55,000
AUT: Rudolf Raftl (5/0), Karl Sesta (29/1), Willibald Schmaus (5/0), Johann Urbanek (11/0), Josef Smistik (37/2), Karl Gall (11/0), Karl Zischek (33/23), Franz Hanreiter (5/2), Josef Bican (16/12), Wilhelm Hahnemann (5/1), Adolf Vogel (20/6). Trainer: Hugo Meisl (150).
Goal: Josef Bican (73 penalty).

180. 05.04.1936. **AUSTRIA - HUNGARY** 3-5(1-3)
Hohe Warte, Wien; Referee: Lucien Leclerq (France); Attendance: 46,000
AUT: Viktor Havlicek (3/0), Karl Sesta (30/1), Willibald Schmaus (6/0), Johann Mock (9/0), Josef Smistik (38/2), Johann Urbanek (12/0), Karl Zischek (34/24), Wilhelm Hahnemann (6/1), Karl Stoiber (6/2), Josef Bican (17/14), Franz Hanreiter (6/2). Trainer: Hugo Meisl (151).
Goals: Karl Zischek (17), Josef Bican (46, 88).

181. 06.05.1936. **AUSTRIA - ENGLAND** 2-1(2-1)
Praterstadion, Wien; Referee: John Langenus (Belgium); Attendance: 60,000
AUT: Peter Platzer (23/0), Karl Sesta (31/1), Willibald Schmaus (7/0), Johann Urbanek (13/0), Johann Mock (10/0), Walter Nausch (29/1), Rudolf Geiter (1/1), Josef Stroh (2/0), Matthias Sindelar (37/23), Josef Bican (18/14), Rudolf Viertl (14/3). Trainer: Hugo Meisl (152).
Goals: Rudolf Viertl (12), Rudolf Geiter (17).

182. 17.05.1936. **ITALY - AUSTRIA** 2-2(0-1)
Stadio Nazionale del P.N.F., Roma; Referee: Pál von Hertzka (Hungary); Attendance: 20,000
AUT: Peter Platzer (24/0), Karl Sesta (32/1), Willibald Schmaus (8/0), Johann Urbanek (14/0), Johann Mock (11/0), Walter Nausch (30/1), Rudolf Geiter (2/1) [72.-76.Franz Erdl (3/1)], Wilhelm Hahnemann (7/1), Matthias Sindelar (38/23), Camillo Jerusalem (1/1), Rudolf Viertl (15/4). Trainer: Hugo Meisl (153).
Goals: Camillo Jerusalem (28), Rudolf Viertl (72).

183. 27.09.1936. **HUNGARY - AUSTRIA** 5-3(3-2) 4th Dr. Gerő Cup
Üllői út, Budapest; Referee: Lucien Leclerq (France); Attendance: 32,000
AUT: Rudolf Zöhrer (2/0), Karl Andritz (1/0), Karl Sesta (33/1), Karl Adamek (2/0), Leopold Hofmann (25/1), Johann Urbanek (15/0), Franz Riegler I (1/0), Josef Stroh (3/0), Matthias Sindelar (39/25), Franz Binder (11/7), Franz Fuchsberger (1/0). Trainer: Hugo Meisl (154).
Goals: Franz Binder (2), Matthias Sindelar (27,64).

184. 08.11.1936. **SWITZERLAND - AUSTRIA** 1-3(0-1) 4th Dr. Gerő Cup
Hardturm-Stadion, Zürich; Referee: Karl Weingärtner (Germany); Attendance: 22,000
AUT: Peter Platzer (25/0), Karl Sesta (34/1), Willibald Schmaus (9/0), Karl Adamek (3/0), Josef Smistik (39/2), Walter Nausch (31/1), Karl Zischek (35/24), Wilhelm Hahnemann (8/2), Josef Bican (19/14), Franz Binder (12/9), Johann Pesser (3/1). Trainer: Hugo Meisl (155).
Goals: Franz Binder (26), Wilhelm Hahnemann (71), Franz Binder (80).

185. 24.01.1937. **FRANCE - AUSTRIA** 1-2(1-1)
Parc des Princes, Paris; Referee: Arthur Barton (England); Attendance: 37,898
AUT: Rudolf Raftl (6/0), Karl Sesta (35/1), Willibald Schmaus (10/0), Karl Adamek (4/0), Leopold Hofmann (26/1), Walter Nausch (32/1), Franz Riegler I (2/0), Josef Stroh (4/1), Franz Binder (13/10), Camillo Jerusalem (2/1), Rudolf Viertl (16/4). Trainer: Hugo Meisl (156).
Goals: Josef Stroh (38), Franz Binder (83).

186. 21.03.1937. **AUSTRIA - ITALY** 2-0(1-0)*
Praterstadion, Wien; Referee: Otto Olsson (Sweden); Attendance: 52,000
AUT: Peter Platzer (26/0), Karl Sesta (36/1), Willibald Schmaus (11/0), Karl Adamek (5/0), Josef Pekarek (1/0), Walter Nausch (33/1), Karl Zischek (36/24), Josef Stroh (5/2), Matthias Sindelar (40/25), Camillo Jerusalem (3/2), Johann Pesser (4/1).
Goals: Camillo Jerusalem (42), Josef Stroh (63 penalty).
*Match abandoned after 73 minutes.

187. 09.05.1937. **AUSTRIA - SCOTLAND** 1-1(0-0)
Praterstadion, Wien; Referee: John Langenus (Belgium); Attendance: 60,000
AUT: Peter Platzer (27/0), Karl Sesta (37/1), Willibald Schmaus (12/0), Karl Adamek (6/0), Josef Pekarek (2/0), Walter Nausch (34/1), Rudolf Geiter (3/1), Josef Stroh (6/2), Matthias Sindelar (41/25), Camillo Jerusalem (4/3), Johann Pesser (5/1).
Goal: Camillo Jerusalem (76).

188. 23.05.1937. **HUNGARY - AUSTRIA** 2-2(1-2)
Üllői út, Budapest; Referee: John Langenus (Belgium); Attendance: 17,000
AUT: Peter Platzer (28/0), Karl Sesta (38/1), Willibald Schmaus (13/0), Karl Adamek (7/0), Josef Pekarek (3/0), Walter Nausch (35/1), Rudolf Geiter (4/1), Josef Stroh (7/2), Matthias Sindelar (42/25), Camillo Jerusalem (5/3), Johann Pesser (6/3). Trainer: Heinrich Retschury (1).
Goals: Johann Pesser (13, 45).

189. 19.09.1937. **AUSTRIA - SWITZERLAND** 4-3(4-2) 4th Dr. Gerő Cup
Praterstadion, Wien; Referee: Mika Popović (Yugoslavia); Attendance: 35,000
AUT: Peter Platzer (29/0), Karl Sesta (39/1), Willibald Schmaus (14/0), Karl Adamek (8/0), Josef Pekarek (4/0), Walter Nausch (36/1), Rudolf Geiter (5/2), Josef Stroh (8/2), Matthias Sindelar (43/26), Camillo Jerusalem (6/5), Johann Pesser (7/3). Trainer: Heinrich Retschury (2).
Goals: Matthias Sindelar (2), Camillo Jerusalem (8, 28), Rudolf Geiter (39).

190. 05.10.1937. **AUSTRIA - LATVIA** 2-1(2-1) 3rd FIFA WC. Qualifiers
Praterstadion, Wien; Referee: Pál von Hertzka (Hungary); Attendance: 16,000
AUT: Rudolf Zöhrer (3/0), Karl Andritz (2/0), Karl Sesta (40/1), Franz Vavra (1/0), Josef Pekarek (5/0), Walter Nausch (37/1), Karl Zischek (37/24), Rudolf Geiter (6/2), Franz Binder (14/11), Camillo Jerusalem (7/6), Johann Pesser (8/3). Trainer: Heinrich Retschury (3).
Goals: Camillo Jerusalem (15), Franz Binder (34).

191. 10.10.1937. **AUSTRIA - HUNGARY** 1-2(0-1) 4th Dr. Gerő Cup
Praterstadion, Wien; Referee: Charles Argent (England); Attendance: 45,000
AUT: Peter Platzer (30/0), Karl Andritz (3/0), Karl Sesta (41/1), Franz Vavra (2/0), Johann Mock (12/0), Walter Nausch (38/1), Rudolf Geiter (7/2), Wilhelm Hahnemann (9/2), Josef Stroh (9/3), Camillo Jerusalem (8/6), Leopold Neumer (1/0). Trainer: Heinrich Retschury (4).
Goal: Josef Stroh (76).

192. 24.10.1937. **CZECHOSLOVAKIA - AUSTRIA** 2-1(0-1) 4th Dr. Gerő Cup
Letenský Stadion, Praha; Referee: Pál von Hertzka (Hungary); Attendance: 30,000
AUT: Peter Platzer (31/0), Karl Sesta (42/1), Willibald Schmaus (15/0), Franz Vavra (3/0), Leopold Hofmann (27/1), Walter Nausch (39/1), Karl Zischek (38/24), Josef Stroh (10/3), Richard Fischer (1/0), Camillo Jerusalem (9/6), Leopold Neumer (2/1). Trainer: Heinrich Retschury (5).
Goal: Leopold Neumer (18).

193. 19.08.1945. **HUNGARY - AUSTRIA** 2-0(2-0)
Üllői út, Budapest; Referee: György Szigeti (Hungary); Attendance: 40,000
AUT: Stefan Ploc (1/0), Karl Bortoli (1/0), Karl Sesta (43/1), Leopold Gernhardt (1/0), Ernst Ocwirk (1/0), Johann Müller (1/0), Karl Zischek (39/24), Karl Decker (1/0), Richard Fischer (2/0), Camillo Jerusalem (10/6), Ludwig Durek (1/0). Trainer: Karl Zankl (1).

194. 20.08.1945. **HUNGARY - AUSTRIA** 5-2(4-2)
Üllői út, Budapest; Referee: Pál von Hertzka (Hungary); Attendance: 20,000
AUT: Stefan Ploc (2/0), Karl Bortoli (2/0), Karl Sesta (44/1), Otto Kaller (8/0), Ernst Ocwirk (2/0), Johann Müller (2/0) [46.Karl Zischek (40/24)], Friedrich Kominek (1/1), Karl Decker (2/1), Leopold Gernhardt (2/0), Camillo Jerusalem (11/6), Richard Fischer (3/0) [46.Ludwig Durek (2/0)]. Trainer: Karl Zankl (2).
Goals: Friedrich Kominek (22), Karl Decker (44).

195. 06.12.1945. **AUSTRIA - FRANCE** 4-1(2-1)
Praterstadion, Wien; Referee: Jean Lutz (Switzerland); Attendance: 55,000
AUT: Walter Zeman (1/0), Gustav Gerhart (1/0), Karl Bortoli (3/0), Leopold Mikolasch (1/0), Ernst Sabeditsch (1/0), Siegfried Joksch (1/0), Franz Riegler I (3/0), Karl Decker (3/4), Franz Binder (15/11), Camillo Jerusalem (12/6), Leopold Neumer (3/2). Trainer: Eduard Bauer (1).
Goals: Karl Decker (16, 17), Leopold Neumer (54), Karl Decker (77).

196. 14.04.1946. **AUSTRIA - HUNGARY** 3-2(1-2)
Praterstadion, Wien; Referee: Jaroslav Vlček (Czechoslovakia); Attendance: 60,000
AUT: Josef Spale (1/0), Leopold Gernhardt (3/0), Engelbert Smutny (1/0), Leopold Mikolasch (2/0), Ernst Sabeditsch (2/0), Siegfried Joksch (2/0), Ernst Melchior (1/1), Karl Decker (4/6), Josef Epp (1/0), Wilhelm Hahnemann (10/2), Leopold Neumer (4/2). Trainer: Eduard Bauer (2).
Goals: Karl Decker (23), Ernst Melchior (71), Karl Decker (84).

197. 05.05.1946. **FRANCE - AUSTRIA** 3-1(0-1)
Stade Olympique „Yves du Manoir", Colombes, Paris; Referee: Paul von Wartburg (Switzerland); Attendance: 57,205
AUT: Walter Zeman (2/0) [87.Josef Spale (2/0)], Franz Pavuza (1/0), Engelbert Smutny (2/0), Leopold Gernhardt (4/0), Ernst Sabeditsch (3/0), Siegfried Joksch (3/0), Ernst Melchior (2/1), Karl Decker (5/6), Josef Stroh (11/3), Wilhelm Hahnemann (11/3), Karl Kerbach (1/0). Trainer: Eduard Bauer (3).
Goal: Wilhelm Hahnemann (25).

198. 06.10.1946. **HUNGARY - AUSTRIA** 2-0(2-0)
Üllői út, Budapest; Referee: Mika Popović (Yugoslavia); Attendance: 35,000
AUT: Josef Spale (3/0), Franz Pavuza (2/0), Karl Bortoli (4/0), Leopold Gernhardt (5/0), Ernst Sabeditsch (4/0), Siegfried Joksch (4/0), Rudolf Strittich (1/0), Karl Decker (6/6), Josef Epp (2/0), Wilhelm Hahnemann (12/3), Alfred Körner II (1/0). Trainer: Eduard Bauer (4).

199. 27.10.1946. **AUSTRIA - CZECHOSLOVAKIA** 3-4(1-1)
Praterstadion, Wien; Referee: Laurent Franken (Belgium); Attendance: 60,000
AUT: Josef Spale (4/0) [32.Leopold Grimme (1/0)], Franz Pavuza (3/0), Engelbert Smutny (3/0), Leopold Gernhardt (6/0), Ernst Sabeditsch (5/0) [15.Leopold Mikolasch (3/0)], Siegfried Joksch (5/0), Ernst Melchior (3/1). Karl Decker (7/6), Franz Binder (16/13), Wilhelm Hahnemann (13/3), Franz Kaspirek (1/1). Trainer: Eduard Bauer (5).
Goals: Franz Binder (40, 55), Franz Kaspirek (90).

200. 10.11.1946. **SWITZERLAND - AUSTRIA** 1-0(0-0)
Wankdorf Stadion, Bern; Referee: Charles Delasalle (France); Attendance: 32,000
AUT: Walter Zeman (3/0), Franz Pavuza (4/0), Karl Bortoli (5/0), Theodor Brinek II (1/0), Leopold Gernhardt (7/0), Siegfried Joksch (6/0), Ernst Melchior (4/1), Theodor Wagner (1/0), Franz Binder (17/13), Wilhelm Hahnemann (14/3), Franz Kaspirek (2/1). Trainer: Eduard Bauer (6).

201. 01.12.1946. **ITALY - AUSTRIA** 3-2(2-1)
Stadio San Siro, Milano; Referee: Peter Scherz (Switzerland); Attendance: 53,000
AUT: Walter Zeman (4/0), Franz Pavuza (5/0), Karl Bortoli (6/0),Theodor Brinek II (2/0), Leopold Gernhardt (8/0), Siegfried Joksch (7/0), Ernst Melchior (5/1), Theodor Wagner (2/0) [46.Karl Decker (8/6)], Josef Epp (3/1), Wilhelm Hahnemann (15/3), Ernst Stojaspal (1/1). Trainer: Eduard Bauer (7).
Goals: Josef Epp (40), Ernst Stojaspal (90).

202. 04.05.1947. **HUNGARY - AUSTRIA** 5-2(2-0)
Üllői út, Budapest; Referee: Marjan Matosić (Yugoslavia); Attendance: 37,000
AUT: Franz Pelikan (1/0), Franz Pavuza (6/0), Karl Bortoli (7/0), Friedrich Zwazl (1/0), Ernst Sabeditsch (6/0), Siegfried Joksch (8/0), Ernst Melchior (6/1), Karl Decker (9/6), Josef Epp (4/3), Wilhelm Hahnemann (16/3), Ernst Stojaspal (2/1). Trainer: Eduard Bauer (8).
Goals: Josef Epp (18, 44).

203. 14.09.1947. **AUSTRIA - HUNGARY** 4-3(2-1)
Praterstadion, Wien; Referee: Giovanni Galeatti (Italy); Attendance: 60,000
AUT: Josef Musil (1/0), Stephan Wagner (1/0), Ernst Happel (1/0), Theodor Brinek II (3/0), Leopold Gernhardt (9/0), Siegfried Joksch (9/0), Karl Decker (10/6) [46.Ernst Melchior (7/1)], Wilhelm Hahnemann (17/4), Ernst Stojaspal (3/1), Franz Binder (18/15), Alfred Körner II (2/1). Trainer: Eduard Bauer (9).
Goals: Alfred Körner (22), Wilhelm Hahnemann (30), Franz Binder (66, 77).

204. 05.10.1947. **CZECHOSLOVAKIA - AUSTRIA** 3-2(1-1)
Letenský Stadion, Praha; Referee: Generoso Dattilo (Italy); Attendance: 50,000
AUT: Josef Musil (2/0), Stephan Wagner (2/0), Ernst Happel (2/0), Leopold Gernhardt (10/0), Ernst Sabeditsch (7/0), Theodor Brinek II (4/0), Ernst Melchior (8/1), Wilhelm Hahnemann (18/4), Franz Binder (19/16), Ernst Stojaspal (4/2), Alfred Körner II (3/1). Trainer: Eduard Bauer (10).
Goals: Franz Binder (43), Ernst Stojaspal (65).

205. 09.11.1947. **AUSTRIA - ITALY** 5-1(3-0)
Praterstadion, Wien; Referee: Jan Raškota (Czechoslovakia); Attendance: 60,000
AUT: Walter Zeman (5/0), Franz Pavuza (7/0), Ernst Happel (3/0), Theodor Brinek II (5/2), Ernst Ocwirk (3/1), Siegfried Joksch (10/0), August Bichler (1/0), Wilhelm Hahnemann (19/4), Theodor Wagner (3/0), Ernst Stojaspal (5/3), Alfred Körner II (4/2). Trainer: Eduard Bauer (11).
Goals: Alfred Körner (24), Ernst Ocwirk (31), Theodor Brinek (36), Ernst Stojaspal (69), Theodor Brinek (77).

206. 18.04.1948 **AUSTRIA - SWITZERLAND** 3-1(2-0)
Praterstadion, Wien; Referee: Giuseppe Carpani (Italy); Attendance: 56,000
AUT: Walter Zeman (6/0), Karl Kowanz (1/0), Ernst Happel (4/0), Leopold Mikolasch (4/0) [5.-11.Theodor Brinek II (6/2)], Ernst Ocwirk (4/1), Siegfried Joksch (11/0), Ernst Melchior (9/2), Josef Stroh (12/3), Josef Epp (5/5), Wilhelm Hahnemann (20/4), Alfred Körner II (5/2). Trainers: Franz Putzendopler, Kolisch, Eduard Frühwirth (1).
Goals: Josef Epp (30), Ernst Melchior (35), Josef Epp (48).

207. 02.05.1948 **AUSTRIA - HUNGARY** 3-2(1-1) 5th Dr. Gerő Cup
Praterstadion, Wien; Referee: Jaroslav Vlček (Czechoslovakia); Attendance: 57,000
AUT: Walter Zeman (7/0), Karl Kowanz (2/0), Ernst Happel (5/0), Leopold Mikolasch (5/0), Ernst Ocwirk (5/1), Theodor Brinek II (7/2), Theodor Wagner (4/1) [34.Josef Stroh (13/3)], Ernst Melchior (10/3), Josef Epp (6/5) Wilhelm Hahnemann (21/4), Alfred Körner II (6/3). Trainers: Franz Putzendopler, Kolisch, Eduard Frühwirth (2).
Goals: Ernst Melchior (24), Theodor Wagner (65 penalty), Alfred Körner (84).

208. 30.05.1948 **TURKEY - AUSTRIA** 0-1(0-0)
„Mithatpaşa" Stadı İstanbul; Referee: Giovanni Galeatti (Italy); Attendance: 25,000
AUT: Walter Zeman (8/0), Karl Kowanz (3/0), Ernst Happel (6/0), Leopold Mikolasch (6/0), Ernst Ocwirk (6/1), Siegfried Joksch (12/0), Ernst Melchior (11/3), Wilhelm Hahnemann (22/4), Theodor Wagner (5/1), Ernst Stojaspal (6/3) [46.Josef Stroh (14/3)], Alfred Körner II (7/4). Trainers: Franz Putzendopler, Kolisch, Eduard Frühwirth (3).
Goals: Alfred Körner (64).

209. 11.07.1948 **SWEDEN - AUSTRIA** 3-2(2-1)
Råsundastadion, Stockholm; Referee: Ernst Hansen (Denmark); Attendance: 37,000
AUT: Walter Zeman (9/0) [84.Franz Pelikan (2/0)], Karl Kowanz (4/0), Ernst Happel (7/0),Theodor Brinek II (8/2), Ernst Ocwirk (7/1), Siegfried Joksch (13/0), Ernst Melchior (12/3), Erich Habitzl (1/2), Theodor Wagner (6/1) [12.Josef Stroh (15/3)], Ernst Stojaspal (7/3), Alfred Körner II (8/4). Trainers: Franz Putzendopler, Kolisch, Eduard Frühwirth (4).
Goals: Erich Habitzl (4, 65).

210. 02.08.1948 SWEDEN - AUSTRIA 3-0(2-0) 14th OG. 1st Round.
White Hart Lane, London; Referee: William H. Ling (England); Attendance: 9,514
AUT: Franz Pelikan (3/0), Karl Kowanz (5/0), Ernst Happel (8/0), Leopold Mikolasch (7/0), Ernst Ocwirk (8/1), Siegfried Joksch (14/0), Ernst Melchior (13/3), Erich Habitzl (2/2), Josef Epp (7/5), Wilhelm Hahnemann (23/4), Alfred Körner II (9/4). Trainers: Franz Putzendopler, Kolisch, Eduard Frühwirth (5).

211. 03.10.1948 HUNGARY - AUSTRIA 2-1(2-1)
Megyeri út, Budapest; Referee: Jaroslav Vlček (Czechoslovakia); Attendance: 30,000
AUT: Walter Zeman (10/0), Karl Kowanz (6/0), Ernst Happel (9/0), Leopold Mikolasch (8/0), Ernst Ocwirk (9/1), Siegfried Joksch (15/0), Ernst Melchior (14/4), Theodor Wagner (7/1), Josef Epp (8/5), Josef Stroh (16/3), Ernst Stojaspal (8/3). Trainer: Walter Nausch (1).
Goals: Ernst Melchior (41).

212. 31.10.1948 CZECHOSLOVAKIA - AUSTRIA 3-1(0-1) 5th Dr. Gerő Cup
Štadión Tehelné pole, Bratislava; Referee: Árpád Kamarássy (Hungary); Attendance: 30,000
AUT: Walter Zeman (11/0), Gustav Gerhart (2/0), Karl Kowanz (7/0), Leopold Gernhardt (11/0), Ernst Ocwirk (10/1), Siegfried Joksch (16/0), Ernst Melchior (15/4), Erich Habitzl (3/2), Josef Stroh (17/4) [46.Alfred Körner II (10/4)], Ernst Stojaspal (9/3), Lukas Aurednik (1/0). Trainer: Walter Nausch (2).
Goals: Josef Stroh (15).

213. 14.11.1948 AUSTRIA - SWEDEN 2-1(1-0)
Praterstadion, Wien; Referee: Giovanni Galeatti (Italy); Attendance: 60,000
AUT: Walter Zeman (12/0), Gustav Gerhart (3/0), Karl Kowanz (8/0), Gerhard Hanappi (1/0), Ernst Ocwirk (11/1), Friedrich Zwazl (2/0), Robert Körner I (1/0), Theodor Wagner (8/2), Erich Habitzl (4/3), Ernst Stojaspal (10/3), Lukas Aurednik (2/0). Trainer: Walter Nausch (3).
Goals: Theodor Wagner (36), Erich Habitzl (83).

214. 20.03.1949 AUSTRIA - TURKEY 1-0(1-0)
Praterstadion, Wien; Referee: Giuseppe Carpani (Italy); Attendance: 60,000
AUT: Walter Zeman (13/0), Karl Kowanz (9/0), Ernst Happel (10/0), Gerhard Hanappi (2/0), Ernst Ocwirk (12/1), Siegfried Joksch (17/0), Robert Körner I (2/0), Karl Decker (11/7), Theodor Wagner (9/2) [46.Leopold Gernhardt (12/0)],Theodor Brinek II (9/2) [38.Ernst Stojaspal (11/3)], Lukas Aurednik (3/0). Trainer: Walter Nausch (4).
Goals: Karl Decker (45).

215. 03.04.1949 SWITZERLAND - AUSTRIA 1-2(1-0) 5th Dr. Gerő Cup
Stade Olympique de la Pontaise, Lausanne; Referee: Sdez (France); Attendance: 32,000
AUT: Walter Zeman (14/0), Karl Kowanz (10/0), Ernst Happel (11/0), Gerhard Hanappi (3/0), Ernst Ocwirk (13/1), Siegfried Joksch (18/0), Ernst Melchior (16/4), Karl Decker (12/7), Leopold Gernhardt (13/0), Erich Habitzl (5/5), Alfred Körner II (11/4). Trainer: Walter Nausch (5).
Goals: Erich Habitzl (15, 72).

216. 08.05.1949 HUNGARY - AUSTRIA 6-1(3-0) 5th Dr. Gerő Cup
Megyeri út, Budapest; Referee: Jaroslav Vlček (Czechoslovakia); Attendance: 50,000
AUT: Walter Zeman (15/0), Gustav Gerhart (4/0), Karl Kowanz (11/0), Gerhard Hanappi (4/0), Ernst Ocwirk (14/1), Siegfried Joksch (19/0), Ernst Melchior (17/5), Friedrich Kominek (2/1), Leopold Gernhardt (14/0), Erich Habitzl (6/5), Alfred Körner II (12/4). Trainer: Walter Nausch (6).
Goals: Ernst Melchior (79).

217. 22.05.1949 ITALY - AUSTRIA 3-1(3-0) 5th Dr. Gerő Cup
Stade Comunale, Firenze; Referee: Jean Lutz (Switzerland); Attendance: 85,000
AUT: Walter Zeman (16/0), Karl Kowanz (12/0), Ernst Happel (12/0), Gerhard Hanappi (5/0), Ernst Ocwirk (15/1), Leopold Gernhardt (15/0), Ernst Melchior (18/5), Erich Habitzl (7/5), Adolf Huber (1/1), Ernst Stojaspal (12/3), Lukas Aurednik (4/0) [46.Friedrich Kominek (3/1)]. Trainer: Walter Nausch (7).
Goals: Adolf Huber (70).

218. 25.09.1949 AUSTRIA - CZECHOSLOVAKIA 3-1(1-0)
Praterstadion, Wien; Referee: Giuseppe Carpani (Italy); Attendance: 60,000
AUT: Bruno Engelmeier (1/0), Ernst Happel (13/0), Karl Kowanz (13/0), Gerhard Hanappi (6/0), Ernst Ocwirk (16/1), Siegfried Joksch (20/0), Rudolf Strittich (2/0), Karl Decker (13/9), Adolf Huber (2/2), Ernst Stojaspal (13/3), Lukas Aurednik (5/0). Trainer: Walter Nausch (8).
Goals: Karl Decker (33), Adolf Huber (67), Karl Decker (82 penalty).

219. 16.10.1949 AUSTRIA - HUNGARY 3-4(2-2)
Praterstadion, Wien; Referee: W.H. Evans (England); Attendance: 65,000
AUT: Walter Zeman (17/0), Ernst Happel (14/0), Karl Kowanz (14/0), Gerhard Hanappi (7/0), Ernst Ocwirk (17/1), Leopold Gernhardt (16/0), Rudolf Strittich (3/0), Karl Decker (14/11), Robert Dienst (1/1), Ernst Stojaspal (14/3), Lukas Aurednik (6/0). Trainer: Walter Nausch (9).
Goals: Karl Decker (2), Robert Dienst (33), Karl Decker (49).

220. 13.11.1949 YUGOSLAVIA - AUSTRIA 2-5(1-3)
Stadion JNA, Beograd; Referee: Agostino Gamba (Italy); Attendance: 60,000
AUT: Walter Zeman (18/0) [61.-63.Bruno Engelmeier (2/0)], Rudolf Röckl (1/0), Ernst Happel (15/0), Gerhard Hanappi (8/0), Ernst Ocwirk (18/1), Siegfried Joksch (21/0), Rudolf Strittich (4/0) [85.Theodor Wagner (10/2)], Karl Decker (15/14), Adolf Huber (3/4), Ernst Stojaspal (15/3), Lukas Aurednik (7/0). Trainer: Walter Nausch (10).
Goals: Karl Decker (24, 28), Adolf Huber (38), Karl Decker (69), Adolf Huber (76).

221. 19.03.1950 AUSTRIA - SWITZERLAND 3-3(1-3) 5th Dr. Gerő Cup
Praterstadion, Wien; Referee: Giovanni Galeatti (Italy); Attendance: 62,000
AUT: Walter Zeman (19/0), Karl Stotz (1/0), Ernst Happel (16/0), Gerhard Hanappi (9/0), Leopold Gernhardt (17/0), Siegfried Joksch (22/0), Robert Körner I (3/1), Karl Decker (16/15), Adolf Huber (4/4) [70.Otto Walzhofer (1/0)], Ernst Ocwirk (19/2), Lukas Aurednik (8/0). Trainer: Walter Nausch (11).
Goals: Ernst Ocwirk (11), Robert Körner (14), Karl Decker (32 penalty).

222. 02.04.1950 AUSTRIA - ITALY 1-0(0-0) 5th Dr. Gerő Cup
Praterstadion, Wien; Referee: W. Pearce (England); Attendance: 63,000
AUT: Walter Zeman (20/0), Rudolf Röckl (2/0), Ernst Happel (17/0), Gerhard Hanappi (10/0), Ernst Ocwirk (20/2), Friedrich Zwazl (3/0), Ernst Melchior (19/6), Karl Decker (17/15), Robert Dienst (2/1), Erich Habitzl (8/5), Lukas Aurednik (9/0). Trainer: Walter Nausch (12).
Goal: Ernst Melchior (53).

223. 14.05.1950 **AUSTRIA - HUNGARY** 5-3(2-2)
Praterstadion, Wien; Referee: Gunnar Dahlner (Sweden); Attendance: 65,000
AUT: Walter Zeman (21/0), Rudolf Röckl (3/0), Ernst Happel (18/0), Gerhard Hanappi (11/0), Ernst Ocwirk (21/2), Friedrich Zwazl (4/0), Ernst Melchior (20/7), Karl Decker (18/17), Robert Dienst (3/2) [46.Theodor Wagner (11/2)], Erich Habitzl (9/5), Lukas Aurednik (10/1). Trainer: Walter Nausch (13).
Goals: Robert Dienst (7), Karl Decker (19), Lukas Aurednik (47), Karl Decker (68), Ernst Melchior (72).

224. 08.10.1950 **AUSTRIA - YUGOSLAVIA** 7-2(3-1)
Praterstadion, Wien; Referee: Jean Lutz (Switzerland); Attendance: 70,000
AUT: Walter Zeman (22/0), Rudolf Röckl (4/0), Ernst Happel (19/0), Gerhard Hanappi (12/0), Ernst Ocwirk (22/2), Friedrich Zwazl (5/0) [57.Leopold Gernhardt (18/0)], Ernst Melchior (21/9), Karl Decker (19/18), Theodor Wagner (12/3) [46.Adolf Huber (5/4)], Ernst Stojaspal (16/5), Lukas Aurednik (11/2). Trainer: Walter Nausch (14).
Goals: Karl Decker (15), Ernst Stojaspal (21), Theodor Wagner (31), Srđan Mrkušić (50 own goal), Ernst Melchior (60), Ernst Stojaspal (66), Ernst Melchior (85).

225. 29.10.1950 **HUNGARY - AUSTRIA** 4-3(2-1)
Megyeri út, Budapest; Referee: Blythe (England); Attendance: 45,000
AUT: Walter Zeman (23/0), Rudolf Röckl (5/0), Ernst Happel (20/0), Gerhard Hanappi (13/0), Ernst Ocwirk (23/2), Friedrich Zwazl (6/0) [17.Leopold Gernhardt (19/0), Ernst Melchior (22/10), Karl Decker (20/18), Theodor Wagner (13/5), Ernst Stojaspal (17/5), Lukas Aurednik (12/2). Trainer: Walter Nausch (15).
Goals: Theodor Wagner (24, 52), Ernst Melchior (85).

226. 05.11.1950 **AUSTRIA - DENMARK** 5-1(4-1)
Praterstadion, Wien; Referee: Leo Lemesić (Yugoslavia); Attendance: 55,000
AUT: Walter Zeman (24/0), Rudolf Röckl (6/0), Ernst Happel (21/0), Gerhard Hanappi (14/0), Ernst Ocwirk (24/2), Leopold Gernhardt (20/0), Ernst Melchior (23/11), Karl Decker (21/18), Theodor Wagner (14/8), Ernst Stojaspal (18/5), Lukas Aurednik (13/3). Trainer: Walter Nausch (16).
Goals: Ernst Melchior (5), Theodor Wagner (19, 21, 44), Lukas Aurednik (72).

227. 13.12.1950 **SCOTLAND - AUSTRIA** 0-1(0-1)
Hampden Park, Glasgow; Referee: William H. Ling (England); Attendance: 68,000
AUT: Walter Zeman (25/0), Rudolf Röckl (7/0), Ernst Happel (22/0), Gerhard Hanappi (15/0), Ernst Ocwirk (25/2), Leopold Gernhardt (21/0), Ernst Melchior (24/12), Karl Decker (22/18), Theodor Wagner (15/8), Ernst Stojaspal (19/5), Lukas Aurednik (14/3). Trainer: Walter Nausch (17).
Goal: Ernst Melchior (26).

228. 27.05.1951 **AUSTRIA - SCOTLAND** 4-0(1-0)
Praterstadion, Wien; Referee: Lutz (Switzerland); Attendance: 65,000
AUT: Walter Zeman (26/0), Rudolf Röckl (8/0), Ernst Happel (23/0), Gerhard Hanappi (16/2), Ernst Ocwirk (26/2), Leopold Gernhardt (22/0), Ernst Melchior (25/12), Johann Riegler (1/0), Theodor Wagner (16/10), Erich Probst (1/0), Alfred Körner II (13/4). Trainer: Walter Nausch (18).
Goals: Gerhard Hanappi (42, 57), Theodor Wagner (70, 87).

229. 17.06.1951 **DENMARK - AUSTRIA** 3-3(0-2)
Idrætsparken, København; Referee: Hamus (Luxembourg); Attendance: 23,300
AUT: Walter Zeman (27/0), Karl Kowanz (15/0), Ernst Happel (24/0), Gerhard Hanappi (17/2), Ernst Ocwirk (27/2), Leopold Gernhardt (23/0), Ernst Melchior (26/13), Johann Riegler (2/1), Theodor Wagner (17/11), Erich Probst (2/0), Alfred Körner II (14/4). Trainer: Walter Nausch (19).
Goals: Ernst Melchior (24), Theodor Wagner (30 penalty), Johann Riegler (68).

230. 23.09.1951 **AUSTRIA - WEST GERMANY** 0-2(0-0)
Praterstadion, Wien; Referee: W.H. Evans (England); Attendance: 60,000
AUT: Josef Musil (3/0), Karl Kowanz (16/0), Ernst Happel (25/0), Gerhard Hanappi (18/2), Ernst Ocwirk (28/2), Dr. Walter Schleger (1/0), Ernst Melchior (27/13), Theodor Wagner (18/11), Robert Dienst (4/2) [70.Erich Habitzl (10/5), Ernst Stojaspal (20/5), Erich Probst (3/0). Trainer: Walter Nausch (20).

231. 14.10.1951 **BELGIUM - AUSTRIA** 1-8(1-2)
Stade Heysel, Bruxelles; Referee: Arthur Edward Ellis (England); Attendance: 55,156
AUT: Walter Zeman (28/0), Rudolf Röckl (9/0), Ernst Happel (26/0), Gerhard Hanappi (19/3), Ernst Ocwirk (29/2), Dr. Walter Schleger (2/0), Ernst Melchior (28/15), Leopold Gernhardt (24/0), Adolf Huber (6/7), Ernst Stojaspal (21/7), Alfred Körner II (15/4). Trainer: Walter Nausch (21).
Goals: Adolf Huber (30), Ernst Stojaspal (44), Adolf Huber (50), Ernst Melchior (62), Ernst Stojaspal (63), Adolf Huber (76), Ernst Melchior (87), Gerhard Hanappi (88).

232. 01.11.1951 **FRANCE - AUSTRIA** 2-2(2-2)
Stade Olympique „Yves du Manoir", Colombes, Paris; Referee: William H. Ling (England); Attendance: 61,687
AUT: Walter Zeman (29/0), Rudolf Röckl (10/0), Ernst Happel (27/0), Gerhard Hanappi (20/3), Ernst Ocwirk (30/2), Dr. Walter Schleger (3/0), Ernst Melchior (29/15), Karl Decker (23/18) [41.Erich Habitzl (11/5)], Leopold Gernhardt (25/0), Ernst Stojaspal (22/8), Alfred Körner II (16/5). Trainer: Walter Nausch (22).
Goals: Alfred Körner (12), Ernst Stojaspal (14).

233. 28.11.1951 **ENGLAND - AUSTRIA** 2-2(0-0)
Wembley Stadium, London; Referee: John Mowatt (Scotland); Attendance: 100,000
AUT: Walter Zeman (30/0), Rudolf Röckl (11/0), Ernst Happel (28/0), Gerhard Hanappi (21/3), Ernst Ocwirk (31/2), Theodor Brink II (10/2), Ernst Melchior (30/16), Leopold Gernhardt (26/0), Adolf Huber (7/7), Ernst Stojaspal (23/9), Alfred Körner II (17/5). Trainer: Walter Nausch (23).
Goals: Ernst Melchior (47), Ernst Stojaspal (77 penalty).

234. 23.03.1952 **AUSTRIA - BELGIUM** 2-0(0-0)
Praterstadion, Wien; Referee: Milenko Podubsky (Yugoslavia); Attendance: 58,000
AUT: Walter Zeman (31/0), Rudolf Röckl (12/0), Ernst Happel (29/0) [35.Karl Stotz (2/0)], Gerhard Hanappi (22/3), Ernst Ocwirk (32/2), Karl Koller (1/0), Ernst Melchior (31/16), Leopold Gernhardt (27/0), Theodor Wagner (19/11), Ernst Stojaspal (24/11), Alfred Körner II (18/5). Trainer: Walter Nausch (24).
Goals: Ernst Stojaspal (60, 63).

235. 07.05.1952 **AUSTRIA - REPUBLIC OF IRELAND** 6-0(4-0)
Praterstadion, Wien; Referee: Reinhardt (West Germany); Attendance: 60,000
AUT: Josef Musil (4/0), Rudolf Röckl (13/0), Ernst Happel (30/0), Gerhard Hanappi (23/3), Ernst Ocwirk (33/2), Karl Koller (2/0), Ernst Melchior (32/16), Karl Decker (24/18), Robert Dienst (5/4), Adolf Huber (8/10), Walter Haummer (1/1). Trainer: Walter Nausch (25).
Goals: Adolf Huber (22, 24, 26), Walter Haummer (36), Robert Dienst (58, 81).

236. 25.05.1952 **AUSTRIA - ENGLAND** 2-3(2-2)
Praterstadion, Wien; Referee: Giuseppe Carpani (Italy); Attendance: 65,000
AUT: Josef Musil (5/0), Rudolf Röckl (14/0), Ernst Happel (31/0), Dr. Walter Schleger (4/0), Ernst Ocwirk (34/2), Theodor Brinek II (11/2), Ernst Melchior (33/16), Gerhard Hanappi (24/3), Robert Dienst (6/5), Adolf Huber (9/11), Walter Haummer (2/1). Trainer: Walter Nausch (26).
Goals: Adolf Huber (27 penalty), Robert Dienst (42).

237. 22.06.1952 **SWITZERLAND - AUSTRIA** 1-1(0-1)
Stade des Charmilles, Genève; Referee: Fink (West Germany); Attendance: 20,000
AUT: Paul Schweda (1/0), Rudolf Röckl (15/0), Maximilian Merkel (1/0), Dr. Walter Schleger (5/0), Gerhard Hanappi (25/3), Theodor Brinek II (12/2), Ernst Melchior (34/16), Karl Decker (25/19), Robert Dienst (7/5), Adolf Huber (10/11), Stefan Kölly (1/0). Trainer: Walter Nausch (27).
Goal: Karl Decker (40).

238. 21.09.1952 **YUGOSLAVIA - AUSTRIA** 4-2(1-0)
Stadion JNA, Beograd; Referee: W.H. Evans (England); Attendance: 60,000
AUT: Walter Zeman (32/0), Rudolf Röckl (16/0), Ernst Happel (32/0), Gerhard Hanappi (26/3), Ernst Ocwirk (35/2), Theodor Brinek II (13/2), Friedrich Cejka (1/1), Adolf Huber (11/11) [84.Dr. Walter Schleger (6/0)], Robert Dienst (8/5), Ernst Stojaspal (25/11) [46.Johann Riegler (3/1)], Alfred Körner II (19/6). Trainer: Walter Nausch (28).
Goals: Alfred Körner (62), Friedrich Cejka (73).

239. 19.10.1952 **AUSTRIA - FRANCE** 1-2(0-2)
Praterstadion, Wien; Referee: Arthur Edward Ellis (England); Attendance: 65,000
AUT: Walter Zeman (33/0), Rudolf Röckl (17/0), Ernst Happel (33/0), Gerhard Hanappi (27/3), Karl Koller (3/0), Theodor Brinek II (14/2), Ernst Melchior (35/16), Otto Walzhofer (2/1), Robert Dienst (9/5), Ernst Ocwirk (36/2), Alfred Körner II (20/6). Trainer: Walter Nausch (29).
Goal: Otto Walzhofer (47 penalty).

240. 23.11.1952 **PORTUGAL - AUSTRIA** 1-1(1-0)
Estádio das Antas, Porto; Referee: Ernst Dörflinger (Switzerland); Attendance: 50,000
AUT: Walter Zeman (34/0), Karl Stotz (3/0), Walter Kollmann (1/0), Gerhard Hanappi (28/3), Ernst Ocwirk (37/2), Theodor Brinek II (15/2), Paul Halla (1/1), Theodor Wagner (20/11), Robert Dienst (10/5), Ernst Stojaspal (26/11), Walter Haummer (3/1) [46.Erich Probst (4/0)]. Trainer: Walter Nausch (30).
Goal: Paul Halla (71).

241. 22.03.1953 **WEST GERMANY - AUSTRIA** 0-0
Müngersdorfer Stadion, Köln; Referee: Henri Bauwens (Belgium); Attendance: 76,000
AUT: Paul Schweda (2/0), Karl Stotz (4/0), Walter Kollmann (2/0), Gerhard Hanappi (29/3), Ernst Ocwirk (38/2), Theodor Brinek II (16/2) [50.Karl Koller (4/0)], Friedrich Kominek (4/1), Theodor Wagner (21/11), Adolf Huber (12/11), Ernst Stojaspal (27/11), Otto Gollnhuber (1/0). Trainer: Walter Nausch (31).

242. 25.03.1953 **REPUBLIC OF IRELAND - AUSTRIA** 4-0(0-0)
Dalymount Park, Dublin; Referee: Arthur Edward Ellis (England); Attendance: 40,000
AUT: Paul Schweda (3/0) [35.Franz Pelikan (4/0)], Karl Stotz (5/0), Karl Kowanz (17/0), Gerhard Hanappi (30/3), Ernst Ocwirk (39/2), Karl Koller (5/0), Friedrich Kominek (5/1), Theodor Wagner (22/11), Adolf Huber (13/11) [36.Paul Halla (2/1)], Ernst Stojaspal (28/11), Ferdinand Zechmeister (1/0). Trainer: Walter Nausch (32).

243. 26.04.1953 **HUNGARY - AUSTRIA** 1-1(1-1)
Megyeri út, Budapest; Referee: W.H. Evans (England); Attendance: 48,000
AUT: Walter Zeman (35/0), Karl Stotz (6/0) [28.Rudolf Röckl (18/0)], Ernst Happel (34/0), Gerhard Hanappi (31/3), Karl Koller (6/0),Theodor Brinek II (17/2), Johann Menasse (1/0) [68.Friedrich Kominek (6/1)], Theodor Wagner (23/11), Robert Dienst (11/5), Rainer Hinesser (1/1), Otto Gollnhuber (2/0). Trainer: Walter Nausch (33).
Goal: Rainer Hinesser (16).

244. 27.09.1953 **AUSTRIA - PORTUGAL** 9-1(4-1) 5th FIFA WC. Qualifiers
Praterstadion, Wien; Referee: Henri Bauwens (Belgium); Attendance: 60,000
AUT: Walter Zeman (36/0), Karl Stotz (7/0), Ernst Happel (35/1), Gerhard Hanappi (32/3), Ernst Ocwirk (40/3), Franz Golobic (1/0), Robert Körner I (4/1), Theodor Wagner (24/12), Robert Dienst (12/6), Erich Probst (5/5), Alfred Körner II (21/6) [46.Otto Walzhofer (3/1)]. Trainer: Walter Nausch (34).
Goals: Ernst Ocwirk (13), Erich Probst (14, 21, 31, 58), Ernst Happel (67), Erich Probst (71), Theodor Wagner (82), Robert Dienst (87).

245. 11.10.1953 **AUSTRIA - HUNGARY** 2-3(0-0)
Praterstadion, Wien; Referee: Günther Baumgartner (Switzerland); Attendance: 65,000
AUT: Walter Zeman (37/0), Karl Stotz (8/0), Ernst Happel (36/2), Gerhard Hanappi (33/3) [50.Otto Walzhofer (4/1)], Ernst Ocwirk (41/3), Franz Golobic (2/0), Robert Körner I (5/1), Theodor Wagner (25/13), Robert Dienst (13/6), Erich Probst (6/5), Alfred Körner II (22/6). Trainer: Walter Nausch (35).
Goals: Ernst Happel (55), Theodor Wagner (85).

246. 29.11.1953 **PORTUGAL - AUSTRIA** 0-0 5th FIFA WC. Qualifier
Nacional, Lisboa; Referee: Louis Fauquembergue (France); Attendance: 60,000
AUT: Walter Zeman (38/0), Karl Stotz (9/0), Walter Kollmann (3/0), Gerhard Hanappi (34/3), Ernst Ocwirk (42/3), Franz Golobic (3/0), Ernst Melchior (36/16), Theodor Wagner (26/13), Robert Dienst (14/6), Erich Probst (7/5), Walter Haummer (4/1). Trainer: Walter Nausch (36).

247. 11.04.1954 **AUSTRIA - HUNGARY** 0-1(0-1)
Praterstadion, Wien; Referee: Giorgio Bernardi (Italy); Attendance: 65,000
AUT: Walter Zeman (39/0), Karl Stotz (10/0), Gerhard Hanappi (35/3), Ernst Ocwirk (43/3), Ernst Happel (37/2), Karl Giesser (1/0), Paul Halla (3/1) [65.Kurt Eigenstiller (1/0)], Theodor Wagner (27/13), Robert Dienst (15/6), Karl Koller (7/0), Dr. Walter Schleger (7/0). Trainer: Walter Nausch (37).

248. 09.05.1954 **AUSTRIA - WALES** 2-0(0-0)
Praterstadion, Wien; Referee: Louis Fauquembergue (France); Attendance: 58,000
AUT: Franz Pelikan (5/0) [46.Kurt Schmied (1/0)], Karl Stotz (11/0), Gerhard Hanappi (36/3), Ernst Ocwirk (44/3), Ernst Happel (38/2), Leopold Barschandt (1/0), Paul Halla (4/2), Robert Körner I (6/1), Robert Dienst (16/7), Erich Probst (8/5), Dr. Walter Schleger (8/0) [46.Alfred Körner II (23/6)]. Trainer: Walter Nausch (38).
Goals: Robert Dienst (50), Paul Halla (81).

249. 30.05.1954 **AUSTRIA - NORWAY** 5-0(0-0)
Praterstadion, Wien; Referee: Walter Meissner (West Germany); Attendance: 42,000
AUT: Kurt Schmied (2/0), Gerhard Hanappi (37/3), Leopold Barschandt (2/0), Ernst Ocwirk (45/3), Ernst Happel (39/3), Karl Koller (8/0), Robert Körner I (7/1), Dr. Walter Schleger (9/1), Theodor Wagner (28/13), Erich Probst (9/7), Alfred Körner II (24/6). Trainer: Walter Nausch (39).
Goals: Walter Schleger (48), Ernst Happel (53), Erich Probst (61, 68), Bo Karlsson (76 own goal).

250. 16.06.1954 **AUSTRIA - SCOTLAND** 1-0(1-0) 5th FIFA WC. Group Stage.
Hardturm-Stadion, Zürich; Referee: Laurent Franken (Belgium); Attendance: 25,000
AUT: Kurt Schmied (3/0), Gerhard Hanappi (38/3), Leopold Barschandt (3/0), Ernst Ocwirk (46/3), Ernst Happel (40/3), Karl Koller (9/0), Robert Körner I (8/1), Dr. Walter Schleger (10/1), Robert Dienst (17/7), Erich Probst (10/8), Alfred Körner II (25/6). Trainer: Walter Nausch (40).
Goal: Erich Probst (32).

251. 19.06.1954 **AUSTRIA - CZECHOSLOVAKIA** 5-0(4-0) 5th FIFA WC. Group Stage.
Hardturm-Stadion, Zürich; Referee: Vasa Stefanović (Yugoslavia); Attendance: 26,000
AUT: Kurt Schmied (4/0), Gerhard Hanappi (39/3), Leopold Barschandt (4/0), Ernst Ocwirk (47/3), Ernst Happel (41/3), Karl Koller (10/0), Robert Körner I (9/1), Theodor Wagner (29/13), Ernst Stojaspal (29/13), Erich Probst (11/11), Alfred Körner II (26/6). Trainer: Walter Nausch (41).
Goals: Ernst Stojaspal (3), Erich Probst (4, 21, 24), Ernst Stojaspal (65).

252. 26.06.1954 **SWITZERLAND - AUSTRIA** 5-7(4-5) 5th FIFA WC. Quarter-Finals.
Stade Olympique de la Pontaise, Lausanne; Referee: Charles Edward Faultless (Scotland); Attendance: 37,000
AUT: Kurt Schmied (5/0), Gerhard Hanappi (40/3), Leopold Barschandt (5/0), Ernst Ocwirk (48/4), Ernst Happel (42/3), Karl Koller (11/0), Robert Körner I (10/1), Theodor Wagner (30/16), Ernst Stojaspal (30/13), Erich Probst (12/12), Alfred Körner II (27/8). Trainer: Walter Nausch (42).
Goals: Theodor Wagner (23), Alfred Körner II (24), Theodor Wagner (26), Alfred Körner II (32), Ernst Ocwirk (30), Theodor Wagner (52), Erich Probst (77).

253. 30.06.1954 **WEST GERMANY - AUSTRIA** 6-1(1-0) 5th FIFA WC. Semi-Finals.
„St.Jakob" Stadion, Basel; Referee: Vincenzo Orlandini (Italy); Attendance: 57,000
AUT: Walter Zeman (40/0), Gerhard Hanappi (41/3), Dr. Walter Schleger (11/1), Ernst Ocwirk (49/4), Ernst Happel (43/3), Karl Koller (12/0), Robert Körner I (11/1), Theodor Wagner (31/16), Ernst Stojaspal (31/13), Erich Probst (13/13), Alfred Körner II (28/8). Trainer: Walter Nausch (43).
Goal: Erich Probst (52).

254. 03.07.1954 **AUSTRIA - URUGUAY** 3-1(1-1) 5th FIFA WC. Third Place Play-off.
Hardturm-Stadion, Zürich; Referee: Paul Wyssling (Switzerland); Attendance: 35,000
AUT: Kurt Schmied (6/0), Gerhard Hanappi (42/3), Leopold Barschandt (6/0), Ernst Ocwirk (50/5), Walter Kollmann (4/0), Karl Koller (13/0), Robert Körner I (12/1), Theodor Wagner (32/16), Robert Dienst (18/7), Ernst Stojaspal (32/14), Erich Probst (14/13). Trainer: Walter Nausch (44).
Goals: Ernst Stojaspal (16 penalty), Luis Alberto Cruz (59 own goal), Ernst Ocwirk (76).

255. 03.10.1954 **AUSTRIA - YUGOSLAVIA** 2-2(1-2)
Praterstadion, Wien; Referee: Leopold Sylvain Horn (Netherlands); Attendance: 40,000
AUT: Kurt Schmied (7/0), Gerhard Hanappi (43/3), Leopold Barschandt (7/0), Ernst Ocwirk (51/5), Walter Kollmann (5/0), Karl Koller (14/0), Johann Menasse (2/0), Otto Walzhofer (5/2), Theodor Wagner (33/16), Ferdinand Zechmeister (2/0) [46.Robert Körner I (13/1)], Walter Haummer (5/2) [82.Dr. Walter Schleger (12/1)]. Trainer: Walter Nausch (45).
Goals: Otto Walzhofer (4), Walter Haummer (53).

256. 31.10.1954 **SWEDEN - AUSTRIA** 2-1(1-0)
Råsundastadion, Stockholm; Referee: Leopold Sylvain Horn (Netherlands); Attendance: 37,019
AUT: Kurt Schmied (8/0), Gerhard Hanappi (44/3), Leopold Barschandt (8/0), Johann Riegler (4/1), Walter Kollmann (6/0), Karl Koller (15/0), Robert Körner I (14/1), Theodor Wagner (34/17), Robert Dienst (19/7), Otto Walzhofer (6/2) [46.Karl Stotz (12/0)], Otto Gollnhuber (3/0). Trainer: Walter Nausch (46).
Goal: Theodor Wagner (70).

257. 14.11.1954 **HUNGARY - AUSTRIA** 4-1(1-1)
Népstadion, Budapest; Referee: Vincenzo Orlandini (Italy); Attendance: 94,000
AUT: Kurt Schmied (9/0), Ernst Kozlicek I (1/0), Leopold Barschandt (9/0), Ernst Ocwirk (52/5), Walter Kollmann (7/0), Karl Koller (16/0), Walter Horak (1/0) [61.Johann Riegler (5/1)], Robert Körner I (15/1), Theodor Wagner (35/17), Gerhard Hanappi (45/4), Otto Gollnhuber (4/0). Trainer: Johann Kaulich (1).
Goal: Gerhard Hanappi (23).

258. 27.03.1955 **CZECHOSLOVAKIA - AUSTRIA** 3-2(2-2) 6th Dr. Gerő Cup
Stadion "Jana Sverny", Brno; Referee: Leo Lemesić (Yugoslavia); Attendance: 45,000
AUT: Kurt Schmied (10/0), Gerhard Hanappi (46/4), Karl Nickerl (1/0) [67.Leopold Barschandt (10/0)], Ernst Ocwirk (53/5), Rudolf Röckl (19/0), Karl Koller (17/0), Robert Körner I (16/1), Johann Riegler (6/1) [40.Theodor Wagner (36/17)], Robert Dienst (20/8), Erich Probst (15/14), Alfred Körner II (29/8). Trainer: Josef Molzer (1).
Goals: Erich Probst (35), Robert Dienst (44).

259. 24.04.1955 **AUSTRIA - HUNGARY** 2-2(2-2) 6th Dr. Gerő Cup
Praterstadion, Wien; Referee: Vasilis Diamantopoulos (Greece); Attendance: 65,000
AUT: Kurt Schmied (11/0), Paul Halla (5/2), Leopold Barschandt (11/0), Gerhard Hanappi (47/4), Rudolf Röckl (20/0), Ernst Ocwirk (54/5), Dr. Walter Schleger (13/1), Richard Brousek (1/0) [60.Adalbert Kaubek (1/0)], Erich Probst (16/16), Karl Koller (18/0), Alfred Körner II (30/8). Trainer: Josef Molzer (2).
Goals: Erich Probst (11, 30).

260. 01.05.1955 **SWITZERLAND - AUSTRIA** 2-3(2-1) 6th Dr. Gerő Cup
Wankdorf Stadion, Bern; Referee: Vincenzo Orlandini (Italy); Attendance: 40,000
AUT: Kurt Schmied (12/0), Paul Halla (6/2), Leopold Barschandt (12/0), Gerhard Hanappi (48/4), Rudolf Röckl (21/0), Ernst Ocwirk (55/5), Karl Hofbauer (1/1), Richard Brousek (2/1), Erich Probst (17/17), Karl Koller (19/0), Dr. Walter Schleger (14/1). Trainer: Josef Molzer (3).
Goals: Karl Hofbauer (27), Richard Brousek (54 penalty), Erich Probst (58).

261. 19.05.1955   **AUSTRIA - SCOTLAND**   **1-4(0-2)**
Praterstadion, Wien; Referee: Giorgio Bernardi (Italy); Attendance: 65,000
AUT: Kurt Schmied (13/0), Paul Halla (7/2), Leopold Barschandt (13/0), Gerhard Hanappi (49/4), Rudolf Röckl (22/0), Ernst Ocwirk (56/6), Karl Hofbauer (2/1), Theodor Wagner (37/17), Richard Brousek (3/1) [42.Robert Dienst (21/8)], Erich Probst (18/17), Dr. Walter Schleger (15/1). Trainer: Karl Geyer (1).
Goal: Ernst Ocwirk (87).

262. 16.10.1955   **HUNGARY - AUSTRIA**   **6-1(1-0)**   6th Dr. Gerő Cup
Népstadion, Budapest; Referee: Karel van der Meer (Netherlands); Attendance: 104,000
AUT: Rudolf Szanwald (1/0), Paul Halla (8/2), Franz Swoboda (1/0), Gerhard Hanappi (50/4), Rudolf Röckl (23/0), Karl Koller (20/0), Herbert Grohs (1/1), Theodor Wagner (38/17), Rudolf Pichler (1/0), Otto Walzhofer (7/2), Alfred Körner II (31/8). Trainer: Karl Geyer (2).
Goal: Herbert Grohs (53).

263. 30.10.1955   **AUSTRIA - YUGOSLAVIA**   **2-1(1-1)**   6th Dr. Gerő Cup
Praterstadion, Wien; Referee: Francesco Liverani (Italy); Attendance: 62,000
AUT: Kurt Schmied (14/0), Paul Halla (9/2), Franz Swoboda (2/0), Ernst Ocwirk (57/6), Karl Stotz (13/0), Karl Koller (21/0), Herbert Grohs (2/2), Theodor Wagner (39/17), Gerhard Hanappi (51/5), Alfred Körner II (32/8), Dr. Walter Schleger (16/1) [75.Johann Buzek (1/0)]. Trainer: Karl Geyer (3).
Goals: Herbert Grohs (17), Gerhard Hanappi (48).

264. 23.11.1955   **WALES - AUSTRIA**   **1-2(1-2)**
The Racecourse, Wrexham; Referee: Louis Fauquembergue (France); Attendance: 30,000
AUT: Bruno Engelmeier (3/0), Paul Halla (10/2), Franz Swoboda (3/0), Ernst Ocwirk (58/6), Karl Stotz (14/0), Karl Koller (22/0), Herbert Grohs (3/2), Theodor Wagner (40/18) [26.Richard Brousek (4/1)], Gerhard Hanappi (52/6), Alfred Körner II (33/8), Dr. Walter Schleger (17/1). Trainer: Karl Geyer (4).
Goals: Theodor Wagner (5), Gerhard Hanappi (20).

265. 25.03.1956   **FRANCE - AUSTRIA**   **3-1(2-0)**
Stade Olympique „Yves du Manoir", Colombes, Paris; Referee: Arthur Edward Ellis (England); Attendance: 42,223
AUT: Kurt Schmied (15/0), Paul Halla (11/2), Franz Swoboda (4/0), Ernst Ocwirk (59/6), Karl Stotz (15/0), Karl Koller (23/0), Paul Kozlicek II (1/0), Theodor Wagner (41/18) [29.Ernst Kozlicek I (2/0)], Johann Buzek (2/0), Gerhard Hanappi (53/7), Herbert Grohs (4/2). Trainer: Karl Geyer (5).
Goal: Gerhard Hanappi (48).

266. 15.04.1956   **AUSTRIA - BRAZIL**   **2-3(1-0)**
Praterstadion, Wien; Referee: Romčević (Yugoslavia); Attendance: 65,000
AUT: Kurt Schmied (16/0) [73.Franz Pelikan (6/0)], Ernst Kozlicek I (3/0), Dr. Walter Schleger (18/1), Ernst Ocwirk (60/6), Karl Stotz (16/0), Karl Koller (24/0), Paul Halla (12/2), Paul Kozlicek II (2/0), Gerhard Hanappi (54/7) [37.Johann Buzek (3/0)], Rudolf Sabetzer (1/2), Karl Jarosch (1/0). Trainer: Josef Argauer (1).
Goals: Rudolf Sabetzer (16, 77).

267. 02.05.1956   **SCOTLAND - AUSTRIA**   **1-1(1-1)**
Hampden Park, Glasgow; Referee: Johannes Bronkhorst (Netherlands); Attendance: 80,509
AUT: Bruno Engelmeier (4/0), Paul Halla (13/2), Leopold Barschandt (14/0), Ernst Ocwirk (61/6), Walter Kollmann (8/0), Karl Koller (25/0), Herbert Grohs (5/2), Theodor Wagner (42/19), Gerhard Hanappi (55/7), Alfred Körner II (34/8), Walter Haummer (6/2). Trainer: Josef Argauer (2).
Goal: Theodor Wagner (13).

268. 17.06.1956   **YUGOSLAVIA - AUSTRIA**   **1-1(0-0)**   6th Dr. Gerő Cup
Stadion Maksimir, Zagreb; Referee: Sándor Harangozó (Hungary); Attendance: 45,000
AUT: Bruno Engelmeier (5/0), Ernst Kozlicek I (4/0), Josef Foreth (1/0), Karl Koller (26/1), Walter Kollmann (9/0), Leopold Barschandt (15/0), Paul Halla (14/2), Paul Kozlicek II (3/0), Theodor Wagner (43/19) [23.Walter Haummer (7/2)], Alfred Körner II (35/8), Dr. Walter Schleger (19/1). Trainer: Josef Argauer (3).
Goal: Karl Koller (55).

269. 30.09.1956   **AUSTRIA - LUXEMBOURG**   **7-0(2-0)**   6th FIFA WC. Qualifiers
Praterstadion, Wien; Referee: Francesco Liverani (Italy); Attendance: 30,000
AUT: Bruno Engelmeier (6/0), Oskar Fischer (1/0), Josef Foreth (2/0), Karl Koller (27/1), Walter Kollmann (10/0), Leopold Barschandt (16/0), Ernst Kozlicek I (5/1), Theodor Wagner (44/21), Gerhard Hanappi (56/9), Otto Walzhofer (8/3), Walter Haummer (8/3). Trainer: Josef Argauer (4).
Goals: Gerhard Hanappi (18, 26), Otto Walzhofer (51), Theodor Wagner (62), Ernst Kozlicek (71), Theodor Wagner (77), Walter Haummer (82).

270. 14.10.1956   **AUSTRIA - HUNGARY**   **0-2(0-1)**
Praterstadion, Wien; Referee: Paul Wyssling (Switzerland); Attendance: 60,000
AUT: Bruno Engelmeier (7/0), Rudolf Röckl (24/0), Erich Hasenkopf (1/0), Karl Koller (28/1), Walter Kollmann (11/0), Karl Giesser (2/0), Adalbert Kaubek (2/0), Theodor Wagner (45/21), Gerhard Hanappi (57/9), Otto Walzhofer (9/3), Walter Haummer (9/3) [38.Josef Foreth (3/0)]. Trainer: Josef Argauer (5).

271. 09.12.1956   **ITALY - AUSTRIA**   **2-1(1-0)**   6th Dr. Gerő Cup
Stadio „Luigi Ferraris, Genova"; Referee: Emilio Guidi (Switzerland); Attendance: 55,000
AUT: Bruno Engelmeier (8/0), Karl Stotz (17/0), Karl Nickerl (2/0), Karl Koller (29/1), Walter Kollmann (12/0), Leopold Barschandt (17/0), Oskar Kohlhauser (1/0), Otto Walzhofer (10/3), Gerhard Hanappi (58/9), Alfred Körner II (36/9), Walter Haummer (10/3). Trainer: Josef Argauer (6).
Goal: Alfred Körner (54).

272. 10.03.1957   **AUSTRIA - WEST GERMANY**   **2-3(0-2)**
Praterstadion, Wien; Referee: Johannes Bronkhorst (Netherlands); Attendance: 60,000
AUT: Bruno Engelmeier (9/0), Ignaz Puschnik (1/0), Franz Swoboda (5/0), Karl Koller (30/1), Walter Kollmann (13/0), Leopold Barschandt (18/0), Paul Halla (15/2) [56.Dr. Walter Schleger (20/1)], Theodor Wagner (46/22), Johann Buzek (4/1), Paul Kozlicek II (4/0) [46.Erich Hof (1/0)], Walter Haummer (11/3). Trainer: Josef Argauer (7).
Goals: Theodor Wagner (58 penalty), Johann Buzek (75).

273. 14.04.1957   **AUSTRIA - SWITZERLAND**   **4-0(1-0)**   6th Dr. Gerő Cup
Praterstadion, Wien; Referee: Vasa Stefanović (Yugoslavia); Attendance: 60,000
AUT: Kurt Schmied (17/0), Leopold Barschandt (19/0), Franz Swoboda (6/0), Gerhard Hanappi (59/9), Karl Stotz (18/0), Karl Koller (31/2), Herbert Grohs (6/2), Robert Dienst (22/8), Johann Buzek (5/3), Otto Walzhofer (11/3), Walter Haummer (12/4). Trainer: Josef Argauer (8).
Goals: Johann Buzek (8, 53), Walter Haummer (62), Karl Koller (77).

274. 05.05.1957 **AUSTRIA - SWEDEN** 1-0(1-0)
Praterstadion, Wien; Referee: Jaroslav Vlček (Czechoslovakia); Attendance: 60,000
AUT: Kurt Schmied (18/0), Leopold Barschandt (20/0), Franz Swoboda (7/0), Gerhard Hanappi (60/9), Karl Stotz (19/0), Karl Koller (32/2), Herbert Grohs (7/2), Otto Walzhofer (12/3), Johann Buzek (6/3), Robert Dienst (23/9), Walter Haummer (13/4). Trainer: Josef Argauer (9).
Goal: Robert Dienst (21).

275. 26.05.1957 **AUSTRIA - NETHERLANDS** 3-2(0-2) 6th FIFA WC. Qualifiers
Praterstadion, Wien; Referee: Emil Schmetzer (West Germany); Attendance: 60,000
AUT: Kurt Schmied (19/0), Ernst Kozlicek I (6/1), Leopold Barschandt (21/0), Gerhard Hanappi (61/9), Karl Stotz (20/1), Karl Koller (33/3), Paul Halla (16/2), Robert Dienst (24/9), Johann Buzek (7/4), Otto Walzhofer (13/3), Walter Haummer (14/4). Trainer: Josef Argauer (10).
Goals: Karl Koller (47), Johann Buzek (80), Karl Stotz (89 penalty).

276. 15.09.1957 **YUGOSLAVIA - AUSTRIA** 3-3(2-2)
Stadion JNA, Beograd; Referee: Vincenzo Orlandini (Italy); Attendance: 50,000
AUT: Kurt Schmied (20/0), Ernst Kozlicek I (7/1), Franz Swoboda (8/0), Gerhard Hanappi (62/9), Ernst Happel (44/4), Karl Koller (34/3), Paul Halla (17/2), Robert Dienst (25/11), Johann Buzek (8/4), Alfred Körner II (37/9), Walter Haummer (15/4). Trainer: Josef Argauer (11).
Goals: Ernst Happel (36 penalty), Robert Dienst (45, 62).

277. 25.09.1957 **NETHERLANDS - AUSTRIA** 1-1(0-1) 6th FIFA WC. Qualifiers
Olympisch Stadion, Amsterdam; Referee: Arthur Edward Ellis (England); Attendance: 55,000
AUT: Kurt Schmied (21/0), Paul Halla (18/2), Franz Swoboda (9/0), Gerhard Hanappi (63/10), Ernst Happel (45/4), Karl Koller (35/3), Ernst Kozlicek I (8/1), Helmut Senekowitsch (1/0), Johann Buzek (9/4), Alfred Körner II (38/9), Walter Haummer (16/4). Trainer: Josef Argauer (12).
Goal: Gerhard Hanappi (29).

278. 29.09.1957 **LUXEMBOURG - AUSTRIA** 0-3(0-1) 6th FIFA WC. Qualifiers
Stade Municipal, Luxembourg; Referee: Gérard Versyp (Belgium); Attendance: 2,000
AUT: Kurt Schmied (22/0), Paul Halla (19/2), Franz Swoboda (10/0), Gerhard Hanappi (64/10), Ernst Happel (46/4), Karl Koller (36/3), Ernst Kozlicek I (9/2), Robert Dienst (26/12), Johann Buzek (10/4), Helmut Senekowitsch (2/1), Alfred Körner II (39/9). Trainer: Josef Argauer (13).
Goals: Robert Dienst (20), Ernst Kozlicek (48), Helmut Senekowitsch (61).

279. 13.10.1957 **AUSTRIA - CZECHOSLOVAKIA** 2-2(1-2) 6th Dr. Gerő Cup
Praterstadion, Wien; Referee: Gottfried Dienst (Switzerland); Attendance: 60,000
AUT: Kurt Schmied (23/0), Paul Halla (20/2), Franz Swoboda (11/0), Gerhard Hanappi (65/10), Ernst Happel (47/4) [25.Karl Stotz (21/1)], Karl Koller (37/3), Adolf Knoll (1/0) [70.Julius Kovazh (1/0)], Helmut Senekowitsch (3/2), Robert Dienst (27/12), Alfred Körner II (40/10), Alois Jaros (1/0). Trainer: Josef Argauer (14).
Goals: Alfred Körner II (30), Helmut Senekowitsch (54).

280. 23.03.1958 **AUSTRIA - ITALY** 3-2(1-0) 6th Dr. Gerő Cup
Praterstadion, Wien; Referee: Gérard Versyp (Belgium); Attendance: 60,000
AUT: Kurt Schmied (24/0), Walter Kollmann (14/0), Franz Swoboda (12/0), Gerhard Hanappi (66/10), Karl Stotz (22/1), Karl Koller (38/3), Paul Kozlicek II (5/1), Erich Hof (2/0), Johann Buzek (11/5), Alfred Körner II (41/11), Josef Hamerl (1/0). Trainer: Josef Argauer (15).
Goals: Paul Kozlicek (42), Alfred Körner II (79), Johann Buzek (82).

281. 14.05.1958 **AUSTRIA - REPUBLIC OF IRELAND** 3-1(1-0)
Praterstadion, Wien; Referee: Paul Wyssling (Switzerland); Attendance: 35,000
AUT: Rudolf Szanwald (2/0), Paul Halla (21/2), Franz Swoboda (13/0), Gerhard Hanappi (67/10), Ernst Happel (48/4), Karl Koller (39/3), Walter Horak (2/0), Helmut Senekowitsch (4/2), Johann Buzek (12/6), Alfred Körner II (42/12), Josef Hamerl (2/1). Trainer: Josef Argauer (16).
Goals: Alfred Körner II (18), Johann Buzek (58), Josef Hamerl (77).

282. 08.06.1958 **BRAZIL - AUSTRIA** 3-0(1-0) 6th FIFA WC. Group Stage.
Rimnersvallen, Uddevalla; Referee: Maurice Guigue (France); Attendance: 22,000
AUT: Rudolf Szanwald (3/0), Paul Halla (22/2), Franz Swoboda (14/0), Gerhard Hanappi (68/10), Ernst Happel (49/4), Karl Koller (40/3), Walter Horak (3/0), Helmut Senekowitsch (5/2), Johann Buzek (13/6), Alfred Körner II (43/12), Dr. Walter Schleger (21/1). Trainer: Josef Argauer (17).

283. 11.06.1958 **SOVIET UNION - AUSTRIA** 2-0(1-0) 6th FIFA WC. Group Stage.
Ryavallen, Borås; Referee: Carl Friedrich Jørgensen (Denmark); Attendance: 21,239
AUT: Kurt Schmied (25/0), Ernst Kozlicek I (10/2), Franz Swoboda (15/0), Gerhard Hanappi (69/10), Karl Stotz (23/1), Karl Koller (41/3), Walter Horak (4/0), Paul Kozlicek II (6/1), Johann Buzek (14/6), Alfred Körner II (44/12), Helmut Senekowitsch (6/2). Trainer: Josef Argauer (18).

284. 15.06.1958 **ENGLAND - AUSTRIA** 2-2(0-1) 6th FIFA WC. Group Stage.
Ryavallen, Borås; Referee: Johannes Bronkhorst (Netherlands); Attendance: 16,800
AUT: Rudolf Szanwald (4/0), Walter Kollmann (15/0), Franz Swoboda (16/0), Gerhard Hanappi (70/10), Ernst Happel (50/4), Karl Koller (42/4), Ernst Kozlicek I (11/2), Paul Kozlicek II (7/1), Johann Buzek (15/6), Alfred Körner II (45/13), Helmut Senekowitsch (7/2). Trainer: Josef Argauer (19).
Goals: Karl Koller (15), Alfred Körner (71).

285. 14.09.1958 **AUSTRIA - YUGOSLAVIA** 3-4(3-1)
Praterstadion, Wien; Referee: Louis Fauquembergue (France); Attendance: 67,000
AUT: Kurt Schmied (26/0), Paul Halla (23/2), Franz Swoboda (17/0), Karl Koller (43/4), Ernst Happel (51/5), Leopold Barschandt (22/0), Walter Horak (5/0), Paul Kozlicek II (8/1), Johann Buzek (16/6) [70.Josef Hamerl (3/1)], Alfred Körner II (46/14), Herbert Ninaus (1/1). Trainers: Alfred Frey - Franz Putzendopler - Egon Selzer (1).
Goals: Ernst Happel (7), Herbert Ninaus (18), Alfred Körner (25).

286. 05.10.1958 **AUSTRIA - FRANCE** 1-2(1-0)
Praterstadion, Wien; Referee: Cesare Jonni (Italy); Attendance: 70,000
AUT: Kurt Schmied (27/0), Rudolf Oslansky (1/0), Erich Hasenkopf (2/0), Gerhard Hanappi (71/10), Heinrich Büllwatsch (1/0), Karl Koller (44/4), Walter Horak (6/0), Paul Kozlicek II (9/1), Erich Hof (3/1), Alfred Körner II (47/14), Herbert Ninaus (2/1). Trainers: Alfred Frey - Franz Putzendopler - Egon Selzer (2).
Goal: Erich Hof (21).

287. 19.11.1958   **WEST GERMANY - AUSTRIA**   **2-2(1-1)**
Olympiastadion, West-Berlin; Referee: Stanislav Fencl (Czechoslovakia); Attendance: 75,000
AUT: Bruno Engelmeier (10/0), Rudolf Oslansky (2/0), Erich Hasenkopf (3/0), Gerhard Hanappi (72/10), Walter Kollmann (16/0), Karl Koller (45/4), Walter Horak (7/1), Adolf Knoll (2/1), Johann Buzek (17/6), Erich Hof (4/1) [70.Peter Reiter (1/0)], Karl Skerlan (1/0). Trainer: Karl Decker (1).
Goals: Walter Horak (42), Adolf Knoll (61).

288. 20.05.1959   **NORWAY - AUSTRIA**   **0-1(0-1)**   1st EC. 1st Round.
Ullevaal Stadion, Oslo; Referee: Werner Bergmann (East Germany); Attendance: 27,566
AUT: Kurt Schmied (28/0), Heinrich Büllwatsch (2/0), Erich Hasenkopf (4/0), Gerhard Hanappi (73/10), Karl Stotz (24/1), Karl Koller (46/4), Walter Horak (8/1), Adolf Knoll (3/1), Erich Hof (5/2), Josef Hamerl (4/1), Karl Skerlan (2/1). Trainer: Karl Decker (2).
Goal: Erich Hof (32).

289. 24.05.1959   **BELGIUM - AUSTRIA**   **0-2(0-1)**
Stade Heysel, Bruxelles; Referee: Karol Galba (Czechoslovakia); Attendance: 32,300
AUT: Kurt Schmied (29/0), Rudolf Oslansky (3/0), Erich Hasenkopf (5/0), Gerhard Hanappi (74/10), Karl Stotz (25/1), Karl Koller (47/4), Walter Horak (9/1), Adolf Knoll (4/1), Erich Hof (6/2), Wilhelm Huberts I (1/1), Karl Skerlan (3/1). Trainer: Karl Decker (3).
Goals: Karl Skerlan (11), Wilhelm Huberts (55).

290. 14.06.1959   **AUSTRIA - BELGIUM**   **4-2(1-2)**
Praterstadion, Wien; Referee: Daniel Mellet (Switzerland); Attendance: 35,000
AUT: Kurt Schmied (30/0), Rudolf Oslansky (4/0), Erich Hasenkopf (6/0), Gerhard Hanappi (75/10), Karl Stotz (26/1), Karl Koller (48/4), Walter Horak (10/2), Adolf Knoll (5/1), Erich Hof (7/4), Wilhelm Huberts I (2/1), Karl Skerlan (4/2). Trainer: Karl Decker (4).
Goals: Karl Skerlan (17), Erich Hof (59, 62), Walter Horak (88).

291. 23.09.1959   **AUSTRIA - NORWAY**   **5-2(3-2)**   1st EC. 1st Round.
Praterstadion, Wien; Referee: Demostene Stathatos (Greece); Attendance: 34,989
AUT: Kurt Schmied (31/0), Rudolf Oslansky (5/0), Erich Hasenkopf (7/0), Gerhard Hanappi (76/10), Karl Stotz (27/1), Karl Koller (49/4), Paul Halla (24/2), Erich Hof (8/6), Horst Nemec (1/2), Wilhelm Huberts I (3/1), Karl Skerlan (5/3). Trainer: Karl Decker (5).
Goals: Erich Hof (2), Horst Nemec (21), Erich Hof (26), Karl Skerlan (60), Horst Nemec (73).

292. 22.11.1959   **SPAIN - AUSTRIA**   **6-3(3-1)**
Estadio Mestalla, Valencia; Referee: Pierre Schwinte (France); Attendance: 60,000
AUT: Kurt Schmied (32/0), Rudolf Oslansky (6/0) [32.Helmut Senekowitsch (8/3)], Franz Swoboda (18/0), Gerhard Hanappi (77/10), Karl Stotz (28/1), Karl Koller (50/4), Paul Halla (25/2), Adolf Knoll (6/2), Horst Nemec (2/2), Erich Hof (9/7), Karl Skerlan (6/3). Trainer: Karl Decker (6).
Goals: Erich Hof (40), Helmut Senekowitsch (56), Adolf Knoll (86).

293. 13.12.1959   **FRANCE - AUSTRIA**   **5-2(3-1)**   1st EC. Quarter-Finals.
Stade Olympique „Yves du Manoir", Colombes, Paris; Referee: Manuel Asensi (Spain); Attendance: 43,775
AUT: Kurt Schmied (33/0), Paul Halla (26/2), Karl Nickerl (3/0), Gerhard Hanappi (78/10), Karl Stotz (29/1), Karl Koller (51/4), Walter Horak (11/3), Helmut Senekowitsch (9/3), Horst Nemec (3/2), Rudolf Pichler (2/1), Karl Höfer (1/0). Trainer: Karl Decker (7).
Goals: Walter Horak (40), Rudolf Pichler (65).

294. 27.03.1960   **AUSTRIA - FRANCE**   **2-4(1-0)**   1st EC. Quarter-Finals.
Praterstadion, Wien; Referee: Leo Helge (Denmark); Attendance: 39,229
AUT: Rudolf Szanwald (5/0), Johann Windisch (1/0), Erich Hasenkopf (8/0), Gerhard Hanappi (79/10), Giuseppe Koschier (1/0), Karl Koller (52/4), Walter Horak (12/3), Paul Kozlicek II (10/1), Horst Nemec (4/3), Wilhelm Huberts I (4/1), Erich Probst (19/18). Trainer: Karl Decker (8).
Goals: Horst Nemec (27), Erich Probst (65).

295. 01.05.1960   **CZECHOSLOVAKIA - AUSTRIA**   **4-0(3-0)**
Sletový Stadion, Strahov, Praha; Referee: Andren (Sweden); Attendance: 20,000
AUT: Helmut Kitzmüller (1/0), Johann Windisch (2/0), Erich Hasenkopf (9/0), Gerhard Hanappi (80/10), Giuseppe Koschier (2/0), Karl Koller (53/4), Paul Kozlicek II (11/1), Adolf Knoll (7/2), Johann Buzek (18/6), Rudolf Pichler (3/1) [33.Erich Hof (10/7)], Josef Bertalan (1/0) [67.Walter Horak (13/3)]. Trainer: Karl Decker (9).

296. 29.05.1960   **AUSTRIA - SCOTLAND**   **4-1(3-0)**
Praterstadion, Wien; Referee: Albert Dusch (West Germany); Attendance: 60,000
AUT: Walter Zeman (41/0), Erich Hasenkopf (10/0), Franz Swoboda (19/0), Walter Skocik (1/0), Walter Glechner (1/0), Karl Koller (54/4), Rudolf Flögel (1/0), Gerhard Hanappi (81/12), Erich Hof (11/9), Josef Hamerl (5/1), Karl Skerlan (7/3). Trainer: Karl Decker (10).
Goals: Gerhard Hanappi (28, 32), Erich Hof (44, 62).

297. 22.06.1960   **NORWAY - AUSTRIA**   **1-2(1-0)**
Ullevaal Stadion, Oslo; Referee: Paulsen (Denmark); Attendance: 24,774
AUT: Kurt Schmied (34/0), Erich Hasenkopf (11/0), Franz Swoboda (20/0) [3.Johann Windisch (3/0)], Rudolf Oslansky (7/0), Walter Glechner (2/0), Karl Giesser (3/0), Rudolf Flögel (2/0), Adolf Knoll (8/2), Erich Hof (12/10), Josef Hamerl (6/2), Karl Skerlan (8/3). Trainer: Karl Decker (11).
Goals: Josef Hamerl (68), Erich Hof (89).

298. 04.09.1960   **AUSTRIA - SOVIET UNION**   **3-1(0-1)**
Praterstadion, Wien; Referee: Paul Wyssling (Switzerland); Attendance: 83,000
AUT: Kurt Schmied (35/0), Erich Hasenkopf (12/0), Franz Swoboda (21/0), Gerhard Hanappi (82/12), Walter Glechner (3/0), Karl Koller (55/4), Paul Kozlicek II (12/1) [71.Walter Skocik (2/0)], Rudolf Flögel (3/1), Erich Hof (13/12), Josef Hamerl (7/2) [46.Helmut Senekowitsch (10/3)], Karl Skerlan (9/3). Trainer: Karl Decker (12).
Goals: Erich Hof (47), Rudolf Flögel (84), Erich Hof (88).

299. 30.10.1960   **AUSTRIA - SPAIN**   **3-0(1-0)**
Praterstadion, Wien; Referee: Gottfried Dienst (Switzerland); Attendance: 91,000
AUT: Kurt Schmied (36/0), Heribert Trubrig (1/0), Franz Swoboda (22/0), Gerhard Hanappi (83/12), Karl Stotz (30/1), Karl Koller (56/4), Horst Nemec (5/4), Erich Hof (14/13), Johann Buzek (19/6), Helmut Senekowitsch (11/4), Josef Hamerl (8/2) [65.Rudolf Flögel (4/1)]. Trainer: Karl Decker (13).
Goals: Helmut Senekowitsch (34), Horst Nemec (77), Erich Hof (78).

300. 20.11.1960 **HUNGARY - AUSTRIA** 2-0(0-0)
Népstadion, Budapest; Referee: Joop Martens (Netherlands); Attendance: 70,000
AUT: Kurt Schmied (37/0), Heribert Trubrig (2/0), Erich Strobl (1/0), Gerhard Hanappi (84/12), Karl Stotz (31/1), Karl Koller (57/4) [5.Walter Skocik (3/0)], Horst Nemec (6/4), Erich Hof (15/13), Johann Buzek (20/6), Helmut Senekowitsch (12/4), Karl Skerlan (10/3). Trainer: Karl Decker (14).

301. 10.12.1960 **ITALY - AUSTRIA** 1-2(1-1)
Stadio „San Paolo", Napoli; Referee: Pierre Schwinte (France); Attendance: 15,000
AUT: Kurt Schmied (38/0) [11.Roman Pichler (1/0)], Heribert Trubrig (3/0), Franz Swoboda (23/0), Gerhard Hanappi (85/12), Karl Stotz (32/1), Leopold Barschandt (23/0), Horst Nemec (7/4), Erich Hof (16/14), Johann Buzek (21/6) [36.Ernst Kaltenbrunner (1/1)], Helmut Senekowitsch (13/4), Ferdinand Zechmeister (3/0). Trainer: Karl Decker (15).
Goals: Erich Hof (8), Ernst Kaltenbrunner (55).

302. 27.05.1961 **AUSTRIA - ENGLAND** 3-1(2-1)
Praterstadion, Wien; Referee: Karol Galba (Czechoslovakia); Attendance: 90,000
AUT: Gernot Fraydl (1/0), Heribert Trubrig (4/0), Gerhard Hanappi (86/12), Erich Strobl (2/0), Karl Stotz (33/1), Karl Koller (58/4), Horst Nemec (8/5), Erich Hof (17/15), Johann Buzek (22/6), Helmut Senekowitsch (14/5), Friedrich Rafreider (1/0). Trainer: Karl Decker (16).
Goals: Erich Hof (3), Horst Nemec (25), Helmut Senekowitsch (80).

303. 11.06.1961 **HUNGARY - AUSTRIA** 1-2(1-1)
Népstadion, Budapest; Referee: Gottfried Dienst (Switzerland); Attendance: 80,000
AUT: Gernot Fraydl (2/0), Heribert Trubrig (5/0), Erich Strobl (3/0), Gerhard Hanappi (87/12) [74.Rudolf Oslansky (8/0)], Karl Stotz (34/1), Karl Koller (59/4), Horst Nemec (9/6), Erich Hof (18/15), Johann Buzek (23/6), Helmut Senekowitsch (15/5), Friedrich Rafreider (2/1). Trainer: Karl Decker (17).
Goals: Friedrich Rafreider (15), Horst Nemec (54).

304. 10.09.1961 **SOVIET UNION - AUSTRIA** 0-1(0-1)
„Lenin" Stadium, Moskva; Referee: Bertil Wilhelm Lööw (Sweden); Attendance: 102,000
AUT: Gernot Fraydl (3/0), Heribert Trubrig (6/0), Erich Strobl (4/0) [46.Erich Hasenkopf (13/0)], Gerhard Hanappi (88/12), Karl Stotz (35/1), Karl Koller (60/4), Horst Nemec (10/6), Erich Hof (19/15) [66.Adolf Knoll (9/2)], Johann Buzek (24/6), Rudolf Flögel (5/1), Friedrich Rafreider (3/2). Trainer: Karl Decker (18).
Goal: Friedrich Rafreider (7).

305. 08.10.1961 **AUSTRIA - HUNGARY** 2-1(1-1)
Praterstadion, Wien; Referee: Václav Korelus (Czechoslovakia); Attendance: 90,000
AUT: Gernot Fraydl (4/0), Heribert Trubrig (7/0), Erich Hasenkopf (14/0), Gerhard Hanappi (89/12), Karl Stotz (36/1), Karl Koller (61/4), Horst Nemec (11/6), Adolf Knoll (10/2), Johann Buzek (25/6) [36.Rudolf Oslansky (9/1)], Erich Hof (20/16), Friedrich Rafreider (4/2). Trainer: Karl Decker (19).
Goals: Erich Hof (13 penalty), Rudolf Oslansky (81).

306. 19.11.1961 **YUGOSLAVIA - AUSTRIA** 2-1(1-1)
Stadion Maksimir, Zagreb; Referee: János Pósa (Hungary); Attendance: 45,000
AUT: Gernot Fraydl (5/0), Heribert Trubrig (8/0), Erich Hasenkopf (15/0), Gerhard Hanappi (90/12), Karl Stotz (37/1), Karl Giesser (4/0), Horst Nemec (12/7), Adolf Knoll (11/2), Johann Buzek (26/6), Erich Hof (21/16) [64.Paul Kozlicek II (13/1)], Friedrich Rafreider (5/2). Trainer: Karl Decker (20).
Goal: Horst Nemec (30).

307. 05.01.1962 **EGYPT - AUSTRIA** 1-0(1-0)
International Stadium, Cairo; Referee: Kurt Tschenscher (West Germany); Attendance: 35,000
AUT: Gernot Fraydl (6/0), Heribert Trubrig (9/0), Erich Hasenkopf (16/0), Gerhard Hanappi (91/12), Johann Windisch (4/0), Rudolf Oslansky (10/1), Rudolf Flögel (6/1), Ernst Ocwirk (62/6), Johann Buzek (27/6), Josef Hamerl (9/2) [46.Franz Viehböck (1/0)], Friedrich Rafreider (6/2). Trainer: Karl Decker (21).

308. 04.04.1962 **ENGLAND - AUSTRIA** 3-1(2-0)
Wembley Stadium, London; Referee: Pierre Schwinte (France); Attendance: 50,000
AUT: Gernot Fraydl (7/0), Heribert Trubrig (10/0), Erich Hasenkopf (17/0), Rudolf Oslansky (11/1), Karl Stotz (38/1), Karl Koller (62/4), Adolf Knoll (12/2), Erich Hof (22/16), Johann Buzek (28/7), Ernst Fiala (1/0) [40.Rudolf Flögel (7/1)], Friedrich Rafreider (7/2). Trainer: Karl Decker (22).
Goal: Johann Buzek (76).

309. 08.04.1962 **REPUBLIC OF IRELAND - AUSTRIA** 2-3(0-1)
Dalymount Park, Dublin; Referee: Josef Gulde (Switzerland); Attendance: 35,000
AUT: Gernot Fraydl (8/0), Johann Windisch (5/0), Erich Strobl (5/0), Ignaz Puschnik (2/0), Karl Stotz (39/1), Karl Koller (63/4), Horst Hirnschrodt (1/1) [59.Friedrich Rafreider (8/2)], Adolf Knoll (13/2), Johann Buzek (29/8), Erich Hof (23/17), Rudolf Flögel (8/1). Trainer: Karl Decker (23).
Goals: Johann Buzek (43), Horst Hirnschrodt (57), Erich Hof (63).

310. 06.05.1962 **AUSTRIA - BULGARIA** 2-0(0-0)
Praterstadion, Wien; Referee: Miroslav Kusak (Czechoslovakia); Attendance: 65,000
AUT: Gernot Fraydl (9/0), Ignaz Puschnik (3/0), Erich Hasenkopf (18/0), Gerhard Hanappi (92/12), Karl Stotz (40/1), Karl Koller (64/4), Oskar Kohlhauser (2/0) [61.Ernst Fiala (2/0)], Erich Hof (24/18), Horst Nemec (13/7), Adolf Knoll (14/2), Karl Skerlan (11/3). Trainer: Karl Decker (24).
Goals: Erich Hof (69 penalty), Kiril Rakarov (75 own goal).

311. 24.06.1962 **AUSTRIA - HUNGARY** 1-2(0-1)
Praterstadion, Wien; Referee: Albert Dusch (West Germany); Attendance: 75,000
AUT: Gernot Fraydl (10/0), Paul Halla (27/2), Johann Löser (1/0) [46.Erich Hasenkopf (19/0)], Ignaz Puschnik (4/0) [46.Adolf Knoll (15/2)], Karl Stotz (41/1), Karl Koller (65/4), Oskar Kohlhauser (3/0), Helmut Senekowitsch (16/5), Horst Nemec (14/8), Ernst Fiala (3/0), Friedrich Rafreider (9/2). Trainer: Karl Decker (25).
Goal: Horst Nemec (61).

312. 16.09.1962 **AUSTRIA - CZECHOSLOVAKIA** 0-6(0-3)
Praterstadion, Wien; Referee: Pierre Schwinte (France); Attendance: 78,000
AUT: Gernot Fraydl (11/0) [59.Rudolf Szanwald (6/0)], Paul Halla (28/2), Erich Hasenkopf (20/0) [17.Ignaz Puschnik (5/0)], Gerhard Hanappi (93/12), Karl Stotz (42/1), Karl Koller (66/4), Horst Nemec (15/8), Adolf Knoll (16/2), Erich Hof (25/18), Ernst Fiala (4/0), Dr. Walter Schleger (22/1). Trainer: Karl Decker (26).

313. 28.10.1962 HUNGARY - AUSTRIA 2-0(1-0)
Népstadion, Budapest; Referee: Josef Kandlbinder (West Germany); Attendance: 65,000
AUT: Rudolf Szanwald (7/0), Wilhelm Kainrath (1/0), Erich Hasenkopf (21/0), Johann Windisch (6/0), Walter Glechner (4/0), Karl Koller (67/4), Günter Kaltenbrunner (1/0) [77.Horst Hirnschrodt (2/1)], Alfred Gager (1/0), Horst Nemec (16/8), Rudolf Flögel (9/1), Friedrich Rafreider (10/2). Trainer: Karl Decker (27).

314. 11.11.1962 AUSTRIA - ITALY 1-2(0-1)
Praterstadion, Wien; Referee: Joseph Barberan (France); Attendance: 60,000
AUT: Rudolf Szanwald (8/0), Wilhelm Kainrath (2/0), Erich Hasenkopf (22/0), Johann Windisch (7/0), Walter Glechner (5/0), Karl Koller (68/4), Horst Nemec (17/9), Alfred Gager (2/0) [60.Ignaz Puschnik (6/0)], Friedrich Rafreider (11/2) [60.Franz Wolny (1/0)], Rudolf Flögel (10/1), Franz Viehböck (2/0). Trainer: Karl Decker (28).
Goal: Horst Nemec (90).

315. 25.11.1962 BULGARIA - AUSTRIA 1-1(1-0)
Nationalen stadion "Vasil Levski", Sofia; Referee: Hak Gyuruz (Turkey); Attendance: 50,000
AUT: Gernot Fraydl (12/0), Erich Hasenkopf (23/0), Heinrich Oberparleiter (1/0), Alfred Gager (3/0), Walter Glechner (6/0), Karl Koller (69/4), Rudolf Flögel (11/1), Johann Geyer (1/0), Horst Nemec (18/10), Rudolf Sabetzer (2/2) [49.Erhard Wieger (1/0)], Friedrich Rafreider (12/2). Trainer: Karl Decker (29).
Goal: Horst Nemec (74).

316. 24.04.1963 AUSTRIA - CZECHOSLOVAKIA 3-1(0-0)
Praterstadion, Wien; Referee: Pierre Schwinte (France); Attendance: 76,000
AUT: Gernot Fraydl (13/0), Ferdinand Kolarik (1/0), Erich Hasenkopf (24/0), Alfred Gager (4/0), Walter Glechner (7/0), Karl Koller (70/4), Anton Linhart (1/0), Erich Hof (26/18), Horst Nemec (19/13), Ernst Fiala (5/0), Rudolf Flögel (12/1). Trainer: Karl Decker (30).
Goals: Horst Nemec (49, 69, 78).

317. 08.05.1963 SCOTLAND - AUSTRIA 4-1(3-0)*
Hampden Park, Glasgow; Referee: James Finney (England); Attendance: 94,596
AUT: Gernot Fraydl (14/0), Ferdinand Kolarik (2/0), Erich Hasenkopf (25/0), Alfred Gager (5/0), Walter Glechner (8/0), Karl Koller (71/4), Anton Linhart (2/1), Erich Hof (27/18), Horst Nemec (20/13), Ernst Fiala (6/0), Friedrich Rafreider (13/2). Trainer: Karl Decker (31).
Goal: Anton Linhart (77).
*Abandoned after 79.minutes.

318. 09.06.1963 AUSTRIA - ITALY 0-1(0-0)
Praterstadion, Wien; Referee: Josef Kandlbinder (West Germany); Attendance: 35,000
AUT: Gernot Fraydl (15/0), Alfred Schrottenbaum (1/0), Erich Hasenkopf (26/0), Alfred Gager (6/0), Walter Glechner (9/0), Karl Koller (72/4), Anton Linhart (3/1), Adolf Knoll (17/2) [63.Friedrich Rafreider (14/2)], Erich Hof (28/18), Ernst Fiala (7/0) [68.Paul Kozlicek II (14/1)], Rudolf Flögel (13/1). Trainer: Karl Decker (32).

319. 25.09.1963 AUSTRIA - REPUBLIC OF IRELAND 0-0 2nd EC. 2nd Round.
Praterstadion, Wien; Referee: Gyula Gere (Hungary); Attendance: 26,741
AUT: Gernot Fraydl (16/0), Peter Vargo (1/0), Erich Hasenkopf (27/0), Rudolf Oslansky (12/1), Walter Glechner (10/0), Karl Koller (73/4), Rudolf Flögel (14/1), Erich Hof (29/18), Horst Nemec (21/13), Ernst Fiala (8/0), Johann Hörmayer (1/0). Trainer: Karl Decker (33).

320. 13.10.1963 REPUBLIC OF IRELAND - AUSTRIA 3-2(1-1) 2nd EC. 2nd Round.
Dalymount Park, Dublin; Referee: Åge Poulsen (Denmark); Attendance: 39,963
AUT: Gernot Fraydl (17/0), Peter Vargo (2/0), Erich Hasenkopf (28/0), Johann Frank (1/0), Walter Glechner (11/0), Karl Koller (74/4), Walter Koleznik (1/1), Johannes Jank (1/0), Johann Buzek (30/8), Horst Nemec (22/13), Rudolf Flögel (15/2). Trainer: Karl Decker (34).
Goals: Walter Koleznik (38), Rudolf Flögel (82).

321. 27.10.1963 HUNGARY - AUSTRIA 2-1(2-0)
Népstadion, Budapest; Referee: Pierre Schwinte (France); Attendance: 70,000
AUT: Gernot Fraydl (18/0), Paul Halla (29/2), Erich Hasenkopf (29/0), Johann Frank (2/0), Walter Glechner (12/0), Karl Koller (75/4), Walter Koleznik (2/1), Johann Buzek (31/8), Franz Hasil (1/0), Rudolf Flögel (16/2), Ernst Fiala (9/0) [46.Franz Viehböck (3/1)]. Trainer: Karl Decker (35).
Goal: Franz Viehböck (79).

322. 14.12.1963 ITALY - AUSTRIA 1-0(0-0)
Stadio Comunale, Torino; Referee: Gérard Versyp (Belgium); Attendance: 35,000
AUT: Roman Pichler (2/0), Horst Hirnschrodt (3/1), Erich Hasenkopf (30/0), Johann Frank (3/0), Walter Glechner (13/0), Karl Koller (76/4), Walter Koleznik (3/1), Horst Nemec (23/13), Walter Skocik (4/0) [45.Franz Hasil (2/0)], Rudolf Flögel (17/2), Franz Viehböck (4/1). Trainer: Karl Decker (36).

323. 12.04.1964 NETHERLANDS - AUSTRIA 1-1(1-1)
Olympisch Stadion, Amsterdam; Referee: Stanislav Fencl (Czechoslovakia); Attendance: 49,000
AUT: Roman Pichler (3/0), Horst Hirnschrodt (4/1), Erich Hasenkopf (31/0), Walter Skocik (5/0), Karl Koller (77/4), Ignaz Puschnik (7/0), Horst Nemec (24/13) [62.Franz Viehböck (5/1)], Rudolf Flögel (18/3), Leopold Grausam (1/0), Ernst Fiala (10/0) [33.Adolf Knoll (18/2)], Karl Skerlan (12/3). Trainer: Josef Walter (1).
Goal: Rudolf Flögel (2).

324. 03.05.1964 AUSTRIA - HUNGARY 1-0(0-0)
Praterstadion, Wien; Referee: Pierre Schwinte (France); Attendance: 75,000
AUT: Roman Pichler (4/0), Horst Hirnschrodt (5/1), Franz Viehböck (6/1), Walter Skocik (6/0), Walter Glechner (14/0), Karl Koller (78/4), Rudolf Flögel (19/3), Leopold Grausam (2/0), Horst Nemec (25/14), Erich Hof (30/18) [25.Ernst Fiala (11/0)], Johann Hörmayer (2/0). Trainer: Josef Walter (2).
Goal: Horst Nemec (55 penalty).

325. 14.05.1964 AUSTRIA - URUGUAY 0-2(0-1)
Praterstadion, Wien; Referee: Miroslav Kusak (Czechoslovakia); Attendance: 42,000
AUT: Roman Pichler (5/0) [46.Gernot Fraydl (19/0)], Horst Hirnschrodt (6/1), Franz Viehböck (7/1), Walter Skocik (7/0), Walter Glechner (15/0), Karl Koller (79/4), Rudolf Flögel (20/3), Leopold Grausam (3/0) [63.Adolf Knoll (19/2)], Horst Nemec (26/14), Ernst Fiala (12/0), Johann Hörmayer (3/0). Trainer: Josef Walter (3).

326. 27.09.1964   **AUSTRIA - YUGOSLAVIA**   **3-2(1-1)**
Praterstadion, Wien; Referee: Gyula Gere (Hungary); Attendance: 55,000
AUT: Rudolf Szanwald (9/0), Horst Hirnschrodt (7/1) [60.Johann Windisch (8/0)], Franz Viehböck (8/1) [46.Walter Ludescher (1/0)], Walter Skocik (8/0), Walter Glechner (16/0), Heinz Binder (1/0), Rudolf Flögel (21/3), Franz Hasil (3/1) [65.Helmut Senekowitsch (17/5)], Horst Nemec (27/16), Karl Koller (80/4), Karl Skerlan (13/3). Trainer: Josef Walter (4).
Goals: Franz Hasil (28), Horst Nemec (49, 90).

327. 11.10.1964   **AUSTRIA - SOVIET UNION**   **1-0(1-0)**
Praterstadion, Wien; Referee: Gottfried Dienst (Switzerland); Attendance: 72,000
AUT: Günther Paulitsch (1/0), Paul Halla (30/2), Franz Viehböck (9/1), Walter Skocik (9/0), Walter Glechner (17/1), Karl Koller (81/4), Günter Kaltenbrunner (2/0), Rudolf Flögel (22/3), Horst Nemec (28/16) [78.Franz Hasil (4/1)], Walter Hiesel (1/0) [85.Johann Windisch (9/0)], Johann Hörmayer (4/0) [46.Karl Skerlan (14/3)]. Trainer: Josef Walter (5).
Goal: Walter Glechner (44).

328. 24.03.1965   **FRANCE - AUSTRIA**   **1-2(1-2)**
Parc des Princes, Paris; Referee: Franz Geluck (Belgium); Attendance: 24,206
AUT: Gernot Fraydl (20/0), Paul Halla (31/2), Friedrich Kremser (1/0), Heinz Binder (2/0), Walter Glechner (18/1), Ewald Ullmann (1/0) [25.Gerhard Sturmberger (1/0)], Horst Hirnschrodt (8/1), Walter Seitl (1/1), Johann Buzek (32/8), Karl Koller (82/5), Johann Hörmayer (5/0). Trainer: Eduard Frühwirth (1).
Goals: Walter Seitl (14), Karl Koller (44).

329. 25.04.1965   **AUSTRIA - EAST GERMANY**   **1-1(0-0)**   8th FIFA WC. Qualifiers
Praterstadion, Wien; Referee: Nicolae Mihăilescu (Romania); Attendance: 57,312
AUT: Gernot Fraydl (21/0), Paul Halla (32/2), Friedrich Kremser (2/0), Gerhard Sturmberger (2/0), Walter Glechner (19/1), Karl Koller (83/5), Horst Hirnschrodt (9/1), Walter Seitl (2/1), Johann Buzek (33/8), Erich Hof (31/19), Franz Viehböck (10/1). Trainer: Eduard Frühwirth (2).
Goal: Erich Hof (47).

330. 16.05.1965   **SOVIET UNION - AUSTRIA**   **0-0**
„Lenin" Stadium, Moskva; Referee: Gyula Emsberger (Hungary); Attendance: 40,000
AUT: Rudolf Szanwald (10/0), Paul Halla (33/2), Friedrich Kremser (3/0), Gerhard Sturmberger (3/0), Heinz Binder (3/0), Karl Koller (84/5), Horst Hirnschrodt (10/1), Rudolf Flögel (23/3) [65.Adolf Knoll (20/2)], Walter Seitl (3/1), Rudolf Sabetzer (3/2), Franz Viehböck (11/1). Trainer: Eduard Frühwirth (3).

331. 13.06.1965   **AUSTRIA - HUNGARY**   **0-1(0-1)**   8th FIFA WC. Qualifiers
Praterstadion, Wien; Referee: Pierre Schwinte (France); Attendance: 70,067
AUT: Rudolf Szanwald (11/0), Paul Halla (34/2), Friedrich Kremser (4/0), Gerhard Sturmberger (4/0), Heinz Binder (4/0), Karl Koller (85/5), Horst Hirnschrodt (11/1), Walter Seitl (4/1), Johann Buzek (34/8), Erich Hof (32/19), Franz Viehböck (12/1). Trainer: Eduard Frühwirth (4).

332. 05.09.1965   **HUNGARY - AUSTRIA**   **3-0(2-0)**   8th FIFA WC. Qualifiers
Népstadion, Budapest; Referee: Aleksander Goraszniak (Poland); Attendance: 71,950
AUT: Rudolf Szanwald (12/0), Horst Hirnschrodt (12/1), Anton Linhart (4/1), Gerhard Sturmberger (5/0), Heinz Binder (5/0), Karl Koller (86/5), Horst Nemec (29/16), Leopold Grausam (4/0), Helmut Köglberger (1/0), Ernst Fiala (13/0), Franz Viehböck (13/1). Trainer: Eduard Frühwirth (5).

333. 09.10.1965   **WEST GERMANY - AUSTRIA**   **4-1(1-1)**
Neckarstadion, Stuttgart; Referee: Gottfried Dienst (Switzerland); Attendance: 74,000
AUT: Gernot Fraydl (22/0), Peter Pumm (1/0), Walter Ludescher (2/0), Johann Frank (4/0), Heinz Binder (6/0), Ewald Ullmann (2/0), Horst Hirnschrodt (13/1) [23.Franz Viehböck (14/1); 65.Helmut Köglberger (2/0)], Franz Hasil (5/1), Johann Buzek (35/9), Rudolf Flögel (24/3), Adolf Macek (1/0). Trainer: Eduard Frühwirth (6).
Goal: Johann Buzek (23).

334. 20.10.1965   **ENGLAND - AUSTRIA**   **2-3(1-0)**
Wembley Stadium, London; Referee: Pierre Schwinte (France); Attendance: 65,000
AUT: Gernot Fraydl (23/0), Robert Sara (1/0), Johann Frank (5/0) [29.Alfons Dirnberger (1/0)], Walter Stamm (1/0), Walter Ludescher (3/0), Franz Hasil (6/1), Ewald Ullmann (3/0), Anton Fritsch (1/2), Johann Buzek (36/9), Rudolf Flögel (25/4), Adolf Macek (2/0). Trainer: Eduard Frühwirth (7).
Goals: Rudolf Flögel (53), Anton Fritsch (73, 80).

335. 31.10.1965   **EAST GERMANY - AUSTRIA**   **1-0(1-0)**   8th FIFA WC. Qualifiers
Zentralstadion, Leipzig; Referee: Samuel Carswell (Northern Ireland); Attendance: 86,584
AUT: Gernot Fraydl (24/0), Rudolf Cejka (1/0), Alfons Dirnberger (2/0), Gerhard Sturmberger (6/0), Walter Ludescher (4/0), Franz Hasil (7/1), Ewald Ullmann (4/0), Anton Fritsch (2/2), Johann Buzek (37/9), Rudolf Flögel (26/4), Adolf Macek (3/0). Trainer: Eduard Frühwirth (8).

336. 24.04.1966   **AUSTRIA - SOVIET UNION**   **0-1(0-1)**
Praterstadion, Wien; Referee: Gyula Emsberger (Hungary); Attendance: 67,000
AUT: Gernot Fraydl (25/0), Horst Hirnschrodt (14/1), Heinz Binder (7/0), Johann Frank (6/0) [46.Walter Skocik (10/0)], Walter Ludescher (5/0), Franz Hasil (8/1), Adolf Knoll (21/2) [46.Robert Sara (2/0)], Günter Kaltenbrunner (3/0) [67.Thomas Parits (1/0)], Johann Buzek (38/9), Rudolf Flögel (27/4), Ernst Fiala (14/0). Trainer: Eduard Frühwirth (9).

337. 22.05.1966   **AUSTRIA - REPUBLIC OF IRELAND**   **1-0(0-0)**
Praterstadion, Wien; Referee: Gyula Gere (Hungary); Attendance: 50,000
AUT: Roman Pichler (6/0), Walter Gebhardt (1/0), Walter Glechner (20/1), Walter Stamm (2/0), Walter Ludescher (6/0), Walter Skocik (11/0), Ewald Ullmann (5/0), Horst Hirnschrodt (15/1) [55.Thomas Parits (2/0)], Walter Seitl (5/2), Rudolf Flögel (28/4), Adolf Macek (4/0). Trainer: Eduard Frühwirth (10).
Goal: Walter Seitl (76).

338. 18.06.1966   **ITALY - AUSTRIA**   **1-0(0-0)**
Stadio San Siro, Milano; Referee: Bertil Wilhelm Lööw (Sweden); Attendance: 40,000
AUT: Roman Pichler (7/0), Michael Breibert (1/0), Walter Glechner (21/1), Walter Stamm (3/0), Walter Ludescher (7/0), Horst Hirnschrodt (16/1), Walter Skocik (12/0), Walter Seitl (6/2), Johann Buzek (39/9), Rudolf Flögel (29/4), Johann Szauer (1/0) [60.Thomas Parits (3/0)]. Trainer: Eduard Frühwirth (11).

339. 18.09.1966 **AUSTRIA - NETHERLANDS** 2-1(1-1)
Praterstadion, Wien; Referee: Concetto Lo Bello (Italy); Attendance: 32,500
AUT: Roman Pichler (8/0), Walter Gebhardt (2/0), Walter Glechner (22/1), Heinz Binder (8/0), Karl Fröhlich (1/0), Walter Skocik (13/0), Robert Sara (3/1), Rudolf Flögel (30/4), Thomas Parits (4/0), Johann Buzek (40/9) [46.Walter Hiesel (2/0)], Franz Viehböck (15/2). Trainer: Eduard Frühwirth (12).
Goals: Robert Sara (12), Franz Viehböck (74).

340. 02.10.1966 **FINLAND - AUSTRIA** 0-0 3rd EC. Qualifiers
Olympiastadion, Helsinki; Referee: Peter Coates (Republic of Ireland); Attendance: 10,070
AUT: Roman Pichler (9/0), Walter Gebhardt (3/0), Walter Glechner (23/1), Heinz Binder (9/0), Franz Viehböck (16/2), Horst Hirnschrodt (17/1), Robert Sara (4/1), Rudolf Flögel (31/4), Anton Fritsch (3/2), Thomas Parits (5/0), Johann Hörmayer (6/0). Trainer: Eduard Frühwirth (13).

341. 05.10.1966 **SWEDEN - AUSTRIA** 4-1(1-0)
Råsundastadion, Stockholm; Referee: Kestutis Andziulis (Soviet Union); Attendance: 19,194
AUT: Roman Pichler (10/0), Walter Gebhardt (4/0), Walter Glechner (24/1), Josef Wahl (1/0), Franz Viehböck (17/2), Horst Hirnschrodt (18/1), Gerhard Sturmberger (7/0), Rudolf Flögel (32/5), Anton Fritsch (4/2), Peter Schmidt (1/0) [46.Robert Sara (5/1)], Thomas Parits (6/0). Trainer: Eduard Frühwirth (14).
Goal: Rudolf Flögel (79).

342. 30.10.1966 **HUNGARY - AUSTRIA** 3-1(1-0)
Népstadion, Budapest; Referee: Othmar Huber (Switzerland); Attendance: 25,000
AUT: Roman Pichler (11/0), Michael Breibert (2/0) [46.Walter Gebhardt (5/0)], Walter Glechner (25/1), Alfons Dirnberger (3/0), Franz Viehböck (18/2), Horst Hirnschrodt (19/1), Gerhard Sturmberger (8/0), Thomas Parits (7/0), Franz Wolny (2/1), Rudolf Flögel (33/5), Johann Szauer (2/0). Trainer: Eduard Frühwirth (15).
Goal: Franz Wolny (89).

343. 27.05.1967 **AUSTRIA - ENGLAND** 0-1(0-1)
Praterstadion, Wien; Referee: Michel Kitabdjian (France); Attendance: 50,000
AUT: Roman Pichler (12/0), Helmut Wartusch (1/0), Walter Glechner (26/1), Gerhard Sturmberger (9/0), Erich Fak (1/0), Roland Eschelmüller (1/0), Peter Schmidt (2/0), Helmut Köglberger (3/0), Franz Wolny (3/1), Helmut Siber (1/0), Thomas Parits (8/0). Trainer: Erwin Alge - Johann Pesser (1).

344. 11.06.1967 **SOVIET UNION - AUSTRIA** 4-3(3-1) 3rd EC. Qualifiers
„Lenin" Stadium, Moskva; Referee: Einar Boström (Sweden); Attendance: 72,142
AUT: Roman Pichler (13/0), Helmut Wartusch (2/0), Walter Glechner (27/1), Gerhard Sturmberger (10/0), Erich Fak (2/0), Roland Eschelmüller (2/0), Erich Hof (33/20), Rudolf Flögel (34/5), Franz Wolny (4/2), Helmut Siber (2/1), Johann Hörmayer (7/0). Trainer: Erwin Alge - Johann Pesser (2).
Goals: Erich Hof (38), Franz Wolny (54), Helmut Siber (69).

345. 06.09.1967 **AUSTRIA - HUNGARY** 1-3(0-1)
Praterstadion, Wien; Referee: Othmar Huber (Switzerland); Attendance: 53,519
AUT: Gerfried Hodschar (1/0), Walter Gebhardt (6/0), Walter Glechner (28/1) [46.Ewald Ullmann (6/0)], Johann Eigenstiller (1/0), Erich Fak (3/0), Franz Hasil (9/1), Erich Hof (34/21), Rudolf Flögel (35/5), Franz Wolny (5/2), Helmut Siber (3/1), Helmut Redl (1/0) [46.Anton Fritsch (5/2)]. Trainer: Erwin Alge - Johann Pesser (3).
Goal: Erich Hof (78).

346. 24.09.1967 **AUSTRIA - FINLAND** 2-1(1-0) 3rd EC. Qualifiers
Praterstadion, Wien; Referee: Milivoje Gugulović (Yugoslavia); Attendance: 28,000
AUT: Gerald Fuchsbichler (1/0), Walter Gebhardt (7/0), Walter Glechner (29/1), Johann Eigenstiller (2/0), Karl Fröhlich (2/0), Gerhard Sturmberger (11/0), Rudolf Flögel (36/6), Helmut Mätzler (1/0), Franz Wolny (6/2), Leopold Grausam (5/1), Helmut Redl (2/0). Trainer: Erwin Alge - Johann Pesser (4).
Goals: Rudolf Flögel (17), Leopold Grausam (81).

347. 04.10.1967 **GREECE - AUSTRIA** 4-1(2-0) 3rd EC. Qualifiers
Stádio „Giórgos Karaïskáki", Peiraiás; Referee: Vasile Dumitrescu (Romania); Attendance: 32,870
AUT: Gerald Fuchsbichler (2/0), Walter Gebhardt (8/0), Walter Glechner (30/1), Johann Eigenstiller (3/0), Karl Fröhlich (3/0), Johann Frank (7/0), Rudolf Flögel (37/6), Anton Fritsch (6/2), Helmut Siber (4/1), Leopold Grausam (6/2), Helmut Redl (3/0). Trainer: Erwin Alge - Johann Pesser (5).
Goal: Leopold Grausam (61).

348. 15.10.1967 **AUSTRIA - SOVIET UNION** 1-0(1-0) 3rd EC. Qualifiers
Praterstadion, Wien; Referee: Todor Betchkirov (Bulgaria); Attendance: 34,300
AUT: Wilhelm Harreither (1/0), Walter Gebhardt (9/0), Walter Glechner (31/1), Walter Stamm (4/0), Karl Fröhlich (4/0), Gerhard Sturmberger (12/0), Johann Eigenstiller (4/0), Walter Koleznik (4/1), Leopold Grausam (7/3), Rudolf Flögel (38/6), Helmut Siber (5/1). Trainer: Erwin Alge - Johann Pesser (6).
Goal: Leopold Grausam (49).

349. 05.11.1967 **AUSTRIA - GREECE** 1-1(1-0)* 3rd EC. Qualifiers
Praterstadion, Wien; Referee: Gyula Gere (Hungary); Attendance: 31,969
AUT: Wilhelm Harreither (2/0), Walter Gebhardt (10/0), Walter Glechner (32/1), Walter Stamm (5/0), Karl Fröhlich (5/0), Walter Skocik (14/0), Johann Eigenstiller (5/0), Walter Koleznik (5/1), Helmut Siber (6/2), Leopold Grausam (8/3), Helmut Redl (4/0). Trainer: Erwin Alge - Johann Pesser (7).
Goal: Helmut Siber (32).
Abandoned after 86 minutes.

350. 01.05.1968 **AUSTRIA - ROMANIA** 1-1(0-1)
Linzer Stadion Gugl, Linz; Referee: Karol Galba (Czechoslovakia); Attendance: 30,000
AUT: Gerfried Hodschar (2/0), Walter Gebhardt (11/0), Walter Glechner (33/1), Johann Eigenstiller (6/0), Karl Fröhlich (6/0), Gerhard Sturmberger (13/0), August Starek (1/0), Ernst Fiala (15/0) [62.Josef Hickersberger (1/0)], Thomas Parits (9/0), Helmut Köglberger (4/0), Helmut Siber (7/3). Trainer: Erwin Alge - Johann Pesser (8).
Goal: Helmut Siber (85).

351. 19.05.1968 **AUSTRIA - CYPRUS** 7-1(3-1) 9th FIFA WC. Qualifiers
Praterstadion, Wien; Referee: János Biróczky (Hungary); Attendance: 27,171
AUT: Wilhelm Harreither (3/0), Walter Gebhardt (12/0), Walter Glechner (34/1), Walter Stamm (6/0), Karl Fröhlich (7/0), Gerhard Sturmberger (14/0), Norbert Hof (1/0), Thomas Parits (10/0) [70.Walter Koleznik (6/1)], Erich Hof (35/26), Helmut Siber (8/4), Helmut Redl (5/1) [70.Franz Wolny (7/2)]. Trainer: Erwin Alge - Johann Pesser (9).
Goals: Erich Hof (4), Helmut Redl (25), Erich Hof (42, 53, 68), Helmut Siber (73), Erich Hof (76).

352. 16.06.1968 **SOVIET UNION - AUSTRIA** 3-1(1-1)
"Kirov" Stadium, Leningrad; Referee: Hans Carlsson (Sweden); Attendance: 71,000
AUT: Wilhelm Harreither (4/0), Walter Gebhardt (13/0), Walter Glechner (35/1), Walter Stamm (7/0), Karl Fröhlich (8/0), Johann Eigenstiller (7/0), Helmut Senekowitsch (18/5), Helmut Siber (9/4), Franz Wolny (8/2), Erich Hof (36/27), Johann Hörmayer (8/0). Trainer: Erwin Alge - Johann Pesser (10).
Goal: Erich Hof (38).

353. 22.09.1968 **SWITZERLAND - AUSTRIA** 1-0(1-0)
Wankdorf Stadion, Bern; Referee: Adrianus Aalbrecht (Netherlands); Attendance: 23,000
AUT: Wilhelm Harreither (5/0), Walter Gebhardt (14/0), Heinz Russ (1/0) [46.Johann Ettmayer (1/0)], Johann Eigenstiller (8/0), Erich Fak (4/0), Gerhard Sturmberger (15/0), Günter Kaltenbrunner (4/0), Norbert Hof (2/0), Anton Fritsch (7/2), Helmut Köglberger (5/0), Johann Hörmayer (9/0). Trainer: Leopold Šťastný (Czechoslovakia, 1).

354. 13.10.1968 **AUSTRIA - WEST GERMANY** 0-2(0-1) 9th FIFA WC. Qualifiers
Praterstadion, Wien; Referee: Janusz Eksztajn (Poland); Attendance: 67,115
AUT: Wilhelm Harreither (6/0), Peter Pumm (2/0), Gerhard Sturmberger (16/0), Johann Eigenstiller (9/0), Erich Fak (5/0), Franz Hasil (10/1), August Starek (2/0), Johann Ettmayer (2/0), Anton Fritsch (8/2), Helmut Köglberger (6/0), Helmut Mätzler (2/0). Trainer: Leopold Šťastný (Czechoslovakia, 2).

355. 06.11.1968 **SCOTLAND - AUSTRIA** 2-1(1-1) 9th FIFA WC. Qualifiers
Hampden Park, Glasgow; Referee: Curt Liedberg (Sweden); Attendance: 80,856
AUT: Gerald Fuchsbichler (3/0), Walter Gebhardt (15/0), Gerhard Sturmberger (17/0), Johann Eigenstiller (10/0), Peter Pumm (3/0), Franz Hasil (11/1), August Starek (3/1), Johann Ettmayer (3/0), Helmut Mätzler (3/0), Helmut Siber (10/4), Helmut Redl (6/1) [46.Helmut Köglberger (7/0)]. Trainer: Leopold Šťastný (Czechoslovakia, 3).
Goal: August Starek (3).

356. 10.11.1968 **REPUBLIC OF IRELAND - AUSTRIA** 2-2(0-1)
Dalymount Park, Dublin; Referee: Robert Holley Davidson (Scotland); Attendance: 20,000
AUT: Gerald Fuchsbichler (4/0) [8.Wilhelm Harreither (7/0)], Walter Gebhardt (16/0), Gerhard Sturmberger (18/0), Johann Eigenstiller (11/0), Heinz Russ (2/0), Rudolf Horvath (1/0), Erich Hof (37/28), Johann Ettmayer (4/0), Anton Fritsch (9/2), Helmut Köglberger (8/0) [78.Helmut Mätzler (4/0)], Helmut Redl (7/2). Trainer: Leopold Šťastný (Czechoslovakia, 4).
Goals: Helmut Redl (15), Erich Hof (50).

357. 19.04.1969 **CYPRUS - AUSTRIA** 1-2(0-1) 9th FIFA WC. Qualifiers
Stádio GSP, Nicosia; Referee: Gotcho Rusev (Bulgaria); Attendance: 5,247
AUT: Wilhelm Harreither (8/0), Anton Linhart (5/1), Gerhard Sturmberger (19/0), Johann Eigenstiller (12/0), Erich Fak (6/0), Alfred Eisele (1/0) [46.Johann Ettmayer (5/0)], Rudolf Flögel (39/6) [60.Helmut Wallner (1/0)], Norbert Hof (3/0), Wilhelm Kreuz (1/1), Johann Buzek (41/9), Helmut Redl (8/3). Trainer: Leopold Šťastný (Czechoslovakia, 5).
Goals: Wilhelm Kreuz (27), Helmut Redl (55).

358. 23.04.1969 **ISRAEL - AUSTRIA** 1-1(1-1)
National Stadium, Ramat Gan, Tel Aviv; Referee: Aurelio Angonese (Italy); Attendance: 35,000
AUT: Wilhelm Harreither (9/0), Anton Linhart (6/1) [59.Erich Fak (7/0)], Johann Eigenstiller (13/0), Norbert Hof (4/0), Heinrich Strasser (1/0), Helmut Wallner (2/0) [79.Alfred Eisele (2/0)], Johann Ettmayer (6/0), Helmut Mätzler (5/0), Wilhelm Kreuz (2/2), Johann Buzek (42/9), Helmut Redl (9/3). Trainer: Leopold Šťastný (Czechoslovakia, 6).
Goal: Wilhelm Kreuz (39).

359. 27.04.1969 **MALTA - AUSTRIA** 1-3(0-2)
Empire Stadium, Gzira; Referee: Fabio Monti (Italy); Attendance: 9,449
AUT: Wilhelm Harreither (10/0), Erich Fak (8/0), Gerhard Sturmberger (20/0), Johann Eigenstiller (14/0), Heinrich Strasser (2/0), Norbert Hof (5/0), Johann Ettmayer (7/0), Helmut Mätzler (6/0), Wilhelm Kreuz (3/3), Helmut Köglberger (9/2), Helmut Redl (10/3) [46.Josef Stering (1/0)]. Trainer: Leopold Šťastný (Czechoslovakia, 7).
Goals: Helmut Köglberger (21), Wilhelm Kreuz (26), Helmut Köglberger (62).

360. 10.05.1969 **WEST GERMANY - AUSTRIA** 1-0(0-0) 9th FIFA WC. Qualifiers
Frankenstadion, Nürnberg; Referee: Fiala (Czechoslovakia); Attendance: 69,892
AUT: Gernot Fraydl (26/0), Peter Pumm (4/0), Gerhard Sturmberger (21/0), Johann Eigenstiller (15/0), Erich Fak (9/0), August Starek (4/1), Johann Ettmayer (8/0), Norbert Hof (6/0), H.Koglberger (10/2) [46.Wilhelm Kreuz (4/3)], Helmut Siber (11/4), Helmut Redl (11/3). Trainer: Leopold Šťastný (Czechoslovakia, 8).

361. 21.09.1969 **AUSTRIA – WEST GERMANY** 1-1(1-1)
Praterstadion, Wien; Referee: Concetto Lo Bello (Italy); Attendance: 28,000
AUT: Gerald Fuchsbichler (5/0), Walter Gebhardt (17/0), Gerhard Sturmberger (22/0), Norbert Hof (7/0), Peter Pumm (5/0), Johann Schmidradner (1/0), Rudolf Flögel (40/6) [46.Johann Geyer (2/0)], Johann Ettmayer (9/0), Thomas Parits (11/0), Hans Pirkner (1/1), Helmut Redl (12/3). Trainer: Leopold Šťastný (Czechoslovakia, 9).
Goal: Hans Pirkner (7).

362. 05.11.1969 **AUSTRIA - SCOTLAND** 2-0(1-0) 9th FIFA WC. Qualifiers
Praterstadion, Wien; Referee: Karlo Kruashvili (Soviet Union); Attendance: 10,091
AUT: Wilhelm Harreither (11/0), Helmut Wallner (3/0), Gerhard Sturmberger (23/0), Johann Schmidradner (2/0), Erich Fak (10/0), Johann Geyer (3/0), Norbert Hof (8/0), Johann Ettmayer (10/0), Thomas Parits (12/0), Robert Kaiser (1/0) [66.Josef Hickersberger (2/0)], Helmut Redl (13/5). Trainer: Leopold Šťastný (Czechoslovakia, 10).
Goals: Helmut Redl (15, 52).

363. 08.04.1970 **YUGOSLAVIA - AUSTRIA** 1-1(0-1)
Stadion Koševo, Sarajevo; Referee: István Zsolt (Hungary); Attendance: 10,000
AUT: Wilhelm Harreither (12/0), Peter Pumm (6/0), Gerhard Sturmberger (24/0), Johann Schmidradner (3/0), Wilhelm Huberts II (1/0), Johann Geyer (4/0), Eduard Krieger (1/0), Johann Ettmayer (11/0), Hans Pirkner (2/1), Thomas Parits (13/0), Helmut Redl (14/6). Trainer: Leopold Šťastný (Czechoslovakia, 11).
Goal: Helmut Redl (19).

364. 12.04.1970 **AUSTRIA - CZECHOSLOVAKIA** 1-3(0-3)
Praterstadion, Wien; Referee: Referee: Anton Bucheli (Switzerland); Attendance: 30,000
AUT: Wilhelm Harreither (13/0) [46.Herbert Rettensteiner (1/0)], Peter Pumm (7/0), Gerhard Sturmberger (25/0), Johann Schmidradner (4/0), Wilhelm Huberts II (2/0), Johann Geyer (5/0), Eduard Krieger (2/0), Johann Ettmayer (12/0) [46.Josef Hickersberger (3/0)], Hans Pirkner (3/1) [46.Wilhelm Kreuz (5/3)], Thomas Parits (14/0), Helmut Redl (15/6). Trainer: Leopold Šťastný (Czechoslovakia, 12).
Goal: Václav Migas (72 own goal).

365. 29.04.1970 **BRAZIL - AUSTRIA** 1-0(1-0)
Estádio „Jornalista Mário Filho" [Maracanã], Rio de Janeiro; Referee: Miguel Ángel Francisco Comesaña (Argentina); Attendance: 80,000
AUT: Herbert Rettensteiner (2/0), Peter Pumm (8/0), Gerhard Sturmberger (26/0) [81.Eduard Krieger (3/0)], Johann Schmidradner (5/0), Wilhelm Huberts II (3/0), Johann Geyer (6/0), Norbert Hof (9/0), Johann Ettmayer (13/0) [76.Josef Hickersberger (4/0)], Thomas Parits (15/0), Wilhelm Kreuz (6/3), Helmut Redl (16/6). Trainer: Leopold Šťastný (Czechoslovakia, 13).

366. 10.09.1970 **AUSTRIA - YUGOSLAVIA** 0-1(0-1)
Libenau Stadion, Graz; Referee: Antonio Sbardella (Italy); Attendance: 24,000
AUT: Gernot Fraydl (27/0), Johannes Demantke (1/0), Gerhard Sturmberger (27/0), Eduard Krieger (4/0), Heinrich Strasser (3/0), Johann Geyer (7/0), Josef Hickersberger (5/0), Norbert Hof (10/0) [46.Johann Ettmayer (14/0)], Thomas Parits (16/0), Wilhelm Kreuz (7/3), Hans Pirkner (4/1). Trainer: Leopold Šťastný (Czechoslovakia, 14).

367. 27.09.1970 **HUNGARY - AUSTRIA** 1-1(1-1)
Népstadion, Budapest; Referee: Ratko Çanak (Yugoslavia); Attendance: 15,000
AUT: Friedrich Koncilia (1/0), Peter Clement (1/0), Johann Schmidradner (6/0), Gerhard Sturmberger (28/0) [65.Eduard Krieger (5/0)], Erich Fak (11/0), Johann Geyer (8/0), Norbert Hof (11/0), August Starek (5/1) [46.Johann Ettmayer (15/0)], Josef Hickersberger (6/0), Wilhelm Kreuz (8/3), Helmut Redl (17/7). Trainer: Leopold Šťastný (Czechoslovakia, 15).
Goal: Helmut Redl (28).

368. 07.10.1970 **AUSTRIA - FRANCE** 1-0(0-0)
Praterstadion, Wien; Referee: Ferdinand Biwersi (West Germany); Attendance: 25,000
AUT: Friedrich Koncilia (2/0), Peter Clement (2/0) [46.Johannes Demantke (2/0)], Johann Schmidradner (7/0), Gerhard Sturmberger (29/0), Erich Fak (12/0), Josef Hickersberger (7/0) [76.Eduard Krieger (6/0)], Norbert Hof (12/0), August Starek (6/1) [46.Johann Ettmayer (16/0)], Thomas Parits (17/0), Wilhelm Kreuz (9/4), Helmut Redl (18/7). Trainer: Leopold Šťastný (Czechoslovakia, 16).
Goal: Wilhelm Kreuz (50).

369. 31.10.1970 **AUSTRIA - ITALY** 1-2(1-2) 4th EC. Qualifiers
Praterstadion, Wien; Referee: Laurens van Ravens (Netherlands); Attendance: 54,953
AUT: Friedrich Koncilia (3/0) [46.Herbert Rettensteiner (3/0)], Johann Schmidradner (8/0), Gerhard Sturmberger (30/0), Norbert Hof (13/0), Peter Pumm (9/0), August Starek (7/1), Johann Ettmayer (17/0), Thomas Parits (18/1), Josef Hickersberger (8/0), Wilhelm Kreuz (10/4), Helmut Redl (19/7). Trainer: Leopold Šťastný (Czechoslovakia, 17).
Goal: Thomas Parits (30).

370. 04.04.1971 **AUSTRIA - HUNGARY** 0-2(0-0)
Praterstadion, Wien; Referee: Pius Kamber (Switzerland); Attendance: 35,000
AUT: Herbert Rettensteiner (4/0), Erich Fak (13/0), Gerhard Sturmberger (31/0) [46.Rudolf Horvath (2/0)], Johann Schmidradner (9/0), Werner Kriess (1/0), August Starek (8/1), Norbert Hof (14/0), Johann Ettmayer (18/0), Wilhelm Kreuz (11/4), Kurt Leitner (1/0) [78.Karl Kodat (1/0)], Géza Gallos (1/0) [71.Alfred Gassner (1/0)]. Trainer: Leopold Šťastný (Czechoslovakia, 18).

371. 26.05.1971 **SWEDEN - AUSTRIA** 1-0(0-0) 4th EC. Qualifiers
Råsundastadion, Stockholm; Referee: Janusz Eksztajn (Poland); Attendance: 5,416
AUT: Herbert Rettensteiner (5/0), Johann Schmidradner (10/0), Gerhard Sturmberger (32/0), Johann Eigenstiller (16/0), Peter Pumm (10/0), Josef Hickersberger (9/0), August Starek (9/1), Johann Ettmayer (19/0) [81.Johann Geyer (9/0)], Karl Kodat (2/0), Wilhelm Kreuz (12/4), Alfred Gassner (2/0) [72.Géza Gallos (2/0)]. Trainer: Leopold Šťastný (Czechoslovakia, 19).

372. 30.05.1971 **REPUBLIC OF IRELAND - AUSTRIA** 1-4(0-3) 4th EC. Qualifiers
Lansdowne Road, Dublin; Referee: Henry Öberg (Norway); Attendance: 14,674
AUT: Herbert Rettensteiner (6/0), Johann Schmidradner (11/1), Gerhard Sturmberger (33/0), Johann Eigenstiller (17/0), Werner Kriess (2/0) [78.Rainer Schlagbauer (1/0)], August Starek (10/2), Norbert Hof (15/0), Johann Ettmayer (20/0), Josef Hickersberger (10/0), Wilhelm Kreuz (13/4), Karl Kodat (3/1). Trainer: Leopold Šťastný (Czechoslovakia, 20).
Goals: Johann Schmidradner (4 penalty), Karl Kodat (11), Anthony Peter Dunne (30 own goal), August Starek (72).

373. 11.07.1971 **BRAZIL - AUSTRIA** 1-1(1-0)
Estádio Morumbi, São Paulo; Referee: John Keith Taylor (England); Attendance: 125,000
AUT: Herbert Rettensteiner (7/0), Johann Schmidradner (12/1), Gerhard Sturmberger (34/0), Johann Eigenstiller (18/0), Alois Jagodic (1/0), Josef Hickersberger (11/0), Norbert Hof (16/0), Johann Ettmayer (21/0), Karl Kodat (4/1), Josef Stering (2/0), Kurt Jara (1/1). Trainer: Leopold Šťastný (Czechoslovakia, 21).
Goal: Kurt Jara (51).

374. 04.09.1971 **AUSTRIA - SWEDEN** 1-0(1-0) 4th EC. Qualifiers
Praterstadion, Wien; Referee: Rudolf Glöckner (East Germany); Attendance: 38,274
AUT: Herbert Rettensteiner (8/0), Johann Schmidradner (13/1), Gerhard Sturmberger (35/0), Johann Eigenstiller (19/0), Peter Pumm (11/0), August Starek (11/2), Norbert Hof (17/0), Johann Ettmayer (22/0) [88.Alois Jagodic (2/0)], Karl Kodat (5/1), Josef Stering (3/1) [60.Josef Hickersberger (12/0)], Hans Pirkner (5/1). Trainer: Leopold Šťastný (Czechoslovakia, 22).
Goal: Josef Stering (23).

375. 10.10.1971 **AUSTRIA - REPUBLIC OF IRELAND** 6-0(3-0) 4th EC. Qualifiers
Linzer Stadion, Linz; Referee: Karl Göppel (Switzerland); Attendance: 15,050
AUT: Adolf Antrich (1/0), Johann Schmidradner (14/1), Gerhard Sturmberger (36/0), Johann Eigenstiller (20/0), Peter Pumm (12/0), Rudolf Horvath (3/0), Norbert Hof (18/0), Johann Ettmayer (23/0), Hans Pirkner (6/2), Thomas Parits (19/4), Kurt Jara (2/3). Trainer: Leopold Šťastný (Czechoslovakia, 23).
Goals: Kurt Jara (12), Hans Pirkner (40 penalty), Thomas Parits (45, 52), Kurt Jara (85), Thomas Parits (90).

376. 20.11.1971 **ITALY - AUSTRIA** 2-2(1-1) 4th EC. Qualifiers
Stadio Olimpico, Roma; Referee: Gyula Emsberger (Hungary); Attendance: 53,752
AUT: Adolf Antrich (2/0), Johann Schmidradner (15/1), Rudolf Horvath (4/0), Johann Eigenstiller (21/0), Peter Pumm (13/0), Robert Sara (6/2), Norbert Hof (19/0), Johann Ettmayer (24/0), Helmut Köglberger (11/2), Hans Pirkner (7/2), Kurt Jara (3/4). Trainer: Leopold Šťastný (Czechoslovakia, 24).
Goals: Kurt Jara (38), Robert Sara (60).

377. 08.04.1972 **CZECHOSLOVAKIA - AUSTRIA** 2-0(2-0)
Stadion za Luž ankami, Brno; Referee: Heinz Einbeck(East Germany); Attendance: 30,000
AUT: Herbert Rettensteiner (9/0), Robert Sara (7/2) [62.Robert Fendler II (1/0)], Gerhard Sturmberger (37/0), Johann Eigenstiller (22/0), Peter Pumm (14/0), Johann Schmidradner (16/1), Josef Hickersberger (13/0), Rudolf Horvath (5/0), Johann Ettmayer (25/0), Wilhelm Kreuz (14/4), Kurt Jara (4/4). Trainer: Leopold Šťastný (Czechoslovakia, 25).

378. 30.04.1972 **AUSTRIA - MALTA** 4-0(3-0) 10th FIFA WC. Qualifiers
Praterstadion, Wien; Referee: Karlo Kruashvili (Soviet Union); Attendance: 20,000
AUT: Herbert Stachowicz (1/0), Johann Schmidradner (17/1), Gerhard Sturmberger (38/0), Rudolf Horvath (6/0), Johann Eigenstiller (23/0), Karl Daxbacher (1/0), Wilhelm Kreuz (15/4), Norbert Hof (20/1), Josef Hickersberger (14/3), Thomas Parits (20/4), Kurt Jara (5/4). Trainer: Leopold Šťastný (Czechoslovakia, 26).
Goals: Josef Hickersberger (30, 33, 36), Norbert Hof (78).

379. 10.06.1972 **AUSTRIA - SWEDEN** 2-0(0-0) 10th FIFA WC. Qualifiers
Praterstadion, Wien; Referee: Anton Bucheli (Switzerland); Attendance: 39,500
AUT: Friedrich Koncilia (4/0), Peter Pumm (15/1), Gerhard Sturmberger (39/0), Rudolf Horvath (7/0), Johann Eigenstiller (24/0), Franz Hasil (12/1), Norbert Hof (21/1) [65.Roland Hattenberger (1/0)], Johann Ettmayer (26/0) [20.August Starek (12/2)], Josef Hickersberger (15/3), Thomas Parits (21/5), Kurt Jara (6/4). Trainer: Leopold Šťastný (Czechoslovakia, 27).
Goals: Thomas Parits (65), Peter Pumm (83).

380. 03.09.1972 **ROMANIA - AUSTRIA** 1-1(1-1)
Stadionul Central, Craiova; Referee: Nikola Mladenović (Yugoslavia); Attendance: 35,000
AUT: Gerald Fuchsbichler (6/0), Robert Sara (8/2), Eduard Krieger (7/0), Johann Schmidradner (18/1), Peter Pumm (16/1), August Starek (13/2), Rudolf Horvath (8/0), Roland Hattenberger (2/0), Josef Hickersberger (16/4), Helmut Köglberger (12/2), Kurt Jara (7/4). Trainer: Leopold Šťastný (Czechoslovakia, 28).
Goal: Josef Hickersberger (42).

381. 15.10.1972 **AUSTRIA - HUNGARY** 2-2(0-2) 10th FIFA WC. Qualifiers
Praterstadion, Wien; Referee: Rudolf Glöckner (East Germany); Attendance: 74,000
AUT: Herbert Stachowicz (2/0), Peter Pumm (17/1), Johann Schmidradner (19/1), Rudolf Horvath (9/0), Johann Eigenstiller (25/0), Josef Hickersberger (17/4), Franz Hasil (13/2), August Starek (14/2), Helmut Köglberger (13/2), Thomas Parits (22/5), Kurt Jara (8/5). Trainer: Leopold Šťastný (Czechoslovakia, 29).
Goals: Franz Hasil (60 penalty), Kurt Jara (71).

382. 25.11.1972 **MALTA - AUSTRIA** 0-2(0-0) 10th FIFA WC. Qualifiers
Empire Stadium, Gzira; Referee: Francesco Francescon (Italy); Attendance: 4,373
AUT: Herbert Stachowicz (3/0), Robert Sara (9/2), Johann Schmidradner (20/1), Johann Eigenstiller (26/0) [82.Norbert Hof (22/1)], Peter Pumm (18/1), Josef Hickersberger (18/4), August Starek (15/2), Géza Gallos (3/0), Helmut Köglberger (14/3), Thomas Parits (23/5), Kurt Jara (9/5). Trainer: Leopold Šťastný (Czechoslovakia, 30).
Goals: Helmut Köglberger (51), Charles Spiteri (77 own goal).

383. 28.03.1973 **AUSTRIA - NETHERLANDS** 1-0(1-0)
Praterstadion, Wien; Referee: Ferdinand Biwersi (West Germany); Attendance: 40,000
AUT: Friedrich Koncilia (5/0), Johann Schmidradner (21/1), Gerhard Sturmberger (40/0), Heinz Schilcher (1/0) [46.Peter Pumm (19/1)], Eduard Krieger (8/0) [57.Robert Sara (10/2)], Roland Hattenberger (3/0), Franz Hasil (14/2), August Starek (16/2), Josef Hickersberger (19/4) [66.Géza Gallos (4/0)], Thomas Parits (24/5), Helmut Köglberger (15/4). Trainer: Leopold Šťastný (Czechoslovakia, 31).
Goal: Helmut Köglberger (45).

384. 29.04.1973 **HUNGARY - AUSTRIA** 2-2(1-2) 10th FIFA WC. Qualifiers
Népstadion, Budapest; Referee: Michel Kitabdjian (France); Attendance: 74,000
AUT: Friedrich Koncilia (6/0), Robert Sara (11/2), Johann Schmidradner (22/1), Gerhard Sturmberger (41/0), Johann Eigenstiller (27/0), Franz Hasil (15/2), August Starek (17/3), Eduard Krieger (9/0), Thomas Parits (25/5) [70.Roland Hattenberger (4/0)], Wilhelm Kreuz (16/4), Kurt Jara (10/6). Trainer: Leopold Šťastný (Czechoslovakia, 32).
Goals: August Starek (17), Kurt Jara (29).

385. 23.05.1973 **SWEDEN - AUSTRIA** 3-2(1-0) 10th FIFA WC. Qualifiers
Nya Ullevi Stadion, Göteborg; Referee: Vital Loraux (Belgium); Attendance: 48,462
AUT: Herbert Stachowicz (4/0), Robert Sara (12/2), Johann Schmidradner (23/1), Gerhard Sturmberger (42/0), Eduard Krieger (10/0), Josef Hickersberger (20/4), Franz Hasil (16/2) [69.Johann Ettmayer (27/0)], August Starek (18/4), Thomas Parits (26/5), Wilhelm Kreuz (17/4), Kurt Jara (11/7). Trainer: Leopold Šťastný (Czechoslovakia, 33).
Goals: Kurt Jara (50), August Starek (89).

386. 13.06.1973 **AUSTRIA - BRAZIL** 1-1(0-1)
Praterstadion, Wien; Referee: Milan Jurša (Czechoslovakia); Attendance: 42,000
AUT: Friedrich Koncilia (7/0), Robert Sara (13/2), Gerhard Sturmberger (43/0), Norbert Hof (23/1), Johann Eigenstiller (28/0) [72.Eduard Krieger (11/0)], Roland Hattenberger (5/0), Franz Hasil (17/2) [75.Manfred Gombasch (1/0)], August Starek (19/4) [46.Johann Schmidradner (24/1)], Wilhelm Kreuz (18/5), Johann Krankl (1/0), Kurt Jara (12/7). Trainer: Leopold Šťastný (Czechoslovakia, 34).
Goal: Wilhelm Kreuz (5).

387. 26.09.1973 **ENGLAND - AUSTRIA** 7-0(3-0)
Wembley Stadium, London; Referee: Charles George Rainier Corver (Netherlands); Attendance: 48,000
AUT: Friedrich Koncilia (8/0), Robert Sara (14/2), Johann Schmidradner (25/1), Eduard Krieger (12/0), Johann Eigenstiller (29/0) [67.Werner Kriess (3/0)], Roland Hattenberger (6/0) [46.Manfred Gombasch (2/0)], August Starek (20/4), Johann Ettmayer (28/0), Wilhelm Kreuz (19/5), Johann Krankl (2/0), Kurt Jara (13/7). Trainer: Leopold Šťastný (Czechoslovakia, 35).

388. 10.10.1973 **WEST GERMANY - AUSTRIA** **4-0(2-0)**
Niedersachsenstadion, Hannover; Referee: Alfred Delcourt (Belgium); Attendance: 50,000
AUT: Herbert Rettensteiner (10/0), Eduard Krieger (13/0) [69.Robert Sara (15/2)], Johann Schmidradner (26/1), Rudolf Horvath (10/0), Werner Kriess (4/0), Wilhelm Kreuz (20/5), Norbert Hof (24/1), Franz Hasil (18/2), Thomas Parits (27/5), Johann Krankl (3/0), Josef Stering (4/1) [86.Hans Pirkner (8/2)]. Trainer: Leopold Šťastný (Czechoslovakia, 36).

389. 27.11.1973 **AUSTRIA - SWEDEN** **1-2(1-2)** 10th FIFA WC. Qualifiers (play-offs)
Parkstadion, Gelsenkirchen; Referee: Rudolf Glöckner (East Germany); Attendance: 25,000
AUT: Herbert Rettensteiner (11/0) [46.Friedrich Koncilia (9/0)], Werner Kriess (5/0), Johann Schmidradner (27/1), Rudolf Horvath (11/0), Johann Eigenstiller (30/0), Roland Hattenberger (7/1), Norbert Hof (25/1), Franz Hasil (19/2) [62.Josef Stering (5/1)], Wilhelm Kreuz (21/5), Johann Krankl (4/0), Kurt Jara (14/7). Trainer: Leopold Šťastný (Czechoslovakia, 37).
Goal: Roland Hattenberger (34).

390. 27.03.1974 **NETHERLANDS - AUSTRIA** **1-1(1-1)**
Stadion Feijenoord, Rotterdam; Referee: Karl Keller (Switzerland); Attendance: 29,000
AUT: Herbert Rettensteiner (12/0), Johann Schmidradner (28/1), Rudolf Horvath (12/0), Werner Kriess (6/0), Johann Eigenstiller (31/0), Josef Hickersberger (21/4), Eduard Krieger (14/0), Norbert Hof (26/1), Helmut Köglberger (16/4), Wilhelm Kreuz (22/5), Johann Krankl (5/1). Trainer: Leopold Šťastný (Czechoslovakia, 38).
Goal: Johann Krankl (38).

391. 01.05.1974 **BRAZIL - AUSTRIA** **0-0**
Estádio Morumbi, São Paulo; Referee: Patrick Partridge (England); Attendance: 123,132
AUT: Herbert Rettensteiner (13/0), Johann Eigenstiller (32/0), Eduard Krieger (15/0), Werner Kriess (7/0), Heinrich Strasser (4/0), Josef Stering (6/1), Karl Daxbacher (2/0), Norbert Hof (27/1), Helmut Köglberger (17/4), Johann Krankl (6/1) [79.Géza Gallos (5/0)], Kurt Jara (15/7). Trainer: Leopold Šťastný (Czechoslovakia, 39).

392. 08.06.1974 **AUSTRIA - ITALY** **0-0**
Praterstadion, Wien; Referee: Referee: Alfred Delcourt (Belgium); Attendance: 47,702
AUT: Herbert Rettensteiner (14/0), Johann Eigenstiller (33/0) [75.Rudolf Horvath (13/0)], Johannes Winklbauer (1/0), Norbert Hof (28/1), Werner Kriess (8/0), Wilhelm Kreuz (23/5), Karl Daxbacher (3/0) [82.Franz Bacher (1/0)], Géza Gallos (6/0), Josef Stering (7/1) [87.Heinrich Strasser (5/0)], Johann Krankl (7/1), Kurt Jara (16/7). Trainer: Leopold Šťastný (Czechoslovakia, 40).

393. 04.09.1974 **AUSTRIA - WALES** **2-1(0-1)** 5th EC. Qualifiers
Praterstadion, Wien; Referee: Dogan Babaçan (Turkey); Attendance: 30,795
AUT: Herbert Rettensteiner (15/0), Johann Eigenstiller (34/0), Johannes Winklbauer (2/0), Eduard Krieger (16/0), Werner Kriess (9/0), Werner Walzer (1/0), August Starek (21/4), Rainer Schlagbauer (2/0) [67.Helmut Köglberger (18/4)], Josef Stering (8/1), Wilhelm Kreuz (24/6), Johann Krankl (8/2). Trainer: Leopold Šťastný (Czechoslovakia, 41).
Goals: Wilhelm Kreuz (63), Johann Krankl (74).

394. 28.09.1974 **AUSTRIA - HUNGARY** **1-0(1-0)**
Praterstadion, Wien; Referee: Walter Hungerbühler (Switzerland); Attendance: 40,000
AUT: Helmut Maurer (1/0), Herwig Kircher (1/0), Egon Pajenk (1/0), Norbert Hof (29/1), Werner Kriess (10/0), Franz Hasil (20/2), Roland Hattenberger (8/1), August Starek (22/4), Josef Stering (9/1), Johann Krankl (9/3), Helmut Köglberger (19/4). Trainer: Leopold Šťastný (Czechoslovakia, 42).
Goal: Johann Krankl (16).

395. 13.11.1974 **TURKEY - AUSTRIA** **0-1(0-1)**
„İsmet İnönü" Stadı İstanbul; Referee: Nicolae Petriceanu (România); Attendance: 40,000
AUT: Friedrich Koncilia (10/0), Johann Eigenstiller (35/0), Egon Pajenk (2/0), Norbert Hof (30/1), Heinrich Strasser (6/0), Roland Hattenberger (9/1), Herbert Prohaska (1/0), Manfred Gombasch (3/0), Josef Stering (10/2) [76.Franz Hasil (21/2)], Wilhelm Kreuz (25/6) [46.Helmut Köglberger (20/4)], Kurt Jara (17/7). Trainer: Leopold Šťastný (Czechoslovakia, 43).
Goal: Josef Stering (4).

396. 16.03.1975 **LUXEMBOURG - AUSTRIA** **1-2(1-0)** 5th EC. Qualifiers
Stade Municipal, Luxembourg; Referee: Leonardus van der Kroft (Netherlands); Attendance: 5,340
AUT: Friedrich Koncilia (11/0), Roland Hattenberger (10/1), Egon Pajenk (3/0), Norbert Hof (31/1), Johann Eigenstiller (36/0), Josef Hickersberger (22/4), Herbert Prohaska (2/0), Manfred Gombasch (4/0), Josef Stering (11/2), Kurt Welzl (1/0) [39.Helmut Köglberger (21/5)], Johann Krankl (10/4). Trainer: Leopold Šťastný (Czechoslovakia, 44).
Goals: Helmut Köglberger (58), Johann Krankl (75).

397. 02.04.1975 **AUSTRIA - HUNGARY** **0-0** 5th EC. Qualifiers
Praterstadion, Wien; Referee: John Keith Taylor (England); Attendance: 65,674
AUT: Friedrich Koncilia (12/0), Johann Eigenstiller (37/0), Johannes Winklbauer (3/0), Erich Obermayer (1/0), Heinrich Strasser (7/0), Roland Hattenberger (11/1), Wilhelm Kreuz (26/6), Herbert Prohaska (3/0), Helmut Köglberger (22/5) [68.Hans Pirkner (9/2)], Johann Krankl (11/4), Alfred Riedl (1/0). Trainer: Leopold Šťastný (Czechoslovakia, 45).

398. 07.06.1975 **AUSTRIA - CZECHOSLOVAKIA** **0-0**
Praterstadion, Wien; Referee: Rudolf Frickel (West Germany); Attendance: 26,000
AUT: Friedrich Koncilia (13/0), Herwig Kircher (2/0) [46.Werner Kriess (11/0)], Johannes Winklbauer (4/0), Erich Obermayer (2/0) [22.Bruno Pezzey (1/0)], Heinrich Strasser (8/0), Roland Hattenberger (12/1), Wilhelm Kreuz (27/6), Herbert Prohaska (4/0), Kurt Welzl (2/0) [79.Josef Stering (12/2)], Helmut Köglberger (23/5), Johann Krankl (12/4). Trainer: Leopold Šťastný (Czechoslovakia, 46).

399. 03.09.1975 **AUSTRIA - WEST GERMANY** **0-2(0-0)**
Praterstadion, Wien; Referee: Károly Palotai (Hungary); Attendance: 72,000
AUT: Friedrich Koncilia (14/0), Werner Kriess (12/0) [63.Johannes Demantke (3/0)], Bruno Pezzey (2/0), Erich Obermayer (3/0), Heinrich Strasser (9/0), Helmut Weigl (1/0), Herbert Prohaska (5/0), Kurt Jara (18/7), Josef Hickersberger (23/4), Wilhelm Kreuz (28/6), Helmut Köglberger (24/5) [65.Josef Stering (13/2)]. Trainer: Leopold Šťastný (Czechoslovakia, 47).

400. 24.09.1975 **HUNGARY - AUSTRIA** 2-1(2-1) 5th EC. Qualifiers
Népstadion, Budapest; Referee: René Vigliani (France); Attendance: 31,270
AUT: Friedrich Koncilia (15/0), Robert Sara (16/2), Bruno Pezzey (3/0), Erich Obermayer (4/0) [46.Johannes Winklbauer (5/0)], Werner Kriess (13/0), Peter Koncilia (1/0), Herbert Prohaska (6/0) [46.Manfred Steiner (1/0)], Kurt Jara (19/7), Günther Rinker (1/0), Kurt Welzl (3/0), Johann Krankl (13/5). Trainer: Leopold Šťastný (Czechoslovakia, 48).
Goal: Johann Krankl (16 penalty).

401. 15.10.1975 **AUSTRIA - LUXEMBOURG** 6-2(3-2) 5th EC. Qualifiers
Praterstadion, Wien; Referee: Miroslav Kopal (Czechoslovakia); Attendance: 14,499
AUT: Friedrich Koncilia (16/0), Werner Kriess (14/0), Johannes Winklbauer (6/0), Bruno Pezzey (4/0), Heinrich Strasser (10/0), Herbert Prohaska (7/1), Peter Koncilia (2/0), Johann Ettmayer (29/0), Kurt Welzl (4/2), Johann Krankl (14/7), Kurt Jara (20/8). Trainer: Branko Elsner (Yugoslavia, 1).
Goals: Kurt Welzl (1), Johann Krankl (38), Kurt Jara (41), Kurt Welzl (46), Johann Krankl (76 penalty), Herbert Prohaska (80).

402. 19.11.1975 **WALES - AUSTRIA** 1-0(1-0) 5th EC. Qualifiers
The Racecourse, Wrexham; Referee: Sergio Gonella (Italy); Attendance: 27,578
AUT: Friedrich Koncilia (17/0), Robert Sara (17/2), Johannes Winklbauer (7/0), Bruno Pezzey (5/0), Werner Kriess (15/0) [29.Heinrich Strasser (11/0)], Herbert Prohaska (8/1), Manfred Steiner (2/0), Johann Ettmayer (30/0), Kurt Welzl (5/2) [70.Josef Stering (14/2)], Johann Krankl (15/7), Kurt Jara (21/8). Trainer: Branko Elsner (Yugoslavia, 2).

403. 28.04.1976 **AUSTRIA - SWEDEN** 1-0(0-0)
Praterstadion, Wien; Referee: Sándor Petri (Hungary); Attendance: 35,000
AUT: Friedrich Koncilia (18/0), Robert Sara (18/2), Rudolf Horvath (14/0), Bruno Pezzey (6/0), Heinrich Strasser (12/0), Karl Daxbacher (4/0), Heribert Weber (1/0), Werner Schwarz (1/0), Franz Oberacher (1/0), Hans Pirkner (10/3), Johann Krankl (16/7). Trainer: Helmut Senekowitsch (1).
Goal: Hans Pirkner (50).

404. 12.06.1976 **HUNGARY - AUSTRIA** 2-0(1-0)
Népstadion, Budapest; Referee: John Keith Taylor (England); Attendance: 20,000
AUT: Friedrich Koncilia (19/0) [65.Gerhard Fleischmann (1/0)], Robert Sara (19/2), Rudolf Horvath (15/0), Bruno Pezzey (7/0), Heribert Weber (2/0), Herbert Prohaska (9/1), Peter Koncilia (3/0) [59.Karl Daxbacher (5/0)], Werner Schwarz (2/0), Gerald Haider (1/0) [67.Wilhelm Cerny (1/0)], Hans Pirkner (11/3), Johann Krankl (17/7). Trainer: Helmut Senekowitsch (2)

405. 23.06.1976 **AUSTRIA - SOVIET UNION** 1-2(1-2)
Praterstadion, Wien; Referee: Francis Rion (Belgium); Attendance: 16,000
AUT: Friedrich Koncilia (20/0), Robert Sara (20/2), Erich Obermayer (5/0), Bruno Pezzey (8/0), Heinrich Strasser (13/0) [46.Johannes Demantke (4/0)], Herbert Prohaska (10/1), Heribert Weber (3/0), Werner Schwarz (3/0) [74.Karl Daxbacher (6/0)], Wilhelm Cerny (2/0) [60.Helmut Köglberger (25/5)], Johann Krankl (18/7), Günther Rinker (2/1). Trainer: Helmut Senekowitsch (3).
Goal: Günther Rinker (28).

406. 22.09.1976 **AUSTRIA - SWITZERLAND** 3-1(0-0)
Linzer Stadion, Linz; Referee: Adolf Prokop (East Germany); Attendance: 22,000
AUT: Friedrich Koncilia (21/0), Robert Sara (21/2), Rudolf Horvath (16/0), Bruno Pezzey (9/0), Heinrich Strasser (14/0), Roland Hattenberger (13/1) [80.Josef Stering (15/2)], Herbert Oberhofer (1/0), Herbert Prohaska (11/1), Wilhelm Kreuz (29/7), Johann Krankl (19/8), Helmut Köglberger (26/6). Trainer: Helmut Senekowitsch (4).
Goals: Johann Krankl (50), Helmut Köglberger (52), Wilhelm Kreuz (89 penalty).

407. 13.10.1976 **AUSTRIA - HUNGARY** 2-4(1-2)
Praterstadion, Wien; Referee: Johannes Nicolaas Ignatius „Jan" Keizer (Netherlands); Attendance: 40,000
AUT: Friedrich Koncilia (22/0), Robert Sara (22/2), Josef Hickersberger (24/5), Bruno Pezzey (10/0), Roland Hattenberger (14/1) [77.Peter Koncilia (4/0)], Herbert Oberhofer (2/0), Herbert Prohaska (12/1), Kurt Jara (22/8), Hans Pirkner (12/3) [20.Helmut Köglberger (27/6)], Wilhelm Kreuz (30/7), Johann Krankl (20/10). Trainer: Helmut Senekowitsch (5).
Goals: Johann Krankl (15,51 penalty).

408. 10.11.1976 **GREECE - AUSTRIA** 0-3(0-1)
Stádio „Anthi Karagianni", Kavala; Referee: Atanas Mateev (Bulgaria); Attendance: 7,589
AUT: Friedrich Koncilia (23/0), Robert Sara (23/2), Peter Persidis (1/0), Bruno Pezzey (11/1), Heinrich Strasser (15/0), Roland Hattenberger (15/1) [76.Herbert Prohaska (13/1)], Josef Hickersberger (25/5), Herbert Oberhofer (3/0), Kurt Welzl (6/2) [46.Helmut Köglberger (28/6)], Johann Krankl (21/11), Josef Stering (16/2). Trainer: Helmut Senekowitsch (6).
Goals: Josef Hickersberger (11), Johann Krankl (62), Bruno Pezzey (86).

409. 05.12.1976 **MALTA - AUSTRIA** 0-1(0-0) 11th FIFA WC. Qualifiers
Empire Stadium, Gzira; Referee: Hedi Seoudi (Tunisia); Attendance: 7,368
AUT: Friedrich Koncilia (24/0), Robert Sara (24/2), Peter Persidis (2/0), Bruno Pezzey (12/1), Heinrich Strasser (16/0), Roland Hattenberger (16/1), Josef Hickersberger (26/5), Herbert Oberhofer (4/0), Josef Stering (17/2) [46.Herbert Prohaska (14/1)], Johann Krankl (22/12), Walter Schachner (1/0) [81.Hans Pirkner (13/3)]. Trainer: Helmut Senekowitsch (7).
Goal: Johann Krankl (57).

410. 15.12.1976 **ISRAEL - AUSTRIA** 1-3(1-2)
National Stadium, Ramat Gan, Tel Aviv; Referee: Shimon Shogeg (Israel); Attendance: 8,000
AUT: Friedrich Koncilia (25/0), Robert Sara (25/2), Peter Persidis (3/0), Bruno Pezzey (13/1), Heinrich Strasser (17/0), Herbert Prohaska (15/2), Herbert Oberhofer (5/0) [81 Gerhard Breitenberger (1/0)], Anton Pichler (1/0), Josef Stering (18/2), Johann Krankl (23/13), Walter Schachner (2/1) [Alfred Gassner (3/0)]. Trainer: Helmut Senekowitsch (8).
Goals: Herbert Prohaska (38), Walter Schachner (38), Johann Krankl (55).

411. 09.03.1977 **AUSTRIA - GREECE** 2-0(1-0)
Praterstadion, Wien; Referee: Josef Pouček (Czechoslovakia); Attendance: 25,000
AUT: Friedrich Koncilia (26/0), Robert Sara (26/3), Peter Persidis (4/0), Bruno Pezzey (14/1), Gerhard Breitenberger (2/0), Josef Hickersberger (27/5), Herbert Prohaska (16/2), Kurt Jara (23/8), Josef Stering (19/2) [77.Peter Koncilia (5/0)], Johann Krankl (24/13), Walter Schachner (3/2) [68.Hans Pirkner (14/3)]. Trainer: Helmut Senekowitsch (9).
Goals: Robert Sara (32), Walter Schachner (54).

412. 17.04.1977 AUSTRIA - TURKEY   1-0(1-0)   11th FIFA WC. Qualifiers
Praterstadion, Wien; Referee: Viktor Jarkov (Soviet Union); Attendance: 60,000
AUT: Friedrich Koncilia (27/0), Robert Sara (27/3), Peter Persidis (5/0), Bruno Pezzey (15/1), Gerhard Breitenberger (3/0), Roland Hattenberger (17/1), Josef Hickersberger (28/5), Herbert Prohaska (17/2), Josef Stering (20/2), Johann Krankl (25/13), Walter Schachner (4/3). Trainer: Helmut Senekowitsch (10).
Goal: Walter Schachner (42).

413. 30.04.1977 AUSTRIA - MALTA   9-0(5-0)   11th FIFA WC. Qualifiers
Lehen Stadion, Salzburg; Referee: Alojzy Jarguz (Poland); Attendance: 17,000
AUT: Friedrich Koncilia (28/0), Robert Sara (28/3), Peter Persidis (6/0), Bruno Pezzey (16/1), Heinrich Strasser (18/0), Josef Hickersberger (29/5), Roland Hattenberger (18/1), Herbert Prohaska (18/2), Josef Stering (21/4) [78.Peter Koncilia (6/0)], Johann Krankl (26/19), Walter Schachner (5/3) [46 Hans Pirkner (15/4)]. Trainer: Helmut Senekowitsch (11).
Goals: Johann Krankl (9, 12, 18, 20), Josef Stering (30), Johann Krankl (53), Hans Pirkner (65), Johann Krankl (66), Josef Stering (69).

414. 01.06.1977 CZECHOSLOVAKIA - AUSTRIA   0-0
Na Bazaloch, Ostrava; Referee: Pablo Augusto Sánchez-Ibáñez (Spain); Attendance: 15,000
AUT: Friedrich Koncilia (29/0), Robert Sara (29/3), Erich Obermayer (6/0), Bruno Pezzey (17/1), Gerhard Breitenberger (4/0) [Heinrich Strasser (19/0)], Peter Meister (1/0), Herbert Prohaska (19/2), Herbert Oberhofer (6/0) [Hans Pirkner (16/4)], Josef Stering (22/4), Werner Zanon (1/0), Johann Krankl (27/19). Trainer: Helmut Senekowitsch (12).

415. 24.08.1977 AUSTRIA - POLAND   2-1(2-0)
Praterstadion, Wien; Referee: Marcel Van Langenhove (Belgium); Attendance: 35,000
AUT: Friedrich Koncilia (30/0), Robert Sara (30/3), Eduard Krieger (17/0), Bruno Pezzey (18/1), Gerhard Breitenberger (5/0), Roland Hattenberger (19/1), Herbert Prohaska (20/2), Kurt Jara (24/8), Josef Stering (23/5), Wilhelm Kreuz (31/7), Johann Krankl (28/20). Trainer: Helmut Senekowitsch (13).
Goals: Josef Stering (15), Johann Krankl (29).

416. 24.09.1977 AUSTRIA - EAST GERMANY   1-1(1-1)   11th FIFA WC. Qualifiers
Praterstadion, Wien; Referee: Thomas Reynolds (Wales); Attendance: 72,000
AUT: Friedrich Koncilia (31/0), Robert Sara (31/3), Eduard Krieger (18/0), Bruno Pezzey (19/1), Gerhard Breitenberger (6/0), Roland Hattenberger (20/1), Josef Hickersberger (30/5), Kurt Jara (25/8) [76.Herbert Prohaska (21/2)], Josef Stering (24/5), Wilhelm Kreuz (32/8), Johann Krankl (29/20). Trainer: Helmut Senekowitsch (14).
Goal: Wilhelm Kreuz (8).

417. 12.10.1977 EAST GERMANY - AUSTRIA   1-1(0-1)   11th FIFA WC. Qualifiers
Zentralstadion, Leipzig; Referee: Ian Foote (Scotland); Attendance: 95,000
AUT: Friedrich Koncilia (32/0), Robert Sara (32/3), Eduard Krieger (19/0), Bruno Pezzey (20/1), Gerhard Breitenberger (7/0), Roland Hattenberger (21/2), Herbert Prohaska (22/2) [88.Erich Obermayer (7/0)], Josef Hickersberger (31/5), Kurt Jara (26/8), Josef Stering (25/5), Wilhelm Kreuz (33/8). Trainer: Helmut Senekowitsch (15).
Goal: Roland Hattenberger (43).

418. 30.10.1977 TURKEY - AUSTRIA   0-1(0-0)   11th FIFA WC. Qualifiers
Atatürk Stadyumu, İzmir; Referee: John Robertson Gordon (Scotland); Attendance: 72,000
AUT: Friedrich Koncilia (33/0), Robert Sara (33/3), Eduard Krieger (20/0), Bruno Pezzey (21/1), Gerhard Breitenberger (8/0), Roland Hattenberger (22/2), Herbert Prohaska (23/3), Kurt Jara (27/8), Josef Stering (26/5), Wilhelm Kreuz (34/8), Johann Krankl (30/20). Trainer: Helmut Senekowitsch (16).
Goal: Herbert Prohaska (71).

419. 15.02.1978 GREECE - AUSTRIA   1-1(1-0)
Stádio Nea Filadelfia, Athína; Referee: Domenico Serafino (Italy); Attendance: 11,297
AUT: Hubert Baumgartner (1/0) [54.Friedrich Koncilia (34/0)], Robert Sara (34/3), Peter Persidis (7/0), Bruno Pezzey (22/1), Heinrich Strasser (20/0), Herbert Prohaska (24/3), Heribert Weber (4/0), Günther Happich (1/0), Franz Oberacher (2/0), Johann Krankl (31/21), Alfred Riedl (2/0). Trainer: Helmut Senekowitsch (17).
Goal: Johann Krankl (59).

420. 22.03.1978 BELGIUM - AUSTRIA   1-0(1-0)
Stade du Mambourg, Charleroi; Referee: Johannes Nicolaas Ignatius „Jan" Keizer (Netherlands); Attendance: 3,034
AUT: Friedrich Koncilia (35/0) [46.Erwin Fuchsbichler (1/0)], Robert Sara (35/3) [46.Heribert Weber (5/0)], Erich Obermayer (8/0), Bruno Pezzey (23/1), Gerhard Breitenberger (9/0), Herbert Prohaska (25/3), Josef Hickersberger (32/5), Günther Happich (2/0), Franz Oberacher (3/0), Johann Krankl (32/21), Alfred Riedl (3/0) [73.Hans Pirkner (17/4)]. Trainer: Helmut Senekowitsch (18).

421. 04.04.1978 SWITZERLAND - AUSTRIA   0-1(0-1)
„St.Jakob" Stadion, Basel; Referee: Riccardo Lattanzi (Italy); Attendance: 13,000
AUT: Friedrich Koncilia (36/0) [46.Erwin Fuchsbichler (2/0)], Robert Sara (36/3) [46.Günther Happich (3/0)], Erich Obermayer (9/0), Bruno Pezzey (24/1), Gerhard Breitenberger (10/0), Herbert Prohaska (26/3) [68.Heribert Weber (6/0)], Josef Hickersberger (33/5), Kurt Jara (28/9), Walter Schachner (6/3), Johann Krankl (33/21), Alfred Riedl (4/0) [76.Hans Pirkner (18/4)]. Trainer: Helmut Senekowitsch (19).
Goal: Kurt Jara (4).

422. 20.05.1978 AUSTRIA - NETHERLANDS   0-1(0-0)
Praterstadion, Wien; Referee: Jaromír Fauŝek (Czechoslovakia); Attendance: 61,000
AUT: Friedrich Koncilia (37/0), Robert Sara (37/3), Erich Obermayer (10/0), Bruno Pezzey (25/1), Gerhard Breitenberger (11/0), Herbert Prohaska (27/3), Roland Hattenberger (23/2) [46.Heribert Weber (7/0)], Günther Happich (4/0) [76.Ernst Baumeister (1/0)], Wilhelm Kreuz (35/8), Johann Krankl (34/21), Kurt Jara (29/9). Trainer: Helmut Senekowitsch (20).

423. 03.06.1978 AUSTRIA - SPAIN   2-1(1-1)   11th FIFA WC. Group Stage.
Estadio "José Amalfitani", Buenos Aires (Argentina); Referee: Károly Palotai (Hungary); Attendance: 49,317
AUT: Friedrich Koncilia (38/0), Robert Sara (38/3), Erich Obermayer (11/0), Bruno Pezzey (26/1), Gerhard Breitenberger (12/0), Herbert Prohaska (28/3), Josef Hickersberger (34/5) [67.Heribert Weber (8/0)], Wilhelm Kreuz (36/8), Kurt Jara (30/9), Walter Schachner (7/4) [79.Hans Pirkner (19/4)], Johann Krankl (35/22). Trainer: Helmut Senekowitsch (21).
Goals: Walter Schachner (10), Johann Krankl (76).

424. 07.06.1978 **AUSTRIA - SWEDEN** 1-0(1-0) 11th FIFA WC. Group Stage.
Estadio "José Amalfitani", Buenos Aires (Argentina); Referee: Charles George Rainier Corver (Netherlands); Attendance: 46,000
AUT: Friedrich Koncilia (39/0), Robert Sara (39/3), Erich Obermayer (12/0), Bruno Pezzey (27/1), Gerhard Breitenberger (13/0), Herbert Prohaska (29/3), Josef Hickersberger (35/5), Eduard Krieger (21/0) [71.Heribert Weber (9/0)], Kurt Jara (31/9), Wilhelm Kreuz (37/8), Johann Krankl (36/23). Trainer: Helmut Senekowitsch (22).
Goal: Johann Krankl (43 penalty).

425. 11.06.1978 **AUSTRIA - BRAZIL** 0-1(0-1) 11th FIFA WC. Group Stage.
Estadio "Mundial 78", Mar del Plata (Argentina); Referee: Robert Charles Paul Wurtz (France); Attendance: 35,221
AUT: Friedrich Koncilia (40/0), Robert Sara (40/3), Erich Obermayer (13/0), Bruno Pezzey (28/1), Gerhard Breitenberger (14/0), Herbert Prohaska (30/3), Josef Hickersberger (36/5) [61.Heribert Weber (10/0)], Eduard Krieger (22/0) [82.Günther Happich (5/0)], Kurt Jara (32/9), Wilhelm Kreuz (38/8), Johann Krankl (37/23). Trainer: Helmut Senekowitsch (23).

426. 14.06.1978 **AUSTRIA - NETHERLANDS** 1-5(0-3) 11th FIFA WC. 2nd Round.
Estadio Chateau Carreras, Córdoba (Argentina); Referee: John Robertson Gordon (Scotland); Attendance: 15,000
AUT: Friedrich Koncilia (41/0), Robert Sara (41/3), Erich Obermayer (14/1), Bruno Pezzey (29/1), Gerhard Breitenberger (15/0), Herbert Prohaska (31/3), Josef Hickersberger (37/5), Eduard Krieger (23/0), Kurt Jara (33/9), Wilhelm Kreuz (39/8), Johann Krankl (38/23). Trainer: Helmut Senekowitsch (24).
Goal: Erich Obermayer (80).

427. 18.06.1978 **AUSTRIA - ITALY** 0-1(0-1) 11th FIFA WC. 2nd Round.
Estadio Monumental „Antonio Vespucio Liberti", Buenos Aires (Argentina); Referee: Francis Rion (Belgium); Attendance: 50,000
AUT: Friedrich Koncilia (42/0), Robert Sara (42/3), Erich Obermayer (15/1), Bruno Pezzey (30/1), Heinrich Strasser (21/0), Eduard Krieger (24/0), Herbert Prohaska (32/3), Wilhelm Kreuz (40/8), Josef Hickersberger (38/5), Walter Schachner (8/4) [63.Hans Pirkner (20/4)], Johann Krankl (39/23). Trainer: Helmut Senekowitsch (25).

428. 21.06.1978 **AUSTRIA - WEST GERMANY** 3-2(0-1) 11th FIFA WC. 2nd Round.
Estadio Chateau Carreras, Córdoba (Argentina); Referee: Abraham Klein (Israel); Attendance: 46,500
AUT: Friedrich Koncilia (43/0), Robert Sara (43/3), Erich Obermayer (16/1), Bruno Pezzey (31/1), Heinrich Strasser (22/0), Herbert Prohaska (33/3), Josef Hickersberger (39/5), Wilhelm Kreuz (41/8), Eduard Krieger (25/0), Walter Schachner (9/4) [72.Franz Oberacher (4/0)], Johann Krankl (40/25). Trainer: Helmut Senekowitsch (26).
Goals: Hans-Hubert Vogts (60 own goal) Johann Krankl (66, 88).

429. 30.08.1978 **NORWAY - AUSTRIA** 0-2(0-2) 6th EC. Qualifiers
Ullevaal Stadion, Oslo; Referee: Patrick Partridge (England); Attendance: 13,075
AUT: Erwin Fuchsbichler (3/0), Robert Sara (44/3), Erich Obermayer (17/1), Bruno Pezzey (32/2), Heinrich Strasser (23/0), Herbert Prohaska (34/3), Heribert Weber (11/0), Kurt Jara (34/9) [65.Reinhold Hintermaier (1/0)], Walter Schachner (10/4), Wilhelm Kreuz (42/8), Johann Krankl (41/26). Trainer: Karl Stotz (1).
Goals: Bruno Pezzey (25), Johann Krankl (43).

430. 20.09.1978 **AUSTRIA - SCOTLAND** 3-2(1-0) 6th EC. Qualifiers
Praterstadion, Wien; Referee: Alberto Michelotti (Italy); Attendance: 62,281
AUT: Erwin Fuchsbichler (4/0), Robert Sara (45/3), Erich Obermayer (18/1), Bruno Pezzey (33/3), Heinrich Strasser (24/0), Herbert Prohaska (35/3) [87.Franz Oberacher (5/0)], Heribert Weber (12/0), Kurt Jara (35/9), Walter Schachner (11/5), Wilhelm Kreuz (43/9), Johann Krankl (42/26). Trainer: Karl Stotz (2).
Goals: Bruno Pezzey (27), Walter Schachner (48), Wilhelm Kreuz (64).

431. 15.11.1978 **AUSTRIA - PORTUGAL** 1-2(0-1) 6th EC. Qualifiers
Praterstadion, Wien; Referee: Nicolae Rainea (Romania); Attendance: 64,024
AUT: Friedrich Koncilia (44/0), Robert Sara (46/3), Erich Obermayer (19/1), Bruno Pezzey (34/3), Heinrich Strasser (25/0), Herbert Prohaska (36/3), Roland Hattenberger (24/2), Kurt Jara (36/9) [66.Ernst Baumeister (2/0)], Walter Schachner (12/6), Wilhelm Kreuz (44/9) [81.Felix Gasselich (1/0)], Johann Krankl (43/26). Trainer: Karl Stotz (3).
Goal: Walter Schachner (71).

432. 30.01.1979 **ISRAEL - AUSTRIA** 0-1(0-0)
Bloomfield Stadium, Tel Aviv, Ref Antonio Luis Porem (Portugal); Attendance: 10,000
AUT: Friedrich Koncilia (45/0), Robert Sara (47/3), Erich Obermayer (20/1), Hans-Dieter Mirnegg (1/0), Heinrich Strasser (26/0), Herbert Prohaska (37/3) [75.Felix Gasselich (2/0)], Heribert Weber (13/0), Ernst Baumeister (3/0), Franz Oberacher (6/1) [82.Maximilian Hagmayr (1/0)], Wilhelm Kreuz (45/9), Walter Schachner (13/6). Trainer: Karl Stotz (4).
Goal: Franz Oberacher (55).

433. 28.03.1979 **BELGIUM - AUSTRIA** 1-1(1-0) 6th EC. Qualifiers
Parc Astrid, Bruxelles; Referee: Angel Franco Martínez (Spain); Attendance: 6,264
AUT: Friedrich Koncilia (46/0), Robert Sara (48/3), Erich Obermayer (21/1), Bruno Pezzey (35/3), Hans-Dieter Mirnegg (2/0), Heribert Weber (14/0), Roland Hattenberger (25/2), Ernst Baumeister (4/0), Walter Schachner (14/6), Wilhelm Kreuz (46/9), Johann Krankl (44/27). Trainer: Karl Stotz (5).
Goal: Johann Krankl (61).

434. 02.05.1979 **AUSTRIA - BELGIUM** 0-0 6th EC. Qualifiers
Praterstadion, Wien; Referee: Hilmi Ok (Turkey); Attendance: 42,903
AUT: Friedrich Koncilia (47/0), Robert Sara (49/3), Erich Obermayer (22/1), Bruno Pezzey (36/3), Hans-Dieter Mirnegg (3/0), Herbert Prohaska (38/3) [75.Felix Gasselich (3/0)], Roland Hattenberger (26/2), Ernst Baumeister (5/0), Walter Schachner (15/6), Wilhelm Kreuz (47/9) [81.Reinhold Hintermaier (2/0)], Johann Krankl (45/27). Trainer: Karl Stotz (6).

435. 13.06.1979 **AUSTRIA - ENGLAND** 4-3(3-1)
Praterstadion, Wien; Referee: Alexis Ponnet (Belgium); Attendance: 60,000
AUT: Friedrich Koncilia (48/0), Robert Sara (50/3), Erich Obermayer (23/1), Bruno Pezzey (37/5), Ernst Baumeister (6/0), Roland Hattenberger (27/2), Wilhelm Kreuz (48/9), Kurt Jara (37/9), Kurt Welzl (7/4) [55.Walter Schachner (16/6)], Herbert Prohaska (39/3), Gernot Jurtin (1/0). Trainer: Karl Stotz (7).
Goals: Bruno Pezzey (19), Kurt Weizl (26,41), Bruno Pezzey (70).

436. 29.08.1979 **AUSTRIA - NORWAY** 4-0(1-0) 6th EC. Qualifiers
Praterstadion, Wien; Referee: Jaromír Faušek (Czechoslovakia); Attendance: 30,991
AUT: Friedrich Koncilia (49/0), Robert Sara (51/3), Erich Obermayer (24/1), Bruno Pezzey (38/5), Günther Pospischil (1/0), Roland Hattenberger (28/2), Wilhelm Kreuz (49/10), Kurt Jara (38/10), Walter Schachner (17/6), Herbert Prohaska (40/4) [76.Heribert Weber (15/0)], Johann Krankl (46/28). Trainer: Karl Stotz (8).
Goals: Kurt Jara (42), Herbert Prohaska (46 penalty), Wilhelm Kreuz (75), Johann Krankl (85).

437. 26.09.1979 **AUSTRIA - HUNGARY** 3-1(1-0)
Praterstadion, Wien; Referee: Abraham Klein (Israel); Attendance: 55,000
AUT: Friedrich Koncilia (50/0), Robert Sara (52/3), Heribert Weber (16/0), Bruno Pezzey (39/5), Günther Pospischil (2/0), Roland Hattenberger (29/2), Wilhelm Kreuz (50/10) [46.Josef Sara (1/0)], Kurt Jara (39/10) [75.Ernst Baumeister (7/0)], Walter Schachner (18/6), Herbert Prohaska (41/6), Gerhard Steinkogler (1/1). Trainer: Karl Stotz (9).
Goals: Herbert Prohaska (17 penalty, 58 penalty), Gerhard Steinkogler (76).

438. 17.10.1979 **SCOTLAND - AUSTRIA** 1-1(0-1) 6th EC. Qualifiers
Hampden Park, Glasgow; Referee: Károly Palotai (Hungary); Attendance: 67,895
AUT: Friedrich Koncilia (51/0), Robert Sara (53/3), Heribert Weber (17/0), Bruno Pezzey (40/5), Hans-Dieter Mirnegg (4/0), Roland Hattenberger (30/2), Wilhelm Kreuz (51/10), Kurt Jara (40/10), Walter Schachner (19/6) [80.Gerhard Steinkogler (2/1)], Herbert Prohaska (42/6), Johann Krankl (47/29) [89.Reinhold Hintermaier (3/0)]. Trainer: Karl Stotz (10).
Goal: Johann Krankl (40).

439. 21.11.1979 **PORTUGAL - AUSTRIA** 1-2(1-1) 6th EC. Qualifiers
Estádio da Luz, Lisboa; Referee: Charles George Rainier Corver (Netherlands); Attendance: 52,815
AUT: Friedrich Koncilia (52/0), Robert Sara (54/3), Erich Obermayer (25/1), Bruno Pezzey (41/5), Hans-Dieter Mirnegg (5/0), Roland Hattenberger (31/2), Wilhelm Kreuz (52/10), Kurt Jara (41/10), Kurt Welzl (8/5) [81.Johann Krankl (48/29)], Herbert Prohaska (43/6), Walter Schachner (20/7). Trainer: Karl Stotz (11).
Goals: Kurt Welzl (36), Walter Schachner (51).

440. 02.04.1980 **WEST GERMANY - AUSTRIA** 1-0(1-0)
Olympiastadion, München; Referee: Michel Vautrot (France); Attendance: 78,000
AUT: Friedrich Koncilia (53/0), Günther Pospischil (3/0), Bruno Pezzey (42/5), Roland Hattenberger (32/2), Hans-Dieter Mirnegg (6/0), Wilhelm Kreuz (53/10), Reinhold Hintermaier (4/0), Kurt Jara (42/10), Kurt Welzl (9/5) [71.Felix Gasselich (4/0)], Herbert Prohaska (44/6), Walter Schachner (21/7). Trainer: Karl Stotz (12).

441. 21.05.1980 **AUSTRIA - ARGENTINA** 1-5(1-3)
Praterstadion, Wien; Referee: André Daina (Switzerland); Attendance: 67,500
AUT: Friedrich Koncilia (54/0), Robert Sara (55/3) [16.Günther Pospischil (4/0)], Erich Obermayer (26/1), Roland Hattenberger (33/2), Reinhold Hintermaier (5/0), Herbert Prohaska (45/6), Wilhelm Kreuz (54/10), Kurt Jara (43/11), Kurt Welzl (10/5) [29.Heribert Weber (18/0)], Johann Krankl (49/29), Walter Schachner (22/7). Trainer: Karl Stotz (13).
Goal: Kurt Jara (20).

442. 04.06.1980 **HUNGARY - AUSTRIA** 1-1(1-0)
Népstadion, Budapest; Referee: Riccardo Lattanzi (Italy); Attendance: 30,000
AUT: Friedrich Koncilia (55/0), Günther Pospischil (5/0) [46.Josef Pregesbauer (1/0)], Erich Obermayer (27/1), Heribert Weber (19/0), Mario Zuenelli (1/0), Roland Hattenberger (34/2) [66.Anton Pichler (2/0)], Wilhelm Kreuz (55/10) [86.Gernot Jurtin (2/0)], Kurt Jara (44/12), Walter Schachner (23/7), Herbert Prohaska (46/6) [46.Gerhard Steinkogler (3/1)], Johann Krankl (50/29). Trainer: Karl Stotz (14).
Goal: Kurt Jara (75).

443. 24.09.1980 **FINLAND - AUSTRIA** 0-2(0-1) 12th FIFA WC. Qualifiers
Olympiastadion, Helsinki; Referee: Clive Thomas (Wales); Attendance: 8,099
AUT: Friedrich Koncilia (56/0), Josef Pregesbauer (2/0), Erich Obermayer (28/1), Bruno Pezzey (43/5), Mario Zuenelli (2/0), Helmut Wartinger (1/0) [54.Kurt Welzl (11/6)], Roland Hattenberger (35/2), Kurt Jara (45/13), Walter Schachner (24/7), Herbert Prohaska (47/6), Johann Krankl (51/29). Trainer: Karl Stotz (15).
Goals: Kurt Jara (13), Kurt Welzl (77).

444. 08.10.1980 **AUSTRIA - HUNGARY** 3-1(2-0)
Praterstadion, Wien; Referee: Ulf Eriksson (Sweden); Attendance: 7,500
AUT: Herbert Feurer (1/0), Johann Dihanich (1/0), Erich Obermayer (29/1), Bruno Pezzey (44/5), Hans-Dieter Mirnegg (7/0), Roland Hattenberger (36/2) [75.Ernst Baumeister (8/0)], Herbert Prohaska (48/6), Kurt Jara (46/13), Christian Keglevits (1/2), Kurt Welzl (12/7), Johann Krankl (52/29). Trainer: Karl Stotz (16).
Goal: Kurt Welzl (20), Christian Keglevits (30, 85).

445. 15.11.1980 **AUSTRIA - ALBANIA** 5-0(3-0) 12th FIFA WC. Qualifiers
Praterstadion, Wien; Referee: Rudolf Renggli (Switzerland); Attendance: 31,000
AUT: Herbert Feurer (2/0), Johann Dihanich (2/0), Erich Obermayer (30/1), Bruno Pezzey (45/6), Hans-Dieter Mirnegg (8/0), Roland Hattenberger (37/2), Herbert Prohaska (49/6), Kurt Jara (47/13), Kurt Welzl (13/8), Johann Krankl (53/30), Walter Schachner (25/9) [82.Christian Keglevits (2/2)]. Trainer: Karl Stotz (17).
Goals: Bruno Pezzey (19), Walter Schachner (26, 35), Kurt Welzl (58), Johann Krankl (86).

446. 06.12.1980 **ALBANIA - AUSTRIA** 0-1(0-1) 12th FIFA WC. Qualifiers
Stadiumi „Kombëtar Qemal Stafa", Tiranë; Referee: László Pádár (Hungary); Attendance: 25,000
AUT: Herbert Feurer (3/0), Heribert Weber (20/0), Erich Obermayer (31/1), Bruno Pezzey (46/6), Hans-Dieter Mirnegg (9/0), Roland Hattenberger (38/2), Herbert Prohaska (50/6), Kurt Jara (48/13), Kurt Welzl (14/9), Felix Gasselich (5/0) [76.Ernst Baumeister (9/0)], Walter Schachner (26/9) [46.Gernot Jurtin (3/0)]. Trainer: Karl Stotz (18).
Goal: Kurt Welzl (38).

447. 29.04.1981 **WEST GERMANY - AUSTRIA** 2-0(2-0) 12th FIFA WC. Qualifiers
Volksparkstadion, Hamburg; Referee: Charles George Rainier Corver (Netherlands); Attendance: 61,000
AUT: Friedrich Koncilia (57/0), Bernd Krauss (1/0), Erich Obermayer (32/1), Bruno Pezzey (47/6), Hans-Dieter Mirnegg (10/0), Roland Hattenberger (39/2) [69.Heribert Weber (21/0)], Herbert Prohaska (51/6), Reinhold Hintermaier (6/0) [69.Ernst Baumeister (10/0)], Kurt Jara (49/13), Johann Krankl (54/30), Kurt Welzl (15/9). Trainer: Karl Stotz (19).

448. 28.05.1981 **AUSTRIA - BULGARIA** 2-0(1-0) 12th FIFA WC. Qualifiers
Praterstadion, Wien; Referee: Patrick Partridge (England); Attendance: 60,000
AUT: Herbert Feurer (4/0), Johann Dihanich (3/0), Heribert Weber (22/0), Bruno Pezzey (48/6), Hans-Dieter Mirnegg (11/0), Herbert Prohaska (52/6), Roland Hattenberger (40/2), Kurt Jara (50/14), Kurt Welzl (16/9), Johann Krankl (55/31), Christian Keglevits (3/2) [56.Walter Schachner (27/9)]. Trainer: Karl Stotz (20).
Goals: Johann Krankl (30 penalty), Kurt Jara (88).

449. 17.06.1981 **AUSTRIA - FINLAND** 5-1(2-0) 12th FIFA WC. Qualifiers
Linzer Stadion, Linz; Referee: Alojzy Jarguz (Poland); Attendance: 27,500
AUT: Herbert Feurer (5/0), Johann Dihanich (4/0), Bruno Pezzey (49/6), Heribert Weber (23/0), Hans-Dieter Mirnegg (12/0), Roland Hattenberger (41/2), Herbert Prohaska (53/8) [80.Wilhelm Kreuz (56/10)], Kurt Jara (51/14), Kurt Welzl (17/10) [78.Walter Schachner (28/9)], Johann Krankl (56/32), Gernot Jurtin (4/1). Trainer: Karl Stotz (21).
Goals: Herbert Prohaska (16, 18), Johann Krankl (49), Kurt Welzl (56), Gernot Jurtin (65).

450. 23.09.1981 **AUSTRIA - SPAIN** 0-0
Praterstadion, Wien; Referee: Jozef Marko (Czechoslovakia); Attendance: 20,000
AUT: Friedrich Koncilia (58/0), Bernd Krauss (2/0), Heribert Weber (24/0), Bruno Pezzey (50/6), Hans-Dieter Mirnegg (13/0), Roland Hattenberger (42/2), Felix Gasselich (6/0), Reinhold Hintermaier (7/0), Kurt Welzl (18/10) [60.Christian Keglevits (4/2)], Johann Krankl (57/32), Maximilian Hagmayr (2/0). Trainer: Karl Stotz (22).

451. 14.10.1981 **AUSTRIA - WEST GERMANY** 1-3(1-2) 12th FIFA WC. Qualifiers
Praterstadion, Wien; Referee: Alexis Ponnet (Belgium); Attendance: 72,000
AUT: Friedrich Koncilia (59/0), Johann Dihanich (5/0), Heribert Weber (25/0), Bruno Pezzey (51/6), Hans-Dieter Mirnegg (14/0), Herbert Prohaska (54/8), Reinhold Hintermaier (8/0) [75.Maximilian Hagmayr (3/0)], Roland Hattenberger (43/2), Kurt Jara (52/14), Johann Krankl (58/32), Walter Schachner (29/10). Trainer: Karl Stotz (23).
Goal: Walter Schachner (15).

452. 11.11.1981 **BULGARIA - AUSTRIA** 0-0 12th FIFA WC. Qualifiers
Nationalen stadion "Vasil Levski", Sofia; Referee: Michel Vautrot (France); Attendance: 55,000
AUT: Herbert Feurer (6/0), Bernd Krauss (3/0), Bruno Pezzey (52/6), Heribert Weber (26/0), Hans-Dieter Mirnegg (15/0) [56.Johann Dihanich (6/0)], Roland Hattenberger (44/2), Herbert Prohaska (55/8), Kurt Jara (53/14), Reinhold Hintermaier (9/0), Walter Schachner (30/10), Johann Krankl (59/32) [73.Maximilian Hagmayr (4/0)]. Trainer: Karl Stotz (24).

453. 24.03.1982 **HUNGARY - AUSTRIA** 2-3(0-1)
Népstadion, Budapest; Referee: Eduard Šostarić (Yugoslavia); Attendance: 50,000
AUT: Friedrich Koncilia (60/0), Johann Dihanich (7/0), Erich Obermayer (33/1), Bruno Pezzey (53/6), Josef Degeorgi (1/0), Herbert Prohaska (56/8) [46.Felix Gasselich (7/0); 85.Anton Pichler (3/0)], Roland Hattenberger (45/3), Kurt Jara (54/14), Reinhold Hintermaier (10/0), Walter Schachner (31/11), Johann Krankl (60/33) [89.Maximilian Hagmayr (5/0)]. Trainers: Felix Latzke - Georg Schmidt (1).
Goals: Johann Krankl (31), Walter Schachner (49), Roland Hattenberger (52).

454. 28.04.1982 **AUSTRIA - CZECHOSLOVAKIA** 2-1(2-0)
Praterstadion, Wien; Referee: Miklós Nagy (Hungary); Attendance: 15,000
AUT: Klaus Lindenberger (1/0), Bernd Krauss (4/0), Erich Obermayer (34/1), Anton Pichler (4/0), Josef Pregesbauer (3/0) [60.Josef Degeorgi (2/0)], Roland Hattenberger (46/3) [79.Johann Dihanich (8/0)], Herbert Prohaska (57/8), Felix Gasselich (8/0) [57.Arnold Koreimann (1/0)], Kurt Jara (55/14), Walter Schachner (32/13), Johann Krankl (61/33). Trainers: Felix Latzke - Georg Schmidt (2).
Goals: Walter Schachner (30, 44).

455. 19.05.1982 **AUSTRIA - DENMARK** 1-0(1-0)
Praterstadion, Wien; Referee: Bernd Stumpf (East Germany); Attendance: 13,500
AUT: Herbert Feurer (7/0), Bernd Krauss (5/0), Erich Obermayer (35/1), Heribert Weber (27/0), Josef Degeorgi (3/1), Roland Hattenberger (47/3) [46.Anton Pichler (5/0)], Felix Gasselich (9/0) [65.Karl Brauneder (1/0)], Ernst Baumeister (11/0) [70.Josef Pregesbauer (4/0)], Walter Schachner (33/13), Kurt Welzl (19/10) [62.Gernot Jurtin (5/1)], Maximilian Hagmayr (6/0). Trainers: Felix Latzke - Georg Schmidt (3).
Goal: Josef Degeorgi (3).

456. 17.06.1982 **AUSTRIA - CHILE** 1-0(1-0) 12th FIFA WC. Group Stage.
Estadio "Carlos Tartiere", Oviedo (Spain); Referee: Juan Daniel Cardellino de San Vicente (Uruguay); Attendance: 22,284
AUT: Friedrich Koncilia (61/0), Bernd Krauss (6/0), Erich Obermayer (36/1), Bruno Pezzey (54/6), Josef Degeorgi (4/1) [77.Ernst Baumeister (12/0)], Herbert Prohaska (58/8), Roland Hattenberger (48/3), Heribert Weber (28/0) [77.Gernot Jurtin (6/1)], Reinhold Hintermaier (11/0), Walter Schachner (34/14), Johann Krankl (62/33). Trainers: Felix Latzke - Georg Schmidt (4).
Goal: Walter Schachner (22).

457. 21.06.1982 **ALGERIA - AUSTRIA** 0-2(0-0) 12th FIFA WC. Group Stage.
Estadio "Carlos Tartiere", Oviedo (Spain); Referee: Anton Boskovic (Australia); Attendance: 36,000
AUT: Friedrich Koncilia (62/0), Bernd Krauss (7/0), Erich Obermayer (37/1), Bruno Pezzey (55/6), Josef Degeorgi (5/1), Roland Hattenberger (49/3), Herbert Prohaska (59/8) [80.Heribert Weber (29/0)], Reinhold Hintermaier (12/0), Ernst Baumeister (13/0) [46.Kurt Welzl (20/10)], Walter Schachner (35/15), Johann Krankl (63/34). Trainers: Felix Latzke - Georg Schmidt (5).
Goals: Walter Schachner (56), Johann Krankl (67).

458. 25.06.1982 **AUSTRIA - WEST GERMANY** 0-1(0-1) 12th FIFA WC. Group Stage.
Estadio El Molinon, Gijón (Spain); Referee: Robert Bonar Valentine (Scotland); Attendance: 28,000
AUT: Friedrich Koncilia (63/0), Bernd Krauss (8/0), Erich Obermayer (38/1), Bruno Pezzey (56/6), Josef Degeorgi (6/1), Roland Hattenberger (50/3), Reinhold Hintermaier (13/0), Herbert Prohaska (60/8), Heribert Weber (30/0), Johann Krankl (64/34), Walter Schachner (36/15). Trainers: Felix Latzke - Georg Schmidt (6).

459. 28.06.1982 **AUSTRIA - FRANCE** 0-1(0-1) 12th FIFA WC. 2nd Round.
Estadio "Vicente Calderón", Madrid (Spain); Referee: Károly Palotai (Hungary); Attendance: 37,000
AUT: Friedrich Koncilia (64/0), Bernd Krauss (9/0), Erich Obermayer (39/1), Bruno Pezzey (57/6), Josef Degeorgi (7/1) [46.Ernst Baumeister (14/0)], Roland Hattenberger (51/3), Reinhold Hintermaier (14/0), Herbert Prohaska (61/8), Kurt Jara (56/14) [46.Kurt Welzl (21/10)], Walter Schachner (37/15), Johann Krankl (65/34). Trainers: Felix Latzke - Georg Schmidt (7).

460. 01.07.1982 **AUSTRIA - NORTHERN IRELAND** 2-2(0-1) 12th FIFA WC. 2nd Round.
Estadio "Vicente Calderón", Madrid (Spain); Referee: Adolf Prokop (East Germany); Attendance: 24,000
AUT: Friedrich Koncilia (65/0), Bernd Krauss (10/0), Bruno Pezzey (58/7), Erich Obermayer (40/1), Anton Pichler (6/0), Maximilian Hagmayr (7/0) [46.Kurt Welzl (22/10)], Josef Pregesbauer (5/0) [46.Reinhold Hintermaier (15/1)], Herbert Prohaska (62/8), Ernst Baumeister (15/0), Walter Schachner (38/15), Gernot Jurtin (7/1). Trainers: Felix Latzke - Georg Schmidt (8).
Goals: Bruno Pezzey (50), Reinhold Hintermaier (68).

461. 22.09.1982 **AUSTRIA - ALBANIA** 5-0(2-0) 7th EC. Qualifiers
„Gerhard Hanappi" Stadion, Wien; Referee: Iordan Zhezhov (Bulgaria); Attendance: 9,111
AUT: Friedrich Koncilia (66/0), Bernd Krauss (11/0), Erich Obermayer (41/1) [75.Ernst Baumeister (16/0)], Heribert Weber (31/1), Josef Degeorgi (8/1), Herbert Prohaska (63/8), Anton Pichler (7/0) [24.Karl Brauneder (2/1)], Felix Gasselich (10/1), Walter Schachner (39/15), Maximilian Hagmayr (8/1), Gernot Jurtin (8/1). Trainer: Erich Hof (1).
Goals: Maximilian Hagmayr (24), Felix Gasselich (41), Agustin Kola (64 own goal), Heribert Weber (66), Karl Brauneder (81).

462. 13.10.1982 **AUSTRIA - NORTHERN IRELAND** 2-0(2-0) 7th EC. Qualifiers
„Gerhard Hanappi" Stadion, Wien; Referee: Andrei Butenko (Soviet Union); Attendance: 9,885
AUT: Friedrich Koncilia (67/0), Bernd Krauss (12/0), Bruno Pezzey (59/7), Erich Obermayer (42/1), Josef Degeorgi (9/1), Herbert Prohaska (64/8), Heribert Weber (32/1), Felix Gasselich (11/1), Walter Schachner (40/17), Maximilian Hagmayr (9/1) [69.Peter Pacult (1/0)], Gernot Jurtin (9/1) [69.Ernst Baumeister (17/0)]. Trainer: Erich Hof (2).
Goals: Walter Schachner (3, 41).

463. 17.11.1982 **AUSTRIA - TURKEY** 4-0(3-0) 7th EC. Qualifiers
„Gerhard Hanappi" Stadion, Wien; Referee: Aleksander Suchanek (Poland); Attendance: 9,614
AUT: Friedrich Koncilia (68/0), Bernd Krauss (13/0), Erich Obermayer (43/1), Bruno Pezzey (60/8), Josef Degeorgi (10/1) [59.Leopold Lainer (1/0)], Heribert Weber (33/1), Herbert Prohaska (65/9), Felix Gasselich (12/1) [12.Anton Pichler (8/0)], Walter Schachner (41/18), Günther Golautschnig (1/0), Anton Polster (1/1). Trainer: Erich Hof (3).
Goals: Anton Polster (10), Bruno Pezzey (35), Herbert Prohaska (36 penalty), Walter Schachner (52).

464. 27.04.1983 **AUSTRIA - WEST GERMANY** 0-0 7th EC. Qualifiers
Praterstadion, Wien; Referee: Brian McGinlay (Scotland); Attendance: 50,169
AUT: Friedrich Koncilia (69/0), Bernd Krauss (14/0), Josef Degeorgi (11/1), Erich Obermayer (44/1), Bruno Pezzey (61/8), Heribert Weber (34/1), Walter Schachner (42/18), Herbert Prohaska (66/9) [88.Leopold Lainer (2/0)], Johann Krankl (66/34), Felix Gasselich (13/1) [75.Ernst Baumeister (18/0)], Reinhard Kienast (1/0). Trainer: Erich Hof (4).

465. 17.05.1983 **AUSTRIA - SOVIET UNION** 2-2(1-1) 7th EC. Qualifiers
Praterstadion, Wien; Referee: Ulrich Nyffenegger (Switzerland); Attendance: 15,000
AUT: Friedrich Koncilia (70/0), Bernd Krauss (15/0), Erich Obermayer (45/1), Bruno Pezzey (62/9), Josef Degeorgi (12/1) [46.Leopold Lainer (3/0)], Reinhard Kienast (2/0) [56.Anton Pichler (9/0)], Heribert Weber (35/1), Felix Gasselich (14/2) [65.Ernst Baumeister (19/0)], Walter Schachner (43/18), Johann Krankl (67/34), Gernot Jurtin (10/1) [70.Christian Keglevits (5/2)]. Trainer: Erich Hof (5).
Goals: Felix Gasselich (29), Bruno Pezzey (90).

466. 08.06.1983 **ALBANIA - AUSTRIA** 1-2(0-1) 7th EC. Qualifiers
Stadiumi „Kombëtar Qemal Stafa", Tiranë; Referee: László Pádár (Hungary); Attendance: 15,139
AUT: Friedrich Koncilia (71/0), Bernd Krauss (16/0), Erich Obermayer (46/1), Anton Pichler (10/0), Leopold Lainer (4/0), Herbert Prohaska (67/9), Felix Gasselich (15/2) [88.Gerald Willfurth (1/0)], Ernst Baumeister (20/0), Christian Keglevits (6/2) [60.Gerhard Steinkogler (4/1)], Walter Schachner (44/20), Gernot Jurtin (11/1). Trainer: Erich Hof (6).
Goals: Walter Schachner (6, 58).

467. 21.09.1983 **NORTHERN IRELAND - AUSTRIA** 3-1(1-0) 7th EC. Qualifiers
Windsor Park, Belfast; Referee: Erik Fredriksson (Sweden); Attendance: 18,013
AUT: Friedrich Koncilia (72/0), Bernd Krauss (17/0), Bruno Pezzey (63/9), Reinhard Kienast (3/0) [71.Josef Degeorgi (13/1)], Leopold Lainer (5/0), Heribert Weber (36/1), Herbert Prohaska (68/9), Felix Gasselich (16/3), Martin Gisinger (1/0) [71.Gerald Willfurth (2/0)], Walter Schachner (45/20), Johann Krankl (68/34). Trainer: Erich Hof (7).
Goal: Felix Gasselich (82).

468. 05.10.1983 **WEST GERMANY - AUSTRIA** 3-0(3-0) 7th EC. Qualifiers
Parkstadion, Gelsenkirchen; Referee: Luigi Agnolin (Italy); Attendance: 65,496
AUT: Friedrich Koncilia (73/0), Bernd Krauss (18/0) [79.Josef Pregesbauer (6/0)], Leopold Lainer (6/0), Josef Degeorgi (14/1), Bruno Pezzey (64/9), Heribert Weber (37/1), Walter Schachner (46/20), Herbert Prohaska (69/9), Gerald Willfurth (3/0), Felix Gasselich (17/3) [46.Gernot Jurtin (12/1)], Ernst Baumeister (21/0). Trainer: Erich Hof (8).

469. 16.11.1983 **TURKEY - AUSTRIA** 3-1(0-0) 7th EC. Qualifiers
„İsmet İnönü" Stadı İstanbul; Referee: Roger Schoeters (Belgium); Attendance: 21,310
AUT: Friedrich Koncilia (74/0), Bernd Krauss (19/0), Bruno Pezzey (65/9), Gerald Messlender (1/0), Josef Degeorgi (15/1) [77.Leopold Lainer (7/0)], Karl-Heinz Thonhofer (1/0), Heribert Weber (38/1), Gerald Willfurth (4/0) [73.Peter Pacult (2/0)], Ernst Baumeister (22/1), Walter Schachner (47/20), Christian Keglevits (7/2). Trainer: Erich Hof (9).
Goal: Ernst Baumeister (72).

470. 28.03.1984 **FRANCE - AUSTRIA** 1-0(0-0)
Parc Lescure, Bordeaux; Referee: Viriato Graça Oliva (Portugal); Attendance: 20,000
AUT: Friedrich Koncilia (75/0) [46.Klaus Lindenberger (2/0)], Bernd Krauss (20/0), Gerald Messlender (2/0), Bruno Pezzey (66/9), Josef Degeorgi (16/1), Martin Gisinger (2/0), Herbert Prohaska (70/9), Ernst Baumeister (23/1), Gerald Willfurth (5/0) [69.Andreas Gretschnig (1/0)], Walter Schachner (48/20) [Peter Pacult (3/0)], Richard Niederbacher (1/0). Trainer: Erich Hof (10).

471. 18.04.1984 **AUSTRIA - GREECE** 0-0
Praterstadion, Wien; Referee: Werner Föckler (West Germany); Attendance: 9,700
AUT: Friedrich Koncilia (76/0), Bernd Krauss (21/0) [Leopold Lainer (8/0)], Josef Degeorgi (17/1), Erich Obermayer (47/1), Bruno Pezzey (67/9), Herbert Prohaska (71/9), Martin Gisinger (3/0), Ernst Baumeister (24/1) [46.Gerald Willfurth (6/0)], Felix Gasselich (18/3), Richard Niederbacher (2/0) [62.Peter Pacult (4/0)], Walter Schachner (49/20). Trainer: Erich Hof (11).

472. 02.05.1984 **CYPRUS - AUSTRIA** 1-2(0-1) 13th FIFA WC. Qualifiers
Stádio GSP, Nicosia; Referee: Moshe Ashkenazi (Israel); Attendance: 14,000
AUT: Friedrich Koncilia (77/0), Bernd Krauss (22/0), Erich Obermayer (48/1), Josef Pregesbauer (7/0), Bruno Pezzey (68/9), Heribert Weber (39/1), Walter Schachner (50/20), Herbert Prohaska (72/10), Richard Niederbacher (3/0) [88.Gerald Willfurth (7/0)], Martin Gisinger (4/1), Walter Hörmann (1/0). Trainer: Erich Hof (12).
Goals: Martin Gisinger (37), Herbert Prohaska (75).

473. 12.09.1984 **DENMARK - AUSTRIA** 3-1(1-0)
Idrætsparken, København; Referee: Ignace van Swieten (Netherlands); Attendance: 16,000
AUT: Friedrich Koncilia (78/0), Johann Dihanich (9/0) [46.Leopold Lainer (9/0)], Erich Obermayer (49/1), Bruno Pezzey (69/9), Heribert Weber (40/1), Alfred Drabits (1/0), Herbert Prohaska (73/10), Martin Gisinger (5/2), Ernst Baumeister (25/1) [68.Walter Hörmann (2/0)], Josef Pregesbauer (8/0), Anton Polster (2/1) [72.Christian Keglevits (8/2)]. Trainer: Erich Hof (13).
Goal: Martin Gisinger (48).

474. 26.09.1984 **HUNGARY - AUSTRIA** 3-1(0-1) 13th FIFA WC. Qualifiers
Népstadion, Budapest; Referee: Michel Vautrot (France); Attendance: 45,000
AUT: Friedrich Koncilia (79/0), Johann Dihanich (10/0), Bruno Pezzey (70/9), Gerald Messlender (3/0), Josef Pregesbauer (9/0), Herbert Prohaska (74/10), Heribert Weber (41/1), Felix Gasselich (19/3) [65.Walter Hörmann (3/0)], Martin Gisinger (6/2) [75.Alfred Drabits (2/0)], Walter Schachner (51/21), Anton Polster (3/1). Trainer: Erich Hof (14).
Goal: Walter Schachner (23).

475. 14.11.1984 **AUSTRIA - NETHERLANDS** 1-0(1-0) 13th FIFA WC. Qualifiers
Praterstadion, Wien; Referee: Anatoli Milchenko (Soviet Union); Attendance: 15,000
AUT: Friedrich Koncilia (80/0), Bruno Pezzey (71/9), Heribert Weber (42/1), Gerald Messlender (4/0) [85.Leopold Lainer (10/0)], Herbert Prohaska (75/10), Kurt Jara (57/14), Walter Hörmann (4/0), Karl Brauneder (3/1), Walter Schachner (52/21), Anton Polster (4/1), Gerhard Steinkogler (5/1). Trainer: Erich Hof (15).
Goal: Michel Valke (15 own goal).

476. 27.03.1985. **SOVIET UNION - AUSTRIA** 2-0(1-0)
Dinamo Stadium, Tbilisi; Referee: Klaus Peschel (East Germany); Attendance: 21,500
AUT: Friedrich Koncilia (81/0), Karl Brauneder (4/1) [46.Josef Degeorgi (18/1)], Gerald Messlender (5/0), Erich Obermayer (50/1), Martin Gisinger (7/2), Bruno Pezzey (72/9), Heribert Weber (43/1) [46.Leopold Lainer (11/0)], Herbert Prohaska (76/10), Walter Schachner (53/21), Franz Oberacher (7/1), Kurt Jara (58/14). Trainer: Branko Elsner (Yugoslavia, 3).

477. 17.04.1985. **AUSTRIA - HUNGARY** 0-3(0-2) 13th FIFA WC. Qualifiers
„Gerhard Hanappi" Stadion, Wien; Referee: Jakob Baumann (Switzerland); Attendance: 21,000
AUT: Friedrich Koncilia (82/0), Leopold Lainer (12/0), Walter Hörmann (5/0), Josef Degeorgi (19/1) [46.Ewald Türmer (1/0)], Bruno Pezzey (73/9), Heribert Weber (44/1), Walter Schachner (54/21), Herbert Prohaska (77/10), Johann Krankl (69/34), Franz Oberacher (8/1) [56.Anton Polster (5/1)], Kurt Jara (59/14). Trainer: Branko Elsner (Yugoslavia, 4).

478. 01.05.1985. **NETHERLANDS - AUSTRIA** 1-1(0-0) 13th FIFA WC. Qualifiers
Stadion Feijenoord, Rotterdam; Referee: Luigi Agnolin (Italy); Attendance: 58,000
AUT: Friedrich Koncilia (83/0), Leopold Lainer (13/0), Bruno Pezzey (74/9), Ewald Türmer (2/0), Karl Brauneder (5/1), Walter Hörmann (6/0) [46.Peter Hrstic (1/0)], Herbert Prohaska (78/10), Gerald Willfurth (8/0), Reinhard Kienast (4/0), Walter Schachner (55/22), Anton Polster (6/1). Trainer: Branko Elsner (Yugoslavia, 5).
Goal: Walter Schachner (60).

479. 07.05.1985. **AUSTRIA - CYPRUS** 4-0(2-0) 13th FIFA WC. Qualifiers
Liebenau Stadion, Graz; Referee: Alan Snoddy (Northern Ireland); Attendance: 15,000
AUT: Friedrich Koncilia (84/0), Leopold Lainer (14/0), Bruno Pezzey (75/9), Anton Pichler (11/0), Karl Brauneder (6/1), Walter Hörmann (7/0), Herbert Prohaska (79/10), Peter Hrstic (2/1), Gerald Willfurth (9/1), Walter Schachner (56/23), Anton Polster (7/2) [67.Peter Pacult (5/0)]. Trainer: Branko Elsner (Yugoslavia, 6).
Goal: Peter Hrstic (2), Anton Polster (36), Walter Schachner (55), Gerald Willfurth (74).

480. 16.10.1985. **AUSTRIA - YUGOSLAVIA** 0-3(0-2)
Linzer Stadion, Linz; Referee: Roger Schoeters (Belgium); Attendance: 14,500
AUT: Michael Konsel (1/0), Leopold Lainer (15/0), Bruno Pezzey (76/9), Gerald Messlender (6/0), Karl Brauneder (7/1), Walter Hörmann (8/0), Gerald Willfurth (10/1), Ewald Türmer (3/0), Alfred Drabits (3/0), Gerhard Rodax (1/0) [46.Manfred Linzmaier (1/0)], Walter Schachner (57/23). Trainer: Branko Elsner (Yugoslavia, 7).

481. 20.11.1985. **SPAIN - AUSTRIA** 0-0
Estadio La Romareda, Zaragoza; Referee: Claude Bouillet (France); Attendance: 18,000
AUT: Klaus Lindenberger (3/0), Leopold Lainer (16/0), Heribert Weber (45/1), Gerald Messlender (7/0), Josef Degeorgi (20/1), Walter Hörmann (9/0) [60.Alfred Drabits (4/0)], Ewald Türmer (4/0), Karl Brauneder (8/1), Anton Polster (8/2) [60.Rudolf Steinbauer (1/0)], Walter Schachner (58/23), Manfred Kern (1/0). Trainer: Branko Elsner (Yugoslavia, 8).

482. 26.03.1986 **ITALY - AUSTRIA** 2-1(0-1)
Friuli, Udine; Referee: Victoriano Arminio Sánchez (Spain); Attendance: 28,182
AUT: Klaus Lindenberger (4/0), Leopold Lainer (17/0), Josef Degeorgi (21/1), Reinhard Kienast (5/0), Bruno Pezzey (77/9), Karl Brauneder (9/1), Alfred Drabits (5/0) [46.Peter Pacult (6/0)], Manfred Linzmaier (2/0), Anton Polster (9/3), Gerald Willfurth (11/1), Ewald Türmer (5/0). Trainer: Branko Elsner (Yugoslavia, 9).
Goal: Anton Polster (3).

483. 14.05.1986 AUSTRIA - SWEDEN **1-0(0-0)**
Lehen Stadion, Salzburg; Referee: Henrik van Ettekoven (Netherlands); Attendance: 12,500
AUT: Klaus Lindenberger (5/0), Leopold Lainer (18/0) [87.Rudolf Steinbauer (2/0)], Gerald Messlender (8/0), Josef Degeorgi (22/1), Heribert Weber (46/1), Karl Brauneder (10/1), Walter Schachner (59/23), Reinhard Kienast (6/1) [83.Alfred Drabits (6/0)], Anton Polster (10/3), Manfred Linzmaier (3/0) [46.Gerald Willfurth (12/1)], Ewald Türmer (6/0). Trainer: Branko Elsner (Yugoslavia, 10).
Goal: Reinhard Kienast (51).

484. 27.08.1986 AUSTRIA - SWITZERLAND **1-1(1-0)**
Tivoli Stadion, Innsbruck; Referee: Alphonse Constantin (Belgium); Attendance: 8,030
AUT: Klaus Lindenberger (6/0), Heribert Weber (47/1), Karl Brauneder (11/1), Gerald Messlender (9/0), Leopold Lainer (19/0), Manfred Linzmaier (4/0), Reinhard Kienast (7/1), Andreas Gretschnig (2/0) [61.Gerald Willfurth (13/1)], Josef Degeorgi (23/1), Anton Polster (11/4), Walter Schachner (60/23) [61.Peter Pacult (7/0)]. Trainer: Branko Elsner (Yugoslavia, 11).
Goal: Anton Polster (8).

485. 10.09.1986 ROMANIA - AUSTRIA **4-0(1-0)** 8th EC. Qualifiers
Stadionul Steaua, București; Referee: Gerard Biguet (France); Attendance: 13,611
AUT: Klaus Lindenberger (7/0), Heribert Weber (48/1), Gerald Messlender (10/0), Karl Brauneder (12/1) [65.Peter Pacult (8/0)], Leopold Lainer (20/0), Reinhard Kienast (8/1) [46.Jürgen Werner I (1/0)], Ernst Baumeister (26/1), Ewald Türmer (7/0), Josef Degeorgi (24/1), Walter Schachner (61/23), Anton Polster (12/4). Trainer: Branko Elsner (Yugoslavia, 12).

486. 15.10.1986 AUSTRIA - ALBANIA **3-0(1-0)** 8th EC. Qualifiers
Liebenau Stadion, Graz; Referee: Klaus Peschel (East Germany); Attendance: 5,456
AUT: Klaus Lindenberger (8/0), Heribert Weber (49/1), Gerald Piesinger (1/0), Gerald Messlender (11/0), Karl Brauneder (13/1), Manfred Zsak (1/0), Manfred Linzmaier (5/1), Jürgen Werner I (2/0), Ernst Baumeister (27/1), Andreas Ogris (1/1), Anton Polster (13/5). Trainer: Branko Elsner (Yugoslavia, 13).
Goal: Andreas Ogris (18), Anton Polster (65), Manfred Linzmaier (77).

487. 29.10.1986 AUSTRIA - WEST GERMANY **4-1(0-0)**
Praterstadion, Wien; Referee: Luigi Agnolin (Italy); Attendance: 55,000
AUT: Klaus Lindenberger (9/0), Heribert Weber (50/1), Gerald Piesinger (2/0), Gerald Messlender (12/0), Rudolf Weinhofer (1/0), Manfred Zsak (2/0), Reinhard Kienast (9/3), Jürgen Werner I (3/0), Ernst Baumeister (28/1) [46.Andreas Spielmann (1/0)], Andreas Ogris (2/1), Anton Polster (14/7). Trainer: Branko Elsner (Yugoslavia, 14).
Goals: Anton Polster (57 penalty, 62 penalty), Reinhard Kienast (68, 75).

488. 25.03.1987 YUGOSLAVIA - AUSTRIA **4-0(1-0)**
Stadion Gradski, Banja Luka; Referee: Renzo Peduzzi (Switzerland); Attendance: 20,000
AUT: Klaus Lindenberger (10/0), Gerald Piesinger (3/0) [50.Rudolf Steinbauer (3/0)], Gerald Messlender (13/0), Rudolf Weinhofer (2/0), Bruno Pezzey (78/9), Manfred Zsak (3/0), Reinhard Kienast (10/3), Andreas Ogris (3/1) [75.Peter Pacult (9/0)], Anton Polster (15/7), Ernst Baumeister (29/1), Jürgen Werner I (4/0). Trainer: Branko Elsner (Yugoslavia, 15).

489. 01.04.1987 AUSTRIA - SPAIN **2-3(1-1)** 8th EC. Qualifiers
Praterstadion, Wien; Referee: Bruno Galler (Switzerland); Attendance: 31,342
AUT: Klaus Lindenberger (11/0), Bruno Pezzey (79/9), Gerald Piesinger (4/0), Manfred Zsak (4/0), Rudolf Weinhofer (3/0) [70.Ewald Roscher (1/0)], Manfred Linzmaier (6/2), Reinhard Kienast (11/3), Jürgen Werner I (5/0), Ernst Baumeister (30/1), Andreas Ogris (4/1), Anton Polster (16/8). Trainer: Branko Elsner (Yugoslavia, 16).
Goals: Manfred Linzmaier (38), Anton Polster (64).

490. 29.04.1987 ALBANIA - AUSTRIA **0-1(0-1)** 8th EC. Qualifiers
Stadiumi „Kombëtar Qemal Stafa", Tiranë; Referee: Gerassimos Germanakos (Greece); Attendance: 17,250
AUT: Klaus Lindenberger (12/0), Bruno Pezzey (80/9), Gerald Piesinger (5/0), Manfred Zsak (5/0), Karl Brauneder (14/1), Rudolf Weinhofer (4/0) [46.Robert Frind (1/0)], Manfred Linzmaier (7/2), Jürgen Werner I (6/0), Ernst Baumeister (31/1), Andreas Ogris (5/1) [82.Peter Pacult (10/0)], Anton Polster (17/9). Trainer: Branko Elsner (Yugoslavia, 17).
Goal: Anton Polster (8).

491. 18.08.1987 SWITZERLAND - AUSTRIA **2-2(2-1)**
Espenmoos Stadion, St. Gallen; Referee: Aron Schmidhuber (West Germany); Attendance: 9,000
AUT: Klaus Lindenberger (13/0) [46.Franz Wohlfahrt (1/0)], Bruno Pezzey (81/9), Gerald Piesinger (6/0) [46.Walter Hörmann (10/0)], Robert Frind (2/0), Karl Brauneder (15/1), Manfred Zsak (6/1), Peter Hrstic (3/1) [46.Reinhard Kienast (12/3)], Ernst Baumeister (32/1) [46.Manfred Linzmaier (8/2)], Gerald Willfurth (14/1), Andreas Ogris (6/2) [76.Alfred Drabits (7/0)], Anton Polster (18/9). Trainer: Branko Elsner (Yugoslavia, 18).
Goals: Andreas Ogris (17), Manfred Zsak (54).

492. 14.10.1987 SPAIN - AUSTRIA **2-0(0-0)** 8th EC. Qualifiers
Estadio „Ramón Sánchez Pizjuán", Sevilla; Referee: Joël Quiniou (France); Attendance: 57,447
AUT: Klaus Lindenberger (14/0), Robert Frind (3/0) [46.Robert Pecl (1/0)], Gerald Messlender (14/0), Karl Brauneder (16/1), Bruno Pezzey (82/9), Manfred Zsak (7/1), Andreas Ogris (7/2), Reinhard Kienast (13/3), Anton Polster (19/9), Ernst Baumeister (33/1) [64.Manfred Linzmaier (9/2)], Gerald Willfurth (15/1). Trainer: Branko Elsner (Yugoslavia, 19).

493. 18.11.1987 AUSTRIA - ROMANIA **0-0** 8th EC. Qualifiers
Praterstadion, Wien; Referee: Rosario Lo Bello (Italy); Attendance: 4,120
AUT: Klaus Lindenberger (15/0), Bruno Pezzey (83/9), Robert Frind (4/0), Robert Pecl (2/0), Karl Brauneder (17/1), Peter Artner (1/0), Ernst Baumeister (34/1) [77.Jürgen Werner I (7/0)], Gerald Willfurth (16/1), Gerhard Rodax (2/0), Anton Polster (20/9), Walter Schachner (62/23) [81.Andreas Ogris (8/2)]. Trainer: Branko Elsner (Yugoslavia, 20).

494. 05.02.1988 SWITZERLAND - AUSTRIA **2-1(1-0)** International Tournament
Stade "Louis II", Monaco; Referee: Michel Girard (France); Attendance: 3,000
AUT: Franz Wohlfahrt (2/0), Peter Artner (2/0) [70.Robert Frind (5/0)], Robert Pecl (3/0), Heribert Weber (51/1) [46.Manfred Zsak (8/1)], Karl Brauneder (18/1), Manfred Kern (2/0), Peter Schöttel (1/0), Jürgen Werner I (8/0) [46.Peter Stöger (1/0)], Gerald Willfurth (17/1), Andreas Ogris (9/2) [61.Rupert Marko (1/0)], Richard Niederbacher (4/0). Trainer: Josef Hickersberger (1).
Goal: Alain Geiger (48 own goal).

495. 06.04.1988. **GREECE - AUSTRIA** 2-2(2-1)
Stádio „Giórgos Karaïskáki", Peiraiás; Referee: Carlo Longhi (Italy); Attendance: 6,000
AUT: Klaus Lindenberger (16/0), Peter Artner (3/0), Anton Pfeffer (1/0), Karl Brauneder (19/1) [46.Robert Pecl (4/0)], Heribert Weber (52/1), Manfred Zsak (9/2), Walter Schachner (63/23) [83.Rupert Marko (2/0)], Peter Schöttel (2/0), Gerhard Rodax (3/0), Andreas Herzog (1/0) [46.Jürgen Werner I (9/0); 80.Ernst Baumeister (35/1)], Gerald Willfurth (18/2). Trainer: Josef Hickersberger (2).
Goals: Manfred Zsak (21), Gerald Willfurth (60).

496. 27.04.1988. **AUSTRIA - DENMARK** 1-0(1-0)
Praterstadion, Wien; Referee: Manfred Neuner (West Germany); Attendance: 14,500
AUT: Klaus Lindenberger (17/0), Kurt Russ (1/0), Heribert Weber (53/1), Robert Pecl (5/0), Peter Artner (4/0) [82.Jürgen Werner I (10/0)], Manfred Zsak (10/2), Ernst Baumeister (36/1) [67.Peter Stöger (2/0)], Gerald Willfurth (19/2), Anton Pfeffer (2/0), Andreas Ogris (10/2) [78.Peter Pacult (11/0)], Anton Polster (21/9) [89.Peter Schöttel (3/0)]. Trainer: Josef Hickersberger (3).
Goal: Klaus Berggren (14 own goal).

497. 17.05.1988. **HUNGARY - AUSTRIA** 0-4(0-1)
Népstadion, Budapest; Referee: Adolf Prokop (East Germany); Attendance: 7,000
AUT: Klaus Lindenberger (18/0), Robert Pecl (6/0), Heribert Weber (54/1) [80.Peter Schöttel (4/0)], Peter Artner (5/0), Anton Pfeffer (3/0), Ernst Baumeister (37/1) [Peter Stöger (3/0)], Gerald Willfurth (20/2) [80.Jürgen Werner I (11/0)], Kurt Russ (2/0), Manfred Zsak (11/2), Peter Pacult (12/0) [46.Ralph Hasenhüttl (1/1)], Rupert Marko (3/3). Trainer: Josef Hickersberger (4).
Goals: Rupert Marko (19), Ralph Hasenhüttl (57), Rupert Marko (80, 88).

498. 03.08.1988. **AUSTRIA - BRAZIL** 0-2(0-0)
Praterstadion, Wien; Referee: Lajos Németh (Hungary); Attendance: 44,063
AUT: Klaus Lindenberger (19/0) [89.Franz Wohlfahrt (3/0)], Heribert Weber (55/1), Kurt Russ (3/0), Robert Pecl (7/0) [82.Peter Schöttel (5/0)], Anton Pfeffer (4/0), Gerald Willfurth (21/2), Manfred Zsak (12/2), Peter Artner (6/0) [46.Peter Stöger (4/0)], Ernst Baumeister (38/1) [57.Anton Polster (22/9)], Andreas Ogris (11/2), Peter Pacult (13/0) [82.Daniel Madlener (1/0)]. Trainer: Josef Hickersberger (5).

499. 31.08.1988. **AUSTRIA - HUNGARY** 0-0
Linzer Stadion, Linz; Referee: Bo Karlsson (Sweden); Attendance: 12,000
AUT: Franz Wohlfahrt (4/0) [46.Michael Konsel (2/0)], Kurt Russ (4/0), Peter Pacult (14/0) [46.Gerald Glatzmayer (1/0)], Anton Pfeffer (5/0), Heribert Weber (56/1), Manfred Zsak (13/2) [85.Daniel Madlener (2/0)], Andreas Ogris (12/2), Peter Artner (7/0), Anton Polster (23/9), Ernst Baumeister (39/1) [46.Manfred Kern (3/0)], Gerald Willfurth (22/2). Trainer: Josef Hickersberger (6).

500. 20.09.1988. **CZECHOSLOVAKIA - AUSTRIA** 4-2(1-0)
Letenský Stadion, Praha; Referee: Siegfried Kirschen (East Germany); Attendance: 3,486
AUT: Klaus Lindenberger (20/0) [46.Franz Wohlfahrt (5/0)], Heribert Weber (57/1), Peter Artner (8/0), Robert Pecl (8/0) [46.Peter Schöttel (6/0)], Anton Pfeffer (6/0), Walter Hörmann (11/0), Manfred Zsak (14/2) [76.Gerald Glatzmayer (2/0)], Andreas Herzog (2/0), Gerald Willfurth (23/3), Anton Polster (24/9), Andreas Ogris (13/2) [46.Peter Pacult (15/1)]. Trainer: Josef Hickersberger (7).
Goal: Peter Pacult (58), Gerald Willfurth (90).

501. 19.10.1988. **SOVIET UNION - AUSTRIA** 2-0(0-0) 14th FIFA WC. Qualifiers
Republikan Stadium, Kiev; Referee: Rune Larsson (Sweden); Attendance: 100,000
AUT: Klaus Lindenberger (21/0), Kurt Russ (5/0), Josef Degeorgi (25/1), Anton Pfeffer (7/0), Heribert Weber (58/1), Manfred Zsak (15/2), Christian Keglevits (9/2), Peter Artner (9/0), Anton Polster (25/9), Walter Hörmann (12/0) [63.Andreas Herzog (3/0)], Gerald Willfurth (24/3). Trainer: Josef Hickersberger (8).

502. 02.11.1988. **AUSTRIA - TURKEY** 3-2(2-0) 14th FIFA WC. Qualifiers
Praterstadion, Wien; Referee: Tulio Lanese (Italy); Attendance: 27,000
AUT: Klaus Lindenberger (22/0), Heribert Weber (59/1), Kurt Russ (6/0), Anton Pfeffer (8/0), Peter Artner (10/0), Gerald Willfurth (25/3) [55.Peter Pacult (16/1)], H. Prohaska (80/10), Andreas Herzog (4/2) [68.Gerald Glatzmayer (3/0)], Josef Degeorgi (26/1), Andreas Ogris (14/2), Anton Polster (26/10). Trainer: Josef Hickersberger (9).
Goals: Anton Polster (38), Andreas Herzog (42, 54).

503. 25.03.1989. **AUSTRIA - ITALY** 0-1(0-0)
Praterstadion, Wien; Referee: Manfred Neuner (West Germany); Attendance: 23,000
AUT: Klaus Lindenberger (23/0), Kurt Russ (7/0), Josef Degeorgi (27/1) [70.Walter Hörmann (13/0)], Heribert Weber (60/1), Anton Pfeffer (9/0), Manfred Zsak (16/2), Gerald Willfurth (26/3), Herbert Prohaska (81/10), Andreas Ogris (15/2) [61.Gerhard Rodax (4/0)], Andreas Herzog (5/2) [87.Manfred Linzmaier (10/2)], Anton Polster (27/10). Trainer: Josef Hickersberger (10).

504. 11.04.1989. **AUSTRIA - CZECHOSLOVAKIA** 1-2(0-0)
Bundesstadion, Graz; Referee: Pierluigi Pairetto (Italy); Attendance: 8,000
AUT: Klaus Lindenberger (24/0), Kurt Russ (8/0), Heribert Weber (61/1), Anton Pfeffer (10/0), Gerald Willfurth (27/3) [63.Andreas Reisinger (1/0)], Peter Stöger (5/0), Manfred Zsak (17/2), Andreas Herzog (6/3), Josef Degeorgi (28/1), Christian Keglevits (10/2) [63.Gerhard Rodax (5/0)], Peter Pacult (17/1). Trainer: Josef Hickersberger (11).
Goal: Andreas Herzog (71).

505. 20.05.1989. **EAST GERMANY - AUSTRIA** 1-1(0-1) 14th FIFA WC. Qualifiers
Zentralstadion, Leipzig; Referee: Alphonse Constantin (Belgium); Attendance: 22,000
AUT: Klaus Lindenberger (25/0), Heribert Weber (62/1), Kurt Russ (9/0), Robert Pecl (9/0), Anton Pfeffer (11/0), Manfred Zsak (18/2), Gerhard Rodax (6/0) [67.Andreas Ogris (16/2)], Herbert Prohaska (82/10), Andreas Herzog (7/3) [60.Peter Stöger (6/0)], Peter Artner (11/0), Anton Polster (28/11). Trainer: Josef Hickersberger (12).
Goal: Anton Polster (3).

506. 31.05.1989. **NORWAY - AUSTRIA** 4-1(2-0)
Ullevaal Stadion, Oslo; Referee: Rune Larsson (Sweden); Attendance: 2,084
AUT: Klaus Lindenberger (26/0) [46.Otto Konrad (1/0)], Heribert Weber (63/1) [46.Ernst Aigner (1/0)], Kurt Russ (10/0), Robert Pecl (10/0) [46.Josef Degeorgi (29/1)], Anton Pfeffer (12/0), Alfred Hörtnagl (1/0), Manfred Zsak (19/2), Peter Pacult (18/1) [65.Peter Stöger (7/0)], Andreas Reisinger (2/0), Andreas Ogris (17/3), Andreas Herzog (8/3) [65.Gerhard Rodax (7/0)]. Trainer: Josef Hickersberger (13).
Goal: Andreas Ogris (65).

507. 14.06.1989. **ICELAND - AUSTRIA** 0-0 14th FIFA WC. Qualifiers
Laugardalsvøllur, Reykjavík; Referee: Howard King (Wales); Attendance: 11,250
AUT: Klaus Lindenberger (27/0), Heribert Weber (64/1), Kurt Russ (11/0), Robert Pecl (11/0), Anton Pfeffer (13/0), Alfred Hörtnagl (2/0) [34.Andreas Herzog (9/3)], Herbert Prohaska (83/10), Manfred Zsak (20/2), Peter Artner (12/0), Anton Polster (29/11), Gerhard Rodax (8/0) [46.Andreas Ogris (18/3)]. Trainer: Josef Hickersberger (14).

508. 23.08.1989. **AUSTRIA - ICELAND** 2-1(0-0) 14th FIFA WC. Qualifiers
Lehen Stadion, Salzburg; Referee: Peter Mikkelsen (Denmark); Attendance: 18,000
AUT: Klaus Lindenberger (28/0), Heribert Weber (65/1), Kurt Russ (12/0), Robert Pecl (12/0) [30.Michael Streiter (1/0)], Anton Pfeffer (14/0), Manfred Linzmaier (11/2), Manfred Zsak (21/3), Andreas Herzog (10/3) [59.Alfred Hörtnagl (3/0)], Gerhard Rodax (9/0), Heimo Pfeifenberger (1/1), Andreas Ogris (19/3). Trainer: Josef Hickersberger (15).
Goals: Heimo Pfeifenberger (8), Manfred Zsak (62).

509. 06.09.1989. **AUSTRIA - SOVIET UNION** 0-0 14th FIFA WC. Qualifiers
Praterstadion, Wien; Referee: Keith Hackett (England); Attendance: 62,500
AUT: Klaus Lindenberger (29/0), Heribert Weber (66/1), Kurt Russ (13/0), Anton Pfeffer (15/0), Michael Streiter (2/0), Manfred Linzmaier (12/2), Peter Artner (13/0), Manfred Zsak (22/3), Andreas Herzog (11/3) [78.Alfred Hörtnagl (4/0)], Andreas Ogris (20/3) [65.Gerhard Rodax (10/0)], Anton Polster (30/11). Trainer: Josef Hickersberger (16).

510. 04.10.1989. **MALTA - AUSTRIA** 1-2(1-1)
Ta' Qali National Stadium, Attard; Referee: Carlo Longhi (Italy); Attendance: 4,000
AUT: Klaus Lindenberger (30/0) [46.Michael Konsel (3/0)], Peter Artner (14/0) [46.Kurt Russ (14/0)], Michael Streiter (3/0), Anton Pfeffer (16/0) [46.Robert Pecl (13/0)], Heribert Weber (67/1), Manfred Zsak (23/3) [66.Ernst Aigner (2/0)], Andreas Ogris (21/3) [46.Christoph Westerthaler (1/0)], Manfred Linzmaier (13/2), Gerhard Rodax (11/1), Gerald Glatzmayer (4/1), Alfred Hörtnagl (5/0). Trainer: Josef Hickersberger (17).
Goal: Gerald Glatzmayer (25), Gerhard Rodax (68).

511. 25.10.1989. **TURKEY - AUSTRIA** 3-0(1-0) 14th FIFA WC. Qualifiers
„İsmet İnönü" Stadı İstanbul; Referee: Jozef Marko (Czechoslovakia); Attendance: 35,000
AUT: Klaus Lindenberger (31/0), Kurt Russ (15/0), Michael Streiter (4/0), Anton Pfeffer (17/0), Heribert Weber (68/1), Manfred Zsak (24/3), Andreas Ogris (22/3), Manfred Linzmaier (14/2), Anton Polster (31/11), Andreas Herzog (12/3) [57.Gerald Glatzmayer (5/1)], Peter Artner (15/0) [46.Gerhard Rodax (12/1)]. Trainer: Josef Hickersberger (18).

512. 15.11.1989. **AUSTRIA - EAST GERMANY** 3-0(2-0) 14th FIFA WC. Qualifiers
Praterstadion, Wien; Referee: Piotr Werner (Poland); Attendance: 65,000
AUT: Klaus Lindenberger (32/0), Ernst Aigner (3/0), Robert Pecl (14/0), Anton Pfeffer (18/0), Peter Artner (16/0), Christian Keglevits (11/2), Manfred Linzmaier (15/2), Manfred Zsak (25/3), Alfred Hörtnagl (6/0), Andreas Ogris (23/3) [76.Andreas Herzog (13/3); 83.Heimo Pfeifenberger (2/1)], Anton Polster (32/14). Trainer: Josef Hickersberger (19).
Goals: Anton Polster (2, 22 penalty, 61).

513. 28.02.1990 **EGYPT - AUSTRIA** 0-0
International Stadium, Cairo; Referee: Claude Bouillet (France); Attendance: 21,000
AUT: Klaus Lindenberger (33/0) [46.Michael Konsel (4/0)], Peter Schöttel (7/0) [80.Ernst Aigner (4/0)], Kurt Russ (16/0), Robert Pecl (15/0), Alfred Hörtnagl (7/0), Manfred Linzmaier (16/2), Peter Artner (17/0), Christian Keglevits (12/2) [71.Josef Degeorgi (30/1)], Andreas Herzog (14/3), Andreas Ogris (24/3) [56.Andreas Reisinger (3/0)], Heimo Pfeifenberger (3/1). Trainer: Josef Hickersberger (20).

514. 28.03.1990 **SPAIN - AUSTRIA** 2-3(2-0)
Estadio La Rosaleda, Malaga; Referee: Pietro d'Elia (Italy); Attendance: 26,000
AUT: Klaus Lindenberger (34/0) [46.Otto Konrad (2/0)], Christian Keglevits (13/2) [46.Kurt Russ (17/0)], Robert Pecl (16/0), Anton Pfeffer (19/0), Ernst Aigner (5/0), Manfred Zsak (26/3) [46.Michael Streiter (5/0)], Andreas Ogris (25/3) [46.Gerhard Rodax (13/2)], Peter Artner (18/0), Anton Polster (33/15), Peter Schöttel (8/0) [77.Andreas Reisinger (4/0)], Alfred Hörtnagl (8/1). Trainer: Josef Hickersberger (21).
Goals: Alfred Hörtnagl (47), Anton Polster (65), Gerhard Rodax (89).

515. 11.04.1990 **AUSTRIA - HUNGARY** 3-0(2-0)
Lehen Stadion, Salzburg; Referee: Keith Hackett (England); Attendance: 7,000
AUT: Klaus Lindenberger (35/0) [46.Franz Wohlfahrt (6/0)], Kurt Russ (18/0), Robert Pecl (17/0) [51.Anton Pfeffer (20/0)], Michael Streiter (6/0), Ernst Aigner (6/0), Peter Schöttel (9/0), Andreas Reisinger (5/0) [75.Christian Keglevits (14/3)], Peter Artner (19/1), Anton Polster (34/15), Gerhard Rodax (14/2) [22.Andreas Ogris (26/4)], Alfred Hörtnagl (9/1) [71.Manfred Linzmaier (17/2)]. Trainer: Josef Hickersberger (22).
Goals: Peter Artner (18), Andreas Ogris (42), Christian Keglevits (81).

516. 03.05.1990 **AUSTRIA - ARGENTINA** 1-1(1-1)
Praterstadion, Wien; Referee: Alphonse Constantin (Belgium); Attendance: 45,000
AUT: Klaus Lindenberger (36/0) [46.Michael Konsel (5/0)], Kurt Russ (19/0), Robert Pecl (18/0), Michael Streiter (7/0), Peter Schöttel (10/0), Manfred Zsak (27/4) [46.Christian Keglevits (15/3)], Manfred Linzmaier (18/2) [46.Andreas Reisinger (6/0)], Peter Artner (20/1), Anton Polster (35/15), Gerhard Rodax (15/2) [46.Andreas Ogris (27/4)], Alfred Hörtnagl (10/1) [69.Andreas Herzog (15/3)]. Trainer: Josef Hickersberger (23).
Goal: Manfred Zsak (3).

517. 30.05.1990 **AUSTRIA - NETHERLANDS** 3-2(1-0)
Praterstadion, Wien; Referee: Manfred Rossner (East Germany); Attendance: 48,000
AUT: Klaus Lindenberger (37/0), Kurt Russ (20/0) [46.Michael Baur (1/0)], Ernst Aigner (7/0), Robert Pecl (19/1), Michael Streiter (8/0) [25.Anton Pfeffer (21/1)], Peter Schöttel (11/0), Peter Artner (21/1) [30.Manfred Zsak (28/5)], Manfred Linzmaier (19/2), Andreas Herzog (16/3), Gerhard Rodax (16/2), Anton Polster (36/15) [Andreas Ogris (28/4)]. Trainer: Josef Hickersberger (24).
Goal: Robert Pecl (3), Manfred Zsak (46), Anton Pfeffer (49).

518. 09.06.1990 **ITALY - AUSTRIA** 1-0(0-0) 14th FIFA WC. Group Stage.
Stadio Olimpico, Roma; Referee: Jose Roberto Ramiz Wright (Brasil); Attendance: 72,303
AUT: Klaus Lindenberger (38/0), Ernst Aigner (8/0), Robert Pecl (20/1), Peter Schöttel (12/0), Kurt Russ (21/0), Peter Artner (22/1) [61.Manfred Zsak (29/5)], Michael Streiter (9/0), Andreas Herzog (17/3), Manfred Linzmaier (20/2) [70.Alfred Hörtnagl (11/1)], Anton Polster (37/15), Andreas Ogris (29/4). Trainer: Josef Hickersberger (25).

519. 15.06.1990 **AUSTRIA - CZECHOSLOVAKIA** 0-1(0-1) 14th FIFA WC. Group Stage.
Stade Comunale, Firenze (Italy); Referee: George Smith (Scotland); Attendance: 38,962
AUT: Klaus Lindenberger (39/0), Ernst Aigner (9/0), Robert Pecl (21/1), Anton Pfeffer (22/1), Peter Schöttel (13/0) [46.Andreas Ogris (30/4)], Kurt Russ (22/0) [82.Michael Streiter (10/0)], Manfred Zsak (30/5), Alfred Hörtnagl (12/1), Andreas Herzog (18/3), Anton Polster (38/15), Gerhard Rodax (17/2). Trainer: Josef Hickersberger (26).

520. 19.06.1990 **AUSTRIA - UNITED STATES** 2-1(0-0) 14th FIFA WC. Group Stage.
Stade Comunale, Firenze (Italy); Referee: Jamal Al Sharif (Syria); Attendance: 34,857
AUT: Klaus Lindenberger (40/0), Ernst Aigner (10/0), Robert Pecl (22/1), Anton Pfeffer (23/1), Peter Artner (23/1) [so33], Michael Streiter (11/0), Manfred Zsak (31/5), Andreas Herzog (19/3), Anton Polster (39/15) [45.Andreas Reisinger (7/0)], Andreas Ogris (31/5), Gerhard Rodax (18/3) [84.Gerald Glatzmayer (6/1)]. Trainer: Josef Hickersberger (27).
Goals: Andreas Ogris (52), Gerhard Rodax (65).

521. 21.08.1990 **AUSTRIA - SWITZERLAND** 1-3(1-0)
Praterstadion, Wien; Referee: Carlo Longhi (Italy); Attendance: 8,000
AUT: Klaus Lindenberger (41/0) [46.Michael Konsel (6/0)], Bruno Pezzey (84/9) [42.Peter Schöttel (14/0)], Kurt Russ (23/0), Wolfgang Feiersinger (1/0), Anton Pfeffer (24/1), Christian Keglevits (16/3) [46.Michael Baur (2/0)], Andreas Reisinger (8/0), Alfred Hörtnagl (13/1), Andreas Ogris (32/6), Peter Stöger (8/0) [46.Andreas Herzog (20/3)], Ralph Hasenhüttl (2/1). Trainer: Josef Hickersberger (28).
Goal: Andreas Ogris (28).

522. 12.09.1990 **FAROE ISLANDS - AUSTRIA** 1-0(0-0) 9th EC. Qualifiers
Idrottsplats, Landskrona (Sweden); Referee: Egil Nervik (Norway); Attendance: 1,265
AUT: Michael Konsel (7/0), Kurt Russ (24/0), Robert Pecl (23/1), Jürgen Hartmann (1/0), Michael Streiter (12/0), Heinz Peischl (1/0), Manfred Linzmaier (21/2), Andreas Herzog (21/3) [63.Peter Pacult (19/1)], Gerhard Rodax (19/3), Anton Polster (40/15), Andreas Reisinger (9/0) [63.Gerald Willfurth (28/3)]. Trainer: Josef Hickersberger (29).

523. 31.10.1990 **YUGOSLAVIA - AUSTRIA** 4-1(2-1) 9th EC. Qualifiers
Stadion JNA, Beograd; Referee: Aron Schmidhuber (Germany); Attendance: 17,500
AUT: Michael Konsel (8/0), Ernst Aigner (11/0), Robert Pecl (24/1), Michael Streiter (13/0), Peter Schöttel (15/0), Andreas Reisinger (10/0), Andreas Ogris (33/7) [52.Peter Pacult (20/1)], Peter Artner (24/1), Anton Polster (41/15), Andreas Herzog (22/3) [46.Manfred Linzmaier (22/2)], Alfred Hörtnagl (14/1). Trainer: Alfred Riedl (1).
Goal: Andreas Ogris (15).

524. 14.11.1990 **AUSTRIA - NORTHERN IRELAND** 0-0 9th EC. Qualifiers
Praterstadion, Wien; Referee: Gérard Biguet (France); Attendance: 7,000
AUT: Michael Konsel (9/0), Heinz Peischl (2/0), Robert Pecl (25/1), Andreas Poiger (1/0), Peter Schöttel (16/0), Gerald Willfurth (29/3), Andreas Ogris (34/7), Peter Artner (25/1), Anton Polster (42/15) [66.Peter Pacult (21/1)], Manfred Linzmaier (23/2), Alfred Hörtnagl (15/1). Trainer: Alfred Riedl (2).

525. 17.04.1991 **AUSTRIA - NORWAY** 0-0
Praterstadion, Wien; Referee: Zdravko Jokić (Yugoslavia); Attendance: 36,000
AUT: Michael Konsel (10/0) [46.Franz Wohlfahrt (7/0)], Heinz Peischl (3/0) [17.Peter Artner (26/1)], Anton Pfeffer (25/1), Michael Baur (3/0), Peter Schöttel (17/0) [60.Manfred Linzmaier (24/2)], Manfred Zsak (32/5), Kurt Russ (25/0) [46.Gerald Willfurth (30/3)], Peter Stöger (9/0) [86.Arnold Wetl (1/0)], Andreas Ogris (35/7), Alfred Hörtnagl (16/1), Anton Polster (43/15). Trainer: Alfred Riedl (3).

526. 01.05.1991 **SWEDEN - AUSTRIA** 6-0(4-0)
Råsundastadion, Stockholm; Referee: Rune Pedersen (Norway); Attendance: 3,689
AUT: Michael Konsel (11/0) [46.Otto Konrad (3/0)], Harald Schneider (1/0), Michael Baur (4/0) [46.Peter Schöttel (18/0)], Anton Pfeffer (26/1), Kurt Russ (26/0), Peter Artner (27/1) [63.Christian Prosenik (1/0)], Manfred Zsak (33/5), Manfred Linzmaier (25/2) [46.Peter Stöger (10/0)], Alfred Hörtnagl (17/1), Gerhard Rodax (20/3), Anton Polster (44/15). Trainer: Alfred Riedl (4).

527. 22.05.1991 **AUSTRIA - FAROE ISLANDS** 3-0(1-0) 9th EC. Qualifiers
Lehen Stadion, Salzburg; Referee: Loizos Loizou (Cyprus); Attendance: 13,000
AUT: Michael Konsel (12/0) [86.Franz Wohlfahrt (8/0)], Michael Baur (5/0), Kurt Russ (27/0), Heimo Pfeifenberger (4/2) [24.Alfred Hörtnagl (18/1)], Jürgen Hartmann (2/0), Peter Stöger (11/0), Peter Schöttel (19/0), Andreas Herzog (23/3), Michael Streiter (14/1), Arnold Wetl (2/1), Andreas Ogris (36/7). Trainer: Alfred Riedl (5).
Goals: Heimo Pfeifenberger (13), Michael Streiter (48), Arnold Wetl (63).

528. 05.06.1991 **DENMARK - AUSTRIA** 2-1(1-0) 9th EC. Qualifiers
Odense Stadion, Odense; Referee: Michal Listkiewicz (Poland); Attendance: 12,521
AUT: Otto Konrad (4/0), Kurt Russ (28/0) [72.Christian Prosenik (2/0)], Michael Baur (6/0), Jürgen Hartmann (3/0), Heimo Pfeifenberger (5/2), Michael Streiter (15/1), Ernst Ogris (1/1), Peter Schöttel (20/0) [66.Alfred Hörtnagl (19/1)], Andreas Herzog (24/3), Peter Stöger (12/0), Christoph Westerthaler (2/0). Trainer: Alfred Riedl (6).
Goal: Ernst Ogris (82).

529. 04.09.1991 **PORTUGAL - AUSTRIA** 1-1(1-0)
Estádio das Antas, Porto; Referee: Raúl Garcia de Loza (Spain); Attendance: 12,000
AUT: Michael Konsel (13/0) [46.Otto Konrad (5/0)], Michael Baur (7/0), Peter Artner (28/1), Walter Kogler (1/1), Franz Resch (1/0), Christian Prosenik (3/0), Peter Stöger (13/0), Manfred Zsak (34/5), Wolfgang Feiersinger (2/0) [62.Peter Pacult (22/1)], Andreas Herzog (25/3), Christoph Westerthaler (3/0) [62.Heimo Pfeifenberger (6/2)]. Trainer: Alfred Riedl (7).
Goal: Walter Kogler (70).

530. 09.10.1991 **AUSTRIA - DENMARK** 0-3(0-3) 9th EC. Qualifiers
Praterstadion, Wien; Referee: Frans Van den Wijngaert (Belgium); Attendance: 10,000
AUT: Otto Konrad (6/0), Christian Prosenik (4/0), Michael Baur (8/0), Franz Resch (2/0), Walter Kogler (2/1), Peter Schöttel (21/0) [46.Harald Gschnaidter (1/0)], Andreas Ogris (37/7), Peter Artner (29/1), Andreas Herzog (26/3), Peter Stöger (14/0), Peter Pacult (23/1). Trainer: Alfred Riedl (8).

531. 16.10.1991　**NORTHERN IRELAND - AUSTRIA**　　　　　**2-1(2-1)**　　　　　9th EC. Qualifiers
Windsor Park, Belfast; Referee: Leif Sundell (Sweden); Attendance: 8,000
AUT: Wolfgang Knaller (1/0), Leopold Lainer (21/1), Leopold Rotter (1/0), Jürgen Hartmann (4/0), Walter Kogler (3/1), Manfred Zsak (35/5), Andreas Ogris (38/7), Peter Artner (30/1), Christian Keglevits (17/3) [62.Andreas Herzog (27/3)], Peter Stöger (15/0) [62.Christoph Westerthaler (4/0)], Herbert Gager (1/0). Trainer: Dietmar Constantini (1).
Goal: Leopold Lainer (45).

532. 13.11.1991　**AUSTRIA - YUGOSLAVIA**　　　　　**0-2(0-2)**　　　　　9th EC. Qualifiers
Praterstadion, Wien; Referee: Pietro d'Elia (Italy); Attendance: 8,000
AUT: Wolfgang Knaller (2/0), Manfred Zsak (36/5), Kurt Garger (1/0), Walter Kogler (4/1), Peter Artner (31/1), Herbert Gager (2/0), Peter Stöger (16/0) [53.Christian Keglevits (18/3)], Andreas Herzog (28/3), Leopold Lainer (22/1), Andreas Ogris (39/7), Christoph Westerthaler (5/0) [73.Michael Baur (9/0)]. Trainer: Dietmar Constantini (2).

533. 25.03.1992　**HUNGARY - AUSTRIA**　　　　　**2-1(0-1)**
Népstadion, Budapest; Referee: Michal Listkiewicz (Poland); Attendance: 7,500
AUT: Michael Konsel (14/0), Peter Schöttel (22/0), Leopold Rotter (2/0) [81.Leopold Lainer (23/1)], Jürgen Hartmann (5/0) [86.Heimo Pfeifenberger (7/2)], Manfred Zsak (37/5), Walter Hörmann (14/0) [74.Peter Artner (32/1)], Andreas Ogris (40/7), Christian Prosenik (5/0), Anton Polster (45/16), Peter Stöger (17/0), Andreas Herzog (29/3) [73.Frank Schinkels (1/0)]. Trainer: Ernst Happel (1).
Goal: Anton Polster (40).

534. 14.04.1992　**AUSTRIA - LITHUANIA**　　　　　**4-0(3-0)**
Praterstadion, Wien; Referee: Haim Lipkovich (Israel); Attendance: 10,000
AUT: Franz Wohlfahrt (9/0), Leopold Rotter (3/0), Manfred Zsak (38/5), Peter Schöttel (23/0) [72.Herbert Gager (3/0)], Peter Artner (33/1), Peter Stöger (18/0), Andreas Herzog (30/3) [61.Jürgen Hartmann (6/0)], Thomas Flögel (1/0), Christian Prosenik (6/1), Andreas Ogris (41/8), Anton Polster (46/17) [81.Ralph Hasenhüttl (3/2)]. Trainer: Ernst Happel (2).
Goals: Andreas Ogris (21), Christian Prosenik (32), Anton Polster (37), Ralph Hasenhüttl (82).

535. 29.04.1992　**AUSTRIA - WALES**　　　　　**1-1(0-0)**
Praterstadion, Wien; Referee: Sándor Piller (Hungary); Attendance: 53,000
AUT: Michael Konsel (15/0), Michael Streiter (16/1), Leopold Rotter (4/0), Thomas Flögel (2/0), Manfred Zsak (39/5), Christian Prosenik (7/1), Andreas Ogris (42/8) [46.Ralph Hasenhüttl (4/2)], Peter Stöger (19/0), Anton Polster (47/17), Andreas Herzog (31/3) [79.Peter Schöttel (24/0)], Herbert Gager (4/0) [46.Michael Baur (10/1)]. Trainer: Ernst Happel (3).
Goal: Michael Baur (58).

536. 19.05.1992　**AUSTRIA - POLAND**　　　　　**2-4(1-2)**
Lehen Stadion, Salzburg; Referee: Marnix Sandra (Belgium); Attendance: 17,000
AUT: Franz Wohlfahrt (10/0), Leopold Rotter (5/0), Robert Pecl (26/1) [46.Michael Baur (11/1)], Manfred Zsak (40/5), Christian Prosenik (8/1), Peter Stöger (20/0) [66.Frank Schinkels (2/0)], Peter Artner (34/1), Thomas Flögel (3/0), Dietmar Kühbauer (1/0), Ralph Hasenhüttl (5/3), Herfried Sabitzer (1/0) [66.Walter Waldhör (1/1)]. Trainer: Ernst Happel (4).
Goals: Ralph Hasenhüttl (20), Walter Waldhör (68).

537. 27.05.1992　**NETHERLANDS - AUSTRIA**　　　　　**3-2(2-1)**
Stadion De Baandert, Sittard; Referee: Rune Larsson (Sweden); Attendance: 16,000
AUT: Michael Konsel (16/0) [54.Wolfgang Knaller (3/0)], Andreas Herzog (32/3), Michael Streiter (17/1) [53.Christian Prosenik (9/1)], Jürgen Hartmann (7/0), Dietmar Kühbauer (2/0) [85.Frank Schinkels (3/1)], Peter Artner (35/1) [46.Mario Posch (1/0); 69.Thomas Flögel (4/0)], Michael Baur (12/1), Leopold Rotter (6/0), Andreas Ogris (43/8), Manfred Zsak (41/5), Anton Polster (48/18). Trainer: Ernst Happel (5).
Goals: Anton Polster (32), Frank Schinkels (90).

538. 19.08.1992　**CZECHOSLOVAKIA - AUSTRIA**　　　　　**2-2(1-2)**
Štadión Tehelné pole, Bratislava; Referee: Kim Milton Nielsen (Denmark); Attendance: 5,720
AUT: Franz Wohlfahrt (11/0), Manfred Zsak (42/5), Robert Wazinger (1/0), Michael Streiter (18/1), Christian Prosenik (10/1), Peter Stöger (21/1), Peter Artner (36/1) [59.Walter Hörmann (15/0)], Michael Baur (13/1), Andreas Herzog (33/3) [46.Thomas Flögel (5/0)], Wolfgang Feiersinger (3/0) [46.Jürgen Hartmann (8/0); 79.Herfried Sabitzer (2/0)], Heimo Pfeifenberger (8/3) [85.Walter Waldhör (2/1)]. Trainer: Ernst Happel (6).
Goals: Peter Stöger (17), Heimo Pfeifenberger (22).

539. 02.09.1992　**AUSTRIA - PORTUGAL**　　　　　**1-1(1-0)**
Stadion auf der Gugl, Linz; Referee: Piotr Werner (Poland); Attendance: 14,000
AUT: Michael Konsel (17/0), Robert Wazinger (2/0), Michael Streiter (19/1) [46.Christian Prosenik (11/1)], Robert Pecl (27/1), Wolfgang Feiersinger (4/0), Michael Baur (14/1), Andreas Ogris (44/8), Peter Artner (37/1), Anton Polster (49/19) [81.Ralph Hasenhüttl (6/3)], Peter Stöger (22/1) [86.Roman Mählich (1/0)], Herfried Sabitzer (3/0) [40.Dietmar Kühbauer (3/0)]. Trainer: Ernst Happel (7).
Goal: Anton Polster (37).

540. 14.10.1992　**FRANCE - AUSTRIA**　　　　　**2-0(1-0)**　　　　　15th FIFA WC. Qualifiers
Parc des Princes, Paris; Referee: Vadim Zhuk (Russia); Attendance: 39,186
AUT: Franz Wohlfahrt (12/0), Wolfgang Feiersinger (5/0), Michael Streiter (20/1), Manfred Zsak (43/5), Robert Wazinger (3/0), Peter Stöger (23/1) [85.Heimo Pfeifenberger (9/3)], Peter Artner (38/1), Andreas Herzog (34/3), Michael Baur (15/1), Frank Schinkels (4/1) [46.Andreas Ogris (45/8)], Anton Polster (50/19). Trainer: Ernst Happel (8).

541. 28.10.1992　**AUSTRIA - ISRAEL**　　　　　**5-2(2-0)**　　　　　15th FIFA WC. Qualifiers
„Gerhard Hanappi" Stadion, Wien; Referee: João Martins Pinto Correia (Portugal); Attendance: 20,000
AUT: Franz Wohlfahrt (13/0), Manfred Zsak (44/5), Michael Streiter (21/1) [71.Michael Baur (16/1)], Robert Wazinger (4/0), Christian Prosenik (12/1), Peter Stöger (24/2), Peter Artner (39/1), Andreas Herzog (35/5), Frank Schinkels (5/1) [78.Thomas Flögel (6/0)], Andreas Ogris (46/9), Anton Polster (51/20). Trainer: Ernst Happel (9).
Goals: Andreas Herzog (42, 45), Anton Polster (49), Peter Stöger (69), Andreas Ogris (83).

542. 18.11.1992　**GERMANY - AUSTRIA**　　　　　**0-0**
Frankenstadion, Nürnberg; Referee: Joseph Worral (England); Attendance: 46,000
AUT: Franz Wohlfahrt (14/0) [46.Michael Konsel (18/0)], Manfred Zsak (45/5), Michael Streiter (22/1) [69.Anton Polster (52/20)], Mario Posch (2/0), Peter Schöttel (25/0) [57.Dietmar Kühbauer (4/0)], Wolfgang Feiersinger (6/0), Peter Stöger (25/2), Peter Artner (40/1), Heimo Pfeifenberger (10/3), Andreas Herzog (36/5), Andreas Ogris (47/9). Trainer: Dietmar Constantini (3).

543. 10.03.1993   **AUSTRIA - GREECE**   **2-1(2-1)**
Praterstadion, Wien; Referee: László Molnár (Hungary); Attendance: 30,000
AUT: Franz Wohlfahrt (15/0), Michael Streiter (23/1) [46.Walter Kogler (5/1)], Robert Pecl (28/1), Manfred Zsak (46/5), Robert Wazinger (5/0), Harald Cerny (1/0), Michael Baur (17/2) [46.Wolfgang Feiersinger (7/0)], Peter Stöger (26/2) [68.Roland Kirchler (1/0)], Dietmar Kühbauer (5/0), Anton Polster (53/20), Heimo Pfeifenberger (11/4). Trainer: Herbert Prohaska (1).
Goals: Heimo Pfeifenberger (3), Michael Baur (14).

544. 27.03.1993   **AUSTRIA - FRANCE**   **0-1(0-0)**   15th FIFA WC. Qualifiers
„Ernst Happel" Stadion, Wien; Referee: John Blankenstein (Netherlands); Attendance: 37,500
AUT: Franz Wohlfahrt (16/0), Robert Pecl (29/1), Manfred Zsak (47/5), Peter Artner (41/1), Wolfgang Feiersinger (8/0), Harald Cerny (2/0), Dietmar Kühbauer (6/0), Frank Schinkels (6/1) [71.Andreas Ogris (48/9)], Andreas Herzog (37/5), Anton Polster (54/20), Heimo Pfeifenberger (12/4). Trainer: Herbert Prohaska (2).

545. 14.04.1993   **AUSTRIA - BULGARIA**   **3-1(2-0)**   15th FIFA WC. Qualifiers
„Ernst Happel" Stadion, Wien; Referee: Sergei Khusainov (Russia); Attendance: 19,500
AUT: Franz Wohlfahrt (17/0), Robert Pecl (30/1), Manfred Zsak (48/5), Wolfgang Feiersinger (9/0), Michael Streiter (24/1), Leopold Lainer (24/1), Michael Baur (18/2), Dietmar Kühbauer (7/1) [88.Harald Cerny (3/0)], Andreas Herzog (38/5), Anton Polster (55/21), Heimo Pfeifenberger (13/5) [68.Andreas Ogris (49/9)]. Trainer: Herbert Prohaska (3).
Goals: Heimo Pfeifenberger (11), Dietmar Kühbauer (26), Anton Polster (89).

546. 13.05.1993   **FINLAND - AUSTRIA**   **3-1(2-0)**   15th FIFA WC. Qualifiers
Urheilupuisto, Turku; Referee: John Ferry (Northern Ireland); Attendance: 13,682
AUT: Franz Wohlfahrt (18/0), Michael Streiter (25/1), Manfred Zsak (49/5) [59.Harald Cerny (4/0)], Michael Zisser (1/1), Peter Artner (42/1), Michael Baur (19/2), Andreas Herzog (39/5), Dietmar Kühbauer (8/1), Leopold Lainer (25/1), Andreas Ogris (50/9), Anton Polster (56/21) [57.Peter Stöger (27/2)]. Trainer: Herbert Prohaska (4).
Goal: Michael Zisser (90).

547. 19.05.1993   **SWEDEN - AUSTRIA**   **1-0(0-0)**   15th FIFA WC. Qualifiers
Råsundastadion, Stockholm; Referee: Michel Piraux (Belgium); Attendance: 27,800
AUT: Franz Wohlfahrt (19/0), Michael Streiter (26/1), Wolfgang Feiersinger (10/0), Robert Pecl (31/1), Leopold Lainer (26/1), Peter Artner (43/1), Michael Baur (20/2), Peter Stöger (28/2), Andreas Herzog (40/5), Andreas Ogris (51/9) [82.Thomas Janeschitz (1/0)], Heimo Pfeifenberger (14/5). Trainer: Herbert Prohaska (5).

548. 25.08.1993   **AUSTRIA - FINLAND**   **3-0(2-0)**   15th FIFA WC. Qualifiers
„Ernst Happel" Stadion, Wien; Referee: Michal Listkiewicz (Poland); Attendance: 21,000
AUT: Franz Wohlfahrt (20/0), Walter Kogler (6/1), Michael Streiter (27/1), Anton Pfeffer (27/1), Wolfgang Feiersinger (11/0) [83.Thomas Flögel (7/0)], Peter Artner (44/1), Peter Stöger (29/2), Andreas Herzog (41/6), Dietmar Kühbauer (9/2) [84.Michael Baur (21/2)], Andreas Ogris (52/9), Heimo Pfeifenberger (15/6). Trainer: Herbert Prohaska (6).
Goals: Dietmar Kühbauer (28), Heimo Pfeifenberger (41), Andreas Herzog (90 penalty).

549. 13.10.1993   **BULGARIA - AUSTRIA**   **4-1(2-0)**   15th FIFA WC. Qualifiers
Nationalen stadion "Vasil Levski", Sofia; Referee: Marcello Nicchi (Italy); Attendance: 22,500
AUT: Franz Wohlfahrt (21/0), Walter Kogler (7/1), Michael Streiter (28/1), Anton Pfeffer (28/1), Peter Schöttel (26/0), Peter Artner (45/1), Peter Stöger (30/2), Andreas Herzog (42/7), Michael Baur (22/2), Andreas Ogris (53/9), Anton Polster (57/21). Trainer: Herbert Prohaska (7).
Goal: Andreas Herzog (51).

550. 27.10.1993   **ISRAEL - AUSTRIA**   **1-1(1-1)**   15th FIFA WC. Qualifiers
National Stadium, Ramat Gan, Tel Aviv; Referee: László Vágner (Hungary); Attendance: 23,500
AUT: Franz Wohlfahrt (22/0), Walter Kogler (8/1), Michael Streiter (29/1), Anton Pfeffer (29/1), Wolfgang Feiersinger (12/0), Peter Artner (46/1), Peter Stöger (31/2), Thomas Winklhofer (1/0), Hannes Reinmayr (1/1), Andreas Ogris (54/9), Anton Polster (58/21) [65.Heimo Pfeifenberger (16/6)]. Trainer: Herbert Prohaska (8).
Goal: Hannes Reinmayr (18).

551. 10.11.1993   **AUSTRIA - SWEDEN**   **1-1(0-0)**   15th FIFA WC. Qualifiers
„Ernst Happel" Stadion, Wien; Referee: Manuel Díaz Vega (Spain); Attendance: 25,000
AUT: Franz Wohlfahrt (23/0), Walter Kogler (9/1), Thomas Winklhofer (2/0), Leopold Lainer (27/1), Wolfgang Feiersinger (13/0), Peter Artner (47/1), Peter Stöger (32/2), Andreas Herzog (43/8), Hannes Reinmayr (2/1), Anton Polster (59/21), Peter Pacult (24/1) [71.Christoph Westerthaler (6/0)]. Trainer: Herbert Prohaska (9).
Goal: Andreas Herzog (70).

552. 23.03.1994   **AUSTRIA - HUNGARY**   **1-1(1-1)**
Linzer Stadion, Linz; Referee: Walter Cinciripini (Italy); Attendance: 19,000
AUT: Franz Wohlfahrt (24/0) [46.Otto Konrad (7/0)], Walter Kogler (10/1), Anton Pfeffer (30/1) [K54], Peter Schöttel (27/0), Wolfgang Feiersinger (14/0), Peter Stöger (33/2) [55.Michael Streiter (30/1)], Andreas Herzog (44/8), Hannes Reinmayr (3/1) [46.Christian Prosenik (13/1)], Thomas Winklhofer (3/0) [46.Adolf Hütter (1/0)], Anton Polster (60/21) [46.Harald Cerny (5/0)], Heimo Pfeifenberger (17/7). Trainer: Herbert Prohaska (10).
Goal: Heimo Pfeifenberger (75).

553. 20.04.1994   **AUSTRIA - SCOTLAND**   **1-2(1-1)**
„Ernst Happel" Stadion, Wien; Referee: Hermann Albrecht (Germany); Attendance: 35,000
AUT: Franz Wohlfahrt (25/0) [46.Michael Konsel (19/0)], Peter Schöttel (28/0), Walter Kogler (11/1), Walter Hochmaier (1/0), Christian Prosenik (14/1), Peter Stöger (34/2) [46.Dietmar Kühbauer (10/2)], Andreas Herzog (45/8), Michael Baur (23/3), Adolf Hütter (2/1), Harald Cerny (6/0), Anton Polster (61/21) [62.Thomas Weissenberger (1/0)]. Trainer: Herbert Prohaska (11).
Goal: Adolf Hütter (13).

554. 17.05.1994   **POLAND - AUSTRIA**   **3-4(1-2)**
Stadion GKS, Katowice; Referee: Kurt Röthlisberger (Switzerland); Attendance: 4,000
AUT: Franz Wohlfahrt (26/0), Michael Streiter (31/1) [76.Peter Schöttel (29/0)], Anton Pfeffer (31/1), Wolfgang Feiersinger (15/0), Walter Hochmaier (2/1), Peter Artner (48/1), Peter Stöger (35/5), Franz Aigner (1/0), Adolf Hütter (3/1), Anton Polster (62/21), Heimo Pfeifenberger (18/7). Trainer: Herbert Prohaska (12).
Goals: Peter Stöger (5, 26, 64), Walter Hochmaier (68).

555. 02.06.1994 **AUSTRIA - GERMANY** **1-5(0-1)**
„Ernst Happel" Stadion, Wien; Referee: Rémi Harrel (France); Attendance: 35,000
AUT: Franz Wohlfahrt (27/0), Michael Streiter (32/1) [75.Walter Kogler (12/1)], Anton Pfeffer (32/1), Wolfgang Feiersinger (16/0), Walter Hochmaier (3/1) [75.Peter Schöttel (30/0)], Peter Artner (49/1) [64.Dietmar Kühbauer (11/2)], Peter Stöger (36/5), Franz Aigner (2/0), Adolf Hütter (4/1) [64.Harald Cerny (7/0)], Anton Polster (63/22), Heimo Pfeifenberger (19/7). Trainer: Herbert Prohaska (13).
Goal: Anton Polster (77 penalty).

556. 17.08.1994 **AUSTRIA - RUSSIA** **0-3(0-1)**
Wörthersee Stadion, Klagenfurt; Referee: Vasilis Nikakis (Greece); Attendance: 10,000
AUT: Franz Wohlfahrt (28/0) [46.Otto Konrad (8/0)], Walter Kogler (13/1), Leopold Lainer (28/1), Anton Pfeffer (33/1), Peter Stöger (37/5) [57.Thomas Flögel (8/0)], Andreas Herzog (46/8) [57.Christian Prosenik (15/1)], Franz Aigner (3/0) [75.Peter Schöttel (31/0)], Wolfgang Feiersinger (17/0), Adolf Hütter (5/1), Walter Schachner (64/23) [16.Harald Cerny (8/0)], Ralph Hasenhüttl (7/3) [83.Arnold Wetl (3/1)]. Trainer: Herbert Prohaska (14).

557. 07.09.1994 **LIECHTENSTEIN - AUSTRIA** **0-4(0-3)** 10th EC. Qualifiers
Sportpark, Eschen/Mauren; Referee: Wieland Ziller (Germany); Attendance: 5,800
AUT: Franz Wohlfahrt (29/0), Jürgen Werner-Klausriegler (1/0), Wolfgang Feiersinger (18/0), Johann Kogler (1/0), Peter Schöttel (32/0), Peter Stöger (38/5), Franz Aigner (4/1), Christian Prosenik (16/1), Heimo Pfeifenberger (20/7) [74.Thomas Flögel (9/0)], Anton Polster (64/25), Andreas Ogris (55/9) [62.Harald Cerny (9/0)]. Trainer: Herbert Prohaska (15).
Goals: Anton Polster (18), Franz Aigner (22), Anton Polster (45, 78).

558. 12.10.1994 **AUSTRIA - NORTHERN IRELAND** **1-2(1-2)** 10th EC. Qualifiers
„Ernst Happel" Stadion, Wien; Referee: Antonio Jesús López Nieto (Spain); Attendance: 20,000
AUT: Franz Wohlfahrt (30/0), Jürgen Werner-Klausriegler (2/0), Wolfgang Feiersinger (19/0), Johann Kogler (2/0), Peter Schöttel (33/0), Adolf Hütter (6/1), Peter Stöger (39/5), Peter Artner (50/1), Christian Prosenik (17/1) [66.Heimo Pfeifenberger (21/7)], Anton Polster (65/26), Andreas Ogris (56/9) [46.Ralph Hasenhüttl (8/3)]. Trainer: Herbert Prohaska (16).
Goal: Anton Polster (24 penalty).

559. 13.11.1994 **PORTUGAL - AUSTRIA** **1-0(1-0)** 10th EC. Qualifiers
Estádio da Luz, Lisboa; Referee: Peter Mikkelsen (Denmark); Attendance: 46,000
AUT: Otto Konrad (9/0), Peter Schöttel (34/0), Johann Kogler (3/0), Wolfgang Feiersinger (20/0), Christian Fürstaller (1/0), Thomas Winklhofer (4/0), Dietmar Kühbauer (12/2) [46.Christian Prosenik (18/1)], Peter Stöger (40/5) [*K84*], Harald Cerny (10/0) [71.Adolf Hütter (7/1)], Peter Artner (51/1), Anton Polster (66/26). Trainer: Herbert Prohaska (17).

560. 29.03.1995 **AUSTRIA - LATVIA** **5-0(2-0)** 10th EC. Qualifiers
Lehen Stadion, Salzburg; Referee: Charles Agius (Malta); Attendance: 4,000
AUT: Otto Konrad (10/0), Johann Kogler (4/0), Wolfgang Feiersinger (21/0), Christian Fürstaller (2/0), Stefan Marasek (1/0), Dietmar Kühbauer (13/2), Andreas Herzog (47/10), Peter Artner (52/1) [75.Adolf Hütter (8/1)], Heimo Pfeifenberger (22/8), Anton Polster (67/28), Andreas Ogris (57/9) [46.Dieter Ramusch (1/0)]. Trainer: Herbert Prohaska (18).
Goals: Andreas Herzog (17), Heimo Pfeifenberger (40), Andreas Herzog (59), Anton Polster (71, 90 penalty).

561. 26.04.1995 **AUSTRIA - LIECHTENSTEIN** **7-0(3-0)** 10th EC. Qualifiers
Lehen Stadion, Salzburg; Referee: Vasily Melnichuk (Ukraine); Attendance: 5,700
AUT: Otto Konrad (11/0), Johann Kogler (5/0), Wolfgang Feiersinger (22/0), Christian Fürstaller (3/0) [72.Adolf Hütter (9/3)], Stefan Marasek (2/0), Dietmar Kühbauer (14/3), Dieter Ramusch (2/0), Andreas Herzog (48/10), Peter Artner (53/1), Anton Polster (68/30), Herfried Sabitzer (4/1) [70.Marcus Pürk (1/1)]. Trainer: Herbert Prohaska (19).
Goals: Dietmar Kühbauer (8), Anton Polster (11), Herfried Sabitzer (17), Anton Polster (54 penalty), Marcus Pürk (84), Adolf Hütter (87, 89).

562. 11.06.1995 **REPUBLIC OF IRELAND - AUSTRIA** **1-3(0-0)** 10th EC. Qualifiers
Lansdowne Road, Dublin; Referee: Dr. Markus Merk (Germany); Attendance: 33,000
AUT: Michael Konsel (20/0), Anton Pfeffer (34/1), Peter Schöttel (35/0), Christian Fürstaller (4/0), Stefan Marasek (3/0), Dietmar Kühbauer (15/3), Dieter Ramusch (3/0) [72.Andreas Ogris (58/10)], Johann Kogler (6/0), Christian Prosenik (19/1), Heimo Pfeifenberger (23/8) [82.Adolf Hütter (10/3)], Anton Polster (69/32). Trainer: Herbert Prohaska (20).
Goals: Anton Polster (70), Andreas Ogris (74), Anton Polster (80).

563. 16.08.1995 **LATVIA - AUSTRIA** **3-2(1-0)** 10th EC. Qualifiers
Daugava stadions, Riga; Referee: Ilkka Koho (Finland); Attendance: 2,000
AUT: Otto Konrad (12/0), Anton Pfeffer (35/1), Peter Schöttel (36/0), Johann Kogler (7/0) [46.Markus Schopp (1/0)], Walter Kogler (14/1), Stefan Marasek (4/0), Christian Prosenik (20/1) [64.Dieter Ramusch (4/1)], Wolfgang Feiersinger (23/0), Heimo Pfeifenberger (24/8), Andreas Ogris (59/10) [64.Peter Stöger (41/5)], Anton Polster (70/33). Trainer: Herbert Prohaska (21).
Goals: Anton Polster (69), Dieter Ramusch (78).

564. 06.09.1995 **AUSTRIA - REPUBLIC OF IRELAND** **3-1(1-0)** 10th EC. Qualifiers
„Ernst Happel" Stadion, Wien; Referee: Ahmet Çakar (Turkey); Attendance: 24,000
AUT: Michael Konsel (21/0), Markus Schopp (2/0), Peter Schöttel (37/0), Anton Pfeffer (36/1), Christian Fürstaller (5/0), Stefan Marasek (5/0), Heimo Pfeifenberger (25/8), Dietmar Kühbauer (16/3), Andreas Herzog (49/10), Peter Stöger (42/8), Anton Polster (71/33) [79.Harald Cerny (11/0)]. Trainer: Herbert Prohaska (22).
Goals: Peter Stöger (3, 64, 77).

565. 11.10.1995 **AUSTRIA - PORTUGAL** **1-1(1-0)** 10th EC. Qualifiers
„Ernst Happel" Stadion, Wien; Referee: Nikolai Levnikov (Russia); Attendance: 44,000
AUT: Michael Konsel (22/0), Markus Schopp (3/0), Peter Schöttel (38/0), Anton Pfeffer (37/1), Wolfgang Feiersinger (24/0), Stefan Marasek (6/0), Heimo Pfeifenberger (26/8), Dietmar Kühbauer (17/3), Andreas Herzog (50/10), Peter Stöger (43/9), Anton Polster (72/33) [83.Harald Cerny (12/0)]. Trainer: Herbert Prohaska (23).
Goal: Peter Stöger (21).

566. 15.11.1995 **NORTHERN IRELAND - AUSTRIA** 5-3(2-0) 10th EC. Qualifiers
Windsor Park, Belfast; Referee: Leif Sundell (Sweden); Attendance: 8,400
AUT: Michael Konsel (23/0), Markus Schopp (4/1), Walter Kogler (15/1), Anton Pfeffer (38/1), Wolfgang Feiersinger (25/0), Stefan Marasek (7/0), Heimo Pfeifenberger (27/8), Dietmar Kühbauer (18/3) [46.Christian Stumpf (1/1)], Andreas Herzog (51/10) [46.Arnold Wetl (4/2)], Peter Stöger (44/9), Anton Polster (73/33). Trainer: Herbert Prohaska (24).
Goals: Markus Schopp (56), Christian Stumpf (70), Arnold Wetl (81).

567. 27.03.1996 **AUSTRIA - SWITZERLAND** 1-0(0-0)
„Ernst Happel" Stadion, Wien; Referee: Fernand Meese (Belgium); Attendance: 16,000
AUT: Michael Konsel (24/0), Markus Schopp (5/1), Anton Pfeffer (39/1), Goran Kartalija (1/0), Stefan Marasek (8/0), Wolfgang Feiersinger (26/0), Ivica Vastic (1/0), Heimo Pfeifenberger (28/8), Arnold Wetl (5/2), Anton Polster (74/33) [58.Andreas Ogris (60/11)], Christian Stumpf (2/1) [58.Mario Haas (1/0)]. Trainer: Herbert Prohaska (25).
Goal: Andreas Ogris (74).

568. 24.04.1996 **HUNGARY - AUSTRIA** 0-2(0-1)
Népstadion, Budapest; Referee: Luboš Michel (Slovakia); Attendance: 4,000
AUT: Michael Konsel (25/0) [46.Franz Wohlfahrt (31/0)], Markus Schopp (6/1), Anton Pfeffer (40/1), Michael Hatz (1/0) [*sent off 67*], Wolfgang Feiersinger (27/0), Stefan Marasek (9/1), Andreas Heraf (1/0) [46.Andreas Herzog (52/10)], Peter Stöger (45/9) [46.Richard Kitzbichler (1/0)], Arnold Wetl (6/2) [69.Peter Schöttel (39/0)], Ivica Vastic (2/0) [46.Peter Artner (54/1)], Anton Polster (75/34) [75..Andreas Ogris (61/11)]. Trainer: Herbert Prohaska (26).
Goals: Anton Polster (12), Stefan Marasek (68).

569. 29.05.1996 **AUSTRIA - CZECH REPUBLIC** 1-0(0-0)
Lehen Stadion, Salzburg; Referee: Michael Donald Reed (England); Attendance: 5,100
AUT: Michael Konsel (26/0) [46.Wolfgang Knaller (4/0)], Peter Schöttel (40/0), Anton Pfeffer (41/1), Goran Kartalija (2/0), Markus Schopp (7/1) [63.Dieter Ramusch (5/1)], Peter Artner (55/1) [63.Walter Kogler (16/1)], Peter Stöger (46/9) [46.Andreas Heraf (2/0)], Andreas Herzog (53/10), Stefan Marasek (10/1) [46.Roland Kirchler (2/0)], Ivica Vastic (3/0) [46.Arnold Wetl (7/3)], Anton Polster (76/34) [72.Harald Cerny (13/0)]. Trainer: Herbert Prohaska (27).
Goal: Arnold Wetl (86).

570. 31.08.1996 **AUSTRIA - SCOTLAND** 0-0 16th FIFA WC. Qualifiers
„Ernst Happel" Stadion, Wien; Referee: Michel Piraux (Belgium); Attendance: 29,500
AUT: Michael Konsel (27/0), Peter Schöttel (41/0), Anton Pfeffer (42/1), Wolfgang Feiersinger (28/0), Markus Schopp (8/1), Dietmar Kühbauer (19/3), Andreas Herzog (54/10), Andreas Heraf (3/0), Stefan Marasek (11/1), Dieter Ramusch (6/1) [77.Andreas Ogris (62/11)], Anton Polster (77/34) [68.Herfried Sabitzer (5/1)]. Trainer: Herbert Prohaska (28).

571. 09.10.1996 **SWEDEN - AUSTRIA** 0-1(0-1) 16th FIFA WC. Qualifiers
Råsundastadion, Stockholm; Referee: Vaclav Krondl (Czech Republic); Attendance: 36,859
AUT: Michael Konsel (28/0), Peter Schöttel (42/0), Anton Pfeffer (43/1), Wolfgang Feiersinger (29/0), Markus Schopp (9/1) [78.Michael Hatz (2/0)], Andreas Heraf (4/0), Andreas Herzog (55/11), Arnold Wetl (8/3), Adolf Hütter (11/3), Peter Stöger (47/9) [72.Dieter Ramusch (7/1)], Anton Polster (78/34). Trainer: Herbert Prohaska (29).
Goal: Andreas Herzog (12).

572. 09.11.1996 **AUSTRIA - LATVIA** 2-1(1-1) 16th FIFA WC. Qualifiers
„Ernst Happel" Stadion, Wien; Referee: Milan Mitrović (Slovenia); Attendance: 15,700
AUT: Michael Konsel (29/0), Peter Schöttel (43/0), Goran Kartalija (3/0), Anton Pfeffer (44/1), Markus Schopp (10/1), Andreas Heraf (5/0), Peter Stöger (48/9) [59.Dieter Ramusch (8/1)], Andreas Herzog (56/12), Arnold Wetl (9/3), Adolf Hütter (12/3) [59.Dietmar Kühbauer (20/3)], Anton Polster (79/35). Trainer: Herbert Prohaska (30).
Goals: Anton Polster (43), Andreas Herzog (73).

573. 18.03.1997 **AUSTRIA - SLOVENIA** 0-2(0-0)
Linzer Stadion, Linz; Referee: Vladimir Hriňák (Slovakia); Attendance: 14,500
AUT: Michael Konsel (30/0) [46.Franz Wohlfahrt (32/0)], Peter Schöttel (44/0), Goran Kartalija (4/0), Anton Pfeffer (45/1), Markus Schopp (11/1), Andreas Heraf (6/0) [46.Heimo Pfeifenberger (29/8)], Andreas Herzog (57/12) [40.Herfried Sabitzer (6/1)], Franz Aigner (5/1), Harald Cerny (14/0), Adolf Hütter (13/3) [23.Peter Stöger (49/9); 66.Roman Mählich (2/0)], Anton Polster (80/35). Trainer: Herbert Prohaska (31).

574. 02.04.1997 **SCOTLAND - AUSTRIA** 2-0(1-0) 16th FIFA WC. Qualifiers
Celtic Park, Glasgow; Referee: Nikolai Levnikov (Russia); Attendance: 43,295
AUT: Michael Konsel (31/0), Peter Schöttel (45/0) [46.Walter Kogler (17/1)], Anton Pfeffer (46/1), Wolfgang Feiersinger (30/0), Markus Schopp (12/1), Andreas Heraf (7/0), Peter Stöger (50/9) [68.Ivica Vastic (4/0)], Franz Aigner (6/1) [81.Andreas Ogris (63/11)], Arnold Wetl (10/3), Andreas Herzog (58/12), Anton Polster (81/35). Trainer: Herbert Prohaska (32).

575. 30.04.1997 **AUSTRIA - ESTONIA** 2-0(0-0) 16th FIFA WC. Qualifiers
„Ernst Happel" Stadion, Wien; Referee: Armand Ancion (Belgium); Attendance: 27,500
AUT: Michael Konsel (32/0), Peter Schöttel (46/0) [69.Walter Kogler (18/1)], Anton Pfeffer (47/1), Wolfgang Feiersinger (31/0), Dietmar Kühbauer (21/3), Andreas Heraf (8/0), Andreas Herzog (59/12), Ivica Vastic (5/1) [51.Peter Stöger (51/10)], Arnold Wetl (11/3), Harald Cerny (15/0), Anton Polster (82/35). Trainer: Herbert Prohaska (33).
Goals: Ivica Vastic (48), Peter Stöger (87).

576. 08.06.1997 **LATVIA - AUSTRIA** 1-3(0-0) 16th FIFA WC. Qualifiers
Daugava stadions, Riga; Referee: Dick Jol (Netherlands); Attendance: 7,000
AUT: Michael Konsel (33/0), Peter Schöttel (47/0), Anton Pfeffer (48/1), Wolfgang Feiersinger (32/0), Harald Cerny (16/0) [84.Dieter Ramusch (9/1)], Dietmar Kühbauer (22/3), Andreas Heraf (9/1), Andreas Herzog (60/12) [78.Peter Stöger (52/11)], Arnold Wetl (12/3) [46.Heimo Pfeifenberger (30/8)], Ivica Vastic (6/1), Anton Polster (83/36). Trainer: Herbert Prohaska (34).
Goals: Andreas Heraf (55), Anton Polster (81), Peter Stöger (82).

577. 20.08.1997 **ESTONIA - AUSTRIA** 0-3(0-0) 16th FIFA WC. Qualifiers
Kadriorg Staadion, Tallinn; Referee: Giorgos Fassolis (Greece); Attendance: 1,500
AUT: Michael Konsel (34/0), Walter Kogler (19/1), Anton Pfeffer (49/1), Heimo Pfeifenberger (31/8), Harald Cerny (17/0) [84.Markus Schopp (13/1)], Roman Mählich (3/0), Dietmar Kühbauer (23/3), Andreas Herzog (61/12) [69.Peter Stöger (53/11)], Gilbert Prilasnig (1/0), Ivica Vastic (7/1), Anton Polster (84/39). Trainer: Herbert Prohaska (35).
Goals: Anton Polster (47, 70, 90).

578. 06.09.1997 **AUSTRIA - SWEDEN** 1-0(0-0) 16th FIFA WC. Qualifiers
„Ernst Happel" Stadion, Wien; Referee: Referee: Antonio Jesús López Nieto (Spain); Attendance: 48,000
AUT: Michael Konsel (35/0) [*K82*], Peter Schöttel (48/0), Anton Pfeffer (50/1) [*sent off 41*], Wolfgang Feiersinger (33/0), Harald Cerny (18/0), Roman Mählich (4/0), Andreas Herzog (62/13) [83.Franz Wohlfahrt (33/0)], Heimo Pfeifenberger (32/8), Gilbert Prilasnig (2/0), Ivica Vastic (8/1) [66.Peter Stöger (54/11)], Anton Polster (85/39). Trainer: Herbert Prohaska (36).
Goal: Andreas Herzog (76).

579. 10.09.1997 **BELARUS - AUSTRIA** 0-1(0-0) 16th FIFA WC. Qualifiers
Dynama Stadium, Minsk; Referee: Serge Muhmenthaler (Switzerland); Attendance: 25,000
AUT: Franz Wohlfahrt (34/0), Peter Schöttel (49/0), Walter Kogler (20/1), Wolfgang Feiersinger (34/0), Harald Cerny (19/0), Roman Mählich (5/0), Andreas Herzog (63/13) [72.Adolf Hütter (14/3)], Heimo Pfeifenberger (33/9), Gilbert Prilasnig (3/0), Ivica Vastic (9/1) [46.Peter Stöger (55/11)], Anton Polster (86/39). Trainer: Herbert Prohaska (37).
Goal: Heimo Pfeifenberger (50).

580. 11.10.1997 **AUSTRIA - BELARUS** 4-0(4-0) 16th FIFA WC. Qualifiers
„Ernst Happel" Stadion, Wien; Referee: Aron Huzu (Romania); Attendance: 48,000
AUT: Michael Konsel (36/0), Walter Kogler (21/1), Anton Pfeffer (51/1), Wolfgang Feiersinger (35/0), Harald Cerny (20/0) [75.Dieter Ramusch (10/1)], Roman Mählich (6/0), Andreas Herzog (64/13) [63.Hannes Reinmayr (4/1)], Heimo Pfeifenberger (34/9), Gilbert Prilasnig (4/0) [66.Markus Schopp (14/1)], Peter Stöger (56/13), Anton Polster (87/41). Trainer: Herbert Prohaska (38).
Goals: Anton Polster (3), Peter Stöger (6), Anton Polster (16 penalty), Peter Stöger (42).

581. 25.03.1998 **AUSTRIA - HUNGARY** 2-3(2-2)
„Ernst Happel" Stadion, Wien; Referee: Dr. Markus Merk (Germany); Attendance: 21,000
AUT: Michael Konsel (37/0), Peter Schöttel (50/0) [46.Anton Pfeffer (52/1)], Wolfgang Feiersinger (36/0), Martin Hiden (1/0), Markus Schopp (15/1), Roman Mählich (7/0), Ivica Vastic (10/2), Dietmar Kühbauer (24/3) [67.Hannes Reinmayr (5/1)], Andreas Herzog (65/13) [46.Peter Stöger (57/13)], Martin Amerhauser (1/1), Anton Polster (88/41). Trainer: Herbert Prohaska (39).
Goals: Ivica Vastic (10), Martin Amerhauser (21).

582. 22.04.1998 **AUSTRIA - UNITED STATES** 0-3(0-0)
„Ernst Happel" Stadion, Wien; Referee: Attila Hanacsek (Hungary); Attendance: 17,000
AUT: Michael Konsel (38/0) [46.Franz Wohlfahrt (35/0)], Harald Cerny (21/0) [57.Markus Schopp (16/1)], Peter Schöttel (51/0), Martin Hiden (2/0), Anton Pfeffer (53/1) [46.Walter Kogler (22/1)], Roman Mählich (8/0), Dietmar Kühbauer (25/3), Andreas Herzog (66/13) [57.Hannes Reinmayr (6/1)], Ivica Vastic (11/2), Gilbert Prilasnig (5/0) [46.Martin Amerhauser (2/1)], Anton Polster (89/41) [57.Mario Haas (2/0)]. Trainer: Herbert Prohaska (40).

583. 27.05.1998 **AUSTRIA - TUNISIA** 2-1(2-1)
„Ernst Happel" Stadion, Wien; Referee: Jacek Granat (Poland); Attendance: 12,000
AUT: Franz Wohlfahrt (36/0), Peter Schöttel (52/0), Anton Pfeffer (54/1), Wolfgang Feiersinger (37/0) [68.Martin Hiden (3/0)], Harald Cerny (22/1), Roman Mählich (9/0), Andreas Herzog (67/13) [46.Dietmar Kühbauer (26/3)], Heimo Pfeifenberger (35/9) [46.Andreas Heraf (10/1)], Arnold Wetl (13/4) [70.Martin Amerhauser (3/1)], Ivica Vastic (12/2), Anton Polster (90/41) [68.Mario Haas (3/0)]. Trainer: Herbert Prohaska (41).
Goals: Harald Cerny (11), Arnold Wetl (17).

584. 02.06.1998 **AUSTRIA - LIECHTENSTEIN** 6-0(2-0)
„Ernst Happel" Stadion, Wien; Referee: Bohdan Benedik (Slovakia); Attendance: 11,000
AUT: Michael Konsel (39/0), Peter Schöttel (53/0), Anton Pfeffer (55/1), Wolfgang Feiersinger (38/0), Harald Cerny (23/1) [46.Markus Schopp (17/1)], Dietmar Kühbauer (27/4), Andreas Herzog (68/13) [46.Peter Stöger (58/15)], Heimo Pfeifenberger (36/9) [66.Hannes Reinmayr (7/1)], Arnold Wetl (14/4), Ivica Vastic (13/2) [46.Mario Haas (4/1)], Anton Polster (91/43). Trainer: Herbert Prohaska (42).
Goals: Anton Polster (5), Dietmar Kühbauer (27), Peter Stöger (68, 75), Mario Haas (88), Anton Polster (90).

585. 11.06.1998 **CAMEROON - AUSTRIA** 1-1(0-0) 16th FIFA WC. Group Stage.
Stade Municipal, Toulouse (France); Referee: Epifanio González Chávez (Paraguay); Attendance: 36,000
AUT: Michael Konsel (40/0), Peter Schöttel (54/0), Anton Pfeffer (56/1), Wolfgang Feiersinger (39/0), Harald Cerny (24/1) [83.Mario Haas (5/1)], Dietmar Kühbauer (28/4), Roman Mählich (10/0), Andreas Herzog (69/13) [83.Ivica Vastic (14/2)], Heimo Pfeifenberger (37/9) [83.Peter Stöger (59/15)], Arnold Wetl (15/4), Anton Polster (92/44). Trainer: Herbert Prohaska (43).
Goal: Anton Polster (90).

586. 17.06.1998 **CHILE - AUSTRIA** 1-1(0-0) 16th FIFA WC. Group Stage.
Stade "Geoffroy Guichard", Saint-Etienne (France); Referee: Gamal Mohammed Ahmed Al Ghandour (Egypt); Attendance: 30,392
AUT: Michael Konsel (41/0), Peter Schöttel (55/0), Anton Pfeffer (57/1), Wolfgang Feiersinger (40/0), Mario Haas (6/1) [73.Ivica Vastic (15/3)], Harald Cerny (25/1) [46.Markus Schopp (18/1)], Roman Mählich (11/0), Dietmar Kühbauer (29/4) [46.Andreas Herzog (70/13)], Heimo Pfeifenberger (38/9), Arnold Wetl (16/4), Anton Polster (93/44). Trainer: Herbert Prohaska (44).
Goal: Ivica Vastic (90).

587. 23.06.1998 **ITALY - AUSTRIA** 2-1(0-0) 16th FIFA WC. Group Stage.
Stade de France, Saint-Denis, Paris (France); Referee: Paul Durkin (England); Attendance: 80,000
AUT: Michael Konsel (42/0), Peter Schöttel (56/0), Wolfgang Feiersinger (41/0), Anton Pfeffer (58/1), Roman Mählich (12/0), Dietmar Kühbauer (30/4) [74.Peter Stöger (60/15)], Hannes Reinmayr (8/1), Heimo Pfeifenberger (39/9) [79.Andreas Herzog (71/14)], Arnold Wetl (17/4), Ivica Vastic (16/3), Anton Polster (94/44) [62.Mario Haas (7/1)]. Trainer: Herbert Prohaska (45).
Goal: Andreas Herzog (90 penalty).

588. 19.08.1998   **AUSTRIA - FRANCE**   **2-2(1-1)**
„Ernst Happel" Stadion, Wien; Referee: Mario van der Ende (Netherlands); Attendance: 44,000
AUT: Michael Konsel (43/0) [21.Franz Wohlfahrt (37/0)], Peter Schöttel (57/0), Wolfgang Feiersinger (42/0), Anton Pfeffer (59/1), Markus Schopp (19/1) [46.Martin Hiden (4/0)], Roman Mählich (13/0), Dietmar Kühbauer (31/4) [46.Peter Stöger (61/15)], Hannes Reinmayr (9/1) [79.Heimo Pfeifenberger (40/9)], Arnold Wetl (18/4) [79.Günther Neukirchner (1/0)], Mario Haas (8/2), Ivica Vastic (17/4) [73.Christian Mayrleb (1/0)]. Trainer: Herbert Prohaska (46).
Goals: Mario Haas (42), Ivica Vastic (76 penalty).

589. 05.09.1998   **AUSTRIA - ISRAEL**   **1-1(1-0)**   11th EC. Qualifiers
„Ernst Happel" Stadion, Wien; Referee: Anders Frisk (Sweden); Attendance: 20,000
AUT: Franz Wohlfahrt (38/0), Peter Schöttel (58/0) [72.Martin Hiden (5/0)], Wolfgang Feiersinger (43/0), Anton Pfeffer (60/1), Harald Cerny (26/1) [74.Peter Stöger (62/15)], Dietmar Kühbauer (32/4), Roman Mählich (14/0), Hannes Reinmayr (10/2), Martin Amerhauser (4/1), Ivica Vastic (18/4), Mario Haas (9/2) [71.Christian Mayrleb (2/0)]. Trainer: Herbert Prohaska (47).
Goal: Hannes Reinmayr (7).

590. 10.10.1998   **CYPRUS - AUSTRIA**   **0-3(0-0)**   11th EC. Qualifiers
Stádio „Antonis Papadopoulos", Lárnaca; Referee: Fernand Meese (Belgium); Attendance: 10,000
AUT: Franz Wohlfahrt (39/0), Martin Hiden (6/0), Peter Schöttel (59/0), Anton Pfeffer (61/1), Harald Cerny (27/3), Dietmar Kühbauer (33/4), Roman Mählich (15/0), Hannes Reinmayr (11/3) [79.Peter Stöger (63/15)], Arnold Wetl (19/4), Ivica Vastic (19/4) [82.Eduard Glieder (1/0)], Mario Haas (10/2) [79.Christian Mayrleb (3/0)]. Trainer: Herbert Prohaska (48).
Goals: Harald Cerny (53, 61), Hannes Reinmayr (75).

591. 14.10.1998   **SAN MARINO - AUSTRIA**   **1-4(0-0)**   11th EC. Qualifiers
Stadio Olimpico, Serravalle; Referee: Valery Onufer (Ukraine); Attendance: 872
AUT: Franz Wohlfahrt (40/0), Martin Hiden (7/1), Peter Schöttel (60/0), Anton Pfeffer (62/1), Harald Cerny (28/3), Dietmar Kühbauer (34/4), Andreas Heraf (11/1), Hannes Reinmayr (12/3) [46.Christian Mayrleb (4/1)], Arnold Wetl (20/4), Ivica Vastic (20/5) [71.Peter Stöger (64/15)], Mario Haas (11/2) [66.Eduard Glieder (2/1)]. Trainer: Herbert Prohaska (49).
Goals: Ivica Vastic (59), Christian Mayrleb (64), Martin Hiden (69), Eduard Glieder (76).

592. 10.03.1999   **SWITZERLAND - AUSTRIA**   **2-4(1-3)**
Espenmoos Stadion, St. Gallen; Referee: Luc Huyghe (Belgium); Attendance: 9,000
AUT: Franz Wohlfahrt (41/0), Peter Schöttel (61/0), Wolfgang Feiersinger (44/0), Walter Kogler (23/1), Harald Cerny (29/3), Roman Mählich (16/0), Hannes Reinmayr (13/4) [75.Peter Stöger (65/15)], Christian Prosenik (21/1), Andreas Herzog (72/16), Günther Neukirchner (2/1) [58.Markus Schopp (20/1)], Mario Haas (12/2) [46.Christian Mayrleb (5/1)]. Trainer: Herbert Prohaska (50).
Goals: Andreas Herzog (4), Günther Neukirchner (33), Hannes Reinmayr (44), Andreas Herzog (57 penalty).

593. 27.03.1999   **SPAIN - AUSTRIA**   **9-0(5-0)**   11th EC. Qualifiers
Estadio Mestalla, Valencia; Referee: Gilles Veissière (France); Attendance: 40,000
AUT: Franz Wohlfahrt (42/0), Peter Schöttel (62/0), Wolfgang Feiersinger (45/0) [54.Walter Kogler (24/1)], Anton Pfeffer (63/1), Harald Cerny (30/3), Roman Mählich (17/0), Günther Neukirchner (3/1), Christian Prosenik (22/1) [58.Hannes Reinmayr (14/4)], Arnold Wetl (21/4), Andreas Herzog (73/16), Mario Haas (13/2) [69.Christian Mayrleb (6/1)]. Trainer: Herbert Prohaska (51).

594. 28.04.1999   **AUSTRIA - SAN MARINO**   **7-0(3-0)**   11th EC. Qualifiers
„Arnold Schwarzenegger" Stadion, Graz; Referee: Kyros Vassaras (Greece); Attendance: 14,500
AUT: Franz Wohlfahrt (43/0), Thomas Winklhofer (5/0) [81.Klaus Rohseano (1/0)], Wolfgang Feiersinger (46/0), Günther Neukirchner (4/1), Harald Cerny (31/3) [72.Richard Kitzbichler (2/0)], Markus Schopp (21/1) [72.Eduard Glieder (3/1)], Andreas Herzog (74/17), Christian Prosenik (23/1), Martin Amerhauser (5/2), Christian Mayrleb (7/3), Ivica Vastic (21/8). Trainer: Otto Barić (1).
Goals: Christian Mayrleb (24), Ivica Vastic (42, 44), Christian Mayrleb (53), Martin Amerhauser (71), Andreas Herzog (82 penalty), Ivica Vastic (84).

595. 06.06.1999   **ISRAEL - AUSTRIA**   **5-0(2-0)**   11th EC. Qualifiers
National Stadium, Ramat Gan, Tel Aviv; Referee: Luboš Micheľ (Slovakia); Attendance: 42,000
AUT: Franz Wohlfahrt (44/0), Thomas Winklhofer (6/0), Zoran Barisic (1/0), Walter Kogler (25/1), Harald Cerny (32/3), Roman Mählich (18/0), Andreas Herzog (75/17), Günther Neukirchner (5/1), Martin Amerhauser (6/2) [46.Christian Prosenik (24/1)], Christian Mayrleb (8/3) [67.Mario Haas (14/2)], Ivica Vastic (22/8) [57.Eduard Glieder (4/1)]. Trainer: Otto Barić (2).

596. 18.08.1999   **SWEDEN - AUSTRIA**   **0-0**
Malmö Stadion, Malmö; Referee: Claus Bo Larsen (Denmark); Attendance: 12,222
AUT: Alexander Manninger (1/0), Michael Streiter (33/1), Thomas Winklhofer (7/0), Michael Hatz (3/0), Robert Ibertsberger (1/0), Dietmar Kühbauer (35/4), Ivica Vastic (23/8), Alfred Hörtnagl (20/1) [68.Kürgen Kauz (1/0)], Roland Kirchler (3/0) [89.Gerhard Wimmer (1/0)], Christian Mayrleb (9/3), Mario Haas (15/2) [46.Markus Weissenberger (1/0)]. Trainer: Otto Barić (3).

597. 04.09.1999   **AUSTRIA - SPAIN**   **1-3(0-1)**   11th EC. Qualifiers
„Ernst Happel" Stadion, Wien; Referee: Michel Piraux (Belgium); Attendance: 27,000
AUT: Alexander Manninger (2/0), Michael Hatz (4/0), Michael Streiter (34/1), Thomas Winklhofer (8/0), Robert Ibertsberger (2/0), Roman Mählich (19/0) [60.Markus Schopp (22/1)], Harald Cerny (33/3), Dietmar Kühbauer (36/4), Christian Mayrleb (10/3), Ivica Vastic (24/8), Roland Kirchler (4/0) [67.Markus Weissenberger (2/0)]. Trainer: Otto Barić (4).
Goal: Fernando Hierro (49 own goal).

598. 10.10.1999   **AUSTRIA - CYPRUS**   **3-1(2-0)**   11th EC. Qualifiers
„Ernst Happel" Stadion, Wien; Referee: Livio Bazzolli (Italy); Attendance: 10,000
AUT: Alexander Manninger (3/0), Thomas Winklhofer (9/0), Ivica Vastic (25/9), Günther Neukirchner (6/1) [46.Andreas Herzog (76/18)], Harald Cerny (34/3) [74.Kürgen Kauz (2/0)], Dietmar Kühbauer (37/4), Robert Ibertsberger (3/0), Markus Weissenberger (3/0) [83.Gerhard Wimmer (2/0)], Roland Kirchler (5/0), Eduard Glieder (5/2), Christian Mayrleb (11/3). Trainer: Otto Barić (5).
Goals: Eduard Glieder (5), Ivica Vastic (23), Andreas Herzog (81).

599. 23.02.2000 **GREECE - AUSTRIA** **4-1(1-1)**
Stádio Messiniakos, Kalamata; Referee: Hugh Dallas (Scotland); Attendance: 3500
AUT: Franz Wohlfahrt (45/0) [46.Alexander Manninger (4/0)], Thomas Winklhofer (10/0), Günther Neukirchner (7/1), Robert Ibertsberger (4/0), Roland Kirchler (6/0) [46.Günter Schiesswald (1/0)], Harald Cerny (35/3), Andreas Herzog (77/18) [70.Martin Amerhauser (7/2)], Gilbert Prilasnig (6/0), Dietmar Kühbauer (38/4), Ivica Vastic (26/10) [46.Mario Haas (16/2)], Christian Mayrleb (12/3) [64.Markus Weissenberger (4/0)]. Trainer: Otto Barić (6).
Goal: Ivica Vastic (45).

600. 29.03.2000 **AUSTRIA - SWEDEN** **1-1(1-0)**
„Arnold Schwarzenegger" Stadion, Graz; Referee: Alain Hamer (Luxembourg); Attendance: 9,120
AUT: Franz Wohlfahrt (46/0), Thomas Winklhofer (11/0), Michael Hatz (5/0), Günther Neukirchner (8/1) [65.Ernst Dospel (1/0)], Martin Stranzl (1/0), Markus Schopp (23/1), Gilbert Prilasnig (7/0), Andreas Herzog (78/18) [56.Roland Kirchler (7/0)], Thomas Flögel (10/1), Ivica Vastic (27/10) [46.Christian Mayrleb (13/3)], Markus Weissenberger (5/0) [79.Martin Amerhauser (8/2)]. Trainer: Otto Barić (7).
Goal: Thomas Flögel (17).

601. 26.04.2000 **AUSTRIA - CROATIA** **1-2(1-1)**
„Ernst Happel" Stadion, Wien; Referee: Lutz Michael Fröhlich (Germany); Attendance: 14,500
AUT: Franz Wohlfahrt (47/0), Michael Hatz (6/0), Günther Neukirchner (9/1) [67.Andreas Lipa (1/0)], Thomas Winklhofer (12/0), Martin Stranzl (2/0), Markus Schopp (24/1) [46.Harald Cerny (36/3)], Andreas Herzog (79/18), Thomas Flögel (11/1), Gilbert Prilasnig (8/0) [46.Roland Kirchler (8/0)], Ivica Vastic (28/11), Markus Weissenberger (6/0) [67.Christian Mayrleb (14/3)]. Trainer: Otto Barić (8).
Goal: Ivica Vastic (17).

602. 16.08.2000 **HUNGARY - AUSTRIA** **1-1(1-0)**
Népstadion, Budapest; Referee: Jaroslav Jara (Czech Republic); Attendance: 4,000
AUT: Franz Wohlfahrt (48/0) [46.Alexander Manninger (5/0)], Michael Hatz (7/0), Günther Neukirchner (10/1), Thomas Winklhofer (13/0) [46.Dietmar Kühbauer (39/4)], Markus Schopp (25/1), Thomas Flögel (12/1), Andreas Herzog (80/18) [56.Richard Kitzbichler (3/0)], Martin Stranzl (3/0), Roland Kirchler (9/1), Harald Cerny (37/3), Zeljko Radovic (1/0) [68.Ronald Brunmayr (1/0)]. Trainer: Otto Barić (9).
Goal: Roland Kirchler (67).

603. 01.09.2000 **AUSTRIA - IRAN** **5-1(2-1)**
„Ernst Happel" Stadion, Wien; Referee: Goran Marić (Croatia); Attendance: 24,000
AUT: Franz Wohlfahrt (49/0), Thomas Winklhofer (14/0) [46.Günther Neukirchner (11/1)], Martin Hiden (8/1), Michael Hatz (8/0), Markus Schopp (26/1) [46.Thomas Flögel (13/1)], Dietmar Kühbauer (40/5), Martin Stranzl (4/0) [82.Richard Kitzbichler (4/0)], Andreas Herzog (81/19), Roland Kirchler (10/1), Tomislav Kocijan (1/1) [73.Ronald Brunmayr (2/0)], Anton Polster (95/44) [21.Christian Mayrleb (15/5)]. Trainer: Otto Barić (10).
Goals: Andreas Herzog (39), Tomislav Kocijan (44), Christian Mayrleb (47), Dietmar Kühbauer (66), Christian Mayrleb (68).

604. 07.10.2000 **LIECHTENSTEIN - AUSTRIA** **0-1(0-1)** 17th FIFA WC. Qualifiers
Rheinpark Stadion, Vaduz; Referee: John Rowbotham (Scotland); Attendance: 3,500
AUT: Franz Wohlfahrt (50/0), Martin Hiden (9/1), Michael Baur (24/2), Martin Stranzl (5/0), Markus Schopp (27/1) [67.Alfred Hörtnagl (21/1)], Dietmar Kühbauer (41/5), Andreas Herzog (82/19), Thomas Flögel (14/2), Roland Kirchler (11/1), Ronald Brunmayr (3/0) [46.Richard Kitzbichler (5/0)], Christian Mayrleb (16/5). Trainer: Otto Barić (11).
Goal: Thomas Flögel (20).

605. 11.10.2000 **AUSTRIA - SPAIN** **1-1(1-1)** 17th FIFA WC. Qualifiers
„Ernst Happel" Stadion, Wien; Referee: Nikolai Ivanov (Russia); Attendance: 48,000
AUT: Franz Wohlfahrt (51/0), Michael Hatz (9/0), Michael Baur (25/3), Martin Hiden (10/1), Martin Stranzl (6/0) [46.Alfred Hörtnagl (22/1)], Thomas Flögel (15/2), Harald Cerny (38/3), Dietmar Kühbauer (42/5) [75.Markus Schopp (28/1)], Andreas Herzog (83/19), Christian Mayrleb (17/5), Tomislav Kocijan (2/1) [54.Roland Kirchler (12/1)]. Trainer: Otto Barić (12).
Goal: Michael Baur (21).

606. 28.02.2001 **CROATIA - AUSTRIA** **1-0(1-0)**
Stadion Kantrida, Rijeka; Referee: Leif Sundell (Sweden); Attendance: 2,000
AUT: Alexander Manninger (6/0), Günther Neukirchner (12/1) [83.Günter Schiesswald (2/0)], Martin Hiden (11/1), Michael Baur (26/3), Markus Schopp (29/1) [72.Alfred Hörtnagl (23/1)], Thomas Flögel (16/2), Andreas Herzog (84/19), Roland Kirchler (13/1) [72.Harald Cerny (39/3)], Dietmar Kühbauer (43/5) [60.Gilbert Prilasnig (9/0)], Christian Mayrleb (18/5) [46.Mario Haas (17/2)], Ivica Vastic (29/11) [46.Tomislav Kocijan (3/1)]. Trainer: Otto Barić (13).

607. 24.03.2001 **BOSNIA-HERZEGOVINA - AUSTRIA** **1-1(1-0)** 17th FIFA WC. Qualifiers
Stadion Koševo, Sarajevo; Referee: Tom Henning Øvrebø (Norway); Attendance: 25,000
AUT: Franz Wohlfahrt (52/0), Günther Neukirchner (13/1) [54.Gilbert Prilasnig (10/0)], Martin Hiden (12/1), Michael Baur (27/4), Thomas Flögel (17/2), Andreas Herzog (85/19) [71.Mario Haas (18/2)], Martin Stranzl (7/0), Harald Cerny (40/3) [46.Markus Schopp (30/1)], Dietmar Kühbauer (44/5), Christian Mayrleb (19/5), Ivica Vastic (30/11). Trainer: Otto Barić (14).
Goal: Michael Baur (61).

608. 28.03.2001 **AUSTRIA - ISRAEL** **2-1(2-1)** 17th FIFA WC. Qualifiers
„Ernst Happel" Stadion, Wien; Referee: Alfredo Trentalange (Italy); Attendance: 21,000
AUT: Franz Wohlfahrt (53/0), Gilbert Prilasnig (11/0), Martin Hiden (13/1), Michael Baur (28/5), Markus Schopp (31/1), Thomas Flögel (18/2), Andreas Herzog (86/20) [90.Richard Kitzbichler (6/0)], Martin Stranzl (8/0), Dietmar Kühbauer (45/5), Christian Mayrleb (20/5) [63.Mario Haas (19/2)], Ivica Vastic (31/11) [59.Alfred Hörtnagl (24/1)]. Trainer: Otto Barić (15).
Goals: Michael Baur (9), Andreas Herzog (42 penalty).

609. 25.04.2001 **AUSTRIA - LIECHTENSTEIN** **2-0(1-0)** 17th FIFA WC. Qualifiers
Tivoli Stadion, Innsbruck; Referee: David Malcolm (Northern Ireland); Attendance: 13,060
AUT: Alexander Manninger (7/0), Gilbert Prilasnig (12/0), Martin Hiden (14/1), Michael Baur (29/5), Roland Kirchler (14/1), Thomas Flögel (19/3), Andreas Herzog (87/20) [89.Roman Wallner (1/0)], Richard Kitzbichler (7/0) [75.Robert Ibertsberger (5/0)], Alfred Hörtnagl (25/1), Ivica Vastic (32/11) [61.Markus Weissenberger (7/0)], Eduard Glieder (6/3). Trainer: Otto Barić (16).
Goals: Eduard Glieder (44), Thomas Flögel (75).

610. 15.08.2001   **AUSTRIA - SWITZERLAND**   **1-2(0-1)**
„Ernst Happel" Stadion, Wien; Referee: Nicolai Vollquartz (Denmark); Attendance: 21,200
AUT: Franz Wohlfahrt (54/0) [46.Alexander Manninger (8/0)], Martin Hiden (15/1), Michael Baur (30/5), Günther Neukirchner (14/1) [46.Walter Kogler (26/1)], Roland Kirchler (15/1), Dietmar Kühbauer (46/5) [46.Robert Ibertsberger (6/0)], Alfred Hörtnagl (26/1) [62.Markus Weissenberger (8/0)], Andreas Herzog (88/21), Thomas Flögel (20/3) [73.Thomas Winklhofer (15/0)], Ivica Vastic (33/11) [46.Richard Kitzbichler (8/0)], Ronald Brunmayr (4/0) [66.Roman Wallner (2/0)]. Trainer: Otto Barić (17).
Goal: Andreas Herzog (61).

611. 01.09.2001   **SPAIN - AUSTRIA**   **4-0(1-0)**   17th FIFA WC. Qualifiers
Estadio Mestalla, Valencia; Referee: Horacio Marcelo Elizondo (Argentina); Attendance: 31,661
AUT: Franz Wohlfahrt (55/0), Martin Hiden (16/1), Michael Baur (31/5), Walter Kogler (27/1), Gilbert Prilasnig (13/0), Alfred Hörtnagl (27/1), Andreas Herzog (89/21), Thomas Flögel (21/3), Robert Ibertsberger (7/0) [69.Thomas Winklhofer (16/0)], Markus Weissenberger (9/0) [58.Richard Kitzbichler (9/0)], Ivica Vastic (34/11) [66.Ronald Brunmayr (5/0)]. Trainer: Otto Barić (18).

612. 05.09.2001   **AUSTRIA – BOSNIA-HERZEGOVINA**   **2-0(1-0)**   17th FIFA WC. Qualifiers
„Ernst Happel" Stadion, Wien; Referee: Graham Barber (England); Attendance: 23,200
AUT: Franz Wohlfahrt (56/0), Martin Hiden (17/1), Michael Baur (32/5), Walter Kogler (28/1), Gilbert Prilasnig (14/0), Dietmar Kühbauer (47/5), Andreas Herzog (90/23) [89.Richard Kitzbichler (10/0)], Thomas Flögel (22/3), Robert Ibertsberger (8/0) [83.Thomas Winklhofer (17/0)], Ivica Vastic (35/11), Mario Haas (20/2) [81.Markus Weissenberger (10/0)]. Trainer: Otto Barić (19).
Goals: Andreas Herzog (38, 86).

613. 27.10.2001   **ISRAEL - AUSTRIA**   **1-1(0-0)**   17th FIFA WC. Qualifiers
National Stadium, Ramat Gan, Tel Aviv; Referee: Vítor Manuel Melo Pereira (Portugal); Attendance: 40,000
AUT: Franz Wohlfahrt (57/0), Gilbert Prilasnig (15/0), Thomas Winklhofer (18/0), Zeljko Vukovic (1/0), Gerald Strafner (1/0) [69.Roman Wallner (3/0)], Richard Kitzbichler (11/0) [54.Tomislav Kocijan (4/1)], Andreas Herzog (91/24), Markus Schopp (32/1) [60.Stefan Lexa (1/0)], Ivica Vastic (36/11), Markus Hiden (1/0), Mario Haas (21/2). Trainer: Otto Barić (20).
Goal: Andreas Herzog (90).

614. 10.11.2001   **AUSTRIA - TURKEY**   **0-1(0-0)**   17th FIFA WC. Qualifiers (Play-offs)
„Ernst Happel" Stadion, Wien; Referee: Manuel Enrique Mejuto González (Spain); Attendance: 50,000
AUT: Franz Wohlfahrt (58/0), Thomas Winklhofer (19/0), Zeljko Vukovic (2/0), Gerald Strafner (2/0), Michael Baur (33/5), Andreas Herzog (92/24), Thomas Flögel (23/3), Markus Schopp (33/1) [53.Stefan Lexa (2/0)], Markus Hiden (2/0) [72.Richard Kitzbichler (12/0)], Roman Wallner (4/0) [62.Markus Weissenberger (11/0)], Mario Haas (22/2). Trainer: Otto Barić (21).

615. 14.11.2001   **TURKEY - AUSTRIA**   **5-0(3-0)**   17th FIFA WC. Qualifiers (Play-offs)
"Ali Sami Yen" Stadı İstanbul; Referee: Dr. Pierluigi Collina (Italy); Attendance: 22,000
AUT: Franz Wohlfahrt (59/0), Thomas Winklhofer (20/0), Zeljko Vukovic (3/0), Gerald Strafner (3/0), Gilbert Prilasnig (16/0) [46.Richard Kitzbichler (13/0)], Andreas Herzog (93/24), Thomas Flögel (24/3), Stefan Lexa (3/0) [54.Markus Schopp (34/1)], Markus Hiden (3/0), Ivica Vastic (37/11) [75.Markus Weissenberger (12/0)], Mario Haas (23/2). Trainer: Otto Barić (22).

616. 27.03.2002   **AUSTRIA – SLOVAKIA**   **2-0(0-0)**
„Arnold Schwarzenegger" Stadion, Graz; Referee: Edgar Steinborn (Germany); Attendance: 9,100
AUT: Alexander Manninger (9/0), Ferdinand Feldhofer (1/0), Michael Baur (34/5), Martin Stranzl (9/0) [24.Ernst Dospel (2/0)], Richard Kitzbichler (14/0) [76.Stefan Lexa (4/0)], René Aufhauser (1/0), Andreas Herzog (94/24) [61.Markus Weissenberger (13/1)], Jürgen Panis (1/0) [76.Thomas Höller (1/0)], Roman Wallner (5/0), Ivica Vastic (38/11) [83.Thomas Hickersberger (1/0)], Roland Linz (1/0) [57.Ronald Brunmayr (6/1)]. Trainer: Johann Krankl (1).
Goals: Ronald Brunmayr (64), Markus Weissenberger (78).

617. 17.04.2002   **AUSTRIA - CAMEROON**   **0-0**
„Ernst Happel" Stadion, Wien; Referee: Massimo Busacca (Switzerland); Attendance: 32,100
AUT: Alexander Manninger (10/0), Paul Scharner (1/0), Michael Baur (35/5), Ferdinand Feldhofer (2/0), Jürgen Panis (2/0) [90.Thomas Höller (2/0)], René Aufhauser (2/0), Andreas Herzog (95/24) [88.Roland Linz (2/0)], Gerhard Wimmer (3/0) [73.Richard Kitzbichler (15/0)], Markus Weissenberger (14/1) [90.Ernst Dospel (3/0)], Roman Wallner (6/0) [58.Christian Mayrleb (21/5)], Ivica Vastic (39/11) [63.Markus Hiden (4/0)]. Trainer: Johann Krankl (2).

618. 18.05.2002   **GERMANY - AUSTRIA**   **6-2(3-1)**
BayArena, Leverkusen; Referee: Massimo Busacca (Switzerland); Attendance: 21,500
AUT: Roland Goriupp (1/0), Michael Baur (36/5), Ernst Dospel (4/0) [83.Emanuel Pogatetz (1/0)], Ferdinand Feldhofer (3/0) [63.Paul Scharner (2/0)], Harald Cerny (41/3), René Aufhauser (3/1), Markus Weissenberger (15/1) [75.Markus Hiden (5/0)], Andreas Herzog (96/24) [52.Ronald Brunmayr (7/1)], Roman Mählich (20/0), Rolf Landerl (1/0) [46.Jürgen Panis (3/0)], Roman Wallner (7/1) [67.Richard Kitzbichler (16/0)]. Trainer: Johann Krankl (3).
Goals: René Aufhauser (37), Roman Wallner (46).

619. 21.08.2002   **SWITZERLAND - AUSTRIA**   **3-2(2-1)**
„St.Jakob" Stadion, Basel; Referee: Roberto Rosetti (Italy); Attendance: 23,500
AUT: Alexander Manninger (11/0), Gerhard Wimmer (4/0) [46.Richard Kitzbichler (17/0)], Michael Baur (37/5), Martin Hiden (18/1), Jürgen Panis (4/0) [61.Marcus Pürk (2/1)], Harald Cerny (42/3), René Aufhauser (4/1), Michael Wagner (1/0), Markus Weissenberger (16/1), Roman Wallner (8/3) [82.Thomas Flögel (25/3)], Roland Linz (3/0) [73.Volkan Kahraman (1/0)]. Trainer: Johann Krankl (4).
Goals: Roman Wallner (10, 81).

620. 07.09.2002   **AUSTRIA - MOLDOVA**   **2-0(2-0)**   12th EC. Qualifiers
„Ernst Happel" Stadion, Wien; Referee: Stuart Dougal (Scotland); Attendance: 18,300
AUT: Alexander Manninger (12/0), Ernst Dospel (5/0), Michael Baur (38/5), Martin Hiden (19/1), Markus Schopp (35/1) [58.Gerhard Wimmer (5/0)], Thomas Flögel (26/3), René Aufhauser (5/1), Jürgen Panis (5/0), Andreas Herzog (Cap) (97/26), Ivica Vastic (40/11) [81.Michael Wagner (2/0)], Roman Wallner (9/3) [68.Roland Linz (4/0)]. Trainer: Johann Krankl (5).
Goals: Andreas Herzog (4 penalty, 30 penalty).

621. 12.10.2002   **BELARUS - AUSTRIA**   **0-2(0-0)**   12th EC. Qualifiers
Dynama Stadium, Minsk; Referee: Eric Poulat (France); Attendance: 15,000
AUT: Alexander Manninger (13/0), Ernst Dospel (6/0), Michael Baur (39/5), Martin Hiden (20/1), Bozo Kovacevic (1/0) [90.René Aufhauser (6/1)], Markus Schopp (36/2), Harald Cerny (43/3), Thomas Flögel (27/3), Michael Wagner (3/0), Volkan Kahraman (2/0) [82.Andreas Herzog (98/26)], Roman Wallner (10/3) [75.Muhammet Akagündüz (1/1)]. Trainer: Johann Krankl (6).
Goals: Markus Schopp (58), Muhammet Akagündüz (89).

622. 16.10.2002 AUSTRIA - NETHERLANDS 0-3(0-3) 12th EC. Qualifiers
„Ernst Happel" Stadion, Wien; Referee: Dr. Pierluigi Collina (Italy); Attendance: 46,300
AUT: Alexander Manninger (14/0), Ernst Dospel (7/0), Michael Baur (40/5), Martin Hiden (21/1), Markus Schopp (37/2), Thomas Flögel (28/3), Michael Wagner (4/0), Harald Cerny (44/3), Markus Weissenberger (17/1) [76.Muhammet Akagündüz (2/1)], Andreas Herzog (99/26) [46.René Aufhauser (7/1)], Roman Wallner (11/3) [80.Paul Scharner (3/0)]. Trainer: Johann Krankl (7).

623. 20.11.2002 AUSTRIA - NORWAY 0-1(0-0)
„Ernst Happel" Stadion, Wien; Referee: Attila Ábrahám (Hungary); Attendance: 15,800
AUT: Thomas Mandl (1/0) [46.Jürgen Macho (1/0)], Anton Ehmann (1/0), Martin Hiden (22/1), Emanuel Pogatetz (2/0), Markus Schopp (38/2) [5.Paul Scharner (4/0)], René Aufhauser (8/1), Andreas Herzog (**100**/26) [61.Markus Weissenberger (18/1)], Thomas Flögel (29/3), Alen Orman (1/0), Peter Schöttel (63/0) [4.Volkan Kahraman (3/0); 77.Muhammet Akagündüz (3/1)], Roman Wallner (12/3) [84.Matthias Dollinger (1/0)]. Trainer: Johann Krankl (8).

624. 26.03.2003 AUSTRIA – GREECE 2-2(0-0)
„Arnold Schwarzenegger" Stadion, Graz; Referee: Tom Henning Øvrebø (Norway); Attendance: 8,500
AUT: Thomas Mandl (2/0), Anton Ehmann (2/0) [57.Mario Hieblinger (1/0)], Paul Scharner (5/0), Martin Stranzl (10/0), Emanuel Pogatetz (3/0), René Aufhauser (9/1), Markus Schopp (39/3), Thomas Flögel (30/3) [73.Michael Wagner (5/0)], Markus Weissenberger (19/1) [46.Andreas Ivanschitz (1/0)], Roland Kollmann (1/0) [64.Mario Haas (24/3)], Andreas Herzog (101/26) [89.Bozo Kovacevic (2/0)]. Trainer: Johann Krankl (9).
Goals: Markus Schopp (54), Mario Haas (81).

625. 02.04.2003 CZECH REPUBLIK - AUSTRIA 4-0(2-0) 12th EC. Qualifiers
Letenský Stadion, Praha; Referee: Antonio Jesús López Nieto (Spain); Attendance: 20,000
AUT: Thomas Mandl (3/0), Paul Scharner (6/0), Mario Hieblinger (2/0), Martin Stranzl (11/0), Emanuel Pogatetz (4/0), René Aufhauser (10/1), Markus Schopp (40/3), Thomas Flögel (31/3) [46.Michael Wagner (6/0)], Mario Haas (25/3) [63.Ernst Dospel (8/0)], Andreas Herzog (102/26) [53.Bozo Kovacevic (3/0)], Markus Weissenberger (20/1). Trainer: Johann Krankl (10).

626. 30.04.2003 SCOTLAND – AUSTRIA 0-2(0-2)
Hampden Park, Glasgow; Referee: Nicolai Vollquartz (Denmark); Attendance: 12,189
AUT: Thomas Mandl (4/0), Paul Scharner (7/0), Anton Ehmann (3/0), Martin Stranzl (12/0), Ernst Dospel (9/0), René Aufhauser (11/1), Markus Schopp (41/3), Thomas Flögel (32/3) [89.Mario Hieblinger (3/0)], Michael Wagner (7/0), Roland Kirchler (16/2) [84.Andreas Herzog (103/26)], Mario Haas (26/4) [64.Ronald Brunmayr (8/1)]. Trainer: Johann Krankl (11).
Goals: Roland Kirchler (28), Mario Haas (33).

627. 07.06.2003 MOLDOVA – AUSTRIA 1-0(0-0) 12th EC. Qualifiers
Stadionul Sheriff, Tiraspol; Referee: Joaquim Paulo Paraty Da Silva (Portugal); Attendance: 10,000
AUT: Thomas Mandl (5/0), Paul Scharner (8/0) [80.Thomas Eder (1/0)], Anton Ehmann (4/0), Ernst Dospel (10/0) [56.Harald Cerny (45/3)], Martin Stranzl (13/0), René Aufhauser (12/1), Markus Schopp (42/3), Thomas Flögel (33/3), Mario Haas (27/4), Michael Wagner (8/0) [70.Roman Wallner (13/3)], Roland Kirchler (17/2). Trainer: Johann Hans Krankl (12).

628. 11.06.2003 AUSTRIA - BELARUS 5-0(1-0) 12th EC. Qualifiers
Tivoli Stadion, Innsbruck; Referee: Peter Fröjdfeldt (Sweden); Attendance: 8,100
AUT: Thomas Mandl (6/0) [86.Helge Payer (1/0)], Paul Scharner (9/0), Anton Ehmann (5/0), Ernst Dospel (11/0), Martin Stranzl (14/0) [46.Mario Hieblinger (4/0)], René Aufhauser (13/2), Harald Cerny (46/4), Thomas Flögel (34/3), Mario Haas (28/5) [61.Roman Wallner (14/4)], Michael Wagner (9/0), Roland Kirchler (18/3). Trainer: Johann Hans Krankl (13).
Goals: René Aufhauser (33), Mario Haas (47), Roland Kirchler (52), Roman Wallner (62), Harald Cerny (70).

629. 20.08.2003 AUSTRIA – COSTA RICA 2-0(1-0)
„Ernst Happel" Stadion, Wien; Referee: Alain Hamer (Luxembourg); Attendance: 16,000
AUT: Thomas Mandl (7/0) [46 Helge Payer (2/0)], Ernst Dospel (12/0), Anton Ehmann (6/0), Martin Hiden (23/1), Emanuel Pogatetz (5/0) [79.Markus Katzer (1/0)], Markus Schopp (43/3) [67.Markus Weissenberger (21/1)], René Aufhauser (14/2), Thomas Flögel (35/3), Andreas Ivanschitz (2/0), Roland Kirchler (19/3) [64.Mario Haas (29/5)], Eduard Glieder (7/4) [64.Roman Wallner (15/5)]. Trainer: Johann Krankl (14).
Goals: Eduard Glieder (34), Roman Wallner (70).

630. 06.09.2003 NETHERLANDS - AUSTRIA 3-1(1-1) 12th EC. Qualifiers
Stadion Feijenoord, Rotterdam; Referee: Eric Poulat (France); Attendance: 47,000
AUT: Thomas Mandl (8/0), Martin Hiden (24/1), Anton Ehmann (7/0), Emanuel Pogatetz (6/1), Ernst Dospel (13/0), René Aufhauser (15/2), Markus Schopp (44/3), Thomas Flögel (36/3), Eduard Glieder (8/4) [65.Roland Kirchler (20/3)], Andreas Ivanschitz (3/0) [83.Matthias Dollinger (2/0)], Roland Kollmann (2/0) [65.Mario Haas (30/5)]. Trainer: Johann Krankl (15).
Goal: Emanuel Pogatetz (32).

631. 11.10.2003 AUSTRIA – CZECH REPUBLIC 2-3(0-1) 12th EC. Qualifiers
„Ernst Happel" Stadion, Wien; Referee: Giorgos Kasnaferis (Greece); Attendance: 32,350
AUT: Thomas Mandl (9/0), Joachim Standfest (1/0), Martin Stranzl (15/0), Martin Hiden (25/1), Emanuel Pogatetz (7/1), René Aufhauser (16/2), Markus Schopp (45/3) [sent off 65], Thomas Flögel (37/3) [67.Michael Wagner (10/0)], Eduard Glieder (9/4) [67.Ernst Dospel (14/0)], Andreas Ivanschitz (4/1), Mario Haas (31/6) [76.Roland Linz (5/0)]. Trainer: Johann Krankl (16).
Goals: Mario Haas (49), Andreas Ivanschitz (77).

632. 31.03.2004 SLOVAKIA - AUSTRIA 1-1(0-0)
Štadión Tehelné pole, Bratislava; Referee: Karel Vidlák (Czech Republic); Attendance: 4,520
AUT: Helge Payer (3/0) [56.Thomas Mandl (10/0)], Ernst Dospel (15/0), Mario Hieblinger (5/0), Martin Stranzl (16/0), Emanuel Pogatetz (8/1), Markus Schopp (46/3) [79.Roman Wallner (16/5)], Paul Scharner (10/0), René Aufhauser (17/2), Roland Kirchler (21/3), Andreas Ivanschitz (5/1) [65.Matthias Dollinger (3/0)], Mario Haas (32/6) [70.Roland Kollmann (3/1)]. Trainer: Johann Krankl (17).
Goal: Roland Kollmann (90).

633. 28.04.2004 AUSTRIA - LUXEMBOURG 4-1(2-0)
Tivoli Stadion, Innsbruck; Referee: Damir Skomina (Slovenia); Attendance: 9,400
AUT: Thomas Mandl (11/0) [46.Andreas Schranz (1/0)], Harald Cerny (47/4), Martin Stranzl (17/0), Mario Hieblinger (6/0) [46.Ernst Dospel (16/0)], Martin Hiden (26/1) [72.Joachim Standfest (2/0)], Markus Schopp (47/3), Markus Kiesenebner (1/1) [80.Bozo Kovacevic (4/0)], Roland Kirchler (22/4), Martin Amerhauser (9/2) [60.Matthias Dollinger (4/0)], Roman Wallner (17/5) [56.Mario Haas (33/7)], Roland Linz (6/0) [56.Roland Kollmann (4/2)]. Trainer: Johann Krankl (18).
Goals: Roland Kirchler (5), Markus Kiesenebner (9), Mario Haas (85), Roland Kollmann (89).

634. 25.05.2004 AUSTRIA - RUSSIA **0-0**
„Arnold Schwarzenegger" Stadion, Graz; Referee: Mikko Vuorela (Finland); Attendance: 9,600
AUT: Thomas Mandl (12/0) [90.Heinz Dieter Arzberger (1/0)], Martin Stranzl (18/0), Mario Hieblinger (7/0), Martin Hiden (27/1), Emanuel Pogatetz (9/1) [46.Joachim Standfest (3/0)], Markus Schopp (48/3) [76.Roman Wallner (18/5)], René Aufhauser (18/2) [67.Markus Kiesenebner (2/1)], Bozo Kovacevic (5/0), Matthias Dollinger (5/0) [82.Martin Amerhauser (10/2)], Roland Kirchler (23/4) [86.Roland Kollmann (5/2)], Mario Haas (34/7) [65.Roland Linz (7/0)]. Trainer: Johann Krankl (19).

635. 18.08.2004 AUSTRIA - GERMANY **1-3(1-1)** 100th Anniversary of ÖFB
„Ernst Happel" Stadion, Wien; Referee: Dr. Pierluigi Collina (Italia); Attendance: 37,900
AUT: Thomas Mandl (13/0), Martin Stranzl (19/0), Anton Ehmann (8/0), Martin Hiden (28/1), Markus Katzer (2/0), Markus Schopp (49/3) [46.Roland Kirchler (24/4)], Dietmar Kühbauer (48/5), René Aufhauser (19/2), Andreas Ivanschitz (6/1), Martin Amerhauser (11/3) [61.Roland Linz (8/0)], Roland Kollmann (6/2) [70.Roman Wallner (19/5)]. Trainer: Johann Krankl (20).
Goal: Martin Amerhauser (10).

636. 04.09.2004 AUSTRIA - ENGLAND **2-2(0-1)** 18th FIFA WC. Qualifiers
„Ernst Happel" Stadion, Wien; Referee: Luboš Micheľ (Slovakia); Attendance: 48,500
AUT: Alexander Manninger (15/0), Joachim Standfest (4/0), Martin Stranzl (20/0), Martin Hiden (29/1), Emanuel Pogatetz (10/1), Gernot Sick (1/0), Dietmar Kühbauer (49/5), René Aufhauser (20/2) [74.Markus Kiesenebner (3/1)], Andreas Ivanschitz (Cap) (7/2), Eduard Glieder (10/4) [68.Roland Kollmann (7/3)], Mario Haas (35/7) [90.Mario Hieblinger (8/0)]. Trainer: Johann Krankl (21).
Goals: Roland Kollmann (71), Andreas Ivanschitz (73).

637. 08.09.2004 AUSTRIA - AZERBAIJAN **2-0(2-0)** 18th FIFA WC. Qualifiers
„Ernst Happel" Stadion, Wien; Referee: Lawrence Sammut (Malta); Attendance: 26,400
AUT: Alexander Manninger (16/0), Joachim Standfest (5/0), Martin Stranzl (21/1), Martin Hiden (30/1), Emanuel Pogatetz (11/1), Markus Schopp (50/3) [57.Matthias Dollinger (6/0)], Dietmar Kühbauer (50/5), René Aufhauser (21/2), Andreas Ivanschitz (Cap) (8/2), Mario Haas (36/7) [72.Eduard Glieder (11/4)], Roland Kollmann (8/4) [80.Roland Linz (9/0)]. Trainer: Johann Krankl (22).
Goals: Martin Stranzl (23), Roland Kollmann (44).

638. 09.10.2004 AUSTRIA - POLAND **1-3(1-1)** 18th FIFA WC. Qualifiers
„Ernst Happel" Stadion, Wien; Referee: Lucilio Cardoso Cortez Batista (Portugal); Attendance: 46,100
AUT: Alexander Manninger (17/0), Joachim Standfest (6/0), Martin Stranzl (22/1), Martin Hiden (31/1), Emanuel Pogatetz (12/1), Markus Schopp (51/4), Dietmar Kühbauer (51/5), René Aufhauser (22/2) [46.Markus Kiesenebner (4/1)], Andreas Ivanschitz (Cap) (9/2), Mario Haas (37/7) [38.Roland Kollmann (9/4)], Ivica Vastic (41/11) [80.Christian Mayrleb (22/5)]. Trainer: Johann Krankl (23).
Goal: Markus Schopp (30).

639. 13.10.2004 **NORTHERN IRELAND - AUSTRIA** **3-3(1-1)** 18th FIFA WC. Qualifiers
Windsor Park, Belfast; Referee: Mark Shield (Australia); Attendance: 11,830
AUT: Alexander Manninger (18/0), Andreas Ibertsberger (1/0), Ferdinand Feldhofer (4/0), Martin Hiden (32/1), Emanuel Pogatetz (13/1), Markus Schopp (Cap) (52/6) [83.Gernot Sick (2/0)], Markus Kiesenebner (5/1), Dietmar Kühbauer (52/5), Roland Kirchler (25/4) [64.Andreas Ivanschitz (10/2)], Christian Mayrleb (23/6) [81.Roland Kollmann (10/4)], Ivica Vastic (42/11). Trainer: Johann Krankl (24).
Goals: Markus Schopp (14), Christian Mayrleb (61), Markus Schopp (72).

640. 08.02.2005 **CYPRUS - AUSTRIA** **1-1(0-1,1-1,1-1); 5-4 on penalties** Cyprus Tournament
Tsirion Athletic Center, Limassol; Referee: Jouni Hyytiä (Finland); Attendance: 300
AUT: Helge Payer (4/0), Patrick Pircher (1/0), Martin Stranzl (23/1), Mario Hieblinger (9/0), Markus Katzer (3/0), Roland Kirchler (26/5), Stefan Kulovits (1/0), Sebastian Martinez (1/0), Andreas Ivanschitz (Cap) (11/2), Christian Mayrleb (24/6) [82.Thomas Pichlmann (1/0)], Ivica Vastic (43/11). Trainer: Johann Krankl (25).
Goal: Roland Kirchler (43).
Penalties: Ivica Vastic (missed), Andreas Ivanschitz, Roland Kirchler, Sebastian Martinez, Thomas Pichlmann.

641. 09.02.2005 **LATVIA - AUSTRIA** **1-1(0-1,1-1,1-1); 5-3 on penalties** Cyprus Tournament
Tsirion Athletic Center, Limassol (Cyprus); Referee: Kostas Theodotou (Cyprus); Attendance: 50
AUT: Andreas Schranz (2/0) [46.Jürgen Macho (2/0)], Andreas Ibertsberger (2/0) [78.Patrick Pircher (2/0)], Anton Ehmann (9/0), Bozo Kovacevic (6/0), Emanuel Pogatetz (14/1), Wolfgang Mair (1/0) [90.Sebastian Martinez (2/0)], René Aufhauser (23/2), Yüksel Sariyar (1/1), Matthias Dollinger (7/0) [84.Markus Katzer (4/0)], Mario Haas (38/7) [79.Thomas Pichlmann (2/0)], Roland Kollmann (11/4). Trainer: Johann Krankl (26).
Goal: Yüksel Sariyar (41).
Penalties: Sebastian Martinez, Thomas Pichlmann, René Aufhauser (missed), Yüksel Sariyar

642. 26.03.2005 **WALES - AUSTRIA** **0-2(0-0)** 18th FIFA WC. Qualifiers
Millenium Stadium, Cardiff; Referee: Paul Allaerts (Belgium); Attendance: 47,760
AUT: Helge Payer (5/0), Markus Katzer (5/0), Emanuel Pogatetz (15/1), Anton Ehmann (10/0), Martin Stranzl (24/2), René Aufhauser (24/2), Ernst Dospel (17/0), Roland Kirchler (27/5), Andreas Ivanschitz (12/2) [90.Mario Hieblinger (10/0)], Christian Mayrleb (25/6) [87.Wolfgang Mair (2/0)], Mario Haas (39/7) [78.Ivica Vastic (44/12)]. Trainer: Johann Krankl (27).
Goals: Ivica Vastic (82), Martin Stranzl (86).

643. 30.03.2005 AUSTRIA – WALES **1-0(0-0)** 18th FIFA WC. Qualifiers
„Ernst Happel" Stadion, Wien; Referee: Manuel Enrique Mejuto González (Spain); Attendance: 29,500
AUT: Helge Payer (6/0), Markus Katzer (6/0), Martin Stranzl (25/2), Ernst Dospel (18/0) [84.Markus Kiesenebner (6/1)], Anton Ehmann (11/0), René Aufhauser (25/3), Roland Kirchler (28/5) [78.Wolfgang Mair (3/0)], Dietmar Kühbauer (53/5), Andreas Ivanschitz (13/2), Christian Mayrleb (26/6), Mario Haas (40/7) [55.Ivica Vastic (45/12)]. Trainer: Johann Krankl (28).
Goal: René Aufhauser (87).

644. 17.08.2005 AUSTRIA – SCOTLAND **2-2(0-2)**
„Arnold Schwarzenegger" Stadion, Graz; Referee: Selçuk Dereli (Turkey); Attendance: 13,800
AUT: Helge Payer (7/0) [46.Andreas Schranz (3/0)], Ernst Dospel (19/0) [54.Joachim Standfest (7/1)], Anton Ehmann (12/0), Emanuel Pogatetz (16/1), Ronald Gercaliu (1/0), Markus Schopp (53/6) [68.Andreas Ibertsberger (3/1)], Dietmar Kühbauer (54/5) [78.Jürgen Säumel (1/0)], René Aufhauser (26/3), Andreas Ivanschitz (14/2), Christian Mayrleb (27/6) [63.Muhammet Akagündüz (4/1)], Ivica Vastic (46/12) [63.Sanel Kuljic (1/0)]. Trainer: Johann Krankl (29).
Goals: Andreas Ibertsberger (83), Joachim Standfest (87).

645. 03.09.2005 **POLAND - AUSTRIA** 3-2(2-0) 18th FIFA WC. Qualifiers
Stadion Narodowy, Chorzów; Referee: Massimo De Santis (Italy); Attendance: 40,000
AUT: Andreas Schranz (4/0), Joachim Standfest (8/1) [46.Roland Linz (10/2)], Anton Ehmann (13/0) [81.Markus Kiesenebner (7/1)], Mario Hieblinger (11/0), Emanuel Pogatetz (17/1), Markus Schopp (54/6) [81.Sanel Kuljic (2/0)], René Aufhauser (27/3), Martin Stranzl (26/2), Dietmar Kühbauer (55/5), Andreas Ivanschitz (15/2), Christian Mayrleb (28/6). Trainer: Johann Krankl (30).
Goals: Roland Linz (61, 80).

646. 07.09.2005 **AZERBAIJAN - AUSTRIA** 0-0 18th FIFA WC. Qualifiers
„Tofiq Bəhramov" adı na Respublika Stadionu, Bakı ; RefereeoHan Verbist (Belgium); Attendance: 3,500
AUT: Andreas Schranz (5/0), Andreas Ibertsberger (4/1), Martin Stranzl (27/2) [48.Mario Hieblinger (12/0)], Emanuel Pogatetz (18/1), Ronald Gercaliu (2/0) [81.Jürgen Säumel (2/0)], Michael Mörz (1/0), Markus Kiesenebner (8/1), Andreas Ivanschitz (16/2), Martin Amerhauser (12/3), Roland Linz (11/2), Christian Mayrleb (29/6) [61.Sanel Kuljic (3/0)]. Trainer: Johann Krankl (31).

647. 08.10.2005 **ENGLAND – AUSTRIA** 1-0(1-0) 18th FIFA WC. Qualifiers
Old Trafford, Manchester; Referee: Luis Medina Cantalejo (Spain); Attendance: 64,822
AUT: Jürgen Macho (3/0), Andreas Dober (1/0), Martin Stranzl (28/2), Paul Scharner (11/0), Andreas Ibertsberger (5/1) [80.Andreas Lasnik (1/0)], René Aufhauser (28/3), Markus Schopp (55/6) [63.Sanel Kuljic (4/0)], Markus Kiesenebner (9/1), Roland Linz (12/2), Andreas Ivanschitz (17/2), Markus Weissenberger (22/1) [46.Yüksel Sariyar (2/1)]. Trainer: Willibald Ruttensteiner – Andreas Herzog (1).

648. 12.10.2005 **AUSTRIA – NORTHERN IRELAND** 2-0(1-0) 18th FIFA WC. Qualifiers
„Ernst Happel" Stadion, Wien; Referee: Athanassios Briakos (Greece); Attendance: 12,500
AUT: Jürgen Macho (4/0), Andreas Dober (2/0) [46.Andreas Ibertsberger (6/1)], Martin Stranzl (29/2), Paul Scharner (12/0), Emanuel Pogatetz (19/1) *[sent off 74]*, René Aufhauser (29/5), Markus Schopp (56/6) [55.Joachim Standfest (9/1)], Markus Kiesenebner (10/1), Roland Linz (13/2), Andreas Ivanschitz (18/2), Roman Wallner (20/5) [77.Ronald Gercaliu (3/0)]. Trainer: Willibald Ruttensteiner – Andreas Herzog (2).
Goals: René Aufhauser (44, 90).

649. 01.03.2006 **AUSTRIA - CANADA** 0-2(0-0)
„Ernst Happel" Stadion, Wien; Referee: Dick Theorodurs Johannes Huber van Egmond (Netherlands); Attendance: 9,000
AUT: Helge Payer (8/0), Andreas Dober (3/0), Martin Hiden (33/1) [46.Ferdinand Feldhofer (5/0)], Emanuel Pogatetz (20/1), Paul Scharner (13/0), Joachim Standfest (10/1) [85.Yüksel Sariyar (3/1)], René Aufhauser (30/5), Andreas Ivanschitz (Cap) (19/2) [80.Michael Mörz (2/0)], Markus Kiesenebner (11/1) [73.Ronald Gercaliu (4/0)], Muhammet Akagündüz (5/1) [62.Zlatko Junuzović (1/0)], Roland Linz (14/2). Trainer: Josef Hickersberger (30).

650. 23.05.2006 **AUSTRIA - CROATIA** 1-4(1-2)
„Ernst Happel" Stadion, Wien; Referee: Herbert Fandel (Germany); Attendance: 22,000
AUT: Helge Payer (9/0), Joachim Standfest (11/1), Martin Stranzl (30/2), Paul Scharner (14/0), Andreas Ibertsberger (7/1), Stefan Lexa (5/0) [84.Christian Fuchs (1/0)], René Aufhauser (31/5) [66.Ferdinand Feldhofer (6/0)], Thomas Prager (1/0), Andreas Ivanschitz (Cap) (20/3), Christoph Leitgeb (1/0) [73.Michael Mörz (3/0)], Marc Janko (1/0) [64.Roland Linz (15/2)].Trainer: Josef Hickersberger (31).
Goal: Andreas Ivanschitz (14).

651. 16.08.2006 **AUSTRIA - HUNGARY** 1-2(0-2)
UPC-Arena, Graz; Referee: Richard Havrilla (Slovakia); Attendance: 12,000
AUT: Helge Payer (10/0) [46.Jürgen Macho (5/0)], Joachim Standfest (12/1), Martin Stranzl (31/2), Ferdinand Feldhofer (7/0), Emanuel Pogatetz (21/1) [46.Markus Katzer (7/0)], Christoph Leitgeb (2/0), Paul Scharner (15/0) [87.Johannes Ertl (1/0)], René Aufhauser (32/5) [79.Michael Mörz (4/0)], Andreas Ivanschitz (21/3) [62.Thomas Prager (2/0)], Sanel Kuljic (5/1), Zlatko Junuzović (2/0) [46.Roman Wallner (21/5)]. Trainer: Josef Hickersberger (32).
Goal: Sanel Kuljic (74).

652. 02.09.2006 **AUSTRIA – COSTA RICA** 2-2(1-2)
Stade de Genève, Genève (Switzerland); Referee: Claudio Circhetta (Switzerland); Attendance: 300
AUT: Jürgen Macho (6/0), Joachim Standfest (13/1), Martin Stranzl (32/2), Ferdinand Feldhofer (8/0), Emanuel Pogatetz (22/1), René Aufhauser (33/5) [79.Michael Mörz (5/0)], Thomas Prager (3/0) [90.Martin Hiden (34/1)], Andreas Ivanschitz (22/3), Christoph Leitgeb (3/0), Roman Wallner (22/5) [57.Muhammet Akagündüz (6/1)], Roland Linz (16/4). Trainer: Josef Hickersberger (33).
Goals: Roland Linz (36 penalty, 60).

653. 06.09.2006 **AUSTRIA - VENEZUELA** 0-1(0-1)
St. Jakob-Park, Basel (Switzerland); Referee: Carlo Bertolini (Switzerland); Attendance: 1,453
AUT: Jürgen Macho (7/0) *[sent off 88]*, Johannes Ertl (2/0) [46.Zlatko Junuzović (3/0)], Martin Stranzl (33/2), Ferdinand Feldhofer (9/0) [46.Martin Hiden (35/1)], Emanuel Pogatetz (23/1) [74.Manuel Ortlechner (1/0)], Joachim Standfest (14/1), Thomas Prager (4/0) [63.Bozo Kovacevic (7/0)], Andreas Ivanschitz (Cap) (23/3) [63.Michael Mörz (6/0)], Christoph Leitgeb (4/0), Roland Linz (17/4) [89.Andreas Schranz (6/0)], Muhammet Akagündüz (7/1) [63.Roman Wallner (23/5)]. Trainer: Josef Hickersberger (34).

654. 06.10.2006 **LIECHTENSTEIN - AUSTRIA** 1-2(0-0)
Rheinpark Stadion, Vaduz; Referee: René Rogalla (Switzerland); Attendance: 4,000
AUT: Helge Payer (11/0), Joachim Standfest (15/1) [81.Thomas Prager (5/1)], Ferdinand Feldhofer (10/0), Gernot Plassnegger (1/0) [67.Christian Fuchs (2/0)], Hannes Eder (1/0), Michael Mörz (7/0) [75.György Garics (1/1)], René Aufhauser (34/5), Christoph Leitgeb (5/0) [46.Markus Weissenberger (23/1)], Andreas Ivanschitz (Cap) (24/3) [92.Johannes Ertl (3/0)], Roland Linz (18/4), Marc Janko (2/0) [62.Sanel Kuljic (6/1)].Trainer: Josef Hickersberger (35).
Goals: György Garics (77), Thomas Prager (84).

655. 11.10.2006 **AUSTRIA - SWITZERLAND** 2-1(2-0)
Tivoli Stadion, Innsbruck; Referee: Michael Svendsen (Denmark); Attendance: 11,000
AUT: Jürgen Macho (8/0), Johannes Ertl (4/0), Martin Hiden (36/1), Martin Stranzl (34/2) [46.Ferdinand Feldhofer (11/0)], Christian Fuchs (3/0), Andreas Ivanschitz (Cap) (25/3), René Aufhauser (35/5), Thomas Prager (6/1) [84.György Garics (2/1)], Markus Weissenberger (24/1) [90.Hannes Eder (2/0)], Roland Linz (19/5) [61.Muhammet Akagündüz (8/1)], Sanel Kuljic (7/2) [83.Christoph Leitgeb (6/0)].Trainer: Josef Hickersberger (36).
Goals: Roland Linz (24 penalty), Sanel Kuljic (36).

656. 15.11.2006 **AUSTRIA – TRINIDAD & TOBAGO** **4-1(3-1)**
„Ernst Happel" Stadion, Wien; Referee: Radek Matejek (Czech Republic); Attendance: 13,100
AUT: Alexander Manninger (19/0), Johannes Ertl (5/0) [59.Joachim Standfest (16/1)], Martin Stranzl (35/2), Martin Hiden (37/1) [46.Ferdinand Feldhofer (12/1)], Christian Fuchs (4/0), René Aufhauser (36/8), Yüksel Sariyar (4/1) [59.Zlatko Junuzović (4/0)], Christoph Leitgeb (7/0) [46.György Garics (3/1)], Andreas Ivanschitz (Cap) (26/3), Roland Linz (20/5) [71.Muhammet Akagündüz (9/1)], Sanel Kuljic (8/2) [71.Klaus Salmutter (1/0)]. Trainer: Josef Hickersberger (37).
Goals: René Aufhauser (14, 25, 44), Ferdinand Feldhofer (80).

657. 07.02.2007 **MALTA - AUSTRIA** **1-1(1-0)**
Ta'Qali National Stadium, Attard; Referee: Carlo Bertolini (Switzerland); Attendance: 3,000
AUT: Jürgen Macho (9/0) [46.Alexander Manninger (20/0)], Joachim Standfest (17/1) [77.Yüksel Sariyar (5/1)], Martin Stranzl (36/2), Martin Hiden (38/1), Andreas Ibertsberger (8/1) [46.Christian Fuchs (5/0)], René Aufhauser (37/8), Thomas Prager (7/1) [46.Markus Kiesenebner (12/1)], Markus Weissenberger (25/1) [66.György Garics (4/1)], Roland Linz (21/5) [73.Muhammet Akagündüz (10/1)], Andreas Ivanschitz (Cap) (27/4), Sanel Kuljic (9/2). Trainer: Josef Hickersberger (38).
Goal: Andreas Ivanschitz (48).

658. 24.03.2007 **AUSTRIA - GHANA** **1-1(0-0)**
UPC-Arena, Graz; Referee: Johan Verbist (Belgium); Attendance: 10,608
AUT: Alexander Manninger (21/0), Joachim Standfest (18/1), Martin Stranzl (37/2) [46.Martin Hiden (39/1)], Ferdinand Feldhofer (13/1), Christian Fuchs (6/0), René Aufhauser (38/9), Thomas Prager (8/1), Christoph Leitgeb (8/0), Andreas Ivanschitz (Cap) (28/4) [75.Yüksel Sariyar (6/1)], Roland Linz (22/5) [72.Veli Kavlak (1/0)], Sanel Kuljic (10/2) [57.Mario Haas (41/7)]. Trainer: Josef Hickersberger (39).
Goal: René Aufhauser (55).

659. 28.03.2007 **FRANCE - AUSTRIA** **1-0(0-0)**
Stade de France, Saint-Denis, Paris; Referee: Athanassios Briakos (Greece); Attendance: 65,000
AUT: Jürgen Macho (10/0), Andreas Ibertsberger (9/1) [59.Joachim Standfest (19/1)], Martin Hiden (40/1), Martin Stranzl (38/2), Christian Fuchs (7/0), René Aufhauser (39/9), Thomas Prager (9/1) [90.Yüksel Sariyar (7/1)], Christoph Leitgeb (9/0) [83.Cem Atan (1/0)], Andreas Ivanschitz (Cap) (29/4), Sanel Kuljic (11/2) [69.Ronald Gercaliu (5/0)], Roland Linz (23/5) [82.Mario Haas (42/7)]. Trainer: Josef Hickersberger (40).

660. 30.05.2007 **AUSTRIA - SCOTLAND** **0-1(0-0)**
„Gerhard Hanappi" Stadion, Wien; Referee: Zsolt Szabó (Hungary); Attendance: 13,200
AUT: Helge Payer (12/0), Joachim Standfest (20/1), Martin Hiden (41/1) [89.Sebastian Prödl (1/0)], Jürgen Patocka (1/0), Christian Fuchs (8/0) [74.Markus Katzer (8/0)], Andreas Ivanschitz (Cap) (30/4), René Aufhauser (40/9) [74.Yüksel Sariyar (8/1)], Jürgen Säumel (3/0), Christoph Leitgeb (10/0), Roland Linz (24/5), Mario Haas (43/7) [60.Sanel Kuljic (12/2)]. Trainer: Josef Hickersberger (41).

661. 02.06.2007 **AUSTRIA - PARAGUAY** **0-0**
„Gerhard Hanappi" Stadion, Wien; Referee: Ivan Bebek (Croatia); Attendance: 12,700
AUT: Jürgen Macho (11/0), Joachim Standfest (21/1), Martin Stranzl (39/2) [46.Sebastian Prödl (2/0)], Martin Hiden (42/1), Markus Katzer (9/0), Christian Fuchs (9/0) [46.Jürgen Säumel (4/0)], René Aufhauser (41/9) [46.Yüksel Sariyar (9/1)], Christoph Leitgeb (11/0) [67.Andreas Ibertsberger (10/1)], Cem Atan (2/0) [46.Erwin Hoffer (1/0)], Andreas Ivanschitz (Cap) (31/4), Roland Linz (25/5) [78.Sanel Kuljic (13/2)]. Trainer: Josef Hickersberger (42).

662. 22.08.2007 **AUSTRIA – CZECH REPUBLIC** **1-1(0-1)**
„Ernst Happel" Stadion, Wien; Referee: Eduardo Iturralde González (Spain); Attendance: 24,500
AUT: Alexander Manninger (22/0), Markus Katzer (10/0), Martin Stranzl (40/2), Andreas Ibertsberger (11/1) [48.Roland Linz (26/5)], Sebastian Prödl (3/0), Joachim Standfest (22/1), René Aufhauser (42/9), Christoph Leitgeb (12/0) [72.Martin Harnik (1/1)], Michael Mörz (8/0) [82.Klaus Salmutter (2/0)], Thomas Prager (10/1) [46.Jürgen Säumel (5/0)], Sanel Kuljic (14/2). Trainer: Josef Hickersberger (43).
Goal: Martin Harnik (78).

663. 07.09.2007 **AUSTRIA - JAPAN** **0-0; 4-3 on penalties** International Tournament
Hypo Group Arena, Klagenfurt; Referee: Dr. Markus Merk (Germany); Attendance: 26,142
AUT: Helge Payer (13/0), György Garics (5/1), Martin Hiden (43/1), Sebastian Prödl (4/0), Christian Fuchs (10/0), Joachim Standfest (23/1), René Aufhauser (43/9), Jürgen Säumel (6/0) [85.Klaus Salmutter (3/0)], Christoph Leitgeb (13/0), Michael Mörz (9/0) [59.Roland Linz (27/5)], Sanel Kuljic (15/2) [71.Martin Harnik (2/1); 84.Thomas Prager (11/1)]. Trainer: Josef Hickersberger (44).
Penalties: Roland Linz, René Aufhauser, Joachim Standfest, György Garics, Martin Hiden (missed).

664. 11.09.2007 **AUSTRIA - CHILE** **0-2(0-0)** International Tournament
„Ernst Happel" Stadion, Wien; Referee: Jacek Granat (Poland); Attendance: 12,000
AUT: Jürgen Macho (12/0), György Garics (6/1), Martin Hiden (44/1), Sebastian Prödl (5/0) [81.Jürgen Patocka (2/0)], Christian Fuchs (11/0) [74.Ronald Gercaliu (6/0)], René Aufhauser (44/9) [71.Jürgen Säumel (7/0)], Thomas Prager (12/1) [61.Michael Mörz (10/0)], Christoph Leitgeb (14/0) [79.Klaus Salmutter (4/0)], Joachim Standfest (24/1), Roland Linz (28/5) [74.Erwin Hoffer (2/0)], Sanel Kuljic (16/2). Trainer: Josef Hickersberger (45).

665. 13.10.2007 **SWITZERLAND - AUSTRIA** **3-1(2-1)**
Stadion Letzigrund, Zürich; Referee: Alain Hamer (Luxembourg); Attendance: 22,500
AUT: Alexander Manninger (23/0), Joachim Standfest (25/1) [65.Johannes Ertl (6/0)], Sebastian Prödl (6/0) [40.Franz Schiemer (1/0)], Martin Hiden (45/1), Christian Fuchs (12/0), Yüksel Sariyar (10/1), György Garics (7/1), René Aufhauser (45/10), Andreas Ivanschitz (Cap) (32/4) [83.Martin Harnik (3/1)], Markus Weissenberger (26/1) [65.Michael Mörz (11/0)], Sanel Kuljic (17/2) [65.Roman Kienast (1/0)]. Trainer: Josef Hickersberger (46).
Goal: René Aufhauser (11).

666. 17.10.2007 **AUSTRIA – IVORY COAST** **3-2(1-0)**
Tivoli Stadion, Innsbruck; Referee: Björn Kuipers (Netherlands); Attendance: 28,500
AUT: Helge Payer (14/0), György Garics (8/1), Martin Hiden (46/1), Franz Schiemer (2/0), Ronald Gercaliu (7/0), René Aufhauser (46/10) [81.Johannes Ertl (7/0)], Yüksel Sariyar (11/1), Joachim Standfest (26/2), Andreas Ivanschitz (Cap) (33/5) [86.Michael Mörz (12/0)], Markus Weissenberger (27/1) [81.Christian Fuchs (13/0)], Sanel Kuljic (18/3) [46.Roman Kienast (2/0)]. Trainer: Josef Hickersberger (47).
Goals: Sanel Kuljic (30 penalty), Andreas Ivanschitz (64 penalty), Joachim Standfest (74).

667. 16.11.2007 **AUSTRIA - ENGLAND** **0-1(0-1)**
„Ernst Happel" Stadion, Wien; Referee: Nicolai Vollquartz (Denmark); Attendance: 39,432
AUT: Jürgen Macho (13/0) [26.Alexander Manninger (24/0)], Martin Stranzl (41/2) [86.Martin Hiden (47/1)], Franz Schiemer (3/0), Ronald Gercaliu (8/0), György Garics (9/1), René Aufhauser (47/10), Joachim Standfest (27/2) [78.Veli Kavlak (2/0)], Yüksel Sariyar (12/1) [65.Martin Harnik (4/1)], Andreas Ivanschitz (Cap) (34/5), Markus Weissenberger (28/1) [46.Christoph Leitgeb (15/0)], Sanel Kuljic (19/3) [46.Roman Kienast (3/0)]. Trainer: Josef Hickersberger (48).

668. 21.11.2007 **AUSTRIA - TUNISIA** **0-0**
„Ernst Happel" Stadion, Wien; Referee: Pavel Olsiak (Slovakia); Attendance: 13,800
AUT: Alexander Manninger (25/0), Martin Stranzl (42/2), Franz Schiemer (4/0) [86.Martin Hiden (48/1)], Ronald Gercaliu (9/0), György Garics (10/1) [63.Andreas Ibertsberger (12/1)], René Aufhauser (48/10), Christoph Leitgeb (16/0) [65.Christian Fuchs (14/0)], Veli Kavlak (3/0) [74.Yüksel Sariyar (13/1)], Andreas Ivanschitz (Cap) (35/5), Sanel Kuljic (20/3) [46.Martin Harnik (5/1)], Roman Kienast (4/0). Trainer: Josef Hickersberger (49).

669. 06.02.2008 **AUSTRIA - GERMANY** **0-3(0-0)**
„Ernst Happel" Stadion, Wien; Referee: Paolo Dondarini (Italy); Attendance: 48,500
AUT: Alexander Manninger (26/0), Sebastian Prödl (7/0), Martin Stranzl (43/2), Emanuel Pogatetz (24/1), Joachim Standfest (28/2), René Aufhauser (49/10) [69.Thomas Prager (13/1)], Andreas Ivanschitz (Cap) (36/5), Jürgen Säumel (8/0), Christian Fuchs (15/0), Roland Linz (29/5) [81.Veli Kavlak (4/0)], Martin Harnik (6/1) [73.Roman Kienast (5/0)]. Trainer: Josef Hickersberger (50).

670. 26.03.2008 **AUSTRIA - NETHERLANDS** **3-4(3-1)**
„Ernst Happel" Stadion, Wien; Referee: Martin Hansson (Sweden); Attendance: 40,500
AUT: Helge Payer (15/0), György Garics (11/1), Sebastian Prödl (8/2), Emanuel Pogatetz (25/1), Ronald Gercaliu (10/0), Andreas Ivanschitz (Cap) (37/6), Jürgen Säumel (9/0), Christoph Leitgeb (17/0), Christian Fuchs (16/0) [74.Markus Weissenberger (29/1)], Roland Linz (30/5) [64.Marc Janko (3/0)], Martin Harnik (7/1) [64.Joachim Standfest (29/2)]. Trainer: Josef Hickersberger (51).
Goals: Andreas Ivanschitz (6), Sebastian Prödl (18, 35).

671. 27.05.2008 **AUSTRIA - NIGERIA** **1-1(1-1)**
UPC-Arena, Graz; Referee: Serge Gumienny (Belgium); Attendance: 15,000
AUT: Jürgen Macho (14/0), Sebastian Prödl (9/2), Martin Stranzl (44/2), Emanuel Pogatetz (26/1), Joachim Standfest (30/2), René Aufhauser (50/10), Jürgen Säumel (10/0), Andreas Ivanschitz (Cap) (38/6) [70.Ivica Vastic (47/12)], Christian Fuchs (17/0) [61.Ümit Korkmaz (1/0)], Roman Kienast (6/1) [46.Erwin Hoffer (3/0)], Roland Linz (31/5) [81.Christoph Leitgeb (18/0)]. Trainer: Josef Hickersberger (52).
Goal: Roman Kienast (12).

672. 30.05.2008 **AUSTRIA - MALTA** **5-1(2-1)**
UPC-Arena, Graz; Referee: Robert Krajnc (Slovenia); Attendance: 14,200
AUT: Alexander Manninger (27/0), György Garics (12/1), Martin Stranzl (45/2) [84.Sebastian Prödl (10/2)], Emanuel Pogatetz (27/1) [84.Martin Hiden (49/1)], Ronald Gercaliu (11/0) [76.Markus Katzer (11/0)], René Aufhauser (51/11) [76.Jürgen Säumel (11/0)], Andreas Ivanschitz (Cap) (39/6), Ümit Korkmaz (2/0) [46.Martin Harnik (8/2)], Christoph Leitgeb (19/0), Erwin Hoffer (4/0) [58.Ivica Vastic (48/13)], Roland Linz (32/7). Trainer: Josef Hickersberger (53).
Goals: René Aufhauser (8), Roland Linz (11, 67 penalty), Ivica Vastic (77), Martin Harnik (90).

673. 08.06.2008 **AUSTRIA - CROATIA** **0-1(0-1)** 13th EC. Group Stage.
„Ernst Happel" Stadion, Wien; Referee: Pieter Vink (Netherlands); Attendance: 51,428
AUT: Jürgen Macho (15/0), Sebastian Prödl (11/2), Martin Stranzl (46/2), Emanuel Pogatetz (28/1), Ronald Gercaliu (12/0) [69.Ümit Korkmaz (3/0)], Joachim Standfest (31/2), René Aufhauser (52/11), Jürgen Säumel (12/0) [61.Ivica Vastic (49/13)], Andreas Ivanschitz (Cap) (40/6), Martin Harnik (9/2), Roland Linz (33/7) [72.Roman Kienast (7/1)]. Trainer: Josef Hickersberger (54).

674. 12.06.2008 **AUSTRIA - POLAND** **1-1(0-1)** 13th EC. Group Stage.
„Ernst Happel" Stadion, Wien; Referee: Howard Webb (England); Attendance: 51,428
AUT: Jürgen Macho (16/0), György Garics (13/1), Sebastian Prödl (12/2), Martin Stranzl (47/2), Emanuel Pogatetz (29/1), Christoph Leitgeb (20/0), René Aufhauser (53/11) [74.Jürgen Säumel (13/0)], Andreas Ivanschitz (Cap) (41/6) [64.Ivica Vastic (50/14)], Ümit Korkmaz (4/0), Martin Harnik (10/2), Roland Linz (34/7) [64.Roman Kienast (8/1)]. Trainer: Josef Hickersberger (55).
Goal: Ivica Vastic (90+3 penalty).

675. 16.06.2008 **AUSTRIA - GERMANY** **0-1(0-0)** 13th EC. Group Stage.
„Ernst Happel" Stadion, Wien; Referee: Manuel Enrique Mejuto González (Spain); Attendance: 51,428
AUT: Jürgen Macho (17/0), György Garics (14/1), Martin Stranzl (48/2), Martin Hiden (50/1) [55.Christoph Leitgeb (21/0)], Emanuel Pogatetz (30/1), René Aufhauser (54/11) [63.Jürgen Säumel (14/0)], Andreas Ivanschitz (Cap) (42/6), Christian Fuchs (18/0), Ümit Korkmaz (5/0), Martin Harnik (11/2) [67.Roman Kienast (9/1)], Erwin Hoffer (5/0). Trainer: Josef Hickersberger (56 – *sent off 41*).

676. 20.08.2008 **ITALY - AUSTRIA** **2-2(1-2)**
Stade Du Ray, Nice (France); Referee: Bruno Coué (France); Attendance: 14,000
AUT: Alexander Manninger (28/0) [46.Ramazan Özcan (1/0)], György Garics (15/1), Martin Stranzl (49/2), Sebastian Prödl (13/2), Emanuel Pogatetz (31/2) [59.Christoph Leitgeb (22/0)], Paul Scharner (16/0) [46.Ronald Gercaliu (13/0)], Jürgen Säumel (15/0), Andreas Ivanschitz (Cap) (43/6) [86.Roland Linz (35/7)], Christian Fuchs (19/0), Martin Harnik (12/2) [72.Joachim Standfest (32/2)], Marc Janko (4/1) [65.Stefan Maierhofer (1/0)]. Trainer: Karel Brückner (Czech Republic, 1).
Goals: Emanuel Pogatetz (14), Marc Janko (39).

677. 06.09.2008 **AUSTRIA - FRANCE** **3-1(2-0)** 19th FIFA WC. Qualifiers
„Ernst Happel" Stadion, Wien; Referee: Claus Bo Larsen (Denmark); Attendance: 48,000
AUT: Alexander Manninger (29/0), György Garics (16/1), Sebastian Prödl (14/2), Martin Stranzl (50/2), Emanuel Pogatetz (32/2), René Aufhauser (55/12), Paul Scharner (17/0), Martin Harnik (13/2) [90.Joachim Standfest (33/2)], Andreas Ivanschitz (Cap) (44/7) [81.Christoph Leitgeb (23/0)], Christian Fuchs (20/0), Marc Janko (5/2) [88.Stefan Maierhofer (2/0)]. Trainer: Karel Brückner (Czech Republic, 2).
Goals: Marc Janko (8), René Aufhauser (41), Andreas Ivanschitz (72 penalty).

678. 10.09.2008 **LITHUANIA - AUSTRIA** **2-0(0-0)** 19th FIFA WC. Qualifiers
Sūduva Stadium, Marijampolė; Referee: Paolo Tagliavento (Italy); Attendance: 4,500
AUT: Alexander Manninger (30/0), György Garics (17/1), Sebastian Prödl (15/2), Martin Stranzl (51/2), Emanuel Pogatetz (33/2), René Aufhauser (56/12) [55.Jürgen Säumel (16/0)], Paul Scharner (18/0) [66.Erwin Hoffer (6/0)], Martin Harnik (14/2), Andreas Ivanschitz (Cap) (45/7), Christian Fuchs (21/0), Stefan Maierhofer (3/0). Trainer: Karel Brückner (Czech Republic, 3).

679. 11.10.2008 **FAROE ISLANDS - AUSTRIA** **1-1(0-0)** 19th FIFA WC. Qualifiers
Tórsvøllur, Tórshavn; Referee: Darko Čeferin (Slovenia); Attendance: 1,890
AUT: Alexander Manninger (31/0), György Garics (18/1) [67.Roman Kienast (10/1)], Sebastian Prödl (16/2), Martin Stranzl (52/3), Emanuel Pogatetz (34/2), Martin Harnik (15/2) [25.Andreas Hölzl (1/0)], Paul Scharner (19/0), Andreas Ivanschitz (Cap) (46/7), Christian Fuchs (22/0), Erwin Hoffer (7/0), Marc Janko (6/2) [80.Marko Arnautović (1/0)]. Trainer: Karel Brückner (Czech Republic, 4).
Goal: Martin Stranzl (49).

680. 15.10.2008 **AUSTRIA - SERBIA** **1-3(0-3)** 19th FIFA WC. Qualifiers
„Ernst Happel" Stadion, Wien; Referee: Michael Anthony Riley (England); Attendance: 47,998
AUT: Alexander Manninger (32/0), György Garics (19/1), Sebastian Prödl (17/2), Martin Stranzl (53/3) [18.Ronald Gercaliu (14/0)], Emanuel Pogatetz (35/2), René Aufhauser (57/12) [60.Jürgen Säumel (17/0)], Paul Scharner (20/0), Erwin Hoffer (8/0) [46.Marko Arnautović (2/0)], Andreas Ivanschitz (Cap) (47/7), Christian Fuchs (23/0), Marc Janko (7/3). Trainer: Karel Brückner (Czech Republic, 5).
Goal: Marc Janko (80).

681. 19.11.2008 **AUSTRIA - TURKEY** **2-4(1-2)**
„Ernst Happel" Stadion, Wien; Referee: Manuel Gräfe (Germany); Attendance: 23,300
AUT: Michael Gspurning (1/0), György Garics (20/1) [46.Erwin Hoffer (9/0)], Paul Scharner (21/0) [87.Sebastian Prödl (18/2)], Martin Stranzl (54/3), Andreas Ibertsberger (13/1) [46.Joachim Standfest (34/2)], Andreas Hölzl (2/2), Christoph Leitgeb (24/0) [71.Marko Stankovic (1/0)], Jürgen Säumel (18/0) [64.René Aufhauser (58/12)], Andreas Ivanschitz (Cap) (48/7), Christian Fuchs (24/0), Rubin Rafael Okotie (1/0) [46.Marko Arnautović (3/0)]. Trainer: Karel Brückner (Czech Republic, 6).
Goals: Andreas Hölzl (28, 53).

682. 11.02.2009 **AUSTRIA - SWEDEN** **0-2(0-0)**
UPC-Arena, Graz; Referee: Viktor Kassai (Hungary); Attendance: 11,800
AUT: Alexander Manninger (33/0), György Garics (21/1) [46.Andreas Ibertsberger (14/1)], Martin Stranzl (55/3) [66.Franz Schiemer (5/0)], Sebastian Prödl (19/2), Emanuel Pogatetz (36/2), Andreas Hölzl (3/2), Paul Scharner (22/0) [83.Mario Kienzl (1/0)], Andreas Ivanschitz (Cap) (49/7) [76.Christoph Saurer (1/0)], Jürgen Säumel (19/0) [66.Rubin Rafael Okotie (2/0)], Marko Arnautović (4/0) [78.Andreas Ulmer (1/0)], Marc Janko (8/3). Trainer: Karel Brückner (Czech Republic, 7).

683. 01.04.2009 **AUSTRIA - ROMANIA** **2-1(2-1)** 19th FIFA WC. Qualifiers
Hypo Group Arena, Klagenfurt; Referee: Craig Alexander Thomson (Scotland); Attendance: 23,000
AUT: Michael Gspurning (2/0), Franz Schiemer (6/0), Sebastian Prödl (20/2), Emanuel Pogatetz (Cap) (37/2), Manuel Ortlechner (2/0), Yasin Pehlivan (1/0), Paul Scharner (23/0), Marko Arnautović (5/0) [69.Ümit Korkmaz (6/0)], Daniel Beichler (1/0) [78.Andreas Hölzl (4/2)], Erwin Hoffer (10/2) [54.Rubin Rafael Okotie (3/0)], Stefan Maierhofer (4/0). Trainer: Dietmar Constantini (4).
Goals: Erwin Hoffer (25, 44).

684. 06.06.2009 **SERBIA - AUSTRIA** **1-0(1-0)** 19th FIFA WC. Qualifiers
Stadion Crvena zvezda, Beograd; Referee: Pieter Vink (Netherlands); Attendance: 50,000
AUT: Michael Gspurning (3/0), Franz Schiemer (7/0), Martin Stranzl (56/3), Aleksandar Dragović (1/0), Manuel Ortlechner (3/0), Andreas Hölzl (5/2) [66.Stefan Lexa (6/0)], Paul Scharner (Cap) (24/0), Yasin Pehlivan (2/0), Jakob Jantscher (1/0), Erwin Hoffer (11/2) [56.Marc Janko (9/3)], Stefan Maierhofer (5/0) [55.Rubin Rafael Okotie (4/0)]. Trainer: Dietmar Constantini (5).

685. 12.08.2009 **AUSTRIA - CAMEROON** **0-2(0-2)**
Hypo Group Arena, Klagenfurt; Referee: Pavel Olsiak (Slovakia); Attendance: 28,800
AUT: Jürgen Macho (18/0) [46.Helge Payer (16/0)], Manuel Ortlechner (4/0) [46.Christian Fuchs (25/0)], Franz Schiemer (8/0), Aleksandar Dragović (2/0), György Garics (22/1) [46.Sebastian Prödl (21/2)], Paul Scharner (Cap) (25/0) [40.Christoph Leitgeb (25/0)], Yasin Pehlivan (3/0), Jakob Jantscher (2/0), Andreas Hölzl (6/2) [67.Christopher Trimmel (1/0)], Marc Janko (10/3), Erwin Hoffer (12/2) [61.Stefan Maierhofer (6/0)]. Trainer: Dietmar Constantini (6).

686. 05.09.2009 **AUSTRIA – FAROE ISLANDS** **3-1(2-0)** 19th FIFA WC. Qualifiers
UPC-Arena, Graz; Referee: Marco Borg (Malta); Attendance: 12,300
AUT: Helge Payer (17/0), Jürgen Patocka (3/0) [46.Manuel Ortlechner (5/0)], Christian Fuchs (26/0), Franz Schiemer (9/0), Aleksandar Dragović (3/0), Andreas Hölzl (7/2), Daniel Beichler (2/0) [80.Roman Wallner (24/5)], Yasin Pehlivan (4/0), Jakob Jantscher (3/0), Marc Janko (Cap) (11/5), Stefan Maierhofer (7/1) [61.Erwin Hoffer (13/2)]. Trainer: Dietmar Constantini (7).
Goals: Stefan Maierhofer (1), Marc Janko (16, 59 penalty).

687. 09.09.2009 **ROMANIA - AUSTRIA** **1-1(0-0)** 19th FIFA WC. Qualifiers
Stadionul Steaua, București; Referee: Martin Atkinson (England); Attendance: 7,505
AUT: Helge Payer (18/0), Franz Schiemer (10/1), Aleksandar Dragović (4/0), Paul Scharner (Cap) (26/0), Christian Fuchs (27/0), Andreas Hölzl (8/2), Yasin Pehlivan (5/0), Julian Baumgartlinger (1/0), Jakob Jantscher (4/0) [62.Christopher Trimmel (2/0)], Daniel Beichler (3/0) [73.Roman Wallner (25/5)], Erwin Hoffer (14/2) [46.Stefan Maierhofer (8/1)]. Trainer: Dietmar Constantini (8).
Goal: Franz Schiemer (83).

688. 10.10.2009 **AUSTRIA - LITHUANIA** **2-1(1-0)** 19th FIFA WC. Qualifiers
Tivoli Stadion, Innsbruck; Referee: Serge Gumienny (Belgium); Attendance: 14,200
AUT: Helge Payer (19/0), Franz Schiemer (11/1), Paul Scharner (Cap) (27/0), Aleksandar Dragović (5/0), Andreas Ulmer (2/0), Veli Kavlak (5/0), Thomas Prager (14/1) [57.Julian Baumgartlinger (2/0)], Yasin Pehlivan (6/0), Daniel Beichler (4/0) [57.Christopher Drazan (1/0)], Roman Wallner (26/6), Marc Janko (12/6) [73.Stefan Maierhofer (9/1)]. Trainer: Dietmar Constantini (9).
Goals: Marc Janko (16), Roman Wallner (80 penalty).

689. 14.10.2009 **FRANCE - AUSTRIA** **3-1(2-0)** 19th FIFA WC. Qualifiers
Stade de France, Saint-Denis, Paris; Referee: Pedro Proença Oliveira Alves Garcia (Portugal); Attendance: 78,099
AUT: Helge Payer (20/0) [46.Christian Gratzei (1/0)], Jürgen Patocka (4/0), Paul Scharner (Cap) (28/0), Aleksandar Dragović (6/0), Christian Fuchs (28/0) [80.David Olatukunbo Alaba (1/0)], Veli Kavlak (6/0), Julian Baumgartlinger (3/0), Yasin Pehlivan (7/0), Jakob Jantscher (5/0), Stefan Maierhofer (10/1) [46.Erwin Hoffer (15/2)], Marc Janko (13/7). Trainer: Dietmar Constantini (10).
Goal: Marc Janko (49).

690. 18.11.2009   AUSTRIA - SPAIN   **1-5(1-3)**
„Ernst Happel" Stadion, Wien; Referee: Florian Meyer (Germany); Attendance: 32,000
AUT: Christian Gratzei (2/0), György Garics (23/1), Aleksandar Dragović (7/0), Paul Scharner (Cap) (29/0), Christian Fuchs (29/0), Andreas Hölzl (9/2) [46.Jürgen Patocka (5/0)], Christoph Leitgeb (26/0) [37.Julian Baumgartlinger (4/0)], Yasin Pehlivan (8/0) [*sent off 27*], Jakob Jantscher (6/1) [60.Veli Kavlak (7/0)], Marc Janko (14/7) [62.Erwin Hoffer (16/2)], Roman Wallner (27/6) [68.David Olatukunbo Alaba (2/0)]. Trainer: Dietmar Constantini (11).
Goal: Jakob Jantscher (8).

691. 03.03.2010   AUSTRIA - DENMARK   **2-1(2-1)**
„Ernst Happel" Stadion, Wien; Referee: Pavel Kralovec (Czech Republic); Attendance: 13,500
AUT: Christian Gratzei (3/0), Ekrem Hayyam Dağ (1/0), Aleksandar Dragović (8/0) [64.Sebastian Prödl (22/2)], Paul Scharner (30/0), Christian Fuchs (30/0), Daniel Beichler (5/0) [89.Christopher Trimmel (3/0)], Franz Schiemer (12/2), Julian Baumgartlinger (5/0), Veli Kavlak (8/0) [73.David Olatukunbo Alaba (3/0)], Marc Janko (Cap) (15/7), Roman Wallner (28/7) [63.Patrick Wolf (1/0)]. Trainer: Dietmar Constantini (12).
Goals: Franz Schiemer (12), Roman Wallner (37).

692. 19.05.2010   AUSTRIA - CROATIA   **0-1(0-0)**
Hypo Group Arena, Klagenfurt; Referee: Kevin Blom (Netherlands); Attendance: 20,000
AUT: Jürgen Macho (19/0), Sebastian Prödl (23/2), Aleksandar Dragović (9/0), Manuel Ortlechner (6/0), Christian Fuchs (31/0), Martin Harnik (16/2) [39.Florian Klein (1/0)], Franz Schiemer (13/2), Zlatko Junuzović (5/0), Ümit Korkmaz (7/0) [73.Christopher Drazan (2/0)], Marc Janko (Cap) (16/7), Roman Wallner (29/7) [63.Christoph Leitgeb (27/0)]. Trainer: Dietmar Constantini (13).

693. 11.08.2010   AUSTRIA - SWITZERLAND   **0-1(0-0)**
Hypo Group Arena, Klagenfurt; Referee: Antonio Rubinos Pérez (Spain); Attendance: 18,000
AUT: Christian Gratzei (4/0), Ekrem Hayyam Dağ (2/0) [46.Florian Klein (2/0)], Sebastian Prödl (24/2), Emanuel Pogatetz (38/2), Christian Fuchs (Cap) (32/0), Franz Schiemer (14/2), Julian Baumgartlinger (6/0), Patrick Wolf (2/0) [46.Ümit Korkmaz (8/0)], Zlatko Junuzović (6/0) [79.Roland Linz (36/7)], Jakob Jantscher (7/1) [79.Andreas Hölzl (10/2)], Erwin Hoffer (17/2) [46.Martin Harnik (17/2)]. Trainer: Dietmar Constantini (14).

694. 07.09.2010   AUSTRIA - KAZAKHSTAN   **2-0(0-0)**   14th EC. Qualifiers
Bullen-Arena, Wals-Siezenheim, Salzburg; Referee: Marijo Strahonja (Croatia); Attendance: 22,500
AUT: Jürgen Macho (20/0), Ekrem Hayyam Dağ (3/0), Sebastian Prödl (25/2), Emanuel Pogatetz (39/2), Christian Fuchs (33/0), Martin Harnik (18/2) [66.Erwin Hoffer (18/3)], Franz Schiemer (15/2), Veli Kavlak (9/0), Jakob Jantscher (8/1) [66.David Olatukunbo Alaba (4/0)], Marc Janko (Cap) (17/7) [78.Stefan Maierhofer (11/1)], Roland Linz (37/8). Trainer: Dietmar Constantini (15).
Goals: Roland Linz (90+1), Erwin Hoffer (90+2).

695. 08.10.2010   AUSTRIA - AZERBAIJAN   **3-0(1-0)**   14th EC. Qualifiers
„Ernst Happel" Stadion, Wien; Referee: Nicolai Vollquartz (Denmark); Attendance: 26,500
AUT: Jürgen Macho (21/0), Florian Klein (3/0), Sebastian Prödl (26/3), Franz Schiemer (16/2), Christian Fuchs (Cap) (34/0), Marko Arnautović (6/2), Paul Scharner (31/0), Zlatko Junuzović (7/0) [78.Julian Baumgartlinger (7/0)], Martin Harnik (19/2) [55.Veli Kavlak (10/0)], Roland Linz (38/8) [59.Erwin Hoffer (19/3)], Stefan Maierhofer (12/1). Trainer: Dietmar Constantini (16).
Goals: Sebastian Prödl (3), Marko Arnautović (53, 90+2).

696. 12.10.2010   BELGIUM - AUSTRIA   **4-4(1-2)**   14th EC. Qualifiers
Stade „Roi Baudouin", Bruxelles; Referee: Michael Dean (England); Attendance: 25,000
AUT: Jürgen Macho (22/0), Florian Klein (4/0), Sebastian Prödl (27/3), Franz Schiemer (17/4), Christian Fuchs (Cap) (35/0), Paul Scharner (32/0) [*sent off 68*], Julian Baumgartlinger (8/0), Veli Kavlak (11/0) [56.Erwin Hoffer (20/3)], Zlatko Junuzović (8/0) [72.Yasin Pehlivan (9/0)], Marko Arnautović (7/3) [88.Martin Harnik (20/3)], Stefan Maierhofer (13/1). Trainer: Dietmar Constantini (17).
Goals: Franz Schiemer (14), Marko Arnautović (29), Franz Schiemer (62), Martin Harnik (90+3).

697. 17.11.2010   AUSTRIA - GREECE   **1-2(0-0)**
„Ernst Happel" Stadion, Wien; Referee: Sascha Kever (Switzerland); Attendance: 16,200
AUT: Jürgen Macho (23/0) [46.Christian Gratzei (5/0)], Florian Klein (5/0), Sebastian Prödl (28/3), Franz Schiemer (18/4), Christian Fuchs (Cap) (36/1), David Olatukunbo Alaba (5/0), Yasin Pehlivan (10/0) [69.Paul Scharner (33/0)], Veli Kavlak (12/0) [58.Marc Janko (18/7)], Zlatko Junuzović (9/0), Marko Arnautović (8/3) [88.Jakob Jantscher (9/1)], Stefan Maierhofer (14/1) [69.Roland Linz (39/8)]. Trainer: Dietmar Constantini (18).
Goal: Christian Fuchs (67).

698. 09.02.1011   NETHERLANDS - AUSTRIA   **3-1(1-0)**
Philips Stadion, Eindhoven; Referee: Dr. Felix Brych (Germany); Attendance: 33,000
AUT: Jürgen Macho (24/0), Florian Klein (6/0) [72.Yasin Pehlivan (11/0)], Sebastian Prödl (29/3), Emanuel Pogatetz (40/2), Christian Fuchs (37/1), Julian Baumgartlinger (9/0), Franz Schiemer (19/4), Zlatko Junuzović (10/0) [62.Erwin Hoffer (21/3)], David Olatukunbo Alaba (6/0) [85.Veli Kavlak (13/0)], Marko Arnautović (9/4), Stefan Maierhofer (15/1). Trainer: Dietmar Constantini (19).
Goals: Marko Arnautović (84).

699. 25.03.2011   AUSTRIA - BELGIUM   **0-2(0-1)**   14th EC. Qualifiers
„Ernst Happel" Stadion, Wien; Referee: Vladislav Bezborodov (Russland); Attendance: 45,000
AUT: Jürgen Macho (25/0), Ekrem Hayyam Dağ (4/0), Aleksandar Dragović (10/0), Emanuel Pogatetz (41/2), Christian Fuchs (38/1), David Olatukunbo Alaba (7/0) [54.Yasin Pehlivan (12/0)], Julian Baumgartlinger (10/0), Martin Harnik (21/3), Zlatko Junuzović (11/0) [69.Ümit Korkmaz (9/0)], Marko Arnautović (10/4), Marc Janko (Cap) (19/7) [54.Stefan Maierhofer (16/1)]. Trainer: Dietmar Constantini (20).

700. 29.03.2011   TURKEY - AUSTRIA   **2-0(1-0)**   14th EC. Qualifiers
„Şükrü Saraçoğlu" Stadyumu, Istanbul; Referee: Pavel Kralovec (Czech Republic); Attendance: 45000
AUT: Jürgen Macho (26/0), Ekrem Hayyam Dağ (5/0), Aleksandar Dragović (11/0), Emanuel Pogatetz (42/2), Christian Fuchs (Cap) (39/1), Yasin Pehlivan (13/0) [57.Ümit Korkmaz (10/0)], Paul Scharner (34/0), Julian Baumgartlinger (11/0) [46.Erwin Hoffer (22/3)], Martin Harnik (22/3) [69.Marko Arnautović (11/4)], David Olatukunbo Alaba (8/0), Stefan Maierhofer (17/1). Trainer: Dietmar Constantini (21).

701. 03.06.2011   AUSTRIA - GERMANY   **1-2(0-1)**   14th EC. Qualifiers
„Ernst Happel" Stadion, Wien; Referee: Massimo Busacca (Switzerland); Attendance: 47,500
AUT: Christian Gratzei (6/0), Florian Klein (7/0), Paul Scharner (35/0), Emanuel Pogatetz (43/2), Christian Fuchs (Cap) (40/1), Ekrem Hayyam Dağ (6/0) [66.Zlatko Junuzović (12/0)], Stefan Kulovits (2/0), Julian Baumgartlinger (12/0), David Olatukunbo Alaba (9/0), Martin Harnik (23/3) [81.Daniel Royer (1/0)], Erwin Hoffer (23/3) [88.Marc Janko (20/7)]. Trainer: Dietmar Constantini (22).
Goal: Arne Friedrich (50 own goal).

702. 07.06.2011 **AUSTRIA - LATVIA** 3-1(0-0)
UPC-Arena, Graz; Referee: Simon Lee Evans (Wales); Attendance: 8,500
AUT: Christian Gratzei (7/0), Florian Klein (8/0), Christopher Dibon (1/1), Manuel Ortlechner (7/0), Christian Fuchs (Cap) (41/1) [90+7.Thomas Schrammel (1/0)], Zlatko Junuzović (13/0) [90+1.Manuel Weber (1/0)], Stefan Kulovits (3/0), Julian Baumgartlinger (13/0) [62.Daniel Royer (2/0)], David Olatukunbo Alaba (10/0) [90+4.Christopher Drazan (3/0)], Martin Harnik (24/5), Roman Kienast [62.Erwin Hoffer (24/3)]. Trainer: Dietmar Constantini (23).
Goals: Christopher Dibon (75), Martin Harnik (81, 90+6 penalty).

703. 10.08.2011 **AUSTRIA - SLOVAKIA** 1-2(0-2)
Wörtherseestadion, Klagenfurt; Referee: Darko Čeferin (Slovenia); Attendance: 13,000
AUT: Christian Gratzei (8/0), Florian Klein (9/0), Aleksandar Dragović (12/0), Emanuel Pogatetz (44/2), Christian Fuchs (42/1), Julian Baumgartlinger (14/0), Stefan Kulovits (4/0) [46.Daniel Royer (3/0)], Martin Harnik (25/5), Zlatko Junuzović (14/0) [55.Erwin Hoffer (25/4)], David Olatukunbo Alaba (11/0), Marc Janko (Cap) (21/7). Trainer: Dietmar Constantini (24).
Goal: Erwin Hoffer (62).

704. 02.09.2011 **GERMANY - AUSTRIA** 6-2(3-1) 14th EC. Qualifiers
Veltins Arena, Gelsenkirchen; Referee: Paolo Tagliavento (Italy); Attendance: 53,313
AUT: Christian Gratzei (9/0), Florian Klein (10/0), Franz Schiemer (20/4), Emanuel Pogatetz (45/2), Christian Fuchs (Cap) (43/1), Julian Baumgartlinger (15/0), David Olatukunbo Alaba (12/0), Ekrem Hayyam Dağ (7/0), Martin Harnik (26/6), Daniel Royer (4/0) [73.Erwin Hoffer (26/4)], Marko Arnautović (12/5). Trainer: Dietmar Constantini (25).
Goals: Marko Arnautović (42), Martin Harnik (51).

705. 06.09.2011 **AUSTRIA - TURKEY** 0-0 14th EC. Qualifiers
„Ernst Happel" Stadion, Wien; Referee: Alberto Undiano Mallenco (Spain); Attendance: 47,500
AUT: Pascal Grünwald (1/0), Ekrem Hayyam Dağ (8/0), Franz Schiemer (21/4), Emanuel Pogatetz (46/2), Christian Fuchs (Cap) (44/1), Daniel Royer (5/0) [67.Erwin Hoffer (27/4)], Paul Scharner (36/0), Julian Baumgartlinger (16/0), David Olatukunbo Alaba (13/0), Martin Harnik (27/6), Marko Arnautović (13/5) [90+3.Stefan Maierhofer (18/1)]. Trainer: Dietmar Constantini (26).

706. 07.10.2011 **AZERBAIJAN - AUSTRIA** 1-4(0-1) 14th EC. Qualifiers
Dalğa Arena stadionu, Bakı ; Referee: Stefan Studer (Swizerland); Attendance: 5,000
AUT: Pascal Grünwald (2/0), Ekrem Hayyam Dağ (9/0), Sebastian Prödl (30/3), Aleksandar Dragović (13/0), Christian Fuchs (45/1), Paul Scharner (37/0), Julian Baumgartlinger (17/0), David Olatukunbo Alaba (14/0), Marko Arnautović (14/5) [66.Zlatko Junuzović (15/1)], Andreas Ivanschitz (50/8) [73.Daniel Royer (6/0)], Marc Janko (Cap) (22/9) [88.Philipp Hosiner (1/0)]. Trainer: Willibald Ruttensteiner (1).
Goals: Andreas Ivanschitz (34), Marc Janko (52, 62), Zlatko Junuzović (90+1).

707. 11.10.2011 **KAZAKHSTAN - AUSTRIA** 0-0 14th EC. Qualifiers
Astana Arena, Astana; Referee: Hannes Kaasik (Estonia); Attendance: 12,000
AUT: Pascal Grünwald (3/0), Ekrem Hayyam Dağ (10/0), Sebastian Prödl (31/3), Aleksandar Dragović (14/0), Christian Fuchs (46/1), David Olatukunbo Alaba (15/0), Paul Scharner (38/0), Stefan Kulovits (5/0) [74.Veli Kavlak (14/0)], Andreas Ivanschitz (51/8) [66.Zlatko Junuzović (16/1)], Marko Arnautović (15/5) [83.Stefan Maierhofer (19/1)], Marc Janko (Cap) (23/9). Trainer: Willibald Ruttensteiner (2).

708. 15.11.2011 **UKRAINE - AUSTRIA** 2-1(1-0)
Arena Lviv, Lviv; Referee: Svein Oddvar Moen (Norway); Attendance: 32,000
AUT: Robert Almer (1/0), Franz Schiemer (22/4), Sebastian Prödl (32/3), Emanuel Pogatetz (47/2), Christian Fuchs (47/1), Martin Harnik (28/6) [60.Veli Kavlak (15/0)], Julian Baumgartlinger (18/0), David Olatukunbo Alaba (16/0), Andreas Ivanschitz (52/8), Marko Arnautović (16/5), Marc Janko (Cap) (24/10). Trainer: Marcel Koller (Switzerland, 1).
Goal: Marc Janko (71).

709. 29.02.2012 **AUSTRIA - FINLAND** 3-1(1-0)
Wörtherseestadion, Klagenfurt; Referee: Paolo Valeri (Italy); Attendance: 10,200
AUT: Robert Almer (2/0), György Garics (24/1), Aleksandar Dragović (15/0), Franz Schiemer (23/4) [77.Manuel Ortlechner (8/0)], Markus Suttner (1/0), Julian Baumgartlinger (19/0) [77.Jürgen Säumel (20/0)], David Olatukunbo Alaba (17/0) [84.Yasin Pehlivan (14/0)], Martin Harnik (29/7), Marko Arnautović (17/5) [62.Zlatko Junuzović (17/1)], Andreas Ivanschitz (53/9) [85.Guido Burgstaller (1/0)], Marc Janko (Cap) (25/11) [46.Erwin Hoffer (28/4)]. Trainer: Marcel Koller (Switzerland, 2).
Goals: Marc Janko (32), Martin Harnik (54), Andreas Ivanschitz (73 penalty).

710. 01.06.2012 **AUSTRIA - UKRAINE** 3-2(1-0)
Tivoli Stadion, Innsbruck; Referee: Felix Zwayer (Germany); Attendance: 13,000
AUT: Heinz Lindner (1/0), Florian Klein (11/0) [28.György Garics (25/1)], Sebastian Prödl (33/3), Paul Scharner (39/0), Markus Suttner (2/0), Marko Arnautović (18/7), Julian Baumgartlinger (20/0) [67.Veli Kavlak (16/0)], David Olatukunbo Alaba (18/0) [81.Yasin Pehlivan (15/0)], Andreas Ivanschitz (54/9) [74.Guido Burgstaller (2/0)], Zlatko Junuzović (18/2), Marc Janko (Cap) (26/11) [63.Patrick Bürger (1/0)]. Trainer: Marcel Koller (Switzerland, 3).
Goals: Zlatko Junuzović (3), Marko Arnautović (62, 89).

711. 05.06.2012 **AUSTRIA - ROMANIA** 0-0
Tivoli Stadion, Innsbruck; Referee: Danny Desmond Makkelie (Netherlands), Attendance: 12,500
AUT: Christian Gratzei (10/0), György Garics (26/1), Paul Scharner (40/0), Aleksandar Dragović (16/0), Markus Suttner (3/0), Veli Kavlak (17/0), David Olatukunbo Alaba (19/0) [88.Julian Baumgartlinger (21/0)], Marko Arnautović (19/7) [86.Yasin Pehlivan (16/0)], Zlatko Junuzović (19/2) [71.Andreas Ivanschitz (55/9)], Guido Burgstaller (3/0) [65.Marcel Sabitzer (1/0)], Marc Janko (Cap) (27/11) [46.Patrick Bürger (2/0)]. Trainer: Marcel Koller (Switzerland, 4).

712. 15.08.2012 **AUSTRIA - TURKEY** 2-0(2-0)
„Ernst Happel" Stadion, Wien; Referee: Jan Valášek (Slovakia); Attendance: 23,500
AUT: Robert Almer (3/0), György Garics (27/1), Emanuel Pogatetz (48/2), Sebastian Prödl (34/3), Markus Suttner (4/0), Veli Kavlak (18/1), Julian Baumgartlinger (22/0) [90.Yasin Pehlivan (17/0)], Andreas Ivanschitz (56/10) [62.Jakob Jantscher (10/1)], Zlatko Junuzović (20/2) [72.Christoph Leitgeb (28/0)], Christian Fuchs (Cap) (48/1) [84.Guido Burgstaller (4/0)], Martin Harnik (30/7) [72.Rubin Rafael Okotie (5/0)]. Trainer: Marcel Koller (Switzerland, 5).
Goals: Veli Kavlak (2), Andreas Ivanschitz (6 penalty).

713. 11.09.2012 **AUSTRIA - GERMANY** 1-2(0-1) 20th FIFA WC. Qualifiers
„Ernst Happel" Stadion, Wien; Referee: Björn Kuipers (Netherlands); Attendance: 47,000
AUT: Robert Almer (4/0), György Garics (28/1), Sebastian Prödl (35/3), Emanuel Pogatetz (49/2), Christian Fuchs (Cap) (49/1), Julian Baumgartlinger (23/0) [85.Marc Janko (28/11)], Veli Kavlak (19/1), Marko Arnautović (20/7), Zlatko Junuzović (21/3), Andreas Ivanschitz (57/10) [75.Jakob Jantscher (11/1)], Martin Harnik (31/7) [55.Guido Burgstaller (5/0)]. Trainer: Marcel Koller (Switzerland, 6).
Goal: Zlatko Junuzović (57).

714. 12.10.2012 **KAZAKHSTAN - AUSTRIA** 0-0 20th FIFA WC. Qualifiers
Astana Arena, Astana; Referee: Tamás Bognár (Hungary); Attendance: 10,000
AUT: Robert Almer (5/0), György Garics (29/1), Sebastian Prödl (36/3), Emanuel Pogatetz (50/2), Christian Fuchs (Cap) (50/1), Julian Baumgartlinger (24/0) [63.Marc Janko (29/11)], Veli Kavlak (20/1), Marko Arnautović (21/7), Zlatko Junuzović (22/3), Andreas Ivanschitz (58/10) [73.Jakob Jantscher (12/1)], Martin Harnik (32/7) [84.Andreas Weimann (1/0)]. Trainer: Marcel Koller (Switzerland, 7).

715. 16.10.2012 **AUSTRIA - KAZAKHSTAN** 4-0(1-0) 20th FIFA WC. Qualifiers
„Ernst Happel" Stadion, Wien; Referee: Jakob Kehlet (Denmark); Attendance: 43,000
AUT: Robert Almer (6/0), Florian Klein (12/0), Sebastian Prödl (37/3) [59.Aleksandar Dragović (17/0)], Emanuel Pogatetz (51/2), Christian Fuchs (Cap) (51/1), Veli Kavlak (21/1), David Olatukunbo Alaba (20/1) [80.Christoph Leitgeb (29/0)], Martin Harnik (33/8), Zlatko Junuzović (23/3), Marko Arnautović (22/7), Marc Janko (30/13) [80.Jakob Jantscher (13/1)]. Trainer: Marcel Koller (Switzerland, 8).
Goals: Marc Janko (24, 63), David Olatukunbo Alaba (71), Martin Harnik (90+3).

716. 14.11.2012 **AUSTRIA – IVORY COAST** 0-3(0-1)
Stadion der Stadt Linz, Linz; Referee: Pavel Kralovec (Czech Republic); Attendance: 13,832
AUT: Heinz Lindner (2/0), György Garics (30/1) [46.Florian Klein (13/0)], Emanuel Pogatetz (52/2) [46.Sebastian Prödl (38/3)], Aleksandar Dragović (18/0), Markus Suttner (5/0), Christoph Leitgeb (30/0) [46.Julian Baumgartlinger (25/0)], David Olatukunbo Alaba (21/1) [58.Veli Kavlak (22/1)], Marko Arnautović (23/7), Andreas Ivanschitz (59/10) [64.Andreas Weimann (2/0)], Jakob Jantscher (14/1) [76.Martin Harnik (34/8)], Marc Janko (Cap) (31/13). Trainer: Marcel Koller (Switzerland, 9).

717. 06.02.2013 **WALES - AUSTRIA** 2-1(1-0)
Liberty Stadium, Swansea; Referee: Menashe Masiah (Israel); Attendance: 8,000
AUT: Robert Almer (7/0), Florian Klein (14/0), Sebastian Prödl (39/3), Emanuel Pogatetz (53/2), Markus Suttner (6/0) [88.Franz Schiemer (24/4)], Veli Kavlak (23/1) [76.Christoph Leitgeb (31/0)], David Olatukunbo Alaba (22/1), Andreas Weimann (3/0) [62.Jakob Jantscher (15/1)], Andreas Ivanschitz (60/10) [62.Zlatko Junuzović (24/3)], Marko Arnautović (24/7), Marc Janko (Cap) (32/14). Trainer: Marcel Koller (Switzerland, 10).
Goal: Marc Janko (75).

718. 22.03.2013 **AUSTRIA – FAROE ISLANDS** 6-0(3-0) 20th FIFA WC. Qualifiers
„Ernst Happel" Stadion, Wien; Referee: Oleksandr Derdov (Ukraine); Attendance: 24,200
AUT: Heinz Lindner (3/0), György Garics (31/2), Aleksandar Dragović (19/0), Emanuel Pogatetz (54/2), Christian Fuchs (Cap) (52/1) [72.Markus Suttner (7/0)], Veli Kavlak (24/1) [56.Christoph Leitgeb (32/0)], David Olatukunbo Alaba (23/2), Marko Arnautović (25/7), Andreas Ivanschitz (61/11) [63.Andreas Weimann (4/0)], Zlatko Junuzović (25/4), Philipp Hosiner (2/2). Trainer: Marcel Koller (Switzerland, 11).
Goals: Philipp Hosiner (8, 20), Andreas Ivanschitz (28), Zlatko Junuzović (77), David Olatukunbo Alaba (78), György Garics (82).

719. 26.03.2013 **REPUBLIC OF IRELAND - AUSTRIA** 2-2(2-1) 20th FIFA WC. Qualifiers
Aviva Stadium, Dublin; Referee: Marijo Strahonja (Croatia); Attendance: 36,100
AUT: Heinz Lindner (4/0), György Garics (32/2), Aleksandar Dragović (20/0), Emanuel Pogatetz (55/2), Christian Fuchs (Cap) (53/1), Veli Kavlak (25/1) [69.Andreas Weimann (5/0)], David Olatukunbo Alaba (24/3), Martin Harnik (35/9), Zlatko Junuzović (26/4) [27.Julian Baumgartlinger (26/0)], Marko Arnautović (26/7), Philipp Hosiner (3/2) [62.Marc Janko (33/14)]. Trainer: Marcel Koller (Switzerland, 12).
Goals: Martin Harnik (11), David Olatukunbo Alaba (90+2).

720. 07.06.2013 **AUSTRIA - SWEDEN** 2-1(2-0) 20th FIFA WC. Qualifiers
„Ernst Happel" Stadion, Wien; Referee: Gianluca Rocchi (Italy); Attendance: 48,500
AUT: Robert Almer (8/0), György Garics (33/2), Aleksandar Dragović (21/0), Emanuel Pogatetz (56/2) [28.Sebastian Prödl (40/3)], Christian Fuchs (Cap) (54/1), David Olatukunbo Alaba (25/4), Julian Baumgartlinger (27/0), Martin Harnik (36/9), Zlatko Junuzović (27/4) [75.Franz Schiemer (25/4)], Marko Arnautović (27/7), Marc Janko (34/15) [46.Andreas Weimann (6/0)]. Trainer: Marcel Koller (Switzerland, 13).
Goals: David Olatukunbo Alaba (26 penalty), Marc Janko (32).

721. 14.08.2014 **AUSTRIA - GREECE** 0-2(0-1)
Bullen-Arena, Wals-Siezenheim, Salzburg; Referee: Richard Trutz (Slovakia); Attendance: 23,400
AUT: Robert Almer (9/0), György Garics (34/2), Aleksandar Dragović (22/0), Emanuel Pogatetz (57/2) [46.Sebastian Prödl (41/3)], Christian Fuchs (Cap) (55/1) [74.Markus Suttner (8/0)], Julian Baumgartlinger (28/0) [46.Christoph Leitgeb (33/0)], David Olatukunbo Alaba (26/4) [74.Philipp Hosiner (4/2)], Martin Harnik (37/9) [46.Andreas Ivanschitz (62/11)], Zlatko Junuzović (28/4), Marko Arnautović (28/7) [65.Jakob Jantscher (16/1)], Andreas Weimann (7/0). Trainer: Marcel Koller (Switzerland, 14).

722. 06.09.2013 **GERMANY - AUSTRIA** 3-0(1-0) 20th FIFA WC. Qualifiers
Allianz-Arena, München; Referee: Milorad Mazić (Serbia); Attendance: 68,000
AUT: Robert Almer (10/0), György Garics (35/2) [78.Florian Klein (15/0)], Aleksandar Dragović (23/0), Emanuel Pogatetz (58/2), Christian Fuchs (Cap) (56/1), Veli Kavlak (26/1), David Olatukunbo Alaba (27/4), Martin Harnik (38/9), Andreas Ivanschitz (63/11) [67.Guido Burgstaller (6/0)], Marko Arnautović (29/7) [67.Marcel Sabitzer (2/0)], Andreas Weimann (8/0). Trainer: Marcel Koller (Switzerland, 15).

723. 10.09.2013 **AUSTRIA – REPUBLIC OF IRELAND** 1-0(0-0) 20th FIFA WC. Qualifiers
„Ernst Happel" Stadion, Wien; Referee: Olegário Manuel Bártolo Faustino Benquerença (Portugal); Attendance: 48,500
AUT: Robert Almer (11/0), György Garics (36/2), Aleksandar Dragović (24/0), Sebastian Prödl (42/3), Christian Fuchs (Cap) (57/1), Julian Baumgartlinger (29/0), Veli Kavlak (27/1) [46.Christoph Leitgeb (34/0)], Martin Harnik (39/9), David Olatukunbo Alaba (28/5), Guido Burgstaller (7/0) [61.Marko Arnautović (30/7)], Andreas Weimann (9/0) [73.Marc Janko (35/15)]. Trainer: Marcel Koller (Switzerland, 16).
Goal: David Olatukunbo Alaba (84).

724. 11.10.2013 **SWEDEN - AUSTRIA** 2-1(0-1) 20th FIFA WC. Qualifiers
Friends Arena, Stockholm; Referee: Cüneyt Çakır (Turkey); Attendance: 49,400
AUT: Robert Almer (12/0), György Garics (37/2), Sebastian Prödl (43/3), Emanuel Pogatetz (59/2), Christian Fuchs (Cap) (58/1), Aleksandar Dragović (25/0), Martin Harnik (40/10) [74.Andreas Weimann (10/0)], Zlatko Junuzović (29/4) [64.Christoph Leitgeb (35/0)], David Olatukunbo Alaba (29/5), Marko Arnautović (31/7) [*sent off 90*], Marc Janko (36/15) [80.Andreas Ivanschitz (64/11)]. Trainer: Marcel Koller (Switzerland, 17).
Goal: Martin Harnik (29).

725. 15.10.2013 **FAROE ISLANDS - AUSTRIA** 0-3(0-1) 20th FIFA WC. Qualifiers
Torsvöllur Stadium, Torshavn; Referee: Liran Liany (Israel); Attendance: 3,000
AUT: Heinz Lindner (5/0), Florian Klein (16/0), Sebastian Prödl (44/4) [80.Manuel Ortlechner (9/0)], Emanuel Pogatetz (60/2), Christian Fuchs (Cap) (59/1) [71.Markus Suttner (9/0)], Aleksandar Dragović (26/0), Martin Harnik (41/10) [70.Marcel Sabitzer (3/0)], Veli Kavlak (28/1), David Olatukunbo Alaba (30/6), Andreas Ivanschitz (65/12), Philipp Hosiner (5/2). Trainer: Marcel Koller (Switzerland, 18).
Goals: Andreas Ivanschitz (16), Sebastian Prödl (64), David Olatukunbo Alaba (67 penalty).

726. 19.11.2013 **AUSTRIA - UNITED STATES** 1-0(1-0)
„Ernst Happel" Stadion, Wien; Referee: István Vad II (Hungary); Attendance: 20,200
AUT: Robert Almer (13/0), Christian Fuchs (Cap) (60/1), György Garics (38/2), Aleksandar Dragović (27/0), David Olatukunbo Alaba (31/6) [72.Andreas Ivanschitz (66/12)], Martin Hinteregger (1/0), Christoph Leitgeb (36/0) [90+2.Kevin Wimmer (1/0)], Martin Harnik (42/10) [81.Florian Klein (17/0)], Marc Janko (37/16) [68.Veli Kavlak (29/1)], Marko Arnautović (32/7) [80.Markus Suttner (10/0)], Lukas Hinterseer (1/0) [85.Philipp Zulechner (1/0)]. Trainer: Marcel Koller (Switzerland, 19).
Goal: Marc Janko (33).

727. 05.03.2014 **AUSTRIA - URUGUAY** 1-1(1-0)
Wörthersee Stadion, Klagenfurt; Referee: Deniz Aytekin (Germany); Attendance: 22,000
AUT: Robert Almer (14/0) [46.Heinz Lindner (6/0)], György Garics (39/2) [17.Florian Klein (18/0)], Markus Suttner (11/0), Aleksandar Dragović (28/0), David Olatukunbo Alaba (32/6), Martin Hinteregger (2/0), Zlatko Junuzović (30/4) [68.Lukas Hinterseer (2/0)], Christoph Leitgeb (37/0) [71.Veli Kavlak (30/1)], Martin Harnik (43/10) [46.Andreas Ivanschitz (67/12)], Marc Janko (Cap) (38/17), Marko Arnautović (33/7) [81.Marcel Sabitzer (4/0)]. Trainer: Marcel Koller (Switzerland, 20).
Goal: Marc Janko (14).

728. 30.05.2014 **AUSTRIA - ICELAND** 1-1(1-0)
Tivoli Neu Stadion, Innsbruck; Referee: Matej Jug (Slovenia); Attendance: 13,800
AUT: Heinz Lindner (7/0) [46.Ramazan Özcan (2/0)], Florian Klein (19/0), Markus Suttner (12/0), Aleksandar Dragović (29/0), Martin Hinteregger (3/0), Zlatko Junuzović (31/4) [86.Julian Baumgartlinger (30/0)], Stefan Ilsanker (1/0), Christoph Leitgeb (38/0) [60.Lukas Hinterseer (3/0)], Marc Janko (Cap) (39/17) [61.Andreas Weimann (11/0)], Marko Arnautović (34/7) [75.Valentino Lazaro (1/0)], Marcel Sabitzer (5/1) [88.Andreas Ivanschitz (68/12)]. Trainer: Marcel Koller (Switzerland, 21).
Goal: Marcel Sabitzer (28).

729. 03.06.2014 **CZECH REPUBLIC - AUSTRIA** 1-2(1-1)
Andrův stadion, Olomouc; Referee: Paulus Hendrikus Martinus "Pol" van Boekel (Netherlands); Attendance: 10,653
AUT: Robert Almer (15/0), Emanuel Pogatetz (61/2), Sebastian Prödl (45/4), György Garics (40/2), Markus Suttner (13/0), Zlatko Junuzović (32/4) [46.Julian Baumgartlinger (31/1)], Stefan Ilsanker (2/0) [89.Aleksandar Dragović (30/0)], Andreas Ivanschitz (Cap) (69/12) [63.Michael Liendl (1/0)], Marko Arnautović (35/7) [74.Florian Klein (20/0)], Andreas Weimann (12/0) [63.Marc Janko (40/17)], Marcel Sabitzer (6/2) [85.Valentino Lazaro (2/0)]. Trainer: Marcel Koller (Switzerland, 22).
Goals: Marcel Sabitzer (34), Julian Baumgartlinger (72).

730. 08.09.2014 **AUSTRIA - SWEDEN** 1-1(1-1) 15th EC. Qualifiers
„Ernst Happel" Stadion, Wien; Referee: Pavel Královec (Czech Republic); Attendance: 48,500
AUT: Robert Almer (16/0), Florian Klein (21/0), Christian Fuchs (Cap) (61/1), Aleksandar Dragović (31/0), David Olatukunbo Alaba (33/7), Martin Hinteregger (4/0), Zlatko Junuzović (33/4) [77.Christoph Leitgeb (39/0)], Julian Baumgartlinger (32/1), Martin Harnik (44/10) [86.Valentino Lazaro (3/0)], Marc Janko (41/17) [69.Rubin Rafael Okotie (6/0)], Marko Arnautović (36/7). Trainer: Marcel Koller (Switzerland, 23).
Goal: David Olatukunbo Alaba (7 penalty).

731. 09.10.2014 **MOLDOVA - AUSTRIA** 1-2(1-1) 15th EC. Qualifiers
Stadionul Zimbru, Chișinău; Referee: Manuel Jorge Neves Moreira de Sousa (Portugal); Attendance: 9,381
AUT: Robert Almer (17/0), Florian Klein (22/0), Sebastian Prödl (46/4), Christian Fuchs (Cap) (62/1), Aleksandar Dragović (32/0), David Olatukunbo Alaba (34/8), Zlatko Junuzović (34/4) [86.Stefan Ilsanker (3/0)], Julian Baumgartlinger (33/1), Marc Janko (42/18) [*sent off 82*], Marko Arnautović (37/7) [79.Christoph Leitgeb (40/0)], Marcel Sabitzer (7/2) [46.Martin Harnik (45/10)]. Trainer: Marcel Koller (Switzerland, 24).
Goals: David Olatukunbo Alaba (11 penalty), Marc Janko (51).

732. 12.10.2014 **AUSTRIA - MONTENEGRO** 1-0(1-0) 15th EC. Qualifiers
„Ernst Happel" Stadion, Wien; Referee: Hendrikus Sebastiaan "Bas" Nijhuis (Netherlands); Attendance: 44,200
AUT: Robert Almer (18/0), Florian Klein (23/0), Christian Fuchs (Cap) (63/1), Aleksandar Dragović (33/0), David Olatukunbo Alaba (35/8), Martin Hinteregger (5/0), Zlatko Junuzović (35/4) [77.Stefan Ilsanker (4/0)], Julian Baumgartlinger (34/1), Martin Harnik (46/10), Rubin Rafael Okotie (7/1) [83.Valentino Lazaro (4/0)], Marko Arnautović (38/7) [63.Lukas Hinterseer (4/0)]. Trainer: Marcel Koller (Switzerland, 25).
Goal: Rubin Rafael Okotie (24).

733. 15.11.2014 **AUSTRIA - RUSSIA** 1-0(0-0) 15th EC. Qualifiers
„Ernst Happel" Stadion, Wien; Referee: Martin Atkinson (England); Attendance: 47,500
AUT: Robert Almer (19/0), Florian Klein (24/0), Christian Fuchs (Cap) (64/1), Aleksandar Dragović (34/0) [86.Sebastian Prödl (47/4)], Martin Hinteregger (6/0), Zlatko Junuzović (36/4), Stefan Ilsanker (5/0), Christoph Leitgeb (41/0), Martin Harnik (47/10), Marc Janko (43/18) [59.Rubin Rafael Okotie (8/2)], Marko Arnautović (39/7) [90+2.Marcel Sabitzer (8/2)]. Trainer: Marcel Koller (Switzerland, 26).
Goal: Rubin Rafael Okotie (73).

734. 18.11.2014 **AUSTRIA - BRAZIL** 1-2(0-0)
„Ernst Happel" Stadion, Wien; Referee: William Collum (Scotland); Attendance: 48,500
AUT: Robert Almer (20/0) [46.Ramazan Özcan (3/0)], Florian Klein (25/0), Christian Fuchs (Cap) (65/1), Aleksandar Dragović (35/1), Martin Hinteregger (7/0), Veli Kavlak (31/1), Zlatko Junuzović (37/4) [72.Andreas Weimann (13/0)], Stefan Ilsanker (6/0), Martin Harnik (48/10) [88.Sebastian Prödl (48/4)], Rubin Rafael Okotie (9/2) [53.Marcel Sabitzer (9/2)], Marko Arnautović (40/7) [77.Andreas Ulmer (3/0)]. Trainer: Marcel Koller (Switzerland, 27).
Goal: Aleksandar Dragović (75 penalty).

735. 27.03.2015 **LIECHTENSTEIN - AUSTRIA** 0-5(0-2) 15th EC. Qualifiers
Rheinpark Stadion, Vaduz; Referee: Felix Zwayer (Germany); Attendance: 5,864
AUT: Robert Almer (21/0), Florian Klein (26/0), Christian Fuchs (Cap) (66/1), Aleksandar Dragović (36/1), David Olatukunbo Alaba (36/9), Martin Hinteregger (8/0), Zlatko Junuzović (38/5) [82.Lukas Hinterseer (5/0)], Julian Baumgartlinger (35/1), Martin Harnik (49/11) [73.Marcel Sabitzer (10/2)], Marc Janko (44/19) [76.Marco Djuricin (1/0)], Marko Arnautović (41/8). Trainer: Marcel Koller (Switzerland, 28).
Goals: Martin Harnik (14), Marc Janko (16), David Olatukunbo Alaba (58), Zlatko Junuzović (74), Marko Arnautović (90+3).

736. 31.03.2015 **AUSTRIA - BOSNIA AND HERZEGOVINA** 1-1(1-0)
„Ernst Happel" Stadion, Wien; Referee: Libor Kovařík (Czech Republic); Attendance: 48,500
AUT: Ramazan Özcan (4/0), Florian Klein (27/0), Markus Suttner (14/0), Aleksandar Dragović (37/1), David Olatukunbo Alaba (37/9) [46.Stefan Ilsanker (7/0)], Kevin Wimmer (2/0), Zlatko Junuzović (39/5) [79.Lukas Hinterseer (6/0)], Julian Baumgartlinger (36/1) [62.Sebastian Prödl (49/4)], Marc Janko (Cap) (45/20) [46.Marco Djuricin (2/0)], Marko Arnautović (42/8) [62.Martin Harnik (50/11)], Marcel Sabitzer (11/2) [89.Andreas Weimann (14/0)]. Trainer: Marcel Koller (Switzerland, 29).
Goal: Marc Janko (35).

737. 14.06.2015 **RUSSIA - AUSTRIA** 0-1(0-1) 15th EC. Qualifiers
Otkrytie Arena, Moskva; Referee: Milorad Mažić (Serbia); Attendance: 33,750
AUT: Robert Almer (22/0), Florian Klein (28/0), Christian Fuchs (Cap) (67/1), Aleksandar Dragović (38/1), Martin Hinteregger (9/0), Zlatko Junuzović (40/5) [86.Sebastian Prödl (50/4)], Julian Baumgartlinger (37/1), Stefan Ilsanker (8/0), Martin Harnik (51/11) [65.Marcel Sabitzer (12/2)], Marc Janko (46/21) [75.Rubin Rafael Okotie (10/2)], Marko Arnautović (43/8). Trainer: Marcel Koller (Switzerland, 30).
Goal: Marc Janko (33).

738. 05.09.2015 **AUSTRIA - MOLDOVA** 1-0(0-0) 15th EC. Qualifiers
„Ernst Happel" Stadion, Wien; Referee: Aleksandar Stavrev (Macedonia); Attendance: 48,500
AUT: Robert Almer (23/0), Florian Klein (29/0), Sebastian Prödl (51/4), Christian Fuchs (Cap) (68/1), Aleksandar Dragović (39/1), David Olatukunbo Alaba (38/9) [90+2.Stefan Ilsanker (9/0)], Zlatko Junuzović (41/6), Julian Baumgartlinger (38/1), Martin Harnik (52/11) [76.Jakob Jantscher (17/1)], Marc Janko (47/21) [84.Rubin Rafael Okotie (11/2)], Marko Arnautović (44/8). Trainer: Marcel Koller (Switzerland, 31).
Goal: Zlatko Junuzović (52).

739. 08.09.2015 **SWEDEN - AUSTRIA** 1-4(0-2) 15th EC. Qualifiers
Friends Arena, Stockholm; Referee: Carlos Velasco Carballo (Spain); Attendance: 48,355
AUT: Robert Almer (24/0), Florian Klein (30/0), Sebastian Prödl (52/4), Christian Fuchs (Cap) (69/1), Aleksandar Dragović (40/1), David Olatukunbo Alaba (39/10), Zlatko Junuzović (42/6) [80.Marcel Sabitzer (13/2)], Julian Baumgartlinger (39/1), Martin Harnik (53/13), Marc Janko (48/22) [84.Stefan Ilsanker (10/0)], Marko Arnautović (45/8) [88.Jakob Jantscher (18/1)]. Trainer: Marcel Koller (Switzerland, 32).
Goals: David Olatukunbo Alaba (9 penalty), Martin Harnik (38), Marc Janko (76), Martin Harnik (88).

740. 09.10.2015 **MONTENEGRO - AUSTRIA** 2-3(1-0) 15th EC. Qualifiers
Stadion Pod Goricom, Podgorica; Referee: Daniele Orsato (Italy); Attendance: 11,000
AUT: Robert Almer (25/0), Florian Klein (31/0), Sebastian Prödl (53/4), Christian Fuchs (Cap) (70/1), Aleksandar Dragović (41/1), David Olatukunbo Alaba (40/10) [82.Marcel Sabitzer (14/3)], Zlatko Junuzović (43/6) [82.Jakob Jantscher (19/1)], Julian Baumgartlinger (40/1), Martin Harnik (54/13), Marc Janko (49/23) [82.Rubin Rafael Okotie (12/2)], Marko Arnautović (46/9). Trainer: Marcel Koller (Switzerland, 33).
Goals: Marc Janko (55), Marko Arnautović (81), Marcel Sabitzer (90+2).

741. 12.10.2015 **AUSTRIA - LIECHTENSTEIN** 3-0(1-0) 15th EC. Qualifiers
„Ernst Happel" Stadion, Wien; Referee: Miroslav Zelinka (Czech Republic); Attendance: 44,200
AUT: Robert Almer (26/0), Florian Klein (32/0), Sebastian Prödl (54/4), Christian Fuchs (Cap) (71/1), Aleksandar Dragović (42/1), David Olatukunbo Alaba (41/10) [65.Marcel Sabitzer (15/3)], Zlatko Junuzović (44/6), Julian Baumgartlinger (41/1) [71.Stefan Ilsanker (11/0)], Martin Harnik (55/13), Marc Janko (50/25) [64.Rubin Rafael Okotie (13/2)], Marko Arnautović (47/10). Trainer: Marcel Koller (Switzerland, 34).
Goals: Marko Arnautović (12), Marc Janko (54, 57).

742. 17.11.2015 **AUSTRIA - SWITZERLAND** 1-2(1-2)
„Ernst Happel" Stadion, Wien; Referee: Manuel Gräfe (Germany); Attendance: 27,800
AUT: Ramazan Özcan (5/0), Florian Klein (33/0), Sebastian Prödl (55/4) [3.Martin Hinteregger (10/0)], Christian Fuchs (Cap) (72/1), Aleksandar Dragović (43/1), David Olatukunbo Alaba (42/11), Jakob Jantscher (20/1) [58.Karim Onisiwo (1/0)], Julian Baumgartlinger (42/1) [82.Florian Kainz (1/0)], Marcel Sabitzer (16/3) [46.Stefan Ilsanker (12/0)], Rubin Rafael Okotie (14/2) [66.Lukas Hinterseer (7/0)], Marko Arnautović (48/10). Trainer: Marcel Koller (Switzerland, 35).
Goal: David Olatukunbo Alaba (14).

INTERNATIONAL PLAYERS

FG/Nr	Name	DOB	Caps	Goals	Period, Club
(37/131)	ACHATZY Karl		2	0	1914, Wiener Sport-Club (2/0).
(147/300)	ADAMEK Karl	23.07.1911	8	0	1932-1937, FK Austria Wien (8/0).
(132/285)	ADELBRECHT Josef	08.01.1910	3	1	1930-1933, First Vienna FC (3/1).
(506/634)	AIGNER Ernst	31.10.1966	11	0	1989-1990, FC Admira/Wacker Wien (1/0), FK Austria Wien (10/0).
(554/671)	AIGNER Franz	14.09.1967	6	1	1994-1997, SV Casino Salzburg (4/1), SV Salzburg (2/0).
(82/214)	AIGNER Rudolf		13	0	1924-1926, 1.Simmeringer SC Wien (13/0).
(621/724)	AKAGÜNDÜZ Muhammet	11.01.1978	10	1	2002-2006, SV Ried (3/1), SK Rapid Wien (2/0), Kayserispor Spor Kulübü (4/0), Hellas Verona FC (1/0).
(689/792)	ALABA David Olatukunbo	24.06.1992	42	11	2009-2015, FC Bayern München (5/0), TSG 1899 Hoffenheim (5/0), FC Bayern München (32/11).
(708/802)	ALMER Robert	20.03.1984	26	0	2011-2015, TSV Fortuna Düsseldorf (8/0), FC Energie Cottbus (7/0), Hannover'96 (7/0), FK Austria Wien (4/0).
(581/688)	AMERHAUSER Martin	23.07.1974	12	3	1998-2005, SV Salzburg (6/2), Grazer AK (5/1), Liebherr Grazer AK (1/0).
(10/065)	ANDRES Johann	17.06.1887	6	2	1908-1912, Wiener AC (5/2), Wiener AF (1/0).
(183/334)	ANDRITZ Karl	13.05.1914	3	0	1936-1937, FK Austria Wien (3/0).
(375/532)	ANTRICH Adolf	08.12.1940	2	0	1971, SK Rapid Wien (2/0).
(679/777)	ARNAUTOVIC Marko	19.04.1989	48	10	2008-2015, FC Twente Enschede (5/0), SV Werder Bremen (23/7), Stoke City FC (20/3).
(493/621)	ARTNER Peter	20.05.1966	55	1	1987-1996, FC Admira/Wacker Wien (43/1), Casino Salzburg (12/0).
(634/739)	ARZBERGER Heinz Dieter	27.08.1972	1	0	2004, SV Salzburg (1/0).
(659/766)	ATAN Cem	30.06.1985	2	0	2007, SV Mattersburg (2/0).
(616/712)	AUFHAUSER René	21.06.1976	58	12	2002-2008, Grazer AK (25/3), FC Red Bull Salzburg (33/9).
(212/375)	AUREDNIK Lukas	20.02.1918	14	3	1948-1950, FK Austria Wien (14/3).
(62/185)	BAAR Johann	1895	1	0	1920, Wiener Sport-Club (1/0).
(392/541)	BACHER Franz	02.05.1954	1	0	1974, SV Austria Salzburg (1/0).
(595/693)	BARISIC Zoran	22.05.1970	1	0	1999, FC Tirol Innsbruck (1/0).
(248/402)	BARSCHANDT Leopold	12.08.1925	23	0	1954-1960, Wiener Sport-Club (23/0).
(31/117)	BAUER Eduard		23	13	1912-1921, SK Rapid Wien (23/13).
(422/571)	BAUMEISTER Ernst	22.01.1957	39	1	1978-1988, FK Austria Wien (31/1), FC Admira/Wacker Wien (8/0).
(687/789)	BAUMGARTLINGER Julian	02.01.1988	42	1	2009-2015, FK Austria Wien (13/0), 1.FSV Mainz 05 (29/1).
(87/225)	BAUMGARTNER Franz		1	0	1924, 1.Simmeringer SC Wien (1/0).
(419/568)	BAUMGARTNER Hubert	25.02.1955	1	0	1978, FK Austria Wien (1/0).
(517/638)	BAUR Michael	16.04.1969	40	5	1990-2002, FC Tirol Innsbruck (36/5), Hamburger SV (4/0).
(9/056)	BECK Karl		9	0	1907-1918, SC Rudolfshügel Wien (1/0), Wiener Sport-Club (4/0), SC Rudolfshügel Wien (4/0).
(61/182)	BEER Richard	03.01.1897	11	0	1920-1925, Wiener Sport-Club (11/0).
(683/785)	BEICHLER Daniel	13.10.1988	5	0	2009-2010, SK Puntigamer Sturm Graz (5/0).
(295/440)	BERTALAN Josef	29.09.1934	1	0	1960, SK Rapid Wien (1/0).
(158/313)	BICAN Josef	25.09.1913	19	14	1933-1936, SK Rapid Wien (10/6), Admira Wien (9/8).
(205/372)	BICHLER August	09.03.1920	1	0	1947, Wiener Sport-Club (1/0).
(54/165)	BIEGLER Franz		1	0	1918, Floridsdorfer AC Wien (1/0).
(19/093)	BIELOHLAVEK Heinrich		1	0	1910, SC Rudolfshügel Wien (1/0).
(115/261)	BILEK Anton	20.11.1903	2	0	1927-1928, Wiener AC (2/0).
(155/307)	BINDER Franz "Bimbo"	01.12.1911	19	16	1933-1947, SK Rapid Wien (19/16).
(326/471)	BINDER Heinz	29.01.1943	9	0	1964-1966, FK Austria Wien (9/0).
(27/111)	BLAHA Gustav		1	0	1912, SK Rapid Wien (1/0).
(1/005)	BLÄSSY Rudolf		1	0	1902, Graphia Wien (1/0).
(63/187)	BLUM Josef	04.02.1898	51	3	1920-1932, First Vienna FC (51/3).
(37/130)	BODE Leopold		2	0	1914, Wiener AF (2/0).
(193/342)	BORTOLI Karl	04.10.1912	7	0	1945-1947, First Vienna FC (7/0).
(30/113)	BRANDSTÄTTER Friedrich		1	0	1912, SK Rapid Wien (1/0).
(25/109)	BRANDSTÄTTER Josef	07.11.1891	42	2	1912-1924, SK Rapid Wien (40/2).
(59/174)	BRANDWEINER Johann	24.09.1894	2	0	1919, SV Amateure Wien (2/0).
(118/273)	BRAUN Georg	22.02.1907	13	1	1928-1935, Wiener AC (13/1).
(455/590)	BRAUNEDER Karl	13.03.1960	19	1	1982-1988, SK Rapid Wien (19/1).
(24/108)	BRAUNSTEINER (I) Karl	27.10.1891	8	0	1912-1914, Wiener Sport-Club (8/0).
(71/195)	BRAZDA Erwin		1	0	1922, SC Rudolfshügel Wien (1/0).
(338/489)	BREIBERT Michael	11.01.1941	2	0	1966, Admira Wien (2/0).
(410/565)	BREITENBERGER Gerhard	14.10.1954	15	0	1976-1978, VOEST Linz (15/0).
(109/251)	BRINEK (I) Theodor	08.08.1898	1	0	1927, SC Wacker Wien (1/0).
(200/364)	BRINEK (II) Theodor	09.05.1921	17	2	1946-1953, SC Wacker Wien (16/2).
(130/284)	BROSENBAUER Anton	11.04.1909	4	0	1930-1933, First Vienna FC (4/0).
(176/330)	BROUSEK Ludwig	20.03.1908	1	0	1935, FC Libertas Wien (1/0).
(259/407)	BROUSEK Richard	12.01.1931	4	1	1955, SC Wacker Wien (4/1).
(602/704)	BRUNMAYR Ronald	17.02.1975	8	1	2000-2003, Grazer AK (8/1).
(286/431)	BÜLLWATSCH Heinrich	01.01.1935	2	0	1958-1959, Wiener Sport-Club (2/0).
(710/806)	BÜRGER Patrick	27.06.1987	2	0	2012, SV Mattersburg (2/0).
(134/286)	BUGALA Josef	23.08.1908	2	0	1930-1931, SK Rapid Wien (2/0).
(5/032)	BUGNO Richard		1	1	1904, Vienna Cricket and FC Wien (1/1).
(709/804)	BURGSTALLER Guido	29.04.1989	7	0	2012-2013, SK Rapid Wien (7/0).
(263/414)	BUZEK Johann	22.05.1938	42	9	1955-1969, First Vienna FC (29/8), FK Austria Wien (11/1), Wiener Sport-Club (2/0).
(16/085)	CARGNELLI Clemens		1	0	1909, Germania Wien (1/0).
(105/245)	CART Karl	15.04.1906	2	0	1926-1928, 1.Simmeringer SC Wien (1/0), SC Wacker Wien (1/0).

(238/392)	CEJKA Friedrich	03.07.1928	1	1	1952, Admira Wien (1/1).
(335/486)	CEJKA Rudolf	16.03.1941	1	0	1965, First Vienna FC (1/0).
(543/662)	CERNY Harald	13.09.1973	47	4	1993-2004, Bayern München (4/0), FC Admira/Wacker Wien (3/0), FC Tirol Innsbruck (5/0), TSV 1860 München (35/4).
(404/560)	CERNY Wilhelm	31.01.1955	2	0	1976, FC Admira/Wacker Wien (2/0).
(117/265)	CHLOUPEK Josef	22.04.1908	2	0	1928-1931, Floridsdorfer AC Wien (2/0).
(35/127)	CHRENKA Gustav		6	0	1914-1924, Wiener AC (3/0), First Vienna FC (3/0).
(11/067)	CIMERA Robert	17.09.1887	10	1	1908-1915, DFC Praha (9/1), SK Rapid Wien (1/0).
(157/312)	CISAR Franz	28.11.1908	9	0	1933-1934, Wiener AC (9/0).
(367/523)	CLEMENT Peter	27.03.1946	2	0	1970, Wiener Sport-Club (2/0).
(70/194)	CUTTI (MOROCUTTI) Wilhelm		17	5	1922-1928, SV Amateure Wien (16/5), FK Austria Wien (1/0).
(134/287)	CZEJKA Leopold	14.11.1903	2	0	1930-1931, SK Rapid Wien (2/0).
(112/256)	CZERNICKY Franz	1902	1	0	1927, SK Slovan Wien (1/0).
(691/793)	DAĞ Ekrem Hayyam	05.12.1980	10	0	2010-2011, Beşiktaş JK Istanbul (10/0).
(83/217)	DANIS Leopold	17.04.1901	3	1	1924: 1.Simmeringer SC Wien (3/1).
(378/535)	DAXBACHER Karl	15.04.1953	6	0	1972-1976, FK Austria Wien (6/0).
(193/346)	DECKER Karl	05.11.1921	25	19	1945-1952, First Vienna FC (25/19).
(453/587)	DEGEORGI Josef	19.01.1960	30	1	1982-1990, FC Admira/Wacker Wien (7/1), FK Austria Wien (23/0).
(366/521)	DEMANTKE Johannes	17.05.1949	4	0	1970-1976, Admira Wien (2/0), FC Admira/Wacker Wien (2/0).
(39/137)	DESNOHLIDEK Anton		2	0	1915, ASV Hertha Wien (2/0).
(2/014)	DETTELMAIER Friedrich		3	0	1903-1904, Wiener AC (3/0).
(5/031)	DETTELMAIER Karl		1	0	1904, Wiener AC (1/0).
(43/146)	DEUTSCH Gustav		1	0	1916, Floridsdorfer AC Wien (1/0).
(43/145)	DEUTSCH Josef		3	0	1916-1919, Floridsdorfer AC Wien (3/0).
(702/797)	DIBON Christopher	02.11.1990	1	1	2011, FC Trenkwalder Admira Wacker Mödling (1/1).
(2/016)	DICK Johann		2	0	1903-1904, Deutscher Sportverein Wien (1/0), First Vienna FC (1/0).
(219/380)	DIENST Robert	01.03.1928	27	12	1949-1957, SK Rapid Wien (27/12).
(444/584)	DIHANICH Johann	24.10.1958	10	0	1980-1984, FK Austria Wien (8/0), Wacker Innsbruck (2/0).
(334/485)	DIRNBERGER Alfons	04.09.1941	3	0	1965-1966, FK Austria Wien (3/0).
(34/125)	DITTRICH Vinzenz "Gigerl"		16	1	1913-1923, SK Rapid Wien (16/1).
(735/816)	DJURICIN Marco	12.12.1992	2	0	2015, FC Red Bull Salzburg (2/0).
(10/061)	DLABAC Ladislaus		2	1	1908, Wiener AC (2/1).
(647/752)	DOBER Andreas	31.03.1986	3	0	2005-2006, SK Rapid Wien (3/0).
(623/729)	DOLLINGER Matthias	12.09.1979	6	0	2002-2005, DSV Leoben (1/0), Grazer AK (6/0).
(13/074)	DONHARDT Rudolf		1	0	1908, Wiener Sport-Club (1/0).
(169/315)	DONNENFELD Friedrich	15.03.1912	1	0	1934, SC Hakoah Wien (1/0).
(600/701)	DOSPEL Ernst	08.10.1976	19	0	2000-2005, FK Austria Wien (19/0).
(473/603)	DRABITS Alfred	06.04.1959	7	0	1984-1987, FK Austria Wien (7/0).
(684/786)	DRAGOVIĆ Aleksandar	06.03.1991	43	1	2009-2015, FK Austria Magna Wien (9/0), FC Basel (12/0), FK Dynamo Kyiv (23/1).
(688/790)	DRAZAN Christopher	02.10.1990	3	0	2009-2011, SK Rapid Wien (3/0).
(20/095)	DREXLER Franz		1	0	1910, First Vienna FC (1/0).
(147/301)	DRUCKER Leo	22.02.1903	1	0	1932, SC Hakoah Wien (1/0).
(7/043)	DÜNNMANN Friedrich		3	2	1906-1907, SK Rapid Wien (3/2).
(107/249)	DÜRSCHMIED Karl	04.11.1896	1	0	1926, Wiener AC (1/0).
(97/237)	DUMSER Franz	15.09.1903	2	1	1925-1926, 1.Simmeringer SC Wien (2/1).
(193/347)	DUREK Ludwig	27.01.1921	2	0	1945, FC Wien (2/0).
(172/321)	DURSPEKT Karl	23.11.1913	2	1	1935, Admira Wien (2/1).
(60/180)	ECKL Franz	11.01.1896	7	1	1919-1928, First Vienna FC (3/0), SK Slovan Wien (4/1).
(654/762)	EDER Hannes	05.09.1983	2	0	2006, FC Wacker Tirol Innsbruck (2/0).
(627/733)	EDER Thomas	25.12.1980	1	0	2003, SV Salzburg (1/0).
(623/726)	EHMANN Anton	17.12.1972	13	0	2002-2005, Grazer AK (13/0).
(39/141)	EHRLICH Johann		3	1	1915-1917, 1.Simmeringer SC Wien (3/1).
(345/499)	EIGENSTILLER Johann	17.06.1943	37	0	1967-1975, Wacker Innsbruck (37/0).
(247/401)	EIGENSTILLER Kurt	11.04.1928	1	0	1954, Grazer AK (1/0).
(1/002)	EIPELDAUER Wilhelm "Eipel"		4	0	1902-1908, First Vienna FC (4/0).
(357/510)	EISELE Alfred	26.04.1947	2	0	1969, SC Eisenstadt (2/0).
(7/046)	ENGEL (I) Karl		1	0	1906, Vienna Cricket and FC Wien (1/0).
(7/045)	ENGEL (II) Eduard		1	0	1906, Vienna Cricket and FC Wien (1/0).
(218/379)	ENGELMEIER Bruno	05.09.1927	10	0	1949-1958, First Vienna FC (9/0), Simmeringer SC Wien (1/0).
(196/357)	EPP Josef	01.03.1920	8	5	1946-1948, Wiener Sport-Club (8/5).
(155/308)	ERDL Franz	04.05.1911	3	1	1933-1936, First Vienna FC (3/1).
(651/759)	ERTL Johannes	13.11.1982	7	0	2006-2007, SK Puntigamer Sturm Graz (1/0), FK Austria Magna Wien (6/0).
(343/496)	ESCHELMÜLLER Roland	06.10.1943	2	0	1967, Wacker Innsbruck (2/0).
(353/508)	ETTMAYER Johann "Buffy"	23.07.1946	30	0	1968-1975, Wacker Innsbruck (21/0), VfB Stuttgart (7/0), Hamburger SV (2/0).
(134/288)	FACCO Leopold	10.11.1907	2	0	1930-1931, Admira Wien (2/0).
(343/495)	FAK Erich	10.03.1945	13	0	1967-1971, SK Rapid Wien (13/0).
(521/639)	FEIERSINGER Wolfgang	30.01.1965	46	0	1990-1999, SV Casino Salzburg (27/0), Borussia Dortmund (19/0).
(44/148)	FEIGL Ferdinand	1898	2	0	1916-1925, SC Wacker Wien (2/0).
(616/711)	FELDHOFER Ferdinand	23.10.1979	13	1	2002-2007, SK Rapid Wien (4/0), FC Wacker Tirol Innsbruck (9/1).
(5/030)	FELDMÜLLER Karl		1	0	1904, SK Rapid Wien (1/0).
(56/169)	FELLER Friedrich		2	0	1918, DFC Praha (2/0).
(377/533)	FENDLER (II) Robert	20.08.1947	1	0	1972, VOEST Linz (1/0).
(444/583)	FEURER Herbert	14.01.1954	7	0	1980-1982, SK Rapid Wien (7/0).
(308/451)	FIALA Ernst	23.02.1940	15	0	1962-1968, FK Austria Wien (15/0).
(50/158)	FICHTA Franz		1	0	1917, SK Slavia Praha (1/0).

(2/017)	FISCHER (I) Josef		4	0	1903-1905, Wiener AC (4/0).
(269/419)	FISCHER Oskar	14.07.1929	1	0	1956, FK Austria Wien (1/0).
(81/212)	FISCHER Otto	1901	7	0	1923-1928, First Vienna FC (6/0), SC Wacker Wien (1/0).
(192/340)	FISCHER Richard	27.01.1917	3	0	1937-1945, First Vienna FC (3/0).
(10/064)	FISCHERA Adolf	23.09.1888	15	8	1908-1923, Wiener AC (4/3), Wiener AF (11/5).
(11/068)	FISCHL Paul Dr.		3	0	1908-1910, DFC Praha (3/0).
(404/558)	FLEISCHMANN Gerhard	23.09.1947	1	0	1976, FC Admira/Wacker Wien (1/0).
(296/443)	FLÖGEL Rudolf	13.12.1939	40	6	1960-1969, SK Rapid Wien (40/6).
(534/655)	FLÖGEL Thomas	07.06.1971	37	3	1992-2003, FK Austria Wien (9/0), Heart of Midlothian Edinburgh (15/3), FK Austria Wien (13/0).
(19/091)	FLOR Otto		1	0	1910, SC Rudolfshügel Wien (1/0).
(268/418)	FORETH Josef	24.02.1925	3	0	1956, SC Wacker Wien (3/0).
(320/466)	FRANK Johann	14.05.1938	7	0	1963-1967, 1.Schwechater SC (6/0), FK Austria Wien (1/0).
(107/248)	FRANZL Friedrich	06.03.1905	15	0	1926-1931, Admira Wien (15/0).
(302/448)	FRAYDL Gernot	10.12.1939	27	0	1961-1970, Grazer AK (2/0), FK Austria Wien (19/0), Wacker Innsbruck (4/0), Hertha BSC Berlin (1/0), TSV München 1860 (1/0).
(90/229)	FRIED Richard	01.02.1899	1	0	1924, SC Hakoah Wien (1/0).
(490/618)	FRIND Robert	02.12.1963	5	0	1987-1988, FK Austria Wien (5/0).
(60/179)	FRITHUM Ferdinand		1	0	1919, First Vienna FC (1/0).
(334/484)	FRITSCH Anton	10.07.1945	9	2	1965-1968, SK Rapid Wien (9/2).
(339/491)	FRÖHLICH Karl	15.04.1944	8	0	1966-1968, FK Austria Wien (8/0).
(121/277)	FRÜHWIRTH Josef	29.05.1907	1	0	1928, SK Rapid Wien (1/0).
(650/758)	FUCHS Christian	07.04.1986	72	1	2006-2015, SV Mattersburg (18/0), VfL Bochum (13/0), 1.FSV Mainz 05 (10/1), FC Schalke 04 Gelsenkirchen (26/0), Leicester City FC (5/0).
(62/184)	FUCHS Otto	15.02.1893	3	0	1920-1921, SV Amateure Wien (3/0).
(183/336)	FUCHSBERGER Franz	28.09.1910	1	0	1936, Uhrfahr (1/0).
(420/570)	FUCHSBICHLER Erwin	27.03.1952	4	0	1978, VOEST Linz (4/0).
(346/501)	FUCHSBICHLER Gerald	20.04.1944	6	0	1967-1972, SK Rapid Wien (5/0), Wiener Sport-Club (1/0).
(559/674)	FÜRSTALLER Christian	30.12.1964	5	0	1994-1995, SV Casino Salzburg (5/0).
(313/456)	GAGER Alfred	10.02.1942	6	0	1962-1963, FK Austria Wien (6/0).
(531/652)	GAGER Herbert	18.09.1969	4	0	1991-1992, SK Rapid Wien (4/0).
(136/289)	GALL Karl	05.10.1905	11	0	1931-1936, FK Austria Wien (11/0).
(370/526)	GALLOS Géza	07.09.1948	6	0	1971-1974, SK Rapid Wien (6/0).
(532/653)	GARGER Kurt	15.09.1960	1	0	1991, SV Casino Salzburg (1/0).
(654/763)	GARICS György	08.03.1984	40	2	2006-2014, SSC Napoli (14/1), Atalanta Bergamasco Calcio (9/0), Bologna FC 1909 (17/1).
(431/573)	GASSELICH Felix	21.12.1955	19	3	1978-1984, FK Austria Wien (15/3), Ajax Amsterdam (4/0).
(370/528)	GASSNER Alfred	02.01.1947	3	0	1971-1976, First Vienna FC (2/0), FC Admira/Wacker Wien (1/0).
(337/488)	GEBHARDT Walter	10.11.1945	17	0	1966-1969, SK Rapid Wien (17/0).
(181/332)	GEITER Rudolf	18.04.1913	7	2	1936-1937, Wiener Sport-Club (7/2).
(644/748)	GERCALIU Ronald	12.02.1986	14	0	2005-2008, SK Puntigamer Sturm Graz (3/0), FC Red Bull Salzburg (1/0), FK Austria Magna Wien (8/0), FC Red Bull Salzburg (2/0).
(195/350)	GERHART Gustav	04.02.1922	4	0	1945-1949, Admira Wien (4/0).
(193/343)	GERNHARDT Leopold	16.03.1920	27	0	1945-1952, SK Rapid Wien (27/0).
(315/459)	GEYER Johann	12.09.1942	9	0	1962-1971, FK Austria Wien (9/0).
(64/189)	GEYER Karl	24.03.1899	17	0	1921-1928, SV Amateure Wien (10/0), FK Austria Wien (7/0).
(112/257)	GIEBISCH Leopold	07.11.1901	4	1	1927-1929, First Vienna FC (4/1).
(247/400)	GIESSER Karl	29.10.1928	4	0	1954-1961, SK Rapid Wien (4/0).
(467/597)	GISINGER Martin	21.06.1955	7	2	1983-1985, FC St.Gallen (7/2).
(499/630)	GLATZMAYER Gerald	13.12.1968	6	1	1988-1990, First Vienna FC (6/1).
(296/442)	GLECHNER Walter	12.02.1939	35	1	1960-1968, SK Rapid Wien (35/1).
(590/691)	GLIEDER Eduard	28.01.1969	11	4	1998-2004, SV Salzburg (5/2), FC Tirol Innsbruck (1/0), SV Pasching (3/1), FC Superfund Pasching (2/0).
(463/592)	GOLAUTSCHNIG Günther	22.11.1953	1	0	1982, Austria Klagenfurt (1/0).
(72/199)	GOLD Maximilian	22.11.1900	2	0	1922, Wiener AF (2/0).
(241/395)	GOLLNHUBER Otto	09.02.1924	4	0	1953-1954, Kapfenberger SV (4/0).
(244/399)	GOLOBIC Franz	07.04.1922	3	0	1953, SK Rapid Wien (3/0).
(386/539)	GOMBASCH Manfred	07.01.1952	4	0	1973-1975, Wacker Innsbruck (4/0).
(618/718)	GORIUPP Roland	24.04.1971	1	0	2002, FC Kärnten (1/0).
(119/275)	GRAF Karl	27.10.1904	2	0	1928-1932, FK Austria Wien (2/0).
(689/791)	GRATZEI Christian	19.09.1981	10	0	2009-2012, SK Sturm Graz (10/0).
(24/107)	GRAUBART Bernhard	22.12.1888	5	0	1912, DFC Praha (5/0).
(323/470)	GRAUSAM Leopold	29.06.1943	8	3	1964-1967, SK Rapid Wien (8/3).
(470/601)	GRETSCHNIG Andreas	16.12.1960	2	0	1984-1986, Wacker Innsbruck (1/0), FC Tirol Innsbruck (1/0).
(199/363)	GRIMME Leopold	05.06.1916	1	0	1946, FC Wien (1/0).
(262/412)	GROHS Herbert	04.05.1931	7	2	1955-1957, First Vienna FC (7/2).
(9/053)	GROSS Karl		3	0	1907-1909, Wiener Sport-Club (3/0).
(6/035)	GROSSMANN Siegfried		1	0	1905, Vienna Cricket and FC Wien (1/0).
(87/226)	GRÜNWALD Maximilian		1	2	1924, SC Hakoah Wien (1/2).
(705/800)	GRÜNWALD Pascal	13.11.1982	3	0	2011, FK Austria Wien (3/0).
(27/112)	GRUNDWALD Leopold "Grundl"	28.10.1891	8	3	1912-1916, SK Rapid Wien (8/3).
(530/649)	GSCHNAIDTER Harald	04.09.1970	1	0	1991, FC Stahl Linz (1/0).
(85/222)	GSCHWEIDL Friedrich "Fritz"	31.12.1901	44	12	1924-1935, First Vienna FC (44/12).
(681/778)	GSPURNING Michael	02.05.1981	3	0	2008-2009, Skoda Xanthi FC (3/0).
(567/682)	HAAS Mario	16.09.1974	43	7	1996-2007, SK Sturm Graz (14/2), Racing Strasbourg (2/0), SK Sturm Graz (24/5), SK Puntigamer Sturm Graz (3/0).
(209/374)	HABITZL Erich	09.10.1923	11	5	1948-1951, Admira Wien (11/5).
(80/208)	HÄUSLER Moses		7	2	1923-1925, SC Hakoah Wien (7/2).

(94/233)	HAFTL Otto		3	2	1925-1929, SC Wacker Wien (2/2), SK Tepliče (1/0).
(30/114)	HAGLER Josef		1	0	1912, SK Rapid Wien (1/0).
(432/575)	HAGMAYR Maximilian	16.11.1956	9	1	1979-1982, VOEST Linz (9/1).
(173/326)	HAHNEMANN Wilhelm	14.01.1914	23	4	1935-1948, Admira Wien (9/2), SC Wacker Wien (14/2).
(404/558)	HAIDER Gerald	01.07.1955	1	0	1976, SV Austria Salzburg (1/0).
(35/128)	HAIST Josef	1894	5	0	1914-1917, Wiener AF (5/0).
(240/394)	HALLA Paul	10.04.1931	34	2	1952-1965, Grazer AK (2/1), SK Rapid Wien (32/3).
(49/155)	HALPERN Wilhelm		3	0	1917-1918, SC Hakoah Wien (3/0).
(280/428)	HAMERL Josef	22.01.1931	9	2	1958-1962, Wiener Sport-Club (9/2).
(213/376)	HANAPPI Gerhard	16.02.1929	93	12	1948-1962, SC Wacker Wien (11/0), *no club* (4/0), SK Rapid Wien (78/12).
(103/243)	HANEL Rudolf		2	1	1926, SK Slovan Wien (2/1).
(172/320)	HANREITER Franz	04.11.1913	6	2	1935-1936, SC Wacker Wien (6/2).
(58/173)	HANSL Franz	1897	4	3	1919-1922, SV Amateure Wien (4/3).
(203/371)	HAPPEL Ernst	29.11.1925	51	5	1947-1958, SK Rapid Wien (51/5).
(419/569)	HAPPICH Günther	29.01.1952	5	0	1978, Wiener Sport-Club (5/0).
(9/054)	HARMER Karl		1	0	1907, SK Rapid Wien (1/0).
(662/770)	HARNIK Martin	10.06.1987	55	13	2007-2015, SV Werder Bremen (15/2), TSV Fortuna Düsseldorf (1/0), VfB Stuttgart (39/11).
(348/503)	HARREITHER Wilhelm	27.10.1945	13	0	1967-1970, Linzer ASK (13/0).
(522/640)	HARTMANN Jürgen	28.08.1970	8	0	1990-1992, FC Tirol Innsbruck (8/0).
(497/628)	HASENHÜTTL Ralph	09.08.1967	8	3	1988-1994, Grazer AK (1/1), FK Austria Wien (5/2), SV Casino Salzburg (2/0).
(270/420)	HASENKOPF Erich	20.02.1935	31	0	1956-1964, Wiener Sport-Club (31/0).
(321/469)	HASIL Franz	28.07.1944	21	2	1963-1974, SK Rapid Wien (9/1), Schalke 04 Gelsenkirchen (2/0), Feyenoord Rotterdam (6/1), Austria Klagenfurt (4/0).
(170/317)	HASSMANN Josef	21.05.1910	2	0	1934-1935, FC Wien (2/0).
(379/536)	HATTENBERGER Roland	07.12.1948	51	3	1972-1982, Wacker Innsbruck (7/1), Fortuna Köln (11/0), VfB Stuttgart (23/1), Wacker Innsbruck (10/1).
(568/683)	HATZ Michael	17.11.1970	9	0	1996-2000, SK Rapid Wien (1/0), AC Reggiana (1/0), SK Rapid Wien (7/0).
(235/388)	HAUMMER Walter	22.11.1928	16	4	1952-1957, SC Wacker Wien (16/4).
(176/328)	HAVLICEK Viktor		3	0	1935-1936, First Vienna FC (3/0).
(76/204)	HEIKENWÄLDER Albert		1	0	1923, SV Amateure Wien (1/0).
(53/163)	HEINLEIN Karl		2	0	1917-1919, Wiener AC (2/0).
(36/129)	HEINZL Franz		7	4	1914-1917, Wiener AF (7/4).
(37/132)	HEISS Georg		1	0	1914, Wiener AF (1/0).
(140/295)	HENCL Rudolf ()		1	0	1931, Wiener Sport-Club () (1/0).
(568/684)	HERAF Andreas	10.09.1967	11	1	1996-1998, SK Rapid Wien (11/1).
(495/625)	HERZOG Andreas	10.09.1968	103	26	1988-2003, First Vienna FC (1/0), SK Rapid Wien (31/3), Werder Bremen (16/7), Bayern München (5/0), Werder Bremen (40/14), SK Rapid Wien (10/2).
(350/505)	HICKERSBERGER Josef	27.04.1948	39	5	1968-1978, FK Austria Wien (15/3), Kickers Offenbach (8/1), Fortuna Düsseldorf (16/1).
(616/716)	HICKERSBERGER Thomas	21.08.1973	1	0	2002, SV Salzburg (1/0).
(613/709)	HIDEN Markus	04.02.1978	5	0	2001-2002, SK Rapid Wien (5/0).
(581/687)	HIDEN Martin	11.03.1973	50	1	1998-2008, Leeds United FC (7/1), FK Austria Wien (15/0), SK Rapid Wien (26/0), SK Austria Kärnten (2/0).
(119/274)	HIDEN Rudolf	19.03.1909	20	0	1928-1933, Wiener AC (20/0).
(624/732)	HIEBLINGER Mario	05.07.1977	12	0	2003-2005, FC Kärnten (10/0), Liebherr Grazer AK (2/0).
(101/241)	HIERLÄNDER Viktor	07.06.1900	5	3	1925-1928, SV Amateure Wien (4/2), Wiener AC (1/1).
(327/474)	HIESEL Walter	13.03.1944	2	0	1964-1966, First Vienna FC (2/0).
(136/290)	HILTL Heinrich	08.02.1910	1	0	1931, Wiener AC (1/0).
(244/398)	HINESSER Rainer	10.01.1931	1	1	1953, SC Wacker Wien (1/1).
(726/809)	HINTEREGGER Martin	07.09.1992	10	0	2013-2015, FC Red Bull Salzburg (10/0).
(429/572)	HINTERMAIER Reinhold	14.02.1956	15	1	1978-1982, VOEST Linz (5/0), 1.FC Nürnberg (10/1).
(726/810)	HINTERSEER Lukas	28.03.1991	7	0	2013-2015, FC Wacker Innsbruck (3/0), FC Ingolstadt 04 (4/0).
(309/452)	HIRNSCHRODT Horst	05.12.1940	19	1	1962-1966, FK Austria Wien (19/1).
(11/071)	HIRSCHL Friedrich		2	1	1908, Vienna Cricket and FC Wien (2/1).
(553/669)	HOCHMAIER Walter	28.09.1968	3	1	1994, Linzer ASK (3/1).
(345/498)	HODSCHAR Gerfried	24.03.1945	2	0	1967-1968, Grazer AK (2/0).
(293/436)	HÖFER Karl	10.04.1925	1	0	1959, Linzer ASK (1/0).
(39/142)	HOEL Ferdinand		4	1	1915, SC Rudolfshügel Wien (4/1).
(616/715)	HÖLLER Thomas	02.06.1976	2	0	2002, FC Kärnten (2/0).
(16/084)	HÖLLERL Rudolf Dr.		1	0	1909, First Vienna FC (1/0).
(679/776)	HÖLZL Andreas	16.03.1985	10	2	2008-2010, SK Puntigamer Sturm Graz (10/2).
(472/602)	HÖRMANN Walter	13.09.1961	15	0	1984-1992, (9/0), FK Austria Wien (5/0), SK Sturm Graz (1/0).
(319/465)	HÖRMAYER Johann	25.05.1942	9	0	1963-1968, Wiener Sport-Club (9/0).
(506/632)	HÖRTNAGL Alfred	24.09.1966	27	1	1989-2001, FC Tirol Innsbruck (27/1).
(81/213)	HÖSS Otto	04.06.1897	6	2	1923-1926, First Vienna FC (4/1), Wiener Sport-Club (2/1).
(272/423)	HOF Erich	03.08.1936	37	28	1957-1968, Wiener Sport-Club (37/28).
(351/506)	HOF Norbert	02.02.1944	31	1	1968-1975, Wiener Sport-Club (6/0), Hamburger SV (3/0), SK Rapid Wien (22/1).
(84/219)	HOFBAUER Josef	1901	3	1	1924, FC Ostmark Wien (3/1).
(260/409)	HOFBAUER Karl (Otto)	04.01.1932	2	1	1955-1956, FK Austria Wien (2/1).
(661/769)	HOFFER Erwin	14.04.1987	28	4	2007-2012, SK Rapid Wien (11/2), SSC Napoli (5/0), 1.FC Kaiserslautern (8/1), SG Eintracht Frankfurt (4/1).
(4/028)	HOFFMANN Cornelius		1	0	1904, Wiener AC (1/0).
(124/278)	HOFFMANN Johann	05.01.1908	1	0	1929, SK Rapid Wien (1/0).
(95/234)	HOFMANN Leopold	31.10.1905	27	1	1925-1937, First Vienna FC (27/1).
(8/049)	HOJTASCH Leopold		1	0	1907, First Vienna FC (1/0).
(176/331)	HOLEC Wilhelm		1	0	1935, First Vienna FC (1/0).
(257/405)	HORAK Walter	01.06.1931	13	3	1954-1960, Wiener Sport-Club (13/3).

ID	Name	DOB	M	G	Career
(75/203)	HOREJS Josef		4	0	1922-1924, First Vienna FC (4/0).
(82/216)	HORVATH Johann	20.05.1903	46	29	1924-1934, 1.Simmeringer SC Wien (16/12), SK Rapid Wien (12/7), SC Wacker Wien (14/5), FC Wien (4/5).
(356/509)	HORVATH Rudolf	07.12.1947	16	0	1968-1976, SV Austria Salzburg (1/0), VOEST Linz (8/0), Wacker Innsbruck (7/0).
(706/801)	HOSINER Philipp	15.05.1989	5	2	2011-2013, FC Trenkwalder Admira Wacker Mödling (1/0), FK Austria Wien (4/2).
(478/605)	HRSTIC Peter	24.09.1961	3	1	1985-1987, SK Rapid Wien (3/1).
(217/378)	HUBER Adolf	05.03.1923	13	11	1949-1953, FK Austria Wien (13/11).
(1/008)	HUBER Gustav		3	2	1902-1904, Wiener AC (3/2).
(109/253)	HUBER Karl		1	0	1927, Wiener SC (1/0).
(289/434)	HUBERTS (I) Wilhelm	22.02.1938	4	1	1959-1960, Grazer AK (4/1).
(363/518)	HUBERTS (II) Wilhelm	07.03.1947	3	0	1970, SK Sturm Graz (3/0).
(56/167)	HUMENBERGER Ferdinand	25.10.1906	2	0	1918, Floridsdorfer AC Wien (2/0).
(117/267)	HUMMENBERGER Karl	13.02.1897	1	0	1928, Floridsdorfer AC Wien (1/0).
(6/036)	HUSSAK Ludwig	31.07.1883	14	5	1905-1912, Vienna Cricket and FC Wien (8/3), SV Amateure Wien (6/2).
(552/668)	HÜTTER Adolf	11.02.1970	14	3	1994-1997, SV Casino Salzburg (10/3), SV Salzburg (4/0).
(1/004)	HÜTTL Felix		2	0	1902-1906, Vienna Cricket and FC Wien (2/0).
(639/741)	IBERTSBERGER Andreas	27.07.1982	14	1	2004-2009, SV Salzburg (1/0), SC Freiburg (11/1), TSG 1899 Hoffenheim (2/0).
(596/695)	IBERTSBERGER Robert	20.01.1977	8	0	1999-2001, SV Salzburg (3/0), AC Venezia (1/0), SK Sturm Graz (1/0), FC Tirol Innsbruck (3/0).
(728/813)	ILSANKER Stefan	18.05.1989	12	0	2013-2015, FC Red Bull Salzburg (8/0), RasenBallsport Leipzig (4/0).
(624/731)	IVANSCHITZ Andreas	15.10.1983	69	12	2003-2014, SK Rapid Wien (18/2), FC Red Bull Salzburg (2/1), Panathinaïkos AO Athína (29/4), 1.FSV Mainz 05 (12/4), UD Levante Valencia (8/1).
(373/530)	JAGODIC Alois	24.03.1946	2	0	1971, SK Rapid Wien (2/0).
(92/232)	JANCZIK Otto		2	0	1925-1926, SK Rapid Wien (2/0).
(117/264)	JANDA Anton	01.05.1904	10	0	1928-1934, Admira Wien (9/0).
(547/665)	JANESCHITZ Thomas	22.06.1966	1	0	1993, Wiener Sport-Club (1/0).
(320/468)	JANK Johannes	21.07.1936	1	0	1963, Grazer AK (1/0).
(650/757)	JANKO Marc	25.06.1983	50	25	2006-2015, FC Red Bull Salzburg (16/7), FC Twente Enschede (8/3), FC do Porto (3/1), Trabzonspor AŞ (13/6), Sydney FC (6/4), FC Basel (4/4).
(684/787)	JANTSCHER Jakob	08.01.1989	20	1	2009-2015, SK Puntigamer Sturm Graz (6/1), FC Red Bull Salzburg (4/0), FK Dinamo Moskva (5/0), FC Red Bull Salzburg (1/0), FC Luzern (4/0).
(373/531)	JARA Kurt	14.10.1950	59	14	1971-1985, Wacker Innsbruck (12/7), CF Valencia (5/0), MSV Duisburg (27/5), Schalke 04 Gelsenkirchen (7/2), Grasshopper Club Zürich (8/0).
(279/426)	JAROS Alois	15.01.1930	1	0	1957, Wiener Sport-Club (1/0).
(266/417)	JAROSCH Karl	25.08.1931	1	0	1956, FC Stadlau Wien (1/0).
(13/076)	JECH Karl		2	0	1908, SK Rapid Wien (2/0).
(118/269)	JELLINEK Franz		1	0	1928, SC Wacker Wien (1/0).
(182/333)	JERUSALEM Camillo	03.04.1914	12	6	1936-1945, FK Austria Wien (12/6).
(173/322)	JESTRAB Karl	12.01.1907	1	0	1935, SK Rapid Wien (1/0).
(39/138)	JETZINGER Ludwig		2	0	1915, Wiener AF (1/0).
(69/192)	JISZDA Karl	21.07.1899	11	7	1921-1927, Floridsdorfer AC Wien (12/7).
(51/160)	JOACHIM Walter "Jokl"		4	0	1917-1919, SV Amateure Wien (4/0).
(195/353)	JOKSCH Siegfried	04.07.1917	22	0	1945-1950, FK Austria Wien (23/0).
(45/150)	JORDAN Karl		3	0	1916-1917, Wiener Sport-Club (3/0).
(649/754)	JUNUZOVIĆ Zlatko	26.09.1987	44	6	2006-2015, Liebherr Grazer AK (4/0), FK Austria Wien (12/1), SV Werder Bremen (28/5).
(104/244)	JURANITSCH Robert	29.05.1904	6	3	1926-1928, Floridsdorfer AC (6/3).
(435/576)	JURTIN Gernot	09.09.1955	12	1	1979-1983, SK Sturm Graz (12/1).
(160/314)	KABUREK Matthias	09.02.1911	4	2	1934-1935, SK Rapid Wien (4/2).
(619/722)	KAHRAMAN Volkan	10.10.1979	3	0	2002, SV Pasching (3/0).
(313/454)	KAINRATH Wilhelm	06.05.1940	2	0	1962: Wiener Sport-Club (2/0).
(742/818)	KAINZ Florian	24.10.1992	1	0	2015, SK Rapid Wien (1/0).
(362/517)	KAISER Robert	27.02.1946	1	0	1969, SK Sturm Graz (1/0).
(103/242)	KALLER Otto	28.06.1907	8	0	1926-1945, First Vienna FC (8/0).
(301/447)	KALTENBRUNNER Ernst	05.07.1937	1	1	1960, Wiener AC (1/0).
(301/455)	KALTENBRUNNER Günter	28.07.1943	4	0	1962-1968, Admira Wien (3/1), SK Rapid Wien (1/0).
(8/047)	KALTENBRUNNER Josef	22.01.1988	11	0	1907-1913, SK Rapid Wien (11/0).
(72/198)	KANHÄUSER Eduard	18.09.1901	9	0	1922-1925, Wiener Sport-Club (9/0).
(64/190)	KANHÄUSER Karl	18.07.1900	5	3	1921-1924, Wiener Sport-Club (5/3).
(567/680)	KARTALIJA Goran	17.10.1966	4	0	1996-1997, Linzer ASK (4/0).
(199/362)	KASPIREK Franz	30.03.1918	2	1	1946, SK Rapid Wien (2/1).
(64/191)	KATZ Norbert		3	0	1921, SC Hakoah Wien (3/0).
(629/735)	KATZER Markus	11.12.1979	11	0	2003-2008, VfB Admira Wacker Mödling (1/0), SK Rapid Wien (10/0).
(259/408)	KAUBEK Adalbert	07.04.1926	2	0	1955, SC Wacker Wien (1/0), Kremser SC (1/0).
(596/697)	KAUZ Jürgen	23.08.1974	2	0	1999, Linzer ASK (2/0).
(658/765)	KAVLAK Veli	03.11.1988	31	1	2007-2014, SK Rapid Wien (13/0), Beşiktaş JK Istanbul (18/1).
(444/585)	KEGLEVITS Christian	29.01.1961	18	3	1980-1991, SK Rapid Wien (16/3), SV Casino Salzburg (2/0).
(128/281)	KELLINGER Franz	01.12.1905	1	0	1929, Wiener Sport-Club (1/0).
(197/359)	KERBACH Karl	30.09.1918	1	0	1946, Floridsdorfer AC Wien (1/0).
(481/609)	KERN Manfred	13.02.1964	3	0	1985-1988, FC Admira/Wacker Wien (3/0).
(45/151)	KERR Friedrich "Konus"		7	0	1916-1918, Wiener AC (7/0).
(464/595)	KIENAST Reinhard	02.09.1959	13	3	1983-1987, SK Rapid Wien (13/3).
(665/771)	KIENAST Roman	29.03.1984	10	1	2007-2008, Ham-Kam Fotball (9/1), Helsingborgs IF (SWE, 1/0).
(682/783)	KIENZL Mario	19.12.1983	1	0	2009, SK Puntigamer Sturm Graz (1/0).

(633/737)	KIESENEBNER Markus	21.04.1979	12	1	2004-2007, SV Pasching (2/1), FK Austria Magna (10/0).
(31/116)	KIESLING Leopold		1	0	1912, SC Rudolfshügel Wien (1/0).
(118/271)	KIRBES Wilhelm	29.06.1902	1	1	1928, SK Rapid Wien (1/1).
(394/544)	KIRCHER Herwig	18.03.1955	2	0	1974-1975, VOEST Linz (2/0).
(543/663)	KIRCHLER Roland	20.09.1970	28	5	1993-2005, FC Tirol Innsbruck (15/1), SV Salzburg (3/2), SV Pasching (5/1), FC Superfund Pasching (5/1).
(568/685)	KITZBICHLER Richard	12.01.1974	17	0	1996-2002, FC Tirol Innsbruck (1/0), SV Salzburg (15/0), Hamburger SV (1/0).
(295/439)	KITZMÜLLER Helmut	05.04.1940	1	0	1960, Linzer ASK (1/0).
(692/795)	KLEIN Florian	17.11.1986	33	0	2010-2015, FK Austria Wien (11/0), FC Red Bull Salzburg (9/0), VfB Stuttgart (13/0)
(81/211)	KLIMA Johann	11.02.1900	11	3	1923-1931, Admira Wien (11/3).
(531/650)	KNALLER Wolfgang	09.10.1961	4	0	1991-1996, FC Admira/Wacker Wien (4/0).
(279/425)	KNOLL Adolf	17.03.1938	21	2	1957-1966, Wiener Sport-Club (21/2).
(10/059)	KNÖLL H.		3	0	1908-1909, Vienna Cricket and FC Wien (3/0).
(73/201)	KOCH Anton	20.01.1903	3	0	1922-1925, Admira Wien (3/0).
(603/705)	KOCIJAN Tomislav	21.11.1967	4	1	2000-2001, SK Sturm Graz (3/1), Linzer ASK (1/0).
(370/527)	KODAT Karl	10.02.1943	5	1	1971, SV Austria Salzburg (4/1), FC Antwerpen (1/0).
(45/152)	KÖCK Friedrich	1898	7	1	1916-1922, Wiener AC (2/0), SV Amateure Wien (5/1).
(332/479)	KÖGLBERGER Helmut	12.01.1946	28	6	1965-1976, Linzer ASK (4/0), FK Austria Wien (24/6).
(108/250)	KÖHLER Franz	18.03.1901	3	0	1926-1927, Brigittenauer AC Wien (3/0).
(237/391)	KÖLLY Stefan	14.03.1928	1	0	1952, Grazer AK (1/0).
(6/038)	KÖNIG Engelbert		5	0	1905-1912, Vienna Cricket and FC Wien (1/0), Germania Wien (3/0), Wiener AF (1/0).
(37/134)	KÖNIG Leopold		1	0	1914, SC Rudolfshügel Wien (1/0).
(213/377)	KÖRNER (I) Robert	21.08.1924	16	1	1948-1955, SK Rapid Wien (16/1).
(198/361)	KÖRNER (II) Alfred	14.02.1926	47	14	1946-1958, SK Rapid Wien (47/14).
(33/123)	KÖRNER Heinrich "Krcal"	1892	7	0	1913-1918, SK Rapid Wien (7/0).
(557/673)	KOGLER Johann	12.05.1968	7	0	1994-1995, FC Admira/Wacker Wien (7/0).
(529/647)	KOGLER Walter	12.12.1967	28	1	1991-2001, SK Sturm Graz (4/1), FK Austria Wien (12/0), SV Salzburg (2/0), AS Cannes (4/0), FC Tirol Innsbruck (6/0).
(271/421)	KOHLHAUSER Oskar	22.12.1934	3	0	1956-1962, 1.Wiener Neustädter SC (1/0), SVS Linz (2/0).
(8/050)	KOHN Heinrich		1	0	1907, SK Rapid Wien (1/0).
(10/063)	KOHN Richard "Little"		6	2	1908-1912, Wiener AC (2/1), Wiener AF (4/1).
(316/461)	KOLARIK Ferdinand	04.10.1937	2	0	1963, Admira Wien (2/0).
(320/467)	KOLEZNIK Walter	17.10.1942	6	1	1963-1968, Grazer AK (6/1).
(234/387)	KOLLER Karl	09.02.1929	86	5	1952-1965, First Vienna FC (86/5).
(624/730)	KOLLMANN Roland	08.10.1976	11	4	2003-2005, Grazer AK (11/4).
(240/393)	KOLLMANN Walter	17.06.1932	16	0	1952-1958, SC Wacker Wien (16/0).
(194/348)	KOMINEK Friedrich	17.01.1927	6	1	1945-1953, FK Austria Wien (6/1).
(367/522)	KONCILIA Friedrich "Friedl"	25.02.1948	84	0	1970-1985, SV Wattens (3/0), Wacker Innsbruck (45/0), RSC Anderlecht Bruxelles (7/0), FK Austria Wien (29/0).
(400/552)	KONCILIA Peter	22.07.1949	6	0	1975-1977, Wacker Innsbruck (6/0).
(506/633)	KONRAD Otto	01.11.1964	12	0	1989-1995, SK Sturm Graz (6/0), SV Casino Salzburg (6/0).
(480/606)	KONSEL Michael	06.03.1962	43	0	1985-1998, SK Rapid Wien (33/0), AS Roma (10/0).
(454/589)	KOREIMANN Arnold	19.02.1957	1	0	1982, Wacker Innsbruck (1/0).
(671/773)	KORKMAZ Ümit	17.09.1985	10	0	2008-2011, SK Rapid Wien (5/0), SG Eintracht Frankfurt (3/0), VfL Bochum (2/0).
(294/438)	KOSCHIER Guiseppe „Giose"	16.03.1936	2	0	1960, ESV Admira Wien (2/0).
(621/723)	KOVACEVIC Bozo	24.12.1979	7	0	2002-2006, SV Pasching (5/0), FC Superfund Pasching (1/0), SV Josko Ried (1/0).
(279/427)	KOVAZH Julius	06.06.1930	1	0	1957, Olympia Stadlau (1/0).
(75/202)	KOWANDA Johann		1	1	1922, SC Wacker Wien (1/1).
(206/373)	KOWANZ Karl	15.04.1926	17	0	1948-1953, Admira Wien (14/0), FK Austria Wien (3/0).
(51/162)	KOŽELUH Karel		4	1	1917-1918, DFC Praha (4/1).
(257/404)	KOZLICEK (I) Ernst	27.01.1931	11	2	1954-1958, SC Wacker Wien (11/2).
(265/415)	KOZLICEK (II) Paul	22.07.1937	14	1	1956-1963, SC Wacker Wien (9/1), Linzer ASK (5/0).
(386/538)	KRANKL Johann	14.02.1953	69	34	1973-1985, SK Rapid Wien (40/25), CF Barcelona (11/4), First Vienna FC (6/3), SK Rapid Wien (12/2).
(41/143)	KRAUPAR Gustav		9	0	1915-1918, Floridsdorfer AC Wien (9/0).
(46/153)	KRAUS Johann		1	1	1916, Floridsdorfer AC Wien (1/1).
(15/080)	KRAUS Robert		1	0	1909, Germania Wien (1/0).
(447/586)	KRAUSS Bernd	08.05.1957	22	0	1981-1984, SK Rapid Wien (22/0).
(328/475)	KREMSER Friedrich „Fritz"	10.09.1942	4	0	1965, First Vienna FC (4/0).
(357/511)	KREUZ Wilhelm	29.05.1949	56	10	1969-1981, Admira Wien (15/4), Sparta Rotterdam (8/1), Feyenoord Rotterdam (18/3), VOEST Linz (15/2).
(363/519)	KRIEGER Eduard	16.12.1946	25	0	1970-1978, FK Austria Wien (15/0), Club Brügge (10/0).
(370/524)	KRIESS Werner	06.09.1947	15	0	1971-1975, Wacker Innsbruck (15/0).
(18/089)	KROF Karl		1	0	1909, Wiener AC (1/0).
(21/100)	KROJER Gustav	30.06.1885	2	0	1911, Wiener Sport-Club (2/0).
(6/037)	KRUG Karl		1	0	1905, Vienna Cricket and FC Wien (1/0).
(10/062)	KUBIK Karl		2	1	1908, Vienna Cricket and FC Wien (2/1).
(536/656)	KÜHBAUER Dietmar	04.04.1971	55	5	1992-2005, FC Admira/Wacker Wien (2/0), SK Rapid Wien (20/3), Real Sociedad de Fútbol San Sebastian (16/1), VfL Wolfsburg (9/1), SV Bauwelt Koch Mattersburg (8/0).
(39/140)	KÜRNER Ferdinand		2	0	1915, 1.Simmeringer SC Wien (2/0).
(644/749)	KULJIC Sanel	10.10.1977	20	3	2005-2007, SV Josko Fenster Ried (4/0), FC Sion (9/2), FK Austria Magna Wien (7/1).
(640/743)	KULOVITS Stefan	19.04.1983	5	0	2005-2011, SK Rapid Wien (5/0).
(12/073)	KURPIEL Ladislaus	13.11.1883	8	0	1908-1912, DFC Praha (8/0).

(60/176)	KURZ Karl	21.11.1898	32	0	1919-1928, SV Amateure Wien (1/0), First Vienna FC (9/0), SV Amateure Wien (6/0), First Vienna FC (5/0), 1.Simmeringer SC Wien (9/0), Austria Wien (2/0).
(31/118)	KUTHAN Richard	03.07.1891	24	14	1912-1928, SK Rapid Wien (24/14).
(10/060)	KWIETEK Alois		1	0	1908, Wiener AC (1/0).
(463/594)	LAINER Leopold	10.09.1960	28	1	1982-1994, SK Rapid Wien (20/0), SV Casino Salzburg (8/1).
(618/719)	LANDERL Rolf	24.10.1975	1	0	2002, Fortuna Sittard (1/0).
(647/753)	LASNIK Andreas	09.11.1983	1	0	2005, FK Austria Magna Wien (1/0).
(728/814)	LAZARO Valentino	24.03.1996	4	0	2014, FC Red Bull Salzburg (4/0).
(173/324)	LEBEDA Josef	11.10.1911	2	0	1935, FC Libertas Wien (2/0).
(650/756)	LEITGEB Christoph	14.04.1985	41	0	2006-2014, SK Puntigamer Sturm Graz (11/0), FC Red Bull Salzburg (30/0).
(370/525)	LEITNER Kurt	21.03.1946	1	0	1971, Linzer ASK (1/0).
(7/040)	LENCZEWSKY Heinrich "Lintsch"		6	0	1906-1909, First Vienna FC (6/0).
(2/013)	LEUTHE Max		2	0	1903-1905, Wiener AC (1/0), Vienna Cricket and FC Wien (1/0).
(613/710)	LEXA Stefan	01.11.1976	6	0	2001-2009, SpVgg Unterhaching (4/0), SG Eintracht Frankfurt (1/0), SV Josko Fenster Ried (1/0).
(729/815)	LIENDL Michael	25.10.1985	1	0	2014, TSV Fortuna Düsseldorf (1/0).
(454/588)	LINDENBERGER Klaus	28.05.1957	41	0	1982-1990, Linzer ASK (19/0), FC Tirol Innsbruck (22/0).
(710/805)	LINDNER Heinz	17.07.1990	7	0	2012-2014, FK Austria Wien (7/0).
(316/462)	LINHART Anton	24.07.1942	6	1	1963-1969, Wiener Sport-Club (6/1).
(616/714)	LINZ Roland	09.08.1981	39	8	2002-2010, FK Austria Wien (4/0), VfB Admira Wacker Mödling (3/0), OGC Nice (2/0), FK Austria Wien (6/2), Boavista FC Porto (10/3), Sporting Clube de Braga (10/2), FK Austria Wien (4/1).
(480/608)	LINZMAIER Manfred	27.08.1962	25	2	1985-1991, SSW Innsbruck (4/0), FC Tirol Innsbruck (21/2).
(18/090)	LINZMAYER Karl		1	0	1909, SK Rapid Wien (1/0).
(601/702)	LIPA Andreas	25.04.1971	1	0	2000, Grazer AK (1/0).
(311/453)	LÖSER Johann „Hans"	23.03.1937	1	0	1962, FK Austria Wien (1/0).
(17/087)	LÖWENFELD Viktor		4	0	1909-1918, Vienna Cicket and FC Wien (2/0), SV Amateure Wien (2/0).
(6/034)	LOWE Robert		1	0	1905, Vienna Cricket and FC Wien (1/0).
(326/472)	LUDESCHER Walter	05.10.1942	7	0	1964-1966, Wacker Innsbruck (7/0).
(85/221)	LUDWIG Ignaz	1901	3	0	1924-1926, First Vienna FC (3/0).
(124/279)	LUEF Johann	21.12.1905	13	0	1929-1933, SK Rapid Wien (13/0).
(333/481)	MACEK Adolf	16.12.1939	4	0	1965-1966, SV Austria Salzburg (4/0).
(623/728)	MACHO Jürgen	24.08.1977	26	0	2002-2011, Sunderland AFC (1/0), 1.FC Kaiserslautern (10/0), AEK Athína (6/0), *Unattached* (1/0), Linzer ASK (1/0), Paniónios PAE Athína (7/0).
(130/283)	MACHU Leopold	30.09.1909	1	0	1930, First Vienna FC (1/0).
(498/629)	MADLENER Daniel	24.08.1964	2	0	1988, SK Vorwärts Steyr (2/0).
(118/270)	MADLMAYER Josef	10.04.1907	1	0	1928, SK Rapid Wien (1/0).
(539/661)	MÄHLICH Roman	17.09.1971	20	0	1992-2002, Wiener Sport-Club (1/0), SK Sturm Graz (19/0).
(676/775)	MAIERHOFER Stefan	16.08.1982	19	1	2008-2011, SK Rapid Wien (6/0), Wolverhampton Wanderers FC (4/1), MSV Duisburg (7/0), FC Red Bull Salzburg (2/0).
(641/746)	MAIR Wolfgang	17.12.1980	3	0	2005, FC Wacker Tirol Innsbruck (3/0).
(623/725)	MANDL Thomas	07.02.1979	13	0	2002-2004, FK Austria Wien (9/0), SK Sturm Graz (3/0), FC Basel (1/0).
(596/694)	MANNINGER Alexander	04.06.1977	33	0	1999-2009, Arsenal FC London (7/0), AC Fiorentina Firenze (3/0), RCD Espanyol Barcelona (4/0), AC Siena (13/0), FC Juventus Torino (6/0).
(560/675)	MARASEK Stefan	04.01.1970	11	1	1995-1996, SK Rapid Wien (10/1), SC Freiburg (1/0).
(497/627)	MARKO Rupert	24.11.1963	3	3	1988, FC Tirol Innsbruck (3/3).
(640/744)	MARTINEZ Sebastian	04.12.1977	2	0	2005, SK Rapid Wien (2/0).
(7/042)	MASTALKA Josef		1	0	1906, Wiener Sportvereinigung (1/0).
(346/502)	MÄTZLER Helmut	05.03.1945	6	0	1967-1969, Schwarz-Weiß Bregenz (6/0).
(394/543)	MAURER Helmut	07.11.1945	1	0	1974, SK Rapid Wien (1/0).
(588/689)	MAYRLEB Christian	08.06.1972	29	6	1998-2005, FK Austria Wien (21/5), FC Superfund Pasching (5/1), FC Red Bull Salzburg (3/0).
(20/098)	MEIRINGER Johann	28.06.1887	3	0	1910-1911, Wiener Sport-Club (3/0).
(61/181)	MEISL Wilhelm Dr.		1	0	1920, Wiener AC (1/0).
(414/566)	MEISTER Peter	12.06.1954	1	0	1977, First Vienna FC (1/0).
(196/356)	MELCHIOR Ernst	26.06.1920	36	16	1946-1953, FK Austria Wien (36/16).
(243/397)	MENASSE Johann	05.03.1930	2	0	1953-1954, First Vienna FC (2/0).
(237/390)	MERKEL Maximilian	07.12.1918	1	0	1952, SK Rapid Wien (1/0).
(11/070)	MERZ Robert	25.11.1887	13	5	1908-1914, DFC Praha (13/5).
(469/598)	MESSLENDER Gerald	01.10.1961	14	0	1983-1987, FC Admira/Wacker Wien (8/0), FC Tirol Innsbruck (6/0).
(195/351)	MIKOLASCH Leopold	17.10.1920	8	0	1945-1948, FK Austria Wien (8/0).
(86/224)	MILNARIK Josef	1903	1	0	1924, SC Rudolfshügel Wien (1/0).
(432/574)	MIRNEGG Hans-Dieter	24.05.1954	15	0	1979-1981, VOEST Linz (3/0), MSV Duisburg (9/0), AC Como (3/0).
(127/280)	MOCK Johann	09.12.1906	12	0	1929-1937, FK Austria Wien (12/0).
(646/751)	MÖRZ Michael	02.04.1980	12	0	2005-2007, SV Bauwelt Koch Mattersburg (7/0), SV Mattersburg (5/0).
(1/006)	MÖSSMER Raimund "Quick"		1	0	1902, Deutsche Jungmannschaft Währing Wien (1/0).
(147/302)	MOLZER Josef	28.02.1906	2	0	1932-1933, FK Austria Wien (2/1).
(21/099)	MÜLLER (I) Viktor		5	0	1911-1912, Wiener Sport-Club (5/0).
(7/041)	MÜLLER Adolf		1	0	1906, Vienna Cricket and FC Wien (1/0).
(25/110)	MÜLLER Alois	07.06.1890	6	2	1912, Wiener Sport-Club (6/2).
(144/297)	MÜLLER Heinrich	13.05.1909	5	4	1932-1933, Wiener AC (5/4).
(193/345)	MÜLLER Johann	22.03.1912	2	0	1945, Floridsdorfer AC Wien (2/0).
(98/239)	MUSIL Franz	1899	2	0	1925-1926, 1.Simmeringer SC Wien (2/0).
(203/369)	MUSIL Josef	07.08.1920	5	0	1947-1952, SK Rapid Wien (5/0).
(129/282)	NAUSCH Walter	05.02.1907	39	1	1929-1937, FK Austria Wien (39/1).
(1/001)	NAUSS Philipp		1	0	1902, Wiener AC (1/0).

(291/435)	NEMEC Horst	25.01.1939	29	16	1959-1965, FK Austria Wien (29/16).
(58/171)	NEUBAUER Karl	10.10.1896	7	2	1919-1921, Floridsdorfer AC Wien (7/2).
(14/078)	NEUBAUER Leopold	15.10.1889	18	6	1908-1917, Wiener Sport-Club (11/5), Wiener AF (7/1).
(96/236)	NEUFELD Alexander	1899	2	0	1925, SC Hakoah Wien (2/0).
(588/690)	NEUKIRCHNER Günther	02.12.1971	14	1	1998-2001, SK Sturm Graz (14/1).
(22/104)	NEUMANN Johann		8	2	1911-1923, Wiener AC (8/2).
(191/339)	NEUMER Leopold	08.02.1919	4	2	1937-1946, FK Austria Wien (4/2).
(258/406)	NICKERL Karl	09.06.1931	3	0	1955-1959, First Vienna FC (3/0).
(470/600)	NIEDERBACHER Richard	07.12.1961	4	0	1984-1988, SK Rapid Wien (4/0).
(285/429)	NINAUS Herbert	31.03.1937	2	1	1958, Grazer AK (2/1).
(41/144)	NITSCH Leopold	14.08.1897	35	0	1915-1926, SK Rapid Wien (35/0).
(24/106)	NOLL Otto	24.07.1882	3	0	1912, DFC Praha (3/0).
(403/557)	OBERACHER Franz	24.03.1954	8	1	1976-1985, Wacker Innsbruck (8/1).
(406/561)	OBERHOFER Herbert	16.11.1955	6	0	1976-1977, FC Admira/Wacker Wien (6/0).
(397/548)	OBERMAYER Erich	23.01.1953	50	1	1975-1985, FK Austria Wien (50/1).
(315/458)	OBERPARLEITER Heinrich	21.04.1935	1	0	1962, Linzer ASK (1/0).
(193/344)	OCWIRK Ernst	07.03.1926	62	6	1945-1962, Floridsdorfer AC (2/0), FK Austria Wien (60/6).
(486/614)	OGRIS Andreas	07.10.1964	63	11	1986-1997, FK Austria Wien (32/6), Espanyol Barcelona (4/1), FK Austria Wien (7/1), Linzer ASK (4/1), FK Austria Wien (16/2).
(528/646)	OGRIS Ernst	09.12.1967	1	1	1991, FC Admira/Wacker Wien (1/1).
(681/779)	OKOTIE Rubin Rafael	06.06.1987	14	2	2008-2015, FK Austria Magna Wien (4/0), SK Sturm Graz (1/0), TSV 1860 München (9/2).
(742/817)	ONISIWO Karim	17.03.1992	1	0	2015, SV Mattersburg (1/0).
(16/081)	OPPENHEIM Harry		1	0	1909, First Vienna FC (1/0).
(623/727)	ORMAN Alen	31.05.1978	1	0	2002, Hibernian FC Edinburgh (1/0).
(653/760)	ORTLECHNER Manuel	04.03.1980	9	0	2006-2013, FC Superfund Pasching (1/0), SK Austria Kärnten (2/0), FK Austria Wien (6/0).
(286/430)	OSLANSKY Rudolf	23.05.1931	12	1	1958-1963, Wiener Sport-Club (12/1).
(154/305)	OSTERMANN Johann	29.04.1911	1	1	1933, SK Rapid Wien (1/1).
(64/188)	OSTRICEK Karl		17	0	1921-1924, ASV Hertha Wien (15/0), First Vienna FC (2/0).
(676/774)	ÖZCAN Ramazan	28.06.1984	5	0	2008-2015, TSG 1899 Hoffenheim (1/0), FC Ingolstadt 04 (4/0).
(62/183)	PACISTA Johann	1892	2	0	1920, 1.Simmeringer SC Wien (2/0).
(462/591)	PACULT Peter	28.10.1959	24	1	1982-1993, Wiener Sport-Club (4/0), SK Rapid Wien (2/0), FC Tirol Innsbruck (17/1), TSV 1860 München (1/0).
(394/545)	PAJENK Egon	28.07.1950	3	0	1974-1975, SK Rapid Wien (3/0).
(616/713)	PANIS Jürgen	21.04.1975	5	0	2002, FC Tirol Innsbruck (3/0), FK Austria Wien (2/0).
(336/487)	PARITS Thomas	07.10.1946	27	5	1966-1973, FK Austria Wien (15/0), 1.FC Köln (3/1), Eintracht Frankfurt (9/4).
(660/767)	PATOCKA Jürgen	30.07.1977	5	0	2007-2009, SV Mattersburg (1/0), SK Rapid Wien (4/0).
(327/473)	PAULITSCH Günther Dr.	14.11.1939	1	0	1964, SK Sturm Graz (1/0).
(156/310)	PAVLICEK Robert	31.05.1912	6	0	1933-1935, Admira Wien (6/0).
(197/358)	PAVUZA Franz	19.05.1920	7	0	1946-1947, FC Wien (7/0).
(628/734)	PAYER Helge	09.08.1979	20	0	2003-2009, SK Rapid Wien (20/0).
(492/620)	PECL Robert	15.11.1965	31	1	1987-1993, SK Rapid Wien (31/1).
(683/784)	PEHLIVAN Yasin	05.01.1989	17	0	2009-2012, SK Rapid Wien (13/0), Gaziantepspor Kulübü (4/0).
(522/641)	PEISCHL Heinz	29.12.1963	3	0	1990-1991, FC Tirol Innsbruck (3/0).
(186/337)	PEKAREK Josef	02.01.1913	5	0	1937, SC Wacker Wien (5/0).
(5/029)	PEKARNA Karl		2	0	1904-1908, First Vienna FC (2/0).
(202/367)	PELIKAN Franz	06.11.1925	6	0	1947-1956, SC Wacker Wien (6/0).
(408/562)	PERSIDIS Peter	08.03.1947	7	0	1976-1978, SK Rapid Wien (7/0).
(171/318)	PESSER Johann	07.11.1911	8	3	1935-1937, SK Rapid Wien (8/3).
(398/550)	PEZZEY Bruno	03.02.1955	84	9	1975-1990, Wacker Innsbruck (31/1), Eintracht Frankfurt (31/8), Werder Bremen (18/1), FC Tirol Innsbruck (3/0), *no club* (1/0).
(495/624)	PFEFFER Anton	17.08.1965	63	1	1988-1999, FK Austria Wien (63/1).
(508/635)	PFEIFENBERGER Heimo	29.12.1966	40	9	1989-1998, SK Rapid Wien (7/2), SV Casino Salzburg (21/6), Werder Bremen (11/1), SV Salzburg (1/0).
(16/086)	PFEIFFER Josef		1	0	1909, First Vienna FC (1/0).
(410/564)	PICHLER Anton	14.10.1955	11	0	1976-1985, SK Sturm Graz (10/0).
(301/446)	PICHLER Roman	05.03.1941	13	0	1960-1967, Wiener AC (5/0), SK Rapid Wien (8/0).
(262/413)	PICHLER Rudolf	20.09.1930	3	1	1955-1960, FK Austria Wien (1/0), 1.Wiener Neustädter SC (2/1).
(640/745)	PICHLMANN Thomas	24.08.1981	2	0	2005, FC Superfund Pasching (2/0).
(486/612)	PIESINGER Gerald	16.08.1959	6	0	1986-1987, Linzer ASK (6/0).
(640/742)	PIRCHER Patrick	07.04.1982	2	0	2005, SW Bregenz (2/0).
(361/516)	PIRKNER Hans	25.03.1946	20	4	1969-1978, Schalke 04 Gelsenkirchen (4/1), SV Alpine Donawitz (4/1), FK Austria Wien (12/2).
(71/196)	PLANK Franz	26.12.1897	1	0	1922, Wiener Sport-Club (1/0).
(654/761)	PLASSNEGGER Gernot	23.03.1978	1	0	2006, SK Rapid Wien (1/0).
(153/304)	PLATZER Peter	29.05.1910	31	0	1933-1937, Floridsdorfer AC Wien (4/0), Admira Wien (27/0).
(34/124)	PLHAK Heinrich		4	0	1913-1916, Floridsdorfer AC Wien (3/0), Wiener AC (1/0).
(193/341)	PLOC Stefan	23.03.1914	2	0	1945, First Vienna FC (2/0).
(618/720)	POGATETZ Emanuel	16.01.1983	61	2	2002-2014, TSV Bayer 04 Leverkusen (1/0), FC Aarau (3/0), Grazer AK (10/1), FK Spartak Moskva (1/0), Middlesbrough FC (22/1), Hannover'96 (10/0), VfL Wolfsburg (5/0), West Ham United FC London (4/0), 1.FC Nürnberg (5/0).
(524/642)	POIGER Andreas	04.04.1968	1	0	1990, SK Rapid Wien (1/0).
(86/223)	POLLAK Gustav(Egon-Erwin)	12.11.1898	1	0	1924, First Vienna FC (1/0).
(7/044)	POLLATSCHEK Johann		2	0	1906-1907, Viktoria Wien (2/0).
(463/593)	POLSTER Anton	10.03.1964	95	44	1982-2000, FK Austria Wien (17/9), AC Torino (4/0), FC Sevilla (23/6), CD Logroñes (4/3), Rayo Vallecano (8/3), 1.FC Köln (38/23), *no club* (1/0).

(22/102)	POPOVICH Alexander		33	1	1911-1923, SV Amateure Wien (33/1).
(537/659)	POSCH Mario	18.07.1967	2	0	1992, FC Tirol Innsbruck (1/0), Bayer 05 Uerdingen (1/0).
(436/577)	POSPISCHIL Günther	21.05.1952	5	0	1979-1980, FK Austria Wien (5/0).
(4/024)	PRAGER Josef		6	0	1904-1910, Wiener AC (2/0), Vienna Cricket and FC Wien (4/0).
(650/755)	PRAGER Thomas	13.09.1985	14	1	2006-2009, SC Heerenveen (13/1), Linzer ASK (1/0).
(442/581)	PREGESBAUER Johann	09.06.1955	9	0	1980-1984, SK Rapid Wien (9/0).
(16/082)	PREISS Arthur		2	0	1909, Viktoria Wien (2/0).
(577/686)	PRILASNIG Gilbert	01.04.1973	16	0	1997-2001, SK Sturm Graz (12/0), Aris Thessaloniki (4/0).
(228/385)	PROBST Erich	05.12.1927	19	18	1951-1960, SK Rapid Wien (18/17), SV Austria Salzburg (1/1).
(660/768)	PRÖDL Sebastian	21.06.1987	55	4	2007-2015, SK Puntigamer Sturm Graz (12/2), SV Werder Bremen (38/2), Watford FC (5/0).
(39/139)	PROHASKA Franz		5	0	1915-1917, SC Rudolfshügel Wien (5/0).
(395/546)	PROHASKA Herbert	08.08.1955	83	10	1974-1989, FK Austria Wien (46/6), Internazionale Milano (16/2), AS Roma (5/1), FK Austria Wien (16/1).
(526/645)	PROSENIK Christian	07.06.1968	24	1	1991-1999, FK Austria Wien (19/1), SV Casino Salzburg (1/0), SK Rapid Wien (4/0).
(49/157)	PROUSEK Václav		2	1	1917, SK Slavia Praha (2/1).
(561/677)	PÜRK Marcus	21.04.1974	2	1	1995-2002, SK Rapid Wien (1/1), TSV 1860 München (1/0).
(2/019)	PULCHERT A.N.Other		2	1	1903, First Vienna FC (1/0), Wiener AC (1/1).
(333/480)	PUMM Peter	03.04.1943	19	1	1965-1973, Wacker Innsbruck (1/0), Bayern München (9/0), SV Alpine Donawitz (9/1).
(79/207)	PUSCHNER Erwin	1896	2	0	1923-1924, Wiener AC (2/0).
(272/422)	PUSCHNIK Ignaz	05.02.1934	7	0	1957-1964, Kapfenberger SV (7/0).
(58/170)	PUTZENDOPLER Gustav		2	0	1919, SK Rapid Wien (2/0).
(157/311)	RADAKOVIC Franz	01.10.1907	1	0	1933, Floridsdorfer AC Wien (1/0).
(602/703)	RADOVIC Zeljko	06.04.1974	1	0	2000, SK Rapid Wien (1/0).
(302/449)	RAFREIDER Friedrich	24.02.1942	14	2	1961-1963, FC Dornbirn (14/2).
(156/309)	RAFTL Rudolf	07.02.1911	6	0	1933-1937, SK Rapid Wien (6/0).
(85/220)	RAINER Karl	01.07.1901	39	0	1924-1935, First Vienna FC (39/0).
(560/676)	RAMUSCH Dieter	31.10.1969	10	1	1995-1997, Linzer ASK (3/0), Grazer AK (7/1).
(110/255)	RAPPAN Karl	26.09.1905	2	1	1927, SC Wacker Wien (2/1).
(345/500)	REDL Helmut	17.09.1939	19	7	1967-1970, Wacker Innsbruck (5/1), SV Wattens (6/2), SK Rapid Wien (8/7).
(77/205)	REGNARD Emil	08.09.1897	6	0	1923-1927, SK Rapid Wien (4/0), FK Austria Wien (2/0).
(20/097)	REICHL Emil		1	0	1910, 1.Simmeringer SC Wien (1/0).
(550/667)	REINMAYR Hannes	23.08.1969	14	4	1993-1999, MSV Duisburg (3/1), SK Sturm Graz (11/3).
(504/631)	REISINGER Andreas	14.10.1963	10	0	1989-1990, SK Rapid Wien (10/0).
(287/433)	REITER Peter	05.04.1937	1	0	1958, SK Rapid Wien (1/0).
(90/230)	REITERER Maximilian	12.05.1904	1	0	1924, SV Amateure Wien (1/0).
(529/648)	RESCH Franz	04.05.1969	2	0	1991, SK Rapid Wien (2/0).
(70/193)	RESCH Leopold		16	0	1922-1927, SC Wacker Wien (16/0).
(10/058)	RETSCHURY Heinrich		6	0	1908-1909, First Vienna FC (6/0).
(364/520)	RETTENSTEINER Herbert	26.08.1946	15	0	1970-1974, Wacker Innsbruck (9/0), VOEST Linz (6/0).
(77/206)	RICHTER Johann		10	0	1923-1927, SK Rapid Wien (10/0).
(397/549)	RIEDL Alfred	02.11.1949	4	0	1975-1978, Wacker Innsbruck (1/0), Standard Liège (3/0).
(183/335)	RIEGLER (I) Franz	30.08.1915	3	0	1936-1945, FK Austria Wien (3/0).
(228/384)	RIEGLER Johann	17.07.1929	6	1	1951-1955, SK Rapid Wien (6/1).
(400/553)	RINKER Günther	12.03.1950	2	1	1975-1976, Wacker Innsbruck (2/1).
(480/607)	RODAX Gerhard	29.08.1965	20	3	1985-1991, FC Admira/Wacker Wien (18/3), Clube Atlético de Madrid (2/0).
(220/381)	RÖCKL Rudolf	12.01.1927	24	0	1949-1956, Wiener Sport-Club (8/0), First Vienna FC (16/0).
(594/692)	ROHSEANO Klaus	08.09.1969	1	0	1999, Linzer ASK (1/0).
(489/617)	ROSCHER Ewald	11.11.1959	1	0	1987, FC Tirol Innsbruck (1/0).
(531/651)	ROTTER Leopold	14.09.1964	6	0	1991-1992, VSE St.Pölten (6/0).
(701/796)	ROYER Daniel	22.05.1990	6	0	2011, SV Ried im Innkreis (3/0), Hannover'96 (3/0).
(32/119)	RUMBOLD Karl		1	0	1913, First Vienna FC (1/0).
(112/258)	RUNGE Franz	05.07.1904	3	2	1927-1928, Admira Wien (3/2).
(47/154)	RUPEC Rudolf		10	0	1917-1918, SK Rapid Wien (10/0).
(353/507)	RUSS Heinz	05.10.1939	2	0	1968, SK Sturm Graz (2/0).
(496/626)	RUSS Kurt	23.11.1964	28	0	1988-1991, First Vienna FC (22/0), FC Tirol Innsbruck (6/0).
(195/352)	SABEDITSCH Ernst	06.05.1920	7	0	1945-1947, First Vienna FC (7/0).
(266/416)	SABETZER Rudolf	28.07.1934	3	2	1956-1965, FK Austria Wien (1/2), Linzer ASK (2/0).
(536/657)	SABITZER Herfried	19.10.1969	6	1	1992-1997, SV Casino Salzburg (3/0), Linzer ASK (1/1), Grazer AK (2/0).
(711/807)	SABITZER Marcel	17.03.1994	16	3	2012-2015, FC Trenkwalder Admira Wacker Mödling (1/0), SK Rapid Wien (5/2), FC Red Bull Salzburg (6/0), RasenBallsport Leipzig (4/0).
(644/750)	SÄUMEL Jürgen	08.09.1984	20	0	2005-2012, SK Puntigamer Sturm Graz (14/0), Torino Calcio (5/0), SK Sturm Graz (1/0).
(90/228)	SAFT Heinrich (LEBENSAFT)	22.03.1905	6	0	1924-1927, SC Rudolfshügel Wien (1/0), FK Austria Wien (5/0).
(656/764)	SALMUTTER Klaus	03.01.1984	4	0	2006-2007, SK Puntigamer Sturm Graz (4/0).
(437/579)	SARA Josef	09.03.1954	1	0	1979, FK Austria Wien (1/0).
(334/482)	SARA Robert	09.06.1946	55	3	1965-1980, FK Austria Wien (55/3).
(641/747)	SARIYAR Yüksel	11.08.1979	13	1	2005-2007, FC Superfund Pasching (9/1), FK Austria Magna Wien (4/0).
(682/781)	SAURER Christoph	22.01.1986	1	0	2009, LASK Linz (1/0).
(4/025)	SAX Leopold		1	0	1904, Wiener AC (1/0).
(409/563)	SCHACHNER Walter	01.02.1957	64	23	1976-1994, SV Alpine Donawitz (9/4), FK Austria Wien (18/5), AC Cesena (16/11), AC Torino (15/3), *unattached* (1/0), US Avellino (4/0), DSV Leoben (1/0).
(109/252)	SCHALL Anton	22.06.1907	28	27	1927-1934, Admira Wien (28/27).
(617/717)	SCHARNER Paul	11.03.1980	40	0	2002-2012, FK Austria Wien (9/0), SV Salzburg (1/0), SK Brann Bergen (2/0), Wigan Athletic FC (18/0), West Bromwich Albion FC (10/0).
(3/023)	SCHEDIWY Josef		4	1	1903-1909, SK Rapid Wien (4/1).

(17/088)	SCHEU F.		1	0	1909, Viktoria Wien (1/0).
(81/209)	SCHEUER Max		1	0	1923, SC Hakoah Wien (1/0).
(665/772)	SCHIEMER Franz	21.03.1986	25	4	2007-2013, FK Austria Magna Wien (7/0), FC Red Bull Salzburg (18/4).
(81/210)	SCHIERL Hans		2	0	1923-1924, Admira Wien (2/0).
(599/699)	SCHIESSWALD Günter	25.09.1973	2	0	2000-2001, SK Rapid Wien (2/0).
(383/537)	SCHILCHER Heinz	14.04.1947	1	0	1973, Ajax Amsterdam (1/0).
(533/654)	SCHINKELS Frank	09.01.1963	6	1	1992-1993, VSE St.Pölten (5/1), SV Casino Salzburg (1/0).
(372/529)	SCHLAGBAUER Rainer	24.07.1949	2	0	1971-1974, First Vienna FC (1/0), SK Rapid Wien (1/0).
(176/329)	SCHLAUF Rudolf	17.03.1910	1	0	1935, FC Libertas Wien (1/0).
(230/386)	SCHLEGER Walter Dr.	19.09.1929	22	1	1951-1962, FK Austria Wien (22/1).
(38/136)	SCHLOSSER Franz		4	0	1914-1915, Wiener AC (4/0).
(172/319)	SCHMAUS Willibald	16.06.1911	15	0	1935-1937, First Vienna FC (15/0).
(30/115)	SCHMID Johann "Alois"		6	0	1912-1917, SV Amateure Wien (6/0).
(361/515)	SCHMIDRADNER Johann	26.02.1945	28	1	1969-1974, Wiener Sport-Club (17/1), Kickers Offenbach (11/0).
(341/493)	SCHMIDT Peter	03.12.1943	2	0	1966-1967, Wiener Sport-Club (2/0).
(248/403)	SCHMIED Kurt	14.06.1926	38	0	1954-1960, First Vienna FC (38/0).
(9/057)	SCHMIEGER Wilhelm	24.04.1887	7	6	1907-1912, Wiener Sport-Club (7/6).
(3/022)	SCHNECK S.		1	0	1903, Graphia Wien (1/0).
(96/235)	SCHNEIDER (I) Josef	1901	11	0	1925-1927, Wiener AC (11/0).
(526/644)	SCHNEIDER Harald	08.06.1966	1	0	1991, FK Austria Wien (1/0).
(113/259)	SCHNEIDER Karl	16.12.1902	7	1	1927-1928, FK Austria Wien (7/1).
(4/026)	SCHÖNECKER Eduard		1	0	1904, SK Rapid Wien (1/0).
(563/678)	SCHOPP Markus	22.02.1974	56	6	1995-2005, SK Sturm Graz (7/1), Hamburger SV (7/0), SK Sturm Graz (17/0), Brescia Calcio (21/5), FC Red Bull Salzburg (4/0).
(115/262)	SCHOTT Karl	1906	10	0	1927-1931, Admira Wien (10/0).
(494/622)	SCHÖTTEL Peter	26.03.1967	63	0	1988-2002, SK Rapid Wien (62/0), no club (1/0).
(1/009)	SCHRAMMEL Engelbert		5	0	1902-1904, Wiener AC (5/0).
(702/799)	SCHRAMMEL Thomas	05.09.1987	1	0	2011, SV Ried im Innkreis (1/0).
(118/268)	SCHRAMSEIS Roman	29.03.1906	18	0	1928-1932, SK Rapid Wien (18/0).
(633/738)	SCHRANZ Andreas	02.05.1979	6	0	2004-2006, Grazer AK (1/0), Liebherr Grazer AK (5/0).
(16/083)	SCHRENK Karl		2	1	1909, First Vienna FC (2/1).
(318/463)	SCHROTTENBAUM Alfred	12.04.1938	1	0	1963, SK Rapid Wien (1/0).
(2/018)	SCHULZ (I) Edwin		2	0	1903, Wiener AC (2/0).
(11/075)	SCHWARZ (I) Johann		1	0	1908, DFC Praha (2/0).
(21/101)	SCHWARZ (II) Johann		3	1	1911-1913, First Vienna FC (2/0), Wiener AF (1/1).
(403/556)	SCHWARZ Werner	12.04.1952	3	0	1976, Wacker Innsbruck (3/0).
(237/389)	SCHWEDA Paul	05.03.1930	3	0	1952-1953, FK Austria Wien (3/0).
(33/122)	SEDLACEK Franz "Benjamin"		11	0	1913-1918, Wiener AF (11/0).
(50/159)	SEDLÁČEK Josef		1	1	1917, SK Slavia Praha (1/1).
(62/186)	SEIDL Rudolf	28.11.1897	8	1	1920-1928, Floridsdorfer AC Wien (2/0), First Vienna FC (6/1).
(328/477)	SEITL Walter	15.03.1941	6	2	1965-1966, SK Rapid Wien (6/2).
(277/424)	SENEKOWITSCH Helmut	22.10.1933	18	5	1957-1968, SK Sturm Graz (7/2), First Vienna FC (8/3), Betis Sevilla (1/0), Wacker Innsbruck (2/0).
(146/298)	SESTA Karl (SZESTAK)	18.03.1906	44	1	1932-1945, Wiener AC (27/1), FK Austria Wien (16/0), First Vienna FC (2/0).
(91/231)	SEUFFERT Robert		1	0	1924, First Vienna FC (1/0).
(343/497)	SIBER Helmut	16.05.1942	11	4	1967-1969, Wacker Innsbruck (9/3), Kickers Offenbach (2/1).
(636/740)	SICK Gernot	31.10.1978	2	0	2004, Liebherr Grazer AK (2/0).
(97/238)	SIEGL Ignaz		24	5	1925-1931, Admira Wien (24/6).
(106/246)	SINDELAR Matthias	10.02.1903	43	26	1926-1937, SV Amateure Wien (6/4), FK Austria Wien (37/22).
(15/079)	SINGER Ernst		1	0	1909, First Vienna FC (1/0).
(287/432)	SKERLAN Karl	03.01.1940	14	3	1958-1964, Wiener Sport-Club (10/3), Admira Wien (4/0).
(296/441)	SKOCIK Walter	06.09.1940	14	0	1960-1967, SK Rapid Wien (14/0).
(170/316)	SKOUMAL Stefan	29.11.1909	4	1	1934-1935, SK Rapid Wien (4/1).
(119/276)	SMISTIK Josef	28.11.1905	39	2	1928-1936, SK Rapid Wien (39/2).
(11/066)	SMOLEK Rudolf		4	0	1908-1909, SK Rapid Wien (4/0).
(196/355)	SMUTNY Engelbert	19.03.1917	3	0	1946, SK Rapid Wien (3/0).
(87/227)	SOCK Johann		1	0	1924, Donau Wien (1/0).
(196/354)	SPALE Josef	13.08.1920	4	0	1946, FK Austria Wien (4/0).
(487/616)	SPIELMANN Andreas	20.03.1965	1	0	1986, FC Tirol Innsbruck (1/0).
(22/105)	SPINDLER Jaroslav		1	0	1911, FK 03 Teplitz (1/0).
(378/534)	STACHOWICZ Herbert	13.07.1948	4	0	1972-1973, FC Admira/Wacker Wien (4/0).
(334/483)	STAMM Walter	20.07.1941	7	0	1965-1968, Admira Wien (7/0).
(631/736)	STANDFEST Joachim	30.05.1980	34	2	2003-2008, Liebherr Grazer AK (16/1), FK Austria Magna Wien (18/1).
(681/780)	STANKOVIC Marko	17.02.1986	1	0	2008, SK Puntigamer Sturm Graz (1/0).
(5/033)	STANSFIELD Charles		2	4	1904-1905, Vienna Cricket and FC Wien (2/4).
(350/504)	STAREK August	16.02.1945	22	4	1968-1974, 1.FC Nürnberg (1/0), Bayern München (3/1), SK Rapid Wien (8/1), Linzer ASK (10/2).
(481/610)	STEINBAUER Rudolf	09.09.1959	3	0	1985-1987, Grazer AK (2/0), FC Tirol Innsbruck (1/0).
(400/554)	STEINER Manfred	03.01.1950	2	0	1975, SK Sturm Graz (2/0).
(437/578)	STEINKOGLER Gerhard	29.09.1959	5	1	1979-1984, Grazer AK (3/1), FK Austria Wien (2/0).
(3/020)	STEINMANN K.		1	0	1903, Graphia Wien (1/0).
(56/166)	STEJSKAL Wilhelm		1	0	1918, SK Rapid Wien (1/0).
(359/514)	STERING Josef	06.03.1949	26	5	1969-1977, Grazer AK (3/1), VOEST Linz (11/1), Wacker Innsbruck (12/3).
(56/168)	STEUER Wilhelm		1	0	1918, DFC Praha (1/0).
(494/623)	STÖGER Peter	11.04.1966	65	15	1988-1999, First Vienna FC (7/0), FK Austria Wien (28/5), FC Tirol Innsbruck (5/0), SK Rapid Wien (16/8), Linzer ASK (8/2), FK Austria Wien (1/0).
(117/266)	STOIBER Karl	13.10.1907	6	2	1928-1936, Admira Wien (6/2).
(201/366)	STOJASPAL (I) Ernst	14.01.1925	32	14	1946-1954, FK Austria Wien (32/14).
(221/382)	STOTZ Karl	27.03.1927	42	1	1950-1962, FC Wien (1/0), FK Austria Wien (41/1).

ID	Name	DOB	Caps	Goals	Career
(613/708)	STRAFNER Gerald	03.06.1973	3	0	2001, SK Sturm Graz (3/0).
(600/700)	STRANZL Martin	16.06.1980	56	3	2000-2009, TSV 1860 München (18/0), VfB Stuttgart (11/2), FK Spartak Moskva (27/1).
(358/513)	STRASSER Heinrich	26.10.1948	26	0	1969-1979, Admira Wien (3/0), FC Admira/Wacker Wien (23/0).
(508/636)	STREITER Michael	19.01.1966	34	1	1989-1999, FC Tirol Innsbruck (32/1), FK Austria Wien (2/0).
(198/360)	STRITTICH Rudolf	03.03.1922	4	0	1946-1949, First Vienna FC (4/0).
(54/164)	STRNAD Johann		1	0	1918, Wiener Sport-Club (1/0).
(300/445)	STROBL Erich	03.05.1933	5	0	1960-1962, 1.Simmeringer SC Wien (3/0), FK Austria Wien (2/0).
(175/327)	STROH Josef	05.03.1913	17	4	1935-1948, FK Austria Wien (17/4).
(1/010)	STUDNICKA Johann „Jan"	12.10.1883	28	18	1902-1918, Wiener AC (28/18).
(2/015)	STÜRMER (I) Karl		2	0	1903-1905, Wiener AC (2/0).
(4/027)	STÜRMER (II) Adolf		1	0	1904, Wiener AC (1/0).
(44/149)	STÜRMER (III) Josef		2	0	1916-1918, Wiener AF (2/0).
(566/679)	STUMPF Christian	24.12.1966	2	1	1995-1996, SK Rapid Wien (2/1).
(328/478)	STURMBERGER Gerhard	01.05.1940	43	0	1965-1973, Linzer ASK (43/0).
(33/121)	SUDRICH Stefan		1	0	1913, Wiener AC (1/0).
(709/803)	SUTTNER Markus	16.04.1987	14	0	2011-2015, FK Austria Wien (14/0).
(37/135)	SWATOSCH Ferdinand	11.05.1894	23	18	1914, 1.Simmeringer SC Wien (1/1), SK Rapid Wien (3/2), 1.Simmeringer SC Wien (1/1), SV Amateure Wien (14/10), Kölner BC (4/4).
(22/103)	SWATOSCH Jakob		3	0	1911-1914, 1.Simmeringer SC Wien (3/0).
(262/411)	SWOBODA Franz	15.02.1933	23	0	1955-1960, FK Austria Wien (23/0).
(262/410)	SZANWALD Rudolf	06.07.1931	12	0	1955-1965, Wiener Sport-Club (12/0).
(338/490)	SZAUER Johann	30.08.1939	2	0	1966, Admira Wien (2/0).
(114/260)	SZOLDATICS Karl	23.10.1906	4	0	1927-1931, 1.Simmeringer SC Wien (2/0), Admira Wien (2/0).
(82/215)	TANDLER Johann	1901	18	3	1924-1930, SV Amateure Wien (12/0), FK Austria Wien (6/3).
(1/011)	TAURER Josef		6	1	1902-1905, Wiener AC (6/1).
(173/323)	TAUSCHEK Ludwig	15.05.1911	1	0	1935, SK Rapid Wien (1/0).
(19/092)	TEKUSCH (I) Felix	11.05.1889	9	0	1910-1914, Wiener AC (1/0), Wiener AF (8/0).
(14/077)	TEKUSCH (II) Karl Dr.	07.07.1890	15	0	1908-1918, Wiener AC (2/0), Wiener AF (13/0).
(84/218)	TEUFEL Josef	18.01.1897	4	0	1924-1925, Wiener Sport-Club (4/0).
(140/296)	THALER Gustav	21.11.1909	1	0	1931, SC Nicholson Wien (1/0).
(469/599)	THONHOFER Karl-Heinz	25.09.1958	1	0	1983, SK Sturm Graz (1/0).
(11/072)	THURM Ernst		2	0	1908, DFC Praha (2/0).
(137/291)	TÖGEL Gustav		1	0	1931, Fisrt Vienna FC (1/0).
(60/178)	TREML Alois		1	1	1919, First Vienna FC (1/1).
(685/788)	TRIMMEL Christopher	24.02.1987	3	0	2009-2010, SK Rapid Wien (3/0).
(299/444)	TRUBRIG Heribert	01.10.1935	10	0	1960-1962, Linzer ASK (10/0).
(477/604)	TÜRMER Ewald	22.04.1962	7	0	1984-1986, FK Austria Wien (7/0).
(32/120)	TWAROCH Franz		2	0	1913, SC Wacker Wien (2/0).
(328/476)	ULLMANN Ewald	05.05.1943	6	0	1965-1967, SK Rapid Wien (6/0).
(682/782)	ULMER Andreas	30.10.1985	3	0	2009-2014, SV Josko Fenster Ried (1/0), FCRed Bull Salzburg (2/0).
(35/126)	URBAN Franz		2	0	1914, First Vienna FC (2/0).
(140/294)	URBANEK Johann	10.10.1910	15	0	1931-1936, Admira Wien (15/0).
(58/172)	URIDIL (I) Josef	24.12.1895	8	8	1919-1926, SK Rapid Wien (7/8), First Vienna FC (1/0).
(49/156)	VANÍK Jan	11.04.1892	2	0	1917, SK Slavia Praha (2/0).
(319/464)	VARGO Peter	01.10.1941	2	0	1963, FK Austria Wien (2/0).
(567/681)	VASTIC Ivica	29.09.1969	50	14	1996-2008, SK Sturm Graz (39/11), Nagoya Grampus Eight (1/0), FK Austria Wien (5/1), Linzer ASK (5/2).
(190/338)	VAVRA Franz	10.04.1915	3	0	1937, Wiener Sport-Club (3/0).
(307/450)	VIEHBÖCK Franz	15.10.1938	18	2	1962-1966, SVS Linz (7/1), Linzer ASK (11/1).
(98/240)	VIERTL Rudolf	12.11.1902	16	4	1925-1937, 1.Simmeringer SC Wien (1/0), FK Austria Wien (15/4).
(7/039)	VLADAR Karl		4	0	1906-1909, SK Rapid Wien (4/0).
(138/293)	VOGEL Adolf	04.05.1910	20	6	1931-1936, Admira Wien (20/6).
(173/325)	VOGEL Leopold	16.09.1910	2	1	1935, Admira Wien (2/1).
(613/707)	VUKOVIC Zeljko	09.02.1962	3	0	2001, FC Kärnten (3/0).
(1/003)	WACHUDA Emil "Omlady"		1	0	1902, Wiener AC (1/0).
(11/069)	WACKENREUTHER Arthur		5	0	1908-1911, Wiener Sport-Club (5/0).
(155/306)	WAGNER Franz	23.09.1911	18	0	1933-1936, SK Rapid Wien (18/0).
(60/175)	WAGNER Friedrich		1	0	1919, SC Rudolfshügel Wien (1/0).
(619/721)	WAGNER Michael	18.12.1975	10	0	2002-2003, FK Austria Wien (10/0).
(2/012)	WAGNER Rudolf		1	0	1903, Vienna Cricket and FC Wien (1/0).
(203/370)	WAGNER Stephan	17.10.1913	2	0	1947, SK Rapid Wien (2/0).
(200/365)	WAGNER Theodor	06.08.1927	46	22	1946-1957, SC Wacker Wien (47/23).
(341/492)	WAHL Josef	28.03.1943	1	0	1966, Admira Wien (1/0).
(147/303)	WAITZ Georg	23.01.1909	1	1	1932, FC Nicholson Wien (1/1).
(536/658)	WALDHÖR Walter	21.09.1968	2	1	1992, SK Vorwärts Steyr (2/1).
(357/512)	WALLNER Helmut	22.03.1946	3	0	1969, Wiener Sport-Club (3/0).
(609/706)	WALLNER Roman	04.02.1982	29	7	2001-2010, SK Rapid Wien (18/5), Hannover'96 (1/0), VfB Nordea Admira Wacker Mödling (1/0), FK Austria Magna Wien (3/0), Linzer ASK (4/1), FC Red Bull Salzburg (2/1).
(393/542)	WALZER Werner	23.08.1947	1	0	1974, SK Rapid Wien (1/0).
(115/263)	WALZHOFER Johann	23.03.1906	5	0	1927, Wiener AC (3/0), SC Wacker Wien (2/0).
(221/383)	WALZHOFER Otto	21.06.1926	13	3	1950-1957, Admira Wien (1/0), First Vienna FC (12/3).
(72/200)	WANA Josef		1	0	1922, SC Wacker Wien (1/0).
(8/051)	WANCURA Maximilian		1	0	1907, Viktoria Wien (1/0).
(443/582)	WARTINGER Helmut	13.09.1959	1	0	1980, VOEST Linz (1/0).
(343/494)	WARTUSCH Helmut	18.07.1943	2	0	1967, Wacker Innsbruck (2/0).
(538/660)	WAZINGER Robert	23.08.1966	5	0	1992-1993, FC Tirol Innsbruck (5/0).

(20/096)	WEBER Franz	03.07.1888	6	0	1910-1913, First Vienna FC (6/0).
(403/555)	WEBER Heribert	28.06.1955	68	1	1976-1989, SK Sturm Graz (10/0), SK Rapid Wien (54/1), SV Austria Salzburg (4/0).
(702/798)	WEBER Manuel	28.08.1985	1	0	2011, SK Sturm Graz (1/0).
(8/048)	WEGSCHEIDER Franz		1	0	1907, SK Rapid Wien (1/0).
(399/551)	WEIGL Helmut	16.02.1952	1	0	1975, FC Admira/Wacker Wien (1/0).
(9/055)	WEIHRAUCH Wilhelm		3	0	1907-1909, SC Rudolfshügel Wien (3/0).
(714/808)	WEIMANN Andreas	05.08.1991	14	0	2012-2015, Aston Villa FC Birmingham (14/0).
(20/094)	WEINBERG Johann		1	0	1910, First Vienna FC (1/0).
(487/615)	WEINHOFER Rudolf	07.05.1962	4	0	1986-1987, SK Rapid Wien (4/0).
(60/177)	WEISS Friedrich		1	0	1919, Floridsdorfer AC Wien (1/0).
(110/254)	WEISS Josef		2	0	1927, Wiener AC (2/0).
(596/696)	WEISSENBERGER Markus	08.03.1975	29	1	1999-2008, DSC Arminia Bielefeld (7/0), TSV 1860 München (14/1), SG Eintracht Frankfurt (8/0).
(553/670)	WEISSENBERGER Thomas	28.05.1971	1	0	1994, Linzer ASK (1/0).
(396/547)	WELZL Kurt	06.11.1954	22	10	1975-1982, Wacker Innsbruck (6/2), AZ´67 Alkmaar (11/8), CF Valencia (5/0).
(485/611)	WERNER (I) Jürgen	03.12.1961	11	0	1986-1988, VOEST Linz (11/0).
(557/672)	WERNER-KLAUSRIEGLER Jürgen	27.04.1967	2	0	1994, FC Linz (2/0).
(118/272)	WESELIK Franz	20.04.1903	11	13	1928-1933, SK Rapid Wien (11/13).
(71/197)	WESSELY Ferdinand	30.05.1897	40	17	1922-1930, SK Rapid Wien (40/17).
(510/637)	WESTERTHALER Christoph	11.01.1965	6	0	1989-1993, FC Tirol Innsbruck (6/0).
(525/643)	WETL Arnold	02.02.1970	21	4	1990-1999, SK Sturm Graz (7/3), FC Porto (5/0), SK Rapid Wien (9/1).
(315/460)	WIEGER Erhard	30.07.1941	1	0	1962, First Vienna FC (1/0).
(43/147)	WIESER Gustav		27	12	1916-1926, SK Rapid Wien (9/1), SV Amateure Wien (18/11).
(1/007)	WIESNER Julius		1	0	1902, Wiener FC 1898 (1/0).
(3/021)	WILCZEK Franz		2	0	1903-1904, Deutscher Sportverein Wien (1/0), Wiener Sportvereinigung (1/0).
(51/161)	WILDA Karel		3	2	1917-1918, DFC Praha (3/2).
(466/596)	WILLFURTH Gerald	06.11.1962	30	3	1983-1991, SK Rapid Wien (27/3), SV Casino Salzburg (3/0).
(596/698)	WIMMER Gerhard	09.01.1977	5	0	1999-2002, SK Rapid Wien (2/0), SG Eintracht Frankfurt (1/0), FC Hansa Rostock (2/0).
(726/812)	WIMMER Kevin	15.11.1992	2	0	2013-2015, 1.FC Köln (2/0).
(294/437)	WINDISCH Johann	05.01.1941	9	0	1960-1964, Wiener Sport-Club (9/0).
(392/540)	WINKLBAUER Johannes	25.12.1949	7	0	1974-1975, SV Austria Salzburg (7/0).
(550/666)	WINKLHOFER Thomas	30.12.1970	20	0	1993-2001, SV Casino Salzburg (4/0), SV Salzburg (10/0), 1.FC Saarbrücken (6/0).
(491/619)	WOHLFAHRT Franz	01.07.1964	59	0	1987-2001, FK Austria Wien (31/0), VfB Stuttgart (16/0), FK Austria Wien (12/0).
(8/052)	WOLF Ferdinand		2	1	1907, SK Rapid Wien (2/1).
(691/794)	WOLF Patrick	04.05.1981	2	0	2010, SC Magna Wiener Neustadt (2/0).
(314/457)	WOLNY Franz	12.04.1940	8	2	1962-1968, SK Rapid Wien (1/0), Wacker Innsbruck (7/2).
(37/133)	WONDRAK Karl		15	3	1914-1924, SK Rapid Wien (15/3).
(106/247)	WORTMANN Siegfried	1907	1	1	1926, SC Hakoah Wien (1/1).
(414/567)	ZANON Werner	28.08.1955	1	0	1977, Wacker Innsbruck (1/0).
(242/396)	ZECHMEISTER Ferdinand	22.12.1927	3	0	1953-1960, Linzer ASK (3/0).
(195/349)	ZEMAN Walter	01.05.1927	41	0	1945-1960, SK Rapid Wien (41/0).
(138/292)	ZISCHEK Karl	28.08.1910	40	24	1931-1945, SC Wacker Wien (40/24).
(546/664)	ZISSER Michael	05.10.1966	1	1	1993, VfB Mödling (1/1).
(147/299)	ZÖHRER Rudolf	28.03.1911	3	0	1932-1937, Admira Wien (1/0), FK Austria Wien (2/0).
(486/613)	ZSAK Manfred	22.12.1964	49	5	1986-1993, FC Admira/Wacker Wien (5/0), FK Austria Wien (44/5).
(442/580)	ZUENELLI Mario	04.09.1954	2	0	1980, Grazer AK (2/0).
(726/811)	ZULECHNER Philipp	12.04.1990	1	0	2013, SV Grödig (1/0).
(202/368)	ZWAZL Friedrich	13.04.1923	6	0	1947-1950, First Vienna FC (1/0), SC Wacker Wien (5/0).

NATIONAL COACHES

Name	DOB	Period	Matches	P	W	D	L	GF	-	GA	
James „Jimmy" HOGAN (*England*)	16.10.1882 †31.01.1974	29.06.1912 – 05.07.1912	[25-29]	5	3	0	2	12	-	8	60.00 %
Hugo MEISL	16.11.1881 †17.02.1937	03.11.1912 – 03.05.1914	[30-36]	7	3	1	3	11	-	13	50.00 %
Hugo MEISL – Heinrich RETSCHURY		04.10.1914 – 06.04.1919	[37-58]	22	6	3	13	40	-	52	34.09 %
Hugo MEISL	16.11.1881 †17.02.1937	05.10.1919 – 24.01.1937	[59-185]	127	68	29	30	329	-	202	64.96 %
Heinrich RETSCHURY		23.05.1937 – 24.10.1937	[188-192]	5	2	1	2	10	-	10	50.00 %
Karl ZANKL	Not known †03.10.1945	19.08.1945 – 20.08.1945	[193-194]	2	0	0	2	2	-	7	0.00 %
Eduard BAUER	13.02.1894 †04.03.1948	12.06.1945 – 09.11.1947	[195-205]	11	4	0	7	26	-	28	36.36 %
Franz PUTZENDOPLER – KOLISCH – Eduard FRÜHWIRTH	17.11.1908 †27.02.1973	18.04.1948 – 02.08.1948	[206-210]	5	3	0	2	9	-	9	60.00 %
Walter NAUSCH	05.02.1907 †11.07.1957	03.10.1948 – 14.11.1954	[211-257]	47	20	10	17	118	-	88	53.19 %
Johann KAULICH		27.03.1955	[258]	1	0	0	1	2	-	3	0.00 %
Josef MOLZER	28.02.1906 †??.09.1987	24.04.1955 – 19.05.1955	[259-261]	3	1	1	1	6	-	8	50.00 %
Karl GEYER	24.03.1899 †21.02.1998	16.10.1955 – 15.04.1956	[262-266]	5	2	0	3	8	-	14	40.00 %
Josef ARGAUER	15.11.1910 †10.10.2004	02.05.1955 – 15.06.1958	[267-284]	18	7	6	5	37	-	27	55.55 %
Alfred FREY – Franz PUTZENDOPLER – Egon SELZER		14.09.1958 – 05.10.1958	[285-286]	2	0	0	2	4	-	6	0.00 %
Karl DECKER	05.09.1921 †27.09.2005	19.11.1958 – 14.12.1963	[287-322]	36	16	3	17	60	-	67	48.61 %
Josef WALTER – Béla GUTTMANN (*Hungary*)	27.01.1899 †28.08.1981	12.04.1964 – 11.10.1964	[323-327]	5	3	1	1	6	-	5	70.00 %
Eduard FRÜHWIRTH	17.11.1908 †27.02.1973	24.03.1965 – 30.10.1966	[328-342]	15	4	3	8	12	-	23	36.66 %
Erwin ALGE – Johann PESSER	07.11.1911 †12.08.1986	27.05.1967 – 16.06.1968	[343-352]	10	3	2	5	18	-	19	40.00 %
Leopold STASTNY (*Czechoslovakia*)	23.05.1911 †14.05.1996	22.09.1968 – 24.09.1975	[353-400]	48	15	16	17	57	-	59	47.91 %
Branko ELSNER (*Yugoslavia*)	23.11.1929	15.10.1975 – 19.11.1975	[401-402]	2	1	0	1	6	-	3	50.00 %
Helmut SENEKOWITSCH	22.10.1933 †09.09.2007	28.04.1976 – 21.06.1978	[403-428]	26	14	4	8	40	-	26	61.53 %
Karl STOTZ	27.03.1927	30.08.1978 – 11.11.1981	[429-452]	24	13	6	5	43	-	26	66.66 %
Felix LATZKE – Georg SCHMIDT	01.02.1942	24.03.1982 – 01.07.1982	[453-460]	8	5	1	2	11	-	7	68.75 %
Erich HOF	03.08.1936 †25.01.1995	22.09.1982 – 14.11.1984	[461-475]	15	6	3	6	22	-	20	50.00 %
Branko ELSNER (*Yugoslavia*)	23.11.1929	27.03.1985 – 18.11.1987	[476-493]	18	5	5	8	20	-	28	41.66 %
Josef HICKERSBERGER	27.04.1948	02.02.1988 – 12.09.1990	[494-522]	29	10	7	12	36	-	39	46.55 %
Alfred RIEDL	02.11.1949	31.10.1990 – 09.10.1991	[523-530]	8	1	3	4	6	-	16	31.25 %
Dietmar CONSTANTINI	30.05.1955	16.10.1991 – 13.11.1991	[531-532]	2	0	0	2	1	-	4	0.00 %
Ernst HAPPEL	29.11.1925 †14.11.1992	25.03.1992 – 28.10.1992	[533-541]	9	2	3	4	18	-	17	38.88 %
Dietmar CONSTANTINI	30.05.1955	18.11.1992	[542]	1	0	1	0	0	-	0	50.00 %
Herbert PROHASKA	08.08.1955	10.03.1993 – 27.03.1999	[543-593]	51	25	9	17	96	-	73	57.84 %
Otto BARIĆ (*Croatia*)	19.06.1933	28.04.1999 – 14.11.2001	[594-615]	22	7	6	9	31	-	35	45.45 %
Johann KRANKL	14.02.1953	27.03.2002 – 07.09.2005	[616-646]	31	10	10	11	47	-	46	48.38 %
Willibald RUTTENSTEINER – Andreas HERZOG	12.11.1962 10.09.1968	08.10.2005 – 12.10.2005	[647-648]	2	1	0	1	2	-	1	50.00 %
Josef HICKERSBERGER	27.04.1948	01.03.2006 – 16.06.2008	[649-675]	27	5	9	13	29	-	39	35.18 %
Karel BRÜCKNER (*Czech Republic*)	13.11.1939	20.08.2008 – 11.02.2009	[676-682]	7	1	2	4	9	-	15	28.57 %
Dietmar CONSTANTINI	30.05.1955	01.04.2009 – 06.09.2011	[683-705]	23	7	3	13	30	-	42	36.95 %
Willibald RUTTENSTEINER	12.11.1962	07.10.2011 – 11.10.2011	[706-707]	2	1	1	0	4	-	1	75.00 %
Marcel KOLLER (*Switzerland*)	11.11.1960	15.11.2011 – 17.11.2015	[708-742]	35	19	7	9	60	-	35	64.28 %

By following matches the Austrian F.A. was responsable for the national squad: [1-24], [186-187].

National coaches several times in charge:

Name	How often	Matches	M	W	D	L	GF	-	GA	
Hugo MEISL	2 x	[30-36],[59-185]	134	71	30	33	340	-	215	64.17 %
Branko ELSNER (*Yugoslavia*)	2 x	[401-402],[476-493]	20	6	5	9	26	-	31	42.50 %
Dietmar CONSTANTINI	2 x	[531-532],[542],	26	7	4	15	31	-	46	34.61 %
Josef HICKERSBERGER	2 x	[494-522],[649-668]	56	15	16	25	65	-	78	41.07 %

HEAD-TO-HEAD STATISTICS

	HOME							AWAY							NEUTRAL							TOTAL						
Albania	3	3	0	0	13	:	0	3	3	0	0	4	:	1								6	6	0	0	17	:	1
Algeria															1	1	0	0	2	:	0	1	1	0	0	2	:	0
Argentina	2	0	1	1	2	:	6															2	0	1	1	2	:	6
Azerbaijan	2	2	0	0	5	:	0	2	1	1	0	4	:	1								4	3	1	0	9	:	1
Belarus	2	2	0	0	9	:	0	2	2	0	0	3	:	0								4	4	0	0	12	:	0
Belgium	6	4	1	1	14	:	6	8	5	2	1	27	:	12								14	9	3	2	41	:	18
Bosnia and Herz.	2	1	1	0	3	:	1	1	0	1	0	1	:	1								3	1	2	0	4	:	2
Brazil	4	0	1	3	4	:	8	3	0	2	1	1	:	2	2	0	0	2	0	:	4	9	0	3	6	5	:	14
Bulgaria	5	5	0	0	19	:	2	3	0	2	1	2	:	5								8	5	2	1	21	:	7
Cameroon	2	0	1	1	0	:	2								1	0	1	0	1	:	1	3	0	2	1	1	:	3
Canada	1	0	0	1	0	:	2															1	0	0	1	0	:	2
Chile															2	1	1	0	2	:	1	2	1	1	0	2	:	1
Costa Rica	1	1	0	0	2	:	0								1	0	1	0	2	:	2	2	1	1	0	4	:	2
Croatia	4	0	0	4	2	:	8	1	0	0	1	0	:	1								5	0	0	5	2	:	9
Cyprus	3	3	0	0	14	:	2	4	3	1	0	8	:	3								7	6	1	0	22	:	5
Czech Republic	20	7	5	8	30	:	34	19	2	7	10	24	:	43	2	1	0	1	5	:	1	41	10	12	19	59	:	78
Denmark	5	4	0	1	9	:	5	3	0	1	2	5	:	8								8	4	1	3	14	:	13
East Germany	3	1	2	0	5	:	2	3	0	2	1	2	:	3								6	1	4	1	7	:	5
Egypt	1	1	0	0	3	:	1	2	0	1	1	0	:	1								3	1	1	1	3	:	2
England	11	3	2	6	16	:	37	6	1	1	4	9	:	19	1	0	1	0	2	:	2	18	4	4	10	27	:	58
Estonia	1	1	0	0	2	:	0	1	1	0	0	3	:	0								2	2	0	0	5	:	0
Faroe Islands	3	3	0	0	12	:	1	3	1	1	1	4	:	2								6	4	1	1	16	:	3
Finland	5	5	0	0	15	:	4	5	3	1	1	8	:	6								10	8	1	1	23	:	10
France	9	4	1	4	18	:	14	12	4	1	7	19	:	22	2	1	0	1	3	:	3	23	9	2	12	40	:	39
Germany	17	4	2	11	23	:	34	17	2	4	11	21	:	42	5	2	0	3	11	:	13	39	8	6	25	55	:	89
Ghana	1	0	1	0	1	:	1															1	0	1	0	1	:	1
Greece	7	2	3	2	8	:	8	5	1	2	2	8	:	11								12	3	5	4	16	:	19
Hungary	67	29	14	24	149	:	121	67	10	16	41	121	:	172	2	1	0	1	2	:	4	136	40	30	66	272	:	297
Iceland	2	1	1	0	3	:	2	1	0	1	0	0	:	0								3	1	2	0	3	:	2
Iran	1	1	0	0	5	:	1															1	1	0	0	5	:	1
Israel	3	2	1	0	8	:	4	6	2	3	1	7	:	9								9	4	4	1	15	:	13
Italy	14	7	2	5	20	:	12	19	5	5	9	29	:	29	4	2	0	2	8	:	6	37	14	7	16	57	:	47
Ivory Coast	2	1	0	1	3	:	5															2	1	0	1	3	:	5
Japan	1	0	1	0	0	:	0															1	0	1	0	0	:	0
Kazakhstan	2	2	0	0	6	:	0	2	0	2	0	0	:	0								4	2	2	0	6	:	0
Latvia	4	4	0	0	12	:	3	2	1	0	1	5	:	4	1	0	1	0	1	:	1	7	5	1	1	18	:	8
Liechtenstein	4	4	0	0	18	:	0	4	4	0	0	12	:	1								8	8	0	0	30	:	1
Lithuania	2	2	0	0	6	:	1	1	0	0	1	0	:	2								3	2	0	1	6	:	3
Luxembourg	3	3	0	0	17	:	3	2	2	0	0	5	:	1								5	5	0	0	22	:	4
Malta	4	4	0	0	20	:	1	4	3	1	0	7	:	3								8	7	1	0	27	:	4
Moldova	2	2	0	0	3	:	0	2	1	0	1	2	:	2								4	3	0	1	5	:	2
Montenegro	1	1	0	0	1	:	0	1	1	0	0	3	:	2								2	2	0	0	4	:	2
Netherlands	8	5	0	3	13	:	13	9	1	4	4	10	:	16	1	0	0	1	1	:	3	18	6	4	8	24	:	32
Nigeria	1	0	1	0	1	:	1															1	0	1	0	1	:	1
Northern Ireland	4	2	1	1	5	:	2	4	0	1	3	8	:	13	1	0	1	0	2	:	2	9	2	3	4	15	:	17
Norway	5	3	1	1	14	:	3	4	3	0	1	6	:	5	1	1	0	0	1	:	0	10	7	1	2	21	:	8
Paraguay	1	0	1	0	0	:	0															1	0	1	0	0	:	0
Poland	6	2	1	3	11	:	13	3	1	0	2	6	:	7								9	3	1	5	17	:	20
Portugal	4	1	2	1	12	:	5	6	2	3	1	7	:	6								10	3	5	2	19	:	11
Rep. of Ireland	7	6	1	0	20	:	2	7	3	2	2	16	:	15								14	9	3	2	36	:	17
Romania	5	2	3	0	7	:	3	3	0	2	1	2	:	6								8	2	5	1	9	:	9
Russia	3	1	1	1	1	:	3	1	1	0	0	1	:	0								4	2	1	1	2	:	3
San Marino	1	1	0	0	7	:	0	1	1	0	0	4	:	1								2	2	0	0	11	:	1
Scotland	11	5	3	3	23	:	13	8	2	3	3	9	:	12	1	1	0	0	1	:	0	20	8	6	6	33	:	25
Serbia	9	3	1	5	18	:	20	10	2	3	5	18	:	23								19	5	4	10	36	:	43
Slovakia	2	1	0	1	3	:	2	1	0	1	0	1	:	1								3	1	1	1	4	:	3
Slovenia	1	0	0	1	0	:	2															1	0	0	1	0	:	2
Soviet Union	7	3	2	2	8	:	6	6	1	1	4	5	:	11	1	0	0	1	0	:	2	14	4	3	7	13	:	19
Spain	7	1	2	4	8	:	13	8	2	1	5	12	:	19	1	1	0	0	2	:	1	16	4	3	9	22	:	33
Sweden	16	10	5	1	24	:	12	16	6	1	9	28	:	35	3	1	0	2	2	:	5	35	17	6	12	54	:	52
Switzerland	20	14	2	4	55	:	19	21	10	3	8	48	:	37	1	0	0	1	1	:	2	42	24	5	13	104	:	58
Trinidad and To.	1	1	0	0	4	:	1															1	1	0	0	4	:	1
Tunisia	2	1	1	0	2	:	1															2	1	1	0	2	:	1
Turkey	8	5	1	2	13	:	7	7	3	0	4	4	:	13								15	8	1	6	17	:	20
Ukraine	1	1	0	0	3	:	2	1	0	0	1	1	:	2								2	1	0	1	4	:	4
United States	2	1	0	1	1	:	3								1	1	0	0	2	:	1	3	2	0	1	3	:	4
Uruguay	2	0	1	1	1	:	3								1	1	0	0	3	:	1	3	1	1	1	4	:	4
Venezuela															1	0	0	1	0	:	1	1	0	0	1	0	:	1
Wales	4	3	1	0	6	:	2	4	2	0	2	5	:	4								8	5	1	2	11	:	6
Yugoslavia "B"	1	1	0	0	3	:	0															1	1	0	0	3	:	0
TOTAL	371	192	71	108	763	:	482	334	98	83	153	535	:	634	37	15	6	16	54	:	56	742	305	160	277	1352	:	1172

AZERBAIJAN

AFFA
Azərbaycan Futbol
Federasiyaları Assosiasiyası

The Country:
Republic of Azerbaijan (Azərbaycan Respublikası)
Capital: Bakı
Surface: 86,600 km²
Inhabitants: 9,624,900
Time: UTC+4

The FA:
Azərbaycan Futbol Federasiyaları Assosiasiyası
2208 Nobel prospekti 1025, Bakı
Foundation date: 1992
Member of FIFA since: 1994
Member of CONMEBOL since: 1994

NATIONAL TEAM RECORDS

EUROPEAN CHAMPIONSHIP	
1960	-
1964	-
1968	-
1972	-
1976	-
1980	-
1984	-
1988	-
1992	-
1996	Qualifiers
2000	Qualifiers
2004	Qualifiers
2008	Qualifiers
2012	Qualifiers
2016	Qualifiers

FIFA WORLD CUP	
1930	-
1934	-
1938	-
1950	-
1954	-
1958	-
1962	-
1966	-
1970	-
1974	-
1978	-
1982	-
1986	-
1990	-
1994	*Did not enter*
1998	Qualifiers
2002	Qualifiers
2006	Qualifiers
2010	Qualifiers
2014	Qualifiers

OLYMPIC FOOTBALL TOURNAMENTS 1900-2012							
1900	-	1936	-	1968	-	1992	-
1904	-	1948	-	1972	-	1996	Qualifiers
1908	-	1952	-	1976	-	2000	Qualifiers
1912	-	1956	-	1980	-	2004	Qualifiers
1920	-	1960	-	1984	-	2008	Qualifiers
1924	-	1964	-	1988	-	2012	Qualifiers
1928	-						

FIFA CONFEDERATIONS CUP 1992-2013
None

PLAYER WITH MOST INTERNATIONAL CAPS – Top 5			
1.	**Rəşad Ferhad SADIQOV**	-	98 caps (2001-2015)
2.	Aslan KERIMOV	-	78 caps (1994-2008)
3.	Mahir ŞÜKÜROV	-	75 caps (2004-2014)
4.	Makhmud Xanlar QURBANOV	-	72 caps (1992-2008)
5.	Tarlan AKHMEDOV	-	71 caps (1992-2005)

PLAYER WITH MOST INTERNATIONAL GOALS – Top 5			
1.	**Qurban Osman QURBANOV**	-	12 goals / 65 caps (1992-2005)
2.	Vaqif CAVADOV	-	9 goals / 58 caps (2006-2014)
3.	Rauf ALIYEV	-	7 goals / 43 caps (2010-2015)
	Branimir SUBAŠIĆ	-	7 goals / 39 caps (2007-2013)
	Elvin MAMEDOV	-	7 goals / 34 caps (2008-2015)

FULL INTERNATIONALS (1992-2015)

1. 17.09.1992   **GEORGIA - AZERBAIJAN**   6-3(1-1)
"David Kipiani" Stadium, Gurdzhaani; Referee: Guram Sepiashvili (Georgia); Attendance: 3,000
AZE: Dmitriy Kramarenko (1/0) [54.Elhan Hasanov (1/0)], Aydın Alekperov (1/0) [54.Vüqar Ismayilov (1/0); 6.Elman Sultanov (1/0)], Elşad Akhmedov (1/0), Tarlan Akhmedov (1/0), Zaur Karayev (1/0), Emin Rafael Ağayev (1/0), Şahin Diniyev (1/0), Makhmud Xanlar Qurbanov (1/0) [46.Qurban Osman Qurbanov (1/0)], Vidadi Rzayev (1/1), Nazim Süleymanov (1/2), Samir Alekperov (Cap) (1/0) [70.Kamil Bayramov (1/0)]. Trainer: Alekper Mamedov (1).
Goals: Nazim Süleymanov (42), Vidadi Rzayev (77), Nazim Süleymanov (85 penalty).

2. 25.05.1993   **AZERBAIJAN - GEORGIA**   1-0(0-0)
Markazi Stadion, Gəncə; Referee: Rustam Rahimov (Azerbaijan); Attendance: 9,500
AZE: Elhan Hasanov (2/0), Faiq Cabbarov (1/0), Mehman Yunusov (1/0) [36.Arif Asadov (1/0)], Zaur Karayev (2/0), Emin Rafael Ağayev (2/0) [65.Ali Abışov (1/0); 80.Yunis Hüseynov (1/0)], Tarlan Akhmedov (2/0) [19.Ceyhun Tanrıverdiyev (1/0)], Vidadi Rzayev (2/1), Şahin Diniyev (2/0), Nazim Süleymanov (Cap) (2/2), Mahir Aliyev (1/0) [46.Qurban Osman Qurbanov (2/0); 76.Nazim Aliyev (1/0)], Samir Alekperov (2/0) [75.Makhmud Xanlar Qurbanov (2/0)]. Trainer: Alekper Mamedov (2).
Goal: Nugzar Lobzhanidze (53 own goal).

3. 06.06.1993   **AZERBAIJAN - TAJIKISTAN**   2-0(0-0)   International Tournament
Azadi Stadium, Tehran (Iran); Referee: n/a; Attendance: 5,000
AZE: Elhan Hasanov (3/0), Faiq Cabbarov (2/0), Elşad Akhmedov (2/0), Tarlan Akhmedov (3/0) [75.Arif Asadov (2/0)], Zaur Karayev (3/0), Yaşar Vahabzade (1/0) [65.Ceyhun Tanrıverdiyev (2/0)], Vidadi Rzayev (3/2), Şahin Diniyev (Cap) (3/0), Maqsad Yaqubaliyev (1/0) [46.Emin Rafael Ağayev (3/0)], Ruslan Lukin (1/0) [70.Qurban Osman Qurbanov (3/0)], Samir Alekperov (3/1). Trainer: Alekper Mamedov (3).
Goals: Vidadi Rzayev (55 penalty), Samir Alekperov (62).

4. 07.06.1993   **AZERBAIJAN - KYRGYZSTAN**   3-2(2-1)   International Tournament
Azadi Stadium, Tehran (Iran); Referee: n/a; Attendance: 5,000
AZE: Elhan Hasanov (4/0), Faiq Cabbarov (3/0) [35.Arif Asadov (3/0)], Elşad Akhmedov (3/0), Tarlan Akhmedov (4/0) [75.Yaşar Vahabzade (2/0)], Zaur Karayev (4/0), Emin Rafael Ağayev (4/0) [80.Ceyhun Tanrıverdiyev (3/0)], Vidadi Rzayev (4/3), Şahin Diniyev (Cap) (4/0), Makhmud Xanlar Qurbanov (3/0), Ruslan Lukin (2/2) [70.Qurban Osman Qurbanov (4/0)], Samir Alekperov (4/1). Trainer: Alekper Mamedov (4).
Goals: Vidadi Rzayev (30), Ruslan Lukin (43, 63).

5. 19.04.1994   **MALTA - AZERBAIJAN**   5-0(2-0)
Ta'Qali National Stadium, Attard; Referee: Abdullah Salem (Libya); Attendance: 1,608
AZE: Elhan Hasanov (5/0), Faiq Cabbarov (4/0), Arif Asadov (4/0), Vitali Alhasov (1/0) [Emin Rafael Ağayev (5/0)], Tarlan Akhmedov (5/0), Rasim Abışov (1/0) [Ruslan Lukin (3/2)], Yunis Hüseynov (2/0) [Makhmud Xanlar Qurbanov (4/0)], Vidadi Rzayev (5/3) [Mirbağir Isayev (1/0)], Şahin Diniyev (5/0), Veli Aydyn Kasumov (1/0), Vladislav Lemish (1/0) [Samir Alekperov (5/1)]. Trainer: Agasalim Mirdzhavadov-Kazbek Tuayev (1).

6. 02.09.1994   **MOLDOVA - AZERBAIJAN**   2-1(2-0)
Stadionul Republican, Chişinău; Referee: Anatoli Ianeţ (Moldova); Attendance: 300
AZE: Elhan Hasanov (6/0), Arif Asadov (5/0), Tarlan Akhmedov (6/0), Zaur Karayev (5/0) [35.Fuzuli Allahverdiev (1/0)], Rasim Abışov (2/0), Yunis Hüseynov (3/0), Elşad Akhmedov (4/0), Makhmud Xanlar Qurbanov (5/0) [65.Xaliq Mardanov (1/0)], Vidadi Rzayev (6/3) [70.Tebriz Hasanov (1/0)], Nazim Süleymanov (Cap) (3/2) [46.Müşviq Huseynov (1/0)], Samir Alekperov (6/2). Trainer: Agasalim Mirdzhavadov (1).
Goal: Samir Alekperov (84).

7. 07.09.1994   **ROMANIA - AZERBAIJAN**   3-0(1-0)   10th EC. Qualifiers
Stadionul Steaua, Bucureşti; Referee: Robert Sedlacek (Austria); Attendance: 10,000
AZE: Aleksander Zhidkov (1/0), Fuzuli Allahverdiev (2/0), Gennadi Drozdov (1/0), Tarlan Akhmedov (7/0), Arif Asadov (6/0), Rasim Abışov (3/0), Yunis Hüseynov (4/0) [82.Emin Rafael Ağayev (6/0)], Şahin Diniyev (6/0), Veli Aydyn Kasumov (2/0), Nazim Süleymanov (Cap) (4/2) [59.Vidadi Rzayev (7/3)], Samir Alekperov (7/2). Trainer: Agasalim Mirdzhavadov (2).

8. 12.10.1994   **POLAND - AZERBAIJAN**   1-0(1-0)   10th EC. Qualifiers
Stadion Stal, Mielec; Referee: Ilkka Koho (Finland); Attendance: 6,000
AZE: Aleksander Zhidkov (2/0), Fuzuli Allahverdiev (3/0), Aslan Kerimov (1/0), Tarlan Akhmedov (8/0), Arif Asadov (7/0), Rasim Abışov (4/0) [89.Makhmud Xanlar Qurbanov (6/0)], Yunis Hüseynov (5/0), Şahin Diniyev (Cap) (7/0), Xaliq Mardanov (2/0), Veli Aydyn Kasumov (3/0), Samir Alekperov (8/2). Trainer: Agasalim Mirdzhavadov (3).

9. 16.11.1994   **AZERBAIJAN - ISRAEL**   0-2(0-1)   10th EC. Qualifiers
„Hüseyin Avni Aker" Stadyumu, Trabzon (Turkey); Referee: László Vágner (Hungary); Attendance: 3,000
AZE: Aleksander Zhidkov (3/0), Fuzuli Allahverdiev (4/0), Faiq Cabbarov (5/0), Tarlan Akhmedov (9/0) [sent off 88], Arif Asadov (8/0), Lev Mayorov (1/0) [46.Emin Rafael Ağayev (7/0)], Yunis Hüseynov (6/0) [77.Vidadi Rzayev (8/3)], Şahin Diniyev (8/0), Veli Aydyn Kasumov (4/0), Nazim Süleymanov (Cap) (5/2), Samir Alekperov (9/2). Trainer: Agasalim Mirdzhavadov (4).

10. 13.12.1994   **AZERBAIJAN - FRANCE**   0-2(0-1)   10th EC. Qualifiers
„Hüseyin Avni Aker" Stadyumu, Trabzon (Turkey); Referee: Rune Pedersen (Norway); Attendance: 4,000
AZE: Aleksander Zhidkov (4/0) [41.Elhan Hasanov (7/0)], Fuzuli Allahverdiev (5/0), Faiq Cabbarov (6/0), Emin Rafael Ağayev (8/0), Yaşar Vahabzade (3/0), Rasim Abışov (5/0), Yunis Hüseynov (7/0), Şahin Diniyev (9/0), Arif Asadov (9/0) [79.Vladislav Kadirov (1/0)], Veli Aydyn Kasumov (5/0) [79.Vidadi Rzayev (9/3)], Samir Alekperov (Cap) (10/2). Trainer: Agasalim Mirdzhavadov (5).

11. 29.03.1995   **SLOVAKIA - AZERBAIJAN**   4-1(3-0)   10th EC. Qualifiers
Všešportový Areál, Košice; Referee: Vasilios Nikakis (Greece); Attendance: 12,000
AZE: Elhan Hasanov (8/0), Arif Asadov (10/0), Yaşar Vahabzade (4/0), Faiq Cabbarov (7/0), Sakit Aliyev (1/0) [75.Vladislav Kadirov (2/0)], Rasim Abışov (6/0), Yunis Hüseynov (8/0), Şahin Diniyev (10/0), Veli Aydyn Kasumov (6/0) [68.Samir Alekperov (11/2)], Nazim Süleymanov (Cap) (6/3), Emin Rafael Ağayev (9/0). Trainer: Agasalim Mirdzhavadov (6).
Goal: Nazim Süleymanov (80 penalty).

12. 26.04.1995 **AZERBAIJAN - ROMANIA** **1-4(1-2)** 10th EC. Qualifiers
„Hüseyin Avni Aker" Stadyumu, Trabzon (Turkey); Referee: Dimitar Momirov (Bulgaria); Attendance: 3,000
AZE: Elhan Hasanov (9/0), Arif Asadov (11/0), Igor Getman (1/0), Tarlan Akhmedov (10/0) [21.Yaşar Vahabzade (5/0)], Faiq Cabbarov (8/0) [75.Vladislav Kadirov (3/0)], Rasim Abışov (7/0), Yunis Hüseynov (9/0), Şahin Diniyev (11/0), Vyacheslav Lychkin (1/0), Nazim Süleymanov (Cap) (7/4), Samir Alekperov (12/2). Trainer: Agasalim Mirdzhavadov (7).
Goal: Nazim Süleymanov (33).

13. 16.08.1995 **AZERBAIJAN - SLOVAKIA** **0-1(0-0)** 10th EC. Qualifiers
„Hüseyin Avni Aker" Stadyumu, Trabzon (Turkey); Referee: Alain Hamer (Luxembourg); Attendance: 1,000
AZE: Nazim Sadiqov (1/0), Igor Getman (2/0), Vladislav Nosenko (1/0) [*sent off 90+1*], Tarlan Akhmedov (11/0), Emin Rafael Ağayev (10/0) [71.Arif Asadov (12/0)], Rasim Abışov (8/0), Yunis Hüseynov (10/0), Şahin Diniyev (Cap) (12/0) [46.Makhmud Xanlar Qurbanov (7/0)], Vladislav Kadirov (4/0), Vyacheslav Lychkin (2/0), Samir Alekperov (13/2). Trainer: Agasalim Mirdzhavadov (8).

14. 06.09.1995 **FRANCE - AZERBAIJAN** **10-0(3-0)** 10th EC. Qualifiers
Stade de l'Abbé-Deschamps, Auxerre; Referee: Alfred Micaleff (Malta); Attendance: 15,000
AZE: Elhan Hasanov (10/0) [36.Nazim Sadiqov (2/0)], Arif Asadov (13/0), Igor Getman (3/0), Tarlan Akhmedov (12/0), Emin Rafael Ağayev (11/0), Rasim Abışov (9/0), Yunis Hüseynov (11/0), Şahin Diniyev (Cap) (13/0), Vladislav Kadirov (5/0) [74.Müşviq Huseynov (2/0)], Makhmud Xanlar Qurbanov (8/0) [46.Samir Alekperov (14/2)], Vyacheslav Lychkin (3/0). Trainer: Agasalim Mirdzhavadov (9).

15. 11.10.1995 **ISRAEL - AZERBAIJAN** **2-0(1-0)** 10th EC. Qualifiers
Bloomfield Stadium, Jaffa, Tel Aviv; Referee: Claude Detruche (Switzerland); Attendance: 5,000
AZE: Aleksander Zhidkov (5/0), Arif Asadov (14/0), Samir Khairov (1/0) [58.Emin Rafael Ağayev (12/0)], Tarlan Akhmedov (13/0), Yaşar Vahabzade (6/0), Rasim Abışov (10/0), Vyacheslav Lychkin (4/0) [79.İlham Mamedov (1/0)], Vidadi Rzayev (10/3) [70.Qurban Osman Qurbanov (5/0)], Vladislav Kadirov (6/0), Nazim Süleymanov (Cap) (8/4), Veli Aydyn Kasumov (7/0). Trainer: Kazbek Tuayev (1).

16. 15.11.1995 **AZERBAIJAN - POLAND** **0-0** 10th EC. Qualifiers
„Hüseyin Avni Aker" Stadyumu, Trabzon (Turkey); Referee: Leslie Mottram (Scotland); Attendance: 1,000
AZE: Aleksander Zhidkov (6/0), Igor Getman (4/0), Deni Qaysumov (1/0), Tarlan Akhmedov (14/0), Yaşar Vahabzade (7/0), Rasim Abışov (11/0), Emin Rafael Ağayev (13/0), Vidadi Rzayev (11/3) [69.Qurban Osman Qurbanov (6/0)], Vladislav Kadirov (7/0) [65.Makhmud Xanlar Qurbanov (9/0)], Nazim Süleymanov (Cap) (9/4) [86.Vyacheslav Lychkin (5/0)], Veli Aydyn Kasumov (8/0). Trainer: Kazbek Tuayev (2).

17. 16.02.1996 **AZERBAIJAN - ESTONIA** **0-0** International Tournament
Stádio "Andonis Papadopoulos", Larnaca; Referee: Loizos Loizou (Cyprus); Attendance: 50
AZE: Elhan Hasanov (11/0), Igor Getman (5/0), Deni Qaysumov (2/0), Tarlan Akhmedov (15/0), Arif Asadov (15/0) [29.Emin Rafael Ağayev (14/0)], Rasim Abışov (12/0) [80.Vyacheslav Lychkin (6/0)], Ruslan Idiqov (1/0), Vidadi Rzayev (12/3) [46.Vladislav Kadirov (8/0)], Vladislav Nosenko (2/0), Yunis Hüseynov (Cap) (12/0), Qurban Osman Qurbanov (7/0) [84.İlqar Mamedov (1/0)]. Trainer: Kazbek Tuayev (3).

18. 27.02.1996 **AZERBAIJAN - FAROE ISLANDS** **3-0(3-0)** International Tournament
Andonis Papadopoulos, Larnaca; Referee: Rune Pedersen (Norway); Attendance: 50
AZE: Elhan Hasanov (12/0), Igor Getman (6/0), Deni Qaysumov (3/0), Tarlan Akhmedov (16/0), Arif Asadov (16/0) [82.Rasim Abışov (13/0)], Emin Rafael Ağayev (15/0), Vyacheslav Lychkin (7/1), Ruslan Idiqov (2/0), Vladislav Kadirov (9/0), Yunis Hüseynov (13/1), Qurban Osman Qurbanov (8/1). Trainer: Kazbek Tuayev (4).
Goals: Vyacheslav Lychkin (10), Yunis Hüseynov (23 penalty), Qurban Osman Qurbanov (30).

19. 09.04.1996 **AZERBAIJAN - TURKEY** **0-1(0-0)**
„Tofiq Bəhramov" adına Respublika Stadionu, Bakı ; Referee:Efgo Kvaratskhelia (Georgia); Attendance: 31,000
AZE: Elhan Hasanov (13/0), Igor Getman (7/0), Deni Qaysumov (4/0), Tarlan Akhmedov (17/0), Emin Rafael Ağayev (16/0), Rasim Abışov (14/0) [46.Vladislav Nosenko (3/0)], Şahin Diniyev (14/0) [46.Vidadi Rzayev (13/3)], Vladislav Kadirov (10/0), Vyacheslav Lychkin (8/1), Nazim Süleymanov (Cap) (10/4), Veli Aydyn Kasumov (9/0) [83.Yunis Hüseynov (14/1)]. Trainer: Kazbek Tuayev (5).

20. 27.05.1996 **BELARUS - AZERBAIJAN** **2-2(0-0)**
Metallurg Stadium, Molodechno; Referee: Sergiejus Slyva (Lithuania); Attendance: 9,000
AZE: Aleksander Zhidkov (7/0), Arif Asadov (17/0), Deni Qaysumov (5/0), Tarlan Akhmedov (18/0), Vladislav Nosenko (4/0), Rasim Abışov (15/0), Yunis Hüseynov (15/1), Vyacheslav Lychkin (9/1), Vidadi Rzayev (14/3) [66.Şahin Diniyev (15/0)], Ruslan Idiqov (3/1), Nazim Süleymanov (Cap) (11/4) [46.Qurban Osman Qurbanov (9/2)]. Trainer: Kazbek Tuayev (6).
Goals: Qurban Osman Qurbanov (53), Ruslan Idiqov (75).

21. 02.06.1996 **NORWAY - AZERBAIJAN** **5-0(2-0)** 16th FIFA WC. Qualifiers
Ullevaal, Oslo; Referee: Alan Snoddy (Northern Ireland); Attendance: 14,012
AZE: Aleksander Zhidkov (8/0), Igor Getman (8/0), Deni Qaysumov (6/0), Tarlan Akhmedov (19/0), Emin Rafael Ağayev (17/0) [40.Vladislav Nosenko (5/0)], Rasim Abışov (16/0) [79.Arif Asadov (18/0)], Yunis Hüseynov (16/1), Vyacheslav Lychkin (10/1), Vidadi Rzayev (15/3) [46.Qurban Osman Qurbanov (10/2)], Ruslan Idiqov (4/1), Nazim Süleymanov (Cap) (12/4). Trainer: Kazbek Tuayev (7).

22. 31.08.1996 **AZERBAIJAN - SWITZERLAND** **1-0(1-0)** 16th FIFA WC. Qualifiers
„Tofiq Bəhramov" adına Respublika Stadionu, Bakı ; Referee:Ryszard Wójcik (Poland); Attendance: 20,000
AZE: Aleksander Zhidkov (9/0), Arif Asadov (19/0), Deni Qaysumov (7/0), Rasim Abışov (17/0), Tarlan Akhmedov (20/0), Emin Rafael Ağayev (18/0) [86.Igor Getman (9/0)], Vidadi Rzayev (16/4) [69.Qurban Osman Qurbanov (11/2)], Ruslan Idiqov (5/0), Vyacheslav Lychkin (11/1) [89.Samir Alekperov (15/2)], Yunis Hüseynov (17/1), Nazim Süleymanov (Cap) (13/4). Trainer: Kazbek Tuayev (8).
Goal: Vidadi Rzayev (29).

23. 07.10.1996 **OMAN - AZERBAIJAN** **2-0(1-0)**
"Sultan Qaboos" Sports Complex, Muscat; Referee: Ibrahim Abdullah Al Omar (Saudi Arabia); Attendance: n/a
AZE: Kazemir Qudiev (1/0), Igor Getman (10/0), Emin Rafael Ağayev (19/0), Tarlan Akhmedov (21/0), Vyacheslav Lychkin (12/1) [59.Makhmud Xanlar Qurbanov (10/0)], Rasim Abışov (18/0), Yunis Hüseynov (Cap) (18/1), Vidadi Rzayev (17/4), Vladislav Nosenko (6/0) [35.Arif Asadov (20/0)], Qurban Osman Qurbanov (12/2) [65.Samir Alekperov (16/2)], Ibrahim Hasanbekov (1/0). Trainer: Kazbek Tuayev (9).

24. 10.11.1996 **AZERBAIJAN - HUNGARY** 0-3(0-1) 16th FIFA WC. Qualifiers
„Tofiq Bəhramov" adı na Respublika Stadionu, Bakı ; Referee:rBgutin Karlo Poljak (Croatia); Attendance: 31,000
AZE: Aleksander Zhidkov (10/0) [89.Kazemir Qudiev (2/0)], Arif Asadov (21/0), Deni Qaysumov (8/0), Tarlan Akhmedov (22/0), Rasim Abışov (19/0), Emin Rafael Ağayev (20/0) [78.Igor Getman (11/0)], Vidadi Rzayev (18/4), Ruslan Idiqov (6/1), Vyacheslav Lychkin (13/1) [46.Ibrahim Hasanbekov (2/0)], Yunis Hüseynov (19/1), Nazim Süleymanov (Cap) (14/4). Trainer: Kazbek Tuayev (10).

25. 01.03.1997 **ESTONIA - AZERBAIJAN** 2-0(1-0)
Andonis Papadopoulos, Larnaca; Referee: Andonis Panayiotou (Cyprus); Attendance: 50
AZE: Elhan Hasanov (14/0), Mirbağir Isayev (2/0), Aslan Kerimov (2/0) [76.Samir Khairov (2/0)], Rasim Abışov (20/0), Tarlan Akhmedov (23/0) [18.Faiq Cabbarov (9/0)], Emin Rafael Ağayev (21/0), Rufat Quliyev (1/0), Makhmud Xanlar Qurbanov (11/0) [60.Ramiz Mamedov (1/0)], Vyacheslav Lychkin (14/1) [80.Ruslan Musayev (1/0)], Nazim Süleymanov (Cap) (15/4), Qurban Osman Qurbanov (13/2). Trainer: Vagif Sadikov (1).

26. 22.03.1997 **AZERBAIJAN - TURKMENISTAN** 3-0(1-0)
„Tofiq Bəhramov" adı na Respublika Stadionu, Bakı ; Referee:Hagani Mamedov (Azerbaijan)
AZE: Elhan Hasanov (15/0), Emin Rafael Ağayev (22/0) [43.Arif Asadov (22/0)], Mirbağir Isayev (3/0) [87.Elmir Khankishiev (1/0)], Tarlan Akhmedov (24/0) [88.Deni Qaysumov (9/0)], Vyacheslav Lychkin (15/1) [88.Ruslan Musayev (2/0)], Rasim Abışov (21/1), Yunis Hüseynov (20/2) [88.Khagani Mamedov (1/0)], Rufat Quliyev (2/0), Makhmud Xanlar Qurbanov (12/0) [78.Xaliq Mardanov (3/0)], Qurban Osman Qurbanov (14/3) [89.Elçin Rahmanov (1/0)], Mehman Yunusov (2/0) [46.Igor Getman (12/0)]. Trainer: Vagif Sadikov (2).
Goals: Rasim Abışov (12), Yunis Hüseynov (86), Qurban Osman Qurbanov (88).

27. 02.04.1997 **AZERBAIJAN - FINLAND** 1-2(0-1) 16th FIFA WC. Qualifiers
„Tofiq Bəhramov" adı na Respublika Stadionu, Bakı ; Referee:rGham Poll (England); Attendance: 20,000
AZE: Aleksander Zhidkov (11/0), Mirbağir Isayev (4/0) [83.Makhmud Xanlar Qurbanov (13/0)], Rasim Abışov (22/1) [89.Khagani Mamedov (2/0)], Tarlan Akhmedov (25/0), Emin Rafael Ağayev (23/0), Qurban Osman Qurbanov (15/3), Rufat Quliyev (3/0), Vyacheslav Lychkin (16/1), Mehman Yunusov (3/0), Yunis Hüseynov (21/2), Nazim Süleymanov (Cap) (16/5). Trainer: Vagif Sadikov (3).
Goal: Nazim Süleymanov (80 penalty).

28. 25.04.1997 **TURKMENISTAN - AZERBAIJAN** 2-0(0-0)
Nisa-Çandybil Stadium, Aşgabat; Referee: Khudainazar Redzhepov (Turkmenistan); Attendance: 2,000
AZE: Kazemir Qudiev (3/0), Igor Getman (13/0) [76.Mehman Yunusov (4/0)], Deni Qaysumov (10/0), Mirbağir Isayev (5/0) [69.Aslan Kerimov (3/0)], Vyacheslav Lychkin (17/1), Rasim Abışov (23/1) [81.Khagani Mamedov (3/0)], Yunis Hüseynov (22/2) [72.Makhmud Xanlar Qurbanov (14/0)], Vidadi Rzayev (19/4) [sent off 35], Rufat Quliyev (4/0), Qurban Osman Qurbanov (16/3), Narvik Sirhaev (1/0). Trainer: Vagif Sadikov (4).

29. 04.06.1997 **ESTONIA - AZERBAIJAN** 1-0(0-0)
Linnastaadion, Viljandi; Referee: Romans Lajuks (Latvia); Attendance: 2,000
AZE: Aleksander Zhidkov (12/0), Faiq Cabbarov (10/0), Deni Qaysumov (11/0), Rasim Abışov (24/1) [78.Aslan Kerimov (4/0)], Emin Rafael Ağayev (24/0), Vyacheslav Lychkin (18/1), Rufat Quliyev (5/0), Bakhtiar Musayev (1/0), Yunis Hüseynov (Cap) (23/2) [75.Khagani Mamedov (4/0)], Qurban Osman Qurbanov (17/3) [75.Veli Aydyn Kasumov (10/0)], Mirbağir Isayev (6/0) [55.Zaur Tağizade (1/0)]. Trainer: Vagif Sadikov (5).

30. 08.06.1997 **FINLAND - AZERBAIJAN** 3-0(0-0) 16th FIFA WC. Qualifiers
Olympiastadion, Helsinki; Referee: Alain Hamer (Luxembourg); Attendance: 13,417
AZE: Aleksander Zhidkov (13/0), Faiq Cabbarov (11/0), Deni Qaysumov (12/0), Rasim Abışov (25/1), Tarlan Akhmedov (26/0) [65.Bakhtiar Musayev (2/0)], Emin Rafael Ağayev (25/0) [86.Mirbağir Isayev (7/0)], Vyacheslav Lychkin (19/1), Müşfiq Hüseynov (3/0), Rufat Quliyev (6/0), Qurban Osman Qurbanov (18/3), Veli Aydyn Kasumov (Cap) (11/0) [63.Zaur Tağizade (2/0)]. Trainer: Vagif Sadikov (6).

31. 19.08.1997 **LATVIA - AZERBAIJAN** 0-0
Daugavas Stadions, Riga; Referee: Mika Peltola (Finland); Attendance: 2,500
AZE: Aleksander Zhidkov (14/0), Faiq Cabbarov (12/0), Deni Qaysumov (13/0), Emin Rafael Ağayev (26/0) [60.Rufat Quliyev (7/0)], Rasim Abışov (26/1) [83.Ruslan Musayev (3/0)], Tarlan Akhmedov (27/0) [63.Aslan Kerimov (5/0)], Vyacheslav Lychkin (20/1) [90.Xaliq Mardanov (4/0)], Khagani Mamedov (5/0) [58.Samir Aliyev (1/0)], Yunis Hüseynov (24/2), Narvik Sirhaev (2/0), Nazim Süleymanov (Cap) (17/5). Trainer: Vagif Sadikov (7).

32. 06.09.1997 **AZERBAIJAN - NORWAY** 0-1(0-0) 16th FIFA WC. Qualifiers
„Tofiq Bəhramov" adı na Respublika Stadionu, Bakı ; Referee:tGnther Benkö (Austria); Attendance: 12,000
AZE: Aleksander Zhidkov (15/0), Faiq Cabbarov (13/0), Deni Qaysumov (14/0), Emin Rafael Ağayev (27/0), Rasim Abışov (27/1) [72.Aslan Kerimov (6/0)], Vyacheslav Lychkin (21/1) [88.Ruslan Musayev (4/0)], Yunis Hüseynov (25/2) [81.Vidadi Rzayev (20/4)], Rufat Quliyev (8/0), Narvik Sirhaev (3/0), Qurban Osman Qurbanov (19/3), Nazim Süleymanov (Cap) (18/5). Trainer: Vagif Sadikov (8).

33. 10.09.1997 **HUNGARY - AZERBAIJAN** 3-1(2-0) 16th FIFA WC. Qualifiers
Üllői út, Budapest; Referee: Atanas Uzunov (Bulgaria); Attendance: 8,112
AZE: Aleksander Zhidkov (16/0), Faiq Cabbarov (14/0), Deni Qaysumov (15/0), Emin Rafael Ağayev (28/0) [34.Aslan Kerimov (7/0)], Rasim Abışov (28/1), Vyacheslav Lychkin (22/2), Vidadi Rzayev (21/4) [61.Yunis Hüseynov (26/2)], Rufat Quliyev (9/0), Narvik Sirhaev (4/0), Qurban Osman Qurbanov (20/3), Nazim Süleymanov (Cap) (19/5) [88.Ruslan Musayev (5/0)]. Trainer: Vagif Sadikov (9).
Goal: Vyacheslav Lychkin (71).

34. 11.10.1997 **SWITZERLAND - AZERBAIJAN** 5-0(3-0) 16th FIFA WC. Qualifiers
Hardturm Stadion, Zürich; Referee: John Rowbotham (Scotland); Attendance: 7,600
AZE: Aleksander Zhidkov (17/0), Ruslan Musayev (6/0), Deni Qaysumov (16/0), Rasim Abışov (29/1), Vladislav Nosenko (7/0) [44.Aslan Kerimov (8/0)], Vyacheslav Lychkin (23/2), Rufat Quliyev (10/0), Narvik Sirhaev (5/0), Makhmud Xanlar Qurbanov (15/0) [53.Yunis Hüseynov (27/2)], Qurban Osman Qurbanov (21/3), Nazim Süleymanov (Cap) (20/5) [76.Zaur Tağizade (3/0)]. Trainer: Vagif Sadikov (10).

35. 22.03.1998 **AZERBAIJAN - MOLDOVA** 1-0(0-0)
„Tofiq Bəhramov" adı na Respublika Stadionu, Bakı ; Referee:sAm Khudiev (Azerbaijan); Attendance: 10,000
AZE: Hüseyn Mahommedov (1/0), Deni Qaysumov (17/0), Emin Rafael Ağayev (29/0), Rasim Abışov (30/1), Vyacheslav Lychkin (24/2) [83.Aslan Kerimov (9/0)], Tarlan Akhmedov (28/0) [46.Yunis Hüseynov (28/3)], Rufat Quliyev (11/0) [60.İlham Mamedov (2/0)], Narvik Sirhaev (6/0), Arif Asadov (23/0) [75.Faiq Cabbarov (15/0)], Qurban Osman Qurbanov (22/3) [87.Ruslan Musayev (7/0)], Nazim Süleymanov (Cap) (21/5) [76.Zaur Tağizade (4/0)]. Trainer: Vagif Sadikov (11).
Goal: Yunis Hüseynov (48).

36. 24.04.1998 **AZERBAIJAN - UZBEKISTAN** 2-1(0-0)
„Tofiq Bəhramov" adına Respublika Stadionu, Bakı; Referee: Xagani Mamedov (Azerbaijan); Attendance: 8,000
AZE: Hüseyn Mahommedov (2/0) [89.Nazim Sadiqov (3/0)], Deni Qaysumov (18/0), Emin Rafael Ağayev (30/0) [76.Elçin Rahmanov (2/0)], Rasim Abışov (Cap) (31/1), Vyacheslav Lychkin (25/2) [68.Ruslan Musayev (8/0)], Tarlan Akhmedov (29/0) [46.Aslan Kerimov (10/0)], Rufat Quliyev (12/0) [60.Faiq Cabbarov (16/0)], Narvik Sirhaev (7/1), Zaur Tağizade (5/0) [46.Yunis Hüseynov (29/3)], Arif Asadov (24/0), Qurban Osman Qurbanov (23/3). Trainer: Vagif Sadikov (12).
Goals: Yunis Hüseynov (75), Narvik Sirhaev (89).

37. 16.05.1998 **ESTONIA - AZERBAIJAN** 0-0
Linnastaadion, Viljandi; Referee: Jouni Hyytiä (Finland); Attendance: 1,500
AZE: Hüseyn Mahommedov (3/0), Deni Qaysumov (19/0), Emin Rafael Ağayev (31/0) [69.Faiq Cabbarov (17/0)], Rasim Abışov (Cap) (32/1) [65.Aslan Kerimov (11/0)], Vyacheslav Lychkin (26/2) [60.Yunis Hüseynov (30/3)], Tarlan Akhmedov (30/0) [46.İlham Mamedov (3/0)], Rufat Quliyev (13/0), Narvik Sirhaev (8/1), Arif Asadov (25/0), Elşan Qambarov (1/0) [89.Khagani Mamedov (6/0)], Qurban Osman Qurbanov (24/3) [84.Bakhtiar Musayev (3/0)]. Trainer: Vagif Sadikov (13).

38. 24.06.1998 **AZERBAIJAN - ANDORRA** 0-0 International Tournament
Linnastaadion, Viljandi (Estonia); Referee: Margus Kotter (Estonia); Attendance: 1,500
AZE: Aleksander Zhidkov (18/0), Emin Rafael Ağayev (32/0) [46.Rasim Abışov (33/1) *[sent off 65]*, Faiq Cabbarov (18/0), Arif Asadov (26/0), Vyacheslav Lychkin (27/2) [63.İlham Mamedov (4/0)], Makhmud Xanlar Qurbanov (16/0) [46.Khagani Mamedov (7/0)], Yunis Hüseynov (Cap) (31/3), Aslan Kerimov (12/0) *[sent off 86]*, Rufat Quliyev (14/0) [78.Ruslan Musayev (9/0)], Qurban Osman Qurbanov (25/3), Narvik Sirhaev (9/1). Trainer: Vagif Sadikov (14).

39. 25.06.1998 **AZERBAIJAN - LITHUANIA** 2-1(1-1) International Tournament
Linnastaadion, Viljandi (Estonia); Referee: Sten Kaldma (Estonia); Attendance: 1,500
AZE: Aleksander Zhidkov (19/0), Emin Rafael Ağayev (33/0), Faiq Cabbarov (19/0), Arif Asadov (27/0), Vyacheslav Lychkin (28/2), Rasim Abışov (34/3) [46.Qurban Osman Qurbanov (26/3)], Makhmud Xanlar Qurbanov (17/0), Yunis Hüseynov (Cap) (32/3), Aslan Kerimov (13/0), Rufat Quliyev (15/0) [65.Ruslan Musayev (10/0)], Narvik Sirhaev (10/1) [60.İlham Mamedov (5/0)]. Trainer: Vagif Sadikov (15).
Goals: Rasim Abışov (30, 58).

40. 12.08.1998 **AZERBAIJAN - GEORGIA** 1-0(0-0)
Markazi Stadion, Gəncə; Referee: Asim Khudiev (Azerbaijan); Attendance: 5,000
AZE: Hüseyn Mahommedov (4/0), Faiq Cabbarov (20/0), Deni Qaysumov (20/0), Emin Rafael Ağayev (34/1), Aslan Kerimov (14/0), Vyacheslav Lychkin (29/2), Rasim Abışov (Cap) (35/3) [75.Xaliq Mardanov (5/0)], Arif Asadov (28/0) [87.Farruh İsmayılov (1/0)], Makhmud Xanlar Qurbanov (18/0) [58.Yunis Hüseynov (33/3)], Qurban Osman Qurbanov (27/3) [71.Vidadi Rzayev (22/4)], Veli Aydyn Kasumov (12/0) [81.Nazim Süleymanov (22/5)]. Trainer: Vagif Sadikov (16).
Goal: Emin Rafael Ağayev (49).

41. 05.09.1998 **SLOVAKIA - AZERBAIJAN** 3-0(3-0) 11th EC. Qualifiers
Štadion Lokomotivý v Čermeli, Košice; Referee: Alan Snoddy (Northern Ireland); Attendance: 3,243
AZE: Dmitriy Kramarenko (2/0), Deni Qaysumov (21/0), Rasim Abışov (36/3), Faiq Cabbarov (21/0), Emin Rafael Ağayev (35/1), Vyacheslav Lychkin (30/2) [66.Vidadi Rzayev (23/4)], Veli Aydyn Kasumov (13/0) [79.Yunis Hüseynov (34/3)], Arif Asadov (29/0), Narvik Sirhaev (11/1), Nazim Süleymanov (Cap) (23/5) [46.Rufat Quliyev (16/0)], Qurban Osman Qurbanov (28/3). Trainer: Vagif Sadikov (17).

42. 10.10.1998 **AZERBAIJAN - HUNGARY** 0-4(0-0) 11th EC. Qualifiers
„Tofiq Bəhramov" adına Respublika Stadionu, Bakı; Referee: Stephane Bré (France); Attendance: 7,500
AZE: Dmitriy Kramarenko (3/0) [59.Aleksander Zhidkov (20/0)], Deni Qaysumov (22/0), Emin Rafael Ağayev (36/1), Rasim Abışov (Cap) (37/3), Aslan Kerimov (15/0), Arif Asadov (30/0) [51.İlham Mamedov (6/0)], Vyacheslav Lychkin (31/2), Narvik Sirhaev (12/1), Vidadi Rzayev (24/4), Elşan Qambarov (2/0) [56.Veli Aydyn Kasumov (14/0)], Qurban Osman Qurbanov (29/3). Trainer: Vagif Sadikov (18).

43. 14.10.1998 **LIECHTENSTEIN - AZERBAIJAN** 2-1(0-0) 11th EC. Qualifiers
Rheinpark Stadion, Vaduz; Referee: Herbert Barr (Northern Ireland); Attendance: 1,450
AZE: Aleksander Zhidkov (21/0), İlham Yadullayev (1/0), Deni Qaysumov (23/0), Emin Rafael Ağayev (37/1), Aslan Kerimov (16/0), Rasim Abışov (Cap) (38/3) [79.Rufat Quliyev (17/0)], Makhmud Xanlar Qurbanov (19/0) [25.Nazim Süleymanov (24/5)], Vidadi Rzayev (25/4), Elşan Qambarov (3/0) [51.İlham Mamedov (7/0)], Qurban Osman Qurbanov (30/4), Narvik Sirhaev (13/1). Trainer: Vagif Sadikov (19).
Goal: Qurban Osman Qurbanov (59).

44. 28.11.1998 **AZERBAIJAN - ESTONIA** 2-1(0-0)
Markazi Stadion, Gəncə; Referee: Khagani Mamedov (Azerbaijan); Attendance: 3,500
AZE: Cahangir Hasanzade (1/0), Fizuli Mamedov (1/0), Renat Abdaşov (1/0), Müşviq Qambarov (1/0) [75.Zaur Haşimov (1/0)], Adil Şükürov (1/0), İlham Yadullayev (2/0), Alim Mamedov (1/0), Khagani Mamedov (8/1), Ruslan Musayev (Cap) (11/0), Elçin Rahmanov (3/0) [67.Ceyhun Sultanov (1/1)], Zaur Tağizade (6/0) [71.Farruh İsmayılov (2/0)]Trainer: Vagif Sadikov (20).
Goals: Ceyhun Sultanov (81), Khagani Mamedov (87 penalty).

45. 06.03.1999 **AZERBAIJAN - ESTONIA** 2-2(2-0)
Stádio "Andonis Papadopoulos", Larnaca (Cyprus9; Referee: Sotiris Konstantinou (Cyprus); Attendance: 100
AZE: Dmitriy Kramarenko (4/0), Tarlan Akhmedov (31/0), Emin Rafael Ağayev (38/1), Aslan Kerimov (17/0), Arif Asadov (31/0) [51.Rufat Quliyev (18/0)], Vyacheslav Lychkin (32/3) [71.Makhmud Xanlar Qurbanov (20/0)], Vidadi Rzayev (Cap) (26/4), Elşan Qambarov (4/0) [78.Mirbağir Isayev (8/0)], İlham Mamedov (8/0) [74.Igor Getman (14/0)], İlham Yadullayev (3/0), Qurban Osman Qurbanov (31/5) [23.Vadim Vasilyev (1/0)]. Trainer: Ahmed Aleskerov (1).
Goals: Qurban Osman Qurbanov (1), Vyacheslav Lychkin (30 penalty).

46. 26.03.1999 **PORTUGAL - AZERBAIJAN** 7-0(2-0) 11th EC. Qualifiers
Estádio "D. Afonso Henrique", Guimarães; Referee: Jacek Granat (Poland); Attendance: 15,000
AZE: Dmitriy Kramarenko (5/0), Emin Rafael Ağayev (39/1), Arif Asadov (32/0), Tarlan Akhmedov (Cap) (32/0), Aleksey Stukas (1/0), Rasim Abışov (39/3) *[sent off 67]*, Elşan Qambarov (5/0) [72.Vadim Vasilyev (2/0)], Bakhtiar Musayev (4/0) [67.Vidadi Rzayev (27/4)], Narvik Sirhaev (14/1), Vyacheslav Lychkin (33/3), Qurban Osman Qurbanov (32/5). Trainer: Ahmed Aleskerov (2).

47. 31.03.1999 **AZERBAIJAN - ROMANIA** 0-1(0-0) 11th EC. Qualifiers
„Tofiq Bəhramov" adı na Respublika Stadionu, Bakı ; Referee:Olof Luinge (Norway); Attendance: 30,000
AZE: Hüseyn Mahommedov (5/0), Aslan Kerimov (18/0), Vladimir Poshekhontsev (1/0), Arif Asadov (33/0), Emin Rafael Ağayev (40/1) [77.Rufat Quliyev (19/0)], Zaur Tağizade (7/0) [69.Elşan Qambarov (6/0)], Makhmud Xanlar Qurbanov (21/0) [65.Vidadi Rzayev (28/4)], Tarlan Akhmedov (Cap) (33/0), Vyacheslav Lychkin (34/3), Narvik Sirhaev (15/1), Qurban Osman Qurbanov (33/5). Trainer: Ahmed Aleskerov (3).

48. 05.06.1999 **AZERBAIJAN - LIECHTENSTEIN** 4-0(2-0) 11th EC. Qualifiers
„Tofiq Bəhramov" adı na Respublika Stadionu, Bakı ; Referee:Knut Statsgård (Denmark); Attendance: 8,000
AZE: Dmitriy Kramarenko (6/0), Emin Rafael Ağayev (41/1), İlham Yadullayev (4/0), Tarlan Akhmedov (Cap) (34/0), Aslan Kerimov (19/0), Makhmud Xanlar Qurbanov (22/0), Zaur Tağizade (8/1) [68.Mirbağir Isayev (9/1)], Vadim Vasilyev (3/0) [61.Elmir Khankishiev (2/0)], Narvik Sirhaev (16/1), Vyacheslav Lychkin (35/4) [74.Aleksey Stukas (2/0)], Qurban Osman Qurbanov (34/6). Trainer: Ahmed Aleskerov (4).
Goals: Qurban Osman Qurbanov (16), Vyacheslav Lychkin (42), Zaur Tağizade (60), Mirbağir Isayev (73).

49. 09.06.1999 **ROMANIA - AZERBAIJAN** 4-0(2-0) 11th EC. Qualifiers
Stadionul Steaua, Bucureşti; Referee: Željko Širić (Croatia); Attendance: 5,200
AZE: Dmitriy Kramarenko (7/0), Emin Rafael Ağayev (42/1) [71.Igor Getman (15/0)], İlham Yadullayev (5/0), Tarlan Akhmedov (Cap) (35/0), Vyacheslav Lychkin (36/4) [82.Vadim Vasilyev (4/0)], Aslan Kerimov (20/0), Makhmud Xanlar Qurbanov (23/0) [59.Bakhtiar Musayev (5/0)], Zaur Tağizade (9/1), Qurban Osman Qurbanov (35/6), Vladimir Poshekhontsev (2/0), Narvik Sirhaev (17/1). Trainer: Ahmed Aleskerov (5).

50. 18.08.1999 **UZBEKISTAN - AZERBAIJAN** 5-1(3-0)
Dinamo Stadium, Samarkand; Referee: Gairat Karimov (Uzbekistan); Attendance: 10,000
AZE: Dmitriy Kramarenko (8/0), Igor Getman (16/0), Adahim Niftaliyev (1/0), Tarlan Akhmedov (Cap) (36/0) [62.Renat Abdaşov (2/0)], İlham Yadullayev (6/0), Makhmud Xanlar Qurbanov (24/0) [46.Vadim Vasilyev (5/0)], Aslan Kerimov (21/0) [16.Bakhtiar Musayev (6/0)], Zaur Tağizade (10/2), Qurban Osman Qurbanov (36/6), Xaliq Mardanov (6/0) [46.Kamal Quliyev (1/0)], Elşan Qambarov (7/0). Trainer: Ahmed Aleskerov (6).
Goal: Zaur Tağizade (47).

51. 04.09.1999 **AZERBAIJAN - PORTUGAL** 1-1(0-0) 11th EC. Qualifiers
„Tofiq Bəhramov" adı na Respublika Stadionu, Bakı ; Referee:Dermott Gallagher (England); Attendance: 8,000
AZE: Dmitriy Kramarenko (9/0), Emin Rafael Ağayev (43/1), Vladimir Poshekhontsev (3/0), Tarlan Akhmedov (Cap) (37/0), Vyacheslav Lychkin (37/4) [90.Aleksey Stukas (3/0)], Igor Getman (17/0), Kamal Quliyev (2/0), Zaur Tağizade (11/3) [sent off 84], Bakhtiar Musayev (7/0) [58.Makhmud Xanlar Qurbanov (25/0)], Vadim Vasilyev (6/0) [54.Elşan Qambarov (8/0)], Adahim Niftaliyev (2/0). Trainer: Ahmed Aleskerov (7).
Goal: Zaur Tağizade (51).

52. 08.09.1999 **HUNGARY - AZERBAIJAN** 3-0(1-0) 11th EC. Qualifiers
Üllői út, Budapest; Referee: Sašo Lazarevski (Macedonia); Attendance: 2,910
AZE: Cahangir Hasanzade (2/0), Igor Getman (18/0), Vladimir Poshekhontsev (4/0), Arif Asadov (34/0), Vyacheslav Lychkin (38/4) [68.Aleksey Stukas (4/0)], Aslan Kerimov (22/0) [60.Elşan Qambarov (9/0)], Kamal Quliyev (3/0), İlham Yadullayev (7/0), Bakhtiar Musayev (Cap) (8/0), Vadim Vasilyev (7/0) [90.Farruh İsmayılov (3/0)], Adahim Niftaliyev (3/0).Trainer: Ahmed Aleskerov (8).

53. 09.10.1999 **AZERBAIJAN - SLOVAKIA** 0-1(0-0) 11th EC. Qualifiers
„Tofiq Bəhramov" adı na Respublika Stadionu, Bakı ; Referee:Nikos Vassaras (Greece); Attendance: 6,000
AZE: Dmitriy Kramarenko (10/0), Emin Rafael Ağayev (44/1) [80.Aslan Kerimov (23/0)], Vladimir Poshekhontsev (5/0), Tarlan Akhmedov (Cap) (38/0), Mirbağir Isayev (10/1) [56.Farruh İsmayılov (4/0)], Igor Getman (19/0),İlham Yadullayev (8/0), Elşan Qambarov (10/0) [46.Vyacheslav Lychkin (39/4)], Bakhtiar Musayev (9/0), Vadim Vasilyev (8/0), Adahim Niftaliyev (4/0). Trainer: Ahmed Aleskerov (9).

54. 06.02.2000 **MALTA - AZERBAIJAN** 3-0(1-0) International Tournament
Ta'Qali National Stadium, Attard; Referee: Bujar Pregja (Albania); Attendance: 2,600
AZE: Elhan Hasanov (16/0), Igor Getman (20/0) [46.Bakhtiar Musayev (10/0)], Tarlan Akhmedov (Cap) (39/0), Kamal Quliyev (4/0), Arif Asadov (35/0), İlham Yadullayev (9/0), Zaur Tağizade (12/3), Ruslan Musayev (12/0), Elçin Rahmanov (4/0), Makhmud Xanlar Qurbanov (26/0) [46.Farruh İsmayılov (5/0)], Vadim Vasilyev (9/0). Trainer: Asker Abdullayev (1).

55. 08.02.2000 **ALBANIA - AZERBAIJAN** 1-0(1-0) International Tournament
Ta'Qali National Stadium, Attard (Malta); Referee: Emanuel Raphael Zammit (Malta); Attendance: 4,000
AZE: Cahangir Hasanzade (3/0), Abuzar İbrahimov (1/0) [46.Bakhtiar Musayev (11/0)], Tarlan Akhmedov (Cap) (40/0), Makhmud Xanlar Qurbanov (27/0) [71.Elçin Rahmanov (5/0)], Kamal Quliyev (5/0), Arif Asadov (36/0), İlham Yadullayev (10/0), Zaur Tağizade (13/3), Ruslan Musayev (13/0) [61.Adahim Niftaliyev (5/0)], Qurban Osman Qurbanov (37/6), Vadim Vasilyev (10/0). Trainer: Asker Abdullayev (2).

56. 10.02.2000 **ANDORRA - AZERBAIJAN** 0-0 International Tournament
Ta'Qali National Stadium, Attard (Malta); Referee: Lawrence Zammut (Malta); Attendance: 2,000
AZE: Cahangir Hasanzade (4/0), Bakhtiar Musayev (12/0), Tarlan Akhmedov (Cap) (41/0), Kamal Quliyev (6/0), Zaur Tağizade (14/3) [46.Farruh İsmayılov (6/0)], Arif Asadov (37/0), İlham Yadullayev (11/0), Ruslan Musayev (14/0), Qurban Osman Qurbanov (38/6), Vadim Vasilyev (11/0), Adahim Niftaliyev (6/0). Trainer: Asker Abdullayev (3).

57. 04.06.2000 **AZERBAIJAN - GEORGIA** 0-0
„Tofiq Bəhramov" adı na Respublika Stadionu, Bakı ; Referee:Hagani Mamedov (Azerbaijan); Attendance: 7,000
AZE: Hüseyn Mahommedov (6/0), Emin Rafael Ağayev (45/1) [61.Aslan Kerimov (24/0)], Tarlan Akhmedov (Cap) (42/0), Vyacheslav Lychkin (40/4) [46.Bakhtiar Musayev (13/0)], Kamal Quliyev (7/0), Arif Asadov (38/0), İlham Yadullayev (12/0), Vidadi Rzayev (29/4) [63.Elşan Qambarov (11/0)], Emin Quliyev (1/0) [85.Ruslan Musayev (15/0)], Vadim Vasilyev (12/0), Badri Kvaratskhelia (1/0) [75.Ramiz Mamedov (2/0)]. Trainer: Asker Abdullayev (4).

58. 27.07.2000 **MACEDONIA - AZERBAIJAN** 2-1(0-0) International Tournament
Ticha Stadion, Varna (Bulgaria); Referee: Mitko Mitrev (Bulgaria); Attendance: 2,000
AZE: Nadir Şükürov (1/0) [80.Hüseyn Mahommedov (7/0)], Aslan Kerimov (25/0), Avtandil Hacıyev (1/0) [46.Emin Rafael Ağayev (46/1)], Tarlan Akhmedov (Cap) (43/0), Arif Asadov (39/0) [60.Adahim Niftaliyev (7/0)], Kamal Quliyev (8/0), Emin Quliyev (2/0), Dmitri Spirin (1/0) [65.Emin İmamaliyev (1/0)], Ramiz Mamedov (3/1), Bakhtiar Musayev (14/0), Zaur Tağizade (15/3). Trainer: Igor Ponomaryev (1).
Goal: Ramiz Mamedov (54).

59. 02.09.2000 **AZERBAIJAN - SWEDEN** **0-1(0-1)** 17th FIFA WC. Qualifiers
„Tofiq Bəhramov" adına Respublika Stadionu, Bakı; Referee: Rolof Luinge (Norway); Attendance: 15,000
AZE: Dmitriy Kramarenko (11/0), Emin Quliyev (3/0), İlham Yadullayev (13/0), Tarlan Akhmedov (Cap) (44/0), Emin Rafael Ağayev (47/1), Ramiz Mamedov (4/1) [86.Emin İmamaliyev (2/0)], Kamal Quliyev (9/0), Zaur Tağizade (16/3), Bakhtiar Musayev (15/0) [64.Makhmud Xanlar Qurbanov (28/0)], Vadim Vasilyev (13/0), Badri Kvaratskhelia (2/0). Trainer: Igor Ponomaryev (2).

60. 07.10.2000 **MACEDONIA - AZERBAIJAN** **3-0(1-0)** 17th FIFA WC. Qualifiers
Gradski Stadion, Skopje; Referee: Knud Erik Fisker (Denmark); Attendance: 3,500
AZE: Dmitriy Kramarenko (12/0), Emin Quliyev (4/0), İlham Yadullayev (14/0), Tarlan Akhmedov (Cap) (45/0), Emin Rafael Ağayev (48/1), Arif Asadov (40/0), Kamal Quliyev (10/0) [46.Badri Kvaratskhelia (3/0)], Zaur Tağizade (17/3), Bakhtiar Musayev (16/0), Makhmud Xanlar Qurbanov (29/0) [65.Ruslan Musayev (16/0)], Vadim Vasilyev (14/0) [75.Vyacheslav Lychkin (41/4)]. Trainer: Igor Ponomaryev (3).

61. 11.10.2000 **AZERBAIJAN - TURKEY** **0-1(0-0)** 17th FIFA WC. Qualifiers
„Tofiq Bəhramov" adına Respublika Stadionu, Bakı; Referee: Ian Snoddy (Northern Ireland); Attendance: 24,000
AZE: Dmitriy Kramarenko (13/0), Emin Quliyev (5/0), İlham Yadullayev (15/0), Tarlan Akhmedov (Cap) (46/0), Emin Rafael Ağayev (49/1), Kamal Quliyev (11/0), Zaur Tağizade (18/3) [72.Elşan Qambarov (12/0)], Bakhtiar Musayev (17/0) [58.Aslan Kerimov (26/0)], Makhmud Xanlar Qurbanov (30/0), Vyacheslav Lychkin (42/4) [85.Ramiz Mamedov (5/1)], Vadim Vasilyev (15/0). Trainer: Igor Ponomaryev (4).

62. 15.02.2001 **UZBEKISTAN - AZERBAIJAN** **2-1(1-0)** International Tournament
Spartak Stadion, Varna (Bulgaria); Referee: n/a; Attendance: 1,000
AZE: Nadir Şükürov (2/0), Namiq Hasanov (1/0) [46.Kamal Quliyev (12/0)], Adahim Niftaliyev (8/0), Tarlan Akhmedov (Cap) (47/0), İlham Yadullayev (16/0), Ramiz Mamedov (6/1), Vyacheslav Lychkin (43/4) [46.Rufat Quliyev (20/0)], Vidadi Rzayev (30/5) [46.Makhmud Xanlar Qurbanov (31/0)], Samir Aliyev (2/0), Emin İmamaliyev (3/0) [60.Vadim Vasilyev (16/0)], Zaur Tağizade (19/3). Trainer: Igor Ponomaryev (5).
Goal: Vidadi Rzayev (52 penalty).

63. 26.02.2001 **AZERBAIJAN - BELARUS** **1-0(1-0)** International Tournament
National Sport Base, Varna (Bulgaria); Referee: Y. Glbov (Bulgaria); Attendance: n/a
AZE: Nadir Şükürov (3/0), Emin Rafael Ağayev (50/1) [41.Arif Asadov (41/0)], Adahim Niftaliyev (9/0), Tarlan Akhmedov (Cap) (48/0), İlham Yadullayev (17/0), Kamal Quliyev (13/0), Namiq Hasanov (2/0), Vidadi Rzayev (31/5) [58.Makhmud Xanlar Qurbanov (32/0)], Qurban Osman Qurbanov (39/6), Vadim Vasilyev (17/0) [72.Emin İmamaliyev (4/0)], Zaur Tağizade (20/4). Trainer: Igor Ponomaryev (6).
Goal: Zaur Tağizade (8).

64. 24.03.2001 **AZERBAIJAN - MOLDOVA** **0-0** 17th FIFA WC. Qualifiers
„Tofiq Bəhramov" adına Respublika Stadionu, Bakı; Referee: Wolfgang Stark (Germany); Attendance: 20,000
AZE: Dmitriy Kramarenko (14/0), Emin Rafael Ağayev (51/1), İlham Yadullayev (18/0), Tarlan Akhmedov (Cap) (49/0), Emin Quliyev (6/0) [68.Igor Getman (21/0)], Kamal Quliyev (14/0), Adahim Niftaliyev (10/0) [46.Farruh İsmayılov (7/0) [sent off 78]], Zaur Tağizade (21/4), Vidadi Rzayev (32/5), Vadim Vasilyev (18/0), Vyacheslav Lychkin (44/4) [78.Rufat Quliyev (21/0)]. Trainer: Igor Ponomaryev (7).

65. 28.03.2001 **SLOVAKIA - AZERBAIJAN** **3-1(2-1)** 17th FIFA WC. Qualifiers
Štadion "Anton Malatinský", Trnava; Referee: Kostas Kapitanis (Cyprus); Attendance: 7,997
AZE: Dmitriy Kramarenko (15/0), Emin Rafael Ağayev (52/1) [sent off 78], İlham Yadullayev (19/0), Tarlan Akhmedov (Cap) (50/0), Emin Quliyev (7/0), Kamal Quliyev (15/0), Makhmud Xanlar Qurbanov (33/0) [85.Rufat Quliyev (22/0)], Emin İmamaliyev (5/0), Adahim Niftaliyev (11/0), Vadim Vasilyev (19/1) [81.Samir Musayev (1/0)], Vyacheslav Lychkin (45/4) [81.Samir Aliyev (3/0)]. Trainer: Igor Ponomaryev (8).
Goal: Vadim Vasilyev (3).

66. 09.05.2001 **GEORGIA - AZERBAIJAN** **1-0(0-0)**
Torpedo Stadium, Kutaisi; Referee: Merab Malaguradze (Georgia); Attendance: 12,000
AZE: Cahangir Hasanzade (5/0), İlham Yadullayev (20/0), Mehman Yunusov (5/0), Abuzar İbrahimov (2/0) [7.Aslan Kerimov (27/0)], Ramiz Mamedov (7/1), Fizuli Mamedov (2/0) [68.Samir Aliyev (4/0)], Makhmud Xanlar Qurbanov (34/0), Zaur Tağizade (22/4), Vidadi Rzayev (Cap) (33/5) [63.Elçin Rahmanov (6/0)], Mübariz Orucov (1/0), Farruh İsmayılov (8/0) [80.Ruslan Musayev (17/0)]. Trainer: Igor Ponomaryev (9).

67. 02.06.2001 **TURKEY - AZERBAIJAN** **3-0(3-0)** 17th FIFA WC. Qualifiers
"Ýsmet Inönü" Stadı, Istanbul; Referee: Juan Ansuátegui Roca (Spain); Attendance: 17,386
AZE: Cahangir Hasanzade (6/0), Azer Mamedov (1/0) [63.Adahim Niftaliyev (12/0)], Mehman Yunusov (6/0), Tarlan Akhmedov (Cap) (51/0), Ramiz Mamedov (8/1), Kamal Quliyev (16/0), Makhmud Xanlar Qurbanov (35/0), Zaur Tağizade (23/4) [80.Farruh İsmayılov (9/0)], Vidadi Rzayev (34/5) [50.Mübariz Orucov (2/0)], Qurban Osman Qurbanov (40/6), Xaliq Mardanov (7/0). Trainer: Igor Ponomaryev (10).

68. 06.06.2001 **AZERBAIJAN - SLOVAKIA** **2-0(1-0)** 17th FIFA WC. Qualifiers
„Tofiq Bəhramov" adına Respublika Stadionu, Bakı; Referee: Nicolai Vollquartz (Denmark); Attendance: 10,000
AZE: Cahangir Hasanzade (7/0), Adahim Niftaliyev (13/0), Mehman Yunusov (7/0), Tarlan Akhmedov (Cap) (52/0), Ramiz Mamedov (9/1), İlham Yadullayev (21/0), Makhmud Xanlar Qurbanov (36/0), Zaur Tağizade (24/5) [82.Rufat Quliyev (23/0)], Igor Getman (22/0), Qurban Osman Qurbanov (41/6) [89.Farruh İsmayılov (10/0)], Vadim Vasilyev (20/2) [76.Vidadi Rzayev (35/5)]. Trainer: Igor Ponomaryev (11).
Goals: Vadim Vasilyev (27), Zaur Tağizade (65).

69. 01.09.2001 **MOLDOVA - AZERBAIJAN** **2-0(1-0)** 17th FIFA WC. Qualifiers
Stadionul Republican, Chişinău; Referee: Vasyl Melnichuk (Ukraine); Attendance: 4,800
AZE: Cahangir Hasanzade (8/0), Igor Getman (23/0) [67.Rufat Quliyev (24/0)], Mehman Yunusov (8/0), Adahim Niftaliyev (14/0) [75.Azer Mamedov (2/0)], Ramiz Mamedov (10/1), Emin Quliyev (8/0), Makhmud Xanlar Qurbanov (37/0), Zaur Tağizade (25/5), Farruh İsmayılov (11/0) [70.Vadim Vasilyev (21/2)], Samir Aliyev (5/0), Kamal Quliyev (17/0). Trainer: Igor Ponomaryev (12).

70. 05.09.2001 **AZERBAIJAN - MACEDONIA** **1-1(0-1)** 17th FIFA WC. Qualifiers
„Tofiq Bəhramov" adına Respublika Stadionu, Bakı; Referee: Michael Ross (Northern Ireland); Attendance: 4,800
AZE: Cahangir Hasanzade (9/0), Mehman Yunusov (Cap) (9/0), Azer Mamedov (3/0), Emin Quliyev (9/0), Kamal Quliyev (18/0), Makhmud Xanlar Qurbanov (38/0), Zaur Tağizade (26/5), Rufat Quliyev (25/0) [59.Samir Aliyev (6/0)], Vadim Vasilyev (22/2) [71.Farruh İsmayılov (12/1)], Bakhtiar Musayev (18/0), İlham Yadullayev (22/0). Trainer: Igor Ponomaryev (13).
Goal: Farruh İsmayılov (90).

71. 07.10.2001 **SWEDEN - AZERBAIJAN** 3-0(0-0) 17th FIFA WC. Qualifiers
Råsundastadion, Stockholm; Referee: Ryszard Wojcik (Poland); Attendance: 32,786
AZE: Cahangir Hasanzade (10/0), Arif Asadov (42/0), Rəşad Ferhad Sadıqov (1/0), Tarlan Akhmedov (53/0), Erin Quliyev (10/0) [77.Igor Getman (24/0)], Makhmud Xanlar Qurbanov (39/0), Zaur Tağizade (27/5), Qurban Osman Qurbanov (42/6) [83.Vadim Vasilyev (23/2)], Ramal Hüseynov (1/0) [75.Samir Aliyev (7/0)], İlham Yadullayev (23/0), Azer Mamedov (4/0). Trainer: Igor Ponomaryev (14).

72. 27.03.2002 **ALBANIA - AZERBAIJAN** 1-0(1-0)
Stadiumi „Kombëtar Qemal Stafa", Tiranë; Referee: Emil Božinovski (Macedonia); Attendance: 3,500
AZE: Hüseyn Mahommedov (8/0), Fizuli Mamedov (3/0) [63.Rəşad Ferhad Sadıqov (2/0)]İlham Yadullayev (24/0), Ramiz Mamedov (11/1), Emin Quliyev (11/0), Azer Mamedov (5/0), Tarlan Akhmedov (Cap) (54/0), Kamal Quliyev (19/0) [75.Kenan Kerimov (1/0)], Rufat Quliyev (26/0) [82.Samir Musayev (2/0)], Emin İmamaliyev (6/0) [53.Samir Aliyev (8/0)], Vadim Vasilyev (24/2) [46.Farruh İsmayılov (13/1)]. Trainer: Kazbek Tuayev (11).

73. 17.04.2002 **MALTA - AZERBAIJAN** 1-0(1-0)
Ta'Qali National Stadium, Attard; Referee: Roberto Rosetti (Italy); Attendance: 400
AZE: Hüseyn Mahommedov (9/0), Rəşad Ferhad Sadıqov (3/0)İlham Yadullayev (25/0), Emin Quliyev (12/0), Azer Mamedov (6/0), Tarlan Akhmedov (Cap) (55/0), Kamal Quliyev (20/0), Makhmud Xanlar Qurbanov (40/0) [88.Khagani Mamedov (9/1)], Emin İmamaliyev (7/0) [85.İsmayıl Mamedov (1/0)], Samir Aliyev (9/0), Farruh İsmayılov (14/1) [60.Kenan Kerimov (2/0)]. Trainer:Vagif Sadikov (21).

74. 03.07.2002 **ESTONIA - AZERBAIJAN** 0-0
Linnastaadion, Kuressaare; Referee: Nicolai Vollquartz (Denmark), Attendace: 1,000
AZE: Cahangir Hasanzade (11/0), Aslan Kerimov (28/0), İlham Yadullayev (26/0), Tarlan Akhmedov (Cap) (56/0), Azer Mamedov (7/0) [82.Rəşad Ferhad Sadıqov (4/0)], Eminİmamaliyev (8/0) [90.Nadir Nabiyev (1/0)], Emin Quliyev (13/0), Kamal Quliyev (21/0), Makhmud Xanlar Qurbanov (41/0) [76.Kenan Kerimov (3/0)], Samir Aliyev (10/0) [90.Fizuli Mamedov (4/0)], Qurban Osman Qurbanov (43/6). Trainer: Vagif Sadygov (22).

75. 06.07.2002 **LATVIA - AZERBAIJAN** 0-0
Skonto stadions, Riga; Referee: Mezhelis (Lithuania); Attendance: 2,000
AZE: Cahangir Hasanzade (12/0), Aslan Kerimov (29/0), İlham Yadullayev (27/0) [sent off 50], Tarlan Akhmedov (Cap) (57/0), Rəşad Ferhad Sadıqov (5/0), Emin İmamaliyev (9/0) [90.Azer Mamedov (8/0)], Emin Quliyev (14/0), Kamal Quliyev (22/0), Makhmud Xanlar Qurbanov (42/0) [88.Fizuli Mamedov (5/0)], Samir Aliyev (11/0) [90.Nadir Nabiyev (2/0)], Farruh İsmayılov (15/1) [78.Kenan Kerimov (4/0)]. Trainer:Vagif Sadygov (23).

76. 10.08.2002 **IRAN - AZERBAIJAN** 1-1(1-1)
Takhti Stadium, Tebriz; Referee: Rahim Rahimi Moqadam (Iran); Attendance: 10,000
AZE: Cahangir Hasanzade (13/0), Aslan Kerimov (30/0), Adahim Niftaliyev (15/0), Tarlan Akhmedov (Cap) (58/0), Rəşad Ferhad Sadıqov (6/0), Emin İmamaliyev (10/0) [70.Vadim Vasilyev (25/2)], Emin Quliyev (15/0) [85.Azer Mamedov (9/0)], Kamal Quliyev (23/0) [85.Ruslan Musayev (18/0)], Makhmud Xanlar Qurbanov (43/0), Samir Aliyev (12/0) [57.Nadir Nabiyev (3/0)], Farruh İsmayılov (16/2) [75.Khagani Mamedov (10/1)]. Trainer: Vagif Sadygov (24).
Goal: Farruh İsmayılov (16).

77. 21.08.2002 **AZERBAIJAN - UZBEKISTAN** 2-0(1-0)
Şafa Stadionu, Bakı; Referee: Munis Abdullayev (Azərbaijan); 7,000
AZE: Dmitriy Kramarenko (16/0) [75.Cahangir Hasanzade (14/0)], Aslan Kerimov (31/0), Emin Rafael Ağayev (53/1) [85.Adahim Niftaliyev (16/0)], Tarlan Akhmedov (Cap) (59/0) [89.İlham Yadullayev (28/0)]], Kamal Quliyev (24/0), Rəşad Ferhad Sadıqov (7/0), Eminİmamaliyev (11/0) [60.Farruh İsmayılov (17/3)], Emin Quliyev (16/0), Makhmud Xanlar Qurbanov (44/0) [59.Rufat Quliyev (27/0)], Samir Aliyev (13/1) [65.Vadim Vasilyev (26/2)], Qurban Osman Qurbanov (44/6) [77.Nadir Nabiyev (4/0)]. Trainer: Vagif Sadygov (25).
Goals: Samir Aliyev (39), Farruh İsmayılov (79).

78. 07.09.2002 **AZERBAIJAN - ITALY** 0-2(0-1) 12th EC. Qualifiers
„Tofiq Bəhramov" adı na Respublika Stadionu, Bakı; Referee:ykos Vassaras (Greece); Attendance: 40,000
AZE: Dmitri Kramarenko (17/0), Emin Rafael Ağayev (54/1), Aslan Kerimov (32/0), Tarlan Akhmedov (Cap) (60/0), Emin Quliyev (17/0), Kamal Quliyev (25/0), Makhmud Xanlar Qurbanov (45/0) [66.Ruslan Musayev (19/0)], Emin İmamaliyev (12/0), Qurban Osman Qurbanov (45/6) [90.Farruh İsmayılov (18/3)], Rəşad Ferhad Sadıqov (8/0), Samir Aliyev (14/1) [87.Ndir Nabiyev (5/0)]. Trainer: Vagif Sadygov (26).

79. 12.10.2002 **FINLAND – AZERBAIJAN** 3-0(1-0) 12th EC. Qualifiers
Olympiastadion, Helsinki; Referee: Alain Hamer (Luxembourg); Attendance: 11,853
AZE: Cahangir Hasanzade (15/0), Emin Rafael Ağayev (55/1), Aslan Kerimov (33/0), Tarlan Akhmedov (Cap) (61/0), Emin Quliyev (18/0), Kamal Quliyev (26/0), Makhmud Xanlar Qurbanov (46/0) [65.Rəşad Ferhad Sadıqov (9/0)], Eminİmamaliyev (13/0) [83.Vadim Vasilyev (27/2)], Qurban Osman Qurbanov (46/6), Samir Aliyev (15/1), Ramiz Mamedov (12/1) [90.Fizuli Mamedov (6/0)]. Trainer: Vagif Sadygov (27).

80. 20.11.2002 **AZERBAIJAN - WALES** 0-2(0-1) 12th EC. Qualifiers
„Tofiq Bəhramov" adı na Respublika Stadionu, Bakı; Refereeıut Huyghe (Belgium); Attendance: 8,000
AZE: Cahangir Hasanzade (16/0), Aslan Kerimov (34/0) [46.Fizuli Mamedov (7/0)], İlham Yadullayev (29/0), Tarlan Akhmedov (Cap) (62/0) [75.Arif Asadov (43/0)], Adahim Niftaliyev (17/0), Rəşad Ferhad Sadıqov (10/0), Makhmud Xanlar Qurbanov47/0) [62.Farruh İsmayılov (19/3)], Eminİmamaliyev (14/0), Qurban Osman Qurbanov (47/6), Vadim Vasilyev (28/2), Samir Aliyev (16/1). Trainer: Asker Abdullayev (5).

81. 12.02.2003 **SERBIA AND MONTENEGRO – AZERBAIJAN** 2-2(1-0) 12th EC. Qualifiers
Stadion pod Goricom, Podgorica; Referee: Jacek Granat (Poland); Attendance: 7,500
AZE: Cahangir Hasanzade (17/0), Tarlan Akhmedov (Cap) (63/0), Emin Quliyev (19/0), Kamal Quliyev (27/0), Rəşad Ferhad Sadıqov (11/0), Farruh İsmayılov (20/3) [55.Ruslan Musayev (20/0)], MakhmudXanlar Qurbanov (48/0) [90.Fizuli Mamedov (8/0)], Ramiz Mamedov (13/1), Qurban Osman Qurbanov (48/8), Emin İmamaliyev (15/0), Samir Aliyev (17/1) [87.Khagani Mamedov (11/1)]. Trainer: Asker Abdullayev (6).
Goals: Qurban Osman Qurbanov (60, 78)

82. 29.03.2003 **WALES – AZERBAIJAN** 4-0(3-0) 12th EC. Qualifiers
Millenium Stadium, Cardiff; Referee: Philippe Leuba (Switzerland); Attendance: 72,500
AZE: Cahangir Hasanzade (18/0), Tarlan Akhmedov (Cap) (64/0), Avtandil Hacıyev (2/0) [46.Fizuli Mamedov (9/0)], Ruslan Musayev (21/0), Emin Quliyev (20/0) [46.İlham Yadullayev (30/0)], Kamal Quliyev (28/0), Makhmud Xanlar Qurbanov (49/0), Ramiz Mamedov (14/1), Qurban Osman Qurbanov (49/8), Emin İmamaliyev (16/0), Samir Aliyev (18/1) [78.Zaur Tağizade (28/5)]. Trainer: Asker Abdullayev (7).

83. 11.06.2003 **AZERBAIJAN - SERBIA AND MONTENEGRO** 2-1(0-1) 12th EC. Qualifiers
Şafa Stadionu, Bakı; Referee: Knud Erik Fisker (Denmark); Attendance: 5,000
AZE: Dmitri Kramarenko (18/0), Emin Rafael Ağayev (56/1) [84.Zaur Tağizade (29/5)], Aslan Kerimov (35/0), Tarlan Akhmedov (Cap) (65/0), Emin Quliyev (21/0), Kamal Quliyev (29/0), Makhmud Xanlar Qurbanov (50/0), Qurban Osman Qurbanov (50/9) [90.İlham Yadullayev (31/0)], Rəşad Ferhad Sadıqov (12/0), Samir Aliyev (19/1), Ruslan Musayev (22/0) [59.Farruh İsmayılov (21/4)]. Trainer:Asker Abdullayev (8).
Goals: Qurban Osman Qurbanov (88 penalty), Farruh İsmayılov (90).

84. 06.09.2003 **AZERBAIJAN - FINLAND** 1-2(0-0) 12th EC. Qualifiers
Şafa Stadionu, Bakı; Referee: Vladimir Hrinák (Slovakia); Attendance: 7,500
AZE: Dmitriy Kramarenko (19/0), Emin Rafael Ağayev (57/1) [11.Ruslan Musayev (23/0)], Tarlan Akhmedov (Cap) (66/0) [*sent off 42*], Emin Quliyev (22/0), Kamal Quliyev (30/0), Makhmud Xanlar Qurbanov (51/0), Vadim Vasilyev (29/2) [60.Zaur Tağizade (30/5)], İlham Yadullayev (32/0), Rəşad Ferhad Sadıqov (13/0), Farruh İsmayılov (22/5), Samir Aliyev (20/1) [46.Emin İmamaliyev (17/0)]. Trainer: Asker Abdullayev (9).
Goal: Farruh İsmayılov (88).

85. 11.10.2003 **ITALY - AZERBAIJAN** 4-0(2-0) 12th EC. Qualifiers
Stadio "Oreste Granillo", Regio Calabria; Referee: Stuart Dougal (Scotland); Attendance: 27,000
AZE: Dmitriy Kramarenko (20/0) [55.Cahangir Hasanzade (19/0)], Emin Rafael Ağayev (58/1) [74.Vadim Vasilyev (30/2)], Aslan Kerimov (36/0), Emin İmamaliyev (18/0), Emin Quliyev (23/0), Kamal Quliyev (31/0), Makhmud Xanlar Qurbanov (52/0) [82.Ramiz Mamedov (15/1)], Zaur Tağizade (31/5), İlham Yadullayev (33/0), Rəşad Ferhad Sadıqov (14/0), Samir Aliyev (21/1). Trainer: Asker Abdullayev (10).

86. 14.12.2003 **UNITED ARAB EMIRATES - AZERBAIJAN** 3-3(1-1)
"Al Makhtoum" Stadium, Dubai; Referee: Salah Amin (United Arab Emirates)
AZE: Hüseyn Mahommedov (10/0), Tarlan Akhmedov (Cap) (67/0), Emin Quliyev (24/0), Aslan Kerimov (37/0), Kamal Quliyev (32/0) [46.Namiq Hasanov (3/0); 80.Adahim Niftaliyev (18/0)], Rəşad Ferhad Sadıqov (15/0), Emin İmamaliyev (19/0), Ruslan Musayev (24/0) [27.Zeynal Zeynalov (1/0)], Makhmud Xanlar Qurbanov (53/0) [85.Vüsal Hüseynov (1/0)], Nadir Nabiyev (6/2), Vadim Vasilyev (31/2) [46.Zaur Ramazanov (1/0); 80.Kenan Kerimov (5/1)]. Trainer: Asker Abdullayev (11).
Goals: Nadir Nabiyev (26), Kenan Kerimov (83), Nadir Nabiyev (90).

87. 17.12.2003 **OMAN - AZERBAIJAN** 1-0(0-0)
"Sultan Qaboos" Sports Complex, Muscat; Referee: Khamis Mubarak Al Shammaki (Oman); Attendance: n/a
AZE: Hüseyn Mahommedov (11/0), Tarlan Akhmedov (Cap) (68/0), Emin Quliyev (25/0) [46.Ruslan Qafitullin (1/0)], Aslan Kerimov (38/0), Kamal Quliyev (33/0) [90.Avtandil Hacıyev (3/0)], Rəşad Ferhad Sadıqov (16/0) [57.Emin İmamaliyev (20/0)], Makhmud Xanlar Qurbanov (54/0), Ruslan Musayev (25/0) [82.Zeynal Zeynalov (2/0)], Adahim Niftaliyev (19/0), Nadir Nabiyev (7/2) [72.Kenan Kerimov (6/1)], Vadim Vasilyev (32/2) [76.Vüsal Hüseynov (2/0)]. Trainer: Asker Abdullayev (12).

88. 20.12.2003 **SAUDI ARABIA - AZERBAIJAN** 1-0(0-0)
"Prince Mohamed bin Fahd" Stadium, Dammam; Referee: n/a; Attendance: n/a
AZE: Hüseyn Mahommedov (12/0), Tarlan Akhmedov (Cap) (69/0), Emin Quliyev (26/0), Aslan Kerimov (39/0) [65.Ruslan Qafitullin (2/0)], Kamal Quliyev (34/0) [60.Namiq Hasanov (4/0)], Emin İmamaliyev (21/0), Makhmud Xanlar Qurbanov (55/0), Ruslan Musayev (26/0) [80.Avtandil Hacıyev (4/0)], Adahim Niftaliyev (20/0) [70.Zaur Ramazanov (2/0)], Nadir Nabiyev (8/2) [46.Kenan Kerimov (7/1)], Vadim Vasilyev (33/2). Trainer: Asker Abdullayev (13).

89. 18.02.2004 **ISRAEL - AZERBAIJAN** 6-0(3-0)
National Stadium, Ramat Gan, Tel Aviv; Referee: Joaquim Paulo Gomes Paraty da Silva (Portugal); Attendance: 12,250
AZE: Dmitriy Kramarenko (21/0) [72.Cahangir Hasanzade (20/0)], Emin Rafael Ağayev (59/1) [70.Mahir Şükürov (1/0)], Aslan Kerimov (40/0), Emin Quliyev (27/0) [85.Saşa Yunisoğlu (1/0)], Kamal Quliyev (35/0), Tarlan Akhmedov (Cap) (70/0) [46.İlham Yadullayev (34/0)], Rəşad Ferhad Sadıqov (17/0), Elçin Rahmanov (7/0) [85.Elmar Bahşiyev (1/0)], Emin İmamaliyev (22/0) [62.Camal Mamedov (1/0)], Qurban Osman Qurbanov (51/9), Samir Aliyev (22/1) [65.Vüqar Nadirov (1/0)]. Trainer: Carlos Alberto Torres (Brazil, 1).

90. 31.03.2004 **MOLDOVA - AZERBAIJAN** 2-1(1-1)
Stadionul Republican, Chişinău; Referee: Vitaliy Godulyan (Ukraine); Attendance: 5,500
AZE: Cahangir Hasanzade (21/0), Rəşad Ferhad Sadıqov (18/0), Rafael Amirbekov (1/0), Emin Quliyev (28/0), Kamal Quliyev (36/0) [72.Mahir Şükürov (2/0)], Agil Mamedov (1/0), Aslan Kerimov (41/0), Ruslan Musayev (27/0) [90.Senan Kurbanov (1/0)], Raşad Abdullayev (1/0), Makhmud Xanlar Qurbanov (56/0) [80.Avtandil Hacıyev (5/0)], Qurban Osman Qurbanov (52/10). Trainer: Carlos Alberto Torres (Brazil, 2).
Goal: Qurban Osman Qurbanov (20).

91. 28.04.2004 **KAZAKHSTAN - AZERBAIJAN** 2-3(0-1)
Centralny, Almaty; Referee: Kadyrbek Chynybekov (Kyrgyzstan); Attendance: 20,000
AZE: Dmitriy Kramarenko (Cap) (22/0), Rafael Amirbekov (2/0), Aslan Kerimov (42/0) [86.Ceyhun Sultanov (2/1)], Rəşad Ferhad Sadıqov (19/1), Samir Abbasov (1/0) [*sent off 71*], Vüsal Hüseynov (3/0) [46.Anatoli Ponomaryov (1/0)], Emin Quliyev (29/1), Makhmud Xanlar Qurbanov (57/0) [90.Raşad Abdullayev (2/0)], Mahir Şükürov (3/0), Nadir Nabiyev (9/3) [78.İlqar Qurbanov (1/0)], Zaur Ramazanov (3/0) [72.Ruslan Musayev (28/0)]. Trainer: Carlos Alberto Torres (Brazil, 3).
Goals: Nadir Nabiyev (33), Emin Quliyev (60), Rəşad Ferhad Sadıqov (85).

92. 28.05.2004 **AZERBAIJAN - UZBEKISTAN** 3-1(1-1)
"Tofiq Bəhramov" adına Respublika Stadionu, Bakı; Referee: Arab Malaghuradze (Georgia); Attendance: 12,000
AZE: Dmitriy Kramarenko (23/0), Rəşad Ferhad Sadıqov (20/1), Mahir Şükürov (4/0), Rafael Amirbekov (3/0), Samir Abbasov (2/0), Agil Mamedov (2/0), Makhmud Xanlar Qurbanov (58/0) [46.İlqar Qurbanov (2/1)], Emin Quliyev (30/2), Anatoli Ponomaryov (2/0) [88.Zaur Ramazanov (4/0)], Qurban Osman Qurbanov (Cap) (53/11) [90.Ruslan Musayev (29/0)], Nadir Nabiyev (10/3) [80.Elman Sultanov (2/0)]. Trainer: Carlos Alberto Torres (Brazil, 4).
Goals: Qurban Osman Qurbanov (31), İlqar Qurbanov (64), Emin Quliyev (75).

93. 06.06.2004 **LATVIA - AZERBAIJAN** 2-2(0-0)
Skonto stadions, Riga; Referee: Jari Maisonlahti (Finland); Attendance: 8,000
AZE: Dmitriy Kramarenko (24/0), Emin Rafael Ağayev (60/1), Rəşad Ferhad Sadıqov (21/1), Mahir Şükürov (5/0), Emin Quliyev (31/3), Rafael Amirbekov (4/0), Makhmud Xanlar Qurbanov (59/0) [75.İlqar Qurbanov (3/1)], Agil Mamedov (3/0), Qurban Osman Qurbanov (Cap) (54/12) [90.Raşad Abdullayev (3/0)], Anatoli Ponomaryov (3/0) [90.Ruslan Musayev (30/0)], Nadir Nabiyev (11/3). Trainer: Carlos Alberto Torres (Brazil, 5).
Goals: Emin Quliyev (56), Qurban Osman Qurbanov (75 penalty).

94. 18.08.2004   **JORDAN - AZERBAIJAN**   **1-1(1-1)**
"King Abdullah" International, Amman; Referee: n/a; Attendance: 4,000
AZE: Dmitriy Kramarenko (25/0), Mahir Şükürov (6/0) [46.Zaur Tağizade (32/5)], Avtandil Hacıyev (6/0), Rəşad Ferhad Sadıqov (22/1), Rafael Amirbekov (5/0), Agil Mamedov (4/0) [46.Vüsal Hüseynov (4/0)], Emin Quliyev (32/3), Makhmud Xanlar Qurbanov (60/0) [46.Raşad Abdullayev (4/0)], Anatoli Ponomaryov (4/1) [46.Aslan Kerimov (43/0)], Qurban Osman Qurbanov (55/12) [46.İlqar Qurbanov (4/1)], Nadir Nabiyev (12/3). Trainer: Carlos Alberto Torres (Brazil, 6).
Goal: Anatoli Ponomaryov (23).

95. 04.09.2004   **AZERBAIJAN - WALES**   **1-1(0-0)**   18th FIFA WC. Qualifiers
„Tofiq Bəhramov" adına Respublika Stadionu, Bakı; Referee:Đo Trivković (Croatia); Attendance: 8,000
AZE: Dmitriy Kramarenko (26/0), Mahir Şükürov (7/0), Avtandil Hacıyev (7/0), Rəşad Ferhad Sadıqov (23/2), Emin Rafael Ağayev (61/1), Vüsal Hüseynov (5/0) [73.İsmayıl Mamedov (2/0)], Aslan Kerimov (44/0), Makhmud Xanlar Qurbanov (61/0), Anatoli Ponomaryov (5/1) [83.İlqar Qurbanov (5/1)], Qurban Osman Qurbanov (Cap) (56/12), Samir Aliyev (23/1) [71.Nadir Nabiyev (13/3)]. Trainer: Carlos Alberto Torres (Brazil, 7).
Goal: Rəşad Ferhad Sadıqov (55).

96. 08.09.2004   **AUSTRIA - AZERBAIJAN**   **2-0(2-0)**   18th FIFA WC. Qualifiers
"Ernst Happel" Stadion, Wien; Referee: Lawrence Sammut (Malta); Attendance: 26,400
AZE: Dmitriy Kramarenko (27/0), Mahir Şükürov (8/0), Avtandil Hacıyev (8/0), Rəşad Ferhad Sadıqov (24/2), Emin Rafael Ağayev (62/1), Vüsal Hüseynov (6/0), Makhmud Xanlar Qurbanov (62/0) [46.İsmayıl Mamedov (3/0)], Aslan Kerimov (45/0), Anatoli Ponomaryov (6/1) [46.Nadir Nabiyev (14/3)], Qurban Osman Qurbanov (Cap) (57/12), Samir Aliyev (24/1) [46.İlqar Qurbanov (6/1)]. Trainer: Carlos Alberto Torres (Brazil, 8).

97. 09.10.2004   **AZERBAIJAN – NORTHERN IRELAND**   **0-0**   18th FIFA WC. Qualifiers
„Tofiq Bəhramov" adına Respublika Stadionu, Bakı; Referee:ttila Hanacsek (Hungary); Attendance: 6,460
AZE: Cahangir Hasanzade (22/0), Mahir Şükürov (9/0), Avtandil Hacıyev (9/0), Rəşad Ferhad Sadıqov (Cap) (25/2), Rafael Amirbekov (6/0), Emin Quliyev (33/3), Makhmud Xanlar Qurbanov (63/0) [58.Anatoli Ponomaryov (7/1)], Kamal Quliyev (37/0), İsmayıl Mamedov (4/0) [53.İlqar Qurbanov (7/1)], Samir Aliyev (25/1) [76.Qurban Osman Qurbanov (58/12)], Nadir Nabiyev (15/3). Trainer: Carlos Alberto Torres (Brazil, 9).

98. 13.10.2004   **AZERBAIJAN - ENGLAND**   **0-1(0-1)**   18th FIFA WC. Qualifiers
„Tofiq Bəhramov" adına Respublika Stadionu, Bakı; Referee:Alain Hamer (Luxembourg); Attendance: 17,000
AZE: Cahangir Hasanzade (23/0), Mahir Şükürov (10/0), Avtandil Hacıyev (10/0), Rəşad Ferhad Sadıqov (Cap) (26/2), Rafael Amirbekov (7/0), Emin Quliyev (34/3) [74.İlqar Qurbanov (8/1)], Kamal Quliyev (38/0), Anatoli Ponomaryov (8/1), Aslan Kerimov (46/0), Samir Aliyev (26/1) [59.Qurban Osman Qurbanov (59/12)], Nadir Nabiyev (16/3) [80.Raşad Abdullayev (5/0)]. Trainer: Carlos Alberto Torres (Brazil, 10).

99. 17.11.2004   **AZERBAIJAN - BULGARIA**   **0-0**
„Tofiq Bəhramov" adına Respublika Stadionu, Bakı; Referee:Andrejs Sipailo (Latvia); Attendance: 3,000
AZE: Rauf Mehdiyev (1/0), Mahir Şükürov (11/0) [75.Zaur Haşimov (2/0)], Avtandil Hacıyev (11/0), Samir Abbasov (3/0) [84.Rail Malikov (1/0)], Rafael Amirbekov (8/0), Elmar Bahşiyev (2/0), İsmayıl Mamedov (5/0) [83.Vüqar Quliyev (1/0)], Kamal Quliyev (39/0) [68.İlqar Abdürahmanov (1/0)], Anatoli Ponomaryov (9/1) [59.İlqar Qurbanov (9/1)], Zaur Ramazanov (5/0) [59.Vüqar Nadirov (2/0)], Daniel Ahtyamov (1/0). Trainer: Carlos Alberto Torres (Brazil, 11).

100. 21.01.2005   **TRINIDAD AND TOBAGO - AZERBAIJAN**   **1-0(1-0)**
„Hasely Crawford" Stadium, Port of Spain; Referee: Ramesh Ramdhan (Trinidad and Tobago); Attendance: 500
AZE: Rauf Mehdiyev (2/0), Samir Abbasov (4/0) [66.Rail Malikov (2/0)], Mahir Şükürov (12/0) [75.Raşad Abdullayev (6/0)], Avtandil Hacıyev (12/0), Rafael Amirbekov (9/0) [73.Vüqar Quliyev (2/0)], Agil Mamedov (5/0) [46.Vüqar Nadirov (3/0)], İlqar Abdürahmanov (2/0), Kenan Kerimov (8/1) [46.Daniel Ahtyamov (2/0), İsmayıl Mamedov (6/0), Aslan Kerimov (47/0), Nadir Nabiyev (17/3). Trainer: Carlos Alberto Torres (Brazil, 12).

101. 23.01.2005   **TRINIDAD AND TOBAGO - AZERBAIJAN**   **2-0(1-0)**
"Mannie Ramjohn", Marabella; Referee: Edward Gordon (Trinidad and Tobago); Attendance: 1,000
AZE: Rauf Mehdiyev (3/0) [46.Mikayil Yusifov (1/0)], Samir Abbasov (5/0) [46.Rail Malikov (3/0)], Rafael Amirbekov (10/0) [46.Vüqar Quliyev (3/0)], Avtandil Hacıyev (13/0), Rəşad Abdullayev (7/0), İlqar Abdürahmanov (3/0), İsmayıl Mamedov (7/0) [25.Vüqar Nadirov (4/0); 46.Vasif Haqverdiyev (1/0)], Aslan Kerimov (48/0), Agil Mamedov (6/0) [46.Daniel Ahtyamov (3/0)], Kenan Kerimov (9/1); Nadir Nabiyev (18/3). Trainer: Carlos Alberto Torres (Brazil, 13).

102. 09.02.2005   **AZERBAIJAN – MOLDOVA**   **0-0**
„Tofiq Bəhramov" adına Respublika Stadionu, Bakı; Referee:Ivan Paniashvili (Georgia); Attendance: 1,500
AZE: Cahangir Hasanzade (24/0) [46.Ruslan Macidov (1/0)], Rəşad Ferhad Sadıqov (Cap) (27/2), Rafael Amirbekov (1/0) [46.Samir Abbasov (6/0)], Avtandil Hacıyev (14/0), Mahir Şükürov (13/0), Emin Quliyev (35/3), Kamal Quliyev (40/0) [46.İlqar Abdürahmanov (4/0)], Aslan Kerimov (49/0) [75.Nadir Nabiyev (19/3)], İlqar Qurbanov (10/1) [59.Daniel Ahtyamov (4/0)], Anatoli Ponomaryov (10/1) [84.Raşad Abdullayev (8/0)], Zaur Ramazanov (6/0). Trainer: Carlos Alberto Torres (Brazil, 14).

103. 26.03.2005   **POLAND - AZERBAIJAN**   **8-0(3-0)**   18th FIFA WC. Qualifiers
Stadion Wojska Polskiego, Warszawa; Referee: Nicolai Vollquartz (Denmark); Attendance: 8,112
AZE: Dmitriy Kramarenko (28/0), Mahir Şükürov (14/0), Avtandil Hacıyev (15/0), Rəşad Ferhad Sadıqov (28/2), Rafael Amirbekov (12/0), Emin Quliyev (36/3) [20.Rail Malikov (4/0)], Kamal Quliyev (41/0), Aslan Kerimov (50/0) [46.Daniel Ahtyamov (5/0)], Vüqar Nadirov (5/0), Qurban Osman Qurbanov (Cap) (60/12), Nadir Nabiyev (20/3) [46.İlqar Qurbanov (11/1)]. Trainer: Carlos Alberto Torres (Brazil, 15).

104. 30.03.2005   **ENGLAND - AZERBAIJAN**   **2-0(0-0)**   18th FIFA WC. Qualifiers
St. James Park, Newcastle; Referee: Paulo Manuel Gomes Costa (Portugal); Attendance: 49,046
AZE: Dmitriy Kramarenko (29/0), Zaur Haşimov (3/0), Rəşad Ferhad Sadıqov (29/2), Avtandil Hacıyev (16/0), Rafael Amirbekov (13/0) [46.Vüqar Quliyev (4/0)], İlqar Abdürahmanov (5/0), Rail Malikov (5/0), Aslan Kerimov (51/0), Elmar Bahşiyev (3/0), Nadir Nabiyev (21/3) [76.Daniel Ahtyamov (6/0)], Qurban Osman Qurbanov (Cap) (61/12) [76.Anatoli Ponomaryov (11/1)]. Trainer: Carlos Alberto Torres (Brazil, 16).

105. 29.05.2005   **IRAN - AZERBAIJAN**   **2-1(2-0)**
Azadi Stadium, Tehran; Referee: Saad Kamil Al Fadhli (Kuwait); Attendance: 25,000
AZE: Cahangir Hasanzade (25/0), Mahir Şükürov (15/0), Rəşad Ferhad Sadıqov (30/2), Avtandil Hacıyev (17/0), İlqar Abdürahmanov (6/0), Emin Quliyev (37/3), Kamal Quliyev (42/0), Aslan Kerimov (Cap) (52/0), Alim Qurbanov (2/1), Farruh İsmayılov (23/5) [69.Qurban Osman Qurbanov (62/12)], Zaur Ramazanov (7/0) [76.Nadir Nabiyev (22/3)]. Trainer: Carlos Alberto Torres (Brazil, 17).
Goal: Alim Qurbanov (68).

106. 04.06.2005   **AZERBAIJAN - POLAND**   **0-3(0-1)**   18th FIFA WC. Qualifiers
„Tofiq Bəhramov" adına Respublika Stadionu, Bakı; Referee:Iberto Undiano Mallenco (Spain); Attendance: 10,458
AZE: Cahangir Hasanzade (26/0), Mahir Şükürov (16/0), Avtandil Hacıyev (18/0), Rəşad Ferhad Sadıqov (31/2),İlqar Abdürahmanov (7/0) [77.Farruh İsmayılov (24/5)], Emin Quliyev (38/3), Kamal Quliyev (43/0), Rəşad Abdullayev (9/0), Aslan Kerimov (53/0) [77.Alim Qurbanov 3/1)], Rail Malikov (6/0) [60.Zaur Ramazanov (8/0)], Qurban Osman Qurbanov (Cap) (63/12). Trainer: Carlos Alberto Torres (Brazil, 18).

107. 17.08.2005   **ALBANIA - AZERBAIJAN**   **2-1(1-1)**
Stadiumi „Kombëtar Qemal Stafa", Tiranë; Referee: Mustafa Çulcu (Turkey); Attendance: 7,300
AZE: Dmitriy Kramarenko (30/0), Avtandil Hacıyev (19/0) Rəşad Ferhad Sadıqov (32/2), Rafael Amirbekov (14/0) [85.Ramin Quliyev (1/0)], Mahir Şükürov (17/0) [85.Zaur Haşimov (4/0)], Aslan Kerimov (54/0), Emin Quliyev (39/3), Emin İmamaliyev (23/0) [82.Alim Qurbanov (4/1)], Makhmud Xanlar Qurbanov (64/0) [72.Yuriy Muzyka (1/0)], Zaur Tağizade (33/6) [80.Farruh İsmayılov (25/5)], Qurban Osman Qurbanov (Cap) (64/2) [84.İlqar Qurbanov (12/1)]. Trainer: Vagif Sadikov (28).
Goal: Zaur Tağizade (3).

108. 03.09.2005   **NORTHERN IRELAND - AZERBAIJAN**   **2-0(0-0)**   18th FIFA WC. Qualifiers
Windsor Park, Belfast; Referee: Dejan Stanišić (Serbia & Montenegro); Attendance: 12,000
AZE: Dmitriy Kramarenko (31/0), Avtandil Hacıyev (20/0)Rəşad Ferhad Sadıqov (Cap) (33/2), Rafael Amirbekov (5/0), Samir Aliyev (27/1) [74.Mahir Şükürov (18/0)], Emin Quliyev (40/3), Aslan Kerimov (55/0), Emin İmamaliyev (24/0), Yuriy Muzyka (2/0), Makhmud Xanlar Qurbanov (65/0) [65.Anatoli Ponomaryov (12/1)], Zaur Tağizade (34/6) [84.Nadir Nabiyev (23/3)]. Trainer: Vagif Sadikov (29).

109. 07.09.2005   **AZERBAIJAN - AUSTRIA**   **0-0**   18th FIFA WC. Qualifiers
„Tofiq Bəhramov" adına Respublika Stadionu, Bakı; Referee:Ollan Verbist (Belgium); Attendance: 2,800
AZE: Dmitriy Kramarenko (32/0), Tarlan Akhmedov (71/0), Avtandil Hacıyev (21/0), Rafael Amirbekov (16/0),Mahir Şükürov (19/0), Emin Quliyev (41/3), Kamal Quliyev (44/0), Aslan Kerimov (56/0), Yuriy Muzyka (3/0) [78.Elmar Bahşiyev (4/0)], Zaur Tağizade (35/6) [88.Nadir Nabiyev (24/3)], Qurban Osman Qurbanov (Cap) (65/12) [90.Samir Aliyev (28/1)]. Trainer: Vagif Sadikov (30).

110. 12.10.2005   **WALES - AZERBAIJAN**   **2-0(1-0)**   18th FIFA WC. Qualifiers
Millenium Stadium, Cardiff; Referee: Martin Hansson (Sweden); Attendance: 32,628
AZE: Dmitriy Kramarenko (33/0), Rəşad Ferhad Sadıqov (Cap) (34/2), Emin Rafael Ağayev (63/1) [79.Elmar Bahşiyev (5/0)], Rafael Amirbekov (17/0), Mahir Şükürov (20/0), Vüqar Quliyev (5/0), Aslan Kerimov (57/0), Emin İmamaliyev (25/0) [88.Ruslan Poladov (1/0)], Yuriy Muzyka (4/0), Zaur Tağizade (36/6), Farruh İsmayılov (26/5) [68.Samir Aliyev (29/1)]. Trainer:Vagif Sadikov (31).

111. 28.02.2006   **AZERBAIJAN - UKRAINE**   **0-0**
„Tofiq Bəhramov" adına Respublika Stadionu, Bakı; Referee:Andrejs Sipailo (Latvia); Attendance: 8,000
AZE: Farhad Veliyev (1/0), Rəşad Ferhad Sadıqov (Cap) (35/2), Sergey Sokolov (1/0), Azer Mamedov (10/0), Ceyhun Sultanov (3/1) [68.Vüqar Nadirov (6/0)], Ramazan Abbasov (1/0) [62.Rəşad Abdullayev (10/0)], Elmar Bahşiyev (6/0) [76.Avtandil Hacıyev (22/0)], Aslan Kerimov (58/0), Emin İmamaliyev (26/0) [86.Elvin Nuriyev (1/0)], İlqar Qurbanov (13/1) [68.Elşan Mamedov (1/0)], Nadir Nabiyev (25/3) [83.Ramin Quliyev (2/0)]. Trainer: Şahin Diniyev (1).

112. 12.04.2006   **AZERBAIJAN - TURKEY**   **1-1(0-0)**
„Tofiq Bəhramov" adına Respublika Stadionu, Bakı; Referee:Zvan Paniashvili (Georgia); Attendance: 26,000
AZE: Farhad Veliyev (2/0), Rəşad Ferhad Sadıqov (Cap) (36/3), Sergey Sokolov (2/0), Azer Mamedov (11/0), Ceyhun Sultanov (4/1) [62.Vüqar Nadirov (7/0)], Aslan Kerimov (59/0), Ramazan Abbasov (2/0) [83.Zaur Haşimov (5/0)], Elmar Bahşiyev (7/0) [90.Elvin Nuriyev (2/0)], Emin İmamaliyev (27/0) [88.Ramin Quliyev (3/0)], İlqar Qurbanov (14/1) [75.Rəşad Äbulfaz Sadiqov (1/0)], Nadir Nabiyev (26/3) [70.Elşan Mamedov (2/0)]. Trainer: Şahin Diniyev (2).
Goal: Rəşad Ferhad Sadıqov (65 penalty).

113. 18.05.2006   **MOLDOVA - AZERBAIJAN**   **0-0**
Stadionul Republican, Chişinău; Referee: Yuriy Baskakov (Russia); Attendance: 3,500
AZE: Farhad Veliyev (3/0), Avtandil Hacıyev (23/0), Sergey Sokolov (3/0), Azer Mamedov (12/0), Aslan Kerimov (60/0), Ceyhun Sultanov (5/1) [75.Rəşad Äbulfaz Sadiqov (2/0)], Ramazan Abbasov (3/0) [75.Zaur Haşimov (6/0)], Elmar Bahşiyev (8/0) [85.Elvin Nuriyev (3/0)], Emin İmamaliyev (28/0) [88.Ramin Quliyev (4/0)], Elşan Mamedov (3/0) [62.Vüqar Nadirov (8/0)], Farruh İsmayılov (27/5) [69.Vaqif Cavadov (1/0)]. Trainer:Şahin Diniyev (3).

114. 15.08.2006   **UKRAINE - AZERBAIJAN**   **6-0(4-0)**
"Valeriy Lobanovskiy" Stadium, Kyiv; Referee: Stanislav Sukhina (Russia); Attendance: 8,000
AZE: Farhad Veliyev (4/0), Rəşad Ferhad Sadıqov (Cap) (37/3), Avtandil Hacıyev (42/0), Aslan Kerimov (61/0), Ceyhun Sultanov (6/1) [56.Ruslan Abbasov (1/0)], Elmar Bahşiyev (9/0) [46.Rəşad Äbulfaz Sadiqov (3/0)], Ramin Quliyev (5/0), Ramazan Abbasov (4/0) [46.Zaur Haşimov (7/0)], Emin İmamaliyev (29/0) [76.Vaqif Cavadov (2/0)], İlqar Qurbanov (15/1) [18.Farruh İsmayılov (28/5)], Nadir Nabiyev (27/3) [63.Vüqar Nadirov (9/0)]. Trainer: Şahin Diniyev (4).

115. 02.09.2006   **SERBIA - AZERBAIJAN**   **1-0(0-0)**   13th EC. Qualifiers
Stadion Crvena zvezda, Beograd; Referee: Knut Kircher (Germany); Attendance: None *(match played behind closed doors)*
AZE: Farhad Veliyev (5/0), Zaur Haşimov (8/0), Ruslan Abbasov (2/0), Aslan Kerimov (Cap) (62/0), Sergey Sokolov (4/0), Elmar Bahşiyev (10/0), André Luís Ladaga (1/0) [77.Vaqif Cavadov (3/0)], Yuriy Muzyka (5/0) [62.İlqar Qurbanov (16/1)], Emin İmamaliyev (30/0), Aleksandr Çertoqanov (1/0), Farruh İsmayılov (29/5) [72.Samir Musayev (3/0)]. Trainer:Şahin Diniyev (5).

116. 06.09.2006   **AZERBAIJAN - KAZAKHSTAN**   **1-1(1-1)**   13th EC. Qualifiers
„Tofiq Bəhramov" adına Respublika Stadionu, Bakı; Referee:Sölt Szabó (Hungary); Attendance: 18,000
AZE: Farhad Veliyev (6/0), Aslan Kerimov (Cap) (63/0), Sergey Sokolov (5/0) [58.Yuriy Muzyka (6/0)], Ruslan Abbasov (3/0) [46.Rail Malikov (7/0)], André Luís Ladaga (2/1), Ceyhun Sultanov (7/1) [65.Samir Musayev (4/0)], Aleksandr Çertoqanov (2/0), Emin İmamaliyev (31/0), Vaqif Cavadov (4/0), İlqar Qurbanov (17/1), Leandro Melino Gomes (1/0). Trainer: Şahin Diniyev (6).
Goal: André Luís Ladaga (16).

117. 07.10.2006   **PORTUGAL - AZERBAIJAN**   **3-0(2-0)**   13th EC. Qualifiers
Estádio do Bessa XXI, Porto; Referee: Mark Halsey (England); Attendance: 18,000
AZE: Farhad Veliyev (7/0), Zaur Haşimov (9/0), Ernani Pereira (1/0), Sergey Sokolov (6/0), Aslan Kerimov (Cap) (64/0), André Luís Ladaga (3/1), Aleksandr Çertoqanov (3/0), Emin İmamaliyev (32/0), Yuriy Muzyka (7/0) [66.İlqar Qurbanov (18/1)], Ceyhun Sultanov (8/1) [64.Farruh İsmayılov (30/5)], Leandro Melino Gomes (2/0) [76.Vaqif Cavadov (5/0)]. Trainer: Şahin Diniyev (7).

118. 11.10.2006 **BELGIUM - AZERBAIJAN** 3-0(1-0) 13th EC. Qualifiers
Stade „Constant Van den Stock", Bruxelles; Referee: Romans Lajuks (Latvia); Attendance: 15,000
AZE: Farhad Veliyev (8/0), Zaur Haşimov (10/0) [77.Vüqar Nadirov (10/0)], Sergey Sokolov (7/0), Aslan Kerimov (Cap) (65/0), Ernani Pereira (2/0), André Luís Ladaga (4/1), Yuriy Muzyka (8/0) [33.İlqar Qurbanov (19/1)], Ceyhun Sultanov (9/1) [55.Vaqif Cavadov (6/0)], Emin İmamaliyev (33/0), Aleksandr Çertoqanov (4/0), Leandro Melino Gomes (3/0). Trainer: Şahin Diniyev (8).

119. 07.02.2007 **UZBEKISTAN - AZERBAIJAN** 0-0
Markaziy Stadium, Qarshi; Referee: Ravshan Irmatov (Uzbekistan); Attendance: 10,000
AZE: Farhad Veliyev (9/0) [46.Cahangir Hasanzade (27/0)], Aslan Kerimov (Cap) (66/0) [71.Vaqif Cavadov (7/0)], Samir Abbasov (7/0), Ernani Pereira (3/0), İlqar Qurbanov (20/1) [64.Elmar Bahşiyev (11/0)], Aleksandr Çertoqanov (5/0) [89.Nodar Mamedov (1/0)], André Luís Ladaga (5/1) [63.Zaur Haşimov (11/0)], Emin İmamaliyev (34/0) [77.Ramin Quliyev (6/0)], Ceyhun Sultanov (10/1) [71.Vüqar Nadirov (11/0)], Kenan Kerimov (10/1), Leandro Melino Gomes (4/0). Trainer: Şahin Diniyev (9).

120. 07.03.2007 **AZERBAIJAN - UZBEKISTAN** 1-0(0-0) Alma TV Cup
Qazhymuqan Mungaytpasuly Stadium, Shymkent (Kazakhstan); Referee: Akmalhan Holmatov (Kazakhszan); Attendance: 1,500
AZE: Cahangir Hasanzade (28/0), Zaur Haşimov (12/0) [82.Ramin Quliyev (7/0)], Ernani Pereira (4/0), Elmar Bahşiyev (12/0), Aslan Kerimov (Cap) (67/0), Samir Abbasov (8/0), Charles Usim Nduka (1/0) [69.Saşa Yunisoğlu (2/0)], Branimir Subašić (1/1) [78.André Luís Ladaga (6/1)], Marcos Ferreira Xavier (1/0) [62.Vaqif Cavadov (8/0)], Vüqar Nadirov (12/0) [46.Kenan Kerimov (11/1)], İlqar Qurbanov (21/1) [68.Rahid Amirquliyev (1/0)]. Trainer: Şahin Diniyev (10).
Goal: Branimir Subašić (55).

121. 09.03.2007 **KAZAKHSTAN - AZERBAIJAN** 1-0(0-0) Alma TV Cup
Qazhymuqan Mungaytpasuly Stadium, Shymkent; Referee: Dmitri Mashentsev (Kyrgyzstan); Attendance: 4,500
AZE: Farhad Veliyev (10/0), Ernani Pereira (5/0), Ramin Quliyev (8/0) [88.Rahid Amirquliyev (2/0)], Aslan Kerimov (Cap) (68/0), Samir Abbasov (9/0), André Luís Ladaga (7/1) [71.Elmar Bahşiyev (13/0)], Ceyhun Sultanov (11/1) [75.Vaqif Cavadov (9/0)], Leandro Melino Gomes (5/0), Emin İmamaliyev (35/0) [72.Zaur Haşimov (13/0)], Kenan Kerimov (12/1) [70.Branimir Subašić (2/1)], Aleksandr Çertoqanov (6/0). Trainer: Şahin Diniyev (11).

122. 11.03.2007 **AZERBAIJAN - KYRGYZSTAN** 1-0(1-0) Alma TV Cup
Qazhymuqan Mungaytpasuly Stadium, Shymkent (Kazakhstan); Referee: Vüsal Aliyev (Azerbaijan); Attendance: n/a
AZE: Cahangir Hasanzade (29/0), Saşa Yunisoğlu (3/0), Elmar Bahşiyev (Cap) (14/0), Ramin Quliyev (9/0), Charles Usim Nduka (2/0) [46.Aslan Kerimov (69/0)], Rahid Amirquliyev (3/0) [46.André Luís Ladaga (8/1)], Marcos Ferreira Xavier (2/0) [61.Leandro Melino Gomes (6/0)], Vüqar Nadirov (13/0) [46.Branimir Subašić (3/1)], İlqar Qurbanov (22/1) [46.Emin İmamaliyev (36/0)], Vaqif Cavadov (10/1), Aleksandr Çertoqanov (7/0). Trainer: Şahin Diniyev (12).
Goal: Vaqif Cavadov (17).

123. 24.03.2007 **POLAND - AZERBAIJAN** 5-0(3-0) 13th EC. Qualifiers
Stadion Wojska Polskiego, Warszawa; Referee: Kristinn Jacobsson (Iceland); Attendance: 12,000
AZE: Cahangir Hasanzade (30/0), Samir Abbasov (10/0), Aslan Kerimov (Cap) (70/0), Ernani Pereira (6/0), İlqar Qurbanov (23/1), Elmar Bahşiyev (15/0), Emin İmamaliyev (37/0) [65.Murad Ağakişiyev (1/0)], Aleksandr Çertoqanov (8/0), Branimir Subašić (4/1), Kenan Kerimov (13/1) [67.Vaqif Cavadov (11/1)], Leandro Melino Gomes (7/0) [62.André Luís Ladaga (9/1)]. Trainer: Şahin Diniyev (13).

124. 28.03.2007 **AZERBAIJAN - FINLAND** 1-0(0-0) 13th EC. Qualifiers
„Tofiq Bəhramov" adı na Respublika Stadionu, Bakı ; Referee:dimenico Messina (Italy); Attendance: 14,000
AZE: Farhad Veliyev (11/0), Ramin Quliyev (10/0), Samir Abbasov (11/0), Ernani Pereira (7/0), André Luís Ladaga (10/1) [66.Emin İmamaliyev (38/1)], Aslan Kerimov (Cap) (71/0), Ceyhun Sultanov (12/1) [76.İlqar Qurbanov (24/1)], Murad Ağakişiyev (2/0), Branimir Subašić (5/1), Aleksandr Çertoqanov (9/0), Leandro Melino Gomes (8/0) [10.Vüqar Nadirov (14/0)]. Trainer: Şahin Diniyev (14).
Goal: Emin İmamaliyev (83).

125. 02.06.2007 **AZERBAIJAN - POLAND** 1-3(1-0) 13th EC. Qualifiers
„Tofiq Bəhramov" adı na Respublika Stadionu, Bakı ; Referee:Kostas Kapitanis (Cyprus); Attendance: 4,500
AZE: Farhad Veliyev (12/0), Aslan Kerimov (Cap) (72/0), Ramin Quliyev (11/0), Samir Abbasov (12/0), Emin Quliyev (42/3), Ramazan Abbasov (5/0), Emin İmamaliyev (39/1) [70.Zaur Haşimov (14/0)], Aleksandr Çertoqanov (10/0), Alim Qurbanov (5/1) [65.İlqar Qurbanov (25/1)], Branimir Subašić (6/2), Khagani Mamedov (12/1) [53.Vaqif Cavadov (12/1)]. Trainer: Şahin Diniyev (15).
Goal: Branimir Subašić (6).

126. 06.06.2007 **KAZAKHSTAN - AZERBAIJAN** 1-1(0-1) 13th EC. Qualifiers
Tsentralny Stadium, Almaty; Referee: Albert-Jean Toussaint (Luxembourg); Attendance: 11,500
AZE: Cahangir Hasanzade (31/0), Ramin Quliyev (12/0), Zaur Haşimov (15/0), Samir Abbasov (13/0), Emin Quliyev (43/3), Ceyhun Sultanov (13/1) [74.Alim Qurbanov (6/1)], Ramazan Abbasov (6/0), Aleksandr Çertoqanov (11/0), Aslan Kerimov (Cap) (73/0) [58.Emin İmamaliyev (40/1)], Branimir Subašić (7/2), Vüqar Nadirov (15/1) [84.Khagani Mamedov (13/1)]. Trainer: Şahin Diniyev (16).
Goal: Vüqar Nadirov (31).

127. 22.08.2007 **TAJIKISTAN - AZERBAIJAN** 2-3(2-3)
Republican Central, Dushanbe; Referee: Orij Zhuraev (Tajikistan); Attendance: 8,000
AZE: Farhad Veliyev (13/0) [46.Cahangir Hasanzade (32/0)], Ramin Quliyev (13/0), Samir Abbasov (14/0), Aslan Kerimov (Cap) (74/0), Aleksandr Çertoqanov (12/0) [72.Alim Qurbanov (7/1)], Ramazan Abbasov (7/0) [57.Murad Ağakişiyev (3/0)], Emin İmamaliyev (41/1) [65.Zaur Haşimov (16/0)], Emin Quliyev (44/3), Ceyhun Sultanov (14/1) [57.Elmar Bahşiyev (16/0)], Samir Aliyev (30/3) [80.Elvin Aliyev (1/0)], Branimir Subašić (8/3) [69.Khagani Mamedov (14/1)]. Trainer: Şahin Diniyev (17).
Goals: Samir Aliyev (25), Branimir Subašić (26), Samir Aliyev (43).

128. 12.09.2007 **AZERBAIJAN - GEORGIA** 1-1(1-0)
„Tofiq Bəhramov" adı na Respublika Stadionu, Bakı ; Referee:Valentin Kovalenko (Uzbekistan); Attendance: 10,000
AZE: Farhad Veliyev (14/0), Aslan Kerimov (Cap) (75/0) [88.Ramin Quliyev (14/0)], Samir Abbasov (15/0), Zaur Haşimov (17/0), Emin İmamaliyev (42/1) [64.Ramazan Abbasov (8/0)], Aleksandr Çertoqanov (13/0), Elmar Bahşiyev (17/0), Ceyhun Sultanov (15/1) [67.Farruh İsmayılov (31/5)], Alim Qurbanov (8/1) [78.Raşid Kerimov (1/0)], Samir Aliyev (31/3) [81.Khagani Mamedov (15/1)], Branimir Subašić (9/4) [86.Mahir Şükürov (21/0)]. Trainer: Şahin Diniyev (18).
Goal: Branimir Subašić (44).

129. 13.10.2007 **AZERBAIJAN - PORTUGAL** **0-2(0-2)** 13th EC. Qualifiers
"Tofiq Bəhramov" adına Respublika Stadionu, Bakı; Referee: İvan Bebek (Croatia); Attendance: 30,000
AZE: Farhad Veliyev (15/0), Elvin Aliyev (2/0), Samir Abbasov (16/0), Aslan Kerimov (Cap) (76/0) [*sent off 29*], Saşa Yunisoğlu (4/0), Emin Quliyev (45/3), Aleksandr Çertoqanov (14/0), Emin İmamaliyev (43/1) [7.Zaur Haşimov (18/0)], İlqar Qurbanov (26/1) [56.Khagani Mamedov (16/1)], Samir Aliyev (32/3) [73.Alim Qurbanov (9/1)], Branimir Subašić (10/4). Trainer: Şahin Diniyev (19).

130. 17.10.2007 **AZERBAIJAN - SERBIA** **1-6(1-4)** 13th EC. Qualifiers
"Tofiq Bəhramov" adına Respublika Stadionu, Bakı; Referee: Thomas Einwaller (Austria); Attendance: 9,000
AZE: Farhad Veliyev (16/0) [46.Cahangir Hasanzade (33/0)], Samir Abbasov (17/0), Ramin Quliyev (15/0), Zaur Haşimov (19/0) [50.Elmar Bahşiyev (18/0)], Ceyhun Sultanov (Cap) (16/1) [69.Farruh İsmayılov (32/5)], Emin Quliyev (46/3), Alim Qurbanov (10/1), Aleksandr Çertoqanov (15/0), Ramazan Abbasov (9/0), Samir Aliyev (33/4), Branimir Subašić (11/4). Trainer: Şahin Diniyev (20).
Goal: Samir Aliyev (26).

131. 17.11.2007 **FINLAND - AZERBAIJAN** **2-1(0-0)** 13th EC. Qualifiers
Olympiastadion, Helsinki; Referee: Alain Hamer (Luxembourg); Attendance: 10,325
AZE: Farhad Veliyev (17/0), Samir Abbasov (18/0), Charles Usim Nduka (3/0) [46.Elvin Aliyev (3/0)], Rəşad Ferhad Sadıqov (Cap) (38/3), Saşa Yunisoğlu (5/0), Makhmud Xanlar Qurbanov (66/1), Zaur Ramazanov (9/0), Ramin Quliyev (16/0) [61.André Luís Ladaga (11/1)], Camşid Maharramov (1/0), Zaur Tağizade (37/6), Branimir Subašić (12/4). Trainer: Gjokica Hadžievski (Macedonia, 1)
Goal: Makhmud Xanlar Qurbanov (63).

132. 21.11.2007 **AZERBAIJAN - BELGIUM** **0-1(0-0)** 13th EC. Qualifiers
"Tofiq Bəhramov" adına Respublika Stadionu, Bakı; Referee: Saf Kenan (Israel); Attendance: 7,000
AZE: Farhad Veliyev (18/0), Rail Malikov (8/0), Samir Abbasov (19/0), Rəşad Ferhad Sadıqov (Cap) (39/3), Ramin Quliyev (17/0), Makhmud Xanlar Qurbanov (67/1), Aslan Kerimov (77/0) [84.Khagani Mamedov (17/1)], Camşid Maharramov (2/0) [77.Anatoli Ponomaryov (13/1)], Zaur Ramazanov (10/0), Zaur Tağizade (38/6) [70.Leandro Melino Gomes (9/0)], Branimir Subašić (13/4). Trainer: Gjokica Hadžievski (Macedonia, 2)

133. 03.02.2008 **AZERBAIJAN - KAZAKHSTAN** **0-0**
Hotel World of Wonders Futbol Sahalarimiz, Antalya (Turkey); Referee: Mustafa Kamil Abitoğlu (Turkey); Attendance: 1,500
AZE: Farhad Veliyev (19/0), Rail Malikov (9/0), Samir Abbasov (20/0), Saşa Yunisoğlu (6/0) [46.Rafael Amirbekov (18/0)], Emin Quliyev (47/3), Ramin Quliyev (18/0) [85.İlqar Qurbanov (27/1)], Makhmud Xanlar Qurbanov (68/1), Aslan Kerimov (Cap) (78/0) [26.Aleksandr Çertoqanov (16/0)], Zaur Ramazanov (11/0), Branimir Subašić (14/4), Khagani Mamedov (18/1) [74.Anatoli Ponomaryov (14/1)]. Trainer: Gjokica Hadžievski (Macedonia, 3).

134. 26.03.2008 **LITHUANIA - AZERBAIJAN** **1-0(1-0)**
Vėtra Stadionas, Vilnius; Referee: Igor Satchi (Moldova); Attendance: 1,500
AZE: Farhad Veliyev (20/0), Rail Malikov (10/0), Charles Usim Nduka (4/0), Rəşad Ferhad Sadıqov (Cap) (40/3), Elnur Allahverdiyev (1/0) [*sent off 33*], Emin Quliyev (48/3) [16.Elmar Bahşiyev (19/0)], Makhmud Xanlar Qurbanov (69/1), Aleksandr Çertoqanov (17/0), Zaur Tağizade (39/6), Zaur Ramazanov (12/0) [57.İlqar Qurbanov (28/1)], Branimir Subašić (15/4). Trainer: Nazim Süleymanov (1).

135. 01.06.2008 **BOSNIA AND HERZEGOVINA - AZERBAIJAN** **1-0(0-0)**
Stadion Bilino Polje, Zenica; Referee: Pavle Radovanović (Montenegro); Attendance: 800
AZE: Rauf Mehdiyev (4/0), Mahir Şükürov (22/0) [78.Ruslan Amircanov (1/0)], Charles Usim Nduka (5/0), Rəşad Ferhad Sadıqov (Cap) (41/3), Elvin Aliyev (4/0), Samir Abbasov (21/0), Elmar Bahşiyev (20/0) [80.Zaur Ramazanov (13/0)], Aleksandr Çertoqanov (18/0) [54.Zeynal Zeynalov (3/0)], Fábio Luís Ramim (1/0), Branimir Subašić (16/4), Khagani Mamedov (19/1). Trainer: Hans-Hubert Vogts (Germany, 1).

136. 04.06.2008 **ANDORRA - AZERBAIJAN** **1-2(0-2)**
Comunal de Aixovall, Andorra La Vella; Referee: Duarte Nuno Pereira Gomes (Portugal); Attendance: n/a
AZE: Farhad Veliyev (21/0), Rail Malikov (11/0), Charles Usim Nduka (6/0) [20.Saşa Yunisoğlu (7/0)], Rəşad Ferhad Sadıqov (Cap) (42/3), Mahir Şükürov (23/0) [58.Elvin Aliyev (5/0)], Zeynal Zeynalov (4/0) [58.İlqar Qurbanov (29/1)], Makhmud Xanlar Qurbanov (70/1) [80.Elmar Bahşiyev (21/0)], Samir Abbasov (22/0), Fábio Luís Ramim (2/1), Zaur Ramazanov (14/0) [90+2.Cavid Hüseynov (1/0)], Branimir Subašić (17/5) [46.Khagani Mamedov (20/1)]. Trainer: Hans-Hubert Vogts (Germany, 2).
Goals: Fábio Luís Ramim (17), Branimir Subašić (43).

137. 20.08.2008 **ICELAND - AZERBAIJAN** **1-1(0-0)**
Laugardalsvöllur, Reykjavík; Referee: Simon Lee Evans (Wales); Attendance: 5,133
AZE: Farhad Veliyev (22/0), Rail Malikov (12/0), Saşa Yunisoğlu (8/0), Rəşad Ferhad Sadıqov (Cap) (43/3), Nodar Mamedov (2/0) [46.Mahir Şükürov (24/0)], Cavid Hüseynov (2/0), Samir Abbasov (23/0), Elmar Bahşiyev (22/0) [46.Emin Quliyev (49/3)], Fábio Luís Ramim (3/2) [90.Zeynal Zeynalov (5/0)], Elvin Mamedov (1/0), Branimir Subašić (18/5) [46.Vaqif Cavadov (13/1)]. Trainer: Hans-Hubert Vogts (Germany, 3).
Goal: Fábio Luís Ramim (48).

138. 27.08.2008 **IRAN - AZERBAIJAN** **1-0(0-0)**
Azadi Stadium, Tehran; Referee: Hedayat Mombini (Iran); Attendance: 10,000
AZE: Farhad Veliyev (23/0), Rail Malikov (13/0), Vladimir Levin (1/0), Charles Usim Nduka (7/0) [71.Zeynal Zeynalov (6/0)], Rəşad Ferhad Sadıqov (Cap) (44/3), Nodar Mamedov (3/0), Elvin Mamedov (2/0), Elmar Bahşiyev (23/0), Cavid Hüseynov (3/0) [54.Leandro Melino Gomes (10/0)], Fábio Luís Ramim (4/2), Vaqif Cavadov (14/1) [75.Makhmud Xanlar Qurbanov (71/1)]. Trainer: Hans-Hubert Vogts (Germany, 4).

139. 06.09.2008 **WALES - AZERBAIJAN** **1-0(0-0)** 19th FIFA WC. Qualifiers
Millennium Stadium, Cardiff; Referee: Aleksandar Stavrev (Macedonia); Attendance: 17,106
AZE: Kamran Ağayev (1/0), Rail Malikov (14/0), Rəşad Ferhad Sadıqov (Cap) (45/3), Saşa Yunisoğlu (9/0), Fábio Luís Ramim (5/2) [*sent off 68*], Nodar Mamedov (4/0) [77.Charles Usim Nduka (8/0)], Elmar Bahşiyev (24/0), Samir Abbasov (24/0), Elvin Mamedov (3/0), Cavid Hüseynov (4/0) [46.Aqil Näbiyev (1/0)], Branimir Subašić (19/5). Trainer: Hans-Hubert Vogts (Germany, 5).

140. 10.09.2008 **AZERBAIJAN - LIECHTENSTEIN** **0-0** 19th FIFA WC. Qualifiers
"Tofiq Bəhramov" adına Respublika Stadionu, Bakı; Referee: Vetan Georgiev (Bulgaria); Attendance: 25,000
AZE: Kamran Ağayev (2/0), Rail Malikov (15/0), Rəşad Ferhad Sadıqov (Cap) (46/3), Saşa Yunisoğlu (10/0), Elmar Bahşiyev (25/0), Makhmud Xanlar Qurbanov (72/1) [71.Zeynal Zeynalov (7/0)], Aleksandr Çertoqanov (19/0), Samir Abbasov (25/0), Branimir Subašić (20/5), Vaqif Cavadov (15/1) [46.Cavid Hüseynov (5/0)], Elvin Mamedov (4/0) [65.Leandro Melino Gomes (11/0)]. Trainer: Hans-Hubert Vogts (Germany, 6).

141. 11.10.2008   **FINLAND - AZERBAIJAN**   1-0(0-0)   19th FIFA WC. Qualifiers
Olympiastadion, Helsinki; Referee: William Collum (Scotland); Attendance: 22,480
AZE: Kamran Ağayev (3/0), Rail Malikov (16/0), Saşa Yunisoğlu (11/0), Mahir Şükürov (25/0), Aleksandr Çertoqanov (20/0) [79.Araz Abdullayev (1/0)], Samir Abbasov (26/0), Branimir Subašić (21/5) [73.Anatoli Ponomaryov (15/1)], Rəşad Ferhad Sadı qov (Cap) (47/3), Elvin Mamedov (5/0)[59.Cavid Hüseynov (6/0)], Zeynal Zeynalov (8/0), Leandro Melino Gomes (12/0). Trainer: Hans-Hubert Vogts (Germany, 7).

142. 15.10.2008   **BAHRAIN - AZERBAIJAN**   1-2(1-1)
Al Muharraq Stadium, Manama; Referee: Mamdouh Al Mirdasi (Saudi Arabia)
AZE: Kamran Ağayev (4/0), Rəşad Ferhad Sadı qov (Cap) (48/3), Rail Malikov (17/0)Mahir Şükürov (26/0), Emin Cafarquliyev (1/0) [50.Saşa Yunisoğlu (12/0)], Charles Usim Nduka (9/0), Zeynal Zeynalov (9/1) [75.Samir Abbasov (27/0)], Aqil Nəbiyev (2/0) [30.Aleksandr Çertoqanov (21/0)], Cavid Hüseynov (7/0) [66.Elmar Bahşiyev (26/0)], Anatoli Ponomaryov (16/1) [46.Elvin Mamedov (6/1)], Leandro Melino Gomes (13/0) [46.Vaqif Cavadov (16/1)]. Trainer: Hans-Hubert Vogts (Germany, 8).
Goals: Zeynal Zeynalov (45+2), Elvin Mamedov (65).

143. 19.11.2008   **AZERBAIJAN - ALBANIA**   1-1(1-1)
„Tofiq Bəhramov" adı na Respublika Stadionu, Bakı ; Refereeəkha Silagava (Georgia); Attendance: 10,000
AZE: Rauf Mehdiyev (5/0) [46.Farhad Veliyev (24/0)], Saşa Yunisoğlu (13/0), Mahir Şükürov (27/0), Aleksandr Çertoqanov (22/0) [79.Araz Abdullayev (2/0)], Samir Abbasov (28/0), Branimir Subašić (22/6) [69.Vüqar Nadirov (16/1)], Charles Usim Nduka (10/0) [46.Tural Calilov (1/0)], Rəşad Ferhad Sadı qov (Cap) (49/3), Elvin Mamedov (7/1) [46.CavidHüseynov (8/0)], Zeynal Zeynalov (10/1), Vaqif Cavadov (17/1). Trainer: Hans-Hubert Vogts (Germany, 9).
Goal: Branimir Subašić (4).

144. 01.02.2009   **AZERBAIJAN - UZBEKISTAN**   1-1(0-0)
Zabeel Stadium, Dubai (United Arab Emirates); Referee: Ali Hamad Albadwawi (United Arab Emirates); Attendance: 100
AZE: Kamran Ağayev (5/0), Rail Malikov (18/0), Saşa Yunisoğlu (14/0), Samir Abbasov (Cap) (29/0), Zeynal Zeynalov (11/1) [46.Elmar Bahşiyev (27/0)], Leandro Melino Gomes (14/0), Vaqif Cavadov (18/1) [46.Fábio Luís Ramim (6/3)], Aleksandr Çertoqanov (23/0) [46.Cavid Hüseynov (9/0)], Vüqar Nadirov (17/1) [74.Elvin Mamedov (8/1)], Tural Calilov (2/0), Ernani Pereira (8/0). Trainer: Hans-Hubert Vogts (Germany, 10).
Goal: Fábio Luís Ramim (63 penalty).

145. 11.02.2009   **KUWAIT - AZERBAIJAN**   1-1(1-1)
A Kuwait Sports Club Stadium, Kuwait City; Referee: Mahdouh Al Mirdasi (Saudi Arabia); Attendance: 300
AZE: Kamran Ağayev (6/0), Rail Malikov (19/0), Saşa Yunisoğlu (15/0), Elmar Bahşiyev (28/0) [46.Fábio Luís Ramim (7/3)], Vaqif Cavadov (19/2), Aleksandr Çertoqanov (24/0) [46.Cavid Hüseynov (10/0)], Samir Abbasov (Cap) (30/0), Ernani Pereira (9/0), Leandro Melino Gomes (15/0) [70.Aqil Nəbiyev (3/0)], Vüqar Nadirov (18/1) [57.Elvin Mamedov (9/1)], Tural Calilov (3/0) [46.Mahir Şükürov (28/0)]. Trainer: Hans-Hubert Vogts (Germany, 11).
Goal: Vaqif Cavadov (1).

146. 28.03.2009   **RUSSIA - AZERBAIJAN**   2-0(1-0)   19th FIFA WC. Qualifiers
Luzhniki Olympic Complex, Moskva; Referee: Serge Gumienny (Belgium); Attendance: 62,000
AZE: Farhad Veliyev (25/0), Rail Malikov (20/0), Saşa Yunisoğlu (16/0), Rəşad Ferhad Sadı qov (Cap) (50/3), Samir Abbasov (31/0), Mahir Şükürov (29/0), Elmar Bahşiyev (29/0), Fábio Luís Ramim (8/3) [61.Leandro Melino Gomes (16/0)], Camşid Maharramov (3/0), Vüqar Nadirov (19/1), Branimir Subašić (23/6) [46.Vaqif Cavadov (20/2)]. Trainer: Hans-Hubert Vogts (Germany, 12).

147. 02.06.2009   **TURKEY - AZERBAIJAN**   2-0(0-0)
"Kadir Has Şehir" Stadyumu, Kayseri; Referee: Mario Vlk (Slovakia); Attendance: 32,864
AZE: Farhad Veliyev (26/0), Rail Malikov (21/0), Rəşad Ferhad Sadı qov (Cap) (51/3) [sent off 51], Samir Abbasov (32/0), Vladimir Levin (2/0), Mahir Şükürov (30/0) [46.Aleksandr Çertoqanov (25/0)], Camşid Maharramov (4/0) [66.Saşa Yunisoğlu (17/0)], Daniel Ahtyamov (7/0) [83.Branimir Subašić (24/6)], Aqil Nəbiyev (4/0) [46.Elmar Bahşiyev (30/0)], Cavid Hüseynov (11/0) [56.Ernani Pereira (10/0)], Leandro Melino Gomes (17/0) [46.Vaqif Cavadov (21/2)]. Trainer: Hans-Hubert Vogts (Germany, 13).

148. 06.06.2009   **AZERBAIJAN - WALES**   0-1(0-1)   19th FIFA WC. Qualifiers
„Tofiq Bəhramov" adı na Respublika Stadionu, Bakı ; Referee: Markus Strombergsson (Sweden); Attendance: 26,728
AZE: Farhad Veliyev (27/0), Rail Malikov (22/0), Rəşad Ferhad Sadı qov (Cap) (52/3), Vladimir Levin (3/0), Mahir Şükürov (31/0), Elmar Bahşiyev (31/0), Fábio Luís Ramim (9/3) [46.Branimir Subašić (25/6)], Aqil Nəbiyev (5/0) [50.Cavid Hüseynov (12/0)], Zeynal Zeynalov (12/1), Daniel Ahtyamov (8/0) [60.Vüqar Nadirov (20/1)], Vaqif Cavadov (22/2). Trainer: Hans-Hubert Vogts (Germany, 14).

149. 09.06.2009   **AZERBAIJAN - SPAIN**   0-6(0-3)
„Tofiq Bəhramov" adı na Respublika Stadionu, Bakı ; Refereehdr Ishchenko (Ukraine); Attendance: 20,000
AZE: Farhad Veliyev (28/0), Rail Malikov (23/0), Rəşad Ferhad Sadı qov (Cap) (53/3), Samir Abbasov (33/0) [79.Vladimir Levin (4/0)], Saşa Yunisoğlu (18/0), Mahir Şükürov (32/0), Camşid Maharramov (5/0) [46.Vüqar Nadirov (21/1)], Zeynal Zeynalov (13/1) [71.Leandro Melino Gomes (18/0)], Daniel Ahtyamov (9/0), Cavid Hüseynov (13/0), Branimir Subašić (26/6) [46.Elmar Bahşiyev (32/0)]. Trainer: Hans-Hubert Vogts (Germany, 15).

150. 12.08.2009   **AZERBAIJAN - GERMANY**   0-2(0-1)   19th FIFA WC. Qualifiers
„Tofiq Bəhramov" adı na Respublika Stadionu, Bakı ; Referee:Ian Kelly (Republic of Ireland); Attendance: 22,500
AZE: Farhad Veliyev (29/0), Rail Malikov (24/0), Elnur Allahverdiyev (2/0), Rəşad Ferhad Sadı qov (Cap) (54/3), Samir Abbasov (34/0), Saşa Yunisoğlu (19/0), Mahir Şükürov (33/0), Aleksandr Çertoqanov (26/0), Elvin Mamedov (10/1), Vaqif Cavadov (23/2), Vüqar Nadirov (22/1) [74.Daniel Ahtyamov (10/0)]. Trainer: Hans-Hubert Vogts (Germany, 16).

151. 05.09.2009   **AZERBAIJAN - FINLAND**   1-2(0-0)   19th FIFA WC. Qualifiers
City Stadium, Länkəran; Referee: Stelios Trifonos (Cyprus); Attendance: 12,000
AZE: Kamran Ağayev (7/0), Rəşad Äbulfaz Sadiqov (4/0), Saşa Yunisoğlu (20/0), Ruslan Abışov (1/0) [46.Cavid Hüseynov (14/0)], Vladimir Levin (5/0), Elnur Allahverdiyev (3/0), Mahir Şükürov (34/0), Samir Abbasov (Cap) (35/0), Elvin Mamedov (11/2) [84.Rahid Amirquliyev (4/0)], Vaqif Cavadov (24/2), Vüqar Nadirov (23/1) [72.Daniel Ahtyamov (11/0)]. Trainer: Hans-Hubert Vogts (Germany, 17).
Goal: Elvin Mamedov (49).

152. 09.09.2009   **GERMANY - AZERBAIJAN**   4-0(1-0)   19th FIFA WC. Qualifiers
AWD-Arena, Hannover; Referee: Anastasion Kakos (Greece); Attendance: 35,369
AZE: Kamran Ağayev (8/0), Rəşad Äbulfaz Sadiqov (5/0), Saşa Yunisoğlu (21/0), Vladimir Levin (6/0), Elnur Allahverdiyev (4/0), Samir Abbasov (Cap) (36/0) [sent off 50], Mahir Şükürov (35/0), Aleksandr Çertoqanov (27/0), Elvin Mamedov (12/2) [66.Cavid Hüseynov (15/0)], Vaqif Cavadov (25/2), Vüqar Nadirov (24/1) [57.Ernani Pereira (11/0)]. Trainer: Hans-Hubert Vogts (Germany, 18).

153. 10.10.2009 **LIECHTENSTEIN - AZERBAIJAN** 0-2(0-0) 19th FIFA WC. Qualifiers
Rheinpark Stadion, Vaduz; Referee: Pavle Radovanović (Montenegro); Attendance: 1,635
AZE: Kamran Ağayev (9/0), Ruslan Abışov (2/0), Elnur Allahverdiyev (5/0), Vladimir Levin (7/0), Maksim Medvedev (1/0) [90+4.Rail Malikov (25/0)], Mahir Şükürov (Cap) (36/0), Aleksandr Çertoqanov (28/0), Elvin Mamedov (13/3), Daniel Ahtyamov (12/0), Vaqif Cavadov (26/3) [90+1.Cavid Hüseynov (16/0)], Vüqar Nadirov (25/1) [46.Rəşad Äbulfaz Sadiqov (6/0)]. Trainer: Hans-Hubert Vogts (Germany, 19).
Goals: Vaqif Cavadov (55), Elvin Mamedov (82).

154. 14.10.2009 **AZERBAIJAN - RUSSIA** 1-1(0-1) 19th FIFA WC. Qualifiers
„Tofiq Bəhramov" adı na Respublika Stadionu, Bakı ; Referee:dward Melton Webb (England); Attendance: 17,000
AZE: Kamran Ağayev (10/0), Rəşad Äbulfaz Sadiqov (7/0) [46.Vüqar Nadirov (26/1)], Ruslan Abışov (3/0), Vladimir Levin (8/0), Maksim Medvedev (2/0) [73.Cavid Hüseynov (17/0)], Rail Malikov (26/0), Samir Abbasov (Cap) (37/0), Mahir Şükürov (37/0), Aleksandr Çertoqanov (29/0), Elvin Mamedov (14/3), Vaqif Cavadov (27/4). Trainer: Hans-Hubert Vogts (Germany, 20).
Goal: Vaqif Cavadov (54).

155. 15.11.2009 **AZERBAIJAN - IRAQ** 0-1(0-0)
„Tahnoun bin Mohammed" Stadium, Al Ain (United Arab Emirates); Referee: Mohamed Ali Abdulla Jumaa Al Junaibi (United Arab Emirates); Attendance: n/a
AZE: Kamran Ağayev (11/0), Ruslan Abışov (4/0), Elnur Allahverdiyev (6/0), Vladimir Levin (9/0), Rail Malikov (27/0), Mahir Şükürov (38/0), Aleksandr Çertoqanov (30/0), Rəşad Äbulfaz Sadiqov (8/0) [61.Elvin Mamedov (15/3)], Fábio Luís Ramim (10/3) [75.Zeynal Zeynalov (14/1)], Daniel Ahtyamov (13/0), Vüqar Nadirov (27/1) [84.Tural Calilov (4/0)]. Trainer: Hans-Hubert Vogts (Germany, 21).

156. 18.11.2009 **CZECH REPUBLIC - AZERBAIJAN** 0-2(0-1)
„Tahnoun bin Mohammed" Stadium, Al Ain (United Arab Emirates); Referee: Farid Ali Mohamed Hassan Al Marzouqi (United Arab Emirates); Attendance: 500
AZE: Farhad Veliyev (30/0), Maksim Medvedev (3/0), Ruslan Abışov (5/1), Vladimir Levin (10/0), Elnur Allahverdiyev (7/0), Mahir Şükürov (39/0), Samir Abbasov (Cap) (38/0), Aleksandr Çertoqanov (31/0) [33.Rəşad Äbulfaz Sadiqov (9/0)], Fábio Luís Ramim (11/3) [83.Vüqar Nadirov (28/1)], Elvin Mamedov (16/3) [90+1.Ernani Pereira (12/0)], Vaqif Cavadov (28/5). Trainer: Hans-Hubert Vogts (Germany, 22).
Goals: Vaqif Cavadov (25), Ruslan Abışov (89).

157. 25.02.2010 **JORDAN - AZERBAIJAN** 0-2(0-2)
"King Abdullah" Stadium, Amman; Referee: Hamdy Shaaban (Jordan); Attendance: 3,000
AZE: Kamran Ağayev (12/0) [46.Farhad Veliyev (31/0)], Rəşad Ferhad Sadıqov (Cap) (55/3), Samir Abbasov (39/0) [46.Ruslan Abışov (6/1)], Elnur Allahverdiyev (8/0), Vladimir Levin (11/0), Maksim Medvedev (4/0), Fábio Luís Ramim (12/4) [71.Rail Malikov (28/0)], Afran İsmayilov (1/1) [71.Rauf Aliyev (1/0)], Rəşad Äbulfaz Sadiqov (10/0), Farid Quliyev (1/0) [78.Elvin Mamedov (17/3)], Vüqar Nadirov (29/1) [64.Rahid Amirquliyev (5/0)]. Trainer: Hans-Hubert Vogts (Germany, 23).
Goals: Fábio Luís Ramim (1), Afran Ismayilov (31).

158. 03.03.2010 **LUXEMBOURG - AZERBAIJAN** 1-2(1-2)
Stade „Josy Barthel", Luxembourg; Referee: Petteri Kari (Finland); Attendance: 874
AZE: Kamran Ağayev (13/0) [20.Farhad Veliyev (32/0)], Rəşad Ferhad Sadıqov (Cap) (56/3), Samir Abbasov (40/0), Ruslan Abışov (7/1), Maksim Medvedev (5/0), Rail Malikov (29/0), Mahir Şükürov (40/0), Aleksandr Çertoqanov (32/0) [46.Saşa Yunisoğlu (22/0)], Elvin Mamedov (18/4), Rauf Aliyev (2/0) [55.Fábio Luís Ramim (13/4)], Farid Quliyev (2/1). Trainer: Hans-Hubert Vogts (Germany, 24).
Goals: Farid Quliyev (28), Elvin Mamedov (37).

159. 26.05.2010 **AZERBAIJAN - MOLDOVA** 1-1(1-0)
Sportzentrum, Seekirchen (Austria); Referee: Harald Lechner (Austria); Attendance: 200
AZE: Kamran Ağayev (14/0), Rəşad Ferhad Sadıqov (Cap) (57/3), Ruslan Abışov (8/1) [78.Rahid Amirquliyev (6/0)], Elnur Allahverdiyev (9/0) [74.Rail Malikov (30/0)], Vladimir Levin (12/0) [46.Vurğun Hüseynov (1/0)], Maksim Medvedev (6/0) [62.Cavid Hüseynov (18/0)], Mahir Şükürov (41/0), Aleksandr Çertoqanov (33/0), Elvin Mamedov (19/5) [69.Samir Abbasov (41/0)], Rauf Aliyev (3/0), Farid Quliyev (3/1). Trainer: Hans-Hubert Vogts (Germany, 25).
Goal: Elvin Mamedov (21).

160. 29.05.2010 **AZERBAIJAN - MACEDONIA** 1-3(0-1)
Villach Stadion, Villach (Austria); Referee: Dietmar Drabek (Austria); Attendance: n/a
AZE: Kamran Ağayev (15/0), Rəşad Ferhad Sadıqov (Cap) (58/3) [75.Samir Abbasov (42/0)], Ruslan Abışov (9/1), Elnur Allahverdiyev (10/0), Vladimir Levin (13/0) [46.Vurğun Hüseynov (2/0)], Maksim Medvedev (7/0), Mahir Şükürov (42/0), Aleksandr Çertoqanov (34/0), Amit Quluzadä (1/0), Rauf Aliyev (4/0) [75.Fábio Luís Ramim (14/4)], Farid Quliyev (4/1) [46.Elvin Mamedov (20/6)]. Trainer: Hans-Hubert Vogts (Germany, 26).
Goal: Elvin Mamedov (90).

161. 02.06.2010 **AZERBAIJAN - HONDURAS** 0-0
"Alois Latini" Stadion, Zell am See (Austria); Referee: Roland Brandner (Austria); Attendance: 500
AZE: Salahat Ağayev (1/0), Rəşad Ferhad Sadıqov (Cap) (59/3), Saşa Yunisoğlu (23/0) [sent off 73], Elnur Allahverdiyev (11/0), Maksim Medvedev (8/0), Samir Abbasov (43/0), Vüqar Nadirov (30/1) [46.Cavid Hüseynov (19/0)], Mahir Şükürov (43/0), Amit Quluzadä (2/0) [68.Aleksandr Çertoqanov (35/0)], Rauf Aliyev (5/0) [46.Fábio Luís Ramim (15/4)], Elvin Mamedov (21/6) [77.Ruslan Amircanov (2/0)]. Trainer: Hans-Hubert Vogts (Germany, 27).

162. 11.08.2010 **AZERBAIJAN - KUWAIT** 1-1(1-0)
„Tofiq Bəhramov" adı na Respublika Stadionu, Bakı ; Referee:Sergey Karasev (Russia); Attendance: 9,000
AZE: Kamran Ağayev (16/0), Rəşad Ferhad Sadıqov (Cap) (60/3) [46.Ruslan Abışov (10/1)], Elnur Allahverdiyev (12/0), Ruslan Amircanov (3/0) [85.Cavid Hüseynov (20/0)], Vladimir Levin (14/0), Maksim Medvedev (9/0) [46.Rail Malikov (31/0)], Mahir Şükürov (44/0), Elvin Mamedov (22/7) [75.Rahid Amirquliyev (7/0)], Rəşad Äbulfaz Sadiqov (11/0) [65.Samir Abbasov (44/0)], Farid Quliyev (5/1) [46.Rauf Aliyev (6/0)], Vaqif Cavadov (29/5). Trainer: Hans-Hubert Vogts (Germany, 28).
Goal: Elvin Mamedov (42).

163. 07.09.2010 **GERMANY - AZERBAIJAN** 6-1(3-0) 14th EC. Qualifiers
RheinEnergie Stadion, Köln; Referee: Markus Strömbergsson (Sweden); Attendance: 43,751
AZE: AZE: Kamran Ağayev (17/0), Rəşad Ferhad Sadıqov (Cap) (61/3), Rail Malikov (32/0),Elnur Allahverdiyev (13/0), Samir Abbasov (45/0), Mahir Şükürov (45/0), Saşa Yunisoğlu (24/0) [56.Vurğun Hüseynov (3/0)], Maksim Medvedev (10/0), Aleksandr Çertoqanov (36/0) [64.Rəşad Äbulfaz Sadiqov (12/0)], Vüqar Nadirov (31/1) [85.Araz Abdullayev (3/0)], Vaqif Cavadov (30/6). Trainer: Hans-Hubert Vogts (Germany, 29).
Goal: Vaqif Cavadov (57).

164. 08.10.2010   **AUSTRIA - AZERBAIJAN**   **3-0(1-0)**   14th EC. Qualifiers
„Ernst Happel" Stadion, Wien; Referee: Nicolai Vollquartz (Denmark); Attendance: 26,500
AZE: Kamran Ağayev (18/0), Rəşad Ferhad Sadıqov (Cap) (62/3), Rail Malikov (33/0)Elnur Allahverdiyev (14/0), Samir Abbasov (46/0), Mahir Şükürov (46/0), Saşa Yunisoğlu (25/0), Elvin Mamedov (23/7) [59.Vüqar Nadirov (32/1)], Rahid Amirquliyev (8/0), Vaqif Cavadov (31/6) [74.Rəşad Äbulfaz Sadiqov (13/0)], Rauf Aliyev (7/0). Trainer: Hans-Hubert Vogts (Germany, 30).

165. 12.10.2010   **AZERBAIJAN - TURKEY**   **1-0(1-0)**   14th EC. Qualifiers
„Tofiq Bəhramov" adına Respublika Stadionu, Bakı; Referee:lexandru Deaconu (Romania); Attendance: 29,500
AZE: Kamran Ağayev (19/0), Rəşad Ferhad Sadıqov (Cap) (63/4), Rail Malikov (34/0[45+2.Aleksandr Çertoqanov (37/0)], Elnur Allahverdiyev (15/0), Ruslan Abışov (11/1), Mahir Şükürov (48/0), Saşa Yunisoğlu (26/0), Rahid Amirquliyev (9/0), Vüqar Nadirov (33/1), Vaqif Cavadov (32/6) [85.Vurğun Hüseynov (4/0)], Farid Quliyev (6/1) [72.Rauf Aliyev (8/0)]. Trainer: Hans-Hubert Vogts (Germany, 31).
Goals: Rəşad Ferhad Sadıqov (38).

166. 17.11.2010   **MONTENEGRO - AZERBAIJAN**   **2-0(0-0)**
Stadion Pod Goricom, Podgorica; Referee: Aleksandar Stavrev (Macedonia); Attendance: 3,000
AZE: Kamran Ağayev (20/0), Elnur Allahverdiyev (16/0), Ruslan Abışov (12/1), Vladimir Levin (15/0) [74.Vurğun Hüseynov (5/0)], Mahir Şükürov (Cap) (48/0), Saşa Yunisoğlu (27/0), Aleksandr Çertoqanov (38/0) [66.Cavid Hüseynov (21/0)], Elvin Mamedov (24/7) [46.Farid Quliyev (7/1)], Rahid Amirquliyev (10/0) [84.Amit Quluzadä (3/0)], Vüqar Nadirov (34/1), Rauf Aliyev (9/0) [67.Vaqif Cavadov (33/6)]. Trainer: Hans-Hubert Vogts (Germany, 32).

167. 09.02.2011   **AZERBAIJAN - HUNGARY**   **0-2(0-1)**
„Maktoum Bin Rashid al Maktoum" Stadium, Dubai (United Arab Emirates); Referee: Mohamed Abdelkarim Mohamed Ismail Al Zarouni (United Arab Emirates); Attendance: n/a
AZE: Kamran Ağayev (21/0), Rəşad Ferhad Sadıqov (Cap) (64/4), Rail Malikov (35/0[83.Cavid Hüseynov (22/0)], Elnur Allahverdiyev (17/0), Ruslan Abışov (13/1), Mahir Şükürov (49/0), Vurğun Hüseynov (6/0), Aleksandr Çertoqanov (39/0) [70.Arif İsayev (1/0)], Rahid Amirquliyev (11/0), Murad Hüseynov (1/0) [46.Rauf Aliyev (10/0)], Vaqif Cavadov (34/6). Trainer: Hans-Hubert Vogts (Germany, 33).

168. 29.03.2011   **BELGIUM - AZERBAIJAN**   **4-1(3-1)**   14th EC. Qualifiers
Stade "Roi Baudouin", Bruxelles; Referee: Daniel Stålhammar (Sweden); Attendance: 34,985
AZE: Kamran Ağayev (22/0), Rəşad Ferhad Sadıqov (Cap) (65/4), Rail Malikov (36/0)Ruslan Abışov (14/2), Vladimir Levin (16/0), Mahir Şükürov (50/0), Aleksandr Çertoqanov (40/0), Elvin Mamedov (25/7) [78.Cavid Hüseynov (23/0)], Rahid Amirquliyev (12/0), Vaqif Cavadov (35/6) [76.Vüqar Nadirov (35/1)], Rauf Aliyev (11/0). Trainer: Hans-Hubert Vogts (Germany, 34).
Goal: Ruslan Abışov (16).

169. 03.06.2011   **KAZAKHSTAN - AZERBAIJAN**   **2-1(0-0)**   14th EC. Qualifiers
Astana Arena, Astana; Referee: Euan Norris (Scotland); Attendance: 10,000
AZE: Kamran Ağayev (23/0), Rəşad Ferhad Sadıqov (Cap) (66/4), Rail Malikov (37/0)Ruslan Abışov (15/2), Vladimir Levin (17/0), Maksim Medvedev (11/0), Rəşad Äbulfaz Sadiqov (14/0), Cavid Hüseynov (24/0) [61.Vüqar Nadirov (36/2)], Afran İsmayilov (2/1), Vaqif Cavadov (36/6), Rauf Aliyev (12/0) [79.Murad Hüseynov (2/0)]. Trainer: Hans-Hubert Vogts (Germany, 35).
Goal: Vüqar Nadirov (63).

170. 07.06.2011   **AZERBAIJAN - GERMANY**   **1-3(0-2)**   14th EC. Qualifiers
„Tofiq Bəhramov" adına Respublika Stadionu, Bakı; Referee: Mhael Koukoulakis (Greece); Attendance: 29,858
AZE: Kamran Ağayev (24/0), Rəşad Ferhad Sadıqov (Cap) (67/4), Rail Malikov (38/0) Elnur Allahverdiyev (18/0), Ruslan Abışov (16/2), Vurğun Hüseynov (7/0), Aleksandr Çertoqanov (41/0) [86.Rəşad Äbulfaz Sadiqov (15/0)], Rahid Amirquliyev (13/0), Afran İsmayilov (3/1) [58.Arif İsayev (2/0)], Vüqar Nadirov (37/2), Vaqif Cavadov (37/6) [72.Murad Hüseynov (3/1)]. Trainer: Hans-Hubert Vogts (Germany, 36).
Goal: Murad Hüseynov (89).

171. 10.08.2011   **AZERBAIJAN - MACEDONIA**   **0-1(0-0)**
Dalğa Arena, Bakı; Referee: Aliaksei Kulbakov (Belarus)Attendance: 1,000
AZE: Kamran Ağayev (25/0), Rəşad Ferhad Sadıqov (Cap) (68/4), Elnur Allahverdiyev(19/0), Mahir Şükürov (51/0), Vurğun Hüseynov (8/0), Aleksandr Çertoqanov (42/0), Elvin Mamedov (26/7) [28.Arif İsayev (3/0)], Rahid Amirquliyev (14/0), Fábio Luís Ramim (16/4) [77.Cavid Hüseynov (25/0)], Afran İsmayilov (4/1) [64.Ufuk Budak (1/0)], Rauf Aliyev (13/0) [66.Murad Hüseynov (4/1)]. Trainer: Hans-Hubert Vogts (Germany, 37).

172. 02.09.2011   **AZERBAIJAN - BELGIUM**   **1-1(0-0)**   14th EC. Qualifiers
„Tofiq Bəhramov" adına Respublika Stadionu, Bakı; Referee:Lee Willem Probert (England); Attendance: 9,300
AZE: Kamran Ağayev (26/0), Rəşad Ferhad Sadıqov (Cap) (69/4), Elnur Allahverdiyev(20/0), Ruslan Abışov (17/2) [65.Rahid Amirquliyev (15/0)], Mahir Şükürov (52/0), Aqil Näbiyev (6/0), Vurğun Hüseynov (9/0), Aleksandr Çertoqanov (43/0) [83.Branimir Subašić (27/6)], Afran İsmayilov (5/1) [58.Elşan Mamedov (4/0)], Vaqif Cavadov (38/6), Rauf Aliyev (14/1). Trainer: Hans-Hubert Vogts (Germany, 38).
Goal: Rauf Aliyev (86).

173. 06.09.2011   **AZERBAIJAN - KAZAKHSTAN**   **3-2(0-1)**   14th EC. Qualifiers
„Tofiq Bəhramov" adına Respublika Stadionu, Bakı; Referee:nders Hermansen (Denmark); Attendance: 9,112
AZE: Kamran Ağayev (27/0), Rəşad Ferhad Sadıqov (Cap) (70/4), MahiŞükürov (53/1), Aqil Näbiyev (7/0) [13.Saşa Yunisoğlu (28/0)], Vurğun Hüseynov (10/0), Ufuk Budak (2/0), Aleksandr Çertoqanov (44/0) [46.Branimir Subašić (28/6)], Rahid Amirquliyev (16/0), Afran İsmayilov (6/1) [87.Ruslan Abışov (18/2)], Vaqif Cavadov (39/7), Rauf Aliyev (15/2). Trainer: Hans-Hubert Vogts (Germany, 39).
Goals: Rauf Aliyev (53), Mahir Şükürov (62 penalty), Vaqif Cavadov (67).

174. 07.10.2011   **AZERBAIJAN - AUSTRIA**   **1-4(0-1)**   14th EC. Qualifiers
Dalğa Arena, Bakı; Referee: Stephan Studer (Switzerland Attendance: 6,000
AZE: Kamran Ağayev (28/0), Rəşad Ferhad Sadıqov (Cap) (71/4), Elnur Allahverdiyev(21/0), Ruslan Abışov (19/2), Saşa Yunisoğlu (29/0) [*sent off 27*], Vurğun Hüseynov (11/0), Ufuk Budak (3/0), Rəşad Äbulfaz Sadiqov (16/0) [46.Rahid Amirquliyev (17/0)], Afran İsmayilov (7/1), Vaqif Cavadov (40/7) [57.Vüqar Nadirov (38/3)], Rauf Aliyev (16/2). Trainer: Hans-Hubert Vogts (Germany, 40).
Goal: Vüqar Nadirov (74).

175. 11.10.2011   **TURKEY - AZERBAIJAN**   **1-0(0-0)**   14th EC. Qualifiers
Turk Telekom Arena, Istanbul; Referee: Peter Rasmussen (Denmark); Attendance: 32,174
AZE: Kamran Ağayev (29/0), Rəşad Ferhad Sadıqov (Cap) (72/4), Ruslan Abışov (20/2), Vladimir Levin (18/0), Mahir Şükürov (54/1), Vurğun Hüseynov (12/0), Ufuk Budak (4/0) [90+2.Rahid Amirquliyev (18/0)], Aleksandr Çertoqanov (45/0), Afran İsmayilov (8/1) [46.Elşan Mamedov (5/0); 85.Arif İsayev (4/0)], Branimir Subašić (29/6), Vüqar Nadirov (39/3). Trainer: Hans-Hubert Vogts (Germany, 41).

176. 11.11.2011 **ALBANIA - AZERBAIJAN** 0-1(0-1)
Stadiumi „Kombëtar Qemal Stafa", Tiranë; Referee: Paolo Silvio Mazzoleni (Italy); Attendance: 1,200
AZE: Andrey Popoviç (1/0), Rəşad Äbulfaz Sadiqov (17/0), Rail Malikov (39/0) [55.Elnur Allahverdiyev (22/0)], Ruslan Abışov (Cap) (21/2), Vladimir Levin (19/0), Ufuk Budak (5/0), Aleksandr Çertoqanov (46/0) [79.Rahid Amirquliyev (19/0)], Vurğun Hüseynov (13/0), Branimir Subašić (30/6) [74.Elşan Mamedov (6/0)], Vüqar Nadirov (40/3) [64.Nizami Hacı yev (1/0)], Rauf Aliyev (17/3). Trainer: Hans-Hubert Vogts (Germany, 42).
Goal: Rauf Aliyev (22).

177. 24.02.2012 **AZERBAIJAN - SINGAPORE** 2-2(1-0)
The Sevens Stadium Dubai (United Arab Emirates); Referee: Fahad Al Kassar Banihammad (United Arab Emirates); Attendance: n/a
AZE: Andrey Popoviç (2/0), Rəşad Ferhad Sadı qov (Cap) (73/4) [46.Ruslan Abışov (22/2)], Vladimir Levin (20/0), Mahir Şükürov (55/2), Ufuk Budak (6/0), Aleksandr Çertoqanov (47/0), Rahid Amirquliyev (20/0), Afran İsmayilov (9/1) [82.Branimir Subašić (31/6)], Vüqar Asgarov (1/0) [60.Vüqar Nadirov (41/3)], Rauf Aliyev (18/4), Rizvan Umarov (1/0) [46.Murad Ağayev (1/0)]. Trainer: Hans-Hubert Vogts (Germany, 43).
Goals: Rauf Aliyev (15), Mahir Şükürov (62).

178. 27.02.2012 **AZERBAIJAN - INDIA** 3-0(2-0)
The Sevens Stadium Dubai (United Arab Emirates); Referee: Hamad Hashmi Al Shaikh (United Arab Emirates); Attendance: n/a
AZE: Kamran Ağayev (30/0), Rəşad Ferhad Sadı qov (Cap) (74/4), Rail Malikov (40/0)[83.Arif Daşdämirov (1/0)], Ruslan Abışov (23/2) [87.Badavi Hüseynov (1/0)], Mahir Şükürov (56/3) [56.Afran İsmayilov (10/1)], Aqil Näbiyev (8/0), Hacı Ähmädov(1/0), Rəşad Äbulfaz Sadiqov (18/0), Vüqar Asgarov (2/0) [63.Nizami Hacı yev (2/1)], Vüqar Nadirov (42/4), Rauf Aliyev (19/4). Trainer: Hans-Hubert Vogts (Germany, 44).
Goals: Vüqar Nadirov (4), Mahir Şükürov (42 penalty), Nizami Hacı yev (84).

179. 23.05.2012 **JAPAN - AZERBAIJAN** 2-0(1-0)
Shizuoka Ecopa Stadium, Fukuroi; Referee: Abdul Malik Bin Abdul Bashir (Singapore); Attendance: 30,276
AZE: Kamran Ağayev (31/0), Elnur Allahverdiyev (23/0), Ruslan Abışov (24/2) [72.Rahid Amirquliyev (21/0)], Mahir Şükürov (Cap) (57/3), Aqil Näbiyev (9/0), Maksim Medvedev (12/0) [65.Vüqar Nadirov (43/4)], Ufuk Budak (7/0), Ali Gökdemir (1/0), Aleksandr Çertoqanov (48/0), Rauf Aliyev (20/4) [80.Branimir Subašić (32/6)], Cihan Özkara (1/0). Trainer: Hans-Hubert Vogts (Germany, 45).

180. 30.05.2012 **AZERBAIJAN - ANDORRA** 0-0
Sportpark Kelsterbach, Kelsterbach (Germany); Referee: Michael Weiner (Germany); Attendance: n/a
AZE: Kamran Ağayev (32/0), Elnur Allahverdiyev (24/0), Ruslan Abışov (25/2), Mahir Şükürov (Cap) (58/3), Ufuk Budak (8/0) [63.Ali Gökdemir (2/0)], Aleksandr Çertoqanov (49/0), Elvin Mamedov (27/7), Rahid Amirquliyev (22/0), Vüqar Nadirov (44/4) [70.Uğur Pamuk (1/0)], Rauf Aliyev (21/4) [63.Branimir Subašić (33/6)], Rizvan Umarov (2/0) [46.Cihan Özkara (2/0)]. Trainer: Hans-Hubert Vogts (Germany, 46).

181. 15.08.2012 **AZERBAIJAN - BAHRAIN** 3-0(1-0)
Stadiumi „Tofik Jashari", Shijak; Referee: George Vadatchkoria (Georgia); Attendance: n/a
AZE: Kamran Ağayev (33/0), Rəşad Ferhad Sadı qov (Cap) (75/4), Elnur Allahverdiyev(25/0) [73.Vladimir Levin (21/0)], Ruslan Abışov (26/2) [76.Aleksandr Çertoqanov (50/0)], Maksim Medvedev (13/0), Ali Gökdemir (3/0), Cavid Hüseynov (26/1), Rahid Amirquliyev (23/0) [46.Ufuk Budak (9/0)], Branimir Subašić (34/7) [82.Vaqif Cavadov (41/7)], Vüqar Nadirov (45/4) [73.Rizvan Umarov (3/0)], Rauf Aliyev (22/4) [46.Cihan Özkara (3/1)]. Trainer: Hans-Hubert Vogts (Germany, 47).
Goals: Branimir Subašić (35), Cihan Özkara (59), Cavid Hüseynov (79).

182. 07.09.2012 **AZERBAIJAN - ISRAEL** 1-1(0-0) 20th FIFA WC. Qualifiers
„Tofiq Bəhramov" adı na Respublika Stadionu, Bakı ; Referee: Matej Jug (Slovenia); Attendance: 22,211
AZE: Kamran Ağayev (34/0), Rəşad Ferhad Sadı qov (Cap) (76/4), Elnur Allahverdiyev(26/0), Ruslan Abışov (27/3), Mahir Şükürov (59/3), Maksim Medvedev (14/0), Ali Gökdemir (4/0) [59.Afran İsmayilov (11/1)], Aleksandr Çertoqanov (51/0) [76.Rahid Amirquliyev (24/0)], Branimir Subašić (35/7), Vaqif Cavadov (42/7), Rauf Aliyev (23/4) [58.Cihan Özkara (4/1)]. Trainer: Hans-Hubert Vogts (Germany, 48).
Goal: Ruslan Abışov (65).

183. 11.09.2012 **PORTUGAL - AZERBAIJAN** 3-0(0-0) 20th FIFA WC. Qualifiers
Estádio Municipal, Braga; Referee: Szymon Marciniak (Poland); Attendance: 29,971
AZE: Kamran Ağayev (35/0), Rəşad Ferhad Sadı qov (Cap) (77/4), Elnur Allahverdiyev(27/0), Ruslan Abışov (28/3), Vladimir Levin (22/0), Mahir Şükürov (60/3), Maksim Medvedev (15/0), Ali Gökdemir (5/0) [89.Aleksandr Çertoqanov (52/0)], Cavid Hüseynov (27/1) [59.Afran İsmayilov (12/1)], Rahid Amirquliyev (25/0), Cihan Özkara (5/1) [72.Branimir Subašić (36/7)]. Trainer: Hans-Hubert Vogts (Germany, 49).

184. 16.10.2012 **RUSSIA - AZERBAIJAN** 1-0(0-0) 20th FIFA WC. Qualifiers
Luzhniki Stadium, Moskva; Referee: Aleksandar Stavrev (Macedonia); Attendance: 15,033
AZE: Kamran Ağayev (36/0), Ruslan Abışov (29/3), Vladimir Levin (23/0), Mahir Şükürov (61/3), Maksim Medvedev (16/0), Ali Gökdemir (6/0), Aleksandr Çertoqanov (53/0) [84.Rauf Aliyev (24/4)], Branimir Subašić (37/7) [63.Rahid Amirquliyev (26/0)], Vüqar Nadirov (46/4) [46.Cavid Hüseynov (28/1)], Vaqif Cavadov (43/7), Cihan Özkara (6/1). Trainer: Hans-Hubert Vogts (Germany, 50).

185. 14.11.2012 **NORTHERN IRELAND - AZERBAIJAN** 1-1(0-1) 20th FIFA WC. Qualifiers
Windsor Park, Belfast; Referee: Viktor Shvetsov (Ukraine); Attendance: 12,372
AZE: Salahat Ağayev (2/0), Ruslan Abışov (Cap) (30/3), Vladimir Levin (24/0), Rasim Ramaldanov (1/0) [71.Elhad Naziri (1/0)], Maksim Medvedev (17/0), Ali Gökdemir (7/0) [63.Badavi Hüseynov (2/0)], Cavid Hüseynov (29/1), Rahid Amirquliyev (27/0), Vüqar Nadirov (47/4), Rauf Aliyev (25/5), Cihan Özkara (7/1) [79.Vaqif Cavadov (44/7)]. Trainer: Hans-Hubert Vogts (Germany, 51).
Goal: Rauf Aliyev (5).

186. 01.02.2013 **UZBEKISTAN - AZERBAIJAN** 0-0
The Sevens Stadium, Dubai (United Arab Emirates); Referee: Ammar Ali Abdulla Jumaa Al Junaibi (United Arab Emirates); Attendance: 100
AZE: Salahat Ağayev (3/0) [46.Anar Nazirov (1/0)], Badavi Hüseynov (3/0) , Maksim Medvedev (18/0) [46.Qara Qarayev (1/0)], Rasim Ramaldanov (2/0), Vurğun Hüseynov (14/0), Cavid Hüseynov (30/1) [46.Eşqin Quliyev (1/0)], Cavid İmamverdiyev (1/0) [53.Pardis Farcad-Azad (1/0)], Rəşad Äbulfaz Sadiqov (19/0), Rauf Aliyev (Cap) (26/5), Vaqif Cavadov (45/7) [46.Rüfat Dadaşov (1/0)], Elvin Mamedov (28/7) [63.Vüqar Nadirov (48/4)]. Trainer: Hans-Hubert Vogts (Germany, 52).

187. 06.02.2013 **AZERBAIJAN - LIECHTENSTEIN** 1-0(0-0)
Zabeel Stadium, Dubai (United Arab Emirates); Referee: Abdulla Ali Al Ajel Al Zaabi (United Arab Emirates); Attendance: 100
AZE: Salahat Ağayev (4/0) [46.Anar Nazirov (2/0)], Rasim Ramaldanov (3/0), Maksim Medvedev (19/0), Vurğun Hüseynov (15/0) (46.Rahid Amirquliyev (28/0)], Badavi Hüseynov (4/0), Rəşad Äbulfaz Sadiqov (20/0), Elvin Mamedov (29/7) [90+1.Qara Qarayev (2/0)], Vüqar Nadirov (49/4) [72.Cavid Hüseynov (31/1)], Rauf Aliyev (Cap) (27/5), Cihan Özkara (8/1) [64.Vaqif Cavadov (46/8)], Rüfat Dadaşov (2/0) [46.Pardis Farcad-Azad (2/0)]. Trainer: Hans-Hubert Vogts (Germany, 53).
Goals Vaqif Cavadov (74 penalty).

188. 22.03.2013 **LUXEMBOURG - AZERBAIJAN** 0-0 20th FIFA WC. Qualifiers
Stade "Josy Barthel", Luxembourg; Referee: Padraigh Sutton (Republic of Ireland); Attendance: 1,324
AZE: Kamran Ağayev (37/0), Rəşad Ferhad Sadıqov (Cap) (78/4), Ruslan Abışov (31/3), Mahir Şükürov (62/3), Rasim Ramaldanov (4/0), Maksim Medvedev (20/0), Rəşad Äbulfaz Sadiqov (21/0) [87.Cavid Hüseynov (32/1)], Afran İsmayilov (13/1), Vaqif Cavadov (47/8) [59.Vüqar Nadirov (50/4)], Rauf Aliyev (28/5), Pardis Farcad-Azad (3/0) [71.Cihan Özkara (9/1)]. Trainer: Hans-Hubert Vogts (Germany, 54).

189. 26.03.2013 **AZERBAIJAN - PORTUGAL** 0-2(0-0) 20th FIFA WC. Qualifiers
„Tofiq Bəhramov" adına Respublika Stadionu, Bakı; Referee: ndre Marriner (England); Attendance: 24,558
AZE: Kamran Ağayev (38/0), Rəşad Ferhad Sadıqov (Cap) (79/4), Ruslan Abışov (32/3), Mahir Şükürov (63/3), Rasim Ramaldanov (5/0), Maksim Medvedev (21/0), Elvin Mamedov (30/7) [69.Pardis Farcad-Azad (4/0)], Cavid Hüseynov (33/1), Afran İsmayilov (14/1), Vüqar Nadirov (51/4) [62.Vladimir Levin (25/0)], Rauf Aliyev (29/5) [*sent off 55*]. Trainer: Hans-Hubert Vogts (Germany, 55).

190. 29.05.2013 **QATAR - AZERBAIJAN** 1-1(1-0)
"Jassim Bin Hamad" Stadium, Doha; Referee: Wahid Tamuni Salah (Libya); Attendance: n/a
AZE: Kamran Ağayev (39/0), Ruslan Abışov (Cap) (33/3), Vladimir Levin (26/0), Rasim Ramaldanov (6/0), Maksim Medvedev (22/0) [46.Cavid Hüseynov (34/1)], Qara Qarayev (3/0), Ali Gökdemir (8/0) [46.Elvin Mamedov (31/7)], Afran İsmayilov (15/1) {46.Badavi Hüseynov (5/0)], Arif İsayev (5/0) [46.Rəşad Ferhad Sadıqov (80/4)], Branimir Subašić (38/7) [46.Vaqif Cavadov (48/8)], Rüfat Dadaşov (3/1). Trainer: Hans-Hubert Vogts (Germany, 56).
Goal: Rüfat Dadaşov (89).

191. 07.06.2013 **AZERBAIJAN - LUXEMBOURG** 1-1(0-0) 20th FIFA WC. Qualifiers
Eighth Kilometer District Stadium, Bakı; Referee: Mhály Fábián (Hungary); Attendance: 9,258
AZE: Kamran Ağayev (40/0), Rəşad Ferhad Sadıqov (Cap) (81/4), Elnur Allahverdiyev(28/0), Ruslan Abışov (34/4), Mahir Şükürov (64/3), Rasim Ramaldanov (7/0), Rəşad Äbulfaz Sadiqov (22/0), Rahid Amirquliyev (29/0) [62.Branimir Subašić (39/7) [*sent off 85*]], Araz Abdullayev (4/0) [84.Elvin Mamedov (32/7)], Vaqif Cavadov (49/8), Rüfat Dadaşov (4/1). Trainer: Hans-Hubert Vogts (Germany, 57).
Goal: Ruslan Abışov (71).

192. 14.08.2013 **AZERBAIJAN - MALTA** 3-0(1-0)
Bakcell Arena, Bakı; Referee: Aleksandr Aliyev (Kazakhstan); Attendance: n/a
AZE: Kamran Ağayev (41/0), Ruslan Abışov (35/4), Mahir Şükürov (Cap) (65/3) [78.Rəşad Ferhad Sadıqov (82/4)], Rasim Ramaldanov (8/0)Ufuk Budak (10/0) [46.Elnur Allahverdiyev (29/0)], Qara Qarayev (4/0) [61.Rahid Amirquliyev (30/0)], Badavi Hüseynov (6/0) [88.Maksim Medvedev (23/0)], Araz Abdullayev (5/0), Afran İsmayilov (16/1) [61.Cihan Özkara 10/1)], Rauf Aliyev (30/6), Rüfat Dadaşov (5/3) [80.Vüqar Asgarov (3/0)]. Trainer: Hans-Hubert Vogts (Germany, 58).
Goals: Rüfat Dadaşov (5), Rauf Aliyev (64), Rüfat Dadaşov (71).

193. 07.09.2013 **ISRAEL - AZERBAIJAN** 1-1(0-0) 20th FIFA WC. Qualifiers
Ramat Gan Stadium, National Stadium, Ramat Gan, Tel Aviv; Referee: Stefan Johannesson (Sweden); Attendance: 21,250
AZE: Kamran Ağayev (42/0), Rəşad Ferhad Sadıqov (Cap) (83/4), Elnur Allahverdiyev(30/0) [46.Qara Qarayev (5/0)], Ruslan Abışov (36/4) [78.Cavid Hüseynov (35/1)], Mahir Şükürov (66/3), Rasim Ramaldanov (9/0) [71.Vladimir Levin (27/0)], Rahid Amirquliyev (31/1), Araz Abdullayev (6/0), Rauf Aliyev (31/6), Cihan Özkara (11/1), Rüfat Dadaşov (6/3). Trainer: Hans-Hubert Vogts (Germany, 59).
Goals: Rahid Amirquliyev (61).

194. 11.10.2013 **AZERBAIJAN – NORTHERN IRELAND** 2-0(0-0) 20th FIFA WC. Qualifiers
Bakcell Arena, Bakı; Referee: Andrea De Marco (Ital); Attendance: 10,100
AZE: Kamran Ağayev (43/0), Rəşad Ferhad Sadıqov (Cap) (84/4), Elnur Allahverdiyev(31/0), Mahir Şükürov (67/4), Rasim Ramaldanov (10/0), Qara Qarayev (6/0), Rahid Amirquliyev (32/1), Araz Abdullayev (7/0) [82.Cihan Özkara (12/1)], Vüqar Nadirov (52/4) [46.Cavid Hüseynov (36/1)], Rauf Aliyev (32/6), Rüfat Dadaşov (7/4) [90+3.Badavi Hüseynov (7/0)]. Trainer: Hans-Hubert Vogts (Germany, 60).
Goals: Rüfat Dadaşov (58), Mahir Şükürov (90+4).

195. 15.10.2013 **AZERBAIJAN - RUSSIA** 1-1(0-1) 20th FIFA WC. Qualifiers
Bakcell Arena, Bakı; Referee: Milorad Mažić (Serbia); Attendance: 11,000
AZE: Kamran Ağayev (44/0), Rəşad Ferhad Sadıqov (Cap) (85/4), Elnur Allahverdiyev(32/0), Ruslan Abışov (37/4), Vladimir Levin (28/0), Mahir Şükürov (68/4), Maksim Medvedev (24/0) [*sent off 73*], Araz Abdullayev (8/0) [79.Rahid Amirquliyev (33/1)], Afran İsmayilov (17/1) [46.Qara Qarayev (7/0)], Rauf Aliyev (33/6), Rüfat Dadaşov (8/4) [83.Vaqif Cavadov (50/9)]. Trainer: Hans-Hubert Vogts (Germany, 61).
Goal: Vaqif Cavadov (90).

196. 15.11.2013 **ESTONIA - AZERBAIJAN** 2-1(0-1)
A. Le Coq Arena, Tallinn; Referee: Aleksei Nikolaev (Russia); Attendance: 2,413
AZE: Anar Nazirov (3/0), Elnur Allahverdiyev (33/0), Ruslan Abışov (38/4), Mahir Şükürov (Cap) (69/4), Rasim Ramaldanov (11/0), Maksim Medvedev (25/0) [76.Ali Gökdemir (9/0)], Badavi Hüseynov (8/0) [46.Ufuk Budak (11/0)], Rahid Amirquliyev (34/1), Vaqif Cavadov (51/9) [77.Cihan Özkara (13/1)], Rauf Aliyev (34/7), Rüfat Dadaşov (9/4) [59.Pardis Farcad-Azad (5/0)]. Trainer: Hans-Hubert Vogts (Germany, 62).
Goal: Rauf Aliyev (44).

197. 19.11.2013 **KYRGYZSTAN - AZERBAIJAN** 0-0
„Dolen Omurzakov" Stadium, Bishkek; Referee: Artyom Kuchin (Kazakhstan); Attendance: n/a
AZE: Salahat Ağayev (5/0), Elnur Allahverdiyev (34/0) [46.Ali Gökdemir (10/0)], Mahir Şükürov (Cap) (70/4), Rasim Ramaldanov (12/0), Badavi Hüseynov (9/0), Rahid Amirquliyev (35/1), İlter Taşkın (1/0) [63.Ufuk Budak (12/0)], Vaqif Cavadov (52/9) [46.Cavid Hüseynov (37/1)], Rauf Aliyev (35/7), Cihan Özkara (14/1) [57.Vüqar Nadirov (53/4)], Rüfat Dadaşov (10/4). Trainer: Hans-Hubert Vogts (Germany, 63).

198. 05.03.2014 **AZERBAIJAN - PHILIPPINES** **1-0(1-0)**
„Maktoum Bin Rashid Al Maktoum" Stadium, Dubai (United Arab Emirates); Referee: Fahad Al Kassar Banihammad (United Arab Emirates); Attendance: n/a
AZE: Kamran Ağayev (Cap) (45/0), Elnur Allahverdiyev (35/0), Ruslan Abışov (39/4) [58.Rəşad Ferhad Sadıqov (86/4)], Ruslan Amircanov (4/0) 80.Cavid Hüseynov (38/1)], Qara Qarayev (8/0), Badavi Hüseynov (10/0), Elvin Yunuszade (1/1), Tuğrul Erat (1/0) [46.İlkin Qırtımov (1/0)], Vaqif Cavadov (53/9) [66.Araz Abdullayev (9/0)], Rauf Aliyev (36/7), Rüfat Dadaşov (11/4) [46.Cihan Özkara (15/1)]. Trainer: Hans-Hubert Vogts (Germany, 64).
Goal: Elvin Yunuszade (26).

199. 27.05.2014 **UNITED STATES - AZERBAIJAN** **2-0(0-0)**
Candlestick Park, San Francisco (United States); Referee: Henry Bejarano (Costa Rica); Attendance: 24,688
AZE: Kamran Ağayev (46/0), Ruslan Abışov (40/4) [46.Badavi Hüseynov (11/0)], Mahir Şükürov (Cap) (71/4) [46.İlkin Qırtımov (2/0)], Rasim Ramaldanov (13/0), Ufuk Budak (13/0), Qara Qarayev (9/0), Elvin Yunuszade (2/1), Abdulla Abatsiyev (1/0) [71.Maksim Medvedev (26/0)], Vaqif Cavadov (54/9) [60.Dmitriy Nazarov (1/0)], Rauf Aliyev (37/7), Rüfat Dadaşov (12/4) [66.Pardis Farcad-Azad (6/0)]. Trainer: Hans-Hubert Vogts (Germany, 65).

200. 20.08.2014 **AZERBAIJAN - UZBEKISTAN** **0-0**
Bakcell Arena, Bakı ; Referee: George Vadachkoria (Georgia); Attendance: 4,500
AZE: Salahat Ağayev (6/0), Ruslan Abışov (41/4), Mahir Şükürov (Cap) (72/4) [60.İlkin Qırtımov (3/0)], Rasim Ramaldanov (14/0), Ufuk Budak (14/0) [46.Emin Nouri (1/0); 90.Elnur Allahverdiyev (36/0)], Rahid Amirquliyev (36/1), Tuğrul Erat (2/0) [59.Afran İsmayilov (18/1)], Vaqif Cavadov (55/9) [46.Cihan Özkara (16/1)], Rauf Aliyev (38/7) [73.Cavid Hüseynov (39/1)], Dmitriy Nazarov (2/0), Rüfat Dadaşov (13/4). Trainer: Hans-Hubert Vogts (Germany, 66).

201. 03.09.2014 **RUSSIA - AZERBAIJAN** **4-0(3-0)**
Arena Khimki, Khimki; Referee: Ravshan Irmatov (Uzbekistan); Attendance: 3,500
AZE: Kamran Ağayev (47/0), Rəşad Ferhad Sadıqov (Cap) (87/4), Ruslan Abışov (42/4) [71.Mahir Şükürov (73/4)], Rasim Ramaldanov (15/0), Ruslan Amircanov (5/0), İlkin Qırtımov (4/0) [46.Rahid Amirquliyev (37/1)], Badavi Hüseynov (12/0) [46.Qara Qarayev (10/0)], Vüqar Nadirov (54/4) [81.Araz Abdullayev (10/0)], Dmitriy Nazarov (3/0), Cihan Özkara (17/1) [57.Cavid Hüseynov (40/1)], Rüfat Dadaşov (14/4) [46.Vaqif Cavadov (56/9)]. Trainer: Hans-Hubert Vogts (Germany, 67).

202. 09.09.2014 **AZERBAIJAN - BULGARIA** **1-2(0-1)** 15th EC. Qualifiers
Bakcell Arena, Bakı ; Referee: Alon Yefet (Israel);Attendance: 11,000
AZE: Kamran Ağayev (48/0), Rəşad Ferhad Sadıqov (Cap) (88/4), Ruslan Abışov (43/4) [73.Tarlan Quliyev (1/0)], Mahir Şükürov (74/4), Ufuk Budak (15/0) [90.Vüqar Nadirov (55/4)], Qara Qarayev (11/0), Badavi Hüseynov (13/0), Vaqif Cavadov (57/9) [46.Araz Abdullayev (11/0)], Rauf Aliyev (39/7), Dmitriy Nazarov (4/1), Rüfat Dadaşov (15/4). Trainer: Hans-Hubert Vogts (Germany, 68).
Goal: Dmitriy Nazarov (54).

203. 10.10.2014 **ITALY - AZERBAIJAN** **2-1(1-0)** 15th EC. Qualifiers
Stadio „Renzo Barbera", Palermo; Referee: Hüseyin Göçek (Turkey); Attendance: 33,000
AZE: Kamran Ağayev (49/0), Rəşad Ferhad Sadıqov (Cap) (89/4), Elnur Allahverdiyev(37/0), Qara Qarayev (12/0), İlkin Qırtımov (5/0) [46.Rasim Ramaldanov (16/0)], Badavi Hüseynov (14/0), Rahid Amirquliyev (38/1) [86.Vüqar Nadirov (56/4)], Araz Abdullayev (12/0), Rauf Aliyev (40/7), Dmitriy Nazarov (5/1), Rüfat Dadaşov (16/4) [59.Cavid Hüseynov (41/1)]. Trainer: Hans-Hubert Vogts (Germany, 69).
Goals: Giorgio Fabricio Chiellini (76 own goal).

204. 13.10.2014 **CROATIA - AZERBAIJAN** **6-0(4-0)** 15th EC. Qualifiers
Stadion Maksimir, Zagreb; Referee: Stephan Studer (Switzerland); Attendance: 15,000
AZE: Kamran Ağayev (50/0), Rəşad Ferhad Sadıqov (Cap) (90/4), Elnur Allahverdiyev (38/0) [67.Tarlan Quliyev (2/0)], Rasim Ramaldanov (17/0), Maksim Medvedev (27/0), Qara Qarayev (13/0) [30.Ağabala Ramazanov (1/0); 41.Cavid Hüseynov (42/1)], Badavi Hüseynov (15/0), Rahid Amirquliyev (39/1), Araz Abdullayev (13/0), Rauf Aliyev (41/7), Dmitriy Nazarov (6/1). Trainer: Hans-Hubert Vogts (Germany, 70).

205. 16.11.2014 **AZERBAIJAN - NORWAY** **0-1(0-1)** 15th EC. Qualifiers
Bakcell Arena, Bakı ; Referee: Yevhen Aranovskiy (Ukraine); Attendance: 8,000
AZE: Salahat Ağayev (7/0), Rəşad Ferhad Sadıqov (Cap) (91/4), Ruslan Abışov (44/4) [65.Qara Qarayev (14/0)], Mahir Şükürov (75/4), Maksim Medvedev (28/0), Elvin Yunuszade (3/1), Rahid Amirquliyev (40/1), Araz Abdullayev (14/0), Cavid İmamverdiyev (2/0) [70.Dmitriy Nazarov (7/1)], Vaqif Cavadov (58/9), Rauf Aliyev (42/7). Trainer: Mahmud Qurbanov (1).

206. 28.03.2015 **AZERBAIJAN - MALTA** **2-0(1-0)** 15th EC. Qualifiers
„Tofiq Bəhramov" adına Respublika Stadionu, Bakı ; Referee:alis Özkahya (Turkey); Attendance: 14,600
AZE: Kamran Ağayev (51/0), Rəşad Ferhad Sadıqov (Cap) (92/4), Maksim Medvedev (29/0), Qara Qarayev (15/0), Badavi Hüseynov (16/0), Cavid Hüseynov (43/2), Rahid Amirquliyev (41/1), Arif Daşdəmirov (2/0), Afran İsmayilov (19/1) [69.Dmitriy Nazarov (8/2)], Namiq Alasgarov (1/0) [22.Ruslan Qurbanov (1/0)], Vüqar Nadirov (57/4) [81.Eddi Silvestr Paskual İsrafilov (1/0)]. Trainer: Robert Prosinečki (Croatia, 1).
Goals: Cavid Hüseynov (4), Dmitriy Nazarov (90+2).

207. 07.06.2015 **SERBIA - AZERBAIJAN** **4-1(1-1)**
Niederösterreichische Versicherung Arena, Sankt Pölten (Austria); Referee: Harald Lechner (Austria); Attendance: 4,000
AZE: Kamran Ağayev (52/0), Rəşad Ferhad Sadıqov (Cap) (93/4) [46.Badavi Hüseynov(17/0)], Ruslan Abışov (45/4), Cavid Hüseynov (44/2) [77.Qara Qarayev (16/0)], Rahid Amirquliyev (42/1), Arif Daşdəmirov (3/0), Afran İsmayilov (20/1) [60.Elvin Mamedov (33/7)], Mahammad Mirzəbəyov (1/0), Dmitriy Nazarov (9/3) [46.Coşgun Diniyev], Ruslan Qurbanov (2/0) [60.Araz Abdullayev (15/0)], Mahammad Qurbanov (1/0) [46.Vüqar Nadirov (58/4)]. Trainer: Robert Prosinečki (Croatia, 2).
Goal: Dmitriy Nazarov (39).

208. 12.06.2015 **NORWAY - AZERBAIJAN** **0-0** 15th EC. Qualifiers
Ullevaal Stadion, Oslo; Referee: Paweł Gil (Poland);Attendance: 21,228
AZE: Kamran Ağayev (53/0), Rəşad Ferhad Sadıqov (Cap) (94/4), Maksim Medvedev (30/0), Qara Qarayev (17/0), Badavi Hüseynov (18/0), Cavid Hüseynov (45/2), Rahid Amirquliyev (43/1), Arif Daşdəmirov (4/0), Afran İsmayilov (21/1), Dmitriy Nazarov (10/3) [90+3.Mahammad Qurbanov (2/0)], Ruslan Qurbanov (3/0) [81.Vüqar Nadirov (59/4)]. Trainer: Robert Prosinečki (Croatia, 3).

209. 03.09.2015 **AZERBAIJAN - CROATIA** **0-0** 15th EC. Qualifiers
Bakcell Arena, Bakı ; Referee: Ruddy Buquet (France);Attendance: 10,000
AZE: Kamran Ağayev (54/0), Rəşad Ferhad Sadıqov (Cap) (95/4), Qara Qarayev (18/0), Badavi Hüseynov (19/0), Rahid Amirquliyev (44/1), Arif Daşdəmirov (5/0), Afran İsmayilov (22/1), Mahammad Mirzəbəyov (2/0), Dmitriy Nazarov (11/3) [90+1.Eddi Silvestr Paskual İsrafilov (2/0)], Ruslan Qurbanov (4/0) [79.Vüqar Nadirov (60/4)], Mahammad Qurbanov (3/0) [63.Rəşad Əbulfaz Sadiqov (23/0)]. Trainer: Robert Prosinečki (Croatia, 4).

210. 06.09.2015   **MALTA - AZERBAIJAN**   **2-2(0-1)**   15th EC. Qualifiers
Ta' Qali National Stadium, Attard; Referee: Harald Lechner (Austria); Attendance: 5,266
AZE: Kamran Ağayev (55/0), Rəşad Ferhad Sadıqov (Cap) (96/4), Qara Qarayev (19/0), Badavi Hüseynov (20/0), Rahid Amirquliyev (45/3), Arif Daşdəmirov (6/0), Afran İsmayilov (23/1) [72.Araz Abdullayev (16/0)], Cavid Tağıyev (1/0), Mahammad Mirzəbəyov (3/0), Dmitriy Nazarov (12/3) [70.Rəşad Äbulfaz Sadiqov (24/0)], Ruslan Qurbanov (5/0) [81.Rauf Aliyev (43/7)]. Trainer: Robert Prosinečki (Croatia, 5).
Goals: Rahid Amirquliyev (36, 80).

211. 10.10.2015   **AZERBAIJAN - ITALY**   **1-3(1-2)**   15th EC. Qualifiers
Bakı Milli Stadionu, Bakı; Referee: William Collum (Scotland); Attendance: 48,000
AZE: Kamran Ağayev (56/0), Rəşad Ferhad Sadıqov (Cap) (97/4), Maksim Medvedev (3/0), Qara Qarayev (20/0), Badavi Hüseynov (21/0) [*sent off 88*], Rahid Amirquliyev (46/3), Arif Daşdəmirov (7/0), Afran İsmayilov (24/1) [90+1.Mahammad Mirzəbəyov (4/0)], Eddi Silvestr Paskual İsrafilov (3/0) [66.Rəşad Äbulfaz Sadiqov (25/0)], Dmitriy Nazarov (13/4), Ruslan Qurbanov (6/0) [74.Tuğrul Erat (3/0)]. Trainer: Robert Prosinečki (Croatia, 6).
Goal: Dmitriy Nazarov (31).

212. 13.10.2015   **BULGARIA - AZERBAIJAN**   **2-0(1-0)**   15th EC. Qualifiers
Nationalen stadion "Vasil Levski", Sofia; Referee: Tamás Bognár (Hungary); Attendance: 2,500
AZE: Kamran Ağayev (57/0), Rəşad Ferhad Sadıqov (Cap) (98/4), Ruslan Abıyov (46/4), Maksim Medvedev (32/0) [62.Arif Daşdəmirov (8/0)], Qara Qarayev (21/0) [81.Eddi Silvestr Paskual İsrafilov (4/0)], Rahid Amirquliyev (47/3), Afran İsmayilov (25/1), Mahammad Mirzəbəyov (5/0), Dmitriy Nazarov (14/4), Ruslan Qurbanov (7/0), Elnur Cäfärov (1/0) [67.Tuğrul Erat (4/0)]. Trainer: Robert Prosinečki (Croatia, 7).

213. 17.11.2015   **AZERBAIJAN - MOLDOVA**   **2-1(1-1)**   15th EC. Qualifiers
Bakı Olimpiya Stadionu, Bakı; Referee: Lasha Silagava (Georgia); Attendance: n/a
AZE: Salahat Ağayev (8/0) [46.Aqil Mamedov (1/0)], Pavel Paşayev (1/0) [69.Ürfan Abbasov (1/0)], Maksim Medvedev (33/0), Qara Qarayev (22/0), Rahman Hacıyev (1/0) [63.Elşan Rzazade (1/0)], Ruslan Qurbanov (8/0) [46.Ağabala Ramazanov (2/1)], Rahid Amirquliyev (Cap) (48/3), Elvin Mamedov (34/7) [75.Rəşad Eyyubov (1/0)], Badavi Hüseynov (22/0), Arif Daşdəmirov (9/0) [90+1.Tarlan Quliyev (3/0)], Afran İsmayilov (26/1). Trainer: Robert Prosinečki (Croatia, 8).
Goals: Cătălin Carp (32 own goal), Ağabala Ramazanov (50).

INTERNATIONAL PLAYERS

FG/Nr	Name	DOB	Caps	Goals	Period, Club
(199/191)	ABATSIYEV Abdulla	16.08.1993	1	0	2014, İnter PİK Bakı (1/0).
(111/127)	ABBASOV Ramazan	22.09.1983	9	0	2006-2007, FK Bakı (6/0), PFK Neftçi Bakı (3/0).
(114/132)	ABBASOV Ruslan	01.06.1980	3	0	2006, PFK Neftçi Bakı (3/0).
(91/111)	ABBASOV Samir	01.02.1978	46	0	2004-2010, PFK Neftçi Bakı (2/0), Qarabağ FK Ağdam (11/0), İnter PİK Bakı (30/0), Qarabağ FK Ağdam (3/0).
(213/208)	ABBASOV Ürfan	14.10.1992	1	0	2015, PFK Qəbələ (1/0).
(44/070)	ABDAŞOV Renat	29.09.1980	2	0	1998-1999, FK Şafa Bakı (2/0).
(141/154)	ABDULLAYEV Araz	18.04.1992	16	0	2008-2015, PFK Neftçi Bakı (16/0).
(90/109)	ABDULLAYEV Raşad	01.10.1981	10	0	2004-2005, PFK Xəzər Universiteti (3/0), FK Xəzər Lənkəran (7/0).
(99/116)	ABDÜRAHMANOV İlqar	27.03.1979	7	0	2004-2005, Zhenis FC Astana (1/0), FK Xəzər Lənkəran (6/0).
(2/022)	ABIŞOV Ali	31.08.1968	1	0	1993-1999, FK İnşaatçı Sabirabad (1/0).
(5/029)	ABIŞOV Rasim	15.10.1963	39	3	1994-1999, Qarabağ FK Ağdam (11/0), FK Neftçi Bakı (9/0), FK Dinamo Stavropol (19/3).
(151/157)	ABIŞOV Ruslan	10.10.1987	46	4	2009-2015, PFK Neftçi Bakı (25/2), FK Xəzər Lənkəran (5/1), FK Rubin Kazan (10/1), PFK Qəbələ (6/0).
(123/142)	AĞAKIŞIYEV Murad	13.06.1985	3	0	2007, FK MKT-Araz İmişli (2/0), Qarabağ FK Ağdam (1/0).
(1/006)	AĞAYEV Emin Rafael	10.08.1973	63	1	1992-2005, FK Neftçi Bakı (1/0), FK Anzhi Makhachkala (36/1), FK Torpedo-ZIL Moskva (15/0), FK Khimki (8/0), FK Baltika Kaliningrad (2/0), FK NoSta Novotroitsk (1/0).
(139/152)	AĞAYEV Kamran	09.02.1986	57	0	2008-2015, FK Xəzər Lənkəran (36/0), FK Bakı (8/0), PFK Qəbələ (6/0), Kayserispor (3/0), Karşıyaka Spor Kulübü (4/0).
(177/172)	AĞAYEV Murad	09.02.1993	1	0	2012, Rinat Dasaev IAFGA Moskva (1/0).
(161/164)	AĞAYEV Salahat	04.11.1991	8	0	2010-2015, İnter PİK Bakı (1/0), FK Sumqayıt (3/0), İnter PİK Bakı (4/0).
(178/173)	ÄHMƏDOV Hacı	23.11.1993	1	0	2012, FK Sumqayit (1/0).
(99/115)	AHTYAMOV Daniel	26.03.1985	13	0	2004-2009, İnter PİK Bakı (6/0), FK Minsk (3/0), PFK Simurq Zaqatala (4/0).
(1/003)	AKHMEDOV Elşad	11.09.1970	5	0	1992-1994, Qarabağ FK Ağdam (4/0), (1/0).
(1/004)	AKHMEDOV Tarlan	17.11.1971	71	0	1992-2005, FK Turan Tovuz (1/0), FK Terek Groznyi (3/0), Qarabağ FK Ağdam (22/0), FK Anzhi Makhachkala (2/0), FK Neftçi Bakı (13/0), FK Fakel Voronezh (2/0), FK Neftçi Bakı (10/0), FK Şafa Bakı (9/0), Qarabağ FK Ağdam (1/0), Esteghlal Ahvaz FC (1/0), Qarabağ FK Ağdam (1/0), Volyn Lutsk (5/0), Karvan İK Yevlax (1/0).
(206/196)	ALASGAROV Namiq	03.02.1995	1	0	2015, Qarabağ FK Ağdam (1/0).
(1/002)	ALEKPEROV Aydin	03.01.1966	1	0	1992, FK İnşaatçı Bakı (1/0).
(1/011)	ALEKPEROV Samir	08.11.1968	16	2	1992-1996, FK Neftçi Bakı (9/2), Maccabi Petach-Tikva FC (3/0), FK Neftçi Bakı (4/0).
(5/028)	ALHASOV Vitali	17.07.1966	1	0	1994, FK Irtysh Tobolsk (1/0).
(127/143)	ALIYEV Elvin	21.08.1984	5	0	2007-2008, PFK Olimpik Bakı (5/0).
(2/019)	ALIYEV Mahir	12.01.1967	1	0	1993, Qarabağ FK Ağdam (1/0).
(2/023)	ALIYEV Nazim	05.04.1963	1	0	1993, FK Xəzər Sumqayıt (1/0).
(157/161)	ALIYEV Rauf	12.02.1989	43	7	2010-2015, Qarabağ FK Ağdam (27/5), FK Bakı (10/2), FK Xəzər Lənkəran (5/0), İnter PİK Bakı (1/0).
(11/042)	ALIYEV Sakit	22.12.1965	1	0	1995, FK Turan Tovuz (1/0).
(31/063)	ALIYEV Samir	14.04.1979	33	4	1997-2007, FK Neftçi Bakı (9/0), SC Volyn-1 Lutsk (2/0), FK Volyn Lutsk (10/1), FK Uralan Elista (1/0), FK Xəzər Lənkəran (7/0), PFK Neftçi Bakı (4/3).
(6/033)	ALLAHVERDIEV Fuzuli	01.01.1963	5	0	1994, Kəpəz FK Gəncə (5/0).
(134/146)	ALLAHVERDIYEV Elnur	02.11.1983	38	0	2008-2014, PFK Neftçi Bakı (1/0), Qarabağ FK Ağdam (10/0), FK Xəzər Lənkəran (19/0), PFK Qəbələ (6/0), PFK Neftçi Bakı (2/0).
(90/107)	AMIRBEKOV Rafael	23.02.1976	18	0	2004-2008, Traktor Sazi FC Tabriz (4/0), FK Bakı (4/0).
(135/148)	AMIRCANOV Ruslan	01.02.1985	5	0	2008-2014, FK Standard Bakı (1/0), PFK Neftçi Bakı (2/0), İnter PİK Bakı (1/0), PFK Qəbələ (1/0).
(120/141)	AMIRQULIYEV Rahid	01.09.1989	48	3	2007-2015, FK Xəzər Lənkəran (48/3).
(2/021)	ASADOV Arif	18.08.1970	43	0	1993-2002, FK Neftçi Bakı (3/0), FK Spartak Vladikavkaz (6/0), FK Neftçi Bakı (13/0), FK Tyumen (11/0), FK Anzhi Makhachkala (5/0), FK Neftçi Bakı (5/0).
(177/170)	ASGAROV Vüqar	14.05.1985	3	0	2012-2013, SK Liepājas Metalurgs (2/0), FK Sumqayit (1/0).
(89/105)	BAHŞIYEV Elmar	03.08.1980	32	0	2004-2009, FK Xəzər Lənkəran (1/0), İnter PİK Bakı (14/0), FK Xəzər Lənkəran (6/0), PFK Neftçi Bakı (11/0).
(1/016)	BAYRAMOV Kamil	19.11.1972	1	0	1992, FK Neftçi Bakı (1/0).
(171/167)	BUDAK Ufuk	26.05.1990	15	0	2011-2014, SC Freiburg (8/0), Eskişehirspor Kulübü (4/0), Gaziantep Büyükşehir Belediye Spor Kulübü (1/0),
(2/017)	CABBAROV Faiq	26.06.1972	21	0	1993-1998, Kəpəz FK Gəncə (21/0).
(212/203)	CÄFÄROV Elnur	28.03.1997	1	0	2015, FK Xəzər Lənkəran (1/0).
(142/155)	CAFARQULIYEV Emin	17.06.1990	1	0	2008, PFK Neftçi Bakı (1/0).
(143/156)	CALILOV Tural	28.11.1986	4	0	2008-2009, PFK Simurq Zaqatala (4/0).
(113/131)	CAVADOV Vaqif	25.05.1989	58	9	2006-2014, FK CSKA Moskva (7/0), Qarabağ FK Ağdam (21/5), FC Twente Enschede (1/0), FK Bakı (8/1), FK Volga Nizhny Novgrod (3/1), Qarabağ FK Ağdam (9/1), İnter PİK Bakı (5/1), Gaziantep Büyükşehir Belediye Spor Kulübü (4/0).
(115/134)	ÇERTOQANOV Aleksandr	08.02.1980	53	0	2006-2009, PFK Neftçi Bakı (24/0), PFK Simurq Zaqatla (1/0), İnter PİK Bakı (16/0), PFK Qəbələ (12/0).
(186/185)	DADAŞOV Rüfat	29.09.1991	16	4	2013-2014, 1.FC Kaiserslautern (12/4), SVN Zweibrücken (4/0).

(178/174)	DAŞDƏMIROV Arif	27.02.2012	9	0	2012-2015, İnter PİK Bakı (4/0), PFK Qəbələ (5/0).
(207/201)	DINIYEV Coşğun	13.09.1995	1	0	2015, İnter PİK Bakı (1/0).
(1/007)	DINIYEV Şahin	12.07.1966	15	0	1992-1996, FK Terek Groznyi (4/0), Beitar FC Tel Aviv (11/0).
(7/038)	DROZDOV Gennadi	11.09.1958	1	0	1994, FK Turan Tovuz (1/0).
(198/189)	ERAT Tuğrul	17.06.1992	4	0	2014-2015, TSV Fortuna Düsseldorf (1/0).
(213/209)	EYYUBOV Raşad	03.12.1992	1	0	2015, FK Kəpəz Gəncə (1/0).
(188/186)	FARCAD-AZAD Pardis	12.04.1988	6	0	2013-2014, FK Sumyaqit (6/0).
(120/140)	FERREIRA XAVIER Marcus	18.08.1982	2	0	2007, Karvan İK Yevlax (2/0).
(12/043)	GETMAN Igor	06.07.1971	24	0	1994-2002, Anzhi Makhachkala (13/0), FK Neftçi Bakı (11/0).
(179/176)	GÖKDEMIR Ali	17.09.1991	10	0	2012-2013, Hannover'96 (10/0).
(116/135)	GOMES Leandro Melino	24.08.1976	18	0	2006-2009, FK Bakı (9/0), PFK Olimpik Bakı (9/0).
(58/085)	HACIYEV Avtandil	13.08.1981	24	0	2000-2006, FK Şafa Bakı (5/0), PFK Turan Tovuz (16/0), PFK NeftçiBakı (3/0).
(176/169)	HACIYEV Nizami	08.02.1988	2	1	2011-2012, İnter PİK Bakı (2/1).
(213/205)	HACIYEV Rahman	25.07.1983	1	0	2015, PFK Neftçi Bakı (1/0).
(101/120)	HAQVERDIYEV Vasif	15.10.1978	1	0	2005, FK MKT-Araz İmişli (1/0).
(23/053)	HASANBEKOV Ibragim	25.10.1969	2	0	1996, FK Anzhi Makhachkala (2/0).
(1/013)	HASANOV Elhan	03.04.1967	16	0	1992-2000, FK Xəzər Sumqayıt (1/0), FK Neftçi Bakı (14/0), KTP Kotka (1/0).
(62/088)	HASANOV Namiq	20.10.1979	4	0	2001-2003, PFK Xəzər Universiteti Bakı (2/0), Qarabağ-Azersun FK Ağdam (2/0).
(6/036)	HASANOV Tebriz	15.06.1967	1	0	1994, Qarabağ FK Ağdam (1/0).
(44/068)	HASANZADE Cahangir	04.08.1979	33	0	1998-2007, FK Neftçi Bakı (16/0), FK Volyn Lutsk (2/0), FK Tavrija Simferopol (3/0), FK Neftçi Bakı (5/0), Qarabağ FK Ağdam (5/0), FK İnter Bakı (2/0).
(44/075)	HAŞIMOV Zaur	24.10.1981	19	0	1998-2007, FK Şafa Bakı (1/0), FKİnter Bakı (14/0), FK Xəzər Lənkəran (4/0).
(178/175)	HÜSEYNOV Badavi	11.07.1991	22	0	2012-2015, FK Sumyaqit (1/0), Qarabağ FK Ağdam (21/0).
(136/149)	HÜSEYNOV Cavid	09.03.1988	45	2	2008-2015, İnter PİK Bakı (17/0), PFK Neftçi Bakı (8/0), Adana DemirpSr Kulübü (6/1), FK Bakı (7/0), PFK Qəbələ (7/1).
(161/165)	HÜSEYNOV Murad	25.01.1989	4	1	2011, PFK Qəbələ (4/1).
(6/034)	HUSEYNOV Müşviq	14.02.1970	3	0	1994-1997, Qarabağ FK Ağdam (2/0), FK Neftçi Bakı (1/0).
(71/093)	HÜSEYNOV Ramal	16.12.1984	1	0	2001, FK Şafa Bakı (1/0).
(159/162)	HÜSEYNOV Vurğun	05.04.1988	15	0	2010-2013, PFK Qəbələ (2/0), FK Turan Tovuz (5/0), PFK Qəbələ (8/0).
(86/099)	HÜSEYNOV Vüsal	09.08.1982	6	0	2003-2004, FK Şəmkir (3/0), FK Xəzər Lənkəran (3/0).
(2/024)	HÜSEYNOV Yunis	01.02.1965	34	3	1993-1998, FK Neftçi Bakı (32/3), Kəpəz FK Gəncə (2/0).
(55/081)	İBRAHIMOV Abuzar	03.06.1975	2	0	2000-2001, FK Şafa Bakı (1/0), Qarabağ FK Ağdam (1/0).
(17/050)	IDIQOV Ruslan	29.03.1966	6	1	1996, FK Spartak Nalchik (6/1).
(58/087)	İMAMALIYEV Emin	07.08.1980	43	1	2000-2007, FK Şafa Bakı (21/0), Qarabağ-Azersun FK Ağdam (1/0), FK Bakı (6/0), FKİnter Bakı (15/1).
(186/181)	İMAMVERDIYEV Cavid	01.08.1990	2	0	2013-2014, PFK Neftçi Bakı (1/0), Sanica Boru Elazığspor (1/0).
(167/166)	İSAYEV Arif	28.07.1985	5	0	2011-2013, PFK Qəbələ (4/0), Denizlispor Kulübü (1/0).
(5/032)	ISAYEV Mirbağir	13.03.1974	10	1	1994-1999, FK Neftçi Bakı (1/0), Qarabağ FK Ağdam (9/1).
(157/159)	İSMAYILOV Afran	08.10.1988	26	1	2010-2015, Qarabağ FK Ağdam (15/1), FK Bakı (2/0), FK Xəzər Lənkəran (1/0), İnter PİK Bakı (3/0), Qarabağ FK Ağdam (5/0).
(40/066)	İSMAYILOV Farruh	30.08.1978	32	5	1998-2007, FK Dinamo Bakı (2/0), FK Neftçi Bakı (17/), Sanat Naft FC Abadan (2/1), FK Volyn Lutsk (1/1), Karvan İK Yevlax (5/0), PFK Neftçi Bakı (3/0), PFK Olimpik Bakı (2/0).
(1/014)	ISMAYILOV Vüqar	04.02.1971	1	0	1992, FK Xəzər Sumqayıt (1/0).
(206/198)	İSRAFILOV Eddi Silvestr Paskual	02.08.1992	4	0	2015, Granada CF (1/0), SD Eibar (3/0).
(10/041)	KADIROV Vladislav	16.11.1970	10	0	1994-1996, FK Neftçi Bakı (1/0), FK Lokomotiv NizhniNovgorod (2/0), FK Arsenal Tula (7/0).
(1/005)	KARAYEV Zaur	25.06.1968	5	0	1992-1994, Qarabağ FK Ağdam (4/0), FK Kür-Nur Mingəçevir (1/0).
(5/030)	KASUMOV Veli Aydyn	04.10.1968	14	0	1994-1998, Real Betis Balompié Sevilla (6/0), Albacete Balompié (3/0), Écija Balompié (2/0), Vitória FC Setúbal (3/0).
(8/039)	KERIMOV Aslan	01.01.1973	78	0	1994-2008, Qarabağ FK Ağdam (8/0), FK Neftçi Bakı (5/0), Kəpəz FK Gəncə (3/0), FK Baltika Kaliningrad (4/0), FK Şəmkir (14/0), Qarabağ-Azersun FK Ağdam (8/0), Qarabağ FK Ağdam (36/0).
(73/094)	KERIMOV Kenan	05.08.1976	13	1	2002-2007, Kəpəz FK Gəncə (4/0), FK Şəmkir (3/1), PFK Turan Tovuz (2/0), Qarabağ FK Ağdam (4/0).
(128/144)	KERIMOV Raşid	02.04.1986	1	0	2007, FK Xəzər Lənkəran (1/0).
(15/047)	KHAIROV Samir	09.02.1974	2	0	1995-1997, Bakı Fəhləsi FK (1/0), FK Neftçi Bakı (1/0).
(26/057)	KHANKISHIEV Elmir	25.08.1974	2	0	1997-1999, Qarabağ FK Ağdam (1/0), OIK Bakı (1/0).
(1/001)	KRAMARENKO Dmitriy	12.09.1974	33	0	1992-2005, FK Neftçi Bakı (1/0), FK Dinamo Moskva (14/0), FK CSKA Moskva (5/0), FK Zhenis Astana (4/0), FK Baltika Kaliningrad (3/0), Karvan İK Yevlax (6/0).
(90/110)	KURBANOV Senan	04.08.1980	1	0	2004, FC Saipa Karaj (1/0).
(57/083)	KVARATSKHELIA Badri	10.02.1965	3	0	2000, FK Şəmkir (3/0).
(115/133)	LADAGA André Luís	19.02.1975	11	1	2006-2007, FK Bakı (11/1).
(5/031)	LEMISH Vladislav	20.08.1970	1	0	1994, FK CSKA Moskva (1/0).
(138/151)	LEVIN Vladimir	23.01.1984	28	0	2008-2013, İnter PİK Bakı (26/0), PFK Qəbələ (2/0).
(3/027)	LUKIN Ruslan	20.11.1971	3	2	1993-1994, FC Dynama Minsk (2/2), FC Molodechno (1/0).

(12/044)	LYCHKIN Vyacheslav	30.09.1973	45	4	1995-2001, FK Neftçi Bakı (11/1), Trabzonspor Kulübü (2/0), FK Neftçi Bakı (3/0), TPS Turku (7/1), Kəpəz FK Gəncə (5/0), FK Tyumen (3/0), FK Torpedo-ZIL Moskva (5/2), FK Kristall Smolensk (3/0), FK Lokomotiv St. Petersburg (1/0), *unattached* (2/0), FK Dinamo St.Petersburg (3/0).
(102/121)	MACIDOV Ruslan	22.08.1985	1	0	2005, FK Anzhi Makhachkhala (1/0).
(131/145)	MAHARRAMOV Camşid	03.10.1983	5	0	2007-2009, FK Bakı (5/0).
(35/064)	MAHOMMEDOV Hüseyn	22.08.1974	12	0	1998-2003, Kəpəz FK Gəncə (7/0), FK Şəmkir (2/0), FK Neftçi Bakı (3/0).
(99/118)	MALIKOV Rail	18.12.1985	40	0	2004-2012, FK Bakı (7/0), PFK Neftçi Bakı (33/0)
(90/108)	MAMEDOV Agil	12.04.1972	6	0	2004-2005, FK Neftçi Bakı (3/0), Qarabağ FK Ağdam (3/0).
(213/206)	MAMEDOV Aqil	01.05.1989	1	0	2015, PFK Neftçi Bakı (1/0).
(67/091)	MAMEDOV Azer	07.02.1976	12	0	2001-2006, FK Şəmkir (9/0), Qarabağ FK Ağdam (3/0).
(89/101)	MAMEDOV Camal	26.12.1983	1	0	2004, FK Şafa Bakı (1/0).
(89/104)	MAMEDOV Camal	26.12.1983	1	0	2004, FK Şafa Bakı (1/0).
(111/128)	MAMEDOV Elşan	04.05.1980	3	0	2006, İnter PİK Bakı (3/0), PFK Azal Bakı (3/0).
(137/150)	MAMEDOV Elvin	18.07.1988	34	7	2008-2015, İnter PİK Bakı (9/1), Qarabağ FK Ağdam (16/6), FK Bakı (7/0), İnter PİK Bakı (1/0), Qarabağ FK Ağdam (1/0).
(44/069)	MAMEDOV Fizuli	08.09.1977	9	0	1998-2003, OIK Bakı (1/0), FKŞafa Bakı (4/0), Machine Sazi Tabriz (4/0).
(15/048)	MAMEDOV İlham	01.01.1970	8	0	1995-1999, FK Turan Tovuz (1/0), Kəpəz FK Gəncə (4/0), FK Neftçi Bakı (3/0).
(17/051)	MAMEDOV İlqar	29.01.1975	1	0	1996, FK Khazri Buzovna Bakı (1/0).
(73/095)	MAMEDOV İsmayı l	01.06.1976	7	0	2002-2005, FK Şəmkir (1/0), Qarabağ FK Ağdam (6/0).
(26/058)	MAMEDOV Khagani	29.09.1976	20	1	1997-2008, FK Xəzər Sumqayı t (4/0), FK Sumqayı t (1/0), FK Neftçi Bakı (2/0), OIK Bakı (1/1), FKŞəmkir (1/0), Machine Sazi Tabriz (2/0), PFK Olimpik Bakı (2/0), FKİnter Bakı (7/0).
(119/137)	MAMEDOV Nodar	03.06.1988	4	0	2007-2008, Qarabağ FK Ağdam (1/0), PFK MOIK Bakı (3/0).
(25/055)	MAMEDOV Ramiz	15.08.1968	15	1	1997-2003, Qarabağ FK Ağdam (1/0), Kəpəz FK Gəncə (1/0), FK Neftçi Bakı (3/1), FKŞafa Bakı (4/0), Paykan FC Qazvin (5/0), Pegan GilanFC Rasht (1/0).
(6/035)	MARDANOV Xaliq	31.03.1971	7	0	1994-2001, Kəpəz FK Gəncə (6/0), FK Şəmkir (1/0).
(9/040)	MAYOROV Lev	13.10.1969	1	0	1994, FK Chernomorets Novorosiisk (1/0).
(153/158)	MEDVEDEV Maksim	29.09.1989	33	0	2009-2015, Qarabağ FK Ağdam (33/0).
(99/114)	MEHDIYEV Rauf	17.10.1976	5	0	2004-2009, Qarabağ FK Ağdam (3/0), PFK Olimpik Bakı (2/0).
(207/199)	MIRZÄBÄYOV Mahammad	16.11.1990	5	0	2015, İnter PİK Bakı (1/0), PFK Qəbələ (4/0).
(29/061)	MUSAYEV Bakhtiar	04.08.1973	18	0	1997-2002, Qarabağ FK Ağdam (3/0), FK Neftçi Bakı (15/0).
(25/056)	MUSAYEV Ruslan	11.05.1979	30	0	1997-2004, U-18 Bakı (2/0), FC Flora Tallinn (8/0),JK Tulevik Viljandi (1/0), FK Şafa Bakı (6/0), FK Terek Grozny (2/0), FKŞafa Bakı (7/0), Qarabağ-Azersun FK Ağdam (4/0).
(65/089)	MUSAYEV Samir	17.03.1979	4	0	2001-2006, FK Şafa Bakı (2/0), Qarabağ FK Ağdam (2/0).
(107/122)	MUZYKA Yuriy	10.08.1982	8	0	2005-2006, Karvan İK Yevlax (8/0).
(139/153)	NÄBIYEV Aqil	16.06.1982	9	0	2008-2012, PFK Olimpik Bakı (5/0), PFK Azal Bakı (/04)..
(74/096)	NABIYEV Nadir	18.07.1980	27	3	2002-2006, FK Neftçi Bakı (11/3), PFK Turan Tovuz [1/0), PFK Neftçi Baku (5/0).
(89/102)	NADIROV Vüqar	15.06.1987	60	4	2004-2015, Qarabağ-Azersun FK Ağdam (1/0), Qarabağ FK Ağdam (4/0), FK Xəzər Lənkəran (10/1), Karvan İK Yevlax (6/0), Qarabağ FK Ağdam (38/3), FK Xəzər Lənkəran (1/0).
(199/192)	NAZAROV Dmitriy "Dima"	04.04.1990	14	4	2014-2015, Karlsruher SC (14/4).
(185/180)	NAZIRI Elhad	29.12.1992	1	0	2012, FC Milsami-Ursidos Orhei (1/0).
(186/182)	NAZIROV Anar	08.09.1985	3	0	2013, PFK Qəbələ (2/0), FK Sumyaqit (1/0).
(120/138)	NDUKA Charles Usim	23.09.1985	10	0	2007-2008, PFK Olimpik Bakı (10/0).
(50/079)	NIFTALIYEV Adahim	07.09.1976	20	0	1999-2003, FK Neftçi Bakı (17/0), Qarabağ-Azersun FK Ağdam (3/0).
(13/046)	NOSENKO Vladislav	06.12.1970	7	0	1995-1997, FK Kryvbas Kryviy Rig (7/0).
(200/193)	NOURI Emin	22.07.1985	1	0	2014, Kalmar FF (1/0).
(111/129)	NURIYEV Elvin	18.07.1980	3	0	2006, İnter PİK Bakı (3/0).
(66/090)	ORUCOV Mübariz	27.04.1974	2	0	2001, Qarabağ FK Ağdam (2/0).
(179/177)	ÖZKARA Cihan	14.07.1991	17	1	2012-2014, Sivasspor Kulübü (2/0), Kayseri Erciyesspor Kulübü (6/1), Sivasspor Kulübü (9/0).
(180/178)	PAMUK Uğur	26.06.1989	1	0	2012, FK Sumqayit (1/0).
(213/204)	PAŞAYEV Pavel	04.01.1988	1	0	2015, FK Metalurh Zaporizhya (1/0).
(117/136)	PEREIRA Ernani	22.01.1978	12	0	2006-2009, Karvan İK Yevlax (10/0).
(110/124)	POLADOV Ruslan	30.11.1979	1	0	2005, İnter PİK Bakı (1/0).
(91/112)	PONOMARYOV Anatoli	12.06.1982	16	1	2004-2008, AO Xanthi (3/0), *unattached* (5/1), Qarabağ FK Ağdam (3/0), Kalmar FF (1/0), FK Bakı (2/0), Degerfors IF (2/0).
(176/168)	POPOVIÇ Andrey	04.03.1992	2	0	2011-2012, PFK Sumqayit Şahar (1/0), FK Sumqayit (1/0).
(47/078)	POSHEKHONTSEV Vladimir	23.05.1967	5	0	1999, FK Neftçi Bakı (5/0).
(88/100)	QAFITULLIN Ruslan	05.08.1979	1	0	2003, FK MOIK Bakı (2/0).
(37/065)	QAMBAROV Elşan	30.10.1972	12	0	1998-2000, FK Navbahor Namangan (6/0), FK Neftçi Bakı (4/0), FK Samarqand-Dinamo (2/0).
(44/071)	QAMBAROV Müşviq	22.04.1978	1	0	1998, Bakı Fehlesi FK (1/0).
(186/183)	QARAYEV Qara	12.10.1992	22	0	2013-2015, Qarabağ FK Ağdam (22/0).
(16/049)	QAYSUMOV Deni	06.02.1968	23	0	1995-1998, FK CSKA Moskva (1/0), FK Sokol Saratov (7/0), FK Spartak Moskva (4/0), FK CSKA Moskva (4/0), FK Sokol Saratov (4/0), Dubai Cultural Sports Club (3/0).
(198/190)	QIRTIMOV İlkin	04.11.1990	5	0	2014, PİK Simurq Zaqatala (5/0).
(23/052)	QUDIEV Kazemir	29.04.1972	3	0	1996-1997, FK Zhemchukhina Sochi (3/0).

(57/082)	QULIYEV Emin	12.04.1977	49	3	2000-2008, Kəpəz FK Gəncə (5/0), FC Lovech (2/0), PFC Cherno More Varna (3/0), FK Neftçi Bakı (4/0), PFC Litex Lovech(4/0), FK Spartak-Alania Vladikavkaz (8/0), FK Neftçi Bakı (12/3), FK Xəzər Lənkəran (11/0).
(186/184)	QULIYEV Eşqin	11.12.1990	1	0	2013, PFK Neftçi Bakı (1/0).
(157/160)	QULIYEV Farid	06.01.1986	7	1	2010, FK Standard Sumqayit (4/1), PFK Neftçi Bakı (3/0).
(50/080)	QULIYEV Kamal	14.11.1976	44	0	1999-2005, FK Neftçi Bakı (20/0), SC Volyn-1 Lutsk(2/0), FK Volyn Lutsk (14/0), Karvan İK Yevlax (7/0), FK Xəzər Lənkəran (1/0).
(107/123)	QULIYEV Ramin	22.06.1981	18	0	2005-2008, FK Bakı (12/0), PFK Neftçi Bakı (6/0).
(25/054)	QULIYEV Rufat	04.12.1972	27	0	1997-2002, FK Khazri Buzovna Bakı (6/0), Qarabağ FK Ağdam (11/0), FK Şafa Bakı (2/0), Esteghlal Ahvaz FC (7/0). Sanat Naft FC Abadan (1/0).
(202/194)	QULIYEV Tarlan	19.04.1992	3	0	2014-2015, Qarabağ FK Ağdam (2/0), FK Kəpəz Gəncə (1/0).
(99/117)	QULIYEV Vüqar	20.01.1978	5	0	2004-2005, FK MKT-Araz İmişli (4/0), PFK Olimpik Bakı (1/0).
(160/163)	QULUZADƏ Amit	20.11.1992	3	0	2010, PFK Neftçi Bakı (3/0).
(44/073)	QURBANOV Alim	05.12.1977	10	1	1998-2007, OIK Bakı (1/0), FK Xəzər Lənkəran (9/1).
(92/113)	QURBANOV İlqar	25.04.1984	29	1	2004-2008, Fenerbahçe SK Istanbul (9/1), FK Xəzər Lənkəran (16/0), Sivasspor Kulübü (4/0).
(207/200)	QURBANOV Mahammad	11.04.1992	3	0	2015, FK Sumyaqit (2/0), PFK Neftçi Bakı (1/0).
(1/008)	QURBANOV Makhmud Xanlar	10.05.1973	72	1	1992-2008, Kəpəz FK Gəncə (9/0), FK Neftçi Bakı (5/0), Kəpəz FK Gəncə (13/0), FK Şəmkir (15/0), Foolad Khuzestan FC Ahvaz (8/0), FK Tavria Simferopol (5/0), FK Neftçi Bakı (8/0), FK Xəzər Lənkəran (2/0), FK İnter Bakı (7/1).
(1/012)	QURBANOV Qurban Osman	13.04.1972	65	12	1992-2005, FC Mertskhali Ozurgeti (1/0), FK Daşqın Zaqatala (3/0), FK Turan Tovuz (2/0), FK Kür-Nur Mingəçevir (4/2), FK Neftçi Bakı (11/1), FK Dinamo Stavropol (9/1), FK Baltika Kaliningrad (6/2), Fakel Voronezh (5/0), FK Neftçi Bakı (1/0), FK Fakel Voronezh (5/0), FK Volgar-Gazprom Astrkhan (3/3), FK Neftçi Bakı (13/3), FK İnter Bakı (2/0).
(206/197)	QURBANOV Ruslan	12.09.1991	8	0	2015, HNK Hajduk Split (3/0), PFK Neftçi Bakı (5/0)
(26/059)	RAKHMANOV Elkhim	18.01.1979	7	0	1997-2004, U-18 Bakı (1/0), JK Tulevik Viljandi (10), FK Neftçi Bakı (1/0), OIK Bakı (2/0), FK Şafa Bakı (1/0), FK Neftçi Bakı (1/0).
(185/179)	RAMALDANOV Rasim	24.01.1986	17	0	2012-2014, PFK Simurq Zaqatala (7/0), FK Xəzər Lənkəran (10/0).
(204/195)	RAMAZANOV Ağabala	20.01.1993	2	1	2014-2015, FK Xəzər Lənkəran (1/0), FK Sumyaqit (1/1).
(86/098)	RAMAZANOV Zaur	21.09.1976	14	0	2003-2008, FK Bakılı Bakı (4/0), Karvan İK Yevlax (4/0), FK Xəzər Lənkəran (6/0).
(135/147)	RAMIM Fábio Luís	10.04.1981	16	4	2008-2011, PFK Olimpik Bakı (2/1), FK Bakı (14/3).
(1/009)	RZAYEV Vidadi	04.09.1967	35	5	1992-2001, FK Turan Tovuz (1/1), Terek Grozny (4/2), FK Turan Tovuz (6/0), FK Neftçi Bakı (10/1), Kəpəz FK Gəncə (8/0), FK Şəmkir (6/1).
(213/207)	RZAZADE Elşan	11.09.1993	1	0	2015, FK Xəzər Lənkəran (1/0).
(13/045)	SADIQOV Nazim	15.11.1967	3	0	1995-1998, FK Turan Tovuz (2/0), Kəpəz FK Gəncə (1/0).
(112/130)	SADIQOV Rəşad Əbulfaz	08.10.1983	25	0	2006-2015, PFK Neftçi Bakı (3/0), Qarabağ FK Ağdam (15/0), PFK Neftçi Bakı (4/0), PFK Qəbələ (3/0).
(71/092)	SADIQOV Rəşad Ferhad	16.06.1982	98	4	2001-2015, FK Neftçi Bakı (5/0), Foolad Khuzestan FC Ahvaz (7/0), FK Neftçi Bakı (19/2), Kayserispor Kulübü (6/1), PFK Neftçi Bakı (12/0), Kayserispor Kulübü (4/0), Qarabağ FK Ağdam (7/0), Eskişehirspor (3/1), Qarabağ FK Ağdam (35/0).
(28/060)	SIRHAEV Narvik	16.03.1974	17	1	1997-1999, Anzhi Makhachkala (17/1).
(111/126)	SOKOLOV Sergey	12.06.1979	7	0	2006, Qarabağ FK Ağdam (7/0).
(58/086)	SPIRIN Dmitri	27.09.1975	1	0	2000, FK Şafa Bakı (1/0).
(46/077)	STUKAS Aleksey	17.02.1979	4	0	1999, FK Neftçi Bakı (4/0).
(120/139)	SUBAŠIĆ Branimir	07.04.1982	39	7	2007-2013, PFK Neftçi Bakı (17/5), FK Crvena zvezda Beograd (5/1), Changchun Yatai FC (4/0), FK Xəzər Lənkəran (11/1), Qarabağ FK Ağdam (2/0).
(1/010)	SÜLEYMANOV Nazim	17.02.1965	24	5	1992-1998, FK Spartak Vladikavkaz (5/2), FK Alania Vladikavkaz (9/2), FK Zhemchuzhina Sochi (10/1).
(44/074)	SULTANOV Ceyhun	12.06.1979	16	1	1998-2007, FK Dinamo Bakı (1/1), Machine Sazi Tabriz (1/0), FK Bakı (7/0), FK Xəzər Lənkəran (7/0).
(1/015)	SULTANOV Elman	06.09.1974	2	0	1992-2004, FK Azeri Bakı (1/0), FK Bakılı Bakı (1/0)
(44/072)	ŞÜKÜROV Adil	16.08.1977	1	0	1998, FK Bakılı Bakı (1/0).
(89/103)	ŞÜKÜROV Mahir	12.12.1982	75	4	2004-2014, FK Gənclərbirliyi Sumqavit (5/0), Antalyaspor Kulübü (6/0), Karvan İK Yevlax (9/0), FK Inter PİK Bakı (1/0), FK Xəzər Lənkəran (2/0), FK Olimpik Bakı (9/0), Inter PİK Bakı (11/0), FK Anthi Makhachkala (7/0), PFK Qəbələ (8/3), PFK Neftçi Bakı (13/1), Kənyaka SK İzmir (4/0).
(58/084)	ŞÜKÜROV Nadir	28.02.1967	3	0	2000-2001, Erzurumspor (3/0).
(210/202)	TAĞIYEV Cavid	22.07.1992	1	0	2015, Qarabağ FK Ağdam (1/0).
(29/062)	TAGIZADE Zaur	21.02.1979	39	6	1997-2008, U-18 Bakı (2/0), FC Flora Tallinn (3/0), FK Şafa Bakı (1/0), FK Neftçi Bakı (5/3), OIK Bakı (7/0), FK Şafa Bakı (13/2), PFK Neftçi Bakı (8/1).
(2/020)	TANRIVERDIYEV Ceyhun	21.06.1973	3	0	1993, Kəpəz FK Gəncə (3/0).
(197/187)	TAŞKIN İlter	05.07.1994	1	0	2013, TSV Eintracht Braunschweig (1/0).
(177/171)	UMAROV Rizvan	05.04.1993	3	0	2012, CD Castellón (1/0), Elche CF (2/0).
(3/025)	VAHABZADE Yaşar	08.04.1960	7	0	1993-1995, FK Neftçi Bakı (7/0).
(45/076)	VASILYEV Vadim	17.05.1972	33	2	1998-2003, Bakı Fehlesi FK (4/0), FK Neftçi Bakı (9/2).
(111/125)	VELIYEV Farhad	01.11.1980	32	0	2006-2010, İnter PİK Bakı (12/0), Qarabağ FK Ağdam (20/0).
(43/067)	YADULLAYEV İlham	17.09.1975	34	0	1998-2004, OIK Bakı (3/0), FK Neftçi Bakı (18/0), FK Şəmkir (6/0), Sanaf Naft FC Abadan (4/0), FK Tavria Simferopol (2/0), *unattached* (1/0).

(3/026)	YAQUBALIYEV Maqsad	05.07.1965	1	0	1993, FK Turan Tovuz (1/0).
(89/106)	YUNISOĞLU Saša	18.12.1985	29	0	2004-2011, FK Bakı li Bakı (1/0), FK MKT-Arazİmişli (2/0), KS Groclin Dyskobolia Grodzisk Wielkopolski (10/0), KS Polonia Warszawa (2/0), FK Bakı (8/0), PFK Qbələ (6/0).
(2/018)	YUNUSOV Mehman	02.07.1968	9	0	1993-2001, FK Xəzər Sumqayıt (4/0), FK Şəmkir (5/0).
(198/188)	YUNUSZADE Elvin	22.08.1992	3	1	2014, PFK Neftçi Bakı (3/1).
(101/119)	YUSIFOV Mikayil	24.04.1982	2	0	2003-2005, PFK MOIK Bakı (1/0).
(86/097)	ZEYNALOV Zeynal	06.12.1979	14	1	2003-2009, FK MKT-Araz İmişli (1/0), Karvan İK Yevlax (7/1), FK Muğan Salyan (1/0), *unattached* (1/0), FK Standard Bakı (2/0), FK Standard Sumqayıt (1/0).
(7/037)	ZHIDKOV Aleksander	04.04.1965	21	0	1994-1998, Hapoel Zafririm Holon FC (21/0).

NATIONAL COACHES

Name	DOB	Period	Matches	P	W	D	L	GF	-	GA	
Alekper MAMEDOV	09.05.1930	17.09.1992 – 09.06.1993	[1-4]	4	3	0	1	9	-	8	75.00 %
Agasalim MIRDZHAVADOV &	22.10.1947	19.04.1994	[5]	1	0	0	1	0	-	5	0.00 %
Kazbek TUAYEV	13.11.1940										
Agasalim MIRDZHAVADOV	22.10.1947	02.09.1994 – 06.09.1995	[6-14]	9	0	0	9	3	-	29	0.00 %
Kazbek TUAYEV	13.11.1940	11.10.1995 – 10.11.1996	[15-24]	10	2	3	5	7	-	15	35.00 %
Vagif SADIKOV	01.04.1959	01.03.1997 – 28.11.1998	[25-44]	20	6	3	11	14	-	31	37.50 %
Ahmed ALESKEROV	05.10.1935	06.03.1999 – 09.10.1999	[45-53]	9	1	2	6	8	-	24	22.22 %
Asker ABDULLAYEV	27.03.1963	06.02.2000 – 04.06.2000	[54-57]	4	0	2	2	0	-	4	25.00 %
Igor Anatolyevich PONOMARYEV	24.02.1960	27.07.2000 – 07.10.2001	[58-71]	14	2	2	10	7	-	22	21.42 %
Kazbek TUAYEV	13.11.1940	27.03.2002	[72]	1	0	0	1	0	-	1	0.00 %
Vagif SADIKOV	01.04.1959	17.04.2002 – 12.10.2002	[73-79]	7	1	3	3	3	-	7	35.71 %
Asker ABDULLAYEV	27.03.1963	20.11.2002 – 20.12.2003	[80-88]	9	1	2	6	8	-	20	22.00 %
Carlos Alberto TORRES (*Brazil*)	17.07.1944	18.02.2004 – 04.06.2005	[89-106]	18	2	6	10	12	-	36	27.77 %
Vagif SADIKOV	01.04.1959	17.08.2005 – 12.10.2005	[107-110]	4	0	1	3	1	-	6	12.50 %
Shahin DINIYEV	12.07.1966	28.02.2006 – 17.10.2007	[111-130]	20	4	7	9	12	-	36	37.50 %
Gjokica HADŽIEVSKI (*Macedonia*)	31.03.1955	17.11.2007 – 03.02.2008	[131-133]	3	0	1	2	1	-	3	16.66 %
Nazim SULEYMANOV	17.02.1965	26.03.2008	[134]	1	0	0	1	0	-	1	0.00 %
Hans-Hubert VOGTS (*Germany*)	30.12.1946	01.06.2008 – 13.10.2014	[135-204]	70	15	22	33	56	-	102	37.14 %
Mahmud QURBANOV	10.05.1973	16.11.2014	[205]	1	0	0	1	0	-	1	0.00 %
Robert PROSINEČKI (*Croatia*)	12.01.1969	28.03.2015 – 17.11.2015	[206-213]	8	2	3	3	6	-	12	43.75 %

National coaches several times in charge:

Name	How often	Matches	M	W	D	L	GF	-	GA	
Kazbek TUAYEV	2x	[15-24],[72]	11	2	3	6	7	-	16	31.81 %
Vagif SADIKOV	3x	[25-44],[73-79],[107-110]	31	7	7	17	17	-	38	33.87 %
Asker ABDULLAYEV	2x	[54-57],[80-88]	13	1	4	8	8	-	24	23.07 %

HEAD-TO-HEAD STATISTICS

	HOME							AWAY							NEUTRAL							TOTAL						
Albania	1	0	1	0	1	:	1	3	1	0	2	2	:	3	1	0	0	1	0	:	1	5	1	1	3	3	:	5
Andorra								1	1	0	0	2	:	1	3	0	3	0	0	:	0	4	1	3	0	2	:	1
Austria	2	0	1	1	1	:	4	2	0	0	2	0	:	5								4	0	1	3	1	:	9
Bahrain	1	1	0	0	3	:	0	1	1	0	0	2	:	1								2	2	0	0	5	:	1
Belarus								1	0	1	0	2	:	2	1	1	0	0	1	:	0	2	1	1	0	3	:	2
Bulgaria	2	0	1	1	1	:	2	1	0	0	1	0	:	2								3	0	1	2	1	:	4
Belgium	2	0	1	1	1	:	2	2	0	0	2	1	:	7								4	0	1	3	2	:	9
Bosnia and Herz.								1	0	0	1	0	:	1								1	0	0	1	0	:	1
Croatia	1	0	1	0	0	:	0	1	0	0	1	0	:	6								2	0	1	1	0	:	6
Czech Republic															1	1	0	0	2	:	0	1	1	0	0	2	:	0
England	1	0	0	1	0	:	1	1	0	0	1	0	:	2								2	0	0	2	0	:	3
Estonia	1	1	0	0	2	:	1	4	0	2	2	1	:	3	3	0	2	1	2	:	4	8	1	4	3	5	:	8
Faroe Islands															1	1	0	0	3	:	0	1	1	0	0	3	:	0
Finland	4	1	0	3	4	:	6	4	0	0	4	1	:	9								8	1	0	7	5	:	15
France								1	0	0	1	0	:	10	1	0	0	1	0	:	2	2	0	0	2	0	:	12
Georgia	4	2	2	0	3	:	1	2	0	0	2	3	:	7								6	2	2	2	6	:	8
Germany	2	0	0	2	1	:	5	2	0	0	2	1	:	10								4	0	0	4	2	:	15
Honduras															1	0	1	0	0	:	0	1	0	1	0	0	:	0
Hungary	2	0	0	2	0	:	7	2	0	0	2	1	:	6	1	0	0	1	0	:	2	5	0	0	5	1	:	15
Iceland								1	0	1	0	1	:	1								1	0	1	0	1	:	1
India															1	1	0	0	3	:	0	1	1	0	0	3	:	0
Iran								3	0	1	2	2	:	4								3	0	1	2	2	:	4
Iraq															1	0	0	1	0	:	1	1	0	0	1	0	:	1
Israel	1	0	1	0	1	:	1	3	0	1	2	1	:	9	1	0	0	1	0	:	2	5	0	2	3	2	:	12
Italy	2	0	0	2	1	:	5	2	0	0	2	1	:	6								4	0	0	4	2	:	11
Japan								1	0	0	1	0	:	2								1	0	0	1	0	:	2
Jordan								2	1	1	0	3	:	1								2	1	1	0	3	:	1
Kazakhstan	2	1	1	0	4	:	3	4	1	1	2	5	:	6	1	0	1	0	0	:	0	7	2	3	2	9	:	9
Kuwait	1	0	1	0	1	:	1	1	0	1	0	1	:	1								2	0	2	0	2	:	2
Kyrgyzstan								1	0	1	0	0	:	0	2	2	0	0	4	:	2	3	2	1	0	4	:	2
Latvia								3	0	3	0	2	:	2								3	0	3	0	2	:	2
Liechtenstein	2	1	1	0	4	:	0	2	1	0	1	3	:	2	1	1	0	0	1	:	0	5	3	1	1	8	:	2
Lithuania								1	0	0	1	0	:	1	1	1	0	0	2	:	1	2	1	0	1	2	:	2
Luxembourg	1	0	1	0	1	:	1	2	1	1	0	2	:	1								3	1	2	0	3	:	2
Macedonia	2	0	1	1	1	:	2	1	0	0	1	0	:	3	2	0	0	2	2	:	5	5	0	1	4	3	:	10
Malta	2	2	0	0	5	:	0	4	0	1	3	2	:	11								6	2	1	3	7	:	11
Moldova	4	2	2	0	3	:	1	4	0	1	3	2	:	6	1	0	1	0	1	:	1	9	2	4	3	6	:	8
Montenegro								1	0	0	1	0	:	2								1	0	0	1	0	:	2
Northern Ireland	2	1	1	0	2	:	0	2	0	1	1	1	:	3								4	1	2	1	3	:	3
Norway	2	0	0	2	0	:	2	2	0	1	1	0	:	5								4	0	1	3	0	:	7
Oman								2	0	0	2	1	:	3								2	0	0	2	1	:	3
Philippines															1	1	0	0	1	:	0	1	1	0	0	1	:	0
Poland	2	0	0	2	1	:	6	3	0	0	3	0	:	14	1	0	1	0	0	:	0	6	0	1	5	1	:	20
Portugal	3	0	1	2	1	:	5	3	0	0	3	0	:	13						:		6	0	1	5	1	:	18
Qatar								1	0	1	0	1	:	1						:		1	0	1	0	1	:	1
Romania	1	0	0	1	0	:	1	2	0	0	2	0	:	7	1	0	0	1	1	:	4	4	0	0	4	1	:	12
Russia	2	0	2	0	2	:	2	3	0	0	3	0	:	7								5	0	2	3	2	:	9
Saudi Arabia								1	0	0	1	0	:	1								1	0	0	1	0	:	1
Serbia	2	1	0	1	3	:	7	2	0	1	1	2	:	3	1	0	0	1	1	:	4	5	1	1	3	6	:	14
Singapore															1	0	1	0	2	:	2	1	0	1	0	2	:	2
Slovakia	2	1	0	1	2	:	1	3	0	0	3	2	:	10	1	0	0	1	0	:	1	6	1	0	5	4	:	12
Spain	1	0	0	1	0	:	6															1	0	0	1	0	:	6
Sweden	1	0	0	1	0	:	1	1	0	0	1	0	:	3								2	0	0	2	0	:	4
Switzerland	1	1	0	0	1	:	0	1	0	0	1	0	:	5								2	1	0	1	1	:	5
Tajikistan								1	1	0	0	3	:	2	1	1	0	0	2	:	0	2	2	0	0	5	:	2
Trinidad and To.								2	0	0	2	0	:	3								2	0	0	2	0	:	3
Turkey	4	1	1	2	2	:	3	3	0	0	3	0	:	6								7	1	1	5	2	:	9
Turkmenistan	1	1	0	0	3	:	0	1	0	0	1	0	:	2								2	1	0	1	3	:	2
Ukraine	1	0	1	0	0	:	0	1	0	0	1	0	:	6								2	0	1	1	0	:	6
Unit. Arab Emir.								1	0	1	0	3	:	3								1	0	1	0	3	:	3
United States								1	0	0	1	0	:	2								1	0	0	1	0	:	2
Uzbekistan	4	3	1	0	7	:	2	2	0	1	1	1	:	5	4	1	2	1	3	:	3	10	4	4	2	11	:	10
Wales	3	0	1	2	1	:	4	3	0	0	3	0	:	7								6	0	1	5	1	:	11
TOTAL	72	20	23	29	63	:	84	106	8	22	76	55	:	244	35	11	12	12	31	:	35	213	39	57	117	149	:	363

BELARUS

The Country:
Рэспубліка Беларусь (Republic of Belarus)
Capital: Minsk
Surface: 207,595 km²
Inhabitants: 9,481,000
Time: UTC+3

The FA:
Belaruskaya Federatiya Futbola
Prospekt Pobeditelei, 20/3 220020, Minsk
Foundation date: 1989
Member of FIFA since: 1992
Member of CONMEBOL since: 1993

NATIONAL TEAM RECORDS

EUROPEAN CHAMPIONSHIP	
1960	-
1964	-
1968	-
1972	-
1976	-
1980	-
1984	-
1988	-
1992	-
1996	Qualifiers
2000	Qualifiers
2004	Qualifiers
2008	Qualifiers
2012	Qualifiers
2016	Qualifiers

FIFA WORLD CUP	
1930	-
1934	-
1938	-
1950	-
1954	-
1958	-
1962	-
1966	-
1970	-
1974	-
1978	-
1982	-
1986	-
1990	-
1994	Did not enter
1998	Qualifiers
2002	Qualifiers
2006	Qualifiers
2010	Qualifiers
2014	Qualifiers

OLYMPIC FOOTBALL TOURNAMENTS 1900-2012

Year		Year		Year		Year	
1900	-	1936	-	1968	-	1992	-
1904	-	1948	-	1972	-	1996	Qualifiers
1908	-	1952	-	1976	-	2000	Qualifiers
1912	-	1956	-	1980	-	2004	Qualifiers
1920	-	1960	-	1984	-	2008	Qualifiers
1924	-	1964	-	1988	-	2012	FT / Group Stage
1928	-						

FIFA CONFEDERATIONS CUP 1992-2013
None

PLAYER WITH MOST INTERNATIONAL CAPS – Top 6
1. **Alyaksandr KULCHY** - 102 caps (1996-2012)
2. Syarhey GURENKO - 80 caps (1994-2006)
3. Syarhey AMELYANCHUK - 74 caps (2002-2011)
4. Syarhey SHTANYUK - 71 caps (1995-2007)
   Alyaksandr HLEB - 71 caps (2001-2015)
   Tsimafey KALACHOW - 71 caps (2004-2015)

PLAYER WITH MOST INTERNATIONAL GOALS – Top 4
1. **Maxym ROMASHCHENKO** - 20 goals / 64 caps (1998-2008)
2. Syarhey KARNILENKA - 17 goals / 70 caps (2003-2015)
3. Vitaliy KUTUZOV - 13 goals / 52 caps (2002-2011)
4. Vyacheslav HLEB - 12 goals / 45 caps (2004-2011)

FULL INTERNATIONALS (1992-2015)

1. 28.10.1992 **BELARUS - UKRAINE** 1-1(0-0)
Stadion Dynama, Minsk; Referee: Alexei Spirin (Russia); Attendance: 15,000
BLR: Valeriy Shantalosov (1/0), Radislav Orlovskiy (1/0), Gennadiy Lesun (1/0), Eduard Demenkovets (1/0) [46.Valentin Belkevich (1/0)], Andrey Zygmantovich (1/0), Alyaksandr Taykov (1/0), Yuriy Antonovich (1/0) [46.Syarhey Gotsmanov (1/1)], Syarhey Aleynikov (1/0), Syarhey Gerasimets (1/0) [76.Viktor Kukar (1/0)], Alyaksandr Metlitskiy (1/0), Valeriy Velichko (1/0). Trainer: Mikhail Vergeyenko (1).
Goal: Syarhey Gotsmanov (47).

2. 27.01.1993 **ECUADOR - BELARUS** 1-1(1-0)
Estadio Monumental "Isido Romero Carbo", Guayaquil; Referee: Elías Victoriano Jácome Guerreiro (Ecuador); Attendance: 38,000
BLR: Valeriy Shantalosov (2/0), Radislav Orlovskiy (2/0), Alyaksandr Taykov (2/0), Gennadiy Lesun (2/0) [55.Erik Yakhimovich (1/0)], Alyaksandr Khatskevich (1/0) [66.Yuriy Shukanov (1/0)], Eduard Demenkovets (2/0) [50.Vladimir Zhuravel (1/0)], Syarhey Aleynikov (2/0), Valentin Belkevich (2/0) [60.Syarhey Baranovskiy (1/0)], Syarhey Gotsmanov (2/1) [50.Syarhey Gerasimets (2/1)], Yevgeniy Kashentsev (1/0), Valeriy Velichko (2/0). Trainer: Mikhail Vergeyenko (2).
Goal: Syarhey Gerasimets (69).

3. 30.01.1993 **PERU - BELARUS** 1-1(1-1)
Estadio Nacional, Lima; Referee: Antonio Arnao Ortega Lima (Peru); Attendance: 8,000
BLR: Andrey Satsunkevich (1/0), Radislav Orlovskiy (3/1), Alyaksandr Taykov (3/0), Gennadiy Lesun (3/0) [87.Syarhey Vekhtev (1/0)], Alyaksandr Khatskevich (2/0), Eduard Demenkovets (3/0) [46.Vladimir Zhuravel (2/0)], Syarhey Aleynikov (3/0), Valentin Belkevich (3/0) [59.Erik Yakhimovich (2/0)], Syarhey Gotsmanov (3/1), Yevgeniy Kashentsev (2/0), Valeriy Velichko (3/0) [88.Syarhey Baranovskiy (2/0)]. Trainer: Mikhail Vergeyenko (3).
Goal: Radislav Orlovskiy (3).

4. 25.05.1994 **UKRAINE - BELARUS** 3-1(0-1)
Republican Stadium, Kyiv; Referee: Konstantyin Panchyk (Ukraine); Attendance: 20,000
BLR: Andrey Satsunkevich (2/0), Alyaksandr Khripach (1/0) [71.Syarhey Gurenko (1/0)], Gennadiy Lesun (4/0), Valentin Belkevich (4/1) [85.Erik Yakhimovich (3/0)], Andrey Ostrovskiy (1/0), Alyaksandr Taykov (4/0), Syarhey Gerasimets (3/1), Andrey Yusipets (1/0) [80.Eduard Demenkovets (4/0)], Alyaksandr Metlitskiy (2/0), Yuriy Shukanov (2/0) [52.Syarhey Shirokiy (1/0)], Petr Kachuro (1/0) [87.Syarhey Vekhtev (2/0)]. Trainer: Mikhail Vergeyenko (4).
Goal: Valentin Belkevich (45).

5. 17.08.1994 **POLAND - BELARUS** 1-1(1-1)
Stadion Radomiak, Radom; Referee: Hartmut Strampe (Germany); Attendance: 7,000
BLR: Andrey Satsunkevich (3/0), Andrey Sosnitskiy (1/0), Oleg Sysoyev (1/0), Yuriy Konoplev (1/0), Alyaksandr Khripach (2/0) [46.Oleg Khmelnitskiy (1/0)], Syarhey Kulanin (1/0) [78.Syarhey Gurenko (2/0)], Yuriy Vergeichik (1/1), Valentin Belkevich (5/1) [66.Andrey Yusipets (2/0)], Myroslav Romashchenko (1/0), Petr Kachuro (2/0), Syarhey Yaromko (1/0) [90.Syarhey Yaskovich (1/0)]. Trainer: Sergei Borovskiy (1).
Goal: Yuriy Vergeichik (38).

6. 07.09.1994 **NORWAY - BELARUS** 1-0(0-0) 10th EC. Qualifiers
Ullevaal Stadion, Oslo; Referee: Guy Goethals (Belgium); Attendance: 16,739
BLR: Valeriy Shantalosov (3/0), Syarhey Gurenko (3/0), Andrey Sosnitskiy (2/0), Alyaksandr Khatskevich (3/0), Erik Yakhimovich (4/0), Andrey Zygmantovich (2/0), Yuriy Antonovich (2/0), Mikhail Markhel (1/0), Syarhey Gerasimets (4/1), Alyaksandr Metlitskiy (3/0), Syarhey Kulanin (2/0) [46.Petr Kachuro (3/0)]. Trainer: Sergei Borovskiy (2).

7. 12.10.1994 **BELARUS - LUXEMBOURG** 2-0(0-0) 10th EC. Qualifiers
Stadion Dynama, Minsk; Referee: Richard O'Hanlon (Republic of Ireland); Attendance: 6,549
BLR: Valeriy Shantalosov (4/0), Syarhey Gurenko (4/0), Pavel Rodnenok (1/0) [80.Andrey Sosnitskiy (3/0)], Alyaksandr Metlitskiy (4/0), Erik Yakhimovich (5/0), Andrey Zygmantovich (3/0), Syarhey Aleynikov (4/0), Myroslav Romashchenko (2/1), Yuriy Shukanov (3/0), Syarhey Gerasimets (5/2), Mikhail Markhel (2/0) [65.Yuriy Antonovich (3/0)]. Trainer: Sergei Borovskiy (3).
Goals: Myroslav Romashchenko (68), Syarhey Gerasimets (76).

8. 16.11.1994 **BELARUS - NORWAY** 0-4(0-2) 10th EC. Qualifiers
Stadion Dynama, Minsk; Referee: Lube Spasov (Bulgaria); Attendance: 5,711
BLR: Valeriy Shantalosov (5/0), Syarhey Yaskovich (2/0), Pavel Rodnenok (2/0), Alyaksandr Metlitskiy (5/0), Erik Yakhimovich (6/0), Andrey Zygmantovich (4/0), Yuriy Antonovich (4/0), Mikhail Markhel (3/0) [46.Andrey Yusipets (3/0)], Myroslav Romashchenko (3/1) [82.Igor Gurinovich (1/0)], Yuriy Shukanov (4/0), Syarhey Gerasimets (6/2). Trainer: Sergei Borovskiy (4).

9. 29.03.1995 **CZECH REPUBLIC - BELARUS** 4-2(2-1) 10th EC. Qualifiers
Stadion Bazaly, Ostrava; Referee: Gilles Veissière (France); Attendance: 5,549
BLR: Valeriy Shantalosov (6/0), Syarhey Gurenko (5/0), Andrey Sosnitskiy (4/0), Alyaksandr Taykov (5/0), Erik Yakhimovich (7/0) [77.Pavel Rodnenok (3/0)], Andrey Zygmantovich (5/0), Vladimir Zhuravel (3/0) [81.Yevgeniy Kashentsev (3/0)], Andrey Yusipets (4/0), Alyaksandr Metlitskiy (6/0), Igor Gurinovich (2/1), Syarhey Gerasimets (7/3). Trainer: Sergei Borovskiy (5).
Goals: Syarhey Gerasimets (44 penalty), Igor Gurinovich (88).

10. 26.04.1995 **BELARUS - MALTA** 1-1(0-0) 10th EC. Qualifiers
Stadion Dynama, Minsk; Referee: Ladislav Gadoši (Slovakia); Attendance: 6,915
BLR: Andrey Satsunkevich (4/0), Syarhey Gurenko (6/0), Alyaksandr Taykov (6/1), Alyaksandr Metlitskiy (7/0) [70.Pavel Rodnenok (4/0)], Vladimir Zhuravel (4/0), Andrey Zygmantovich (6/0), Andrey Yusipets (5/0) [77.Petr Kachuro (4/0)], Yuriy Antonovich (5/0), Igor Gurinovich (3/1), Yuriy Shukanov (5/0), Syarhey Gerasimets (8/3). Trainer: Sergei Borovskiy (6).
Goal: Alyaksandr Taykov (57).

11. 07.06.1995 **BELARUS - NETHERLANDS** 1-0(1-0) 10th EC. Qualifiers
Stadion Dynama, Minsk; Referee: Adrian Porumboiu (Romania); Attendance: 28,000
BLR: Valeriy Shantalosov (7/0), Syarhey Gurenko (7/0), Andrey Dovnar (1/0) [87.Yevgeniy Kashentsev (4/0)], Pavel Rodnenok (5/0), Alyaksandr Taykov (7/1), Andrey Zygmantovich (7/0), Vladimir Zhuravel (5/0), Myroslav Romashchenko (4/1) [55.Yuriy Antonovich (6/0)], Andrey Yusipets (6/0), Petr Kachuro (5/0), Syarhey Gerasimets (9/4). Trainer: Sergei Borovskiy (7).
Goal: Syarhey Gerasimets (27).

12. 29.07.1995 **LITHUANIA - BELARUS** **1-1(1-0)** ,1.000
Žalgiris Stadionas, Vilnius; Referee: Romans Lajuks (Latvia); Attendance: 1,000
BLR: Andrey Satsunkevich (5/0), Syarhey Gurenko (8/0), Andrey Dovnar (2/0), Pavel Rodnenok (6/0), Alyaksandr Taykov (8/1), Konstantin Kovalenko (1/0), Alyaksandr Khatskevich (4/0) [46.Oleg Khmelnitskiy (2/0)], Alyaksandr Chayka (1/0) [69.Pavel Shavrov (1/0)], Yuriy Shukanov (6/0) [67.Vladimir Makovskiy (1/0)], Andrey Kovalenko (1/0) [87.Syarhey Shtanyuk (1/0)], Petr Kachuro (6/1). Trainer: Sergei Borovskiy (8).
Goal: Petr Kachuro (73 penalty).

13. 06.09.1995 **NETHERLANDS - BELARUS** **1-0(0-0)** 10th EC. Qualifiers
Stadion Feijenoord, Rotterdam; Referee: Robert Sedlacek (Austria); Attendance: 17,000
BLR: Andrey Satsunkevich (6/0), Syarhey Gurenko (9/0), Andrey Dovnar (3/0), Pavel Rodnenok (7/0), Alyaksandr Taykov (9/1), Andrey Zygmantovich (8/0), Vladimir Zhuravel (6/0) [89.Syarhey Vekhtev (3/0)], Myroslav Romashchenko (5/1) [86.Yuriy Vergeichik (2/1)], Andrey Yusipets (7/0) [69.Yevgeniy Kashentsev (5/0)], Petr Kachuro (7/1), Syarhey Gerasimets (10/4). Trainer: Sergei Borovskiy (9).

14. 07.10.1995 **BELARUS - CZECH REPUBLIC** **0-2(0-1)** 10th EC. Qualifiers
Stadion Dynama, Minsk; Referee: Anders Frisk (Sweden); Attendance: 20,000
BLR: Valeriy Shantalosov (8/0), Syarhey Gurenko (10/0), Andrey Dovnar (4/0), Pavel Rodnenok (8/0), Alyaksandr Taykov (10/1), Andrey Yusipets (8/0) [74.Vasiliy Baranov (1/0)], Vladimir Zhuravel (7/0), Valentin Belkevich (6/1), Yevgeniy Kashentsev (6/0), Petr Kachuro (8/1), Syarhey Gerasimets (11/4). Trainer: Sergei Borovskiy (10).

15. 11.10.1995 **LUXEMBOURG - BELARUS** **0-0** 10th EC. Qualifiers
Stade "Josy Barthel", Luxembourg; Referee: Paul Durkin (England); Attendance: 4,200
BLR: Valeriy Shantalosov (9/0), Syarhey Gurenko (11/0), Andrey Dovnar (5/0), Pavel Rodnenok (9/0), Alyaksandr Taykov (11/1), Andrey Yusipets (9/0), Vladimir Zhuravel (8/0), Vasiliy Baranov (2/0), Valentin Belkevich (7/1), Yevgeniy Kashentsev (7/0) [88.Yuriy Vergeichik (3/1)], Petr Kachuro (9/1). Trainer: Sergei Borovskiy (11).

16. 12.11.1995 **MALTA - BELARUS** **0-2(0-0)** 10th EC. Qualifiers
Ta'Qali National Stadium, Attard; Referee: Talal Tokat (Turkey); Attendance: 3,025
BLR: Valeriy Shantalosov (10/0), Syarhey Gurenko (12/0), Andrey Dovnar (6/0), Oleg Khmelnitskiy (3/0) [44.Valentin Belkevich (8/1)], Alyaksandr Taykov (12/1), Andrey Zygmantovich (9/0) [59.Andrey Yusipets (10/0)], Vasiliy Baranov (3/0), Yuriy Maleyev (1/0) [75.Vladimir Makovskiy (2/0)], Alyaksandr Metlitskiy (8/0), Petr Kachuro (10/1), Syarhey Gerasimets (12/6). Trainer: Sergei Borovskiy (12).
Goals: Syarhey Gerasimets (78,82).

17. 14.02.1996 **TURKEY - BELARUS** **3-2(2-1)**
"Kemal Atatürk" Stadyumu, Izmir; Referee: Vanco Kocev (Macedonia); Attendance: 25,000
BLR: Andrey Satsunkevich (7/0), Syarhey Gurenko (13/0), Andrey Dovnar (7/0) [46.Andrey Ostrovskiy (2/0)], Alyaksandr Khatskevich (5/0), Syarhey Shtanyuk (2/1), Pavel Rodnenok (10/0), Syarhey Gerasimets (13/6) [78.Vladimir Makovskiy (3/0)], Yuriy Maleyev (2/0), Alyaksandr Kulchy (1/0) [89.Oleg Avgul (1/0)], Petr Kachuro (11/1) [46.Valeriy Velichko (4/0)], Valentin Belkevich (9/2). Trainer: Sergei Borovskiy (13).
Goals: Valentin Belkevich (8), Syarhey Shtanyuk (49).

18. 27.03.1996 **SLOVAKIA - BELARUS** **4-0(2-0)**
Štadion pod Zoborom, Nitra; Referee: Marek Kowalczyk (Poland); Attendance: 3,058
BLR: Valeriy Shantalosov (11/0), Syarhey Gurenko (14/0), Andrey Dovnar (8/0) [46.Yuriy Maleyev (3/0)], Syarhey Shtanyuk (3/1), Erik Yakhimovich (8/0), Pavel Rodnenok (11/0), Alyaksandr Chayka (2/0), Vasiliy Baranov (4/0), Petr Kachuro (12/1) [46.Syarhey Gerasimets (14/6)], Myroslav Romashchenko (6/1) [76.Alyaksandr Kulchy (2/0)], Valentin Belkevich (10/2). Trainer: Sergei Borovskiy (14).

19. 01.05.1996 **POLAND - BELARUS** **1-1(1-0)**
Stadion Stal, Mielec; Referee: Hermann Albrecht (Germany); Attendance: 4,000
BLR: Valeriy Shantalosov (12/0) [46.Andrey Satsunkevich (8/0)], Andrey Dovnar (9/0) [46.Petr Kachuro (13/2)], Alyaksandr Khatskevich (6/0), Alyaksandr Oreshnikov (1/0), Pavel Rodnenok (12/0), Alyaksandr Chayka (3/0) [54.Alyaksandr Kulchy (3/0)], Yevgeniy Kashentsev (8/0), Yuriy Maleyev (4/0) [86.Vladimir Klimovich (1/0)], Andrey Sinichin (1/0) [62.Alyaksandr Khripach (3/0)], Myroslav Romashchenko (7/1), Valentin Belkevich (11/2). Trainer: Sergei Borovskiy (15).
Goal: Petr Kachuro (61).

20. 27.05.1996 **BELARUS - AZERBAIJAN** **2-2(0-0)**
Stadion Metallurg, Molodechno; Referee: Sergiejus Slyva (Lithuania); Attendance: 9,000
BLR: Andrey Satsunkevich (9/0) [46.Valeriy Shantalosov (13/0)], Syarhey Gurenko (15/0), Syarhey Shtanyuk (4/1), Alyaksandr Taykov (13/1) [46.Erik Yakhimovich (9/0)], Alyaksandr Khatskevich (7/0), Yuriy Vergeichik (4/1) [46.Yevgeniy Kashentsev (9/0)], Vasiliy Baranov (5/0), Yuriy Maleyev (5/0) [46.Alyaksandr Kulchy (4/1)], Vladimir Makovskiy (4/0) [46.Petr Kachuro (14/3)], Myroslav Romashchenko (8/1) [76.Alyaksandr Chayka (4/0)], Valentin Belkevich (12/2). Trainer: Sergei Borovskiy (16).
Goals: Petr Kachuro (49 penalty), Alyaksandr Kulchy (59).

21. 01.06.1996 **SWEDEN - BELARUS** **5-1(2-0)** 16th FIFA WC. Qualifiers
Råsundastadion, Stockholm; Referee: Rémy Harrel (France); Attendance: 30,014
BLR: Andrey Satsunkevich (10/0), Syarhey Gurenko (16/0), Alyaksandr Khatskevich (8/0), Syarhey Shtanyuk (5/1), Yevgeniy Kashentsev (10/0) [63.Alyaksandr Kulchy (5/1)], Yuriy Vergeichik (5/1), Vasiliy Baranov (6/0), Yuriy Maleyev (6/0), Vladimir Makovskiy (5/0), Myroslav Romashchenko (9/1) [57.Petr Kachuro (15/3)], Valentin Belkevich (13/3). Trainer: Sergei Borovskiy (17).
Goal: Valentin Belkevich (74).

22. 31.07.1996 **BELARUS - LITHUANIA** **2-2(1-1)**
Stadion Dynama, Minsk; Referee: Gennadiy Yakubovskiy (Belarus); Attendance: 5,000
BLR: Yuriy Svirkov (1/0) [46.Yuriy Afanasenko (1/0)], Vasiliy Dyatlov (1/0), Viktor Bezmen (1/0), Oleg Sysoyev (2/0) [46.Oleg Korol (1/0)], Vladimir Klimovich (2/0), Alyaksandr Lukhvich (1/0), Alyaksandr Kulchy (6/2) [46.Radislav Orlovskiy (4/1)], Yuriy Maleyev (7/0) [46.Andrey Vasiliyev (1/1)], Alyaksandr Lisovskiy (1/0), Andrey Khlebosolov (1/0) [62.Maxim Razumov (1/0)], Vladimir Putrash (1/0). Trainer: Sergei Borovskiy (18).
Goals: Alyaksandr Kulchy (24), Andrey Vasiliyev (88).

23. 20.08.1996 **UNITED ARAB EMIRATES - BELARUS** **1-0(1-0)**
Playmobil Stadion, Fürth (Germany); Referee: Hermann Albrecht (Germany); Attendance: 100
BLR: Dzmitry Yekimov (1/0) [46.Andrey Drozd (1/0)], Vasiliy Dyatlov (2/0), Viktor Bezmen (2/0), Andrey Lyubchuk (1/0) [55.Yuriy Doroshkevich (1/0)], Oleg Korol (2/0), Eduard Boltrushevich (1/0), Vladimir Klimovich (3/0), Andrey Yusipets (11/0), Syarhey Vekhtev (1/0) [76.Vladimir Putrash (2/0)], Alyaksandr Chayka (5/0) [74.Alyaksandr Lisovskiy (2/0)], Andrey Khlebosolov (2/0) [55.Maxim Razumov (2/0)]. Trainer: Sergei Borovskiy (19).

24. 31.08.1996 **BELARUS - ESTONIA** **1-0(1-0)** 16th FIFA WC. Qualifiers
Stadion Dynama, Minsk; Referee: Sergey Khusainov (Russia); Attendance: 6,000
BLR: Valeriy Shantalosov (14/0), Syarhey Gurenko (17/0), Radislav Orlovskiy (5/1), Syarhey Shtanyuk (6/1), Erik Yakhimovich (10/0), Alyaksandr Oreshnikov (2/0), Alyaksandr Kulchy (7/2), Vasiliy Baranov (7/0), Valentin Belkevich (14/3) [85.Myroslav Romashchenko (10/1)], Vladimir Makovskiy (6/1) [70.Oleg Chernyavskiy (1/0)], Petr Kachuro (16/3). Trainer: Sergei Borovskiy (20).
Goal: Vladimir Makovskiy (35).

25. 05.10.1996 **ESTONIA - BELARUS** **1-0(0-0)** 16th FIFA WC. Qualifiers
Kadriorg Staadion, Tallinn; Referee: Richard O'Hanlon (Republic of Ireland); Attendance: 900
BLR: Valeriy Shantalosov (15/0), Syarhey Gurenko (18/0), Andrey Ostrovskiy (3/0), Syarhey Shtanyuk (7/1), Alyaksandr Khatskevich (9/0), Alyaksandr Kulchy (8/2), Yuriy Maleyev (8/0), Valentin Belkevich (15/3), Yuriy Vergeichik (6/1) [43.Vasiliy Baranov (8/0); 77.Oleg Chernyavskiy (2/0)], Vladimir Makovskiy (7/1), Petr Kachuro (17/3). Trainer: Sergei Borovskiy (21).

26. 09.10.1996 **BELARUS - LATVIA** **1-1(0-1)** 16th FIFA WC. Qualifiers
Stadion Dynama, Minsk; Referee: Sergo Kvaratskhelia (Georgia); Attendance: 5,000
BLR: Valeriy Shantalosov (16/0), Syarhey Gurenko (19/0), Andrey Ostrovskiy (4/0), Syarhey Shtanyuk (8/1), Viktor Bezmen (3/0), Alyaksandr Kulchy (9/2), Yuriy Maleyev (9/0), Radislav Orlovskiy (6/1), Oleg Chernyavskiy (3/0) [89.Yuriy Vergeichik (7/1)], Vladimir Makovskiy (8/2), Petr Kachuro (18/3) [61.Alyaksandr Vyazhevich (1/0)]. Trainer: Sergei Borovskiy (22).
Goal: Vladimir Makovskiy (78).

27. 05.01.1997 **EGYPT - BELARUS** **2-0(1-0)**
Al Iskandariyah Tadium, Alexandria; Referee: Abdulhamid Radwan Abdulkareem (Egypt); Attendance: 10,000
BLR: Valeriy Shantalosov (17/0) [73.Yuriy Afanasenko (2/0)], Viktor Bezmen (4/0) [76.Syarhey Yaskovich (3/0)], Radislav Orlovskiy (7/1), Syarhey Shtanyuk (9/1), Syarhey Polyakov (1/0) [65.Andrey Dovnar (10/0)], Vyacheslav Gerashchenko (1/0), Alyaksandr Kulchy (10/2) [55.Vladimir Zhuravel (9/0)], Oleg Chernyavskiy (4/0) [38.Mikhail Patsko (1/0)], Yuriy Antonovich (7/0), Andrey Khlebosolov (3/0) [67.Mikhail Makovskiy (1/0)], Vladimir Makovskiy (9/2). Trainer: Mikhail Vergeyenko (5).

28. 30.04.1997 **LATVIA - BELARUS** **2-0(1-0)** 16th FIFA WC. Qualifiers
Daugavas Stadions, Riga; Referee: Ilkka Koho (Finland); Attendance: 3,000
BLR: Valeriy Shantalosov (18/0), Syarhey Gurenko (20/0), Andrey Ostrovskiy (5/0), Syarhey Shtanyuk (10/1), Erik Yakhimovich (11/0), Radislav Orlovskiy (8/1) [66.Vladimir Makovskiy (10/2)], Alyaksandr Khatskevich (10/0) [46.Vyacheslav Gerashchenko (2/0)], Yuriy Antonovich (8/0) [46.Syarhey Gerasimets (15/6)], Alyaksandr Metlitskiy (9/0), Valentin Belkevich (16/3), Petr Kachuro (19/3). Trainer: Mikhail Vergeyenko (6).

29. 08.06.1997 **BELARUS - SCOTLAND** **0-1(0-0)** 16th FIFA WC. Qualifiers
Stadion Dynama, Minsk; Referee: Ahmet Çakar (Turkey); Attendance: 12,000
BLR: Andrey Satsunkevich (11/0), Andrey Lavrik (1/0), Andrey Ostrovskiy (6/0), Syarhey Shtanyuk (11/1), Erik Yakhimovich (12/0), Syarhey Gurenko (21/0), Radislav Orlovskiy (9/1) [74.Dzmitry Balashov (1/0)], Andrey Dovnar (11/0) [55.Valentin Belkevich (17/3)], Syarhey Gerasimets (16/6), Andrey Khlebosolov (4/0) [62.Vladimir Makovskiy (11/2)], Myroslav Romashchenko (11/1). Trainer: Mikhail Vergeyenko (7).

30. 06.08.1997 **BELARUS - ISRAEL** **2-3(0-0)**
Stadion Dynama, Minsk; Referee: Serhiy Tatulyan (Ukraine); Attendance: 5,000
BLR: Alyaksandr Yevnevich (1/0) [73.Vitaliy Varivonchik (1/0)], Vyacheslav Gerashchenko (3/0), Gennadiy Kashkar (1/0) [58.Alyaksandr Khripach (4/0)], Syarhey Yaskovich (4/0), Andrey Dovnar (12/0), Syarhey Gurenko (22/0), Alyaksandr Chayka (6/0) [71.Vadim Skripchenko (1/1)], Vladimir Zhuravel (10/0) [46.Fedor Lukashenko (1/0)], Syarhey Gerasimets (17/6), Dzmitry Balashov (2/0) [79.Dzmitry Akulich (1/0)], Andrey Khlebosolov (5/0) [64.Mikalay Ryndyuk (1/1)]. Trainer: Mikhail Vergeyenko (8).
Goals: Vadim Skripchenko (73), Mikalay Ryndyuk (90).

31. 20.08.1997 **BELARUS - SWEDEN** **1-2(1-0)** 16th FIFA WC. Qualifiers
Stadion Dynama, Minsk; Referee: Dermott Gallagher (England); Attendance: 10,000
BLR: Valeriy Shantalosov (19/0), Vyacheslav Gerashchenko (4/0), Andrey Lavrik (2/0) [23.Syarhey Yaskovich (5/0)], Syarhey Shtanyuk (12/1), Andrey Ostrovskiy (7/0), Syarhey Gurenko (23/1), Myroslav Romashchenko (12/1), Valentin Belkevich (18/3), Radislav Orlovskiy (10/1) [58.Dzmitry Balashov (3/0)], Syarhey Gerasimets (18/6) [67.Andrey Khlebosolov (6/0)], Petr Kachuro (20/3). Trainer: Mikhail Vergeyenko (9).
Goal: Syarhey Gurenko (38).

32. 07.09.1997 **SCOTLAND - BELARUS** **4-1(1-0)** 16th FIFA WC. Qualifiers
Pittodrie Stadium, Aberdeen; Referee: Mario van der Ende (Netherlands); Attendance: 20,160
BLR: Valeriy Shantalosov (20/0), Andrey Lavrik (3/0), Vyacheslav Gerashchenko (5/0), Andrey Ostrovskiy (8/0), Andrey Dovnar (13/0), Syarhey Gurenko (24/1) [51.Radislav Orlovskiy (11/1)], Valentin Belkevich (19/3), Alyaksandr Kulchy (11/2), Vladimir Zhuravel (11/0) [63.Oleg Chernyavskiy (5/0)], Syarhey Gerasimets (19/6) [77.Dzmitry Balashov (4/0)], Petr Kachuro (21/4). Trainer: Mikhail Vergeyenko (10).
Goal: Petr Kachuro (73 penalty).

33. 10.09.1997 **BELARUS - AUSTRIA** **0-1(0-0)** 16th FIFA WC. Qualifiers
Stadion Dynama, Minsk; Referee: Serge Muhmenthaler (Switzerland); Attendance: 25,000
BLR: Andrey Satsunkevich (12/0), Vyacheslav Gerashchenko (6/0), Syarhey Shtanyuk (13/1), Andrey Ostrovskiy (9/0), Andrey Dovnar (14/0) [77.Radislav Orlovskiy (12/1)], Syarhey Gurenko (25/1), Myroslav Romashchenko (13/1), Valentin Belkevich (20/3), Alyaksandr Kulchy (12/2), Oleg Chernyavskiy (6/0) [55.Syarhey Gerasimets (20/6)], Petr Kachuro (22/4). Trainer: Mikhail Vergeyenko (11).

34. 11.10.1997 **AUSTRIA - BELARUS** **4-0(4-0)** 16th FIFA WC. Qualifiers
„Ernst Happel" Stadion, Wien; Referee: Aron Huzu (Romania); Attendance: 48,000
BLR: Andrey Satsunkevich (13/0), Andrey Lavrik (4/0), Syarhey Shtanyuk (14/1), Andrey Ostrovskiy (10/0), Syarhey Gurenko (26/1), Myroslav Romashchenko (14/1), Valentin Belkevich (21/3) [54.Dzmitry Balashov (5/0); 83.Maxim Razumov (3/0)], Radislav Orlovskiy (13/1), Alyaksandr Kulchy (13/2), Vladimir Makovskiy (12/2), Syarhey Gerasimets (21/6) [78.Oleg Chernyavskiy (7/0)]. Trainer: Mikhail Vergeyenko (12).

35. 07.06.1998 **BELARUS - LITHUANIA** **5-0(2-0)**
Stadion Dynama, Minsk; Referee: Andrey Butenko (Russia); Attendance: 6,000
BLR: Andrey Satsunkevich (14/0) [46.Gennadiy Tumilovich (1/0)], Syarhey Yaskovich (6/0) [42.Gennadiy Kashkar (2/0)], Andrey Ostrovskiy (11/0), Syarhey Shtanyuk (15/1), Vyacheslav Gerashchenko (7/0) [75.Eduard Boltrushevich (2/0)], Radislav Orlovskiy (14/2) [67.Maxym Romashchenko (1/1)], Alyaksandr Kulchy (14/2), Vasiliy Baranov (9/1) [67.Boris Gorovoi (1/0)], Valentin Belkevich (22/3), Vladimir Makovskiy (13/3) [58.Vasiliy Mazur (1/0)], Syarhey Gerasimets (22/7) [61.Alyaksandr Chayka (7/0)]. Trainer: Mikhail Vergeyenko (13).
Goals: Radislav Orlovskiy (10), Syarhey Gerasimets (15), Vladimir Makovskiy (54), Vasiliy Baranov (66), Maxym Romashchenko (81 penalty).

36. 19.08.1998   **LITHUANIA - BELARUS**   **0-3(0-2)**
Žalgiris Stadionas, Vilnius; Referee: Anatolijus Rezepovas (Lithuania); Attendance: 1,000
BLR: Andrey Satsunkevich (15/0), Erik Yakhimovich (13/0), Andrey Ostrovskiy (12/1) [53.Alyaksandr Kulchy (15/2)], Syarhey Shtanyuk (16/1), Vyacheslav Gerashchenko (8/0), Syarhey Gurenko (27/1), Alyaksandr Khatskevich (11/0), Vasiliy Baranov (10/1) [60.Radislav Orlovskiy (15/2)], Valentin Belkevich (23/3) [66.Maxym Romashchenko (2/2)], Vladimir Makovskiy (14/4) [67.Vasiliy Mazur (2/0)], Syarhey Gerasimets (23/7) [55.Alyaksandr Chayka (8/0)]. Trainer: Mikhail Vergeyenko (14).
Goals: Andrey Ostrovskiy (43), Vladimir Makovskiy (44), Maxym Romashchenko (76).

37. 05.09.1998   **BELARUS - DENMARK**   **0-0**   11th EC. Qualifiers
Stadion Dynama, Minsk; Referee: Georg Dardenne (Germany); Attendance: 32,000
BLR: Andrey Satsunkevich (16/0), Erik Yakhimovich (14/0), Andrey Ostrovskiy (13/1), Syarhey Shtanyuk (17/1), Myroslav Romashchenko (15/1) [40.Vyacheslav Gerashchenko (9/0)], Syarhey Gurenko (28/1), Alyaksandr Khatskevich (12/0), Vasiliy Baranov (11/1), Andrey Lavrik (5/0), Valentin Belkevich (24/3), Vladimir Makovskiy (15/4) [89.Maxym Romashchenko (3/2)]. Trainer: Mikhail Vergeyenko (15).

38. 14.10.1998   **WALES - BELARUS**   **3-2(1-1)**   11th EC. Qualifiers
Ninian Park, Cardiff; Referee: Lawrence Zammut (Malta); Attendance: 7,813
BLR: Andrey Satsunkevich (17/0), Erik Yakhimovich (15/0), Andrey Ostrovskiy (14/1), Andrey Lavrik (6/0), Syarhey Shtanyuk (18/1), Vasiliy Baranov (12/1) [69.Syarhey Gerasimets (24/7)], Alyaksandr Khatskevich (13/0), Vyacheslav Gerashchenko (10/0) [88.Maxym Romashchenko (4/2)], Syarhey Gurenko (29/2), Valentin Belkevich (25/4), Vladimir Makovskiy (16/4) [72.Petr Kachuro (23/4)]. Trainer: Mikhail Vergeyenko (16).
Goals: Syarhey Gurenko (20), Valentin Belkevich (48).

39. 09.02.1999   **ISRAEL - BELARUS**   **2-1(2-1)**
"Kiryat Eliezer" Stadium, Haifa; Referee: Sorin Corpodean (Romania); Attendance: 7,500
BLR: Valeriy Shantalosov (21/0) [46.Andrey Satsunkevich (18/0)], Andrey Lavrik (7/0), Andrey Ostrovskiy (15/1), Vycheslav Geraschenko (11/0) [56.Alyaksandr Kulchy (16/2)], Erik Yakhimovich (16/0), Syarhey Gurenko (30/2), Vasiliy Baranov (13/2), Alyaksandr Chayka (9/0) [46.Dzmitry Balashov (6/0)], Igor Tarlovskiy (1/0) [46.Vadim Skripchenko (2/1)], Maxym Romaschenko (5/2), Vladimir Makovskiy (17/4) [73.Vasiliy Mazur (3/0)]. Trainer: Mikhail Vergeyenko (17).
Goal: Vasiliy Baranov (28).

40. 27.03.1999   **BELARUS - SWITZERLAND**   **0-1(0-0)**   11th EC. Qualifiers
Stadion Dynama, Minsk; Referee: Oguz Sarvan (Turkey); Attendance: 35,000
BLR: Gennadiy Tumilovich (2/0), Erik Yakhimovich (17/0), Andrey Lavrik (8/0), Alyaksandr Lukhvich (2/0), Syarhey Gurenko (31/2), Alyaksandr Khatskevich (14/0), Valentin Belkevich (26/4), Vyacheslav Gerashchenko (12/0) [85.Vadim Skripchenko (3/1)], Vasiliy Baranov (14/2) [59.Alyaksandr Chayka (10/0)], Maxym Romashchenko (6/2), Vladimir Makovskiy (18/4) [86.Andrey Ostrovskiy (16/1)]. Trainer: Mikhail Vergeyenko (18).

41. 31.03.1999   **ITALY - BELARUS**   **1-1(1-1)**   11th EC. Qualifiers
Stadio Del Conero, Ancona; Referee: Michel Piraux (Belgium); Attendance: 20,735
BLR: Gennadiy Tumilovich (3/0), Andrey Lavrik (9/0), Alyaksandr Lukhvich (3/0), Erik Yakhimovich (18/0), Syarhey Gurenko (32/2), Radislav Orlovskiy (16/2), Valentin Belkevich (27/5), Andrey Ostrovskiy (17/1), Vasiliy Baranov (15/2), Maxym Romashchenko (7/2), Vladimir Makovskiy (19/4). Trainer: Mikhail Vergeyenko (19).
Goal: Valentin Belkevich (24).

42. 19.05.1999   **RUSSIA - BELARUS**   **1-1(1-0)**
Central Stadium, Tula; Referee: Gercas Žakas (Lithuania); Attendance: 10,000
BLR: Gennadiy Tumilovich (4/0), Andrey Lavrik (10/0), Andrey Ostrovskiy (18/1), Erik Yakhimovich (19/0), Vadim Skripchenko (4/1) [46.Igor Tarlovskiy (2/1)], Syarhey Gurenko (33/2), Vyacheslav Gerashchenko (13/0) [26.Alyaksandr Kulchy (17/2)], Vasiliy Baranov (16/2), Radislav Orlovskiy (17/2), Maxym Romashchenko (8/2) [84.Alyaksandr Chayka (11/0)], Vladimir Makovskiy (20/4) [73.Mikalay Ryndyuk (2/1)]. Trainer: Mikhail Vergeyenko (20).
Goal: Igor Tarlovskiy (46).

43. 05.06.1999   **DENMARK - BELARUS**   **1-0(1-0)**   11th EC. Qualifiers
Parken, København; Referee: Lucilio Cardoso Cortes Baptista (Portugalia); Attendance: 24,846
BLR: Gennadiy Tumilovich (5/0), Andrey Lavrik (11/0), Alyaksandr Lukhvich (4/0), Erik Yakhimovich (20/0), Syarhey Gurenko (34/2), Radislav Orlovskiy (18/2), Valentin Belkevich (28/5), Alyaksandr Khatskevich (15/0) [70.Alyaksandr Kulchy (18/2)], Andrey Ostrovskiy (19/1) [46.Maxym Romashchenko (9/2)], Vasiliy Baranov (17/2), Vladimir Makovskiy (21/4) [85.Mikalay Ryndyuk (3/1)]. Trainer: Mikhail Vergeyenko (21).

44. 18.08.1999   **BELARUS - RUSSIA**   **0-2(0-1)**
Stadion Dynama, Minsk; Referee: Andrei Iacovlev (Moldova); Attendance: 17,000
BLR: Gennadiy Tumilovich (6/0), Syarhey Gurenko (35/2), Andrey Ostrovskiy (20/1), Alyaksandr Lukhvich (5/0), Vyacheslav Gerashchenko (14/0), Alyaksandr Chayka (12/0) [68.Konstantin Kovalenko (2/0)], Vasiliy Baranov (18/2), Alyaksandr Kulchy (19/2), Radislav Orlovskiy (19/2) [46.Boris Gorovoi (2/0)], Maxym Romashchenko (10/2) [79.Vitaliy Stripeikis (1/0)], Petr Kachuro (24/4) [54.Igor Tarlovskiy (3/1)]. Trainer: Mikhail Vergeyenko (22).

45. 04.09.1999   **BELARUS - WALES**   **1-2(1-1)**   11th EC. Qualifiers
Stadion Dynama, Minsk; Referee: Tom Henning Øvebrø (Norway); Attendance: 25,000
BLR: Gennadiy Tumilovich (7/0), Igor Tarlovskiy (4/1), Andrey Lavrik (12/0), Alyaksandr Lukhvich (6/0), Andrey Ostrovskiy (21/1), Syarhey Gurenko (36/2), Vasiliy Baranov (19/3), Alyaksandr Chayka (13/0), Alyaksandr Kulchy (20/2), Radislav Orlovskiy (20/2) [60.Maxym Romashchenko (11/2)], Vladimir Makovskiy (22/4). Trainer: Mikhail Vergeyenko (23).
Goal: Vasiliy Baranov (30).

46. 08.09.1999   **SWITZERLAND - BELARUS**   **2-0(0-0)**   11th EC. Qualifiers
Stade Olympique de la Pontaise, Lausanne; Referee: Leslie Irvine (Northern Ireland); Attendance: 12,000
BLR: Yuriy Afanasenko (3/0), Erik Yakhimovich (21/0), Andrey Lavrik (13/0), Alyaksandr Lukhvich (7/0), Andrey Ostrovskiy (22/1), Syarhey Gurenko (37/2), Vasiliy Baranov (20/3), Alyaksandr Chayka (14/0), Alyaksandr Kulchy (21/2) [55.Petr Kachuro (25/4)], Vladimir Makovskiy (23/4) [69.Maxym Romashchenko (12/2)], Igor Tarlovskiy (5/1). Trainer: Mikhail Vergeyenko (24).

47. 09.10.1999   **BELARUS - ITALY**   **0-0**   11th EC. Qualifiers
Stadion Dynama, Minsk; Referee: Claude Colombo (France); Attendance: 32,000
BLR: Valeriy Shantalosov (22/0), Erik Yakhimovich (22/0), Igor Tarlovskiy (6/1), Alyaksandr Lukhvich (8/0), Andrey Ostrovskiy (23/1), Syarhey Gurenko (38/2), Vasiliy Baranov (21/3), Radislav Orlovskiy (21/2), Alyaksandr Chayka (15/0), Maxym Romashchenko (13/2) [46.Vladimir Makovskiy (24/4)], Syarhey Gerasimets (25/7) [79.Alyaksandr Kulchy (22/2)]. Trainer: Sergei Borovskiy (23).

48. 29.03.2000 **BULGARIA - BELARUS** **4-1(2-0)**
"Georgi Asparuhov" stadion, Sofia; Referee: Jozef Kačenga (Slovakia); Attendance: 2,000
BLR: Valeriy Shantalosov (23/0) [46.Gennadiy Tumilovich (8/0)], Syarhey Yaskovich (7/0), Alyaksandr Lukhvich (9/0) [77.Vladimir Shuneiko (1/0)], Syarhey Shtanyuk (19/1), Vyacheslav Gerashchenko (15/0) [46.Vadim Skripchenko (5/2)], Syarhey Gurenko (39/2), Vasiliy Baranov (22/3) [63.Andrey Lavrik (14/0)], Igor Tarlovskiy (7/1) [46.Andrey Ostrovskiy (24/1)], Valentin Belkevich (29/5), Alyaksandr Khatskevich (16/0) [70.Mikalay Ryndyuk (4/1)], Vitaliy Stripeikis (2/0). Trainer: Sergei Borovskiy (24).
Goal: Vadim Skripchenko (57).

49. 26.04.2000 **ANDORRA - BELARUS** **2-0(0-0)**
Estadi Comunal de Aixovall, Andorra la Vella; Referee: Arturo Daudén Ibañez (Spain); Attendance: 500
BLR: Gennadiy Tumilovich (9/0), Syarhey Yaskovich (8/0), Andrey Ostrovskiy (25/1), Erik Yakhimovich (23/0), Syarhey Shtanyuk (20/1) [46.Alyaksandr Lukhvich (10/0)], Syarhey Gurenko (40/2) [70.Boris Gorovoi (3/0)], Alyaksandr Chayka (16/0), Igor Tarlovskiy (8/1), Maxym Romashchenko (14/2) [46.Radislav Orlovskiy (22/2)], Vladimir Makovskiy (25/4), Vitaliy Stripeikis (3/0) [56.Mikalay Ryndyuk (5/1)]. Trainer: Sergei Borovskiy (25).

50. 04.06.2000 **ESTONIA - BELARUS** **2-0(1-0)**
Stadion Dynama, Minsk; Referee: Petteri Kari (Finland); Attendance: 550
BLR: Gennadiy Tumilovich (10/0), Andrey Ostrovskiy (26/1), Syarhey Shtanyuk (21/1), Alyaksandr Lukhvich (11/0), Erik Yakhimovich (24/0), Radislav Orlovskiy (23/2), Vasiliy Baranov (23/3) [46.Vadim Skripchenko (6/2)], Valentin Belkevich (30/5), Alyaksandr Khatskevich (17/0), Maxym Romashchenko (15/2), Mikalay Ryndyuk (6/1) [46.Alyaksandr Vyazhevich (2/0)]. Trainer: Sergei Borovskiy (25). Trainer: Syarhey Borovskiy (26).

51. 16.08.2000 **LATVIA - BELARUS** **0-1(0-0)**
Daugavas Stadions, Riga; Referee: Oleg Timofeyev (Estonia); Attendance: 1,930
BLR: Vitaliy Varivonchik (2/0) [46.Vasiliy Khomutovskiy (1/0)], Erik Yakhimovich (25/0), Andrey Lavrik (15/0), Alyaksandr Lukhvich (12/0), Syarhey Shtanyuk (22/1) [62.Vladimir Shuneiko (2/0)], Syarhey Gurenko (41/2), Syarhey Yaskovich (9/0) [86.Andrey Milevskiy (1/0)], Radislav Orlovskiy (24/2) [86.Vladimir Makovskiy (26/4)], Alyaksandr Khatskevich (18/0) [80.Eduard Boltrushevich (3/0)], Maxym Romashchenko (16/2) [57.Vadim Skripchenko (7/2)], Dzmitry Ogorodnik (1/0) [46.Roman Vasilyuk (1/1)]. Trainer: Eduard Malofeyev (1).
Goal: Roman Vasilyuk (50).

52. 02.09.2000 **BELARUS - WALES** **2-1(1-0)** 17th FIFA WC. Qualifiers
Stadion Dynama, Minsk; Referee: Alfredo Trentalange (Italy); Attendance: 32,000
BLR: Gennadiy Tumilovich (11/0), Erik Yakhimovich (26/0), Alyaksandr Lukhvich (13/0), Syarhey Shtanyuk (23/1), Syarhey Gurenko (42/2), Syarhey Yaskovich (10/0) [70.Vladimir Shuneiko (3/0)], Radislav Orlovskiy (25/2) [85.Vadim Skripchenko (8/2)], Valentin Belkevich (31/6), Alyaksandr Khatskevich (19/1), Maxym Romashchenko (17/2) [28.Mikalay Ryndyuk (7/1)], Roman Vasilyuk (2/1). Trainer: Eduard Malofeyev (2).
Goals: Alyaksandr Khatskevich (39), Valentin Belkevich (56).

53. 07.10.2000 **POLAND - BELARUS** **3-1(1-1)** 17th FIFA WC. Qualifiers
Stadion Widzew, Łódź; Referee: Anders Frisk (Sweden); Attendance: 7,638
BLR: Vitaliy Varivonchik (3/0), Erik Yakhimovich (27/0), Alyaksandr Lukhvich (14/0), Syarhey Shtanyuk (24/1), Andrey Ostrovskiy (27/1), Syarhey Gurenko (43/2), Vadim Skripchenko (9/2) [68.Radislav Orlovskiy (26/2)], Valentin Belkevich (32/6), Vasiliy Baranov (24/3) [75.Andrey Lavrik (16/0)], Maxym Romashchenko (18/2), Roman Vasilyuk (3/1) [34.Mikalay Ryndyuk (8/2)]. Trainer: Eduard Malofeyev (3).
Goal: Mikalay Ryndyuk (37).

54. 11.10.2000 **BELARUS - ARMENIA** **2-1(2-0)** 17th FIFA WC. Qualifiers
Stadion Dynama, Minsk; Referee: Sorin Corpodean (Romania); Attendance: 21,700
BLR: Gennadiy Tumilovich (12/0), Erik Yakhimovich (28/0), Andrey Lavrik (17/0), Alyaksandr Lukhvich (15/0), Andrey Ostrovskiy (28/1), Syarhey Gurenko (44/2), Alyaksandr Khatskevich (20/2), Valentin Belkevich (33/6), Roman Vasilyuk (4/1) [61.Vladimir Shuneiko (4/0)], Maxym Romashchenko (19/2) [89.Vadim Skripchenko (10/2)], Mikalay Ryndyuk (9/3). Trainer: Eduard Malofeyev (4).
Goals: Alyaksandr Khatskevich (23), Mikalay Ryndyuk (33).

55. 24.03.2001 **UKRAINE - BELARUS** **0-0** 17th FIFA WC. Qualifiers
Olympiyskiy Stadium, Kyiv; Referee: Juan Fernández Marín (Spain); Attendance: 75,000
BLR: Gennadiy Tumilovich (13/0), Vladimir Shuneiko (5/0), Andrey Ostrovskiy (29/1), Syarhey Shtanyuk (25/1), Syarhey Gurenko (45/2), Alyaksandr Khatskevich (21/2), Valentin Belkevich (34/6), Andrey Milevskiy (2/0), Roman Vasilyuk (5/1), Maxym Romashchenko (20/2) [75.Andrey Lavrik (18/0)]. Trainer: Eduard Malofeyev (5).

56. 28.03.2001 **BELARUS - NORWAY** **2-1(1-0)** 17th FIFA WC. Qualifiers
Stadion Dynama, Minsk; Referee: Kyros Vassaras (Greece); Attendance: 39,000
BLR: Gennadiy Tumilovich (14/0), Erik Yakhimovich (29/0), Vladimir Shuneiko (6/0), Alyaksandr Lukhvich (16/0), Syarhey Shtanyuk (26/1), Syarhey Gurenko (46/2), Alyaksandr Khatskevich (22/3), Valentin Belkevich (35/6), Andrey Milevskiy (3/0) [46.Andrey Lavrik (19/0)], Roman Vasilyuk (6/2), Maxym Romashchenko (21/2). Trainer: Eduard Malofeyev (6).
Goals: Alyaksandr Khatskevich (19), Roman Vasilyuk (90).

57. 02.06.2001 **ARMENIA - BELARUS** **0-0** 17th FIFA WC. Qualifiers
„Vazgen Sargsyan" Hanrapetakan Stadium, Yerevan; Referee: Anton Guenov (Bulgaria); Attendance: 6,400
BLR: Gennadiy Tumilovich (15/0), Erik Yakhimovich (30/0), Andrey Ostrovskiy (30/1), Alyaksandr Lukhvich (17/0), Syarhey Shtanyuk (27/1) [87.Alyaksandr Kulchy (23/2)], Syarhey Gurenko (47/2), Alyaksandr Khatskevich (23/3), Valentin Belkevich (36/6), Vladimir Shuneiko (7/0), Roman Vasilyuk (7/2) [80.Igor Tarlovskiy (9/1)], Andrey Milevskiy (4/0) [73.Syarhey Yaskovich (12/0)]. Trainer: Eduard Malofeyev (7).

58. 06.06.2001 **NORWAY - BELARUS** **1-1(0-1)** 17th FIFA WC. Qualifiers
Ullevaal Stadion, Oslo; Referee: Miroslav Radoman (Yugoslavia); Attendance: 17,164
BLR: Gennadiy Tumilovich (16/0) [*sent off 80*], Erik Yakhimovich (31/0), Andrey Ostrovskiy (31/1) [86.Igor Tarlovskiy (10/1)], Alyaksandr Lukhvich (18/0), Syarhey Shtanyuk (28/1), Syarhey Gurenko (48/2), Alyaksandr Khatskevich (24/3), Valentin Belkevich (37/7), Vladimir Shuneiko (8/0), Roman Vasilyuk (8/2) [80.Vasiliy Khomutovskiy (2/0)], Andrey Milevskiy (5/0) [51.Syarhey Yaskovich (13/0)]. Trainer: Eduard Malofeyev (8).
Goal: Valentin Belkevich (24).

59. 01.09.2001 **BELARUS - UKRAINE** **0-2(0-1)** 17th FIFA WC. Qualifiers
Stadion Dynama, Minsk; Referee: Alain Sars (France); Attendance: 40,000
BLR: Vasiliy Khomutovskiy (3/0), Erik Yakhimovich (32/0), Andrey Ostrovskiy (32/1) [52.Syarhey Yaskovich (14/0)], Alyaksandr Lukhvich (19/0), Syarhey Shtanyuk (29/1), Syarhey Gurenko (49/2), Alyaksandr Khatskevich (25/3) [46.Igor Tarlovskiy (11/1)], Valentin Belkevich (38/7) [60.Maxym Romashchenko (22/2)], Vladimir Shuneiko (9/0), Vitaliy Volodenkov (1/0), Petr Kachuro (26/4). Trainer: Eduard Malofeyev (9).

60. 05.09.2001 **BELARUS - POLAND** 4-1(1-0) 17th FIFA WC. Qualifiers
Stadion Dynama, Minsk; Referee: Konrad Plautz (Austria); Attendance: 24,302
BLR: Gennadiy Tumilovich (17/0), Erik Yakhimovich (33/0), Andrey Milevskiy (6/0) [61.Syarhey Yaskovich (15/0)], Alyaksandr Lukhvich (20/0), Syarhey Shtanyuk (30/1), Syarhey Gurenko (50/2), Maxym Romashchenko (23/2), Alyaksandr Kulchy (24/2), Vladimir Shuneiko (10/0), Petr Kachuro (27/4), Roman Vasilyuk (9/6) [70.Mikalay Ryndyuk (10/3); 83.Andrey Ostrovskiy (33/1)]. Trainer: Eduard Malofeyev (10).
Goals: Roman Vasilyuk (8,46,51,62).

61. 06.10.2001 **WALES - BELARUS** 1-0(0-0) 17th FIFA WC. Qualifiers
Millennium Stadium, Cardiff; Referee: Pasquale Rodomonti (Italy); Attendance: 10,201
BLR: Gennadiy Tumilovich (18/0), Erik Yakhimovich (34/0), Syarhey Yaskovich (16/0), Alyaksandr Lukhvich (21/0), Syarhey Shtanyuk (31/1), Syarhey Gurenko (51/2), Vasiliy Baranov (25/3) [66.Alyaksandr Hleb (1/0)], Alyaksandr Kulchy (25/2), Vladimir Shuneiko (11/0), Petr Kachuro (28/4) [43.Mikalay Ryndyuk (11/3)], Roman Vasilyuk (10/6). Trainer: Eduard Malofeyev (11).

62. 17.04.2002 **HUNGARY - BELARUS** 2-5(1-4)
Nagyerdei stadion, Debrecen; Referee: Marian Salomir (Romania); Attendance: 4,000
BLR: Gennadiy Tumilovich (19/0) [83.Yuriy Tsygalko (1/0)], Alyaksandr Kulchy (26/2) [70.Alyaksandr Khrapkovskiy (1/0)], Alyaksandr Lukhvich (22/0) [79.Vitaliy Volodenkov (2/0)], Andrey Ostrovskiy (34/1), Syarhey Shtanyuk (32/1), Alyaksandr Khatskevich (26/4), Alyaksandr Hleb (2/1) [65.Vladimir Shuneiko (12/0)], Maxym Romashchenko (24/2), Valentin Belkevich (39/7) [80.Uladzimir Karytska (1/0)], Syarhey Gurenko (52/2) [46.Syarhey Yaskovich (17/0)], Vitaliy Kutuzov (1/2) [61.Petr Kachuro (29/5)]. Trainer: Eduard Malofeyev (12).
Goals: Alyaksandr Hleb (23), Vitaliy Kutuzov (29,33), Alyaksandr Khatskevich (45), Petr Kachuro (76).

63. 17.05.2002 **RUSSIA - BELARUS** 1-1(1-1,1-1,1-1); 4-5 on penalties International Tournament
Dinamo Stadium, Moskva; Referee: Viktor Kassai (Hungary); Attendance: 17,000
BLR: Gennadiy Tumilovich (20/0), Andrey Ostrovskiy (35/1), Syarhey Shtanyuk (33/1), Vladimir Shuneiko (13/0) [72.Alyaksandr Khrapkovskiy (2/0)], Alyaksandr Kulchy (27/2), Syarhey Gurenko (53/2) [75.Syarhey Amelyanchuk (1/0)], Alyaksandr Khatskevich (27/4) [73.Denis Kovba (1/0)], Maxym Romashchenko (25/2), Alyaksandr Hleb (3/1), Valentin Belkevich (40/8), Vitaliy Kutuzov (2/2) [60.Vitaliy Volodenkov (3/0)]. Trainer: Eduard Malofeyev (13).
Goal: Valentin Belkevich (15).

64. 19.05.2002 **BELARUS - UKRAINE** 2-0(0-0) International Tournament
Dinamo Stadium, Moskva (Russia); Referee: Paulius Malzinskas (Lithuania); Attendance: 5,000
BLR: Gennadiy Tumilovich (21/0), Andrey Ostrovskiy (36/1), Syarhey Shtanyuk (34/1), Vladimir Shuneiko (14/0), Syarhey Gurenko (54/2) [90.Syarhey Yaskovich (18/0)], Alyaksandr Khatskevich (28/4) [80. Vitaliy Kutuzov (3/2)], Valentin Belkevich (41/9), Maxym Romashchenko (26/2) [82.Syarhey Amelyanchuk (2/0)], Alyaksandr Kulchy (28/2) [50.Denis Kovba (2/0)], Alyaksandr Khrapkovskiy (3/0), Alyaksandr Hleb (4/2) [87.Vitaliy Volodenkov (4/0)]. Trainer: Eduard Malofeyev (14).
Goals: Valentin Belkevich (48), Alyaksandr Hleb (63).

65. 21.08.2002 **LATVIA - BELARUS** 2-4(2-2)
Daugavas Stadions, Riga; Referee: Hannes Kaasik (Estonia); Attendance: 4,200
BLR: Gennadiy Tumilovich (22/0) [46.Valeriy Shantalosov (24/0)], Alyaksandr Kulchy (29/3) [87.Igor Tarlovskiy (12/1)], Andrey Ostrovskiy (37/1), Alyaksandr Lukhvich (23/0) [88.Artem Chelyadinskiy (1/0)], Syarhey Shtanyuk (35/1) [69.Alyaksandr Khrapkovskiy (4/0)], Syarhey Gurenko (55/2), Alyaksandr Khatskevich (29/4) [80.Vitaliy Volodenkov (5/0)], Vladimir Shuneiko (15/0) [46.Syarhey Yaskovich (19/0)], Maxym Romashchenko (27/4) [90.Uladzimir Karytska (2/0)], Vitaliy Kutuzov (4/3) [73.Denis Kovba (3/0)], Alyaksandr Hleb (5/2) [88.Roman Vasilyuk (11/6)]. Trainer: Eduard Malofeyev (15).
Goals: Vitaliy Kutuzov (16), Alyaksandr Kulchy (30), Maxym Romashchenko (64,86).

66. 07.09.2002 **NETHERLANDS - BELARUS** 3-0(2-0) 12th EC. Qualifiers
Stadion Philips, Eindhoven; Referee: Graham Barber (England); Attendance: 34,000
BLR: Valeriy Shantalosov (25/0) [89.Vasiliy Khomutovskiy (4/0)], Alyaksandr Kulchy (30/3), Andrey Ostrovskiy (38/1), Alyaksandr Lukhvich (24/0), Syarhey Shtanyuk (36/1), Syarhey Gurenko (56/2), Alyaksandr Khatskevich (30/4) [82.Denis Kovba (4/0)], Maxym Romashchenko (28/4) [sent off 84], Syarhey Amelyanchuk (3/0) [76.Vladimir Shuneiko (16/0)], Alyaksandr Hleb (6/2), Vitaliy Kutuzov (5/3). Trainer: Valeriy Streltsov (1, replacing Eduard Malofeyev).

67. 12.10.2002 **BELARUS - AUSTRIA** 0-2(0-0) 12th EC. Qualifiers
Stadion Dynama, Minsk; Referee: Eric Poulat (France); Attendance: 20,000
BLR: Gennadiy Tumilovich (23/0), Alyaksandr Kulchy (31/3), Andrey Ostrovskiy (39/1), Alyaksandr Lukhvich (25/0) [sent off 85], Syarhey Shtanyuk (37/1), Syarhey Gurenko (57/2), Alyaksandr Khatskevich (31/4), Syarhey Yaskovich (20/0) [51.Sergei Amelyanchuk (4/0)], Vladimir Shuneiko (17/0) [64.Roman Vasilyuk (12/6)], Alyaksandr Hleb (7/2), Vitaliy Kutuzov (6/3) [83.Mikalay Ryndyuk (12/3)]. Trainer: Eduard Malofeyev (16).

68. 16.10.2002 **CZECH REPUBLIC - BELARUS** 3-0(2-0) 12th EC. Qualifiers
Stadion Na Stinadlech, Teplice; Referee: Helmut Fleischer (Germany); Attendance: 12,850
BLR: Gennadiy Tumilovich (24/0), Alyaksandr Kulchy (32/3), Vladimir Shuneiko (18/0) [46.Syarhey Amelyanchuk (5/0)], Alyaksandr Khrapkovskiy (5/0), Syarhey Shtanyuk (38/1), Syarhey Gurenko (58/2), Alyaksandr Khatskevich (32/4), Syarhey Yaskovich (21/0) [26.Andrey Lavrik (20/0)], Maxym Romashchenko (29/4), Alyaksandr Hleb (8/2) [83.Nikolai Ryndyuk (13/3)], Vitaliy Kutuzov (7/3). Trainer: Eduard Malofeyev (17).

69. 29.03.2003 **BELARUS - MOLDOVA** 2-1(1-1) 12th EC. Qualifiers
Stadion Dynama, Minsk; Referee: Johan Verbist (Belgium); Attendance: 8,000
BLR: Gennadiy Tumilovich (25/0), Alyaksandr Kulchy (33/3), Andrey Ostrovskiy (40/1), Syarhey Amelyanchuk (6/0), Andrey Lavrik (21/0), Syarhey Gurenko (59/3), Alyaksandr Khatskevich (33/4), Valentin Belkevich (42/9), Vladimir Shuneiko (19/0), Alyaksandr Hleb (9/2) [80.Maxym Romashchenko (30/4)], Vitaliy Kutuzov (8/4) [88.Denis Kovba (5/0)]. Trainer: Eduard Malofeyev (18).
Goals: Vitaliy Kutuzov (43), Syarhey Gurenko (58).

70. 02.04.2003 **BELARUS - UZBEKISTAN** 2-2(1-0)
Stadion Dynama, Minsk; Referee: Romans Lajuks (Latvia); Attendance: 4,000
BLR: Yuriy Tsygalko (2/0) [46.Yury Zhawnow (1/0)], Alyaksandr Lukhvich (26/0) [63.Syarhey Amelyanchuk (7/0)], Syarhey Shtanyuk (39/1) [46.Dzmitry Rovneyko (1/0)], Alyaksandr Khrapkovskiy (6/0), Syarhey Kovalchuk (1/0) [46.Alyaksandr Kulchy (34/3)], Syarhey Gurenko (60/3), Maxym Romashchenko (31/4), Denis Kovba (6/0) [46.Valentin Belkevich (43/9)], Vitaliy Volodenkov (6/0), Maxym Tsygalko (1/1) [46.Igor Rozhkov (1/1)], Vitaliy Kutuzov (9/4) [46.Vladimir Shuneiko (20/0)]. Trainer: Eduard Malofeyev (19).
Goals: Maxym Tsygalko (26), Igor Rozhkov (52).

71.   30.04.2003   **UZBEKISTAN - BELARUS**   **1-2(1-1)**
Pakhtakor Stadium, Tashkent; Referee: Victor Kolpakov (Kyrgyzstan); Attendance: 4,000
BLR: Gennadiy Tumilovich (26/0) [31.Vasiliy Khomutovskiy (5/0); 61.Yuriy Tsygalko (3/0)], Andrey Ostrovskiy (41/1), Alyaksandr Lukhvich (27/0), Syarhey Shtanyuk (40/1) [46.Denis Kovba (7/0)], Syarhey Amelyanchuk (8/0), Syarhey Gurenko (61/3) [46.Alyaksandr Khrapkovskiy (7/0)], Alyaksandr Khatskevich (34/4) [70.Syarhey Kovalchuk (2/0)], Vladimir Shuneiko (21/1), Maxym Romashchenko (32/4), Andrey Lavrik (22/0) [64.Andrey Milevskiy (7/0)], Vitaliy Kutuzov (10/5) [67.Maxym Tsygalko (2/1)]. Trainer: Eduard Malofeyev (20).
Goals: Vladimir Shuneiko (15), Vitaliy Kutuzov (53).

72.   07.06.2003   **BELARUS - NETHERLANDS**   **0-3(0-0)**   12th EC. Qualifiers
Stadion Dynama, Minsk; Referee: Tom Henning Øvrebø (Norway); Attendance: 25,000
BLR: Gennadiy Tumilovich (27/0), Alyaksandr Kulchy (35/3), Andrey Ostrovskiy (42/1), Alyaksandr Lukhvich (28/0), Syarhey Shtanyuk (41/1) [90.Syarhey Amelyanchuk (9/0)], Syarhey Gurenko (62/3), Vladimir Shuneiko (22/1) [75.Denis Kovba (8/0)], Valentin Belkevich (44/9), Maxym Romashchenko (33/4) [31.Alyaksandr Hleb (10/2)], Andrey Lavrik (23/0), Vitaliy Kutuzov (11/5). Trainer: Eduard Malofeyev (21).

73.   11.06.2003   **AUSTRIA - BELARUS**   **5-0(1-0)**   12th EC. Qualifiers
Neu Tivoli Stadion, Innsbruck; Referee: Peter Fröjfeldt (Sweden); Attendance: 8,100
BLR: Gennadiy Tumilovich (28/0), Alyaksandr Kulchy (36/3), Andrey Ostrovskiy (43/1), Alyaksandr Lukhvich (29/0), Syarhey Shtanyuk (42/1) [65.Alyaksandr Khrapkovskiy (8/0)], Syarhey Gurenko (63/3), Syarhey Amelyanchuk (10/0), Valentin Belkevich (45/9) [55.Denis Kovba (9/0)], Maxym Romashchenko (34/4), Andrey Lavrik (24/0), Vitaliy Kutuzov (12/5) [46.Roman Vasilyuk (13/6)]. Trainer: Eduard Malofeyev (22).

74.   20.08.2003   **BELARUS - IRAN**   **2-1(2-0)**
Stadion Dynama, Minsk; Referee: Nikolai Ivanov (Russia); Attendance: 10,000
BLR: Gennadiy Tumilovich (29/0), Alyaksandr Kulchy (37/3), Andrey Ostrovskiy (44/1) [32.Vladimir Shuneiko (23/1); 66.Alyaksandr Khrapkovskiy (9/0)], Syarhey Amelyanchuk (11/0), Syarhey Shtanyuk (43/2), Syarhey Gurenko (64/3) [83.Vladimir Makovskiy (27/4)], Denis Kovba (10/0), Artem Chelyadinskiy (2/0) [46.Dzmitry Rovneyko (2/0)], Maxym Romashchenko (35/5) [69.Syarhey Karnilenka (1/0)], Roman Vasilyuk (14/6) [46.Vitaliy Volodenkov (7/0)], Vitaliy Kutuzov (13/5) [77.Syarhey Kovalchuk (3/0)]. Trainer: Anatoliy Baydachniy (1).
Goals: Maxym Romashchenko (10 penalty), Syarhey Shtanyuk (41).

75.   06.09.2003   **BELARUS – CZECH REPUBLIC**   **1-3(1-1)**   12th EC. Qualifiers
Stadion Dynama, Minsk; Referee: Thomas McCurry (Scotland); Attendance: 8,000
BLR: Gennadiy Tumilovich (30/0), Alyaksandr Kulchy (38/3), Andrey Ostrovskiy (45/1), Alyaksandr Lukhvich (30/0), Syarhey Shtanyuk (44/2), Syarhey Gurenko (65/3) [82.Vitaliy Volodenkov (8/0)], Dzmitry Rovneyko (3/0) [90.Alyaksandr Khrapkovskiy (10/0)], Vyacheslav Gerashchenko (16/0), Vitaliy Bulyga (1/1), Vitaliy Kutuzov (14/5) [56.Alyaksandr Hleb (11/2)], Maxym Romashchenko (36/5). Trainer: Anatoliy Baydachniy (2).
Goal: Vitaliy Bulyga (14).

76.   03.10.2003   **MOLDOVA - BELARUS**   **2-1(1-0)**   12th EC. Qualifiers
Stadionul Sheriff, Tiraspol; Referee: Dejan Delević (Serbia&Montenegro); Attendance: 7,000
BLR: Gennadiy Tumilovich (31/0), Alyaksandr Kulchy (39/3), Andrey Ostrovskiy (46/1), Alyaksandr Lukhvich (31/0), Syarhey Shtanyuk (45/2) [41.Syarhey Amelyanchuk (12/0)], Syarhey Gurenko (66/3), Dzmitry Rovneyko (4/0), Vyacheslav Gerashchenko (17/0), Vitaliy Bulyga (2/1), Maxym Romashchenko (37/5) [63.Roman Vasilyuk (15/7)], Vitaliy Kutuzov (15/5) [51.Vitaliy Volodenkov (9/0)]. Trainer: Anatoliy Baydachniy (3).
Goal: Roman Vasilyuk (90 penalty).

77.   18.02.2004   **CYPRUS - BELARUS**   **0-2(0-0)**   Cyprus Tournament
Stádio Dasaki, Achnas; Referee: Panicos Kailis (Cyprus); Attendance: 500
BLR: Vasiliy Khomutovskiy (6/0) [14.Gennadiy Tumilovich (32/0)], Andrey Lavrik (25/0), Igor Tarlovskiy (13/1), Dzmitry Rovneyko (5/0), Syarhey Shtanyuk (46/2), Tsimafey Kalachow (1/0), Alyaksandr Kulchy (40/3), Valentin Belkevich (46/9), Alyaksandr Hleb (12/2), Maxym Romashchenko (38/7), Vitaliy Kutuzov (16/5). Trainer: Anatoliy Baydachniy (4).
Goals: Maxym Romashchenko (56,70).

78.   19.02.2004   **ROMANIA „B" - BELARUS**   **2-0(1-0)**   Cyprus Tournament
Stádio GSP, Larnaca (Cyprus); Referee: Costas Theodotou (Cyprus); Attendance: 100
BLR: Alyaksandr Sulima (1/0), Andrey Lavrik (26/0), Vyacheslav Gerashchenko (18/0) [46.Alyaksandr Kulchy (41/3)], Igor Tarlovskiy (14/1), Dzmitry Rovneyko (6/0) [63.Syarhey Shtanyuk (47/2)], Mikalay Branfilov (1/0) [46.Alyaksandr Khrapkovskiy (11/0)], Uladzimir Karytska (3/0), Alyaksandr Khatskevich (Cap) (35/4) [80.Vitaliy Lanko (1/0)], Denis Kovba (11/0), Maxym Romashchenko (39/7) [35.Gennadiy Bliznyuk (1/0)], Vitaliy Bulyga (3/1) [70.Roman Vasilyuk (16/7)]. Trainer: Anatoliy Baydachniy (5).

79.   21.02.2004   **BELARUS - LATVIA**   **4-1(1-1)**   Cyprus Tournament
Stádio GSZ, Larnaca (Cyprus); Referee: Costas Theodotou (Cyprus); Attendance: 100
BLR: Alyaksandr Sulima (2/0), Alyaksandr Kulchy (42/3), Denis Kovba (12/0), Uladzimir Karytska (4/0), Igor Tarlovskiy (15/1), Mikalay Branfilov (2/0), Dzmitry Rovneyko (7/0), Andrey Lavrik (27/0), Alyaksandr Khatskevich (36/4) [80.Vyacheslav Gerashchenko (19/0)], Maxym Romashchenko (40/10), Vitaliy Bulyga (4/2). Trainer: Anatoliy Baydachniy (6).
Goals: Vitaliy Bulyga (20), Maxym Romashchenko (73 penalty,87 penalty,90).

80.   28.04.2004   **BELARUS - LITHUANIA**   **1-0(0-0)**
Stadion Dynama, Minsk; Referee: Valentin Ivanov (Russia); Attendance: 8,000
BLR: Vasiliy Khomutovskiy (7/0), Syarhey Amelyanchuk (13/0), Andrey Ostrovskiy (47/1), Dzmitry Rovneyko (8/0), Syarhey Shtanyuk (48/2), Uladzimir Karytska (5/0), Alyaksandr Khatskevich (37/4) [46.Vitaliy Bulyga (5/2)], Valentin Belkevich (Cap) (47/9), Maxym Romashchenko (41/10), Denis Kovba (13/0) [46.Syarhey Gurenko (67/3)], Vitaliy Kutuzov (17/5) [65.Gennadiy Bliznyuk (2/1)]. Trainer: Anatoliy Baydachniy (7).
Goal: Gennadiy Bliznyuk (76).

81.   18.08.2004   **TURKEY - BELARUS**   **1-2(1-0)**
„Atatürk" Stadyumu, Denizli; Referee: Rusmir Mrković (Bosnia and Herzegovina); Attendance: 18,000
BLR: Vasiliy Khomutovskiy (8/0) [74.Alyaksandr Sulima (3/0)], Igor Tarlovskiy (16/1) [87.Dzmitry Rovneyko (9/0)], Sergei Yaskovich (22/0), Syarhey Shtanyuk (49/2), Syarhey Gurenko (68/3), Alyaksandr Hleb (13/2), Syarhey Amelyanchuk (14/0) [64.Denis Kovba (14/1)], Alyaksandr Kulchy (43/3), Vitaliy Kutuzov (18/5) [74.Vitaliy Bulyga (6/2)], Maxym Romashchenko (42/10), Vyacheslav Hleb (1/1) [81.Leanid Kovel (1/0)]. Trainer: Anatoliy Baydachniy (8).
Goals: Vyacheslav Hleb (67), Denis Kovba (90).

82. 08.09.2004 **NORWAY - BELARUS** **1-1(1-0)** 18th FIFA WC. Qualifiers
Ullevaal Stadion, Oslo; Referee: Paulo Manuel Gomes Costa (Portugal); Attendance: 25,272
BLR: Vasiliy Khomutovskiy (9/0), Alyaksandr Kulchy (44/3), Syarhey Shtanyuk (50/2), Syarhey Gurenko (Cap) (69/3), Syarhey Yaskovich (23/0), Andrey Lavrik (28/0), Syarhey Amelyanchuk (15/0), Vyacheslav Hleb (2/1) [44.Gennadiy Bliznyuk (3/1); 90.Alexei Suchkov (1/0)], Vitaliy Bulyga (7/2) [62.Denis Sashcheko (1/0)], Vitaliy Kutuzov (19/6), Maxym Romashchenko (43/10). Trainer: Anatoliy Baydachniy (9).
Goal: Vitaliy Kutuzov (78).

83. 09.10.2004 **BELARUS - MOLDOVA** **4-0(1-0)** 18th FIFA WC. Qualifiers
Stadion Dynama, Minsk; Referee: Selçuk Dereli (Turkey); Attendance: 21,000
BLR: Vasiliy Khomutovskiy (10/0), Alyaksandr Kulchy (45/3) [79.Denis Kovba (15/1)], Syarhey Yaskovich (24/0), Syarhey Shtanyuk (51/2), Syarhey Gurenko (Cap) (70/3), Syarhey Amelyanchuk (16/1), Andrey Lavrik (29/0), Valentin Belkevich (48/9) [82.Leanid Kovel (2/0)], Maxym Romashchenko (44/11), Uladzimir Karytska (6/0), Vitaliy Kutuzov (20/7) [65.Vitaliy Bulyga (8/3)]. Trainer: Anatoliy Baydachniy (10).
Goals: Syarhey Amelyanchuk (45), Vitaliy Kutuzov (65), Vitaliy Bulyga (75), Maxym Romashchenko (90).

84. 13.10.2004 **ITALY - BELARUS** **4-3(2-0)** 18th FIFA WC. Qualifiers
Stadio "Ennio Tardini", Parma; Referee: Carlos Megía Dávila (Spain); Attendance: 16,510
BLR: Vasiliy Khomutovskiy (11/0), Alyaksandr Kulchy (46/3) [84.Leanid Kovel (3/0)], Syarhey Yaskovich (25/0) [*sent off 89*], Igor Tarlovskiy (17/1), Syarhey Shtanyuk (52/2), Syarhey Gurenko (Cap) (71/3), Andrey Lavrik (30/0) [76.Denis Kovba (16/1)], Valentin Belkevich (49/9), Maxym Romashchenko (45/13), Uladzimir Karytska (7/0) [36.Vitaliy Bulyga (9/4)], Vitaliy Kutuzov (21/7). Trainer: Anatoliy Baydachniy (11).
Goals: Maxym Romashchenko (52), Vitaliy Bulyga (77), Maxym Romashchenko (89).

85. 22.11.2004 **UNITED ARAB EMIRATES - BELARUS** **2-3(1-0)**
„Mohammad Bin Zayed" Stadium, Dubai; Referee: Abdul Rahman Abdul Khaliq Al Delawar (Bahrain); Attendance: 600
BLR: Yury Zhawnow (2/0) [46.Alyaksandr Sulima (4/0)], Syarhey Gurenko (72/3), Andrey Ostrovskiy (48/1), Igor Tarlovskiy (18/1), Syarhey Amelyanchuk (17/1) [46.Syarhey Yaskovich (26/0)], Alexei Suchkov (2/0) [46.Denis Sashcheko (2/0)], Alyaksandr Kulchy (47/4), Oleg Shkabara (1/1) [46.Leanid Kovel (4/1)], Uladzimir Karytska (8/0), Denis Kovba (17/1), Vitaliy Bulyga (10/4). Trainer: Anatoliy Baydachniy (12).
Goals: Oleg Shkabara (44), Leanid Kovel (60), Alyaksandr Kulchy (90+1).

86. 09.02.2005 **POLAND - BELARUS** **1-3(0-1)**
Stadion Dyskobolii, Grodzisk Wielkopolski; Referee: Audrius Žuta (Lithuania); Attendance: 6,000
BLR: Alyaksandr Sulima (5/0), Syarhey Amelyanchuk (18/1), Syarhey Shtanyuk (53/2), Andrey Ostrovskiy (49/1) [46.Andrey Lavrik (31/1)], Syarhey Gurenko (73/3) (Cap), Vitaliy Kutuzov (22/7) [67.Vyacheslav Hleb (3/2)], Valentin Belkevich (50/9) [81.Tsimafey Kalachow (2/0)], Alyaksandr Kulchy (48/4), Alyaksandr Hleb (14/3), Maxym Romashchenko (46/13), Vitaliy Bulyga (11/4) [46.Denis Kovba (18/1)]. Trainer: Anatoliy Baydachniy (13).
Goals: Alyaksandr Hleb (8), Vyacheslav Hleb (84), Andrey Lavrik (90).

87. 30.03.2005 **SLOVENIA - BELARUS** **1-1(1-0)** 18th FIFA WC. Qualifiers
Športni Park "Arena Petrol", Celje; Referee: Khalil Ibrahim Al Ghamdi (Saudi Arabia); Attendance: 6,450
BLR: Yury Zhawnow (3/0), Alyaksandr Kulchy (49/5), Syarhey Gurenko (Cap) (74/3), Syarhey Amelyanchuk (19/1), Alyaksandr Khatskevich (38/4) [82.Andrey Ostrovskiy (50/1)], Andrey Lavrik (32/1), Alyaksandr Hleb (15/3), Denis Kovba (19/1), Valentin Belkevich (51/9), Maxym Romashchenko (47/13) [76.Tsimafey Kalachow (3/0)], Vitaliy Kutuzov (23/7) [64.Vitaliy Bulyga (12/4)]. Trainer: Anatoliy Baydachniy (14).
Goal: Alyaksandr Kulchy (48).

88. 04.06.2005 **BELARUS - SLOVENIA** **1-1(1-1)** 18th FIFA WC. Qualifiers
Stadion Dynama, Minsk; Referee: Martin Hansson (Sweden); Attendance: 29,042
BLR: Yury Zhawnow (4/0), Syarhey Amelyanchuk (20/1) [83.Igor Tarlovskiy (19/1)], Syarhey Yaskovich (27/0) [75.Andrey Lavrik (33/1)], Syarhey Shtanyuk (54/2), Syarhey Gurenko (Cap) (75/3), Alyaksandr Hleb (16/3), Denis Kovba (20/1), Alyaksandr Kulchy (50/5), Valentin Belkevich (52/10), Vitaliy Bulyga (13/4), Vitaliy Kutuzov (24/7) [71.Syarhey Karnilenka (2/0)]. Trainer: Anatoliy Baydachniy (15).
Goal: Valentin Belkevich (18).

89. 08.06.2005 **BELARUS - SCOTLAND** **0-0** 18th FIFA WC. Qualifiers
Stadion Dynama, Minsk; Referee: Olegário Manuel Bártolo Faustino Benquerença (Portugal); Attendance: 28,287
BLR: Yury Zhawnow (5/0), Syarhey Amelyanchuk (21/1), Syarhey Yaskovich (28/0), Syarhey Shtanyuk (55/2), Syarhey Gurenko (Cap) (76/3), Tsimafey Kalachow (4/0) [61.Vyacheslav Hleb (4/2)], Denis Kovba (21/1), Valentin Belkevich (53/10), Vitaliy Bulyga (14/4) [86.Alyaksandr Kulchy (51/5)], Alyaksandr Hleb (17/3), Syarhey Karnilenka (3/0). Trainer: Anatoliy Baydachniy (16).

90. 17.08.2005 **LITHUANIA - BELARUS** **1-0(1-0)**
Žalgiris Stadionas, Vilnius; Referee: Andrejs Sipailo (Latvia); Attendance: 2,500
BLR: Yury Zhawnow (6/0) [46.Vasiliy Khomutovskiy (12/0)], Syarhey Amelyanchuk (22/1), Syarhey Shtanyuk (56/2), Sergei Yaskovich (29/0) [40.Oleg Shkabara (2/1)], Syarhey Gurenko (Cap) (77/3), Vitaliy Bulyga (15/4) [46.Syarhey Karnilenka (4/0); 77.Vyacheslav Hleb (5/2)], Denis Kovba (22/1), Andrey Lavrik (34/1) [46.Tsimafey Kalachow (5/0)], Valentin Belkevich (54/10) [83.Denis Sashcheko (3/0)], Alyaksandr Hleb (18/3), Vitaliy Kutuzov (25/7). Trainer: Anatoliy Baydachniy (17).

91. 03.09.2005 **MOLDOVA - BELARUS** **2-0(1-0)** 18th FIFA WC. Qualifiers
Stadionul Republican, Chişinău; Referee: Laurent Duhamel (France); Attendance: 5,000
BLR: Yury Zhawnow (7/0), Syarhey Amelyanchuk (23/1), Syarhey Shtanyuk (57/2), Syarhey Yaskovich (30/0), Syarhey Gurenko (Cap) (78/3), Alyaksandr Kulchy (52/5), Tsimafey Kalachow (6/0) [56.Vitaliy Bulyga (16/4)], Valentin Belkevich (55/10), Alyaksandr Hleb (19/3), Uladzimir Karytska (9/0) [69.Vyacheslav Hleb (6/2)], Vitaliy Kutuzov (26/7). Trainer: Anatoliy Baydachniy (18).

92. 07.09.2005 **BELARUS - ITALY** **1-4(1-3)** 18th FIFA WC. Qualifiers
Stadion Dynama, Minsk; Referee: Renatus Hendrikus Johannes Temmink (Netherlands); Attendance: 30,299
BLR: Yury Zhawnow (8/0), Syarhey Amelyanchuk (24/1), Syarhey Shtanyuk (Cap) (58/2), Syarhey Yaskovich (31/0) [32.Igor Tarlovskiy (20/1)], Andrey Lavrik (35/1), Denis Kovba (23/1), Alyaksandr Hleb (20/3), Valentin Belkevich (56/10), Alyaksandr Kulchy (53/5) [79.Uladzimir Karytska (10/0)], Vitaliy Bulyga (17/4), Vitaliy Kutuzov (27/8) [75.Vyacheslav Hleb (7/2)]. Trainer: Anatoliy Baydachniy (19).
Goal: Vitaliy Kutuzov (4).

93. 08.10.2005 **SCOTLAND - BELARUS** 0-1(0-1) 18th FIFA WC. Qualifiers
Hampden Park, Glasgow; Referee: Zsolt Szabó (Hungary); Attendance: 51,105
BLR: Vasiliy Khomutovskiy (13/0), Uladzimir Karytska (11/0), Igor Tarlovskiy (21/1), Andrey Ostrovskiy (51/1), Andrey Lavrik (Cap) (36/1), Tsimafey Kalachow (7/0), Alyaksandr Kulchy (54/5), Denis Kovba (24/1), Alyaksandr Hleb (21/3), Vitaliy Bulyga (18/4) [88.Denis Sashcheko (4/0)], Vitaliy Kutuzov (28/9). Trainer: Anatoliy Baydachniy (20).
Goal: Vitaliy Kutuzov (5).

94. 12.10.2005 **BELARUS - NORWAY** 0-1(0-0) 18th FIFA WC. Qualifiers
Stadion Dynama, Minsk; Referee: Konrad Plautz (Austria); Attendance: 13,222
BLR: Vasiliy Khomutovskiy (14/0), Syarhey Amelyanchuk (25/1), Syarhey Shtanyuk (Cap) (59/2), Andrey Ostrovskiy (52/1), Igor Tarlovskiy (22/1), Denis Sashcheko (5/0) [64.Yevgeniy Loshankov (1/0)], Denis Kovba (25/1) [58.Pavel Kirilchik (1/0)], Alyaksandr Kulchy (55/5), Tsimafey Kalachow (8/0), Vitaliy Bulyga (19/4), Vitaliy Kutuzov (29/9). Trainer: Anatoliy Baydachniy (21).

95. 12.11.2005 **BELARUS - LATVIA** 3-1(1-1)
Centralnyi Sportivnyi Kompleks, Vitebsk; Referee: Igor Yegorov (Russia); Attendance: 8,300
BLR: Vasiliy Khomutovskiy (15/0) [46.Yury Zhawnow (9/0)], Yan Tsiharaw (1/0), Syarhey Shtanyuk (Cap) (60/2), Syarhey Amelyanchuk (26/1), Andrey Lavrik (37/1) [46.Artem Chelyadinskiy (3/0)], Uladzimir Karytska (12/1) [72.Vyacheslav Hleb (8/2)], Alyaksandr Kulchy (56/5), Oleg Shkabara (3/1) [46.Pavel Kirilchik (2/0)], Vitaliy Bulyga (20/4) [46.Syarhey Karnilenka (5/2)], Tsimafey Kalachow (9/0) [82.Alexei Suchkov (3/0)], Vitaliy Kutuzov (30/9). Trainer: Anatoliy Baydachniy (22).
Goals: Uladzimir Karytska (27), Syarhey Karnilenka (52,90).

96. 28.02.2006 **GREECE - BELARUS** 1-0(1-0) Cyprus Tournament
Tsirion Athletic Center, Limassol (Cyprus); Referee: Marian Salomir (Romania); Attendance: 3,500
BLR: Vasiliy Khomutovskiy (16/0), Syarhey Amelyanchuk (27/1), Pavel Kirilchik (3/0) [46.Yan Tsiharaw (2/0)], Syarhey Shtanyuk (Cap) (61/2), Alyaksandr Yurevich (1/0), Alyaksandr Hleb (22/3), Alexei Suchkov (4/0) [72.Vitaliy Volodenkov (10/0)], Denis Kovba (26/1) [57.Oleg Shkabara (4/1)], Uladzimir Karytska (13/1) [46.Tsimafey Kalachow (10/0)], Syarhey Karnilenka (6/2) [46.Vyacheslav Hleb (9/2) [*sent off 90*]]], Vitaliy Bulyga (21/4) [57.Artem Kontsevoi (1/0)]. Trainer: Yuriy Puntus (1).

97. 01.03.2006 **FINLAND - BELARUS** 2-2(0-1,2-2); 5-4 on penalties Cyprus Tournament
Stádio Pafiako, Páphos (Cyprus); Referee: Robert Kranjc (Slovenia); Attendance: 120
BLR: Vladimir Gayev (1/0) [46.Alyaksandr Sulima (6/0)], Alyaksandr Shahoyka (1/0), Dzmitry Lentsevich (1/0), Alexei Pankovets (1/0), Mikalay Kashewski (1/0) [64.Uladzimir Karytska (14/1)], Vitaliy Volodenkov (11/0) [55.Alexei Suchkov (5/0)], Denis Kovba (Cap) (27/1) [46.Oleg Shkabara (5/2)], Oleg Strakhanovich (1/0) [46.Yan Tsiharaw (3/0)], Tsimafey Kalachow (11/0), Vladimir Makovskiy (28/4) [66.Vitaliy Bulyga (22/4)], Syarhey Karnilenka (7/3) [46.Artem Kontsevoi (2/0)]. Trainer: Yuriy Puntus (2).
Goals: Syarhey Karnilenka (34), Oleg Shkabara (53).
Penalties: Artem Kontsevoi, Alyaksandr Shahoyka, Uladzimir Karytska (save), Tsimafey Kalachow, Vitaliy Bulyga.

98. 30.05.2006 **TUNISIA - BELARUS** 3-0(1-0)
Stade 7 Novembre, Radès; Referee: Djaballah Touati (Algeria) [replaced after 46 mins by Kacem Bennaceur(Tunisia)]; Attendance: 20,000
BLR: Vasiliy Khomutovskiy (17/0), Dzmitry Lentsevich (2/0), Alyaksandr Shahoyka (2/0), Syarhey Shtanyuk (62/2), Alyaksandr Yurevich (2/0), Tsimafey Kalachow (12/0), Mikalay Kashewski (2/0) [46.Alexei Suchkov (6/0)], Uladzimir Karytska (15/1) [59.Vitaliy Lanko (2/0)], Denis Kovba (28/1) [67.Alexei Pankovets (2/0)], Roman Vasilyuk (17/7) [62.Artem Kontsevoi (3/0)], Syarhey Karnilenka (8/3) [83.Artem Chelyadinskiy (4/0)]. Trainer: Yuriy Puntus (3).

99. 02.06.2006 **LIBYA - BELARUS** 1-1(0-1,1-1,1-1); 3-1 on penalties
Stade 7 Novembre, Radès (Tunisia); Referee: Aouaz Trabelsi (Algeria); Attendance: 8,000
BLR: Yury Zhawnow (10/0), Artem Chelyadinskiy (5/0), Syarhey Shtanyuk (63/3), Syarhey Amelyanchuk (28/1), Alyaksandr Yurevich (3/0), Denis Kovba (29/1), Tsimafey Kalachow (13/0) [53.Dzmitry Lentsevich (3/0)], Mikalay Kashewski (3/0) [46.Artem Kontsevoi (4/0)], Vitaliy Lanko (3/0) [46.Alexei Suchkov (7/0)], Roman Vasilyuk (18/7) [46.Syarhey Karnilenka (9/3)], Uladzimir Karytska (16/1) [73.Alyaksandr Shahoyka (3/0)]. Trainer: Yuriy Puntus (4).
Goal: Syarhey Shtanyuk (13).

100. 16.08.2006 **BELARUS - ANDORRA** 3-0(1-0)
Stadion Dynama, Minsk; Referee: Audrius Žuta (Lithuania); Attendance: 7,500
BLR: Vasiliy Khomutovskiy (18/0) [46.Yury Zhawnow (11/0)], Uladzimir Karytska (17/1), Syarhey Amelyanchuk (29/1), Alyaksandr Yurevich (4/0) [79.Dzmitry Lentsevich (4/0)], Alyaksandr Kulchy (Cap) (57/5), Denis Kovba (30/1), Alyaksandr Hleb (23/4) [46.Oleg Strakhanovich (2/0)], Maxym Romashchenko (48/13), Tsimafey Kalachow (14/0) [64.Alyaksandr Shahoyka (4/0)], Vitaliy Lanko (4/0) [46.Syarhey Karnilenka (10/4)], Artem Kontsevoi (5/0) [46.Vitaliy Bulyga (23/5)]. Trainer: Yuriy Puntus (5).
Goals: Alyaksandr Hleb (35), Vitaliy Bulyga (76), Syarhey Karnilenka (84).

101. 02.09.2006 **BELARUS - ALBANIA** 2-2(2-1) 13th EC. Qualifiers
Stadion Dynama, Minsk; Referee: Tony Asumaa (Finland); Attendance: 23,000
BLR: Vasiliy Khomutovskiy (19/0), Uladzimir Karytska (18/1), Syarhyey Shtanyuk (Cap) (64/3), Syarhey Amelyanchuk (30/1), Alyaksandr Kulchy (58/5), Denis Kovba (31/1), Maxym Romashchenko (49/14), Tsimafey Kalachow (15/1) [84.Vitaliy Lanko (5/0)], Vyacheslav Hleb (10/2) [64.Vitaliy Bulyga (24/5)], Alyaksandr Hleb (24/4), Vitaliy Kutuzov (31/9). Trainer: Yuriy Puntus (6).
Goals: Tsimafey Kalachow (2), Maxym Romashchenko (24).

102. 06.09.2006 **NETHERLANDS - BELARUS** 3-0(1-0) 13th EC. Qualifiers
Stadion Philips, Eindhoven; Referee: Howard Webb (England); Attendance: 33,000
BLR: Vasiliy Khomutovskiy (20/0), Alyaksandr Yurevich (5/0), Syarhey Amelyanchuk (31/1), Syarhey Shtanyuk (Cap) (65/3), Dzmitry Lentsevich (5/0), Uladzimir Karytska (19/1) [46.Oleg Strakhanovich (3/0)], Maxym Romashchenko (50/14) [69.Artem Kontsevoi (6/0)], Denis Kovba (32/1), Tsimafey Kalachow (16/1) [74.Vitaliy Lanko (6/0)], Alyaksandr Hleb (25/4), Syarhey Karnilenka (11/4). Trainer: Yuriy Puntus (7).

103. 07.10.2006 **ROMANIA - BELARUS** 3-1(2-1) 13th EC. Qualifiers
Stadionul Steaua, Bucureşti; Referee: Alberto Undiano Mallenco (Spain); Attendance: 10,000
BLR: Vladimir Gayev (2/0), Alyaksandr Yurevich (6/0), Syarhey Amelyanchuk (32/1), Syarhey Shtanyuk (Cap) (66/3), Dzmitry Lentsevich (6/0), Syarhey Gurenko (79/3), Alyaksandr Kulchy (59/5) [65.Oleg Strakhanovich (4/0)], Tsimafey Kalachow (17/1) [50.Vyacheslav Hleb (11/2)], Alyaksandr Hleb (26/4), Maxym Romashchenko (51/14), Syarhey Karnilenka (12/5) [66.Uladzimir Karytska (20/1)]. Trainer: Yuriy Puntus (8).
Goals: Syarhey Karnilenka (21).

104. 11.10.2006 **BELARUS - SLOVENIA** 4-2(1-2) 13th EC. Qualifiers
Stadion Dynama, Minsk; Referee: Viktor Kassai (Hungary); Attendance: 21,150
BLR: Vladimir Gayev (3/0), Syarhey Amelyanchuk (33/1), Syarhey Shtanyuk (Cap) (67/3), Syarhey Gurenko (80/3), Tsimafey Kalachow (18/1), Denis Kovba (33/2), Alyaksandr Kulchy (60/5), Alyaksandr Hleb (27/4), Maxym Romashchenko (52/14) [51.Uladzimir Karytska (21/2)], Vyacheslav Hleb (12/2) [69.Oleg Strakhanovich (5/0)], Syarhey Karnilenka (13/7) [90.Artem Kontsevoi (7/0)]. Trainer: Yuriy Puntus (9).
Goals: Denis Kovba (18), Syarhey Karnilenka (52,60), Uladzimir Karytska (85).

105. 15.11.2006 **ESTONIA – BELARUS** 2-1(1-0)
A. Le Coq Arena, Tallinn; Referee: Anders Hermansen (Denmark); Attendance: 2,850
BLR: Yury Zhawnow (12/0), Syarhey Amelyanchuk (34/1) [46.Yan Tsiharaw (4/0)], Artsyom Radzkow (1/0), Dzmitry Molash (1/0) [46.Alyaksandr Yurevich (7/0)], Tsimafey Kalachow (19/1) [71.Artem Kontsevoi (8/0)], Denis Kovba (34/2) [60.Pavel Plaskonny (1/0)], Oleg Strakhanovich (6/0), Alyaksandr Hleb (Cap) (28/4), Alexei Suchkov (8/0) [46.Uladzimir Karytska (22/2)], Syarhey Karnilenka (14/7) [*sent off 60*], Vyacheslav Hleb (13/3) [75.Pavel Kirilchik (4/0)]. Trainer: Yuriy Puntus (10).
Goal: Vyacheslav Hleb (63 penalty).

106. 07.02.2007 **IRAN – BELARUS** 2-2(1-0)
Azadi Stadium, Tehran; Referee: Saad Kameel Al Fadhli (Kuwait); Attendance: 15,000
BLR: Yury Zhawnow (13/0), Syarhey Amelyanchuk (35/1), Alyaksandr Yurevich (8/0), Pavel Plaskonny (2/0) [46.Vyacheslav Hleb (14/5)], Syarhey Shtanyuk (Cap) (68/3), Uladzimir Karytska (23/2) [55.Artem Chelyadinskiy (6/0)], Alyaksandr Kulchy (61/5), Oleg Strakhanovich (7/0) [79.Andrey Poryvayev (1/0)], Tsimafey Kalachow (20/1), Syarhey Karnilenka (15/7) [71.Alyaksandr Klimenko (1/0)], Vitaliy Kutuzov (32/9) [65.Artem Kontsevoi (9/0)]. Trainer: Yuriy Puntus (11).
Goals: Vyacheslav Hleb (53,59).

107. 24.03.2007 **LUXEMBOURG – BELARUS** 1-2(0-1) 13th EC. Qualifiers
Stade "Josy Barthel", Luxembourg; Referee: Mark Steven Whitby (Wales); Attendance: 3,000
BLR: Yury Zhawnow (14/0), Alyaksandr Yurevich (9/0), Syarhey Shtanyuk (Cap) (69/3), Alyaksandr Kulchy (62/5), Uladzimir Karytska (24/2), Alyaksandr Hleb (29/4), Vyacheslav Hleb (15/5), Oleg Strakhanovich (8/0) [58.Artem Chelyadinskiy (7/0)], Syarhey Karnilenka (16/7) [74.Gennadiy Bliznyuk (4/1)], Tsimafey Kalachow (21/2), Vitaliy Kutuzov (33/10) [80.Artsyom Radzkow (2/0)]. Trainer: Yuriy Puntus (12).
Goals: Tsimafey Kalachow (25), Vitaliy Kutuzov (54).

108. 02.06.2007 **BELARUS - BULGARIA** 0-2(0-1) 13th EC. Qualifiers
Stadion Dynama, Minsk; Referee: Jaroslav Jara (Czech Republic); Attendance: 27,000
BLR: Yury Zhawnow (15/0), Syarhey Amelyanchuk (36/1) [71.Oleg Strakhanovich (9/0)], Denis Kovba (35/2), Syarhey Shtanyuk (70/3), Yan Tsiharaw (5/0), Uladzimir Karytska (25/2), Tsimafey Kalachow (22/2), Alyaksandr Hleb (30/4), Alyaksandr Kulchy (63/5), Syarhey Karnilenka (17/7) [59.Roman Vasilyuk (19/7)], Vitaliy Kutuzov (34/10) [46.Vyacheslav Hleb (16/5)]. Trainer: Yuriy Puntus (13).

109. 06.06.2007 **BULGARIA - BELARUS** 2-1(2-1) 13th EC. Qualifiers
Nationalen stadion "Vasil Levski", Sofia; Referee: Kristinn Jakobsson (Iceland); Attendance: 17,000
BLR: Yury Zhawnow (16/0), Alyaksandr Yurevich (10/0), Artsyom Radzkow (3/0), Syarhey Shtanyuk (71/3), Yan Tsiharaw (6/0), Denis Kovba (36/2), Uladzimir Karytska (26/2), Oleg Strakhanovich (10/0) [64.Vyacheslav Hleb (17/5)], Tsimafey Kalachow (23/2) [44.Vitaliy Kutuzov (35/10)], Alyaksandr Hleb (31/4), Roman Vasilyuk (20/8) [55.Syarhey Karnilenka (18/7)]. Trainer: Yuriy Puntus (14).
Goal: Roman Vasilyuk (5 penalty).

110. 22.08.2007 **BELARUS - ISRAEL** 2-1(1-1)
Stadion Dynama, Minsk; Referee: Paulius Malzinskas (Lithuania); Attendance: 10,000
BLR: Vasiliy Khomutovskiy (21/0) [46.Anton Amelchanka (1/0)], Syarhey Amelyanchuk (37/1), Artsyom Radzkow (4/0), Pavel Plaskonny (3/0) [75.Gennadiy Bliznyuk (5/1)], Yan Tsiharaw (7/0) [46.Uladzimir Karytska (27/2)], Tsimafey Kalachow (24/2), Alyaksandr Hleb (Cap) (32/4) [83.Dzmitry Mozolevskiy (1/0)], Ihar Stasevich (1/0) [46.Mikalay Kashewski (4/0)], Maxym Romashchenko (53/15), Syarhey Karnilenka (19/7), Roman Vasilyuk (21/9) [46.Vitaliy Rodionov (1/0)]. Trainer: Bernd Walter Stange (Germany, 1).
Goals: Roman Vasilyuk (2), Maxym Romashchenko (90 penalty).

111. 08.09.2007 **BELARUS - ROMANIA** 1-3(1-2) 13th EC. Qualifiers
Stadion Dynama, Minsk; Referee: Peter Fröjdfeldt (Sweden); Attendance: 19,320
BLR: Vasiliy Khomutovskiy (22/0), Uladzimir Karytska (28/2), Artsyom Radzkow (5/0), Pavel Plaskonny (4/0), Yan Tsiharaw (8/0), Tsimafey Kalachow (25/2) [78.Alexei Skvernyuk (1/0)], Maxym Romashchenko (54/16), Alyaksandr Hleb (Cap) (33/4), Ihar Stasevich (2/0), Syarhey Karnilenka (20/7), Vitaliy Rodionov (2/0) [61.Roman Vasilyuk (22/9)]. Trainer: Bernd Walter Stange (Germany, 2).
Goal: Maxym Romashchenko (20).

112. 12.09.2007 **SLOVENIA - BELARUS** 1-0(1-0) 13th EC. Qualifiers
Športni Park "Arena Petrol", Celje; Referee: Veaceslav Banari (Moldova); Attendance: 4,000
BLR: Vladimir Gayev (4/0), Uladzimir Karytska (29/2) [89.Mikalay Kashewski (5/0)], Artsyom Radzkow (6/0) [*sent off 70*], Pavel Plaskonny (5/0), Yan Tsiharaw (9/0), Tsimafey Kalachow (26/2), Ihar Stasevich (3/0), Maxym Romashchenko (55/16), Alyaksandr Hleb (Cap) (34/4), Syarhey Karnilenka (21/7) [46.Vitaliy Rodionov (3/0)], Gennadiy Bliznyuk (6/1) [74.Yahor Filipenka (1/0)]. Trainer: Bernd Walter Stange (Germany, 3).

113. 13.10.2007 **BELARUS - LUXEMBOURG** 0-1(0-0) 13th EC. Qualifiers
Stadion Tsentralny, Gomel; Referee: Michael Svendsen (Denmark); Attendance: 14,000
BLR: Yury Zhawnow (17/0) [69.Vasiliy Khomutovskiy (23/0)], Syarhey Amelyanchuk (38/1), Pavel Plaskonny (6/0), Yahor Filipenka (2/0), Uladzimir Karytska (30/2), Ihar Stasevich (4/0) [62.Tsimafey Kalachow (27/2)], Alexei Skvernyuk (2/0), Maxym Romashchenko (56/16), Alyaksandr Hleb (Cap) (35/4), Syarhey Karnilenka (22/7), Andrey Voronkov (1/0) [80.Vitaliy Rodionov (4/0)]. Trainer: Bernd Walter Stange (Germany, 4).

114. 17.10.2007 **ISRAEL - BELARUS** 2-1(1-0)
National Stadium, Ramat-Gan, Tel Aviv; Referee: Tsvetan Georgiev (Bulgaria); Attendance: 4,362
BLR: Yury Zhawnow (18/0), Syarhey Amelyanchuk (39/1), Artsyom Radzkow (7/0) [53.Pavel Plaskonny (7/0)], Yahor Filipenka (3/0), Dzmitry Molash (2/0), Uladzimir Karytska (31/2), Tsimafey Kalachow (28/2) [84.Dzmitry Mozolevskiy (2/0)], Ihar Stasevich (5/0), Maxym Romashchenko (57/17), Alyaksandr Hleb (Cap) (36/4) [69.Alexei Skvernyuk (3/0)], Syarhey Karnilenka (23/7) [69.Vitaliy Rodionov (5/0)]. Trainer: Bernd Walter Stange (Germany, 5).
Goal: Maxym Romashchenko (68).

115. 17.11.2007 **ALBANIA - BELARUS** 2-4(2-2) 13th EC. Qualifiers
Stadiumi „Kombëtar Qemal Stafa", Tiranë; Referee: Bülent Demirlek (Turkey); Attendance: 5,000
BLR: Yury Zhawnow (19/0), Syarhey Amelyanchuk (40/1), Yahor Filipenka (4/0), Pavel Plaskonny (8/0) [65.Alexei Skvernyuk (4/0)], Roman Kirenkin (1/0), Alyaksandr Kulchy (64/5), Tsimafey Kalachow (29/2) [75.Uladzimir Karytska (32/2)], Maxym Romashchenko (58/19), Alyaksandr Hleb (Cap) (37/4), Vitaliy Bulyga (25/5), Vitaliy Kutuzov (36/12) [90.Syarhey Karnilenka (24/7)]. Trainer: Bernd Walter Stange (Germany, 6).
Goals: Maxym Romashchenko (33), Vitaliy Kutuzov (45+1, 54), Maxym Romashchenko (63 penalty).

116. 21.11.2007 **BELARUS - NETHERLANDS** 2-1(0-0) 13th EC. Qualifiers
Stadion Dynama, Minsk; Referee: Bertrand Layec (France); Attendance: 12,000
BLR: Yury Zhawnow (20/0), Syarhey Amelyanchuk (41/1) [90+1.Ihar Stasevich (6/0)], Yahor Filipenka (5/0), Roman Kirenkin (2/0), Alexei Skvernyuk (5/0), Uladzimir Karytska (33/3), Alyaksandr Kulchy (65/5), Maxym Romashchenko (59/19), Alyaksandr Hleb (Cap) (38/4) [46.Mikalay Kashewski (6/0)], Vitaliy Bulyga (26/6) [86.Syarhey Karnilenka (25/7)], Vitaliy Kutuzov (37/12). Trainer: Bernd Walter Stange (Germany, 7).
Goals: Vitaliy Bulyga (49), Uladzimir Karytska (65).

117. 02.02.2008 **BELARUS - ICELAND** 2-0(1-0) Malta Tournament
Ta'Qali National Stadium, Attard (Malta); Referee: Chris Lautier (Malta); Attendance: 100
BLR: Syarhey Vyeramko (1/0), Alyaksandr Kulchy (66/5), Yahor Filipenka (6/0), Syarhey Amelyanchuk (42/1) [80.Ihar Shitov (1/0)], Pavel Plaskonny (9/1), Vitaliy Bulyga (27/6), Syarhey Karnilenka (26/7) [54.Vyacheslav Hleb (18/5)], Maxym Romashchenko (60/19) [85.Syarhey Kryvets (1/0)], Gennadiy Bliznyuk (7/1) [54.Alyaksandr Pawlaw (1/0)], Roman Vasilyuk (23/10), Roman Kirenkin (3/0) [46.Kirill Pavlyuchek (1/0)]. Trainer: Bernd Walter Stange (Germany, 8).
Goals: Roman Vasilyuk (33), Pavel Plaskonny (47).

118. 04.02.2008 **ARMENIA - BELARUS** 2-1(1-1) Malta Tournament
Ta'Qali National Stadium, Attard (Malta); Referee: Anthonny Zammit (Malta); Attendance: 100
BLR: Alyaksandr Lentsevich (1/0), Alyaksandr Kulchy (67/5), Yahor Filipenka (7/0), Syarhey Amelyanchuk (43/1), Pavel Plaskonny (10/1) [46.Anton Putsila (1/0)], Vitaliy Bulyga (28/6), Maxym Romashchenko (61/19), Gennadiy Bliznyuk (8/1) [46.Mikalay Osipovich (1/0)], Roman Vasilyuk (24/10) [67.Syarhey Karnilenka (27/7)], Vyacheslav Hleb (19/6), Kirill Pavlyuchek (2/0). Trainer: Bernd Walter Stange (Germany, 9).
Goal: Vyacheslav Hleb (5).

119. 06.02.2008 **MALTA - BELARUS** 0-1(0-0) Malta Tournament
Ta'Qali National Stadium, Attard; Referee: Ararat Tchagaryan (Armenia); Attendance: 1,000
BLR: Yury Zhawnow (21/0), Alyaksandr Kulchy (68/5), Yahor Filipenka (8/0), Syarhey Amelyanchuk (44/1), Artsyom Radzkow (8/0) [66.Kirill Pavlyuchek (3/0)], Tsimafey Kalachow (30/2), Vitaliy Bulyga (29/6) [60.Vyacheslav Hleb (20/6)], Alyaksandr Hleb (Cap) (39/4), Alexei Skvernyuk (6/0), Mikalay Kashewski (7/0) [60.Maxym Romashchenko (62/20)], Vitaliy Kutuzov (38/12). Trainer: Bernd Walter Stange (Germany, 10).
Goal: Maxym Romashchenko (89).

120. 26.03.2008 **BELARUS - TURKEY** 2-2(1-1)
Stadion Dinamo, Brest; Referee: Paulius Malž inskas(Lithuania); Attendance: 30,000
BLR: Yury Zhawnow (22/0) [50.Vasiliy Khomutovskiy (24/0)], Yahor Filipenka (9/0), Roman Kirenkin (4/0), Anton Putsila (2/0) [90.Ihar Shitov (2/0)], Alexei Skvernyuk (7/0) [24.Pavel Plaskonny (11/1)], Mikalay Kashewski (8/0), Uladzimir Karytska (34/3), Vitaliy Bulyga (30/6), Alyaksandr Hleb (Cap) (40/4), Maxym Romashchenko (63/20), Vitaliy Kutuzov (39/13) [50.Vyacheslav Hleb (21/7)]. Trainer: Bernd Walter Stange (Germany, 11).
Goals: Vitaliy Kutuzov (36), Vyacheslav Hleb (65).

121. 27.05.2008 **GERMANY - BELARUS** 2-2(2-0)
„Fritz Walter" Stadion, Kaiserslautern; Referee: Darko Čeferin (Slovenia); Attendance: 47,258
BLR: Vasiliy Khomutovskiy (25/0), Uladzimir Karytska (35/3), Yahor Filipenka (10/0), Dzmitry Lentsevich (7/0), Syarhey Amelyanchuk (45/1), Anton Putsila (3/0) [73.Alyaksandr Pawlaw (2/0)], Alyaksandr Kulchy (69/5), Maxym Romashchenko (64/20) [46.Pavel Sitko (1/0)], Alyaksandr Hleb (Cap) (41/4), Vitaliy Bulyga (31/8) [90.Syarhey Karnilenka (28/7)], Vyacheslav Hleb (22/7) [54.Vitaliy Rodionov (6/0)]. Trainer: Bernd Walter Stange (Germany, 12).
Goals: Vitaliy Bulyga (61, 88).

122. 02.06.2008 **FINLAND - BELARUS** 1-1(0-0)
Veritas Stadion, Turku; Referee: Damir Skomina (Slovenia); Attendance: 9,000
BLR: Vasiliy Khomutovskiy (26/0), Andrey Chukhley (1/0), Dzmitry Verkhawtsow (1/0), Dzmitry Lentsevich (8/0) [46.Roman Kirenkin (5/0)], Mikalay Kashewski (9/0) [90.Pavel Plaskonny (12/1)], Artem Kontsevoi (10/0) [83.Ihar Shitov (3/1)], Anton Putsila (4/0) [46.Vyacheslav Hleb (23/7)], Alyaksandr Pawlaw (3/0), Pavel Sitko (2/0), Vitaliy Bulyga (Cap) (32/8), Vitaliy Rodionov (7/0) [70.Syarhey Karnilenka (29/7)]. Trainer: Bernd Walter Stange (Germany, 13).
Goal: Ihar Shitov (90+2).

123. 20.08.2008 **BELARUS - ARGENTINA** 0-0
Stadion Dynama, Minsk; Referee: Stanislav Sukhina (Russia); Attendance: 24,027
BLR: Yury Zhawnow (23/0), Yahor Filipenka (11/0), Syarhey Amelyanchuk (46/1), Uladzimir Karytska (36/3), Dzmitry Verkhawtsow (2/0), Alyaksandr Kulchy (70/5), Anton Putsila (5/0) [79.Alyaksandr Pawlaw (4/0)], Oleg Strakhanovich (11/0) [71.Dzmitry Molash (3/0)], Vitaliy Kutuzov (40/13), Alyaksandr Hleb (Cap) (42/4), Vitaliy Bulyga (Cap) (33/8) [81.Vyacheslav Hleb (24/7)]. Trainer: Bernd Walter Stange (Germany, 14).

124. 06.09.2008 **UKRAINE - BELARUS** 1-0(0-0) 19th FIFA WC. Qualifiers
Ukraina Stadium, Lviv; Referee: Nicola Rizzoli (Italy); Attendance: 25,000
BLR: Yury Zhawnow (24/0), Alyaksandr Kulchy (71/5), Yahor Filipenka (12/0), Dzmitry Verkhawtsow (3/0), Syarhey Amelyanchuk (47/1), Uladzimir Karytska (37/3) [67.Andrey Chukhley (2/0)], Vitaliy Bulyga (34/8) [72.Vyacheslav Hleb (25/7)], Oleg Strakhanovich (12/0), Anton Putsila (6/0) [80.Alyaksandr Pawlaw (5/0)], Alyaksandr Hleb (Cap) (43/4), Vitaliy Kutuzov (41/13). Trainer: Bernd Walter Stange (Germany, 15).

125. 10.09.2008 **ANDORRA - BELARUS** 1-3(0-1) 19th FIFA WC. Qualifiers
Estadi Comunal de Aixovall, Andorra la Vella; Referee: Simon lee Evans (Wales); Attendance: 200
BLR: Syarhey Vyeramko (2/0), Syarhey Amelyanchuk (48/1), Uladzimir Karytska (38/3), Alyaksandr Kulchy (72/5), Yahor Filipenka (13/0), Dzmitry Verkhawtsow (4/1), Oleg Strakhanovich (13/0) [87.Pavel Sitko (3/0)], Vitaliy Kutuzov (42/13), Alyaksandr Pawlaw (6/0) [57.Vitaliy Rodionov (8/1)], Vitaliy Bulyga (35/8) [63.Vyacheslav Hleb (26/8)], Alyaksandr Hleb (Cap) (44/4). Trainer: Bernd Walter Stange (Germany, 16).
Goals: Dzmitry Verkhawtsow (37), Vitaliy Rodionov (79), Vyacheslav Hleb (89).

126. 15.10.2008 **BELARUS - ENGLAND** 1-3(1-1) 19th FIFA WC. Qualifiers
Stadion Dynama, Minsk; Referee: Terje Hauge (Norway); Attendance: 29,600
BLR: Yury Zhawnow (25/0), Syarhey Amelyanchuk (49/1), Dzmitry Molash (4/0), Yahor Filipenka (14/0), Dzmitry Verkhawtsow (5/1), Alyaksandr Kulchy (Cap) (73/5), Ihar Stasevich (7/0) [90.Vyacheslav Hleb (27/8)], Anton Putsila (7/0) [67.Vitaliy Rodionov (9/1)], Pavel Sitko (4/1), Vitaliy Kutuzov (43/13) [77.Oleg Strakhanovich (14/0)], Vitaliy Bulyga (36/8). Trainer: Bernd Walter Stange (Germany, 17).
Goal: Pavel Sitko (28).

127. 19.11.2008 **CYPRUS - BELARUS** 2-1(1-0)
Stádio Neo GSP, Nicosia; Referee: Asaf Kenan (Israel); Attendance: 300
BLR: Yury Zhawnow (26/0), Uladzimir Karytska (39/3), Yahor Filipenka (15/0), Dzmitry Verkhawtsow (6/1), Dzmitry Molash (5/0) [61.Syarhey Amelyanchuk (50/1)], Alyaksandr Kulchy (74/5), Alyaksandr Pawlaw (7/0) [54.Anton Putsila (8/0)], Leanid Kovel (5/2), Alyaksandr Hleb (Cap) (45/4), Pavel Sitko (5/1) [61.Oleg Strakhanovich (15/0)], Vitaliy Bulyga (37/8). Trainer: Bernd Walter Stange (Germany, 18).
Goal: Leanid Kovel (55).

128. 01.04.2009 **KAZAKHSTAN - BELARUS** 1-5(1-0) 19th FIFA WC. Qualifiers
Tsentralny Stadium, Almaty; Referee: Jiří Jech (Czech Republic); Attendance: 19,000
BLR: Yury Zhawnow (27/0), Alyaksandr Kulchy (75/5) [70.Mikalay Kashewski (10/0)], Alyaksandr Yurevich (11/0), Maksim Bardachov (1/0), Ihar Shitov (4/1), Syarhey Sasnowski (1/0), Tsimafey Kalachow (31/4), Ihar Stasevich (8/1) [80.Leanid Kovel (6/2)], Alyaksandr Hleb (Cap) (46/5), Vitaliy Kutuzov (44/13) [86.Gennadiy Bliznyuk (9/1)], Vitaliy Rodionov (10/2). Trainer: Bernd Walter Stange (Germany, 19).
Goals: Alyaksandr Hleb (48), Tsimafey Kalachow (54), Ihar Stasevich (57), Tsimafey Kalachow (64), Vitaliy Rodionov (88).

129. 06.06.2009 **BELARUS - ANDORRA** 5-1(2-0) 19th FIFA WC. Qualifiers
Stadion Neman, Grodno; Referee: Robert Kranjc (Slovenia); Attendance: 8,500
BLR: Yury Zhawnow (28/0), Ihar Shitov (5/1) [66.Filip Rudzik (1/0)], Alyaksandr Yurevich (12/0), Syarhey Sasnowski (2/0), Dzmitry Verkhawtsow (7/1), Ihar Stasevich (9/1), Alyaksandr Hleb (Cap) (47/5), Mikalay Kashewski (11/0) [66.Leanid Kovel (7/2)], Tsimafey Kalachow (32/5), Syarhey Karnilenka (30/9) [79.Vitaliy Rodionov (11/2)], Gennadiy Bliznyuk (10/3). Trainer: Bernd Walter Stange (Germany, 20).
Goals: Gennadiy Bliznyuk (2), Tsimafey Kalachow (44), Syarhey Karnilenka (50, 65), Gennadiy Bliznyuk (75).

130. 10.06.2009 **BELARUS – MOLDOVA** 2-2(2-0)
Stadion Dynama, Minsk; Referee: Gediminas Mažeika (Lithuania); Attendance: 2,000
BLR: Yury Zhawnow (29/0), Ihar Shitov (6/1), Syarhey Sasnowski (3/0), Alyaksandr Kulchy (76/5) [46.Leanid Kovel (8/2)], Alyaksandr Yurevich (13/0), Dzmitry Lentsevich (9/0), Tsimafey Kalachow (33/5) [46.Filip Rudzik (2/0)], Vitaliy Rodionov (12/3) [70.Syarhey Koshel (1/0)], Ihar Stasevich (10/1), Alyaksandr Hleb (Cap) (48/5), Gennadiy Bliznyuk (11/4). Trainer: Bernd Walter Stange (Germany, 21).
Goals: Vitaliy Rodionov (4), Gennadiy Bliznyuk (26).

131. 12.08.2009 **BELARUS – CROATIA** 1-3(0-1) 19th FIFA WC. Qualifiers
Stadion Dynama, Minsk; Referee: Dr. Felix Brych (Germany); Attendance: 21,651
BLR: Yury Zhawnow (30/0), Mikalay Kashewski (12/0) [54.Leanid Kovel (9/2)], Syarhey Sasnowski (4/0), Syarhey Amelyanchuk (51/1), Dzmitry Verkhawtsow (8/2), Alyaksandr Yurevich (14/0), Tsimafey Kalachow (34/5), Alyaksandr Kulchy (77/5), Alyaksandr Hleb (Cap) (49/5), Syarhey Karnilenka (31/9) [70.Vitaliy Rodionov (13/3)], Vitaliy Kutuzov (45/13) [85.Gennadiy Bliznyuk (12/4)]. Trainer: Bernd Walter Stange (Germany, 22).
Goal: Dzmitry Verkhawtsow (81).

132. 05.09.2009 **CROATIA - BELARUS** 1-0(1-0) 19th FIFA WC. Qualifiers
Maksimir, Zagreb; Referee: Konrad Plautz (Austria); Attendance: 25,628
BLR: Yury Zhawnow (31/0), Maksim Bardachov (2/0) [55.Ihar Stasevich (11/1)], Syarhey Sasnowski (5/0), Dzmitry Verkhawtsow (9/2), Syarhey Amelyanchuk (52/1), Ihar Shitov (7/1), Alyaksandr Yurevich (15/0), Alyaksandr Kulchy (78/5), Vyacheslav Hleb (28/8) [63.Syarhey Kryvets (2/0)], Tsimafey Kalachow (35/5), Syarhey Karnilenka (32/9) [77.Leanid Kovel (10/2)]. Trainer: Bernd Walter Stange (Germany, 23).

133. 09.09.2009 **BELARUS - UKRAINE** 0-0 19th FIFA WC. Qualifiers
Stadion Dynama, Minsk; Referee: Viktor Kassai (Hungary); Attendance: 21,727
BLR: Yury Zhawnow (32/0), Pavel Plaskonny (13/1) [57.Dzmitry Lentsevich (10/0)], Syarhey Sasnowski (6/0), Syarhey Amelyanchuk (53/1), Ihar Shitov (8/1), Alyaksandr Yurevich (16/0), Alyaksandr Kulchy (79/5), Alyaksandr Hleb (Cap) (50/5), Syarhey Karnilenka (33/9) [76.Leanid Kovel (11/2)], Tsimafey Kalachow (36/5), Vitaliy Kutuzov (46/13) [86.Vyacheslav Hleb (29/8)]. Trainer: Bernd Walter Stange (Germany, 24).

134. 10.10.2009 **BELARUS - KAZAKHSTAN** 4-0(1-0) 19th FIFA WC. Qualifiers
Dinamo, Brest; Referee: Saïd Ennjimi (France); Attendance: 10,000
BLR: Yury Zhawnow (33/0), Ihar Shitov (9/1), Syarhey Sasnowski (7/0), Alyaksandr Yurevich (17/0), Dzmitry Verkhawtsow (10/2), Maksim Bardachov (3/1) [83.Syarhey Kryvets (3/0)], Alyaksandr Kulchy (Cap) (80/5) [90.Vitaliy Rodionov (14/3)], Syarhey Amelyanchuk (54/1), Tsimafey Kalachow (37/7), Syarhey Karnilenka (34/9), Vitaliy Kutuzov (47/13) [73.Leanid Kovel (12/3)]. Trainer: Bernd Walter Stange (Germany, 25).
Goals: Maksim Bardachov (23), Tsimafey Kalachow (69), Leanid Kovel (86), Tsimafey Kalachow (90+3).

135. 14.10.2009 **ENGLAND - BELARUS** 3-0(1-0) 19th FIFA WC. Qualifiers
The National Stadium, Wembley, London; Referee: Lucilio Cardoso Cortez Batista (Portugal); Attendance: 76,897
BLR: Yury Zhawnow (34/0), Alyaksandr Yurevich (18/0), Ihar Shitov (10/1), Dzmitry Verkhawtsow (11/2), Syarhey Sasnowski (8/0), Alyaksandr Kulchy (Cap) (81/5), Tsimafey Kalachow (38/7), Maksim Bardachov (4/1) [84.Mikalay Kashewski (13/0)], Syarhey Amelyanchuk (55/1), Syarhey Karnilenka (35/9) [76.Leanid Kovel (13/3)], Vitaliy Kutuzov (48/13) [46.Vitaliy Rodionov (15/3)]. Trainer: Bernd Walter Stange (Germany, 26).

136. 14.11.2009 **SAUDI ARABIA - BELARUS** 1-1(1-1)
„Prince Mohamed bin Fahd" Stadium, Dammam; Referee: Lucilio Cortez Baptista (Portugal); Attendance: 1,100
BLR: Yury Zhawnow (35/0) [sent off 26], Ihar Shitov (11/1), Dzmitry Lentsevich (11/0), Syarhey Sasnowski (9/0), Alyaksandr Yurevich (19/0), Tsimafey Kalachow (39/7), Syarhey Amelyanchuk (56/1) [75.Vyacheslav Hleb (30/8)], Alyaksandr Kulchy (Cap) (82/5), Maksim Bardachov (5/2), Vitaliy Rodionov (16/3) [26.Anton Amelchanka (2/0)], Syarhey Karnilenka (36/9) [90.Syarhey Kislyak (1/0)]. Trainer: Bernd Walter Stange (Germany, 27).
Goal: Maksim Bardachov (20).

137. 18.11.2009 **MONTENEGRO - BELARUS** 1-0(0-0)
Gradski Stadium, Podgorica; Referee: Aleksandar Stavrev (Macedonia); Attendance: 5,000
BLR: Yury Zhawnow (Cap) (36/0), Ihar Shitov (12/1), Dzmitry Lentsevich (12/0), Alyaksandr Martynovich (1/0) [46.Dzmitry Verkhawtsow (12/2) [sent off 68]], Alyaksandr Yurevich (20/0), Syarhey Kislyak (2/0), Syarhey Amelyanchuk (57/1), Tsimafey Kalachow (40/7) [78.Syarhey Sasnowski (10/0)], Maksim Bardachov (6/2) [90.Syarhey Kryvets (4/0)], Vitaliy Rodionov (17/3) [46.Vyacheslav Hleb (31/8)], Syarhey Karnilenka (37/9) [67.Leanid Kovel (14/3)]. Trainer: Bernd Walter Stange (Germany, 28).

138. 03.03.2010 **ARMENIA - BELARUS** **1-3(0-0)**
"Atatürk" Stadyumu, Antalya (Türkei), Referee: Audrius Zuta (Lithuania), Attendance: 100
BLR: Syarhey Vyeramko (3/0), Ihar Shitov (13/1), Syarhey Sasnowski (11/0) [46.Alyaksandr Martynovich (2/0)], Dzmitry Lentsevich (13/0) [87.Dzmitry Verkhawtsow (13/2)], Alyaksandr Yurevich (21/0), Syarhey Kislyak (3/0), Yan Tsiharaw (10/0) [56.Vyacheslav Hleb (32/8)], Tsimafey Kalachow (Cap) (41/7), Alyaksandr Hleb (51/6) [87.Leanid Kovel (15/3)], Syarhey Kryvets (5/0) [46.Anton Putsila (9/1)], Syarhey Karnilenka (38/9) [56.Vitaliy Rodionov (18/4)]. Trainer: Bernd Walter Stange (Germany, 29).
Goals: Anton Putsila (58), Alyaksandr Hleb (73), Vitaliy Rodionov (86).

139. 27.05.2010 **BELARUS - HONDURAS** **2-2(0-1)**
Villach Stadion, Villach (Austria); Referee: René Eisner (Austria); Attendance: 400
BLR: Yury Zhawnow (Cap) (37/0), Alyaksandr Yurevich (22/0), Alyaksandr Martynovich (3/0), Syarhey Sasnowski (12/0), Dzmitry Molash (6/0), Syarhey Amelyanchuk (58/1), Yan Tsiharaw (11/0), Syarhey Kislyak (4/0) [87.Dzmitry Verkhawtsow (14/2)], Syarhey Kryvets (6/0) [46.Vitaliy Rodionov (19/4)], Anton Putsila (10/3), Syarhey Karnilenka (39/9) [76.Andrey Voronkov (2/0)]. Trainer: Bernd Walter Stange (Germany, 30).
Goals: Anton Putsila (55, 58)

140. 30.05.2010 **BELARUS – KOREA REPUBLIC** **1-0(0-0)**
Kufstein Stadion, Kustein (Austria); Referee: Bernhard Brugger (Austria); Attendance: 300
BLR: Anton Amelchanka (3/0) [46.Syarhey Vyeramko (4/0)], Alyaksandr Yurevich (23/0) [46.Ihar Shitov (14/1)], Alyaksandr Martynovich (4/0), Syarhey Sasnowski (13/0) [89.Dzmitry Lentsevich (14/0)], Dzmitry Molash (7/0), Syarhey Amelyanchuk (Cap) (59/1), Yan Tsiharaw (12/0), Syarhey Kislyak (5/1), Anton Putsila (11/3), Vitaliy Rodionov (20/4) [75.Andrey Voronkov (3/0)], Syarhey Karnilenka (40/9) [46.Syarhey Kryvets (7/0)]. Trainer: Bernd Walter Stange (Germany, 31).
Goal: Syarhey Kislyak (53).

141. 02.06.2010 **BELARUS - SWEDEN** **0-1(0-0)**
Stadion Dynama, Minsk; Referee: Aleksey Nikolaev (Russia); Attendance: 12,000
BLR: Yury Zhawnow (Cap) (38/0), Alyaksandr Yurevich (24/0) [86.Maksim Bardachov (7/2)], Alyaksandr Martynovich (5/0), Syarhey Sasnowski (14/0) [70.Dzmitry Verkhawtsow (15/2)], Dzmitry Molash (8/0) [46.Ihar Shitov (15/1)], Syarhey Amelyanchuk (60/1) [76.Mikhail Sivakov (1/0)], Yan Tsiharaw (13/0), Syarhey Kislyak (6/1), Anton Putsila (12/3), Vitaliy Rodionov (21/4) [46.Vyacheslav Hleb (33/8)], Syarhey Karnilenka (41/9) [46.Syarhey Kryvets (8/0)]. Trainer: Bernd Walter Stange (Germany, 32).

142. 11.08.2010 **LITHUANIA - BELARUS** **0-2(0-0)**
„Darius ir Girėnas" Stadium, Kaunas; Referee: Igor Satchi (Moldova); Attendance: 4,000
BLR: Anton Amelchanka (4/0) [46.Yury Zhawnow (39/0)], Alyaksandr Martynovich (6/0), Ihar Shitov (16/1), Yan Tsiharaw (14/0), Syarhey Amelyanchuk (Cap) (61/1) [90+3.Eduard Zhevnerov (1/0)], Dzmitry Molash (9/0) [46.Alyaksandr Yurevich (25/0)], Alyaksandr Kulchy (83/5) [46.Syarhey Kislyak (7/1)], Alyaksandr Hleb (52/6) [46.Vitaliy Kutuzov (49/13)], Anton Putsila (13/3) [83.Maksim Bardachov (8/2)], Vyacheslav Hleb (34/10), Vitaliy Rodionov (22/4) [60.Syarhey Kryvets (9/0)]. Trainer: Bernd Walter Stange (Germany, 33).
Goals: Vyacheslav Hleb (49, 90+1).

143. 03.09.2010 **FRANCE - BELARUS** **0-1(0-0)** 14th EC. Qualifiers
Stade de France, Saint-Denis, Paris; Referee: William Collum (Scotland); Attendance: 76,395
BLR: Yury Zhawnow (Cap) (40/0), Syarhey Amelyanchuk (62/1), Alyaksandr Yurevich (26/0), Ihar Shitov (17/1), Alyaksandr Martynovich (7/0), Alyaksandr Hleb (53/6), Alyaksandr Kulchy (84/5), Yan Tsiharaw (15/0), Vitaliy Kutuzov (50/13) [74.Syarhey Kislyak (8/2)], Vitaliy Rodionov (23/4) [85.Syarhey Karnilenka (42/9)], Vyacheslav Hleb (35/10) [89.Anton Putsila (14/3)]. Trainer: Bernd Walter Stange (Germany, 34).
Goal: Syarhey Kislyak (86).

144. 07.09.2010 **BELARUS - ROMANIA** **0-0** 14th EC. Qualifiers
Stadion Dynama, Minsk; Referee: Pavel Kralovec (Czech Republic); Attendance: 26,354
BLR: Yury Zhawnow (Cap) (41/0), Syarhey Amelyanchuk (63/1), Alyaksandr Yurevich (27/0), Ihar Shitov (18/1), Alyaksandr Martynovich (8/0), Alyaksandr Hleb (54/6) [73.Anton Putsila (15/3)], Alyaksandr Kulchy (85/5), Syarhey Kislyak (9/2), Vitaliy Kutuzov (51/13) [87.Syarhey Kryvets (10/0)], Syarhey Karnilenka (43/9) [76.Vitaliy Rodionov (24/4)], Vyacheslav Hleb (36/10). Trainer: Bernd Walter Stange (Germany, 35).

145. 08.10.2010 **LUXEMBOURG - BELARUS** **0-0** 14th EC. Qualifiers
Stade "Josy Barthel", Luxembourg; Referee: Aleksandar Stavrev (Macedonia); Attendance: 1,857
BLR: Yury Zhawnow (Cap) (42/0), Syarhey Amelyanchuk (64/1), Alyaksandr Yurevich (28/0) [87.Dzmitry Molash (10/0)], Ihar Shitov (19/1), Alyaksandr Martynovich (9/0), Alyaksandr Kulchy (86/5), Yan Tsiharaw (16/0) [67.Vitaliy Rodionov (25/4)], Tsimafey Kalachow (42/7), Syarhey Kislyak (10/2), Syarhey Karnilenka (44/9) [sent off 69], Vyacheslav Hleb (37/10) [67.Anton Putsila (16/3)]. Trainer: Bernd Walter Stange (Germany, 36).

146. 12.10.2010 **BELARUS - ALBANIA** **2-0(1-0)** 14th EC. Qualifiers
Stadion Dynama, Minsk; Referee: Peter Rasmussen (Denmark); Attendance: 7,000
BLR: Yury Zhawnow (Cap) (43/0), Syarhey Amelyanchuk (65/1), Dzmitry Molash (11/0) [86.Alyaksandr Yurevich (29/0)], Ihar Shitov (20/1), Alyaksandr Martynovich (10/0), Alyaksandr Kulchy (87/5) [75.Syarhey Kryvets (11/1)], Anton Putsila (17/3) [82.Vyacheslav Hleb (38/10)], Yan Tsiharaw (17/0), Tsimafey Kalachow (43/7), Syarhey Kislyak (11/2), Vitaliy Rodionov (26/5). Trainer: Bernd Walter Stange (Germany, 37).
Goals: Vitaliy Rodionov (10), Syarhey Kryvets (77).

147. 17.11.2010 **OMAN - BELARUS** **0-4(0-3)**
Al Seeb Stadium, Muscat; Referee: Abdulrahman Al Amri (Saudi Arabia); Attendance: 1,000
BLR: Syarhey Vyeramko (5/0) [46.Anton Amelchanka (5/0)], Syarhey Amelyanchuk (Cap) (66/1) [46.Syarhey Sasnowski (15/0)], Alyaksandr Yurevich (30/0) [46.Syarhey Kislyak (12/2)], Ihar Shitov (21/1) [75.Dzyanis Palyakow (1/0)], Alyaksandr Martynovich (11/2) [80.Dzmitriy Verkhawtsow (16/2)], Alyaksandr Kulchy (88/5), Yan Tsiharaw (18/0), Syarhey Kryvets (12/1), Tsimafey Kalachow (44/7) [46.Maksim Bardachov (9/2)], Vitaliy Rodionov (27/6), Vyacheslav Hleb (39/11). Trainer: Bernd Walter Stange (Germany, 38).
Goals: Alyaksandr Martynovich (5, 11), Vyacheslav Hleb (35), Vitaliy Rodionov (57 penalty).

148. 09.02.2011 **BELARUS - KAZAKHSTAN** **1-1(1-0)**
Atatürk Stadyumu, Antalya (Turkey); Referee: Veaceslav Banari (Moldova); Attendance: 0,000
BLR: Yury Zhawnow (Cap) (44/0) [46.Anton Amelchanka (6/0)], Syarhey Amelyanchuk (67/1), Dzmitry Molash (12/0) [46.Alyaksandr Yurevich (31/0)], Ihar Shitov (22/1), Alyaksandr Martynovich (12/2) [87.Syarhey Sasnowski (16/0)], Alyaksandr Hleb (55/6), Alyaksandr Kulchy (89/5) [46.Syarhey Kryvets (13/1)], Yan Tsiharaw (19/0) [46.Alyaksandr Bychanok (1/0)], Syarhey Kislyak (13/2) [72.Tsimafey Kalachow (45/7)], Vitaliy Rodionov (28/6) [46.Vitaliy Kutuzov (52/13)], Vyacheslav Hleb (40/12). Trainer: Bernd Walter Stange (Germany, 39).
Goal: Vyacheslav Hleb (45 penalty).

149. 26.03.2011 **ALBANIA - BELARUS** **1-0(0-0)** 14th EC. Qualifiers
Stadiumi „Kombëtar Qemal Stafa", Tiranë; Referee: Markus Strömbergsson (Sweden); Attendance: 13,826
BLR: Syarhey Vyeramko (6/0), Syarhey Amelyanchuk (Cap) (68/1), Dzmitry Molash (13/0), Ihar Shitov (23/1), Alyaksandr Martynovich (13/2), Alyaksandr Kulchy (90/5) [62.Alyaksandr Bychanok (2/0)], Anton Putsila (18/3) [82.Pavel Sitko (6/1)], Yan Tsiharaw (20/0), Syarhey Kryvets (14/1) [46.Leanid Kovel (16/3)], Syarhey Kislyak (14/2), Vyacheslav Hleb (41/12). Trainer: Bernd Walter Stange (Germany, 40).

150. 29.03.2011 **BELARUS - CANADA** **0-1(0-0)**
Atatürk Stadyumu, Antalya (Turkey); Referee: Yunus Yildirim (Turkey); Attendance: 100
BLR: Syarhey Vyeramko (7/0) [46.Anton Amelchanka (7/0)], Syarhey Amelyanchuk (Cap) (69/1) [78.Alyaksandr Kulchy (91/5)], Dzmitry Molash (14/0), Syarhey Sasnowski (17/0), Ihar Shitov (24/1), Alyaksandr Martynovich (14/2), Maksim Zhavnerchyk (1/0) [46.Alyaksandr Bychanok (3/0)], Tsimafey Kalachow (46/7), Syarhey Kislyak (15/2) [62.Syarhey Karnilenka (45/9)], Leanid Kovel (17/3) [81.Anton Putsila (19/3)], Vyacheslav Hleb (42/12) [53.Pavel Sitko (7/1)]. Trainer: Bernd Walter Stange (Germany, 41).

151. 03.06.2011 **BELARUS - FRANCE** **1-1(1-1)** 14th EC. Qualifiers
Stadion Dynama, Minsk; Referee: David Fernández Borbalán (Spain); Attendance: 26,500
BLR: Syarhey Vyeramko (8/0), Syarhey Amelyanchuk (Cap) (70/1), Vital Trubila (1/0), Maksim Bardachov (10/2), Ihar Shitov (25/1), Dzmitriy Verkhawtsow (17/2), Alyaksandr Martynovich (15/2), Anton Putsila (20/3) [86.Syarhey Kislyak (16/2)], Yan Tsiharaw (21/0), Tsimafey Kalachow (47/7) [90.Vyacheslav Hleb (43/12)], Andrey Voronkov (4/0). Trainer: Bernd Walter Stange (Germany, 42).
Goal: Éric Sylvain Abidal (20 own goal).

152. 07.06.2011 **BELARUS - LUXEMBOURG** **2-0(1-0)** 14th EC. Qualifiers
Stadion Dynama, Minsk; Referee: Anar Salmanov (Azerbaijan); Attendance: 9,500
BLR: Yury Zhawnow (Cap) (45/0), Syarhey Amelyanchuk (71/1), Vital Trubila (2/0) [62.Vyacheslav Hleb (44/12)], Maksim Bardachov (11/2), Ihar Shitov (26/1), Dzmitriy Verkhawtsow (18/2), Alyaksandr Kulchy (92/5) [87.Syarhey Kislyak (17/2)], Anton Putsila (21/4), Yan Tsiharaw (22/0), Tsimafey Kalachow (48/7), Andrey Voronkov (5/0) [46.Syarhey Karnilenka (46/10)]. Trainer: Bernd Walter Stange (Germany, 43).
Goals: Syarhey Karnilenka (48 penalty), Anton Putsila (73).

153. 10.08.2011 **BELARUS - BULGARIA** **1-0(1-0)**
Stadion Dynama, Minsk; Referee: Nerijus Dunauskas (Lithuania); Attendance: 6,500
BLR: Yury Zhawnow (Cap) (46/0), Vital Trubila (3/0), Alyaksandr Yurevich (32/0) [46.Maksim Zhavnerchyk (2/0)], Ihar Shitov (27/1) [46.Pavel Nyakhaychyk (1/0)], Dzmitriy Verkhawtsow (19/2) [83.Yahor Filipenka (16/0)], Alyaksandr Martynovich (16/2), Alyaksandr Kulchy (93/5) [46.Stanislaw Drahun (1/0)], Anton Putsila (22/4), Tsimafey Kalachow (49/7) [90+6.Pavel Sitko (8/1)], Syarhey Kislyak (18/3), Andrey Voronkov (6/0) [56.Syarhey Karnilenka (47/10)]. Trainer: Bernd Walter Stange (Germany, 44).
Goal: Syarhey Kislyak (33).

154. 02.09.2011 **BELARUS - BOSNIA AND HERZEGOVINA** **0-2(0-1)** 14th EC. Qualifiers
Stadion Dynama, Minsk; Referee: Viktor Kassai (Hungary); Attendance: 28,500
BLR: Yury Zhawnow (Cap) (47/0), Vital Trubila (4/0), Ihar Shitov (28/1), Dzmitriy Verkhawtsow (20/2), Alyaksandr Martynovich (17/2), Alyaksandr Kulchy (94/5), Anton Putsila (23/4), Maksim Zhavnerchyk (3/0) [63.Pavel Sitko (9/1)], Tsimafey Kalachow (50/7), Syarhey Kislyak (19/3), Syarhey Karnilenka (48/10) [63.Andrey Voronkov (7/0)]. Trainer: Bernd Walter Stange (Germany, 45).

155. 06.09.2011 **BOSNIA AND HERZEGOVINA - BELARUS** **1-0(0-0)** 14th EC. Qualifiers
Stadion Bilino Polje, Zenica; Referee: Martin Atkinson (England); Attendance: 12,000
BLR: Yury Zhawnow (Cap) (48/0), Vital Trubila (5/0), Ihar Shitov (29/1), Dzmitriy Verkhawtsow (21/2), Alyaksandr Martynovich (18/2) [*sent off 85*], Alyaksandr Kulchy (95/5), Anton Putsila (24/4), Pavel Sitko (10/1) [77.Andrey Voronkov (8/0)], Tsimafey Kalachow (51/7) [*sent off 34*], Syarhey Kislyak (20/3), Syarhey Karnilenka (49/10) [72.Stanislaw Drahun (2/0)]. Trainer: Bernd Walter Stange (Germany, 46).

156. 07.10.2011 **ROMANIA - BELARUS** **2-2(1-1)** 14th EC. Qualifiers
Stadionul Naţional, Bucureşti; Referee: Alan Kelly (Republic of Ireland); Attendance: 29,486
BLR: Yury Zhawnow (Cap) (49/0), Syarhey Amelyanchuk (72/1), Yahor Filipenka (17/0) [19.Pavel Plaskonny (14/1)], Maksim Bardachov (12/2) [90+1.Aleh Veratsila (1/0)], Dzmitriy Verkhawtsow (22/2), Alyaksandr Kulchy (96/5), Syarhey Kryvets (15/1) [60.Filip Rudzik (3/0)], Pavel Nyakhaychyk (2/0), Stanislaw Drahun (3/1), Syarhey Kislyak (21/3), Syarhey Karnilenka (50/11). Trainer: Bernd Walter Stange (Germany, 47).
Goals: Syarhey Karnilenka (45), Stanislaw Drahun (82).

157. 11.10.2011 **BELARUS - POLAND** **0-2(0-1)**
BRITA-Arena, Wiesbaden (Germany); Referee: Peter Sippel (Germany); Attendance: 5,116
BLR: Yury Zhawnow (Cap) (50/0) [46.Syarhey Vyeramko (9/0)], Syarhey Amelyanchuk (73/1), Vital Trubila (6/0), Ihar Shitov (30/1) [46.Andrey Voronkov (9/0)], Dzmitriy Verkhawtsow (23/2) [46.Pavel Plaskonny (15/1)], Alyaksandr Martynovich (19/2), Alyaksandr Kulchy (97/5), Tsimafey Kalachow (52/7) [88.Alyaksandr Bychanok (4/0)], Syarhey Kislyak (22/3), Filip Rudzik (4/0) [88.Syarhey Kryvets (16/1)], Syarhey Karnilenka (51/11) [80.Maksim Bardachov (13/2)]. Trainer: Bernd Walter Stange (Germany, 48).

158. 15.11.2011 **LIBYA - BELARUS** **1-1(0-1)**
Dubai Club Stadium, Dubai (United Arab Emirates); Referee: Mohammed Abdulla Hassan Mohammed (United Arab Emirates); Attendance: 250
BLR: Syarhey Vyeramko (10/0), Syarhey Amelyanchuk (Cap) (74/1), Vital Trubila (7/0), Dzmitriy Verkhawtsow (24/2), Alyaksandr Martynovich (20/2), Alyaksandr Kulchy (98/5), Anton Putsila (25/4) [87.Alyaksandr Bychanok (5/0)], Stanislaw Drahun (4/1) [62.Ihar Shitov (31/1) [*sent off 71*]], Tsimafey Kalachow (53/7), Syarhey Kislyak (23/3) [46.Vyacheslav Hleb (45/12)], Syarhey Karnilenka (52/12) [*sent off 90+2*]. Trainer: Bernd Walter Stange (Germany, 49).
Goal: Syarhey Karnilenka (77).

159. 29.02.2012 **BELARUS - MOLDOVA** **0-0**
Mardan Stadyumu, Antalya (Turkey); Referee: Gediminas Mažeika (Lithuania); Attendance: 100
BLR: Yury Zhawnow (Cap) (51/0) [46.Syarhey Vyeramko (11/0)], Maksim Bardachov (14/2), Ihar Shitov (32/1), Dzmitriy Verkhawtsow (25/2), Alyaksandr Martynovich (21/2) [60.Yahor Filipenka (18/0)], Alyaksandr Kulchy (99/5) [46.Uladzimir Karytska (40/3)], Syarhey Kryvets (17/1) [46.Ihar Stasevich (12/1)], Pavel Nyakhaychyk (3/0), Renan Bardini Bressan (1/0), Syarhey Kislyak (24/3) [76.Anton Putsila (26/4)], Dzmitry Komarovski (1/0) [68.Vital Trubila (8/0)]. Trainer: Heorhiy Kandratsyew (1).

160. 07.06.2012 **BELARUS - LITHUANIA**   **1-1(0-1)**
Stadion Dynama, Minsk; Referee: Igor Şaţchii (Moldova); Attendance: 2,000
BLR: Yury Zhawnow (Cap) (52/0), Yahor Filipenka (19/0), Artsyom Radzkow (9/0) [75.Alyaksandr Martynovich (22/2)], Maksim Bardachov (15/2), Aleh Veratsila (2/0), Alyaksandr Kulchy (**100**/5) [46.Stanislaw Drahun (5/2)], Syarhey Balanovich (1/0) [60.Pavel Nyakhaychyk (4/0)], Ihar Stasevich (13/1) [60.Syarhey Kislyak (25/3)], Renan Bardini Bressan (2/0), Alyaksandr Pawlaw (8/0) [46.Pavel Sitko (11/1)], Dzmitry Mozolevskiy (3/0) [46.Dzmitry Komarovski (2/0)]. Trainer: Heorhiy Kandratsyew (2).
Goal: Stanislaw Drahun (79).

161. 15.08.2012 **ARMENIA - BELARUS**   **1-2(0-1)**
"Vazgen Sargsyan" Stadium, Yerevan; Referee: Davit Kharitonashvili (Georgia); Attendance: 6,500
BLR: Syarhey Vyeramko (Cap) (12/0) [46.Yury Zhawnow (53/0)], Maksim Bardachov (16/2) [60.Aleh Veratsila (3/0)], Dzmitriy Verkhawtsow (26/2), Alyaksandr Martynovich (23/2), Anton Putsila (27/4) [90+6.Syarhey Balanovich (2/0)], Yan Tsiharaw (23/0), Maksim Zhavnerchyk (4/0), Pavel Nyakhaychyk (5/0), Renan Bardini Bressan (3/2) [71.Andrey Khachaturyan (1/0)], Syarhey Kislyak (26/3) [46.Stanislaw Drahun (6/2)], Syarhey Karnilenka (53/12) [46.Dzmitry Komarovski (3/0)]. Trainer: Heorhiy Kandratsyew (3).
Goals: Renan Bardini Bressan (45, 66).

162. 07.09.2012 **GEORGIA - BELARUS**   **1-0(0-0)**   20th FIFA WC. Qualifiers
Dinamo Arena, Tbilisi; Referee: Stanislav Todorov (Bulgaria); Attendance: 20,000
BLR: Syarhey Vyeramko (Cap) (13/0), Dzyanis Palyakow (2/0), Dzmitriy Verkhawtsow (27/2), Alyaksandr Martynovich (24/2), Alyaksandr Kulchy (101/5), Anton Putsila (28/4), Yan Tsiharaw (24/0) [62.Stanislaw Drahun (7/2)], Maksim Zhavnerchyk (5/0) [34.Syarhey Balanovich (3/0)], Pavel Nyakhaychyk (6/0) [30.Maksim Bardachov (17/2)], Renan Bardini Bressan (4/2), Syarhey Karnilenka (54/12). Trainer: Heorhiy Kandratsyew (4).

163. 11.09.2012 **FRANCE - BELARUS**   **3-1(0-0)**   20th FIFA WC. Qualifiers
Stade de France, Saint-Denis, Paris; Referee: Hüseyin Göçek (Turkey); Attendance: 52,552
BLR: Syarhey Vyeramko (Cap) (14/0), Artsyom Radzkow (10/0), Dzyanis Palyakow (3/0), Maksim Bardachov (18/2), Dzmitriy Verkhawtsow (28/2) [70.Syarhey Balanovich (4/0)], Alyaksandr Martynovich (25/2), Anton Putsila (29/5), Renan Bardini Bressan (5/2) [46.Alyaksandr Kulchy (102/5)], Syarhey Kislyak (27/3), Stanislaw Drahun (8/2), Vitaliy Rodionov (29/6) [62.Syarhey Karnilenka (55/12)]. Trainer: Heorhiy Kandratsyew (5).
Goal: Anton Putsila (72).

164. 12.10.2012 **BELARUS - SPAIN**   **0-4(0-1)**   20th FIFA WC. Qualifiers
Stadion Dynama, Minsk; Referee: Serge Gumienny (Belgium); Attendance: 28,800
BLR: Syarhey Vyeramko (Cap) (15/0), Yahor Filipenka (20/0), Pavel Plaskonny (16/1), Maksim Bardachov (19/2), Ihar Shitov (33/1), Alyaksandr Martynovich (26/2), Alyaksandr Hleb (56/6), Yan Tsiharaw (25/0), Alyaksandr Valadzko (1/0) [46.Syarhey Kislyak (28/3)], Stanislaw Drahun (9/2) [79.Andrey Chukhley (3/0)], Vitaliy Rodionov (30/6) [65.Renan Bardini Bressan (6/2)]. Trainer: Heorhiy Kandratsyew (6).

165. 16.10.2012 **BELARUS - GEORGIA**   **2-0(2-0)**   20th FIFA WC. Qualifiers
Stadion Dynama, Minsk; Referee: Robert Schörgenhofer (Austria); Attendance: 15,300
BLR: Syarhey Vyeramko (Cap) (16/0), Yahor Filipenka (21/0), Dzyanis Palyakow (4/0), Maksim Bardachov (20/2), Dzmitriy Verkhawtsow (29/2), Alyaksandr Hleb (57/6), Yan Tsiharaw (26/0), Renan Bardini Bressan (7/3) [85.Alyaksandr Valadzko (2/0)], Alyaksandr Pawlaw (9/0) [83.Syarhey Kislyak (29/3)], Stanislaw Drahun (10/3), Vitaliy Rodionov (31/6) [90+1.Andrey Chukhley (4/0)]. Trainer: Heorhiy Kandratsyew (7).
Goals: Renan Bardini Bressan (6), Stanislaw Drahun (28).

166. 14.11.2012 **ISRAEL - BELARUS**   **1-2(1-1)**
Teddy Stadium, Jerusalem; Referee: Lee Evans (Wales); Attendance: 8,000
BLR: Syarhey Vyeramko (Cap) (17/0), Vital Trubila (9/0) [73.Maksim Bardachov (21/2)], Yahor Filipenka (22/0) [46.Dzmitriy Verkhawtsow (30/2)], Alyaksandr Martynovich (27/2), Anton Putsila (30/5) [84.Alyaksandr Valadzko (3/0)], Syarhey Balanovich (5/1) [89.Uladzimir Khvashchynski (1/0)], Yan Tsiharaw (27/0) [46.Renan Bardini Bressan (8/3)], Maksim Zhavnerchyk (6/0), Syarhey Kislyak (30/4), Stanislaw Drahun (11/3), Syarhey Karnilenka (56/12) [65.Illya Aleksiyevich (1/0)]. Trainer: Heorhiy Kandratsyew (8).
Goals: Syarhey Kislyak (45+1), Syarhey Balanovich (46).

167. 06.02.2013 **HUNGARY - BELARUS**   **1-1(1-0)**
Bellis Hotel Sports Center, Belek (Turkey); Referee: Bülent Yildirim (Turkey); Attendance: 100
BLR: Syarhey Vyeramko (Cap) (18/0), Vital Trubila (10/0) [46.Syarhey Balanovich (6/1)], Yahor Filipenka (23/0), Maksim Bardachov (22/2), Dzmitriy Verkhawtsow (31/2), Alyaksandr Martynovich (28/2), Anton Putsila (31/5), Renan Bardini Bressan (9/3), Syarhey Kislyak (31/4) [77.Andrey Khachaturyan (2/0)], Stanislaw Drahun (12/3) [53.Alyaksandr Valadzko (4/1)], Vitaliy Rodionov (32/6) [78.Uladzimir Khvashchynski (2/0)]. Trainer: Heorhiy Kandratsyew (9).
Goal: Alyaksandr Valadzko (58).

168. 21.03.2013 **JORDAN - BELARUS**   **1-0(1-0)**
„King Abdullah" International Stadium, Amman; Referee: Khamis Al Marri (Qatar); Attendance: 1,200
BLR: Syarhey Vyeramko (Cap) (19/0), Vital Trubila (11/0) [46.Edhar Alyakhnovich (1/0)], Artsyom Radzkow (11/0), Ihar Shitov (34/1), Dzmitriy Verkhawtsow (32/2), Syarhey Balanovich (7/1) [64.Illya Aleksiyevich (2/0)], Yan Tsiharaw (28/0) [46.Aleh Veratsila (4/0)], Renan Bardini Bressan (10/3), Stanislaw Drahun (13/3) [46.Syarhey Kislyak (32/4)], Andrey Chukhley (5/0) [46.Alyaksandr Pawlaw (10/0)], Vitaliy Rodionov (33/6) [68.Uladzimir Khvashchynski (3/0)]. Trainer: Heorhiy Kandratsyew (10).

169. 25.03.2013 **CANADA - BELARUS**   **0-2(0-1)**
Khalifa International Stadium, Doha (Qatar); Referee: Abdullah Dor Mohammed Balideh (Qatar); Attendance: 100
BLR: Alyaksandr Hutar (1/0), Maksim Bardachov (23/2), Ihar Shitov (35/1), Dzmitriy Verkhawtsow (33/2), Aleh Veratsila (5/0), Anton Putsila (32/5) [90.Andrey Chukhley (6/0)], Syarhey Balanovich (8/1) [83.Illya Aleksiyevich (3/0)], Renan Bardini Bressan (11/3) [46.Alyaksandr Pawlaw (11/0)], Stanislaw Drahun (14/3) [49.Syarhey Kislyak (33/4)], Edhar Alyakhnovich (2/0), Vitaliy Rodionov (Cap) (34/7) [81.Uladzimir Khvashchynski (4/1)]. Trainer: Heorhiy Kandratsyew (11).
Goals: Vitaliy Rodionov (29), Uladzimir Khvashchynski (88).

170. 03.06.2013 **ESTONIA - BELARUS**   **0-2(0-1)**
A. Le Coq Arena, Tallinn; Referee: Jakob Kehlet (Denmark); Attendance: 3,192
BLR: Alyaksandr Hutar (2/0), Maksim Bardachov (24/2), Ihar Shitov (36/1), Dzmitriy Verkhawtsow (34/2), Alyaksandr Martynovich (29/2) [46.Yahor Filipenka (24/0)], Anton Putsila (33/6) [72.Vitaliy Rodionov (35/8)], Pavel Nyakhaychyk (7/0) [72.Alyaksandr Hleb (58/6)], Renan Bardini Bressan (12/3) [46.Pavel Sitko (12/1)], Syarhey Kislyak (34/4), Edhar Alyakhnovich (3/0) [46.Alyaksandr Pawlaw (12/0)], Maksim Skavysh (1/0) [62.Syarhey Balanovich (9/1)]. Trainer: Heorhiy Kandratsyew (12).
Goals: Anton Putsila (32), Vitaliy Rodionov (80).

171. 07.06.2013 **FINLAND - BELARUS** 1-0(0-0) 20th FIFA WC. Qualifiers
Olympiastadion, Helsinki; Referee: Eli Hacmon (Israel); Attendance: 24,916
BLR: Syarhey Vyeramko (Cap) (20/0), Yahor Filipenka (25/0), Maksim Bardachov (25/2), Ihar Shitov (37/1) [78.Tsimafey Kalachow (54/7)], Alyaksandr Martynovich (30/2), Alyaksandr Hleb (59/6), Anton Putsila (34/6), Syarhey Balanovich (10/1) [17.Pavel Nyakhaychyk (8/0) *[sent off 90+1]*], Syarhey Kislyak (35/4), Stanislaw Drahun (15/3) [66.Alyaksandr Pawlaw (13/0)], Vitaliy Rodionov (36/8). Trainer: Heorhiy Kandratsyew (13).

172. 11.06.2013 **BELARUS - FINLAND** 1-1(0-1) 20th FIFA WC. Qualifiers
Stadion Central, Gomel; Referee: Libor Kovařík (Czech Republic); Attendance: 10,100
BLR: Syarhey Vyeramko (Cap) (21/0), Vital Trubila (12/0), Dzmitriy Verkhawtsow (35/3), Aleh Veratsila (6/0) [46.Syarhey Kislyak (36/4)], Alyaksandr Martynovich (31/2) [79.Pavel Sitko (13/1)], Alyaksandr Hleb (60/6), Anton Putsila (35/6) [64.Renan Bardini Bressan (13/3)], Tsimafey Kalachow (55/7), Stanislaw Drahun (16/3), Edhar Alyakhnovich (4/0), Vitaliy Rodionov (37/8). Trainer: Heorhiy Kandratsyew (14).
Goal: Dzmitriy Verkhawtsow (85).

173. 14.08.2013 **BELARUS - MONTENEGRO** 1-1(1-0)
Stadion Tarpeda, Zhodzina; Referee: Kristo Tohver (Estonia); Attendance: 3,000
BLR: Syarhey Vyeramko (Cap) (22/0), Vital Trubila (13/0), Dzmitriy Verkhawtsow (36/3), Alyaksandr Martynovich (32/2), Alyaksandr Hleb (61/6) [56.Alyaksandr Valadzko (5/1)], Anton Putsila (36/6), Maksim Zhavnerchyk (7/0) [80.Yahor Filipenka (26/0)], Tsimafey Kalachow (56/7) [78.Syarhey Balanovich (11/1)], Syarhey Kislyak (37/4) [56.Renan Bardini Bressan (14/3)], Stanislaw Drahun (17/3) [80.Edhar Alyakhnovich (5/0)], Syarhey Karnilenka (57/13) [56.Maksim Skavysh (2/0)]. Trainer: Heorhiy Kandratsyew (15).
Goal: Syarhey Karnilenka (16 penalty).

174. 06.09.2013 **BELARUS - KYRGYZSTAN** 3-1(2-0)
Stadion Barysaŭ, Barysaŭ; Referee: Nerijus Dunauskas (Lithuania); Attendance: 5,000
BLR: Syarhey Vyeramko (Cap) (23/0), Yahor Filipenka (27/0), Maksim Bardachov (26/2) [60.Vital Trubila (14/0)], Dzmitriy Verkhawtsow (37/3), Alyaksandr Hleb (62/6) [46.Renan Bardini Bressan (15/3)], Syarhey Balanovich (12/2), Maksim Zhavnerchyk (8/0) [59.Aleh Veratsila (7/0)], Alyaksandr Valadzko (6/1) [46.Yan Tsiharaw (29/0)], Pavel Sitko (14/2), Edhar Alyakhnovich (6/0) [46.Syarhey Kislyak (38/4)], Vitaliy Rodionov (38/9) [46.Syarhey Karnilenka (58/13)]. Trainer: Heorhiy Kandratsyew (16).
Goals: Syarhey Balanovich (30), Vitaliy Rodionov (38), Pavel Sitko (69).

175. 10.09.2013 **BELARUS - FRANCE** 2-4(1-0) 20th FIFA WC. Qualifiers
Stadion Central, Gomel; Referee: Daniele Orsato (Italy); Attendance: 12,203
BLR: Syarhey Vyeramko (Cap) (24/0), Yahor Filipenka (28/1), Maksim Bardachov (27/2), Dzmitriy Verkhawtsow (38/3) [77.Vitaliy Rodionov (39/9)], Alyaksandr Martynovich (33/2), Alyaksandr Hleb (63/6), Anton Putsila (37/6), Syarhey Balanovich (13/2), Yan Tsiharaw (30/0) [83.Renan Bardini Bressan (16/3)], Tsimafey Kalachow (57/8), Stanislaw Drahun (18/3) [71.Edhar Alyakhnovich (7/0)]. Trainer: Heorhiy Kandratsyew (17).
Goals: Yahor Filipenka (32), Tsimafey Kalachow (57).

176. 11.10.2013 **SPAIN - BELARUS** 2-1(0-0) 20th FIFA WC. Qualifiers
Estadio Iberostar, Palma de Mallorca; Referee: Hendrikus Sebastiaan Hermanus Nijhuis (Netherlands); Attendance: 22,900
BLR: Alyaksandr Hutar (3/0), Yahor Filipenka (29/1), Maksim Bardachov (28/2), Dzmitriy Verkhawtsow (39/3), Alyaksandr Martynovich (34/2) [80.Syarhey Kislyak (39/4)], Anton Putsila (38/6) [77.Syarhey Karnilenka (59/14)], Syarhey Balanovich (14/2), Yan Tsiharaw (31/0), Tsimafey Kalachow (Cap) (58/8), Stanislaw Drahun (19/3), Vitaliy Rodionov (40/9) [55.Syarhey Kryvets (18/1)]. Trainer: Heorhiy Kandratsyew (18).
Goal: Syarhey Karnilenka (89).

177. 15.10.2013 **BELARUS - JAPAN** 1-0(1-0)
Stadion Tarpeda, Zhodzina; Referee: Sergejus Slyva (Lithuania); Attendance: 3,250
BLR: Syarhey Vyeramko (Cap) (25/0), Artsyom Radzkow (12/0), Maksim Bardachov (29/2) [46.Vital Trubila (15/0)], Dzmitriy Verkhawtsow (40/3), Aleh Veratsila (8/0), Yan Tsiharaw (32/1) [46.Anton Putsila (39/6)], Renan Bardini Bressan (17/3) [70.Syarhey Kryvets (19/1)], Pavel Sitko (15/2) [46.Vitaliy Rodionov (41/9)], Tsimafey Kalachow (59/8) [88.Dzmitry Baha (1/0)], Syarhey Kislyak (40/4), Syarhey Karnilenka (60/14) [46.Alyaksandr Valadzko (7/1)]. Trainer: Heorhiy Kandratsyew (19).
Goal: Yan Tsiharaw (44).

178. 15.11.2013 **BELARUS - ALBANIA** 0-0
Akdeniz Üniversitesi Stadyumu, Antalya (Turkey); Referee: Firat Aydinus (Turkey); Attendance: 50
BLR: Syarhey Chernik (1/0), Artsyom Radzkow (13/0), Dzyanis Palyakow (5/0), Maksim Bardachov (30/2) [46.Andrey Chukhley (7/0)], Dzmitriy Verkhawtsow (41/3), Syarhey Balanovich (15/2) [66.Anton Putsila (40/6)], Yan Tsiharaw (33/1), Syarhey Kryvets (20/1) [78.Aleh Veratsila (9/0)], Tsimafey Kalachow (Cap) (60/8) [46.Illya Aleksiyevich (4/0)], Stanislaw Drahun (20/3) [46.Edhar Alyakhnovich (8/0)], Vitaliy Rodionov (42/9) [46.Mihail Hardzeichuk (1/0)]. Trainer: Heorhiy Kandratsyew (20).

179. 19.11.2013 **TURKEY - BELARUS** 2-1(1-1)
Tevfik Sırrı Gür Stadium, Mersin; Referee: AntonMateu Lahoz (Spain); Attendance: 9,000
BLR: Alyaksandr Hutar (4/0), Yahor Filipenka (30/1), Maksim Bardachov (31/2), Aleh Veratsila (10/0) [66.Edhar Alyakhnovich (9/0)], Alyaksandr Martynovich (35/2), Alyaksandr Hleb (64/6), Syarhey Balanovich (16/2) [83.Syarhey Kryvets (21/1)], Yan Tsiharaw (34/1) [90+2.Illya Aleksiyevich (5/0)], Tsimafey Kalachow (Cap) (61/8), Stanislaw Drahun (21/3) [66.Syarhey Kislyak (41/4)], Vitaliy Rodionov (43/10) [76.Anton Putsila (41/6)]. Trainer: Heorhiy Kandratsyew (21).
Goal: Vitaliy Rodionov (10).

180. 05.03.2014 **BULGARIA - BELARUS** 2-1(1-0)
Nationalen stadion „Vasil Levski", Sofia; Referee: Milenko Vukadinović (Serbia); Attendance: 4,000
BLR: Syarhey Vyeramko (26/0), Yahor Filipenka (31/1), Maksim Bardachov (32/2) [84.Vital Trubila (16/0)], Dzmitriy Verkhawtsow (42/3) [76.Illya Aleksiyevich (6/0)], Alyaksandr Hleb (65/6) [46.Syarhey Kryvets (22/2)], Anton Putsila (42/6), Maksim Zhavnerchyk (9/0) [59.Aleh Veratsila (11/0)], Tsimafey Kalachow (Cap) (62/8), Syarhey Kislyak (42/4) [62.Edhar Alyakhnovich (10/0)], Stanislaw Drahun (22/3), Vitaliy Rodionov (44/10) [79.Maksim Skavysh (3/0)]. Trainer: Heorhiy Kandratsyew (22).
Goal: Syarhey Kryvets (86).

181. 18.05.2014 **IRAN - BELARUS** 0-0
„Franz Fekete" Stadion, Kapfenberg (Austria); Referee: Markus Hameter (Austria); Attendance: 3,700
BLR: Alyaksandr Hutar (5/0), Yahor Filipenka (32/1), Aleh Veratsila (12/0) [46.Dzyanis Palyakow (6/0)], Alyaksandr Martynovich (36/2), Syarhey Balanovich (17/2) [66.Pavel Savitski (1/0)], Syarhey Kryvets (23/2) [46.Anton Putsila (43/6)], Ihar Stasevich (14/1), Alyaksandr Valadzko (8/1) [78.Artsyom Bykaw (1/0)], Syarhey Kislyak (43/4) [46.Mihail Sivakov (2/0)], Edhar Alyakhnovich (11/0), Vitaliy Rodionov (45/10) [46.Mihail Hardzeichuk (2/0)]. Trainer: Heorhiy Kandratsyew (23).

182. 21.05.2014   **LIECHTENSTEIN - BELARUS**   **1-5(0-3)**
Rheinpark Stadion, Vaduz; Referee: Laurent Kopriwa (Luxembourg); Attendance: 500
BLR: Syarhey Chernik (2/0), Syarhey Palitsevich (1/0), Dzyanis Palyakow (7/0) [60.Mikhail Sivakov (3/0)], Aleh Veratsila (13/0) [72.Artsyom Bykaw (2/0)], Alyaksandr Martynovich (37/2), Anton Putsila (44/6), Syarhey Kryvets (24/3) [46.Syarhey Balanovich (18/2)], Syarhey Kislyak (44/5) [66.Alyaksandr Valadzko (9/1)], Edhar Alyakhnovich (12/0), Mihail Hardzeichuk (3/1) [46.Pavel Savitski (2/2)], Vitaliy Rodionov (46/10) [46.Ihar Stasevich (15/1)]. Trainer: Heorhiy Kandratsyew (24).
Goals: Mihail Hardzeichuk (13), Syarhey Kislyak (15), Syarhey Kryvets (23), Pavel Savitski (60, 67).

183. 04.09.2014   **BELARUS - TAJIKISTAN**   **6-1(1-1)**
Barysaŭ Arena, Barysaŭ; Referee: Sergejus Slyva (Lithuania); Attendance: 2,400
BLR: Syarhey Chernik (3/0), Syarhey Palitsevich (2/0), Maksim Bardachov (33/2) [59.Dzyanis Palyakow (8/0)], Ihar Shitov (38/1), Alyaksandr Martynovich (38/2), Alyaksandr Hleb (66/6) [46.Syarhey Kryvets (25/4)], Yan Tsiharaw (35/1) [18.Edhar Alyakhnovich (13/1)], Ihar Stasevich (16/2) [46.Illya Aleksiyevich (7/1)], Tsimafey Kalachow (Cap) (63/8) [46.Syarhey Balanovich (19/2)], Syarhey Kislyak (45/6), Syarhey Karnilenka (61/15) [71.Stanislaw Drahun (23/3)]. Trainer: Heorhiy Kandratsyew (25).
Goals: Ihar Stasevich (7 penalty), Syarhey Karnilenka (55), Syarhey Kryvets (59), Edhar Alyakhnovich (60), Syarhey Kislyak (62), Illya Aleksiyevich (75).

184. 08.09.2014   **LUXEMBOURG - BELARUS**   **1-1(1-0)**   15th EC. Qualifiers
Stade „Josy Barthel", Luxembourg; Referee: Gediminas Mažeika (Lithuania); Attendance: 3,265
BLR: Alyaksandr Hutar (6/0), Yahor Filipenka (33/1), Ihar Shitov (39/1), Aleh Veratsila (14/0) [62.Ihar Stasevich (17/2)], Alyaksandr Martynovich (39/2), Syarhey Balanovich (20/2), Syarhey Kryvets (26/4), Tsimafey Kalachow (Cap) (64/8), Syarhey Kislyak (46/6) [73.Syarhey Karnilenka (62/15)], Stanislaw Drahun (24/4), Edhar Alyakhnovich (14/1) [77.Illya Aleksiyevich (8/1)]. Trainer: Heorhiy Kandratsyew (26).
Goal: Stanislaw Drahun (78).

185. 09.10.2014   **BELARUS - UKRAINE**   **0-2(0-0)**   15th EC. Qualifiers
Barysaŭ Arena, Barysaŭ; Referee: Paulus Hendrikus Martinus "Pol" van Boekel (Netherlands); Attendance: 10,512
BLR: Yury Zhawnow (54/0), Yahor Filipenka (34/1), Dzyanis Palyakow (9/0), Dzmitriy Verkhawtsow (43/3), Alyaksandr Martynovich (40/2) [87.Pavel Savitski (3/2)], Syarhey Balanovich (21/2), Syarhey Kryvets (27/4), Ihar Stasevich (18/2) [46.Syarhey Kislyak (47/6)], Tsimafey Kalachow (Cap) (65/8), Stanislaw Drahun (25/4), Mihail Hardzeichuk (4/1) [79.Syarhey Karnilenka (63/15)]. Trainer: Heorhiy Kandratsyew (27).

186. 12.10.2014   **BELARUS - SLOVAKIA**   **1-3(0-0)**   15th EC. Qualifiers
Barysaŭ Arena, Barysaŭ; Referee: Serge Gumienny (Belgium); Attendance: 3,684
BLR: Yury Zhawnow (55/0), Yahor Filipenka (35/1) [55.Dzyanis Palyakow (10/0)], Maksim Bardachov (34/2), Ihar Shitov (40/1) [76.Ihar Stasevich (19/2)], Dzmitriy Verkhawtsow (44/3), Alyaksandr Martynovich (41/2), Syarhey Balanovich (22/2), Syarhey Kryvets (28/4), Renan Bardini Bressan (18/3) [46.Mihail Hardzeichuk (5/1)], Tsimafey Kalachow (Cap) (66/9), Stanislaw Drahun (26/4). Trainer: Heorhiy Kandratsyew (28).
Goal: Tsimafey Kalachow (79).

187. 15.11.2014   **SPAIN - BELARUS**   **3-0(2-0)**   15th EC. Qualifiers
Estadio Nuevo Colombino, Huelva; Referee: Kenn Hansen (Denmark); Attendance: 19,249
BLR: Yury Zhawnow (56/0), Syarhey Palitsevich (3/0), Syarhey Matsveychyk (1/0), Alyaksandr Martynovich (42/2) [31.Maksim Bardachov (35/2)], Alyaksey Yanushkevich (1/0), Syarhey Balanovich (23/2), Syarhey Kryvets (29/4) [80.Syarhey Kislyak (48/6)], Pavel Nyakhaychyk (9/0), Tsimafey Kalachow (Cap) (67/9), Stanislaw Drahun (27/4), Syarhey Karnilenka (64/15) [67.Mikalay Signevich (1/0)]. Trainer: Andrei Zygmantovich (1).

188. 18.11.2014   **BELARUS - MEXICO**   **3-2(0-0)**
Barysaŭ Arena, Barysaŭ; Referee: Sergei Ivanov (Russia); Attendance: 6,700
BLR: Syarhey Chernik (4/0), Syarhey Palitsevich (4/0), Ihar Shitov (41/1), Alyaksey Yanushkevich (2/0), Anton Putsila (45/6) [85.Maksim Bardachov (36/2)], Ihar Stasevich (20/2) [79.Pavel Nyakhaychyk (10/1)], Syarhey Kislyak (49/7) [61.Stanislaw Drahun (28/4)], Mihail Hardzeichuk (6/1) [90+1.Syarhey Kryvets (30/4)], Maksim Valadzko (1/0) [76.Syarhey Matsveychyk (2/0)], Illya Aleksiyevich (9/1), Mikalay Signevich (2/1) [57.Tsimafey Kalachow (68/9)]. Trainer: Andrei Zygmantovich (2).
Goals: Syarhey Kislyak (50), Mikalay Signevich (55), Pavel Nyakhaychyk (81).

189. 27.03.2015   **MACEDONIA - BELARUS**   **1-2(1-1)**   15th EC. Qualifiers
Arena „Filip II Makedonski", Skopje; Referee: Anthony Taylor (England); Attendance: 3,447
BLR: Yury Zhawnow (57/0), Yahor Filipenka (36/1), Maksim Bardachov (37/2), Ihar Shitov (42/1), Alyaksandr Martynovich (43/2), Alyaksandr Hleb (67/6) [87.Stanislaw Drahun (29/4)], Ihar Stasevich (21/2) [90+3.Pavel Nyakhaychyk (11/1)], Tsimafey Kalachow (69/10), Syarhey Kislyak (50/7), Ivan Maewski (1/0) [80.Anton Putsila (46/6)], Syarhey Karnilenka (65/16). Trainer: Alyaksandr Khatskevich (1).
Goals: Tsimafey Kalachow (43), Syarhey Karnilenka (82).

190. 30.03.2015   **GABON - BELARUS**   **0-0**
İberostar Bellis Hotel Futbol Sahası, Belek (Turkey)Referee: Mohammad Abdulah (Syria); Attendance: 100
BLR: Andrey Harbunow (1/0) [46.Syarhey Chernik (5/0)], Yahor Filipenka (37/1) [46.Syarhey Kislyak (51/7)], Syarhey Palitsevich (5/0), Dzyanis Palyakow (11/0), Anton Putsila (47/6), Pavel Nyakhaychyk (12/1) [76.Ihar Stasevich (22/2)], Stanislaw Drahun (30/4) [62.Syarhey Karnilenka (66/16)], Alyaksandr Makas (1/0) [62.Ivan Maewski (2/0)], Maksim Valadzko (2/0), Mikalay Yanush (1/0) [46.Ihar Shitov (43/1)], Mihail Hardzeichuk (7/1). Trainer: Alyaksandr Khatskevich (2).

191. 07.06.2015   **RUSSIA - BELARUS**   **4-2(1-0)**
Arena Khimki, Khimki; Referee: Ivan Kružliak (Slovakia); Attendance: 4,500
BLR: Syarhey Chernik (6/0) [46.Alyaksandr Hutar (7/0)], Yahor Filipenka (38/1) [67.Dzyanis Palyakow (12/0)], Ihar Shitov (44/1), Alyaksandr Martynovich (44/2), Alyaksandr Hleb (68/6), Anton Putsila (48/6), Syarhey Kryvets (31/4) [46.Maksim Valadzko (3/0)], Pavel Nyakhaychyk (13/1), Stanislaw Drahun (31/4), Syarhey Kislyak (52/9) [71.Ihar Stasevich (23/2)], Syarhey Karnilenka (67/16) [71.Dzyanis Laptsew (1/0)]. Trainer: Alyaksandr Khatskevich (3).
Goals: Syarhey Kislyak (51, 66).

192. 14.06.2015   **BELARUS - SPAIN**   **0-1(0-1)**   15th EC. Qualifiers
Barysaw Arena, Barysaw; Referee: Robert Schörgenhofer (Austria); Attendance: 13,121
BLR: Andrey Harbunow (2/0), Yahor Filipenka (39/1), Maksim Bardachov (38/2), Ihar Shitov (45/1), Alyaksandr Martynovich (45/2), Alyaksandr Hleb (69/6) [89.Anton Putsila (49/6)], Pavel Nyakhaychyk (14/1), Syarhey Kislyak (53/9) [78.Stanislaw Drahun (32/4)], Ivan Maewski (3/0), Maksim Valadzko (4/0) [81.Ihar Stasevich (24/2)], Syarhey Karnilenka (68/16). Trainer: Alyaksandr Khatskevich (4).

193. 05.09.2015 **UKRAINE - BELARUS** 3-1(3-0) 15th EC. Qualifiers
Arena Lviv, Lviv; Referee: Liran Liany (Israel); Attendance: 32,648
BLR: Andrey Harbunow (3/0), Yahor Filipenka (40/1), Ihar Shitov (46/1), Alyaksandr Martynovich (46/2), Alyaksandr Hleb (70/6) [86.Renan Bardini Bressan (19/3)], Mikhail Sivakov (4/0) [46.Mihail Hardzeichuk (8/1)], Ihar Stasevich (25/2), Tsimafey Kalachow (70/10) [72.Mikalay Signevich (3/1)], Ivan Maewski (4/0), Maksim Valadzko (5/0), Syarhey Karnilenka (69/17). Trainer: Alyaksandr Khatskevich (5).
Goal: Syarhey Karnilenka (62 penalty).

194. 08.09.2015 **BELARUS - LUXEMBOURG** 2-0(1-0) 15th EC. Qualifiers
Barysaw Arena, Barysaw; Referee: Slavko Vinčić (Slovenia); Attendance: 3,482
BLR: Yury Zhawnow (58/0), Yahor Filipenka (41/1), Maksim Bardachov (39/2), Ihar Shitov (47/1), Alyaksandr Hleb (71/6) [58.Syarhey Kislyak (54/9)], Mikhail Sivakov (5/0), Pavel Nyakhaychyk (15/1), Renan Bardini Bressan (20/3), Stanislaw Drahun (33/4), Syarhey Karnilenka (Cap) (70/17) [85.Mikalay Signevich (4/1)], Mihail Hardzeichuk (9/3) [76.Tsimafey Kalachow (71/10)]. Trainer: Alyaksandr Khatskevich (6).
Goals: Mihail Hardzeichuk (34, 62).

195. 09.10.2015 **SLOVAKIA - BELARUS** 0-1(0-1) 15th EC. Qualifiers
Štadión Pod Dubňom, Žilina; Referee: Hüseyin Göçek (Turkey); Attendance: 9,859
BLR: Andrey Harbunow (4/0), Dzyanis Palyakow (13/0), Maksim Bardachov (40/2) [40.Maksim Valadzko (6/0)], Alyaksandr Martynovich (47/2) [*sent off 65*], Mikhail Sivakov (6/0), Pavel Nyakhaychyk (16/1) [70.Syarhey Palitsevich (6/0)], Ihar Stasevich (26/2), Renan Bardini Bressan (21/3), Stanislaw Drahun (34/5), Mihail Hardzeichuk (10/3), Mikalay Signevich (5/1) [72.Syarhey Kislyak (55/9)]. Trainer: Alyaksandr Khatskevich (7).
Goal: Stanislaw Drahun (34).

196. 12.10.2015 **BELARUS - MACEDONIA** 0-0 15th EC. Qualifiers
Barysaw Arena, Barysaw; Referee: Christian Dingert (Germany); Attendance: 1,545
BLR: Andrey Harbunow (5/0), Syarhey Palitsevich (7/0), Dzyanis Palyakow (14/0), Mikhail Sivakov (7/0), Pavel Nyakhaychyk (17/1) [61.Syarhey Kislyak (56/9)], Ihar Stasevich (27/2), Renan Bardini Bressan (22/3), Stanislaw Drahun (35/5) [73.Anton Putsila (50/6)], Maksim Valadzko (7/0), Mihail Hardzeichuk (11/3), Mikalay Signevich (6/1). Trainer: Alyaksandr Khatskevich (8).

INTERNATIONAL PLAYERS

FG/Nr	Name	DOB	Caps	Goals	Period, Club
(22/062)	AFANASENKO Yuriy	19.08.1973	3	0	1996-1999, Dinamo-93 Minsk (2/0), FC Dynama Minsk (1/0).
(30/085)	AKULICH Dzmitry	25.03.1974	1	0	1997, Dinamo-93 Minsk (1/0).
(166/178)	ALEKSIYEVICH Illya	10.02.1991	9	1	2012-2014, FC Gomel (1/0), FC BATE Barysaŭ (8/1).
(1/008)	ALEYNIKOV Syarhey	07.11.1961	4	0	1992-1994, US Lecce (3/0), Gamba Osaka (1/0).
(168/180)	ALYAKHNOVICH Edhar	17.05.1987	14	1	2013-2014, FC BATE Barysaŭ (14/1).
(110/141)	AMELCHANKA Anton	27.03.1985	7	0	2007-2011, FK Moskva (2/0), FK Rostov (3/0), FK Lokomotiv Moskva (2/0).
(63/104)	AMELYANCHUK Syarhey	11.06.1978	74	1	2002-2011, Legia Warszawa (5/0), FK Arsenal Kyiv (12/1), FK Lokomotiv Moskva (10/0), FK Shinnik Yaroslavl (7/0), FK Lokomotiv Moskva (1/0), FK Rostov (10/0), FK Terek Grozny (29/0).
(1/007)	ANTONOVICH Yuriy	02.06.1967	8	0	1992-1996, FC Dynama Minsk (1/0), FK CSKA Moskva (5/0), FK Rostselmash Rostov-na-Donu (2/0).
(17/051)	AVGUL Oleg	07.03.1972	1	0	1996, Dinamo-93 Minsk (1/0).
(177/183)	BAHA Dzmitry	04.01.1990	1	0	2013, FC BATE Barysaŭ (1/0).
(160/175)	BALANOVICH Syarhey	29.08.1987	23	2	2012-2014, FK Shakhtsyor Salihorsk (18/2), FK Amkar Perm (5/0).
(29/078)	BALASHOV Dzmitry	08.01.1974	6	0	1997-1999, Belshina Bobruisk (6/0).
(14/048)	BARANOV Vasiliy	05.10.1972	25	3	1995-2001, Vedrich Rechitsa (3/0), FK Baltika Kaliningrad (6/1), FK Spartak Moskva (16/2).
(2/019)	BARANOVSKIY Syarhey	27.01.1968	2	0	1993, FC Dynama Minsk (2/0).
(128/158)	BARDACHOV Maksim	18.06.1986	40	2	2009-2015, FC BATE Barysaŭ (25/2), FK Tom Tomsk (7/0), FK Rostov (6/0), FK Tom Tomsk (2/0).
(1/012)	BELKEVICH Valentin	27.01.1973	56	10	1992-2005, FC Dynama Minsk (13/3), FK Dinamo Kyiv (43/7).
(22/057)	BEZMEN Viktor	26.11.1961	4	0	1996-1997, Lokomotiv-96 Vitebsk (4/0).
(78/116)	BLIZNYUK Gennadiy	30.07.1980	12	4	2004-2009, FC Gomel (2/1), FK Sokol Saratov (1/0), FC BATE Barysaŭ (5/0), FSV Frankfurt (1/0), *unattached* (2/3), FK Sibir Novosibirsk (1/0).
(23/068)	BOLTRUSHEVICH Eduard	18.04.1971	3	0	1996-2000, FK Dnyapro Mahilyov (2/0), Belshina Bobruisk (1/0).
(78/115)	BRANFILOV Mikalay	16.12.1977	2	0	2004, Wisła Plock (2/0).
(159/173)	BRESSAN Renan Bardini	03.11.1988	22	3	2012-2015, FC BATE Barysaŭ (8/3), FK Alania Vladikavkaz (9/0), Rio Ave FC Vila do Conde (5/0).
(75/112)	BULYGA Vitaliy	12.01.1980	37	8	2003-2008, FK Uralan Elista (2/1), FK Amkar Perm (8/3), FK Krylya Sovetov Samara (14/1), FK Tom Tomsk (2/1), FK Luch-Energia Vladivostok (11/2).
(148/167)	BYCHANOK Alyaksandr	30.05.1985	5	0	2011, FC Dynama Minsk (5/0).
(181/187)	BYKAW Artsyom	19.10.1992	2	0	2014, FC Dynama Minsk (2/0).
(12/043)	CHAYKA Alyaksandr	27.01.1976	16	0	1995-2000, FK Dnyapro Mahilyov (6/0), FK Alania Vladikavkaz (10/0).
(65/105)	CHELYADINSKIY Artem	29.12.1977	7	0	2002-2007, FK Sokol Saratov (2/0), FK Metalurg Zaporizhzhya (5/0).
(178/184)	CHERNIK Syarhey	20.07.1988	6	0	2013-2015, FC Nyoman Grodna (1/0), FC BATE Barysaŭ (5/0).
(24/071)	CHERNYAVSKIY Oleg	25.08.1969	7	0	1996-1997, FC Dynama Minsk (7/0).
(122/156)	CHUKLEY Andrey	17.12.1985	7	0	2008-2013, FC Dynama Minsk (2/0), FK Ural Yekaterinburg (5/0).
(1/005)	DEMENKOVETS Eduard	01.05.1968	4	0	1992-1994, KIM Vitebsk (3/0), FC Dynama Minsk (1/0).
(23/070)	DOROSHKEVICH Yuriy	30.06.1978	1	0	1996, Ataka-Aura Minsk (1/0).
(11/041)	DOVNAR Andrey	29.01.1973	14	0	1995-1997, Dinamo-93 Minsk (6/0), FC Dynama Minsk (8/0).
(153/171)	DRAHUN Stanislaw	04.06.1988	35	5	2011-2015, FC Dynama Minsk (11/3), FK Krylia Sovetov Samara (24/2).
(23/069)	DROZD Andrey	24.08.1975	1	0	1996, Ataka-Aura Minsk (1/0).
(22/056)	DYATLOV Vasiliy	28.07.1969	2	0	1996, Lokomotiv-96 Vitebsk (2/0).
(112/144)	FILIPENKA Yahor	10.04.1988	41	1	2007-2015, FC BATE Barysaŭ (3/0), FK Spartak Moskva (12/0), FC BATE Barysaŭ (20/1), Málaga CF (6/0).
(97/128)	GAYEV Vladimir	28.10.1977	4	0	2006-2007, FC Dinamo București (3/0), FK Chornomorets Odesa (1/0).
(27/074)	GERASHCHENKO Vyacheslav	25.07.1972	19	0	1997-2004, FK Chernomorets Novorossiisk (15/0), FK Uralan Elista (4/0).
(1/009)	GERASIMETS Syarhey	13.10.1965	25	7	1992-1999, FC Dynama Minsk (2/1), Bnei Yehoda (11/5), FK Baltika Kaliningrad (3/0), FK Zenit St.Peterburg (9/1).
(35/089)	GOROVOI Boris	08.04.1974	3	0	1998-2000, Torpedo Minsk (1/0), FK Zenit St. Peterburg (2/0).
(1/013)	GOTSMANOV Syarhey	27.03.1959	3	1	1992-1993, FC Dynama Minsk (3/1).
(4/028)	GURENKO Syarhey	30.09.1972	80	3	1994-2006, FC Nyoman Grodna (7/0), FK Lokomotiv Moskva (27/2), AS Roma (10/0), Real Zaragoza CD (4/0), AC Parma (6/0), Piacenza FC (9/1), FK Lokomotiv Moskva (17/0).
(8/040)	GURINOVICH Igor	05.03.1960	3	1	1994-1995, Linzer ASK (3/1).
(190/194)	HARBUNOW Andrey	29.05.1983	5	0	2015, APS Atromitos Athína (5/0).
(178/185)	HARDZEICHUK Mihail	23.10.1989	11	3	2013-2015, FC Belshyna Babruysk (1/0), FC BATE Barysaŭ (10/3).
(61/098)	HLEB Alyaksandr	01.05.1981	71	6	2001-2015, VfB Stuttgart (17/3), Arsenal FC London (24/1), FC Barcelona (7/1), VfB Stuttgart (3/1), FC Barcelona (1/0), Birmingham City FC (3/0), FC BATE Barysaŭ (9/0), Konyaspor Kulübü (2/0), Gençlerbirliği SK Ankara (3/0), FC BATE Barysaŭ (2/0).
(81/118)	HLEB Vyacheslav	12.02.1983	45	12	2004-2011, Hamburger SV (3/2), Grasshopper-Club Zürich (1/0), FK MTZ-RIPO Minsk (23/6), Shanghai Shenhua FC (6/0), Shenzhen Ruby FC (6/3), *unattached* (1/1), FC Dynama Minsk (4/0), FSV Frankfurt (1/0).
(169/181)	HUTAR Alyaksandr	18.04.1989	7	0	2013-2015, FC Dynama Minsk (7/0).
(4/026)	KACHURO Petr	02.08.1972	29	5	1994-2002, FC Dynama Minsk (15/3), Sheffield United FC (10/1), FC Dynama Minsk (4/1).

(77/113)	KALACHOW Tsimafey	01.05.1981	71	10	2004-2015, FK Shakhtar Donetsk (1/0), FK Khimki (8/0), FK Rostov (20/2), FK Krylya Sovetov Samara (11/5), FK Rostov (31/3).
(74/111)	KARNILENKA Syarhey	14.06.1983	70	17	2003-2015, FC Dynama Minsk (1/0), FK Dnipro Dniporpetrovsk (28/7), FK Tom Tomsk (1/2), FK Zenit St. Petersburg (8/0), FK Tom Tomsk (3/0), FK Rubin Kazan (3/0), Blackpool FC (2/1), FK Zenit St. Petersburg (1/0), FK Krylia Sovetov Samara (23/7).
(62/101)	KARYTSKA Uladzimir	06.07.1979	40	3	2002-2012, FK Rotselmash Rostov-na-Donu (1/0), FK Saturn Ramenskoe (1/0), FK Alania Vladikavkaz (6/0), FK Terek Grozny (6/1), FK Metalurh Zaporizhzhya (2/0), FK Terek Grozny (5/1), FK Chornomorets Odesa (18/1), FK Dinamo Bryansk (1/0).
(2/016)	KASHENTSEV Yevgeniy	12.03.1971	10	0	1993-1996, FC Dynama Minsk (4/0), Maccabi Tel Aviv (6/0).
(97/132)	KASHEWSKI Mikalay	05.10.1980	13	0	2006-2009, FK Kryvbas Kryvyi Rih (3/0), FK Metalurg Zaporizhzhya (6/0), FK Illychivets Mariupol (4/0).
(30/080)	KASHKAR Gennadiy	29.10.1975	2	0	1997-1998, Dinamo-93 Minsk (2/0).
(161/176)	KHACHATURYAN Andrey	02.09.1987	2	0	2012-2013, FK Shakhtsyor Salihorsk (2/0).
(2/015)	KHATSKEVICH Alyaksandr	19.10.1973	38	4	1993-2005, FC Dynama Minsk (8/0), FK Dinamo Kyiv (29/4), Venta Kuldiga (1/0).
(22/060)	KHLEBOSOLOV Andrey	22.11.1965	6	0	1996-1997, Belshina Bobruisk (6/0).
(5/036)	KHMELNITSKIY Oleg	25.10.1967	3	0	1994-1995, Torpedo Minsk (1/0), Ataka-Aura Minsk (2/0).
(51/094)	KHOMUTOVSKIY Vasiliy	30.08.1978	26	0	2000-2008, SV Waldhof Mannheim (1/0), FK Dinamo Moskva (1/0), Volgar-Gazprom Astrakhan (1/0), FK Metalist Kharkiv (2/0), FC Steaua Bucureşti (10/0), FK Tom Tomsk (8/0), FC Carl Zeiss Jena (3/0).
(62/100)	KHRAPOVSKIY Alyaksandr	12.03.1975	11	0	2002-2004, FC Dynama Minsk (3/0), FK Sokol Saratov (8/0).
(4/023)	KHRIPACH Alyaksandr	28.05.1972	4	0	1994-1997, Fandok Bobruisk (2/0), FK Dnyapro Mahilyov (1/0), Belshina Bobruisk (1/0).
(166/179)	KHVASHCHYNSKI Uladzimir	10.05.1990	4	1	2012-2013, FC Brest (1/0), FC Dynama Minsk (3/1).
(115/146)	KIRENKIN Roman	20.02.1981	5	0	2007-2008, FK Torpedo Zhodino (5/0).
(94/123)	KIRILCHIK Pavel	04.01.1981	4	0	2005-2006, FK Kryvbas Kryvyi Rih (2/0), FK Chornomorets Odesa (2/0).
(136/162)	KISLYAK Syarhey	06.08.1987	56	9	2009-2015, FC Dynama Minsk (12/2), FK Rubin Kazan (13/1), FK Krasnodar (5/1), FK Rubin Kazan (26/5).
(106/137)	KLIMENKO Alyaksandr	28.03.1983	1	0	2007, FK Shakhtsyor Salihorsk (1/0).
(19/054)	KLIMOVICH Vladimir	24.10.1974	3	0	1996, FK Dnyapro Mahilyov (3/0).
(159/174)	KOMAROVSKI Dzmitry	10.10.1986	3	0	2012, FK Shakhtsyor Salihorsk (3/0).
(5/031)	KONOPLEV Yuriy	02.02.1962	1	0	1994, KIM Vitebsk (1/0).
(96/127)	KONTSEVOI Artem	20.05.1983	10	0	2006-2008, FK MTZ-RIPO Minsk (10/0).
(22/064)	KOROL Oleg	07.11.1969	2	0	1996, FK Dinamo Brest (2/0).
(130/161)	KOSHEL Syarhey	14.03.1986	1	0	2009, FK Minsk (1/0).
(70/106)	KOVALCHUK Syarhey	09.10.1978	3	0	2003, FC Dynama Minsk (3/0).
(12/044)	KOVALENKO Andrey	02.05.1975	1	0	1995, Kolos Krasnodar (1/0).
(12/042)	KOVALENKO Konstantin	02.05.1975	2	0	1995-1999, Kolos Krasnodar (1/0), FK Zhemchuzhina Sochi (1/0).
(63/103)	KOVBA Denis	06.09.1979	36	2	2002-2007, FK Krylya Sovetov Samara (36/2).
(81/119)	KOVEL Leanid	29.07.1979	17	3	2004-2011, FC Dynama Minsk (4/1), FK Saturn Ramenskoye (11/2), FC Dynama Minsk (2/0).
(117/151)	KRYVETS Syarhey	08.06.1986	31	4	2008-2015, FC BATE Barysaŭ (4/0), KKS Lech Poznań (13/1), FC BATE Barysaŭ (7/2), FC Metz (7/1).
(1/014)	KUKAR Viktor	23.11.1970	1	0	1992, Traktor Bobruisk (1/0).
(5/032)	KULANIN Syarhey	1964	2	0	1994, KIM Vitebsk (2/0).
(17/050)	KULCHY Alyaksandr	01.11.1973	102	5	1996-2012, FC MPKC Mozyr (10/2), FK Dinamo Moskva (12/0), FK Shinnik Yaroslavl (29/3), FK Tom Tomsk (14/0), FK Rostov (23/0), FK Krasnodar (12/0), FK Sibir Novosibirsk (2/0).
(62/099)	KUTUZOV Vitaliy	20.03.1980	52	13	2002-2011, Milan AC (3/2), Sporting Clube de Portugal Lisboa (9/3), US Avellino (5/0), Sampdoria UC Genova (13/4), Parma FC (5/1), Pisa Calcio (4/3), Parma FC (4/0), AS Bari (9/0).
(78/117)	LANKO Vitaliy	04.04.1977	6	0	2004-2006, FK Volyn Lutsk (1/0), FK Spartak Nalchik (5/0).
(191/197)	LAPTSEW Dzyanis	01.08.1991	1	0	2015, FC Slavia Mazyr (1/0).
(29/077)	LAVRIK Andrey	07.12.1974	37	1	1997-2005, FC Dynama Minsk (4/0), FK Lokomotiv Moskva (15/0), FK Dinamo St. Peterburg (5/0), FK Amkar Perm (13/1).
(118/152)	LENTSEVICH Alyaksandr	02.05.1979	1	0	2008, FC Gomel (1/0).
(97/130)	LENTSEVICH Dzmitry	20.06.1983	14	0	2006-2010, FK Torpedo Moskva (6/0), FK Dnipro Dnipropetrovsk (2/0), FC Bohemians Praha 1905 (8/0).
(1/003)	LESUN Gennadiy	05.09.1966	4	0	1992-1993, FC Dynama Minsk (3/0), Maccabi Herzliya (1/0).
(22/059)	LISOVSKIY Alyaksandr	29.04.1975	2	0	1996, Ataka-Aura Minsk (2/0).
(94/124)	LOSHANKOV Yevgeniy	02.01.1979	1	0	2005, FK Chornomorets Odesa (1/0).
(30/081)	LUKASHENKO Fedor	18.03.1974	1	0	1997, Dinamo-93 Minsk (1/0).
(22/058)	LUKHVICH Alyaksandr	21.02.1970	31	0	1996-2003, FC Dynama Minsk (1/0), FK Torpedo Moskva (30/0).
(23/067)	LYUBCHUK Andrey	25.09.1974	1	0	1996, FK Dinamo Brest (1/0).
(189/193)	MAEWSKI Ivan	05.05.1988	4	0	2015, WKS Zawisza Bydgoszcz (3/0), FK Anzhi Makhhachkala (1/0).
(190/195)	MAKAS Alyaksandr	08.10.1991	1	0	2015, FC Minsk (1/0).
(27/076)	MAKOVSKIY Mikhail	23.04.1977	1	0	1997, FC Dynama Minsk (1/0).
(12/045)	MAKOVSKIY Vladimir	23.04.1977	28	4	1995-2006, FC Molodechno (2/0), FC Dynama Minsk (10/2), FK Dinamo Kyiv (9/2), FK Baltika Kaliningrad (3/0), FK Vorskla Poltava (1/0), CSCA Kyiv (1/0), FC Dynama Minsk (1/0), PIK Inter Baki (1/0).
(16/049)	MALEYEV Yuriy	20.03.1968	9	0	1995-1996, Ataka-Aura Minsk (6/0), FC MPKC Mozyr (3/0).
(6/038)	MARKHEL Mikhail	14.07.1966	3	0	1994, FK Spartak Vladikavkaz (3/0).
(137/163)	MARTYNOVICH Alyaksandr	26.08.1987	47	2	2009-2015, FC Dynama Minsk (5/0), FK Krasnodar (40/2), FK Ural Yekaterinburg (2/0).
(187/189)	MATSVEYCHYK Syarhey	05.06.1988	2	0	2014, FK Shakhtsyor Salihorsk (2/0).
(35/087)	MAZUR Vasiliy	11.03.1972	3	0	1998-1999, FC Gomel (3/0).
(1/010)	METLITSKIY Alyaksandr	22.04.1964	9	0	1992-1997, SK Rapid Wien (2/0), Linzer ASK (7/0).

(51/096)	MILEVSKIY Andrey	09.01.1977	7	0	2000-2003, Shakhtor Soligorsk (6/0), FC Dynama Minsk (1/0).
(105/135)	MOLASH Dzmitry	10.12.1981	14	0	2006-2011, FC BATE Barysaŭ (1/0), FK Nosta Novotroitsk (4/0), FK Sibir Novosibirsk (6/0), FK Krylia Sovetov Samara (3/0).
(110/142)	MOZOLEVSKIY Dzmitry	30.04.1985	3	0	2007-2012, FC Dynama Brest (2/0), FC BATE Barysaŭ (1/0).
(153/170)	NYAKHAYCHYK Pavel	15.07.1988	17	1	2011-2015, FC BATE Barysaŭ (1/0), FK Dinamo Moskva (5/0), FC BATE Barysaŭ (2/0), FK Tom Tomsk (9/1).
(51/093)	OGORODNIK Dzmitry	11.06.1978	1	0	2000, FK Zenit St. Peterburg (1/0).
(19/052)	ORESHNIKOV Alyaksandr	25.05.1973	2	0	1996, FK Krylya Sovetov Samara (2/0).
(1/002)	ORLOVSKIY Radislav	09.03.1970	26	2	1992-2000, FC Dynama Minsk (3/1), Dinamo-93 Minsk (3/0), FK Torpedo Moskva (20/1).
(118/154)	OSIPOVICH Mikalay	29.05.1986	1	0	2008, FK MTZ-RIPO Minsk (1/0).
(4/024)	OSTROVSKIY Andrey	13.05.1973	52	1	1994-2005, FC Dynama Minsk (4/0), FK Dinamo Moskva (22/1), Maccabi Haifa (10/0), Arsenal Kyiv (10/0), FK Torpedo-Metalurg Moskva (1/0), Arsenal Kyiv (3/0), FK Chornomorets Odesa (2/0).
(182/188)	PALITSEVICH Syarhey	09.04.1990	7	0	2014-2015, FC Dynama Minsk (7/0).
(147/166)	PALYAKOW Dzyanis	17.04.1991	14	0	2010-2015, FK Shakhtsyor Salihorsk (1/0), FC BATE Barysaŭ (13/0).
(97/131)	PANKOVETS Alexei	18.04.1981	2	0	2006, FC Gomel (2/0).
(27/075)	PATSKO Mikhail	21.01.1973	1	0	1997, Lokomotiv-96 Vitebsk (1/0).
(117/148)	PAVLYUCHEK Kirill	27.06.1984	3	0	2008, FC Dynama Minsk (3/0).
(117/149)	PAWLAW Alyaksandr	18.08.1984	13	0	2008-2013, FK Dnyapro Mahilyov (7/0), FC BATE Barysaŭ (6/0).
(105/136)	PLASKONNY Pavel	29.01.1985	16	1	2006-2012, FK Shakhtsyor Salihorsk (8/0), Paniónios PAE Athína (4/1), FK Shakhtsyor Salihorsk (1/0), FC Nyoman Grodna (2/0), FC Dynama Minsk (1/0).
(27/073)	POLYAKOV Syarhey	20.02.1975	1	0	1997, FC MPKC Mozyr (1/0).
(106/138)	PORYVAYEV Andrey	03.01.1982	1	0	2007, FK SKA-Energia Khabarovsk (1/0).
(22/061)	PUTRASH Vladimir	04.04.1970	2	0	1996, Belshina Bobruisk (2/0).
(118/153)	PUTSILA Anton	23.06.1987	50	6	2008-2015, Hamburger SV (8/0), FC Dynama Minsk (5/3), SC Freiburg (18/2), FK Volga Nizhny Novgorod (13/1), FK Torpedo Moskva (5/0), Gaziantepspor (1/0).
(105/134)	RADZKOW Artsyom	26.08.1985	13	0	2006-2013, FC BATE Barysaŭ (7/0), FK Khimki (1/0), FC BATE Barysaŭ (3/0), FK Terek Grozny (2/0).
(22/065)	RAZUMOV Maxim	04.03.1977	3	0	1996-1997, Lokomotiv-96 Vitebsk (3/0).
(110/140)	RODIONOV Vitaliy	11.12.1983	46	10	2007-2014, FC BATE Barysaŭ (9/1), SC Freiburg (3/2), FC BATE Barysaŭ (34/7).
(7/039)	RODNENOK Pavel	30.07.1964	12	0	1994-1996, Dinamo-Gazovik Tyumen (2/0), Ataka-Aura Minsk (10/0).
(35/088)	ROMASHCHENKO Maxym	31.07.1976	64	20	1998-2008, FK Dinamo Moskva (19/2), Gaziantepspor Kulübü (15/2), Trabzonspor Kulübü (7/6), FK Dinamo Moskva (11/4), FK Torpedo Moskva (7/5), Bursaspor Kulübü (5/1).
(5/034)	ROMASHCHENKO Myroslav	16.12.1973	15	1	1994-1998, FK Uralmash Yekaterinburg (10/1), FK Spartak Moskva (5/0).
(70/109)	ROVNEYKO Dzmitry	13.05.1980	9	0	2003-2004, FK Torpedo Moskva (9/0).
(70/110)	ROZHKOV Igor	24.06.1981	1	1	2003, FC Dynama Minsk (1/1).
(129/160)	RUDZIK Filip	22.03.1987	2	0	2009, FK Naftan Navapolatsk (2/0), FC BATE Barysaŭ (2/0).
(30/082)	RYNDYUK Mikalay	02.02.1978	13	3	1997-2002, FC BATE Barysaŭ (1/1), FK Lokomotiv Moskva (2/0), FK Lokomotiv Nizhni Novgorod (3/0), FK Kristall Saratov (3/2), Gaziantepspor Kulübü (2/0), FK Rubin Kazan (2/0).
(82/120)	SASHCHEKO Denis	03.10.1981	5	0	2004-2005, Torpedo Zhodino (2/0), Halmstads BK (3/0).
(128/159)	SASNOWSKI Syarhey	14.08.1981	17	0	2009-2011, FC BATE Barysaŭ (16/0), FK Tom Tomsk (1/0).
(3/021)	SATSUNKEVICH Andrey	18.03.1966	18	0	1993-1999, FC Dynama Minsk (1/0), FK Torpedo Moskva (2/0), FK Lokomotiv Nizhni Novgorod (10/0), FC Dynama Minsk (5/0).
(181/186)	SAVITSKI Pavel	12.07.1994	3	2	2014, FC Nyoman Grodna (3/2).
(97/129)	SHAHOYKA Alyaksandr	27.08.1980	4	0	2006, FC Gomel (4/0).
(1/001)	SHANTALOSOV Valeriy	15.03.1966	25	0	1992-2002, FK Lokomotiv Nizhni Novgorod (10/0), FK Baltika Kaliningrad (10/0), FK Lokomotiv Nizhni Novgorod (3/0), Torpedo-MAZ Minsk (2/0).
(12/046)	SHAVROV Pavel	29.01.1971	1	0	1995, Dinamo-93 Minsk (1/0).
(4/027)	SHIROKIY Syarhey	24.03.1966	1	0	1994, Dinamo-93 Minsk (1/0).
(117/150)	SHITOV Ihar	24.10.1986	47	1	2008-2015, FK Torpedo Zhodino (3/1), FC BATE Barysaŭ (24/0), FK Dinamo Moskva (5/0), FK Mordovia Saransk (15/0).
(85/122)	SHKABARA Oleg	15.02.1983	5	2	2004-2006, FC BATE Barysaŭ (1/1), Dinamo Moskva (2/0), FC Gomel (2/1).
(12/047)	SHTANYUK Syarhey	13.08.1973	71	3	1995-2007, FC Dynama Minsk (1/0), FK Dinamo Moskva (27/1), Stoke City FC (14/0), FK Shinnik Yaroslavl (18/1), FK Metalurg Zaporizhzhya (3/1), FK Luch-Energia Vladivostok (8/0).
(2/020)	SHUKANOV Yuriy	10.03.1971	6	0	1993-1995, FC Dynama Minsk (2/0), Maccabi Tel Aviv (4/0).
(48/092)	SHUNEIKO Vladimir	22.04.1974	23	1	2000-2003, FK Dnepr-Transmash Mogilev (1/0), FK Krylya Sovetov Samara (17/0), FC Levski Sofia (4/1), FK Spartak-Alania Vladikavkaz (1/0).
(187/191)	SIGNEVICH Mikalay	20.02.1992	6	1	2014-2015, FC BATE Barysaŭ (6/1).
(19/053)	SINICHIN Andrey	01.06.1972	1	0	1996, Stomil Olsztyn (1/0).
(121/155)	SITKO Pavel	17.12.1985	15	2	2008-2013, FK Vitebsk (5/1), FK Shakhtsyor Salihorsk (10/1).
(141/164)	SIVAKOV Mikhail	16.01.1988	7	0	2010-2015, Piacenza FC (1/0), FC Gomel (2/0), FK Zorya Luhansk (4/0).
(170/182)	SKAVYSH Maksim	13.11.1989	3	0	2013-2014, FK Baltika Kaliningrad (3/0).
(30/083)	SKRIPCHENKO Vadim	26.11.1975	10	2	1997-2000, Dinamo-93 Minsk (1/1), FC BATE Barysaŭ (9/1).
(111/143)	SKVERNYUK Alexei	13.10.1985	7	0	2007-2008, FK Krylya Sovetov Samara (7/0).
(5/029)	SOSNITSKIY Andrey	02.11.1962	4	0	1994-1995, FK Uralmash Yekaterinburg (4/0).
(110/139)	STASEVICH Igor	21.10.1985	27	2	2007-2015, FC BATE Barysaŭ (11/1), FC Dynama Minsk (9/1), FC BATE Barysaŭ (7/0).
(97/133)	STRAKHANOVICH Oleg	13.10.1979	15	0	2006-2008, FK MTZ-RIPO Minsk (6/0), FBK Kaunas (4/0), FK MTZ-RIPO Minsk (5/0).

(44/091)	STRIPEIKIS Vitaliy	15.10.1974	3	0	1999-2000, Slaviya Mozyr (3/0).
(82/121)	SUCHKOV Alexei	21.03.1981	8	0	2004-2006, FK Karpaty Lviv (8/0).
(78/114)	SULIMA Alyaksandr	01.08.1979	6	0	2004-2006, FC Nyoman Grodna (4/0), FK MTZ-RIPO Minsk (2/0).
(22/055)	SVIRKOV Yuriy	20.01.1968	1	0	1996, FC MPKC Mozyr (1/0).
(5/030)	SYSOYEV Oleg	23.11.1967	2	0	1994-1996, FC Nyoman Grodna (1/0), FC MPKC Mozyr (1/0).
(39/090)	TARLOVSKIY Igor	21.09.1974	22	1	1999-2005, FK Alania Vladikavkaz (18/1), FK Fakel Voronezh (4/0).
(1/004)	TAYKOV Alyaksandr	23.06.1970	13	1	1992-1996, FC Dynama Minsk (7/1), Maccabi Herzliya (6/0).
(151/169)	TRUBILA Vital	07.01.1985	16	0	2011-2014, SK Slavia Praha (8/0), FC Dynama Minsk (7/0), FC Gomel (1/0).
(95/125)	TSIHARAW Yan	10.03.1984	35	1	2005-2014, FC Dynama Minsk (4/0), FK Metalurh Zaporizhzhya (15/0), FK Tom Tomsk (3/0), FK Lokomotiv Moskva (13/1).
(70/107)	TSYGALKO Maxym	27.05.1983	2	1	2003, FC Dynama Minsk (2/1).
(62/102)	TSYGALKO Yuriy	27.05.1983	3	0	2002-2003, FC Dynama Minsk (3/0).
(35/086)	TUMILOVICH Gennadiy	03.09.1971	32	0	1998-2004, FK Zhemchuzhina Sochi (7/0), Hapoel Irony Rishon Lezion (3/0), FK Dinamo Moskva (2/0), no club (4/0), FK Rotselmash Rostov-na-Donu (5/0), FC Antwerpen (11/0).
(164/177)	VALADZKO Alyaksandr	08.06.1986	9	1	2012-2014, FC BATE Barysaŭ (9/1).
(188/192)	VALADZKO Maksim	10.11.1992	7	0	2014-2015, FC BATE Barysaŭ (7/0).
(30/084)	VARIVONCHIK Vitaliy	19.08.1973	3	0	1997-2000, Dinamo-93 Minsk (1/0), FF Jaro (2/0).
(22/063)	VASILIYEV Andrey	03.02.1969	1	1	1996, Lokomotiv-96 Vitebsk (1/1).
(51/095)	VASILYUK Roman	23.11.1978	24	10	2000-2008, Slaviya Mozyr (8/2), FK Spartak Moskva (2/4), FC Dynama Minsk (3/0), FK Spartak Moskva (2/1), FK Dinamo Brest (1/0), FC Gomel (8/3).
(3/022)	VEKHTEV Syarhey	08.05.1971	4	0	1993-1996, KIM Vitebsk (2/0), BVB Borussia Dortmund (1/0), Dülmen (1/0).
(1/011)	VELICHKO Valeriy	12.09.1966	4	0	1992-1996, FC Dynama Minsk (3/0), FK Lokomotiv Nizhni Novgorod (1/0).
(156/172)	VERATSILA Aleh	10.07.1988	14	0	2011-2014, FC Dynama Minsk (14/0).
(5/033)	VERGEICHIK Yuriy	05.03.1968	7	1	1994-1996, Dinamo-93 Minsk (1/1), RWD Molenbeek (6/0).
(122/157)	VERKHAWTSOW Dzmitry	10.10.1986	44	3	2008-2014, FK Naftan Navapolatsk (12/2), FK Ventspils (1/0), FK Naftan Navapolatsk (11/0), FK Krylia Sovetov Samara (18/1), FC Ufa (2/0).
(59/097)	VOLODENKOV Vitaliy	25.04.1976	11	0	2001-2006, FC Dynama Minsk (4/0), FK Sokol Saratov (5/0), FC Dynama Minsk (2/0).
(113/145)	VORONKOV Andrey	08.02.1989	9	0	2007-2011, FK Dinamo Kyiv (1/0), FK Kryvbas Kryvyi Rih (4/0), FK Karpati Lviv (4/0).
(26/072)	VYAZHEVICH Alyaksandr	07.06.1970	2	0	1996-2000, FC Molodechno (1/0), FC Dynama Minsk (1/0).
(117/147)	VYERAMKO Syarhey	16.10.1982	26	0	2008-2014, FC BATE Barysaŭ (5/0), FK Sevastopol (3/0), FK Krylia Sovetov Samara (18/0).
(2/018)	YAKHIMOVICH Erik	06.09.1968	34	0	1993-2001, FC Dynama Minsk (3/0), FK Dinamo Moskva (25/0), Gaziantepspor Kulübü (3/0), Shan-Dun Luneng (3/0).
(190/196)	YANUSH Mikalay	09.09.1984	1	0	2015, FK Shakhtsyor Salihorsk (1/0).
(187/190)	YANUSHKEVICH Alyaksey	15.01.1986	2	0	2014, FK Shakhtsyor Salihorsk (2/0).
(5/035)	YAROMKO Syarhey	1967	1	0	1994, Fandok Bobruisk (1/0).
(5/037)	YASKOVICH Syarhey	11.01.1972	31	0	1994-2005, FC Dynama Minsk (5/0), FK Shakhtar Donetsk (1/0), Anzhi Makhachkala (10/0), no club (2/0), Olympique Alès (3/0), FK Moskva (5/0), FK Tom Tomsk (5/0).
(23/066)	YEKIMOV Dzmitry	05.02.1972	1	0	1996, FK Dinamo Brest (1/0).
(30/079)	YEVNEVICH Alyaksandr	24.08.1969	1	0	1997, FC Dynama Minsk (1/0).
(96/126)	YUREVICH Alyaksandr	08.08.1979	32	0	2006-2011, FK Shakhtsyor Salihorsk (10/0), FC BATE Barysaŭ (22/0).
(4/025)	YUSIPETS Andrey	16.04.1967	11	0	1994-1996, FK Gomselmash Gomel (3/0), TSV Alemannia Aachen (8/0).
(150/168)	ZHAVNERCHYK Maksim	09.02.1985	9	0	2011-2014, FK Kuban Krasnodar (9/0).
(70/108)	ZHAWNOW Yury	17.04.1981	58	0	2003-2015, FC BATE Barysaŭ (2/0), FK Moskva (34/0), FK Zenit St. Petersburg (17/0), FK Torpedo Moskva (4/0), FK Ural Yekaterinburg (1/0).
(142/165)	ZHEVNEROV Eduard	01.11.1987	1	0	2010, FK Dnyapro Mahilyov (1/0).
(2/017)	ZHURAVEL Vladimir	09.06.1971	11	0	1993-1997, FC Dynama Minsk (11/0).
(1/006)	ZYGMANTOVICH Andrey	02.12.1962	9	0	1992-1995, FC Dynama Minsk (1/0), Racing Santander (8/0).

NATIONAL COACHES

Name	DOB	Period	Matches	P	W	D	L	GF	-	GA	
Mikhail VERGEYENKO	12.01.1950	28.10.1992 – 25.05.1994	[1-4]	4	0	3	1	4	-	6	37.50 %
Sergei Vladimirovich BOROVSKIY	29.01.1956	17.08.1994 – 09.10.1996	[5-26]	22	4	8	10	20	-	34	36.36 %
Mikhail VERGEYENKO	12.01.1950	05.01.1997 – 08.09.1999	[27-46]	20	2	3	15	18	-	34	17.50 %
Sergei Vladimirovich BOROVSKIY	29.01.1956	09.10.1999 – 04.06.2000	[47-50]	4	0	1	3	1	-	8	12.50 %
Eduard Vasilyevich MALOFEYEV[1]	02.06.1942	16.08.2000 – 11.06.2005	[51-73]	22	10	5	7	31	-	31	56.81 %
Valeriy STRELTSOV[2]	07.05.1948	07.09.2002	[66]	1	0	0	1	0	-	3	0.00 %
Anatoliy Nikolayevich BAYDACHNIY	01.10.1952	20.08.2003 – 03.10.2003	[74-95]	22	10	4	8	34	-	29	54.54 %
Yuriy PUNTUS	08.10.1960	28.02.2006 – 06.06.2007	[96-109]	14	3	4	7	19	-	26	35.71 %
Bernd Walter STANGE (*Germany*)	14.03.1948	22.08.2007 – 15.11.2011	[110-158]	49	17	14	18	65	-	54	48.97 %
Heorhiy KANDRATSYEW	07.01.1960	29.02.2012 – 12.10.2014	[159-186]	28	9	8	11	37	-	35	46.42 %
Andrei ZYGMANTOVICH	02.12.1962	15.11.2014 – 18.11.2014	[187-188]	2	1	0	1	3	-	5	50.00 %
Alyaksandr KHATSKEVICH	19.10.1973	27.03.2015 – 12.10.2015	[189-196]	8	3	2	3	9	-	9	50.00 %

[1] replaced for match [66] by Valeriy Streltsov.
[2] caretaker trainer for this match.

National coaches several times in charge:

Name	How often	Matches	M	W	D	L	GF	-	GA	
Mikhail VERGEYENKO	2 x	[1-4],[27-46]	24	2	6	16	22	-	40	20.83 %
Sergei BOROVSKIY	2 x	[5-26],[47-50]	26	4	9	13	21	-	42	32.69 %

HEAD-TO-HEAD STATISTICS

	HOME							AWAY							NEUTRAL							TOTAL						
Albania	2	1	1	0	4	:	2	2	1	0	1	4	:	3	1	0	1	0	0	:	0	5	2	2	1	8	:	5
Andorra	2	2	0	0	8	:	1	2	1	0	1	3	:	3								4	3	0	1	11	:	4
Argentina	1	0	1	0	0	:	0															1	0	1	0	0	:	0
Armenia	1	1	0	0	2	:	1	2	1	1	0	2	:	1	2	1	0	1	4	:	3	5	3	1	1	8	:	5
Austria	2	0	0	2	0	:	3	2	0	0	2	0	:	9								4	0	0	4	0	:	12
Azerbaijan	1	0	1	0	2	:	2															1	0	1	0	2	:	2
Bosnia and Herz.	1	0	0	1	0	:	2	1	0	0	1	0	:	1								2	0	0	2	0	:	3
Bulgaria	2	1	0	1	1	:	2	3	0	0	3	3	:	8								5	1	0	4	4	:	10
Canada															2	1	0	1	2	:	1	2	1	0	1	2	:	1
Croatia	1	0	0	1	1	:	3	1	0	0	1	0	:	1								2	0	0	2	1	:	4
Cyprus								2	1	0	1	3	:	2								2	1	0	1	3	:	2
Czech Republic	2	0	0	2	1	:	5	2	0	0	2	2	:	6								4	0	0	4	3	:	11
Denmark	1	0	1	0	0	:	0	1	0	0	1	0	:	1								2	0	1	1	0	:	1
Ecuador								1	0	1	0	1	:	1								1	0	1	0	1	:	1
Egypt								1	0	0	1	0	:	2								1	0	0	1	0	:	2
England	1	0	0	1	1	:	3	1	0	0	1	0	:	3								2	0	0	2	1	:	6
Estonia	1	1	0	0	1	:	0	4	1	0	3	3	:	5								5	2	0	3	4	:	5
Finland	1	0	1	0	1	:	1	2	0	1	1	1	:	2	1	0	1	0	2	:	2	4	0	3	1	4	:	5
France	2	0	1	1	3	:	5	2	1	0	1	2	:	3								4	1	1	2	5	:	8
Gabon															1	0	1	0	0	:	0	1	0	1	0	0	:	0
Georgia	1	1	0	0	2	:	0	1	0	0	1	0	:	1								2	1	0	1	2	:	1
Germany								1	0	1	0	2	:	2								1	0	1	0	2	:	2
Greece															1	0	0	1	0	:	1	1	0	0	1	0	:	1
Honduras															1	0	1	0	2	:	2	1	0	1	0	2	:	2
Hungary								1	1	0	0	5	:	2	1	0	1	0	1	:	1	2	1	1	0	6	:	3
Iceland															1	1	0	0	2	:	0	1	1	0	0	2	:	0
Iran	1	1	0	0	2	:	1	1	0	1	0	2	:	2	1	0	1	0	0	:	0	3	1	2	0	4	:	3
Israel	2	1	0	1	4	:	4	3	1	0	2	4	:	5								5	2	0	3	8	:	9
Italy	2	0	1	1	1	:	4	2	0	1	1	4	:	5								4	0	2	2	5	:	9
Japan	1	1	0	0	1	:	0															1	1	0	0	1	:	0
Jordan								1	0	0	1	0	:	1								1	0	0	1	0	:	1
Kazakhstan	1	1	0	0	4	:	0	1	1	0	0	5	:	1	1	0	1	0	1	:	1	3	2	1	0	10	:	2
Kyrgyzstan	1	1	0	0	3	:	1															1	1	0	0	3	:	1
Korea Republic															1	1	0	0	1	:	0	1	1	0	0	1	:	0
Latvia	2	1	1	0	4	:	2	3	2	0	1	5	:	4	1	1	0	0	4	:	1	6	4	1	1	13	:	7
Libya															2	0	2	0	2	:	2	2	0	2	0	2	:	2
Liechtenstein								1	1	0	0	5	:	1								1	1	0	0	5	:	1
Lithuania	4	2	2	0	9	:	3	4	2	1	1	6	:	2								8	4	3	1	15	:	5
Luxembourg	4	3	0	1	6	:	1	4	1	3	0	3	:	2								8	4	3	1	9	:	3
Macedonia	1	0	1	0	0	:	0	1	1	0	0	2	:	1								2	1	1	0	2	:	1
Malta	1	1	0	0	2	:	0	2	2	0	0	3	:	0								3	3	0	0	5	:	0
Mexico	1	1	0	0	3	:	2															1	1	0	0	3	:	2
Moldova	3	2	1	0	8	:	3	2	0	0	2	1	:	4	1	0	1	0	0	:	0	6	2	2	2	9	:	7
Montenegro	1	0	1	0	1	:	1	1	0	0	1	0	:	1								2	0	1	1	1	:	2
Netherlands	3	2	0	1	3	:	3	3	0	0	3	0	:	7								6	2	0	4	3	:	10
Norway	3	1	1	1	3	:	3	3	0	2	1	2	:	3								6	1	3	2	5	:	6
Oman								1	1	0	0	4	:	0								1	1	0	0	4	:	0
Peru								1	0	1	0	1	:	1								1	0	1	0	1	:	1
Poland	1	1	0	0	4	:	1	4	1	2	1	6	:	6	1	0	0	1	0	:	2	6	2	2	2	10	:	9
Romania	2	0	1	1	1	:	3	2	0	1	1	3	:	5								4	0	2	2	4	:	8
Romania "B"															1	0	0	1	0	:	2	1	0	0	1	0	:	2
Russia	1	0	0	1	0	:	2	3	0	2	1	4	:	6								4	0	2	2	4	:	8
Saudi Arabia								1	0	1	0	1	:	1								1	0	1	0	1	:	1
Scotland	3	1	1	1	1	:	1	1	0	0	1	1	:	4								4	1	1	2	2	:	5
Slovakia	1	0	0	1	1	:	3	2	1	0	1	1	:	4								3	1	0	2	2	:	7
Slovenia	2	1	1	0	5	:	3	2	0	1	1	1	:	2								4	1	2	1	6	:	5
Spain	2	0	0	2	0	:	5	2	0	0	2	1	:	5								4	0	0	4	1	:	10
Sweden	2	0	0	2	1	:	3	1	0	0	1	1	:	5								3	0	0	3	2	:	8
Switzerland	1	0	0	1	0	:	1	1	0	0	1	0	:	2								2	0	0	2	0	:	3
Tajikistan	1	1	0	0	6	:	1															1	1	0	0	6	:	1
Tunisia								1	0	0	1	0	:	3								1	0	0	1	0	:	3
Turkey	1	0	1	0	2	:	2	3	1	0	2	5	:	6								4	1	1	2	7	:	8
Ukraine	4	0	2	2	1	:	5	4	0	1	3	2	:	7	1	1	0	0	2	:	0	9	1	3	5	5	:	12
Un. Arab Emir.								1	1	0	0	3	:	2	1	0	0	1	0	:	1	2	1	0	1	3	:	3
Uzbekistan	1	0	1	0	2	:	2	1	1	0	0	2	:	1								2	1	1	0	4	:	3
Wales	2	1	0	1	3	:	3	2	0	0	2	2	:	4								4	1	0	3	5	:	7
TOTAL	77	30	21	26	108	:	93	97	24	21	52	111	:	159	22	6	10	6	23	:	19	196	60	52	84	242	:	271

BELGIUM

The Country:
Royaume de Belgique / Koninkrijk België (Kingdom of Belgium)
Capital: Bruxelles
Surface: 30,528 km²
Inhabitants: 11,190,845
Time: UTC+1

The FA:
Union royale belge des sociétés de football association / Koninklijke Belgische Voetbalbond
145, Avenue Houba de Strooper, 1020 Bruxelles
Foundation date: 1895
Member of FIFA since: 1904
Member of UEFA since: 1954

NATIONAL TEAM RECORDS

EUROPEAN CHAMPIONSHIP

1960	*Did not enter*
1964	Qualifiers
1968	Qualifiers
1972	Final Tournament (3rd Place)
1976	Qualifiers
1980	Final Tournament (Runners-up)
1984	Final Tournament (Group Stage)
1988	Qualifiers
1992	Qualifiers
1996	Qualifiers
2000	Final Tournament (Group Stage)
2004	Qualifiers
2008	Qualifiers
2012	Qualifiers
2016	Final Tournament (*Qualified*)

FIFA WORLD CUP

1930	Final Tournament (Group Stage)
1934	Final Tournament (1st Round)
1938	Final Tournament (1st Round)
1950	*Withdrew*
1954	Final Tournament (Group Stage)
1958	Qualifiers
1962	Qualifiers
1966	Qualifiers
1970	Final Tournament (Group Stage)
1974	Qualifiers
1978	Qualifiers
1982	Final Tournament (2nd Round)
1986	Final Tournament (4th Place)
1990	Final Tournament (2nd Round of 16)
1994	Final Tournament (2nd Round of 16)
1998	Final Tournament (Group Stage)
2002	Final Tournament (2nd Round of 16)
2006	Qualifiers
2010	Qualifiers
2014	Final Tournament (Quarter-Finals)

OLYMPIC FOOTBALL TOURNAMENTS 1900-2012

Year	Result	Year	Result	Year	Result	Year	Result
1900	-	1936	*Did not enter*	1968	*Did not enter*	1992	Qualifiers
1904	-	1948	*Did not enter*	1972	*Did not enter*	1996	Qualifiers
1908	-	1952	*Did not enter*	1976	*Did not enter*	2000	Qualifiers
1912	-	1956	*Did not enter*	1980	Qualifiers	2004	Qualifiers
1920	**Winners**	1960	*Did not enter*	1984	Qualifiers	2008	FT / 4th Place
1924	FT / 1/8-Finals	1964	*Did not enter*	1988	Qualifiers	2012	Qualifiers
1928	Quarter-Finals						

FIFA CONFEDERATIONS CUP 1992-2013

None

PLAYER WITH MOST INTERNATIONAL CAPS – Top 5

1.	**Jan CEULEMANS**	-	96 caps	(1977-1991)
2.	Timmy SIMONS	-	93 caps	(2001-2013)
3.	Eric GERETS	-	86 caps	(1975-1991)
	Frank Richard VANDER ELST	-	86 caps	(1984-1998)
5.	Daniel VAN BUYTEN	-	85 caps	(2001-2014)

PLAYER WITH MOST INTERNATIONAL GOALS – Top 6

1.	Paul VAN HIMST	-	30 goals	/ 81 caps (1960-1974)
	Bernard VOORHOOF	-	30 goals	/ 61 caps (1928-1940)
3.	Marc WILMOTS	-	28 goals	/ 70 caps (1990-2002)
	Joseph "Jef"MERMANS	-	28 goals	/ 56 caps (1945-1956)
5.	Raymond BRAINE	-	26 goals	/ 54 caps (1925-1939)
	Robert DE VEEN	-	26 goals	/ 23 caps (1906-1913)

FULL INTERNATIONALS (1904-2015)

1.   01.05.1904   **BELGIUM – FRANCE**   3-3(1-2)
Stade du Vivier d'Oie, Bruxelles; Referee: John C.Keene (England); Attendance: 1,500
BEL: Alfred Verdyck (1/0), Albert Friling (1/0), Edgard Poelmans (1/0), Guillaume Vanden Eynde (1/0), Charles Cambier (1/0), Camille Van Hoorden (1/0), Maurice Tobias (1/0), Alexandre Wigand (1/0), Georges Quéritet (1/2), Pierre Destrebecq (1/1), Charles Vanderstappen (1/0). Trainer: no.
Goals: Georges Quéritet (7, 50), Pierre Destrebecq (65).

2.   30.04.1905   **BELGIUM - NETHERLANDS**   1-4(0-0,1-1)
Kielstadion, Antwerpen; Referee: Frank König (Belgium); Attendance: 800
BEL: Eric Thornton (1/0), Emile Andrieu (1/0), Edgard Poelmans (2/0), Hector Raemaekers (1/0), Paul Grumeau (1/0), Camille Van Hoorden (2/0), Clément Robyn (1/0), Prosper Brandsteerdt (1/0), Gustave Vanderstappen (1/0), Pierre Destrebecq (2/1), Charles Vanderstappen (2/0). Trainer: no.
Goal: Peet Stol (87 own goal).

3.   07.05.1905   **BELGIUM - FRANCE**   7-0(3-0)
Stade du Vivier d'Oie, Bruxelles; Referee: Rodolf William Seeldrayers (Belgium); after 15 minutes John Lewis (England); Attendance: 300
BEL: Robert Hustin (1/0), Edgard Poelmans (3/0), Ernest Moreau (1/0), Hector Raemaekers (2/0), Henri Dedecker (1/0), Camille Van Hoorden (3/2), Maurice Tobias (2/0), Laurent Theunen (1/2), Gustave Vanderstappen (2/0), Pierre Destrebecq (3/4), Charles Vanderstappen (3/0). Trainer: no.
Goals: Camille Van Hoorden (15), Pierre Destrebecq (19), Laurent Theunen (30), Pierre Destrebecq (55), Camille Van Hoorden (70), Laurent Theunen (80), Pierre Destrebecq (86).

4.   14.05.1905   **NETHERLANDS - BELGIUM**   4-0(0-0)
Stadion Schuttersveld, Rotterdam; Referee: John C. Keene (England); Attendance: 30,000
BEL: Eric Thornton (2/0), Edgard Poelmans (4/0), Camille Van Hoorden (4/2), Guillaume Vanden Eynde (2/0), Henri Dedecker (2/0), Joseph Romdenne (1/0), Maurice Tobias (3/0), Laurent Theunen (2/2), Gustave Vanderstappen (3/0), Pierre Destrebecq (4/4), Charles Vanderstappen (4/0). Trainer: no.

5.   22.04.1906   **FRANCE - BELGIUM**   0-5(0-3)
Stade de La Faisanderie, Saint-Cloud, Paris; Referee: John Wood (England); Attendance: 515
BEL: Robert Hustin (2/0), Roger Piérard (1/0), Edgard Poelmans (5/0), Guillaume Vanden Eynde (3/0), Charles Cambier (2/0), Camille Van Hoorden (5/3), Alphonse Wright (1/0), René Feye (1/2), Robert De Veen (1/2), Pierre Destrebecq (5/4), Hector Goetinck (1/0). Trainer: no.
Goals: René Feye (30, 35), Camille Van Hoorden (40), Robert De Veen (58, 60).

6.   29.04.1906   **BELGIUM - NETHERLANDS**   5-0(2-0)
Kielstadion, Antwerpen; Referee: Patrick R. Harrower (England); Attendance: 2,000
BEL: Robert Hustin (3/0), Roger Piérard (2/0), Edgard Poelmans (6/0), Guillaume Vanden Eynde (4/1), Charles Cambier (3/0), Camille Van Hoorden (6/3), Alphonse Wright (2/0), René Feye (2/2), Robert De Veen (2/5), Pierre Destrebecq (6/4), Hector Goetinck (2/1). Trainer: no.
Goals: Guillaume Vanden Eynde (15), Hector Goetinck (40), Robert De Veen (52, 68, 80).

7.   13.05.1906   **NETHERLANDS- BELGIUM**   2-3(1-0)
Stadion Schuttersveld, Rotterdam; Referee: Herbert James Willing (Netherlands); Attendance: 10,000
BEL: Robert Hustin (4/0), Roger Piérard (3/0), Edgard Poelmans (7/0), Guillaume Vanden Eynde (5/1), Charles Cambier (4/2), Camille Van Hoorden (7/3), Alphonse Wright (3/0), Alexandre Wigand (2/0), Robert De Veen (3/5), Pierre Destrebecq (7/5), Hector Goetinck (3/1). Trainer: no.
Goals: Charles Cambier (76), Pierre Destrebecq (81), Charles Cambier (88).

8.   14.04.1907   **BELGIUM - NETHERLANDS**   1-3(1-0,1-1)
Kielstadion, Antwerpen; Referee: Patrick R.Harrower (England); Attendance: 2,500
BEL: Robert Hustin (5/0), Roger Piérard (4/0), Edgard Poelmans (8/0), Guillaume Vanden Eynde (6/1), Charles Cambier (5/2), Camille Van Hoorden (8/3), Emile Reuse (1/0), René Feye (3/3), Robert De Veen (4/5), Charles Vanderstappen (5/0), Hector Goetinck (4/1). Trainer: no.
Goal: René Feye (31).

9.   21.04.1907   **BELGIUM - FRANCE**   1-2(1-1)
Stade du Vivier d'Oie, Bruxelles; Referee: Herbert James Willing (Netherlands); Attendance: 2,000
BEL: Robert Hustin (6/0), Marcel Feye (1/0), Edgard Poelmans (9/0), Guillaume Vanden Eynde (7/1), Charles Cambier (6/3), Camille Van Hoorden (9/3), Alphonse Wright (4/0), René Feye (4/3), Robert De Veen (5/5), Clément Robyn (2/0), Hector Goetinck (5/1). Trainer: no.
Goal: Charles Cambier (18).

10.   09.05.1907   **NETHERLANDS - BELGIUM**   1-2(0-1)
Hout Spanjaardslaan, Haarlem; Referee: Ernest L.NETHERLANDS (England); Attendance: 10,000
BEL: Carl Fourneaux (1/0), Arthur Cambier (1/0), Joseph Robyn (1/0), Hector Raemaekers (3/0), Charles Cambier (7/3), Camille Van Hoorden (10/3), Alphonse Wright (5/0), René Feye (5/4), Maurice Vertongen (1/0), Louis Saeys (1/0), Hector Goetinck (6/2). Trainer: no.
Goals: René Feye (9), Hector Goetinck (54).

11.   29.03.1908   **BELGIUM - NETHERLANDS**   1-4(0-1)
Kielstadion, Antwerpen; Referee: Patrick R.Harrower (England); Attendance: 2,000
BEL: Robert Hustin (7/0), Joseph Robyn (2/0), Edgard Poelmans (10/0), Guillaume Vanden Eynde (8/1), Charles Cambier (8/3), Camille Van Hoorden (11/3), Maurice Tobias (4/0), Georges Mathot (1/0), Maurice Vertongen (2/1), Louis Saeys (2/0), Edgard Van Boxstaele (1/0). Trainer: no.
Goal: Maurice Vertongen (81).

12.   12.04.1908   **FRANCE - BELGIUM**   1-2(0-2)
Stade Olympique „Yves du Manoir", Colombes, Paris; Referee: James B. Stark (Scotland); Attendance: 498
BEL: Henri Leroy (1/0), Roger Piérard (5/0), Edgard Poelmans (11/0), Guillaume Vanden Eynde (9/1), Charles Cambier (9/3), Camille Van Hoorden (12/3), Maurice Tobias (5/0), Maurice Vertongen (3/1), Robert De Veen (6/7), Louis Saeys (3/0), Edgard Van Boxstaele (2/0). Trainer: no.
Goals: Robert De Veen (22, 34).

13.   18.04.1908   **BELGIUM - ENGLAND Amateurs**   2-8(1-4)
Stade Longchamps, Bruxelles; Referee: Gerard Willem Dyxhoorn (Netherlands); Attendance: 4,000
BEL: Robert Hustin (8/0), Roger Piérard (6/0), Edgard Poelmans (12/0), Guillaume Vanden Eynde (10/1), Charles Cambier (10/3), Camille Van Hoorden (13/3), Maurice Tobias (6/0), Robert De Veen (7/9), Gustave Vanderstappen (4/0), Louis Saeys (4/0), Georges Hebdin (1/0). Trainer: no.
Goals: Robert De Veen (28, 48).

14. 26.04.1908 **NETHERLANDS - BELGIUM** **3-1(2-0)**
Stadion Schuttersveld, Rotterdam; Referee: John T. Howcroft (England); Attendance: 6,000
BEL: Henri Leroy (2/0), Roger Piérard (7/0), Edgard Poelmans (13/0), Guillaume Vanden Eynde (11/1), Charles Cambier (11/3) [46.Georges Mathot (2/0)], Camille Van Hoorden (14/3), Maurice Tobias (7/0), Jules Suetens (1/0), Robert De Veen (8/9), Louis Saeys (5/1), Georges Hebdin (2/0). Trainer: no.
Goal: Louis Saeys (89).

15. 26.10.1908 **BELGIUM - SWEDEN** **2-1(2-1)**
Stade du Vivier d'Oie, Bruxelles; Referee: Charles Barette (Belgium); Attendance: 800
BEL: Henri Leroy (3/0), Louis Joux (1/0), Gaston Hubin (1/0), Guillaume Vanden Eynde (12/1), Charles Cambier (12/3), Camille Van Hoorden (15/3), Guillaume Meulders (1/0), Fernand Goossens (1/1), Vahram Kevorkian (1/1), Désiré Paternoster (1/0), Edgard Van Boxstaele (3/0). Trainer: no.
Goals: Vahram Kevorkian (30), Fernand Goossens (31).

16. 21.03.1909 **BELGIUM - NETHERLANDS** **1-4(0-3)**
Kielstadion, Antwerpen; Referee: Thomas Kyle (England); Attendance: 7,000
BEL: Robert Hustin (9/0), Roger Piérard (8/0), Edgard Poelmans (14/1), Maurice Vertongen (4/1), Charles Cambier (13/3), Camille Van Hoorden (16/3), Georges Pootmans (1/0), Robert De Veen (9/9), Georges Hebdin (3/0), Louis Saeys (6/1), Edgard Van Boxstaele (4/0). Trainer: no.
Goal: Edgard Poelmans (63).

17. 17.04.1909 **ENGLAND Amateurs - BELGIUM** **11-2(7-1)**
White Hart Lane, London; Referee: Christiaan Jacobus Groothoff (Netherlands); Attendance: 4,000
BEL: Godefroid Van Melderen (1/0), Jacques Sterckval (1/0), Albert Friling (2/0), Prosper Braeckman (1/0), Charles Cambier (14/3), Maurice Lefèbvre (1/0), Georges Pootmans (2/0), Fernand Goossens (2/1), Robert De Veen (10/11), Louis Saeys (7/1), Edgard Van Boxstaele (5/0). Trainer: no.
Goals: Robert De Veen (35, 70).

18. 25.04.1909 **NETHERLANDS - BELGIUM** **4-1(3-0)**
Stadion Schuttersveld, Rotterdam; Referee: John T. Howcroft (England); Attendance: 10,000
BEL: Godefroid Van Melderen (2/0), Jacques Sterckval (2/0), Emile Andrieu (2/0), Hector Raemaekers (4/0), Charles Cambier (15/3), Camille Van Hoorden (17/3), Georges Pootmans (3/0), Fernand Goossens (3/2), Robert De Veen (11/11), Laurent Theunen (3/2), Edgard Van Boxstaele (6/0). Trainer: no.
Goal: Fernand Goossens (58).

19. 09.05.1909 **BELGIUM - FRANCE** **5-2(2-0)**
Stade du Vivier d'Oie, Bruxelles; Referee: James R. Schumacher (England); Attendance: 1,500
BEL: Robert Hustin (10/0), Emile Andrieu (3/0), Joseph Robyn (3/0), Hector Raemaekers (5/0), Charles Cambier (16/3), Camille Van Hoorden (18/4), Georges Pootmans (4/0), Fernand Goossens (4/2), Robert De Veen (12/14), Laurent Theunen (4/3), Edgard Van Boxstaele (7/0). Trainer: no.
Goals: Robert De Veen (30, 41, 80), Camille Van Hoorden (83), Laurent Theunen (85).

20. 13.03.1910 **BELGIUM - NETHERLANDS** **3-2(2-2,2-2)**
Kielstadion, Antwerpen; Referee: James R. Schumacher (England); Attendance: 8,500
BEL: Marcel Feye (2/0), Paul Bouttiau (1/0), Emile Andrieu (4/0), Maurice Petit (1/0), Charles Cambier (17/3), Fernand Goossens (5/2), Hector Goetinck (7/2), Alphonse Six (1/1), Robert De Veen (13/16), Louis Saeys (8/1), Désiré Paternoster (2/0). Trainer: William Sturrock Maxwell (Scotland, 1).
Goals: Robert De Veen (19, 24), Alphonse Six (119).

21. 26.03.1910 **BELGIUM - ENGLAND Amateurs** **2-2(2-1)**
Stade Longchamps, Bruxelles; Referee: Christiaan Jacobus Groothoff (Netherlands); Attendance: 4,000
BEL: Marcel Feye (3/0), Paul Bouttiau (2/0), Emile Andrieu (5/0), Charles Bauwens (1/0), Charles Cambier (18/3), Prosper Braeckman (2/0), Hector Goetinck (8/2), Alphonse Six (2/2), Robert De Veen (14/16), Louis Saeys (9/1), Désiré Paternoster (3/1). Trainer: William Sturrock Maxwell (Scotland, 2).
Goals: Alphonse Six (23), Désiré Paternoster (25).

22. 03.04.1910 **FRANCE - BELGIUM** **0-4(0-1)**
Stade de la F.G.S.P.F., Gentilly, Paris; Referee: James B. Stark (Scotland); Attendance: 950
BEL: Pierre Kogel (1/0), Paul Bouttiau (3/0), Emile Andrieu (6/0), Prosper Braeckman (3/0), Charles Cambier (19/3), Fernand Goossens (6/2), Hector Goetinck (9/2), Alphonse Six (3/5), Robert De Veen (15/17), Louis Saeys (10/1), Désiré Paternoster (4/1). Trainer: William Sturrock Maxwell (Scotland, 3).
Goals: Alphonse Six (27, 70), Robert De Veen (73), Alphonse Six (85).

23. 10.04.1910 **NETHERLANDS - BELGIUM** **7-0(4-0)**
Hout Spanjaardslaan, Haarlem; Referee: John T. Howcroft (England); Attendance: 11,000
BEL: Marcel Feye (4/0), Paul Bouttiau (4/0), Emile Andrieu (7/0), Prosper Braeckman (4/0), Charles Cambier (20/3), Fernand Goossens (7/2), Hector Goetinck (10/2), Alphonse Six (4/5), Robert De Veen (16/17), Louis Saeys (11/1), Désiré Paternoster (5/1). Trainer: William Sturrock Maxwell (Scotland, 4).

24. 16.05.1910 **GERMANY - BELGIUM** **0-3(0-1)**
DSV-Platz, Duisburg; Referee: Herbert James Willing (Netherlands); Attendance: 8,000
BEL: Marcel Feye (5/0), Louis Joux (2/0), Emile Andrieu (8/0), Edmond Verbruggen (1/0), Maurice Vertongen (5/1), Charles Bauwens (2/0), Emile Reuse (2/0), Edmond Van Staceghem (1/1), Robert De Veen (17/17), Louis Saeys (12/3), Edgard Van Boxstaele (8/0). Trainer: William Sturrock Maxwell (Scotland, 5).
Goals: Louis Saeys (20, 48), Edmond Van Staceghem (75).

25. 04.03.1911 **ENGLAND Amateurs - BELGIUM** **4-0(3-0)**
Crystal Palace Stadium, London; Referee: Christiaan Jacobus Groothoff (Netherlands); Attendance: 4,000
BEL: Henri Leroy (4/0), Emile Andrieu (9/0), Edgard Poelmans (15/1), Oscar Bossaert (1/0), René Schietse (1/0), Camille Van Hoorden (19/4), Hector Goetinck (11/2), Robert De Veen (18/17), Alphonse Six (5/5), Louis Saeys (13/3), Désiré Paternoster (6/1). Trainer: William Sturrock Maxwell (Scotland, 6).

26. 19.03.1911 **BELGIUM - NETHERLANDS** **1-5(0-2)**
Kielstadion, Antwerpen; Referee: Thomas P.Campbell (England); Attendance: 12,000
BEL: Henri Leroy (5/0), Emile Andrieu (10/0), Edgard Poelmans (16/1), Oscar Bossaert (2/0), Maurice Vertongen (6/1), Camille Van Hoorden (20/4), Hector Goetinck (12/2), Edgard Van Boxstaele (9/0), Jules Suetens (2/0), Louis Saeys (14/3), Désiré Paternoster (7/2). Trainer: William Sturrock Maxwell (Scotland, 7).
Goal: Désiré Paternoster (78).

27. 02.04.1911 **NETHERLANDS - BELGIUM** 3-1(2-1)
DFC-Platz, Dordrecht; Referee: George Miller (England); Attendance: 9,000
BEL: Henri Leroy (6/0), Gaston Hubin (2/0), Jean Strubbe (1/0), Hector Raemaekers (6/0), Camille Nys (1/0), Camille Van Hoorden (21/4), Jean Bouttiau (1/0), François Vanhoutte (1/0), Alphonse Six (6/6), Louis Saeys (15/3), Désiré Paternoster (8/2). Trainer: William Sturrock Maxwell (Scotland, 8).
Goal: Alphonse Six (36).

28. 23.04.1911 **BELGIUM - GERMANY** 2-1(1-0)
Stade Cointe, Liège; Referee: James R.Schumacher (England); Attendance: 3,000
BEL: Henri Leroy (7/0), Gaston Hubin (3/0), Emile Andrieu (11/0), Hector Raemaekers (7/0), Camille Nys (2/0), Camille Van Hoorden (22/4), Jean Bouttiau (2/0), François Vanhoutte (2/1), Alphonse Six (7/6), Louis Saeys (16/4), Désiré Paternoster (9/2). Trainer: William Sturrock Maxwell (Scotland, 9).
Goals: François Vanhoutte (32), Louis Saeys (85).

29. 30.04.1911 **BELGIUM - FRANCE** 7-1(3-0)
Rue de Forest, Vorststraat, Bruxelles; Referee: James B. Stark (Scotland); Attendance: 3,000
BEL: Henri Leroy (8/0), Gaston Hubin (4/0), Emile Andrieu (12/0), Hector Raemaekers (8/0), Camille Nys (3/0), Camille Van Hoorden (23/4), Jean Bouttiau (3/1), Fernand Nisot (1/0), Robert De Veen (19/22), Louis Saeys (17/5), Joseph Musch (1/0). Trainer: William Sturrock Maxwell (Scotland, 10).
Goals: Robert De Veen (20, ?, ?=3), Louis Saeys (48), Jean Bouttiau (60), Robert De Veen (?,?=2)*.**Goalscoring minutes not known.*

30. 28.01.1912 **FRANCE - BELGIUM** 1-1(0-0)
Stade Bauer, St. Ouen, Paris; Referee: Referee: James B. Stark (Scotland); Attendance: 2,000
BEL: Henri Leroy (9/0), Emile Andrieu (13/0), Gaston Hubin (5/1), Charles Bauwens (3/0), Guillaume Vanden Eynde (13/1), Joseph Thys (1/0), Pierre Vergeylen (1/0), Alphonse Six (8/6), Robert De Veen (20/22), Louis Saeys (18/5), Joseph Musch (2/0). Trainer: William Sturrock Maxwell (Scotland, 11).
Goal: Gaston Hubin (89 penalty).

31. 20.02.1912 **BELGIUM - SWITZERLAND** 9-2(6-0)
Stadion aan de Broodstraat, Antwerpen; Referee: Paul Schröder (Germany); Attendance: 3,000
BEL: Robert Chapey (1/0), Emile Andrieu (14/0), Gaston Hubin (6/1), Charles Cambier (21/3), Joseph Thys (2/0), Jean Bouttiau (4/1), Alphonse Six (9/8), Robert De Veen (21/24), Louis Saeys (19/8), Jean Van Cant (1/2). Trainer: William Sturrock Maxwell (Scotland, 12).
Goals: Jean Van Cant (4, 11), Louis Saeys (22), Alphonse Six (39), Louis Saeys (41), Alphonse Six (42), Louis Saeys (67), Robert De Veen (?,?=2).

32. 10.03.1912 **BELGIUM - NETHERLANDS** 1-2(0-0)
Kielstadion, Antwerpen; Referee: Charles D. Crisp (England); Attendance: 9,225
BEL: Henri Leroy (10/0), Emile Andrieu (15/0), Gaston Hubin (7/1), Charles Bauwens (5/0), Camille Nys (4/0), Camille Van Hoorden (24/4), Jean Bouttiau (5/1), Fernand Nisot (2/1), Sylvain Brébart (1/0), Louis Saeys (20/8), Jean Van Cant (2/2). Trainer: William Sturrock Maxwell (Scotland, 13).
Goal: Fernand Nisot (59).

33. 08.04.1912 **BELGIUM - ENGLAND Amateurs** 1-2(1-1)
Stade Longchamps, Bruxelles; Referee: Paul Schröder (Germany); Attendance: 5,000
BEL: Henri Leroy (11/0), Emile Andrieu (16/0), Gaston Hubin (8/1), Hector Raemaekers (9/0), Oscar Bossaert (3/0), Joseph Thys (3/0), Jean Bouttiau (6/1), Fernand Nisot (3/2), Sylvain Brébart (2/0), Joseph Musch (3/0), Jean Van Cant (3/2). Trainer: William Sturrock Maxwell (Scotland, 14).
Goal: Fernand Nisot (32).

34. 28.04.1912 **NETHERLANDS - BELGIUM** 4-3(3-2)
DFC-Platz, Dordrecht; Referee: John Hargreaves Pearson (England); Attendance: 10,000
BEL: Henri Leroy (12/0) [28.Camille Van Hoorden (25/4)], Emile Andrieu (17/0), Gaston Hubin (9/1), Hector Raemaekers (10/0), Oscar Bossaert (4/0), Joseph Thys (4/0), Hector Goetinck (13/2), Fernand Nisot (4/4), Sylvain Brébart (3/0), Joseph Musch (4/1), Jean Van Cant (4/2). Trainer: William Sturrock Maxwell (Scotland, 15).
Goals: Joseph Musch (27), Fernand Nisot (43, 56).

35. 09.11.1912 **ENGLAND Amateurs - BELGIUM** 4-0(4-0)
County Ground, Swindon; Referee: William Nunnerley (Wales); Attendance: 6,624
BEL: Jules Mayné (1/0), Gaston Hubin (10/1), Joseph Robyn (4/0), Hector Raemaekers (11/0), Oscar Bossaert (5/0), Joseph Thys (5/0), Hector Goetinck (14/2) [30.Joseph Musch (5/1)], Fernand Nisot (5/4), Sylvain Brébart (4/0), Jean Van Cant (5/2), Clement De Meyer (1/0). Trainer: William Sturrock Maxwell (Scotland, 16).

36. 16.02.1913 **BELGIUM - FRANCE** 3-0(2-0)
Stade du Vivier d'Oie, Bruxelles; Referee: James R. Schumacher (England); Attendance: 6,000
BEL: Jules Mayné (2/0), Dominique Baes (1/0), Gaston Hubin (11/1), Prosper Braeckman (5/0), Oscar Bossaert (6/0), Joseph Thys (6/0), Louis Bessems (1/1), Fernand Nisot (6/6), Sylvain Brébart (5/0), Joseph Musch (6/1), Clement De Meyer (2/0). Trainer: William Sturrock Maxwell (Scotland, 17).
Goals: Fernand Nisot (21, 31), Louis Bessems (52).

37. 09.03.1913 **BELGIUM - NETHERLANDS** 3-3(3-2)
Kielstadion, Antwerpen; Referee: Frederick Kirkham (England); Attendance: 12,000
BEL: Jules Mayné (3/0), Emile Andrieu (18/0), Gaston Hubin (12/1), Prosper Braeckman (6/0), Oscar Bossaert (7/0), Joseph Thys (7/0), Louis Bessems (2/1), Fernand Nisot (7/7), Robert De Veen (22/26), Louis Saeys (21/8), Adolphe Becquevort (1/0). Trainer: William Sturrock Maxwell (Scotland, 18).
Goals: Robert De Veen (17, 29), Fernand Nisot (30).

38. 20.04.1913 **NETHERLANDS - BELGIUM** 2-4(1-4)
ZAC-Platz, Zwolle; Referee: John W. Baily (England); Attendance: 12,000
BEL: Henri Leroy (13/0), Armand Swartenbroeks (1/0), Gaston Hubin (13/1), Jules Suetens (3/1), Oscar Bossaert (8/0), Joseph Thys (8/0), Louis Bessems (3/1), Fernand Nisot (8/8), Sylvain Brébart (6/0), Joseph Musch (7/3), Georges Hebdin (4/0). Trainer: William Sturrock Maxwell (Scotland, 19).
Goals: Jules Suetens (2), Joseph Musch (20), Fernand Nisot (36), Joseph Musch (40).

39. 01.05.1913 **ITALY - BELGIUM** 1-0(0-0)
Campo di Piazza d'Armi, Torino; Referee: Henry Goodley (England); Attendance: 6,000
BEL: Omer Baes (1/0), Armand Swartenbroeks (2/0), Gaston Hubin (14/1), Prosper Braeckman (7/0), Oscar Bossaert (9/0), Jules Suetens (4/1), Louis Bessems (4/1), Robert De Veen (23/26), Sylvain Brébart (7/0), Louis Saeys (22/8), Adolphe Becquevort (2/0). Trainer: no.

40. 04.05.1913 **SWITZERLAND - BELGIUM** **1-2(0-1)**
Landhof Stadion, Basel; Referee: Walter Sanss (Germany); Attendance: 5,000
BEL: Omer Baes (2/0), Armand Swartenbroeks (3/0), Gaston Hubin (15/1), Hector Raemaekers (12/0), Oscar Bossaert (10/0), Prosper Braeckman (8/0), Louis Bessems (5/1), Jules Suetens (5/1), Sylvain Brébart (8/1), Louis Saeys (23/9), Clement De Meyer (3/0). Trainer: no.
Goals: Sylvain Brébart, Louis Saeys*.* *Goalscoring minutes not known.*

41. 02.11.1913 **BELGIUM - SWITZERLAND** **2-0(1-0)**
Stade du Panorama, Verviers; Referee: Willem Eijmers (Netherlands); Attendance: 6,000
BEL: Henri Leroy (14/0), Armand Swartenbroeks (4/0), Gaston Hubin (16/1), Joseph Thys (9/0), Oscar Bossaert (11/0), Maurice Decoster (1/0), Hector Goetinck (15/2), Ferdinand Wertz (1/1), Fernand Nisot (9/9), Joseph Musch (8/3), Georges Hebdin (5/0). Trainer: no.
Goals: Ferdinand Wertz (26), Fernand Nisot (85).

42. 23.11.1913 **BELGIUM - GERMANY** **6-2(4-0)**
Kielstadion, Antwerpen; Referee: Albert Hendrik Magdalus Meereum-Terwogt (Netherlands); Attendance: 6,500
BEL: Henri Leroy (15/0), Charles Cambier (22/3), Gaston Hubin (17/1), Joseph Thys (10/0), Oscar Bossaert (12/0), Maurice Decoster (2/0), Joseph Musch (9/3), Ferdinand Wertz (2/1), Sylvain Brébart (9/4), Jean Van Cant (6/5), Georges Hebdin (6/0). Trainer: no.
Goals: Sylvain Brébart (15), Jean Van Cant (23, 24), Sylvain Brébart (44, 58), Jean Van Cant (87).

43. 25.01.1914 **FRANCE - BELGIUM** **4-3(3-3)**
Stade "Victor Boucquey", Lille; Referee: Herbert Mortimer (England); Attendance: 4,813
BEL: Henri Leroy (16/0), Oscar Verbeeck (1/0), Gaston Hubin (18/1), Joseph Thys (11/1), Fernand Nisot (10/9), Maurice Decoster (3/0), Joseph Musch (10/3), Ferdinand Wertz (3/1), Sylvain Brébart (10/5), Jean Van Cant (7/6), Georges Hebdin (7/0). Trainer: Charles Bunyan (England, 1).
Goals: Jean Van Cant (6), Sylvain Brébart (8), Joseph Thys (41).

44. 24.02.1914 **BELGIUM - ENGLAND Amateurs** **1-8(1-2)**
Stade Longchamps, Bruxelles; Referee: Fernand Jénicot (France); Attendance: 10,000
BEL: Fernand Brichant (1/0), Armand Swartenbroeks (5/0), Gaston Hubin (19/1), Joseph Thys (12/1), Charles Cambier (23/3), Maurice Decoster (4/0), Joseph Musch (11/3), Ferdinand Wertz (4/1), Sylvain Brébart (11/6), Fernand Nisot (11/9), Jean Van Cant (8/6). Trainer: Charles Bunyan (England, 2).
Goal: Sylvain Brébart (6).

45. 15.03.1914 **BELGIUM - NETHERLANDS** **2-4(1-1)**
Kielstadion, Antwerpen; Referee: James R. Schumacher (England); Attendance: 20,000
BEL: Henri Leroy (17/0), Armand Swartenbroeks (6/0), Gaston Hubin (20/1), Joseph Thys (13/1), Jules Suetens (6/1), Maurice Decoster (5/0), Joseph Musch (12/3), Fernand Nisot (12/9), Sylvain Brébart (12/8), Louis Saeys (24/9), Jean Van Cant (9/6). Trainer: Charles Bunyan (England, 3).
Goals: Sylvain Brébart (18 penalty, 68).

46. 26.04.1914 **NETHERLANDS - BELGIUM** **4-2(2-2)**
Oude Stadion, Amsterdam; Referee: John Hargreaves Pearson (England); Attendance: 28,282
BEL: Fernand Brichant (2/0), Armand Swartenbroeks (7/0), Gaston Hubin (21/1), Jules Suetens (7/1), René Schietse (2/0), Joseph Thys (14/1), Hector Goetinck (16/2), Fernand Nisot (13/10), Mathieu Bragard (1/0), Jean Van Cant (10/7), Georges Hebdin (8/0). Trainer: Charles Bunyan (England, 4).
Goals: Jean Van Cant (37), Fernand Nisot (40).

47. 09.03.1919 **BELGIUM - FRANCE** **2-2(1-0)**
Stade du Vivier d'Oie, Bruxelles; Referee: Christiaan Jacobus Groothoff (Netherlands); Attendance: 25,000
BEL: Henri Leroy (18/0), Armand Swartenbroeks (8/0), Oscar Verbeeck (2/0), Joseph Musch (13/3) [56.Louis Van Hege (1/0)], François Moucheron (1/0), Joseph Thys (15/1), Louis Bessems (6/1), Robert Coppée (1/0), Honoré Vlamynck (1/0), Georges Michel (1/1), Georges Hebdin (9/0). Trainer: no.
Goals: Georges Michel (3), L. Gamblin (75 own goal).

48. 17.02.1920 **BELGIUM - ENGLAND Amateurs** **3-1(1-1)**
Stade Longchamps, Bruxelles; Referee: Marcus Bos (Netherlands); Attendance: 16,000
BEL: Léon Vandermeiren (1/0), Armand Swartenbroeks (9/0), Oscar Verbeeck (3/0), August Pelsmaeker (1/0), Emile Hanse (1/0), Joseph Musch (14/3), Louis Van Hege (2/1), Robert Coppée (2/2), Honoré Vlamynck (2/0), Georges Michel (2/1), Georges Hebdin (10/0). Trainer: William Sturrock Maxwell (Scotland, 20).
Goals: Robert Coppée (9, 73), Louis Van Hege (80).

49. 28.03.1920 **FRANCE - BELGIUM** **2-1(1-1)**
Parc des Princes, Paris; Referee: Henry R.Child (England); Attendance: 13,000
BEL: Léon Vandermeiren (2/0), Armand Swartenbroeks (10/0), Oscar Verbeeck (4/0), Joseph Musch (15/3), Emile Hanse (2/0), August Fierens (1/0), Louis Van Hege (3/1), Robert Coppée (3/2), Honoré Vlamynck (3/1), Georges Michel (3/1), Georges Hebdin (11/0). Trainer: William Sturrock Maxwell (Scotland, 21).
Goal: Honoré Vlamynck (4).

50. 29.08.1920 **BELGIUM - SPAIN** **3-1(1-0)** VII.OG. 2nd Round.
Kielstadion, Antwerpen; Referee: Johannes Mutters (Netherlands); Attendance: 18,000
BEL: Jean De Bie (1/0), Armand Swartenbroeks (11/0), Oscar Verbeeck (5/0), Joseph Musch (16/3), Emile Hanse (3/0), André Fierens (1/0), Louis Van Hege (4/1), Robert Coppée (4/5), Félix Balyu (1/0), Fernand Nisot (14/10), Georges Hebdin (12/0). Trainer: William Sturrock Maxwell (Scotland, 22).
Goals: Robert Coppée (11, 52, 55).

51. 31.08.1920 **BELGIUM - NETHERLANDS** **3-0(0-0)** VII.OG. Semi-Finals.
Kielstadion, Antwerpen; Referee: John Lewis (England); Attendance: 30,000
BEL: Jean De Bie (2/0), Armand Swartenbroeks (12/0), Oscar Verbeeck (6/0), Joseph Musch (17/3), Emile Hanse (4/0), André Fierens (2/0), Louis Van Hege (5/2), Robert Coppée (5/5), Mathieu Bragard (2/1), Henri Larnoe (1/1), Désiré Bastin (1/0). Trainer: William Sturrock Maxwell (Scotland, 23).
Goals: Henri Larnoe (46), Louis Van Hege (55), Mathieu Bragard (85).

52. 02.09.1920 **BELGIUM - CSEHSZLOVÀKIA** **2-0(2-0)*** VII.OG. Final.
Kielstadion, Antwerpen; Referee: John Lewis (England); Attendance: 35,000
BEL: Jean De Bie (3/0), Armand Swartenbroeks (13/0), Oscar Verbeeck (7/0), Joseph Musch (18/3), Emile Hanse (5/0), André Fierens (3/0), Louis Van Hege (6/2), Robert Coppée (6/6), Mathieu Bragard (3/1), Henri Larnoe (2/2), Désiré Bastin (2/0). Trainer: William Sturrock Maxwell (Scotland, 24).
Goals: Robert Coppée (6 penalty), Henri Larnoe (30).
* *Abbandoned after 37.mins when the Czechoslovak players left the pitch in protest against the referee's decisions.*

53. 06.03.1921 **BELGIUM - FRANCE** 3-1(0-0)
Parc Duden, Bruxelles; Referee: Johannes Mutters (Netherlands); Attendance: 20,000
BEL: Jean De Bie (4/0), Armand Swartenbroeks (14/0), Oscar Verbeeck (8/0), François Moucheron (2/0), André Fierens (4/0), Joseph Musch (19/3), Louis Van Hege (7/3), Ivan Thys (1/0), Mathieu Bragard (4/3), Henri Larnoe (3/2), Désiré Bastin (3/0). Trainer: William Sturrock Maxwell (Scotland, 25).
Goals: Mathieu Bragard (52), Louis Van Hege (60), Mathieu Bragard (75).

54. 05.05.1921 **BELGIUM - ITALY** 2-3(1-0)
Kielstadion, Antwerpen; Referee: Edmond Gérardin (France); Attendance: 12,000
BEL: Jean De Bie (5/0), Armand Swartenbroeks (15/0), Léopold De Groof (1/0), François Moucheron (3/0), Joseph Augustus (1/0), Florimond Van Halme (1/0), Pierre Verhoeven (1/0), Frans Dogaer (1/0), Mathieu Bragard (5/4), Henri Larnoe (4/3), Georges Michel (4/1). Trainer: William Sturrock Maxwell (Scotland, 26).
Goals: Henri Larnoe (38), Mathieu Bragard (62).

55. 15.05.1921 **BELGIUM - NETHERLANDS** 1-1(0-0)
Kielstadion, Antwerpen; Referee: Charles Barette (Belgium); Attendance: 30,000
BEL: Jean De Bie (6/0), Armand Swartenbroeks (16/0), Oscar Verbeeck (9/0), François Moucheron (4/0), André Fierens (5/0), Joseph Musch (20/3), Louis Van Hege (8/3), Robert Coppée (7/6), Mathieu Bragard (6/5), Henri Larnoe (5/3), Georges Michel (5/1). Trainer: William Sturrock Maxwell (Scotland, 27).
Goal: Mathieu Bragard (49).

56. 21.05.1921 **BELGIUM - ENGLAND** 0-2(0-1)
Stade à Molenbeek-Saint-Jean, Bruxelles; Referee: Johannes Mutters (Netherlands); Attendance: 25,000
BEL: Jean De Bie (7/0), Armand Swartenbroeks (17/0), Oscar Verbeeck (10/0), Joseph Musch (21/3), André Fierens (6/0), Guillaume Vanden Houten (1/0), Louis Van Hege (9/3), Robert Coppée (8/6), Frans Dogaer (2/0), Henri Larnoe (6/3), Georges Michel (6/1). Trainer: William Sturrock Maxwell (Scotland, 28).

57. 09.10.1921 **SPAIN - BELGIUM** 2-0(0-0)
Estadio San Mames, Bilbao; Referee: Jorge Vieira (Portugal); Attendance: 10,000
BEL: Jean De Bie (8/0), Oscar Verbeeck (11/0), Léopold De Groof (2/0), André Fierens (7/0), Emile Hanse (6/0), Jacques Vande Velde (1/0), Ferdinand Wertz (5/1), Robert Coppée (9/6), Mathieu Bragard (7/5), Henri Larnoe (7/3), Désiré Bastin (4/0). Trainer: William Sturrock Maxwell (Scotland, 29).

58. 15.01.1922 **FRANCE - BELGIUM** 2-1(0-1)
Stade Olympique „Yves du Manoir", Colombes, Paris; Referee: William John Edwards (England); Attendance: 20,000
BEL: Jean De Bie (9/0), Armand Swartenbroeks (18/0), Oscar Verbeeck (12/0), Fernand Caremans (1/0), Emile Hanse (7/0), Jacques Vande Velde (2/0), Louis Bessems (7/1), Joseph Musch (22/3), Frans Dogaer (3/0), Pierre Braine (1/0), Georges Michel (7/2). Trainer: William Sturrock Maxwell (Scotland, 30).
Goals: Georges Michel (35).

59. 26.03.1922 **BELGIUM - NETHERLANDS** 4-0(2-0)
Kielstadion, Antwerpen; Referee: E.A.Newman (England); Attendance: 30,000
BEL: Jean De Bie (10/0), Armand Swartenbroeks (19/0), Oscar Verbeeck (13/0), André Fierens (8/0), Florimond Van Halme (2/0), Jacques Vande Velde (3/1), Célestin Nollet (1/0), Robert Coppée (10/7), Henri Larnoe (8/5), Ivan Thys (2/0), Désiré Bastin (5/0). Trainer: William Sturrock Maxwell (Scotland, 31).
Goals: Henri Larnoe (14), Jacques Vande Velde (37), Robert Coppée (47), Henri Larnoe (86).

60. 15.04.1922 **BELGIUM - DENMARK** 0-0
Stade Vélodrome de Rocourt, Liège; Referee: Oliver de Ricard (France); Attendance: 30,000
BEL: Jean De Bie (11/0), Armand Swartenbroeks (20/0), Oscar Verbeeck (14/0), André Fierens (9/0), Florimond Van Halme (3/0), Jacques Vande Velde (4/1), Célestin Nollet (2/0), Robert Coppée (11/7), Henri Larnoe (9/5), Ivan Thys (3/0), Georges Michel (8/2). Trainer: William Sturrock Maxwell (Scotland, 32).

61. 07.05.1922 **NETHERLANDS - BELGIUM** 1-2(0-2)
Oude Stadion, Amsterdam; Referee: Louis Fourgeous (France); Attendance: 29,730
BEL: Jean De Bie (12/0), Armand Swartenbroeks (21/0), Oscar Verbeeck (15/0), André Fierens (10/0), Florimond Van Halme (4/0), Louis Van Hege (10/3), Louis Bessems (8/1), Maurice Gillis (1/0), Henri Larnoe (10/5), Georges Michel (9/3), Désiré Bastin (6/0). Trainer: William Sturrock Maxwell (Scotland, 33).
Goals: H. Denis (8 own goal), Georges Michel (42).

62. 21.05.1922 **ITALY - BELGIUM** 4-2(1-0)
Stadio Lombardia, Milano; Referee: Johannes Mutters (Netherlands); Attendance: 16,000
BEL: Jean De Bie (13/0), Jacques Pirlot (1/0), Oscar Verbeeck (16/0), André Fierens (11/0), Florimond Van Halme (5/0), Louis Van Hege (11/3), Cornelius Elst (1/0), Maurice Gillis (2/1), Henri Larnoe (11/6), Ivan Thys (4/0), Georges Michel (10/3). Trainer: William Sturrock Maxwell (Scotland, 34).
Goals: Henri Larnoe (47), Maurice Gillis (89).

63. 04.02.1923 **BELGIUM - SPAIN** 1-0(0-0)
Olympisch Stadion (Kielstadion), Antwerpen; Referee: Johannes Mutters (Netherlands); Attendance: 30,000
BEL: Jean De Bie (14/0), Armand Swartenbroeks (22/0), Oscar Verbeeck (17/0), André Fierens (12/0), Florimond Van Halme (6/0), Achille Schelstraete (1/0), Louis Bessems (9/1), Robert Coppée (12/8), Henri Larnoe (12/6), Maurice Gillis (3/1), Désiré Bastin (7/0). Trainer: William Sturrock Maxwell (Scotland, 35).
Goal: Robert Coppée (60 penalty).

64. 25.02.1923 **BELGIUM - FRANCE** 4-1(2-0)
Parc Duden, Bruxelles; Referee: E. A. Newman (England); Attendance: 28,757
BEL: Jean De Bie (15/0), Armand Swartenbroeks (23/0), Oscar Verbeeck (18/0), Georges Verlinde (1/0), Florimond Van Halme (7/0), Achille Schelstraete (2/0), Louis Bessems (10/1), Maurice Gillis (4/3), Henri Larnoe (13/8), Joseph Musch (23/3), Désiré Bastin (8/0). Trainer: William Sturrock Maxwell (Scotland, 36).
Goals: Maurice Gillis (28), Henri Larnoe (36, 61), Maurice Gillis (77).

65.   19.03.1923   **ENGLAND - BELGIUM**   6-1(2-1)
Highbury Stadium, London; Referee: Gerard Noel Watson (England); Attendance: 14,052
BEL: Jean De Bie (16/0), Armand Swartenbroeks (24/0), Oscar Verbeeck (19/0), André Fierens (13/0), Florimond Van Halme (8/0), Achille Schelstraete (3/0), Louis Bessems (11/1), Honoré Vlamynck (4/2), Henri Larnoe (14/8), Maurice Gillis (5/3), Désiré Bastin (9/0). Trainer: William Sturrock Maxwell (Scotland, 37).
Goal: Honoré Vlamynck (16).

66.   29.04.1923   **NETHERLANDS - BELGIUM**   1-1(0-1)
Oude Stadion, Amsterdam; Referee: Ernst Albihn (Sweden); Attendance: 30,000
BEL: Jean De Bie (17/0), Armand Swartenbroeks (25/0), Oscar Verbeeck (20/0), Edouard Morlet (1/0), André Fierens (14/0), Jacques Vande Velde (5/1), Louis Bessems (12/1), Maurice Gillis (6/3), Henri Larnoe (15/8), Ivan Thys (5/1), Désiré Bastin (10/0). Trainer: William Sturrock Maxwell (Scotland, 38).
Goal: Ivan Thys (34).

67.   05.05.1923   **BELGIUM - ENGLAND Amateurs**   3-0(1-0)
Stade à Molenbeek-Saint-Jean, Bruxelles; Referee: Johannes Mutters (Netherlands); Attendance: 20,000
BEL: Jean De Bie (18/0), Armand Swartenbroeks (26/0), Oscar Verbeeck (21/0), André Fierens (15/0), Florimond Van Halme (9/0), Achille Schelstraete (4/0), Louis Bessems (13/1), Ivan Thys (6/2), Henri Larnoe (16/9), Maurice Gillis (7/4), Désiré Bastin (11/0). Trainer: William Sturrock Maxwell (Scotland, 39).
Goals: Henri Larnoe (26), Ivan Thys (66), Maurice Gillis (67).

68.   01.11.1923   **BELGIUM - ENGLAND**   2-2(1-1)
Bosuilstadion, Deurne, Antwerpen; Referee: Johannes Mutters (Netherlands); Attendance: 40,000
BEL: Jean De Bie (19/0), Armand Swartenbroeks (27/0), Oscar Verbeeck (22/0), André Fierens (16/0), Florimond Van Halme (10/0), Achille Schelstraete (5/1), Hector Goetinck (17/2), Maurice Gillis (8/4), Henri Larnoe (17/10), Ivan Thys (7/2), Désiré Bastin (12/0). Trainer: William Sturrock Maxwell (Scotland, 40).
Goals: Henri Larnoe (7), Achille Schelstraete (75 penalty).

69.   13.01.1924   **FRANCE - BELGIUM**   2-0(1-0)
Stade Buffalo, Paris; Referee: Ernest Small (England); Attendance: 30,000
BEL: Jean De Bie (20/0), Armand Swartenbroeks (28/0), Oscar Verbeeck (23/0), André Fierens (17/0), Florimond Van Halme (11/0), Achille Schelstraete (6/1), Cornelius Elst (2/0), Maurice Gillis (9/4), Henri Larnoe (18/10), Ivan Thys (8/2), Désiré Bastin (13/0). Trainer: William Sturrock Maxwell (Scotland, 41).

70.   23.03.1924   **NETHERLANDS - BELGIUM**   1-1(1-1)
Oude Stadion, Amsterdam; Referee: Lauritz Andersen (Denmark); Attendance: 30,000
BEL: Jean De Bie (21/0), Armand Swartenbroeks (29/0), Oscar Verbeeck (24/0), Emile Hanse (8/0), André Fierens (18/0), Joseph Musch (24/3), Robert Coppée (13/9), Maurice Gillis (10/4), Henri Larnoe (19/10), Laurent Grimmonprez (1/0), Victor Houet (1/0). Trainer: William Sturrock Maxwell (Scotland, 42).
Goal: Robert Coppée (13).

71.   27.04.1924   **BELGIUM - NETHERLANDS**   1-1(0-0)
Olympisch Stadion (Kielstadion), Antwerpen; Referee: Arthur H.Kingscott (England); Attendance: 25,323
BEL: Jean De Bie (22/0), Armand Swartenbroeks (30/0), Oscar Verbeeck (25/0), August Pelsmaeker (2/0), André Fierens (19/0), Emile Hanse (9/0), Robert Coppée (14/9), Laurent Grimmonprez (2/0), Henri Larnoe (20/10), Ivan Thys (9/3), Désiré Bastin (14/0). Trainer: William Sturrock Maxwell (Scotland, 43).
Goal: Ivan Thys (78).

72.   29.05.1924   **SWEDEN - BELGIUM**   8-1(4-0)   VIII.OG. Group Stage
Stade Olympique „Yves du Manoir", Colombes, Paris; Referee: Heinrich Retschury (Austria); Attendance: 8,532
BEL: Jean De Bie (23/0), Armand Swartenbroeks (31/0), Oscar Verbeeck (26/0), August Pelsmaeker (3/0), André Fierens (20/0), Achille Schelstraete (7/1), Louis Van Hege (12/3), Robert Coppée (15/9), Henri Larnoe (21/11), Maurice Gillis (11/4), Désiré Bastin (15/0). Trainer: William Sturrock Maxwell (Scotland, 44).
Goal: Henri Larnoe (66).

73.   10.06.1924   **DENMARK - BELGIUM**   2-1(2-0)
Idraetsparken, København; Referee: Otto Olsson (Sweden); Attendance: 20,000
BEL: Jean Caudron (1/0), Oscar Verbeeck (27/0), François Demol (1/0), Emile Hanse (10/0), Florimond Van Halme (12/0), Pierre Braine (2/0), Albert Henderickx (1/0), Charles Demunter (1/0), Ferdinand Adams (1/1), Maurice Gillis (12/4), Désiré Bastin (16/0). Trainer: William Sturrock Maxwell (Scotland, 45).
Goal: Ferdinand Adams (60).

74.   11.11.1924   **BELGIUM - FRANCE**   3-0(1-0)
Stade à Molenbeek-Saint-Jean, Bruxelles; Referee: Ruben Gelbord (Sweden); Attendance: 27,000
BEL: Jean De Bie (24/0), Armand Swartenbroeks (32/0), François Demol (2/0), Edouard Morlet (2/0), Joseph Augustus (2/0), Pierre Braine (3/1), Leópold Dries (1/0), Gustaaf Van Goethem (1/0), Georges De Spae (1/2), Maurice Gillis (13/4), Désiré Bastin (17/0). Trainer: William Sturrock Maxwell (Scotland, 46).
Goals: Pierre Braine (2), Georges De Spae (60, 63).

75.   08.12.1924   **ENGLAND - BELGIUM**   4-0(1-0)
The Hawthorns, West Bromwich; Referee: James Robert MacFarlane (Scotland); Attendance: 9,000
BEL: Jean De Bie (25/0), Armand Swartenbroeks (33/0), Louis Baes (1/0), Julien Cnudde (1/0), Joseph Augustus (3/0), Pierre Braine (4/1), Leópold Dries (2/0), Maurice Gillis (14/4), Ferdinand Adams (2/1), Laurent Grimmonprez (3/0), Désiré Bastin (18/0). Trainer: William Sturrock Maxwell (Scotland, 47).

76.   15.03.1925   **BELGIUM - NETHERLANDS**   0-1(0-0)
Olympisch Stadion (Kielstadion), Antwerpen; Referee: Arthur H.Kingscott (England); Attendance: 26,527
BEL: Jean Caudron (2/0), Armand Swartenbroeks (34/0), François Demol (3/0), Jean Claes (1/0), André Fierens (21/0), Pierre Braine (5/1), Leópold Dries (3/0), Raymond Braine (1/0), Jozef Taeymans (1/0), Ivan Thys (10/3), Désiré Bastin (19/0). Trainer: William Sturrock Maxwell (Scotland, 48).

77. 03.05.1925 **NETHERLANDS - BELGIUM** 5-0(2-0)
Oude Stadion, Amsterdam; Referee: Heinrich Retschury (Austria); Attendance: 30,000
BEL: Jean De Bie (26/0), Armand Swartenbroeks (35/0), François Demol (4/0), August Pelsmaeker (4/0), André Fierens (22/0), Pierre Braine (6/1), Raymond Braine (2/0), Laurent Grimmonprez (4/0), Henri Larnoe (22/11), Ivan Thys (11/3), Désiré Bastin (20/0). Trainer: William Sturrock Maxwell (Scotland, 49).

78. 21.05.1925 **HUNGARY - BELGIUM** 1-3(0-1)
Hungária út, Budapest; Referee: Jacques Hirrle (Switzerland); Attendance: 20,000
BEL: Jean De Bie (27/0), Armand Swartenbroeks (36/0), François Demol (5/0), Joseph Augustus (4/0), André Fierens (23/0), Pierre Braine (7/1), Raymond Braine (3/0), Laurent Grimmonprez (5/0), Ferdinand Adams (3/2), Ivan Thys (12/4), Victor Houet (2/1). Trainer: William Sturrock Maxwell (Scotland, 50).
Goals: Victor Houet (9), Ferdinand Adams (64), Ivan Thys (80).

79. 24.05.1925 **SWITZERLAND - BELGIUM** 0-0
Stade Olympique de la Pontaise, Lausanne; Referee: Heinrich Retschury (Austria); Attendance: 9,000
BEL: Jean De Bie (28/0), Armand Swartenbroeks (37/0), François Demol (6/0), Edouard Morlet (3/0), André Fierens (24/0) [46.Joseph Augustus (5/0)], Pierre Braine (8/1), Raymond Braine (4/0), Laurent Grimmonprez (6/0), Ferdinand Adams (4/2), Ivan Thys (13/4), Victor Houet (3/1). Trainer: William Sturrock Maxwell (Scotland, 51).

80. 06.09.1925 **BELGIUM - AUSTRIA** 3-4(1-3)
Stade du Pont d' Ougrée, Liège; Referee: Johannes Mutters (Netherlands); Attendance: 16,000
BEL: Léon Vandermeiren (3/0), Armand Swartenbroeks (38/0), François Demol (7/0), Pierre Braine (9/1), Florimond Van Halme (13/0), Frans Vanden Ouden (1/0), Maurice Gillis (15/5), Raymond Braine (5/1), Ferdinand Adams (5/2), Ivan Thys (14/5), Victor Houet (4/1). Trainer: William Sturrock Maxwell (Scotland, 52).
Goals: Ivan Thys (1), Maurice Gillis (46), Raymond Braine (62).

81. 14.02.1926 **BELGIUM - HUNGARY** 0-2(0-0)
Stade à Molenbeek-Saint-Jean, Bruxelles; Referee: Johannes Mutters (Netherlands); Attendance: 25,000
BEL: Jean Caudron (3/0), Armand Swartenbroeks (39/0), François Demol (8/0), Pierre Braine (10/1), Joseph Cootmans (1/0), Gustave Boesman (1/0), Maurice Gillis (16/5), Raymond Braine (6/1), Laurent Grimmonprez (7/0), Ivan Thys (15/5), Désiré Bastin (21/0). Trainer: William Sturrock Maxwell (Scotland, 53).

82. 14.03.1926 **BELGIUM - NETHERLANDS** 1-1(0-1)
Bosuilstadion, Deurne, Antwerpen; Referee: John William Lucas (England); Attendance: 30,000
BEL: Jean Caudron (4/0), Albert Van Coile (1/0), François Demol (9/0), Pierre Braine (11/1), Florimond Van Halme (14/0), Henri Van Averbeke (1/0), Maurice Gillis (17/5), Ferdinand Adams (6/3), Raymond Braine (7/1), Ivan Thys (16/5), Jan Diddens (1/0). Trainer: William Sturrock Maxwell (Scotland, 54).
Goal: Ferdinand Adams (50).

83. 11.04.1926 **FRANCE - BELGIUM** 4-3(3-0)
Stade „Général John Joseph Pershing", Vincennes, Paris; Referee: Albert J. Prince-Cox (England); Attendance: 25,000
BEL: Jean De Bie (29/0), Auguste Ruyssevelt (1/0), François Demol (10/0), Pierre Braine (12/1), Florimond Van Halme (15/0), Henri Van Averbeke (2/0), Raymond Braine (8/1), Michel Vanderbauwhede (1/1), Gérard Devos (1/1), Ivan Thys (17/6), Jan Diddens (2/0). Trainer: William Sturrock Maxwell (Scotland, 55).
Goals: Michel Vanderbauwhede 60), Ivan Thys (82), Gérard Devos (89).

84. 02.05.1926 **NETHERLANDS - BELGIUM** 1-5(1-1)
Oude Stadion, Amsterdam; Referee: Felix Herren (Switzerland); Attendance: 30,000
BEL: Jean Caudron (5/0), Armand Swartenbroeks (40/0), François Demol (11/0), Georges Ditzler (1/0), Florimond Van Halme (16/0), Pierre Braine (13/1), Maurice Gillis (18/6), Ferdinand Adams (7/4), Raymond Braine (9/3), Ivan Thys (18/6), Jan Diddens (3/1). Trainer: William Sturrock Maxwell (Scotland, 56).
Goals: Raymond Braine (41), Jan Diddens (47), Ferdinand Adams (48), Maurice Gillis (61), Raymond Braine (67).

85. 24.05.1926 **BELGIUM - ENGLAND** 3-5(1-1)
Olympisch Stadion (Kielstadion), Antwerpen; Referee: Heinrich Retschury (Austria); Attendance: 35,000
BEL: Jean Caudron (6/0), Armand Swartenbroeks (41/0), François Demol (12/0), Georges Ditzler (2/0), Florimond Van Halme (17/0), Pierre Braine (14/1), Maurice Gillis (19/6), Ferdinand Adams (8/4), Raymond Braine (10/5), Ivan Thys (19/7), Jan Diddens (4/1). Trainer: William Sturrock Maxwell (Scotland, 57).
Goals: Ivan Thys (17), Raymond Braine (51, 58).

86. 20.06.1926 **BELGIUM - FRANCE** 2-2(1-1)
Stade à Molenbeek-Saint-Jean, Bruxelles; Referee: John William Lucas (England); Attendance: 35,000
BEL: Jean Caudron (7/0), Armand Swartenbroeks (42/0), François Demol (13/0), Georges Ditzler (3/0), Emile Hanse (11/0), Pierre Braine (15/1), Maurice Gillis (20/7), Ferdinand Adams (9/5), Raymond Braine (11/5), Ivan Thys (20/7), Jan Diddens (5/1). Trainer: William Sturrock Maxwell (Scotland, 58).
Goals: Maurice Gillis (32), Ferdinand Adams (71).

87. 02.01.1927 **BELGIUM - CZECHOSLOVAKIA** 2-3(0-1)
Stade de Sclessin, Liège; Referee: Willem Eijmers (Netherlands); Attendance: 20,000
BEL: Jean Caudron (8/0), Armand Swartenbroeks (43/0), Jules Timmermans (1/0), Pierre Braine (16/1), Florimond Van Halme (18/0), Gustave Boesman (2/0), Georges Bonhivers (1/0), Ferdinand Adams (10/5), Henri Bierna (1/1), Maurice Gillis (21/8), Jan Diddens (6/1). Trainer: William Sturrock Maxwell (Scotland, 59).
Goals: Henri Bierna (57), Maurice Gillis (84).

88. 13.03.1927 **BELGIUM - NETHERLANDS** 2-0(1-0)
Bosuilstadion, Deurne, Antwerpen; Referee: Stanley Frederick Rous (England); Attendance: 35,087
BEL: Jean Caudron (9/0), Armand Swartenbroeks (44/0), François Demol (14/0), Pierre Braine (17/1), Florimond Van Halme (19/0), Gustave Boesman (3/0), Maurice Gillis (22/8), Henri Bierna (2/2), Raymond Braine (12/5), Ferdinand Adams (11/6), Jan Diddens (7/1). Trainer: William Sturrock Maxwell (Scotland, 60).
Goals: Henri Bierna (40), Ferdinand Adams (81).

89. 03.04.1927 **BELGIUM - SWEDEN** 2-1(1-0)
Parc Duden, Bruxelles; Referee: Willem Eijmers (Netherlands); Attendance: 17,000
BEL: Jean Caudron (10/0), Armand Swartenbroeks (45/0), François Demol (15/0), Pierre Braine (18/1), Florimond Van Halme (20/0), Gustave Boesman (4/0), Clément Keerstock (1/0), Henri Bierna (3/2), Raymond Braine (13/6), Ferdinand Adams (12/7), Jan Diddens (8/1). Trainer: William Sturrock Maxwell (Scotland, 61).
Goals: Raymond Braine (6), Ferdinand Adams (50).

90. 01.05.1927 **NETHERLANDS - BELGIUM** 3-2(2-0)
Oude Stadion, Amsterdam; Referee: Stanley Frederick Rous (England); Attendance: 30,000
BEL: Jean Caudron (11/0), Armand Swartenbroeks (46/0), François Demol (16/0), Pierre Braine (19/1), Florimond Van Halme (21/0), Gustave Boesman (5/0), Clément Keerstock (2/0), Henri Bierna (4/2), Raymond Braine (14/7), Ferdinand Adams (13/7), Jan Diddens (9/2). Trainer: William Sturrock Maxwell (Scotland, 62).
Goals: Jan Diddens (50), Raymond Braine (55).

91. 11.05.1927 **BELGIUM - ENGLAND** 1-9(0-5)
Stade à Molenbeek-Saint-Jean, Bruxelles; Referee: Johannes Mutters (Netherlands); Attendance: 35,000
BEL: Jean Caudron (12/0), Armand Swartenbroeks (47/0), François Demol (17/0), Pierre Braine (20/1), Florimond Van Halme (22/1), Henri Van Averbeke (3/0), Ferdinand Adams (14/7), Raymond Braine (15/7), Georges De Spae (2/2), Henri Bierna (5/2), Michel Vanderbauwhede (2/1). Trainer: William Sturrock Maxwell (Scotland, 63).
Goal: Florimond Van Halme (80).

92. 22.05.1927 **AUSTRIA - BELGIUM** 4-1(1-1)
Hohe Warte, Wien; Referee: Mihály Iváncsics (Hungary); Attendance: 30,000
BEL: Jean Caudron (13/0), Armand Swartenbroeks (48/0), François Demol (18/0), Henri Van Averbeke (4/0), Florimond Van Halme (23/1), Gustave Boesman (6/0), Pierre Braine (21/2), Raymond Braine (16/7), Georges De Spae (3/2), Henri Bierna (6/2), Jan Diddens (10/2). Trainer: William Sturrock Maxwell (Scotland, 64).
Goal: Pierre Braine (35).

93. 26.05.1927 **CZECHOSLOVAKIA - BELGIUM** 4-0(1-0)
Letenský Stadion, Praha; Referee: Jacques Hirrle (Switzerland); Attendance: 20,000
BEL: Jean Caudron (14/0), Armand Swartenbroeks (49/0) [20.Léon Rosper (1/0)], François Demol (19/0), Pierre Braine (22/2), Florimond Van Halme (24/1), Henri Van Averbeke (5/0), Georges De Spae (4/2), Henri Bierna (7/2), Raymond Braine (17/7), Gérard Devos (2/1), Jan Diddens (11/2). Trainer: William Sturrock Maxwell (Scotland, 65).

94. 04.09.1927 **SWEDEN - BELGIUM** 7-0(2-0)
Råsundastadion, Stockholm; Referee: Sophus Hansen (Denmark); Attendance: 18,558
BEL: Jean Caudron (15/0), Armand Swartenbroeks (50/0), Jules Timmermans (2/0), Henri Van Averbeke (6/0), Florimond Van Halme (25/1), Gustave Boesman (7/0), Clément Keerstock (3/0), Ferdinand Adams (15/7), Gérard Devos (3/1), Henri Bierna (8/2), Désiré Bastin (22/0). Trainer: William Sturrock Maxwell (Scotland, 66).

95. 08.01.1928 **BELGIUM - AUSTRIA** 1-2(0-1)
Stade à Molenbeek-Saint-Jean, Bruxelles; Referee: Egelbert George van Bisselick (Netherlands); Attendance: 25,000
BEL: Louis Vandenbergh (1/0), Armand Swartenbroeks (51/0), Jules Timmermans (3/0), Pierre Braine (23/2), Joseph Coenegracht (1/0), Gustave Boesman (8/0), Robert Heyse (1/0), Maurice Gillis (23/8), Ferdinand Adams (16/7), François Ledent (1/0), René Ledent (1/1). Trainer: William Sturrock Maxwell (Scotland, 67).
Goal: René Ledent (75 penalty).

96. 12.02.1928 **BELGIUM - REPUBLIC OF IRELAND** 2-4(2-0)
Stade de Sclessin, Liège; Referee: Arthur H. Kingscott (England); Attendance: 25,000
BEL: Louis Vandenbergh (2/0), Armand Swartenbroeks (52/0), Nikolaas Hoydonckx (1/0), Henri Van Averbeke (7/0), Florimond Van Halme (26/1), Gustave Boesman (9/0), Cornelius Elst (3/0), Pierre Braine (24/2), Raymond Braine (18/8), François Ledent (2/1), Jan Diddens (12/2). Trainer: William Sturrock Maxwell (Scotland, 68).
Goals: Raymond Braine (38), François Ledent (41).

97. 11.03.1928 **NETHERLANDS - BELGIUM** 1-1(1-0)
Oude Stadion, Amsterdam; Referee: Thomas Crew (England); Attendance: 30,000
BEL: Jean Caudron (16/0), Armand Swartenbroeks (53/0), Nikolaas Hoydonckx (2/0), Pierre Braine (25/2), Florimond Van Halme (27/1), Gustave Boesman (10/0), Cornelius Elst (4/0), Gérard Devos (4/1), Raymond Braine (19/9), Jacques Moeschal (1/0), Jan Diddens (13/2). Trainer: William Sturrock Maxwell (Scotland, 69).
Goal: Raymond Braine (63).

98. 01.04.1928 **BELGIUM - NETHERLANDS** 1-0(0-0)
Bosuilstadion, Deurne, Antwerpen; Referee: Eugen Braun (Austria); Attendance: 33,076
BEL: Jean Caudron (17/0), Jules Lavigne (1/0), Nikolaas Hoydonckx (3/0), Pierre Braine (26/2), Florimond Van Halme (28/1), Henri Van Averbeke (8/0), Cornelius Elst (5/0), Gérard Devos (5/1), Raymond Braine (20/9), Jacques Moeschal (2/1), Désiré Bastin (23/0). Trainer: William Sturrock Maxwell (Scotland, 70).
Goal: Jacques Moeschal (74).

99. 15.04.1928 **FRANCE - BELGIUM** 2-3(1-2)
Stade Olympique „Yves du Manoir", Colombes, Paris; Referee: Albert J. Prince-Cox (England); Attendance: 25,000
BEL: Jean Caudron (18/0), Jules Lavigne (2/0), Nikolaas Hoydonckx (4/0), Pierre Braine (27/2), Florimond Van Halme (29/1), Gustave Boesman (11/0), Bernard Voorhoof (1/1), Gérard Devos (6/1), Raymond Braine (21/11), Jacques Moeschal (3/1), Jan Diddens (14/2). Trainer: William Sturrock Maxwell (Scotland, 71).
Goals: Bernard Voorhoof (5), Raymond Braine (26, 73).

100. 19.05.1928 **BELGIUM - ENGLAND** **1-3(1-1)**
Olympisch Stadion (Kielstadion), Antwerpen; Referee: Heinrich Retschury (Austria); Attendance: 25,000
BEL: Jean De Bie (30/0), Jules Lavigne (3/0), Nikolaas Hoydonckx (5/0), Pierre Braine (28/2), Florimond Van Halme (30/1), Gustave Boesman (12/0), Bernard Voorhoof (2/1), Gérard Devos (7/1), Raymond Braine (22/11), Jacques Moeschal (4/2), Jan Diddens (15/2). Trainer: William Sturrock Maxwell (Scotland, 72).
Goals: Jacques Moeschal (25).

101. 27.05.1928 **BELGIUM - LUXEMBOURG** **5-3(3-3)** 9th OG. 2nd Round.
Olympisch Stadion, Amsterdam; Referee: Lorenzo Martínez (Argentina); Attendance: 8,000
BEL: Jean Caudron (19/0), Jules Lavigne (4/0), Nikolaas Hoydonckx (6/0), Pierre Braine (29/2), Florimond Van Halme (31/1), Gustave Boesman (13/0), Louis Versijp (1/1), Gérard Devos (8/1), Raymond Braine (23/13), Jacques Moeschal (5/4), Jan Diddens (16/2). Trainer: William Sturrock Maxwell (Scotland, 73).
Goals: Raymond Braine (9), Louis Versijp (20), Jacques Moeschal (23, 67), Raymond Braine (72).

102. 02.06.1928 **ARGENTINA - BELGIUM** **6-3(3-2)** 9th OG. 3rd Round.
Olympisch Stadion, Amsterdam; Referee: Achille Da Gama Malcher (Italy); Attendance: 30,000
BEL: Jean De Bie (31/0), Auguste Ruyssevelt (2/0), Nikolaas Hoydonckx (7/0), Pierre Braine (30/2), Florimond Van Halme (32/2), Gustave Boesman (14/0), Gérard Devos (9/1), Georges De Spae (5/2), Raymond Braine (24/14), Jacques Moeschal (6/5), Jan Diddens (17/2). Trainer: Trainer: William Sturrock Maxwell (Scotland, 74).
Goals: Raymond Braine (24), Florimond Van Halme (28), Jacques Moeschal (53).

103. 05.06.1928 **NETHERLANDS - BELGIUM** **3-1(2-0)** 9th OG. Consolation Tournament
Stadion Spangen, Rotterdam; Referee: Achille Da Gama Malcher (Italy); Attendance: 20,000
BEL: Jean De Bie (32/0), Jules Lavigne (5/0), Nikolaas Hoydonckx (8/0), Henri Van Averbeke (9/0), August Hellemans (1/0), Gustave Boesman (15/0), Pierre Braine (31/3), Henri Bierna (9/2), Raymond Braine (25/14), Jacques Moeschal (7/5), Sebastiaan Verhulst (1/0). Trainer: Trainer: William Sturrock Maxwell (Scotland, 75).
Goal: Pierre Braine (85).

104. 04.11.1928 **NETHERLANDS - BELGIUM** **1-1(1-1)**
Olympisch Stadion, Amsterdam; Referee: Achille Da Gama Malcher (Italy); Attendance: 30,000
BEL: Louis Somers (1/0), Theodoor Nouwens (1/0), Nikolaas Hoydonckx (9/0), Pierre Braine (32/3), Gustave Boesrnan (16/0), Henri Van Averbeke (10/0), Victor Michiels (1/0), Bernard Voorhoof (3/1), Raymond Braine (26/15), Jacques Moeschal (8/5), Jan Diddens (18/2). Trainer: Viktor Löwenfeld (Austria, 1).
Goal: Raymond Braine (12).

105. 20.04.1929 **REPUBLIC OF IRELAND - BELGIUM** **4-0(1-0)**
Dalymount Park, Dublin; Referee: Stanley Frederick Rous (England); Attendance: 12,000
BEL: Louis Somers (2/0), Theodoor Nouwens (2/0), Nikolaas Hoydonckx (10/0), Henri Van Averbeke (11/0), Florimond Van Halme (33/2), Gustave Boesman (17/0), Pierre Braine (33/3), Michel Vanderbauwhede (3/1), Raymond Braine (27/15), Jacques Moeschal (9/5), Jan Diddens (19/2). Trainer: Viktor Löwenfeld (Austria, 2).

106. 05.05.1929 **BELGIUM - NETHERLANDS** **3-1(1-0)**
Olympisch Stadion (Kielstadion), Antwerpen; Referee: Reginald George Rudd (England); Attendance: 30,000
BEL: Jean De Bie (33/0), Theodoor Nouwens (3/0), Nikolaas Hoydonckx (11/0), Henri Van Averbeke (12/0), Florimond Van Halme (34/2), Gustave Boesman (18/0), Pierre Braine (34/3), Michel Vanderbauwhede (4/2), Raymond Braine (28/17), Jacques Moeschal (10/5), Jan Diddens (20/2). Trainer: Viktor Löwenfeld (Austria, 3).
Goals: Raymond Braine (40), Michel Vanderbauwhede (49), Raymond Braine (73 penalty).

107. 11.05.1929 **BELGIUM - ENGLAND** **1-5(0-3)**
Parc Duden, Bruxelles; Referee: Achille Da Gama Malcher (Italy); Attendance: 35,000
BEL: Jean De Bie (34/0), Theodoor Nouwens (4/0), Nikolaas Hoydonckx (12/0), Henri Van Averbeke (13/0), Florimond Van Halme (35/2), Gustave Boesman (19/0), Pierre Braine (35/3), Michel Vanderbauwhede (5/2), Raymond Braine (29/17), Jacques Moeschal (11/6), Jan Diddens (21/2). Trainer: Viktor Löwenfeld (Austria, 4).
Goal: Jacques Moeschal (88).

108. 26.05.1929 **BELGIUM - FRANCE** **4-1(2-0)**
Stade Vélodrome de Rocourt, Liège; Referee: René Mercet (Switzerland); Attendance: 20,000
BEL: Louis Somers (3/0), Jules Lavigne (6/0), Nikolaas Hoydonckx (13/0), Henri Van Averbeke (14/0), Florimond Van Halme (36/2), Gustave Boesman (20/0), Pierre Braine (36/3), Michel Vanderbauwhede (6/3), Raymond Braine (30/18), Jacques Moeschal (12/6), Désiré Bastin (24/2). Trainer: Viktor Löwenfeld (Austria, 5).
Goals: Michel Vanderbauwhede (6), Raymond Braine (10), Désiré Bastin (49, 74).

109. 13.04.1930 **FRANCE - BELGIUM** **1-6(1-3)**
Stade Olympique „Yves du Manoir", Colombes, Paris; Referee: Paul Ruoff (Switzerland); Attendance: 18,000
BEL: Arnold Badjou (1/0), Theodoor Nouwens (5/0), Nikolaas Hoydonckx (14/0), Pierre Braine (37/3), Florimond Van Halme (37/2), Jean De Clercq (1/0), Louis Versijp (2/3), Bernard Voorhoof (4/1), Michel Vanderbauwhede (7/6), Ferdinand Adams (17/8), Désiré Bastin (25/2). Trainer: Viktor Löwenfeld (Austria, 6).
Goals: Louis Versijp (12), Ferdinand Adams (14), Michel Vanderbauwhede (16, 32), Louis Versijp (36), Michel Vanderbauwhede (84).

110. 04.05.1930 **NETHERLANDS - BELGIUM** **2-2(1-1)**
Olympisch Stadion, Amsterdam; Referee: Heinrich Retschury (Austria); Attendance: 32,000
BEL: Arnold Badjou (2/0), Theodoor Nouwens (6/0), Nikolaas Hoydonckx (15/0), Pierre Braine (38/3), August Hellemans (2/0), Jean De Clercq (2/0), Louis Versijp (3/3), Bernard Voorhoof (5/1), Michel Vanderbauwhede (8/6), Ferdinand Adams (18/9), Désiré Bastin (26/3). Trainer: Viktor Löwenfeld (Austria, 7).
Goals: Désiré Bastin (17), Ferdinand Adams (85).

111. 11.05.1930 **BELGIUM - REPUBLIC OF IRELAND** **1-3(1-1)**
Stade à Molenbeek-Saint-Jean, Bruxelles; Referee: Ramón Melcón (Spain); Attendance: 18,000
BEL: Arnold Badjou (3/0), Theodoor Nouwens (7/0), Nikolaas Hoydonckx (16/0), Pierre Braine (39/3), August Hellemans (3/0), Jean De Clercq (3/0), Louis Versijp (4/3), Ferdinand Adams (19/9), Michel Vanderbauwhede (9/6), Jacques Moeschal (13/6), Désiré Bastin (27/4). Trainer: Viktor Löwenfeld (Austria, 8).
Goal: Désiré Bastin (20).

112. 18.05.1930 **BELGIUM - NETHERLANDS** **3-1(0-1)**
Olympisch Stadion (Kielstadion), Antwerpen; Referee: Paul Ruoff (Switzerland); Attendance: 32,000
BEL: Jean De Bie (35/0), Theodoor Nouwens (8/0), Nikolaas Hoydonckx (17/0), Pierre Braine (40/3), Florimond Van Halme (38/2), Jean De Clercq (4/0), Louis Versijp (5/3), Bernard Voorhoof (6/2), Michel Vanderbauwhede (10/6), Ferdinand Adams (20/9), Désiré Bastin (28/5). Trainer: Viktor Löwenfeld (Austria, 9).
Goals: Bernard Voorhoof (56), Désiré Bastin (60), Henri Leonard Barthelemi Dénis (90 own goal).

113. 25.05.1930 **BELGIUM - FRANCE** **1-2(1-1)**
Stade du Pont d'Ougrée, Liège; Referee: Gustaf Ekberg (Sweden); Attendance: 11,000
BEL: Jean De Bie (36/0), Theodoor Nouwens (9/0), Nikolaas Hoydonckx (18/0), Pierre Braine (41/3), Florimond Van Halme (39/2), Jacques Moeschal (14/6), Louis Versijp (6/3), Bernard Voorhoof (7/3), Michel Vanderbauwhede (11/6), Ferdinand Adams (21/9), Désiré Bastin (29/5). Trainer: Viktor Löwenfeld (Austria, 10).
Goals: Bernard Voorhoof (21).

114. 08.06.1930 **BELGIUM - PORTUGAL** **2-1(0-1)**
Bosuilstadion, Deurne, Antwerpen; Referee: Johannes Mutters (Netherlands); Attendance: 15,000
BEL: Jean De Bie (37/0), Theodoor Nouwens (10/0), Nikolaas Hoydonckx (19/0), Pierre Braine (42/3), August Hellemans (4/0), Jean De Clercq (5/0), Louis Versijp (7/3), Bernard Voorhoof (8/3), Michel Vanderbauwhede (12/7), Jacques Moeschal (15/6), Désiré Bastin (30/6). Trainer: Viktor Löwenfeld (Austria, 11).
Goals: Michel Vanderbauwhede (73), Désiré Bastin (85).

115. 13.07.1930 **UNITED STATES - BELGIUM** **3-0(2-0)** 1st FIFA WC. Group Stage
Estadio Parque Central, Montevideo (Uruguay); Referee: José Bartolomé Macias (Argentina); Attendance: 25,000
BEL: Arnold Badjou (4/0), Theodoor Nouwens (11/0), Nikolaas Hoydonckx (20/0), Pierre Braine (43/3), August Hellemans (5/0), Jean De Clercq (6/0), Louis Versijp (8/3), Bernard Voorhoof (9/3), Ferdinand Adams (22/9), Jacques Moeschal (16/6), Jan Diddens (22/2). Trainer: Hector Goetinck (1).

116. 20.07.1930 **BELGIUM - PARAGUAY** **0-1(0-1)** 1st FIFA WC. Group Stage
Estadio Centenario, Montevideo (Uruguay); Referee: Ricardo Vallerino (Uruguay); Attendance: 9,000
BEL: Arnold Badjou (5/0), Nikolaas Hoydonckx (21/0), Henri De Deken (1/0), Pierre Braine (44/3), August Hellemans (6/0), Jacques Moeschal (17/6), Louis Versijp (9/3), Gérard Delbeke (1/0), Theodoor Nouwens (12/0), Ferdinand Adams (23/9), Jan Diddens (23/2). Trainer: Hector Goetinck (2).

117. 21.09.1930 **BELGIUM - CZECHOSLOVAKIA** **2-3(1-3)**
Bosuilstadion, Deurne, Antwerpen; Referee: José Llovera Mas (Spain); Attendance: 25,000
BEL: Louis Somers (4/0), Theodoor Nouwens (13/0), Nikolaas Hoydonckx (22/0), Henri Van Poucke (1/0), August Hellemans (7/0), Jacques Moeschal (18/6), Louis Versijp (10/4), Bernard Voorhoof (10/4), Michel Vanderbauwhede (13/7), Jacques Secrétin (1/0), Désiré Bastin (31/6). Trainer: Hector Goetinck (3).
Goals: Louis Versijp (44), Bernard Voorhoof (51).

118. 28.09.1930 **BELGIUM - SWEDEN** **2-2(1-1)**
Stade Vélodrome de Rocourt, Liège; Referee: Dr.Adolf Miesz (Austria); Attendance: 17,000
BEL: Arnold Badjou (6/0), Theodoor Nouwens (14/0), Nikolaas Hoydonckx (23/0), Henri Van Poucke (2/0), August Hellemans (8/0), Jacques Moeschal (19/6), Pierre Braine (45/4), Bernard Voorhoof (11/4), Michel Vanderbauwhede (14/7), Jacques Secrétin (2/1), Désiré Bastin (32/6). Trainer: Hector Goetinck (4).
Goals: Jacques Secrétin (30), Pierre Braine (75).

119. 07.12.1930 **FRANCE - BELGIUM** **2-2(1-1)**
Stade Buffalo, Paris; Referee: René Mercet (Switzerland); Attendance: 20,000
BEL: Arnold Badjou (7/0), Theodoor Nouwens (15/0), Nikolaas Hoydonckx (24/0), Alfons Mertens (1/0), August Hellemans (9/0), Pierre Braine (46/4), Louis Versijp (11/4), Bernard Voorhoof (12/5), Michel Vanderbauwhede (15/7), Jozef Van Beeck (1/1), Désiré Bastin (33/6). Trainer: Hector Goetinck (5).
Goals: Jozef Van Beeck (7), Bernard Voorhoof (64).

120. 29.03.1931 **NETHERLANDS - BELGIUM** **3-2(2-0)**
Olympisch Stadion, Amsterdam; Referee: Albino Carraro (Italy); Attendance: 32,000
BEL: Arnold Badjou (8/0), Theodoor Nouwens (16/0), Nikolaas Hoydonckx (25/0) [88.Albert Heremans (1/0)], Louis Verboven (1/0), August Hellemans (10/0), Jacques Moeschal (20/6), Louis Versijp (12/5), Bernard Voorhoof (13/6), Jean Capelle (1/0), Jacques Secrétin (3/1), René Ledent (2/1). Trainer: Hector Goetinck (6).
Goals: Louis Versijp (50), Bernard Voorhoof (75).

121. 03.05.1931 **BELGIUM - NETHERLANDS** **4-2(0-1)**
Bosuilstadion, Deurne, Antwerpen; Referee: Sophus Hansen (Denmark); Attendance: 45,000
BEL: Arnold Badjou (9/0), Theodoor Nouwens (17/0), Nikolaas Hoydonckx (26/0), Charles Simons (1/0), August Hellemans (11/0), Jacques Moeschal (21/6), Louis Versijp (13/6), Bernard Voorhoof (14/8), Jean Capelle (2/0), Jozef Van Beeck (2/1), Stanley Vanden Eynde (1/1). Trainer: Hector Goetinck (7).
Goals: Bernard Voorhoof (51, 59), Louis Versijp (62), Stanley Vanden Eynde (71).

122. 16.05.1931 **BELGIUM - ENGLAND** **1-4(1-1)**
Stade à Molenbeek-Saint-Jean, Bruxelles; Referee: Dr.Peco Bauwens (Germany); Attendance: 30,000
BEL: Arnold Badjou (10/0), Theodoor Nouwens (18/0), Constant Joacim (1/0), Charles Simons (2/0), August Hellemans (12/0), Jacques Moeschal (22/6), Louis Versijp (14/6), Bernard Voorhoof (15/8), Jean Capelle (3/1), Jozef Van Beeck (3/1), Stanley Vanden Eynde (2/1). Trainer: Hector Goetinck (8).
Goal: Jean Capelle (36).

123. 31.05.1931 **PORTUGAL - BELGIUM** 3-2(1-2)
Estádio do Lumiar, Lisboa; Referee: Ramón Melcón (Spain); Attendance: 20,000
BEL: Arnold Badjou (11/0), Theodoor Nouwens (19/0), Constant Joacim (2/0), Charles Simons (3/0), August Hellemans (13/0), Jacques Moeschal (23/6), Louis Versijp (15/6), Bernard Voorhoof (16/8), Augustinus Carolus Hellemans (1/1), Jozef Van Beeck (4/2), Stanley Vanden Eynde (3/1). Trainer: Hector Goetinck (9).
Goals: Jozef Van Beeck (25), Augustinus Carolus Hellemans (31).

124. 11.10.1931 **BELGIUM - POLAND** 2-1(1-0)
Stade du Jubilé (Centenaire), Bruxelles; Referee: Johannes Mutters (Netherlands); Attendance: 33,213
BEL: Robert Braet (1/0), Theodoor Nouwens (20/0), Nikolaas Hoydonckx (27/0), Charles Simons (4/0), August Hellemans (14/0), Jean De Clercq (7/0), Louis Versijp (16/6), Bernard Voorhoof (17/9), Augustinus Carolus Hellemans (2/2), Jozef Van Beeck (5/2), Félix Van Campenhout (1/0). Trainer: Hector Goetinck (10).
Goals: Augustinus Carolus Hellemans (9), Bernard Voorhoof (50).

125. 06.12.1931 **BELGIUM - SWITZERLAND** 2-1(1-0)
Stade du Jubilé (Centenaire), Bruxelles; Referee: Stanley Frederick Rous (England); Attendance: 15,000
BEL: Louis Vandenbergh (3/0), Theodoor Nouwens (21/0) [46.Albert Heremans (2/0)], Nikolaas Hoydonckx (28/0), Charles Simons (5/0), August Hellemans (15/0), Jean De Clercq (8/0), Louis Versijp (17/6), Bernard Voorhoof (18/9), Jean Capelle (4/3), Jozef Van Beeck (6/2), Félix Van Campenhout (2/0). Trainer: Hector Goetinck (11).
Goals: Jean Capelle (41, 47).

126. 20.03.1932 **BELGIUM - NETHERLANDS** 1-4(1-2)
Stade du Jubilé (Centenaire), Bruxelles; Referee: Walter Musther (England); Attendance: 28,942
BEL: Louis Vandenbergh (4/0), Theodoor Nouwens (22/0), Albert Heremans (3/0), Charles Simons (6/0), August Hellemans (16/0), Jean De Clercq (9/0), Louis Versijp (18/6), Bernard Voorhoof (19/9), Jean Capelle (5/3), Jozef Van Beeck (7/2), Désiré Bastin (34/7). Trainer: Hector Goetinck (12).
Goal: Désiré Bastin (8).

127. 17.04.1932 **NETHERLANDS - BELGIUM** 2-1(1-0)
Olympisch Stadion, Amsterdam; Referee: Paul Ruoff (Switzerland); Attendance: 30,000
BEL: Louis Vandenbergh (5/0), Jules Lavigne (7/0), Henri De Deken (2/0), Charles Simons (7/0), August Hellemans (17/0), Jean Claessens (1/0), Louis Versijp (19/6), Bernard Voorhoof (20/9), Jean Capelle (6/4), Laurent Grimmonprez (8/0), Désiré Bastin (35/7). Trainer: Hector Goetinck (13).
Goal: Jean Capelle (66).

128. 01.05.1932 **BELGIUM - FRANCE** 5-2(3-0)
Stade du Jubilé (Centenaire), Bruxelles; Referee: Heinrich Retschury (Austria); Attendance: 28,779
BEL: Louis Vandenbergh (6/0), Jules Lavigne (8/0), Henri De Deken (3/0), Charles Simons (8/0), Emile Stijnen (1/0), Jean Claessens (2/0), Louis Versijp (20/6), Jean Brichaut (1/1), Jean Capelle (7/5), Jozef Van Beeck (8/3), Stanley Vanden Eynde (4/3). Trainer: Hector Goetinck (14).
Goals: Jean Brichaut (23), Stanley Vanden Eynde (25), Jean Capelle (38), Jozef Van Beeck (46), Stanley Vanden Eynde (61).

129. 05.06.1932 **DENMARK - BELGIUM** 3-4(1-0)
Idraetsparken, København; Referee: Bjarne Beck (Norway); Attendance: 17,000
BEL: Louis Vandenbergh (7/0), Jules Lavigne (9/0), Albert Heremans (4/0), Charles Simons (9/0), Emile Stijnen (2/0), Edouard Van Brandt (1/0), Louis Versijp (21/6), Jean Brichaut (2/1), Jean Capelle (8/8), Jozef Van Beeck (9/4), Stanley Vanden Eynde (5/3). Trainer: Hector Goetinck (15).
Goals: Jean Capelle (57, 63), Jozef Van Beeck (67), Jean Capelle (75).

130. 12.06.1932 **SWEDEN - BELGIUM** 3-1(1-1)
Råsundastadion, Stockholm; Referee: Karl Weingärtner (Germany); Attendance: 19,000
BEL: Louis Vandenbergh (8/0) [38.Henri Woestad (1/0)], Jules Lavigne (10/0), Albert Heremans (5/0), Charles Simons (10/0), Emile Stijnen (3/0), Edouard Van Brandt (2/0), Louis Versijp (22/6), Jean Brichaut (3/1), Jean Capelle (9/8), Jozef Van Beeck (10/4), Stanley Vanden Eynde (6/4). Trainer: Hector Goetinck (16).
Goal: Stanley Vanden Eynde (22).

131. 11.12.1932 **BELGIUM - AUSTRIA** 1-6(0-3)
Stade du Jubilé (Centenaire), Bruxelles; Referee: Reginald George Rudd (England); Attendance: 16,000
BEL: Robert Braet (2/0), Jules Pappaert (1/0), Nikolaas Hoydonckx (29/0), Joseph Van Ingelghem (1/0), August Hellemans (18/0), Jean Claessens (3/0), Louis Versijp (23/6) [22.Jozef Van Beeck (11/4)], Jean Brichaut (4/1), Vital Van Landegem (1/1), François Vanden Eynden (1/0), Stanley Vanden Eynde (7/4). Trainer: Hector Goetinck (17).
Goals: Vital Van Landegem (82).

132. 12.02.1933 **BELGIUM - ITALY** 2-3(1-1)
Stade du Jubilé (Centenaire), Bruxelles; Referee: Walter J. Lewington (England); Attendance: 35,000
BEL: Robert Braet (3/0), Henri De Deken (4/0), Nikolaas Hoydonckx (30/0), Joseph Van Ingelghem (2/0), August Hellemans (19/0), Jean Claessens (4/0), Louis Versijp (24/6), Jean Brichaut (5/1), Jean Capelle (10/8), Bernard Voorhoof (21/11), Stanley Vanden Eynde (8/4). Trainer: Hector Goetinck (18).
Goal: Bernard Voorhoof (33, 47).

133. 12.03.1933 **SWITZERLAND - BELGIUM** 3-3(1-1)
Hardturm Stadion, Zürich; Referee: Stanley Frederick Rous (England); Attendance: 21,000
BEL: Louis Vandenbergh (9/0), Henri De Deken (5/0), Nikolaas Hoydonckx (31/0), Joseph Van Ingelghem (3/0), August Hellemans (20/0), Jean Claessens (5/0), Louis Versijp (25/6), Bernard Voorhoof (22/13), Joseph Desmedt (1/1), Jozef Van Beeck (12/4), Stanley Vanden Eynde (9/4). Trainer: Hector Goetinck (19).
Goals: Joseph Desmedt (6), Bernard Voorhoof (52, 90 penalty).

134. 26.03.1933 **FRANCE - BELGIUM** 3-0(1-0)
Stade Olympique „Yves du Manoir", Colombes, Paris; Referee: Stanley Frederick Rous (England); Attendance: 30,000
BEL: Louis Vandenbergh (10/0) [82.Robert Braet (4/0)], Henri De Deken (6/0), Nikolaas Hoydonckx (32/0), Joseph Van Ingelghem (4/0), August Hellemans (21/0), Jean Claessens (6/0), Louis Versijp (26/6), Bernard Voorhoof (23/13), Joseph Desmedt (2/1), François Vanden Eynden (2/0), Stanley Vanden Eynde (10/4). Trainer: Hector Goetinck (20).

135. 09.04.1933 **BELGIUM - NETHERLANDS** 1-3(0-2)
Bosuilstadion, Deurne, Antwerpen; Referee: Thomas Crew (England); Attendance: 45,000
BEL: Louis Vandenbergh (11/0), Theodoor Nouwens (23/0), Henri De Deken (7/0), Louis Verboven (2/0), August Hellemans (22/0), Jean De Clercq (10/0), Louis Versijp (27/6), Bernard Voorhoof (24/13), Joseph Desmedt (3/1), André Saeys (1/1), Stanley Vanden Eynde (11/4). Trainer: Hector Goetinck (21).
Goals: André Saeys (62).

136. 07.05.1933 **NETHERLANDS - BELGIUM** 1-2(0-1)
Olympisch Stadion, Amsterdam; Referee: Otto Ohlsson (Sweden); Attendance: 30,000
BEL: Robert Braet (5/0), Henri De Deken (8/0), Nikolaas Hoydonckx (33/0), Joseph Van Ingelghem (5/0), August Hellemans (23/0), Jean Claessens (7/0), Louis Versijp (28/6), Bernard Voorhoof (25/14), Joseph Desmedt (4/2), André Saeys (2/1), Stanley Vanden Eynde (12/4). Trainer: Hector Goetinck (22).
Goals: Joseph Desmedt (11), Bernard Voorhoof (79).

137. 04.06.1933 **POLAND - BELGIUM** 0-1(0-1)
Stadion „Marszał ka Józefa Pił sudskiego", WarszawRreferee: František Cejnar (Czechoslovakia); Attendance: 16,000
BEL: Robert Braet (6/0), Henri De Deken (9/0), Nikolaas Hoydonckx (34/0), Joseph Van Ingelghem (6/0), August Hellemans (24/0), Jean Claessens (8/0), Léon Torfs (1/0), Bernard Voorhoof (26/14), Jean Brichaut (6/2), André Saeys (3/1), Stanley Vanden Eynde (13/4). Trainer: Hector Goetinck (23).
Goal: Jean Brichaut (39).

138. 06.11.1933 **AUSTRIA - BELGIUM** 4-1(3-1)
Praterstadion, Wien; Referee: Thomas Crew (England); Attendance: 50,000
BEL: Robert Braet (7/0), Henri De Deken (10/0), Nikolaas Hoydonckx (35/0), Joseph Van Ingelghem (7/0), August Hellemans (25/0), Jean Claessens (9/0), Louis Versijp (29/6), Bernard Voorhoof (27/15), Jean Brichaut (7/2), André Saeys (4/1), Stanley Vanden Eynde (14/4). Trainer: Hector Goetinck (24).
Goal: Bernard Voorhoof (26).

139. 22.10.1933 **GERMANY - BELGIUM** 8-1(2-0)
Wedau Stadion, Duisburg; Referee: Otto Ohlsson (Sweden); Attendance: 30,000
BEL: Robert Braet (8/0), Henri De Deken (11/0), Philibert Smellinckx (1/0), Joseph Van Ingelghem (8/0), August Hellemans (26/0), Jean De Clercq (11/0), Léon Torfs (2/0), Bernard Voorhoof (28/15), Robert Lamoot (1/1), André Saeys (5/1), Pierre Weydisch (1/0). Trainer: Hector Goetinck (25).
Goal: Robert Lamoot (89).

140. 26.11.1933 **BELGIUM - DENMARK** 2-2(1-2)
Stade du Jubilé (Centenaire), Bruxelles; Referee: Johannes Franciscus van Moorsel (Netherlands); Attendance: 15,000
BEL: André Vandeweyer (1/0), Albert Heremans (6/0), Nikolaas Hoydonckx (36/0), Joseph Van Ingelghem (9/0), August Hellemans (27/0), Jean Claessens (10/0), Louis Versijp (30/7), Jean Brichaut (8/2), Jean Capelle (11/8), André Saeys (6/1), Stanley Vanden Eynde (15/5). Trainer: Hector Goetinck (26).
Goals: Louis Versijp (44), Stanley Vanden Eynde (51).

141. 21.01.1934 **BELGIUM - FRANCE** 2-3(2-2)
Stade du Jubilé (Centenaire), Bruxelles; Referee: Walter J. Lewington (England); Attendance: 35,826
BEL: Arnold Badjou (12/0), Philibert Smellinckx (2/0), Albert Heremans (7/0), Frans Peeraer (1/0), August Hellemans (28/0), Jean Claessens (11/0), André Saeys (7/1), Jean Brichaut (9/2), Jean Capelle (12/8), Bernard Voorhoof (29/16), Stanley Vanden Eynde (16/6). Trainer: Hector Goetinck (27).
Goals: Bernard Voorhoof (8), Stanley Vanden Eynde (9).

142. 25.02.1934 **REPUBLIC OF IRELAND - BELGIUM** 4-4(1-2) 2nd FIFA WC. Qualifiers
Dalymount Park, Dublin; Referee: Thomas Crew (England); Attendance: 28,000
BEL: André Vandeweyer (2/0), Jules Pappaert (2/0), Philibert Smellinckx (3/0), Joseph Van Ingelghem (10/0), Félix Welkenhuyzen (1/0), Désiré Bourgeois (1/0), Louis Versijp (31/7), Jean Brichaut (10/2), Jean Capelle (13/9), André Saeys (8/1), Stanley Vanden Eynde (17/7) [35.François Vanden Eynden (3/2)]. Trainer: Hector Goetinck (28).
Goals: Jean Capelle (15), Stanley Vanden Eynde (25), François Vanden Eynden (47, 60).

143. 11.03.1934 **NETHERLANDS - BELGIUM** 9-3(4-1)
Olympisch Stadion, Amsterdam; Referee: Dr.Peco Bauwens (Germany); Attendance: 32,000
BEL: André Vandeweyer (3/0), Jules Pappaert (3/0), Philibert Smellinckx (4/0), Joseph Van Ingelghem (11/0), Félix Welkenhuyzen (2/0), Désiré Bourgeois (2/0), Louis Versijp (32/8), Jean Brichaut (11/3), Bernard Voorhoof (30/17), François Vanden Eynden (4/2), André Saeys (9/1). Trainer: Hector Goetinck (29).
Goals: Bernard Voorhoof (1), Jean Brichaut (56), Louis Versijp (74).

144. 29.04.1934 **BELGIUM - NETHERLANDS** 2-4(0-0) 2nd FIFA WC. Qualifiers
Bosuilstadion, Deurne, Antwerpen; Referee: Stanley Frederick Rous (England); Attendance: 42,000
BEL: André Vandeweyer (4/0), Jules Pappaert (4/0) [25.Frans Van Dessel (2/0)], Philibert Smellinckx (5/0), Frans Peeraer (2/0), Félix Welkenhuyzen (3/0), Jean Claessens (12/0), Louis Versijp (33/8), Bernard Voorhoof (31/18), Jean Capelle (14/9), Laurent Grimmonprez (9/1), René Ledent (3/1). Trainer: Hector Goetinck (30).
Goals: Laurent Grimmonprez (51), Bernard Voorhoof (72).

145. 27.05.1934 **BELGIUM - GERMANY** 2-5(2-1) 2nd FIFA WC. 1st Round.
Giovanni Berta, Firenze; Referee: Francesco Mattea (Italy); Attendance: 7,000
BEL: André Vandeweyer (5/0), Philibert Smellinckx (6/0), Constant Joacim (3/0), Frans Peeraer (3/0), Félix Welkenhuyzen (4/0), Jean Claessens (13/0), François De Vries (1/0), Bernard Voorhoof (32/20), Jean Capelle (15/9), Laurent Grimmonprez (10/1), Albert Heremans (8/0). Trainer: Hector Goetinck (31).
Goals: Bernard Voorhoof (32, 44).

146. 31.03.1935 **NETHERLANDS - BELGIUM** 4-2(1-2)
Olympisch Stadion, Amsterdam; Referee: Albert Edward Fogg (England); Attendance: 33,000
BEL: Arnold Badjou (13/0), Robert Paverick (1/0), Philibert Smellinckx (7/0), Pierre Dalem (1/0), Emile Stijnen (4/0), Jean Claessens (14/0), François De Vries (2/0), Bernard Voorhoof (33/21), Marius Mondelé (1/0), Hendrik Isemborghs (1/0), Jozef Van Beeck (13/5). Trainer: Gyula Turnauer (Hungary, 1).
Goals: Jozef Van Beeck (16), Bernard Voorhoof (27).

147. 14.04.1935 **BELGIUM - FRANCE** 1-1(0-1)
Stade du Jubilé (Centenaire), Bruxelles; Referee: R.Wittwer (Switzerland); Attendance: 40,500
BEL: Arnold Badjou (14/0), Robert Paverick (2/0), Philibert Smellinckx (8/0), Pierre Dalem (2/0), Emile Stijnen (5/0), Jean Claessens (15/0), François De Vries (3/0), Bernard Voorhoof (34/21), Raymond Braine (31/18), Hendrik Isemborghs (2/0), Jozef Van Beeck (14/6). Trainer: Gyula Turnauer (Hungary, 2).
Goal: Jozef Van Beeck (64).

148. 28.04.1935 **BELGIUM - GERMANY** **1-6(1-2)**
Stade du Jubilé (Centenaire), Bruxelles; Referee: Johannes Franciscus van Moorsel (Netherlands); Attendance: 35,000
BEL: Arnold Badjou (15/0) [43.Frans Christiaens (1/0)], Robert Paverick (3/0), Philibert Smellinckx (9/0), Pierre Dalem (3/0), Emile Stijnen (6/0), Jean Claessens (16/0), Jacques Van Caelenberghe (1/0), Bernard Voorhoof (35/21), Jean Capelle (16/9) [40.Marius Mondelé (2/0)], Hendrik Isemborghs (3/1), Jozef Van Beeck (15/6). Trainer: Gyula Turnauer (Hungary, 3).
Goals: Hendrik Isemborghs (1).

149. 12.05.1935 **BELGIUM - NETHERLANDS** **0-2(0-1)**
Stade du Jubilé (Centenaire), Bruxelles; Referee: Albert Edward Fogg (England); Attendance: 62,514
BEL: Frans Christiaens (2/0), Robert Paverick (4/0), Philibert Smellinckx (10/0), Pierre Dalem (4/0), Emile Stijnen (7/0), Jean Claessens (17/0), François De Vries (4/0), Bernard Voorhoof (36/21), Raymond Braine (32/18), Jacques Van Caelenberghe (2/0), Hadelin Viellevoye (1/0). Trainer: John Dennis Buttler (1).

150. 30.05.1935 **BELGIUM - SWITZERLAND** **2-2(0-2)**
Stade du Jubilé (Centenaire), Bruxelles; Referee: Johannes Mutters (Netherlands); Attendance: 22,000
BEL: Frans Christiaens (3/0), Robert Paverick (5/0), Philibert Smellinckx (11/0), Pierre Dalem (5/0), Emile Stijnen (8/0), Jean Claessens (18/0) [20.Alfons De Winter (1/0)], François De Vries (5/0), Bernard Voorhoof (37/21), Marius Mondelé (3/0), Guillaume Ulens (1/0), Jozef Van Beeck (16/7). Trainer: John Dennis Buttler (2).
Goals: S.Minelli (SUI,52 own goal), Jozef Van Beeck (56).

151. 17.11.1935 **BELGIUM - SWEDEN** **5-1(2-1)**
Stade du Jubilé (Centenaire), Bruxelles; Referee: Karl Weingärtner (Germany); Attendance: 15,000
BEL: Frans Christiaens (4/0), Robert Paverick (6/0), Philibert Smellinckx (12/0), Pierre Dalem (6/0), Emile Stijnen (9/0), Jean Claessens (19/0), Jacques Van Caelenberghe (3/1), Bernard Voorhoof (38/21), Jean Capelle (17/11), Hendrik Isemborghs (4/3), Jean Jamers (1/0). Trainer: John Dennis Buttler (3).
Goals: Jacques Van Caelenberghe (15), Jean Capelle (18), Hendrik Isemborghs (57), Jean Capelle (74), Hendrik Isemborghs (80).

152. 16.02.1936 **BELGIUM - POLAND** **0-2(0-1)**
Stade du Jubilé (Centenaire), Bruxelles; Referee: Walter J. Lewington (England); Attendance: 19,000
BEL: Robert Braet (9/0), Robert Paverick (7/0), Philibert Smellinckx (13/0), Pierre Dalem (7/0), Emile Stijnen (10/0), Jean Claessens (20/0), Jacques Van Caelenberghe (4/1), Jean Brichaut (12/3), Jean Capelle (18/11), Bernard Voorhoof (39/21), Jean Jamers (2/0). Trainer: John Dennis Buttler (4).

153. 08.03.1936 **FRANCE - BELGIUM** **3-0(1-0)**
Stade Olympique „Yves du Manoir", Colombes, Paris; Referee: Dr.Peco Bauwens (Germany); Attendance: 30,000
BEL: Robert Braet (10/0), Robert Paverick (8/0), Philibert Smellinckx (14/0), Pierre Dalem (8/0), Emile Stijnen (11/0), Jean Claessens (21/0), Louis Versijp (34/8), Bernard Voorhoof (40/21), Marius Mondelé (4/0), Jean Lodts (1/0), Frans De Deken (1/0). Trainer: John Dennis Buttler (5).

154. 29.03.1936 **NETHERLANDS - BELGIUM** **8-0(4-0)**
Olympisch Stadion, Amsterdam; Referee: William B. Harper (England); Attendance: 32,000
BEL: Frans Christiaens (5/0) [80.Arnold Badjou (16/0)], Robert Paverick (9/0), Philibert Smellinckx (15/0), Pierre Dalem (9/0), Pierre Meuldermans (1/0), Paul Henry (1/0), François De Vries (6/0), Bernard Voorhoof (41/21), Jean Capelle (19/11), Albert De Deken (1/0), Hendrik Isemborghs (5/3). Trainer: John Dennis Buttler (6).

155. 03.05.1936 **BELGIUM - NETHERLANDS** **1-1(0-1)**
Stade du Jubilé (Centenaire), Bruxelles; Referee: Arthur James Jewell (England); Attendance: 55,000
BEL: Arnold Badjou (17/0), Robert Paverick (10/0), Philibert Smellinckx (16/0), Pierre Dalem (10/0), Emile Stijnen (12/0), Alfons De Winter (2/0), Jean Fiévez (1/0), Robert Lamoot (2/1), Jean Capelle (20/11), Raymond Braine (33/19), Hendrik Isemborghs (6/3). Trainer: John Dennis Buttler (7).
Goal: Raymond Braine (89).

156. 09.05.1936 **BELGIUM - ENGLAND** **3-2(0-1)**
Stade du Jubilé (Centenaire), Bruxelles; Referee: Johannes Franciscus van Moorsel (Netherlands); Attendance: 40,000
BEL: Arnold Badjou (18/0), Robert Paverick (11/0), Constant Joacim (4/0), Pierre Dalem (11/0), Emile Stijnen (13/0), Alfons De Winter (3/0), Jean Fiévez (2/1), Robert Lamoot (3/1), Jean Capelle (21/11), Hendrik Isemborghs (7/5), Antoon Franckx (1/0). Trainer: John Dennis Buttler (8).
Goals: Hendrik Isemborghs (62, 82), Jean Fiévez (84).

157. 24.05.1936 **SWITZERLAND - BELGIUM** **1-1(1-0)**
Rankhof Stadion, Basel; Referee: Lucien Leclerq (France); Attendance: 15,000
BEL: Arnold Badjou (19/0), Robert Paverick (12/0), Philibert Smellinckx (17/0), Pierre Dalem (12/0), Emile Stijnen (14/0), Alfons De Winter (4/0), Jean Fiévez (3/1), Robert Lamoot (4/1), Jean Capelle (22/12), Hendrik Isemborghs (8/5), Antoon Franckx (2/0). Trainer: John Dennis Buttler (9).
Goal: Jean Capelle (71).

158. 21.02.1937 **BELGIUM - FRANCE** **3-1(1-1)**
Stade du Jubilé (Centenaire), Bruxelles; Referee: Hans Boekmann (Netherlands); Attendance: 37,668
BEL: Robert Braet (11/0), Robert Paverick (13/0), Constant Joacim (5/0), Pierre Dalem (13/0), Emile Stijnen (15/0), Alfons De Winter (5/0), Léon Torfs (3/0), Arthur Ceuleers (1/1), Bernard Voorhoof (42/21), Raymond Braine (34/20), Stanley Vanden Eynde (18/8). Trainer: John Dennis Buttler (10).
Goals: Raymond Braine (43), Arthur Ceuleers (65), Stanley Vanden Eynde (78).

159. 04.04.1937 **BELGIUM - NETHERLANDS** **2-1(1-1)**
Bosuilstadion, Deurne, Antwerpen; Referee: Henry Mee (England); Attendance: 47,883
BEL: Robert Braet (12/0), Robert Paverick (14/0), Constant Joacim (6/0), Pierre Dalem (14/0), Emile Stijnen (16/0), Alfons De Winter (6/0), Jean Fiévez (4/2), Arthur Ceuleers (2/2), Bernard Voorhoof (43/21), Raymond Braine (35/20), Fernand Buyle (1/0). Trainer: John Dennis Buttler (11).
Goals: Arthur Ceuleers (1), Jean Fiévez (75).

160. 18.04.1937 **BELGIUM - SWITZERLAND** **1-2(0-1)**
Stade du Jubilé (Centenaire), Bruxelles; Referee: Hamilton Jones (England); Attendance: 14,304
BEL: Robert Braet (13/0), Robert Paverick (15/0), Constant Joacim (7/0), Pierre Dalem (15/0), Emile Stijnen (17/0), Alfons De Winter (7/0), Fernand Buyle (2/0), Arthur Ceuleers (3/2), Bernard Voorhoof (44/22), Raymond Braine (36/20), Stanley Vanden Eynde (19/8). Trainer: John Dennis Buttler (12).
Goal: Bernard Voorhoof (74).

161. 25.04.1937 **GERMANY - BELGIUM** **1-0(1-0)**
Hindenburg-Kampfbahn, Hannover; Referee: Arthur James Jewell (England); Attendance: 56,000
BEL: Arnold Badjou (20/0), Robert Paverick (16/0), Constant Joacim (8/0), Pierre Dalem (16/0), Emile Stijnen (18/0), Alfons De Winter (8/0), Fernand Buyle (3/0), Robert Lamoot (5/1), Raymond Braine (37/20), Hendrik Isemborghs (9/5), Stanley Vanden Eynde (20/8). Trainer: John Dennis Buttler (13).

162. 02.05.1937 **NETHERLANDS - BELGIUM** **1-0(1-0)**
Stadion Feijenoord, Rotterdam; Referee: Charles Argent (England); Attendance: 60,000
BEL: Arnold Badjou (21/0), Robert Paverick (17/0), Constant Joacim (9/0), Pierre Dalem (17/0), Emile Stijnen (19/0), Alfons De Winter (9/0), Fernand Buyle (4/0), Bernard Voorhoof (45/22), Jean Capelle (23/12), Raymond Braine (38/20), Stanley Vanden Eynde (21/8). Trainer: John Dennis Buttler (14).

163. 06.06.1937 **YUGOSLAVIA - BELGIUM** **1-1(1-0)**
BSK, Beograd; Referee: Rinaldo Barlassina (Italy); Attendance: 15,000
BEL: Arnold Badjou (22/0), Robert Paverick (18/0), Constant Joacim (10/0), Pierre Dalem (18/0), Emile Stijnen (20/0), Alfons De Winter (10/0), Fernand Buyle (5/0), Bernard Voorhoof (46/22), Jean Capelle (24/13), Raymond Braine (39/20), Stanley Vanden Eynde (22/8). Trainer: John Dennis Buttler (15).
Goal: Jean Capelle (52).

164. 10.06.1937 **ROMANIA - BELGIUM** **2-1(1-0)**
Stadionul "Principele Carol", București; Referee: Gustav Krist (Czechoslovakia); Attendance: 20,000
BEL: Arnold Badjou (23/0), Robert Paverick (19/0), Constant Joacim (11/0), Pierre Dalem (19/0), Emile Stijnen (21/0), Alfons De Winter (11/0), Fernand Buyle (6/0), Bernard Voorhoof (47/23), Jean Capelle (25/13), Raymond Braine (40/20), Stanley Vanden Eynde (23/8). Trainer: John Dennis Buttler (16).
Goal: Bernard Voorhoof (87).

165. 30.01.1938 **FRANCE - BELGIUM** **5-3(2-2)**
Parc des Princes, Paris; Referee: Arthur James Jewell (England); Attendance: 39,000
BEL: Arnold Badjou (24/0), Robert Paverick (20/0), Philibert Smellinckx (18/0), Pierre Dalem (20/0), Frans Gommers (1/0), Alfons De Winter (12/0), Charles Vanden Wouwer (1/0), Bernard Voorhoof (48/24), Jean Capelle (26/13), Raymond Braine (41/21), Stanley Vanden Eynde (24/9). Trainer: John Dennis Buttler (17).
Goals: Raymond Braine (22), Bernard Voorhoof (28), Stanley Vanden Eynde (76).

166. 27.02.1938 **NETHERLANDS - BELGIUM** **7-2(1-0)**
Stadion Feijenoord, Rotterdam; Referee: Thomas Thompson (England); Attendance: 51,000
BEL: Robert Braet (14/0), Robert Paverick (21/0), Philibert Smellinckx (19/0), Pierre Dalem (21/0), Honoré Martens (1/0), Alfons De Winter (13/0), Bernard Voorhoof (49/25), Raymond Braine (42/22), Jean Capelle (27/13), Arthur Ceuleers (4/2), Stanley Vanden Eynde (25/9). Trainer: John Dennis Buttler (18).
Goals: Raymond Braine (55), Bernard Voorhoof (68).

167. 13.03.1938 **LUXEMBOURG - BELGIUM** **2-3(2-1)** 3rd FIFA WC. Qualifiers
Stade Municipal, Luxembourg; Referee: Georges Capdeville (France); Attendance: 11,200
BEL: Arnold Badjou (25/0), Robert Paverick (22/0), Cornelius Seys (1/0), Pierre Dalem (22/0), Pierre Meuldermans (2/0), Alfons De Winter (14/0), François De Vries (7/1), Bernard Voorhoof (50/26), Raymond Braine (43/23), Hendrik Isemborghs (10/5), Stanley Vanden Eynde (26/9). Trainer: John Dennis Buttler (19).
Goals: Bernard Voorhoof (19), Raymond Braine (55), François De Vries (59).

168. 03.04.1938 **BELGIUM - NETHERLANDS** **1-1(0-1)** 3rd FIFA WC. Qualifiers
Bosuilstadion, Deurne, Antwerpen; Referee: Arthur James Jewell (England); Attendance: 47,660
BEL: Arnold Badjou (26/0), Robert Paverick (23/0), Jean Petit (1/0), John Van Alphen (1/0), Emile Stijnen (22/0), Alfons De Winter (15/0), Charles Vanden Wouwer (2/0), Bernard Voorhoof (51/26), Hendrik Isemborghs (11/6), Raymond Braine (44/23), Fernand Buyle (7/0). Trainer: John Dennis Buttler (20).
Goal: Hendrik Isemborghs (53).

169. 08.05.1938 **SWITZERLAND - BELGIUM** **0-3(0-1)**
Stade Olympique de la Pontaise, Lausanne; Referee: Rafaele Scorzoni (Italy); Attendance: 18,000
BEL: Arnold Badjou (27/0), Robert Paverick (24/0), Jean Petit (2/0), John Van Alphen (2/0), Emile Stijnen (23/0), Alfons De Winter (16/0), Charles Vanden Wouwer (3/0), Bernard Voorhoof (52/28), Jean Capelle (28/14), Raymond Braine (45/23), Fernand Buyle (8/0). Trainer: John Dennis Buttler (21).
Goals: Bernard Voorhoof (24, 48), Jean Capelle (77).

170. 15.05.1938 **ITALY - BELGIUM** **6-1(2-1)**
Stadio San Siro, Milano; Referee: Dr. Peco Bauwens (Germany); Attendance: 25,000
BEL: Arnold Badjou (28/0), Robert Paverick (25/0), Jean Petit (3/0), John Van Alphen (3/0), Emile Stijnen (24/0), Alfons De Winter (17/0), Charles Vanden Wouwer (4/0), Bernard Voorhoof (53/28), Jean Capelle (29/15), Raymond Braine (46/23), Fernand Buyle (9/0). Trainer: John Dennis Buttler (22).
Goal: Jean Capelle (3).

171. 29.05.1938 **BELGIUM - YUGOSLAVIA** **2-2(1-1)**
Stade du Jubilé (Centenaire), Bruxelles; Referee: Ivan Eklind (Sweden); Attendance: 12,076
BEL: Arnold Badjou (29/0), Robert Paverick (26/0), Jean Petit (4/0), John Van Alphen (4/0), Emile Stijnen (25/0), Alfons De Winter (18/0), Charles Vanden Wouwer (5/1), Bernard Voorhoof (54/28), Jean Capelle (30/16), Raymond Braine (47/23), Fernand Buyle (10/0). Trainer: John Dennis Buttler (23).
Goals: Jean Capelle (4), Charles Vanden Wouwer (67).

172. 05.06.1938 **FRANCE - BELGIUM** **3-1(2-1)** 3rd FIFA WC. 1st Round.
Stade Olympique „Yves du Manoir", Colombes, Paris; Referee: Hans Wüthrich (Switzerland); Attendance: 30,454
BEL: Arnold Badjou (30/0), Robert Paverick (27/0), Cornelius Seys (2/0), John Van Alphen (5/0), Emile Stijnen (26/0), Alfons De Winter (19/0), Charles Vanden Wouwer (6/1), Bernard Voorhoof (55/28), Hendrik Isemborghs (12/7), Raymond Braine (48/23), Fernand Buyle (11/0). Trainer: John Dennis Buttler (24).
Goal: Hendrik Isemborghs (19).

173. 29.01.1939 **BELGIUM - GERMANY** **1-4(1-2)**
Stade du Jubilé (Centenaire), Bruxelles; Referee: Rudolf Eklöw (Sweden); Attendance: 35,425
BEL: Albert De Raedt (1/0), Robert Paverick (28/0), Georges Van Calenberg (1/0), Pierre Dalem (23/0), Emile Stijnen (27/1), Paul Henry (2/0), François Winnepenninckx (1/0), Bernard Voorhoof (56/28), Hendrik Isemborghs (13/7), Raymond Braine (49/23), Fernand Buyle (12/0). Trainer: John Dennis Buttler (25).
Goal: Emile Stijnen (43 penalty).

174. 19.03.1939 **BELGIUM - NETHERLANDS** 5-4(3-2)
Bosuilstadion, Deurne, Antwerpen; Referee: Charles Delasalle (France); Attendance: 45,781
BEL: Arnold Badjou (31/0), Robert Paverick (29/0), Georges Van Calenberg (2/0), John Van Alphen (6/0), Emile Stijnen (28/1), Paul Henry (3/0), Jean Fiévez (5/3), Bernard Voorhoof (57/28), Jean Capelle (31/19), Raymond Braine (50/24), Hendrik Isemborghs (14/7). Trainer: John Dennis Buttler (26).
Goals: Jean Capelle (9), Jean Fiévez (33), Jean Capelle (39), Raymond Braine (72), Jean Capelle (79).

175. 23.04.1939 **NETHERLANDS - BELGIUM** 3-2(1-1)
Olympisch Stadion, Amsterdam; Referee: Thomas Thompson (England); Attendance: 53,000
BEL: Arnold Badjou (32/0), Robert Paverick (30/0), Georges Van Calenberg (3/0), John Van Alphen (7/0), Emile Stijnen (29/1), Paul Henry (4/0), Jean Fiévez (6/3), Bernard Voorhoof (58/28), Jean Capelle (32/19), Raymond Braine (51/25), Fernand Buyle (13/1). Trainer: John Dennis Buttler (27).
Goals: Raymond Braine (3), Fernand Buyle (70).

176. 14.05.1939 **BELGIUM - SWITZERLAND** 1-2(0-1)
Stade Vélodrome de Rocourt, Liège; Referee: Roger Conrié (France); Attendance: 21,111
BEL: Arnold Badjou (33/0), Robert Paverick (31/0), Georges Van Calenberg (4/0), John Van Alphen (8/0), Emile Stijnen (30/1), Paul Henry (5/0), Jean Fiévez (7/3), Bernard Voorhoof (59/29), Jean Capelle (33/19), Raymond Braine (52/25), Georges De Mulder (1/0). Trainer: John Dennis Buttler (28).
Goal: Bernard Voorhoof (53).

177. 18.05.1939 **BELGIUM - FRANCE** 1-3(0-1)
Stade Heysel, Bruxelles; Referee: Alexander Donaldson (England); Attendance: 35,793
BEL: Arnold Badjou (34/0), Robert Paverick (32/0), Georges Van Calenberg (5/0), John Van Alphen (9/0), Emile Stijnen (31/1), Paul Henry (6/0), Jean Fiévez (8/3), Robert Lamoot (6/2), Jean Capelle (34/19), Hendrik Isemborghs (15/7), Raymond Braine (53/25). Trainer: John Dennis Buttler (29).
Goal: Robert Lamoot (62).

178. 27.05.1939 **POLAND - BELGIUM** 3-3(2-1)
Stadion Miejski, Lódź; Referee: Karl Wunderlin (Switzerland); Attendance: 18,000
BEL: Albert De Raedt (2/0), Robert Paverick (33/0), Georges Van Calenberg (6/0), John Van Alphen (10/0), Frans Gommers (2/0), Paul Henry (7/0), Jean Fiévez (9/4), Robert Lamoot (7/2), Hendrik Isemborghs (16/8), Raymond Braine (54/26), Fernand Buyle (14/1). Trainer: John Dennis Buttler (30).
Goals: Jean Fiévez (40), Raymond Braine (55), Hendrik Isemborghs (89).

179. 17.03.1940 **BELGIUM - NETHERLANDS** 7-1(3-0)
Bosuilstadion, Deurne, Antwerpen; Referee: Hans Wüthrich (Switzerland); Attendance: 31,396
BEL: Albert De Raedt (3/0), Robert Paverick (34/0), Georges Van Calenberg (7/0), Armand Van de Kerkhove (1/0), Jules Henriet (1/0), Paul Henry (8/0), Charles Vanden Wouwer (7/2), Bernard Voorhoof (60/30), Jules Van Craen (1/3), Joseph Nelis (1/1), Gustaaf Eeckeman (1/0). Trainer: Hector Goetinck (31).
Goals: Joseph Nelis (19), Bernard Voorhoof (38), Jules Van Craen (44, 65), C. Wilders (77 own goal), Charles Vanden Wouwer (84), Jules Van Craen (88).

180. 21.04.1940 **NETHERLANDS - BELGIUM** 4-2(3-0)
Olympisch Stadion, Amsterdam; Referee: Rinaldo Barlassina (Italy); Attendance: 45,000
BEL: Albert De Raedt (4/0), Robert Paverick (35/0), Georges Van Calenberg (8/0), Armand Van de Kerkhove (2/0), Jules Henriet (2/0), Paul Henry (9/0), Charles Vanden Wouwer (8/2), Bernard Voorhoof (61/30), Jules Van Craen (2/4), Joseph Nelis (2/2), Gustaaf Eeckeman (2/0). Trainer: Hector Goetinck (32).
Goals: Jules Van Craen (73), Joseph Nelis (83).

181. 24.12.1944 **FRANCE - BELGIUM** 3-1(2-0)
Parc des Princes, Paris; Referee: Paul Tréhou (France); Attendance: 24,095
BEL: Henri Meert (1/0), Robert Gerard (1/0), Joseph Pannaye (1/0), Antoine Puttaert (1/0), Marcel Vercammen (1/0), John Van Alphen (11/0), François De Wael (1/1), Désiré Van den Audenaerde (1/0), Arsène Vaillant (1/0), Fernand Voussure (1/0), Fernand Buyle (15/1). Trainer: François Demol (1).
Goal: François De Wael (83).

182. 13.05.1945 **LUXEMBOURG - BELGIUM** 4-1(2-0)
Stade Municipal, Luxembourg; Referee: Charles Delasalle (France); Attendance: 12,000
BEL: Henri Meert (2/0), Robert Gerard (2/0), Joseph Pannaye (2/0), Antoine Puttaert (2/0), Marcel Vercammen (2/0), Fernand Massay (1/0), Victor Lemberechts (1/0), Henri Coppens (1/0), Léon Gillaux (1/1), Désiré Van den Audenaerde (2/0), Fernand Buyle (16/1). Trainer: François Demol (2).
Goal: Léon Gillaux (86).

183. 15.12.1945 **BELGIUM - FRANCE** 2-1(2-0)
Stade „Oscar Bossaert", Bruxelles; Referee: van Welgenes (Netherlands); Attendance: 23,576
BEL: François Daenen (1/0), Robert Paverick (36/0), Joseph Pannaye (3/0), Antoine Puttaert (3/0), Marcel Vercammen (3/0), René Devos (1/0), Victor Lemberechts (2/0), Joseph Mermans (1/0), Léon Gillaux (2/1), Désiré Van den Audenaerde (3/0), François Sermon (1/2). Trainer: François Demol (3).
Goals: François Sermon (19, 33).

184. 19.01.1946 **ENGLAND - BELGIUM** 2-0(2-0)
Wembley Stadium, London; Referee: George Reader (England); Attendance: 85,000
BEL: François Daenen (2/0), Robert Paverick (37/0), Joseph Pannaye (4/0), Antoine Puttaert (4/0), Marcel Vercammen (4/0), René Devos (2/0), Victor Lemberechts (3/0), Henri Coppens (2/0), Albert De Cleyn (1/0), Joseph Mermans (2/0), François Sermon (2/2). Trainer: François Demol (4).

185. 23.01.1946 **SCOTLAND - BELGIUM** 2-2(0-0)
Hampden Park, Glasgow; Referee: Joseph Jackson (Scotland); Attendance: 46,000
BEL: François Daenen (3/0), Robert Paverick (38/0), Joseph Pannaye (5/0), Antoine Puttaert (5/0), Marcel Vercammen (5/0), René Devos (3/0), Victor Lemberechts (4/1), Henri Coppens (3/0), Albert De Cleyn (2/0), Frédéric Chavès D'Aguilar (1/1), François Sermon (3/2). Trainer: François Demol (5).
Goals: Victor Lemberechts (60), Frédéric Chavès D'Aguilar (73).

186. 23.02.1946 **BELGIUM - LUXEMBOURG** 7-0(3-0)
Stade du Mambourg, Charleroi; Referee: Sdez (France); Attendance: 15,809
BEL: François Daenen (4/0), Robert Paverick (39/0), Joseph Pannaye (6/0), Alfons De Buck (1/0), Jules Henriet (3/0), René Devos (4/0), Victor Lemberechts (5/2), Henri Coppens (4/1), Albert De Cleyn (3/5), Frédéric Chavès D'Aguilar (2/1), René Thirifays (1/0). Trainer: François Demol (6).
Goals: Albert De Cleyn (3, 29), Henri Coppens (32), Albert De Cleyn (48), Victor Lemberechts (62), Albert De Cleyn (64, 89).

187.   12.05.1946   **NETHERLANDS - BELGIUM**   6-3(2-1)
Olympisch Stadion, Amsterdam; Referee: Sdez (France); Attendance: 58,000
BEL: François Daenen (5/0) [80.Henri Meert (3/0)], Robert Paverick (40/0), Joseph Pannaye (7/0), Antoine Puttaert (6/0), Marcel Vercammen (6/0), René Devos (5/0), Victor Lemberechts (6/2), Henri Coppens (5/2), Albert De Cleyn (4/7), Frédéric Chavès D'Aguilar (3/1), Joseph Mermans (3/0). Trainer: François Demol (7).
Goals: Albert De Cleyn (3), Henri Coppens (52), Albert De Cleyn (60).

188.   30.05.1946   **BELGIUM - NETHERLANDS**   2-2(0-2)
Bosuilstadion, Deurne, Antwerpen; Referee: Ivan Eklind (Sweden); Attendance: 47,059
BEL: Henri Meert (4/0), Robert Paverick (41/0), Joseph Pannaye (8/0), Antoine Puttaert (7/0), Willy Vermeulen (1/0), René Devos (6/0), Victor Lemberechts (7/3), Michel Van Vaerenbergh (1/1), Albert De Cleyn (5/7), Désiré Van den Audenaerde (4/0), Jozef Melis (1/0). Trainer: François Demol (8).
Goals: Victor Lemberechts (46), Michel Van Vaerenbergh (52).

189.   07.04.1947   **NETHERLANDS - BELGIUM**   2-1(1-1)
Olympisch Stadion, Amsterdam; Referee: Tibaldi (France); Attendance: 55,000
BEL: François Daenen (6/0), Léon Aernaudts (1/0), Joseph Pannaye (9/0), Antoine Puttaert (8/0), Willy Vermeulen (2/0), Alfons De Buck (2/0), Victor Lemberechts (8/3), Henri Coppens (6/2), Albert De Cleyn (6/7), Frédéric Chavès D'Aguilar (4/1), René Thirifays (2/1). Trainer: William Joseph Gormlie (England, 1).
Goal: René Thirifays (8).

190.   04.05.1947   **BELGIUM - NETHERLANDS**   1-2(1-1)
Bosuilstadion, Deurne, Antwerpen; Referee: Wiltshire (England); Attendance: 45,457
BEL: François Daenen (7/0), Léon Aernaudts (2/0), Joseph Pannaye (10/0), Antoine Puttaert (9/0), Marcel Vercammen (7/0), Alfons De Buck (3/0), Victor Lemberechts (9/3), Henri Coppens (7/2), Albert De Cleyn (7/7), Léopold Anoul (1/1), René Thirifays (3/1). Trainer: William Joseph Gormlie (England, 2).
Goal: Léopold Anoul (7).

191.   18.05.1947   **BELGIUM - SCOTLAND**   2-1(1-0)
Stade Heysel, Bruxelles; Referee: Valdemar Laursen (Denmark); Attendance: 51,161
BEL: François Daenen (8/0), Léon Aernaudts (3/0), Joseph Pannaye (11/0), Alfons De Buck (4/0), Jules Henriet (4/0), Fernand Massay (2/0), Victor Lemberechts (10/3), Henri Coppens (8/2), Albert De Cleyn (8/7), Léopold Anoul (2/3), René Thirifays (4/1). Trainer: William Joseph Gormlie (England, 3).
Goals: Léopold Anoul (28, 75).

192.   01.06.1947   **FRANCE - BELGIUM**   4-2(1-1)
Stade Olympique „Yves du Manoir", Colombes, Paris; Referee: Beneda (Czekoslovakia); Attendance: 35,176
BEL: François Daenen (9/0), Léon Aernaudts (4/0), Joseph Pannaye (12/0), Henri Coppens (9/3), Jules Henriet (5/0), Fernand Massay (3/0), Victor Lemberechts (11/3), Joseph Mermans (4/0), Albert De Cleyn (9/8), Léopold Anoul (3/3), René Thirifays (5/1). Trainer: William Joseph Gormlie (England, 4).
Goals: Albert De Cleyn (17), Henri Coppens (76).

193.   21.09.1947   **BELGIUM - ENGLAND**   2-5(1-3)
Stade Heysel, Bruxelles; Referee: James M. Martin (Scotland); Attendance: 54,326
BEL: François Daenen (10/0), Léon Aernaudts (5/0), Joseph Pannaye (13/0), Henri Coppens (10/3), Jules Henriet (6/0), Fernand Massay (4/0), Victor Lemberechts (12/3), Joseph Mermans (5/1), Albert De Cleyn (10/9), Léopold Anoul (4/3), René Thirifays (6/1). Trainer: William Joseph Gormlie (England, 5).
Goals: Joseph Mermans (34), Albert De Cleyn (53).

194.   02.11.1947   **SWITZERLAND - BELGIUM**   4-0(4-0)
Stade des Charmilles, Genève; Referee: Karl Beck (Austria); Attendance: 27,000
BEL: Henri Meert (5/0), Léon Aernaudts (6/0), Joseph Homble (1/0), Henri Coppens (11/3), Jules Henriet (7/0), Fernand Massay (5/0), Victor Lemberechts (13/3), Joseph Mermans (6/1), Albert De Cleyn (11/9), Léopold Anoul (5/3), René Thirifays (7/1). Trainer: William Joseph Gormlie (England, 6).

195.   14.03.1948   **BELGIUM - NETHERLANDS**   1-1(0-1)
Bosuilstadion, Deurne, Antwerpen; Referee: Peter Scherz (Switzerland); Attendance: 45,851
BEL: Henri Meert (6/0), Léon Aernaudts (7/0), Léopold Anoul (6/3), Alfons De Buck (5/0), Victor Erroelen (1/0), Jules Henriet (8/0), Victor Lemberechts (14/3), August Van Steenlant (1/1), Joseph Mermans (7/1), Frédéric Chavès D'Aguilar (5/1), René Thirifays (8/1). Trainer: William Joseph Gormlie (England, 7).
Goals: August Van Steenlant (54).

196.   18.04.1948   **NETHERLANDS - BELGIUM**   2-2(1-1)
Stadion Feijenoord, Rotterdam; Referee: Jaroslav Vlček (Czechoslovakia); Attendance: 60,000
BEL: François Daenen (11/0), Léon Aernaudts (8/0), Léopold Anoul (7/3), Alfons De Buck (6/0), Victor Erroelen (2/0), Jules Henriet (9/0), Victor Lemberechts (15/3), August Van Steenlant (2/2), Joseph Mermans (8/2), Désiré Van den Audenaerde (5/0), René Thirifays (9/1). Trainer: William Joseph Gormlie (England, 8).
Goals: Joseph Mermans (40), August Van Steenlant (47).

197.   28.04.1948   **SCOTLAND - BELGIUM**   2-0(1-0)
Hampden Park, Glasgow; Referee: William Ling (England); Attendance: 70,000
BEL: François Daenen (12/0), Léon Aernaudts (9/0), Léopold Anoul (8/3), Alfons De Buck (7/0), Victor Erroelen (3/0), Jules Henriet (10/0), Victor Lemberechts (16/3), Henri Govard (1/0), Joseph Mermans (9/2), August Van Steenlant (3/2), Albert De Cleyn (12/9). Trainer: William Joseph Gormlie (England, 9).

198.   06.06.1948   **BELGIUM - FRANCE**   4-2(1-0)
Stade Heysel, Bruxelles; Referee: Dirk Nijs (Netherlands); Attendance: 52,873
BEL: François Daenen (13/0), Léon Aernaudts (10/0), Léopold Anoul (9/3), Henri Coppens (12/3), Victor Erroelen (4/0), Alfons De Buck (8/0), Victor Lemberechts (17/3), Henri Govard (2/1), Joseph Mermans (10/3), Frédéric Chavès D'Aguilar (6/3), François Sermon (4/2). Trainer: William Joseph Gormlie (England, 10).
Goals: Frédéric Chavès D'Aguilar (10), Henri Govard (76), Joseph Mermans (85), Frédéric Chavès D'Aguilar (89).

199. 17.10.1948 **FRANCE - BELGIUM** 3-3(2-1)
Stade Olympique „Yves du Manoir", Colombes, Paris; Referee: Jean Lutz (Switzerland); Attendance: 55,600
BEL: François Daenen (14/0) [30.Henri Meert (7/0)], Léon Aernaudts (11/0), Léopold Anoul (10/4), Henri Coppens (13/3), Louis Carré (1/0), Jules Henriet (11/0), Alfred Bertrand (1/0), Henri Govard (3/1), Joseph Mermans (11/4), Frédéric Chavès D'Aguilar (7/4), René Thirifays (10/1). Trainer: William Joseph Gormlie (England, 11).
Goals: Joseph Mermans (23), Léopold Anoul (52), Frédéric Chavès D'Aguilar (66).

200. 21.11.1948 **BELGIUM - NETHERLANDS** 1-1(1-0)
Stade Heysel, Bruxelles; Referee: William Ling (England); Attendance: 46,114
BEL: Henri Meert (8/0), Léon Aernaudts (12/0), Léopold Anoul (11/4), Henri Coppens (14/3), Louis Carré (2/0), Jules Henriet (12/0), Léopold Appeltants (1/0), August Van Steenlant (4/2), Joseph Mermans (12/4), Frédéric Chavès D'Aguilar (8/5), Jozef Mannaerts (1/0). Trainer: William Joseph Gormlie (England, 12).
Goal: Frédéric Chavès D'Aguilar (23).

201. 02.01.1949 **SPAIN - BELGIUM** 1-1(1-0)
Estadio Olímpico de Montjuïc, Barcelona; Referee: Generoso Dattilo (Italy); Attendance: 62,000
BEL: Henri Meert (9/0), Léon Aernaudts (13/0), Léopold Anoul (12/4), Victor Mees (1/0), Louis Carré (3/0), Jules Henriet (13/0), Victor Lemberechts (18/3), Henri Coppens (15/4), Joseph Mermans (13/4) [42.Michel Van Vaerenbergh (2/1)], Albert De Hert (1/0), René Thirifays (11/1). Trainer: William Joseph Gormlie (England, 13).
Goal: Henri Coppens (61).

202. 13.03.1949 **NETHERLANDS - BELGIUM** 3-3(0-2)
Olympisch Stadion, Amsterdam; Referee: John Nilsson (Sweden); Attendance: 60,000
BEL: Henri Meert (10/0), Léon Aernaudts (14/0), René Gillard (1/0), Louis Carré (4/0), Jules Henriet (14/0), Victor Mees (2/0), Victor Lemberechts (19/3), Henri Govard (4/1), Joseph Mermans (14/6), Rik Coppens (1/0), René Thirifays (12/1). Trainer: William Joseph Gormlie (England, 14).
Goals: H. Möring (3 own goal), Joseph Mermans (21, 90 penalty).

203. 24.04.1949 **REPUBLIC OF IRELAND - BELGIUM** 0-2(0-0)
Dalymount Park, Dublin; Referee: Victor Sdez (France); Attendance: 40,000
BEL: Henri Meert (11/0), Léon Aernaudts (15/0), René Gillard (2/0), Jan Van der Auwera (1/0), Jules Henriet (15/0), Victor Mees (3/0), Victor Lemberechts (20/4), Henri Coppens (16/4), Joseph Mermans (15/7), Frédéric Chavès D'Aguilar (9/5), René Thirifays (13/1). Trainer: William Joseph Gormlie (England, 15).
Goals: Victor Lemberechts (54), Joseph Mermans (84).

204. 22.05.1949 **BELGIUM - WALES** 3-1(3-0)
Stade de Sclessin, Liège; Referee: Léon Boes (France); Attendance: 19,079
BEL: Henri Meert (12/0), Léon Aernaudts (16/0), René Gillard (3/0), Henri Coppens (17/4), Louis Carré (5/0), Jan Van der Auwera (2/0), Victor Lemberechts (21/4), Henri Govard (5/3), Joseph Mermans (16/7), Frédéric Chavès D'Aguilar (10/5), Albert De Hert (2/1). Trainer: William Joseph Gormlie (England, 16).
Goals: Henri Govard (13, 35), Albert De Hert (43).

205. 02.10.1949 **BELGIUM - SWITZERLAND** 3-0(0-0)
Stade Heysel, Bruxelles; Referee: Just Bronkhorst (Netherlands); Attendance: 49,844
BEL: Henri Meert (13/0), Léon Aernaudts (17/0), René Gillard (4/0), Jan Van der Auwera (3/0), Louis Carré (6/0), Victor Mees (4/0), Victor Lemberechts (22/4), Henri Coppens (18/4), Joseph Mermans (17/8), Frédéric Chavès D'Aguilar (11/5), Albert De Hert (3/1) [Louis Verbruggen (1/2)]. Trainer: William Joseph Gormlie (England, 17).
Goals: Louis Verbruggen (61, 68), Joseph Mermans (71).

206. 06.11.1949 **NETHERLANDS - BELGIUM** 0-1(0-1)
Stadion Feijenoord, Rotterdam; Referee: Arthur Ellis (England); Attendance: 63,000
BEL: Henri Meert (14/0), Léon Aernaudts (18/0), René Gillard (5/0), Jan Van der Auwera (4/0), Louis Carré (7/0), Victor Mees (5/0), Victor Lemberechts (23/4), Henri Govard (6/4), Joseph Mermans (18/8), Henri Coppens (19/4), Frédéric Chavès D'Aguilar (12/5). Trainer: William Joseph Gormlie (England, 18).
Goal: Henri Govard (22).

207. 23.11.1949 **WALES - BELGIUM** 5-1(4-0)
Ninian Park, Cardiff; Referee: Henry Pearce (England); Attendance: 27,998
BEL: Henri Meert (15/0), Léon Aernaudts (19/0), René Gillard (6/0), Jan Van der Auwera (5/0), Louis Carré (8/0), Victor Mees (6/0), Théo Lacroix (1/0), Rik Coppens (2/1), Joseph Mermans (19/8), Albert De Hert (4/1), Léopold Anoul (13/4). Trainer: William Joseph Gormlie (England, 19).
Goal: Rik Coppens (90).

208. 05.03.1950 **ITALY - BELGIUM** 3-1(1-1)
Stadio Comunale, Bologna; Referee: Alois Beranek (Austria); Attendance: 65,000
BEL: Henri Meert (16/0), Léon Aernaudts (20/0) [Arsène Vaillant (2/0)], Léopold Anoul (14/4), Jan Van der Auwera (6/0), Louis Carré (9/0), Victor Mees (7/0), Julien Vandierendounck (1/0), Louis Verbruggen (2/2), Joseph Mermans (20/8), Frédéric Chavès D'Aguilar (13/6), Albert De Hert (5/1). Trainer: William Joseph Gormlie (England, 20).
Goal: Frédéric Chavès D'Aguilar (13).

209. 16.04.1950 **BELGIUM - NETHERLANDS** 2-0(0-0)
Bosuilstadion, Deurne, Antwerpen; Referee: Ivan Eklind (Sweden); Attendance: 45,532
BEL: Henri Meert (17/0), Arsène Vaillant (3/0), Léopold Anoul (15/4), Jan Van der Auwera (7/0), Louis Carré (10/0), Victor Mees (8/0), Rik Coppens (3/1), Frédéric Chavès D'Aguilar (14/6), Joseph Mermans (21/9), Albert De Hert (6/2), Georges Mordant (1/0). Trainer: William Joseph Gormlie (England, 21).
Goals: Joseph Mermans (49), Albert De Hert (65).

210. 10.05.1950 **BELGIUM - REPUBLIC OF IRELAND** 5-1(3-0)
Stade Heysel, Bruxelles; Referee: Just Bronkhorst (Netherlands); Attendance: 24,083
BEL: Henri Meert (18/0), Arsène Vaillant (4/0), Léopold Anoul (16/4), Jan Van der Auwera (8/0), Louis Carré (11/0), Victor Mees (9/0), Rik Coppens (4/1), Frédéric Chavès D'Aguilar (15/7), Joseph Mermans (22/12), Albert De Hert (7/3), Georges Mordant (2/0). Trainer: William Joseph Gormlie (England, 22).
Goals: Joseph Mermans (3), Albert De Hert (19), Joseph Mermans (33), Frédéric Chavès D'Aguilar (56), Joseph Mermans (84).

211. 18.05.1950 **BELGIUM - ENGLAND** 1-4(1-0)
Stade Heysel, Bruxelles; Referee: Raymond Vincenti (France); Attendance: 55,854
BEL: Henri Meert (19/0), Arsène Vaillant (5/0), Léopold Anoul (17/4), Jan Van der Auwera (9/0), Louis Carré (12/0), Victor Mees (10/0), Jozef Van Looy (1/0), Frédéric Chavès D'Aguilar (16/7), Joseph Mermans (23/13), Albert De Hert (8/3), Georges Mordant (3/0). Trainer: William Joseph Gormlie (England, 23).
Goal: Joseph Mermans (43).

212. 04.06.1950 **BELGIUM - FRANCE** 4-1(2-1)
Stade Heysel, Bruxelles; Referee: Giuseppe Carpani (Italy); Attendance: 45,006
BEL: Henri Meert (20/0), Arsène Vaillant (6/0), Léopold Anoul (18/4), Jan Van der Auwera (10/0), Louis Carré (13/0), Victor Mees (11/0), Rik Coppens (5/1), Frédéric Chavès D'Aguilar (17/7), Joseph Mermans (24/16), Albert De Hert (9/3), Georges Mordant (4/1). Trainer: William Joseph Gormlie (England, 24).
Goals: Joseph Mermans (6), Georges Mordant (9), Joseph Mermans (62, 83).

213. 01.11.1950 **FRANCE - BELGIUM** 3-3(1-3)
Stade Olympique „Yves du Manoir", Colombes, Paris; Referee: Arthur Ellis (England); Attendance: 48,799
BEL: Henri Meert (21/0), Arsène Vaillant (7/0), Léopold Anoul (19/4), Jan Van der Auwera (11/0), Louis Carré (14/0), Victor Mees (12/0), Victor Lemberechts (24/5), Frédéric Chavès D'Aguilar (18/7), Joseph Mermans (25/18), Albert De Hert (10/3), Rik Coppens (6/1). Trainer: William Joseph Gormlie (England, 25).
Goals: Victor Lemberechts (3), Joseph Mermans (17, 36).

214. 12.11.1950 **BELGIUM - NETHERLANDS** 7-2(3-0)
Bosuilstadion, Deurne, Antwerpen; Referee: Jean Lutz (Switzerland); Attendance: 46,439
BEL: Henri Meert (22/0), Arsène Vaillant (8/0), Alfons Van Brandt (1/0), Jan Van der Auwera (12/0), Louis Carré (15/0), Victor Mees (13/0), Victor Lemberechts (25/8), August Van Steenlant (5/2), Joseph Mermans (26/20), Léopold Anoul (20/6), François Sermon (5/2). Trainer: William Joseph Gormlie (England, 26).
Goals: Victor Lemberechts (34), Joseph Mermans (35), Léopold Anoul (39), Victor Lemberechts (48), Joseph Mermans (61), Léopold Anoul (65), Victor Lemberechts (70).

215. 15.04.1951 **NETHERLANDS - BELGIUM** 5-4(3-3)
Olympisch Stadion, Amsterdam; Referee: Reginald Leafe (England); Attendance: 60,000
BEL: François Daenen (15/0), Jean Valet (1/0), Arsène Vaillant (9/1), Jan Van der Auwera (13/0), Louis Carré (16/0), Victor Mees (14/0), Raymond Van Gestel (1/0), Frédéric Chavès D'Aguilar (19/8), Joseph Mermans (27/21), Léopold Anoul (21/6), François Sermon (6/2). Trainer: William Joseph Gormlie (England, 27).
Goals: M. Terlouw (8 own goal), Joseph Mermans (13), Frédéric Chavès D'Aguilar (18), Arsène Vaillant (83).

216. 20.05.1951 **BELGIUM - SCOTLAND** 0-5(0-2)
Stade Heysel, Bruxelles; Referee: Louis Fauquemberghe (France); Attendance: 55,135
BEL: Henri Meert (23/0), Arsène Vaillant (10/1), Léopold Anoul (22/6), Jan Van der Auwera (14/0), Louis Carré (17/0), Victor Mees (15/0), Victor Lemberechts (26/8), Frédéric Chavès D'Aguilar (20/8), Rik Coppens (7/1), Joseph Mermans (28/21), François Sermon (7/2). Trainer: William Joseph Gormlie (England, 28).

217. 10.06.1951 **BELGIUM - SPAIN** 3-3(1-1)
Stade Heysel, Bruxelles; Referee: Agostino Gamba (Italy); Attendance: 35,367
BEL: Ferdinand Boogaerts (1/0), Léopold Anoul (23/6), Alfons Van Brandt (2/0), Jan Van der Auwera (15/0), Louis Carré (18/0), Victor Mees (16/0), Raymond Van Gestel (2/2), August Van Steenlant (6/3), Joseph Mermans (29/21), Joseph Givard (1/0), François Sermon (8/2). Trainer: William Joseph Gormlie (England, 29).
Goals: Raymond Van Gestel (1), August Van Steenlant (57), Raymond Van Gestel (85).

218. 17.06.1951 **PORTUGAL - BELGIUM** 1-1(1-0)
Estádio Nacional, Lisboa; Referee: Generoso Dattilo (Italy); Attendance: 50,000
BEL: Ferdinand Boogaerts (2/0), Léopold Anoul (24/6), Alfons Van Brandt (3/0), Jan Van der Auwera (16/0), Louis Carré (19/0), Victor Mees (17/0), Raymond Van Gestel (3/2), August Van Steenlant (7/3), Joseph Mermans (30/21), Joseph Givard (2/1), François Sermon (9/2). Trainer: William Joseph Gormlie (England, 30).
Goal: Joseph Givard (64).

219. 14.10.1951 **BELGIUM - AUSTRIA** 1-8(1-2)
Stade Heysel, Bruxelles; Referee: Arthur Ellis (England); Attendance: 55,156
BEL: Ferdinand Boogaerts (3/0), Henricus Carolus Matthys (1/0), Arsène Vaillant (11/1), Jan Van der Auwera (17/0), Louis Carré (20/0), Robert Van Kerkhoven (1/0), Victor Lemberechts (27/9), August Van Steenlant (8/3), Joseph Mermans (31/21), Léopold Anoul (25/6), José Moes (1/0). Trainer: William Joseph Gormlie (England, 31).
Goal: Victor Lemberechts (5).

220. 25.11.1951 **NETHERLANDS - BELGIUM** 6-7(3-3)
Stadion Feijenoord, Rotterdam; Referee: Dean Harzic (France); Attendance: 65,000
BEL: Ferdinand Boogaerts (4/0), Henricus Carolus Matthys (2/0), Arsène Vaillant (12/1), Jan Van der Auwera (18/0), Louis Carré (21/0), Victor Mees (18/0), Jean Van Steen (1/1), Louis Verbruggen (3/3), Joseph Mermans (32/21), Léopold Anoul (26/9), José Moes (2/2). Trainer: William Joseph Gormlie (England, 32).
Goals: Léopold Anoul (5, 8, 41), Louis Verbruggen (46), José Moes (56 penalty), Jean Van Steen (65), José Moes (75 penalty).

221. 24.02.1952 **BELGIUM - ITALY** 2-0(2-0)
Stade Heysel, Bruxelles; Referee: Paul Wyssling (Switzerland); Attendance: 55,531
BEL: Henri Meert (24/0), Henri Dirickx (1/0), Martin Schroyens (1/0), Robert Van Kerkhoven (2/0), Louis Carré (22/0), Robert Maertens (1/0), Rik Coppens (8/1), Michel Bensch (1/0), Joseph Mermans (33/21), Léopold Anoul (27/9), José Moes (3/4). Trainer: William Joseph Gormlie (England, 33).
Goals: José Moes (23 penalty, 35).

222. 23.03.1952 **AUSTRIA - BELGIUM** 2-0(0-0)
Praterstadion, Wien; Referee: Milenko Pudobski (Yugoslavia); Attendance: 58,000
BEL: Henri Meert (25/0), Henri Dirickx (2/0), Martin Schroyens (2/0), Robert Van Kerkhoven (3/0), Louis Carré (23/0), Robert Maertens (2/0), Jean Van Steen (2/1), Victor Mees (19/0), Rik Coppens (9/1), Léopold Anoul (28/9), Victor Lemberechts (28/9). Trainer: William Joseph Gormlie (England, 34).

223. 06.04.1952 **BELGIUM - NETHERLANDS** **4-2(2-2)**
Bosuilstadion, Deurne, Antwerpen; Referee: John Topliss (England); Attendance: 46,442
BEL: Henri Meert (26/0), Henri Dirickx (3/0), William Saeren (1/0), Robert Van Kerkhoven (4/0) [Victor Mees (20/0)], Louis Carré (24/0), Robert Maertens (3/0), Victor Lemberechts (29/10), Michel Bensch (2/0), Rik Coppens (10/3), Léopold Anoul (29/10), Guy Jean Léonard Thys (1/0). Trainer: William Joseph Gormlie (England, 35).
Goals: Léopold Anoul (25), Rik Coppens (38), Victor Lemberechts (48), Rik Coppens (77).

224. 22.05.1952 **BELGIUM - FRANCE** **1-2(1-2)**
Stade Heysel, Bruxelles; Referee: Paul Von Wartburg (Switzerland); Attendance: 55,485
BEL: Henri Meert (27/0), William Saeren (2/0), Martin Schroyens (3/0), Robert Van Kerkhoven (5/0), Louis Carré (25/0), Robert Maertens (4/0), Joseph Mermans (34/22), Léopold Anoul (30/10), Rik Coppens (11/3), Joseph Givard (3/1), José Moes (4/4). Trainer: William Joseph Gormlie (England, 36).
Goal: Joseph Mermans (28).

225. 19.10.1952 **BELGIUM - NETHERLANDS** **2-1(0-0)**
Bosuilstadion, Deurne, Antwerpen; Referee: William Ling (England); Attendance: 46,840
BEL: Ferdinand Boogaerts (5/0), Henri Dirickx (4/0), Alfons Van Brandt (4/0), Victor Mees (21/0), Louis Carré (26/0), Robert Maertens (5/0), Frans Reyniers (1/0), Michel Bensch (3/0), Joseph Mermans (35/23), Léopold Anoul (31/11), Victor Lemberechts (30/10). Trainer: William Joseph Gormlie (England, 37).
Goals: Léopold Anoul (55), Joseph Mermans (88).

226. 26.11.1952 **ENGLAND - BELGIUM** **5-0(2-0)**
Wembley Stadium, London; Referee: Leopold Sylvain Horn (Netherlands); Attendance: 68,333
BEL: Ferdinand Boogaerts (6/0), Henri Dirickx (5/0), Alfons Van Brandt (5/0), Victor Mees (22/0), Louis Carré (27/0), Robert Maertens (6/0), Victor Lemberechts (31/10), Jan Van der Auwera (19/0), Joseph Mermans (36/23), Rik Coppens (12/3), Jean Straetmans (1/0). Trainer: William Joseph Gormlie (England, 38).

227. 25.12.1952 **FRANCE - BELGIUM** **0-1(0-1)**
Stade Olympique „Yves du Manoir", Colombes, Paris; Referee: W.H. Evans (England); Attendance: 38,379
BEL: Armand Seghers (1/0), Henri Dirickx (6/0), Alfons Van Brandt (6/0), Jan Van der Auwera (20/0), Louis Carré (28/0), Jean Mathonet (1/0), Rik Coppens (13/3), Léopold Anoul (32/11), Joseph Mermans (37/23), Jean Straetmans (2/1), Augustin Janssens (1/0). Trainer: William Joseph Gormlie (England, 39).
Goal: Jean Straetmans (6).

228. 19.03.1953 **SPAIN - BELGIUM** **3-1(1-0)**
Estadio Las Corts, Barcelona; Referee: Reis Santos (Portugal); Attendance: 50,000
BEL: Armand Seghers (2/0), Henri Dirickx (7/0), Alfons Van Brandt (7/0), Jan Van der Auwera (21/0), Louis Carré (29/0), Victor Mees (23/0), Victor Lemberechts (32/11), Léopold Anoul (33/11), Rik Coppens (14/3), Jean Straetmans (3/1), Augustin Janssens (2/0). Trainer: William Joseph Gormlie (England, 40).
Goal: Victor Lemberechts (84).

229. 19.04.1953 **NETHERLANDS - BELGIUM** **0-2(0-0)**
Olympisch Stadion, Amsterdam; Referee: Sten Ahlner (Sweden); Attendance: 60,000
BEL: Armand Seghers (3/0), Marcel Dries (1/0), Alfons Van Brandt (8/0), Constant Huysmans (1/0), Louis Carré (30/0), Victor Mees (24/0), Victor Lemberechts (33/11), Joseph Mermans (38/23), Rik Coppens (15/4), Léopold Anoul (34/11), Augustin Janssens (3/1). Trainer: William Joseph Gormlie (England, 41).
Goals: Rik Coppens (65), Augustin Janssens (70).

230. 14.05.1953 **BELGIUM - YUGOSLAVIA** **1-3(0-3)**
Stade Heysel, Bruxelles; Referee: Emil Schmetzer (West Germany); Attendance: 39,435
BEL: Armand Seghers (4/0), Marcel Dries (2/0), Alfons Van Brandt (9/0), Constant Huysmans (2/0), Louis Carré (31/0), Victor Mees (25/0), Victor Lemberechts (34/11), Joseph Mermans (39/23), Rik Coppens (16/4), Léopold Anoul (35/12), Augustin Janssens (4/1). Trainer: William Joseph Gormlie (England, 42).
Goal: Léopold Anoul (88).

231. 25.05.1953 **FINLAND - BELGIUM** **2-4(0-3)** 5th FIFA WC. Qualifiers
Olympiastadion, Helsinki; Referee: Leo Helge (Denmark); Attendance: 20,051
BEL: Armand Seghers (5/0), Henri Dirickx (8/0), Alfons Van Brandt (10/0), Fernand Blaise (1/0), Robert Maertens (7/0), Victor Lemberechts (35/11), Louis Carré (32/0), Joseph Mermans (40/23), Rik Coppens (17/7), Léopold Anoul (36/13), Augustin Janssens (5/1). Trainer: William Joseph Gormlie (England, 43).
Goals: Rik Coppens (8), Léopold Anoul (10), Rik Coppens (25, 80).

232. 28.05.1953 **SWEDEN - BELGIUM** **2-3(2-3)** 5th FIFA WC. Qualifiers
Råsundastadion, Stockholm; Referee: Jack A.Mowat (Scotland); Attendance: 31,491
BEL: François Daenen (16/0), Marcel Dries (3/0), Alfons Van Brandt (11/0), Victor Mees (26/0), Louis Carré (33/0), Robert Maertens (8/0), Victor Lemberechts (36/12), Léopold Anoul (37/14), Rik Coppens (18/7), Jean Straetmans (4/2),Augustin Janssens (6/1). Trainer: William Joseph Gormlie (England, 44).
Goals: Léopold Anoul (29), Jean Straetmans (37), Victor Lemberechts (39).

233. 23.09.1953 **BELGIUM - FINLAND** **2-2(1-0)** 5th FIFA WC. Qualifiers
Stade Heysel, Bruxelles; Referee: René Baumberger (Switzerland); Attendance: 13,804
BEL: François Daenen (17/0), Marcel Dries (4/0), Alfons Van Brandt (12/0), Victor Mees (27/0), Louis Carré (34/0), Robert Maertens (9/0), Raymond Van Gestel (4/2), Léopold Anoul (38/14), Rik Coppens (19/7), Mathieu Bollen (1/2), Augustin Janssens (7/1). Trainer: Dugald Livingstone (Scotland, 1).
Goals: Mathieu Bollen (23, 80).

234. 08.10.1953 **BELGIUM - SWEDEN** **2-0(1-0)** 5th FIFA WC. Qualifiers
Stade Heysel, Bruxelles; Referee: Klas Schipper (Netherlands); Attendance: 31,563
BEL: Leopold Gernaey (1/0), Henri Dirickx (9/0), Alfons Van Brandt (13/0), Victor Mees (28/1), Louis Carré (35/0), Robert Maertens (10/0), Raymond Van Gestel (5/2), Léopold Anoul (39/14), Rik Coppens (20/8), Mathieu Bollen (2/2), Joseph Givard (4/1). Trainer: Dugald Livingstone (Scotland, 2).
Goals: Rik Coppens (33), Victor Mees (48).

235. 25.10.1953   **NETHERLANDS - BELGIUM**   1-0(1-0)
Stadion Feijenoord, Rotterdam; Referee: William Ling (England); Attendance: 63,000
BEL: Leopold Gernaey (2/0), Henri Dirickx (10/0), Alfons Van Brandt (14/0), Victor Mees (29/1), Louis Carré (36/0), Robert Maertens (11/0), Victor Lemberechts (37/12), Léopold Anoul (40/14), Rik Coppens (21/8), Jozef Piedfort (1/0), Guy Jean Léonard Thys (2/0). Trainer: Dugald Livingstone (Scotland, 3).

236. 22.11.1953   **SWITZERLAND - BELGIUM**   2-2(0-2)
Hardturm Stadion, Zürich; Referee: Emil Schmetzer (West Germany); Attendance: 26,000
BEL: Leopold Gernaey (3/0), Henri Dirickx (11/0) [Marcel Dries (5/0)], Alfons Van Brandt (15/0), Jan Van der Auwera (22/0), Louis Carré (37/0), Victor Mees (30/1), Rik Coppens (22/8), Hippolyte Vanden Bosch (1/1), Joseph Mermans (41/24), Léopold Anoul (41/14), Augustin Janssens (8/1). Trainer: Dugald Livingstone (Scotland, 4).
Goals: Joseph Mermans (1), Hippolyte Vanden Bosch (18).

237. 14.03.1954   **BELGIUM - PORTUGAL**   0-0
Stade Heysel, Bruxelles; Referee: Dean Harzic (France); Attendance: 47,590
BEL: Leopold Gernaey (4/0), Henri Dirickx (12/0), Alfons Van Brandt (16/0), Jan Van der Auwera (23/0), Louis Carré (38/0), Victor Mees (31/1), Jean Van Steen (3/1), Hippolyte Vanden Bosch (2/1), Joseph Mermans (42/24), Léopold Anoul (42/14), Rik Coppens (23/8). Trainer: Dugald Livingstone (Scotland, 5).

238. 04.04.1954   **BELGIUM - NETHERLANDS**   4-0(1-0)
Bosuilstadion, Deurne, Antwerpen; Referee: Erich Steiner (Austria); Attendance: 46,910
BEL: Leopold Gernaey (5/0), Henri Dirickx (13/0), Alfons Van Brandt (17/0), Constant Huysmans (3/0), Louis Carré (39/0), Victor Mees (32/1), Victor Lemberechts (38/12), Léopold Anoul (43/14), Joseph Mermans (43/25), Marcel De Corte (1/0), Rik Coppens (24/10). Trainer: Dugald Livingstone (Scotland, 6).
Goals: Joseph Mermans (6), Rik Coppens (62), R.Terlouw (70 own goal), Rik Coppens (80).

239. 09.05.1954   **YUGOSLAVIA - BELGIUM**   0-2(0-1)
Stadion Maksimir, Zagreb; Referee: Erich Steiner (Austria); Attendance: 35,000
BEL: Leopold Gernaey (6/0), Marcel Dries (6/0), Alfons Van Brandt (18/0), Constant Huysmans (4/0), Louis Carré (40/0), Victor Mees (33/1), Jean Van Steen (4/1), Léopold Anoul (44/14), Rik Coppens (25/11), Marcel De Corte (2/0), Joseph Mermans (44/26). Trainer: Dugald Livingstone (Scotland, 7).
Goals: Rik Coppens (42), Joseph Mermans (55).

240. 30.05.1954   **BELGIUM - FRANCE**   3-3(3-2)
Stade Heysel, Bruxelles; Referee: Vasa Stefanović (Yugoslavia); Attendance: 54,729
BEL: Leopold Gernaey (7/0), Marcel Dries (7/0), Alfons Van Brandt (19/0), Constant Huysmans (5/0), Louis Carré (41/0), Victor Mees (34/1), Jean Van Steen (5/1), Léopold Anoul (45/16), Rik Coppens (26/11), Marcel De Corte (3/0), Joseph Mermans (45/27). Trainer: Dugald Livingstone (Scotland, 8).
Goals: Joseph Mermans (2), Léopold Anoul (5, 8).

241. 17.06.1954   **ENGLAND - BELGIUM**   4-4(2-1,3-3)   5th FIFA WC. Group Stage
St. Jakob Stadion, Basel; Referee: Emil Schmetzer (West Germany); Attendance: 14,000
BEL: Leopold Gernaey (8/0), Marcel Dries (8/0), Alfons Van Brandt (20/0), Constant Huysmans (6/0), Louis Carré (42/0), Victor Mees (35/1), Joseph Mermans (46/27), Léopold Anoul (46/18), Rik Coppens (27/12), Denis Houf (1/0), Pierre Vanden Bosch (1/0). Trainer: Dugald Livingstone (Scotland, 9).
Goals: Léopold Anoul (5, 74), Rik Coppens (77), J. Dickinson (93 own goal).

242. 20.06.1954   **ITALY - BELGIUM**   4-1(1-0)   5th FIFA WC. Group Stage
Cornaredo Stadion, Lugano; Referee: Erich Steiner (Austria); Attendance: 24,000
BEL: Leopold Gernaey (9/0), Marcel Dries (9/0), Alfons Van Brandt (21/0), Constant Huysmans (7/0), Louis Carré (43/0), Victor Mees (36/1), Joseph Mermans (47/27), Léopold Anoul (47/19), Rik Coppens (28/12), Hippolyte Vanden Bosch (3/1), Pierre Vanden Bosch (2/0). Trainer: Dugald Livingstone (Scotland, 10).
Goals: Léopold Anoul (82).

243. 26.09.1954   **BELGIUM - WEST GERMANY**   2-0(1-0)
Stade Heysel, Bruxelles; Referee: Just Bronkhorst (Netherlands); Attendance: 55,116
BEL: Leopold Gernaey (10/0) [24.Charles Geerts (1/0)], Marcel Dries (10/0), Alfons Van Brandt (22/0), Constant Huysmans (8/0), Louis Carré (44/0), Victor Mees (37/1), Victor Lemberechts (39/12), Léopold Anoul (48/20), Rik Coppens (29/13), Denis Houf (2/0), Joseph Mermans (48/27). Trainer: Dugald Livingstone (Scotland, 11).
Goals: Rik Coppens (8), Léopold Anoul (53).

244. 24.10.1954   **BELGIUM - NETHERLANDS**   4-3(3-1)
Stade Heysel, Bruxelles; Referee: Reginald Leafe (England); Attendance: 47,077
BEL: Henri Meert (28/0), Marcel Dries (11/0), Alfons Van Brandt (23/0), Constant Huysmans (9/0), Louis Carré (45/0), Victor Mees (38/1), Victor Lemberechts (40/13), Denis Houf (3/1), Rik Coppens (30/15), Joseph Givard (5/1), José Moes (5/4). Trainer: Dugald Livingstone (Scotland, 12).
Goals: Victor Lemberechts (10), Rik Coppens (21), Denis Houf (40), Rik Coppens (65).

245. 11.11.1954   **FRANCE - BELGIUM**   2-2(0-1)
Stade Olympique „Yves du Manoir", Colombes, Paris; Referee: Rafael Tamarit Falaguera (Spain); Attendance: 53,674
BEL: Henri Meert (29/0), Marcel Dries (12/0), Alfons Van Brandt (24/0), Constant Huysmans (10/0), Louis Carré (46/0), Victor Mees (39/1), Victor Lemberechts (41/14), Jules Quoilin (1/0), Rik Coppens (31/15), José Moes (6/4), Joseph Mermans (49/27). Trainer: Dugald Livingstone (Scotland, 13).
Goals: R.Jonquet (5 own goal), Victor Lemberechts (67).

246. 16.01.1955   **ITALY - BELGIUM**   1-0(1-0)
Stadio delle Vittoria, Bari; Referee: Sándor Harangozó (Hungary); Attendance: 42,000
BEL: Henri Meert (30/0), Marcel Dries (13/0), Alfons Van Brandt (25/0), Constant Huysmans (11/0), Louis Carré (47/0), Victor Mees (40/1), Victor Lemberechts (42/14), Joseph Givard (6/1), Rik Coppens (32/15), Denis Houf (4/1), Joseph Mermans (50/27). Trainer: André Vandeweyer (1).

247. 03.04.1955   **NETHERLANDS - BELGIUM**   1-0(1-0)
Olympisch Stadion, Amsterdam; Referee: Arthur Ellis (England); Attendance: 60,000
BEL: Henri Meert (31/0), Marcel Dries (14/0), Alfons Van Brandt (26/0), Constant Huysmans (12/0), Louis Carré (48/0), Victor Mees (41/1), Joseph Vliers (1/0), Denis Houf (5/1), Rik Coppens (33/15), Joseph Givard (7/1), André Piters (1/0). Trainer: André Vandeweyer (2).

248. 05.06.1955 **BELGIUM - CZECHOSLOVAKIA** **1-3(1-1)**
Stade Heysel, Bruxelles; Referee: Carl Jørgensen (Denmark); Attendance: 49,462
BEL: Henri Meert (32/0), Marcel Dries (15/0), Alfons Van Brandt (27/0), Victor Mees (42/1), Louis Carré (49/0), François Degelas (1/0), Richard Orlans (1/0), Hippolyte Vanden Bosch (4/1), Joseph Mermans (51/27), Denis Houf (6/1), Jean Jadot (1/0). Trainer: André Vandeweyer (3).
Goal: S. Pluskal (5 own goal).

249. 25.09.1955 **CZECHOSLOVAKIA - BELGIUM** **5-2(3-1)**
Stadion Československé Armády, Strahov, Praha; Referee: Andor Dorogi (Hungary); Attendance: 55,000
BEL: Leopold Gernaey (11/0), Marcel Dries (16/0), Alfons Van Brandt (28/0), Constant Huysmans (13/0), Louis Carré (50/0), François Degelas (2/0), Joseph Vliers (2/0), Victor Mees (43/1), Rik Coppens (34/16), Mathieu Bollen (3/2), Richard Orlans (2/1). Trainer: André Vandeweyer (4).
Goals: Rik Coppens, Richard Orlans.

250. 28.09.1955 **ROMANIA - BELGIUM** **1-0(0-0)**
Stadionul „23 August", Bucureşti; Referee: Martin Macko (Czechoslovakia); Attendance: 90,000
BEL: Leopold Gernaey (12/0), Marcel Dries (17/0), Alfons Van Brandt (29/0), Constant Huysmans (14/0), Louis Carré (51/0), Victor Mees (44/1), Sébastien Jacquemijns (1/0), François Degelas (3/0), Rik Coppens (35/16), Joseph Mermans (52/27), Richard Orlans (3/1). Trainer: André Vandeweyer (5).

251. 16.10.1955 **NETHERLANDS - BELGIUM** **2-2(1-1)**
Stadion Feijenoord, Rotterdam; Referee: Giovanni Bernardi (Italy); Attendance: 58,000
BEL: Leopold Gernaey (13/0), Marcel Dries (18/0), Alfons Van Brandt (30/0), Constant Huysmans (15/0), Louis Carré (52/0), Victor Mees (45/1), Sébastien Jacquemijns (2/2), Frans Reyniers (2/0), Rik Coppens (36/16), Jean Mathonet (2/0), Richard Orlans (4/1). Trainer: André Vandeweyer (6).
Goals: Sébastien Jacquemijns (4, 49).

252. 25.12.1955 **BELGIUM - FRANCE** **2-1(1-0)**
Stade Heysel, Bruxelles; Referee: Just Bronkhorst (Netherlands); Attendance: 56,540
BEL: Alfons Dresen (1/0), Marcel Dries (19/0), Alfons Van Brandt (31/0), Constant Huysmans (16/0), Louis Carré (53/0), Victor Mees (46/1), Joseph Jurion (1/0), Hippolyte Vanden Bosch (5/2), Joseph Mermans (53/27), Jean Mathonet (3/0), Jean Jadot (2/1). Trainer: André Vandeweyer (7).
Goals: Jean Jadot (43), Hippolyte Vanden Bosch (76).

253. 11.03.1956 **BELGIUM - SWITZERLAND** **1-3(0-1)**
Stade Heysel, Bruxelles; Referee: Josef Wershoven (West Germany); Attendance: 44,689
BEL: Alfons Dresen (2/0), Marcel Dries (20/0), Alfons Van Brandt (32/0), Constant Huysmans (17/0), Louis Carré (54/0), Victor Mees (47/1), Joseph Jurion (2/0), Hippolyte Vanden Bosch (6/2), Joseph Mermans (54/28), Jean Straetmans (5/2) [43.Richard Orlans (5/1)], Augustin Janssens (9/1). Trainer: André Vandeweyer (8).
Goal: Joseph Mermans (47).

254. 08.04.1956 **BELGIUM - NETHERLANDS** **0-1(0-0)**
Bosuilstadion, Deurne, Antwerpen; Referee: Alfred Bond (England); Attendance: 52,211
BEL: Leopold Gernaey (14/0), Marcel Dries (21/0) [Henri Dirickx (14/0)], Alfons Van Brandt (33/0), Constant Huysmans (18/0), Robert Van Kerkhoven (6/0), Victor Mees (48/1), Joseph Jurion (3/0), Hippolyte Vanden Bosch (7/2), Gaston De Wael (1/0), Joseph Mermans (55/28), Richard Orlans (6/1). Trainer: André Vandeweyer (9).

255. 03.06.1956 **BELGIUM - HUNGARY** **5-4(1-3)**
Stade Heysel, Bruxelles; Referee: Leopold Sylvain Horn (Netherlands); Attendance: 59,299
BEL: Leopold Gernaey (15/0), Henri Dirickx (15/0), Marcel Dries (22/0), Constant Huysmans (19/0), Robert Van Kerkhoven (7/1), Victor Mees (49/1), Joseph Jurion (4/0), Remy Vandeweyer (1/1), Joseph Mermans (56/28), Denis Houf (7/2), Richard Orlans (7/3). Trainer: André Vandeweyer (10).
Goals: Robert Van Kerkhoven (11 penalty), Remy Vandeweyer (59), Richard Orlans (63), Denis Houf (76), Richard Orlans (83).

256. 14.10.1956 **BELGIUM - NETHERLANDS** **2-3(1-0)**
Bosuilstadion, Deurne, Antwerpen; Referee: Vincenzo Orlandini (Italy); Attendance: 57,631
BEL: Leopold Gernaey (16/0), Henri Dirickx (16/0), Alfons Van Brandt (34/0), Victor Mees (50/1), Firmin De Coster (1/0), André Van Herpe (1/0), Joseph Jurion (5/0), Remy Vandeweyer (2/1), Maurice Willems (1/1), Denis Houf (8/3), Richard Orlans (8/3). Trainer: André Vandeweyer (11).
Goals: Maurice Willems (16), Denis Houf (46).

257. 11.11.1956 **FRANCE - BELGIUM** **6-3(4-1)** 6th FIFA WC. Qualifiers
Stade Olympique „Yves du Manoir", Colombes, Paris; Referee: Jack H. Clough (England); Attendance: 46,049
BEL: Alfons Dresen (3/0), Henri Dirickx (17/0), Alfons Van Brandt (35/0), Victor Mees (51/1), Robert Van Kerkhoven (8/1), André Van Herpe (2/0), Joseph Jurion (6/0), René Vanderwilt (1/0), Maurice Willems (2/3), Denis Houf (9/4), Richard Orlans (9/3). Trainer: André Vandeweyer (12).
Goals: Denis Houf (16), Maurice Willems (61, 67).

258. 23.12.1956 **WEST GERMANY - BELGIUM** **4-1(2-1)**
Müngersdorferstadion, Köln; Referee: Just Bronkhorst (Netherlands); Attendance: 67,000
BEL: Alfons Dresen (4/0), Henri Dirickx (18/0), Marcel Dries (23/0), Victor Mees (52/1), Robert Van Kerkhoven (9/1), Robert Maertens (12/0), Rik Coppens (37/16), René Vanderwilt (2/0), Denis Houf (10/4), Richard Orlans (10/3), Roland Moyson (1/1). Trainer: André Vandeweyer (13).
Goal: Roland Moyson (38).

259. 31.03.1957 **BELGIUM - SPAIN** **0-5(0-3)**
Stade Heysel, Bruxelles; Referee: Josef Gulde (Switzerland); Attendance: 54,719
BEL: Henri Meert (33/0), Henri Dirickx (19/0), Théo Van Rooy (1/0), François Degelas (4/0), Victor Mees (53/1), Léon Close (1/0), Martin Lippens (1/0), Paul Vandenberg (1/0) [Hippolyte Vanden Bosch (8/2)], Gaston De Wael (2/0), Denis Houf (11/4), Richard Orlans (11/3). Trainer: André Vandeweyer (14).

260. 28.04.1957 **NETHERLANDS - BELGIUM** **1-1(0-1)**
Olympisch Stadion, Amsterdam; Referee: Alfred Grill (Austria); Attendance: 60,000
BEL: André Vanderstappen (1/0), Henri Dirickx (20/0), Théo Van Rooy (2/0), Victor Mees (54/1), Jan Nelissen (1/0), André Van Herpe (3/0), André Piters (2/0), Paul Vandenberg (2/1), Rik Coppens (38/16), Denis Houf (12/4), Richard Orlans (12/3). Trainer: André Vandeweyer (15).
Goal: Paul Vandenberg (34).

261. 1957.05.26. **BELGIUM - ROMANIA** 1-0(1-0)
Stade Heysel, Bruxelles; Referee: Alfred Bond (England); Attendance: 23,452
BEL: André Vanderstappen (2/0), Théo Van Rooy (3/0), Jacques Culot (1/0), Victor Mees (55/1), Jan Nelissen (2/0), André Van Herpe (4/0), André Piters (3/0), Paul Vandenberg (3/2), Rik Coppens (39/16), Denis Houf (13/4), Richard Orlans (13/3). Trainer: André Vandeweyer (16).
Goals: Paul Vandenberg (13).

262. 05.06.1957 **BELGIUM - ICELAND** 8-3(7-1) 6th FIFA WC. Qualifiers
Stade Heysel, Bruxelles; Referee: Ady Blitgen (Luxembourg); Attendance: 6,792
BEL: Leopold Gernaey (17/0), Théo Van Rooy (4/0), Jacques Culot (2/0), Victor Mees (56/3), Jan Nelissen (3/0), André Van Herpe (5/0), André Piters (4/1), Paul Vandenberg (4/3), Rik Coppens (40/18), Denis Houf (14/4), Richard Orlans (14/5). Trainer: André Vandeweyer (17).
Goals: Richard Orlans (5), André Piters (10), Paul Vandenberg (13), Victor Mees (20, 26), Rik Coppens (42, 43 penalty, 58).

263. 04.09.1957 **ICELAND - BELGIUM** 2-5(1-2) 6th FIFA WC. Qualifiers
Laugardalsvøllur, Reykjavík; Referee: Robert Holley Davidson (Scotland); Attendance: 8,000
BEL: André Vanderstappen (3/0), Henri Dirickx (21/0), Marcel Dries (24/0), André Van Herpe (6/1), Victor Mees (57/3), Jean Mathonet (4/0), Joseph Jurion (7/0), Paul Vandenberg (5/6), Maurice Willems (3/4), Denis Houf (15/4), André Piters (5/1). Trainer: Louis Nicolay (1).
Goals: André Van Herpe (9), Maurice Willems (40), Paul Vandenberg (65, 81, 88).

264. 27.10.1957 **BELGIUM - FRANCE** 0-0 6th FIFA WC. Qualifiers
Stade Heysel, Bruxelles; Referee: Leo Helge (Denmark); Attendance: 56,497
BEL: Louis Leysen (1/0), Marcel Dries (25/0), Alfons Van Brandt (36/0), Victor Mees (58/3), Jan Nelissen (4/0), Jean Mathonet (5/0), André Piters (6/1), Joseph Givard (8/1), Michel Delire (1/0), Paul Vandenberg (6/6), Richard Orlans (15/5). Trainer: Géza Toldi (Hungary, 1).

265. 17.11.1957 **NETHERLANDS - BELGIUM** 5-2(3-0)
Stadion Feijenoord, Rotterdam; Referee: Bengt Lundell (Sweden); Attendance: 63,000
BEL: Louis Leysen (2/0) [Theo Collette (1/0)], Marcel Dries (26/0), Alfons Van Brandt (37/0), Victor Mees (59/3), Jan Nelissen (5/0), Jean Mathonet (6/0), André Piters (7/1), Paul Vandenberg (7/7), Rik Coppens (41/18), Denis Houf (16/5), Richard Orlans (16/5). Trainer: Géza Toldi (Hungary, 2).
Goals: Paul Vandenberg (80), Denis Houf (85).

266. 08.12.1957 **TURKEY - BELGIUM** 1-1(1-0)
19 Mayis Stadı, Ankara; Referee: Riccardo Pieri (Italy); Attendance: 50,000
BEL: Theo Collette (2/0), Henri Dirickx (22/0), Alfons Van Brandt (38/0), Victor Mees (60/3), Louis Carré (55/0), Jean Mathonet (7/0), André Piters (8/1), Martin Lippens (2/0), Victor Wegria (1/0) [Richard Orlans (17/5)], Joseph Jurion (8/1), Marcel Paeschen (1/0). Trainer: Géza Toldi (Hungary, 3).
Goal: Joseph Jurion (46).

267. 02.03.1958 **BELGIUM - WEST GERMANY** 0-2(0-1)
Stade Heysel, Bruxelles; Referee: Reginald Leafe (England); Attendance: 55,970
BEL: Louis Leysen (3/0), Henri Dirickx (23/0), Henri Thellin (1/0), Victor Mees (61/3), Louis Carré (56/0), Jean Mathonet (8/0), Joseph Jurion (9/1), Joseph Vliers (3/0), Rik Coppens (42/18), Paul Vandenberg (8/7) [Martin Lippens (3/0)], Richard Orlans (18/5). Trainer: Géza Toldi (Hungary, 4).

268. 13.04.1958 **BELGIUM - NETHERLANDS** 2-7(0-1)
Bosuilstadion, Deurne, Antwerpen; Referee: Jack Mowat (Scotland); Attendance: 57,167
BEL: Louis Leysen (4/0), Henri Dirickx (24/0), Henri Thellin (2/0), Victor Mees (62/3), Gilbert Marnette (1/0), Jean Mathonet (9/0), Jacques Stockman (1/0), Joseph Vliers (4/0), Rik Coppens (43/20), Joseph Jurion (10/1), Richard Orlans (19/5). Trainer: Géza Toldi (Hungary, 5).
Goals: Rik Coppens (68, 87).

269. 26.05.1958 **SWITZERLAND - BELGIUM** 0-2(0-1)
Hardturm Stadion, Zürich; Referee: Juan Gardeazabál Garay (Spain); Attendance: 30,000
BEL: André Vanderstappen (4/0), Marcel Dries (27/0), Henri Dirickx (25/0), René Vanderwilt (3/0), Roland Storme (1/0), Jean Mathonet (10/0), Joseph Jurion (11/1), Martin Lippens (4/0), Jacques Stockman (2/1), Denis Houf (17/5), Marcel Paeschen (2/1). Trainer: Géza Toldi (Hungary, 6).
Goals: Jacques Stockman (35), Marcel Paeschen (70).

270. 28.09.1958 **BELGIUM - NETHERLANDS** 2-3(1-1)
Bosuilstadion, Deurne, Antwerpen; Referee: István Zsolt (Hungary); Attendance: 57,167
BEL: André Vanderstappen (5/0), Charles De Vogelaere (1/0), Henri Thellin (3/0), Pierre Hanon (1/1), Roland Storme (2/0), Jean Mathonet (11/0), André Piters (9/2), Joseph Jurion (12/1), Jacques Stockman (3/1), Denis Houf (18/5), Marcel Paeschen (3/1). Trainer: Viktor Hávliček (Czechoslovakia, 1).
Goals: Pierre Hanon (20), André Piters (53).

271. 26.10.1958 **BELGIUM - TURKEY** 1-1(0-0)
Stade Heysel, Bruxelles; Referee: Pierre Schwinte (France); Attendance: 28,703
BEL: André Vanderstappen (6/0), Marcel Dries (28/0), Henri Thellin (4/0), Léon Close (2/0), Roland Storme (3/0), Jean Mathonet (12/0), André Piters (10/3), André Van Herpe (7/1), Jacques Stockman (4/1), Denis Houf (19/5), Richard Orlans (20/5). Trainer: Viktor Hávliček (Czechoslovakia, 2).
Goal: André Piters (53).

272. 23.11.1958 **HUNGARY - BELGIUM** 3-1(1-1)
Népstadion, Budapest; Referee: Leo Lemešić (Yugoslavia); Attendance: 60,000
BEL: André Vanderstappen (7/0), Marcel Dries (29/0), Henri Thellin (5/0), Victor Mees (63/3), Roland Storme (4/0), Jean Mathonet (13/0), André Piters (11/3), Denis Houf (20/5), Charles Mallants (1/1), Marcel Paeschen (4/1), Richard Orlans (21/5). Trainer: Viktor Hávliček (Czechoslovakia, 3).
Goal: Charles Mallants (45).

273. 01.03.1959 **FRANCE - BELGIUM** 2-2(1-1)
Stade Olympique „Yves du Manoir", Colombes, Paris; Referee: John Kelly (England); Attendance: 42,206
BEL: André Vanderstappen (8/0), Edouard Wauters (1/0), Henri Thellin (6/0), Pierre Hanon (2/1), Roland Storme (5/0), Martin Lippens (5/1), Fernand Goyvaerts (1/0), Denis Houf (21/5), Joseph Jurion (13/1), Godfried Vandeboer (1/0), André Piters (12/4). Trainer: Viktor Hávliček (Czechoslovakia, 4).
Goals: Martin Lippens (32), André Piters (80).

274. 19.04.1959 **NETHERLANDS - BELGIUM** 2-2(0-1)
Olympisch Stadion, Amsterdam; Referee: Maurice Guigue (France); Attendance: 60,000
BEL: André Vanderstappen (9/0), Marcel Dries (30/0), Henri Thellin (7/0), Pierre Hanon (3/1), Roland Storme (6/0), Martin Lippens (6/1), Fernand Goyvaerts (2/1), Constant Huysmans (20/0), Rik Coppens (44/20) [13.Mathieu Bollen (4/2)], Victor Wegria (2/1), Joseph Jurion (14/1). Trainer: Viktor Hávlíček (Czechoslovakia, 5).
Goals: Victor Wegria (42), Fernand Goyvaerts (63).

275. 24.05.1959 **BELGIUM - AUSTRIA** 0-2(0-1)
Stade Heysel, Bruxelles; Referee: Karol Galba (Czechoslovakia); Attendance: 32,300
BEL: Jean Nicolay (1/0), Edouard Wauters (2/0), Henri Thellin (8/0), Pierre Hanon (4/1), Denis Houf (22/5), Martin Lippens (7/1), André Piters (13/4), Constant Huysmans (21/0), Rik Coppens (45/20), Fernand Goyvaerts (3/1), Joseph Jurion (15/1). Trainer: Viktor Hávlíček (Czechoslovakia, 6).

276. 14.06.1959 **AUSTRIA - BELGIUM** 4-2(1-2)
Praterstadion, Wien; Referee: Daniel Mellet (Switzerland); Attendance: 35,000
BEL: André Vanderstappen (10/0), Marcel Dries (31/0), Henri Thellin (9/0), Félix Geybels (1/0), Roland Storme (7/0), Martin Lippens (8/1), André Piters (14/4), Michel Delire (2/0), Rik Coppens (46/21), Godfried Vandeboer (2/1), Joseph Jurion (16/1). Trainer: Viktor Hávlíček (Czechoslovakia, 7).
Goals: Godfried Vandeboer (3), Rik Coppens (38).

277. 04.10.1959 **NETHERLANDS - BELGIUM** 9-1(5-0)
Stadion Feijenoord, Rotterdam; Referee: John Kelly (England); Attendance: 60,000
BEL: Jean Nicolay (2/0), Edouard Wauters (3/0), Henri Thellin (10/0), Pierre Hanon (5/1), Jean Claes (1/0), Constant Huysmans (22/0), Fernand Goyvaerts (4/1), Denis Houf (23/5), Rik Coppens (47/21), Victor Wegria (3/1), Joseph Jurion (17/1) [Michel Delire (3/1)]. Trainer: Viktor Hávlíček (Czechoslovakia, 8).
Goal: Michel Delire (87).

278. 28.02.1960 **BELGIUM - FRANCE** 1-0(1-0)
Stade Heysel, Bruxelles; Referee: Gottfried Dienst (Switzerland); Attendance: 56,257
BEL: Armand Seghers (6/0), Edouard Wauters (4/0), Guillaume Raskin (1/0), Victor Mees (64/3), Charles Saeys (1/0), Joseph Jurion (18/1), André Piters (15/5), Michel Delire (4/1), Léon Ritzen (1/0), Godfried Vandeboer (3/1), Jean-Marie Letawe (1/0). Trainer: Viktor Hávlíček (Czechoslovakia, 9).
Goals: André Piters (36).

279. 27.03.1960 **BELGIUM - SWITZERLAND** 3-1(1-1)
Stade Heysel, Bruxelles; Referee: Johannes Malka (West Germany); Attendance: 33,318
BEL: Armand Seghers (7/0), Henri Dirickx (26/1), Guillaume Raskin (2/0), Victor Mees (65/3) [Edward Bertels (1/0)], Charles Saeys (2/0), Martin Lippens (9/1), André Piters (16/5), Joseph Jurion (19/1), Léon Ritzen (2/1), Paul Vandenberg (9/7), Jean Jadot (3/2). Trainer: Viktor Hávlíček (Czechoslovakia, 10).
Goals: Henri Dirickx (40 penalty), Jean Jadot (50), Léon Ritzen (70).

280. 13.04.1960 **BELGIUM - CHILE** 1-1(0-0)
Stade Heysel, Bruxelles; Referee: Michel Devillers (France); Attendance: 11,702
BEL: Armand Seghers (8/0), Henri Dirickx (27/1), Guillaume Raskin (3/0), Martin Lippens (10/1), Robert Willems (1/0), Pierre Hanon (6/1), André Piters (17/5), Paul Vandenberg (10/8), Léon Ritzen (3/1), Joseph Jurion (20/1), Jean Jadot (4/2). Trainer: Viktor Hávlíček (Czechoslovakia, 11).
Goal: Paul Vandenberg (53).

281. 24.04.1960 **BELGIUM - NETHERLANDS** 2-1(1-1)
Bosuilstadion, Deurne, Antwerpen; Referee: John Kellly (England); Attendance: 58,012
BEL: Armand Seghers (9/0), Henri Dirickx (28/1), Guillaume Raskin (4/0), Robert Willems (2/0) [Victor Mees (66/3)], Charles Saeys (3/0), Joseph Jurion (21/1), André Piters (18/6), Martin Lippens (11/2), Léon Ritzen (4/1), Paul Vandenberg (11/8), Jean Jadot (5/2). Trainer: Viktor Hávlíček (Czechoslovakia, 12).
Goals: Martin Lippens (3), André Piters (57).

282. 22.05.1960 **BULGARIA - BELGIUM** 4-1(0-1)
Nationalen stadion "Vasil Levski", Sofia; Referee: Nikolay Latyshev (Soviet Union); Attendance: 45,000
BEL: Armand Seghers (10/0), Henri Dirickx (29/1), Guillaume Raskin (5/0), Victor Mees (67/3), Charles Saeys (4/0), Joseph Jurion (22/1), Jacques Stockman (5/1), Martin Lippens (12/2), Michel Delire (5/1), Paul Vandenberg (12/8), André Piters (19/7). Trainer: Viktor Hávlíček (Czechoslovakia, 13).
Goal: André Piters (33).

283. 02.10.1960 **BELGIUM - NETHERLANDS** 1-4(0-1)
Bosuilstadion, Deurne, Antwerpen; Referee: Robert Holley Davidson (Scotland); Attendance: 57,439
BEL: Armand Seghers (11/0), Laurent Verbiest (1/0), Guillaume Raskin (6/0), Victor Mees (68/3), Charles Saeys (5/0), Joseph Jurion (23/1), André Piters (20/7), Martin Lippens (13/2), Victor Wegria (4/2), Edward Bertels (2/0), Jean-Marie Letawe (2/0). Trainer: Henri Dekens (1).
Goal: Victor Wegria (54).

284. 19.10.1960 **SWEDEN - BELGIUM** 2-0(0-0) 7th FIFA WC. Qualifiers
Råsundastadion, Stockholm; Referee: Thomas Wharton (Scotland); Attendance: 19,513
BEL: Jean Nicolay (3/0), Laurent Verbiest (2/0), Henri Thellin (11/0), Pierre Hanon (7/1), Robert Willems (3/0), Martin Lippens (14/2), Joseph Jurion (24/1), Jacques Stockman (6/1), Paul Van Himst (1/0), Paul Vandenberg (13/8), André Piters (21/7). Trainer: Henri Dekens (2).

285. 196010.30. **BELGIUM - HUNGARY** 2-1(2-1)
Stade Heysel, Bruxelles; Referee: Kurt Tschenscher (West Germany); Attendance: 27,722
BEL: Jean Nicolay (4/0), Laurent Verbiest (3/0), Henri Thellin (12/0), Pierre Hanon (8/2), Emile Lejeune (1/0), Martin Lippens (15/2), Joseph Jurion (25/1), Jacques Stockman (7/1), Paul Van Himst (2/1), Paul Vandenberg (14/8), Marcel Paeschen (5/1). Trainer: Henri Dekens (3).
Goals: Paul Van Himst (10), Pierre Hanon (22).

286. 20.11.1960 **BELGIUM - SWITZERLAND** 2-4(1-2) 7th FIFA WC. Qualifiers
Stade Heysel, Bruxelles; Referee: Friedrich Seipelt (Austria); Attendance: 29,644
BEL: Jean Nicolay (5/0), Laurent Verbiest (4/0), Charles Mallants (2/1), Pierre Hanon (9/2), Emile Lejeune (2/0), Martin Lippens (16/2), André Piters (22/7), Jacques Stockman (8/1), Paul Van Himst (3/2), Joseph Jurion (26/1), Marcel Paeschen (6/2). Trainer: Henri Dekens (4).
Goals: Paul Van Himst (24), Marcel Paeschen (80).

287. 08.03.1961 **WEST GERMANY - BELGIUM** 1-0(1-0)
Waldstadion, Frankfurt; Referee: Josef Gulde (Switzerland); Attendance: 65,000
BEL: Guy Delhasse (1/0), Georges Heylens (1/0), Henri Thellin (13/0), Pierre Hanon (10/2), Emile Lejeune (3/0), Martin Lippens (17/2), Fernand Goyvaerts (5/1), Joseph Jurion (27/1), Paul Van Himst (4/2), Paul Vandenberg (15/8), Marcel Paeschen (7/2). Trainer: Henri Dekens (5).

288. 15.03.1961 **FRANCE - BELGIUM** 1-1(1-0)
Stade Olympique „Yves du Manoir", Colombes, Paris; Referee: John Kelly (England); Attendance: 36,072
BEL: Guy Delhasse (2/0) [46.Jean Nicolay (6/0)], Georges Heylens (2/0), Henri Thellin (14/0), Pierre Hanon (11/2), Emile Lejeune (4/0), Martin Lippens (18/2), Joseph Jurion (28/1), Fernand Goyvaerts (6/1), Victor Wegria (5/2), Denis Houf (24/5), Marcel Paeschen (8/3). Trainer: Henri Dekens (6).
Goal: Marcel Paeschen (58).

289. 22.03.1961 **NETHERLANDS - BELGIUM** 6-2(3-2)
Stadion Feijenoord, Rotterdam; Referee: Karol Galba (Czechoslovakia); Attendance: 65,000
BEL: Guy Delhasse (3/0), Georges Heylens (3/0), Henri Thellin (15/0), Pierre Hanon (12/2), Emile Lejeune (5/0), Martin Lippens (19/2), Joseph Jurion (29/1), Fernand Goyvaerts (7/1), Paul Van Himst (5/3), Denis Houf (25/5), Marcel Paeschen (9/4). Trainer: Henri Dekens (7).
Goals: Marcel Paeschen (17), Paul Van Himst (30).

290. 20.05.1961 **SWITZERLAND - BELGIUM** 2-1(2-0) 7th FIFA WC. Qualifiers
Stade Olympique de la Pontaise, Lausanne; Referee: Andor Dorogi (Hungary); Attendance: 38,000
BEL: Guy Delhasse (4/0), Joseph Vliers (5/0), Henri Thellin (16/0), Pierre Hanon (13/2), Emile Lejeune (6/0) [*sent off 81*], Martin Lippens (20/2), Léon Semmeling (1/0), Denis Houf (26/5), Fernand Goyvaerts (8/1), Roger Claessen (1/1), Marcel Paeschen (10/4). Trainer: Henri Dekens (8).
Goal: Roger Claessen (79).

291. 04.10.1961 **BELGIUM - SWEDEN** 0-2(0-0) 7th FIFA WC. Qualifiers
Stade Heysel, Bruxelles; Referee: Francisco Guerra (Portugal); Attendance: 14,354
BEL: Guy Delhasse (5/0), Yves Baré (1/0), Guillaume Raskin (7/0), Pierre Hanon (14/2), Laurent Verbiest (5/0), Martin Lippens (21/2), Claude Crote (1/0), Paul Van Himst (6/3), Roger Claessen (2/1), Joseph Jurion (30/1), André Piters (23/7). Trainer: Arthur Ceeulers (1).

292. 18.10.1961 **BELGIUM - FRANCE** 3-0(1-0)
Stade Heysel, Bruxelles; Referee: Kevin Howley (England); Attendance: 11,019
BEL: Jean Nicolay (7/0), Yves Baré (2/0), Laurent Verbiest (6/0), Pierre Hanon (15/3), Emile Lejeune (7/0), Martin Lippens (22/2), Joseph Jurion (31/1), Paul Van Himst (7/3), Roger Claessen (3/2), Paul Vandenberg (16/9), Marcel Paeschen (11/4). Trainer: Arthur Ceeulers (2).
Goals: Pierre Hanon (18), Paul Vandenberg (60), Roger Claessen (84).

293. 12.11.1961 **NETHERLANDS - BELGIUM** 0-4(0-3)
Olympisch Stadion, Amsterdam; Referee: Robert Holley Davidson (Scotland); Attendance: 62,000
BEL: Jean Nicolay (8/0), Yves Baré (3/0), Guillaume Raskin (8/0), Pierre Hanon (16/3), Roland Storme (8/0), Martin Lippens (23/2), Joseph Jurion (32/1), Paul Van Himst (8/4), Roger Claessen (4/4), Paul Vandenberg (17/10), Marcel Paeschen (12/4). Trainer: Arthur Ceeulers (3).
Goals: Roger Claessen (25), Paul Vandenberg (30), Roger Claessen (43), Paul Van Himst (46).

294. 24.12.1961 **BELGIUM - BULGARIA** 4-0(3-0)
Stade Heysel, Bruxelles; Referee: Ken Aston (England); Attendance: 16,502
BEL: Jean Nicolay (9/0), Yves Baré (4/0), Guillaume Raskin (9/0), Pierre Hanon (17/3), Roland Storme (9/0), Laurent Verbiest (7/0), Joseph Jurion (33/2), Paul Van Himst (9/6), Jacques Stockman (9/2), Paul Vandenberg (18/10), Marcel Paeschen (13/4). Trainer: Arthur Ceeulers (4).
Goals: Jacques Stockman (3), Joseph Jurion (10), Paul Van Himst (30, 69).

295. 01.04.1962 **BELGIUM - NETHERLANDS** 3-1(2-1)
Bosuilstadion, Deurne, Antwerpen; Referee: Giulio Campanati (Italy); Attendance: 57,989
BEL: Jean Nicolay (10/0), Yves Baré (5/0), Guillaume Raskin (10/0), Pierre Hanon (18/3), Roland Storme (10/0), Laurent Verbiest (8/0), Joseph Jurion (34/3), Paul Van Himst (10/6), Roger Claessen (5/4) [Jacques Stockman (10/2)], Paul Vandenberg (19/12), Marcel Paeschen (14/4). Trainer: Arthur Ceeulers (5).
Goals: Joseph Jurion (26 penalty), Paul Vandenberg (33, 80).

296. 13.05.1962 **BELGIUM - ITALY** 1-3(0-1)
Stade Heysel, Bruxelles; Referee: Frede Hansen (Denmark); Attendance: 51,729
BEL: Jean Nicolay (11/0), Yves Baré (6/0), Guillaume Raskin (11/0), Pierre Hanon (19/3), Emile Lejeune (8/0), Martin Lippens (24/2), Joseph Jurion (35/3), Paul Van Himst (11/7), Roger Claessen (6/4), Paul Vandenberg (20/12), Marcel Paeschen (15/4) [Wilfried Puis (1/0)]. Trainer: Arthur Ceeulers (6).
Goals: Paul Van Himst (52).

297. 17.05.1962 **PORTUGAL - BELGIUM** 1-2(0-2)
Estádio „José Alvalade", Lisboa; Referee: Juan Gardeazabál Garay (Spain); Attendance: 20,000
BEL: Jean Nicolay (12/0), Yves Baré (7/0), Guillaume Raskin (12/0), Pierre Hanon (20/3), Emile Lejeune (9/0), Martin Lippens (25/2), Joseph Jurion (36/4), Paul Van Himst (12/7), Jacques Stockman (11/3) [33.Roger Claessen (7/4)], Paul Vandenberg (21/12), Wilfried Puis (2/0). Trainer: Arthur Ceeulers (7).
Goals: Jacques Stockman (6), Joseph Jurion (9).

298. 23.05.1962 **POLAND - BELGIUM** 2-0(1-0)
Stadion Dziesięciolecia Manifestu Lipcowego, Warszawa; Referee: Lajos Horváth (Hungary); Attendance: 70,000
BEL: Jean Nicolay (13/0), Yves Baré (8/0), Guillaume Raskin (13/0), Pierre Hanon (21/3), Emile Lejeune (10/0), Martin Lippens (26/2), Joseph Jurion (37/4), Paul Van Himst (13/7), Jacques Stockman (12/3) [42.Léon Ritzen (5/1)], Paul Vandenberg (22/12), Wilfried Puis (3/0). Trainer: Arthur Ceeulers (8).

299. 14.10.1962 **BELGIUM - NETHERLANDS** 2-0(1-0)
Bosuilstadion, Deurne, Antwerpen; Referee: Vicente Caballero (Spain); Attendance: 54,662
BEL: Jean Nicolay (14/0), Yves Baré (9/0), Georges Heylens (4/0), Pierre Hanon (22/3), Lucien Spronck (1/0), Laurent Verbiest (9/0), Léon Semmeling (2/0), Paul Van Himst (14/8), Jacques Stockman (13/4), Paul Vandenberg (23/12), Joseph Jurion (38/4). Trainer: Arthur Ceeulers (9).
Goals: Jacques Stockman (41), Paul Van Himst (55).

300. 04.11.1962 **YUGOSLAVIA - BELGIUM** 3-2(2-1) 2nd EC. Group Stage
Stadion JNA, Beograd; Referee: Alois Obtulovič (Czechoslovakia); Attendance: 35,000
BEL: Jean Nicolay (15/0), Yves Baré (10/0), Georges Heylens (5/0), Pierre Hanon (23/3), Lucien Spronck (2/0), Laurent Verbiest (10/0), Joseph Jurion (39/5), Paul Van Himst (15/8), Jacques Stockman (14/5), Paul Vandenberg (24/12), Wilfried Puis (4/0). Trainer: Arthur Ceeulers (10).
Goals: Jacques Stockman (26), Joseph Jurion (58).

301. 02.12.1962 **BELGIUM - SPAIN** 1-1(0-1)
Stade Heysel, Bruxelles; Referee: Marcel Bois (France); Attendance: 39,808
BEL: Jean Nicolay (16/0), Georges Heylens (6/0), Jean Cornelis (1/0), Pierre Hanon (24/3), Laurent Verbiest (11/0), Martin Lippens (27/2), Paul Vandenberg (25/12), Paul Van Himst (16/8), Jacques Stockman (15/5), Joseph Jurion (40/6), Wilfried Puis (5/0). Trainer: Arthur Ceeulers (11).
Goal: Joseph Jurion (50).

302. 03.03.1963 **NETHERLANDS - BELGIUM** 0-1(0-1)
Stadion Feijenoord, Rotterdam; Referee: Kurt Tschenscher (West Germany); Attendance: 65,000
BEL: Jean Nicolay (17/0), Georges Heylens (7/0), Jean Cornelis (2/0), Pierre Hanon (25/3), Laurent Verbiest (12/0), Martin Lippens (28/2), Jacques Stockman (16/5), Paul Vandenberg (26/13), Paul Van Himst (17/8), Robert Deurwaerder (1/0), Wilfried Puis (6/0). Trainer: Arthur Ceeulers (12).
Goals: Paul Vandenberg (15).

303. 31.03.1963 **BELGIUM - YUGOSLAVIA** 0-1(0-1) 2nd EC. Group Stage
Stade Heysel, Bruxelles; Referee: Vicente Caballero (Spain); Attendance: 24,583
BEL: Jean Nicolay (18/0), Georges Heylens (8/0), Jean Cornelis (3/0), Pierre Hanon (26/3), Laurent Verbiest (13/0), Martin Lippens (29/2), Jacques Stockman (17/5), Paul Vandenberg (27/13), Paul Van Himst (18/8), Joseph Jurion (41/6), Wilfried Puis (7/0). Trainer: Arthur Ceeulers (13).

304. 24.04.1963 **BELGIUM - BRAZIL** 5-1(4-1)
Stade Heysel, Bruxelles; Referee: Leopold Sylvain Horn (Netherlands); Attendance: 46,909
BEL: Jean Nicolay (19/0), Joseph Vliers (6/0), Guillaume Raskin (14/0), Pierre Hanon (27/3), Laurent Verbiest (14/0), Martin Lippens (30/2), Léon Semmeling (3/0), Paul Van Himst (19/9), Jacques Stockman (18/8), Paul Vandenberg (28/13), Wilfried Puis (8/0). Trainer: Arthur Ceeulers (14).
Goals: Jacques Stockman (3), Paul Van Himst (13), Altair (14 own goal), Jacques Stockman (21, 56).

305. 20.10.1963 **NETHERLANDS - BELGIUM** 1-1(1-0)
Olympisch Stadion, Amsterdam; Referee: Raoul Righi (Italy); Attendance: 60,000
BEL: Jean Nicolay (20/0), Yves Baré (11/0), Guillaume Raskin (15/0), Pierre Hanon (28/3), Laurent Verbiest (15/0), Martin Lippens (31/2), Joseph Jurion (42/6), Paul Van Himst (20/9), Jacques Stockman (19/8), Paul Vandenberg (29/14), Wilfried Puis (9/0). Trainer: Arthur Ceeulers (15).
Goal: Paul Vandenberg (83).

306. 01.12.1963 **SPAIN - BELGIUM** 1-2(1-1)
Estadio Mestalla, Valencia; Referee: Marcel Bois (France); Attendance: 50,000
BEL: Jean Nicolay (21/0), Georges Heylens (9/0), Martin Lippens (32/2), Guillaume Raskin (16/0), Jean Cornelis (4/0), Pierre Hanon (29/3), Joseph Jurion (43/6), Frans Vermeyen (1/0), Paul Van Himst (21/9), Paul Vandenberg (30/15), Wilfried Puis (10/1). Trainer: Arthur Ceeulers (16).
Goals: Paul Vandenberg (18), Wilfried Puis (62).

307. 25.12.1963 **FRANCE - BELGIUM** 1-2(1-2)
Parc des Princes, Paris; Referee: Josef Stoll (Austria); Attendance: 12,649
BEL: Jean Nicolay (22/0), Georges Heylens (10/0), Martin Lippens (33/2), Guillaume Raskin (17/0), Jean Cornelis (5/0), Pierre Hanon (30/3), Joseph Jurion (44/6), Frans Vermeyen (2/0), Paul Van Himst (22/11), Paul Vandenberg (31/15), Wilfried Puis (11/1). Trainer: Arthur Ceeulers (17).
Goals: Paul Van Himst (26, 37).

308. 22.03.1964 **BELGIUM - NETHERLANDS** 0-0
Bosuilstadion, Deurne, Antwerpen; Referee: Kevin Howley (England); Attendance: 43,405
BEL: Jean Nicolay (23/0), Georges Heylens (11/0), Jean Plaskie (1/0), Guillaume Raskin (18/0), Jean Cornelis (6/0), Pierre Hanon (31/3), Joseph Jurion (45/6), Roger Claessen (8/4), Paul Van Himst (23/11), Paul Vandenberg (32/15), Wilfried Puis (12/1). Trainer: Arthur Ceeulers (18).

309. 15.04.1964 **SWITZERLAND - BELGIUM** 2-0(1-0)
Stade des Charmilles, Genève; Referee: Gino Rigato (Italy); Attendance: 25,000
BEL: Jean Nicolay (24/0), Georges Heylens (12/0), Jean Plaskie (2/0), Guillaume Raskin (19/0), Jean Cornelis (7/0), Pierre Hanon (32/3), Joseph Jurion (46/6), Karel Beyers (1/0), Paul Van Himst (24/11) [Roger Claessen (9/4)], Paul Vandenberg (33/15), Julien Van Roosbroeck (1/0). Trainer: Arthur Ceeulers (19).

310. 03.05.1964 **BELGIUM - PORTUGAL** 1-2(1-1)
Stade Heysel, Bruxelles; Referee: Leopold Sylvain Horn (Netherlands); Attendance: 20,508
BEL: Jean Nicolay (25/0), Yves Baré (12/0), Jean Plaskie (3/0), Laurent Verbiest (16/0), Guillaume Raskin (20/0), Pierre Hanon (33/3), Paul Vandenberg (34/16), Léon Semmeling (4/0), Paul Van Himst (25/11), Joseph Jurion (47/6), Marcel Paeschen (16/4). Trainer: Arthur Ceeulers (20).
Goal: Paul Vandenberg (67).

311. 30.09.1964 **BELGIUM - NETHERLANDS** 1-0(0-0)
Bosuilstadion, Deurne, Antwerpen; Referee: Concetto Lo Bello (Italy); Attendance: 8,786
BEL: Guy Delhasse (6/0) [Jean Trappeniers (1/0)], Georges Heylens (13/0), Laurent Verbiest (17/0), Jean Plaskie (4/0), Jean Cornelis (8/0), Pierre Hanon (34/3), Joseph Jurion (48/7), Jacques Stockman (20/8), Johan Devrindt (1/0), Paul Van Himst (26/11), Wilfried Puis (13/1). Trainer: Arthur Ceeulers (21).
Goals: Joseph Jurion (87).

312. 21.10.1964 **ENGLAND - BELGIUM** 2-2(1-2)
Stade Heysel, Bruxelles; Referee: Concetto Lo Bello (Italy); Attendance: 55,000
BEL: Jean Nicolay (26/0), Georges Heylens (14/0), Laurent Verbiest (18/0), Jean Plaskie (5/0), Jean Cornelis (9/1), Gérard Sulon (1/0), Joseph Jurion (49/7), Frans Vermeyen (3/0), Paul Van Himst (27/12), Paul Vandenberg (35/16), Wilfried Puis (14/1). Trainer: Arthur Ceeulers (22).
Goals: Jean Cornelis (22), Paul Van Himst (42).

313. 02.12.1964 **BELGIUM - FRANCE** **3-0(1-0)**
Stade Heysel, Bruxelles; Referee: Rudolf Kreitlein (East Germany); Attendance: 5,917
BEL: Jean Nicolay (27/0), Georges Heylens (15/0), Laurent Verbiest (19/0), Jean Plaskie (6/0), Jean Cornelis (10/1), Gérard Sulon (2/0), Joseph Jurion (50/7), Frans Vermeyen (4/2), Paul Van Himst (28/13), Paul Vandenberg (36/16), Wilfried Puis (15/1). Trainer: Arthur Ceeulers (23).
Goals: Paul Van Himst (16), Frans Vermeyen (76, 87).

314. 24.03.1965 **REPUBLIC OF IRELAND - BELGIUM** **0-2(0-1)**
Dalymount Park, Dublin; Referee: Albert Boogaerts (Netherlands); Attendance: 30,000
BEL: Jean Nicolay (28/0), Georges Heylens (16/0), Robert Willems (4/0), Albert Sulon (1/0), Jean Cornelis (11/1), Gérard Sulon (3/0), Joseph Jurion (51/8), Jan Verheyen (1/0), Paul Van Himst (29/13), Frans Vermeyen (5/2), Wilfried Puis (16/1). Trainer: Arthur Ceeulers (24).
Goals: Matthew Andrew McEvoy (15 own goal), Joseph Jurion (59).

315. 07.04.1965 **BELGIUM - POLAND** **0-0**
Stade Heysel, Bruxelles; Referee: Robert Holley Davidson (Scotland); Attendance: 3,675
BEL: Jean Nicolay (29/0), Georges Heylens (17/0), Albert Sulon (2/0) [Laurent Verbiest (20/0)], Jean Plaskie (7/0), Jean Cornelis (12/1), Gérard Sulon (4/0), Joseph Jurion (52/8), Jan Verheyen (2/0), Paul Van Himst (30/13), Roger Claessen (10/4), Wilfried Puis (17/1). Trainer: Arthur Ceeulers (25).

316. 09.05.1965 **BELGIUM - ISRAEL** **1-0(1-0)** 8th FIFA WC. Qualifiers
Stade Heysel, Bruxelles; Referee: Einer Poulsen (Denmark); Attendance: 21,699
BEL: Jean Nicolay (30/0), Georges Heylens (18/0), Albert Sulon (3/0), Jean Plaskie (8/0), Yves Baré (13/0), Gérard Sulon (5/0), Joseph Jurion (53/9), Frans Vermeyen (6/2), Jacques Stockman (21/8), Paul Van Himst (31/13), Wilfried Puis (18/1). Trainer: Arthur Ceeulers (26).
Goal: Joseph Jurion (24 penalty).

317. 02.06.1965 **BRAZIL - BELGIUM** **5-0(0-0)**
Estádio "Jornalista Mario Filho" [Maracanã], Rio de Janeiro; Referee: Alberto Tejada Burga (Peru); Attendance: 110,000
BEL: Jean Nicolay (31/0), Georges Heylens (19/0), Albert Sulon (4/0), Jean Plaskie (9/0), Yves Baré (14/0), Pierre Hanon (35/3), Gérard Sulon (6/0), Léon Semmeling (5/0), Jacques Stockman (22/8), Roger Claessen (11/4), Godfried Vandeboer (4/1). Trainer: Arthur Ceeulers (27).

318. 26.09.1965 **BULGARIA - BELGIUM** **3-0(2-0)** 8th FIFA WC. Qualifiers
Slavia stadion, Sofia; Referee: Konstantin Zečević (Yugoslavia); Attendance: 25,380
BEL: Guy Delhasse (7/0), Georges Heylens (20/0), Laurent Verbiest (21/0), Jean Plaskie (10/0), Jean Cornelis (13/1), Pierre Hanon (36/3), Joseph Jurion (54/9), Léon Semmeling (6/0), Paul Van Himst (32/13), Paul Vandenberg (37/16), Wilfried Puis (19/1). Trainer: Arthur Ceeulers (28).

319. 27.10.1965 **BELGIUM - BULGARIA** **5-0(1-0)** 8th FIFA WC. Qualifiers
Stade „Émile Versé" (Parc Astrid), Bruxelles; Referee: Marcel Bois (France); Attendance: 13,780
BEL: Jean Trappeniers (2/0), Georges Heylens (21/0), Laurent Verbiest (22/0), Jean Plaskie (11/0), Yves Baré (15/0), Albert Michiels (1/0), Joseph Jurion (55/9), John Thio (1/2), Paul Van Himst (33/15), Jacques Stockman (23/9), Wilfried Puis (20/1). Trainer: Arthur Ceeulers (29).
Goals: Paul Van Himst (18, 55), John Thio (75, 80), Jacques Stockman (89).

320. 10.11.1965 **ISRAEL - BELGIUM** **0-5(0-3)** 8th FIFA WC. Qualifiers
National Stadium, Ramat Gan, Tel Aviv; Referee: Antonio Sbardella (Italy); Attendance: 48,355
BEL: Jean Nicolay (32/0), Georges Heylens (22/0), Jean Plaskie (12/0), Robert Weyn (1/0), Yves Baré (16/0), Albert Michiels (2/0), Joseph Jurion (56/9), John Thio (2/3), Jacques Stockman (24/9), Paul Van Himst (34/18), Wilfried Puis (21/2). Trainer: Arthur Ceeulers (30).
Goals: Paul Van Himst (24), John Thio (30), Paul Van Himst (32), Wilfried Puis (48), Paul Van Himst (71).

321. 29.12.1965 **BULGARIA - BELGIUM** **2-1(2-0)** 8th FIFA WC. Play-Offs
Stadio Comunale, Firenze; Referee: Antonio Sbardella (Italy); Attendance: 11,659
BEL: Jean Nicolay (33/0), Georges Heylens (23/0), Laurent Verbiest (23/0), Jean Plaskie (13/0), Yves Baré (17/0), Albert Michiels (3/0), Joseph Jurion (57/9), John Thio (3/3), Jacques Stockman (25/9), Paul Van Himst (35/18), Wilfried Puis (22/2). Trainer: Arthur Ceeulers (31).
Goals: A. Chalamanov (75 own goal).

322. 17.04.1966 **NETHERLANDS - BELGIUM** **3-1(2-0)**
Stadion Feijenoord, Rotterdam; Referee: James Finney (England); Attendance: 65,000
BEL: Jean Trappeniers (3/0), Georges Heylens (24/0), Lucien Spronck (3/1), Jean Plaskie (14/0), Yves Baré (18/0), Albert Michiels (4/0), Joseph Jurion (58/9), John Thio (4/3), Jan Verheyen (3/0), Paul Van Himst (36/18), Wilfried Puis (23/2). Trainer: Raymond Goethals (1).
Goal: Lucien Spronck (77).

323. 20.04.1966 **FRANCE - BELGIUM** **0-3(0-1)**
Parc des Princes, Paris; Referee: Daniel Zariquiegui (Spain); Attendance: 17,000
BEL: Jean Nicolay (34/0), Georges Heylens (25/0), Jean Plaskie (15/0), Marcel Lemoine (1/0), Jean Cornelis (14/1), Pierre Hanon (37/3), Godfried Vandeboer (5/1), John Thio (5/4), Paul Van Himst (37/18), Raoul Lambert (1/1) [46.Jacques Stockman (26/10)], Wilfried Puis (24/2). Trainer: Raymond Goethals (2).
Goals: Raoul Lambert (20), Jacques Stockman (73), John Thio (90).

324. 22.05.1966 **BELGIUM - SOVIET UNION** **0-1(0-1)**
Stade Heysel, Bruxelles; Referee: William Clements (England); Attendance: 27,394
BEL: Jean Trappeniers (4/0), Georges Heylens (26/0), Jean Plaskie (16/0), Marcel Lemoine (2/0), Jean Cornelis (15/1), Pierre Hanon (38/3), Godfried Vandeboer (6/1), John Thio (6/4) [Jan Verheyen (4/0)], Jacques Stockman (27/10), Paul Van Himst (38/18), Wilfried Puis (25/2). Trainer: Raymond Goethals (3).

325. 25.05.1966 **BELGIUM - REPUBLIC OF IRELAND** **2-3(2-1)**
Stade de Sclessin, Liège; Referee: Pierre Schwinte (France); Attendance: 2,445
BEL: Jean Trappeniers (5/0), Georges Heylens (27/0), Jean Plaskie (17/0), Marcel Lemoine (3/0), Jean Cornelis (16/1), Joseph Jurion (59/9), Godfried Vandeboer (7/1), Léon Semmeling (7/0), Jacques Stockman (28/10), Paul Van Himst (39/19), Wilfried Puis (26/2). Trainer: Raymond Goethals (4).
Goals: Paul Van Himst (5), Godfried Vandeboer (25).

326. 22.10.1966   **BELGIUM - SWITZERLAND**   **1-0(1-0)**
„Albert Dyserynck" Stadion (De Klokke), Brügge; Referee: Pierre Schwinte (France); Attendance: 12,902
BEL: Jean Nicolay (35/0), Georges Heylens (28/0), Pierre Hanon (39/3), Jean Plaskie (18/0), Yves Baré (19/0), Wilfried Van Moer (1/0), Joseph Jurion (60/9), Léon Semmeling (8/0), Roger Claessen (12/5), Jacques Stockman (29/10), John Thio (7/4). Trainer: Raymond Goethals (5).
Goals: Roger Claessen (4).

327. 11.11.1966   **BELGIUM - FRANCE**   **2-1(0-0)**   3rd EC. Qualifiers
Stade Heysel, Bruxelles; Referee: John Keith Taylor (England); Attendance: 43,404
BEL: Jean Nicolay (36/0), Georges Heylens (29/0), Pierre Hanon (40/3), Jean Plaskie (19/0), Yves Baré (20/0), Wilfried Van Moer (2/0), Joseph Jurion (61/9), John Thio (8/4), Raoul Lambert (2/1), Paul Van Himst (40/21), Wilfried Puis (27/2). Trainer: Raymond Goethals (6).
Goals: Paul Van Himst (51, 54).

328. 19.03.1967   **LUXEMBOURG - BELGIUM**   **0-5(0-3)**   3rd EC. Qualifiers
Stade Municipal, Luxembourg; Referee: Karl Göppel (Switzerland); Attendance: 9,107
BEL: Jean Nicolay (37/0), Georges Heylens (30/0), Pierre Hanon (41/3), Jean Plaskie (20/0), Florent Bohez (1/0), Wilfried Van Moer (3/0), Joseph Jurion (62/9), John Thio (9/4), Jacques Stockman (30/13), Paul Van Himst (41/23), Wilfried Puis (28/2). Trainer: Raymond Goethals (7).
Goals: Paul Van Himst (20), Jacques Stockman (29), Paul Van Himst (36), Jacques Stockman (60, 73).

329. 16.04.1967   **BELGIUM - NETHERLANDS**   **1-0(1-0)**
Bosuilstadion, Deurne, Antwerpen; Referee: Hans Joachim Weyland (West Germany); Attendance: 38,277
BEL: Fernand Boone (1/0), Georges Heylens (31/0), Pierre Hanon (42/3), Albert Sulon (5/0), Florent Bohez (2/0), Prudent Bettens (1/0), Joseph Jurion (63/9), John Thio (10/4), Jacques Stockman (31/13), Paul Van Himst (42/23), Wilfried Puis (29/3). Trainer: Raymond Goethals (8).
Goal: Wilfried Puis (19).

330. 21.05.1967   **POLAND - BELGIUM**   **3-1(2-0)**   3rd EC. Qualifiers
Stadion Śląski, Chorzów; Referee: Toimi Olkku (Finland); Attendance: 80,000
BEL: Jean Nicolay (38/0), Georges Heylens (32/0), Albert Sulon (6/0), Jean Plaskie (21/0), Florent Bohez (3/0), Prudent Bettens (2/0), Joseph Jurion (64/9), Wilfried Van Moer (4/0), Jacques Stockman (32/13), Paul Van Himst (43/23), Wilfried Puis (30/4). Trainer: Raymond Goethals (9).
Goal: Wilfried Puis (52).

331. 08.10.1967   **BELGIUM - POLAND**   **2-4(2-2)**   3rd EC. Qualifiers
Stade Heysel, Bruxelles; Referee: Juan Gardeazabál Garay (Spain); Attendance: 35,897
BEL: Jean Nicolay (39/0), Georges Heylens (33/0), Pierre Hanon (43/3), Jean Plaskie (22/0), Yves Baré (21/0), Paul Vandenberg (38/16), John Thio (11/4), Alfons Haagdoren (1/0), Johan Devrindt (2/2), Paul Van Himst (44/23), Wilfried Puis (31/4). Trainer: Raymond Goethals (10).
Goals: Johan Devrindt (13, 34).

332. 28.10.1967   **FRANCE - BELGIUM**   **1-1(0-1)**   3rd EC. Qualifiers
Stade "Marcel Saupin", Nantes; Referee: Francesco Francescon (Italy); Attendance: 14,591
BEL: Fernand Boone (2/0), Georges Heylens (34/0), André Stassart (1/0), Jean Plaskie (23/0), Jean Cornelis (17/1), Pierre Hanon (44/3), Nicolas Dewalque (1/0), Johan Devrindt (3/2), Roger Claessen (13/6), Raoul Lambert (3/1), Wilfried Puis (32/4). Trainer: Raymond Goethals (11).
Goal: Roger Claessen (37).

333. 22.11.1967   **BELGIUM - LUXEMBOURG**   **3-0(0-0)**   3rd EC. Qualifiers
„Albert Dyserynck" Stadion (De Klokke), Brügge; Referee: William O'Neill (Republic of Ireland); Attendance: 6,745
BEL: Fernand Boone (3/0), Georges Heylens (35/0), Alphonse Peeters (1/0), Jean Plaskie (24/0), Jean Cornelis (18/1), Pierre Hanon (45/3), Jean-Baptiste Dockx (1/0), John Thio (12/6), Roger Claessen (14/7), Johan Devrindt (4/2), Wilfried Puis (33/4). Trainer: Raymond Goethals (12).
Goals: John Thio (62), Roger Claessen (65), John Thio (77).

334. 10.01.1968   **ISRAEL - BELGIUM**   **0-2(0-2)**
Bloomfield Stadium, Jaffa; Referee: Rudolf Scheurer (Switzerland); Attendance: 14,000
BEL: Fernand Boone (4/0), Georges Heylens (36/0), Alphonse Peeters (2/0), Jean Plaskie (25/0), Jean Thissen (1/0), Wilfried Van Moer (5/0), Nicolas Dewalque (2/0), John Thio (13/6), Roger Claessen (15/7), Johan Devrindt (5/3), Wilfried Puis (34/5). Trainer: Raymond Goethals (13).
Goals: Johan Devrindt (11), Wilfried Puis (36).

335. 06.03.1968   **BELGIUM - WEST GERMANY**   **1-3(0-3)**
Stade Heysel, Bruxelles; Referee: Rudolf Scheurer (Switzerland); Attendance: 10,267
BEL: Fernand Boone (5/0), Georges Heylens (37/0), André Stassart (2/0) [Pierre Hanon (46/3)], Jean Plaskie (26/0), Jean Cornelis (19/1), Wilfried Van Moer (6/0), Nicolas Dewalque (3/0), John Thio (14/6), Johan Devrindt (6/4), Paul Van Himst (45/23) Wilfried Puis (35/5). Trainer: Raymond Goethals (14).
Goal: Johan Devrindt (81).

336. 07.04.1968   **NETHERLANDS - BELGIUM**   **1-2(1-1)**
Olympisch Stadion, Amsterdam; Referee: John Patterson (Scotland); Attendance: 34,000
BEL: Fernand Boone (6/0), Georges Heylens (38/0), Léon Jeck (1/0), Jean Plaskie (27/0), Jean Thissen (2/0), Nicolas Dewalque (4/0), Jean-Baptiste Dockx (2/0), Odillon Polleunis (1/1), Roger Claessen (16/7), Paul Van Himst (46/23), Johan Devrindt (7/5). Trainer: Raymond Goethals (15).
Goals: Odillon Polleunis (10), Johan Devrindt (59).

337. 24.04.1968   **SOVIET UNION - BELGIUM**   **1-0(0-0)**
Lenin Stadium, Moskva; Referee: Milivoje Gugulović (Yugoslavia); Attendance: 20,493
BEL: Fernand Boone (7/0), Georges Heylens (39/0), Jacques Beurlet (1/0), Jean Plaskie (28/0), Jean Thissen (3/0), Wilfried Van Moer (7/0), Jean-Baptiste Dockx (3/0), Odillon Polleunis (2/1), Johan Devrindt (8/5), Roger Claessen (17/7), Jan Verheyen (5/0). Trainer: Raymond Goethals (16).

338. 19.06.1968   **FINLAND - BELGIUM**   **1-2(1-0)**   9th FIFA WC. Qualifiers
Olympiastadion, Helsinki; Referee: Anvar Zverev (Soviet Union); Attendance: 10,578
BEL: Jean Trappeniers (6/0), Georges Heylens (40/0), Jacques Beurlet (2/0), Jean Plaskie (29/0), Jean Thissen (4/0), Nicolas Dewalque (5/0), Jean-Baptiste Dockx (4/0), Odillon Polleunis (3/2), Léon Ritzen (6/1) [Léon Semmeling (9/0)], Paul Van Himst (47/23), Johan Devrindt (9/6). Trainer: Raymond Goethals (17).
Goals: Johan Devrindt (85), Odillon Polleunis (89).

339. 09.10.1968 **BELGIUM - FINLAND** 6-1(3-0) 9th FIFA WC. Qualifiers
Regenboogstadion, Waregem; Referee: János Biróczky (Hungary); Attendance: 8,052
BEL: Fernand Boone (8/0), Georges Heylens (41/0), Alphonse Peeters (3/0), Nicolas Dewalque (6/0) [80.Jean-Baptiste Dockx (5/0)], Jean Thissen (5/0), Wilfried Van Moer (8/0), Prudent Bettens (3/0), Léon Semmeling (10/1), Odillon Polleunis (4/5), Paul Van Himst (48/23), Wilfried Puis (36/7). Trainer: Raymond Goethals (18).
Goals: Wilfried Puis (16 penalty, Odillon Polleunis (30, 39), Léon Semmeling (49), Odillon Polleunis (63), Wilfried Puis (77).

340. 16.10.1968 **BELGIUM - YUGOSLAVIA** 3-0(1-0) 9th FIFA WC. Qualifiers
Stade „Émile Versé" (Parc Astrid), Bruxelles; Referee: Jozef Krnavek (Czechoslovakia); Attendance: 20,233
BEL: Jean Trappeniers (7/0), Georges Heylens (42/0) [*sent off 32*], Nicolas Dewalque (7/0), Alphonse Peeters (4/0), Jean Thissen (6/0), Wilfried Van Moer (9/0), Odillon Polleunis (5/6), Léon Semmeling (11/1), Johan Devrindt (10/8), Paul Van Himst (49/23), Wilfried Puis (37/7). Trainer: Raymond Goethals (19).
Goals: Johan Devrindt (35, 73), Odillon Polleunis (84).

341. 11.12.1968 **SPAIN - BELGIUM** 1-1(0-1) 9th FIFA WC. Qualifiers
Estadio „Santiago Bernabéu", Madrid; Referee: Salvador Heliodor Garcia (Portugal); Attendance: 11,906
BEL: Jean Trappeniers (8/0), Léon Jeck (2/0), Pierre Hanon (47/3) [*sent off 75*], Nicolas Dewalque (8/0), Jean Thissen (7/0), Wilfried Van Moer (10/0), Jean-Baptiste Dockx (6/0), Léon Semmeling (12/1), Johan Devrindt (11/9), Odillon Polleunis (6/6), Jan Verheyen (6/0). Trainer: Raymond Goethals (20).
Goal: Johan Devrindt (3).

342. 23.02.1969 **BELGIUM - SPAIN** 2-1(1-0) 9th FIFA WC. Qualifiers
Stade de Sclessin, Liège; Referee: Tage Sørensen (Denmark); Attendance: 31,668
BEL: Jean Trappeniers (9/0), Georges Heylens (43/0), Léon Jeck (3/0), Nicolas Dewalque (9/0), Jean Thissen (8/0), Wilfried Van Moer (11/0) [50.Jean-Baptiste Dockx (7/0)], Odillon Polleunis (7/6), Léon Semmeling (13/1), Johan Devrindt (12/11), Paul Van Himst (50/23), Wilfried Puis (38/7). Trainer: Raymond Goethals (21).
Goals: Johan Devrindt (32, 76).

343. 16.04.1969 **BELGIUM - MEXICO** 2-0(1-0)
Stade Heysel, Bruxelles; Referee: Robert Heliès (France); Attendance: 3,900
BEL: Jean Trappeniers (10/0), Georges Heylens (44/0), Léon Jeck (4/0), Nicolas Dewalque (10/0), Jean Thissen (9/0), Wilfried Van Moer (12/0) [46.Jean-Baptiste Dockx (8/0)], Odillon Polleunis (8/6), Léon Semmeling (14/1) [75.Jan Verheyen (7/0)], Johan Devrindt (13/11), Paul Van Himst (51/24), Wilfried Puis (39/8). Trainer: Raymond Goethals (22).
Goals: Wilfried Puis (43), Paul Van Himst (75).

344. 19.10.1969 **YUGOSLAVIA - BELGIUM** 4-0(3-0) 9th FIFA WC. Qualifiers
Stadion Vardar, Skopje; Referee: Bruno Piotrowicz (Poland); Attendance: 21,583
BEL: Christian Piot (1/0), Georges Heylens (45/0), Jacques Beurlet (3/0), Léon Jeck (5/0), Jean Thissen (10/0), Wilfried Van Moer (13/0) [46.Jan Verheyen (8/0)], Pierre Hanon (48/3), Odillon Polleunis (9/6), Raoul Lambert (4/1), Paul Van Himst (52/24), Wilfried Puis (40/8). Trainer: Raymond Goethals (23).

345. 05.11.1969 **MEXICO - BELGIUM** 1-0(1-0)
Estadio Azteca, Ciudad de México; Referee: Mario Lorenzo Canessa García (Chile); Attendance: 50,000
BEL: Christian Piot (2/0), Georges Heylens (46/0), Nicolas Dewalque (11/0), Léon Jeck (6/0), Jean Thissen (11/0), Wilfried Van Moer (14/0), Jean-Baptiste Dockx (9/0), Jan Verheyen (9/0), Odillon Polleunis (10/6), Julien Van Puymbroeck (1/0), Jean Janssens (1/0) [46.Henri Depireux (1/0)]. Trainer: Raymond Goethals (24).

346. 25.02.1970 **BELGIUM - ENGLAND** 1-3(0-1)
Stade „Émile Versé" (Parc Astrid), Bruxelles; Referee: Antonio Sbardella (Italy); Attendance: 20,594
BEL: Jean Trappeniers (11/0), Georges Heylens (47/0), Nicolas Dewalque (12/0), Léon Jeck (7/0), Jean Thissen (12/0), Wilfried Van Moer (15/0), Jean-Baptiste Dockx (10/1), Odillon Polleunis (11/6) [75.Jan Verheyen (10/0)], Léon Semmeling (15/1), Johan Devrindt (14/11), Paul Van Himst (53/24). Trainer: Raymond Goethals (25).
Goal: Jean-Baptiste Dockx (58).

347. 03.06.1970 **BELGIUM - EL SALVADOR** 3-0(1-0) 9th FIFA WC. Group Stage
Estadio Azteca, Ciudad de México (Mexico); Referee: Andrei Rădulescu (Romania); Attendance: 92,205
BEL: Christian Piot (3/0), Georges Heylens (48/0), Nicolas Dewalque (13/0), Jean-Baptiste Dockx (11/1), Jean Thissen (13/0), Wilfried Van Moer (16/2), Wilfried Puis (41/8), Léon Semmeling (16/1), Johan Devrindt (15/11), Paul Van Himst (54/24), Raoul Lambert (5/2) [81.Odillon Polleunis (12/6)]. Trainer: Raymond Goethals (26).
Goals: Wilfried Van Moer (8, 54), Raoul Lambert (79 penalty).

348. 06.06.1970 **BELGIUM - SOVIET UNION** 1-4(0-1) 9th FIFA WC. Group Stage
Estadio Azteca, Ciudad de México (Mexico); Referee: Rudolf Scheurer (Switzerland); Attendance: 95,261
BEL: Christian Piot (4/0), Georges Heylens (49/0), Nicolas Dewalque (14/0), Léon Jeck (8/0), Jean Thissen (14/0), Jean-Baptiste Dockx (12/1), Wilfried Van Moer (17/2), Léon Semmeling (17/1), Raoul Lambert (6/3), Paul Van Himst (55/24), Wilfried Puis (42/8). Trainer: Raymond Goethals (27).
Goal: Raoul Lambert (86).

349. 11.06.1970 **MEXICO - BELGIUM** 1-0(1-0) 9th FIFA WC. Group Stage
Estadio Azteca, Ciudad de México; Referee: Angel Norberto Coerezza (Argentina); Attendance: 108,192
BEL: Christian Piot (5/0), Georges Heylens (50/0), Nicolas Dewalque (15/0), Léon Jeck (9/0), Jean Thissen (15/0), Jean-Baptiste Dockx (13/1), Wilfried Van Moer (18/2), Léon Semmeling (18/1), Odillon Polleunis (13/6) [65.Johan Devrindt (16/11)], Paul Van Himst (56/24), Wilfried Puis (43/8). Trainer: Raymond Goethals (28).

350. 15.11.1970 **BELGIUM - FRANCE** 1-2(0-0)
Stade Heysel, Bruxelles; Referee: Kurt Tschenscher (West Germany); Attendance: 19,937
BEL: Christian Piot (6/0), Alfons Bastijns (1/0), Nicolas Dewalque (16/0), Léon Jeck (10/0), Jean Thissen (16/0), Wilfried Van Moer (19/3), Erwin Vandendaele (1/0), Jean-Baptiste Dockx (14/1), Léon Semmeling (19/1) [46.John Thio (15/6)], Pierre Carteus (1/0), Jacques Teugels (1/0). Trainer: Raymond Goethals (29).
Goal: Wilfried Van Moer (73).

351. 25.11.1970 **BELGIUM - DENMARK** **2-0(2-0)** 4th EC. Qualifiers
„Albert Dyserynck" Stadion (De Klokke), Brügge; Referee: John Carpenter (Republic of Ireland); Attendance: 9,697
BEL: Christian Piot (7/0), Georges Heylens (51/0), Nicolas Dewalque (17/0), Léon Jeck (11/0), Jean Thissen (17/0), Wilfried Van Moer (20/3) [70.Jan Verheyen (11/0)], Pierre Carteus (2/0), Erwin Vandendaele (2/0), John Thio (16/6), Johan Devrindt (17/13), Raoul Lambert (7/3). Trainer: Raymond Goethals (30).
Goals: Johan Devrindt (18, 36).

352. 03.02.1971 **BELGIUM - SCOTLAND** **3-0(1-0)** 4th EC. Qualifiers
Stade de Sclessin, Liège; Referee: Antonio Sbardella (Italy); Attendance: 13,931
BEL: Christian Piot (8/0), Georges Heylens (52/0), Nicolas Dewalque (18/0), Jean Plaskie (30/0), Jean Thissen (18/0), Wilfried Van Moer (21/3), Erwin Vandendaele (3/0), Léon Semmeling (20/1), Henri Depireux (2/0), Paul Van Himst (57/26), André De Nul (1/0). Trainer: Raymond Goethals (31).
Goals: R. McKinnon (34 own goal), Paul Van Himst (55, 83 penalty).

353. 17.02.1971 **BELGIUM - PORTUGAL** **3-0(1-0)** 4th EC. Qualifiers
Stade „Émile Versé" (Parc Astrid), Bruxelles; Referee: Gaspar Pintado Viu (Spain); Attendance: 26,821
BEL: Christian Piot (9/0), Georges Heylens (53/0), Nicolas Dewalque (19/0), Jean Plaskie (31/0), Jean Thissen (19/0), Wilfried Van Moer (22/3), Erwin Vandendaele (4/0), Léon Semmeling (21/1) [46.John Thio (17/6)], Raoul Lambert (8/5), Paul Van Himst (58/26), André De Nul (2/1). Trainer: Raymond Goethals (32).
Goals: Raoul Lambert (15, 63 penalty), André De Nul (80).

354. 20.05.1971 **LUXEMBOURG - BELGIUM** **0-4(0-2)**
Stade Municipal, Luxembourg; Referee: Ferdinand Biwersi (West Germany); Attendance: 5,000
BEL: Christian Piot (10/0), Georges Heylens (54/0), Erwin Vandendaele (5/0), Jean Plaskie (32/0), Jean Thissen (20/0), Wilfried Van Moer (23/4), Jean-Baptiste Dockx (15/1) [62.Jan Verheyen (12/0)], Léon Semmeling (22/2), André De Nul (3/2), Paul Van Himst (59/27), Wilfried Puis (44/8). Trainer: Raymond Goethals (33).
Goals: André De Nul (9), Paul Van Himst (31 penalty), Léon Semmeling (70), Wilfried Van Moer (84).

355. 26.05.1971 **DENMARK - BELGIUM** **1-2(0-0)** 4th EC. Qualifiers
Idraetsparken, København; Referee: Kaare Sirevaag (Norway); Attendance: 26,266
BEL: Christian Piot (11/0), Georges Heylens (55/0), Erwin Vandendaele (6/0), Jean Plaskie (33/0), Jean Thissen (21/0), Jan Verheyen (13/0), Jean-Baptiste Dockx (16/1), Wilfried Puis (45/8), Léon Semmeling (23/2), Johan Devrindt (18/15), Paul Van Himst (60/27). Trainer: Raymond Goethals (34).
Goals: Johan Devrindt (65, 75).

356. 07.11.1971 **BELGIUM - LUXEMBOURG** **1-0(0-0)**
Stade du Panorama, Verviers; Referee: Robert Wurtz (France); Attendance: 6,313
BEL: Christian Piot (12/0), Georges Heylens (56/0), Nicolas Dewalque (20/0), Erwin Vandendaele (7/1), Leonardus Dolmans (1/0), Wilfried Van Moer (24/4) [60.Odillon Polleunis (14/6)], Jean-Baptiste Dockx (17/1) [46.André Stassart (3/0)], Paul Van Himst (61/27) [78.Maurice Martens (1/0)], Léon Semmeling (24/2), Raoul Lambert (9/5), Wilfried Puis (46/8). Trainer: Raymond Goethals (35).
Goal: Erwin Vandendaele (62).

357. 10.11.1971 **SCOTLAND - BELGIUM** **1-0(1-0)** 4th EC. Qualifiers
Pittodrie Stadium, Aberdeen; Referee: Einar Boström (Sweden); Attendance: 36,500
BEL: Christian Piot (13/0), Georges Heylens (57/0), Nicolas Dewalque (21/0), André Stassart (4/0), Leonardus Dolmans (2/0), Wilfried Van Moer (25/4) [57.Maurice Martens (2/0)], Erwin Vandendaele (8/1), Wilfried Puis (47/8) [69.Raoul Lambert (10/5)], Léon Semmeling (25/2), Johan Devrindt (19/15), Paul Van Himst (62/27). Trainer: Raymond Goethals (36).

358. 21.11.1971 **PORTUGAL - BELGIUM** **1-1(0-0)** 4th EC. Qualifiers
Estádio da Luz, Lisboa; Referee: Kenneth Burns (England); Attendance: 53,577
BEL: Christian Piot (14/0), Georges Heylens (58/0), Nicolas Dewalque (22/0), André Stassart (5/0), Leonardus Dolmans (3/0), Jean-Baptiste Dockx (18/1), Erwin Vandendaele (9/1), Maurice Martens (3/0) [69.Wilfried Puis (48/8)], Léon Semmeling (26/2), Raoul Lambert (11/6), Paul Van Himst (63/27). Trainer: Raymond Goethals (37).
Goal: Raoul Lambert (60).

359. 29.04.1972 **ITALY - BELGIUM** **0-0** 4th EC. Quarter-Finals.
Stadio San Siro, Milano; Referee: Petar Nikolov (Bulgaria); Attendance: 63,549
BEL: Christian Piot (15/0), Georges Heylens (59/0), Erwin Vandendaele (10/1), Jean Thissen (22/0), Maurice Martens (4/0) [49.Leonardus Dolmans (4/0)], Wilfried Van Moer (26/4), Jan Verheyen (14/0), Jean-Baptiste Dockx (19/1), Léon Semmeling (27/2), Paul Van Himst (64/27), Raoul Lambert (12/6). Trainer: Raymond Goethals (38).

360. 13.05.1972 **BELGIUM - ITALY** **2-1(1-0)** 4th EC. Quarter-Finals.
Stade „Émile Versé" (Parc Astrid), Bruxelles; Referee: Paul Schiller (Austria); Attendance: 26,561
BEL: Christian Piot (16/0), Georges Heylens (60/0), Erwin Vandendaele (11/1), Jean Thissen (23/0), Leonardus Dolmans (5/0), Jean-Baptiste Dockx (20/1), Jan Verheyen (15/0), Wilfried Van Moer (27/5) [46.Odillon Polleunis (15/6)], Léon Semmeling (28/2), Raoul Lambert (13/6), Paul Van Himst (65/28). Trainer: Raymond Goethals (39).
Goals: Wilfried Van Moer (24), Paul Van Himst (71).

361. 18.05.1972 **BELGIUM - ICELAND** **4-0(2-0)** 10th FIFA WC. Qualifiers
Stade de Sclessin, Liège; Referee: Kaj Rasmussen (Denmark); Attendance: 6,257
BEL: Christian Piot (17/0), Georges Heylens (61/0), Erwin Vandendaele (12/1), Jean Thissen (24/0), Leonardus Dolmans (6/0), Odillon Polleunis (16/9), Jan Verheyen (16/0), Jean-Baptiste Dockx (21/1), Léon Semmeling (29/2), Raoul Lambert (14/6) [46.Jacques Teugels (2/0)], Paul Van Himst (66/29). Trainer: Raymond Goethals (40).
Goals: Paul Van Himst (13), Odillon Polleunis (33, 58, 90).

362. 22.05.1972 **BELGIUM - ICELAND** **4-0(2-0)** 10th FIFA WC. Qualifiers
„Albert Dyserynck" Stadion (De Klokke), Brügge; Referee: Dominick V. Byrne (Republic of Ireland); Attendance: 10,508
BEL: Christian Piot (18/0), Georges Heylens (62/0), Erwin Vandendaele (13/1), Jean Thissen (25/0), Jean-Baptiste Dockx (22/2), Jan Verheyen (17/0), Odillon Polleunis (17/9), Frans Janssens (1/1), Raoul Lambert (15/8), Paul Van Himst (67/29), John Thio (18/6). Trainer: Raymond Goethals (41).
Goals: Frans Janssens (28), Raoul Lambert (32 penalty, 52), Jean-Baptiste Dockx (59).

363. 14.06.1972 **BELGIUM - WEST GERMANY** 1-2(0-1) 4th EC. Semi-Finals.
Bosuilstadion, Deurne, Antwerpen; Referee: William Joseph Mullan (Scotland); Attendance: 55,669
BEL: Christian Piot (19/0), Georges Heylens (63/0), Erwin Vandendaele (14/1), Jean Thissen (26/0), Leonardus Dolmans (7/0), Jean-Baptiste Dockx (23/2), Jan Verheyen (18/0), Maurice Martens (5/0) [70.O.Polleunis (18/10)], Léon Semmeling (30/2), Raoul Lambert (16/8), Paul Van Himst (68/29). Trainer: Raymond Goethals (42).
Goal: Odillon Polleunis (83).

364. 17.06.1972 **BELGIUM - HUNGARY** 2-1(2-0) 4th EC. Third Place Play-off.
Stade de Sclessin, Liège; Referee: Einar Boström (Sweden); Attendance: 6,184
BEL: Christian Piot (20/0), Georges Heylens (64/0), Erwin Vandendaele (15/1), Jean Thissen (27/0), Leonardus Dolmans (8/0), Jean-Baptiste Dockx (24/2), Jan Verheyen (19/0), Odillon Polleunis (19/10), Léon Semmeling (31/2), Paul Van Himst (69/30), Raoul Lambert (17/9). Trainer: Raymond Goethals (43).
Goals: Raoul Lambert (24), Paul Van Himst (29).

365. 04.10.1972 **NORWAY - BELGIUM** 0-2(0-0) 10th FIFA WC. Qualifiers
Ullevaal Stadion, Oslo; Referee: William Joseph Mullan (Scotland); Attendance: 10,141
BEL: Christian Piot (21/0), Georges Heylens (65/0), Erwin Vandendaele (16/1), Jean Thissen (28/0), Leonardus Dolmans (9/1) [87.Maurice Martens (6/0)], Jan Verheyen (20/0), Jean-Baptiste Dockx (25/2), Odillon Polleunis (20/10), Léon Semmeling (32/2), Raoul Lambert (18/10) [76.Jacques Teugels (3/0)], Paul Van Himst (70/30). Trainer: Raymond Goethals (44).
Goals: Leonardus Dolmans (60 penalty), Raoul Lambert (62).

366. 19.11.1972 **BELGIUM - NETHERLANDS** 0-0 10th FIFA WC. Qualifiers
Bosuilstadion, Deurne, Antwerpen; Referee: Keith Walker (England); Attendance: 54,293
BEL: Christian Piot (22/0), Georges Heylens (66/0), Erwin Vandendaele (17/1), Nicolas Dewalque (23/0), Jean Thissen (29/0), Maurice Martens (7/0), Wilfried Van Moer (28/5) [80.Jan Verheyen (21/0)], Jean-Baptiste Dockx (26/2), Paul Van Himst (71/30), Léon Semmeling (33/2), Johan Devrindt (20/15). Trainer: Raymond Goethals (45).

367. 18.04.1973 **BELGIUM - EAST GERMANY** 3-0(1-0)
Olympisch Stadion (Kielstadion), Antwerpen; Referee: Achille Verbeke (France); Attendance: 4,671
BEL: Christian Piot (23/0), Georges Heylens (67/0), Erwin Vandendaele (18/1), Nicolas Dewalque (24/0), Jean Thissen (30/0), Wilfried Van Moer (29/5), Joseph Heyligen (1/0), Maurice Martens (8/0), Léon Semmeling (34/2) [61.Jean-Baptiste Dockx (27/3)], Raoul Lambert (19/12), Paul Van Himst (72/30) [46.Jacques Teugels (4/0)]. Trainer: Raymond Goethals (46).
Goals: Raoul Lambert (14), Jean-Baptiste Dockx (74), Raoul Lambert (80).

368. 31.10.1973 **BELGIUM - NORWAY** 2-0(1-0) 10th FIFA WC. Qualifiers
Stade „Émile Versé" (Parc Astrid), Bruxelles; Referee: Michal Jurša (Czechoslovakia); Attendance: 14,303
BEL: Luc Sanders (1/0), Alfons Bastijns (2/0), Gilbert Van Binst (1/0) [72.François Vander Elst (1/0)], Nicolas Dewalque (25/0), Leonardus Dolmans (10/2), Jan Verheyen (22/0), Paul Van Himst (73/30), Jean-Baptiste Dockx (28/3), Frans Janssens (2/1), Ivo Van Herp (1/0) [46.Raoul Lambert (20/13)], Jean Janssens (2/0). Trainer: Raymond Goethals (47).
Goals: Leonardus Dolmans (32 penalty), Raoul Lambert (75 penalty).

369. 18.11.1973 **NETHERLANDS - BELGIUM** 0-0 10th FIFA WC. Qualifiers
Olympisch Stadion, Amsterdam; Referee: Pavel Kazakov (Soviet Union); Attendance: 62,000
BEL: Christian Piot (24/0), Gilbert Van Binst (2/0) [76.Gérard De Sanghere (1/0)], Nicolas Dewalque (26/0), Erwin Vandendaele (19/1), Jean Thissen (31/0), Maurice Martens (9/0), Jan Verheyen (23/0), Léon Semmeling (35/2), Jean-Baptiste Dockx (29/3), Paul Van Himst (74/30), Raoul Lambert (21/13). Trainer: Raymond Goethals (48).

370. 13.03.1974 **EAST GERMANY - BELGIUM** 1-0(0-0)
Fredrik Ludwig Jahn, Ost-Berlin; Referee: Kopcio (Czechoslovakia); Attendance: 30,000
BEL: Christian Piot (25/0), Gilbert Van Binst (3/0), Erwin Vandendaele (20/1), Hugo Broos (1/0), Maurice Martens (10/0), François Vander Elst (2/0), Jan Verheyen (24/0). Jean-Baptiste Dockx (30/3), Paul Van Himst (75/30), Johan Devrindt (21/15) [84.Wilfried Van Moer (30/5)], Francis Nicolay (1/0) [73.Guido Nicolaes (1/0)]. Trainer: Raymond Goethals (49).

371. 17.04.1974 **BELGIUM - POLAND** 1-1(1-0)
Stade de Sclessin, Liège; Referee: Adolf Mathias (Austria); Attendance: 5,536
BEL: Christian Piot (26/0), Gilbert Van Binst (4/0), Nicolas Dewalque (27/0), Erwin Vandendaele (21/1), Jean Thissen (32/0), Wilfried Van Moer (31/6) [83.Guido Nicolaes (2/0)], Jan Verheyen (25/0), Maurice Martens (11/0), Roger Henrotay (1/0), Paul Van Himst (76/30) [46.Jean-Baptiste Dockx (31/3)], Raoul Lambert (22/13). Trainer: Raymond Goethals (50).
Goal: Wilfried Van Moer (31).

372. 01.05.1974 **SWITZERLAND - BELGIUM** 0-1(0-0)
Stade des Charmilles, Genève; Referee: Luciano Giunti (Italy); Attendance: 16,000
BEL: Christian Piot (27/0), Gilbert Van Binst (5/0), Nicolas Dewalque (28/0), Erwin Vandendaele (22/1), Maurice Martens (12/0), Wilfried Van Moer (32/6), Jan Verheyen (26/0) [57.Jean-Baptiste Dockx (32/3)], Paul Van Himst (77/30), Ivo Van Herp (2/1), Raoul Lambert (23/13), Roger Henrotay (2/0). Trainer: Raymond Goethals (51).
Goal: Ivo Van Herp (60).

373. 01.06.1974 **BELGIUM - SCOTLAND** 2-1(1-0)
„Albert Dyserynck" Stadion (De Klokke), Brügge; Referee: Klaus Ohmsen (West Germany); Attendance: 7,769
BEL: Christian Piot (28/0), Gilbert Van Binst (6/0), Nicolas Dewalque (29/0) [40.Jean Thissen (33/0)], Erwin Vandendaele (23/1), Maurice Martens (13/0), Wilfried Van Moer (33/6), Jan Verheyen (27/0), Paul Van Himst (78/30), Ivo Van Herp (3/1), Raoul Lambert (24/14), Roger Henrotay (3/1) [68.Julien Cools (1/0)]. Trainer: Raymond Goethals (52).
Goals: Roger Henrotay (22), Raoul Lambert (78 penalty).

374. 08.09.1974 **ICELAND - BELGIUM** 0-2(0-1) 5th EC. Qualifiers
Laugardalsvöllur, Reykjavík; Referee: Thomas Reynolds (Wales); Attendance: 7,540
BEL: Christian Piot (29/0), Gilbert Van Binst (7/0), Hugo Broos (2/0), Erwin Vandendaele (24/1), Ludo Coeck (1/0) [46.Julien Cools (2/0)], Jan Verheyen (28/0), Wilfried Van Moer (34/7), Paul Van Himst (79/30), François Vander Elst (3/0), Jean Janssens (3/0) [84.Jacques Teugels (5/1)], Roger Henrotay (4/1). Trainer: Raymond Goethals (53).
Goals: Wilfried Van Moer (38), Jacques Teugels (78 penalty).

375. 12.10.1974 **BELGIUM - FRANCE** 2-1(1-1) 5th EC. Qualifiers
Stade Heysel, Bruxelles; Referee: Kenneth Burns (England); Attendance: 32,108
BEL: Christian Piot (30/0), Gilbert Van Binst (8/0), Hugo Broos (3/0), Erwin Vandendaele (25/1), Maurice Martens (14/1), Wilfried Van Moer (35/7), Jan Verheyen (29/0), Paul Van Himst (80/30) [71.Jean-Baptiste Dockx (33/3)], François Vander Elst (4/1), Raoul Lambert (25/14), Jacques Teugels (6/1). Trainer: Raymond Goethals (54).
Goals: Maurice Martens (12), François Vander Elst (73).

376. 07.12.1974 **EAST GERMANY - BELGIUM** 0-0 5th EC. Qualifiers
Zentralstadion, Leipzig; Referee: Sergio Gonella (Italy); Attendance: 20,557
BEL: Christian Piot (31/0), Gilbert Van Binst (9/0), Hugo Broos (4/0), Erwin Vandendaele (26/1), Maurice Martens (15/1), Julien Cools (3/0), Nicolas Dewalque (30/0), Jan Verheyen (30/0), Paul Van Himst (81/30) [15.François Vander Elst (5/1)], Raoul Lambert (26/14), Jacques Teugels (7/1). Trainer: Raymond Goethals (55).

377. 30.04.1975 **BELGIUM - NETHERLANDS** 1-0(0-0) 5th EC. Qualifiers
Bosuilstadion, Deurne, Antwerpen; Referee: John Keith Taylor (England); Attendance: 15,155
BEL: Christian Piot (32/0), Gilbert Van Binst (10/0), Nicolas Dewalque (31/0), Erwin Vandendaele (27/1), Xavier Caers (1/0) [78.Jean-Baptiste Dockx (34/3)], Wilfried Van Moer (36/7), Ludo Coeck (2/0), Julien Cools (4/0), François Vander Elst (6/1), Raoul Lambert (27/15), Jacques Teugels (8/1). Trainer: Raymond Goethals (56).
Goal: Raoul Lambert.

378. 06.09.1975 **BELGIUM - ICELAND** 1-0(1-0) 5th EC. Qualifiers
Stade de Sclessin, Liège; Referee: Tage Sørensen (Denmark); Attendance: 9,371
BEL: Christian Piot (33/0), Gilbert Van Binst (11/0), Hugo Broos (5/0), Nicolas Dewalque (32/0), Maurice Martens (16/1), Julien Cools (5/0), Jan Verheyen (31/0) [61.Ludo Coeck (3/0)], Odillon Polleunis (21/10), Johan Devrindt (22/15), Raoul Lambert (28/16), Jacques Teugels (9/1). Trainer: Raymond Goethals (57).
Goals: Raoul Lambert (43).

379. 27.09.1975 **BELGIUM - EAST GERMANY** 1-2(0-0) 5th EC. Qualifiers
Stade „Émile Versé" (Parc Astrid), Bruxelles; Referee: Nicolae Rainea (Romania); Attendance: 17,281
BEL: Christian Piot (34/0), Eric Gerets (1/0), Nicolas Dewalque (33/0), Erwin Vandendaele (28/1), Maurice Martens (17/1), Julien Cools (6/0), Ludo Coeck (4/0), Odillon Polleunis (22/10) [78.Jean Janssens (4/0)], Wilfried Puis (49/9), Johan Devrindt (23/15), Jacques Teugels (10/1). Trainer: Raymond Goethals (58).
Goals: Wilfried Puis (60).

380. 15.11.1975 **FRANCE - BELGIUM** 0-0 5th EC. Qualifiers
Parc des Princes, Paris; Referee: Robert Holley Davidson (Scotland); Attendance: 35,547
BEL: Christian Piot (35/0), Gilbert Van Binst (12/0), Erwin Vandendaele (29/1), Georges Leekens (1/0), Jean-Baptiste Dockx (35/3), Julien Cools (7/0), Ludo Coeck (5/0), Jan Verheyen (32/0), René Vandereycken (1/0), Roger Van Gool (1/0), Raoul Lambert (29/16) [78.Jacques Teugels (11/1)]. Trainer: Raymond Goethals (59).

381. 25.04.1976 **NETHERLANDS - BELGIUM** 5-0(2-0) 5th EC. Quarter-Finals.
Stadion Feijenoord, Rotterdam; Referee: Jean Dubach (Switzerland); Attendance: 35,000
BEL: Christian Piot (36/0), Eric Gerets (2/0), Georges Leekens (2/0), Gilbert Van Binst (13/0), Maurice Martens (18/1), Jan Verheyen (33/0), Julien Cools (8/0) [46.François Vander Elst (7/1)], Ludo Coeck (6/0), René Vandereycken (2/0), Roger Van Gool (2/0), Raoul Lambert (30/16) [81.Jacques Teugels (12/1)]. Trainer: Raymond Goethals (60).

382. 22.05.1976 **BELGIUM - NETHERLANDS** 1-2(1-0) 5th EC. Quarter-Finals.
Stade Heysel, Bruxelles; Referee: Alberto Michelotti (Italy); Attendance: 19,050
BEL: Jean-Marie Pfaff (1/0), Gilbert Van Binst (14/0), Michel Renquin (1/0), Robert Dalving (1/0), Maurice Martens (19/1), Julien Cools (9/0), François Vander Elst (8/1), René Verheyen (1/0), Williy Wellens (1/0), René Vandereycken (3/0), Roger Van Gool (3/1) [66.Hervé Delesie (1/0)]. Trainer: Guy Jean Léonard Thys (1).
Goal: Roger Van Gool (27).

383. 05.09.1976 **ICELAND - BELGIUM** 0-1(0-0) 11th FIFA WC. Qualifiers
Laugardalsvøllur, Reykjavík; Referee: John Carpenter (Republic of Ireland); Attendance: 9,580
BEL: Christian Piot (37/0), Eric Gerets (3/0), Michel Renquin (2/0), Erwin Vandendaele (30/1), Maurice Martens (20/1), Ludo Coeck (7/0), François Vander Elst (9/2), René Verheyen (2/0), Williy Wellens (2/0) [60.Rudi Haleydt (1/0)], Paul Courant (1/0) [75.Julien Cools (10/0)], Jacques Teugels (13/1). Trainer: Guy Jean Léonard Thys (2).
Goal: François Vander Elst (72).

384. 10.11.1976 **BELGIUM - NORTHERN IRELAND** 2-0(1-0) 11th FIFA WC. Qualifiers
Stade de Sclessin, Liège; Referee: Adolf Prokop (East Germany); Attendance: 25,081
BEL: Christian Piot (38/0), Eric Gerets (4/0), Hugo Broos (6/0), Erwin Vandendaele (31/1), Michel Renquin (3/0), François Vander Elst (10/2), Ludo Coeck (8/0), Paul Courant (2/0), Julien Cools (11/0), Roger Van Gool (4/2), Raoul Lambert (31/17). Trainer: Guy Jean Léonard Thys (3).
Goals: Roger Van Gool (28), Raoul Lambert (53).

385. 26.01.1977 **ITALY - BELGIUM** 2-1(1-0)
Stadio Olimpico, Roma; Referee: Erich Linemayr (Austria); Attendance: 16,573
BEL: Christian Piot (39/1), Eric Gerets (5/0), Hugo Broos (7/0), Erwin Vandendaele (32/1) [46.Walter Meeuws (1/0)], Michel Renquin (4/0), François Vander Elst (11/2), Ludo Coeck (9/0), Paul Courant (3/0) [60.René Verheyen (3/0)], Julien Cools (12/0), Williy Wellens (3/0), Dirk Beheydt (1/0). Trainer: Guy Jean Léonard Thys (4).
Goal: Christian Piot (83 penalty).

386. 26.03.1977 **BELGIUM - NETHERLANDS** 0-2(0-1) 11th FIFA WC. Qualifiers
Bosuilstadion, Deurne, Antwerpen; Referee: Sergio Gonella (Italy); Attendance: 48,343
BEL: Christian Piot (40/1), Alfons Bastijns (3/0), Hugo Broos (8/0), Ludo Coeck (10/0), Jozef Volders (1/0), Julien Cools (13/0), François Vander Elst (12/2), René Verheyen (4/0), Roger Van Gool (5/2) [46.Jan Ceulemans (1/0)], Paul Courant (4/0), Williy Wellens (4/0). Trainer: Guy Jean Léonard Thys (5).

387. 03.09.1977 **BELGIUM - ICELAND** 4-0(2-0) 11th FIFA WC. Qualifiers
Stade „Émile Versé" (Parc Astrid), Bruxelles; Referee: Svein Inge Thieme (Norway); Attendance: 5,807
BEL: Jean-Marie Pfaff (2/0), Gilbert Van Binst (15/1), Hugo Broos (9/0), Walter Meeuws (2/0), Maurice Martens (21/2), Julien Cools (14/0), François Vander Elst (13/2), René Vandereycken (4/0), Raoul Lambert (32/18), Paul Courant (5/1), Jan Ceulemans (2/0). Trainer: Guy Jean Léonard Thys (6).
Goals: Gilbert Van Binst (14), Maurice Martens (19 penalty), Paul Courant (59), Raoul Lambert (66).

388. 26.10.1977 **NETHERLANDS - BELGIUM** 1-0(1-0) 11th FIFA WC. Qualifiers
Olympisch Stadion, Amsterdam; Referee: Patrick Partridge (England); Attendance: 65,000
BEL: Jean-Marie Pfaff (3/0), Eric Gerets (6/0), Walter Meeuws (3/0), Hugo Broos (10/0), Jean Thissen (34/0) [62.François Vander Elst (14/2)], Michel Renquin (5/0), Julien Cools (15/0), Ludo Coeck (11/0), René Vandereycken (5/0), Roger Van Gool (6/2), Raoul Lambert (33/18). Trainer: Guy Jean Léonard Thys (7).

389. 16.11.1977 **NORTHERN IRELAND - BELGIUM** 3-0(1-0) 11th FIFA WC. Qualifiers
Windsor Park, Belfast; Referee: Georges Konrath (France); Attendance: 8,000
BEL: Jean-Marie Pfaff (4/0), Eric Gerets (7/0), Hugo Broos (11/0), Walter Meeuws (4/0), Michel Renquin (6/0), Julien Cools (16/0), Ludo Coeck (12/0), Frank Vercauteren (1/0), Raymond Mommens (1/0), Williy Wellens (5/0), Jan Ceulemans (3/0). Trainer: Guy Jean Léonard Thys (8).

390. 21.12.1977 **BELGIUM - ITALY** 0-1(0-0)
Stade de Sclessin, Liège; Referee: Rudolf Frickel (West Germany); Attendance: 6,930
BEL: Jean-Marie Pfaff (5/0), Eric Gerets (8/0), Hugo Broos (12/0) [46.Marc Baecke (1/0)], Walter Meeuws (5/0), Michel Renquin (7/0), Julien Cools (17/0), Ludo Coeck (13/0), René Vandereycken (6/0) [46.Frank Vercauteren (2/0)], Albert Cluytens (1/0), Hubert Cordiez (1/0) [65.René Verheyen (5/0)], Guy Dardenne (1/0). Trainer: Guy Jean Léonard Thys (9).

391. 22.03.1978 **BELGIUM - AUSTRIA** 1-0(1-0)
Stade du Mambourg, Charleroi; Referee: Jan Keizer (Netherlands); Attendance: 3,034
BEL: Jean-Marie Pfaff (6/0), Michel Renquin (8/0), Hugo Broos (13/0), Walter Meeuws (6/0), Marc Baecke (2/0), Julien Cools (18/0), François Vander Elst (15/2), Frank Vercauteren (3/0) [46.René Vandereycken (7/0)], Wilhelm Geurts (1/1), Ludo Coeck (14/0) [46.René Verheyen (6/0)], Guy Dardenne (2/0) [79.Albert Cluytens (2/0)]. Trainer: Guy Jean Léonard Thys (10).
Goal: Wilhelm Geurts (42).

392. 19.04.1978 **EAST GERMANY - BELGIUM** 0-0
„Ernst Grube" Stadion, Magdeburg; Referee: John Homewood (England); Attendance: 20,000
BEL: Jean-Marie Pfaff (7/0), Eric Gerets (9/0), Hugo Broos (14/0), Walter Meeuws (7/0), Michel Renquin (9/0), Julien Cools (19/0), Ludo Coeck (15/0), René Verheyen (7/0), François Vander Elst (16/2), Wilhelm Geurts (2/1), Guy Dardenne (3/0). Trainer: Guy Jean Léonard Thys (11).

393. 20.09.1978 **BELGIUM - NORWAY** 1-1(0-1) 6th EC. Qualifiers
Daknamstadion, Lokeren; Referee: Marijan Rauš (Yugoslavia); Attendance: 5,272
BEL: Jean-Marie Pfaff (8/0), Eric Gerets (10/0) [46.François Vander Elst (17/2)], Walter Meeuws (8/0), Georges Leekens (3/0), René Vandereycken (8/0), Julien Cools (20/1), Ludo Coeck (16/0), René Verheyen (8/0), Roger Van Gool (7/2), Paul Courant (6/1) [60.Wilhelm Geurts (3/1)], Edouard Voordeckers (1/0). Trainer: Guy Jean Léonard Thys (12).
Goal: Julien Cools (64).

394. 11.10.1978 **PORTUGAL - BELGIUM** 1-1(1-1) 6th EC. Qualifiers
Estádio „José Alvalade", Lisboa; Referee: Georges Konrath (France); Attendance: 35,000
BEL: Jean-Marie Pfaff (9/0), Eric Gerets (11/0), Hugo Broos (15/0), Walter Meeuws (9/0), Michel Renquin (10/0), Julien Cools (21/1), Ludo Coeck (17/0), René Vandereycken (9/0), Frank Vercauteren (4/1), Guy Dardenne (4/0) [67.François Vander Elst (18/2)], Edouard Voordeckers (2/0) [60.Jan Ceulemans (4/0)]. Trainer: Guy Jean Léonard Thys (13).
Goal: Frank Vercauteren (39).

395. 15.11.1978 **ISRAEL - BELGIUM** 1-0(0-0)
Bloomfield Stadium, Jaffa; Referee: Nikolaos Zlatanos (Greece); Attendance: 12,000
BEL: Jean-Marie Pfaff (10/0), Eric Gerets (12/0), Hugo Broos (16/0), Walter Meeuws (10/0), Michel Renquin (11/0), Julien Cools (22/1), Ludo Coeck (18/0) [71.Edouard Voordeckers (3/0)], René Vandereycken (10/0), Frank Vercauteren (5/1) [57.François Vander Elst (19/2)], Guy Dardenne (5/0), Jan Ceulemans (5/0) [88.Marc Baecke (3/0)]. Trainer: Guy Jean Léonard Thys (14).

396. 28.03.1979 **BELGIUM - AUSTRIA** 1-1(1-0) 6th EC. Qualifiers
Stade „Émile Versé" (Parc Astrid), Bruxelles; Referee: Angel Franco Martínez (Spain); Attendance: 6,264
BEL: Jean-Marie Pfaff (11/0), Eric Gerets (13/0), Hugo Broos (17/0), Walter Meeuws (11/0), Michel Renquin (12/0), Julien Cools (23/1) [70.Wilhelm Geurts (4/1)], René Vandereycken (11/1), Frank Vercauteren (6/1), Albert Cluytens (3/0), François Vander Elst (20/2), Jean Janssens (5/0). Trainer: Guy Jean Léonard Thys (15).
Goal: René Vandereycken (20 penalty).

397. 02.05.1979 **AUSTRIA - BELGIUM** 0-0 6th EC. Qualifiers
Praterstadion, Wien; Referee: Hilmi Ok (Turkey); Attendance: 42,903
BEL: Michel Preud´homme (1/0), Eric Gerets (14/0), Hugo Broos (18/0), Walter Meeuws (12/0), Michel Renquin (13/0), Julien Cools (24/1), René Vandereycken (12/1), Frank Vercauteren (7/1), François Vander Elst (21/2), Charles Jacobs (1/0) [86.Guy Dardenne (6/0)], Jean Janssens (6/0). Trainer: Guy Jean Léonard Thys (16).

398. 12.09.1979 **NORWAY - BELGIUM** 1-2(1-1) 6th EC. Qualifiers
Ullevaal Stadion, Oslo; Referee: Aloyzy Jargus (Poland); Attendance: 11,255
BEL: Jean-Marie Pfaff (12/0), Eric Gerets (15/0), Luc Millecamps (1/0), Walter Meeuws (13/0), Michel Renquin (14/0), Julien Cools (25/1), René Vandereycken (13/1), Frank Vercauteren (8/1) [76.René Verheyen (9/0)], Albert Cluytens (4/0), François Vander Elst (22/3), Jean Janssens (7/1) [76.Jan Ceulemans (6/0)]. Trainer: Guy Jean Léonard Thys (17).
Goals: Jean Janssens (31), François Vander Elst (62).

399. 26.09.1979 **NETHERLANDS - BELGIUM** 1-0(0-0)
Stadion Feijenoord, Rotterdam; Referee: Clive Bradley White (England); Attendance: 21,000
BEL: Jean-Marie Pfaff (13/0) [77.Theo Custers (1/0)], Eric Gerets (16/0), Luc Millecamps (2/0), Philippe Garot (1/0), Michel Renquin (15/0), Julien Cools (26/1), René Vandereycken (14/1), Frank Vercauteren (9/1) [46.Guy Dardenne (7/0)], François Vander Elst (23/3), Jan Ceulemans (7/0), Albert Cluytens (5/0). Trainer: Guy Jean Léonard Thys (18).

400. 17.10.1979 **BELGIUM - PORTUGAL** 2-0(0-0) 6th EC. Qualifiers
Stade Heysel, Bruxelles; Referee: Ulf Eriksson (Sweden); Attendance: 8,799
BEL: Theo Custers (2/0), Eric Gerets (17/0), Luc Millecamps (3/0), Walter Meeuws (14/0), Michel Renquin (16/0) [75.Philippe Garot (2/0)], Julien Cools (27/1), René Vandereycken (15/1), Wilfried Van Moer (37/8) [75.René Verheyen (10/0)], François Vander Elst (24/4), Jan Ceulemans (8/0), Edouard Voordeckers (4/0). Trainer: Guy Jean Léonard Thys (19).
Goals: Wilfried Van Moer (46), François Vander Elst (56).

401. 21.11.1979 **BELGIUM - SCOTLAND** 2-0(1-0) 6th EC. Qualifiers
Stade Heysel, Bruxelles; Referee: Elzar Azim Zade (Soviet Union); Attendance: 14,289
BEL: Theo Custers (3/0), Eric Gerets (18/0), Luc Millecamps (4/0), Walter Meeuws (15/0), Michel Renquin (17/0), Julien Cools (28/1), Wilfried Van Moer (38/8) [66.René Verheyen (11/0)], René Vandereycken (16/1), François Vander Elst (25/5), Jan Ceulemans (9/0), Edouard Voordeckers (5/1). Trainer: Guy Jean Léonard Thys (20).
Goals: François Vander Elst (6), Edouard Voordeckers (47).

402. 19.12.1979 **SCOTLAND - BELGIUM** 1-3(0-3) 6th EC. Qualifiers
Hampden Park, Glasgow; Referee: Heinz Aldinger (West Germany); Attendance: 25,389
BEL: Theo Custers (4/0), Eric Gerets (19/0), Luc Millecamps (5/0), Walter Meeuws (16/0), Maurice Martens (22/2), Julien Cools (29/1), Wilfried Van Moer (39/8) [49.Gérard Plessers (1/0)], René Vandereycken (17/1), François Vander Elst (26/7), Erwin Vandenbergh (1/1) [73.Guy Dardenne (8/0)], Jan Ceulemans (10/0). Trainer: Guy Jean Léonard Thys (21).
Goals: Erwin Vandenbergh (18), François Vander Elst (23, 30).

403. 27.02.1980 **BELGIUM - LUXEMBOURG** 5-0(3-0)
Stade Heysel, Bruxelles; Referee: Henrik van Ettekoven (Netherlands); Attendance: 1,226
BEL: Theo Custers (5/0), Eric Gerets (20/0), Luc Millecamps (6/0) [46.Michel Renquin (18/0)], Walter Meeuws (17/0), Maurice Martens (23/2) [46.Gérard Plessers (2/0)], Julien Cools (30/1) [59.Marc Millecamps (1/0)], René Vandereycken (18/2), Guy Dardenne (9/0), François Vander Elst (27/9), Erwin Vandenbergh (2/3), Jan Ceulemans (11/0). Trainer: Guy Jean Léonard Thys (22).
Goals: Erwin Vandenbergh (12), René Vandereycken (16), Erwin Vandenbergh (21), François Vander Elst (66, 89).

404. 18.03.1980 **BELGIUM - URUGUAY** 2-0(0-0)
Stade Heysel, Bruxelles; Referee: Robert Wurtz (France); Attendance: 3,974
BEL: Theo Custers (6/0), Eric Gerets (21/0) [46.Michel Renquin (19/0)], Luc Millecamps (7/0), Walter Meeuws (18/0), Maurice Martens (24/2) [46.Gérard Plessers (3/0)], Ludo Coeck (19/0), René Verheyen (12/1), René Vandereycken (19/2), François Vander Elst (28/10), Erwin Vandenbergh (3/3) [70.Guy Dardenne (10/0)], Jan Ceulemans (12/0). Trainer: Guy Jean Léonard Thys (23).
Goals: René Verheyen (65 penalty), François Vander Elst (86).

405. 02.04.1980 **BELGIUM - POLAND** 2-1(1-0)
Stade Heysel, Bruxelles; Referee: Heinz Aldinger (West Germany); Attendance: 6,800
BEL: Theo Custers (7/0), Eric Gerets (22/0), Walter Meeuws (19/0), Luc Millecamps (8/0) [46.Maurice Martens (25/2)], Michel Renquin (20/0), Wilfried Van Moer (40/8) [66.Gérard Plessers (4/0)], René Vandereycken (20/2), Ludo Coeck (20/1), François Vander Elst (29/10), Erwin Vandenbergh (4/4), Jan Ceulemans (13/0). Trainer: Guy Jean Léonard Thys (24).
Goals: Ludo Coeck (39), Erwin Vandenbergh (58).

406. 06.06.1980 **BELGIUM - ROMANIA** 2-1(1-0)
Stade Heysel, Bruxelles; Referee: Jakob Baumann (Switzerland); Attendance: 3,875
BEL: Theo Custers (8/0) [46.Jean-Marie Pfaff (14/0)], Eric Gerets (23/0), Luc Millecamps (9/0) [58.Maurice Martens (26/2)], Walter Meeuws (20/0), Michel Renquin (21/0) [89.René Verheyen (13/1)], Wilfried Van Moer (41/8), René Vandereycken (21/2), Julien Cools (31/1), François Vander Elst (30/11), Guy Dardenne (11/0), Jan Ceulemans (14/1). Trainer: Guy Jean Léonard Thys (25).
Goals: Jan Ceulemans (48), François Vander Elst (87).

407. 12.06.1980 **BELGIUM - ENGLAND** 1-1(1-1) 6th EC. Group Stage
Stadio Comunale, Torino (Italy); Referee: Heinz Aldinger (West Germany); Attendance: 15,186
BEL: Jean-Marie Pfaff (15/0), Eric Gerets (24/0), Luc Millecamps (10/0), Walter Meeuws (21/0), Michel Renquin (22/0), Wilfried Van Moer (42/8) [88.Raymond Mommens (2/0)], René Vandereycken (22/2), Julien Cools (32/1), François Vander Elst (31/11), Erwin Vandenbergh (5/4), Jan Ceulemans (15/2). Trainer: Guy Jean Léonard Thys (26).
Goal: Jan Ceulemans (30).

408. 15.06.1980 **BELGIUM - SPAIN** 2-1(1-1) 6th EC. Group Stage
Stadio „Giuseppe Meazza", Milano (Italy); Referee: Charles George Rainier Corver (Netherlands); Attendance: 11,430
BEL: Jean-Marie Pfaff (16/0), Eric Gerets (25/1), Luc Millecamps (11/0), Walter Meeuws (22/0), Michel Renquin (23/0), Wilfried Van Moer (43/8) [73.Raymond Mommens (3/0)], René Vandereycken (23/2), Julien Cools (33/2), François Vander Elst (32/11), Erwin Vandenbergh (6/4) [81.René Verheyen (14/1)], Jan Ceulemans (16/2). Trainer: Guy Jean Léonard Thys (27).
Goals: Eric Gerets (17), Julien Cools (65).

409. 18.06.1980 **ITALY - BELGIUM** 0-0 6th EC. Group Stage
Stadio Olimpico, Roma; Referee: Antonio José Da Silva Garrido (Portugal); Attendance: 42,318
BEL: Jean-Marie Pfaff (17/0), Eric Gerets (26/1), Luc Millecamps (12/0), Walter Meeuws (23/0), Michel Renquin (24/0), Wilfried Van Moer (44/8) [48.René Verheyen (15/1)], René Vandereycken (24/2), Julien Cools (34/2), Raymond Mommens (4/0) [77.Erwin Vandenbergh (7/4)], François Vander Elst (33/11), Jan Ceulemans (17/2). Trainer: Guy Jean Léonard Thys (28).

410. 21.06.1980 **WEST GERMANY - BELGIUM** 2-1(1-0) 6th EC. Final.
Stadio Olimpico, Roma (Italy); Referee: Nicolae Rainea (Romania); Attendance: 47,864
BEL: Jean-Marie Pfaff (18/0), Eric Gerets (27/1), Luc Millecamps (13/0), Walter Meeuws (24/0), Michel Renquin (25/0), Wilfried Van Moer (45/8), René Vandereycken (25/3), Julien Cools (35/2), Raymond Mommens (5/0), François Vander Elst (34/11), Jan Ceulemans (18/2). Trainer: Guy Jean Léonard Thys (29).
Goal: René Vandereycken (71 penalty).

411. 15.10.1980   **REPUBLIC OF IRELAND - BELGIUM**   1-1(1-1)   12th FIFA WC. Qualifiers
Lansdowne Road, Dublin; Referee: Norbert Rolles (Luxembourg); Attendance: 40,000
BEL: Jean-Marie Pfaff (19/0), Eric Gerets (28/1), Luc Millecamps (14/0) [88.Michel De Wolf (1/0)], Walter Meeuws (25/0), Michel Renquin (26/0), Wilfried Van Moer (46/8) [84.Joseph Heyligen (2/0)], Ludo Coeck (21/1), René Vandereycken (26/3), Albert Cluytens (6/1), Erwin Vandenbergh (8/4), Jan Ceulemans (19/2). Trainer: Guy Jean Léonard Thys (30).
Goal: Albert Cluytens (13).

412. 19.11.1980   **BELGIUM - NETHERLANDS**   1-0(0-0)   12th FIFA WC. Qualifiers
Stade Heysel, Bruxelles; Referee: Elzar Azim Zade (Soviet Union); Attendance: 57,665
BEL: Jean-Marie Pfaff (20/0), Eric Gerets (29/1), Luc Millecamps (15/0), Walter Meeuws (26/0), Michel Renquin (27/0), Wilfried Van Moer (47/8), Ludo Coeck (22/1), René Vandereycken (27/3), Albert Cluytens (7/1), Erwin Vandenbergh (9/5), Jan Ceulemans (20/2). Trainer: Guy Jean Léonard Thys (31).
Goal: Erwin Vandenbergh (48 penalty).

413. 21.12.1980   **CYPRUS - BELGIUM**   0-2(0-1)   12th FIFA WC. Qualifiers
Stádio Makarion, Nicosia; Referee: Robert Valentine (Scotland); Attendance: 6,000
BEL: Jean-Marie Pfaff (21/0), Eric Gerets (30/1), Luc Millecamps (16/0), Walter Meeuws (27/0), Gérard Plessers (5/0) [72.Ludo Coeck (23/1)], Wilfried Van Moer (48/8), René Vandereycken (28/3), Raymond Mommens (6/0), Albert Cluytens (8/1) [78.Edouard Voordeckers (6/1)], Erwin Vandenbergh (10/6), Jan Ceulemans (21/3). Trainer: Guy Jean Léonard Thys (32).
Goals: Erwin Vandenbergh (29), Jan Ceulemans (69).

414. 18.02.1981   **BELGIUM - CYPRUS**   3-2(2-1)   12th FIFA WC. Qualifiers
Stade Heysel, Bruxelles; Referee: Arto Ravander (Finland); Attendance: 17,445
BEL: Jean-Marie Pfaff (22/0), Eric Gerets (31/1), Ludo Coeck (24/1), Michel Renquin (28/0), Gérard Plessers (6/1) [72.Frank Vercauteren (10/1)], Albert Cluytens (9/1) [72.Edouard Voordeckers (7/1)], René Vandereycken (29/3), Raymond Mommens (7/0), Williy Wellens (6/0), Erwin Vandenbergh (11/7), Jan Ceulemans (22/4). Trainer: Guy Jean Léonard Thys (33).
Goals: Gérard Plessers (12), Erwin Vandenbergh (17), Jan Ceulemans (67).

415. 25.03.1981   **BELGIUM - REPUBLIC OF IRELAND**   1-0(0-0)   12th FIFA WC. Qualifiers
Stade Heysel, Bruxelles; Referee: Raul Joaquim Fernandes Nazarre (Portugal); Attendance: 37,978
BEL: Michel Preud'homme (2/0), Eric Gerets (32/1), Luc Millecamps (17/0), Walter Meeuws (28/0), Michel Renquin (29/0), Ludo Coeck (25/1) [76.Williy Wellens (7/0)], René Vandereycken (30/3), Raymond Mommens (8/0) [84.Frank Vercauteren (11/1)], Albert Cluytens (10/1), Erwin Vandenbergh (12/7), Jan Ceulemans (23/5). Trainer: Guy Jean Léonard Thys (34).
Goal: Jan Ceulemans (87).

416. 29.04.1981   **FRANCE - BELGIUM**   3-2(3-1)   12th FIFA WC. Qualifiers
Parc des Princes, Paris; Referee: Victoriano Sánchez Arminio (Spain); Attendance: 44,954
BEL: Michel Preud'homme (3/0), Eric Gerets (33/1), Luc Millecamps (18/0) [17.Michel De Wolf (2/0)], Walter Meeuws (29/0), Michel Renquin (30/0), Wilfried Van Moer (49/8), René Vandereycken (31/3), Frank Vercauteren (12/1) [63.René Verheyen (16/1)], Albert Cluytens (11/1), Erwin Vandenbergh (13/8), Jan Ceulemans (24/6). Trainer: Guy Jean Léonard Thys (35).
Goals: Erwin Vandenbergh (5), Jan Ceulemans (52).

417. 09.09.1981   **BELGIUM - FRANCE**   2-0(1-0)   12th FIFA WC. Qualifiers
Stade Heysel, Bruxelles; Referee: Károly Palotai (Hungary); Attendance: 52,525
BEL: Jean-Marie Pfaff (23/0), Michel Renquin (31/0), Luc Millecamps (19/0), Walter Meeuws (30/0), Marc Baecke (4/0), Wilfried Van Moer (50/8) [51.Marc Millecamps (2/0)], Ludo Coeck (26/1), Frank Vercauteren (13/1), Alexander Czerniatynski (1/1), Erwin Vandenbergh (14/9), Jan Ceulemans (25/6). Trainer: Guy Jean Léonard Thys (36).
Goals: Alexander Czerniatynski (25), Erwin Vandenbergh (83).

418. 14.10.1981   **NETHERLANDS - BELGIUM**   3-0(2-0)   12th FIFA WC. Qualifiers
Stadion Feijenoord, Rotterdam; Referee: Brian McGinley (Scotland); Attendance: 56,000
BEL: Jean-Marie Pfaff (24/0), Eric Gerets (34/1), Luc Millecamps (20/0), Walter Meeuws (31/0) [*sent off 40*], Michel Renquin (32/0), Marc Millecamps (3/0), René Vandereycken (32/3), Eduard Snelders (1/0) [62.Gérard Plessers (7/1)], Frank Vercauteren (14/1), Alexander Czerniatynski (2/1), Edouard Voordeckers (8/1) [46.Albert Cluytens (12/1)]. Trainer: Guy Jean Léonard Thys (37).

419. 16.12.1981   **SPAIN - BELGIUM**   2-0(1-0)
Estadio "Luis Casanova", Valencia; Referee: Volker Roth (West Germany); Attendance: 28,000
BEL: Jean-Marie Pfaff (25/0), Walter Meeuws (32/0), Eric Gerets (35/1) [42.Frank Mariman (1/0)], Luc Millecamps (21/0), Marc Baecke (5/0), Wilfried Van Moer (51/8) [64.Marc Millecamps (4/0)], René Vandereycken (33/3), Frank Vercauteren (15/1), Alexander Czerniatynski (3/1) [63.Wilhelm Geurts (5/1)], Erwin Vandenbergh (15/9), Jan Ceulemans (26/6). Trainer: Guy Jean Léonard Thys (38).

420. 24.03.1982   **BELGIUM - ROMANIA**   4-1(2-0)
Stade Heysel, Bruxelles; Referee: Daniel Lambert (France); Attendance: 7,330
BEL: Jean-Marie Pfaff (26/0), Eric Gerets (36/1) [47.Marc Millecamps (5/0)], René Vandereycken (34/3), Luc Millecamps (22/0), Marc Baecke (6/0), Wilfried Van Moer (52/8), René Verheyen (17/3), Ludo Coeck (27/1), Frank Vercauteren (16/1), Alexander Czerniatynski (4/3), Erwin Vandenbergh (16/9) [76.Wilhelm Geurts (6/1)]. Trainer: Guy Jean Léonard Thys (39).
Goals: René Verheyen (12, 45), Alexander Czerniatynski (57, 76).

421. 28.04.1982   **BELGIUM - BULGARIA**   2-1(1-1)
Stade Heysel, Bruxelles; Referee: Gerd Henning (West Germany); Attendance: 14,500
BEL: Jean-Marie Pfaff (27/0), Eric Gerets (37/1), Luc Millecamps (23/0), René Vandereycken (35/3) [René Verheyen (18/3)], Michel Renquin (33/0), Wilfried Van Moer (53/9) [François Vander Elst (35/11)], Ludo Coeck (28/1), Frank Vercauteren (17/1) [Raymond Mommens (9/0)], Erwin Vandenbergh (17/10), Alexander Czerniatynski (5/3), Jan Ceulemans (27/6). Trainer: Guy Jean Léonard Thys (40).
Goals: Erwin Vandenbergh (2), Wilfried Van Moer (53).

422. 27.05.1982   **DENMARK - BELGIUM**   1-0(0-0)
Idraetsparken, København; Referee: Hans Harrysson (Sweden); Attendance: 14,000
BEL: Jean-Marie Pfaff (28/0) [Theo Custers (9/0)], Eric Gerets (38/1), Luc Millecamps (24/0), Maurits De Schrijver (1/0), Michel Renquin (34/0), Ludo Coeck (29/1), Frank Vercauteren (18/1) [Raymond Mommens (10/0)], Wilfried Van Moer (54/9) [Alexander Czerniatynski (6/3)], François Vander Elst (36/11), Erwin Vandenbergh (18/10), Jan Ceulemans (28/6) [Joseph Daerden (1/0)]. Trainer: Guy Jean Léonard Thys (41).

423. 13.06.1982 **ARGENTINA - BELGIUM**   0-1(0-0)   12th FIFA WC. Group Stage
Estadio Nou Camp, Barcelona (Spain); Referee: Vojtech Christov (Czecholovakia); Attendance: 95,000
BEL: Jean-Marie Pfaff (29/0), Eric Gerets (39/1), Luc Millecamps (25/0), Maurits De Schrijver (2/0), Marc Baecke (7/0), Guy Vandersmissen (1/0), Ludo Coeck (30/1), Jan Ceulemans (29/6), Frank Vercauteren (19/1), Erwin Vandenbergh (19/11), Alexander Czerniatynski (7/3). Trainer: Guy Jean Léonard Thys (42).
Goal: Erwin Vandenbergh (63).

424. 19.06.1982 **BELGIUM - EL SALVADOR**   1-0(1-0)   12th FIFA WC. Group Stage
Estadio Nuevo Altabix, Elche (Spain); Referee: Malcolm Moffatt (Northern Ireland); Attendance: 38,749
BEL: Jean-Marie Pfaff (30/0), Eric Gerets (40/1), Luc Millecamps (26/0), Walter Meeuws (33/0), Marc Baecke (8/0), Guy Vandersmissen (2/0) [45.François Vander Elst (37/11)], Ludo Coeck (31/2), Frank Vercauteren (20/1), Jan Ceulemans (30/6) [80.Wilfried Van Moer (55/9)], Alexander Czerniatynski (8/3), Erwin Vandenbergh (20/11). Trainer: Guy Jean Léonard Thys (43).
Goal: Ludo Coeck (18).

425. 22.06.1982 **BELGIUM - HUNGARY**   1-1(0-1)   12th FIFA WC. Group Stage
Estadio Nuevo Altabix, Elche (Spain); Referee: Clive B.White (England); Attendance: 37,000
BEL: Jean-Marie Pfaff (31/0), Eric Gerets (41/1) [63.Gérard Plessers (8/1)], Luc Millecamps (27/0), Walter Meeuws (34/0), Marc Baecke (9/0), Guy Vandersmissen (3/0) [46.Wilfried Van Moer (56/9)], Ludo Coeck (32/2), Frank Vercauteren (21/1), Jan Ceulemans (31/6), Alexander Czerniatynski (9/4), Erwin Vandenbergh (21/11). Trainer: Guy Jean Léonard Thys (44).
Goal: Alexander Czerniatynski (76).

426. 28.06.1982 **POLAND - BELGIUM**   3-0(2-0)   12th FIFA WC. 2nd Round.
Estadio Nou Camp, Barcelona (Spain); Referee: Luis Siles Calderón (Costa Rica); Attendance: 65,000
BEL: Theo Custers (10/0), Michel Renquin (35/0), Luc Millecamps (28/0), Walter Meeuws (35/0), Gérard Plessers (9/1) [87.Marc Baecke (10/0)], Wilfried Van Moer (57/9) [46.François Vander Elst (38/11)], Ludo Coeck (33/2), Jan Ceulemans (32/6), Frank Vercauteren (22/1), Alexander Czerniatynski (10/4), Erwin Vandenbergh (22/11). Trainer: Guy Jean Léonard Thys (45).

427. 01.07.1982 **SOVIET UNION - BELGIUM**   1-0(0-0)   12th FIFA WC. 2nd Round.
Estadio Nou Camp, Barcelona (Spain); Referee: Michel Vautrot (France); Attendance: 45,000
BEL: Jacques Munaron (1/0), Michel Renquin (36/0), Luc Millecamps (29/0), Walter Meeuws (36/0), Maurits De Schrijver (3/0) [65.Marc Millecamps (6/0)], Guy Vandersmissen (4/0) [67.Alexander Czerniatynski (11/4)], Ludo Coeck (34/2), René Verheyen (19/3), Frank Vercauteren (23/1), Erwin Vandenbergh (23/11). Jan Ceulemans (33/6). Trainer: Guy Jean Léonard Thys (46).

428. 22.09.1982 **WEST GERMANY - BELGIUM**   0-0
Olympiastadion, München; Referee: Vojtech Christov (Czechoslovakia); Attendance: 25,000
BEL: Jean-Marie Pfaff (32/0), Eric Gerets (42/1), Joseph Daerden (2/0), Walter Meeuws (37/0), Marc Baecke (11/0), Guy Vandersmissen (5/0), René Verheyen (20/3), Ludo Coeck (35/2), Frank Vercauteren (24/1) [75.Raymond Mommens (11/0)], Alexander Czerniatynski (12/4) [83.Ivan Hoste (1/0)], Jan Ceulemans (34/6). Trainer: Guy Jean Léonard Thys (47).

429. 06.10.1982 **BELGIUM - SWITZERLAND**   3-0(1-0)   7th EC. Qualifiers
Stade Heysel, Bruxelles; Referee: Paolo Bergamo (Italy); Attendance: 16,808
BEL: Jean-Marie Pfaff (33/0), Eric Gerets (43/1), Walter Meeuws (38/0), Joseph Daerden (3/0), Marc Baecke (12/0), Guy Vandersmissen (6/0), Ludo Coeck (36/3), Jan Ceulemans (35/6), Frank Vercauteren (25/1), Alexander Czerniatynski (13/4), Erwin Vandenbergh (24/12). Trainer: Guy Jean Léonard Thys (48).
Goals: H.Lüdi (SUI,2 own goal), Ludo Coeck (48), Erwin Vandenbergh (82).

430. 15.12.1982 **BELGIUM - SCOTLAND**   3-2(2-2)   7th EC. Qualifiers
Stade Heysel, Bruxelles; Referee: Antonio José Da Silva Garrido (Portugal); Attendance: 48,877
BEL: Jean-Marie Pfaff (34/0), Eric Gerets (44/1), Walter Meeuws (39/0), Joseph Daerden (4/0), Marc Baecke (13/0), Guy Vandersmissen (7/0), Ludo Coeck (37/3), Jan Ceulemans (36/6), Frank Vercauteren (26/1) [63.René Verheyen (21/3)], Erwin Vandenbergh (25/13) [87.Maurits De Schrijver (4/0)], François Vander Elst (39/13). Trainer: Guy Jean Léonard Thys (49).
Goals: Erwin Vandenbergh (25), François Vander Elst (39, 63).

431. 30.03.1983 **EAST GERMANY - BELGIUM**   1-2(0-1)   7th EC. Qualifiers
Zentralstadion, Leipzig; Referee: John Carpenter (Republic of Ireland); Attendance: 75,000
BEL: Jacques Munaron (2/0), Eric Gerets (45/1), Luc Millecamps (30/0), Walter Meeuws (40/0) [85.Léo Albert Clijsters (1/0)], Michel De Groote (1/0) [46.Marc Baecke (14/0)], Guy Vandersmissen (8/0), Jan Ceulemans (37/6), Ludo Coeck (38/3), Frank Vercauteren (27/1), François Vander Elst (40/14), Erwin Vandenbergh (26/14). Trainer: Guy Jean Léonard Thys (50).
Goals: François Vander Elst (36), Erwin Vandenbergh (68).

432. 27.04.1983 **BELGIUM - EAST GERMANY**   2-1(2-1)   7th EC. Qualifiers
Stade Heysel, Bruxelles; Referee: Emilio Gurruceta Muro (Spain); Attendance: 43,894
BEL: Jean-Marie Pfaff (35/0), Eric Gerets (46/1), Luc Millecamps (31/0), Walter Meeuws (41/0), Michel De Groote (2/0), Guy Vandersmissen (9/0), Ludo Coeck (39/4), Frank Vercauteren (28/1), Jan Ceulemans (38/7), François Vander Elst (41/14), Erwin Vandenbergh (27/14). Trainer: Guy Jean Léonard Thys (51).
Goals: Jan Ceulemans (18), Ludo Coeck (38).

433. 31.05.1983 **FRANCE - BELGIUM**   1-1(1-1)
Stade Municipal, Luxembourg; Referee: Norbert Rolles (Luxembourg); Attendance: 5,880
BEL: Jacques Munaron (3/0), Eric Gerets (47/1), Walter Meeuws (42/0), Luc Millecamps (32/0), Michel De Wolf (3/0), Guy Vandersmissen (10/0), Ludo Coeck (40/4), Frank Vercauteren (29/1), François Vander Elst (42/14), Marc Angèle Van der Linden (1/0) [60.Léo Albert Clijsters (2/0)], Edouard Voordeckers (9/2). Trainer: Guy Jean Léonard Thys (52).
Goal: Edouard Voordeckers (13).

434. 21.09.1983 **BELGIUM - NETHERLANDS**   1-1(0-0)
Stade Heysel, Bruxelles; Referee: Ulrich Nyffenegger (Switzerland); Attendance: 11,746
BEL: Jean-Marie Pfaff (36/0), Eric Gerets (48/1), Luc Millecamps (33/0), Walter Meeuws (43/0), Michel De Wolf (4/0), Guy Vandersmissen (11/0), Ludo Coeck (41/4) [René Verheyen (22/3)], Frank Vercauteren (30/1), Jan Ceulemans (39/7), Erwin Vandenbergh (28/14), Edouard Voordeckers (10/3). Trainer: Guy Jean Léonard Thys (53).
Goal: Edouard Voordeckers (75).

435. 12.10.1983 **SCOTLAND - BELGIUM** 1-1(0-1) 7th EC. Qualifiers
Hampden Park, Glasgow; Referee: Enzo Barbaresco (Italy); Attendance: 23,475
BEL: Jean-Marie Pfaff (37/0), Eric Gerets (49/1), Luc Millecamps (34/0), Walter Meeuws (44/0) [76.Michel De Wolf (5/0)], Michel Wintacq (1/0), François Vander Elst (43/14), Ludo Coeck (42/4), Jan Ceulemans (40/7), Frank Vercauteren (31/2), Nicolaas Pieter Claesen (1/0), Edouard Voordeckers (11/3). Trainer: Guy Jean Léonard Thys (54).
Goal: Frank Vercauteren (31).

436. 09.11.1983 **SWITZERLAND - BELGIUM** 3-1(1-0) 7th EC. Qualifiers
Wankdorf Stadion, Bern; Referee: Volker Roth (West Germany); Attendance: 10,000
BEL: Jean-Marie Pfaff (38/0), Eric Gerets (50/1), Luc Millecamps (35/0), Walter Meeuws (45/0), Raymond Mommens (12/0), François Vander Elst (44/14) [46.Guy Vandersmissen (12/0)], Ludo Coeck (43/4) [64.Nicolaas Pieter Claesen (2/0)], Frank Vercauteren (32/2), Jan Ceulemans (41/7), Erwin Vandenbergh (29/15), Edouard Voordeckers (12/3). Trainer: Guy Jean Léonard Thys (55).
Goal: Erwin Vandenbergh (64).

437. 29.02.1984 **BELGIUM - WEST GERMANY** 0-1(0-0)
Stade Heysel, Bruxelles; Referee: Albert Thomas (Netherlands); Attendance: 23,000
BEL: Jean-Marie Pfaff (39/0), Michel Renquin (37/0) [46.Joseph Daerden (5/0)], Walter Meeuws (46/0), Paul Lambrichts (1/0), Gérard Plessers (10/1), Paul Theunis (1/0), Jan Ceulemans (42/7), René Verheyen (23/3), Frank Vercauteren (33/2) [37.Michel De Wolf (6/0)], Edouard Voordeckers (13/3), Nicolaas Pieter Claesen (3/0). Trainer: Guy Jean Léonard Thys (56).

438. 17.04.1984 **POLAND - BELGIUM** 0-1(0-0)
Stadion Wojska Polskiego, Warszawa; Referee: Radu Petrescu (Romania); Attendance: 20,000
BEL: Jean-Marie Pfaff (40/0), Walter De Greef (1/0), Léo Albert Clijsters (3/0), Paul Lambrichts (2/0), Michel De Wolf (7/0), Léo Vander Elst (1/0), Paul Theunis (2/0), Erwin Vandenbergh (30/15) [46.Alexander Czerniatynski (14/5)], Raymond Mommens (13/0), Nicolaas Pieter Claesen (4/0), Edouard Voordeckers (14/3). Trainer: Guy Jean Léonard Thys (57).
Goal: Alexander Czerniatynski (89).

439. 06.06.1984 **BELGIUM - HUNGARY** 2-2(1-1)
Stade Heysel, Bruxelles; Referee: Georges Konrath (France); Attendance: 12,800
BEL: Jean-Marie Pfaff (41/0), Walter De Greef (2/0), Vincenzo Scifo (1/0), Léo Albert Clijsters (4/0) [46.Paul Lambrichts (3/0)], Michel De Wolf (8/0), Frank Vercauteren (34/2), René Vandereycken (36/3), Nicolaas Pieter Claesen (5/0), Edouard Voordeckers (15/3) [60.Alexander Czerniatynski (15/5)], Ludo Coeck (44/4), Jan Ceulemans (43/9). Trainer: Guy Jean Léonard Thys (58).
Goals: Jan Ceulemans (18, 89).

440. 13.06.1984 **BELGIUM - YUGOSLAVIA** 2-0(2-0) 7th EC. Group Stage
Stade „Félix Bollaert", Lens (France); Referee: Erik Fredriksson (Sweden); Attendance: 40,000
BEL: Jean-Marie Pfaff (42/0), Georges Grün (1/1), Léo Albert Clijsters (5/0) [34.Paul Lambrichts (4/0)], Walter De Greef (3/0), Michel De Wolf (9/0), Vincenzo Scifo (2/0), René Vandereycken (37/3), Jan Ceulemans (44/9), Frank Vercauteren (35/2), Nicolaas Pieter Claesen (6/0), Erwin Vandenbergh (31/16). Trainer: Guy Jean Léonard Thys (59).
Goals: Erwin Vandenbergh (28), Georges Grün (45).

441. 16.06.1984 **FRANCE - BELGIUM** 5-0(3-0) 7th EC. Group Stage
Stade de La Beaujoire, Nantes; Referee: Robert Valentine (Scotland); Attendance: 51,359
BEL: Jean-Marie Pfaff (43/0), Georges Grün (2/1), Paul Lambrichts (5/0), Walter De Greef (4/0), Michel De Wolf (10/0), Vincenzo Scifo (3/0) [52.René Verheyen (24/3)], René Vandereycken (38/3) [46.Ludo Coeck (45/4)], Jan Ceulemans (45/9), Frank Vercauteren (36/2), Nicolaas Pieter Claesen (7/0), Erwin Vandenbergh (32/16). Trainer: Guy Jean Léonard Thys (60).

442. 19.06.1984 **BELGIUM - DENMARK** 2-3(2-1) 7th EC. Group Stage
Stade de la Meinau, Strasbourg (France); Referee: Adolf Prokop (East Germany); Attendance: 36,911
BEL: Jean-Marie Pfaff (44/0), Georges Grün (3/1), Léo Albert Clijsters (6/0), Walter De Greef (5/0), Michel De Wolf (11/0), Frank Vercauteren (37/3) [62.Edouard Voordeckers (16/3)], René Vandereycken (39/3), Vincenzo Scifo (4/0), Jan Ceulemans (46/10), Nicolaas Pieter Claesen (8/0) [46.Ludo Coeck (46/4)], Erwin Vandenbergh (33/16). Trainer: Guy Jean Léonard Thys (61).
Goals: Jan Ceulemans (27), Frank Vercauteren (39).

443. 05.09.1984 **BELGIUM - ARGENTINA** 0-2(0-2)
Stade Heysel, Bruxelles; Referee: Franz Wöhrer (Austria); Attendance: 7,853
BEL: Jacques Munaron (4/0), Georges Grün (4/1), Michel De Wolf (12/0), Léo Albert Clijsters (7/0), Marc Baecke (15/0) [46.Eddy Jaspers (1/0)], Vincenzo Scifo (5/0), René Vandereycken (40/3), Jan Ceulemans (47/10), Frank Vercauteren (38/3), Alexander Czerniatynski (16/5), Marc Degryse (1/0). Trainer: Guy Jean Léonard Thys (62).

444. 17.10.1984 **BELGIUM - ALBANIA** 3-1(0-0) 13th FIFA WC. Qualifiers
Stade Heysel, Bruxelles; Referee: Arto Ravander (Finland); Attendance: 11,000
BEL: Jacques Munaron (5/0), Georges Grün (5/1), Dirk De Vriese (1/0), Michel Renquin (38/0), Michel De Wolf (13/0), Frank Vercauteren (39/3), René Vandereycken (41/3), Vincenzo Scifo (6/1), Léo Vander Elst (2/0) [54.Marc Degryse (2/0)], Nicolaas Pieter Claesen (9/1), Alexander Czerniatynski (17/5) [79.Edouard Voordeckers (17/4)]. Trainer: Guy Jean Léonard Thys (63).
Goals: Nicolaas Pieter Claesen (59), Vincenzo Scifo (84), Edouard Voordeckers (88).

445. 19.12.1984 **GREECE - BELGIUM** 0-0 13th FIFA WC. Qualifiers
Stádio „OAKA Spyros Louis", Athína; Referee: Heinz Fahnler (Austria); Attendance: 15,000
BEL: Jean-Marie Pfaff (45/0), Georges Grün (6/1), Eddy Jaspers (2/0), Frank Richard Vander Elst (1/0), Michel Renquin (39/0), Michel De Groote (3/0), Vincenzo Scifo (7/1), Jan Ceulemans (48/10), Frank Vercauteren (40/3), Nicolaas Pieter Claesen (10/1), Alexander Czerniatynski (18/5) [62.Edouard Voordeckers (18/4)]. Trainer: Guy Jean Léonard Thys (64).

446. 22.12.1984 **ALBANIA - BELGIUM** 2-0(0-0) 13th FIFA WC. Qualifiers
Stadiumi „Kombëtar Qemal Stafa", Tiranë; Referee: Victoriano Arminio Sánchez (Spain); Attendance: 20,000
BEL: Jean-Marie Pfaff (46/0), Georges Grün (7/1), Frank Richard Vander Elst (2/0), Michel De Groote (4/0), Eddy Jaspers (3/0), Michel Renquin (40/0), Vincenzo Scifo (8/1) [46.Léo Albert Clijsters (8/0)], Frank Vercauteren (41/3), Jan Ceulemans (49/10), Nicolaas Pieter Claesen (11/1), Alexander Czerniatynski (19/5) [60.Edouard Voordeckers (19/4)]. Trainer: Guy Jean Léonard Thys (65).

447. 27.03.1985 **BELGIUM - GREECE** **2-0(0-0)** 13th FIFA WC. Qualifiers
Stade Heysel, Bruxelles; Referee: Keith Hacket (England); Attendance: 41,500
BEL: Jean-Marie Pfaff (47/0), Georges Grün (8/1), Michel Renquin (41/0), Gérard Plessers (11/1), Michel De Wolf (14/0), Vincenzo Scifo (9/2), René Vandereycken (42/3), Jan Ceulemans (50/10), Frank Vercauteren (42/4), Edouard Voordeckers (20/4), Erwin Vandenbergh (34/16). **Trainer:** Guy Jean Léonard Thys (66).
Goals: Frank Vercauteren (69), Vincenzo Scifo (89).

448. 01.05.1985 **BELGIUM - POLAND** **2-0(1-0)** 13th FIFA WC. Qualifiers
Stade Heysel, Bruxelles; Referee: Malcolm Moffatt (Northern Ireland); Attendance: 48,310
BEL: Jacques Munaron (6/0), Georges Grün (9/1), Frank Richard Vander Elst (3/0), Michel Renquin (42/0), Gérard Plessers (12/1), Vincenzo Scifo (10/2) [82.Léo Albert Clijsters (9/0)], Jan Ceulemans (51/10), René Vandereycken (43/3), Frank Vercauteren (43/5) [81.Raymond Mommens (14/0)], Erwin Vandenbergh (35/17), Edouard Voordeckers (21/4). **Trainer:** Guy Jean Léonard Thys (67).
Goals: Erwin Vandenbergh (30), Frank Vercauteren (53).

449. 11.09.1985 **POLAND - BELGIUM** **0-0** 13th FIFA WC. Qualifiers
Stadion Śląski, Chorzów; Referee: Robert Valentine (Scotland); Attendance: 70,000
BEL: Jean-Marie Pfaff (48/0), Eric Gerets (51/1), Frank Richard Vander Elst (4/0), Georges Grün (10/1) [52.Marc Degryse (3/0)], Michel Renquin (43/0), Vincenzo Scifo (11/2), Jan Ceulemans (52/10), René Vandereycken (44/3), Gérard Plessers (13/1), Erwin Vandenbergh (36/17) [73.Léo Albert Clijsters (10/0)], Edouard Voordeckers (22/4). **Trainer:** Guy Jean Léonard Thys (68).

450. 16.10.1985 **BELGIUM - NETHERLANDS** **1-0(1-0)** 13th FIFA WC. Play-Offs.
Stade „Émile Versé" (Parc Astrid), Bruxelles; Referee: Pietro d'Elia (Italy); Attendance: 36,500
BEL: Jean-Marie Pfaff (49/0), Eric Gerets (52/1), Georges Grün (11/1) [69.Alexander Czerniatynski (20/5)], Frank Richard Vander Elst (5/0), Michel Renquin (44/0), Léo Vander Elst (3/0), René Vandereycken (45/3), Jan Ceulemans (53/10), Frank Vercauteren (44/6), Nicolaas Pieter Claesen (12/1), Erwin Vandenbergh (37/17). **Trainer:** Guy Jean Léonard Thys (69).
Goal: Frank Vercauteren (20).

451. 20.11.1985 **NETHERLANDS - BELGIUM** **2-1(0-0)** 13th FIFA WC. Play-Offs.
Stadion Feijenoord, Rotterdam; Referee: George Courtney (England); Attendance: 54,000
BEL: Jean-Marie Pfaff (50/0), Eric Gerets (53/1), Hugo Broos (19/0), Frank Richard Vander Elst (6/0) [73.Daniel Veyt (1/0)], Michel De Wolf (15/0), Frank Vercauteren (45/6), René Vandereycken (46/3), Léo Vander Elst (4/0) [46.Georges Grün (12/2)], Léo Albert Clijsters (11/0), Philippe De Smet (1/0), Jan Ceulemans (54/10). **Trainer:** Guy Jean Léonard Thys (70).
Goal: Georges Grün (84).

452. 19.02.1986 **SPAIN - BELGIUM** **3-0(2-0)**
Estadio "Nuevo Altabix", Elche; Referee: Paolo Casarin (Italy); Attendance: 38,000
BEL: Jacques Munaron (7/0), Eric Gerets (54/1), Georges Grün (13/2), Frank Richard Vander Elst (7/0) [46.Michel De Wolf (16/0)], Michel Renquin (45/0), Vincenzo Scifo (12/2), Léo Albert Clijsters (12/0) [46.Hugo Broos (20/0)], Guy Vandersmissen (13/0) [46.Daniel Veyt (2/0)], Frank Vercauteren (46/6), Alexander Czerniatynski (21/5), Philippe De Smet (2/0). **Trainer:** Guy Jean Léonard Thys (71).

453. 23.04.1986 **BELGIUM - BULGARIA** **2-0(1-0)**
Stade Heysel, Bruxelles; Referee: Dieter Pauly (West Germany); Attendance: 4,872
BEL: Gilbert Bodart (1/0), Eric Gerets (55/1) [Georges Grün (14/2)], Stéphane Demol (1/0), Frank Richard Vander Elst (8/0) [Michel Renquin (46/0)], Patrick Vervoort (1/0), Léo Vander Elst (5/0), René Vandereycken (47/3), Frank Vercauteren (47/6), Jan Ceulemans (55/10) [Nicolaas Pieter Claesen (13/1)], Erwin Vandenbergh (38/18), Philippe De Smet (3/1). **Trainer:** Guy Jean Léonard Thys (72).
Goals: Philippe De Smet (43), Erwin Vandenbergh (55).

454. 19.05.1986 **BELGIUM - YUGOSLAVIA** **1-3(0-3)**
Stade Heysel, Bruxelles; Referee: Alain Delmer (France); Attendance: 10,000
BEL: Jean-Marie Pfaff (51/0), Eric Gerets (56/1) [46.Georges Grün (15/2)], Michel Renquin (47/0) [46.Frank Richard Vander Elst (9/0)], Stéphane Demol (2/0) [46.Hugo Broos (21/0)], Patrick Vervoort (2/0) [46.Michel De Wolf (17/0)], Léo Vander Elst (6/0) [46.Vincenzo Scifo (13/2)], René Vandereycken (48/3) [46.Léo Albert Clijsters (13/0)], Frank Vercauteren (48/6), Nicolaas Pieter Claesen (14/2), Erwin Vandenbergh (39/18), Jan Ceulemans (56/10). **Trainer:** Guy Jean Léonard Thys (73).
Goal: Nicolaas Pieter Claesen (60).

455. 03.06.1986 **MEXICO - BELGIUM** **2-1(2-1)** 13th FIFA WC. Group Stage.
Estadio Azteca, Ciudad de México; Referee: Carlos Esposito (Argentina); Attendance: 110,000
BEL: Jean-Marie Pfaff (52/0), Eric Gerets (57/1), Hugo Broos (22/0), Frank Richard Vander Elst (10/0), Michel De Wolf (18/0), Vincenzo Scifo (14/2), René Vandereycken (49/3), Frank Vercauteren (49/6), Jan Ceulemans (57/10), Philippe De Smet (4/1) [58.Nicolaas Pieter Claesen (15/2)], Erwin Vandenbergh (40/19) [63.Stéphane Demol (3/0)]. **Trainer:** Guy Jean Léonard Thys (74).
Goal: Erwin Vandenbergh (45).

456. 08.06.1986 **BELGIUM - IRAK** **2-1(2-0)** 13th FIFA WC. Group Stage.
Estadio "Luis Gutiérrez Dosal", Toluca (Mexico); Referee: Jesús Diaz Palacio (Colombia); Attendance: 20,000
BEL: Jean-Marie Pfaff (53/0), Eric Gerets (58/1), Frank Richard Vander Elst (11/0), Stéphane Demol (4/0) [66.Léo Albert Clijsters (14/0)], Michel De Wolf (19/0), Vincenzo Scifo (15/3) [68.Georges Grün (16/2)], René Vandereycken (50/3), Jan Ceulemans (58/10), Frank Vercauteren (50/6), Philippe De Smet (5/1), Nicolaas Pieter Claesen (16/3). **Trainer:** Guy Jean Léonard Thys (75).
Goals: Vincenzo Scifo (16), Nicolaas Pieter Claesen (22 penalty).

457. 11.06.1986 **BELGIUM - PARAGUAY** **2-2(1-0)** 13th FIFA WC. Group Stage.
Estadio "Luis Gutiérrez Dosal", Toluca (Mexico); Referee: Bogdan Dotchev (Bulgaria); Attendance: 16,000
BEL: Jean-Marie Pfaff (54/0), Georges Grün (17/2) [89.Léo Vander Elst (7/0)], Hugo Broos (23/0), Michel Renquin (48/0), Patrick Vervoort (3/0), Vincenzo Scifo (16/3), Stéphane Demol (5/0), Jan Ceulemans (59/10), Frank Vercauteren (51/7), Daniel Veyt (3/1), Nicolaas Pieter Claesen (17/3). **Trainer:** Guy Jean Léonard Thys (76).
Goals: Frank Vercauteren (32), Daniel Veyt (60).

458. 15.06.1986 **BELGIUM - SOVIET UNION** 4-3(0-1,2-2) 13th FIFA WC. 2nd Round of 16.
Estadio Nou Camp, Léon (Mexico); Referee: Erik Fredriksson (Sweden); Attendance: 32,277
BEL: Jean-Marie Pfaff (55/0), Georges Grün (18/2) [99.Léo Albert Clijsters (15/0)], Stéphane Demol (6/1), Eric Gerets (59/1) [112.Léo Vander Elst (8/0)], Michel Renquin (49/0), Patrick Vervoort (4/0), Vincenzo Scifo (17/4), Daniel Veyt (4/1), Jan Ceulemans (60/11), Frank Vercauteren (52/7), Nicolaas Pieter Claesen (18/4). Trainer: Guy Jean Léonard Thys (77).
Goals: Vincenzo Scifo (56), Jan Ceulemans (78), Stéphane Demol (102), Nicolaas Pieter Claesen (109).

459. 22.06.1986 **BELGIUM - SPAIN** 5-4(0-0,1-1,1-1) 13th FIFA WC. Quarter-Finals.
Estadio Cuauhtémoc, Puebla (Mexico); Referee: Siegfried Kirschen (East Germany); Attendance: 44,962
BEL: Jean-Marie Pfaff (56/0), Eric Gerets (60/1), Georges Grün (19/2), Michel Renquin (50/0), Stéphane Demol (7/1), Patrick Vervoort (5/0), Vincenzo Scifo (18/4), Jan Ceulemans (61/12), Daniel Veyt (5/1) [83.Hugo Broos (24/0)], Nicolaas Pieter Claesen (19/4), Frank Vercauteren (53/7) [105.Léo Vander Elst (9/0)]. Trainer: Guy Jean Léonard Thys (78).
Goal: Jan Ceulemans (35).

460. 25.06.1986 **ARGENTINA - BELGIUM** 2-0(0-0) 13th FIFA WC. Semi-Finals.
Estadio Azteca, Ciudad de México (Mexico); Referee: António Marquez Ramírez (Mexico); Attendance: 114,420
BEL: Jean-Marie Pfaff (57/0), Eric Gerets (61/1), Georges Grün (20/2), Michel Renquin (51/0) [66.Philippe De Smet (6/1)], Stéphane Demol (8/1), Patrick Vervoort (6/0), Vincenzo Scifo (19/4), Jan Ceulemans (62/12), Frank Vercauteren (54/7), Daniel Veyt (6/1), Nicolaas Pieter Claesen (20/4). Trainer: Guy Jean Léonard Thys (79).

461. 28.06.1986 **BELGIUM - FRANCE** 2-4(1-2,2-2) 13th FIFA WC. Third Place Play-off.
Estadio Cuauhtémoc, Puebla (Mexico); Referee: George Courtney (England); Attendance: 21,500
BEL: Jean-Marie Pfaff (58/0), Eric Gerets (62/1), Stéphane Demol (9/1), Michel Renquin (52/0) [46.Frank Richard Vander Elst (12/0)], Georges Grün (21/2), Patrick Vervoort (7/0), Vincenzo Scifo (20/4) [64.Léo Vander Elst (10/0)], Raymond Mommens (15/0), Jan Ceulemans (63/13), Daniel Veyt (7/1), Nicolaas Pieter Claesen (21/5). Trainer: Guy Jean Léonard Thys (80).
Goals: Jan Ceulemans (11), Nicolaas Pieter Claesen (73).

462. 10.09.1986 **BELGIUM - REPUBLIC OF IRELAND** 2-2(1-1) 8th EC. Qualifiers
Stade Heysel, Bruxelles; Referee: Ioan Igna (Romania); Attendance: 22,212
BEL: Jean-Marie Pfaff (59/0), Georges Grün (22/2), Léo Albert Clijsters (16/0), Frank Richard Vander Elst (13/0), Stéphane Demol (10/1), Patrick Vervoort (8/0), Vincenzo Scifo (21/5), Jan Ceulemans (64/13), Frank Vercauteren (55/7), Philippe De Smet (7/1), Nicolaas Pieter Claesen (22/6). Trainer: Guy Jean Léonard Thys (81).
Goals: Nicolaas Pieter Claesen (14), Vincenzo Scifo (71).

463. 14.10.1986 **LUXEMBOURG - BELGIUM** 0-6(0-3) 8th EC. Qualifiers
Stade Municipal, Luxembourg; Referee: Krzysztof Czemarmazowicz (Poland); Attendance: 15,000
BEL: Jacques Munaron (8/0), Eric Gerets (63/2), Léo Albert Clijsters (17/0), Stéphane Demol (11/1) [Georges Grün (23/2)], Patrick Vervoort (9/0), Vincenzo Scifo (22/5) [Léo Vander Elst (11/0)], Jan Ceulemans (65/14), Frank Vercauteren (56/8), Philippe De Smet (8/1), Nicolaas Pieter Claesen (23/9), Erwin Vandenbergh (41/19). Trainer: Guy Jean Léonard Thys (82).
Goals: Eric Gerets (6), Nicolaas Pieter Claesen (8), Frank Vercauteren (40), Nicolaas Pieter Claesen (53), Jan Ceulemans (87), Nicolaas Pieter Claesen (89 penalty).

464. 19.11.1986 **BELGIUM - BULGARIA** 1-1(0-0) 8th EC. Qualifiers
Stade Heysel, Bruxelles; Referee: Victoriano Sánchez Arminio (Spain); Attendance: 33,000
BEL: Jean-Marie Pfaff (60/0), Eric Gerets (64/2), Stéphane Demol (12/1), Léo Albert Clijsters (18/0) [46.Michel Renquin (53/0)], Patrick Vervoort (10/0), Vincenzo Scifo (23/5), Pierre Janssen (1/1), Jan Ceulemans (66/14), Frank Vercauteren (57/8), Nicolaas Pieter Claesen (24/9), Philippe De Smet (9/1) [61.Georges Grün (24/2)]. Trainer: Guy Jean Léonard Thys (83).
Goal: Pierre Janssen (48).

465. 04.02.1987 **PORTUGAL - BELGIUM** 1-0(1-0)
Estadio "1 de Maio", Braga; Referee: Joël Quiniou (France); Attendance: 9,000
BEL: Gilbert Bodart (2/0), Georges Grün (25/2), Eric Gerets (65/2), Stéphane Demol (13/1), Patrick Vervoort (11/0), Guy Vandersmissen (14/0), Pierre Janssen (2/1) [46.Léo Vander Elst (12/0)], Vincenzo Scifo (24/5), Jan Ceulemans (67/14), Frank Vercauteren (58/8) [Daniel Veyt (8/1)], Nicolaas Pieter Claesen (25/9) [60.Dimitri M'Buyu (1/0)]. Trainer: Guy Jean Léonard Thys (84).

466. 01.04.1987 **BELGIUM - SCOTLAND** 4-1(1-0) 8th EC. Qualifiers
Stade „Émile Versé" (Parc Astrid), Bruxelles; Referee: Michel Vautrot (France); Attendance: 26,650
BEL: Jean-Marie Pfaff (61/0), Georges Grün (26/2), Stéphane Demol (14/1), Léo Albert Clijsters (19/0), Patrick Vervoort (12/0), Vincenzo Scifo (25/5) [73.Léo Vander Elst (13/0)], Frank Richard Vander Elst (14/0) [89.Guy Vandersmissen (15/0)], Frank Vercauteren (59/9), Philippe De Smet (10/1), Erwin Vandenbergh (42/19), Nicolaas Pieter Claesen (26/12). Trainer: Guy Jean Léonard Thys (85).
Goals: Nicolaas Pieter Claesen (9, 55), Frank Vercauteren (75), Nicolaas Pieter Claesen (86).

467. 29.04.1987 **REPUBLIC OF IRELAND - BELGIUM** 0-0 8th EC. Qualifiers
Lansdowne Road, Dublin; Referee: Heinz Holzmann (Austria); Attendance: 49,000
BEL: Jean-Marie Pfaff (62/0), Eric Gerets (66/2), Georges Grün (27/2), Léo Albert Clijsters (20/0), Patrick Vervoort (13/0), Frank Vercauteren (60/9), Phillipe Albert (1/0) [66.Pierre Janssen (3/1)], Nicolaas Pieter Claesen (27/12), Vincenzo Scifo (26/5), Philippe De Smet (11/1), Jan Ceulemans (68/14). Trainer: Guy Jean Léonard Thys (86).

468. 09.09.1987 **NETHERLANDS - BELGIUM** 0-0
Stadion Feijenoord, Rotterdam; Referee: Rolf Blattmann (Switzerland); Attendance: 30,311
BEL: Jean-Marie Pfaff (63/0), Eric Gerets (67/2) [46.Michel Renquin (54/0)], Georges Grün (28/2), Léo Albert Clijsters (21/0), Patrick Vervoort (14/0), Frank Vercauteren (61/9), Frank Richard Vander Elst (15/0), Jan Ceulemans (69/14) [68.Erwin Vandenbergh (43/19)], Guy Vandersmissen (16/0), Nicolaas Pieter Claesen (28/12) [68.Philippe De Smet (12/1)], Marc Degryse (4/0). Trainer: Guy Jean Léonard Thys (87).

469. 23.09.1987 **BULGARIA - BELGIUM** 2-0(1-0) 8th EC. Qualifiers
Nationalen stadion "Vasil Levski", Sofia; Referee: Karl-Heinz Tritschler (West Germany); Attendance: 60,000
BEL: Jean-Marie Pfaff (64/0), Eric Gerets (68/2), Georges Grün (29/2), Léo Albert Clijsters (22/0), Michel Renquin (55/0), Vincenzo Scifo (27/5) [72.Guy Vandersmissen (17/0)], Frank Richard Vander Elst (16/0) [61.Daniel Veyt (9/1)], Marc Degryse (5/0), Patrick Vervoort (15/0), Philippe De Smet (13/1), Nicolaas Pieter Claesen (29/12). Trainer: Guy Jean Léonard Thys (88).

470. 14.10.1987 SCOTLAND - BELGIUM 2-0(1-0) 8th EC. Qualifiers
Hampden Park, Glasgow; Referee: Paolo Casarin (Italy); Attendance: 20,052
BEL: Michel Preud´homme (4/0), Eric Gerets (69/2), Georges Grün (30/2), Léo Albert Clijsters (23/0), Patrick Vervoort (16/0), Luc Beyens (1/0) [55.Philippe De Smet (14/1)], Jan Ceulemans (70/14), Frank Richard Vander Elst (17/0), Marc Degryse (6/0), Frank Vercauteren (62/9), Nicolaas Pieter Claesen (30/12). Trainer: Guy Jean Léonard Thys (89).

471. 11.11.1987 BELGIUM - LUXEMBOURG 3-0(1-0) 8th EC. Qualifiers
Stade Heysel, Bruxelles; Referee: Egil Nervik (Norway); Attendance: 15,000
BEL: Michel Preud´homme (5/0), Georges Grün (31/2), Léo Albert Clijsters (24/0), Pascal Plovie (1/0) [46.Frank Dekenne (1/0)], Raymond Mommens (16/0), Luc Beyens (2/0) [71.Peter Crève (1/1)], Jan Ceulemans (71/15), Marc Angèle Van der Linden (2/0), Paul De Mesmaecker (1/0), Marc Degryse (7/1), Nicolaas Pieter Claesen (31/12). Trainer: Guy Jean Léonard Thys (90).
Goals: Jan Ceulemans (17), Marc Degryse (56), Peter Crève (81).

472. 19.01.1988 ISRAEL - BELGIUM 2-3(0-2)
National Stadium, Ramat Gan, Tel Aviv; Referee: Antal Huták (Hungary); Attendance: 7,000
BEL: Michel Preud´homme (6/0), Georges Grün (32/3), Frank Dekenne (2/0) [46.Geert Emmerechts (1/0)], Léo Albert Clijsters (25/0), Raymond Mommens (17/0), Marc Emmers (1/0), Frank Richard Vander Elst (18/0), Jan Ceulemans (72/15), Peter Crève (2/1) [64.Francis Severeyns (1/0)], Marc Degryse (8/2), Marc Angèle Van der Linden (3/1). Trainer: Guy Jean Léonard Thys (91).
Goals: Marc Degryse (16), Marc Angèle Van der Linden (20), Georges Grün (48).

473. 26.03.1988 BELGIUM - HUNGARY 3-0(0-0)
Stade Heysel, Bruxelles; Referee: Heinz Holzmann (Austria); Attendance: 2,356
BEL: Michel Preud´homme (7/0), Georges Grün (33/3), Stéphane Demol (15/1) [46.Raymond Mommens (18/0)], Léo Albert Clijsters (26/0), Patrick Vervoort (17/0), Marc Emmers (2/0), Jan Ceulemans (73/16), Frank Richard Vander Elst (19/0), Peter Crève (3/1), Marc Degryse (9/2) [65.Francis Severeyns (2/1)], Luc Nilis (1/0) [46.Marc Angèle Van der Linden (4/1)]. Trainer: Guy Jean Léonard Thys (92).
Goals: Jan Ceulemans (54), J.Fitos (HUN,59 own goal), Francis Severeyns (80).

474. 05.06.1988 DENMARK - BELGIUM 3-1(2-1)
Odense Stadion, Odense; Referee: Kaj Natri (Finland); Attendance: 20,622
BEL: Michel Preud´homme (8/0), Georges Grün (34/3), Frank Dekenne (3/0), Léo Albert Clijsters (27/0), Stéphane Demol (16/1), Patrick Vervoort (18/0), Vincenzo Scifo (28/5), Frank Richard Vander Elst (20/0), Jan Ceulemans (74/17), Marc Degryse (10/2), Erwin Vandenbergh (44/19). Trainer: Guy Jean Léonard Thys (93).
Goal: Jan Ceulemans (8).

475. 12.10.1988 BELGIUM - BRAZIL 1-2(0-2)
Bosuilstadion, Deurne, Antwerpen; Referee: Aron Schmidhuber (West Germany); Attendance: 10,000
BEL: Michel Preud´homme (9/0) [80.Gilbert Bodart (3/0)], Georges Grün (35/3), Stéphane Demol (17/1), Léo Albert Clijsters (28/1), Bruno Versavel (1/0), Daniel Veyt (10/1), Frank Richard Vander Elst (21/0), Vincenzo Scifo (29/5) [60.Hans Christiaens (1/0)], Frank Vercauteren (63/9) [60.Patrick Vervoort (19/0)], Francis Severeyns (3/1), Jan Ceulemans (75/17) [46.Luc Nilis (2/0)]. Trainer: Guy Jean Léonard Thys (94).
Goal: Léo Albert Clijsters (64).

476. 19.10.1988 BELGIUM - SWITZERLAND 1-0(1-0) 14th FIFA WC. Qualifiers
Stade Heysel, Bruxelles; Referee: David Findlay Taylor Syme (Scotland); Attendance: 14,450
BEL: Gilbert Bodart (4/0), Georges Grün (36/3), Léo Albert Clijsters (29/1), Stéphane Demol (18/1), Bruno Versavel (2/0), Marc Emmers (3/0), Frank Richard Vander Elst (22/0), Vincenzo Scifo (30/5), Patrick Vervoort (20/1), Jan Ceulemans (76/17), Luc Nilis (3/0) [76.Francis Severeyns (4/1)]. Trainer: Guy Jean Léonard Thys (95).
Goal: Patrick Vervoort (29).

477. 16.11.1988 CZECHOSLOVAKIA - BELGIUM 0-0 14th FIFA WC. Qualifiers
Štadion Tehelné pole, Bratislava; Referee: Neil Midgley (England); Attendance: 48,000
BEL: Michel Preud´homme (10/0), Eric Gerets (70/2), Georges Grün (37/3), Phillipe Albert (2/0), Stéphane Demol (19/1), Michel De Wolf (20/0), Marc Emmers (4/0), Frank Richard Vander Elst (23/0), Vincenzo Scifo (31/5) [77.Marc Angèle Van der Linden (5/1)], Daniel Veyt (11/1), Hans Christiaens (2/0) [80.Luc Nilis (4/0)]. Trainer: Guy Jean Léonard Thys (96).

478. 15.02.1989 PORTUGAL - BELGIUM 1-1(0-0) 14th FIFA WC. Qualifiers
Estádio da Luz, Lisboa; Referee: Gérard Biguet (France); Attendance: 70,000
BEL: Michel Preud´homme (11/0), Eric Gerets (71/2), Georges Grün (38/3), Stéphane Demol (20/1) [81.Marc Angèle Van der Linden (6/2)], Michel De Wolf (21/0), Bruno Versavel (3/0), Marc Emmers (5/0), Vincenzo Scifo (32/5), Frank Richard Vander Elst (24/0), Jan Ceulemans (77/17), Marc Degryse (11/2). Trainer: Guy Jean Léonard Thys (97).
Goal: Marc Angèle Van der Linden (87).

479. 29.04.1989 BELGIUM - CZECHOSLOVAKIA 2-1(1-1) 14th FIFA WC. Qualifiers
Stade Heysel, Bruxelles; Referee: Emilio Soariano Aladren (Spain); Attendance: 21,000
BEL: Michel Preud´homme (12/0), Eric Gerets (72/2), Stéphane Demol (21/1), Georges Grün (39/3), Phillipe Albert (3/0), Bruno Versavel (4/0), Frank Richard Vander Elst (25/0), Marc Emmers (6/0), Jan Ceulemans (78/17), Luc Nilis (5/0) [66.Marc Angèle Van der Linden (7/2)], Marc Degryse (12/4). Trainer: Guy Jean Léonard Thys (98).
Goals: Marc Degryse (29, 76).

480. 27.05.1989 BELGIUM - YUGOSLAVIA 1-0(0-0)
Stade Heysel, Bruxelles; Referee: Serge Muhmenthaler (Switzerland); Attendance: 8,000
BEL: Michel Preud´homme (13/0), Koenraad Sanders (1/0), Phillipe Albert (4/0), Jean-François De Sart (1/0), Bruno Versavel (5/0), Marc Emmers (7/0), Vincenzo Scifo (33/5) [46.Marc Angèle Van der Linden (8/3)], Frank Richard Vander Elst (26/0), Patrick Vervoort (21/1), Jan Ceulemans (79/17) [46.Luc Nilis (6/0)], Marc Degryse (13/4) [75.Daniel Veyt (12/1)]. Trainer: Guy Jean Léonard Thys (99).
Goal: Marc Angèle Van der Linden (77 penalty).

481. 01.06.1989 **LUXEMBOURG - BELGIUM** 0-5(0-1) 14th FIFA WC. Qualifiers
Stade "Grimmonprez-Jooris", Lille; Referee: Borislav Alexandrov (Bulgaria); Attendance: 10,000
BEL: Michel Preud´homme (14/0), Eric Gerets (73/2), Koenraad Sanders (2/0), Stéphane Demol (22/1), Bruno Versavel (6/0), Marc Emmers (8/0), Frank Richard Vander Elst (27/0) [74.Vincenzo Scifo (34/5)], Marc Degryse (14/4), Patrick Vervoort (22/2), Marc Angèle Van der Linden (9/7), Jan Ceulemans (80/17). Trainer: Guy Jean Léonard Thys (100).
Goals: Marc Angèle Van der Linden (15, 53, 64 penalty), Patrick Vervoort (66), Marc Angèle Van der Linden (89).

482. 08.06.1989 **CANADA - BELGIUM** 0-2(0-0)
"Terry Fox" Stadium, Ottawa; Referee: Adriano Brunetti (Canada); Attendance: 3,300
BEL: Michel Preud´homme (15/0), Eric Gerets (74/2), Jean-François De Sart (2/0), Koenraad Sanders (3/0), Phillipe Albert (5/0), Marc Emmers (9/0) [46.Jean-Marie Houben (1/0)], Frank Richard Vander Elst (28/0), Patrick Vervoort (23/2), Marc Degryse (15/5), Marc Angèle Van der Linden (10/7), Jan Ceulemans (81/18) Trainer: Guy Jean Léonard Thys (101).
Goals: Jan Ceulemans (58), Marc Degryse (87).

483. 23.08.1989 **BELGIUM - DENMARK** 3-0(2-0)
Olympiastadion, Brügge; Referee: Cornelius Bakker (Netherlands); Attendance: 6,933
BEL: Gilbert Bodart (5/0) [46.Filip De Wilde (1/0)], Georges Grün (40/3), Nicolas Broeckaert (1/0), Stéphane Demol (23/1), Jean-François De Sart (3/0), Michel De Wolf (22/0), Jean-Marie Houben (2/0), Frank Richard Vander Elst (29/0), Jan Ceulemans (82/20) [84.Luc Nilis (7/0)], Danny Boffin (1/0) [80.Vital Borkelmans (1/0)], Marc Degryse (16/6), Marc Angèle Van der Linden (11/7). Trainer: Walter Meeuws (1).
Goals: Marc Degryse (22), Jan Ceulemans (32, 81).

484. 06.09.1989 **BELGIUM - PORTUGAL** 3-0(1-0) 14th FIFA WC. Qualifiers
Stade Heysel, Bruxelles; Referee: Alexey Spirin (Soviet Union); Attendance: 28,250
BEL: Michel Preud´homme (16/0), Georges Grün (41/3), Eric Gerets (75/2), Stéphane Demol (24/1), Michel De Wolf (23/0), Marc Emmers (10/0), Frank Richard Vander Elst (30/0), Bruno Versavel (7/0), Marc Degryse (17/6), Jan Ceulemans (83/21), Marc Angèle Van der Linden (12/9) [86.Luc Nilis (8/0)]. Trainer: Walter Meeuws (2).
Goals: Jan Ceulemans (35), Marc Angèle Van der Linden (59, 69).

485. 11.10.1989 **SWITZERLAND - BELGIUM** 2-2(0-0) 14th FIFA WC. Qualifiers
St. Jakob Stadion, Basel; Referee: Lajos Hartmann (Hungary); Attendance: 5,000
BEL: Michel Preud´homme (17/0), Stéphane Demol (25/1), Eric Gerets (76/2), Léo Albert Clijsters (30/1), Frank Richard Vander Elst (31/0), Bruno Versavel (8/0), Marc Emmers (11/0) [46.Vincenzo Scifo (35/5)], Patrick Vervoort (24/2), Marc Degryse (18/7), Jan Ceulemans (84/21), Marc Angèle Van der Linden (13/9). Trainer: Walter Meeuws (3).
Goals: Marc Degryse (57), Alain Geiger (72 own goal).

486. 25.10.1989 **BELGIUM - LUXEMBOURG** 1-1(0-0) 14th FIFA WC. Qualifiers
Stade Heysel, Bruxelles; Referee: Gudmundur Haraldsson (Iceland); Attendance: 20,000
BEL: Michel Preud´homme (18/0), Georges Grün (42/3), Léo Albert Clijsters (31/1), Nicolas Broeckaert (2/0), Bruno Versavel (9/1), Marc Emmers (12/0) [76.Luc Nilis (9/0)], Frank Richard Vander Elst (32/0), Danny Boffin (2/0) [76.Nicolaas Pieter Claesen (32/12)], Marc Degryse (19/7), Vincenzo Scifo (36/5), Jan Ceulemans (85/21). Trainer: Walter Meeuws (4).
Goal: Bruno Versavel (84).

487. 17.01.1990 **GREECE - BELGIUM** 2-0(0-0)
Stádio OAKA „Spyros Louis", Athína; Referee: Pietro d'Elia (Italy); Attendance: 1,000
BEL: Michel Preud´homme (19/0), Georges Grün (43/3), Léo Albert Clijsters (32/1), Michel De Wolf (24/0), Marc Emmers (13/0), Frank Richard Vander Elst (33/0), Patrick Vervoort (25/2) [65.Luc Nilis (10/0)], Bruno Versavel (10/1), Marc Degryse (20/7) [54.Koenraad Sanders (4/0)], Jan Ceulemans (86/21), Marc Angèle Van der Linden (14/9) [70.Nicolaas Pieter Claesen (33/12)]. Trainer: Walter Meeuws (5).

488. 21.02.1990 **BELGIUM - SWEDEN** 0-0
Stade Heysel, Bruxelles; Referee: Friedrich Kaupe (Austria); Attendance: 3,537
BEL: Michel Preud´homme (20/0) [69.Filip De Wilde (2/0)], Eric Gerets (77/2), Georges Grün (44/3), Stéphane Demol (26/1), Léo Albert Clijsters (33/1), Bruno Versavel (11/1) [74.Patrick Vervoort (26/2)], Frank Richard Vander Elst (34/0), Marc Emmers (14/0), Marc Degryse (21/7) [74.Nicolaas Pieter Claesen (34/12)], Marc Angèle Van der Linden (15/9) [46.Luc Nilis (11/0)], Jan Ceulemans (87/21). Trainer: Walter Meeuws (6).

489. 26.05.1990 **BELGIUM - ROMANIA** 2-2(2-0)
Stade Heysel, Bruxelles; Referee: Alain Delmer (France); Attendance: 31,625
BEL: Michel Preud´homme (21/0), Eric Gerets (78/2), Michel De Wolf (25/0) [46.Georges Grün (45/3)], Frank Richard Vander Elst (35/0), Stéphane Demol (27/1), Léo Albert Clijsters (34/2), Lorenzo Staelens (1/0) [46.Jan Ceulemans (88/21)], Bruno Versavel (12/1), Marc Degryse (22/7) [88.Patrick Vervoort (27/2)], Vincenzo Scifo (37/6), Marc Robert Wilmots (1/0) [46.Nicolaas Pieter Claesen (35/12)]. Trainer: Guy Jean Léonard Thys (102).
Goals: Vincenzo Scifo (6 penalty), Léo Albert Clijsters (28).

490. 02.06.1990 **BELGIUM - MEXICO** 3-0(2-0)
Stade Heysel, Bruxelles; Referee: Jam Damgaard (Denmark); Attendance: 32,816
BEL: Michel Preud´homme (22/0), Stéphane Demol (28/1) [46.Léo Albert Clijsters (35/2)], Eric Gerets (79/2) [84.Pascal Plovie (2/0)], Georges Grün (46/3) [46.Phillipe Albert (6/0)], Michel De Wolf (26/0), Frank Richard Vander Elst (36/0), Marc Emmers (15/0), Vincenzo Scifo (38/6), Marc Degryse (23/9), Bruno Versavel (13/2), Marc Angèle Van der Linden (16/9) [57.Marc Robert Wilmots (2/0)]. Trainer: Guy Jean Léonard Thys (103).
Goals: Marc Degryse (36, 38), Bruno Versavel (50).

491. 06.06.1990 **BELGIUM - POLAND** 1-1(0-1)
Stade Heysel, Bruxelles; Referee: Roger Philippi (Luxembourg); Attendance: 17,634
BEL: Michel Preud´homme (23/0), Eric Gerets (80/2), Léo Albert Clijsters (36/2) [46.Stéphane Demol (29/1)], Phillipe Albert (7/0) [46.Georges Grün (47/3)], Michel De Wolf (27/0), Marc Emmers (16/1), Frank Richard Vander Elst (37/0), Vincenzo Scifo (39/6), Marc Degryse (24/9), Bruno Versavel (14/2), Marc Angèle Van der Linden (17/9). Trainer: Guy Jean Léonard Thys (104).
Goal: Marc Emmers (50).

492. 12.06.1990   **BELGIUM - KOREA REPUBLIC**   **2-0(0-0)**   14th FIFA WC. Group Stage.
Stadio Bentegodi, Verona (Italy); Referee: Vincent Mauro (United States); Attendance: 32,486
BEL: Michel Preud´homme (24/0), Eric Gerets (81/2), Léo Albert Clijsters (37/2), Stéphane Demol (30/1), Michel De Wolf (28/1), Bruno Versavel (15/2), Frank Richard Vander Elst (38/0), Vincenzo Scifo (40/6), Marc Degryse (25/10), Marc Emmers (17/1), Marc Angèle Van der Linden (18/9) [46.Jan Ceulemans (89/21)]. Trainer: Guy Jean Léonard Thys (105).
Goals: Marc Degryse (53), Michel De Wolf (64).

493. 17.06.1990   **BELGIUM - URUGUAY**   **3-1(2-0)**   14th FIFA WC. Group Stage.
Stadio Bentegodi, Verona (Italy); Referee: Siegfried Kirschen (East Germany); Attendance: 33,759
BEL: Michel Preud´homme (25/0), Eric Gerets (82/2) [*sent off 41*], Léo Albert Clijsters (38/3) [46.Marc Emmers (18/1)], Stéphane Demol (31/1), Georges Grün (48/3), Michel De Wolf (29/1), Frank Richard Vander Elst (39/0), Vincenzo Scifo (41/7), Marc Degryse (26/10), Bruno Versavel (16/2) [73.Patrick Vervoort (28/2)], Jan Ceulemans (90/22). Trainer: Guy Jean Léonard Thys (106).
Goals: Léo Albert Clijsters (16 penalty), Vincenzo Scifo (22), Jan Ceulemans (48).

494. 21.06.1990   **BELGIUM - SPAIN**   **1-2(1-2)**   14th FIFA WC. Group Stage.
Stadio Bentegodi, Verona (Italy); Referee: Juan Carlos Loustau (Argentina); Attendance: 39,950
BEL: Michel Preud´homme (26/0), Lorenzo Staelens (2/0) [79.Marc Angèle Van der Linden (19/9)], Michel De Wolf (30/1), Marc Emmers (19/1) [31.Pascal Plovie (3/0)], Phillipe Albert (8/0), Stéphane Demol (32/1), Patrick Vervoort (29/3), Frank Richard Vander Elst (40/0), Jan Ceulemans (91/22), Vincenzo Scifo (42/7), Marc Degryse (27/10). Trainer: Guy Jean Léonard Thys (107).
Goal: Patrick Vervoort (28).

495. 26.06.1990   **ENGLAND - BELGIUM**   **1-0(0-0,0-0)**   14th FIFA WC. 2nd Round of 16.
Stadio „Renato Dall'Ara", Bologna (Italy); Referee: Peter Mikkelsen (Denmark); Attendance: 34,520
BEL: Michel Preud´homme (27/0), Eric Gerets (83/2), Georges Grün (49/3), Stéphane Demol (33/1), Michel De Wolf (31/1), Léo Albert Clijsters (39/3), Bruno Versavel (17/2) [106.Patrick Vervoort (30/3)], Frank Richard Vander Elst (41/0), Vincenzo Scifo (43/7), Jan Ceulemans (92/22), Marc Degryse (28/10) [64.Nicolaas Pieter Claesen (36/12)]. Trainer: Guy Jean Léonard Thys (108).

496. 12.09.1990   **BELGIUM - EAST GERMANY**   **0-2(0-0)**
Stade „Émile Versé" (Parc Astrid), Bruxelles; Referee: John Blankenstein (Netherlands); Attendance: 12,000
BEL: Michel Preud´homme (28/0), Lorenzo Staelens (3/0), Stéphane Demol (34/1) [46.Phillipe Albert (9/0)], Pascal Plovie (4/0), Michel De Wolf (32/1), Geert Broeckaert (1/0), Vincenzo Scifo (44/7) [46.Marc Degryse (29/10)], Frank Richard Vander Elst (42/0), Bruno Versavel (18/2) [68.Danny Boffin (3/0)], Erwin Vandenbergh (45/19), Jan Ceulemans (93/22) [46.Marc Robert Wilmots (3/0)]. Trainer: Guy Jean Léonard Thys (109).

497. 17.10.1990   **WALES - BELGIUM**   **3-1(1-1)**   9th EC. Qualifiers
Arms Park, Cardiff; Referee: Kurt Roethlisberger (Switzerland); Attendance: 12,000
BEL: Michel Preud´homme (29/0), Eric Gerets (84/2), Georges Grün (50/3), Michel De Wolf (33/1), Bruno Versavel (19/3), Marc Emmers (20/1), Stéphane Demol (35/1), Frank Richard Vander Elst (43/0), Luc Nilis (12/0) [73.Marc Robert Wilmots (4/0)], Vincenzo Scifo (45/7), Jan Ceulemans (94/22). Trainer: Guy Jean Léonard Thys (110).
Goals: Bruno Versavel (27).

498. 12.02.1991   **ITALY - BELGIUM**   **0-0**
Stadio "Libero Liberati", Terni; Referee: Stavros Zakestidis (Greece); Attendance: 25,000
BEL: Michel Preud´homme (30/0), Eric Gerets (85/2), Georges Grün (51/3), Phillipe Albert (10/0), Michel De Wolf (34/1), Marc Emmers (21/1), Frank Dauwen (1/0) [72.Lorenzo Staelens (4/0)], Bruno Versavel (20/3), Marc Degryse (30/10), Erwin Vandenbergh (46/19), Jan Ceulemans (95/22) [46.Marc Robert Wilmots (5/0)]. Trainer: Guy Jean Léonard Thys (111).

499. 27.02.1991   **BELGIUM - LUXEMBOURG**   **3-0(3-0)**   9th EC. Qualifiers
Stade „Émile Versé" (Parc Astrid), Bruxelles; Referee: Loizos Loizou (Cyprus); Attendance: 24,500
BEL: Michel Preud´homme (31/0), Georges Grün (52/3), Marc Emmers (22/1), Bruno Versavel (21/3), Phillipe Albert (11/0), Frank Dauwen (2/0), Marc Degryse (31/10), Vincenzo Scifo (46/8), Jan Ceulemans (96/23), Erwin Vandenbergh (47/20), Marc Robert Wilmots (6/0). Trainer: Guy Jean Léonard Thys (112).
Goals: Erwin Vandenbergh (8), Jan Ceulemans (16), Vincenzo Scifo (33).

500. 27.03.1991   **BELGIUM - WALES**   **1-1(0-0)**   9th EC. Qualifiers
Stade „Émile Versé" (Parc Astrid), Bruxelles; Referee: Emilio Soriano Aladren (Spain); Attendance: 25,000
BEL: Michel Preud´homme (32/0), Eric Gerets (86/2), Georges Grün (53/3), Phillipe Albert (12/0), Léo Albert Clijsters (40/3), Bruno Versavel (22/3), Frank Richard Vander Elst (44/0), Erwin Vandenbergh (48/20), Marc Degryse (32/11), Vincenzo Scifo (47/8), Marc Robert Wilmots (7/0). Trainer: Guy Jean Léonard Thys (113).
Goal: Marc Degryse (49).

501. 01.05.1991   **GERMANY - BELGIUM**   **1-0(1-0)**   9th EC. Qualifiers
Niedersachsenstadion, Hannover; Referee: Zoran Petrović (Yugoslavia); Attendance: 56,000
BEL: Michel Preud´homme (33/0), Bertrand Crasson (1/0), Georges Grün (54/3), Marc Emmers (23/1), Phillipe Albert (13/0), Frank Richard Vander Elst (45/0), Vincenzo Scifo (48/8), Patrick Vervoort (31/3), Bruno Versavel (23/3), Marc Degryse (33/11), Marc Robert Wilmots (8/0) [77.Luc Nilis (13/0)]. Trainer: Guy Jean Léonard Thys (114).

502. 11.09.1991   **LUXEMBOURG - BELGIUM**   **0-2(0-0)**   9th EC. Qualifiers
Stade Municipal, Luxembourg; Referee: Rémy Harrel (France); Attendance: 9,000
BEL: Michel Preud´homme (34/0), Georges Grün (55/3) [75.Dirk Medved (1/0)], Frank Richard Vander Elst (46/0), Stéphane Demol (36/1) [79.Frank Dauwen (3/0)], Vital Borkelmans (2/0), Marc Emmers (24/1), Lorenzo Staelens (5/0), Vincenzo Scifo (49/9), Patrick Vervoort (32/3), Marc Degryse (34/12), Luc Nilis (14/0). Trainer: Paul Van Himst (1).
Goals: Vincenzo Scifo (18), Marc Degryse (49).

503. 09.10.1991   **HUNGARY - BELGIUM**   **0-2(0-1)**
Sóstói stadion, Székesfehérvár; Referee: Itzhak Ben Itzhak (Israel); Attendance: 5,000
BEL: Michel Preud´homme (35/0), Georges Grün (56/3), Phillipe Albert (14/0), Dirk Medved (2/0), Vital Borkelmans (3/0) [75.Danny Boffin (4/0)], Stéphane Demol (37/1), Frank Richard Vander Elst (47/0), Marc Emmers (25/2) [75.Lorenzo Staelens (6/0)], Luc Nilis (15/0), Vincenzo Scifo (50/10) [90.Stéphane Van der Heyden (1/0)], Marc Robert Wilmots (9/0) [80.Francis Severeyns (5/1)]. Trainer: Paul Van Himst (2).
Goals: Marc Emmers (7), Vincenzo Scifo (75).

504. 20.11.1991 **BELGIUM - GERMANY** 0-1(0-1) 9th EC. Qualifiers
Stade „Émile Versé" (Parc Astrid), Bruxelles; Referee: Tullio Lanese (Italy); Attendance: 26,000
BEL: Michel Preud´homme (36/0), Marc Emmers (26/2), Georges Grün (57/3), Stéphane Demol (38/1) [46.Dirk Medved (3/0)], Phillippe Albert (15/0), Vital Borkelmans (4/0), Marc Degryse (35/12), Vincenzo Scifo (51/10), Johan Walem (1/0), Danny Boffin (5/0), Marc Robert Wilmots (10/0) [67.Luc Nilis (16/0)]. Trainer: Paul Van Himst (3).

505. 26.02.1992 **TUNISIA - BELGIUM** 2-1(1-0)
Stade Olympique d'El Menzah, Tunis; Referee: Abdelali Naciri (Morrocco); Attendance: 35,000
BEL: Michel Preud´homme (37/0), Régis Genaux (1/0), Phillipe Albert (16/0), Pascal Plovie (5/0) [46.Luc Nilis (17/0)], Vital Borkelmans (5/0), Marc Degryse (36/12), Frank Richard Vander Elst (48/0), Dirk Medved (4/0) [46.Marc Robert Wilmots (11/0)], Bruno Versavel (24/3) [65.Johan Walem (2/0)], Francis Severeyns (6/1), Luis Airton Oliveira Barosso (1/1). Trainer: Paul Van Himst (4).
Goals: Luis Airton Oliveira Barosso (58).

506. 25.03.1992 **FRANCE - BELGIUM** 3-3(2-2)
Parc des Princes, Paris; Referee: Philip Don (England); Attendance: 25,000
BEL: Michel Preud´homme (38/0), Bertrand Crasson (2/0), Georges Grün (58/3), Phillipe Albert (17/1), Frank Richard Vander Elst (49/0), Vital Borkelmans (6/0), Danny Boffin (6/0) [58.Bruno Versavel (25/3)], Vincenzo Scifo (52/11), Johan Walem (3/0), Luc Nilis (18/0) [46.Marc Robert Wilmots (12/1)], Marc Degryse (37/12) [80.Frank Dauwen (4/0)]. Trainer: Paul Van Himst (5).
Goals: Phillipe Albert (28), Vincenzo Scifo (44 penalty), Marc Robert Wilmots (48).

507. 22.04.1992 **BELGIUM - CYPRUS** 1-0(1-0) 15th FIFA WC. Qualifiers
Stade „Émile Versé" (Parc Astrid), Bruxelles; Referee: Manuel Diaz Vega (Spain); Attendance: 15,341
BEL: Michel Preud´homme (39/0), Phillipe Albert (18/1), Georges Grün (59/3), Frank Richard Vander Elst (50/0), Marc Emmers (27/2), Vincenzo Scifo (53/11), Johan Walem (4/0), Danny Boffin (7/0) [82.Vital Borkelmans (7/0)], Marc Robert Wilmots (13/2) [75.Gunther Hofmans (1/0)], Marc Degryse (38/12), Luis Airton Oliveira Barosso (2/1). Trainer: Paul Van Himst (6).
Goal: Marc Robert Wilmots (24).

508. 03.06.1992 **FAROE ISLANDS - BELGIUM** 0-3(0-1) 15th FIFA WC. Qualifiers
Svangaskard, Toftir; Referee: Leslie Mottram (Scotland); Attendance: 5,156
BEL: Michel Preud´homme (40/0), Lorenzo Staelens (7/0), Georges Grün (60/3), Phillipe Albert (19/2), Marc Emmers (28/2), Danny Boffin (8/0) [75.Bruno Versavel (26/3)], Frank Richard Vander Elst (51/0), Alain De Nil (1/0), Marc Degryse (39/12), Vincenzo Scifo (54/11), Luis Airton Oliveira Barosso (3/1) [63.Marc Robert Wilmots (14/4)]. Trainer: Paul Van Himst (7).
Goals: Phillipe Albert (29), Marc Robert Wilmots (65, 71).

509. 02.09.1992 **CZECHOSLOVAKIA - BELGIUM** 1-2(0-0) 15th FIFA WC. Qualifiers
Velký Strahovský Stadion, Praha; Referee: Kurt Roethlisberger (Switzerland); Attendance: 9,000
BEL: Michel Preud´homme (41/0), Marc Emmers (29/2), Dirk Medved (5/0), Phillipe Albert (20/2), Rudy Smidts (1/0), Georges Grün (61/3), Vincenzo Scifo (55/11), Frank Richard Vander Elst (52/0), Lorenzo Staelens (8/0) [87.Frank Dauwen (5/0)], Alexander Czerniatynski (22/6), Marc Degryse (40/12) [66.Marc Robert Wilmots (15/4)]. Trainer: Paul Van Himst (8).
Goals: Josef Chovanec (44 own goal), Alexander Czerniatynski (82).

510. 14.10.1992 **BELGIUM - ROMANIA** 1-0(1-0) 15th FIFA WC. Qualifiers
Stade „Émile Versé" (Parc Astrid), Bruxelles; Referee: Pierluigi Pairetto (Italy); Attendance: 21,000
BEL: Michel Preud´homme (42/0), Dirk Medved (6/0), Phillipe Albert (21/2), Georges Grün (62/3), Rudy Smidts (2/1), Danny Boffin (9/0), Lorenzo Staelens (9/0), Frank Richard Vander Elst (53/0), Vincenzo Scifo (56/11), Marc Degryse (41/12), Alexander Czerniatynski (23/6) [69.Marc Robert Wilmots (16/4)]. Trainer: Paul Van Himst (9).
Goal: Rudy Smidts (26).

511. 18.11.1992 **BELGIUM - WALES** 2-0(0-0) 15th FIFA WC. Qualifiers
Stade „Émile Versé" (Parc Astrid), Bruxelles; Referee: Jan Damgaard (Denmark); Attendance: 21,000
BEL: Michel Preud´homme (43/0), Dirk Medved (7/0), Georges Grün (63/3), Phillipe Albert (22/2), Rudy Smidts (3/1), Lorenzo Staelens (10/1) [85.Marc Robert Wilmots (17/4)], Frank Richard Vander Elst (54/0), Danny Boffin (10/0), Marc Degryse (42/13), Vincenzo Scifo (57/11), Alexander Czerniatynski (24/6) [46.Luc Nilis (19/0)]. Trainer: Paul Van Himst (10).
Goals: Lorenzo Staelens (54), Marc Degryse (59).

512. 13.02.1993 **CYPRUS - BELGIUM** 0-3(0-2) 15th FIFA WC. Qualifiers
Stádio Makarios, Nicosia; Referee: Paolo Ceccarini (Italy); Attendance: 3,000
BEL: Michel Preud´homme (44/0), Dirk Medved (8/0), Georges Grün (64/3), Phillipe Albert (23/3), Rudy Smidts (4/1), Lorenzo Staelens (11/1), Vincenzo Scifo (58/13) [88.Michaël Goossens (1/0)], Frank Richard Vander Elst (55/0), Danny Boffin (11/0), Marc Degryse (43/13), Luc Nilis (20/0) [75.Alexander Czerniatynski (25/6)]. Trainer: Paul Van Himst (11).
Goals: Vincenzo Scifo (2, 5), Phillipe Albert (87).

513. 31.03.1993 **WALES - BELGIUM** 2-0(2-0) 15th FIFA WC. Qualifiers
Arms Park, Cardiff; Referee: Aron Schmidhuber (Germany); Attendance: 27,002
BEL: Michel Preud´homme (45/0), Dirk Medved (9/0) [46.Luis Airton Oliveira Barosso (4/1)], Georges Grün (65/3), Phillipe Albert (24/3), Rudy Smidts (5/1), Lorenzo Staelens (12/1), Vincenzo Scifo (59/13), Frank Richard Vander Elst (56/0), Danny Boffin (12/0), Marc Degryse (44/13), Alexander Czerniatynski (26/6) [65.Francis Severeyns (7/1)]. Trainer: Paul Van Himst (12).

514. 22.05.1993 **BELGIUM - FAROE ISLANDS** 3-0(1-0) 15th FIFA WC. Qualifiers
Stade „Émile Versé" (Parc Astrid), Bruxelles; Referee: Brendan Shorte (Republic of Ireland); Attendance: 20,641
BEL: Michel Preud´homme (46/0), Georges Grün (66/3), Marc Emmers (30/2), Rudy Smidts (6/1) [76.Luis Airton Oliveira Barosso (5/1)], Frank Richard Vander Elst (57/0), Lorenzo Staelens (13/1), Vincenzo Scifo (60/14), Danny Boffin (13/0), Marc Degryse (45/13), Marc Robert Wilmots (18/6), Luc Nilis (21/0). Trainer: Paul Van Himst (13).
Goals: Marc Robert Wilmots (33), Vincenzo Scifo (51 penalty), Marc Robert Wilmots (76).

515. 06.10.1993   **BELGIUM - GABUN**   2-1(1-1)
Stade „Émile Versé" (Parc Astrid), Bruxelles; Referee: Friedrich Kaupe (Austria); Attendance: 6,000
BEL: Michel Preud'homme (47/0) [52.Filip De Wilde (3/0)], Dirk Medved (10/0), Glen De Boeck (1/0), Phillipe Albert (25/3), Rudy Smidts (7/1) [46.Régis Genaux (2/0)], Vital Borkelmans (8/0) [46.Stéphane Van der Heyden (2/0)], Eric Van Meir (1/0), Danny Boffin (14/0), Lorenzo Staelens (14/1), Alexander Czerniatynski (27/6), Marc Robert Wilmots (19/8). Trainer: Paul Van Himst (14).
Goals: Marc Robert Wilmots (44, 88).

516. 13.10.1993   **ROMANIA - BELGIUM**   2-1(0-0)   15th FIFA WC. Qualifiers
Stadionul Steaua, Bucureşti; Referee: Sándor Puhl (Hungary); Attendance: 38,000
BEL: Michel Preud'homme (48/0), Dirk Medved (11/0), Phillipe Albert (26/3), Georges Grün (67/3), Rudy Smidts (8/1), Vital Borkelmans (9/0) [71.Luis Airton Oliveira Barosso (6/1)], Frank Richard Vander Elst (58/0), Lorenzo Staelens (15/1), Vincenzo Scifo (61/15), Danny Boffin (15/0), Marc Robert Wilmots (20/8) [77.Alexander Czerniatynski (28/6)]. Trainer: Paul Van Himst (15).
Goal: Vincenzo Scifo (88 penalty).

517. 17.11.1993   **BELGIUM - CZECHOSLOVAKIA**   0-0   15th FIFA WC. Qualifiers
Stade „Émile Versé" (Parc Astrid), Bruxelles; Referee: Helmut Krug (Germany); Attendance: 21,000
BEL: Filip De Wilde (4/0), Dirk Medved (12/0), Phillipe Albert (27/3) [*sent off 49*], Rudy Smidts (9/1), Michel De Wolf (35/1), Lorenzo Staelens (16/1), Frank Richard Vander Elst (59/0), Vincenzo Scifo (62/15), Bruno Versavel (27/3), Luis Airton Oliveira Barosso (7/1) [52.Danny Boffin (16/0)], Luc Nilis (22/0) [79.Alexander Czerniatynski (29/6)]. Trainer: Paul Van Himst (16).

518. 16.02.1994   **MALTA - BELGIUM**   1-0(1-0)
Ta'Qali National Stadium, Attard; Referee: Angelo Amendolia (Italy); Attendance: 7,000
BEL: Michel Preud'homme (49/0), Dirk Medved (13/0), Phillipe Albert (28/3) [46.Eric Van Meir (2/0)], Rudy Smidts (10/1), Marc Emmers (31/2), Danny Boffin (17/0), Lorenzo Staelens (17/1), Marc Degryse (46/13), Luis Airton Oliveira Barosso (8/1) [65.Stéphane Van der Heyden (3/0)], Luc Nilis (23/0), Alexander Czerniatynski (30/6) [46.Marc Robert Wilmots (21/8)]. Trainer: Paul Van Himst (17).

519. 04.06.1994   **BELGIUM - ZAMBIA**   9-0(4-0)
Stade Heysel, Bruxelles; Referee: Hugh Dallas (Scotland); Attendance: 5,000
BEL: Michel Preud'homme (50/0), Georges Grün (68/3) [71.Pascal Renier (1/0)], Michel De Wolf (36/1), Phillipe Albert (29/3) [46.Rudy Smidts (11/1)], Lorenzo Staelens (18/1) [46.Marc Emmers (32/2)], Danny Boffin (18/0), Frank Richard Vander Elst (60/0), Vincenzo Scifo (63/15), Marc Degryse (47/16) [63.Marc Robert Wilmots (22/8)], Luc Nilis (24/1), Josip Weber (1/5). Trainer: Paul Van Himst (18).
Goals: Josip Weber (8, 15), Marc Degryse (29, 39), Luc Nilis (56), Josip Weber (58, 61), Marc Degryse (63), Josip Weber (88).

520. 08.06.1994   **BELGIUM - HUNGARY**   3-1(2-0)
Stade Heysel, Bruxelles; Referee: Zbigniew Przesmycki (Poland); Attendance: 16,000
BEL: Michel Preud'homme (51/0), Georges Grün (69/3), Michel De Wolf (37/1), Phillipe Albert (30/3) [46.Rudy Smidts (12/1)], Lorenzo Staelens (19/1), Danny Boffin (19/0) [46.Vital Borkelmans (10/0)], Frank Richard Vander Elst (61/0), Vincenzo Scifo (64/15), Marc Degryse (48/17), Josip Weber (2/6) [80.Marc Robert Wilmots (23/8)], Luc Nilis (25/2) [80.Marc Emmers (33/2)]. Trainer: Paul Van Himst (19).
Goals: Josip Weber (6), Marc Degryse (37), Luc Nilis (67).

521. 19.06.1994   **BELGIUM - MOROCCO**   1-0(1-0)   15th FIFA WC. Group Stage.
Citrus Bowl, Orlando (United States); Referee: José Torres Cadena (Colombia); Attendance: 60,790
BEL: Michel Preud'homme (52/0), Georges Grün (70/3), Michel De Wolf (38/1), Rudy Smidts (13/1), Lorenzo Staelens (20/1), Frank Richard Vander Elst (62/0), Vincenzo Scifo (65/15), Marc Degryse (49/18), Danny Boffin (20/0) [84.Vital Borkelmans (11/0)], Josip Weber (3/6), Luc Nilis (26/2) [53.Marc Emmers (34/2)]. Trainer: Paul Van Himst (20).
Goal: Marc Degryse (11).

522. 25.06.1994   **BELGIUM - NETHERLANDS**   1-0(0-0)   15th FIFA WC. Group Stage.
Citrus Bowl, Orlando (United States); Referee: Renato Marsiglia (Brazil); Attendance: 62,387
BEL: Michel Preud'homme (53/0), Marc Emmers (35/2) [77.Dirk Medved (14/0)], Georges Grün (71/3), Michel De Wolf (39/1), Phillipe Albert (31/4), Vital Borkelmans (12/0) [60.Rudy Smidts (14/1)], Lorenzo Staelens (21/1), Frank Richard Vander Elst (63/0), Vincenzo Scifo (66/15), Marc Degryse (50/18), Josip Weber (4/6). Trainer: Paul Van Himst (21).
Goal: Phillipe Albert (66).

523. 29.06.1994   **BELGIUM – SAUDI ARABIA**   0-1(0-1)   15th FIFA WC. Group Stage.
Memorial "Robert F. Kennedy" Memorial, Washington (United States); Referee: Helmut Krug (Germany); Attendance: 52,959
BEL: Michel Preud'homme (54/0), Dirk Medved (15/0), Phillipe Albert (32/4), Michel De Wolf (40/1), Rudy Smidts (15/1), Lorenzo Staelens (22/1), Frank Richard Vander Elst (64/0), Vincenzo Scifo (67/15), Danny Boffin (21/0), Marc Degryse (51/18) [23.Luc Nilis (27/2)], Marc Robert Wilmots (24/8) [53.Josip Weber (5/6)]. Trainer: Paul Van Himst (22).

524. 02.07.1994   **GERMANY - BELGIUM**   3-2(3-1)   15th FIFA WC. 2nd Round of 16.
Soldier Field, Chicago (United States); Referee: Kurt Roethlisberger (Switzerland); Attendance: 60,246
BEL: Michel Preud'homme (55/0), Georges Grün (72/4), Phillipe Albert (33/5), Michel De Wolf (41/1), Rudy Smidts (16/1) [65.Danny Boffin (22/0)], Lorenzo Staelens (23/1), Frank Richard Vander Elst (65/0), Marc Emmers (36/2), Vincenzo Scifo (68/15), Luc Nilis (28/2) [77.Alexander Czerniatynski (31/6)], Josip Weber (6/6). Trainer: Paul Van Himst (23).
Goals: Georges Grün (8), Phillipe Albert (90).

525. 07.09.1994   **BELGIUM - ARMENIA**   2-0(1-0)   10th EC. Qualifiers
Stade „Émile Versé" (Parc Astrid), Bruxelles; Referee: John Ferry (Northern Ireland); Attendance: 6,140
BEL: Michel Preud'homme (56/0), Régis Genaux (3/0), Michel De Wolf (42/1), Phillipe Albert (34/5), Rudy Smidts (17/1), Lorenzo Staelens (24/1) [76.Marc Emmers (37/2)], Frank Richard Vander Elst (66/0), Stéphane Van der Heyden (4/0) [67.Danny Boffin (23/0)], Marc Degryse (52/19), Luis Airton Oliveira Barosso (9/1), Josip Weber (7/6). Trainer: Paul Van Himst (24).
Goals: Y.Krbachyan (ARM,4 own goal), Marc Degryse (74).

526. 12.10.1994   **DENMARK - BELGIUM**   3-1(1-1)   10th EC. Qualifiers
Idraettsparken, København; Referee: Pierluigi Pairetto (Italy); Attendance: 40,075
BEL: Gilbert Bodart (6/0), Régis Genaux (4/0), Eric Van Meir (3/0), Phillipe Albert (35/5), Rudy Smidts (18/1), Vital Borkelmans (13/0) [78.Luis Airton Oliveira Barosso (10/1)], Frank Richard Vander Elst (67/0), Lorenzo Staelens (25/1), Marc Degryse (53/20), Josip Weber (8/6), Gert Verheyen (1/0). Trainer: Paul Van Himst (25).
Goal: Marc Degryse (31).

527. 16.11.1994 **BELGIUM - MACEDONIA**   **1-1(1-0)**   10th EC. Qualifiers
Stade „Émile Versé" (Parc Astrid), Bruxelles; Referee: Sergey Khusaynov (Russia); Attendance: 5,839
BEL: Michel Preud´homme (57/0), Régis Genaux (5/0), Bertrand Crasson (3/0), Danny Boffin (24/0), Rudy Smidts (19/1), Lorenzo Staelens (26/1), Frank Richard Vander Elst (68/0), Johan Walem (5/0) [69.Gilles De Bilde (1/0)], Marc Degryse (54/20), Luc Nilis (29/2), Gert Verheyen (2/1). Trainer: Paul Van Himst (26).
Goal: Gert Verheyen (32).

528. 17.12.1994 **BELGIUM - SPAIN**   **1-4(1-1)**   10th EC. Qualifiers
Stade „Émile Versé" (Parc Astrid), Bruxelles; Referee: Ahmet Çakar (Turkey); Attendance: 15,074
BEL: Michel Preud´homme (58/0), Régis Genaux (6/0), Phillipe Albert (36/5), Bertrand Crasson (4/0), Rudy Smidts (20/1), Danny Boffin (25/0), Frank Richard Vander Elst (69/0), Lorenzo Staelens (27/1), Alain Bettagno (1/0) [46.Gert Verheyen (3/1)], Marc Degryse (55/21), Gilles De Bilde (2/0). Trainer: Paul Van Himst (27).
Goal: Marc Degryse (7).

529. 29.03.1995 **SPAIN - BELGIUM**   **1-1(1-1)**   10th EC. Qualifiers
Estadio "Ramón Sánchez Pizjuán", Sevilla; Referee: Rémy Harrel (France); Attendance: 27,000
BEL: Gilbert Bodart (7/0), Régis Genaux (7/0), Dirk Medved (16/0), Pascal Renier (2/0), Rudy Smidts (21/1), Johan Walem (6/0) [70.Gert Verheyen (4/1)], Emmanuel Karagiannis (1/0) [83.Bertrand Crasson (5/0)], Lorenzo Staelens (28/1), Marc Degryse (56/22), Gilles De Bilde (3/0), Gunther Schepens (1/0). Trainer: Paul Van Himst (28).
Goal: Marc Degryse (26).

530. 199504.22. **BELGIUM - UNITED STATES**   **1-0(1-0)**
Srade „Edmond Machtens", Molenbeek; Referee: Michel Zen-Ruffinen (Switzerland); Attendance: 12,369
BEL: Gilbert Bodart (8/0), Georges Grün (73/4), Dirk Medved (17/0) [46.Bertrand Crasson (6/0)], Pascal Renier (3/0), Rudy Smidts (22/1), Gunther Schepens (2/1) [72.Danny Boffin (26/0)], Johan Walem (7/0) [79.Philippe Léonard (1/0)], Lorenzo Staelens (29/1) [46.Gunter Verjans (1/0)], Emmanuel Karagiannis (2/0), Gilles De Bilde (4/0) [46.Michaël Goossens (2/0)], Luc Nilis (30/2) [77.Gert Verheyen (5/1)]. Trainer: Paul Van Himst (29).
Goal: Gunther Schepens (44).

531. 26.04.1995 **BELGIUM - CYPRUS**   **2-0(1-0)**   10th EC. Qualifiers
Stade „Émile Versé" (Parc Astrid), Bruxelles; Referee: David Roland Elleray (England); Attendance: 16,000
BEL: Gilbert Bodart (9/0), Dirk Medved (18/0), Georges Grün (74/4), Pascal Renier (4/0), Rudy Smidts (23/1), Lorenzo Staelens (30/1), Emmanuel Karagiannis (3/1), Luc Nilis (31/2), Marc Degryse (57/22), Gilles De Bilde (5/0) [80.Michaël Goossens (3/0)], Gunther Schepens (3/2). Trainer: Paul Van Himst (30).
Goals: Emmanuel Karagiannis (20), Gunther Schepens (47).

532. 07.06.1995 **MACEDONIA - BELGIUM**   **0-5(0-4)**   10th EC. Qualifiers
Stadion Gradski, Skopje; Referee: Ryszard Wojcik (Poland); Attendance: 532*(*Played behind closed doors*)
BEL: Gilbert Bodart (10/0), Régis Genaux (8/0), Georges Grün (75/5), Pascal Renier (5/0), Rudy Smidts (24/1), Lorenzo Staelens (31/1), Emmanuel Karagiannis (4/1), Bruno Versavel (28/4), Gilles De Bilde (6/0), Vincenzo Scifo (69/17), Gunther Schepens (4/3) [83.Philippe Léonard (2/0)]. Trainer: Paul Van Himst (31).
Goals: Georges Grün (15), Vincenzo Scifo (19), Gunther Schepens (28), Bruno Versavel (43), Vincenzo Scifo (58).

533. 23.08.1995 **BELGIUM - GERMANY**   **1-2(1-1)**
Stade „Roi Baudouin", Bruxelles; Referee: Mario van der Ende (England); Attendance: 35,000
BEL: Gilbert Bodart (11/0), Régis Genaux (9/0), Pascal Renier (6/0), Dirk Medved (19/0), Rudy Smidts (25/1) [46.Philippe Léonard (3/0)], Alain Bettagno (2/0), Lorenzo Staelens (32/1), Eric Van Meir (4/0) [46.Ronald Foguenne (1/0)], Gunther Schepens (5/3), Luc Nilis (32/2), Michaël Goossens (4/1). Trainer: Paul Van Himst (32).
Goal: Michaël Goossens (17).

534. 06.09.1995 **BELGIUM - DENMARK**   **1-3(1-2)**   10th EC. Qualifiers
Stade „Roi Baudouin", Bruxelles; Referee: Vadim Zhuk (Belarus); Attendance: 39,627
BEL: Gilbert Bodart (12/0), Régis Genaux (10/0), Georges Grün (76/6), Dirk Medved (20/0), Rudy Smidts (26/1) [77.Pascal Renier (7/0)], Lorenzo Staelens (33/1) [14.Luc Nilis (33/2)], Emmanuel Karagiannis (5/1), Gilles De Bilde (7/0), Marc Degryse (58/22), Vincenzo Scifo (70/17), Gunther Schepens (6/3) [54.Ronald Foguenne (2/0)]. Trainer: Paul Van Himst (33).
Goal: Georges Grün (26).

535. 07.10.1995 **ARMENIA - BELGIUM**   **0-2(0-2)**   10th EC. Qualifiers
Hrazdan Stadium, Yerevan; Referee: Mitko Mitrev (Bulgaria); Attendance: 5,000
BEL: Filip De Wilde (5/0), Régis Genaux (11/0), Bertrand Crasson (7/0), Glen De Boeck (2/0), Rudy Smidts (27/1), Lorenzo Staelens (34/1), Emmanuel Karagiannis (6/1) [81.Sven Vermant (1/0)], Gunther Schepens (7/3), Luc Nilis (34/4), Vincenzo Scifo (71/17), Gilles De Bilde (8/0) [63.Michaël Goossens (5/1)]. Trainer: Paul Van Himst (34).
Goals: Luc Nilis (29, 38).

536. 15.11.1995 **CYPRUS - BELGIUM**   **1-1(1-0)**   10th EC. Qualifiers
Stádio Tsirion, Limassol; Referee: Graziano Cesari (Italy); Attendance: 6,500
BEL: Filip De Wilde (6/0), Régis Genaux (12/0), Georges Grün (77/6), Glen De Boeck (3/0), Rudy Smidts (28/1) [80.Gunther Schepens (8/3)], Lorenzo Staelens (35/1), Emmanuel Karagiannis (7/1) [46.Michaël Goossens (6/1)], Danny Boffin (27/0) [60.Dirk Huysmans (1/0)], Marc Degryse (59/22), Luc Nilis (35/4), Gilles De Bilde (9/1). Trainer: Paul Van Himst (35).
Goal: Gilles De Bilde (66).

537. 27.03.1996 **BELGIUM - FRANCE**   **0-2(0-0)**
Stade „Roi Baudouin", Bruxelles; Referee: Fritz Stuchlick (Austria); Attendance: 24,417
BEL: Filip De Wilde (7/0), Régis Genaux (13/0), Dirk Medved (21/0) [46.Gunter Verjans (2/0)], Pascal Renier (8/0), Rudy Smidts (29/1), Phillipe Albert (37/5), Frédéric Peiremans (1/0), Danny Boffin (28/0) [69.Gilles De Bilde (10/1)], Vincenzo Scifo (72/17), Marc Degryse (60/22) [46.Michaël Goossens (7/1)], Luis Airton Oliveira Barosso (11/1). Trainer: Paul Van Himst (36).

538. 24.04.1996   **BELGIUM - RUSSIA**   **0-0**
Stade „Roi Baudouin", Bruxelles; Referee: Graziano Cesari (Italy); Attendance: 14,549
BEL: Philippe Vande Walle (1/0), Régis Genaux (14/0), Dirk Medved (22/0), Pascal Renier (9/0), Philippe Léonard (4/0), Phillipe Albert (38/5) [68.Gunter Verjans (3/0)], Frédéric Peiremans (2/0), Gunther Schepens (9/3), Vincenzo Scifo (73/17), Luc Nilis (36/4), Christophe Lauwers (1/0) [62.Frédéric Pierre (1/0)]. Trainer: Wilfried Van Moer (1).

539. 29.05.1996   **ITALY - BELGIUM**   **2-2(0-2)**
Stadio „Giovanni Zini", Cremona; Referee: Kurt Zuppinger (Switzerland); Attendance: 13,277
BEL: Philippe Vande Walle (2/0), Bertrand Crasson (8/0) [46.Gunter Verjans (4/0)], Dirk Medved (23/0), Pascal Renier (10/0), Philippe Léonard (5/0), Gert Verheyen (6/1) [77.Christophe Lauwers (2/0)], Lorenzo Staelens (36/1), Geoffrey Claeys (1/1), Nico Van Kerckhoven (1/0) [63.Karel Snoeckx (1/0)], Vincenzo Scifo (74/17), Luis Airton Oliveira Barosso (12/1). Trainer: Wilfried Van Moer (2).
Goals: Geoffrey Claeys (6), A.Carboni (ITA,11 own goal).

540. 31.08.1996   **BELGIUM - TURKEY**   **2-1(2-0)**   16th FIFA WC. Qualifiers
Stade „Roi Baudouin", Bruxelles; Referee: David Roland Elleray (England); Attendance: 32,800
BEL: Filip De Wilde (8/0), Bertrand Crasson (9/0), Dirk Medved (24/0), Pascal Renier (11/0), Geoffrey Claeys (2/1), Gunther Schepens (10/3) [81.Nico Van Kerckhoven (2/0)], Vincenzo Scifo (75/17), Gert Verheyen (7/1) [62.Frédéric Peiremans (3/0)], Marc Degryse (61/23), Luc Nilis (37/4), Luis Airton Oliveira Barosso (13/2) [88.Gilles De Bilde (11/1)]. Trainer: Wilfried Van Moer (3).
Goals: Marc Degryse (12), Luis Airton Oliveira Barosso (37).

541. 09.10.1996   **SAN MARINO - BELGIUM**   **0-3(0-2)**   16th FIFA WC. Qualifiers
Stadio Olimpico, Serravalle; Referee: Kevork Oganesyan (Armenia); Attendance: 1,353
BEL: Filip De Wilde (9/0), Bertrand Crasson (10/0), Dirk Medved (25/0), Pascal Renier (12/0), Philippe Léonard (6/0), Lorenzo Staelens (37/1), Gunther Schepens (11/3) [62.Nico Van Kerckhoven (3/0)], Gert Verheyen (8/2) [65.Frédéric Pierre (2/0)], Marc Degryse (62/23), Luc Nilis (38/6), Luis Airton Oliveira Barosso (14/2) [80.Gilles De Bilde (12/1)]. Trainer: Wilfried Van Moer (4).
Goals: Gert Verheyen (12), Luc Nilis (20, 47).

542. 14.12.1996   **BELGIUM - NETHERLANDS**   **0-3(0-2)**   16th FIFA WC. Qualifiers
Stade „Roi Baudouin", Bruxelles; Referee: Pierluigi Pairetto (Italy); Attendance: 36,950
BEL: Filip De Wilde (10/0), Eric Deflandre (1/0) [76.Nordin Jbari (1/0)], Eric Van Meir (5/0), Phillipe Albert (39/5), Pascal Renier (13/0) [K50], Philippe Léonard (7/0) [35.Nico Van Kerckhoven (4/0)], Marc Robert Wilmots (25/8), Lorenzo Staelens (38/1), Marc Degryse (63/23) [63.Frédéric Pierre (3/0)], Luc Nilis (39/6), Luis Airton Oliveira Barosso (15/2). Trainer: Wilfried Van Moer (5).

543. 11.02.1997   **NORTHERN IRELAND - BELGIUM**   **3-0(1-0)**
Windsor Park, Belfast; Referee: John Rowbotham (Scotland); Attendance: 7,126
BEL: Filip De Wilde (11/0), Albert De Roover (1/0), Dirk Medved (26/0), Phillipe Albert (40/5), Lorenzo Staelens (39/1), Frank Richard Vander Elst (70/0), Nico Van Kerckhoven (5/0) [85.Gunther Schepens (12/3)], Gert Verheyen (9/2) [72.Frédéric Pierre (4/0)], Luc Nilis (40/6) [46.Eka Basunga Lokonda Mpenza (1/0)], Marc Robert Wilmots (26/8) [79.Nordin Jbari (2/0)], Vincenzo Scifo (76/17) [80.Dominique Lemoine (1/0)]. Trainer: Georges Leekens (1).

544. 29.03.1997   **WALES - BELGIUM**   **1-2(0-2)**   16th FIFA WC. Qualifiers
Ninian Park, Cardiff; Referee: Christer Faellström (Sweden); Attendance: 15,000
BEL: Filip De Wilde (12/0), Bertrand Crasson (11/1), Eric Van Meir (6/0), Albert De Roover (2/0), Rudy Smidts (30/1), Lorenzo Staelens (40/2), Frank Richard Vander Elst (71/0), Dominique Lemoine (2/0), Nico Van Kerckhoven (6/0), Eka Basunga Lokonda Mpenza (2/0) [65.Mbo Jérôme Mpenza (1/0)], Luis Airton Oliveira Barosso (16/2) [80.Vincenzo Scifo (77/17)]. Trainer: Georges Leekens (2).
Goals: Bertrand Crasson (24), Lorenzo Staelens (45).

545. 30.04.1997   **TURKEY - BELGIUM**   **1-3(1-3)**   16th FIFA WC. Qualifiers
Ali Sami Yen, Istanbul; Referee: Bernd Heynemann (Germany); Attendance: 29,700
BEL: Filip De Wilde (13/0), Bertrand Crasson (12/1), Eric Van Meir (7/0), Albert De Roover (3/0), Rudy Smidts (31/1) [57.Olivier Doll (1/0)], Lorenzo Staelens (41/2), Frank Richard Vander Elst (72/0), Luis Airton Oliveira Barosso (17/5), Eka Basunga Lokonda Mpenza (3/0) [70.Dominique Lemoine (3/0)], Vincenzo Scifo (78/17) [88.Geoffrey Claeys (3/1)], Nico Van Kerckhoven (7/0). Trainer: Georges Leekens (3).
Goals: Luis Airton Oliveira Barosso (13, 31, 45).

546. 07.06.1997   **BELGIUM - SAN MARINO**   **6-0(5-0)**   16th FIFA WC. Qualifiers
Stade „Roi Baudouin", Bruxelles; Referee: Pavlin Jirku (Czech Republic); Attendance: 24,105
BEL: Filip De Wilde (14/0), Bertrand Crasson (13/1) [73.Filip Haagdoren (1/0)], Albert De Roover (4/0), Eric Van Meir (8/1), Goran Vidovic (1/0), Frank Richard Vander Elst (73/0) [85.Rudy Smidts (32/1)], Lorenzo Staelens (42/4), Dominique Lemoine (4/0), Nico Van Kerckhoven (8/0), Luis Airton Oliveira Barosso (18/6), Eka Basunga Lokonda Mpenza (4/2) [73.Gilles De Bilde (13/1)]. Trainer: Georges Leekens (4).
Goals: Lorenzo Staelens (16), Eric Van Meir (26), Eka Basunga Lokonda Mpenza (27), Luis Airton Oliveira Barosso (33), Eka Basunga Lokonda Mpenza (45), Lorenzo Staelens (84).

547. 06.09.1997   **NETHERLANDS - BELGIUM**   **3-1(1-0)**   16th FIFA WC. Qualifiers
Stadion Feijenoord, Rotterdam; Referee: Kim Milton Nielsen (Denmark); Attendance: 55,000
BEL: Filip De Wilde (15/0), Bertrand Crasson (14/1) [46.Régis Genaux (15/0)], Phillipe Albert (41/5), Eric Van Meir (9/1), Goran Vidovic (2/0), Lorenzo Staelens (43/5), Vincenzo Scifo (79/17) [78.Gilles De Bilde (14/1)], Frank Richard Vander Elst (74/0), Nico Van Kerckhoven (9/0), Luis Airton Oliveira Barosso (19/6), Eka Basunga Lokonda Mpenza (5/2) [88.Gunther Schepens (13/3)]. Trainer: Georges Leekens (5).
Goal: Lorenzo Staelens (67 penalty).

548. 11.10.1997   **BELGIUM - WALES**   **3-2(3-0)**   16th FIFA WC. Qualifiers
Stade „Roi Baudouin", Bruxelles; Referee: Vítor Manuel Melo Pereira (Portugal); Attendance: 18,233
BEL: Filip De Wilde (16/0), Eric Deflandre (2/0), Albert De Roover (5/0) [64.Mike Verstraeten (1/0)], Lorenzo Staelens (44/6), Rudy Smidts (33/1), Frank Richard Vander Elst (75/0), Marc Robert Wilmots (27/9), Nico Van Kerckhoven (10/0) [82.Vital Borkelmans (14/0)], Danny Boffin (29/0), Luis Airton Oliveira Barosso (20/6), Gert Claessens (1/1) [68.Luc Nilis (41/6)]. Trainer: Georges Leekens (6).
Goals: Lorenzo Staelens (4 penalty), Gert Claessens (33), Marc Robert Wilmots (40).

549. 29.10.1997   **REPUBLIC OF IRELAND - BELGIUM**   **1-1(1-1)**   16th FIFA WC. Play-Offs
Lansdowne Road, Dublin; Referee: László Vágner (Hungary); Attendance: 32,305
BEL: Filip De Wilde (17/0), Régis Genaux (16/0), Eric Van Meir (10/1), Goran Vidovic (3/0), Mike Verstraeten (2/0), Frank Richard Vander Elst (76/0), Danny Boffin (30/0), Marc Robert Wilmots (28/9), Nico Van Kerckhoven (11/0), Luc Nilis (42/7) [88.Gilles De Bilde (15/1)], Michaël Goossens (8/1) [88.Gert Verheyen (10/2)]. Trainer: Georges Leekens (7).
Goal: Luc Nilis (30).

550. 15.11.1997   **BELGIUM - REPUBLIC OF IRELAND**   **2-1(1-0)**   16th FIFA WC. Play-Offs
Stade „Roi Baudouin", Bruxelles; Referee: Günter Benkö (Austria); Attendance: 31,455
BEL: Filip De Wilde (18/0), Eric Deflandre (3/0), Goran Vidovic (4/0) [64.Vital Borkelmans (15/0)], Glen De Boeck (4/0), Mike Verstraeten (3/0), Frank Richard Vander Elst (77/0), Danny Boffin (31/0), Gert Claessens (2/1) [75.Philippe Léonard (8/0)], Gert Verheyen (11/2), Luc Nilis (43/8) [88.Michaël Goossens (9/1)], Luis Airton Oliveira Barosso (21/7). Trainer: Georges Leekens (8).
Goals: Luis Airton Oliveira Barosso (25), Luc Nilis (70).

551. 25.02.1998   **BELGIUM - UNITED STATES**   **2-0(1-0)**
Stade „Roi Baudouin", Bruxelles; Referee: Philippe Kalt (France); Attendance: 15,894
BEL: Filip De Wilde (19/0), Eric Deflandre (4/0), Lorenzo Staelens (45/6), Goran Vidovic (5/0), Philippe Léonard (9/0) [69.Vital Borkelmans (16/0)], Frank Richard Vander Elst (78/0) [54.Emmanuel Karagiannis (8/1)], Marc Robert Wilmots (29/9) [46.Johan Walem (8/0)], Danny Boffin (32/0), Nico Van Kerckhoven (12/2), Luc Nilis (44/8) [85.Robert Peeters (1/0)], Eka Basunga Lokonda Mpenza (6/2) [55.Gert Verheyen (12/2)]. Trainer: Georges Leekens (9).
Goals: Nico Van Kerckhoven (23, 59).

552. 25.03.1998   **BELGIUM - NORWAY**   **2-2(1-1)**
Stade „Roi Baudouin", Bruxelles; Referee: Hans-Jürgen Weber (Germany); Attendance: 13,371
BEL: Dany Verlinden (1/0), Eric Deflandre (5/0) [46.Tjörven De Brul (1/0)], Lorenzo Staelens (46/6), Glen De Boeck (5/0) [80.Philippe Clément (1/0)], Nico Van Kerckhoven (13/2), Eric Van Meir (11/1), Frank Richard Vander Elst (79/1), Marc Robert Wilmots (30/10), Danny Boffin (33/0) [77.Philippe Léonard (10/0)], Gert Verheyen (13/2), Luis Airton Oliveira Barosso (22/7) [76.Mbo Jérôme Mpenza (2/0)]. Trainer: Georges Leekens (10).
Goals: Frank Richard Vander Elst (8), Marc Robert Wilmots (65).

553. 22.04.1998   **BELGIUM - ROMANIA**   **1-1(0-1)**
Stade „Roi Baudouin", Bruxelles; Referee: Morgan Norman (Sweden); Attendance: 18,212
BEL: Filip De Wilde (20/0), Tjörven De Brul (2/0) [46.Bertrand Crasson (15/1)], Eric Van Meir (12/1) [46.Glen De Boeck (6/0)], Mike Verstraeten (4/0) [57.Gert Verheyen (14/2)], Nico Van Kerckhoven (14/2), Philippe Clément (2/0), Frank Richard Vander Elst (80/1), Marc Robert Wilmots (31/10), Danny Boffin (34/0), Luc Nilis (45/9) [87.Eka Basunga Lokonda Mpenza (7/2)], Luis Airton Oliveira Barosso (23/7) [70.Michaël Goossens (10/1)]. Trainer: Georges Leekens (11).
Goal: Luc Nilis (77).

554. 27.05.1998   **FRANCE - BELGIUM**   **1-0(0-0)**   International Tournament
Stade d'Honneur, Casablanca (Morocco); Referee: Mohammed Guezzaz (Morocco); Attendance: 30,000
BEL: Filip De Wilde (21/0), Bertrand Crasson (16/1), Goran Vidovic (6/0), Philippe Léonard (11/0) [73.Danny Boffin (35/0)], Lorenzo Staelens (47/6), Frank Richard Vander Elst (81/1), Philippe Clément (3/0) [88.Eric Deflandre (6/0)], Nico Van Kerckhoven (15/2) [60.Glen De Boeck (7/0)], Marc Robert Wilmots (32/10), Luc Nilis (46/9) [88.Mbo Jérôme Mpenza (3/0)], Luis Airton Oliveira Barosso (24/7). Trainer: Georges Leekens (12).

555. 29.05.1998   **BELGIUM - ENGLAND**   **0-0**   International Tournament
Stade d'Honneur, Casablanca (Morocco); Referee: Abderraham El Arjoune (Morocco); Attendance: 20,000
BEL: Philippe Vande Walle (3/0), Eric Deflandre (7/0), Eric Van Meir (13/1), Glen De Boeck (8/0), Mike Verstraeten (5/0), Vital Borkelmans (17/0), Gert Verheyen (15/2) [61.Gert Claessens (3/1)], Vincenzo Scifo (80/17), Danny Boffin (36/0), Eka Basunga Lokonda Mpenza (8/2), Michaël Goossens (11/1) [46.Mbo Jérôme Mpenza (4/0)]. Trainer: Georges Leekens (13).

556. 03.06.1998   **BELGIUM - COLOMBIA**   **2-0(2-0)**
Stade „Roi Baudouin", Bruxelles; Referee: Stefan Ormandjiev (Bulgaria); Attendance: 9,253
BEL: Filip De Wilde (22/0), Bertrand Crasson (17/1) [89.Eric Deflandre (8/0)], Goran Vidovic (7/0), Lorenzo Staelens (48/6), Vital Borkelmans (18/0) [69.Philippe Clément (4/0)], Frank Richard Vander Elst (82/1), Marc Robert Wilmots (33/11) [85.Glen De Boeck (9/0)], Vincenzo Scifo (81/17) [70.Gert Verheyen (16/2)], Danny Boffin (37/1), Luc Nilis (47/9) [70.Eka Basunga Lokonda Mpenza (9/2)], Luis Airton Oliveira Barosso (25/7) [85.Mbo Jérôme Mpenza (5/0)]. Trainer: Georges Leekens (14).
Goals: Danny Boffin (16), Marc Robert Wilmots (31).

557. 06.06.1998   **BELGIUM - PARAGUAY**   **1-0(0-0)**
Stade „Roi Baudouin", Bruxelles; Referee: Kenneth William Clark (Scotland); Attendance: 30,610
BEL: Filip De Wilde (23/0), Bertrand Crasson (18/1), Lorenzo Staelens (49/6) [68.Eric Van Meir (14/1)], Goran Vidovic (8/0), Vital Borkelmans (19/0), Frank Richard Vander Elst (83/1) [48.Glen De Boeck (10/0)], Marc Robert Wilmots (34/11) [46.Vincenzo Scifo (82/18)], Philippe Clément (5/0), Danny Boffin (38/1), Luc Nilis (48/9) [46.Eka Basunga Lokonda Mpenza (10/2)], Luis Airton Oliveira Barosso (26/7) [82.Mbo Jérôme Mpenza (6/0)]. Trainer: Georges Leekens (15).
Goal: Vincenzo Scifo (56).

558. 13.06.1998   **NETHERLANDS - BELGIUM**   **0-0**   16th FIFA WC. Group Stage.
Stade de France, Saint-Denis, Paris (France); Referee: Pierluigi Collina (Italy); Attendance: 78,000
BEL: Filip De Wilde (24/0), Bertrand Crasson (19/1) [21.Eric Deflandre (9/0)], Philippe Clément (6/0), Lorenzo Staelens (50/6), Mike Verstraeten (6/0), Vital Borkelmans (20/0), Danny Boffin (39/1), Frank Richard Vander Elst (84/1), Marc Robert Wilmots (35/11), Luc Nilis (49/9), Luis Airton Oliveira Barosso (27/7) [58.Eka Basunga Lokonda Mpenza (11/2)]. Trainer: Georges Leekens (16).

559. 20.06.1998   **BELGIUM - MEXICO**   **2-2(1-0)**   16th FIFA WC. Group Stage.
Parc de Lescure, Bordeaux (France); Referee: Hugh Dallas (Scotland); Attendance: 35,200
BEL: Filip De Wilde (25/0), Eric Deflandre (10/0), Lorenzo Staelens (51/6), Goran Vidovic (9/0), Vital Borkelmans (21/0), Danny Boffin (40/1) [18.Gert Verheyen (17/2)], Frank Richard Vander Elst (85/1) [67.Glen De Boeck (11/0)], Marc Robert Wilmots (36/13), Vincenzo Scifo (83/18), Luis Airton Oliveira Barosso (28/7), Luc Nilis (50/9) [67.Eka Basunga Lokonda Mpenza (12/2)]. Trainer: Georges Leekens (17).
Goals: Marc Robert Wilmots (43, 48).

560. 25.06.1998　**BELGIUM - KOREA REPUBLIC**　　　　**1-1(1-0)**　　　　16th FIFA WC. Group Stage.
Parc des Princes, Paris (France); Referee: Marcio Rezende de Freitas (Brazil); Attendance: 47,000
BEL: Philippe Vande Walle (4/0), Goran Vidovic (10/0), Lorenzo Staelens (52/6), Vital Borkelmans (22/0), Eric Deflandre (11/0), Nico Van Kerckhoven (16/2), Vincenzo Scifo (84/18) [65.Frank Richard Vander Elst (86/1)], Marc Robert Wilmots (37/13), Philippe Clément (7/0) [74.Eka Basunga Lokonda Mpenza (13/2)], Luis Airton Oliveira Barosso (29/7) [46.Mbo Jérôme Mpenza (7/0)], Luc Nilis (51/10). Trainer: Georges Leekens (18).
Goal: Luc Nilis (7).

561. 18.11.1998　**LUXEMBOURG - BELGIUM**　　　　**0-0**
Stade „Josy Barthel", Luxembourg; Referee: Stéphane Bré (France); Attendance: 3,149
BEL: Ronald Gaspercic (1/0), Eric Deflandre (12/0) [73.Tjörven De Brul (3/0)], Goran Vidovic (11/0), Glen De Boeck (12/0), Nico Van Kerckhoven (17/2) [59.Davy Oyen (1/0)], Philippe Clément (8/0), Christiaan Janssens (1/0), Johan Walem (9/0), Sven Vermant (2/0), Robert Peeters (2/0) [60.Mbo Jérôme Mpenza (8/0)], Gert Claessens (4/1) [82.Antonio Brogno (1/0)]. Trainer: Georges Leekens (19).

562. 03.02.1999　**CYPRUS - BELGIUM**　　　　**0-1(0-0)**　　　　International Tournament
Stádio Tsirion, Limassol; Referee: Yiannakis Kyprianides (Cyprus); Attendance: 600
BEL: Ronald Gaspercic (2/0), Tjörven De Brul (4/0) [*sent off* 73], Lorenzo Staelens (53/6) [25.Glen De Boeck (13/0)], Eric Van Meir (15/1), Nico Van Kerckhoven (18/2) [46.Bart Goor (1/0)], Philippe Clément (9/0) [81.Wilfried Delbroek (1/0)], Christiaan Janssens (2/0), David Brocken (1/0), Johan Walem (10/0), Mbo Jérôme Mpenza (9/0) [63.Frédéric Pierre (5/0)], Eka Basunga Lokonda Mpenza (14/3). Trainer: Georges Leekens (20).
Goal: Eka Basunga Lokonda Mpenza (76).

563. 05.02.1999　**GREECE - BELGIUM**　　　　**1-0(0-0)**　　　　International Tournament
Stádio GPZ, Larnaca (Cyprus); Referee: Yiannakis Kyprianides (Cyprus); Attendance: 1,000
BEL: Geert De Vlieger (1/0), Eric Deflandre (13/0), Glen De Boeck (14/0), Eric Van Meir (16/1), D.Kimoni (1/0), Davy Oyen (2/0) [64.Mbo Jérôme Mpenza (10/0)], Lorenzo Staelens (54/6), Bart Goor (2/0), Wilfried Delbroek (2/0), Frédéric Pierre (6/0) [64.Christiaan Janssens (3/0)], Gilles De Bilde (16/1) [80.Eka Basunga Lokonda Mpenza (15/3)]. Trainer: Georges Leekens (21).

564. 09.02.1999　**BELGIUM – CZECH REPUBLIC**　　　　**0-1(0-0)**
Stade „Roi Baudouin", Bruxelles; Referee: Jan Wegereef (Netherlands); Attendance: 14,700
BEL: Geert De Vlieger (2/0), Tjörven De Brul (5/0) [56.D,Kimoni (2/0)], Glen De Boeck (15/0), Goran Vidovic (12/0), Lorenzo Staelens (55/6), Bart Goor (3/0), Wilfried Delbroek (3/0), Johan Walem (11/0), Régis Genaux (17/0) [77.Stefaan Tanghe (1/0)], Eka Basunga Lokonda Mpenza (16/3) [46.Gilles De Bilde (17/1)], Frédéric Pierre (7/0). Trainer: Georges Leekens (22).

565. 27.03.1999　**BELGIUM - BULGARIA**　　　　**0-1(0-1)**
Stade „Roi Baudouin", Bruxelles; Referee: Domenico Messina (Italy); Attendance: 23,412
BEL: Ronald Gaspercic (3/0), Régis Genaux (18/0) [76.Eric Deflandre (14/0)], Tjörven De Brul (6/0), Glen De Boeck (16/0), Philippe Léonard (12/0), Walter Baseggio (1/0) [51.Christiaan Janssens (4/0)], Johan Walem (12/0), Marc Robert Wilmots (38/13), Sandy Martens (1/0), Luis Airton Oliveira Barosso (30/7) [81.Mbo Jérôme Mpenza (11/0)], Eka Basunga Lokonda Mpenza (17/3) [81.Peter Van Houdt (1/0)]. Trainer: Georges Leekens (23).

566. 30.03.1999　**BELGIUM - EGYIPT**　　　　**0-1(0-1)**
Stade de Sclessin, Liège; Referee: Dominique Tavel (Switzerland); Attendance: 18,612
BEL: Ronald Gaspercic (4/0), Régis Genaux (19/0), Goran Vidovic (13/0), Glen De Boeck (17/0), Philippe Léonard (13/0) [74.Bart Goor (4/0)], Christiaan Janssens (5/0) [46.Didier Ernst (1/0)], Johan Walem (13/0), Marc Robert Wilmots (39/13) [61.Stefaan Tanghe (2/0)], Sandy Martens (2/0), Luis Airton Oliveira Barosso (31/7) [61.Mbo Jérôme Mpenza (12/0)], Eka Basunga Lokonda Mpenza (18/3). Trainer: Georges Leekens (24).

567. 28.04.1999　**ROMANIA - BELGIUM**　　　　**1-0(0-0)**
Stadionul Steaua, Bucureşti; Referee: Giorgios Fassolis (Greece); Attendance: 5,500
BEL: Filip De Wilde (26/0), Eric Deflandre (15/0), Goran Vidovic (14/0), Glen De Boeck (18/0), Bart Goor (5/0), Walter Baseggio (2/0) [65.D.Kimoni (3/0)], Lorenzo Staelens (56/6), Stefaan Tanghe (3/0) [58.Frédéric Pierre (8/0)], Johan Walem (14/0), Danny Boffin (41/1), Eka Basunga Lokonda Mpenza (19/3) [58.Jurgen Cavens (1/0)]. Trainer: Georges Leekens (25).

568. 30.05.1999　**PERU - BELGIUM**　　　　**1-1(1-1)**　　　　Kirin Cup
Nishikyogoku Stadium, Kyoto (Japan); Referee: Naotsugu Fuse (Japan); Attendance: 9,262
BEL: Filip De Wilde (27/0) [19.Philippe Vande Walle (5/0)], Bertrand Crasson (20/1), Goran Vidovic (15/0), Lorenzo Staelens (57/6), Bart Goor (6/0), Stefaan Tanghe (4/1), Yves Vanderhaeghe (1/0), Mark Hendrikx (1/0) [86.Tjörven De Brul (7/0)], Wilfried Delbroek (4/0) [81.Glen De Boeck (19/0)], Gert Verheyen (18/2) [75.Peter Van Houdt (2/0)], Sandy Martens (3/0) [83.Antonio Brogno (2/0)]. Trainer: Georges Leekens (26).
Goal: Stefaan Tanghe (27).

569. 03.06.1999　**JAPAN - BELGIUM**　　　　**0-0**　　　　Kirin Cup
Olympic Stadium, Tokio; Referee: Kim Tae-Joeng (Korea Republic); Attendance: 54,685
BEL: Geert De Vlieger (3/0), Tjörven De Brul (8/0), Goran Vidovic (16/0) [28.Glen De Boeck (20/0)], Lorenzo Staelens (58/6), Mark Hendrikx (2/0), Stefaan Tanghe (5/1), Yves Vanderhaeghe (2/0), Wilfried Delbroek (5/0) [90.Christiaan Janssens (6/0)], Bart Goor (7/0), Sandy Martens (4/0) [65.Jurgen Cavens (2/0)], Gert Verheyen (19/2) [65.Mbo Jérôme Mpenza (13/0)]. Trainer: Georges Leekens (27).

570. 05.06.1999　**KOREA REPUBLIC - BELGIUM**　　　　**1-2(0-2)**
Olympic Stadium, Seoul; Referee: Okada Masayoshi (Japan); Attendance: 43,000
BEL: Philippe Vande Walle (6/0), Tjörven De Brul (9/0), Lorenzo Staelens (59/6), Mark Hendrikx (3/0) [85.Bertrand Crasson (21/1)], Carl Hoefkens (1/0), Stefaan Tanghe (6/1) [88.Christiaan Janssens (7/0)], Yves Vanderhaeghe (3/0), Bart Goor (8/0), Gert Verheyen (20/2), Sandy Martens (5/2) [83.Glen De Boeck (21/0)], Jurgen Cavens (3/0) [82.Mbo Jérôme Mpenza (14/0)]. Trainer: Georges Leekens (28).
Goals: Sandy Martens (23, 32).

571. 18.08.1999　**BELGIUM - FINLAND**　　　　**3-4(1-2)**
„Jan Breydel" stadion, Brügge; Referee: Alain Hamer (Luxembourg); Attendance: 12,000
BEL: Philippe Vande Walle (7/0), Tjörven De Brul (10/0) [46.Glen De Boeck (22/0)], Carl Hoefkens (2/0), Lorenzo Staelens (60/6), Mark Hendrikx (4/0) [46.Gert Verheyen (21/2)], Yves Vanderhaeghe (4/0), Marc Robert Wilmots (40/14) [81.Walter Baseggio (3/0)], Johan Walem (15/0), Bart Goor (9/0), Sandy Martens (6/3) [46.Branko Strupar (1/0)], Jurgen Cavens (4/0) [46.Eka Basunga Lokonda Mpenza (20/4)]. Trainer: Georges Leekens (29).
Goals: Sandy Martens (42), Marc Robert Wilmots (60), Eka Basunga Lokonda Mpenza (70).

572. 04.09.1999 NETHERLANDS - BELGIUM 5-5(3-2)
Stadion Feijenoord, Rotterdam; Referee: Urs Meier (Switzerland); Attendance: 30,000
BEL: Philippe Vande Walle (8/0) [40.Frédéric Herpoel (1/0)], Eric Deflandre (16/0) [78.Carl Hoefkens (3/0)], Jacky Peeters (1/0), Lorenzo Staelens (61/6), Nico Van Kerckhoven (19/2) [72.Mark Hendrikx (5/0)], Gert Verheyen (22/2) [89.Antonio Brogno (3/0)], Yves Vanderhaeghe (5/0), Marc Robert Wilmots (41/15) [*sent off 78*], Bart Goor (10/1), Branko Strupar (2/2), Eka Basunga Lokonda Mpenza (21/5) [81.Johan Walem (16/0)]. Trainer: Robert Waseige (1).
Goals: Branko Strupar (9, 30), Bart Goor (50), Marc Robert Wilmots (52), Eka Basunga Lokonda Mpenza (77).

573. 07.09.1999 BELGIUM - MOROCCO 4-0(3-0)
Stade de Sclessin, Liège; Referee: Giorgios Fassolis (Greece); Attendance: 15,000
BEL: Geert De Vlieger (4/0), Eric Deflandre (17/0) [46.Mark Hendrikx (6/0)], Jacky Peeters (2/0), Lorenzo Staelens (62/7) [46.Glen De Boeck (23/0); 56.Carl Hoefkens (4/0)], Nico Van Kerckhoven (20/2) [46.David Brocken (2/0)], Yves Vanderhaeghe (6/0), Johan Walem (17/1), Gert Verheyen (23/2) [73.Mbo Jérôme Mpenza (15/0)], Bart Goor (11/1), Branko Strupar (3/3), Eka Basunga Lokonda Mpenza (22/6). Trainer: Robert Waseige (2).
Goals: Lorenzo Staelens (9 penalty), Johan Walem (18), Eka Basunga Lokonda Mpenza (20), Branko Strupar (88).

574. 10.10.1999 ENGLAND - BELGIUM 2-1(1-1)
Stadium of Light, Sunderland; Referee: Anders Frisk (Sweden); Attendance: 40,897
BEL: Geert De Vlieger (5/0) [46.Ronald Gaspercic (5/0)], Eric Deflandre (18/0), Jacky Peeters (3/0), Eric Van Meir (17/1), Davy Oyen (3/0), Yves Vanderhaeghe (7/0), Stefaan Tanghe (7/1) [46.Johan Walem (18/1)], Marc Robert Wilmots (42/15), Nico Van Kerckhoven (21/2), Branko Strupar (4/4) [74.Antonio Brogno (4/0)], Gilles De Bilde (18/1). Trainer: Robert Waseige (3).
Goal: Branko Strupar (14).

575. 13.11.1999 ITALY - BELGIUM 1-3(1-1)
Stadio Via del Mare, Lecce; Referee: Edgar Steinborn (Germany); Attendance: 9,550
BEL: Ronald Gaspercic (6/0), Régis Genaux (20/0), Jacky Peeters (4/0), Lorenzo Staelens (63/7), Nico Van Kerckhoven (22/2), Yves Vanderhaeghe (8/0) [87.Philippe Clément (10/0)], Marc Robert Wilmots (43/16) [86.Johan Walem (19/1)], Mbo Jérôme Mpenza (16/0) [70.Gert Verheyen (24/2)], Bart Goor (12/2), Branko Strupar (5/4) [80.Antonio Brogno (5/0)], Gilles De Bilde (19/2). Trainer: Robert Waseige (4).
Goals: Gilles De Bilde (7), Marc Robert Wilmots (70), Bart Goor (86).

576. 23.02.2000 BELGIUM - PORTUGAL 1-1(0-0)
Stade de Mambour, Charleroi; Referee: Knud-Erik Fisker (Denmark); Attendance: 24,000
BEL: Filip De Wilde (28/0), Régis Genaux (21/0), Joos Valgaeren (1/0), Lorenzo Staelens (64/7), Philippe Léonard (14/0), Gert Verheyen (25/2) [77.Mbo Jérôme Mpenza (17/0)], Yves Vanderhaeghe (9/0), Marc Robert Wilmots (44/16), Bart Goor (13/2) [68.Danny Boffin (42/1)], Branko Strupar (6/5) [81.Antonio Brogno (6/0)], Gilles De Bilde (20/2) [46.Michaël Goossens (12/1)]. Trainer: Robert Waseige (5).
Goal: Branko Strupar (57).

577. 29.03.2000 BELGIUM - NETHERLANDS 2-2(2-1)
Stade „Roi Baudouin", Bruxelles; Referee: Stefano Braschi (Italy); Attendance: 46,400
BEL: Filip De Wilde (29/0), Philippe Léonard (15/0), Lorenzo Staelens (65/7), Eric Deflandre (19/0), Bertrand Crasson (22/1), Gert Verheyen (26/3) [86.Mbo Jérôme Mpenza (18/0)], Yves Vanderhaeghe (10/0), Marc Robert Wilmots (45/16) [83.Michaël Goossens (13/1)], Bart Goor (14/2), Branko Strupar (7/5) [64.Gilles De Bilde (21/2)], Eka Basunga Lokonda Mpenza (23/7). Trainer: Robert Waseige (6).
Goals: Gert Verheyen (14), Eka Basunga Lokonda Mpenza (26).

578. 26.04.2000 NORWAY - BELGIUM 0-2(0-0)
Ullevaal Stadion, Oslo; Referee: Thomas McCurry (Scotland); Attendance: 11,927
BEL: Ronald Gaspercic (7/0) [32.Geert De Vlieger (6/0)], Régis Genaux (22/0) [70.Eric Deflandre (20/0)], Joos Valgaeren (2/0), Lorenzo Staelens (66/7), Philippe Léonard (16/0) [46.Mark Hendrikx (7/0)], Gert Verheyen (27/5), Johan Walem (20/1), Philippe Clément (11/0) [46.Yves Vanderhaeghe (11/0)], Bart Goor (15/2), Antonio Brogno (7/0) [63.Gilles De Bilde (22/2)], Luc Nilis (52/10). Trainer: Robert Waseige (7).
Goals: Gert Verheyen (55, 90).

579. 03.06.2000 DENMARK - BELGIUM 2-2(1-0)
Parken, København; Referee: Helmut Krug (Germany); Attendance: 27,000
BEL: Filip De Wilde (30/0) [29.Geert De Vlieger (7/0)], Eric Deflandre (21/0) [46.Mark Hendrikx (8/0)], Joos Valgaeren (3/0), Lorenzo Staelens (67/8), Philippe Léonard (17/0) [46.Nico Van Kerckhoven (23/2)], Gert Verheyen (28/5) [86.Jacky Peeters (5/0)], Yves Vanderhaeghe (12/0), Marc Robert Wilmots (46/17), Bart Goor (16/2), Branko Strupar (8/5) [61.Luc Nilis (53/10)], Eka Basunga Lokonda Mpenza (24/7) [86.Gilles De Bilde (23/2)]. Trainer: Robert Waseige (8).
Goals: Lorenzo Staelens (51 penalty), Marc Robert Wilmots (73).

580. 10.06.2000 BELGIUM - SWEDEN 2-1(1-0) 11th EC. Group Stage
Stade „Roi Baudouin", Bruxelles; Referee: Dr. Markus Merk (Germany); Attendance: 46,700
BEL: Filip De Wilde (31/0), Eric Deflandre (22/0), Joos Valgaeren (4/0), Lorenzo Staelens (68/8), Philippe Léonard (18/0) [73.Nico Van Kerckhoven (24/2)], Yves Vanderhaeghe (13/0), Gert Verheyen (29/5) [87.Jacky Peeters (6/0)], Marc Robert Wilmots (47/17), Bart Goor (17/3), Branko Strupar (9/5) [69.Luc Nilis (54/10)], Eka Basunga Lokonda Mpenza (25/8). Trainer: Robert Waseige (9).
Goals: Bart Goor (43), Eka Basunga Lokonda Mpenza (46).

581. 14.06.2000 BELGIUM - ITALY 0-2(0-1) 11th EC. Group Stage
Stade „Roi Baudouin", Bruxelles; Referee: José María García-Aranda (Spain); Attendance: 44,500
BEL: Filip De Wilde (32/0), Eric Deflandre (23/0), Joos Valgaeren (5/0), Lorenzo Staelens (69/8), Nico Van Kerckhoven (25/2) [45.Mark Hendrikx (9/0)], Yves Vanderhaeghe (14/0), Gert Verheyen (30/5) [68.Mbo Jérôme Mpenza (19/0)], Marc Robert Wilmots (48/17), Bart Goor (18/3), Branko Strupar (10/5) [58.Luc Nilis (55/10)], Eka Basunga Lokonda Mpenza (26/8). Trainer: Robert Waseige (10).

582. 19.06.2000 BELGIUM - TURKEY 0-2(0-1) 11th EC. Group Stage
Stade „Roi Baudouin", Bruxelles; Referee: Kim Milton Nielsen (Denmark), from 44 min. Günter Benkö (Austria); Attendance: 43,000
BEL: Filip De Wilde (33/0) [*sent off 84*], Eric Deflandre (24/0), Joos Valgaeren (6/0), Lorenzo Staelens (70/8), Nico Van Kerckhoven (26/2), Yves Vanderhaeghe (15/0), Gert Verheyen (31/5) [63.Branko Strupar (11/5)], Marc Robert Wilmots (49/17), Bart Goor (19/3) [59.Mark Hendrikx (10/0)], Luc Nilis (56/10) [77.Gilles De Bilde (24/2)], Eka Basunga Lokonda Mpenza (27/8). Trainer: Robert Waseige (11).

583. 16.08.2000   **BULGARIA - BELGIUM**   **1-3(0-2)**
"Georgi Asparuhov" stadion, Sofia; Referee: Kyros Vassaras (Greece); Attendance: 2,000
BEL: Geert De Vlieger (8/0), Eric Deflandre (25/0) [46.Jacky Peeters (7/0)], Eric Van Meir (18/1), Joos Valgaeren (7/0), Nico Van Kerckhoven (27/2), Gert Verheyen (32/7), Yves Vanderhaeghe (16/0) [61.Walter Baseggio (4/0)], Marc Robert Wilmots (50/17) [61.Johan Walem (21/1)], Bart Goor (20/3) [61.Mark Hendrikx (11/0)], Gilles De Bilde (25/2) [46.Robert Peeters (3/0)], Eka Basunga Lokonda Mpenza (28/9) [73.Mbo Jérôme Mpenza (20/0)]. Trainer: Robert Waseige (12).
Goals: Gert Verheyen (16), Eka Basunga Lokonda Mpenza (30), Gert Verheyen (61).

584. 02.09.2000   **BELGIUM - CROATIA**   **0-0**   17th FIFA WC. Qualifiers
Stade „Roi Baudouin", Bruxelles; Referee: Nikolay Levnikov (Russia); Attendance: 27,510
BEL: Geert De Vlieger (9/0), Eric Deflandre (26/0), Joos Valgaeren (8/0), Eric Van Meir (19/1), Nico Van Kerckhoven (28/2), Gert Verheyen (33/7), Yves Vanderhaeghe (17/0), Marc Robert Wilmots (51/17), Bart Goor (21/3) [88.Mark Hendrikx (12/0)], Eka Basunga Lokonda Mpenza (29/9) [76.Mbo Jérôme Mpenza (21/0)], Branko Strupar (12/5) [61.Robert Peeters (4/0)]. Trainer: Robert Waseige (13).

585. 07.10.2000   **LATVIA - BELGIUM**   **0-4(0-2)**   17th FIFA WC. Qualifiers
Skonto stadions, Riga; Referee: Leslie Irvine (Northern Ireland); Attendance: 7,311
BEL: Geert De Vlieger (10/0), Eric Deflandre (27/0), Joos Valgaeren (9/0), Eric Van Meir (20/1), Nico Van Kerckhoven (29/2), Gert Verheyen (34/8), Yves Vanderhaeghe (18/0), Marc Robert Wilmots (52/18) [88.Michaël Goossens (14/1)], Bart Goor (22/3), Johan Walem (22/1) [85.Danny Boffin (43/1)], Robert Peeters (5/1) [80.Jurgen Cavens (5/1)]. Trainer: Robert Waseige (14).
Goals: Marc Robert Wilmots (4), Robert Peeters (12), Jurgen Cavens (82), Gert Verheyen (90).

586. 28.02.2001   **BELGIUM – SAN MARINO**   **10-1(3-0)**   17th FIFA WC. Qualifiers
Stade „Roi Baudouin", Bruxelles; Referee: Sten Kaldma (Estonia); Attendance: 40,104
BEL: Geert De Vlieger (11/0), Eric Deflandre (28/0) [66.Bertrand Crasson (23/1)], Daniel Van Buyten (1/0), Eric Van Meir (21/1), Didier Dheedene (1/0), Yves Vanderhaeghe (19/1), Marc Robert Wilmots (53/19), Bart Goor (23/5), Eka Basunga Lokonda Mpenza (30/10), Walter Baseggio (5/0) [75.Sven Vermant (3/0)], Gaëtan Englebert (1/0) [59.Robert Peeters (6/4)]. Trainer: Robert Waseige (15).
Goals: Yves Vanderhaeghe (10, 50), Eka Basunga Lokonda Mpenza (13), Bart Goor (26, 60), Walter Baseggio (64), Marc Robert Wilmots (72), Robert Peeters (76, 84, 88).

587. 24.03.2001   **SCOTLAND - BELGIUM**   **2-2(2-0)**   17th FIFA WC. Qualifiers
Hampden Park, Glasgow; Referee: Kim Milton Nielsen (Denmark); Attendance: 37,480
BEL: Geert De Vlieger (12/0), Eric Deflandre (29/0), Joos Valgaeren (10/0) [58.Daniel Van Buyten (2/1)], Glen De Boeck (24/0), Didier Dheedene (2/0), Yves Vanderhaeghe (20/1), Marc Robert Wilmots (54/20), Bart Goor (24/5), Eka Basunga Lokonda Mpenza (31/10), Walter Baseggio (6/0) [79.Sven Vermant (4/0)], Mark Hendrikx (13/0) [46.Robert Peeters (7/4)]. Trainer: Robert Waseige (16).
Goals: Marc Robert Wilmots (58), Daniel Van Buyten (90).

588. 25.04.2001   **CZECH REPUBLIC – BELGIUM**   **1-1(0-1)**
Letenský Stadion, Praha; Referee: Darko Čferin (Slovakia); Attendance: 4,887
BEL: Geert De Vlieger (13/0) [46.Ronald Gaspercic (8/0)], Bertrand Crasson (24/1) [46.Philippe Clément (12/0)], Joos Valgaeren (11/0), Eric Van Meir (22/1) [46.Mark Hendrikx (14/0)], Peter Van Der Heyden (1/0), Timmy Simons (1/0), Marc Robert Wilmots (55/20) [89.Jacky Peeters (8/0)], Bart Goor (25/5) [75.Danny Boffin (44/1)], Eka Basunga Lokonda Mpenza (32/11) [63.Walter Baseggio (7/0)], Johan Walem (23/1) [84.Sven Vermant (5/0)], Robert Peeters (8/4). Trainer: Robert Waseige (17).
Goals: Eka Basunga Lokonda Mpenza (10).

589. 02.06.2001   **BELGIUM - LATVIA**   **3-1(2-0)**   17th FIFA WC. Qualifiers
Stade „Roi Baudouin", Bruxelles; Referee: Ivan Dobrinov (Bulgaria); Attendance: 30,000
BEL: Geert De Vlieger (14/0), Bertrand Crasson (25/1), Joos Valgaeren (12/0), Eric Van Meir (23/1), Peter Van Der Heyden (2/0), Timmy Simons (2/0), Marc Robert Wilmots (56/21) [81.Sven Vermant (6/0)], Bart Goor (26/5) [67.Danny Boffin (45/1)], Eka Basunga Lokonda Mpenza (33/12) [77.Wesley Sonck (1/0)], Johan Walem (24/1), Gert Verheyen (35/8). Trainer: Robert Waseige (18).
Goals: Marc Robert Wilmots (2), Eka Basunga Lokonda Mpenza (12), Mihails Zemlinskis (LAT,50 own goal).

590. 06.06.2001   **SAN MARINO – BELGIUM**   **1-4(0-1)**   17th FIFA WC. Qualifiers
Stadio Olimpico, Serravalle; Referee: Yakov Haim (Israel), 1538
BEL: Geert De Vlieger (15/0), Eric Deflandre (30/0), Joos Valgaeren (13/0), Eric Van Meir (24/1), Nico Van Kerckhoven (30/2) [80.Danny Boffin (46/1)], Yves Vanderhaeghe (21/2), Marc Robert Wilmots (57/23), Bart Goor (27/5) [76.Sven Vermant (7/0)], Robert Peeters (9/4) [53.Wesley Sonck (2/1)], Johan Walem (25/1), Gert Verheyen (36/9). Trainer: Robert Waseige (19).
Goals: Marc Robert Wilmots (10, 89 penalty), Gert Verheyen (60), Wesley Sonck (68).

591. 15.08.2001   **FINLAND – BELGIUM**   **4-1(3-0)**
Olympiastadion, Helsinki; Referee: Hartmut Strampe (Germany); Attendance: 9,250
BEL: Geert De Vlieger (16/0), Bertrand Crasson (26/1) [66.Eric Deflandre (31/0)], Eric Van Meir (25/1), Nico Van Kerckhoven (31/2), Didier Dheedene (3/0) [46.Glen De Boeck (25/0)], Gert Verheyen (37/9), Yves Vanderhaeghe (22/2) [43.Timmy Simons (3/0)], Johan Walem (26/1), Marc Robert Wilmots (58/23) [77.Robert Peeters (10/4)], Bart Goor (28/6) [60.Danny Boffin (47/1)], Eka Basunga Lokonda Mpenza (34/12) [72.Wesley Sonck (3/1)]. Trainer: Robert Waseige (20).
Goal: Bart Goor (37).

592. 05.09.2001   **BELGIUM - SCOTLAND**   **2-0(1-0)**   17th FIFA WC. Qualifiers
Stade „Roi Baudouin", Bruxelles; Referee: Manuel Mejuto González (Spain), 43,500
BEL: Geert De Vlieger (17/0), Eric Deflandre (32/0), Glen De Boeck (26/0), Eric Van Meir (26/1), Nico Van Kerckhoven (32/3), Yves Vanderhaeghe (23/2), Marc Robert Wilmots (59/23), Bart Goor (29/7), Wesley Sonck (4/1) [82.Robert Peeters (11/4)], Johan Walem (27/1) [87.Timmy Simons (4/0)], Gert Verheyen (38/9). Trainer: Robert Waseige (21).
Goals: Nico Van Kerckhoven (28), Bart Goor (90).

593. 06.10.2001   **CROATIA – BELGIUM**   **1-0(0-0)**   17th FIFA WC. Qualifiers
Stadion Maksimir, Zagreb; Referee: Helmut Krug (Germany); Attendance: 36,077
BEL: Geert De Vlieger (18/0), Eric Deflandre (33/0) [84.Robert Peeters (12/4)], Glen De Boeck (27/0), Eric Van Meir (27/1), Nico Van Kerckhoven (33/3), Yves Vanderhaeghe (24/2), Marc Robert Wilmots (60/23) [71.Wesley Sonck (5/1)], Bart Goor (30/7) [83.Mark Hendrikx (15/0)], Eka Basunga Lokonda Mpenza (35/12), Walter Baseggio (8/1), Gert Verheyen (39/9). Trainer: Robert Waseige (22).

594. 10.11.2001 **BELGIUM – CZECH REPUBLIC** 1-0(1-0) 17th FIFA WC. Qualifiers
Stade „Roi Baudouin", Bruxelles; Referee: Urs Meier (Switzerland), Att. 39,000
BEL: Geert De Vlieger (19/0), Eric Deflandre (34/0), Philippe Clément (13/0), Eric Van Meir (28/1) [46.Glen De Boeck (28/0)], Nico Van Kerckhoven (34/3), Timmy Simons (5/0), Sven Vermant (8/0), Bart Goor (31/7), Wesley Sonck (6/1) [80.Peter Van Houdt (3/0)], Johan Walem (28/1), Gert Verheyen (40/10). Trainer: Robert Waseige (23).
Goal: Gert Verheyen (28).

595. 14.11.2001 **CZECH REPUBLIC - BELGIUM** 0-1(0-0) 17th FIFA WC. Qualifiers
Letenský Stadion, Praha; Referee: Anders Frisk (Sweden); Attendance: 18,996
BEL: Geert De Vlieger (20/0), Eric Deflandre (35/0), Philippe Clément (14/0), Glen De Boeck (29/0), Nico Van Kerckhoven (35/3), Timmy Simons (6/0), Sven Vermant (9/0) [90.Yves Vanderhaeghe (25/2)], Bart Goor (32/7), Wesley Sonck (7/1) [64.Marc Robert Wilmots (61/24)], Johan Walem (29/1) [84.Danny Boffin (48/1)], Gert Verheyen (41/10). Trainer: Robert Waseige (24).
Goal: Marc Robert Wilmots (85 penalty).

596. 13.02.2002 **BELGIUM - NORWAY** 1-0(0-0)
Stade „Roi Baudouin", Bruxelles; Referee: Joachim Paulo Gomes Parathy Silva (Portugal); Attendance: 26,000
BEL: Geert De Vlieger (21/0), Eric Deflandre (36/0), Eric Van Meir (29/1) [46.Philippe Clément (15/0)], Daniel Van Buyten (3/1), Nico Van Kerckhoven (36/3) [84.Jacky Peeters (9/0)], Gert Verheyen (42/10), Timmy Simons (7/0) [72.Yves Vanderhaeghe (26/2)], Walter Baseggio (9/1), Danny Boffin (49/1) [46.Stefaan Tanghe (8/2)], Marc Robert Wilmots (62/24) [46.Bart Goor (33/7)], Wesley Sonck (8/1) [77.Sven Vermant (10/0)]. Trainer: Robert Waseige (25).
Goal: Stefaan Tanghe (83).

597. 27.03.2002 **GREECE - BELGIUM** 3-2(0-1)
Stádio „Kostas Davourlis", Patras; Referee: Kostas Kapitanis (Cyprus); Attendance: 11,500
BEL: Geert De Vlieger (22/0) [46.Frédéric Herpoel (2/0)], Eric Deflandre (37/0) [75.Jacky Peeters (10/0)], Daniel Van Buyten (4/1), Philippe Clément (16/0) [46.Walter Baseggio (10/1)], Nico Van Kerckhoven (37/3), Timmy Simons (8/0) [46.Stefaan Tanghe (9/2)], Mbo Jérôme Mpenza (22/0), Bart Goor (34/8), Wesley Sonck (9/2), Johan Walem (30/1) [46.Eric Van Meir (30/1)], Gert Verheyen (43/10) [57.Danny Boffin (50/1)]. Trainer: Robert Waseige (26).
Goals: Bart Goor (30), Wesley Sonck (54).

598. 17.04.2002 **BELGIUM - SLOVAKIA** 1-1(0-0)
Stade „Roi Baudouin", Bruxelles; Referee: Bruno Coué (France); Attendance: 20,000
BEL: Frédéric Herpoel (3/0), Eric Deflandre (38/0), Glen De Boeck (30/0), Philippe Clément (17/0), Nico Van Kerckhoven (38/3), Gert Verheyen (44/10) [78.Yves Vanderhaeghe (27/2)], Timmy Simons (9/0), Marc Robert Wilmots (63/24) [46.Sven Vermant (11/0)], Bart Goor (35/9), Wesley Sonck (10/2), Branko Strupar (13/5) [46.Mbo Jérôme Mpenza (23/0)]. Trainer: Robert Waseige (27).
Goal: Bart Goor (56).

599. 14.05.2002 **BELGIUM - ALGERIA** 0-0
Stade „Roi Baudouin", Bruxelles; Referee: René Rogalla (Switzerland); Attendance: 20,000
BEL: Geert De Vlieger (23/0), Eric Deflandre (39/0) [46.Jacky Peeters (11/0)], Glen De Boeck (31/0), Eric Van Meir (31/1) [46.Daniel Van Buyten (5/1)], Peter Van der Heyden (3/0), Timmy Simons (10/0) [46.Yves Vanderhaeghe (28/2)], Johan Walem (31/1) [46.Sven Vermant (12/0)], Marc Robert Wilmots (64/24) [46.Branko Strupar (14/5); 90.Bernd Thijs (1/0)], Bart Goor (36/9) [60.Danny Boffin (51/1)], Mbo Jérôme Mpenza (24/0), Wesley Sonck (11/2) [46.Gaëtan Englebert (2/0)]. Trainer: Robert Waseige (28).

600. 18.05.2002 **FRANCE - BELGIUM** 1-2(1-1)
Stade de France, Saint-Denis, Paris; Referee: Valentin Ivanov (Russia); Attendance: 79,959
BEL: Geert De Vlieger (24/0), Jacky Peeters (12/0) [63.Eric Deflandre (40/0)], Glen De Boeck (32/1), Daniel Van Buyten (6/1), Nico Van Kerckhoven (39/3), Timmy Simons (11/0) [74.Yves Vanderhaeghe (29/2)], Johan Walem (32/1) [80.Gaëtan Englebert (3/0)], Mbo Jérôme Mpenza (25/0) [46.Wesley Sonck (12/2)], Marc Robert Wilmots (65/25), Bart Goor (37/9) [46.Danny Boffin (52/1)], Gert Verheyen (45/10). Trainer: Robert Waseige (29).
Goals: Glen De Boeck (20), Marc Robert Wilmots (90).

601. 26.05.2002 **BELGIUM – COSTA RICA** 1-0(1-0)
Wing Stadium, Kumamoto (Japan); Referee: Matzuzaki Yasuhiro (Japan); 20,769
BEL: Geert De Vlieger (25/0), Eric Deflandre (41/0) [46.Jacky Peeters (13/0)], Glen De Boeck (33/1) [43.Eric Van Meir (32/1)], Daniel Van Buyten (7/1) [73.Yves Vanderhaeghe (30/2)], Nico Van Kerckhoven (40/3), Timmy Simons (12/0), Johan Walem (33/1) [84.Danny Boffin (53/1)], Marc Robert Wilmots (66/25) [89.Bernd Thijs (2/0)], Bart Goor (38/10), Sven Vermant (13/0) [57.Mbo Jérôme Mpenza (26/0)], Gert Verheyen (46/10) [66.Branko Strupar (15/5)]. Trainer: Robert Waseige (30).
Goal: Bart Goor (23).

602. 04.06.2002 **JAPAN - BELGIUM** 2-2(0-0) 17th FIFA WC. Group Stage
Saitama Stadium, Saitama; Referee: William Mattus (Costa Rica); Attendance: 55,256
BEL: Geert De Vlieger (26/0), Eric Van Meir (33/1), Daniel Van Buyten (8/1), Peter Van der Heyden (4/1), Marc Robert Wilmots (67/26), Bart Goor (39/10), Johan Walem (34/1) [71.Wesley Sonck (13/2)], Jacky Peeters (14/0), Yves Vanderhaeghe (31/2), Gert Verheyen (47/10) [83.Branko Strupar (16/5)], Timmy Simons (13/0). Trainer: Robert Waseige (31).
Goals: Marc Robert Wilmots (57), Peter Van der Heyden (75).

603. 10.06.2002 **TUNISIA - BELGIUM** 1-1(1-1) 17th FIFA WC. Group Stage
Big Eye Stadium, Oita (Japan); Referee: Mark Shield (Australia); Attendance: 39,700
BEL: Geert De Vlieger (27/0), Eric Deflandre (42/0), Daniel Van Buyten (9/1), Glen De Boeck (34/1), Yves Vanderhaeghe (32/2), Timmy Simons (14/0) [73.Mbo Jérôme Mpenza (27/0)], Marc Robert Wilmots (68/27), Bart Goor (40/10), Gert Verheyen (48/10) [46.Wesley Sonck (14/2)], Peter Van der Heyden (5/1), Branko Strupar (17/5) [46.Sven Vermant (14/0)]. Trainer: Robert Waseige (32).
Goal: Marc Robert Wilmots (13).

604. 14.06.2002 **BELGIUM - RUSSIA** 3-2(1-0) 17th FIFA WC. Group Stage
Shizuoka Stadium, Shizuoka (Japan); Referee: Kim Milton Nielsen (Denmark); Attendance: 46,640
BEL: Geert De Vlieger (28/0), Glen De Boeck (35/1) [90.Eric Van Meir (34/1)], Daniel Van Buyten (10/1), Nico Van Kerckhoven (41/3), Johan Walem (35/2), Bart Goor (41/10), Yves Vanderhaeghe (33/2), Marc Robert Wilmots (69/28), Gert Verheyen (49/10) [78.Timmy Simons (15/0)], Jacky Peeters (15/0), Mbo Jérôme Mpenza (28/0) [70.Wesley Sonck (15/3)]. Trainer: Robert Waseige (33).
Goals: Johan Walem (7), Wesley Sonck (78), Marc Robert Wilmots (82).

605. 17.06.2002 **BRAZIL - BELGIUM** **2-0(0-0)** 17th FIFA WC. 2nd Round of 16.
Kobe Wing Stadium, Kobe (Japan); Referee: Peter Prendergast (Jamaica); Attendance: 40,440
BEL: Geert De Vlieger (29/0), Nico Van Kerckhoven (42/3), Daniel Van Buyten (11/1), Marc Robert Wilmots (70/28), Bart Goor (42/10), Yves Vanderhaeghe (34/2), Johan Walem (36/2), Jacky Peeters (16/0) [73.Wesley Sonck (16/3)], Gert Verheyen (50/10), Timmy Simons (16/0), Mbo Jérôme Mpenza (29/0). Trainer: Robert Waseige (34).

606. 21.08.2002 **POLAND - BELGIUM** **1-1(1-0)**
Stadion Miejski, Szczecin; Referee: Martin Ingvarsson (Sweden); Attendance: 19,000
BEL: Geert De Vlieger (30/0) [69.Frédéric Herpoel (4/0)], Stijn Vreven (1/0) [69.Jacky Peeters (17/0)], Daniel Van Buyten (12/1) [46.Glen De Boeck (36/1)], Timmy Simons (17/0) [74.Joos Valgaeren (14/0)], Didier Dheedene (4/0) [61.Peter Van der Heyden (6/1)], Gaëtan Englebert (4/0), Walter Baseggio (11/1) [82.Jonathan Blondel (1/0)], Yves Vanderhaeghe (35/2), Bart Goor (43/10) [82.Koen Daerden (1/0)], Eka Basunga Lokonda Mpenza (36/12) [74.Peter Van Houdt (4/0)], Wesley Sonck (17/4). Trainer: Aimé Antheunis (1).
Goal: Wesley Sonck (41).

607. 07.09.2002 **BELGIUM – BULGARIA** **0-2(0-1)** 12th EC. Qualifiers
Stade „Roi Baudouin", Bruxelles; Referee: Terje Hauge (Norway); Attendance: 20,000
BEL: Geert De Vlieger (31/0), Stijn Vreven (2/0), Daniel Van Buyten (13/1), Timmy Simons (18/0), Peter Van der Heyden (7/1) [64 Robert Peeters (13/4)], Yves Vanderhaeghe (36/2), Gaëtan Englebert (5/0) [53 Mbo Jérôme Mpenza (30/0)], Bart Goor (44/10), Eka Basunga Lokonda Mpenza (37/12) [70 Bernd Thijs (3/0)], Walter Baseggio (12/1), Wesley Sonck (18/4). Trainer: Aimé Antheunis (2).

608. 12.10.2002 **ANDORRA – BELGIUM** **0-1(0-0)** 12th EC. Qualifiers
Estadi Comunal de Aixovall, Andorra la Vella; Referee: Karen Nalbandyan (Armenia); Attendance: 700
BEL: Geert De Vlieger (32/0), Olivier De Cock (1/0), Joos Valgaeren (15/0), Timmy Simons (19/0), Didier Dheedene (5/0), Yves Vanderhaeghe (37/2), Thomas Honoré Albertine Buffel (1/0), Bart Goor (45/10), Wesley Sonck (19/5) [89.Tom Soetaers (1/0)], Walter Baseggio (13/1) [82.Bernd Thijs (4/0)], Peter Van Houdt (5/0). Trainer: Aimé Antheunis (3).
Goal: Wesley Sonck (61).

609. 16.10.2002 **ESTONIA - BELGIUM** **0-1(0-1)** 12th EC. Qualifiers
A.Le Coq Arena, Tallinn; Referee: Michael Riley (England); Attendance: 2,500
BEL: Geert De Vlieger (33/0), Oliver De Cock (2/0), Joos Valgaeren (16/0), Timmy Simons (20/0), Didier Dheedene (6/0), Yves Vanderhaeghe (38/2), Thomas Honoré Albertine Buffel (2/0) [89.Joris Van Hout (1/0)], Bart Goor (46/10), Wesley Sonck (20/6), Walter Baseggio (14/1), Peter Van Houdt (6/0). Trainer: Aimé Antheunis (4).
Goal: Wesley Sonck (2).

610. 12.02.2003 **ALGERIA - BELGIUM** **1-3(0-2)**
Stade du 19 Juin 1956, Annaba; Referee: Djamel Baraket (Tunisia); Attendance: 40,000
BEL: Geert De Vlieger (34/0) [46.Frédéric Herpoel (5/0)], Olivier De Cock (3/0), Daniel Van Buyten (14/1) [46.Bernd Thijs (5/0)], Timmy Simons (21/0), Peter Van der Heyden (8/1), Gaëtan Englebert (6/0), Yves Vanderhaeghe (39/2), Thomas Honoré Albertine Buffel (3/0) [82.Sandy Martens (7/3)], Bart Goor (47/10) [84.Tim Soetaers (2/0)], Wesley Sonck (21/7) [55.Mbo Jérôme Mpenza (31/0)], Eka Basunga Lokonda Mpenza (38/14) [80.Cédric Roussel (1/0)]. Trainer: Aimé Antheunis (5).
Goals: Eka Basunga Lokonda Mpenza (2, 57), Wesley Sonck (7).

611. 29.03.2003 **CROATIA - BELGIA** **4-0(1-0)** 12th EC. Qualifiers
Stadion Maksimir, Zagreb; Referee: Herbert Fandel (Germany); Attendance: 25,000
BEL: Franck Vandendriessche (1/0), Oliver De Cock (4/0) [56.Eric Deflandre (43/0)], Timmy Simons (22/0), Daniel Van Buyten (15/1), Peter Van der Heyden (9/1), Joos Valgaeren (17/0) [67.Jelle François Maria Van Damme (1/0)], Gaëtan Englebert (7/0) [55.Walter Baseggio (15/1)], Bart Goor (48/10), Wesley Sonck (22/7), Thomas Honoré Albertine Buffel (4/0), Eka Basunga Lokonda Mpenza (39/14). Trainer: Aimé Antheunis (6).

612. 30.04.2003 **BELGIUM - POLAND** **3-1(1-0)**
Stade „Roi Baudouin", Bruxelles; Referee: MacDonald (Scotland); Attendance: 27,000
BEL: Geert De Vlieger (35/0), Oliver De Cock (5/0) [84.Eric Deflandre (44/0)], Timmy Simons (23/0), Joos Valgaeren (18/0) [46.Daniel Van Buyten (16/1)], Peter Van der Heyden (10/1) [90.Olivier Deschacht (1/0)], Walter Baseggio (16/1) [90.Gaëtan Englebert (8/0)], Bart Goor (49/10) [88.Tom Soetaers (3/1)], Mbo Jérôme Mpenza (32/0) [77.Sandy Martens (8/3)], Gabriel Mudingayi (1/0), Wesley Sonck (23/8), Thomas Honoré Albertine Buffel (5/1). Trainer: Aimé Antheunis (7).
Goals: Wesley Sonck (28), Thomas Honoré Albertine Buffel (57), Tom Soetaers (86).

613. 07.06.2003 **BULGARIA – BELGIUM** **2-2(0-1)** 12th EC. Qualifiers
Nationalen stadion "Vasil Levski", Sofia; Referee: Pierluigi Collina (Italia); Attendance: 42,000
BEL: Geert De Vlieger (36/0), Eric Deflandre (45/0), Timmy Simons (24/0), Daniel Van Buyten (17/1), Didier Dheedene (7/0), Philippe Clément (18/1), Walter Baseggio (17/1), Bart Goor (50/10), Wesley Sonck (24/8) [74.Eka Basunga Lokonda Mpenza (40/14)], Thomas Honoré Albertine Buffel (6/1), Mbo Jérôme Mpenza (33/0). Trainer: Aimé Antheunis (8).
Goals: Stylian Petrov (31 own goal), Philippe Clément (56).

614. 11.06.2003 **BELGIUM – ANDORRA** **3-0(2-0)** 12th EC. Qualifiers
„Jules Otten" stadion, Gand; Referee: Siarhei Shmolik (Belarus); Attendance: 12,000
BEL: Geert De Vlieger (37/0), Olivier De Cock (6/0), Timmy Simons (25/0), Daniel Van Buyten (18/1), Didier Dheedene (8/0) [79.Peter Van der Heyden (11/1)], Philippe Clément (19/1), Walter Baseggio (18/1), Bart Goor (51/12) [84.Tom Soetaers (4/1)], Wesley Sonck (25/9), Thomas Honoré Albertine Buffel (7/1) [74.Sandy Martens (9/3)], Mbo Jérôme Mpenza (34/0). Trainer: Aimé Antheunis (9).
Goals: Bart Goor (21), Wesley Sonck (45), Bart Goor (69).

615. 20.08.2003 **BELGIUM - NETHERLANDS** **1-1(1-0)**
Stade „Roi Baudouin", Bruxelles; Referee: Herbert Fandel (Germany); Attendance: 38,000
BEL: Geert De Vlieger (38/0), Eric Deflandre (46/0) [65.Olivier De Cock (7/0)], Timmy Simons (26/0), Daniel Van Buyten (19/1) [62.Joos Valgaeren (19/0)], Jelle François Maria Van Damme (2/0) [65.Peter Van der Heyden (12/1)], Mbo Jérôme Mpenza (35/0) [44.Sandy Martens (10/3)], Philippe Clément (20/1), Walter Baseggio (19/1) [82.Olivier Deschacht (2/0)], Bart Goor (52/12), Thomas Honoré Albertine Buffel (8/1) [90.Jonathan Walasiak (1/0)], Wesley Sonck (26/10) [82.Tom Soetaers (5/1)]. Trainer: Aimé Antheunis (10).
Goal: Wesley Sonck (39).

616. 10.09.2003   **BELGIUM - CROATIA**   2-1(2-1)   12th EC. Qualifiers
Stade „Roi Baudouin", Bruxelles; Referee: Graham Poll (England); Attendance: 35,000
BEL: Geert De Vlieger (39/0), Eric Deflandre (47/0), Timmy Simons (27/0), Daniel Van Buyten (20/1), Jelle François Maria Van Damme (3/0), Phillipe Clement (21/1), Walter Baseggio (20/1), Bart Goor (53/12), Wesley Sonck (27/12) [90.Tom Soetaers (6/1)], Thomas Honoré Albertine Buffel (9/1) [88.Sandy Martens (11/3)], Jonathan Walasiak (2/0). Trainer: Aimé Antheunis (11).
Goals: Wesley Sonck (34, 42).

617. 11.10.2003   **BELGIUM - ESTONIA**   2-0(1-0)   12th EC. Qualifiers
Stade de Sclessin, Liège; Referee: Massimo Busacca (Switzerland); Attendance: 20,000
BEL: Geert De Vlieger (40/0), Eric Deflandre (48/0), Timmy Simons (28/0), Daniel Van Buyten (21/1), Jelle François Maria Van Damme (4/0) [56.Olivier Deschacht (3/0)], Philippe Clément (22/1), Walter Baseggio (21/1), Bart Goor (54/12), Wesley Sonck (28/12) [80.Eka Basunga Lokonda Mpenza (41/14)], Thomas Honoré Albertine Buffel (10/2) [87.Cedric Roussel (2/0)], Mbo Jérôme Mpenza (36/0). Trainer: Aimé Antheunis (12).
Goals: Raio Piiroja (41 own goal), Thomas Honoré Albertine Buffel (60).

618. 18.02.2004   **BELGIUM - FRANCE**   0-2(0-1)
Stade „Roi Baudouin", Bruxelles; Referee: Mark Halsey (England); Attendance: 43,160
BEL: Geert De Vlieger (41/0) [46.Frédéric Herpoel (6/0)], Eric Deflandre (Cap) (49/0) [85.Olivier De Cock (8/0)], Philippe Clément (23/1), Vincent Jean Mpoy Kompany (1/0), Peter Van der Heyden (13/1) [54.Tom Soetaers (7/1)], Timmy Simons (29/0), Jelle François Maria Van Damme (5/0), Walter Baseggio (22/1) [85.Roberto Bisconti (1/0)], Mbo Jérôme Mpenza (37/0) [69.Eka Basunga Lokonda Mpenza (42/14)], Thomas Honoré Albertine Buffel (11/2) [85.Thomas Chatelle (1/0)], Wesley Sonck (29/12) [88.Luigi Pieroni (1/0)]. Trainer: Aimé Antheunis (13).

619. 31.03.2004   **GERMANY - BELGIUM**   3-0(1-0)
Müngersdorferstadion, Köln; Referee: Jan Willem Wegereef (Netherlands); Attendance: 46,143
BEL: Frédéric Herpoel (7/0) [57.Erwin Lemmens (1/0)], Eric Deflandre (50/0) [70.Olivier De Cock (9/0)], Vincent Jean Mpoy Kompany (2/0), Didier Dheedene (9/0), Jelle François Maria Van Damme (6/0) [64.Olivier Deschacht (4/0)], Mbo Jérôme Mpenza (38/0) [57.Grégory Dufer (1/0)], Philippe Clément (24/1), Walter Baseggio (23/1) [57.Roberto Bisconti (2/0)], Jonathan Blondel (2/0) [46.Filip Daems (1/0)], Luigi Pieroni (2/0), Thomas Honoré Albertine Buffel (12/2). Trainer: Aimé Antheunis (14).

620. 28.04.2004   **BELGIUM - TURKEY**   2-3(1-1)
Stade „Roi Baudouin", Bruxelles; Referee: Dick Theorodurs Johannes Huber van Egmond (Netherlands); Attendance: 25,000
BEL: Geert De Vlieger (42/0), Eric Deflandre (51/0) [90.Anthony Vanden Borre (1/0)], Philippe Clément (25/1) [66.Roberto Bisconti (3/0)], Vincent Jean Mpoy Kompany (3/0), Timmy Simons (30/0), Olivier Deschacht (5/0) [46.Jelle François Maria Van Damme (7/0)], Sven Vermant (15/0) [70.Walter Baseggio (24/1)], Bart Goor (55/12) [90.Jonathan Blondel (3/0)], Wesley Sonck (30/13) [66.Luigi Pieroni (3/0)], Thomas Honoré Albertine Buffel (13/2) [85.Grégory Dufer (2/1)], Mbo Jérôme Mpenza (39/0). Trainer: Aimé Antheunis (15).
Goals: Wesley Sonck (34), Grégory Dufer (86).

621. 29.05.2004   **NETHERLANDS - BELGIUM**   0-1(0-0)
Stadion Philips, Eindhoven; Referee: Claude Colombo (France); Attendance: 34,000
BEL: Tristan Peersman (1/0) [46.Erwin Lemmens (2/0)], Eric Deflandre (52/0), Timmy Simons (31/0), Vincent Jean Mpoy Kompany (4/0), Didier Dheedene (10/0), Sven Vermant (16/0), Philippe Clément (26/1), Roberto Bisconti (4/0), Bart Goor (56/13), Thomas Honoré Albertine Buffel (14/2), Mbo Jérôme Mpenza (40/0). Trainer: Aimé Antheunis (16).
Goal: Bart Goor (78 penalty).

622. 18.08.2004   **NORWAY - BELGIUM**   2-2(1-2)
Ullevaal Stadion, Oslo; Referee: Krzysztof Słupik (Poland); Attendance: 16,669
BEL: Tristan Peersman (2/0), Eric Deflandre (53/0), Vincent Jean Mpoy Kompany (5/0) [66.Daniel Van Buyten (22/1)], Philippe Clément (27/1), Timmy Simons (32/0), Didier Dheedene (11/0) [70.Olivier Deschacht (6/0)], Roberto Bisconti (5/0), Sven Vermant (17/0) [62.Walter Baseggio (25/1)], Bart Goor (Cap) (57/13), Thomas Honoré Albertine Buffel (15/4) [70.Luigi Pieroni (4/0)], Mbo Jérôme Mpenza (41/0) [62.Wesley Sonck (31/13)]. Trainer: Aimé Antheunis (17).
Goals: Thomas Honoré Albertine Buffel (25, 34).

623. 04.09.2004   **BELGIUM - LITHUANIA**   1-1(0-0)   18th FIFA WC. Qualifiers
Stade du Pays, Charleroi; Referee: Loizos Loizou (Cyprus); Attendance: 19,218
BEL: Tristan Peersman (3/0), Eric Deflandre (54/0) [46.Vincent Jean Mpoy Kompany (6/0)], Timmy Simons (33/0), Daniel Van Buyten (23/1), Didier Dheedene (12/0), Mbo Jérôme Mpenza (42/0) [23.Grégory Dufer (3/1)], Sven Vermant (18/0) [74.Luigi Pieroni (5/0)], Philippe Clément (28/1), Bart Goor (Cap) (58/13), Thomas Honoré Albertine Buffel (16/4), Wesley Sonck (32/14). Trainer: Aimé Antheunis (18).
Goal: Wesley Sonck (61).

624. 09.10.2004   **SPAIN - BELGIUM**   2-0(0-0)   18th FIFA WC. Qualifiers
Estadio El Sardinero, Santander; Referee: Kim Milton Nielsen (Denmark); Attendance: 17,000
BEL: Tristan Peersman (4/0), Eric Deflandre (55/0) [*sent off 29*], Vincent Jean Mpoy Kompany (7/0), Daniel Van Buyten (24/1), Olivier Deschacht (7/0), Thomas Honoré Albertine Buffel (17/4) [79.Grégory Dufer (4/1)], Roberto Bisconti (6/0) [69.Olivier Doll (2/0)], Philippe Clément (29/1), Bart Goor (Cap) (59/13) [*sent off 73*], Mbo Jérôme Mpenza (43/0) [74.Stein Huysegems (1/0)], Wesley Sonck (33/14). Trainer: Aimé Antheunis (19).

625. 17.11.2004   **BELGIUM – SERBIA AND MONTENEGRO**   0-2(0-1)   18th FIFA WC. Qualifiers
Stade „Roi Baudouin", Bruxelles; Referee: Peter Fröjdfeldt (Sweden); Attendance: 28,350
BEL: Silvestro Proto (1/0), Philippe Clément (30/1), Timmy Simons (Cap) (34/0), Olivier Deschacht (8/0) [28.Koen Daerden (2/0)], Vincent Jean Mpoy Kompany (8/0), Peter Van der Heyden (14/1), Walter Baseggio (26/1), Roberto Bisconti (7/0) [58.Luigi Pieroni (6/0)], Olivier De Cock (10/0), Thomas Honoré Albertine Buffel (18/4), Wesley Sonck (34/14) [66.Stein Huysegems (2/0)]. Trainer: Aimé Antheunis (20).

626. 09.02.2005   **EGYPT - BELGIUM**   4-0(1-0)
Military Academy, Cairo; Referee: Reda El Beltagy (Egypt); Attendance: 5,000
BEL: Silvestro Proto (2/0), Olivier De Cock (11/0) [60.Olivier Doll (3/0)], Philippe Clément (31/1), Timmy Simons (Cap) (35/0), Peter Van der Heyden (15/1), Vincent Jean Mpoy Kompany (9/0) [60.Koen Daerden (3/0)], Yves Vanderhaeghe (40/2), Walter Baseggio (27/1) [60.Roberto Bisconti (8/0)], Thomas Honoré Albertine Buffel (19/4) [74.Tom Soetaers (8/1)], Eka Basunga Lokonda Mpenza (43/14), Mbo Jérôme Mpenza (44/0) [64.Luigi Pieroni (7/0)].Trainer: Aimé Antheunis (21).

627. 26.03.2005 **BELGIUM – BOSNIA AND HERZEGOVINA** 4-1(2-1) 18th FIFA WC. Qualifiers
Stade „Roi Baudouin", Bruxelles; Referee: Vladimír Hriňák (Slovakia); Attendance: 36,700
BEL: Silvestro Proto (3/0), Olivier Doll (4/0), Vincent Jean Mpoy Kompany (10/0), Daniel Van Buyten (25/1), Peter Van der Heyden (16/1), Yves Vanderhaeghe (41/2), Timmy Simons (Cap) (36/0), Koen Daerden (4/1), Thomas Honoré Albertine Buffel (20/5) [90.Roberto Bisconti (9/0)], Eka Basunga Lokonda Mpenza (44/16) [90.Philippe Clément (32/1)], Luigi Pieroni (8/0) [87.Kevin Vandenbergh (1/0)]. Trainer: Aimé Antheunis (22).
Goals: Eka Basunga Lokonda Mpenza (15), Koen Daerden (44), Eka Basunga Lokonda Mpenza (54), Thomas Honoré Albertine Buffel (76).

628. 30.03.2005 **SAN MARINO - BELGIUM** 1-2(1-1) 18th FIFA WC. Qualifiers
Stadio Olimpico, Serravalle; Referee: Georgios Kasnaferis (Greece); Attendance: 871
BEL: Silvestro Proto (4/0), Vincent Jean Mpoy Kompany (11/0), Daniel Van Buyten (26/2), Peter Van der Heyden (17/1), Yves Vanderhaeghe (42/2), Timmy Simons (Cap) (37/1), Koen Daerden (5/1), Thomas Honoré Albertine Buffel (21/5) [38.Thomas Chatelle (2/0)], Olivier Doll (5/0) [58.Kevin Vandenbergh (2/0)], Eka Basunga Lokonda Mpenza (45/16), Luigi Pieroni (9/0) [83.Roberto Bisconti (10/0)]. Trainer: Aimé Antheunis (23).
Goals: Timmy Simons (19 penalty), Daniel Van Buyten (64).

629. 04.06.2005 **SERBIA AND MONTENEGRO - BELGIUM** 0-0 18th FIFA WC. Qualifiers
Stadion Crvena zvezda, Beograd; Referee: Valentin Ivanov (Russia); Attendance: 16,662
BEL: Silvestro Proto (5/0), Olivier Deschacht (9/0), Daniel Van Buyten (27/2), Anthony Vanden Borre (2/0), Philippe Clément (33/1), Roberto Bisconti (11/0), Koen Daerden (6/1) [79.Philippe Léonard (19/0)], Yves Vanderhaeghe (43/2), Mbo Jérôme Mpenza (45/0) [84.Kevin Vandenbergh (3/0)], Thomas Honoré Albertine Buffel (22/5) [88.Luigi Pieroni (10/0)], Eka Basunga Lokonda Mpenza (Cap) (46/16). Trainer: Aimé Antheunis (24).

630. 17.08.2005 **BELGIUM - GREECE** 2-0(2-0) 18th FIFA WC. Qualifiers
Stade „Roi Baudouin", Bruxelles; Referee: Espen Berntsen (Norway); Attendance: 20,000
BEL: Silvestro Proto (6/0), Anthony Vanden Borre (3/0) [88.Olivier Doll (6/0)], Vincent Jean Mpoy Kompany (12/0), Daniel Van Buyten (28/2), Olivier Deschacht (10/0), Yves Vanderhaeghe (44/2) [90.Philippe Clément (34/1)], Timmy Simons (Cap) (38/1), Jelle François Maria Van Damme (8/0) [90.Philippe Léonard (20/0)], Mbo Jérôme Mpenza (46/1) [76.Kevin Vandenbergh (4/0)], Eka Basunga Lokonda Mpenza (47/17) [80.Karel Geraerts (1/0)], Luigi Pieroni (11/0) [73.Roberto Bisconti (12/0)]. Trainer: Aimé Antheunis (25).
Goals: Eka Basunga Lokonda Mpenza (19), Mbo Jérôme Mpenza (24).

631. 03.09.2005 **BOSNIA AND HERZEGOVINA - BELGIUM** 1-0(0-0) 18th FIFA WC. Qualifiers
Stadion Bilino Polje, Zenica; Referee: Olegário Manuel Bártolo Faustino Benquerença (Portugal); Attendance: 12,000
BEL: Silvestro Proto (7/0), Olivier Deschacht (11/0), Vincent Jean Mpoy Kompany (13/0), Daniel Van Buyten (29/2), Anthony Vanden Borre (4/0) [78.Karel Geraerts (2/0)], Yves Vanderhaeghe (45/2), Jelle François Maria Van Damme (9/0) [78.Koen Daerden (7/1)], Timmy Simons (Cap) (39/1), Mbo Jérôme Mpenza (47/1), Luigi Pieroni (12/0), Thomas Honoré Albertine Buffel (23/5) [67.Kevin Vandenbergh (5/0)]. Trainer: Aimé Antheunis (26).

632. 07.09.2005 **BELGIUM – SAN MARINO** 8-0(3-0) 18th FIFA WC. Qualifiers
Olympisch Stadion (Kielstadion), Antwerpen; Referee: Ian Stokes (Republic of Ireland); Attendance: 8,207
BEL: Silvestro Proto (8/0), Olivier Deschacht (12/0), Vincent Jean Mpoy Kompany (14/0) [12.Koen Daerden (8/3)], Daniel Van Buyten (30/3), Anthony Vanden Borre (5/0) [69.Carl Hoefkens (5/0)], Timmy Simons (40/2), Yves Vanderhaeghe (46/2) [69.Roberto Bisconti (13/0)], Mbo Jérôme Mpenza (48/3), Bart Goor (Cap) (60/13), Thomas Honoré Albertine Buffel (24/6), Kevin Vandenbergh (6/1). Trainer: Aimé Antheunis (27).
Goals: Timmy Simons (34 penalty), Koen Daerden (39), Thomas Honoré Albertine Buffel (44), Mbo Jérôme Mpenza (52), Kevin Vandenbergh (53), Koen Daerden (67), Mbo Jérôme Mpenza (71), Daniel Van Buyten (83).

633. 08.10.2005 **BELGIUM - SPAIN** 0-2(0-0) 18th FIFA WC. Qualifiers
Stade „Roi Baudouin", Bruxelles; Referee: Ľuboš Micheľ (Slovakia); Attendance: 40,300
BEL: Silvestro Proto (9/0), Olivier Deschacht (13/0), Carl Hoefkens (6/0), Daniel Van Buyten (31/3), Anthony Vanden Borre (6/0) [61.Eric Deflandre (56/0)], Timmy Simons (41/2), Yves Vanderhaeghe (47/2), Bart Goor (Cap) (61/13), Thomas Honoré Albertine Buffel (25/6) [61.Jonathan Walasiak (3/0)], Mbo Jérôme Mpenza (49/3) [76.Luigi Pieroni (13/0)], Eka Basunga Lokonda Mpenza (48/17). Trainer: Aimé Antheunis (28).

634. 12.10.2005 **LITHUANIA - BELGIUM** 1-1(1-1) 18th FIFA WC. Qualifiers
Vėtra Stadionas, Vilnius; Referee: Michael Riley (England); Attendance: 1,500
BEL: Silvestro Proto (10/0), Eric Deflandre (57/0), Carl Hoefkens (7/0) [46.Birger Maertens (1/0)], Timmy Simons (42/2), Olivier Deschacht (14/0), Jonathan Walasiak (4/0), Karel Geraerts (3/1) [46.Anthony Vanden Borre (7/0)], Yves Vanderhaeghe (48/2), Bart Goor (62/13), Mbo Jérôme Mpenza (50/3), Eka Basunga Lokonda Mpenza (49/17). Trainer: Aimé Antheunis (29).
Goal: Karel Geraerts (17).

635. 01.03.2006 **LUXEMBOURG - BELGIUM** 0-2(0-1)*
Stade „Josy Barthel", Luxembourg; Referee: Thomas Einwaller (Austria); Attendance: 1,500
BEL: Silvestro Proto (11/0) [46.Geert De Vlieger (43/0)], Philippe Clément (35/1), Thomas Vermaelen (1/0), Philippe Léonard (21/0), Gill Toby Todor Swerts (1/0) [46.Anthony Vanden Borre (8/0)], Mbo Jérôme Mpenza (51/3) [46.Stein Huysegems (3/0)], Timmy Simons (Cap) (43/2), Bart Goor (63/13), Peter Van der Heyden (18/1) [46.Gabriel Mudingayi (2/0)], Kevin Vandenbergh (7/2) [46.Wesley Sonck (35/14)], Luigi Pieroni (14/1). Trainer: René Vandereycken (1).
Goals: Kevin Vandenbergh (43), Luigi Pieroni (62).
*Abandoned after 64 minutes due to heavy snowfall.

636. 11.05.2006 **BELGIUM – SAUDI ARABIA** 2-1(1-1)
"Wagner and Partners" Stadion, Sittard (Netherlands); Referee: Ruud Bossen (Netherlands); Attendance: 3,283
BEL: Stijn Stijnen (1/0), Pieter Collen (1/0) [46.Carl Hoefkens (8/0)], Thomas Vermaelen (2/0) [46.Wim De Decker (1/0)], Philippe Léonard (22/0), Anthony Vanden Borre (9/1), Karel Geraerts (4/1) [46.Nathan D'Haemers (1/0)], Timmy Simons (Cap) (44/2), Steven Arnold Defour (1/0) [89.Nicolas Robert Christian Lombaerts (1/0)], Bart Goor (64/13), Tom Caluwé (1/1) [46.Thomas Honoré Albertine Buffel (26/6)], Kevin Vandenbergh (8/2) [76.Stein Huysegems (4/0)]. Trainer: René Vandereycken (2).
Goals: Tom Caluwé (3), Anthony Vanden Borre (55).

637. 20.05.2006 **SLOVAKIA - BELGIUM** 1-1(0-0)
Štadión "Anton Malatinský", Trnava; Referee: Viktor Kassai (Hungary); Attendance: 4,174
BEL: Stijn Stijnen (2/0) [62.Brian Vandenbussche (1/0)], Carl Hoefkens (9/0), Philippe Léonard (23/0), Jelle François Maria Van Damme (10/0), Anthony Vanden Borre (10/1) [69.Karel Geraerts (5/2)], Gill Toby Todor Swerts (2/0), Timmy Simons (Cap) (45/2), Thomas Honoré Albertine Buffel (27/6) [77.Bart Goor (65/13)], Peter Van der Heyden (19/1), Wesley Sonck (36/14) [83.Stein Huysegems (5/0)], Luigi Pieroni (15/1) [46.Moussa Sidi Yaya Dembélé (1/0)]. Trainer: René Vandereycken (3).
Goal: Karel Geraerts (77).

638. 24.05.2006 **BELGIUM - TURKEY** 3-3(2-2)
Fenixstadion, Genk; Referee: Fritz Stuchlik (Austria); Attendance: 15,000
BEL: Stijn Stijnen (3/0) [46.Davy Schollen (1/0)], Carl Hoefkens (10/1), Philippe Léonard (24/0), Jelle François Maria Van Damme (11/0) [86.Luigi Pieroni (16/1)], Gill Toby Todor Swerts (3/0) [69.Anthony Vanden Borre (11/1)], Karel Geraerts (6/2), Timmy Simons (Cap) (46/2), Bart Goor (66/13), Thomas Honoré Albertine Buffel (28/6) [46.Steven Arnold Defour (2/0)], Wesley Sonck (37/15) [46.Kevin Vandenbergh (9/2)], Stein Huysegems (6/0) [46.Moussa Sidi Yaya Dembélé (2/0)]. Trainer: René Vandereycken (4).
Goals: İbrahim Toraman (27 own goal), Wesley Sonck (43), Carl Hoefkens (90).

639. 16.08.2006 **BELGIUM - KAZAKHSTAN** 0-0 13th EC. Qualifiers
"Constant Vanden Stock", Bruxelles; Referee: Mark Courtney (Northern Ireland)
BEL: Stijn Stijnen (4/0), Thomas Vermaelen (3/0), Daniel Van Buyten (32/3), Vincent Jean Mpoy Kompany (15/0) [38.Stein Huysegems (7/0)], Carl Hoefkens (11/1) [74.Anthony Vanden Borre (12/1)], Jelle François Maria Van Damme (12/0) [60.Luigi Pieroni (17/1)], Timmy Simons (Cap) (47/2), Bart Goor (67/13), Thomas Honoré Albertine Buffel (29/6), Karel Geraerts (7/2), Moussa Sidi Yaya Dembélé (3/0). Trainer: René Vandereycken (5).

640. 06.09.2006 **ARMENIA - BELGIUM** 0-1(0-1) 13th EC. Qualifiers
„Vazgen Sargsyan" Hanrapetakan Stadium, Yerevan; Referee: Gerald Lehner (Austria); Attendance: 12,000
BEL: Stijn Stijnen (5/0), Pieter Collen (2/0) [59.Anthony Vanden Borre (13/1)], Carl Hoefkens (12/1), Daniel Van Buyten (33/4), Jelle François Maria Van Damme (13/0), Gaëtan Englebert (9/0), Karel Geraerts (8/2), Timmy Simons (Cap) (48/2), Koen Daerden (9/3) [65.Bart Goor (68/13)], Luigi Pieroni (18/1), Moussa Sidi Yaya Dembélé (4/0) [77.Steven Arnold Defour (3/0)]. Trainer: René Vandereycken (6).
Goal: Daniel Van Buyten (41).

641. 07.10.2006 **SERBIA - BELGIUM** 1-0(0-0) 13th EC. Qualifiers
Stadion Crvena zvezda, Beograd; Referee: Domenico Messina (Italy); Attendance: 30,000
BEL: Stijn Stijnen (6/0), Carl Hoefkens (13/1), Vincent Jean Mpoy Kompany (16/0), Daniel Van Buyten (34/4), Thomas Vermaelen (4/0), Bart Goor (69/13) [84.Kevin Vandenbergh (10/2)], Gabriel Mudingayi (3/0) [75.Luigi Pieroni (19/1)], Timmy Simons (Cap) (49/2), Karel Geraerts (9/2), Eka Basunga Lokonda Mpenza (50/17), Moussa Sidi Yaya Dembélé (5/0) [62.Mbo Jérôme Mpenza (52/3)]. Trainer: René Vandereycken (7).

642. 11.10.2006 **BELGIUM - AZERBAIJAN** 3-0(1-0) 13th EC. Qualifiers
Stade „Constant Van den Stock", Bruxelles; Referee: Romāns Lajuks (Latvia); Attendance: 15,000
BEL: Stijn Stijnen (7/0), Philippe Léonard (25/0), Daniel Van Buyten (35/4), Anthony Vanden Borre (14/1) [77.Mbo Jérôme Mpenza (53/3)], Thomas Vermaelen (5/0), Carl Hoefkens (14/1), Timmy Simons (Cap) (50/3), Karel Geraerts (10/2), Bart Goor (70/13), Eka Basunga Lokonda Mpenza (51/17) [71.Moussa Sidi Yaya Dembélé (6/1) [sent off 87]], Kevin Vandenbergh (11/3) [86.Luigi Pieroni (20/1)]. Trainer: René Vandereycken (8).
Goals: Timmy Simons (24 penalty), Kevin Vandenbergh (47), Moussa Sidi Yaya Dembélé (82).

643. 15.11.2006 **BELGIUM - POLAND** 0-1(0-1) 13th EC. Qualifiers
Stade „Roi Baudouin", Bruxelles; Referee: Stuart Dougal (Scotland); Attendance: 46,000
BEL: Stijn Stijnen (8/0), Carl Hoefkens (15/1), Daniel Van Buyten (36/4), Philippe Léonard (26/0) [80.Gabriel Mudingayi (4/0)], Thomas Vermaelen (6/0), Anthony Vanden Borre (15/1) [46.Stein Huysegems (8/0)], Karel Geraerts (11/2), Timmy Simons (Cap) (51/3), Bart Goor (71/13), Eka Basunga Lokonda Mpenza (52/17), Kevin Vandenbergh (12/3) [62.Luigi Pieroni (21/1)]. Trainer: René Vandereycken (9).

644. 07.02.2007 **BELGIUM – CZECH REPUBLIC** 0-2(0-1)
Stade „Roi Baudouin", Bruxelles; Referee: Jacek Granat (Poland); Attendance: 12,000
BEL: Stijn Stijnen (9/0) [70.Brian Vandenbussche (2/0)], Carl Hoefkens (16/1) [46.Anthony Vanden Borre (16/1) [sent off 85]], Daniel Van Buyten (37/4), Peter Van der Heyden (20/1) [46.Jelle François Maria Van Damme (14/0)], Thomas Vermaelen (7/0) [35.Timmy Simons (52/3)], Marouane Abdellatif Fellaini-Bakkioui (1/0), Koen Daerden (10/3), Steven Arnold Defour (4/0), Maarten Martens (1/0) [75.Kevin Vandenbergh (13/3)], Gabriel Mudingayi (5/0), Luigi Pieroni (22/1) [60.Moussa Sidi Yaya Dembélé (7/1)]. Trainer: René Vandereycken (10).

645. 24.03.2007 **PORTUGAL - BELGIUM** 4-0(0-0) 13th EC. Qualifiers
Estádio „José Alvalade", Lisboa; Referee: Kyros Vassaras (Greece); Attendance: 47,009
BEL: Stijn Stijnen (10/0), Carl Hoefkens (17/1) [64.François Sterchele (1/0)], Daniel Van Buyten (38/4), Philippe Clément (36/1), Peter Van der Heyden (21/1), Steven Arnold Defour (5/0), Gabriel Mudingayi (6/0), Mark De Man (1/0), Marouane Abdellatif Fellaini-Bakkioui (2/0), Maarten Martens (2/0) [56.Thomas Chatelle (3/0)], Mbo Jérôme Mpenza (54/3) [81.Jelle François Maria Van Damme (15/0)]. Trainer: René Vandereycken (11).

646. 02.06.2007 **BELGIUM - PORTUGAL** 1-2(0-1) 13th EC. Qualifiers
Stade „Roi Baudouin", Bruxelles; Referee: Martin Hansson (Sweden); Attendance: 42,000
BEL: Stijn Stijnen (11/0), Carl Hoefkens (18/1) [45+2.Mark De Man (2/0)], Philippe Clément (37/1), Timmy Simons (Cap) (53/3), Thomas Vermaelen (8/0), Marouane Abdellatif Fellaini-Bakkioui (3/1), Gabriel Mudingayi (7/0) [76.Karel Geraerts (12/2)], Steven Arnold Defour (6/0), Jan Bert Lieve Vertonghen (1/0), François Sterchele (2/0) [61.Tom De Mul (1/0)], Eka Basunga Lokonda Mpenza (53/17). Trainer: René Vandereycken (12).
Goal: Marouane Abdellatif Fellaini-Bakkioui (55).

647. 06.06.2007 **FINLAND - BELGIUM** 2-0(1-0) 13th EC. Qualifiers
Olympiastadion, Helsinki; Referee: Michael Riley (England); Attendance: 34,188
BEL: Stijn Stijnen (12/0), Mark De Man (3/0), Philippe Clément (38/1), Timmy Simons (Cap) (54/3), Thomas Vermaelen (9/0) [45+1.Maarten Martens (3/0)], Marouane Abdellatif Fellaini-Bakkioui (4/1) [sent off 51], Jan Bert Lieve Vertonghen (2/0), Steven Arnold Defour (7/0), Jelle François Maria Van Damme (16/0), Tom De Mul (2/0) [55.Faris Haroun (1/0)], Eka Basunga Lokonda Mpenza (54/17) [86.François Sterchele (3/0)]. Trainer: René Vandereycken (13).

648. 22.08.2007 **BELGIUM - SERBIA** 3-2(2-0) 13th EC. Qualifiers
Stade „Roi Baudouin", Bruxelles; Referee: Terje Hauge (Norway); Attendance: 19,202
BEL: Stijn Stijnen (13/0), Carl Hoefkens (19/1), Vincent Jean Mpoy Kompany (17/0), Timmy Simons (Cap) (55/3), Thomas Vermaelen (10/0), Steven Arnold Defour (8/0) [85.Mbo Jérôme Mpenza (55/3)], Karel Geraerts (13/2), Gabriel Mudingayi (8/0), Bart Goor (72/13), Kevin Antonio Joel Gislain Mirallas y Castillo (1/1) [67.Anthony Vanden Borre (17/1)], Moussa Sidi Yaya Dembélé (8/3) [89.Nicolas Robert Christian Lombaerts (2/0)]. Trainer: René Vandereycken (14).
Goals: Moussa Sidi Yaya Dembélé (9), Kevin Antonio Joel Gislain Mirallas y Castillo (29), Moussa Sidi Yaya Dembélé (86).

649. 12.09.2007 KAZAKHSTAN - BELGIUM 2-2(1-2) 13th EC. Qualifiers
Tsentralny Stadium, Almaty; Referee: Alexandru Tudor (Romania); Attendance: 18,000
BEL: Stijn Stijnen (14/0), Carl Hoefkens (20/1), Vincent Jean Mpoy Kompany (18/0), Timmy Simons (Cap) (56/3), Thomas Vermaelen (11/0), Steven Arnold Defour (9/0), Karel Geraerts (14/3) [77.Faris Haroun (2/0)], Marouane Abdellatif Fellaini-Bakkioui (5/1), Bart Goor (73/13) [84.Mbo Jérôme Mpenza (56/3)], Kevin Antonio Joel Gislain Mirallas y Castillo (2/2) [63.Jan Bert Lieve Vertonghen (3/0)], Moussa Sidi Yaya Dembélé (9/3). Trainer: René Vandereycken (15).
Goals: Karel Geraerts (13), Kevin Antonio Joel Gislain Mirallas y Castillo (24).

650. 13.10.2007 BELGIUM - FINLAND 0-0 13th EC. Qualifiers
Stade „Roi Baudouin", Bruxelles; Referee: Costas Kapitanis (Cyprus); Attendance: 4,131
BEL: Stijn Stijnen (15/0), Guillaume Gillet (1/0), Daniel Van Buyten (39/4), Vincent Jean Mpoy Kompany (19/0), Nicolas Robert Christian Lombaerts (3/0), Faris Haroun (3/0) [67.Bart Goor (74/13)], Timmy Simons (Cap) (57/3), Gabriel Mudingayi (9/0), Christophe Grégoire (1/0) [67.Wesley Sonck (38/15)], Kevin Antonio Joel Gislain Mirallas y Castillo (3/2) [84.François Sterchele (4/0)], Moussa Sidi Yaya Dembélé (10/3). Trainer: René Vandereycken (16).

651. 17.10.2007 BELGIUM - ARMENIA 3-0(0-0) 13th EC. Qualifiers
Stade „Roi Baudouin", Bruxelles; Referee: Johannes Valgeirsson (Iceland); Attendance: 14,812
BEL: Stijn Stijnen (16/0), Gill Toby Todor Swerts (4/0), Daniel Van Buyten (40/4) [60.Vincent Jean Mpoy Kompany (20/0)], Timmy Simons (Cap) (58/3), Nicolas Robert Christian Lombaerts (4/0) [83.Jan Bert Lieve Vertonghen (4/0)], Steven Arnold Defour (10/0), Marouane Abdellatif Fellaini-Bakkioui (6/1), Karel Geraerts (15/4), Bart Goor (75/13), Moussa Sidi Yaya Dembélé (11/4), Kevin Antonio Joel Gislain Mirallas y Castillo (4/2) [46.Wesley Sonck (39/16)]. Trainer: René Vandereycken (17).
Goals: Wesley Sonck (53), Moussa Sidi Yaya Dembélé (69), Karel Geraerts (76).

652. 17.11.2007 POLAND - BELGIUM 2-0(1-0) 13th EC. Qualifiers
Stadion Śląski, Chorzów; Referee: Claus Bo Larsen (Denmark); Attendance: 47,000
BEL: Stijn Stijnen (17/0), Guillaume Gillet (2/0), Daniel Van Buyten (Cap) (41/4), Vincent Jean Mpoy Kompany (21/0), Jan Bert Lieve Vertonghen (5/0), Steven Arnold Defour (11/0) [61.Luigi Pieroni (23/1)], Faris Haroun (4/0) [84.Karel Geraerts (16/4)], Marouane Abdellatif Fellaini-Bakkioui (7/1), Bart Goor (76/13), Moussa Sidi Yaya Dembélé (12/4), Kevin Antonio Joel Gislain Mirallas y Castillo (5/2) [76.Stein Huysegems (9/0)]. Trainer: René Vandereycken (18).

653. 21.11.2007 AZERBAIJAN - BELGIUM 0-1(0-0) 13th EC. Qualifiers
„Tofiq Bəhramov" adı na Respublika Stadionu, Bakı ; Referee:sAf Kenan (Israel); Attendance: 7,000
BEL: Brian Vandenbussche (3/0), Guillaume Gillet (3/0), Jelle François Maria Van Damme (17/0), Daniel Van Buyten (Cap) (42/4), Jan Bert Lieve Vertonghen (6/0), Gill Toby Todor Swerts (5/0), Marouane Abdellatif Fellaini-Bakkioui (8/1), Christophe Grégoire (2/0) [69.Bart Goor (77/13)], Karel Geraerts (17/4) [46.Steven Arnold Defour (12/0)], Moussa Sidi Yaya Dembélé (13/4), Luigi Pieroni (24/2) [82.Kevin Antonio Joel Gislain Mirallas y Castillo (6/2)]. Trainer: René Vandereycken (19).
Goal: Luigi Pieroni (53).

654. 26.03.2008 BELGIUM – MOROCCO 1-4(0-2)
Stade „Roi Baudouin", Bruxelles; Referee: Hendrikus Sebastiaan "Bas" Nijhuis (Netherlands); Attendance: 24,000
BEL: Stijn Stijnen (18/0), Guillaume Gillet (4/0) [46.Gill Toby Todor Swerts (6/0)], Daniel Van Buyten (43/4) [46.Marouane Abdellatif Fellaini-Bakkioui (9/1)], Thomas Vermaelen (12/0), Jan Bert Lieve Vertonghen (7/0), Gabriel Mudingayi (10/0), Vincent Jean Mpoy Kompany (22/0) [85.Karel Geraerts (18/4)], Timmy Simons (Cap) (59/3), Stijn De Smet (1/0) [46.Axel Laurent Angel Lambert Witsel (1/1)], Kevin Antonio Joel Gislain Mirallas y Castillo (7/2) [63.Wesley Sonck (40/16)], Moussa Sidi Yaya Dembélé (14/4) [81.Luigi Pieroni (25/2)]. Trainer: René Vandereycken (20).
Goal: Axel Laurent Angel Lambert Witsel (50).

655. 30.05.2008 ITALY - BELGIUM 3-1(2-0)
Stadio „Artemio Franchi", Firenze; Referee: Martin Atkinson (England); Attendance: 12,500
BEL: Stijn Stijnen (19/0), Carl Hoefkens (21/1) [47.Gill Toby Todor Swerts (7/0)], Vincent Jean Mpoy Kompany (23/0), Jan Bert Lieve Vertonghen (8/0), Sébastien Pocognoli (1/0), Timmy Simons (Cap) (60/3), Axel Laurent Angel Lambert Witsel (2/1) [70.Guillaume Gillet (5/0)], Marouane Abdellatif Fellaini-Bakkioui (10/1), Gabriel Mudingayi (11/0) [84.Stein Huysegems (10/0)], Steven Arnold Defour (13/0) [57.Kevin Antonio Joel Gislain Mirallas y Castillo (8/2)], Moussa Sidi Yaya Dembélé (15/4) [57.Wesley Sonck (41/17)]. Trainer: René Vandereycken (21).
Goal: Wesley Sonck (90+2).

656. 20.08.2008 GERMANY - BELGIUM 2-0(1-0)
Easy-Credit-Stadion, Nürnberg; Referee: Thomas Vejlgaard (Denmark); Attendance: 34,117
BEL: Stijn Stijnen (20/0), Gill Toby Todor Swerts (8/0) [87.Carl Hoefkens (22/1)], Timmy Simons (Cap) (61/3), Daniel Van Buyten (44/4), Filip Daems (2/0), Axel Laurent Angel Lambert Witsel (3/1) [65.Guillaume Gillet (6/0)], Gabriel Mudingayi (12/0) [87.Mark De Man (4/0)], Steven Arnold Defour (14/0) [60.Thomas Honoré Albertine Buffel (30/6)], Bart Goor (78/13), Wesley Sonck (42/17), Tom De Sutter (1/0) [46.Jelle François Maria Van Damme (18/0)]. Trainer: René Vandereycken (22).

657. 06.09.2008 BELGIUM - ESTONIA 3-2(1-0) 19th FIFA WC. Qualifiers
Stade „Maurice Dufrasne", Liège; Referee: Michael Leslie Dean (England); Attendance: 17,992
BEL: Stijn Stijnen (21/0), Thomas Vermaelen (13/0) [70.Jelle François Maria Van Damme (19/0)], Vincent Jean Mpoy Kompany (24/0), Timmy Simons (Cap) (62/3), Daniel Van Buyten (45/4), Axel Laurent Angel Lambert Witsel (4/1), Jan Bert Lieve Vertonghen (9/0), Steven Arnold Defour (15/1), Marouane Abdellatif Fellaini-Bakkioui (11/1), Kevin Antonio Joel Gislain Mirallas y Castillo (9/2) [76.Tom De Sutter (2/0)], Wesley Sonck (43/19) [90+2.Stein Huysegems (11/0)]. Trainer: René Vandereycken (23).
Goals: Wesley Sonck (39), Steven Arnold Defour (75), Wesley Sonck (81).

658. 10.09.2008 TURKEY - BELGIUM 1-1(0-1) 19th FIFA WC. Qualifiers
"Şükrü Saraçoğlu" Stadyumu, Istanbul; Referee: Stéphane Lannoy (France); Attendance: 34,097
BEL: Stijn Stijnen (22/0), Gill Toby Todor Swerts (9/0), Vincent Jean Mpoy Kompany (25/0), Timmy Simons (Cap) (63/3), Thomas Vermaelen (14/0), Axel Laurent Angel Lambert Witsel (5/1) [76.Filip Daems (3/0)], Jan Bert Lieve Vertonghen (10/0), Steven Arnold Defour (16/1) [46.Gabriel Mudingayi (13/0)], Marouane Abdellatif Fellaini-Bakkioui (12/1), Moussa Sidi Yaya Dembélé (16/4), Wesley Sonck (44/20) [85.Tom De Sutter (3/0)]. Trainer: René Vandereycken (24).
Goal: Wesley Sonck (31).

659. 11.10.2008 **BELGIUM - ARMENIA**   **2-0(2-0)**   19th FIFA WC. Qualifiers
Stade „Roi Baudouin", Bruxelles; Referee: Peter Rasmussen (Denmark); Attendance: 20,949
BEL: Stijn Stijnen (23/0), Guillaume Gillet (7/0), Vincent Jean Mpoy Kompany (26/0), Timmy Simons (Cap) (64/3), Jelle François Maria Van Damme (20/0), Axel Laurent Angel Lambert Witsel (6/1), Marouane Abdellatif Fellaini-Bakkioui (13/1), Jan Bert Lieve Vertonghen (11/0), Steven Arnold Defour (17/1) [72.Stein Huysegems (12/0)], Wesley Sonck (45/21) [87.Tom De Sutter (4/0)], Moussa Sidi Yaya Dembélé (17/4). Trainer: René Vandereycken (25).
Goals: Wesley Sonck (21), Marouane Abdellatif Fellaini-Bakkioui (37).

660. 15.10.2008 **BELGIUM - SPAIN**   **1-2(1-1)**   19th FIFA WC. Qualifiers
Stade „Roi Baudouin", Bruxelles; Referee: Tom Henning Øvrebø (Norway); Attendance: 45,888
BEL: Stijn Stijnen (24/0), Anthony Vanden Borre (18/1) [88.Guillaume Gillet (8/0)], Vincent Jean Mpoy Kompany (27/0), Timmy Simons (Cap) (65/3), Daniel Van Buyten (46/4) [46.Filip Daems (4/0)], Thomas Vermaelen (15/0), Axel Laurent Angel Lambert Witsel (7/1), Marouane Abdellatif Fellaini-Bakkioui (14/1), Jan Bert Lieve Vertonghen (12/0), Steven Arnold Defour (18/1) [73.Jelle François Maria Van Damme (21/0)], Wesley Sonck (46/22). Trainer: René Vandereycken (26).
Goal: Wesley Sonck (7).

661. 19.11.2008 **LUXEMBURG - BELGIUM**   **1-1(0-1)**
Stade „Josy Barthel", Luxembourg; Referee: Michael Anthony Riley (England); Attendance: 4,172
BEL: Silvestro Proto (12/0), Anthony Vanden Borre (19/1), Timmy Simons (Cap) (66/3) [63.Jeroen Simaeys (1/0)], Daniel Van Buyten (47/4), Thomas Vermaelen (16/0) [46.Filip Daems (5/0)], Guillaume Gillet (9/0) [84.Killian Overmeire (1/0)], Maarten Martens (4/0), Jan Bert Lieve Vertonghen (13/0) [46.Jelle François Maria Van Damme (22/0)], Stein Huysegems (13/0), Kevin Antonio Joel Gislain Mirallas y Castillo (10/3) [75.Tom De Sutter (5/0)], Wesley Sonck (47/22) [62.Eden Michael Hazard (1/0)]. Trainer: René Vandereycken (27).
Goal: Kevin Antonio Joel Gislain Mirallas y Castillo (21).

662. 11.02.2009 **BELGIUM - SLOVENIA**   **2-0(1-0)**
Fenixstadion, Genk; Referee: Sascha Kever (Switzerland); Attendance: 13,135
BEL: Stijn Stijnen (25/0), Anthony Vanden Borre (20/1), Daniel Van Buyten (48/6), Timmy Simons (Cap) (67/3), Thomas Vermaelen (17/0) [44.Gill Toby Todor Swerts (10/0)], Axel Laurent Angel Lambert Witsel (8/1) [77.Guillaume Gillet (10/0)], Jan Bert Lieve Vertonghen (14/0) [86.Jeroen Simaeys (2/0)], Steven Arnold Defour (19/1) [59.Eden Michael Hazard (2/0)], Moussa Sidi Yaya Dembélé (18/4) [81.Tom De Sutter (6/0)], Igor Albert Rinck De Camargo (1/0), Kevin Antonio Joel Gislain Mirallas y Castillo (11/3) [46.Maarten Martens (5/0)]. Trainer: René Vandereycken (28).
Goals: Daniel Van Buyten (20, 85).

663. 28.03.2009 **BELGIUM – BOSNIA AND HERZEGOVINA**   **2-4(0-1)**   19th FIFA WC. Qualifiers
Fenixstadion, Genk; Referee: Nikolay Ivanov (Russia); Attendance: 20,041
BEL: Stijn Stijnen (26/0), Gill Toby Todor Swerts (11/0), Timmy Simons (Cap) (68/3), Thomas Vermaelen (18/0), Filip Daems (6/0) [79.Tom De Sutter (7/0)], Gabriel Mudingayi (14/0), Marouane Abdellatif Fellaini-Bakkioui (15/1), Steven Arnold Defour (20/1) [59.Sébastien Pocognoli (2/0)], Moussa Sidi Yaya Dembélé (19/5), Wesley Sonck (48/23), Igor Albert Rinck De Camargo (2/0) [45+1.Eden Michael Hazard (3/0)]. Trainer: René Vandereycken (29).
Goals: Moussa Sidi Yaya Dembélé (65), Wesley Sonck (89 penalty).

664. 01.04.2009 **BOSNIA AND HERZEGOVINA - BELGIUM**   **2-1(2-0)**   19th FIFA WC. Qualifiers
Stadion Bilino Polje, Zenica; Referee: Vladimír Hriňák (Slovakia); Attendance: 13,800
BEL: Stijn Stijnen (27/0), Gill Toby Todor Swerts (12/1), Timmy Simons (Cap) (69/3), Vincent Jean Mpoy Kompany (28/0), Thomas Vermaelen (19/0), Gabriel Mudingayi (15/0) [58.Tom De Sutter (8/0)], Marouane Abdellatif Fellaini-Bakkioui (16/1), Moussa Sidi Yaya Dembélé (20/5), Axel Laurent Angel Lambert Witsel (9/1), Kevin Antonio Joel Gislain Mirallas y Castillo (12/3) [73.Eden Michael Hazard (4/0)], Wesley Sonck (49/23) [90+1.Guillaume Gillet (11/0)]. Trainer: René Vandereycken (30).
Goal: Gill Toby Todor Swerts (88).

665. 29.05.2009 **BELGIUM - CHILE**   **1-1(1-1,1-1)**   Kirin Cup
„Fukuda Denshi" Arena, Chiba (Japan); Referee: Minoru Tojo (Japan); Attendance: 6,050
BEL: Stijn Stijnen (28/0), Gill Toby Todor Swerts (13/1), Tobias Albertine Maurits Alderweireld (1/0), Thomas Vermaelen (20/0), Filip Daems (7/0) [46.Ritchie Ria Alfons De Laet (1/0)], Timmy Simons (Cap) (70/3), Faris Haroun (5/0), Sébastien Pocognoli (3/0) [73.Radja Nainggolan (1/0)], Maarten Martens (6/0) [80.Stein Huysegems (14/0)], Geoffrey Mujangi-Bia (1/0) [90.Jelle Vossen (1/0)], Kevin Roelandts (1/1). Trainer: Frank Vercauteren (1).
Goal: Kevin Roelandts (17).

666. 21.05.2009 **JAPAN - BELGIUM**   **4-0(2-0)**   Kirin Cup
National Stadium, Tokyo; Referee: Robert Styles (England); Attendance: 42,520
BEL: Stijn Stijnen (29/0), Gill Toby Todor Swerts (14/1), Tobias Albertine Maurits Alderweireld (2/0), Thomas Vermaelen (21/0), Ritchie Ria Alfons De Laet (2/0), Timmy Simons (Cap) (71/3), Faris Haroun (6/0), Maarten Martens (7/0), Sébastien Pocognoli (4/0) [75.Jelle Vossen (2/0)], Geoffrey Mujangi-Bia (2/0) [73.Stein Huysegems (15/0)], Kevin Roelandts (2/1) [84.Moussa Sidi Yaya Dembélé (21/5)]. Trainer: Frank Vercauteren (2).

667. 12.08.2009 **CZECH REPUBLIC - BELGIUM**   **3-1(2-1)**
Stadion Na Stínadlech, Teplice; Referee: Peter Sippel (Germany); Attendance: 13,890
BEL: Stijn Stijnen (30/0), Anthony Vanden Borre (21/1), Daniel Van Buyten (Cap) (49/6), Thomas Vermaelen (22/0) [46.Timmy Simons (72/3)], Jelle François Maria Van Damme (23/0) [80.Olivier Deschacht (15/0)], Eden Michael Hazard (5/0) [68.Kevin Antonio Joel Gislain Mirallas y Castillo (13/3)], Marouane Abdellatif Fellaini-Bakkioui (17/2) [46.Wesley Sonck (50/23)], Jan Bert Lieve Vertonghen (15/1) [87.Tobias Albertine Maurits Alderweireld (3/0)], Steven Arnold Defour (21/1), Moussa Sidi Yaya Dembélé (22/5) [46.Eka Basunga Lokonda Mpenza (55/17)], Tom De Sutter (9/0). Trainer: Frank Vercauteren (3).
Goal: Jan Bert Lieve Vertonghen (12).

668. 05.09.2009 **SPAIN - BELGIUM**   **5-0(1-0)**   19th FIFA WC. Qualifiers
Estadio Municipal de Riazor, La Coruña; Referee: Bertrand Layec (France); Attendance: 30,441
BEL: Jean-François Gillet (1/0), Anthony Vanden Borre (22/1), Daniel Van Buyten (50/6), Thomas Vermaelen (23/0), Jan Bert Lieve Vertonghen (16/1) [30.Olivier Deschacht (16/0)], Steven Arnold Defour (22/1), Marouane Abdellatif Fellaini-Bakkioui (18/2), Timmy Simons (Cap) (73/3), Moussa Sidi Yaya Dembélé (23/5), Eden Michael Hazard (6/0) [57.Kevin Antonio Joel Gislain Mirallas y Castillo (14/3)], Wesley Sonck (51/23) [70.Igor Alberto Rinck de Camargo (3/0)]. Trainer: Frank Vercauteren (4).

669. 09.09.2009 **ARMENIA - BELGIUM** 2-1(1-0) 19th FIFA WC. Qualifiers
„Vazgen Sargsyan" Hanrapetakan Stadium, Yerevan; Referee: Ljubomir Krstevski (Macedonia); Attendance: 2,300
BEL: Jean-François Gillet (2/0), Gill Toby Todor Swerts (15/1), Daniel Van Buyten (51/7), Timmy Simons (Cap) (74/3), Olivier Deschacht (17/0), Steven Arnold Defour (23/1), Maarten Martens (8/0) [53.Tom De Sutter (10/0)], Igor Alberto Rinck de Camargo (4/0), Moussa Sidi Yaya Dembélé (24/5), Kevin Antonio Joel Gislain Mirallas y Castillo (15/3) [72.Eden Michael Hazard (7/0)], Wesley Sonck (52/23) [81.Roland Conde Lamah (1/0)]. Trainer: Frank Vercauteren (5).
Goal: Daniel Van Buyten (90+2).

670. 10.10.2009 **BELGIUM - TURKEY** 2-0(1-0) 19th FIFA WC. Qualifiers
Stade „Roi Baudouin", Bruxelles; Referee: Matteo Simone Trefoloni (Italy); Attendance: 30,131
BEL: Logan Bailly (1/0), Gill Toby Todor Swerts (16/1), Daniel Van Buyten (52/7), Nicolas Robert Christian Lombaerts (5/0), Thomas Vermaelen (Cap) (24/0), Jan Bert Lieve Vertonghen (17/1), Marouane Abdellatif Fellaini-Bakkioui (19/2), Moussa Sidi Yaya Dembélé (25/5), Kevin Antonio Joel Gislain Mirallas y Castillo (16/3) [74.Eden Michael Hazard (8/0)], Eka Basunga Lokonda Mpenza (56/19) [89.Tom De Sutter (11/0)], Roland Conde Lamah (2/0) [78.Gabriel Mudingayi (16/0)]. Trainer: Dirk Nicolaas Advocaat (Netherlands, 1).
Goals: Eka Basunga Lokonda Mpenza (8, 84).

671. 14.10.2009 **ESTONIA - BELGIUM** 2-0(1-0) 19th FIFA WC. Qualifiers
A. Le Coq Arena, Tallinn; Referee: Nicolai Vollquartz (Denmark)); Attendance: 4,680
BEL: Logan Bailly (2/0), Gill Toby Todor Swerts (17/1) [76.Tom De Sutter (12/0)], Daniel Van Buyten (53/7) [46.Tobias Albertine Maurits Alderweireld (4/0)], Nicolas Robert Christian Lombaerts (6/0), Thomas Vermaelen (Cap) (25/0), Jan Bert Lieve Vertonghen (18/1), Gabriel Mudingayi (17/0) [46.Thomas Honoré Albertine Buffel (31/6)], Moussa Sidi Yaya Dembélé (26/5), Kevin Antonio Joel Gislain Mirallas y Castillo (17/3), Eka Basunga Lokonda Mpenza (57/19), Roland Conde Lamah (3/0). Trainer: Dirk Nicolaas Advocaat (Netherlands, 2).

672. 14.11.2009 **BELGIUM - HUNGARY** 3-0(1-0)
Stade „Jules Otten", Gand; Referee: Hervé Piccirillo (France); Attendance: 8,000
BEL: Jean-François Gillet (3/0), Sepp De Roover (1/0), Daniel Van Buyten (54/7), Nicolas Robert Christian Lombaerts (7/0), Thomas Vermaelen (Cap) (26/1), Karel Geraerts (19/4) [46.Vincent Jean Mpoy Kompany (29/0)], Jan Bert Lieve Vertonghen (19/1), Marouane Abdellatif Fellaini-Bakkioui (20/3) [88.Thomas Honoré Albertine Buffel (32/6)], Eden Michael Hazard (9/0), Tom De Sutter (13/0) [76.Wesley Sonck (53/23)], Kevin Antonio Joel Gislain Mirallas y Castillo (18/4) [76.Roland Conde Lamah (4/0)]. Trainer: Dirk Nicolaas Advocaat (Netherlands, 3).
Goals: Marouane Abdellatif Fellaini-Bakkioui (37), Thomas Vermaelen (55), Kevin Antonio Joel Gislain Mirallas y Castillo (60 penalty).

673. 17.11.2009 **BELGIUM - QATAR** 2-0(1-0)
Stade „Louis Dugauguez", Sedan (France); Referee: Ruddy Buquet (France); Attendance: 1,100
BEL: Jean-François Gillet (4/0), Sepp De Roover (2/0), Daniel Van Buyten (55/7), Thomas Vermaelen (Cap) (27/1), Olivier Deschacht (18/0), Axel Laurent Angel Lambert Witsel (10/2) [62.Mehdi Carcela-Gonzalez (1/0)], Jan Bert Lieve Vertonghen (20/1), Marouane Abdellatif Fellaini-Bakkioui (21/3), Eden Michael Hazard (10/0) [70.Roland Conde Lamah (5/0)], Wesley Sonck (54/24) [78.Tom De Sutter (14/0)], Kevin Antonio Joel Gislain Mirallas y Castillo (19/4) [78.Karel Geraerts (20/4)]. Trainer: Dirk Nicolaas Advocaat (Netherlands, 4).
Goals: Axel Laurent Angel Lambert Witsel (20), Wesley Sonck (54).

674. 03.03.2010 **BELGIUM - CROATIA** 0-1(0-0)
Stade „Roi Baudouin", Bruxelles; Referee: Gianluca Rocchi (Italy); Attendance: 15,000
BEL: Logan Bailly (3/0), Steve Colpaert (1/0), Vincent Jean Mpoy Kompany (30/0) [70.Nicolas Robert Christian Lombaerts (8/0)], Thomas Vermaelen (Cap) (28/1) [84.Tobias Albertine Maurits Alderweireld (5/0)], Jelle François Maria Van Damme (24/0), Jan Bert Lieve Vertonghen (21/1), Axel Laurent Angel Lambert Witsel (11/2), Maarten Martens (9/0) [46.Wesley Sonck (55/24)], Eden Michael Hazard (11/0) [77.Jonathan Blondel (4/0)], Moussa Sidi Yaya Dembélé (27/5) [70.Mehdi Carcela-Gonzalez (2/0)], Romelu Menama Lukaku Bolingoli (1/0) [77.Thomas Honoré Albertine Buffel (33/6)]. Trainer: Dirk Nicolaas Advocaat (Netherlands, 5).

675. 19.05.2010 **BELGIUM - BULGARIA** 2-1(0-1)
Stade „Roi Baudouin", Bruxelles; Referee: Michael Weiner (Germany); Attendance: 11,000
BEL: Jean-François Gillet (5/0), Tobias Albertine Maurits Alderweireld (6/0) [64.Laurent Franco Ciman (1/0)], Vincent Jean Mpoy Kompany (Cap) (31/1), Nicolas Robert Christian Lombaerts (9/0), Jelle François Maria Van Damme (25/0) [64.Olivier Deschacht (19/0)], Thomas Honoré Albertine Buffel (34/6), Steven Arnold Defour (24/1) [83.Kevin Antonio Joel Gislain Mirallas y Castillo (20/4)], Jan Bert Lieve Vertonghen (22/1) [46.Bernd Thijs (6/0)], Eden Michael Hazard (12/0), Moussa Sidi Yaya Dembélé (28/5) [46.Christophe Lepoint (1/1)], Romelu Menama Lukaku Bolingoli (2/0) [64.Christian Benteke Liolo (1/0)]. Trainer: Georges Leekens (30).
Goals: Christophe Lepoint (89), Vincent Jean Mpoy Kompany (90+1).

676. 11.08.2010 **FINLAND - BELGIUM** 1-0(1-0)
Veritas Stadium, Turku; Referee: Alain Hamer (Luxembourg); Attendance: 4,751
BEL: Logan Bailly (4/0), Guillaume Gillet (12/0), Vincent Jean Mpoy Kompany (32/1), Thomas Vermaelen (Cap) (29/1), Nicolas Robert Christian Lombaerts (10/0) [46.Sébastien Pocognoli (5/0)], Axel Laurent Angel Lambert Witsel (12/2) [73.Björn Vleminckx (1/0)], Jan Bert Lieve Vertonghen (23/1), Jelle François Maria Van Damme (26/0) [46.Steven Arnold Defour (25/1)], Christian Benteke Liolo (2/0) [67.Romelu Menama Lukaku Bolingoli (3/0)], Kevin De Bruyne (1/0) [46.Christophe Lepoint (2/1); 61.Bernd Thijs (7/0)], Eden Michael Hazard (13/0). Trainer: Georges Leekens (31).

677. 03.09.2010 **BELGIUM - GERMANY** 0-1(0-0) 14th EC. Qualifiers
Stade „Roi Baudouin", Bruxelles; Referee: Terje Hauge (Norway); Attendance: 41,126
BEL: Logan Bailly (5/0), Vincent Jean Mpoy Kompany (33/1), Daniel Van Buyten (56/7), Thomas Vermaelen (Cap) (30/1), Jan Bert Lieve Vertonghen (24/1), Tobias Albertine Maurits Alderweireld (7/0), Moussa Sidi Yaya Dembélé (29/5), Timmy Simons (75/3) [83.Jelle Vossen (3/0)], Marouane Abdellatif Fellaini-Bakkioui (22/3), Eden Michael Hazard (14/0) [73.Steven Arnold Defour (26/1)], Romelu Menama Lukaku Bolingoli (4/0) [73.Christian Benteke Liolo (3/0)]. Trainer: Georges Leekens (32).

678. 07.09.2010 **TURKEY - BELGIUM** 3-2(0-1) 14th EC. Qualifiers
„Şükrü Saracoğlu" Stadyumu, Istanbul; Referee: Damir Skomina (Slovenia); Attendance: 43,538
BEL: Logan Bailly (6/0), Vincent Jean Mpoy Kompany (34/1) [*sent off 64*], Daniel Van Buyten (57/9), Thomas Vermaelen (Cap) (31/1), Jan Bert Lieve Vertonghen (25/1), Tobias Albertine Maurits Alderweireld (8/0), Moussa Sidi Yaya Dembélé (30/5) [63.Kevin Antonio Joel Gislain Mirallas y Castillo (21/4)], Timmy Simons (76/3), Guillaume Gillet (13/0) [82.Eden Michael Hazard (15/0)], Marouane Abdellatif Fellaini-Bakkioui (23/3), Romelu Menama Lukaku Bolingoli (5/0) [76.Axel Laurent Angel Lambert Witsel (13/2)]. Trainer: Georges Leekens (33).
Goals: Daniel Van Buyten (28, 68).

679. 08.10.2010 **KAZAKHSTAN - BELGIUM** 0-2(0-0) 14th EC. Qualifiers
Astana Arena, Astana; Referee: Marcin Borski (Poland); Attendance: 8,500
BEL: Logan Bailly (7/0), Daniel Van Buyten (Cap) (58/9), Jelle François Maria Van Damme (27/0) [79.Jonathan Legear (1/0)], Olivier Deschacht (20/0), Nicolas Robert Christian Lombaerts (11/0), Tobias Albertine Maurits Alderweireld (9/0), Timmy Simons (77/3), Marouane Abdellatif Fellaini-Bakkioui (24/3), Axel Laurent Angel Lambert Witsel (14/2), Jelle Vossen (4/0), Romelu Menama Lukaku Bolingoli (6/0) [46.Marvin Ogunjimi (1/2)]. Trainer: Georges Leekens (34).
Goals: Marvin Ogunjimi (52, 70).

680. 12.10.2010 **BELGIUM - AUSTRIA** 4-4(1-2) 14th EC. Qualifiers
Stade „Roi Baudouin", Bruxelles; Referee: Mike Dean (England); Attendance: 24,231
BEL: Logan Bailly (8/0), Vincent Jean Mpoy Kompany (Cap) (35/1), Jan Bert Lieve Vertonghen (26/1), Nicolas Robert Christian Lombaerts (12/1), Tobias Albertine Maurits Alderweireld (10/0) [46.Anga Dedryck Boyata (1/0)], Timmy Simons (78/3) [73.Romelu Menama Lukaku Bolingoli (7/0)], Marouane Abdellatif Fellaini-Bakkioui (25/4) [81.Eden Michael Hazard (16/0)], Axel Laurent Angel Lambert Witsel (15/2), Jonathan Legear (2/0), Jelle Vossen (5/1), Marvin Ogunjimi (2/3). Trainer: Georges Leekens (35).
Goals: Jelle Vossen (11), Marouane Abdellatif Fellaini-Bakkioui (47), Marvin Ogunjimi (87), Nicolas Robert Christian Lombaerts (90).

681. 17.11.2010 **RUSSIA - BELGIUM** 0-2(0-1)
Centralniy Stadion Profsoyuzov, Voronezh; Referee: Hannes Kaasik (Estonia); Attendance: 30,000
BEL: Jean-François Gillet (6/0), Vincent Jean Mpoy Kompany (36/1), Daniel Van Buyten (Cap) (59/9), Jan Bert Lieve Vertonghen (27/1), Laurent Franco Ciman (2/0), Moussa Sidi Yaya Dembélé (31/5) [90.Vadis Odjidja-Ofoe (1/0)], Timmy Simons (79/3), Marouane Abdellatif Fellaini-Bakkioui (26/4), Steven Arnold Defour (27/1), Eden Michael Hazard (17/0) [90.Sébastien Pocognoli (6/0)], Romelu Menama Lukaku Bolingoli (8/2) [75.Jelle Vossen (6/1)]. Trainer: Georges Leekens (36).
Goals: Romelu Menama Lukaku Bolingoli (2, 73).

682. 09.02.2011 **BELGIUM - FINLAND** 1-1(0-0)
"Jules Otten" Stadion, Gent; Referee: Cyril Zimmermann (Switzerland); Attendance: 12,800
BEL: Silvestro Proto (13/0), Vincent Jean Mpoy Kompany (37/1), Daniel Van Buyten (Cap) (60/9), Jan Bert Lieve Vertonghen (28/1), Laurent Franco Ciman (3/0), Timmy Simons (80/3), Guillaume Gillet (14/0) [59.Jelle François Maria Van Damme (28/0)], Axel Laurent Angel Lambert Witsel (16/3), Eden Michael Hazard (18/0) [82.Yassine El Ghanassy (1/0)], Nacer Chadli (1/0) [59.Dries Mertens (1/0)], Romelu Menama Lukaku Bolingoli (9/2) [82.Björn Vleminckx (2/0)]. Trainer: Georges Leekens (37).
Goal: Axel Laurent Angel Lambert Witsel (61).

683. 25.03.2011 **AUSTRIA - BELGIUM** 0-2(0-1) 14th EC. Qualifiers
"Ernst Happel" Stadion, Wien; Referee: Vladislav Bezborodov (Russia); Attendance: 45,000
BEL: Simon Luc Hildebert Mignolet (1/0), Vincent Jean Mpoy Kompany (38/1), Daniel Van Buyten (Cap) (61/9), Jan Bert Lieve Vertonghen (29/1), Laurent Franco Ciman (4/0), Moussa Sidi Yaya Dembélé (32/5), Timmy Simons (81/3), Steven Arnold Defour (28/1), Axel Laurent Angel Lambert Witsel (17/5), Nacer Chadli (2/0), Marvin Ogunjimi (3/3) [80.Kevin Antonio Joel Gislain Mirallas y Castillo (22/4)]. Trainer: Georges Leekens (38).
Goals: Axel Laurent Angel Lambert Witsel (6, 50).

684. 29.03.2011 **BELGIUM - AZERBAIJAN** 4-1(3-1) 14th EC. Qualifiers
Stade „Roi Baudouin", Bruxelles; Referee: Daniel Stalhammar (Sweden); Attendance: 34,985
BEL: Simon Luc Hildebert Mignolet (2/0), Daniel Van Buyten (Cap) (62/9) [80.Jelle François Maria Van Damme (29/0)], Jan Bert Lieve Vertonghen (30/2), Nicolas Robert Christian Lombaerts (13/1), Laurent Franco Ciman (5/0), Moussa Sidi Yaya Dembélé (33/5) [64.Eden Michael Hazard (19/0)], Timmy Simons (82/4), Steven Arnold Defour (29/1) [90.Vadis Odjidja-Ofoe (2/0)], Axel Laurent Angel Lambert Witsel (18/5), Nacer Chadli (3/1), Jelle Vossen (7/2). Trainer: Georges Leekens (39).
Goals: Jan Bert Lieve Vertonghen (12), Timmy Simons (32 penalty), Nacer Chadli (45), Jelle Vossen (74).

685. 03.06.2011 **BELGIUM - TURKEY** 1-1(1-1) 14th EC. Qualifiers
Stade „Roi Baudouin", Bruxelles; Referee: Nicola Rizzoli (Italy); Attendance: 44,185
BEL: Simon Luc Hildebert Mignolet (3/0), Vincent Jean Mpoy Kompany (Cap) (39/1), Jan Bert Lieve Vertonghen (31/2) [46.Thomas Vermaelen (32/1)], Nicolas Robert Christian Lombaerts (14/1), Tobias Albertine Maurits Alderweireld (11/0), Timmy Simons (83/4), Steven Arnold Defour (30/1) [88.Jelle Vossen (8/2)], Axel Laurent Angel Lambert Witsel (19/5), Eden Michael Hazard (20/0) [60.Dries Mertens (2/0)], Nacer Chadli (4/1), Marvin Ogunjimi (4/4). Trainer: Georges Leekens (40).
Goal: Marvin Ogunjimi (4).

686. 10.08.2011 **SLOVENIA - BELGIUM** 0-0
Športni Park Stož ice, Ljubljana; Referee: Marijo Stahonja (Croatia); Attendance: 12,230
BEL: Simon Luc Hildebert Mignolet (4/0), Vincent Jean Mpoy Kompany (Cap) (40/1), Daniel Van Buyten (63/9), Nicolas Robert Christian Lombaerts (15/1) [75.Sébastien Pocognoli (7/0)], Tobias Albertine Maurits Alderweireld (12/0), Timmy Simons (84/4), Marouane Abdellatif Fellaini-Bakkioui (27/4) [46.Igor Alberto Rinck de Camargo (5/0)], Axel Laurent Angel Lambert Witsel (20/5) [59.David Hubert (1/0)], Dries Mertens (3/0), Romelu Menama Lukaku Bolingoli (10/2) [59.Björn Vleminckx (3/0)], Yassine El Ghanassy (2/0) [86.Derick Katuku Tshimanga (1/0)]. Trainer: Georges Leekens (41).

687. 02.09.2011 **AZERBAIJAN - BELGIUM** 1-1(0-0) 14th EC. Qualifiers
„Tofiq Bəhramov" adı na Respublika Stadionu, Bakı ; Refereeet Willem Probert (England); Attendance: 9,300
BEL: Simon Luc Hildebert Mignolet (5/0), Vincent Jean Mpoy Kompany (Cap) (41/1), Jan Bert Lieve Vertonghen (32/2), Nicolas Robert Christian Lombaerts (16/1), Tobias Albertine Maurits Alderweireld (13/0), Timmy Simons (85/5), Marouane Abdellatif Fellaini-Bakkioui (28/4), Axel Laurent Angel Lambert Witsel (21/5), Eden Michael Hazard (21/0), Dries Mertens (4/0), Romelu Menama Lukaku Bolingoli (11/2) [61.Igor Alberto Rinck de Camargo (6/0)]. Trainer: Georges Leekens (42).
Goal: Timmy Simons (55 penalty).

688. 06.09.2011 **BELGIUM - UNITED STATES** 1-0(0-0)
Stade „Roi Baudouin", Bruxelles; Referee: William Collum (Scotland); Attendance: 21,946
BEL: Simon Luc Hildebert Mignolet (6/0), Vincent Jean Mpoy Kompany (Cap) (42/1), Nicolas Robert Christian Lombaerts (17/2), Laurent Franco Ciman (6/0), Tobias Albertine Maurits Alderweireld (14/0), Timmy Simons (86/5), Marouane Abdellatif Fellaini-Bakkioui (29/4) [63.David Hubert (2/0)], Axel Laurent Angel Lambert Witsel (22/5), Eden Michael Hazard (22/0) [64.Marvin Ogunjimi (5/4)], Igor Alberto Rinck de Camargo (7/0) [63.Romelu Menama Lukaku Bolingoli (12/2)], Dries Mertens (5/0). Trainer: Georges Leekens (43).
Goal: Nicolas Robert Christian Lombaerts (56).

689. 07.10.2011 **BELGIUM - KAZAKHSTAN** **4-1(2-0)** 14th EC. Qualifiers
Stade „Roi Baudouin", Bruxelles; Referee: Milorad Mažič (Serbia); Attendance: 29,758
BEL: Simon Luc Hildebert Mignolet (7/0), Daniel Van Buyten (64/9), Jan Bert Lieve Vertonghen (33/2), Vincent Jean Mpoy Kompany (Cap) (43/2), Laurent Franco Ciman (7/0), Moussa Sidi Yaya Dembélé (34/5), Timmy Simons (87/6) [75.Steven Arnold Defour (31/1)], Axel Laurent Angel Lambert Witsel (23/5), Eden Michael Hazard (23/1) [63.Vadis Odjidja-Ofoe (3/0)], Igor Alberto Rinck de Camargo (8/0) [73.Marvin Ogunjimi (6/5)], Dries Mertens (6/0). Trainer: Georges Leekens (44).
Goals: Timmy Simons (40 penalty), Eden Michael Hazard (43), Vincent Jean Mpoy Kompany (49), Marvin Ogunjimi (84).

690. 11.10.2011 **GERMANY - BELGIUM** **3-1(2-0)** 14th EC. Qualifiers
Esprit Arena, Düsseldorf; Referee: Svein Oddvar Moen (Norway); Attendance: 48,483
BEL: Simon Luc Hildebert Mignolet (8/0), Vincent Jean Mpoy Kompany (Cap) (44/2), Jan Bert Lieve Vertonghen (34/2), Nicolas Robert Christian Lombaerts (18/2), Laurent Franco Ciman (8/0), Moussa Sidi Yaya Dembélé (35/5) [65.Dries Mertens (7/0)], Timmy Simons (88/6), Marouane Abdellatif Fellaini-Bakkioui (30/5), Axel Laurent Angel Lambert Witsel (24/5), Eden Michael Hazard (24/1), Marvin Ogunjimi (7/5) [46.Romelu Menama Lukaku Bolingoli (13/2)]. Trainer: Georges Leekens (45).
Goal: Marouane Abdellatif Fellaini-Bakkioui (86).

691. 11.11.2011 **BELGIUM - ROMANIA** **2-1(2-0)**
Stade "Maurice Dufrasne", Liège; Referee: Saïd Ennjimi (France); Attendance: 20,000
BEL: Jean-François Gillet (7/0), Vincent Jean Mpoy Kompany (Cap) (45/2), Daniel Van Buyten (65/10), Jan Bert Lieve Vertonghen (35/2), Anthony Vanden Borre (23/1), Marouane Abdellatif Fellaini-Bakkioui (31/5), Steven Arnold Defour (32/1) [79.Radja Nainggolan (2/0)], Axel Laurent Angel Lambert Witsel (25/5), Nacer Chadli (5/1) [66.Jelle Vossen (9/2)], Kevin Antonio Joel Gislain Mirallas y Castillo (23/4) [66.Moussa Sidi Yaya Dembélé (36/5)], Dries Mertens (8/0) [79.Kevin De Bruyne (2/0)]. Trainer: Georges Leekens (46).
Goals: Daniel Van Buyten (11), Răzvan Cociș (43 own goal).

692. 15.11.2011 **FRANCE - BELGIUM** **0-0**
Stade de France, Saint Dénis, Paris; Referee: César Muñiz Fernández (Spain); Attendance: 52,825
BEL: Thibaut Nicolas Marc Courtois (1/0), Vincent Jean Mpoy Kompany (Cap) (46/2), Daniel Van Buyten (66/10), Thomas Vermaelen (33/1), Tobias Albertine Maurits Alderweireld (15/0), Moussa Sidi Yaya Dembélé (37/5) [62.Nacer Chadli (6/1)], Timmy Simons (89/6), Marouane Abdellatif Fellaini-Bakkioui (32/5), Axel Laurent Angel Lambert Witsel (26/5), Eden Michael Hazard (25/1), Jelle Vossen (10/2) [70.Kevin Antonio Joel Gislain Mirallas y Castillo (24/4)]. Trainer: Georges Leekens (47).

693. 29.02.2012 **GREECE - BELGIUM** **1-1(1-1)**
Pankritio Stádio, Iraklio; Referee: Daniel Stalhammar (Sweden); Attendance: 15,000
BEL: Simon Luc Hildebert Mignolet (9/0), Vincent Jean Mpoy Kompany (Cap) (47/2), Thomas Vermaelen (34/1), Nicolas Robert Christian Lombaerts (19/2) [sent off 61], Tobias Albertine Maurits Alderweireld (16/0), Marouane Abdellatif Fellaini-Bakkioui (33/5), Steven Arnold Defour (33/1) [82.Radja Nainggolan (3/0)], Axel Laurent Angel Lambert Witsel (27/5) [58.Moussa Sidi Yaya Dembélé (38/5)], Eden Michael Hazard (26/1) [46.Romelu Menama Lukaku Bolingoli (14/2)], Nacer Chadli (7/2), Kevin Antonio Joel Gislain Mirallas y Castillo (25/4) [64.Jan Bert Lieve Vertonghen (36/2)]. Trainer: Georges Leekens (48).
Goal: Nacer Chadli (32).

694. 25.05.2012 **BELGIUM - MONTENEGRO** **2-2(2-1)**
Stade „Roi Baudouin", Bruxelles; Referee: Clément Turpin (France); Attendance: 25,000
BEL: Thibaut Nicolas Marc Courtois (2/0) [51.Jean-François Gillet (8/0)], Jan Bert Lieve Vertonghen (37/2), Nicolas Robert Christian Lombaerts (20/2) [46.Timmy Simons (90/6)], Denis Odoi (1/0), Tobias Albertine Maurits Alderweireld (17/0), Marouane Abdellatif Fellaini-Bakkioui (34/5), Axel Laurent Angel Lambert Witsel (28/5), Eden Michael Hazard (27/2), Kevin Antonio Joel Gislain Mirallas y Castillo (26/5) [87.Steven Arnold Defour (34/1)], Igor Alberto Rinck de Camargo (9/0) [66.Christian Benteke Liolo (4/0)], Dries Mertens (9/0). Trainer: Marc Robert Wilmots (1).
Goals: Kevin Antonio Joel Gislain Mirallas y Castillo (25), Eden Michael Hazard (34 penalty).

695. 02.06.2012 **ENGLAND - BELGIUM** **1-0(1-0)**
The National Stadium, Wembley Stadium, London; Referee: Peter Rasmussen (Denmark); Attendance: 85,091
BEL: Simon Luc Hildebert Mignolet (10/0), Thomas Vermaelen (Cap) (35/1), Jan Bert Lieve Vertonghen (38/2), Moussa Sidi Yaya Dembélé (39/5), Timmy Simons (91/6), Guillaume Gillet (15/0), Marouane Abdellatif Fellaini-Bakkioui (35/5), Axel Laurent Angel Lambert Witsel (29/5), Eden Michael Hazard (28/2), Kevin Antonio Joel Gislain Mirallas y Castillo (27/5) [59.Nacer Chadli (8/2)], Dries Mertens (10/0) [72.Romelu Menama Lukaku Bolingoli (15/2)]. Trainer: Marc Robert Wilmots (2).

696. 15.08.2012 **BELGIUM - NETHERLANDS** **4-2(1-0)**
Stade „Roi Baudouin", Bruxelles; Referee: Martin Atkinson (England); Attendance: 50,000
BEL: Thibaut Nicolas Marc Courtois (3/0), Daniel Van Buyten (67/10) [46.Tobias Albertine Maurits Alderweireld (18/0)], Thomas Vermaelen (Cap) (36/1), Jan Bert Lieve Vertonghen (39/3), Guillaume Gillet (16/0), Steven Arnold Defour (35/1), Axel Laurent Angel Lambert Witsel (30/5), Eden Michael Hazard (29/2) [58.Moussa Sidi Yaya Dembélé (40/5)], Nacer Chadli (9/2) [67.Dries Mertens (11/1)], Kevin Antonio Joel Gislain Mirallas y Castillo (28/5) [56.Kevin De Bruyne (3/0)], Christian Benteke Liolo (5/1) [63.Romelu Menama Lukaku Bolingoli (16/3)]. Trainer: Marc Robert Wilmots (3).
Goals: Christian Benteke Liolo (20), Dries Mertens (75), Romelu Menama Lukaku Bolingoli (77), Jan Bert Lieve Vertonghen (80).

697. 07.09.2012 **WALES - BELGIUM** **0-2(0-1)** 20th FIFA WC. Qualifiers
Cardiff City Stadium, Cardiff; Referee: Stefan Johannesson (Sweden); Attendance: 20,156
BEL: Thibaut Nicolas Marc Courtois (4/0), Vincent Jean Mpoy Kompany (Cap) (48/3), Thomas Vermaelen (37/1), Jan Bert Lieve Vertonghen (40/4), Moussa Sidi Yaya Dembélé (41/5) [64.Kevin De Bruyne (4/0)], Guillaume Gillet (17/0), Marouane Abdellatif Fellaini-Bakkioui (36/5), Axel Laurent Angel Lambert Witsel (31/5), Eden Michael Hazard (30/2), Kevin Antonio Joel Gislain Mirallas y Castillo (29/5) [46.Romelu Menama Lukaku Bolingoli (17/3)], Dries Mertens (12/1). Trainer: Marc Robert Wilmots (4).
Goals: Vincent Jean Mpoy Kompany (42), Jan Bert Lieve Vertonghen (83).

698. 11.09.2012 **BELGIUM - CROATIA** **1-1(1-1)** 20th FIFA WC. Qualifiers
Stade „Roi Baudouin", Bruxelles; Referee: Alberto Undiano Mallenco (Spain); Attendance: 39,987
BEL: Thibaut Nicolas Marc Courtois (5/0), Vincent Jean Mpoy Kompany (Cap) (49/3), Thomas Vermaelen (38/1), Jan Bert Lieve Vertonghen (41/4), Moussa Sidi Yaya Dembélé (42/5) [72.Kevin De Bruyne (5/0)], Guillaume Gillet (18/1), Steven Arnold Defour (36/1) [67.Marouane Abdellatif Fellaini-Bakkioui (37/5)], Axel Laurent Angel Lambert Witsel (32/5), Eden Michael Hazard (31/2), Dries Mertens (13/1) [81.Kevin Antonio Joel Gislain Mirallas y Castillo (30/5)], Christian Benteke Liolo (6/1). Trainer: Marc Robert Wilmots (5).
Goal: Guillaume Gillet (45+1).

699. 12.10.2012 **SERBIA - BELGIUM** 0-3(0-1) 20th FIFA WC. Qualifiers
Stadion Crvena Zvezda, Belgrade; Referee: Pavel Královec (Czech Republic); Attendance: 21,650
BEL: Thibaut Nicolas Marc Courtois (6/0), Vincent Jean Mpoy Kompany (Cap) (50/3), Thomas Vermaelen (39/1), Jan Bert Lieve Vertonghen (42/4), Tobias Albertine Maurits Alderweireld (19/0), Moussa Sidi Yaya Dembélé (43/5), Axel Laurent Angel Lambert Witsel (33/5), Eden Michael Hazard (32/2) [55.Dries Mertens (14/1)], Nacer Chadli (10/2), Kevin De Bruyne (6/1) [87.Kevin Antonio Joel Gislain Mirallas y Castillo (31/6)], Christian Benteke Liolo (7/2). Trainer: Marc Robert Wilmots (6).
Goals: Christian Benteke Liolo (34), Kevin De Bruyne (68), Kevin Antonio Joel Gislain Mirallas y Castillo (90+1).

700. 16.10.2012 **BELGIUM - SCOTLAND** 2-0(0-0) 20th FIFA WC. Qualifiers
Stade „Roi Baudouin", Bruxelles; Referee: Tom Harald Hagen (Norway); Attendance: 44,132
BEL: Thibaut Nicolas Marc Courtois (7/0), Vincent Jean Mpoy Kompany (Cap) (51/4), Thomas Vermaelen (40/1), Jan Bert Lieve Vertonghen (43/4), Tobias Albertine Maurits Alderweireld (20/0), Moussa Sidi Yaya Dembélé (44/5) [46.Eden Michael Hazard (33/2)], Axel Laurent Angel Lambert Witsel (34/5), Nacer Chadli (11/2), Kevin De Bruyne (7/1), Dries Mertens (15/1) [46.Kevin Antonio Joel Gislain Mirallas y Castillo (32/6)], Christian Benteke Liolo (8/3) [87.Petit-Pelé M'Boyo Ilombé (1/0)]. Trainer: Marc Robert Wilmots (7).
Goals: Christian Benteke Liolo (68), Vincent Jean Mpoy Kompany (71).

701. 14.11.2012 **ROMANIA - BELGIUM** 2-1(1-1)
Arena Naţională, Bucureşti; Referee: Mauro Bergonzi (Italy); Attendance: 5,000
BEL: Simon Luc Hildebert Mignolet (11/0), Vincent Jean Mpoy Kompany (Cap) (52/4), Daniel Van Buyten (68/10), Jan Bert Lieve Vertonghen (44/4), Guillaume Gillet (19/1), Marouane Abdellatif Fellaini-Bakkioui (38/5), Steven Arnold Defour (37/1) [57.Jelle Vossen (11/2)], Axel Laurent Angel Lambert Witsel (35/5), Kevin De Bruyne (8/1), Dries Mertens (16/1) [61.Petit-Pelé M'Boyo Ilombé (2/0)], Christian Benteke Liolo (9/4) [57.Romelu Menama Lukaku Bolingoli (18/3)]. Trainer: Marc Robert Wilmots (8).
Goal: Christian Benteke Liolo (23).

702. 06.02.2013 **BELGIUM - SLOVAKIA** 2-1(2-0)
"Jan Breydel" stadion, Brugge; Referee: Alon Yefet (Israel); Attendance: 20,000
BEL: Jean-François Gillet (9/0), Daniel Van Buyten (69/10), Jan Bert Lieve Vertonghen (Cap) (45/4), Nicolas Robert Christian Lombaerts (21/2) [62.Jelle François Maria Van Damme (30/0)], Tobias Albertine Maurits Alderweireld (21/0), Moussa Sidi Yaya Dembélé (45/5), Axel Laurent Angel Lambert Witsel (36/5) [86.Timmy Simons (92/6)], Eden Michael Hazard (34/3), Kevin De Bruyne (9/1) [62.Dries Mertens (17/2)], Kevin Antonio Joel Gislain Mirallas y Castillo (33/6) [46.Radja Nainggolan (4/0); 78.Thomas Honoré Albertine Buffel (35/6)], Christian Benteke Liolo (10/4) [46.Romelu Menama Lukaku Bolingoli (19/3)]. Trainer: Marc Robert Wilmots (9).
Goals: Eden Michael Hazard (10 penalty), Dries Mertens (90).

703. 22.03.2013 **MACEDONIA - BELGIUM** 0-2(0-1) 20th FIFA WC. Qualifiers
Arena „Filip II Makedonski", Skopje; Referee: Deniz Aytekin (Germany); Attendance: 15,947
BEL: Thibaut Nicolas Marc Courtois (8/0), Daniel Van Buyten (70/10), Thomas Vermaelen (Cap) (41/1), Jan Bert Lieve Vertonghen (46/4), Tobias Albertine Maurits Alderweireld (22/0), Moussa Sidi Yaya Dembélé (46/5), Marouane Abdellatif Fellaini-Bakkioui (39/5), Axel Laurent Angel Lambert Witsel (37/5), Eden Michael Hazard (35/4), Kevin De Bruyne (10/2), Christian Benteke Liolo (11/4) [85.Nacer Chadli (12/2)]. Trainer: Marc Robert Wilmots (10).
Goal: Kevin De Bruyne (26), Eden Michael Hazard (62 penalty).

704. 26.03.2013 **BELGIUM - MACEDONIA** 1-0(0-0) 20th FIFA WC. Qualifiers
Stade „Roi Baudouin", Bruxelles; Referee: Olegário Manuel Bártolo Faustino Benquerença (Portugal); Attendance: 44,230
BEL: Thibaut Nicolas Marc Courtois (9/0), Vincent Jean Mpoy Kompany (Cap) (53/4), Thomas Vermaelen (42/1), Jan Bert Lieve Vertonghen (47/4), Tobias Albertine Maurits Alderweireld (23/0), Moussa Sidi Yaya Dembélé (47/5) [54.Nacer Chadli (13/2)], Axel Laurent Angel Lambert Witsel (38/5), Eden Michael Hazard (36/5) [90+2.Marouane Abdellatif Fellaini-Bakkioui (40/5)], Kevin De Bruyne (11/2), Dries Mertens (18/2) [46.Kevin Antonio Joel Gislain Mirallas y Castillo (34/6)], Christian Benteke Liolo (12/4). Trainer: Marc Robert Wilmots (11).
Goal: Eden Michael Hazard (62).

705. 29.05.2013 **UNITED STATES - BELGIUM** 2-4(1-1)
FirstEnergy Stadium, Cleveland; Referee: Jeffrey Solís (Costa Rica); Attendance: 27,720
BEL: Simon Luc Hildebert Mignolet (12/0), Vincent Jean Mpoy Kompany (Cap) (54/4) [72.Guillaume Gillet (20/1)], Thomas Vermaelen (43/1) [46.Sébastien Pocognoli (8/0)], Jan Bert Lieve Vertonghen (48/4), Tobias Albertine Maurits Alderweireld (24/0), Moussa Sidi Yaya Dembélé (48/5) [41.Christian Benteke Liolo (13/6)], Marouane Abdellatif Fellaini-Bakkioui (41/6), Steven Arnold Defour (38/1) [77.Timmy Simons (93/6)], Kevin De Bruyne (12/2) [68.Dries Mertens (19/2)], Kevin Antonio Joel Gislain Mirallas y Castillo (35/7), Romelu Menama Lukaku Bolingoli (20/3) [84.Thorgan Ganael Francis Hazard (1/0)]. Trainer: Marc Robert Wilmots (12).
Goals: Kevin Antonio Joel Gislain Mirallas y Castillo (6), Christian Benteke Liolo (56), Marouane Abdellatif Fellaini-Bakkioui (64), Christian Benteke Liolo (71).

706. 07.06.2013 **BELGIUM - SERBIA** 2-1(1-0) 20th FIFA WC. Qualifiers
Stade „Roi Baudouin", Bruxelles; Referee: Stéphane Lannoy (France); Attendance: 45,844
BEL: Thibaut Nicolas Marc Courtois (10/0), Vincent Jean Mpoy Kompany (Cap) (55/4), Daniel Van Buyten (71/10), Jan Bert Lieve Vertonghen (49/4), Tobias Albertine Maurits Alderweireld (25/0), Marouane Abdellatif Fellaini-Bakkioui (42/7) [71.Moussa Sidi Yaya Dembélé (49/5)], Axel Laurent Angel Lambert Witsel (39/5), Nacer Chadli (14/2), Kevin De Bruyne (13/3) [82.Romelu Menama Lukaku Bolingoli (21/3)], Kevin Antonio Joel Gislain Mirallas y Castillo (36/7) [64.Eden Michael Hazard (37/5)], Christian Benteke Liolo (14/6). Trainer: Marc Robert Wilmots (13).
Goals: Kevin De Bruyne (13), Marouane Abdellatif Fellaini-Bakkioui (60).

707. 14.08.2013 **BELGIUM - FRANCE** 0-0
Stade „Roi Baudouin", Bruxelles; Referee: Craig Alexander Thomson (Scotland); Attendance: 41,733
BEL: Thibaut Nicolas Marc Courtois (11/0), Vincent Jean Mpoy Kompany (Cap) (56/4), Daniel Van Buyten (72/10) [77.Nicolas Robert Christian Lombaerts (22/2)], Sébastien Pocognoli (9/0) [80.Jelle François Maria Van Damme (31/0)], Tobias Albertine Maurits Alderweireld (26/0), Marouane Abdellatif Fellaini-Bakkioui (43/7), Axel Laurent Angel Lambert Witsel (40/5), Eden Michael Hazard (38/5) [74.Dries Mertens (20/2)], Nacer Chadli (15/2) [71.Kevin Antonio Joel Gislain Mirallas y Castillo (37/7)], Kevin De Bruyne (14/3) [85.Moussa Sidi Yaya Dembélé (50/5)], Romelu Menama Lukaku Bolingoli (22/3) [60.Christian Benteke Liolo (15/6)]. Trainer: Marc Robert Wilmots (14).

708. 06.09.2013   **SCOTLAND - BELGIUM**   **0-2(0-1)**   20th FIFA WC. Qualifiers
Hampden Park, Glasgow; Referee: Paolo Tagliavento (Italy); Attendance: 40,284
BEL: Thibaut Nicolas Marc Courtois (12/0), Daniel Van Buyten (73/10), Jan Bert Lieve Vertonghen (Cap) (50/4), Nicolas Robert Christian Lombaerts (23/2) [77.Sébastien Pocognoli (10/0)], Tobias Albertine Maurits Alderweireld (27/0), Marouane Abdellatif Fellaini-Bakkioui (44/7) [68.Kevin Antonio Joel Gislain Mirallas y Castillo (38/8)], Steven Arnold Defour (39/2) [87.Moussa Sidi Yaya Dembélé (51/5)], Axel Laurent Angel Lambert Witsel (41/5), Nacer Chadli (16/2), Kevin De Bruyne (15/3), Christian Benteke Liolo (16/6). Trainer: Marc Robert Wilmots (15).
Goals: Steven Arnold Defour (34), Kevin Antonio Joel Gislain Mirallas y Castillo (89).

709. 11.10.2013   **CROATIA - BELGIUM**   **1-2(0-2)**   20th FIFA WC. Qualifiers
Stadion Stadion Maksimir, Zagreb; Referee: Howard Melton Webb (England); Attendance: 13,000
BEL: Thibaut Nicolas Marc Courtois (13/0), Daniel Van Buyten (74/10), Jan Bert Lieve Vertonghen (Cap) (51/4), Nicolas Robert Christian Lombaerts (24/2), Tobias Albertine Maurits Alderweireld (28/0), Marouane Abdellatif Fellaini-Bakkioui (45/7), Steven Arnold Defour (40/2) [84.Moussa Sidi Yaya Dembélé (52/5)], Axel Laurent Angel Lambert Witsel (42/5), Eden Michael Hazard (39/5), Kevin De Bruyne (16/3) [65.Kevin Antonio Joel Gislain Mirallas y Castillo (39/8)], Romelu Menama Lukaku Bolingoli (23/5) [69.Nacer Chadli (17/2)]. Trainer: Marc Robert Wilmots (16).
Goals: Romelu Menama Lukaku Bolingoli (16, 38).

710. 15.10.2013   **BELGIUM - WALES**   **1-1(0-0)**   20th FIFA WC. Qualifiers
Stade „Roi Baudouin", Bruxelles; Referee: Sergei Karasev (Russia); Attendance: 45,401
BEL: Thibaut Nicolas Marc Courtois (14/0), Daniel Van Buyten (75/10) [72.Jan Bert Lieve Vertonghen (52/4)], Thomas Vermaelen (Cap) (44/1), Sébastien Pocognoli (11/0), Tobias Albertine Maurits Alderweireld (29/0), Moussa Sidi Yaya Dembélé (53/5), Axel Laurent Angel Lambert Witsel (43/5), Nacer Chadli (18/2) [58.Eden Michael Hazard (40/5)], Kevin De Bruyne (17/4), Kevin Antonio Joel Gislain Mirallas y Castillo (40/8) [78.Zakaria Bakkali (1/0)], Romelu Menama Lukaku Bolingoli (24/5). Trainer: Marc Robert Wilmots (17).
Goal: Kevin De Bruyne (64).

711. 14.11.2013   **BELGIUM - COLOMBIA**   **0-2(0-0)**
Stade „Roi Baudouin", Bruxelles; Referee: Mark Clattenburg (England); Attendance: 42,000
BEL: Simon Luc Hildebert Mignolet (13/0), Thomas Vermaelen (Cap) (45/1), Jan Bert Lieve Vertonghen (53/4), Tobias Albertine Maurits Alderweireld (30/0), Thomas Meunier (1/0), Marouane Abdellatif Fellaini-Bakkioui (46/7), Steven Arnold Defour (41/2) [58.Kevin Antonio Joel Gislain Mirallas y Castillo (41/8)], Axel Laurent Angel Lambert Witsel (44/5), Eden Michael Hazard (41/5) [66.Dries Mertens (21/2)], Kevin De Bruyne (18/4) [58.Romelu Menama Lukaku Bolingoli (25/5)], Christian Benteke Liolo (17/6) [75.Moussa Sidi Yaya Dembélé (54/5)]. Trainer: Marc Robert Wilmots (18).

712. 19.11.2013   **BELGIUM - JAPAN**   **2-3(1-1)**
Stade „Roi Baudouin", Bruxelles; Referee: Fırat Aydınus (Turkey); Attendance: 43,000
BEL: Simon Luc Hildebert Mignolet (14/0), Daniel Van Buyten (76/10) [79.Thomas Meunier (2/0)], Thomas Vermaelen (Cap) (46/1), Jan Bert Lieve Vertonghen (54/4), Tobias Albertine Maurits Alderweireld (31/1), Moussa Sidi Yaya Dembélé (55/5) [72.Steven Arnold Defour (42/2)], Axel Laurent Angel Lambert Witsel (45/5), Eden Michael Hazard (42/5) [46.Marouane Abdellatif Fellaini-Bakkioui (47/7)], Kevin Antonio Joel Gislain Mirallas y Castillo (42/9), Dries Mertens (22/2) [62.Kevin De Bruyne (19/4)], Romelu Menama Lukaku Bolingoli (26/5) [76.Jelle Vossen (12/2)]. Trainer: Marc Robert Wilmots (19).
Goals: Kevin Antonio Joel Gislain Mirallas y Castillo (15), Tobias Albertine Maurits Alderweireld (79).

713. 05.03.2014   **BELGIUM – IVORY COAST**   **2-2(1-0)**
Stade „Roi Baudouin", Bruxelles; Referee: Damir Skomina (Slovenia); Attendance: 45,000
BEL: Thibaut Nicolas Marc Courtois (15/0), Vincent Jean Mpoy Kompany (Cap) (57/4), Daniel Van Buyten (77/10) [46.Nicolas Robert Christian Lombaerts (25/2)], Jan Bert Lieve Vertonghen (55/4) [82.Sébastien Pocognoli (12/0)], Tobias Albertine Maurits Alderweireld (32/1) [46.Anthony Henri Vanden Borre (24/1)], Marouane Abdellatif Fellaini-Bakkioui (48/8) [46.Radja Nainggolan (5/1)], Axel Laurent Angel Lambert Witsel (46/5), Kevin De Bruyne (20/4), Kevin Antonio Joel Gislain Mirallas y Castillo (43/9) [62.Eden Michael Hazard (43/5)], Dries Mertens (23/2), Christian Benteke Liolo (18/6) [73.Romelu Menama Lukaku Bolingoli (27/5)]. Trainer: Marc Robert Wilmots (20).
Goals: Marouane Abdellatif Fellaini-Bakkioui (17), Radja Nainggolan (51).

714. 26.05.2014   **BELGIUM - LUXEMBOURG**   **5-1(2-1)**
Cristal Arena, Genk; Referee: Tom Harald Hagen (Norway); Attendance: 23,000
BEL: Sammy Andre Bossut (1/0), Vincent Jean Mpoy Kompany (Cap) (58/4) [46.Daniel Van Buyten (78/10)], Thomas Vermaelen (47/1), Jan Bert Lieve Vertonghen (56/4) [77.Nicolas Robert Christian Lombaerts (26/2)], Tobias Albertine Maurits Alderweireld (33/1) [46.Anthony Henri Vanden Borre (25/1)], Marouane Abdellatif Fellaini-Bakkioui (49/8), Axel Laurent Angel Lambert Witsel (47/5) [46.Steven Arnold Defour (43/2)], Eden Michael Hazard (44/5) [46.Adnan Januzaj (1/0)], Kevin De Bruyne (21/5), Kevin Antonio Joel Gislain Mirallas y Castillo (44/9) [46.Nacer Chadli (19/3)], Romelu Menama Lukaku Bolingoli (28/8) [61.Divock Okoth Origi (1/0)]. Trainer: Marc Robert Wilmots (21).
Goals: Romelu Menama Lukaku Bolingoli (3, 23, 54), Nacer Chadli (71), Kevin De Bruyne (90+1 penalty).

715. 01.06.2014   **SWEDEN - BELGIUM**   **0-2(0-1)**
Friends Arena, Stockholm; Referee: Mark Clattenburg (England); Attendance: 24,732
BEL: Thibaut Nicolas Marc Courtois (16/0), Vincent Jean Mpoy Kompany (Cap) (59/4), Daniel Van Buyten (79/10), Thomas Vermaelen (48/1), Tobias Albertine Maurits Alderweireld (34/1), Moussa Sidi Yaya Dembélé (56/5), Axel Laurent Angel Lambert Witsel (48/5), Eden Michael Hazard (45/6) [79.Marouane Abdellatif Fellaini-Bakkioui (50/8)], Kevin De Bruyne (22/5), Dries Mertens (24/2) [68.Nacer Chadli (20/3)], Romelu Menama Lukaku Bolingoli (29/9) [74.Divock Okoth Origi (2/0)]. Trainer: Marc Robert Wilmots (22).
Goals: Romelu Menama Lukaku Bolingoli (34), Eden Michael Hazard (78).

716. 07.06.2014   **BELGIUM - TUNISIA**   **1-0(0-0)**
Stade „Roi Baudouin", Bruxelles; Referee: Viktor Kassai (Hungary); Attendance: 41,349
BEL: Thibaut Nicolas Marc Courtois (17/0), Vincent Jean Mpoy Kompany (Cap) (60/4), Daniel Van Buyten (80/10), Jan Bert Lieve Vertonghen (57/4), Tobias Albertine Maurits Alderweireld (35/1) [46.Anthony Henri Vanden Borre (26/1)], Moussa Sidi Yaya Dembélé (57/5), Marouane Abdellatif Fellaini-Bakkioui (51/8) [46.Dries Mertens (25/3)], Steven Arnold Defour (44/2), Eden Michael Hazard (46/6) [74.Adnan Januzaj (2/0)], Kevin Antonio Joel Gislain Mirallas y Castillo (45/9) [62.Nacer Chadli (21/3)], Divock Okoth Origi (3/0) [62.Romelu Menama Lukaku Bolingoli (30/9); 90+2.Axel Laurent Angel Lambert Witsel (49/5)]. Trainer: Marc Robert Wilmots (23).
Goal: Dries Mertens (89).

717. 17.06.2014 **BELGIUM - ALGERIA** 2-1(0-1) 20th FIFA WC. Group Stage
Estádio Mineirão, Belo Horizonte (Brazil); Referee: Marco Antonio Rodríguez Moreno (Mexico); Attendance: 56,800
BEL: Thibaut Nicolas Marc Courtois (18/0), Vincent Jean Mpoy Kompany (Cap) (61/4), Daniel Van Buyten (81/10), Jan Bert Lieve Vertonghen (58/4), Tobias Albertine Maurits Alderweireld (36/1), Moussa Sidi Yaya Dembélé (58/5) [65.Marouane Abdellatif Fellaini-Bakkioui (52/9)], Axel Laurent Angel Lambert Witsel (50/5), Eden Michael Hazard (47/6), Nacer Chadli (22/3) [46.Dries Mertens (26/4)], Kevin De Bruyne (23/5), Romelu Menama Lukaku Bolingoli (31/9) [58.Divock Okoth Origi (4/0)]. Trainer: Marc Robert Wilmots (24).
Goals: Marouane Abdellatif Fellaini-Bakkioui (70), Dries Mertens (80).

718. 22.06.2014 **BELGIUM - RUSSIA** 1-0(0-0) 20th FIFA WC. Group Stage
Estádio „Jornalista Mário Filho" [Maracanã], Rio de Janeiro (Brazil); Referee: Dr. Felix Brych (Germany); Attendance: 73,819
BEL: Thibaut Nicolas Marc Courtois (19/0), Vincent Jean Mpoy Kompany (Cap) (62/4), Daniel Van Buyten (82/10), Thomas Vermaelen (49/1) [31.Jan Bert Lieve Vertonghen (59/4)], Tobias Albertine Maurits Alderweireld (37/1), Marouane Abdellatif Fellaini-Bakkioui (53/9), Axel Laurent Angel Lambert Witsel (51/5), Eden Michael Hazard (48/6), Kevin De Bruyne (24/5), Dries Mertens (27/4) [75.Kevin Antonio Joel Gislain Mirallas y Castillo (46/9)], Romelu Menama Lukaku Bolingoli (32/9) [57.Divock Okoth Origi (5/1)]. Trainer: Marc Robert Wilmots (25).
Goal: Divock Okoth Origi (88).

719. 26.06.2014 **KOREA REPUBLIC - BELGIUM** 0-1(0-0) 20th FIFA WC. Group Stage
Arena de São Paulo, São Paulo (Brazil); Referee: Benjamin Jon Williams (Australia); Attendance: 61,397
BEL: Thibaut Nicolas Marc Courtois (20/0), Daniel Van Buyten (83/10), Jan Bert Lieve Vertonghen (Cap) (60/5), Anthony Henri Vanden Borre (27/1), Nicolas Robert Christian Lombaerts (27/2), Moussa Sidi Yaya Dembélé (59/5), Marouane Abdellatif Fellaini-Bakkioui (54/9), Steven Arnold Defour (45/2) [*sent off 44*], Adnan Januzaj (3/0) [60.Nacer Chadli (23/3)], Kevin Antonio Joel Gislain Mirallas y Castillo (47/9) [88.Eden Michael Hazard (49/6)], Dries Mertens (28/4) [60.Divock Okoth Origi (6/1)]. Trainer: Marc Robert Wilmots (26).
Goal: Jan Bert Lieve Vertonghen (77).

720. 01.07.2014 **BELGIUM – UNITED STATES** 2-1(0-0,0-0) 20th FIFA WC. 2nd Round of 16
Arena Fonte Nova, Salvador (Brazil); Referee: Djamel Haimoudi (Algeria); Attendance: 51,227
BEL: Thibaut Nicolas Marc Courtois (21/0), Vincent Jean Mpoy Kompany (Cap) (63/4), Daniel Van Buyten (84/10), Jan Bert Lieve Vertonghen (61/5), Tobias Albertine Maurits Alderweireld (38/1), Marouane Abdellatif Fellaini-Bakkioui (55/9), Axel Laurent Angel Lambert Witsel (52/5), Eden Michael Hazard (50/6) [111.Nacer Chadli (24/3)], Kevin De Bruyne (25/6), Dries Mertens (29/4) [60.Kevin Antonio Joel Gislain Mirallas y Castillo (48/9)], Divock Okoth Origi (7/1) [91.Romelu Menama Lukaku Bolingoli (33/10)]. Trainer: Marc Robert Wilmots (27).
Goals: Kevin De Bruyne (93), Romelu Menama Lukaku Bolingoli (105).

721. 05.07.2014 **ARGENTINA - BELGIUM** 1-0(1-0) 20th FIFA WC. Quarter-Finals
Estádio Nacional „Mané Garrincha", Brasília (Brazil); Referee: Nicola Rizzoli (Italy); Attendance: 68,551
BEL: Thibaut Nicolas Marc Courtois (22/0), Vincent Jean Mpoy Kompany (Cap) (64/4), Daniel Van Buyten (85/10), Jan Bert Lieve Vertonghen (62/5), Tobias Albertine Maurits Alderweireld (39/1), Marouane Abdellatif Fellaini-Bakkioui (56/9), Axel Laurent Angel Lambert Witsel (53/5), Eden Michael Hazard (51/6) [75.Nacer Chadli (25/3)], Kevin De Bruyne (26/6), Kevin Antonio Joel Gislain Mirallas y Castillo (49/9) [60.Dries Mertens (30/4)], Divock Okoth Origi (8/1) [59.Romelu Menama Lukaku Bolingoli (34/10)]. Trainer: Marc Robert Wilmots (28).

722. 04.09.2014 **BELGIUM - AUSTRALIA** 2-0(1-0)
Stade „Maurice Dufrasne", Liège; Referee: Michael Oliver (England); Attendance: 16,850
BEL: Thibaut Nicolas Marc Courtois (23/0), Vincent Jean Mpoy Kompany (Cap) (65/4), Jan Bert Lieve Vertonghen (63/5) [89.Guillaume Gillet (21/1)], Nicolas Robert Christian Lombaerts (28/2) [78.Laurent Franco Ciman (9/0)], Tobias Albertine Maurits Alderweireld (40/1), Steven Arnold Defour (46/2) [63.Radja Nainggolan (6/1)], Axel Laurent Angel Lambert Witsel (54/6), Kevin De Bruyne (27/6), Kevin Antonio Joel Gislain Mirallas y Castillo (50/9) [62.Adnan Januzaj (4/0)], Dries Mertens (31/5) [63.Nacer Chadli (26/3)], Divock Okoth Origi (9/1) [81.Moussa Sidi Yaya Dembélé (60/5)]. Trainer: Marc Robert Wilmots (29).
Goals: Dries Mertens (18), Axel Laurent Angel Lambert Witsel (78).

723. 10.10.2014 **BELGIUM - ANDORRA** 6-0(3-0) 15th EC. Qualifiers
Stade „Roi Baudouin", Bruxelles; Referee: Serhiy Boiko (Ukraine); Attendance: 45,409
BEL: Thibaut Nicolas Marc Courtois (24/0), Vincent Jean Mpoy Kompany (Cap) (66/4) [55.Sébastien Pocognoli (13/0)], Jan Bert Lieve Vertonghen (64/5), Nicolas Robert Christian Lombaerts (29/2), Tobias Albertine Maurits Alderweireld (41/1), Steven Arnold Defour (47/2), Radja Nainggolan (7/1), Nacer Chadli (27/4) [61.Marouane Abdellatif Fellaini-Bakkioui (57/9)], Kevin De Bruyne (28/8), Dries Mertens (32/7), Divock Okoth Origi (10/2) [66.Romelu Menama Lukaku Bolingoli (35/10)]. Trainer: Marc Robert Wilmots (30).
Goals: Kevin De Bruyne (31 penalty, 34), Nacer Chadli (37), Divock Okoth Origi (59), Dries Mertens (65, 68).

724. 13.10.2014 **BOSNIA AND HERZEGOVINA - BELGIUM** 1-1(1-0) 15th EC. Qualifiers
Stadion Bilino polje, Zenica; Referee: Luca Banti (Italy); Attendance: 12,000
BEL: Thibaut Nicolas Marc Courtois (25/0), Vincent Jean Mpoy Kompany (Cap) (67/4), Jan Bert Lieve Vertonghen (65/5), Nicolas Robert Christian Lombaerts (30/2), Tobias Albertine Maurits Alderweireld (42/1), Steven Arnold Defour (48/2) [78.Marouane Abdellatif Fellaini-Bakkioui (58/9)], Radja Nainggolan (8/2), Eden Michael Hazard (52/6), Kevin De Bruyne (29/8), Romelu Menama Lukaku Bolingoli (36/10) [57.Dries Mertens (33/7)], Divock Okoth Origi (11/2). Trainer: Marc Robert Wilmots (31).
Goal: Radja Nainggolan (51).

725. 12.11.2014 **BELGIUM - ICELAND** 3-1(1-1)
Stade „Roi Baudouin", Bruxelles; Referee: Antony Gautier (France); Attendance: 27,500
BEL: Thibaut Nicolas Marc Courtois (26/0), Jan Bert Lieve Vertonghen (Cap) (66/5), Anthony Henri Vanden Borre (28/1) [66.Thomas Meunier (3/0)], Nicolas Robert Christian Lombaerts (31/3), Tobias Albertine Maurits Alderweireld (43/1), Moussa Sidi Yaya Dembélé (61/5) [46.Divock Okoth Origi (12/3)], Marouane Abdellatif Fellaini-Bakkioui (59/9), Axel Laurent Angel Lambert Witsel (55/6), Eden Michael Hazard (53/6) [46.Romelu Menama Lukaku Bolingoli (37/11)], Adnan Januzaj (5/0) [63.Dries Mertens (34/7)], Christian Benteke Liolo (19/6) [76.Dennis Praet (1/0)]. Trainer: Marc Robert Wilmots (32).
Goals: Nicolas Robert Christian Lombaerts (11), Divock Okoth Origi (62), Romelu Menama Lukaku Bolingoli (73).

726. 16.11.2014 **BELGIUM - WALES** 0-0 15th EC. Qualifiers
Stade „Roi Baudouin", Bruxelles; Referee: Pavel Královec (Czech Republic); Attendance: 55,000
BEL: Thibaut Nicolas Marc Courtois (27/0), Jan Bert Lieve Vertonghen (Cap) (67/5), Anthony Henri Vanden Borre (29/1), Nicolas Robert Christian Lombaerts (32/3), Tobias Albertine Maurits Alderweireld (44/1), Marouane Abdellatif Fellaini-Bakkioui (60/9), Axel Laurent Angel Lambert Witsel (56/6), Eden Michael Hazard (54/6), Nacer Chadli (28/4) [62.Christian Benteke Liolo (20/6)], Kevin De Bruyne (30/8), Divock Okoth Origi (13/3) [73.Dries Mertens (35/7); 89.Adnan Januzaj (6/0)]. Trainer: Marc Robert Wilmots (33).

727. 28.03.2015　**BELGIUM - CYPRUS**　　　　**5-0(2-0)**　　　　15th EC. Qualifiers
Stade „Roi Baudouin", Bruxelles; Referee: Ovidiu Alin Haţegan (Romania); Attendance: 45,213
BEL: Thibaut Nicolas Marc Courtois (28/0), Vincent Jean Mpoy Kompany (Cap) (68/4), Jan Bert Lieve Vertonghen (68/5), Nicolas Robert Christian Lombaerts (33/3), Tobias Albertine Maurits Alderweireld (45/1), Marouane Abdellatif Fellaini-Bakkioui (61/11) [69.Yannick Ferreira Carrasco (1/0)], Axel Laurent Angel Lambert Witsel (57/6), Radja Nainggolan (9/2), Eden Michael Hazard (55/7) [70.Dries Mertens (36/7)], Kevin De Bruyne (31/8), Christian Benteke Liolo (21/7) [77.Michy Batshuayi Tunga (1/1)]. Trainer: Marc Robert Wilmots (34).
Goals: Marouane Abdellatif Fellaini-Bakkioui (21), Christian Benteke Liolo (35), Marouane Abdellatif Fellaini-Bakkioui (66), Eden Michael Hazard (67), Michy Batshuayi Tunga (80).

728. 31.03.2015　**ISRAEL - BELGIUM**　　　　**0-1(0-1)**　　　　15th EC. Qualifiers
Teddy Stadium, Jerusalem; Referee: Mark Clattenburg (England); Attendance: 29,750
BEL: Thibaut Nicolas Marc Courtois (29/0), Vincent Jean Mpoy Kompany (Cap) (69/4) [*sent off 64*], Jan Bert Lieve Vertonghen (69/5), Nicolas Robert Christian Lombaerts (34/3), Tobias Albertine Maurits Alderweireld (46/1), Marouane Abdellatif Fellaini-Bakkioui (62/12), Axel Laurent Angel Lambert Witsel (58/6), Radja Nainggolan (10/2) [86.Divock Okoth Origi (14/3)], Eden Michael Hazard (56/7) [63.Nacer Chadli (29/4)], Kevin De Bruyne (32/8), Christian Benteke Liolo (22/7) [67.Jason Grégory Marianne Denayer (1/0)]. Trainer: Marc Robert Wilmots (35).
Goal: Marouane Abdellatif Fellaini-Bakkioui (9).

729. 07.06.2015　**FRANCE - BELGIUM**　　　　**3-4(0-2)**
Stade de France, Saint-Denis, Paris; Referee: Marijo Strahonja (Croatia); Attendance: 70,000
BEL: Thibaut Nicolas Marc Courtois (30/0), Jan Bert Lieve Vertonghen (70/5), Nicolas Robert Christian Lombaerts (35/3), Tobias Albertine Maurits Alderweireld (47/1), Jason Grégory Marianne Denayer (2/0) [85.Leander Dendoncker (1/0)], Marouane Abdellatif Fellaini-Bakkioui (63/14) [77.Nacer Chadli (30/4)], Axel Laurent Angel Lambert Witsel (59/6) [81.Moussa Sidi Yaya Dembélé (62/5)], Radja Nainggolan (11/3), Eden Michael Hazard (Cap) (57/8), Dries Mertens (37/7) [59.Yannick Ferreira Carrasco (2/0)], Christian Benteke Liolo (23/7) [59.Romelu Menama Lukaku Bolingoli (38/11)]. Trainer: Marc Robert Wilmots (36).
Goals: Marouane Abdellatif Fellaini-Bakkioui (17, 42), Radja Nainggolan (50), Eden Michael Hazard (54 penalty).

730. 12.06.2015　**WALES - BELGIUM**　　　　**1-0(1-0)**　　　　15th EC. Qualifiers
Cardiff City Stadium, Cardiff; Referee: Dr. Felix Brych (Germany); Attendance: 33,280
BEL: Thibaut Nicolas Marc Courtois (31/0), Jan Bert Lieve Vertonghen (71/5), Nicolas Robert Christian Lombaerts (36/3), Tobias Albertine Maurits Alderweireld (48/1) [77.Yannick Ferreira Carrasco (3/0)], Jason Grégory Marianne Denayer (3/0), Axel Laurent Angel Lambert Witsel (60/6), Radja Nainggolan (12/3), Eden Michael Hazard (Cap) (58/8), Kevin De Bruyne (33/8), Dries Mertens (38/7) [46.Romelu Menama Lukaku Bolingoli (39/11)], Christian Benteke Liolo (24/7). Trainer: Marc Robert Wilmots (37).

731. 03.09.2015　**BELGIUM - BOSNIA AND HERZEGOVINA**　　**3-1(2-1)**　　15th EC. Qualifiers
Stade „Roi Baudouin", Bruxelles; Referee: Manuel Jorge Neves Moreira de Sousa (Portugal); Attendance: 42,975
BEL: Thibaut Nicolas Marc Courtois (32/0), Vincent Jean Mpoy Kompany (Cap) (70/4), Thomas Vermaelen (50/1), Jan Bert Lieve Vertonghen (72/5), Tobias Albertine Maurits Alderweireld (49/1), Marouane Abdellatif Fellaini-Bakkioui (64/15), Axel Laurent Angel Lambert Witsel (61/6), Radja Nainggolan (13/3), Eden Michael Hazard (59/9), Kevin De Bruyne (34/9) [89.Dries Mertens (39/7)], Romelu Menama Lukaku Bolingoli (40/11) [82.Divock Okoth Origi (15/3)]. Trainer: Marc Robert Wilmots (38).
Goals: Marouane Abdellatif Fellaini-Bakkioui (23), Kevin De Bruyne (44), Eden Michael Hazard (78 penalty).

732. 06.09.2015　**CYPRUS - BELGIUM**　　　　**0-1(0-0)**　　　　15th EC. Qualifiers
Stádio GSP, Nicosia; Referee: Vladislav Bezborodov (Russia); Attendance: 11,866
BEL: Thibaut Nicolas Marc Courtois (33/0), Vincent Jean Mpoy Kompany (Cap) (71/4), Thomas Vermaelen (51/1), Jan Bert Lieve Vertonghen (73/5), Tobias Albertine Maurits Alderweireld (50/1), Marouane Abdellatif Fellaini-Bakkioui (65/15) [64.Dries Mertens (40/7)], Axel Laurent Angel Lambert Witsel (62/6), Radja Nainggolan (14/3), Eden Michael Hazard (60/10), Kevin De Bruyne (35/9), Christian Benteke Liolo (25/7) [46.Divock Okoth Origi (16/3)]. Trainer: Marc Robert Wilmots (39).
Goal: Eden Michael Hazard (86).

733. 10.10.2015　**ANDORRA - BELGIUM**　　　　**1-4(0-2)**　　　　15th EC. Qualifiers
Estadi Nacional, Andorra la Vella; Referee: Pawel Gil (England); Attendance: 3,450
BEL: Simon Luc Hildebert Mignolet (15/0), Jan Bert Lieve Vertonghen (74/5), Tobias Albertine Maurits Alderweireld (51/1), Thomas Meunier (4/0) [81.Luis Pedro Cavanda (1/0)], Jordan Zacharie Lukaku Menama Mokelenge (1/0), Axel Laurent Angel Lambert Witsel (63/6), Radja Nainggolan (15/4), Eden Michael Hazard (Cap) (61/11) [79.Zakaria Bakkali (2/0)], Kevin De Bruyne (36/10), Dries Mertens (41/7) [72.Nacer Chadli (31/4)], Laurent Depoitre (1/1). Trainer: Marc Robert Wilmots (40).
Goals: Radja Nainggolan (19), Kevin De Bruyne (42), Eden Michael Hazard (56 penalty), Laurent Depoitre (64).

734. 13.10.2015　**BELGIUM - ISRAEL**　　　　**3-1(0-0)**　　　　15th EC. Qualifiers
Stade „Roi Baudouin", Bruxelles; Referee: Anastasios Sidiropoulos (Greece); Attendance: 39,773
BEL: Simon Luc Hildebert Mignolet (16/0), Vincent Jean Mpoy Kompany (Cap) (72/4) [58.Thomas Meunier (5/0)], Jan Bert Lieve Vertonghen (75/5), Nicolas Robert Christian Lombaerts (37/3), Tobias Albertine Maurits Alderweireld (52/1), Marouane Abdellatif Fellaini-Bakkioui (66/15) [66.Axel Laurent Angel Lambert Witsel (64/6)], Radja Nainggolan (16/4), Eden Michael Hazard (62/12), Kevin De Bruyne (37/11), Dries Mertens (42/8), Romelu Menama Lukaku Bolingoli (41/11) [65.Divock Okoth Origi (17/3)]. Trainer: Marc Robert Wilmots (41).
Goals: Dries Mertens (64), Kevin De Bruyne (78), Eden Michael Hazard (84).

735. 13.11.2015　**BELGIUM - ITALY**　　　　**3-1(1-1)**
Stade „Roi Baudouin", Bruxelles; Referee: Szymon Marciniak (Poland); Attendance: 40,000
BEL: Simon Luc Hildebert Mignolet (17/0), Jan Bert Lieve Vertonghen (76/6), Nicolas Robert Christian Lombaerts (38/3), Tobias Albertine Maurits Alderweireld (53/1), Luis Pedro Cavanda (2/0) [63.Jason Grégory Marianne Denayer (4/0)], Axel Laurent Angel Lambert Witsel (65/6), Radja Nainggolan (17/4), Eden Michael Hazard (63/12), Kevin De Bruyne (38/12), Yannick Ferreira Carrasco (4/0) [87.Kevin Antonio Joel Gislain Mirallas y Castillo (51/9)], Romelu Menama Lukaku Bolingoli (42/11) [63.Michy Batshuayi Tunga (2/2)]. Trainer: Marc Robert Wilmots (42).
Goals: Jan Bert Lieve Vertonghen (13), Kevin De Bruyne (74), Michy Batshuayi Tunga (82).

INTERNATIONAL PLAYERS

FG/Nr	Name	DOB	Caps	Goals	Period, Club
(73/121)	ADAMS Ferdinand	03.05.1903	23	9	1924-1930, RSC Anderlecht Bruxelles (23/9).
(189/256)	AERNAUDTS Léon	10.08.1918	20	0	1947-1950, Berchem Sport (20/0).
(467/482)	ALBERT Phillipe	10.08.1967	41	5	1987-1997, RSC Charleroi (5/0), KV Mechelen (14/2), RSC Anderlecht Bruxelles (14/3), Newcastle United (8/0).
(665/637)	ALDERWEIRELD Tobias Albertine Maurits	02.03.1989	53	1	2009-2015, AFC Ajax Amsterdam (26/0), Club Atlético de Madrid (13/1), Southampton FC (9/0), Tottenham Hotspur FC London (5/0).
(2/013)	ANDRIEU Emile	01.02.1881	18	0	1905-1913, Racing Club Bruxelles (18/0).
(190/257)	ANOUL Léopold "Pol"	19.08.1922	48	20	1947-1954, RFC Liègeois (48/20).
(200/264)	APPELTANTS Léopold	30.03.1922	1	0	1948, K St.Truiden VV (1/0).
(54/100)	AUGUSTUS Joseph	15.11.1898	5	0	1921-1925, FC Antwerpen (5/0).
(109/160)	BADJOU Arnold	25.06.1909	34	0	1930-1939, Daring Club Bruxelles (34/0).
(390/440)	BAECKE Marc	24.07.1956	15	0	1977-1984, SK Beveren (15/0).
(36/074)	BAES Dominique	03.02.1893	1	0	1913, CS Bruges (1/0).
(75/125)	BAES Louis	15.06.1899	1	0	1924, Cercle Bruges (1/0).
(39/078)	BAES Omer	15.01.1889	2	0	1913, CS Bruges (2/0).
(670/645)	BAILLY Logan	27.12.1985	8	0	2009-2010, Borussia VfL Mönchengladbach (8/0).
(710/669)	BAKKALI Zakaria	26.01.1996	2	0	2013-2015, PSV Eindhoven (1/0), Valencia CF (1/0).
(50/095)	BALYU Félix	05.08.1891	1	0	1920, FC Brugeois (1/0).
(291/361)	BARÉ Yves	28.10.1938	21	0	1961-1967, RFC Liègeois (21/0).
(565/561)	BASEGGIO Walter	19.08.1978	27	1	1999-2005, RSC Anderlecht Bruxelles (27/1).
(350/398)	BASTIJNS Alfons	28.01.1947	3	0	1970-1977, FC Brugeois (3/0).
(51/097)	BASTIN Désiré „Dis"	04.03.1900	35	7	1920-1932, FC Antwerpen (35/7).
(727/676)	BATSHUAYI TUNGA Michy	02.10.1993	2	2	2015, Olympique de Marseille (2/2).
(21/055)	BAUWENS Charles		5	0	1910-1912, Daring Club Bruxelles (5/0).
(37/076)	BECQUEVORT Adolphe	09.05.1891	2	0	1913, Racing Club Bruxelles (2/0).
(385/431)	BEHEYDT Dirk	17.10.1951	1	0	1977, KSV Cercle Bruges (1/0).
(221/288)	BENSCH Michel	23.01.1925	3	0	1952, Beringen FC (3/0).
(675/652)	BENTEKE LIOLO Christian	03.12.1990	25	7	2010-2015, KV Kortrijk (1/0), R Standard Liège (1/0), KV Mechelen (1/0), KRC Genk (2/1), Aston Villa FC Birmingham (19/6), Liverpool FC (1/0).
(279/352)	BERTELS Edward	08.10.1932	2	0	1960, FC Antwerpen (2/0).
(199/263)	BERTRAND Alfred	06.12.1919	1	0	1948, Olympic Club Charleroi (1/0).
(36/075)	BESSEMS Louis	25.09.1892	13	1	1913-1923, Daring Club Bruxelles (13/1).
(528/521)	BETTAGNO Alain	09.11.1968	2	0	1994-1995, R Standard Liège (2/0).
(329/384)	BETTENS Prudent	04.07.1943	3	0	1967-1968, KSV Waregem (3/0).
(337/393)	BEURLET Jacques	21.12.1944	3	0	1968-1969, R Standard Liège (3/0).
(470/483)	BEYENS Luc	27.03.1959	2	0	1987, Club Brugge KV (2/0).
(309/369)	BEYERS Karel	12.03.1943	1	0	1964, FC Antwerpen (1/0).
(87/142)	BIERNA Henri	02.09.1905	9	2	1927-1928, Union Sportive Liège (9/2).
(618/594)	BISCONTI Roberto	21.07.1973	13	0	2004-2005, R Standard Liège (7/0), OGC Nice (6/0).
(231/298)	BLAISE Fernand	07.02.1925	1	0	1953, R Standard Liège (1/0).
(606/581)	BLONDEL Jonathan	03.04.1984	4	0	2002-2010, Tottenham Hotspur FC London (1/0), Club Brugge KV (3/0).
(453/477)	BODART Gilbert	02.09.1962	12	0	1986-1994, R Standard Liège (12/0).
(81/132)	BOESMAN Gustave	19.01.1899	20	0	1926-1929, AA La Gantoise (20/0).
(483/498)	BOFFIN Danny	10.07.1965	53	1	1989-2002, RFC Liègeois (3/0), RSC Anderlecht Bruxelles (25/0), FC Metz (15/1), K St.-Truidense VV (10/0).
(328/382)	BOHEZ Florent	19.01.1941	3	0	1967, FC Antwerpen (3/0).
(233/299)	BOLLEN Mathieu	31.12.1928	4	2	1953-1959, Thor Waterschei SV (4/2).
(87/141)	BONHIVERS Georges	02.03.1900	1	0	1927, Tilleur FC (1/0).
(217/279)	BOOGAERTS Ferdinand	25.02.1921	6	0	1951-1952, R Standard Liège (6/0).
(329/383)	BOONE Fernand	01.08.1934	8	0	1967-1968, FC Brugeois (8/0).
(483/500)	BORKELMANS Vital	01.06.1963	22	0	1989-1998, Club Brugge KV (22/0).
(25/059)	BOSSAERT Oscar	05.11.1887	12	0	1911-1913, Daring Club Bruxelles (12/0).
(714/671)	BOSSUT Sammy Andre	11.08.1985	1	0	2014, SV Zulte Waregem (1/0).
(142/195)	BOURGEOIS Désiré	13.12.1908	2	0	1934, KV Mechelen (2/0).
(27/063)	BOUTTIAU Jean	03.09.1889	6	1	1911-1912, R Standard Liège (6/1).
(20/052)	BOUTTIAU Paul	10.09.1887	4	0	1910-1912, R Standard Liège (4/0).
(680/657)	BOYATA Anga Dedryck	28.11.1990	1	0	2010, Manchester City FC (1/0).
(17/050)	BRAECKMAN Prosper	25.09.1888	8	0	1909-1913, Daring Club Bruxelles (8/0).
(124/175)	BRAET Robert	11.02.1912	14	0	1931-1938, Cercle Bruges (14/0).
(46/083)	BRAGARD Mathieu	10.03.1895	7	5	1914-1921, Club Sportif Verviértois (7/5).
(58/107)	BRAINE Pierre	26.10.1900	46	4	1922-1930, Beerschot AC (46/4).
(76/128)	BRAINE Raymond	28.04.1907	54	26	1925-1939, Beerschot AC (30/18), Sparta Praha (3/1), Beerschot AC (21/7).
(2/017)	BRANDSTEERDT Prosper		1	0	1905, Daring Club Bruxelles (1/0).
(32/071)	BRÉBART Sylvain	18.08.1886	12	8	1912-1914, Daring Club Bruxelles (12/8).
(44/082)	BRICHANT Fernand	01.02.1895	2	0	1914, Racing Club Bruxelles (2/0).
(128/179)	BRICHAUT Jean	29.07.1911	12	3	1932-1936, R Standard Liège (12/3).
(562/555)	BROCKEN David	18.02.1971	2	0	1999, K Lierse SK (1/0), RSC Anderlecht Bruxelles (1/0).
(496/503)	BROECKAERT Geert	15.11.1960	1	0	1990, KSV Cercle Bruges (1/0).
(483/497)	BROECKAERT Nicolas	23.11.1960	2	0	1989, FC Antwerpen (2/0).
(561/554)	BROGNO Antonio "Tony"	19.07.1973	7	0	1998-2000, KVC Westerlo (7/0).
(370/412)	BROOS Hugo	10.04.1952	24	0	1974-1986, RSC Anderlecht Bruxelles (18/0), Club Brugge KV (6/0).
(608/584)	BUFFEL Thomas Honoré Albertine	19.02.1981	35	6	2002-2013, SC Feyenoord Rotterdam (18/4), Glasgow Rangers FC (11/2), KSV Cercle Bruges (1/0), KRC Genk (5/0).
(159/216)	BUYLE Fernand	03.03.1918	16	1	1937-1945, Daring Club Bruxelles (16/1).

ID	Name	Date of birth	Caps	Goals	Career
(377/418)	CAERS Xavier	05.02.1950	1	0	1975, FC Antwerpen (1/0).
(636/612)	CALUWÉ Tom	11.04.1978	1	1	2006, FC Utrecht (1/1).
(10/032)	CAMBIER Arthur	1879	1	0	1907, FC Brugeois (1/0).
(1/005)	CAMBIER Charles	05.01.1884	23	3	1904-1914, FC Brugeois (23/3).
(120/170)	CAPELLE Jean	26.10.1913	34	19	1931-1939, R Standard Liège (34/19).
(673/647)	CARCELA-GONZALEZ Mehdi	01.07.1989	2	0	2009-2010, R Standard Liège (2/0).
(58/106)	CAREMANS Fernand	06.07.1893	1	0	1922, FC Antwerpen (1/0).
(199/262)	CARRÉ Louis	07.01.1925	56	0	1948-1958, RFC Liègeois (56/0).
(350/400)	CARTEUS Pierre	24.09.1943	2	0	1970, FC Brugeois (2/0).
(73/117)	CAUDRON Jean	15.11.1895	19	0	1924-1928, RSC Anderlecht Bruxelles (19/0).
(733/681)	CAVANDA Luis Pedro	02.01.1991	2	0	2015, Trabzonspor AŞ (2/0).
(567/565)	CAVENS Jurgen	19.08.1978	5	1	1999-2000, K Lierse SK (5/1).
(158/215)	CEULEERS Arthur	28.02.1916	4	2	1937-1938, Beerschot AC (4/2).
(386/434)	CEULEMANS Jan	28.02.1957	96	23	1977-1991, K Lierse SK (3/0), Club Brugge KV (93/23).
(682/659)	CHADLI Nacer	02.09.1989	31	4	2011-2015, FC Twente Enschede (14/2), Tottenham Hotspur FC London (17/2).
(31/069)	CHAPEY Robert (ROBERTY Fred)		1	0	1912, Daring Club Bruxelles (1/0).
(618/595)	CHATELLE Thomas	31.03.1981	3	0	2004-2007, KRC Genk (3/0).
(185/250)	CHAVÈS D'AGUILAR Frédéric	08.10.1918	20	8	1946-1951, AA La Gantoise (20/8).
(148/203)	CHRISTIAENS Frans	02.01.1914	5	0	1935-1936, K Lierse SK (5/0).
(475/493)	CHRISTIAENS Hans	12.01.1964	2	0	1988, KSV Waregem (2/0).
(675/651)	CIMAN Laurent Franco	05.08.1985	9	0	2010-2014, KV Krotrijk (1/0), R Standard Liège (8/0).
(76/127)	CLAES (I) Jean	10.07.1902	1	0	1925, Berchem Sport (1/0).
(277/347)	CLAES (II) Jean	08.07.1934	1	0	1959, Union St.Gilloise (1/0).
(435/464)	CLAESEN Nicolaas Pieter „Nico"	01.10.1962	36	12	1983-1990, FC Sèraing (8/0), VfB Stuttgart (3/1), R Standard Liège (11/5), Tottenham Hotspur (9/2), FC Antwerpen (5/0).
(290/360)	CLAESSEN Roger	27.09.1941	17	7	1961-1968, R Standard Liège (17/7).
(548/545)	CLAESSENS Gert	21.02.1972	4	1	1997-1998, Club Brugge KV (4/1).
(127/177)	CLAESSENS Jean	18.06.1908	21	0	1932-1936, Union St.Gilloise (21/0).
(539/533)	CLAEYS Geoffrey	05.10.1974	3	1	1996-1997, KSV Cercle Brügge (1/1), SC Feyenoord Rotterdam (2/0).
(552/550)	CLÉMENT Philippe	22.03.1974	38	1	1998-2007, KRC Genk (7/0), FC Coventry City (2/0), Club Brugge KV (29/1).
(431/461)	CLIJSTERS Léo Albert	06.11.1956	40	3	1983-1991, Thor Waterschei SV Genk (15/0), KV Mechelen (25/3).
(259/324)	CLOSE Léon	20.08.1931	2	0	1957-1958, Union St.Gilloise (2/0).
(390/437)	CLUYTENS Albert	16.11.1955	12	1	1977-1981, SK Beveren (11/1), RSC Anderlecht Bruxelles (1/0).
(75/126)	CNUDDE Julien	22.05.1897	1	0	1924, Union St.Gilloise (1/0).
(374/417)	COECK Ludo	25.09.1955	46	4	1974-1984, RSC Anderlecht Bruxelles (40/4), Internazionale Milano (6/0).
(95/146)	COENEGRACHT Joseph	15.01.1903	1	0	1928, Racing Club Malines (1/0).
(636/610)	COLLEN Pieter	20.06.1980	2	0	2006, Feyenoord SC Rotterdam (2/0).
(265/332)	COLLETTE Theo	06.11.1927	2	0	1957, RCS Verviétois (2/0).
(674/648)	COLPAERT Steve	13.09.1986	1	0	2010, SV Zulte-Waregem (1/0).
(373/416)	COOLS Julien	13.02.1947	35	2	1974-1980, Club Brugge KV (24/1), Beerschot VAV (11/1).
(81/131)	COOTMANS Joseph	17.09.1904	1	0	1926, Berchem Sport (1/0).
(47/085)	COPPÉE Robert	22.04.1895	15	9	1919-1924, Union St.Gilloise (15/9).
(182/243)	COPPENS Henri	30.10.1918	19	4	1945-1949, KV Mechelen (19/4).
(207/272)	COPPENS Rik (Henrik)	29.04.1930	47	21	1949-1959, Beerschot VAV (47/21).
(390/438)	CORDIEZ Hubert	05.12.1954	1	0	1977, RWD Molenbeek (1/0).
(301/365)	CORNELIS Jean	02.08.1941	19	1	1962-1968, RSC Anderlecht Bruxelles (19/1).
(383/429)	COURANT Paul	10.11.1949	6	1	1976-1978, Club Brugge KV (6/1).
(692/665)	COURTOIS Thibaut Nicolas Marc	11.05.1992	33	0	2011-2015, Club Atlético de Madrid (22), Chelsea FC London (11/0).
(501/505)	CRASSON Bertrand	05.10.1971	26	1	1991-2001, RSC Anderlecht Bruxelles (8/0), SSC Napoli (11/1), RSC Anderlecht Bruxelles (7/0).
(471/487)	CRÉVE Peter	17.08.1961	3	1	1987-1988, Club Brugge KV (3/1).
(291/362)	CROTE Claude	14.04.1938	1	0	1961, RFC Liègeois (1/0).
(261/329)	CULOT Jacques	25.08.1933	2	0	1957, RSC Anderlecht Bruxelles (2/0).
(399/447)	CUSTERS Theo	10.08.1950	10	0	1979-1982, FC Antwerpen (8/0), Espanyol Barcelona (2/0).
(417/452)	CZERNIATYNSKI Alexander	28.07.1960	31	6	1981-1994, FC Antwerpen (10/4), RSC Anderlecht Bruxelles (9/1), R Standard Liège (2/0), FC Antwerpen (5/1), KV Mechelen (5/0).
(636/614)	D'HAEMERS Nathan	26.01.1978	1	0	2006, SV Zulte-Waregem (1/0).
(619/597)	DAEMS Filip	31.10.1978	7	0	2004-2009, Gençlerbirliği SK Ankara (1/0), Borussia VfL Mönchengladbach (6/0).
(183/245)	DAENEN François	25.08.1919	17	0	1945-1953, Tilleur FC (17/0).
(422/456)	DAERDEN Joseph	26.11.1954	5	0	1982-1984, R Standard Liège (5/0).
(606/582)	DAERDEN Koen	08.03.1982	10	3	2002-2007, KRC Genk (8/3), Club Brugge KV (2/0).
(146/199)	DALEM Pierre	16.03.1912	23	0	1935-1939, R Standard Liège (23/0).
(382/425)	DALVING Robert	28.07.1950	1	0	1976, KSC Lokeren (1/0).
(390/439)	DARDENNE Guy	19.10.1954	11	0	1977-1980, AA La Louviére (6/0), SC Lokeren (5/0).
(498/504)	DAUWEN Frank	03.11.1967	5	0	1991-1992, KAA Gent (5/0).
(50/093)	DE BIE Jean	09.05.1892	37	0	1920-1930, Racing Club Bruxelles (37/0).
(527/520)	DE BILDE Gilles	09.06.1971	25	2	1994-2000, SC Eendracht Aalst (6/0), RSC Anderlecht Bruxelles (6/1), PSV Eindhoven (5/0), Sheffield Wednesday (8/1).
(515/515)	DE BOECK Glen	22.08.1971	36	1	1993-2002, KV Mechelen (1/0), RSC Anderlecht Bruxelles (35/1).
(552/549)	DE BRUL Tjörven	22.06.1973	10	0	1998-1999, Club Brugge KV (10/0).
(676/653)	DE BRUYNE Kevin	28.06.1991	38	12	2010-2015, KRC Genk (2/0), SV Werder Bremen (11/3), Chelsea FC London (6/1), VfL Wolfsburg (14/4), Manchester City FC (5/4).
(186/251)	DE BUCK Alfons	01.02.1920	8	0	1946-1948, Eendracht Aalst (8/0).

(662/636)	DE CAMARGO Igor Alberto Rinck	12.05.1983	9	0	2009-2012, R Standard Liège (4/0), Borussia VfL Mönchengladbach (5/0).
(109/161)	DE CLERCQ Jean	17.05.1915	11	0	1930-1933, FC Antwerpen (11/0).
(184/249)	DE CLEYN Albert	28.06.1917	12	9	1946-1948, KV Mechelen (12/9).
(608/583)	DE COCK Olivier	09.11.1975	11	0	2002-2005, Club Brugge KV (11/0).
(238/303)	DE CORTE Marcel	25.11.1929	3	0	1954, RSC Anderlecht Bruxelles (3/0).
(256/318)	DE COSTER Firmin	25.06.1930	1	0	1956, AA Gent (1/0).
(636/613)	DE DECKER Wim	06.04.1982	1	0	2006, KFC Germinal Beerschot Antwerpen (1/0).
(154/212)	DE DEKEN Albert	07.09.1915	1	0	1936, FC Antwerpen (1/0).
(153/209)	DE DEKEN Frans	11.09.1912	1	0	1936, FC Antwerpen (1/0).
(116/162)	DE DEKEN Henri	03.08.1907	11	0	1930-1933, FC Antwerpen (11/0).
(438/467)	DE GREEF Walter	13.11.1957	5	0	1984, RSC Anderlecht Bruxelles (5/0).
(54/099)	DE GROOF Léopold	02.02.1896	2	0	1921, FC Antwerpen (2/0).
(431/460)	DE GROOTE Michel	18.10.1955	4	0	1983-1984, RSC Anderlecht Bruxelles (4/0).
(201/267)	DE HERT Albert	18.11.1921	10	3	1949-1950, Berchem Sport (10/3).
(665/640)	DE LAET Ritchie Ria Alfons	28.11.1988	2	0	2009, Manchester United FC (1/0).
(645/621)	DE MAN Mark	27.04.1983	4	0	2007-2008, RSC Anderlecht Bruxelles (3/0), Roda JC Kerkrade (1/0).
(471/485)	DE MESMAECKER Paul	08.09.1963	1	0	1987, KV Mechelen (1/0).
(35/073)	DE MEYER Clement	01.09.1889	3	0	1912-1913, Daring Club Bruxelles (3/0).
(646/624)	DE MUL Tom	04.03.1986	2	0	2007, AFC Ajax Amsterdam (2/0).
(176/226)	DE MULDER Georges	12.05.1909	1	0	1939, White Star AC (1/0).
(508/512)	DE NIL Alain	17.08.1966	1	0	1992, KSV Cercle Brugge (1/0).
(352/401)	DE NUL André	14.07.1946	3	2	1971, K Lierse SK (3/2).
(173/223)	DE RAEDT Albert	22.07.1918	4	0	1939-1940, AA La Gantoise (4/0).
(543/538)	DE ROOVER Albert „Bart"	21.08.1967	5	0	1997, K Lierse SK (3/0), no club (1/0), NAC Breda (1/0).
(672/646)	DE ROOVER Sepp	12.11.1984	2	0	2009, FC Groningen (2/0).
(369/411)	DE SANGHERE Gérard	16.11.1947	1	0	1973, RWD Molenbeek (1/0).
(480/495)	DE SART Jean-François	18.12.1961	3	0	1989, RFC Liègeois (3/0).
(422/455)	DE SCHRIJVER Maurits	26.06.1951	4	0	1982, KSC Lokeren (4/0).
(451/475)	DE SMET Phillipe	29.11.1958	14	1	1985-1987, KSV Waregem (6/1), Olympique SC Lille (8/0).
(654/629)	DE SMET Stijn	27.03.1985	1	0	2008, KSV Cercle Bruges (1/0).
(74/124)	DE SPAE Georges	30.09.1900	5	2	1924-1928, AA La Gantoise (5/2).
(656/632)	DE SUTTER Tom	03.07.1985	14	0	2008-2009, KSV Cercle Bruges (5/0), RSC Anderlecht Bruxelles (9/0).
(5/027)	DE VEEN Robert	27.03.1886	23	26	1906-1913, FC Brugeois (23/26).
(563/558)	DE VLIEGER Geert	16.10.1971	43	0	1999-2006, KRC Harelbeke (3/0), RSC Anderlecht Bruxelles (2/0), Willem II Tillburg (37/0), Manchester City FC (1/0).
(270/339)	DE VOGELAERE Charles	16.11.1933	1	0	1958, RSC Anderlecht Bruxelles (1/0).
(145/197)	DE VRIES François	21.08.1913	7	1	1934-1938, FC Antwerpen (7/1).
(444/473)	DE VRIESE Dirk	03.12.1958	1	0	1984, KSC Lokeren (1/0).
(181/237)	DE WAEL François	10.11.1922	1	1	1944, RSC Anderlecht Bruxelles (1/1).
(254/316)	DE WAEL Gaston	31.12.1934	2	0	1956-1957, RSC Anderlecht Bruxelles (2/0).
(483/499)	DE WILDE Filip	05.07.1964	33	0	1989-2000, RSC Anderlecht Bruxelles (7/0), Sporting Lisboa (12/0), RSC Anderlecht Bruxelles (14/0).
(150/206)	DE WINTER Alfons	17.09.1908	19	0	1935-1938, Beerschot AC (19/0).
(411/451)	DE WOLF Michel	19.01.1958	42	1	1980-1994, RWD Molenbeek (3/0), KAA Gent (16/0), KV Kortrijk (12/1), RSC Anderlecht Bruxelles (10/0), Olympique Marseille (1/0).
(41/079)	DECOSTER Maurice	20.04.1890	5	0	1913-1914, Racing Club Bruxelles (5/0).
(3/021)	DEDECKER Henri	06.01.1935	2	0	1905, Racing Club Bruxelles (2/0).
(542/536)	DEFLANDRE Eric	02.08.1973	57	0	1996-2005, Club Brugge KV (24/0), Olympique Lyonnais (28/0), R Standard Liège (5/0).
(636/611)	DEFOUR Steven Arnold	15.04.1988	48	2	2006-2014, KRC Genk (2/0), R Standard Liège (28/1), FC do Porto (15/1), RSC Anderlecht Bruxelles (3/0).
(248/310)	DEGELAS François	10.07.1928	4	0	1955-1957, RSC Anderlecht Bruxelles (4/0).
(443/471)	DEGRYSE Marc	04.09.1965	63	23	1984-1996, Club Brugge KV (15/5), RSC Anderlecht Bruxelles (42/17), Sheffield Wednesday (3/0), PSV Eindhoven (3/1).
(471/486)	DEKENNE Frank	07.07.1960	3	0	1987-1988, KSV Waregem (3/0).
(116/163)	DELBEKE Gérard	01.08.1898	1	0	1930, FC Brugeois (1/0).
(562/557)	DELBROEK Wilfried	25.08.1972	5	0	1999, KRC Genk (5/0).
(382/428)	DELESIE Hervé	09.01.1951	1	0	1976, KSV Waregem (1/0).
(287/357)	DELHASSE Guy	19.02.1933	7	0	1961-1965, RFC Liègeois (7/0).
(264/331)	DELIRE Michel	06.08.1933	5	1	1957-1960, Olympic Club Charleroi (5/1).
(637/616)	DEMBÉLÉ Moussa Sidi Yaya	16.07.1987	62	5	2006-2015, Willem II Tillburg (2/0), AZ'67 Alkmaar (26/5), Fulham FC London (12/0), Tottenham Hotspur FC London (22/0).
(73/118)	DEMOL François	19.08.1895	19	0	1924-1927, Union St.Gilloise (19/0).
(453/478)	DEMOL Stéphane	11.03.1966	38	1	1986-1991, RSC Anderlecht Bruxelles (16/1), FC Bologna (6/0), FC Porto (11/0), FC Toulouse (2/0), R Standard Liège (3/0).
(73/120)	DEMUNTER Charles	12.01.1897	1	0	1924, RSC Anderlecht Bruxelles (1/0).
(728/677)	DENAYER Jason Grégory Marianne	28.06.1995	4	0	2015, Celtic Glasgow FC (3/0), Galatasaray SK İstanbul (1/0).
(729/678)	DENDONCKER Leander	15.04.1995	1	0	2015, RSC Anderlecht Bruxelles (1/0).
(345/397)	DEPIREUX Henri	01.02.1944	2	0	1969-1971, R Standard Liège (2/0).
(733/680)	DEPOITRE Laurent	07.12.1988	1	1	2015, KAA Gent (1/1).
(612/591)	DESCHACHT Olivier	16.02.1981	20	0	2003-2010, RSC Anderlecht Bruxelles (20/0).
(133/186)	DESMEDT Joseph	14.10.1914	4	2	1933, Royal Uccle Sport (4/2).
(1/010)	DESTREBECQ Pierre	18.06.1881	7	5	1904-1906, Union St.Gilloise (7/5).
(302/366)	DEURWAERDER Robert	19.09.1941	1	0	1963, FC Brugeois (1/0).
(83/138)	DEVOS Gérard	13.08.1903	9	1	1926-1928, Cercle Bruges (9/1).
(183/246)	DEVOS René	26.07.1921	6	0	1945-1946, Beerschot VAV (6/0).
(311/371)	DEVRINDT Johan	14.04.1945	23	15	1964-1975, RSC Anderlecht Bruxelles (16/13), PSV Eindhoven (3/2), FC Brugeois (2/0), KSC Lokeren (2/0).
(332/387)	DEWALQUE Nicolas	20.09.1945	33	0	1967-1975, R Standard Liège (33/0).

(586/574)	DHEEDENE Didier	22.01.1972	12	0	2001-2004, RSC Anderlecht Bruxelles (2/0), TSV 1860 München (1/0), FK Austria Wien (9/0).
(82/135)	DIDDENS Jan	14.09.1906	23	2	1926-1930, Racing Club Malines (23/2).
(221/285)	DIRICKX Henri	07.07.1927	29	1	1952-1960, Union St.Gilloise (29/1).
(84/139)	DITZLER Georges	15.11.1897	3	0	1926, R Standard Liège (3/0).
(333/389)	DOCKX Jean-Baptiste	24.05.1941	35	3	1967-1975, RWD Molenbeek (16/1), RSC Anderlecht Bruxelles (19/2).
(54/103)	DOGAER Frans	06.07.1897	3	0	1921-1922, Racing Club Malines (3/0).
(545/542)	DOLL Olivier	09.06.1973	5	0	1997-2005, RSC Anderlecht Bruxelles (1/0), KSC Lokeren Oost-Vlaanderen (4/0).
(356/402)	DOLMANS Leonardus „Léo"	06.04.1945	10	2	1971-1973, R Standard Liège (10/2).
(252/314)	DRESEN Alfons	24.07.1931	4	0	1955-1956, K Lierse SK (4/0).
(74/122)	DRIES Léopold	27.09.1901	3	0	1924-1925, Berchem Sport (3/0).
(229/296)	DRIES Marcel	19.09.1929	31	0	1953-1959, Berchem Sport (31/0).
(619/599)	DUFER Grégory	10.12.1981	4	1	2004, RSC Charleroi (2/1), SM Caen (2/0).
(179/231)	EECKEMAN Gustaaf	28.11.1918	2	0	1940, Cercle Sportif Brugeois (2/0).
(682/661)	EL GHANASSY Yassine	12.07.1990	2	0	2011, KAA Gent (2/0).
(62/111)	ELST Cornelius	25.01.1901	5	0	1922-1928, Beerschot AC (5/0).
(472/489)	EMMERECHTS Geert	05.05.1968	1	0	1988, RWD Molenbeek (1/0).
(472/488)	EMMERS Marc	25.02.1966	37	2	1988-1994, KV Mechelen (28/2), RSC Anderlecht Bruxelles (9/0).
(586/575)	ENGLEBERT Gaëtan	11.06.1976	9	0	2001-2006, Club Brugge KV (9/0).
(566/564)	ERNST Didier	15.09.1971	1	0	1999, R Standard Liège (1/0).
(195/259)	ERROELEN Victor	23.12.1916	4	0	1948, RSC Anderlecht Bruxelles (4/0).
(644/619)	FELLAINI-BAKKIOUI Marouane Abdellatif	22.11.1987	66	15	2007-2015, R Standard Liège (10/1), Everton FC Liverpool (33/6), Manchester United FC (23/8).
(727/675)	FERREIRA CARRASCO Yannick	04.09.1993	4	0	2015, AS Monaco FC (3/0), Club Atlético de Madrid (1/0).
(9/030)	FEYE Marcel	1883	5	0	1907-1910, Léopold Club Bruxelles (5/0).
(5/026)	FEYE René	1881	5	4	1906-1907, Léopold Club Bruxelles (5/4).
(50/094)	FIERENS André	08.02.1898	24	0	1920-1925, Beerschot AC (24/0).
(49/092)	FIERENS August	14.07.1892	1	0	1920, Beerschot AC (1/0).
(155/213)	FIÈVEZ Jean	30.11.1910	9	4	1936-1939, CS La Forestoise (3/1), White Star AC (6/3).
(533/526)	FOGUENNE Ronald	18.08.1970	2	0	1995, R Standard Liège (2/0).
(10/031)	FOURNEAUX Carl		1	0	1907, Léopold Club Bruxelles (1/0).
(156/214)	FRANCKX Antoon	03.01.1909	2	0	1936, Turn- en Sportvereeniging Lyra (2/0).
(1/002)	FRILING Albert	02.1879	2	0	1904-1909, Beerschot AC (2/0).
(399/446)	GAROT Philippe	30.11.1948	2	0	1979, R Standard Liège (2/0).
(561/551)	GASPERCIC Ronald	09.05.1969	8	0	1998-2001, CF Extremadura (8/0).
(243/306)	GEERTS Charles	29.10.1930	1	0	1954, Beerschot AC (1/0).
(505/509)	GENAUX Régis	31.08.1973	22	0	1992-2000, R Standard Liège (14/0), AC Udinese (8/0).
(630/605)	GERAERTS Karel	05.01.1982	20	4	2005-2009, R Standard Liège (12/2), Club Brugge KV (8/2).
(181/233)	GERARD Robert	23.12.1920	2	0	1944-1945, Cercle Sportif Schaerbeek (2/0).
(379/419)	GERETS Eric	18.05.1954	86	2	1975-1991, R Standard Liège (47/1), AC Milan (3/0), PSV Eindhoven (36/1).
(234/300)	GERNAEY Leopold	25.02.1927	17	0	1953-1957, AS Oostende KM (17/0).
(391/441)	GEURTS Wilhelm	30.01.1954	6	1	1978-1982, FC Antwerpen (4/1), RSC Anderlecht Bruxelles (2/0).
(276/346)	GEYBELS Félix	23.11.1935	1	0	1959, Beringen FC (1/0).
(202/268)	GILLARD René	11.11.1920	6	0	1949, R Standard Liège (6/0).
(182/244)	GILLAUX Léon	23.12.1919	2	1	1945, Olympic Charleroi (2/1).
(650/627)	GILLET Guillaume	09.03.1984	21	1	2007-2014, KAA Gent (3/0), RSC Anderlecht Bruxelles (17/1), SC Bastia (1/0).
(668/643)	GILLET Jean-François	31.05.1979	9	0	2009-2013, AS Bari (6/0), Bologna FC 1909 (2/0), Torino FC (1/0).
(61/109)	GILLIS Maurice	06.11.1897	23	8	1922-1928, R Standard Liège (23/8).
(217/280)	GIVARD Joseph	27.09.1923	8	1	1951-1957, AS Herstalienne (3/1), R Standard Liège (5/0).
(5/028)	GOETINCK Hector	05.03.1886	17	2	1906-1923, FC Brugeois (17/2).
(165/217)	GOMMERS Frans	05.04.1917	2	0	1938-1939, Beerschot AC (2/0).
(562/556)	GOOR Bart	09.04.1973	78	13	1999-2008, RSC Anderlecht Bruxelles (27/5), Hertha BSC Berlin (29/8), Feyenoord SC Rotterdam (3/0), RSC Anderlecht Bruxelles (19/0).
(15/044)	GOOSSENS Fernand	21.11.1888	7	2	1908-1910, Racing Club Bruxelles (7/2).
(512/514)	GOOSSENS Michaël	30.11.1973	14	1	1992-2000, R Standard Liège (7/1), Schalke 04 Gelsenkirchen (4/0), R Standard Liège (3/0).
(197/261)	GOVARD Henri	02.02.1922	6	4	1948-1949, RFC Liègeois (6/4).
(273/343)	GOYVAERTS Fernand	24.10.1938	8	1	1959-1961, FC Brugeois (8/1).
(650/628)	GRÉGOIRE Christophe	20.04.1980	2	0	2007, KAA Gent (2/0).
(70/115)	GRIMMONPREZ Laurent	14.12.1902	10	1	1924-1934, Racing Club Gent (10/1).
(2/015)	GRUMEAU Paul	28.06.1881	1	0	1905, Union St.Gilloise (1/0).
(440/470)	GRÜN Georges	25.01.1962	77	6	1984-1995, RSC Anderlecht Bruxelles (49/3), AC Parma (23/1), RSC Anderlecht Bruxelles (5/2).
(331/385)	HAAGDOREN Alfons	01.06.1943	1	0	1967, RWD Molenbeek (1/0).
(546/544)	HAAGDOREN Filip	25.06.1970	1	0	1997, K Lierse SK (1/0).
(383/430)	HALEYDT Rudi	15.02.1951	1	0	1976, KSV Waregem (1/0).
(270/340)	HANON Pierre	29.12.1936	48	3	1958, RSC Anderlecht Bruxelles (48/3).
(48/091)	HANSE Emile	10.08.1892	11	0	1920-1926, Union St.Gilloise (11/0).
(647/625)	HAROUN Faris	22.09.1985	6	0	2007-2009, KRC Genk (4/0), KFC Germinal Beerschot Antwerpen (2/0).
(661/633)	HAZARD Eden Michael	07.01.1991	63	12	2008-2015, Lille OSC (28/2), Chelsea FC London (35/10).
(705/668)	HAZARD Thorgan Ganael Francis	29.03.1993	1	0	2013, SV Zulte Waregem (1/0).
(13/039)	HEBDIN Georges	19.04.1889	12	0	1908-1920, Union St.Gilloise (12/0).
(103/155)	HELLEMANS August	21.06.1907	28	0	1928-1934, KV Mechelen (28/0).

(123/174)	HELLEMANS Augustinus Carolus	04.09.1907	2	2	1931, Belgica FC Edegem (2/2).
(73/119)	HENDERICKX Albert		1	0	1924, Beerschot AC (1/0).
(568/567)	HENDRIKX Mark	02.07.1974	15	0	1999-2001, KRC Genk (14/0), RSC Anderlecht Bruxelles (1/0).
(179/228)	HENRIET Jules	13.02.1918	15	0	1940-1949, Olympic Charleroi (15/0).
(371/415)	HENROTAY Roger	28.05.1949	4	1	1974, R Standard Liège (4/1).
(154/211)	HENRY Paul	06.09.1912	9	0	1936-1940, Daring Club Bruxelles (9/0).
(120/169)	HEREMANS Albert	13.04.1906	8	0	1931-1934, Daring Club Bruxelles (8/0).
(572/571)	HERPOEL Frédéric	16.08.1974	7	0	1999-2004, KAA Gent (7/0).
(287/358)	HEYLENS Georges	08.08.1941	67	0	1961-1973, RSC Anderlecht Bruxelles (67/0).
(367/406)	HEYLIGEN Joseph	30.06.1947	2	0	1973-1980, Beerschot VAV (1/0), Thor Waterschei SV Genk (1/0).
(95/147)	HEYSE Robert	10.05.1908	1	0	1928, Racing Club Gent (1/0).
(570/568)	HOEFKENS Carl	06.10.1978	22	1	1999-2008, K Lierse SK (4/0), Stoke City FC (14/1), West Bromwich Albion FC (4/0).
(507/511)	HOFMANS Gunther	03.01.1967	1	0	1992, KFC Germinal Ekeren (1/0).
(194/258)	HOMBLE Joseph	26.09.1915	1	0	1947, Olympic Charleroi (1/0).
(428/459)	HOSTE Ivan	08.12.1952	1	0	1982, SK Tongeren (1/0).
(482/496)	HOUBEN Jean-Marie	24.11.1966	2	0	1989, RFC Liègeois (2/0).
(70/116)	HOUET Victor	02.09.1900	4	1	1924-1925, Tilleur FC (4/1).
(241/304)	HOUF Denis	16.02.1932	26	5	1954-1961, R Standard Liège (26/5).
(96/150)	HOYDONCKX Nikolaas	29.12.1900	36	0	1928-1933, Berchem Sport (8/0), Excelsior FC Hasselt (27/0), Tilleur FC (1/0).
(686/663)	HUBERT David	12.02.1988	2	0	2011, KRC Genk (2/0).
(15/042)	HUBIN Gaston	11.07.1886	21	1	1908-1914, Excelsior Sport´s Club (4/0), *no club* (5/1), Racing Club Bruxelles (12/0).
(3/019)	HUSTIN Robert	13.10.1886	10	0	1905-1909, Racing Club Bruxelles (10/0).
(624/602)	HUYSEGEMS Stein	16.06.1982	15	0	2004-2009, AZ'67 Alkmaar (6/0), Feyenoord SC Rotterdam (2/0), FC Twente Enschede (5/0), RSC Anderlecht Bruxelles (2/0).
(229/297)	HUYSMANS Constant	11.12.1928	22	0	1953-1959, Beerschot VAV (22/0).
(536/528)	HUYSMANS Dirk	03.09.1973	1	0	1995, K Lierse SK (1/0).
(146/201)	ISEMBORGHS Hendrik	30.01.1914	16	8	1935-1939, Beerschot AC (16/8).
(397/444)	JACOBS Charles	21.07.1948	1	0	1979, SC Charleroi (1/0).
(250/313)	JACQUEMIJNS Sébastien	25.06.1929	2	2	1955, Union St.Gilloise (2/2).
(248/312)	JADOT Jean	02.04.1928	5	2	1955-1960, R Standard Liège (5/2).
(151/207)	JAMERS Jean	12.03.1970	2	0	1935-1936, RFC Montegnée (2/0).
(464/480)	JANSSEN Pierre	09.09.1956	3	1	1986-1987, RSC Anderlecht Bruxelles (3/1).
(227/295)	JANSSENS Augustin	24.09.1930	9	1	1952-1956, Union St.Gilloise (9/1).
(561/552)	JANSSENS Christiaan	12.06.1969	7	0	1998-1999, KSC Lokeren (7/0).
(362/405)	JANSSENS Frans	25.09.1945	2	1	1972-1973, K Lierse SK (2/1).
(345/396)	JANSSENS Jean	28.09.1944	7	1	1969-1979, SK Beveren (7/1).
(714/672)	JANUZAJ Adnan	05.02.1995	6	0	2014, Manchester United FC (6/0).
(443/472)	JASPERS Eddy	15.04.1956	3	0	1984, SK Beveren (3/0).
(542/537)	JBARI Nordin	05.02.1975	2	0	1996-1997, KAA Gent (2/0).
(336/391)	JECK Léon	09.02.1947	11	0	1968-1970, R Standard Liège (11/0).
(122/173)	JOACIM Constant	03.03.1908	11	0	1931-1937, Berchem Sport (3/0), Olympic Club Charleroi (8/0).
(15/041)	JOUX Louis	06.02.1888	2	0	1908-1910, Léopold Club Bruxelles (2/0).
(252/315)	JURION Joseph	24.02.1937	64	9	1955-1967, RSC Anderlecht Bruxelles (64/9).
(529/522)	KARAGIANNIS Emmanuel	22.11.1966	8	1	1994-1998, RFC Sèraing (4/1), RSC Anderlecht Bruxelles (3/0), KFC Germinal Ekeren (1/0).
(89/143)	KEERSTOCK Clément	12.10.1902	3	0	1927, Racing Club Gent (3/0).
(15/045)	KEVORKIAN Vahram	17.12.1887	1	1	1908, Beerschot AC (1/1).
(563/559)	KIMONI Daniel	18.01.1971	3	0	1999, KRC Genk (3/0).
(22/056)	KOGEL Pierre	1887	1	0	1910, R Standard Liège (1/0).
(618/593)	KOMPANY Vincent Jean Mpoy	10.04.1986	72	4	2004-2015, RSC Anderlecht Bruxelles (14/0), Hamburger SV (9/0), Manchester City FC (49/4).
(207/271)	LACROIX Théo	02.10.1922	1	0	1949, RFC Liègeois (1/0).
(669/644)	LAMAH Roland Conde	31.12.1987	5	0	2009, Le Mans FC (5/0).
(323/380)	LAMBERT Raoul	20.10.1944	33	18	1966-1977, FC Brugeois (33/18).
(437/465)	LAMBRICHTS Paul	16.10.1954	5	0	1984, SK Beveren (5/0).
(139/190)	LAMOOT Robert	18.03.1911	7	2	1933-1939, Daring Club Bruxelles (5/1), ROC Charleroi (2/1).
(51/096)	LARNOE Henri	18.05.1897	22	11	1920-1925, Beerschot AC (22/11).
(538/531)	LAUWERS Christophe	17.09.1972	2	0	1996, KSV Cercle Brugge (2/0).
(98/152)	LAVIGNE Jules (LEMAIRE)	10.03.1901	10	0	1928-1932, Racing Club Bruxelles (10/0).
(95/148)	LEDENT François	04.07.1908	2	1	1928, R Standard Liège (2/1).
(95/149)	LEDENT René	08.11.1907	3	1	1928-1934, R Standard Liège (3/1).
(380/420)	LEEKENS Georges	18.05.1949	3	0	1975-1978, Club Brugge KV (3/0).
(17/051)	LEFÈBVRE Maurice	23.07.1888	1	0	1909, Daring Club Bruxelles (1/0).
(679/656)	LEGEAR Jonathan	13.04.1987	2	0	2010, RSC Anderlecht Bruxelles (2/0).
(285/356)	LEJEUNE Emile	17.02.1938	10	0	1960-1962, RFC Liègeois (10/0).
(182/242)	LEMBERECHTS Victor	15.05.1924	42	14	1945-1955, KV Mechelen (42/14).
(619/598)	LEMMENS Erwin	12.05.1976	2	0	2004, RCD Espanyol Barcelona (2/0).
(543/540)	LEMOINE Dominique	12.03.1966	4	0	1997, R Excelsior Mouscron (2/0), RCD Espanyol Barcelona (2/0).
(323/379)	LEMOINE Marcel	28.11.1933	3	0	1966, St.Truidense VV (3/0).
(530/524)	LÉONARD Philippe	12.02.1974	26	0	1995-2006, R Standard Liège (5/0), AS Monaco (13/0), R Standard Liège (6/0), Feyenoord SC Rotterdam (2/0).
(675/650)	LEPOINT Christophe	24.10.1984	2	1	2010, KAA Gent (2/1).
(12/038)	LEROY Henri	12.12.1887	18	0	1908-1919, Racing Club Bruxelles (3/0), Union St.Gilloise (15/0).

(278/351)	LETAWE Jean-Marie	30.11.1936	2	0	1960, RFC Liègeois (2/0).
(264/330)	LEYSEN Louis	22.11.1932	4	0	1957-1958, Berchem Sport (4/0).
(259/325)	LIPPENS Martin	08.10.1934	33	2	1957-1963, RSC Anderlecht Bruxelles (33/2).
(153/208)	LODTS Jean	23.09.1916	1	0	1936, FC Antwerpen (1/0).
(636/615)	LOMBAERTS Nicolas Robert Christian	20.03.1985	38	3	2006-2015, KAA Gent (1/0), FK Zenit St. Peterburg (37/3).
(674/649)	LUKAKU BOLINGOLI Romelu Menama	13.05.1993	42	11	2010-2015, RSC Anderlecht Bruxelles (9/0), West Bromwich Albion FC (6/0), Chelsea FC London (7/0), Everton FC Liverpool (20/0).
(733/679)	LUKAKU MENAMA MOKELENGE Jordan Zacharie	25.07.1994	1	0	2015, KV Oostende (1/0).
(634/606)	MAERTENS Birger	28.06.1980	1	0	2005, Club Brugge KV (1/0).
(221/287)	MAERTENS Robert	24.01.1930	12	0	1952-1956, FC Antwerpen (12/0).
(272/341)	MALLANTS Charles	04.11.1935	2	1	1958-1960, R Standard Liège (2/1).
(200/265)	MANNAERTS Jozef	31.05.1923	1	0	1948, Racing Club Malines (1/0).
(419/454)	MARIMAN Frank	01.05.1958	1	0	1981, FC Antwerpen (1/0).
(268/336)	MARNETTE Gilbert	17.05.1931	1	0	1958, R Standard Liège (1/0).
(166/219)	MARTENS Honoré	15.06.1912	1	0	1938, AA La Gantoise (1/0).
(644/620)	MARTENS Maarten	02.07.1984	9	0	2007-2010, AZ'67 Alkmaar (9/0).
(356/403)	MARTENS Maurice	05.06.1947	26	2	1971-1980, RWD Molenbeek (26/2).
(565/562)	MARTENS Sandy	23.12.1973	11	3	1999-2003, KAA Gent (5/2), Club Brugge KV (6/1).
(182/241)	MASSAY Fernand	20.12.1919	5	0	1945-1947, R Standard Liège (5/0).
(227/294)	MATHONET Jean	06.10.1925	13	0	1952-1958, R Standard Liège (13/0).
(11/036)	MATHOT Georges	26.02.1886	2	0	1908, Racing Club Bruxelles (2/0).
(219/281)	MATTHYS Henricus Carolus	09.09.1925	2	0	1951, RSC Anderlecht Bruxelles (2/0).
(35/072)	MAYNÉ Jules	15.08.1892	3	0	1912-1913, Racing Club Bruxelles (3/0).
(700/667)	M'BOYO ILOMBÉ Petit-Pelé	27.04.1987	2	0	2012, KAA Gent (2/0).
(465/481)	M'BUYU Dimitri	31.10.1964	1	0	1987, KSC Lokeren (1/0).
(502/506)	MEDVED Dirk	15.09.1968	26	0	1991-1997, KAA Gent (9/0), Club Brugge KV (17/0).
(181/232)	MEERT Henri	27.08.1920	33	0	1944-1957, RSC Anderlecht Bruxelles (33/0).
(201/266)	MEES Victor	26.01.1927	68	3	1949-1960, FC Antwerpen (68/3).
(385/432)	MEEUWS Walter	11.07.1951	46	0	1977-1984, Beerschot VAV (7/0), Club Brugge KV (22/0), R Standard Liège (17/0).
(188/254)	MELIS Jozef	28.08.1919	1	0	1946, AA La Gantoise (1/0).
(183/247)	MERMANS Joseph "Jef"	16.02.1922	56	28	1945-1956, RSC Anderlecht Bruxelles (56/28).
(119/166)	MERTENS Alfons	07.04.1903	1	0	1930, FC Antwerpen (1/0).
(682/660)	MERTENS Dries	06.05.1987	42	8	2011-2015, FC Utrecht (2/0), PSV Eindhoven (17/2), SSC Napoli (23/6).
(154/210)	MEULDERMANS Pierre	02.07.1914	2	0	1936-1938, Beerschot AC (2/0).
(15/043)	MEULDERS Guillaume	15.04.1888	1	0	1908, Racing Club Gent (1/0).
(711/670)	MEUNIER Thomas	12.09.1991	5	0	2013-2015, Club Brugge KV (5/0).
(47/087)	MICHEL Georges	29.04.1898	10	3	1919-1922, Léopold Club Bruxelles (10/3).
(319/376)	MICHIELS Albert	14.03.1939	4	0	1965-1966, Beerschot VAV (4/0).
(104/159)	MICHIELS Victor	06.01.1906	1	0	1928-1929, Racing Club Malines (1/0).
(683/662)	MIGNOLET Simon Luc Hildebert	06.03.1988	17	0	2011-2015, Sunderland AFC (12), Liverpool FC (5/0).
(398/445)	MILLECAMPS Luc	10.09.1951	35	0	1979-1983, KSV Waregem (35/0).
(403/450)	MILLECAMPS Marc	09.10.1950	6	0	1980-1982, KSV Waregem (6/0).
(648/626)	MIRALLAS Y CASTILLO Kevin Antonio Joel Gislain	05.10.1987	51	9	2007-2015, Lille OSC (8/2), AS Saint-Étienne (12/2), PAE Olympiacos Peiraiás (8/1), Everton FC Liverpool (23/4).
(219/283)	MOES José	19.07.1923	6	4	1951-1954, RFC Liègeois (6/4).
(97/151)	MOESCHAL Jacques	06.09.1900	23	6	1928-1931, Racing Club Bruxelles (23/6).
(389/436)	MOMMENS Raymond	27.12.1958	18	0	1977-1988, KSC Lokeren (16/0), RSC Charleroi (2/0).
(146/200)	MONDELÉ Marius	12.12.1913	4	0	1935-1936, Daring Club Bruxelles (4/0).
(209/274)	MORDANT Georges	11.09.1927	4	1	1950, Olympic Club Charleroi (4/1).
(3/020)	MOREAU Ernest de Melen	1879	1	0	1905, FC Liègeois (1/0).
(66/114)	MORLET Edouard	24.06.1898	3	0	1923-1925, Daring Club Bruxelles (3/0).
(47/084)	MOUCHERON François	23.05.1896	4	0	1919-1921, Daring Club Bruxelles (4/0).
(258/322)	MOYSON Roland	13.04.1934	1	1	1956, Daring Club Bruxelles (1/1).
(543/539)	MPENZA „Émile" Eka Basunga Lokonda	04.07.1978	57	19	1997-2009, R Excelsior Mouscron (4/2), R Standard Liège (18/4), Schalke 04 Gelsenkirchen (18/8), R Standard Liège (2/0), Hamburger SV (7/3), Al Rayyan SC Doha (3/0), Manchester City FC (2/0), FC Sion (3/2).
(544/541)	MPENZA Mbo Jérôme	04.12.1976	56	3	1997-2007, R Excelsior Mouscron (1/0), R Standard Liège (15/0), Sporting Clube de Portugal Lisboa (5/0), R Excelsior Mouscron (19/0), RSC Anderlecht Bruxelles (16/3).
(612/590)	MUDINGAYI Gabriel „Gaby"	01.10.1981	17	0	2003-2009, KAA Gent (1/0), SS Lazio Roma (10/0), Bologna FC 1909 (6/0).
(665/638)	MUJANGI-BIA Geoffrey	12.08.1989	2	0	2009, RSC Charleroi (2/0).
(427/458)	MUNARON Jacques	08.09.1956	8	0	1982-1986, RSC Anderlecht Bruxelles (8/0).
(29/066)	MUSCH Joseph	12.10.1893	24	3	1911-1924, Union St.Gilloise (24/3).
(665/641)	NAINGGOLAN Radja	04.05.1988	17	4	2009-2015, Piacenza Calcio (1/0), Cagliari Calcio (3/0), AS Roma (13/4).
(179/230)	NELIS Joseph	01.04.1917	2	2	1940, AA La Gantoise (2/2).
(260/328)	NELISSEN Jan	03.06.1924	5	0	1957, RCS Verviétois (5/0).
(370/414)	NICOLAES Guido	15.07.1950	2	0	1974, Beerschot VAV (2/0).
(370/413)	NICOLAY Francis	23.04.1944	1	0	1974, RFC Liègeois (1/0).
(275/345)	NICOLAY Jean	27.12.1937	39	0	1959-1967, R Standard Liège (39/0).
(473/491)	NILIS Luc	25.05.1967	56	10	1988-2000, RSC Anderlecht Bruxelles (28/2), PSV Eindhoven (28/8).
(29/065)	NISOT Fernand	11.04.1895	14	10	1911-1920, Léopold Club Bruxelles (14/10).
(59/108)	NOLLET Célestin	06.02.1894	2	0	1922, CS Bruges (2/0).
(104/158)	NOUWENS Theodoor	17.02.1908	23	0	1928-1933, Racing Club Malines (23/0).
(27/062)	NYS Camille	1888	4	0	1911-1912, R Standard Liège (4/0).

(681/658)	ODJIDJA-OFOE Vadis	21.02.1989	3	0	2010-2011, Club Brugge KV (3/0).
(694/666)	ODOI Denis	27.05.1988	1	0	2012, RSC Anderlecht Bruxelles (1/0).
(679/655)	OGUNJIMI Marvin	12.10.1987	7	5	2010-2011, KRC Genk (7/5).
(505/510)	OLIVEIRA Luis Airton Barosso	24.03.1969	31	7	1992-1999, RSC Anderlecht Bruxelles (3/1), AC Cagliari (9/0), AC Fiorentina (19/6).
(714/673)	ORIGI Divock Okoth	18.04.1995	17	3	2014-2015, Lille OSC (14/3), Liverpool FC (3/0).
(248/311)	ORLANS Richard	06.10.1931	21	5	1955-1958, AA Gent (21/5).
(661/635)	OVERMEIRE Killian	06.12.1985	1	0	2008, KSC Lokeren Oost-Vlaanderen (1/0).
(561/553)	OYEN Davy	17.07.1975	3	0	1998-1999, PSV Eindhoven (2/0), RSC Anderlecht Bruxelles (1/0).
(266/334)	PAESCHEN Marcel	30.04.1937	16	4	1957-1964, R Standard Liège (16/4).
(181/234)	PANNAYE Joseph	29.07.1922	13	0	1944-1947, Tilleur FC (13/0).
(131/182)	PAPPAERT Jules	05.11.1905	4	0	1932-1934, Union St.Gilloise (4/0).
(15/046)	PATERNOSTER Désiré	21.01.1887	9	2	1908-1911, FC Brugeois (9/2).
(146/198)	PAVERICK Robert	29.11.1912	41	0	1935-1946, FC Antwerpen (41/0).
(141/193)	PEERAER Frans	15.02.1913	3	0	1934, FC Antwerpen (3/0).
(621/601)	PEERSMAN Tristan	28.09.1979	4	0	2004, RSC Anderlecht Bruxelles (4/0).
(333/388)	PEETERS Alphonse	21.01.1943	4	0	1967-1968, Olympic Club Charleroi (2/0), RSC Anderlecht Bruxelles (2/0).
(572/570)	PEETERS Jacky	13.12.1969	17	0	1999-2002, Arminia Bielefeld (6/0), KAA Gent (11/0).
(551/547)	PEETERS Robert "Bob"	10.01.1974	13	4	1998-2002, Roda JC Kerkrade (2/0), Vitesse Arnheim (11/4).
(537/529)	PEIREMANS Frédéric	03.09.1973	3	0	1996, RSC Anderlecht Bruxelles (3/0).
(48/090)	PELSMAEKER August	15.11.1899	4	0	1920-1925, Beerschot AC (4/0).
(168/221)	PETIT Jean Dr.	25.02.1914	4	0	1938, R Standard Liège (4/0).
(20/053)	PETIT Maurice	30.10.1888	1	0	1910, Standard Liege (1/0).
(382/423)	PFAFF Jean-Marie	04.12.1953	64	0	1976-1987, SK Beveren (31/0), Bayern München (33/0).
(235/301)	PIEDFORT Jozef	20.05.1930	1	0	1953, K Lyra (1/0).
(5/024)	PIÉRARD Roger	28.08.1887	8	0	1906-1909, Union St.Gilloise (8/0).
(618/596)	PIERONI Luigi	08.09.1980	25	2	2004-2008, R Excelsior Mouscron (4/0), AJ Auxerre (17/1), FC Nantes Atlantique (1/0), Racing Club Lens (2/1), RSC Anderlecht Bruxelles (1/0).
(538/532)	PIERRE Frédéric	23.02.1974	8	0	1996-1999, RWD Molenbeek (4/0), R Excelsior Mouscron (4/0).
(344/394)	PIOT Christian	04.10.1947	40	1	1969-1977, R Standard Liège (40/1).
(62/110)	PIRLOT Jacques	07.06.1896	1	0	1922, R Standard Liège (1/0).
(247/309)	PITERS André	18.01.1931	23	7	1955-1961, R Standard Liège (23/7).
(308/368)	PLASKIE Jean	24.08.1941	33	0	1964-1971, RSC Anderlecht Bruxelles (33/0).
(402/449)	PLESSERS Gérard	30.03.1959	13	1	1979-1985, R Standard Liège (10/1), Hamburger SV (3/0).
(471/484)	PLOVIE Pascal	07.05.1965	5	0	1987-1992, FC Antwerpen (1/0), Club Brugge KV (4/0).
(655/631)	POCOGNOLI Sébastien	01.08.1987	13	0	2008-2014, AZ'67 Alkmaar (4/0), R Standard Liège (3/0), SV Hannover'96 (5/0), West Bromwich Albion FC (1/0).
(1/003)	POELMANS Edgard	1884	16	1	1904-1911, Union St.Gilloise (16/1).
(336/392)	POLLEUNIS Odillon	01.05.1943	22	10	1968-1975, St.Truidense VV (20/10), RWD Molenbeek (2/0).
(16/047)	POOTMANS Georges	15.05.1889	4	0	1909, Beerschot AC (4/0).
(725/674)	PRAET Dennis	14.05.1994	1	0	2014, RSC Anderlecht Bruxelles (1/0).
(397/443)	PREUD'HOMME Michel	24.01.1959	58	0	1979-1994, R Standard Liège (3/0), KV Mechelen (52/0), Benfica Lisszabon (3/0).
(625/603)	PROTO Silvestro „Silvio"	23.05.1983	13	0	2004-2011, RAA La Louvière (5/0), RSC Anderlecht Bruxelles (6/0), KFC Germinal Beerschot Antwerpen (1/0), RSC Anderlecht Bruxelles (1/0).
(296/363)	PUIS Wilfried	18.02.1943	49	9	1962-1975, RSC Anderlecht Bruxelles (45/8), FC Brugeois (3/0), SC Lokeren (1/1).
(181/235)	PUTTAERT Antoine	25.10.1919	9	0	1944-1947, Union St.Gilloise (9/0).
(1/009)	QUÉRITET Georges	1882	1	2	1904, Racing Club Bruxelles (1/2).
(245/307)	QUOILIN Jules	05.02.1929	1	0	1954, Tilleur FC (1/0).
(2/014)	RAEMAEKERS Hector (TASSON)	1883	12	0	1905-1913, Racing Club Bruxelles (12/0).
(278/348)	RASKIN Guillaume	16.03.1937	20	0	1960-1964, Beerschot VAV (20/0).
(519/518)	RENIER Pascal	03.08.1971	13	0	1994-1996, Club Brugge KV (13/0).
(382/424)	RENQUIN Michel	03.11.1955	55	0	1976-1987, R Standard Liège (30/0), RSC Anderlecht Bruxelles (5/0), Servette Genève (9/0). R Standard Liège (11/0).
(8/029)	REUSE Emile		2	0	1907-1910, FC Brugeois (1/0), CS Bruges (1/0).
(225/291)	REYNIERS Frans	27.06.1928	2	0	1952-1955, KV Mechelen (2/0).
(278/350)	RITZEN Léon	17.01.1939	6	1	1960-1968, Thor Waterschei SV Genk (5/1), Beerschot VAV (1/0).
(2/016)	ROBYN Clément		2	0	1905-1907, Daring Club Bruxelles (2/0).
(10/033)	ROBYN Joseph	1884	4	0	1907-1912, Daring Club Bruxelles (4/0).
(665/639)	ROELANDTS Kevin	27.08.1982	2	1	2009, SV Zulte Waregem (2/1).
(4/023)	ROMDENNE Joseph	1876	1	0	1905, Union St.Gilloise (1/0).
(93/144)	ROSPER Léon	14.01.1899	1	0	1927, FC Liègeois (1/0).
(610/587)	ROUSSEL Cédric	01.06.1978	2	0	2003, RAEC Mons (2/0).
(83/136)	RUYSSEVELT Auguste	04.11.1896	2	0	1926-1928, Beerschot AC (2/0).
(223/289)	SAEREN William	08.04.1926	2	0	1952, RFC Liègeois (2/0).
(135/187)	SAEYS André	20.02.1911	9	1	1933-1934, Cercle Bruges (9/1).
(278/349)	SAEYS Charles	15.11.1933	5	0	1960, Daring Club Bruxelles (5/0).
(10/035)	SAEYS Louis	26.11.1887	24	9	1907-1914, CS Bruges (24/9).
(480/494)	SANDERS Koenraad	17.12.1962	4	0	1989-1990, KV Mechelen (4/0).
(368/407)	SANDERS Luc	06.10.1945	1	0	1973, Club Brugge KV (1/0).
(63/112)	SCHELSTRAETE Achille	31.01.1897	7	1	1923-1924, CS Bruges (7/1).
(529/523)	SCHEPENS Gunther	04.05.1973	13	3	1995-1997, R Standard Liège (12/3), Karlsruher SC (1/0).
(25/060)	SCHIETSE René	11.07.1889	2	0	1911-1914, Racing Club Gent (2/0).
(638/618)	SCHOLLEN Davy	28.02.1978	1	0	2006, NAC Breda (1/0).
(221/286)	SCHROYENS Martin	16.02.1930	3	0	1952, Beerschot VAV (3/0).

(439/469)	SCIFO Vincenzo "Enzo"	19.02.1966	84	18	1984-1998, RSC Anderlecht Bruxelles (26/5), Internazionale Milano (2/0), Girondins Bordeaux (6/0), AJ Auxerre (14/3), AC Torino (12/6), AS Monaco (18/3), RSC Anderlecht Bruxelles (6/1).
(117/165)	SECRÉTIN Jacques	28.12.1907	3	1	1930-1931, RFC Montegnée (1/0).
(227/293)	SEGHERS Armand	21.06.1926	11	0	1952-1960, AA Gent (11/0).
(290/359)	SEMMELING Léon	04.01.1940	35	2	1961-1973, R Standard Liège (35/2).
(183/248)	SERMON François	31.03.1923	9	2	1945-1951, RSC Anderlecht Bruxelles (9/2).
(472/490)	SEVEREYNS Francis	08.01.1968	7	1	1988-1993, FC Antwerpen (2/1), AC Pisa (2/0), KV Mechelen (2/0), FC Antwerpen (1/0).
(167/220)	SEYS Cornelius	12.02.1912	2	0	1938, Beerschot AC (2/0).
(661/634)	SIMAEYS Jeroen	12.05.1985	2	0	2008-2009, Club Brugge KV (2/0).
(121/171)	SIMONS Charles	27.09.1906	10	0	1931-1932, FC Antwerpen (10/0).
(588/577)	SIMONS Timmy	11.12.1976	93	6	2001-2013, Club Brugge KV (37/1), PSV Eindhoven (37/2), 1.FC Nürnberg (19/3).
(20/054)	SIX Alphonse	01.01.1890	9	8	1910-1912, CS Bruges (9/8).
(139/189)	SMELLINCKX Philibert	17.01.1911	19	0	1933-1938, Union St.Gilloise (19/0).
(509/513)	SMIDTS Rudy	12.08.1963	33	1	1992-1997, FC Antwerpen (32/1), RSC Charleroi (1/0).
(418/453)	SNELDERS Eduard	09.04.1959	1	0	1981, KSC Lokeren (1/0).
(539/535)	SNOECKX Karel	29.10.1973	1	0	1996, K Lierse SK (1/0).
(608/585)	SOETAERS Tom	21.07.1980	8	1	2002-2005, Roda JC Kerkrade (4/1), AFC Ajax Amsterdam (3/0), KRC Genk (1/0).
(104/157)	SOMERS Louis	28.05.1909	4	0	1928-1930, FC Antwerpen (4/0).
(589/578)	SONCK Wesley	09.08.1978	55	24	2001-2010, KRC Genk (25/9), AFC Ajax Amsterdam (9/5), VfL Borussia Mönchengladbach (3/1), Club Brugge KV (18/9).
(299/364)	SPRONCK Lucien	19.08.1939	3	1	1962-1966, R Standard Liège (3/1).
(489/501)	STAELENS Lorenzo	30.04.1964	70	8	1990-2000, Club Brugge KV (52/6), RSC Anderlecht Bruxelles (18/2).
(332/386)	STASSART André	29.09.1937	5	0	1967-1971, RWD Molenbbek (5/0).
(645/622)	STERCHELE François	14.03.1982	4	0	2007, KFC Germinal Beerschot Antwerpen (3/0), Club Brugge KV (1/0).
(17/049)	STERCKVAL Jacques	09.08.1884	2	0	1909, Daring Club Bruxelles (2/0).
(128/178)	STIJNEN Emile	02.11.1907	31	1	1932-1939, Berchem Sport (8/0), Olympic Club Charleroi (23/1).
(636/609)	STIJNEN Stijn	07.04.1981	30	0	2006-2009, Club Brugge KV (30/0).
(268/337)	STOCKMAN Jacques	08.10.1938	32	13	1958-1967, RSC Anderlecht Bruxelles (28/10), FC Liègeois (4/3).
(269/338)	STORME Roland	25.01.1934	10	0	1958-1962, AA Gent (7/0), Cercle Bruges (3/0).
(226/292)	STRAETMANS Jean	31.06.1931	5	2	1952-1956, White Star AC (5/2).
(27/061)	STRUBBE Jean	07.12.1887	1	0	1911, FC Brugeois (1/0).
(571/569)	STRUPAR Branko	09.02.1970	17	5	1999-2002, KRC Genk (5/4), Derby County (12/1).
(14/040)	SUETENS Jules		7	1	1908-1914, FC Antwerpen (7/1).
(314/374)	SULON Albert	03.04.1938	6	0	1965-1967, RFC Liègeois (6/0).
(312/373)	SULON Gérard	03.04.1938	6	0	1964-1965, RFC Liègeois (6/0).
(38/077)	SWARTENBROEKS Armand Dr.	03.06.1892	53	0	1913-1928, Daring Club Bruxelles (53/0).
(635/608)	SWERTS Gill Toby Todor	23.09.1982	17	1	2006-2009, SBV Vitesse Arnhem (7/0), AZ'67 Alkmaar (10/1).
(76/129)	TAEYMANS Jozef	27.01.1899	1	0	1925, Berchem Sport (1/0).
(564/560)	TANGHE Stefaan	15.01.1972	9	2	1999-2002, R Excelsior Mouscron (7/1), FC Utrecht (2/1).
(361/404)	TEUGELS Jacques	03.08.1946	13	1	1970-1976, Union St.Gilloise (1/0), Racing White Bruxelles (3/0), RWD Molenbeek (9/1).
(267/335)	THELLIN Henri	27.08.1931	16	0	1958-1961, R Standard Liège (16/0).
(3/022)	THEUNEN Laurent		4	3	1905-1909, Racing Club Bruxelles (2/2), Daring Club Bruxelles (2/1).
(437/466)	THEUNIS Paul	16.03.1952	2	0	1984, SK Beveren (2/0).
(599/579)	THIJS Bernd	28.06.1978	7	0	2002-2010, KRC Genk (5/0), KAA Gent (2/0).
(319/377)	THIO John	02.09.1944	18	6	1965-1972, FC Brugeois (18/6).
(186/252)	THIRIFAYS René	08.10.1920	13	1	1946-1949, SC Charleroi (13/1).
(334/390)	THISSEN Jean	21.04.1946	34	0	1968-1977, R Standard Liège (33/0), RSC Anderlecht Bruxelles (1/0).
(2/012)	THORNTON Eric	1879	2	0	1905, Léopold Club Bruxelles (2/0).
(223/290)	THYS Guy	06.12.1922	2	0	1952-1953, R Standard Liège (2/0).
(53/098)	THYS Ivan	29.04.1897	20	7	1921-1926, Beerschot AC (20/7).
(30/067)	THYS Joseph	15.11.1888	15	1	1911-1919, Union St.Gilloise (15/1).
(87/140)	TIMMERMANS Jules	03.03.1903	3	0	1927-1928, RCS Verviétois (3/0).
(1/007)	TOBIAS Maurice	1886	7	0	1904-1908, Union St.Gilloise (7/0).
(137/188)	TORFS Léon	22.09.1909	3	0	1933-1937, Daring Club Bruxelles (3/0).
(311/372)	TRAPPENIERS Jean	13.01.1942	11	0	1964-1970, RSC Anderlecht Bruxelles (11/0).
(686/664)	TSHIMANGA Derick Katuku	06.11.1988	1	0	2011, KSC Lokeren (1/0).
(150/205)	ULENS Guillaume	11.07.1909	1	0	1935, FC Antwerpen (1/0).
(181/239)	VAILLANT Arsène	13.06.1922	12	1	1944-1951, White Star AC (1/0), RSC Anderlecht Bruxelles (11/1).
(215/277)	VALET Jean	05.03.1923	1	0	1951, RSC Anderlecht Bruxelles (1/0).
(576/572)	VALGAEREN Joos	03.03.1976	19	0	2000-2003, Roda JC Kerkrade (6/0), Celtic Glasgow FC (13/0).
(168/222)	VAN ALPHEN John	17.06.1914	11	0	1938-1944, Beerschot AC (11/0).
(82/134)	VAN AVERBEKE Henri	26.10.1901	14	0	1926-1929, Beerschot AC (14/0).
(119/167)	VAN BEECK Jozef	18.02.1911	16	7	1930-1935, FC Antwerpen (16/7).
(368/408)	VAN BINST Gilbert	05.07.1951	15	1	1973-1977, RSC Anderlecht Bruxelles (15/1).
(11/037)	VAN BOXSTAELE Edgard	01.12.1888	9	0	1908-1911, FC Brugeois (9/0).
(214/276)	VAN BRANDT Alfons	24.06.1927	38	0	1950-1957, K Lierse SK (38/0).
(129/180)	VAN BRANDT Edouard	27.03.1911	2	0	1932, Berchem Sport (2/0).
(586/573)	VAN BUYTEN Daniel	07.02.1978	85	10	2001-2014, R Standard Liège (2/1), Olympique de Marseille (19/0), Hamburger SV (10/2), FC Bayern München (54/6).
(148/202)	VAN CAELENBERGHE Jacques	02.10.1910	4	1	1935-1936, Union St.Gilloise (4/1).
(173/224)	VAN CALENBERG Georges	12.02.1912	8	0	1939-1940, RSC Anderlecht Bruxelles (8/0).
(124/176)	VAN CAMPENHOUT Félix	07.12.1910	2	0	1931, KV Mechelen (2/0).

(31/070)	VAN CANT Jean	06.06.1891	10	7	1912-1914, Racing Club Malines (10/7).
(82/133)	VAN COILE Albert	27.03.1900	1	0	1926, Cercle Bruges (1/0).
(179/229)	VAN CRAEN Jules	03.09.1920	2	4	1940, Liersche SK (2/4).
(611/589)	VAN DAMME Jelle François Maria	18.10.1983	31	0	2003-2013, AFC Ajax Amsterdam (7/0), SV Werder Bremen (4/0), RSC Anderlecht Bruxelles (14/0), Wolverhampton Wanderers FC (2/0), R Standard Liège (4/0).
(179/227)	VAN DE KERKHOVE Armand	29.10.1915	2	0	1940, White Star AC (2/0).
(181/238)	VAN DEN AUDENAERDE Désiré	03.09.1923	5	0	1944-1948, FC Antwerpen (5/0).
(203/269)	VAN DER AUWERA Jan	09.01.1925	23	0	1949-1954, Racing Club Malines (23/0).
(588/576)	VAN DER HEYDEN Peter	16.07.1976	21	1	2001-2007, Club Brugge KV (17/1), VfL Wolfsburg (4/0).
(503/507)	VAN DER HEYDEN Stéphane	03.07.1969	4	0	1991-1994, Club Brugge KV (4/0).
(433/462)	VAN DER LINDEN Marc Angèle	04.02.1964	19	9	1983-1990, FC Antwerpen (10/7), RSC Anderlecht Bruxelles (9/2).
(144/196)	VAN DESSEL Frans	09.05.1911	1	0	1934, K Lyra (1/0).
(215/278)	VAN GESTEL Raymond	20.01.1930	5	2	1951-1953, K Lyra (5/2).
(74/123)	VAN GOETHEM Gustaaf	28.12.1898	1	0	1924, Berchem Sport (1/0).
(380/422)	VAN GOOL Roger	01.06.1950	7	2	1975-1978, Club Brugge KV (3/1), 1.FC Köln (4/1).
(54/101)	VAN HALME Florimond	21.03.1895	39	2	1921-1930, Cercle Bruges (39/2).
(47/088)	VAN HEGE Louis	08.05.1889	12	3	1919-1924, Union St.Gilloise (12/3).
(368/409)	VAN HERP Ivo	01.12.1949	3	1	1973-1974, KV Mechelen (3/1).
(256/319)	VAN HERPE André	26.10.1933	7	1	1956, AA Gent (7/1).
(284/355)	VAN HIMST Paul	02.10.1943	81	30	1960-1974, RSC Anderlecht Bruxelles (81/30).
(1/006)	VAN HOORDEN Camille	1879	25	4	1904-1912, Racing Club Bruxelles (25/4).
(565/563)	VAN HOUDT Peter	04.11.1976	6	0	1999-2002, Roda JC Kerkrade (2/0), Borussia VfL Mönchengladbach (4/0).
(609/586)	VAN HOUT Joris	10.01.1977	1	0	2002, Borussia VfL Mönchengladbach (1/0).
(131/183)	VAN INGELGHEM Joseph	23.01.1912	11	0	1932-1934, Daring Club Bruxelles (11/0).
(539/534)	VAN KERCKHOVEN Nico	14.12.1970	42	3	1996-2002, K Lierse SK (16/2), FC Schalke 04 Gelsenkirchen (26/1).
(219/282)	VAN KERKHOVEN Robert	01.10.1924	9	1	1951-1956, Daring Club Bruxelles (9/1).
(131/184)	VAN LANDEGEM Vital	13.12.1912	1	1	1932, Union St.Gilloise (1/1).
(211/275)	VAN LOOY Jozef	02.03.1916	1	0	1950, AA La Gantoise (1/0).
(515/516)	VAN MEIR Eric	28.02.1968	34	1	1993-2002, RSC Charleroi (4/0), K Lierse SK (20/1), R Standard Liège (10/0).
(17/048)	VAN MELDEREN Godefroid		2	0	1909, Daring Club Bruxelles (2/0).
(326/381)	VAN MOER Wilfried	01.03.1945	57	9	1966-1982, FC Antwerpen (7/0), R Standard Liège (29/7), Beringen FC (9/1), SK Beveren (12/1).
(117/164)	VAN POUCKE Henri	09.05.1906	2	0	1930, Cercle Bruges (2/0).
(345/395)	VAN PUYMBROECK Julien	18.08.1947	1	0	1969, Beerschot VAV (1/0).
(309/370)	VAN ROOSBROECK Julien	09.10.1935	1	0	1964, FC Diest (1/0).
(259/323)	VAN ROOY Théo	02.10.1934	4	0	1957, Union St.Gilloise (4/0).
(24/058)	VAN STACEGHEM Edmond		1	1	1910, Daring Club Bruxelles (1/1).
(220/284)	VAN STEEN Jean	02.06.1929	5	1	1951-1954, RSC Anderlecht Bruxelles (5/1).
(195/260)	VAN STEENLANT August	08.04.1921	8	3	1948-1951, St.Niklaas SK (8/3).
(188/255)	VAN VAERENBERGH Michel	21.02.1920	2	1	1946-1949, RSC Anderlecht Bruxelles (2/1).
(57/105)	VANDE VELDE Jacques	20.03.1895	5	1	1921-1923, Turn- en Sportvereeniging Lyra (5/1).
(538/530)	VANDE WALLE Philippe	22.12.1961	8	0	1996-1999, KFC Germinal Ekeren (2/0), KSC Eendracht Aalst (4/0), Club Brugge KV (2/0).
(273/344)	VANDEBOER Godfried	08.05.1934	7	2	1959-1966, RSC Anderlecht Bruxelles (3/1), St.Truiden VV (4/1).
(620/600)	VANDEN BORRE Anthony	24.10.1987	29	1	2004-2014, RSC Anderlecht Bruxelles (16/1), AC Fiorentina Firenze (1/0), Genoa CFC (4/0), Portsmouth FC (1/0), KRC Genk (1/0), RSC Anderlecht Bruxelles (6/0).
(236/302)	VANDEN BOSCH Hippolyte	30.04.1926	8	2	1953-1957, RSC Anderlecht Bruxelles (8/2).
(241/305)	VANDEN BOSCH Pierre „Jeng"	31.10.1927	2	0	1954, RSC Anderlecht Bruxelles (2/0).
(1/004)	VANDEN EYNDE Guillaume	1884	13	1	1904-1912, Union St.Gilloise (13/1).
(121/172)	VANDEN EYNDE Stanley	03.10.1909	26	9	1931-1938, Beerschot AC (26/9).
(131/185)	VANDEN EYNDEN François	14.10.1911	4	2	1932-1934, Union St.Gilloise (4/2).
(56/104)	VANDEN HOUTEN Guillaume	12.10.1895	1	0	1921, Racing Club Bruxelles (1/0).
(80/130)	VANDEN OUDEN Frans	23.01.1904	1	0	1925, Berchem Sport (1/0).
(165/218)	VANDEN WOUWER Charles	07.09.1916	8	2	1938-1940, Beerschot AC (8/2).
(259/326)	VANDENBERG Paul	11.10.1936	38	16	1957-1967, Union St.Gilloise (36/16), R Standard Liège (1/0), RSC Anderlecht Bruxelles (1/0).
(402/448)	VANDENBERGH Erwin	26.01.1959	48	20	1979-1991, K Lierse SK (23/11), RSC Anderlecht Bruxelles (17/5), Lille OSC (4/0), KAA Gent (4/1).
(627/604)	VANDENBERGH Kevin	16.05.1983	13	3	2005-2007, KRC Genk (13/3).
(95/145)	VANDENBERGH Louis	26.11.1903	11	0	1928-1929, Daring Club Bruxelles (11/0).
(637/617)	VANDENBUSSCHE Brian	24.09.1981	3	0	2006-2007, SC Heerenveen (3/0).
(350/399)	VANDENDAELE Erwin	05.03.1945	32	1	1970-1977, FC Brugeois (23/1), RSC Anderlecht Bruxelles (9/0).
(611/588)	VANDENDRIESSCHE Franck	07.04.1971	1	0	2003, R Excelsior Mouscron (1/0).
(368/410)	VANDER ELST François	01.12.1954	44	14	1973-1983, RSC Anderlecht Bruxelles (29/10), Cosmos New York (5/1), West Ham United (8/3), KSC Lokeren (2/0).
(445/474)	VANDER ELST Frank Richard	30.04.1961	86	1	1984-1998, Club Brugge KV (86/1).
(438/468)	VANDER ELST Léo	07.01.1962	13	0	1984-1987, FC Antwerpen (1/0), Club Brugge KV (12/0).
(83/137)	VANDERBAUWHEDE Michel	19.05.1901	15	7	1926-1930, Cercle Bruges (15/7).
(380/421)	VANDEREYCKEN René	22.07.1953	50	3	1975-1986, Club Brugge KV (31/3), FC Genua'93 (4/0), RSC Anderlecht (15/0).
(568/566)	VANDERHAEGHE Yves	30.01.1970	48	2	1999-2005, R Excelsior Mouscron (15/0), RSC Anderlecht Bruxelles (33/2).
(48/089)	VANDERMEIREN Léon	08.01.1896	3	0	1920-1925, Daring Club Bruxelles (3/0).
(423/457)	VANDERSMISSEN Guy	25.12.1957	17	0	1982-1987, R Standard Liège (17/0).
(260/327)	VANDERSTAPPEN André	27.03.1934	10	0	1957-1959, Olympic Club Charleroi (10/0).
(1/011)	VANDERSTAPPEN Charles	1882	5	0	1904-1907, Union St.Gilloise (5/0).

(2/018)	VANDERSTAPPEN Gustave	1883	4	0	1905-1908, Union St.Gilloise (4/0).
(257/321)	VANDERWILT René	23.05.1934	3	0	1956-1958, RSC Anderlecht Bruxelles (3/0).
(140/192)	VANDEWEYER André	21.06.1909	5	0	1933-1934, Union St.Gilloise (5/0).
(255/317)	VANDEWEYER Remy	27.07.1928	2	1	1956, Union St.Gilloise (2/1).
(208/273)	VANDIERENDOUNCK Julien	12.02.1921	1	0	1950, AS Oostende KM (1/0).
(27/064)	VANHOUTTE François	14.06.1890	2	1	1911, CS Bruges (2/1).
(43/081)	VERBEECK Oscar	06.08.1891	27	0	1914-1924, Union St.Gilloise (27/0).
(283/354)	VERBIEST Laurent	16.04.1939	23	0	1960-1965, RSC Anderlecht Bruxelles (23/0).
(120/168)	VERBOVEN Louis	21.02.1909	2	0	1931-1933, Berchem Sport (2/0).
(24/057)	VERBRUGGEN Edmond	15.03.1882	1	0	1910, CS Bruges (1/0).
(205/270)	VERBRUGGEN Louis	20.07.1928	3	3	1949-1951, FC Antwerpen (3/3).
(181/236)	VERCAMMEN Marcel	29.01.1919	7	0	1944-1947, TSV Lyra (7/0).
(389/435)	VERCAUTEREN Frank	28.10.1956	63	9	1977-1988, RSC Anderlecht Bruxelles (60/9), FC Nantes (3/0).
(1/001)	VERDYCK Alfred	07.05.1882	1	0	1904, FC Antwerpen (1/0).
(30/068)	VERGEYLEN Pierre	03.11.1891	1	0	1911, Union St.Gilloise (1/0).
(526/519)	VERHEYEN Gert	20.09.1970	50	10	1994-2002, Club Brügge KV (50/10).
(314/375)	VERHEYEN Jan	09.07.1944	33	0	1965-1976, Beerschot VAV (13/0), RSC Anderlecht Bruxelles (17/0), Union St.Gilloise (3/0).
(382/426)	VERHEYEN René	20.03.1952	24	3	1976-1984, KSC Lokeren (21/3), Club Brugge KV (3/0).
(54/102)	VERHOEVEN Pierre	26.03.1896	1	0	1921, Uccle Sport (1/0).
(103/156)	VERHULST Sebastiaan		1	0	1928, Beerschot AC (1/0).
(530/525)	VERJANS Gunter	06.10.1973	4	0	1995-1996, St.Truidense VV (1/0), Club Brugge KV (3/0).
(64/113)	VERLINDE Georges		1	0	1923, Daring Club Bruxelles (1/0).
(552/548)	VERLINDEN Dany	15.08.1963	1	0	1998, Club Brugge KV (1/0).
(635/607)	VERMAELEN Thomas	14.11.1985	51	1	2006-2015, Ajax AFC Amsterdam (21/0), Arsenal FC London (28/1), FC Barcelona (2/0).
(535/527)	VERMANT Sven	04.04.1973	18	0	1995-2004, Club Brugge KV (7/0), FC Schalke 04 Gelsenkirchen (11/0).
(188/253)	VERMEULEN Willy	01.09.1919	2	0	1946-1947, KV Mechelen (2/0).
(306/367)	VERMEYEN Frans	25.03.1943	6	2	1963-1965, K Lierse SK (6/2).
(475/492)	VERSAVEL Bruno	27.08.1967	28	4	1988-1993, KV Mechelen (23/3), RSC Anderlecht Bruxelles (5/1).
(101/154)	VERSIJP Louis	05.12.1908	34	8	1928-1936, FC Brugeois (34/8).
(548/546)	VERSTRAETEN Mike	12.08.1967	6	0	1997-1998, KFC Germinal Ekeren (6/0).
(10/034)	VERTONGEN Maurice	1887	6	1	1907-1911, Racing Club Bruxelles (4/1), Union St.Gilloise (2/0).
(646/623)	VERTONGHEN Jan Bert Lieve	24.04.1987	76	6	2007-2015, RKC Waalwijk (2/0), AFC Ajax Amsterdam (36/2), Tottenham Hotspur FC London (38/4).
(453/479)	VERVOORT Patrick	17.01.1965	32	3	1986-1991, Beerschot VAV (13/0), RSC Anderlecht Bruxelles (17/3), Girondins Bordeaux (1/0), Ascoli Calcio (1/0).
(451/476)	VEYT Daniel	09.12.1956	12	1	1985-1989, KSV Waregem (8/1), RFC Liègeois (4/0).
(546/543)	VIDOVIC Goran	23.06.1968	16	0	1997-1999, R Excelsior Mouscron (16/0).
(149/204)	VIELLEVOYE Hadelin	22.11.1914	1	0	1935, RFC Bressoux (1/0).
(47/086)	VLAMYNCK Honoré	29.01.1897	4	2	1919-1923, Daring Club Bruxelles (4/2).
(676/654)	VLEMINCKX Björn	01.12.1985	3	0	2010-2011, NEC Nijmegen (2/0), Club Brugge KV (1/0).
(247/308)	VLIERS Joseph	18.12.1932	6	0	1955-1963, Racing Club Bruxelles (1/0), Beerschot VAV (3/0), R Standard Liège (2/0).
(386/433)	VOLDERS Jozef	30.12.1949	1	0	1977, Club Brugge KV (1/0).
(393/442)	VOORDECKERS Edouard	04.02.1960	22	4	1978-1985, KFC Diest (3/0), R Standard Liège (5/1), Thor Waterschei SV Genk (13/3), Stade Rennais (1/0).
(99/153)	VOORHOOF Bernard	11.05.1910	61	30	1928-1940, K Lierse SK (61/30).
(665/642)	VOSSEN Jelle	22.03.1989	12	2	2009-2013, KRC Genk (12/2).
(181/240)	VOUSSURE Fernand	25.07.1920	1	0	1944, Racing Club Bruxelles (1/0).
(606/580)	VREVEN Stijn	18.07.1973	2	0	2002, FC Utrecht (2/0).
(615/592)	WALASIAK Jonathan	23.10.1982	4	0	2003-2005, R Standard Liège (4/0).
(504/508)	WALEM Johan	01.02.1972	36	2	1991-2002, RSC Anderlecht Bruxelles (7/0), AC Udinese (7/0), AC Parma (6/1), AC Udinese (5/0), R Standard Liège (11/1).
(273/342)	WAUTERS Edouard	12.07.1933	4	0	1959-1960, FC Antwerpen (4/0).
(519/517)	WEBER Josip	06.11.1964	8	6	1994, KSV Cercle Brugge (6/6), RSC Anderlecht Bruxelles (2/0).
(266/333)	WEGRIA Victor	04.11.1936	5	2	1957-1961, RRFC Liègeois (5/2).
(142/194)	WELKENHUYZEN Félix	12.12.1908	4	0	1934, Union St.Gilloise (4/0).
(382/427)	WELLENS Willy	29.03.1954	7	0	1976-1981, RWD Molenbeek (5/0), R Standard Liège (2/0).
(41/080)	WERTZ Ferdinand	29.01.1894	5	1	1913-1921, FC Antwerpen (5/1).
(139/191)	WEYDISCH Pierre	30.03.1908	1	0	1933, Union St.Gilloise (1/0).
(320/378)	WEYN Robert	21.03.1940	1	0	1965, Beerschot VAV (1/0).
(1/008)	WIGAND Alexandre	1880	2	0	1904-1906, Union St.Gilloise (2/0).
(256/320)	WILLEMS Maurice	24.09.1929	3	4	1956-1957, AA Gent (3/4).
(280/353)	WILLEMS Robert	06.05.1935	4	0	1960-1965, K Lierse SK (4/0).
(489/502)	WILMOTS Marc	22.02.1969	70	28	1990-2002, KV Mechelen (8/0), R Standard Liège (16/8), Schalke 04 Gelsenkirchen (25/9), Girondins Bordeaux (8/6), FC Schalke 04 Gelsenkirchen (13/5).
(173/225)	WINNEPENNINCKX François	26.03.1919	1	0	1939, Union St.Gilloise (1/0).
(435/463)	WINTACQ Michel	02.10.1955	1	0	1983, R Standard Liège (1/0).
(654/630)	WITSEL Axel Tomas Laurent Angel Lambert	12.01.1989	65	6	2008-2015, R Standard Liège (19/5), Sport Lisboa e Benfica (11/0), FK Zenit St. Petersburg (35/1).
(130/181)	WOESTAD Henri	06.01.1911	1	0	1932, Berchem Sport (1/0).
(5/025)	WRIGHT Alphonse	02.09.1887	5	0	1906-1907, Racing Club Bruxelles (5/0).

NATIONAL COACHES

Name	DOB	Period	Matches	P	W	D	L	GF	-	GA	
William Sturrock MAXWELL (*Scotland*)	21.09.1876 † 1940	13.03.1910 – 20.04.1913	[20-38]	19	7	3	9	44	-	52	50.00 %
Charles BUNYAN (*England*)	1869 † 1922	25.01.1914 – 26.04.1914	[43-46]	4	0	0	4	8	-	20	0.00 %
William Sturrock MAXWELL (*Scotland*)*	21.09.1876 † 1940	17.02.1920 – 06.05.1928	[48-103]	56	18	10	28	94	-	129	41.07 %
Viktor LÖWENFELD (*Austria*)		04.11.1928 – 08.06.1930	[104-114]	11	5	2	4	24	-	22	54.54 %
Hector GOETINCK	03.03.1886 †23.10.1944	13.07.1930 – 27.05.1934	[115-145]	31	7	5	19	58	-	97	30.64 %
Gyula "Jules" TURNAUER (*Hungary*)		11.03.1935 – 28.04.1935	[146-148]	3	0	1	2	4	-	11	%
John Dennis BUTTLER (*England*)	14.08.1894 †05.01.1961	12.05.1935 – 27.05.1939	[149-178]	30	7	7	16	49	-	76	%
Hector GOETINCK	03.03.1886 †23.10.1944	17.03.1940 – 21.04.1940	[179-180]	2	1	0	1	9	-	5	50.00 %
François DEMOL	19.08.1895	24.12.1944 – 30.05.1946	[181-188]	8	2	2	4	18	-	20	37.50 %
William Joseph GORMLIE (*England*)	1911 † 1976	07.04.1947 – 28.05.1953	[189-232]	44	18	9	17	93	-	103	51.13 %
Dugald LIVINGSTONE (*Scotland*)	25.02.1898 †15.01.1981	23.09.1953 – 11.11.1954	[233-245]	13	5	6	2	28	-	21	61.53 %
André VANDEWEYER	21.06.1909 †22.10.1992	16.01.1955 – 05.06.1957	[246-262]	17	4	2	11	29	-	44	29.41 %
Louis NICOLAY		04.09.1957	[263]	1	1	0	0	5	-	2	100.00 %
Géza TOLDI (*Hungary*)	11.02.1909 †16.08.1985	27.10.1957 – 26.05.1958	[264-269]	6	1	2	3	7	-	15	33.33 %
Victor HÁVLIČEK** (*Czechoslovakia*)	16.07.1914 †22.10.1971	28.09.1958 – 22.05.1960	[270-282]	13	3	4	6	19	-	33	38.46 %
Henri DEKENS**	27.06.1914 †1976	02.10.1960 – 20.05.1961	[283-290]	8	1	1	6	9	-	21	18.75 %
Arthur CEEULERS**		04.10.1961 – 29.12.1965	[291-321]	31	16	5	10	33	-	22	59.67 %
Raymond GOETHALS**	07.10.1921 †06.12.2004	16.04.1966 – 25.04.1976	[322-381]	60	34	9	17	101	-	53	64.16 %
Guy Jean Léonard THYS	06.12.1922 †01.08.2003	22.05.1976 – 08.06.1989	[382-482]	101	44	24	33	137	-	112	55.44 %
Walter MEEUWS	11.07.1951	23.08.1989 – 21.02.1990	[483-488]	6	2	3	1	9	-	5	58.33 %
Guy Jean Léonard THYS	06.12.1922 †01.08.2003	26.05.1990 – 01.05.1991	[489-501]	13	4	4	5	17	-	14	46.15 %
Paul VAN HIMST	02.10.1943	11.09.1991 – 27.03.1996	[502-537]	36	19	5	12	61	-	35	59.72 %
Wilfried VAN MOER	01.03.1945	24.04.1996 – 14.12.1996	[538-542]	5	2	2	1	7	-	6	60.00 %
Georges LEEKENS	18.05.1949	11.02.1997 – 18.08.1999	[543-571]	29	10	10	9	36	-	30	51.72 %
Robert WASEIGE	26.08.1939	04.09.1999 – 17.06.2002	[572-605]	34	16	11	7	67	-	42	63.23 %
Aimé ANTHEUNIS	21.12.1943	21.08.2002 – 12.10.2005	[606-634]	29	12	7	10	42	-	38	53.44 %
René VANDEREYCKEN	22.07.1953	01.03.2006 – 01.04.2009	[635-664]	30	10	7	13	37	-	44	45.00 %
Frank VERCAUTEREN	28.10.1956	29.05.2009 – 09.09.2009	[665-669]	5	0	1	4	3	-	15	20.00 %
Dirk Nicolaas „Dick" ADVOCAAT (*Netherlands*)	27.09.1947	10.10.2009 – 03.03.2010	[670-674]	5	3	0	2	8	-	3	60.00 %
Georges LEEKENS	18.05.1949	19.05.2010 – 29.02.2012	[675-693]	19	8	7	4	30	-	20	60.52 %
Marc Robert WILMOTS	22.02.1969	25.05.2012 – 13.11.2015	[694-735]	42	29	7	6	86	-	35	77.38 %

In the following matches belgian national team played without national trainer: [1-19],[39-42],[47]

*In the following matches [80-98] William Sturrock Maxwell was federal manager and Edmond MICHIELSEN - Henri SCHWACHHOFER - Oscar BOSSAERT - Alfred VERDYCK was federal trainers.

** Constant VANDEN STOCK (DOB: 13.06.1914 - †19.04.2008) [270-337] was federal manager!

National coaches several times in charge:

Name	How often	Matches	M	W	D	L	GF	-	GA	
William Sturrock MAXWELL (*Scotland*)	2 x	[20-38],[48-103]	75	25	13	37	138	-	181	42.00 %
Hector GOETINCK	2 x	[115-145],[179-180]	33	8	5	20	67	-	102	31.81 %
Guy Jean Léonard THYS	2 x	[382-482],[489-501]	114	48	28	38	154	-	126	50.00 %
Georges LEEKENS	2 x	[543-571],[675-693]	48	18	17	13	66	-	50	55.20 %

HEAD-TO-HEAD STATISTICS

	HOME							AWAY							NEUTRAL							TOTAL						
Albania	1	1	0	0	3	:	1	1	0	0	1	0	:	2								2	1	0	1	3	:	3
Algeria	1	0	1	0	0	:	0	1	1	0	0	3	:	1	1	1	0	0	2	:	1	3	2	1	0	5	:	2
Andorra	2	2	0	0	9	:	0	2	2	0	0	5	:	1								4	4	0	0	14	:	1
Argentina	1	0	0	1	0	:	2								4	1	0	3	4	:	9	5	1	0	4	4	:	11
Armenia	3	3	0	0	7	:	0	3	2	0	1	4	:	2								6	5	0	1	11	:	2
Australia	1	1	0	0	2	:	0															1	1	0	0	2	:	0
Austria	8	1	2	5	12	:	27	6	1	1	4	6	:	14								14	2	3	9	18	:	41
Azerbaijan	2	2	0	0	7	:	1	2	1	1	0	2	:	1								4	3	1	0	9	:	2
Bosnia and Herz.	3	2	0	1	9	:	6	3	0	1	2	2	:	4								6	2	1	3	11	:	10
Brazil	2	1	0	1	6	:	3	1	0	0	1	0	:	5	1	0	0	1	0	:	2	4	1	0	3	6	:	10
Bulgaria	8	5	1	2	16	:	6	5	1	1	3	6	:	12	1	0	0	1	1	:	2	14	6	2	6	23	:	20
Canada								1	1	0	0	2	:	0								1	1	0	0	2	:	0
Chile	1	0	1	0	1	:	1								1	0	1	0	1	:	1	2	0	2	0	2	:	2
Colombia	2	1	0	1	2	:	2															2	1	0	1	2	:	2
Costa Rica															1	1	0	0	1	:	0	1	1	0	0	1	:	0
Croatia	4	1	2	1	3	:	3	3	1	0	2	2	:	6								7	2	2	3	5	:	9
Cyprus	4	4	0	0	11	:	2	5	4	1	0	8	:	1								9	8	1	0	19	:	3
Czech Republic	9	3	1	5	10	:	13	7	2	2	3	7	:	14								16	5	3	8	17	:	27
Denmark	5	2	2	1	8	:	5	7	2	1	4	11	:	15	1	0	0	1	2	:	3	13	4	3	6	21	:	23
East Germany	4	2	0	2	6	:	5	4	1	2	1	2	:	2								8	3	2	3	8	:	7
Egypt	1	0	0	1	0	:	1	1	0	0	1	0	:	4								2	0	0	2	0	:	5
El Salvador															2	2	0	0	4	:	0	2	2	0	0	4	:	0
England	11	1	1	9	16	:	44	7	0	1	6	4	:	22	4	0	3	1	5	:	6	22	1	5	16	25	:	72
England "Amat"	6	2	1	3	12	:	21	3	0	0	3	2	:	19								9	2	1	6	14	:	40
Estonia	2	2	0	0	5	:	2	2	1	0	1	1	:	2								4	3	0	1	6	:	4
Faroe Islands	1	1	0	0	3	:	0	1	1	0	0	3	:	0								2	2	0	0	6	:	0
Finland	5	1	3	1	12	:	8	5	2	0	3	7	:	10								10	3	3	4	19	:	18
France	35	20	7	8	87	:	45	35	10	11	14	70	:	76	3	0	1	2	3	:	6	73	30	19	24	160	:	127
Gabon	1	1	0	0	2	:	1															1	1	0	0	2	:	1
Germany	12	3	0	9	15	:	25	10	1	1	8	6	:	23	3	0	0	3	5	:	10	25	4	1	20	26	:	58
Greece	2	2	0	0	4	:	0	4	0	2	2	3	:	6	1	0	0	1	0	:	1	7	2	2	3	7	:	7
Hungary	8	6	1	1	20	:	11	3	2	0	1	6	:	4	1	0	1	0	1	:	1	12	8	2	2	27	:	16
Iceland	6	6	0	0	24	:	4	3	3	0	0	8	:	2								9	9	0	0	32	:	6
Irak															1	1	0	0	2	:	1	1	1	0	0	2	:	1
Israel	2	2	0	0	4	:	1	5	4	0	1	11	:	3								7	6	0	1	15	:	4
Italy	9	3	1	5	12	:	14	11	1	3	7	11	:	23	1	0	0	1	1	:	4	21	4	4	13	24	:	41
Ivory Coast	1	0	1	0	2	:	2															1	0	1	0	2	:	2
Japan	1	0	0	1	2	:	3	3	0	2	1	2	:	6								4	0	2	2	4	:	9
Kazakhstan	2	1	1	0	4	:	1	2	1	1	0	4	:	2								4	2	2	0	8	:	3
Korea Republic								1	1	0	0	2	:	1	3	2	1	0	4	:	1	4	3	1	0	6	:	2
Latvia	1	1	0	0	3	:	1	1	1	0	0	4	:	0								2	2	0	0	7	:	1
Lithuania	1	0	1	0	1	:	1	1	0	1	0	1	:	1								2	0	2	0	2	:	2
Luxembourg	8	7	1	0	28	:	2	9	6	2	1	24	:	7	2	2	0	0	10	:	3	19	15	3	1	62	:	12
Macedonia	2	1	1	0	2	:	1	2	2	0	0	7	:	0								4	3	1	0	9	:	1
Malta								1	0	0	1	0	:	1								1	0	0	1	0	:	1
Mexico	2	2	0	0	5	:	0	3	0	0	3	1	:	4	1	0	1	0	2	:	2	6	2	1	3	8	:	6
Montenegro	1	0	1	0	2	:	2															1	0	1	0	2	:	2
Morocco	2	1	0	1	5	:	4								1	1	0	0	1	:	0	3	2	0	1	6	:	4
Netherlands	62	27	14	21	118	:	107	61	13	14	34	99	:	171	2	1	1	0	1	:	0	125	41	29	55	218	:	278
Northern Ireland	1	1	0	0	2	:	0	2	0	0	2	0	:	6								3	1	0	2	2	:	6
Norway	4	2	2	0	6	:	3	4	3	1	0	8	:	3								8	5	3	0	14	:	6
Paraguay	1	1	0	0	1	:	0								2	0	1	1	2	:	3	3	1	1	1	3	:	3
Peru															1	0	1	0	1	:	1	1	0	1	0	1	:	1
Poland	10	4	3	3	13	:	12	8	2	3	3	7	:	11	1	0	0	1	0	:	3	19	6	6	7	20	:	26
Portugal	8	4	2	2	13	:	6	8	1	4	3	8	:	13								16	5	6	5	21	:	19
Qatar															1	1	0	0	2	:	0	1	1	0	0	2	:	0
Rep. of Ireland	8	3	2	3	16	:	15	6	2	3	1	9	:	9								14	5	5	4	25	:	24
Romania	7	5	2	0	13	:	6	5	0	0	5	3	:	8								12	5	2	5	16	:	14
Russia	1	0	1	0	0	:	0	1	1	0	0	2	:	0	2	2	0	0	4	:	2	4	3	1	0	6	:	2
San Marino	3	3	0	0	24	:	1	3	3	0	0	9	:	2								6	6	0	0	33	:	3
Saudi Arabia															2	1	0	1	2	:	2	2	1	0	1	2	:	2
Scotland	9	8	0	1	20	:	10	8	2	3	3	10	:	11								17	10	3	4	30	:	21
Serbia	9	4	1	4	13	:	14	7	2	2	3	8	:	9	1	1	0	0	2	:	0	17	7	3	7	23	:	23
Slovakia	2	1	1	0	3	:	2	1	0	1	0	1	:	1								3	1	2	0	4	:	3
Slovenia	1	1	0	0	2	:	0	1	0	1	0	0	:	0								2	1	1	0	2	:	0
Soviet Union	1	0	0	1	0	:	1	1	0	0	1	0	:	1	3	1	0	2	5	:	8	5	1	0	4	5	:	10
Spain	9	3	2	4	12	:	19	10	1	3	6	6	:	21	3	1	1	1	4	:	4	22	5	6	11	22	:	44
Sweden	8	5	2	1	15	:	8	5	2	0	3	6	:	14	1	0	0	1	1	:	8	14	7	2	5	22	:	30
Switzerland	13	8	1	4	31	:	17	13	4	5	4	18	:	20								26	12	6	8	49	:	37
Tunisia	1	1	0	0	1	:	0	1	0	0	1	1	:	2	1	0	1	0	1	:	1	3	1	1	1	3	:	3
Turkey	7	2	3	2	11	:	11	4	1	2	1	7	:	6								11	3	5	3	18	:	17
United States	3	3	0	0	4	:	0	1	1	0	0	4	:	2	2	1	0	1	2	:	4	6	5	0	1	10	:	6
Uruguay	1	1	0	0	2	:	0								1	1	0	0	3	:	1	2	2	0	0	5	:	1
Wales	6	3	3	0	10	:	5	6	2	0	4	6	:	12								12	5	3	4	16	:	17
Zambia	1	1	0	0	9	:	0															1	1	0	0	9	:	0
TOTAL	359	185	69	105	721	:	508	320	95	76	149	449	:	618	56	21	13	22	79	:	90	735	301	158	276	1249	:	1216